MAYA

GOTTKÖNIGE IM REGENWALD

MAYA

GOTTKÖNIGE IM REGENWALD

Herausgegeben von Nikolai Grube
unter Mitarbeit von Eva Eggebrecht und Matthias Seidel

KÖNEMANN

INHALT

Errungenschaften

Politik und Dynastie

Architektur und Kunst

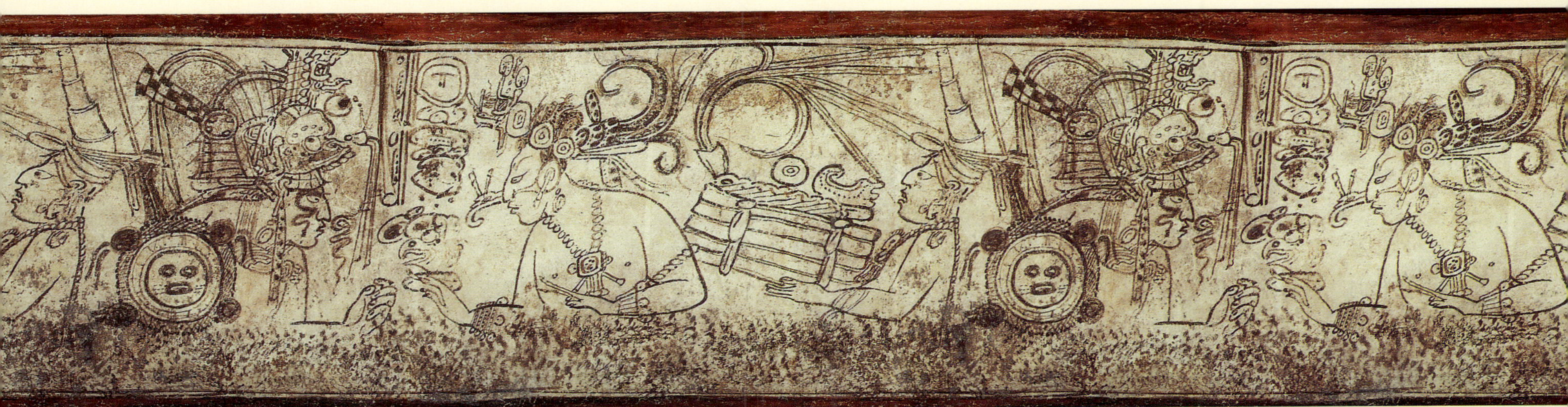

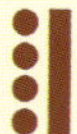

Forschung

Die Maya in der Gegenwart

Anhang

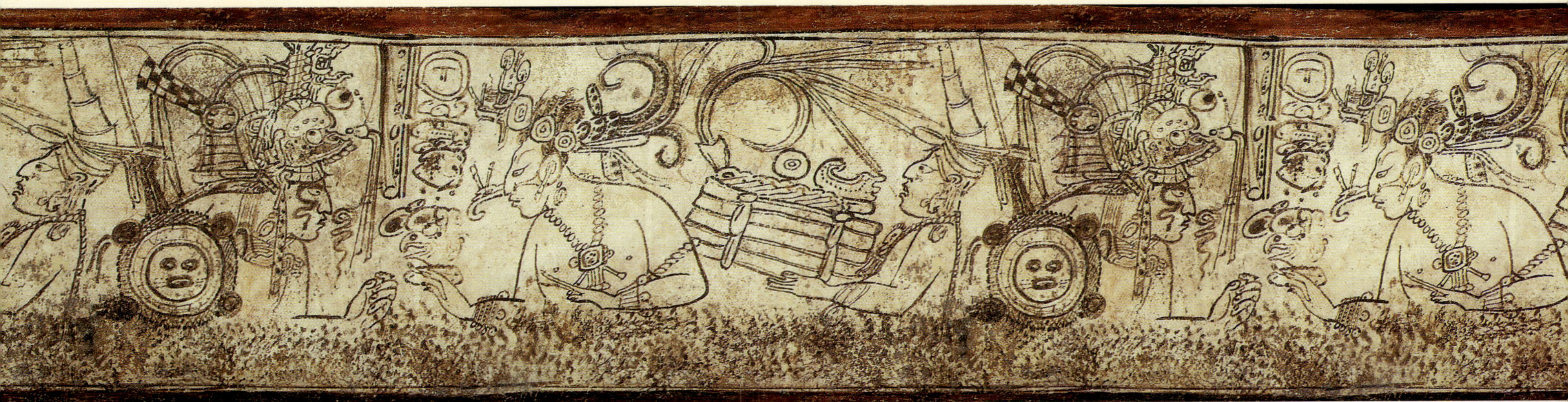

GOLF VON MEXIKO
Archäologische Stätten der Mayakultur
Staatsgrenze
Mexikanische Bundesstaatengrenze
Fernverkehrsstraße
Korallen
Sumpf
N
0
100 km
Punta Holchit
Isla Cerritos
Cabo Catoche
Isla Contoy
Isla Mujeres
El Rey
Isla Cancún
El Meco
Cancún
Progreso
Xcambo
Dzilam Gonzáles
Tizimin
Culuba
27 m
Komchen
Motul
Punta Boxcohuo
Dzibilchaltun
Merida
Izamal
Ek Balam
Ake
Punta Nimun
Chochola
Acanceh
Kantunil
Balankanche-Höhlen
Valladolid
Maxcanu
Mayapan
Ikil
Chichen Itza
Chichimila
Yaxuna
Xcaret
Oxkintoc
Ticul
Mani
Yucatán
Cozumel
Isla de Cozumel
Coba
Uxmal
Mulchic
Jaina
Xcalumkin
Kabah
Loltún
Tancah
Punta Celarain
Punta Nitun
Hecelchakan
Labna
Sayil
Tulum
Muyil
Xlapak
Puuc
Campeche
Okop
Señor
Santa Rosa Xtampak
YUCATÁN
Quintana Roo
Punta Morro
Seyba Playa
Chenes
Felipe Carrillo Puerto
Punta Pájaros
Edzna
Chunhuhub
Dzibilnocac
129 m
Tabasqueño
Champotón
Hochob
Villa de Guadalupe
CAMPECHE-BAI
Campeche
Reforma Agraria
212 m
MEXIKO
Punta Xicalango
Laguna de Términos
Francisco Escárcega
Nadzcaan
Ciudad del Carmen
Balamku
Becan
Morocoy
Dzibanche
Chetumal
Punta Herradura
Banco Chinchorro
Chicanna
Xpujil
Santa Rita
Sanchez Magallanes
Frontera
Kohunlich
Cerros
Paraiso
Comalcalco
Hormiguero
Rio Bec
KARIBISCHES MEER
Grijalva
Usumacinta
Corozal District
Tabasco
Noh Mul
Ambergris Caye
Cárdenas
Villahermosa
Calakmul
365 m
Los Alacranes
Cuello
Orange Walk
Benito Juárez
Villa El Triunfo
Uxul
New River Lagoon
San Pedro
Laguna Rosario
Macuspana
Balancán
La Milpa
Emiliano Zapata
San Pedro
El Mirador
Naachtun
Rio Azul
Altun Ha
Caye Caulker
Caye Chapel
Long Caye
Teapa
Tortuguero
Lamanai
Belize City
Pomona
Nakbe
Orange Walk District
Turneffe Islands
Northern Caye
Palenque
Tenosique de Pino Suárez
Xultun
Belize District
Lighthouse
Rio Chancala
Uaxactun
Blackbird Caye
Northern Lagoon
Nakum
Malpaso
Agua Azul-Kaskaden
2470 m
El Perú
El Zotz
Tikal
Naranjo
Belmopan
Southern Lagoon
Tecpatán
2450 m
Piedras Negras
BELIZE
Half Moon Caye
Yajalon
Yaxha
Presa Netzahualcoyotl
El Cayo
1550 m
Motul de San Jose
Lago Peten Itza
Xunantunich
Meseta Central de Chiapas
La Pasadita
Mountain Pine Ridge
Stann Creek District
Ocosingo
Naha
La Mar
Yaxchilan
La Florida
Topoxte
Dangriga (Stann Creek)
BARRIER REEF
Tonina
Ucanal
Vaca-
Tobacco Caye
Glovers Reef
Ocozocoautla
Chiapa de Corzo
Zinacantán
Lacanja
Flores
Cayo Distr.
GOLF VON HONDURAS
San Cristobal de Las Casas
2783 m
La Selva Lacandona
La Libertad
Petén
Caracol
Victoria Peak 1120 m
Cintalapa
Tuxtla Gutierrez
Bonampak
Plateau
Usumacinta
Ixkun
Maya Mountains
Itzan
Dos Pilas
Ixtutz
Toledo District
Islas de la Bahía
Venustiano Carranza
2224 m
Seibal
Sacul
Isla de Roatán
Altar de Sacrificios
Aguateca
Lubaantun
Chiapas
Poptún
The Snake Cayes
Ranguana Caye
Villa Flores
Machaquila
Nim Li Punit
Comitán de Dominguez
Naj Tunich
Tom Owen's Caye
Tonalá
Chinkultic
Sapodilla Caye
Xutiha
Pusiha
Cabo de Tres Puntas
Isla de Utila
Sierra Madre
Presa de la Angostura
719 m
Cancuen
Puerto Cortés
Punta Sal
Angel Albino Corzo
San Mateo Ixtatán
Alta Verapáz
Punta Izopo
La Ceiba
Puerto Barrios
Ulúa
Tela
Pijijiapan
Huehuetenango
GUATEMALA
Choloma
Aguan
El Estor
San Pedro Sula
Quiche
Lago de Izabal
Izabal
Sierra de Santa Cruz
El Progreso
Olanchito
Sierra de los Cuchumatanes
3518 m
3834 m
Cobán
2532 m
Quiriguá
Quimistán
Travesia
Escuintla
Zaculeu
Huehuetenango
Baja Verapaz
Polochic
Macuelizo
Santa Rita
Volcán de Tacana 4092 m
Sierra de las Minas
Salamá
Florida
Los Higos
San Antonio de Cortés
Yoro
Huixtla
Volcán de Tajumulco 4220 m
3015 m
Zacualpa
Utatlan
Rio Amarillo
Izapa
Zacapa
Tapachula
Quezaltenango
Motagua
Mixco Viejo
Lago de Yojoa
HONDURAS
Santa Rosa de Copán
Puerto Madero
Iximche
Chiquimula
Copan
Santiago Atitlán
CIUDAD DE GUATEMALA
Sierra del Gallinero
Juticalpa
Volcán Atitlán 3596 m
Antigua Guatemala
2849 m
Abaj Takalik
3976 m
Kaminaljuyu
Siguatepeque
El Baul
Lago de Amatitlán
Comayagua
Bilbao
Sta. Lucia Cotzumalguapa
Amatitlán
La Esperanza
Champerico
La Democracia
Metapán
Escuintla
Cuilapa
Jutiapa
Tegucigalpa
Chalatenango
Marcala
Danlí
Chalchuapa
Santa Ana
Cihuatan
Yuscarán
V. de Santa Ana 2386 m
Tazumal
Santa Ana
El Paraiso
Puerto Quetzal
San Andres
Ceren
Mejicanos
Ilopango 1950 m
Sonsonate
San Salvador
Ocotal
Santa Tecla
San Vicente
Acajutla
Nacacome
San Miguel
Somoto
Zacatecoluca
San Lorenzo
PAZIFISCHER OZEAN
EL SALVADOR
Choluteca
Usulután
La Unión
NICARAGUA
El Triunfo
Punta San Juan
Punta San José
Estelí

PROLOG

Nikolai Grube

„Wer wird der Prophet sein, wer wird der Priester sein, der die Sprache der Hieroglyphen deuten wird?" – mit dieser Frage endet das Chilam-Balam-Buch von Chumayel, geschrieben von einem Maya zur Zeit der spanischen Kolonialherrschaft, einem Maya, der offensichtlich nicht mehr die geheimnisvollen Schriftzeichen seiner Vorväter lesen konnte. Niemand wusste mehr von den großen Städten, keiner kannte mehr die Namen der alten Könige, verboten war der Glaube an die alten Götter, zerschmettert lagen ihre tönernen Abbilder auf dem Boden. Selten war das Klischee von der versunkenen Kultur so zutreffend wie für die der Maya. Als der Forschungsreisende John Lloyd Stephens 1840 im dampfenden Urwald die überwucherten Monumente der Stadt Copan fand, bemühte er ebenfalls die Metapher des Versunkenseins: „Die Stadt lag vor uns wie eine zerborstene Barke inmitten des Ozeans, die Masten zerbrochen, der Name ausgelöscht, die Besatzung umgekommen. Niemand war geblieben, der erzählen konnte, wem das Schiff gehört hatte, wie lange es unterwegs gewesen war, und was schließlich seinen Untergang herbeiführte. Ein einziges Rätsel, ein dunkles, undurchdringliches Rätsel ..." (Abb. V).

Es waren weder Priester noch Propheten, die die Hieroglyphenzeichen gedeutet haben, sondern Wissenschaftler, Reisende und Abenteurer. Zu Fuß und mit dem Buschmesser bewaffnet durch den Dschungel marschierend, haben sie immer neue Städte im grünen Ozean der tropischen Vegetation entdeckt (Abb. II). Am Schreibtisch zwischen Bücherstapeln und Computerausdrucken sind sie der Astronomie dieses Volkes auf die Spur gekommen. Unter der sengenden Sonne knien sie auf dem freigelegten Fußboden eines Hauses und zeichnen Millimeter für Millimeter die Spuren eines zerdrückten Kieferknochens nach, der einem vor 3000 Jahren beigesetzten Maya gehörte. Mosaiksteine, die erst zusammengenommen ein Bild ergeben. Aber endlich wissen wir von der Besatzung, kennen den Namen des Schiffes und sogar des Kapitäns, der es steuerte. Hundert Jahre nach der rhetorischen Frage im Chilam-Balam-Buch von Chumayel sind Wissenschaftler nun auch dabei, die Hieroglyphen zu enträtseln.

Ein neues Bild der Maya

In kaum einem anderen Bereich der Altertumswissenschaften haben sich Kenntnisse und Ideen so stark und so vollständig verändert wie in der Maya-Forschung. Das Wort von einem Paradigmenwechsel ist hier in jeder Hinsicht angebracht. Glaubte man vor einigen Jahrzehnten noch, die Maya seien friedliche Maisbauern gewesen, die von Priestern zur Beobachtung der Sterne und Verehrung der Zeit angehalten wurden, so hat sich herausgestellt, dass die Maya von Königen und Fürsten regiert wurden, die genauso machtversessen und eitel waren wie Potentaten überall sonst auf der Welt. Liest man noch in vielen Büchern, die Maya hätten einfache Brandrodung betrieben und ausschließlich Mais angebaut, so zeigt sich jetzt, dass sie schon seit der Präklassik intensive Formen der Landwirtschaft entwickelt hatten und Hochbeete und Kanäle in Sumpfgebieten anlegten, intensiven Gartenbau betrieben und komplexe Bewässerungssysteme planten. Unbekannt waren bis vor wenigen Jahren die großen präklassischen Städte in Nordguatemala. Hier haben neue Ausgrabungen den Beginn städtischer Zivilisation im Tiefland um ein halbes Jahrtausend weiter zurückdatiert. Und erst seit zwei, drei Jahren wissen wir sicher, in welcher Sprache die Schreiber der Maya ihre Botschaften verfassten. Die Entdeckungen halten an. Wo immer Archäologen den Spaten ansetzen, ist mit Überraschungen zu rechnen. Wer ahnte vor 1997, dass unter dem Schutt der Akropolis von Ek Balam eine geradezu sensationell unbeschädigt erhaltene Stuckfassade verborgen

Vorhergehende Doppelseite: *Inthronisationsritus. Palenque, Chiapas, Mexiko, Thronbank XIX*

I *Geomorphologische Karte des Maya-Gebietes*
Die Region Mesoamerikas, die von der Maya-Kultur geprägt ist, umfasst ein Gebiet von etwa 500 000 km² und verteilt sich auf fünf moderne Staaten.

II *Alfred Percival Maudslay in Chichen Itza. Glasplattenfotografie von H. N. Sweet, 1889*
Der britische Naturwissenschaftler Alfred Percival Maudslay (1850–1931) war ein Pionier der Maya-Forschung. Im Alter von 30 Jahren hatte er von den Ruinen von Copan und Quirigua gehört und beschlossen, diese Orte zu besichtigen. Aus einem kurzen Aufenthalt wurde eine lebenslange Passion. Maudslay besuchte und erforschte auf langen Reisen die Städte Palenque, Copan, Quirigua, Chichen Itza, Tikal und Yaxchilan.

war, die dazu noch im Chenes-Architekturstil gehalten ist, der im weiten Umkreis keine Entsprechung hat? (Abb. III) Jedes Jahr tauchen Funde auf, die uns zwingen, unser Bild von den Maya zu revidieren, von lieb gewordenen Vorstellungen Abschied zu nehmen.

Es ist aber diese Dynamik, die ungeheure Entwicklung, die der Beschäftigung mit den Maya auch einen so großen Reiz vermittelt. Wo sonst auf der Welt sind noch ganze Stätten einer alten Kultur im Urwald verborgen, ja ganze Landstriche weiße Flecken auf der archäologischen Landkarte? Wo sonst wissen wir noch so wenig über die wirtschaftliche Grundlage einer antiken Zivilisation? Und wo sonst auf der Welt versanken alle großen Städte einer Kultur, wurden aufgegeben und von ihren Bewohnern verlassen, ohne dass die Gründe dafür bekannt wären?

Die Maya-Forschung steckt noch in ihren Kinderschuhen. Sie ist ein so junges Fach, dass es kaum Einrichtungen und Lehrstühle an Universitäten gibt, die sich der wissenschaftlichen Erforschung der Maya widmen. Eine Folge der fehlenden institutionellen Absicherung ist nicht nur, dass viele Fragen von großem wissenschaftlichen und kulturhistorischen Interesse nicht beantwortet werden können, sondern auch, dass sich die Wissenschaft in einem Wettlauf mit der Zerstörung des materiellen Erbes der Maya befindet. Längst erzielen Maya-Kunstwerke horrende Summen auf dem Kunstmarkt; alle diese Objekte kommen aus Raubgrabungen, bei denen

III *Stuckfassade der Akropolis. Ek Balam, Yucatán, Mexiko; Stein, mit Stuck verkleidet und bemalt*
Archäologen von der mexikanischen Altertumsbehörde (INAH) haben in den Jahren 1998–2000 in der archäologischen Zone von Ek Balam gegraben und dabei auf der Akropolis des Ortes einen Stuckfries entdeckt, dessen Erhaltungszustand und Detailreichtum einzigartig in der Welt der Maya sind. Neben der Qualität der Skulptur überraschte auch die Verkleidung der Tür als aufgerissener Rachen einer Schlange – ein Dekor, der sonst nur im weit entfernten Chenes-Architekturstil vorkommt.

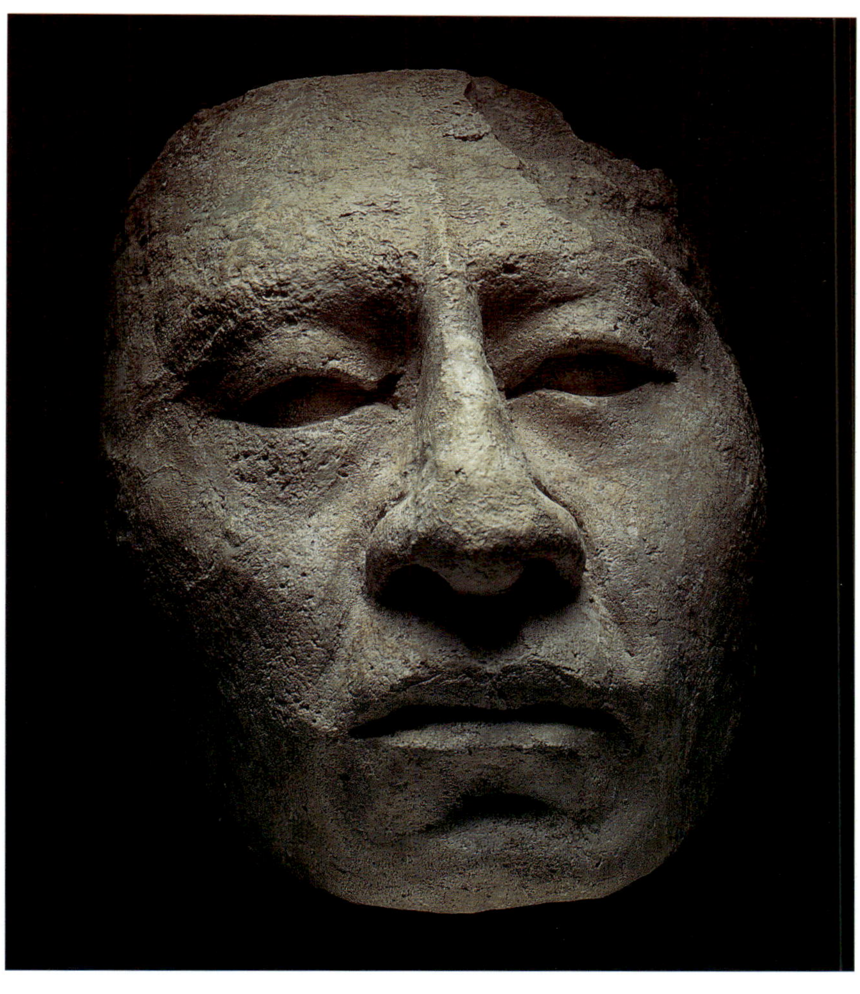

Kunstdiebe rücksichtslos in Pyramiden eindrangen, um Gräber auszurauben. Den Wettlauf mit ihnen haben Archäologen längst verloren; die meisten Stätten der Maya sind ausgeplündert, manche gar vollständig zerstört worden, um die Vitrinen von Sammlern in Boston und Genf aufzufüllen. Große Anstrengungen wären nötig, um die verbleibenden Stätten zu erforschen, zu schützen und für die Zukunft zu erhalten. Aber nicht nur der Mangel an Ressourcen, auch die politische Zersplitterung des alten Maya-Landes in fünf moderne Staaten – Mexiko, Guatemala, Belize, Honduras und El Salvador – machen solche Vorhaben zu bürokratischen Abenteuern. Zwar haben sich diese fünf Staaten zusammengeschlossen, um eine „Ruta Maya" zu schaffen, eine touristische Integration der Maya-Welt mit offenen Grenzen für Reisende, aber die wissenschaftliche Erforschung der Maya-Kultur hat von diesem Projekt nicht in gleichem Maße profitieren können.

Trotz dieser Hindernisse können wir heute ein Bild des Aufstiegs und der Entwicklung der Maya-Kultur zeichnen, gegen das frühere Gesamtdarstellungen nur als grobe Skizzen erscheinen. Während deren Tenor auf der Exotik der Maya, ihrer Anders- und Einzigartigkeit lag, so lassen moderne Publikationen, wie wir sie mit diesem Buch anstreben, die Maya als Menschen erscheinen, deren Probleme, Intentionen und Motive sich nicht sehr von denen anderer Menschen überall sonst auf der Welt unterscheiden (Abb. IV). Bei aller Exotik und Romantik, die in dem Wort „Maya" mitschwingen, reihen sich die Maya nun unter die anderen großen alten Zivilisationen – Ägypten, Mesopotamien, Indien und China – ein.

Wir wollen versuchen, die Maya zu verstehen und die interne Logik der Geschichte dieses Volkes aufzuzeigen. Damit betreten auch die Maya die Bühne der Weltgeschichte: Bis heute wartet die Forschug immer wieder mit neuen Erkenntnissen auf, die unser Bild dieser alten Hochkultur klarer werden lässt und bewirkt, dass ihre Denkmäler nicht länger stumme Zeugen einer längst untergegangenen Kultur sind.

IV *Porträtkopf aus Stuck. Umgebung von Palenque, Chiapas, Mexiko; Späte Klassik, 600–900 n. Chr.; modellierter Stuck; H. 24,4 cm, B. 18,9 cm; Mexiko Stadt, Museo Nacional de Antropologia*
Die Darstellung von Köpfen in der Maya-Kunst ist meist idealisiert und zeigt keine individuellen Züge. Allein in Palenque scheinen die Künstler den Versuch unternommen zu haben, die tatsächlichen Züge der Porträtierten zu verewigen. Dieser Stuckkopf eines unbekannten Maya, vermutlich der eines Fürsten oder eines der Könige von Palenque, ist ein wahres Meisterwerk, das einen lebendigen Eindruck einer bedeutenden Persönlichkeit hinterlässt.

V *Der Große Platz von Copan. Farblithografie von Frederick Catherwood, um 1840*
„Von der erregenden Wirkung der Denkmäler selbst, wie sie so dastehen in der Tiefe eines tropischen Waldes, schweigend und feierlich, von fremdartigem, wundersamem Entwurf, prächtig gemeißelt … – von dieser Wirkung werde ich mir nicht anmaßen, eine Vorstellung zu vermitteln …", schrieb John Lloyd Stephens, der zusammen mit dem Zeichner Frederick Catherwood 1840 die vergessenen Ruinen von Copan für die Forschung wieder entdeckte.

Archäologen nennen den Zeitraum, in dem sich die Maya-Kultur langsam entwickelte, die Präklassik und unterteilen sie noch einmal in eine Frühe Präklassik (2000–900 v. Chr.), eine Mittlere Präklassik (900–300 v. Chr.) und eine Späte Präklassik (300 v. Chr. –250 n. Chr.). Während in der Frühen Präklassik erste dörfliche Gemeinschaften entstanden, zeichnet sich die Mittlere Präklassik durch die ersten Beispiele steinerner Monumentalarchitektur aus. In dieser Epoche bildeten sich soziale Ordnungen in den Siedlungen heraus, was an unterschiedlich reich ausgestatteten Gräbern beobachtet werden kann, aber auch an frühen Steinmonumenten, die Würdenträger darstellen. Ausgrabungen der letzten zehn Jahre haben unsere Sicht gerade dieser Zeit außerordentlich verändert. Im Norden von Guatemala, unweit der Grenze zu Mexiko, sind riesige Stadtanlagen entdeckt worden, die bis auf die Mittlere Präklassik zurückgehen und damit zeitgleich sind mit den Städten der olmekischen Kultur an der mexikanischen Golfküste, einer Kultur, die man früher als die Mutterkultur Mesoamerikas betrachtete.

In der Späten Präklassik wurde die soziale Differenzierung immer komplexer, und es scheint bereits zur Entstehung von Staaten gekommen zu sein, politischen Gebilden mit einer klar wahrnehmbaren Hierarchie von Entscheidungsträgern und einer zentralen, in einem Hauptort angesiedelten Macht. Charakteristisch für die Späte Präklassik sind monumentale Bauwerke, insbesondere Tempel- und Palastgebäude, die mit überdimensionalen Stuckmasken von Göttern dekoriert sind. Die ersten steinernen Gewölbe stammen ebenfalls aus der Späten Präklassik. Ausgrabungen in Calakmul haben jetzt sogar eine architektonische Sensation ans Licht gebracht: Hier wurde ein präklassisches Gebäude mit einem richtigen, also sich selbst tragenden Gewölbe mit einem Schlussstein gefunden, während sich die Maya der klassischen Zeit ausschließlich des Kraggewölbes bedienten, einer im ganzen vorspanischen Amerika nur von ihnen extensiv genutzten

VI *Stele 50. Izapa, Chiapas, Mexiko, Hauptplatz; Späte Präklassik, 300 v. Chr.–100 n. Chr.; Sandstein; Mexiko Stadt, Museo Nacional de Antropología*
Die Blütezeit der nahe der Pazifikküste und in einem Kakaoanbaugebiet gelegenen Stadt Izapa war die Späte Präklassik. Hunderte von steinernen Stelen und Altären künden von den rituellen Aktivitäten ihrer Bewohner. Stele 50 ist die Darstellung eines sitzenden Todesgottes, aus dessen Gerippe Linien, Spiralen und vielleicht eine Götter- oder Tierfigur, vielleicht Abbild eines Seelen-Begleittiers, hervorkommen.

VII *Mischwesen auf einem Thron. Palenque, Chiapas, Mexiko, Gruppe B, Gebäude 3, Grab 1; Späte Klassik, 600–900 n. Chr.; modellierter Ton, bemalt; Figur: H. 17 cm, B. 8,3 cm, Thron: H. 6,6 cm, B. 13,6 cm; Palenque, Museo de Sitio „Alberto Ruz Lhuillier"*
Immer wieder stoßen Wissenschaftler, die sich mit der Maya-Kultur befassen, an die Grenzen ihrer Deutungsmöglichkeiten, so auch im Fall dieser außergewöhnlichen Tonfigur, die in einem Grab außerhalb des Zentrums von Palenque gefunden wurde. Sie ist hervorragend erhalten und zeigt sogar noch Reste ihrer einstigen Bemalung. Wer sich hinter der auf dem Thron sitzenden Figur verbirgt, ist jedoch bis heute ungeklärt. Es könnte sich um ein Mischwesen aus wildem Truthahn und Mensch oder lediglich um einen Menschen mit Maske handeln.

Zeiträume und Orte

Die Vorfahren der Maya kamen irgendwann während der letzten Eiszeit über die Beringstraße auf den amerikanischen Kontinent. Als Jäger und Sammler besiedelten sie die drei Großregionen, in die das Gebiet der Maya aufgrund geologischer und klimatischer Verhältnisse unterteilt wird – den pazifischen Küstenstreifen, das Hochland und das Tiefland. Über die Frühzeit der Maya-Kultur, das Archaikum, ist nur wenig bekannt, doch wissen wir mittlerweile, dass sich die Menschen irgendwann im 2. Jahrtausend vor der Zeitenwende in Dörfern niederließen. Dies war eine Folge der Entstehung der Landwirtschaft und des beginnenden Maisanbaus. Aus dieser Zeit stammen auch die ersten Töpferwaren, die uns die Maya hinterlassen haben. Dieser Prozess fand nicht überall gleichzeitig statt, es scheint, als sei der Schritt zur Sesshaftigkeit an der Pazifikküste früher erfolgt als im Tiefland.

VIII *Stuckhieroglyphe. Palenque, Chiapas, Mexiko, Olvidado-Tempel, Türlaibungen des Eingangs; 647 n. Chr.; modellierter Stuck, bemalt; H. 17 cm; B. 21 cm; Palenque, Museo de sitio Alberto Ruz Lhuillier*
Das erste Gebäude, das der große König K'inich Janaab Pakal von Palenque (615–683) errichten ließ, war der so genannte Olvidado („der vergessene") Tempel, ein Gebäude, das seinen Namen der Tatsache verdankt, dass es weit außerhalb des eigentlichen Stadtzentrums im Urwald steht. Pakal ließ es im Jahr 647 n. Chr. errichten, wie wir durch die Stuckhieroglyphen wissen, die das Gebäude einst schmückten und von denen hier eine zu sehen ist, die zu den noch nicht entzifferten Hieroglyphen der Inschrift gehört.

Bauform, die zur Grundlage ihrer gesamten Monumentalarchitektur und des Städtebaus wurde. Schließlich tauchen in der Späten Präklassik auch erstmals Steinmonumente mit Hieroglypheninschriften auf. Die ältesten Texte präsentieren uns die Schrift bereits in einem solchen Grad der Vereinheitlichung und Komplexität, dass es Vorstufen gegeben haben muss; sie haben sich vielleicht nicht erhalten, weil das Material vergänglich war, oder wir sind einfach noch nicht auf sie gestoßen.

Gegen Ende der Späten Präklassik kam es im gesamten Gebiet der Maya zu einschneidenden Ereignissen, Verwerfungen und Bevölkerungsverschiebungen. In El Salvador brach der Vulkan Ilopango aus und begrub Teile des Hochlandes unter Asche und Lava. Im Tiefland scheint es klimatische Veränderungen, aber auch zerstörerische Konflikte gegeben zu haben. Zahlreiche, aber nicht alle präklassischen Städte wurden aufgegeben. Die größte Maya-Stadt im Hochland von Guatemala, der Ort Kaminaljuyu, wurde von den Vorfahren der heutigen K'iche' erobert.

Die klassische Zeit

Das Jahr 250 n. Chr. als Grenze zwischen Präklassik und Klassik anzugeben, beruht auf einer Konvention, einer willkürlichen Festlegung, um einen groben chronologischen Rahmen vorzugeben. Tatsächlich aber vollzog sich der Wandel von der Präklassik zur Klassik allmählich und auch nicht in allen Regionen des Maya-Gebietes zur gleichen Zeit. Ein anderes Problem der existierenden Epocheneinteilung ist, dass sie zu einer Zeit vorgenommen wurde, als die Zivilisation der Maya ausschließlich mit der klassischen Periode und ihren Errungenschaften assoziiert wurde. Hier blieb der Präklassik die Rolle eines unfertigen Vorläufers beschieden, und die Postklassik wurde als Phase der Dekadenz nach dem Kollaps der Städte des Tieflandes angesehen, weil ihre materiellen Hinterlassenschaften weniger spektakulär waren als die der Klassik. Heute nehmen die meisten Forscher eine sehr viel breitere Perspektive ein und sehen auch in der klassischen Zeit nur eine der vielen Manifestationen, in denen sich die Maya-Kultur im Laufe ihrer langen Geschichte geäußert hat.

Auch die klassische Zeit wird wiederum in zwei, von manchen Forschern auch in drei Phasen unterteilt: die Frühe Klassik (250–550 n. Chr.) und die Späte Klassik (550–900 n. Chr.); der von einigen Wissenschaftlern verwendete Begriff Endklassik bezieht sich auf die letzten 100 Jahre der Spätklassik, als die Maya-Kultur im Tiefland bereits alle Anzeichen des bevorstehenden Zusammenbruchs zeigte. Während der Klassik wurde das Tiefland von miteinander konkurrierenden Stadtstaaten beherrscht, an der Spitze jedes dieser kleinen Staaten stand ein König, der seinen Machtanspruch von der göttlichen Herkunft seiner Vorfahren ableitete und als Mittler zwischen Menschen- und Götterwelt galt. Aufwändige Paläste, großer materieller Luxus und Kunstwerke, die der Repräsentation der selbstbewussten Potentaten dienten, sind Zeugnisse einer hoch entwickelten höfischen Gesellschaft. Auch die Hieroglyphenschrift war Bestandteil der Kultur des Adels, Tausende von Texten auf steinernen Gedenksäulen, die die Forscher Stelen nennen, auf Altären, Wandtafeln, Keramikgefäßen und Schmuckstücken berichten von königlichen Biografien und Großtaten, von Kriegen, Allianzen, aber auch ganz einfach davon, welcher Künstler das entsprechende Werk geschaffen hat (Abb. VIII). Die Entzifferung der Maya-Schrift gehört sicher zu den Glanzleistungen der Altertumsforschung; sie ermöglicht es uns, die politischen Verhältnisse der klassischen Zeit, aber auch die intellektuelle Kultur, Astronomie und Mythologie der Maya zu rekonstruieren.

IX *Torbogen in den Ruinen von Iximche', Yucatán, Mexiko; Foto von Teobert Maler*
Wie Alfred Percival Maudslay gehört auch der deutsch-österreichische Architekt, Abenteurer und Reisende Teobert Maler (1842–1917) zu den Pionieren der Maya-Forschung. Seinem unermüdlichen Wirken ist die Entdeckung einer Vielzahl von archäologischen Stätten im heutigen Guatemala und in Mexiko zu verdanken. Zahlreiche Expeditionen führten ihn in den 1880er- und 1890er-Jahren über die Halbinsel Yukatan, dabei stieß er auch auf die Stadt Iximche' mit Gebäudegruppen im so genannten frühen Puuc-Stil, darunter auch dem hier gezeigten Torbogen.

Die Frühe Klassik wird zu einem großen Teil von Kontakten zur zentralmexikanischen Metropole Teotihuacan bestimmt, der größten Stadt des mesoamerikanischen Kulturraums; diese Verbindungen hatten, wie wir jetzt wissen, einen direkten Einfluss auf die Politik und dynastische Geschichte der Maya. In dieser Zeit entstand auch der Antagonismus zwischen den beiden Supermächten der klassischen Maya, Tikal und Calakmul, der letztlich zur Herausbildung von zwei großen Bündnissystemen führte. Sie bestimmten zu Beginn der Späten Klassik Politik und Kriegführung, zerbrachen aber schließlich und leiteten so einen Prozess der Desintegration und des Zerfalls ein, der durch ökologische Katastrophen und Überbevölkerung noch beschleunigt wurde. Im 9. und 10. Jahrhundert n. Chr. wurde eine Stadt nach der anderen von ihren Bewohnern verlassen, nur noch einige wenige Familien hausten in den verwahrlosten Ruinen einstiger Paläste.

Die Postklassik

Die Postklassik wurde lange Zeit als eine Phase der Dekadenz angesehen, denn die Zeugnisse postklassischer Kultur, die Archäologen freilegten, waren weniger spektakulär und kostbar als die der vorausgegangenen Klassik. Heute stellt sich jedoch heraus, dass sich dahinter ein gewandeltes Selbstbewusstsein ihrer Träger verbirgt. War die Klassik die Zeit despotischer Gottkönige, so signalisieren die verhältnismäßig kleinen Palastanlagen und die weniger aufwändige öffentliche Architektur eine geringere Bedeutung der traditionellen Führungseliten. Im Gegenzug scheint sich eine Art Mittelschicht herausgebildet zu haben, die am Fernhandel partizipierte und davon wirtschaftlich profitierte. Generell nahm der Handel in der Postklassik zu, wie sich an exotischen Gütern wie Gold aus dem südlichen Mittelamerika, Türkis aus dem Südwesten der USA und Kupfer von der mexikanischen Westküste nachweisen lässt.

Auch die Postklassik wird wieder in verschiedene Abschnitte unterteilt. Als Frühe Postklassik (900–1200 n. Chr.) wird die Zeit angesehen, in der die große, enge Kontakte mit Zentralmexiko unterhaltende Metropole Chichen Itza den Norden der Halbinsel Yukatan dominierte. Der Aufstieg der Stadt Mayapan und ihr ebenfalls über ganz Yukatan reichender Einfluss markieren die Mittlere Postklassik (1200–1450 n. Chr.). Dies war auch die Zeit, in der die K'iche'-Maya das Hochland von Guatemala und eine Vielzahl fremder Völker beherrschten und prägten. Die Späte Postklassik ist die Zeit unmittelbar vor der Invasion der Spanier. Auf der Halbinsel Yukatan zerfiel das von Mayapan kontrollierte Gebiet in eine Vielzahl rivalisierender Kleinstaaten, von denen einige Anfang des 16. Jahrhunderts mit den Spaniern nur deshalb paktierten, um in ihnen Verbündete gegen die befeindeten Nachbarn zu haben. Im Hochland von Guatemala bedeutet die Späte Postklassik das Aufstreben der Kaqchikel und ihrer Hauptstadt Iximche', während die K'iche' an Bedeutung verloren. Aber auch im zentralen Tieflandgebiet, dort wo früher die klassische Maya-Kultur blühte, entstand in der Späten Postklassik ein mächtiger Staat. Hier konnten sich Itzaj-Maya von ihrer Inselhauptstadt Noj Peten aus bis 1697 gegen die spanische Eroberung wehren. Das Ende der Postklassik und der Beginn der Kolonialzeit finden ebenfalls nicht überall im Gebiet der Maya zur gleichen Zeit statt.

Kolonialzeit und Gegenwart

Die meisten Darstellungen der Maya-Kultur schließen mit der spanischen Invasion, als ob die Geschichte der Maya damit geendet hätte. Aber trotz der Grausamkeiten einer militärischen Eroberung, trotz Versklavung und eingeschleppter Krankheiten, die die Bevölkerung dramatisch reduzierte, überlebten die Maya und bewahrten viele Aspekte ihrer Kultur. Auch unter kolonialer Herrschaft griffen sie in die Geschichte ein. Dies zeigt sich vor allem in zahlreichen Aufständen gegen das koloniale Regime. Auch die Unabhängigkeit der lateinamerikanischen Länder von Spanien nach 1821 brachte keine Verbesserung der Lebensverhältnisse der Maya und der anderen indianischen Völker des Kontinents. Die Ureinwohner Amerikas waren längst zu Randgruppen am Ende der sozialen Hierarchie geworden, auch dort, wo sie noch immer die Mehrheit der Bevölkerung ausmachten. Daran konnte selbst der größte und erfolgreichste Maya-Aufstand, der so genannte Kastenkrieg (1847–1901), nichts ändern, in dessen Verlauf die Maya Yukatans fast die gesamte Halbinsel eroberten.

Gewaltsame Unterdrückung und Missachtung ihrer Kultur bestimmen den Umgang mit den Maya bis in die Gegenwart. Doch nehmen sie heute Bevormundung und Paternalismus nicht mehr widerstandslos hin. In Mexiko und Guatemala haben sich starke Maya-Bewegungen formiert, deren Ziel es ist, politische und kulturelle Rechte zu erkämpfen. Die Zukunft wird zeigen, ob wir der Geschichte der Maya weitere Kapitel hinzufügen können, Kapitel, die vielleicht von Gleichberechtigung und kultureller Selbstfindung handeln werden.

Zeit für Entdeckungen

„Beim Jagen habe ich im Urwald eine Stele gesehen", meinte Andres, einer der jungen Maya, die bei der Freilegung der Ruinen von Caracol halfen. Keiner mochte ihm so recht Glauben schenken, schon zu oft stellten sich vermeintliche Stelen als Steine heraus, die nur durch eine Laune der Natur Ritzungen und Formen aufwiesen, die mit viel Phantasie für Darstellungen von Königen gehalten werden konnten. Sollte man seinen Worten vertrauen und sich einen mühsamen Weg durch Schlingpflanzen, Morast und Lianen bahnen, nur um am Ende wieder einmal enttäuscht zu werden? Die Überredungskraft von Andres siegte, und so wurde am nächsten Morgen eine Expedition gestartet, Kilometer für Kilometer durch ein Gebiet, das seit vielleicht 1000 Jahren keine menschlichen Füße mehr betreten hatten, außer eben jene von Andres bei seinem Jagdausflug. Das metallene Singen des Buschmessers beim Durchtrennen des Dickichts wollte kein Ende nehmen; Mücken tummelten sich, angelockt vom Schweiß. Doch endlich der Ruf des Führers: „Hier ist es!" – aber weit und breit keine Stele zu sehen, nicht einmal ein Gebäude. Doch, da hinten war ein Schacht, den Raubgräber bei ihrer Schatzsuche hinterlassen hatten. Er führte tief in eine niedrige Pyramide. Keramik- und Knochenreste zeigten, dass die Diebe auf ein Grab gestoßen waren. Neben dem Schacht zeigte Andres triumphierend auf einen Stein – und wirklich, der Stein war beschriftet! (Abb. XI). Es war keine Stele, sondern einer der Decksteine des Gewölbes, mit dem das Grab einst verschlossen war. Ein skulptierter Gewölbedeckstein – so etwas hat es noch nie im südlichen Tiefland gegeben! Mit sicheren, feinen Linien hatte hier ein Maya-Künstler eine menschliche Figur, vielleicht den Verstorbenen, in zeremoniellem Ornat abgebildet und hatte Namen und Todesdatum auf dem Stein vermerkt (Abb. X). Nie hätte er sich ausmalen können, dass einmal ein menschliches Wesen diesen für den Toten bestimmten Stein werde sehen können, schon gar nicht einer seiner Maya-Nachfahren. Die Zeit der Entdeckungen im Land der Maya beginnt gerade erst, und noch zahllose Hinterlassenschaften dieser einst blühenden Hochkultur warten darauf, wiederentdeckt zu werden.

X *Inzisierter Gewölbedeckstein. Caracol, Belize, Conchita-Gruppe; Späte Frühklassik oder Frühe Spätklassik, 500–650 n. Chr.; Kalkstein, beritzt; H. 88 cm, B. 22 cm; Caracol, Archaeological Zone*
Die reich bekleidete Figur trägt die Maske des Gottes Itzamnaaj als Kopfschmuck. Eine Jade-Perlenkette, großer Ohrschmuck und Manschetten an Händen und Füßen zeigen die hohe Stellung des Dargestellten an. Über dem Kopf stehen zwei unvollständig erhaltene Hieroglyphen, die vermutlich den Namen des Porträtierten oder des Verstorbenen nennen. Unter der Szene ist ein ebenfalls unvollständiges Datum zu sehen – vielleicht gibt es den Tag an, an dem das Gewölbe verschlossen wurde.

XI *Andres neben dem offenen Grab und dem Gewölbedeckstein*
Nach langem Marsch war das Ziel erreicht – eine unscheinbare, kaum vom hügeligen Gelände zu unterscheidende und vollständig von Urwald bewachsene Gebäudegruppe. Wieder einmal waren Grabräuber die Ersten gewesen, doch hatten sie den dekorierten Gewölbestein aus dem Grabgewölbe nicht mitgenommen. Offenbar hatte sie das Gewicht des Steins abgehalten – ein Glück für die Forschung, denn nirgendwo sonst im südlichen Maya-Tiefland sind vergleichbare Gewölbedecksteine gefunden worden.

LEBENSRAUM UND FRÜHE HORIZONTE

VULKANE UND URWALD – DER VIELGESTALTIGE LEBENSRAUM

Nikolai Grube

Das geografische Gebiet, in dem die Maya noch heute leben, ist nahezu identisch mit jener Region, in der ihre Vorfahren bereits vor drei- oder viertausend Jahren siedelten. Die „Welt der Maya" umfasst die heutigen südmexikanischen Bundesstaaten Chiapas, Tabasco, Campeche, Yukatan und Quintana Roo, den kleinen, erst 1981 von Großbritannien unabhängig gewordenen Staat Belize (das frühere Britisch-Honduras) sowie ganz Guatemala, schließlich El Salvador und den Westen von Honduras.

Die von den Maya bewohnte Region auf der Landbrücke zwischen Nord- und Südamerika gehört geografisch gesehen in den Bereich des nördlichen Mittelamerika. Während das Gebiet im Süden vom Pazifischen Ozean begrenzt wird, erstreckt sich die Halbinsel Yukatan zwischen dem Golf von Mexiko und der Karibik (Abb. 1). Die gesamte Region liegt südlich des Wendekreises des Krebses und befindet sich somit in den Tropen.

Die großen Höhenunterschiede innerhalb der von den Maya bewohnten Region, die geografisch stark variierenden Niederschlagsmengen und die unterschiedlichen Böden haben die Wissenschaft veranlasst, den Lebensraum der Maya in drei Großregionen zu unterteilen: die pazifische Küstenebene, das vulkanisch geprägte Hochland und schließlich das hügelig flache Tiefland. Da der Schwerpunkt der kulturellen Entwicklung der Maya im Bereich des Tieflandes lag und hier die großen Stadtstaaten in der klassischen Zeit ihre Blüte erlebten, muss dieser Kulturregion besondere Beachtung geschenkt werden.

Ein tropisches Klima

Das Klima des gesamten tropischen Amerika nördlich des Äquators wird von den Regen- und Trockenzeiten bestimmt. Die Regenperiode fällt, wie überall in den Tropen, mit den sommerlichen Höchstständen der Sonne zusammen. Die ersten Regen setzen Ende Mai ein, im Juni erreichen die Niederschläge einen Höhepunkt. Anfang August wird die Regenzeit von einer kurzen Trockenperiode unterbrochen, der so genannten *canicula,* um dann im September, zum Zeitpunkt des zweiten Höchststandes der Sonne, abermals an Intensität zu gewinnen (Abb. 2). Während im Hochland die Regenzeit schon im Oktober endet, setzt sie sich im Tiefland häufig bis in den Dezember fort. Die Monate zwischen der *canicula* und dem Jahresende sind auch die Zeit der tropischen Hurrikane, die sich um extreme Tiefdruckgebiete über dem Karibischen Meer bilden. Wenn sie das Land berühren, können sie zu katastrophalen Zerstörungen führen, wie der Hurrikan Mitch, der im Oktober 1998 weite Teile Honduras' und des Ostens von Guatemala unter Wasser- und Schlammmassen begrub.

Vorhergehende Doppelseite:
Der Atitlan-See, Guatemala
Die malerische Landschaft wird durch die teilweise immer noch aktiven Vulkane San Pedro (links), Tolimán und Atitlán (im Hintergrund) dominiert.

1 *Blick auf das Hochland von Guatemala*
„Das Land ist so schön, dass es schmerzt", bemerkt Oliver La Farge in den 20er-Jahren, als er das Hochland von Guatemala und seine Bewohner beschrieb. Kleine Indianerdörfer, rauchende Vulkane, Pinienwälder und sorgfältig angelegte Maisfelder bestimmen auch heute noch das Bild des Hochlandes.

Neben den jahreszeitlichen Schwankungen variiert die Niederschlagsmenge auch geografisch. Die geringsten Regenmengen fallen im Nordwesten der Halbinsel (durchschnittlicher Jahresniederschlag bei 475 Millimetern); je weiter man nach Südosten reist, desto höher wird der Niederschlag und erreicht im Toledo-Distrikt im Süden von Belize im jährlichen Mittel 3000 bis 4000 Millimeter, in der Region um Palenque, Chiapas, sogar noch über 4000 Millimeter. Die tatsächlichen Niederschlagsmengen können jedoch enorm schwanken. Es gibt ausgesprochen trockene Jahre und Jahre übermäßigen Regens, beides kann sich verheerend auf die Ernte

2 *Geophysikalische Karte des Maya-Gebietes*
Das Gebiet, in dem heute die Staaten Mexiko, Guatemala, Belize, Honduras und El Salvador liegen, ist von sehr unterschiedlichen Landschaftsformen geprägt. Landschaft, Klima und Vegetation teilen die Maya-Region, die etwa die Größe der alten Bundesrepublik hat, in drei große Zonen: den Küstenstreifen am Pazifik, das vulkanische Hochland und das hügeligflache Tiefland im Norden.

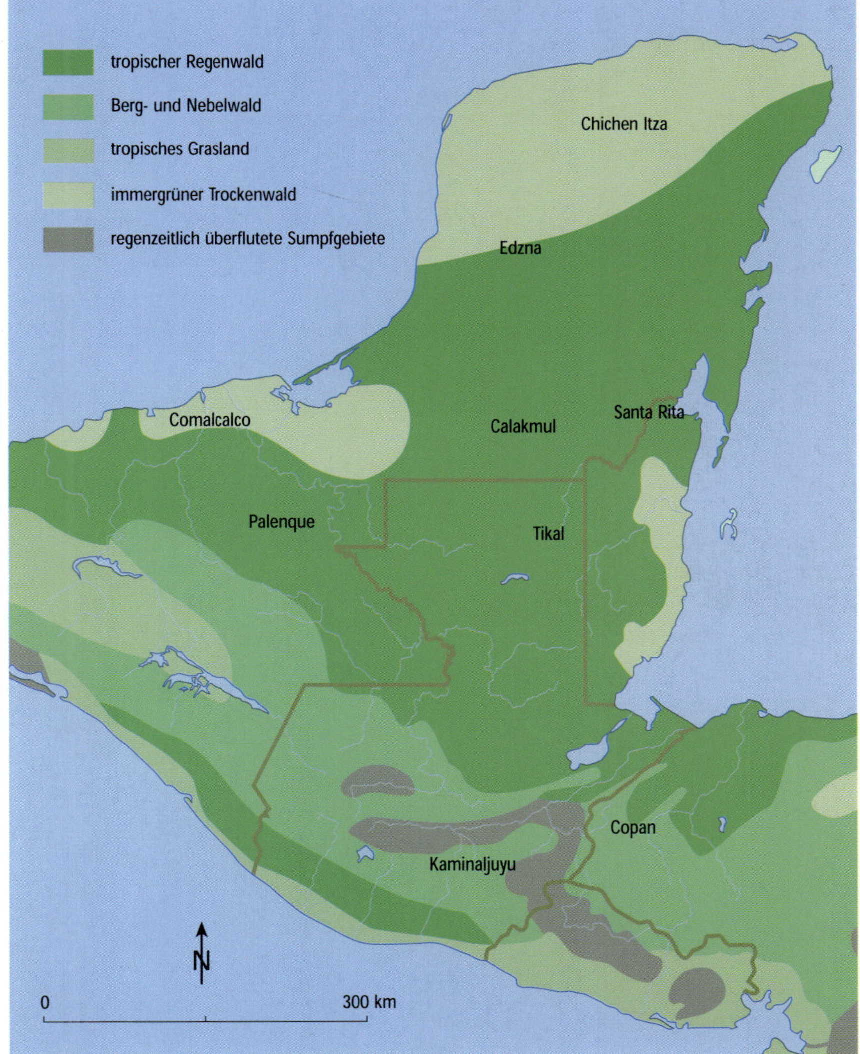

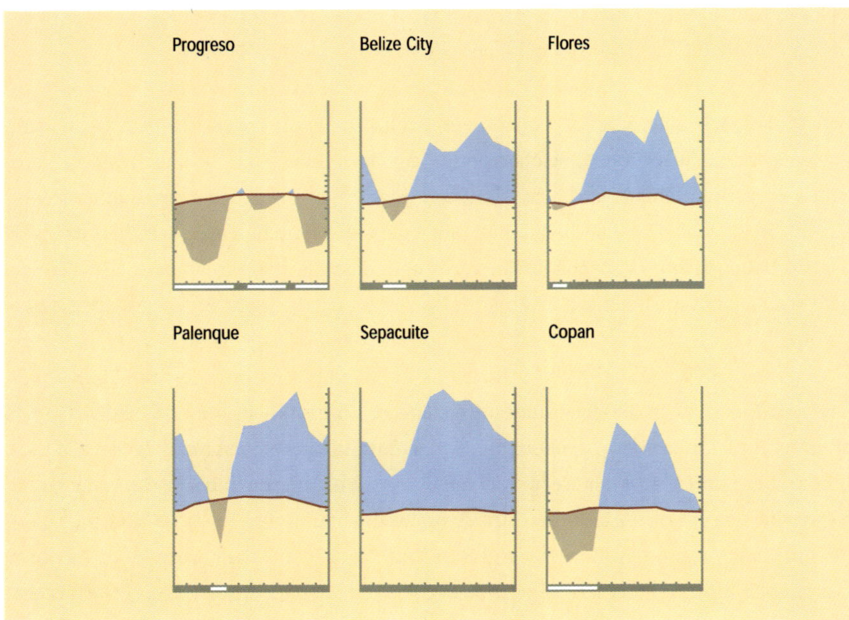

3 *Klimadiagramme verschiedener Orte im Tiefland*
Auch im Tiefland ist das Klima von verschiedenen Faktoren abhängig. Insgesamt ist aber zu beobachten, dass die Anzahl der Regenmonate zunimmt, je weiter man sich auf der Karte nach Süden bewegt. In Orten wie Flores und Palenque beschränkt sich die niederschlagsfreie Zeit auf einen oder zwei Monate im Jahr, doch in Sepacuite, dem am weitesten südlich gelegenen Ort, regnet es im Durchschnitt in jedem Monat.

auswirken. Auch der Beginn der Regenzeit kann sich verschieben; die Unsicherheit über das Einsetzen des Regens und seine Menge stellt einen großen Risikofaktor für die Maya-Bauern dar.

Die Temperaturen schwanken innerhalb des Jahres nur wenig (Abb. 3). Die wärmsten Monate sind März, April und Mai mit Trockenheit, klarem Himmel und strahlender Sonne. In den Zeiten der sommerlichen Sonnenhöchststände, im Juni und Juli, kühlt der Regen die Luft ab, und die Wolken verdecken die Sonne. Im tropischen Tiefland liegen die Temperaturen tagsüber zwischen 29 und 32 °C und in der Nacht zwischen 20 und 24 °C. Die Temperaturunterschiede zwischen Tag und Nacht sind also größer als die jahreszeitlichen Temperaturschwankungen, man sagt daher, die Nacht sei der Winter der Tropen.

In der gemäßigten Übergangszone zwischen Tiefland und Hochland, der *tierra templada* zwischen 1000 und 2000 Meter Höhe, fallen die Temperaturen tagsüber in der Regel mild aus (24–27 °C), aber in der Trockenzeit sind heiße Nachmittage mit Temperaturen über 35 °C nicht selten. Die Nächte sind kühl (14–20 °C), und im Dezember und Januar können die Temperaturen gelegentlich sogar bis an den Gefrierpunkt sinken. Die *tierra fría,* das eigentliche Hochland über 2000 Meter, hat tagsüber angenehme Temperaturen (20–27 °C) und kalte Nächte (unter 15 °C). Hier sind Nachtfröste zwischen November und Februar keine Seltenheit.

Die pazifische Küstenebene

Im äußersten Süden des Maya-Gebietes, zwischen dem Pazifischen Ozean und dem sich steil erhebenden vulkanischen Hochland, liegt ein 40 bis 100 Kilometer breiter fruchtbarer Küstenstreifen (Abb. 4). Gute Böden und hohe Niederschläge erlauben hier den Anbau von Baumwolle und Kakao. Heute erstrecken sich Bananen- und Zuckerrohrplantagen über die weiten Ebenen; Baumwolle und Kakao werden zwar weiterhin produziert, spielen aber wirtschaftlich kaum mehr die große Rolle, die ihnen in der vorspanischen Zeit zukam und die diesen Küstenstreifen für die Maya, aber auch für benachbarte Völker, die sich immer wieder Teile davon anzueignen versuchten, so attraktiv machte (Abb. 5). Die aus dem Hochland kommenden Flüsse und das von ihnen aufgeschüttete Schwemmland machten diesen Küstenstreifen so fruchtbar. Die nährstoffreichen Böden sind dunkel von der vulkanischen Asche, und selbst der Pazifikstrand in dieser Region ist schwarz. Die Niederschlagsmenge liegt zwischen 3000 und 4000 Millimetern im Jahr, denn in den Monaten Juni bis September regnen sich die vom Pazifik kommenden Wolken über der Ebene ab, bevor sie vom Wind gegen das steil ansteigende Hochland gepresst werden.

Das vulkanische Hochland

Von Mexiko bis Costa Rica bilden die von den amerikanischen Kordilleren geprägten Höhenzüge eine Landbrücke zwischen Nord- und Zentralamerika. Diese Gebirgskette hat dort, wo sie das Maya-Gebiet durchquert, bis zu 4420 Meter Höhe. Dennoch reichen die mächtigsten Erhebungen der Sierra Madre – wie die Gebirgs-

4 *Geologischer Bau und Pflanzenkleid auf einer Nord-Süd-Linie im Maya-Gebiet*
Der Lebensraum der Maya war von einem vulkanischen Hochland geprägt und einem erdgeschichtlich jungen Tiefland, in dessen porösem Karst Regenwasser sofort versackte. Allein dort, wo Karsthöhlen eingestürzt waren, eröffnete sich ein Zugang zu den unterirdischen Wasserläufen.

kette in Mexiko und Guatemala genannt wird –, der 4420 Meter hohe Vulkan Tajumulco und der 4093 Meter hohe Tacana, nicht an die Schneegrenze.

Weite Teile des zerklüfteten Hochlandes sind tektonisch aktiv; von den zwölf großen Vulkanen Guatemalas bedrohen neun bis heute die umliegenden Ortschaften mit gelegentlichen Ausbrüchen, Ascheregen und Gaswolken (Abb. 6). Auch im angrenzenden mexikanischen Bundesstaat Chiapas und in El Salvador kommt es immer wieder zu Vulkanausbrüchen, die bereits Tausende von Menschen aus ihrer Heimat vertrieben haben (Abb. 7). Archäologen vermuten, dass die Eruption des in El Salvador gelegenen Vulkans Ilopango um 150 n. Chr. zu einer derart großen Naturkatastrophe geführt hat, dass die meisten Siedlungen des Hochlandes aufgegeben werden mussten. Die dann einsetzende kulturelle Blüte des Tieflandes wird mit den Bevölkerungsbewegungen infolge dieser Vulkanausbrüche in unmittelbaren Zusammenhang gebracht. Auch das große Erdbeben, das Guatemala 1976 erschütterte, führte zu demographischen und politischen Veränderungen im Land, die noch bis in die Gegenwart fortwirken. Trotz dieser anhaltenden latenten Bedrohung durch Erdbeben und Eruptionen konzentriert sich heute der größte Teil der Maya-Bevölkerung Mexikos und Guatemalas in den Hochlandregionen. Das erklärt sich aus historischen Umständen: Im Hochland blühten zur Zeit der Ankunft der Spanier im 16. Jahrhundert mehrere große und gerade neu entstandene Maya-Staaten, außerdem zogen die Spanier das für einen Europäer viel angenehmere Klima des Hochlands den feuchtheißen tiefer gelegenen Zonen vor. Um die besiegten Maya besser kontrollieren zu können, siedelten sie viele von ihnen aus den unterworfenen Regionen des Tieflands in das Hochland um.

5 *Die Skulpturen von Santa Lucia Cozumalhuapa in einer Zuckerrohrpflanzung an der pazifischen Küstenebene. Santa Lucia Cozumalhuapa, Escuintla, Guatemala; Klassik, 600–900 n. Chr.; Basalt*
An der pazifischen Küstenebene werden heute vor allem Zuckerrohr, Baumwolle und Bananen in großen Plantagen für den Export angebaut. Die guten Böden dieser Region ermöglichen die Plantagenwirtschaft. In der vorspanischen Zeit haben immer wieder verschiedene Völker versucht, Kontrolle über die Küstenregion zu erlangen, um den Kakaoanbau und den Fernhandel zu kontrollieren. Zu diesen Völkern gehörten auch die wohl aus Zentralmexiko eingewanderten Angehörigen der Cotzumalhuapa-Kultur, in deren Ruinen sich steinerne Stelen und Altäre in einem für die Maya fremden Stil finden.

6 *Blick über den Atitlan-See mit den Vulkanen Santiago und Toliman*
Eingebettet zwischen dem 3525 m hohen Santiago und dem 3150 m hohen Toliman liegt in 1300 m Seehöhe der aus einem Vulkankrater entstandene Atitlan-See, nach Humboldt der „schönste See der Welt". Während an den Abhängen der Vulkane heute Kaffee angebaut wird, leben die Bewohner des Seeufers vor allem vom Maisanbau und Fischfang. Das Süd- und Westufer des Sees ist das Siedlungsgebiet der Tz'utujil-Maya, im Norden und Osten liegen die Dörfer der Kaqchikel, darunter auch Panajachel, ein Ort, der heute zum Zentrum des Tourismus in der Region geworden ist.

Die vulkanischen Böden des Hochlandes sind durch gewaltige Auswürfe von Bimsstein und Asche im Tertiär und im Pleistozän entstanden. So hat sich eine mehrere hundert Meter dicke Ablagerung gebildet, die von einer dünnen Schicht fruchtbaren Bodens bedeckt ist. Regen und Erosion haben in Jahrtausenden daraus eine stark zerklüftete Landschaft mit tiefen Erosionsrinnen zwischen den Bergrücken geformt, es gibt aber auch recht breite Täler mit fruchtbaren Böden (Abb. 7).

Im Übergang vom Hochland zum Tiefland liegt eine Zone tertiären und kreidezeitlichen Kalksteins, der im feuchteren Gebiet am Rande des Tieflandes phantastische Erosionsformen angenommen hat. Bedingt durch extreme Niederschlagsmengen – im Jahresschnitt liegen sie bei über 4000 Millimetern – und eine besonders lange Regenzeit, hat sich in dieser Zone ein tropischer Bergwald ausbilden können, dessen markantestes Merkmal nasstriefende Baumfarne, Moose und Flechten sind. Hier ist die Heimat des Quetzalvogels (Pharomachrus mocino), den die Maya wegen seiner bis zu 40 Zentimeter langen grüngoldenen Schwanzfedern hoch schätzten und der heute als Nationalvogel im Wappen Guatemalas erscheint (Abb. 23).

7 *Luftaufnahme des Vulkans Santa Ana, El Salvador*
Mit seinen 2381 m ist der Vulkan Santa Ana zwar der höchste Vulkan des Landes, doch ist er seit 1880 nicht mehr ausgebrochen. Durch gewaltige Explosionen haben sich vier konzentrische Krater gebildet. Der jüngste Krater hat im Inneren einen See, aus dem Schwefelwolken aufsteigen. Der dahinter liegende Vulkan Izalco dagegen ist zwar niedriger, aber nach wie vor aktiv; er ist erst 1770 entstanden und stößt seitdem Asche, Lava und heiße Gase aus. Sein letzter großer Ausbruch ereignete sich im Jahr 1966.

Das Tiefland

Der Bergregenwald der Verapáz-Region geht im Norden allmählich in das erdgeschichtlich junge Tiefland über, die Kernregion der klassischen Maya-Kultur (Abb. 4). Zum südlichen Tiefland zählen die Selva-Lacandona-Region von Chiapas, der mexikanische Bundesstaat Tabasco und der Süden der Bundesstaaten Campeche und Quintana Roo, die Departaments Peten und Izabal im Norden und Osten Guatemalas, der Nordwesten von Honduras und ganz Belize; das nördliche Tiefland dagegen ist die eigentliche Halbinsel Yukatan, also der nördliche Bereich der Bundesstaaten Campeche und Quintana Roo sowie der Bundesstaat Yucatán. Das Tiefland, das insgesamt eine Fläche von 250 000 Quadratmetern einnimmt, ist eine fast ebene und durchkarstete Sedimentkalkplatte. Nur wenige Höhenzüge unterbrechen das hügelig flache Land, allein das noch weitgehend unerforschte Granit- und Quarzmassiv der Maya Mountains im Süden erreicht mit dem Victoria Peak in Belize eine Höhe von 1023 Metern.

Die Tatsache, dass weite Teile des Tieflandes ursprünglich von dichtem Urwald bewachsen waren, täuscht über die schlechte Qualität der Böden hinweg. Die Bodenkrume ist extrem dünn und nimmt ab, je weiter man in den Norden der Halbinsel Yukatan kommt, wo sie gelegentlich weniger als 50 Zentimeter dick ist. Darüber hinaus sind die Böden des Tieflandes nährstoffarm; obgleich unablässig Blätter fallen und der Boden von organischem Material bedeckt ist, nimmt die Krume nicht zu, denn das organische Material zerfällt und die Nährstoffe werden sofort wieder verbraucht. Im nördlichen Teil des Tieflandes gibt es allerdings Senken, in die fruchtbarer Boden durch Regen hineingespült wurde. In der Puuc-Region im Nordwesten der Halbinsel finden sich viele solcher Senken, die in der Blütezeit dieser Gegend eine zahlreiche Bevölkerung ernähren konnten.

Eines der großen Probleme des Tieflandes ist die Wasserdurchlässigkeit des Kalkbodens, der das Oberflächenwasser sofort im porösen Untergrund versickern lässt. Während es im Süden des Tieflandes noch wasserreiche, das Hochland entwässernde Flüsse gibt (Abb. 9), die ein breites Schwemmland herangetragen haben (Pasión, Chixoy, Usumacinta, San Pedro Martír, Candelaria, Belize River, Hondo), so nimmt ihr Vorkommen ab, je weiter man nach Norden kommt. Das gilt auch für Seen und Lagunen. Es gibt im südlichen Tiefland viele große Seen, die von unterirdischen Wasserläufen gespeist werden und deren größter der Peten-Itza-See ist. Dagegen findet man im nördlichen Teil der Halbinsel Yukatan so gut wie kein Oberflächenwasser. Das Fehlen von Gewässern ist ein ernstes Problem für die Besiedlung des Tieflandes. Im Peten von Nordguatemala gibt es breite morastige Niederungen, *bajos,* die sich in der Regenzeit mit Wasser füllen, in der niederschlaglosen Zeit aber oft trocken liegen. Das Wasser der schlammigen *bajos* eignet sich kaum als Trinkwasser, doch in der vorspanischen Zeit wurde es landwirtschaftlich intensiv genutzt.

8 *Der Cenote von Chichen Itza*
Wo die Kalksteinplatte eingebrochen ist, sind auf der Halbinsel Yukatan natürliche Zugänge zum Grundwasser entstanden. Diese Einsturzdolinen werden von den Maya *tz'ono'ot* genannt, daraus entstand das spanische Wort *cenote.* Der Cenote von Chichen Itza blieb bis zur Ankunft der Spanier ein bedeutendes Pilgerzentrum. Anfang des 20. Jh.s bargen Archäologen einen Teil der kostbaren Opfergaben, indem sie bis zum Grund des Cenotes hinabtauchten.

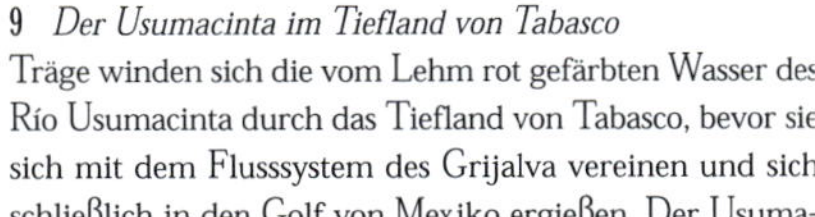

9 *Der Usumacinta im Tiefland von Tabasco*
Träge winden sich die vom Lehm rot gefärbten Wasser des Rio Usumacinta durch das Tiefland von Tabasco, bevor sie sich mit dem Flusssystem des Grijalva vereinen und sich schließlich in den Golf von Mexiko ergießen. Der Usumacinta ist der längste und wasserreichste Fluss Mittelamerikas; er bildet über lange Strecken die internationale Grenze zwischen Mexiko und Guatemala. Eine der wichtigsten Handelsrouten der Maya führte vom Golf von Mexiko über den Usumacinta bis in das Innere der Halbinsel Yukatan.

In weiten Bereichen des südlichen Tieflandes findet man *aguadas* genannte Wasserlöcher. Sie sind überall dort zu finden, wo der Lehmboden in Senken auf natürliche Weise das Versickern des Regenwassers verhindert. Die Maya haben aber auch eindrucksvolle künstliche *aguadas* angelegt, indem sie große Wassersammelbecken aushoben und mit gebranntem Kalk verputzten, um sie wasserdicht zu machen. Viele dieser von den Maya angelegten *aguadas* sind auch heute noch die einzigen Wasserquellen für die Bewohner des südlichen Tieflands. Etwas weiter im Norden bilden natürliche Einsturzdolinen die Hauptquelle des Trink- und Badewassers (Abb. 8). Sie werden im lokalen Spanisch *cenote* genannt, in Anlehnung an das Maya-Wort *tz'ono'ot*. Es handelt sich dabei um etwa kreisförmige, steilwandige Wasserlöcher mit einem Durchmesser zwischen 10 und 80 Metern. Sie sind aus unterirdischen Höhlungen in der Kalkplatte entstanden, deren Decke schließlich eingestürzt ist. Seit der ersten Besiedlung des Landes haben sie als Anziehungspunkte auf den Menschen gewirkt, da sie ständig mit Wasser gefüllt sind, das von unterirdischen Wasserläufen gespeist wird.

Die Pflanzenwelt

In der vorspanischen Zeit waren trotz dichter Besiedlung weite Teile des Maya-Gebietes mit dichtem Wald bewachsen. Zeugnis davon gibt auch der Name des Landes Guatemala, der auf das Nahuatl-Wort *quauhtimala-tlan* zurückgeht, das wiederum eine direkte Übersetzung des Maya-Wortes *k'i'-chee'*, „viele Bäume", ist. Aus diesem Wort leitet sich schließlich der Name des Volkes der K'iche' ab, der heute größten Maya-Gruppe Guatemalas.

Die Flora des Hochlandes ist von der Bodenbeschaffenheit und der Topografie geprägt; in den höheren Lagen der Berge und Felsrücken beherrschen Nadelbäume und Gräser das Bild, während weiter unten in den Tälern und Rinnen, wo mehr Feuchtigkeit zu finden ist, auch Eichen gedeihen (Abb. 10). An den fruchtbaren Abhängen der Vulkane und in den tieferen, windgeschützten Lagen des Hochlandes wird heute Kaffee angebaut, das Hauptprodukt des mexikanischen Bundesstaates Chiapas sowie Guatemalas. Der ursprünglich aus Äthiopien stammende Kaffeestrauch ist jedoch erst im 19. Jahrhundert in die Region gebracht worden, den vorspanischen Maya war er unbekannt. Auch im Hochland lebten und leben die Maya noch heute von der auf Brandrodung beruhenden *milpa* (das aztekische Wort für „Maisfeld"-Wirtschaft, s. Harrison, S. 71 f.). Die zerklüftete Landschaft mit ihren steilen Abhängen zwingt die Bauern des Hochlandes dazu, ihre Felder in Terrassen anzulegen. Schon in vorspanischer Zeit kannte man den Vorteil der Terrassierung von Abhängen – man schuf dadurch nicht nur mehr Anbaufläche für eine wachsende Bevölkerung, sondern schützte auch die Berghänge vor Erosion. Heute ist der ursprünglich dichte Waldbestand des Hochlandes jedoch weitgehend verschwunden und die Fauna stark dezimiert.

Bedingt durch die hohe Niederschlagsmenge, die wenigen Trockenmonate und die geringfügigen jahreszeitlichen Temperaturschwankungen herrscht sowohl an der Pazifikküste wie im südlichen Tiefland, dem Kerngebiet der klassischen Maya-

10 *Wald im Hochland von Chiapas*
Dort, wo das Hochland allmählich in das Tiefland übergeht, hat sich aufgrund des außergewöhnlich hohen Niederschlags eine Nebelwald-Vegetation herausbilden können, die von bis zu 50 m hohen Eichen, Lorbeerbäumen und einer Vielzahl von Koniferen bestimmt wird. Ein dichter Bewuchs von Farnen bedeckt den Boden, während in den Bäumen Flechten und Tillandsien gedeihen, von den Maya „Bart der Bäume" genannt.

11 *Tropischer Regenwald im Peten, Guatemala*
Dichter tropischer Regenwald bestimmt das gesamte zentrale und südliche Tieflandgebiet mit Ausnahme der Küsten. Eine in mehrere Stockwerke gegliederte Vegetation lässt mit ihrem dichten Bewuchs so gut wie kein Tageslicht an den Boden dringen. Das Foto, das in der Nähe der archäologischen Stätte Arroyo de Piedra in der Petexbatun-Region entstand, zeigt eindrucksvoll die ausladenden Brettwurzeln der Urwaldriesen, die ihnen Halt geben. Der Baum zur Rechten ist ein Kapokbaum (Ceiba pentandra), der heilige Baum der Maya, der für sie das Zentrum des Universums symbolisiert.

Kultur, ein faszinierend vielfältiger tropischer Regenwald vor (Abb. 11). Er zeichnet sich durch einen überwältigenden Reichtum an Arten aus, auch wenn viele von ihnen nur noch in wenigen Exemplaren vorkommen. Auf einem Hektar können bis zu 150 verschiedene Baumarten wachsen, deren unterschiedliche Wuchshöhen die Vegetation in drei bis fünf Stockwerke gliedern (Abb. 12). Das Dach des Urwaldes bilden Baumriesen, die bis zu 60 Meter hoch werden. Darunter verbinden sich die circa 30 Meter hohen Bäume mit ihren Kronen zu einer geschlossenen Decke, während die jüngeren nachwachsenden Bäume die untere Schicht im Urwald darstellen. Zu den höchsten Bäumen gehört der den Maya heilige Kapokbaum (Ceiba pentandra). Einzelne Exemplare können bis zu 70 Meter hoch werden. In seinem schlanken Stamm und der ausladenden Krone erkennen die Maya die Weltenachse und den Himmel. Während der Kapokbaum auch im Hochland wachsen kann, gedeihen die bis zu 40 Meter hohen Mahagonibäume (Swietenia macrophylla), die spanische Zeder (Cedrela mexicana) sowie der Breiapfelbaum (Manilkara zapota) ausschließlich im Tiefland. Letzterer liefert den Rohstoff für die Kaugummiproduktion, wobei in der Regenzeit seine Rinde angeritzt wird und einen schnell gerinnenden Milchsaft abgibt (Abb. 13–15). Die genannten Bäume werden auch wegen ihres harten Holzes geschätzt, die Zahl der Mahagonibäume ist wegen des Raubbaus in den vergangenen Jahrzehnten drastisch reduziert worden.

Das dichte Laub im Urwald sorgt dafür, dass nur etwa ein Prozent des Sonnenlichtes auf den Boden dringt; es gibt daher kaum Unterwuchs, auch Gräser wachsen nicht auf dem immer von einer dichten Schicht faulenden Laubes bedeckten Urwaldboden (Abb. 11). Allein die extrem langsam wachsenden Farne vermögen im düsteren Parterre des Urwaldes noch Photosynthese zu betreiben. Dennoch könnte man sich zwischen den Baumriesen nicht problemlos bewegen, denn da sind die weit ausladenden Brettwurzeln, mit denen sich die Urwaldriesen auf der kargen Bodenkrume festklammern, und die von den Bäumen herabhängenden Lianen, von denen manche mit scharfen Dornen bewehrt sind. Für die Maya war der Urwald keine lebensfeindliche grüne Hölle, als die er vielen europäischen Reisenden erschien, sondern eine natürliche Ressource, die es in vielfältigster Weise zu nutzen galt. Aus dem Holz des Blauholzbaumes (Haematoxilum campechianum) konnte man einen Farbstoff gewinnen, der sich zum Färben von Stoffen eignete, die Nüsse des Brotnussbaumes (Brosimum alicastrum) wurden gemahlen und konnten in Zeiten der Not mit Maismasse vermischt zu Tamales und Tortillas verarbeitet werden. Die Nüsse der Corozo-Palme (Scheelea lundelli) liefern ein auch heute noch produziertes kostbares und wohlschmeckendes Öl, und mit den Blättern der Guano-Palme (Sabal mexicana) werden die Dächer von Maya-Häusern gedeckt – heute wie vor tausend Jahren (s. Hammond, S. 37).

In den Wipfeln der Bäume wachsen Parasiten, die als Schmarotzerpflanzen den Saftstrom ihrer Wirte anzapfen, und Epiphyten, so genannte „Aufsitzerpflanzen“, die dem begehrten Sonnenlicht näher sein wollen und sich deshalb auf Bäumen niederlassen, ohne jedoch ihren Wirtspflanzen Nährstoffe zu entziehen. Manche Parasiten wie die Würgefeige (Ficus lapathifolium) gehen sogar so weit, dass sie ihren Wirt töten: Sie leben auf den Ästen des Wirtsbaumes, von dem sie sich ernähren, lassen jedoch Luftwurzeln herab, die, sobald sie den Boden berührt haben, Seitentriebe bilden und den Stamm des Wirtsbaumes, auf den sie zur Nahrungsbeschaffung nun nicht mehr angewiesen sind, fest umschließen, bis dieser schließlich abstirbt. Den Nährstoffmangel des Bodens machen manche Pflanzen durch geradezu phantastische Auffangvorrichtungen wett: Mit speziell ausgebildeten Wurzeln fangen Aufsitzerpflanzen wie etwa die Aronstabgewächse Niederschlag gleichsam aus der Luft auf – und darin enthaltene Nährstoffe gleich mit; Bromelien sammeln dagegen organisches Material in ihren Blattrosetten. Die farbenprächtigen Blüten der Bromelien und Orchideen sind für den Menschen unsichtbar im Blätterdickicht der Baumkronen verborgen.

12 *Das undurchdringliche Dach des Waldes*
Die Kronen der bis zu 60 m hohen Urwaldriesen bilden eine geschlossene Decke, die keinen Blick auf die unteren Stockwerke, geschweige denn auf die Überreste von Tempeln und zerfallenen Mauern gewährt, weshalb bis heute viele Maya-Siedlungen unentdeckt blieben. Vom Flugzeug aus sieht man nur einen scheinbar endlosen grünen Ozean ohne erkennbare Konturen.

13 *Kaugummizapfer bei der Arbeit. Campamento La Toronja, Peten, Guatemala; Aufnahme aus dem Jahr 1998*
Die Chicleros (Kaugummizapfer) durchkreuzen den Urwald in der Regenzeit auf der Suche nach Breiapfelbäumen (span. *chicozapote*). Haben sie einen Baum gefunden, erklimmen sie ihn mit Hilfe von Sporen und einem um Baum und Hüften geschlungenen Seil. Mit einem schlanken Buschmesser wird die Rinde des Baumes von der Krone bis zum Stumpf angeritzt. Die Arbeit des Chicleros ist sehr gefährlich; durchtrennt er mit dem Buschmesser das Seil, bedeutet dies in der Regel seinen sicheren Tod.

14 *Der Zapotebaum spendet den Chiclesaft*
In der Regenzeit produzieren die Bäume besonders viel weißlichen Chiclesaft, der die Rohmasse zur Herstellung von Kaugummi darstellt. Die Rinde der Bäume wird mit dem Buschmesser, der Machete, eingeritzt, und sofort schießt der Saft aus dem roten Holz hervor. Ein Chiclero kann am Tag etwa drei Bäume bearbeiten; die Menge des Chiclesaftes, die er aus einem Baum zapfen kann, schwankt zwischen 1 und 3 kg. Nachdem ein Baum einmal angezapft wurde, lässt man ihn mehrere Jahre ruhen.

15 *Auffangvorrichtung für den Chiclesaft*
Der Chiclesaft wird in einer um den Baum gebundenen Ledertasche aufgefangen und dann in großen Trögen, *pailas* genannt, über einem Holzfeuer eingekocht. Anschließend gießt man die dickliche Masse in Blöcke *(marquetas)* und verkauft sie nach dem Festwerden an Händler. In den 50er-Jahren hat synthetischer Kaugummi den „Urwald-Kaugummi" verdrängt, sodass der Beruf des Chicleros auszusterben drohte; in jüngster Zeit hat jedoch die Nachfrage nach Naturprodukten den Markt für natürlich gewonnenen Kaugummi wieder belebt.

Der Dornbuschwald des Nordens

Je weiter man nach Norden kommt, desto geringer sind die Niederschlagsmengen. Der Wald verwandelt sich in einen niedrigen, dornigen Dschungel, in dem hohe Bäume wie der Mahagonibaum und der Breiapfel fehlen. Die hier länger andauernde Trockenzeit führt dazu, dass die meisten Bäume ihre Blätter abwerfen. Schließlich, entlang der Küste der Halbinsel Yukatan, wird der Wald zu einem undurchdringlichen dornigen Gestrüpp (Abb. 16). Wichtigstes Anbauprodukt war hier bis zur Erfindung synthetischer Gewebe die Sisalagave.

Weder der dornige Dschungel des Nordens noch der immergrüne Regenwald des Südens können im eigentlichen Sinne als Primärwald gelten. Zur Blütezeit der klassischen Maya-Kultur war der Wald sicher zu einem erheblichen Teil gerodet und auf wenige Waldinseln reduziert worden, wie paläoökologische Forschungen und die Untersuchungen von Pollen ergeben haben. Tropischer Boden, seines Waldes beraubt, verliert schnell an Fruchtbarkeit und wird bald ganz zur Bearbeitung ungeeignet, da sich eine Schicht ziegelharten Laterits, des für die Tropen typischen roten Verwitterungsbodens, auf der Oberfläche bildet. Tropischer Regenfall und heftige Sonnenbestrahlung zerstören den Boden in erstaunlich kurzer Zeit, was katastrophale Folgen für das gesamte Ökosystem mit sich bringt und den Bewohnern die Nahrungsgrundlage entzieht. Eine solche ökologische Katastrophe war sicher einer der Faktoren für den Zusammenbruch der klassischen Maya-Kultur im 9. und 10. Jahrhundert. Nachdem die Maya die großen Städte verlassen hatten, eroberte sich der Urwald das Tiefland zurück.

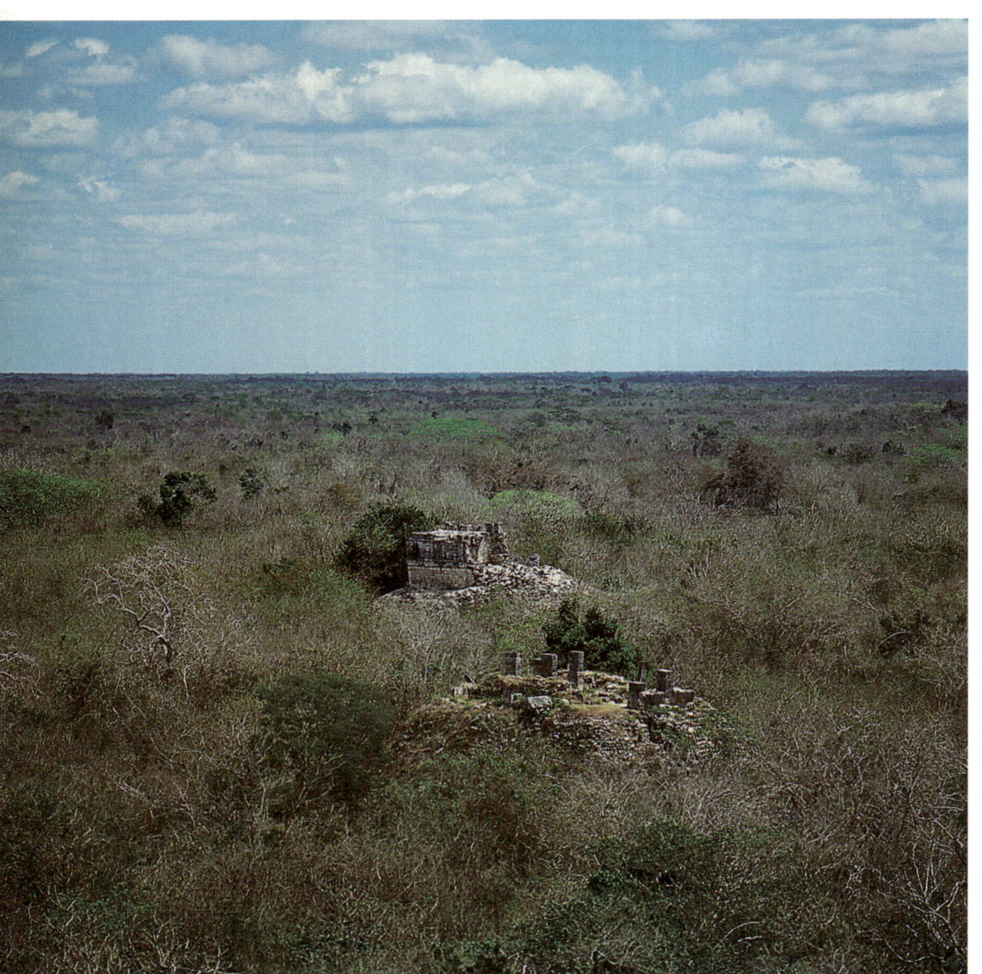

16 *Dornbuschwald des Nordens bei Chichen Itza; Aufnahme aus dem Jahr 1989*
Niedrige Niederschlagsmengen und extrem dünne Böden sind die Ursachen für den Dornbuschwald, der den Norden der Halbinsel Yukatan bedeckt. In der Trockenzeit von November bis April werfen Bäume und Büsche ihre Blätter ab, und die Landschaft macht einen kahlen und staubigen Eindruck.

DAS SCHÖPFERPAAR ALOM UND Q'AJOLOM BESCHLIESST DIE ERSCHAFFUNG DER TIERE

Schöpfungsmythologien nehmen in allen mesoamerikanischen Kulturen eine herausragende Rolle ein und stellen ein Thema dar, das ebenfalls im Popol Wuj aufgegriffen wird. Nachdem der Kosmos und die Erde erschaffen wurden, beschließt das Schöpferpaar die Erschaffung der Tiere.

Nun planten die Götter die wilden Tiere, all die Wächter des Waldes, all die Kreaturen der Berge: die Hirsche, Vögel, Pumas, Jaguare, Schlangen, Klapperschlangen, Vipern, Wächter des Gebüschs.

So sprachen sie, Alom und Q'ajolom:

„Warum diese sinnlose Stille? Warum bewegt sich nichts unter den Bäumen und Büschen?"

„In der Tat, sie sollten ihre Wächter haben", antworteten die anderen. Sobald sie dies gedacht und gesprochen hatten, wurden plötzlich Hirsche und Vögel erschaffen.

Und dann wurde einem jeglichen sein Haus gegeben, den Hirschen und den Vögeln:

„Du, Hirsch: an den Läufen der Flüsse, in den Schluchten wirst Du schlafen. Sei hier auf den Lichtungen, im Dickicht, in den Wäldern, vermehr Dich. Du wirst auf allen Vieren stehen", wurde ihnen gesagt. Darauf wiesen sie die Nester zu, den kleinen Vögeln und den großen Vögeln:

„Oh, Ihr Vögel: auf den Bäumen, in den Büschen macht ihr Eure Heimstatt, macht Ihr Eure Häuser. Vermehrt Euch dort, verteilt Euch dort, in den Ästen der Bäume, den Zweigen der Büsche", wurde den Hirschen gesagt und den Vögeln. Als diese Schöpfung vollbracht war, hatten sie alle einen Platz zum schlafen, einen Platz zum bleiben. So kommt es, dass die Tiere ihre Häuser auf der Erde haben, von Alom und Q'ajolom gegeben. Nun war die Schöpfung der Hirsche und Vögel vollendet.

Und dann wurde den Hirschen und Vögeln von dem Schöpfer und dem Former gesagt:

„Redet, ruft. Jault nicht, schreit nicht. Redet, jeder mit Seinesgleichem, innerhalb der eigenen Art", wurde den Hirschen gesagt und den Vögeln, Pumas, Jaguaren und Schlangen und Klapperschlangen.

„Nennt nun unseren Namen, lobt uns. Wir sind Eure Mutter, wir sind Euer Vater. Sprecht nun dieses:

Juraqan,
Ch'ipi qa qulaja, raxa qa qulaja,
das Herz der Erde, das Herz des Himmels,
Schöpfer, Former,
Alom, Q'ajolom'

sprecht, ruft uns an, verehrt uns", wurde ihnen gesagt. Aber es stellte sich heraus, dass sie nicht wie Menschen sprachen, sie taten nur so. Sie zischten nur, sie schrien nur, sie gackerten nur. Es war nicht klar, welche Sprache sie redeten; jeder schrie in einer anderen Weise. ...

Und sie mussten einen neuen Versuch unternehmen, und sie mussten noch einmal versuchen die Schöpfer anzubeten. Aber sie verstanden sich nicht einmal untereinander, und sie konnten nicht verstanden werden, denn sie waren nicht dafür gemacht. Darum wurde ihr Fleisch geopfert, sie wurden von nun an gegessen, sie wurden getötet, die Tiere auf dem Antlitz der Erde.

17 *Versammlung von Göttern und Tieren. Abrollung eines zylindrischen Gefäßes; Fundort unbekannt; Später Klassik, 600–900 n. Chr.; gebrannter Ton, bemalt; H. 21,2 cm, Dm. 14,3 cm; Privatsammlung (Kerr 3413)*
Eine Vielzahl von Göttern in menschlicher und tierischer Gestalt bevölkert den Kosmos der Maya. Viele von ihnen sind hier auf einer Freitreppe zu sehen, die wahrscheinlich den Zugang zu einem Tempelgebäude darstellt. Links von der Mitte sitzen auf dem Boden zwei Götter in Affengestalt. Als Götter der Schreiber sprechen sie lebhaft über einen zwischen ihnen liegenden Codex.

Die Fauna

Die vielfältige Flora entspricht dem Artenreichtum der Tierwelt. Die Fauna des Hochlandes unterscheidet sich kaum von der des Tieflandes; allein die Tatsache, dass das Hochland stark bevölkert und entwaldet ist, hat dazu geführt, dass die meisten Tierarten heute nur noch im Tiefland anzutreffen sind. Auch wenn die Maya bis auf Truthähne und Hunde keine Tiere domestizierten, war die Tierwelt für sie doch eine Ressource, die sie vielfältig zu nutzen wussten.

Die Maya jagten Vögel wie den Tukan oder die Ara-Papageien wegen ihres bunten Gefieders mit Blasrohren, aus denen kleine Tonkügelchen geschossen wurden, größere Vögel wie wilde Fasane und den wilden Truthahn erlegten sie als schmackhafte Bereicherung des Speiseplans mit Pfeilen. In den Baumwipfeln tummeln sich zwei Affenarten: die kleinen munteren Klammeraffen (Ateles geoffroyi) und der große Brüllaffe (Alouatta pigra), dessen markerschütterndes Geheul seinem Namen alle Ehre macht (Abb. 22). Beide spielen eine große Rolle in der Religion der Maya als Götter der Schreiber und Künstler.

Das größte Tier der gesamten Maya-Welt war der Tapir (Tapirus bairdii). Obgleich mit unseren Pferden entfernt verwandt, eignete sich dieses plumpe und scheue Ungetüm nicht zur Domestikation (Abb. 18). Große Säugetiere, die in der vorspanischen Zeit als Zugtiere hätten dienen können, fehlen in der Fauna der Maya-Regionen. Wohl aus diesem Grunde haben die Maya das Rad nicht wirtschaftlich, sondern nur als Spielzeug genutzt. Neben dem Tapir gab es zwei Hirscharten, eine große mit üppigem Geweih (Odocoileus virginianus) und eine kleine mit gabelförmigem Geweih, die Spießhirsche (Mazama americana). Beide wurden wegen ihres köstlichen Fleisches, der Felle und ihrer Geweihe geschätzt und gejagt. Daneben gab es auch eine Vielzahl kleinerer Tiere, denen man mit Fallen und Speeren nachstellte, darunter die stets in Rudeln auftretenden Nabelschweine (Pekaris), eine Wildschweinart, deren Rückendrüse ein so übel riechendes Sekret absondert, dass sie aufgrund ihres penetranten Gestanks schon von weitem zu orten ist, den Goldhasen (Dasyprocta punctata) und das mit ihm verwandte Tepescuintle (Agouti paca) – zwei kaninchenähnliche Nagetiere, die nur nachts ihre unterirdischen Bauten verlassen –; zudem gab es Gürteltiere und Waschbären. Das weiße Fleisch der bis zu drei Meter langen Abgott- oder Königsschlange (Boa constrictor) eignet sich ebenfalls zum Verzehr. Andere Schlangen wie die Korallenschlange (Micrurus diastema; Abb. 20), verschiedene Arten von Vipern und die tropische Klapperschlange (Crotalus durissus) vermögen mit ihrem Gift Menschen schwere Schäden zuzufügen, sogar, sie zu töten. In der Kunst der Maya spielen Schlangen eine hervorragende Rolle als Symbol der Verwandlung und Verbindung zu den Göttern. Zu den Reptilien, welche die Maya weit mehr schätzen als Schlangen, zählen verschiedene auf dem Land lebende Leguane (Abb. 19) und Landschildkröten. Beide werden sowohl wegen ihres Fleisches als auch wegen ihrer Eier gejagt. Die Binnenseen, Flüsse und Küstenregionen sind die Heimat von zwei verschiedenen Krokodilarten und einem Alligator, die bis zu vier Meter Länge erreichen und für den Menschen durchaus gefährlich werden können. An den Binnengewässern und den Küsten gingen die Menschen dem Fischfang nach. Besonders viel Fleisch lieferten Haie und Stachelrochen sowie die plumpen Seekühe an der Karibikküste. Die Stacheln der Rochen verwendete man auch als Utensilien für das rituelle Blutopfer. Haifischzähne dienten als Schmuck, und aus den Gräten der Fische wurden Nähnadeln geschnitzt. Eine besonders begehrte Handelsware waren Muschelschalen, die man zu Schmuck verarbeiten konnte. Die großen

18 *Tapir im tropischen Regenwald, Belize*
Der scheue Baird-Tapir ist das größte Landsäugetier Mittelamerikas. Er wiegt mehr als 200 kg und ist durch sein lautes Stampfen schon von weitem zu hören. Als die Maya zum ersten Mal die Pferde der Spanier sahen, hielten sie diese für Tapire und nannten sie ebenfalls *tziimin.*

19 *Leguan*
Der Leguan lebt in der Nähe menschlicher Siedlungen, oft sonnt er sich auf den heißen Steinen von Ruinenstätten. Fleisch und Eier gelten als eine Köstlichkeit.

20 *Korallenschlange*
Die Korallenschlange wird nicht länger als 85 cm, doch sie gehört zu den gefährlichen Schlangen, die ein schnell wirksames, neurotoxisches Gift besitzen.

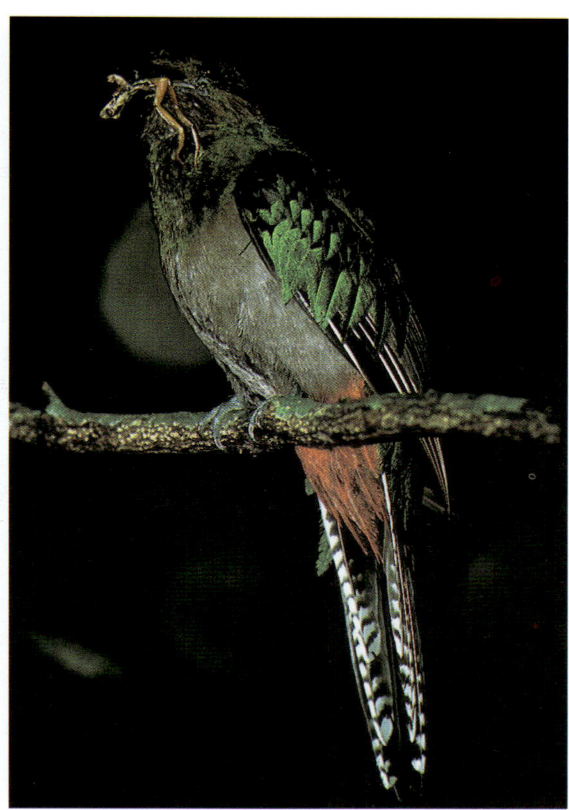

Gehäuse der im flachen Küstengewässer gefundenen Fechterschnecke (Strombus gigas) versah man mit Löchern und benutzte sie dann als eine Art Trompete.

Von allen Tieren schätzte und fürchtete man jedoch die großen Raubkatzen am meisten, allen voran den wegen seines wertvollen glänzenden Fells so begehrten Jaguar (Abb. 24), aber auch den fast gleich großen Puma, den auf Bäumen lebenden Ozelot und Kleinkatzen wie die schlanke Langschwanzkatze (Margay, Leopardus wiedii) und die dunkle Wieselkatze (Jaguarundi, Herpailuros yaguarondi; Abb. 21). Sie jagen ausschließlich in der Nacht und halten sich von menschlichen Siedlungen fern, sodass man diese scheuen Tiere kaum zu Gesicht bekommt. Das Dickicht der Vegetation bietet den Tieren so guten Schutz, dass nur das geschulte Auge eines Jägers an ein paar abgebrochenen Zweigen oder dem aufgewühlten Schlamm an einer Wasserstelle ihre Nähe erkennen kann.

Auffällig dagegen sind die prächtigen Schmetterlinge, darunter die in strahlendem Blau zwischen den Bäumen tänzelnden und bis zu 20 Zentimeter großen Morphofalter. Zikaden und andere Insekten erzeugen bei Sonnenauf- und -untergang ohrenbetäubenden Lärm. Die Maya machten sich die schier unübersehbare Welt der Kleintiere und Insekten zunutze, etwa die einheimischen Bienen, die keine Stachel tragen und große Mengen sehr süßen Honigs und Wachs produzieren. Noch heute stellt die Honigproduktion einen wichtigen Wirtschaftsfaktor für die indianischen Kleinbauern dar.

Diese reiche Tierwelt ist heute in ihrer Existenz bedroht, je mehr der Mensch in den natürlichen Lebensraum eingreift, Wälder rodet, Straßen baut und Küsten erschließt. Wir sind dabei, die gleichen Fehler zu wiederholen, die schon vor tausend Jahren zum Zusammenbruch der klassischen Maya-Zivilisation geführt hatten, wenn wir nicht rechtzeitig lernen, den kostbaren Schatz dieser tropischen Welt zu schützen.

21 *Jaguarundi*
Die kleinste Wildkatze des mittelamerikanischen Urwalds ist der schlanke Jaguarundi. Im Gegensatz zu anderen Wildkatzen lebt und jagt er nur selten im Astwerk der Bäume.

22 *Schwarzer Brüllaffe in einem Baum*
Eine der beiden Affenarten, die im nördlichen Mittelamerika leben, ist der Brüllaffe (Alouatta pigra). In der Mythologie der klassischen Maya galten Affen als die Schutzpatrone der Schreiber und Künstler.

23 *Weiblicher Quetzal mit Beute*
Wegen seiner extrem langen grünen Schwanzfedern war der Quetzal bei den Maya hoch begehrt. Der scheue Vogel lebt in den Bergwäldern der Verapáz-Region Guatemalas und ist heute durch die Abholzung der Wälder in seinem Bestand gefährdet.

24 *Der Jaguar, der Herr des Waldes*
Die größte der fünf Raubkatzen des Maya-Gebietes ist der bis zu 2 m lange Jaguar (Felis onca). Sein glänzendes Fell wird auch heute noch trotz internationaler Verbote gehandelt und verarbeitet, sodass der Bestand der Tiere dramatisch abgenommen hat.

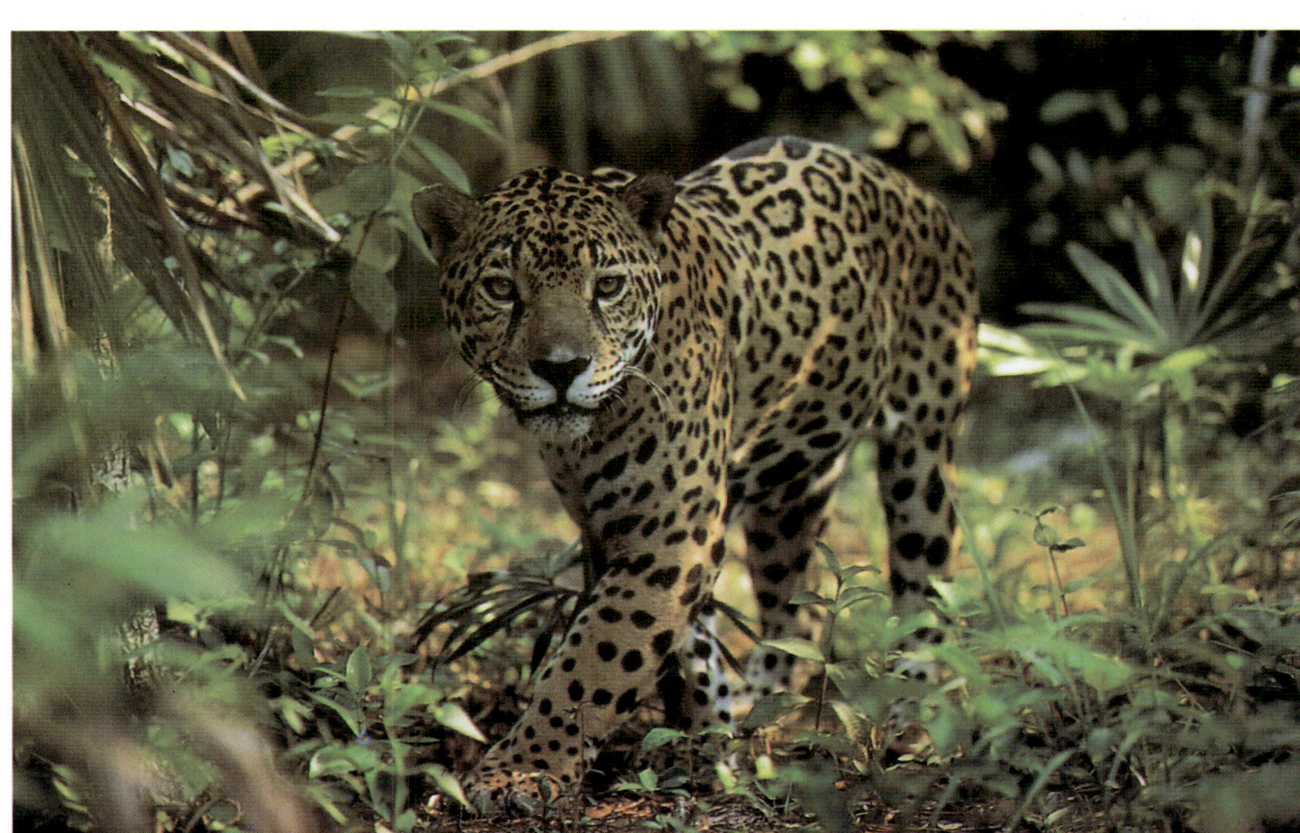

KAKAO – DAS GÖTTLICHE GETRÄNK

Nikolai Grube

Kakao begegnete den Europäern zum ersten Mal im Jahr 1502, als Kolumbus auf seiner vierten Reise im Golf von Honduras auf ein großes Handelskanu der Maya stieß, das – darf man dem Bericht von Kolumbus' Sohn Ferdinand Glauben schenken – über 40 Meter lang gewesen sein muss. Das Kanu hatte nicht nur Mahlsteine, Kupfergegenstände, Stoffe und Gefäße geladen, sondern Wurzeln und Körner und eine Art aus Mais gemachten Wein. Die mitgeführten Mandeln schienen den Maya ganz besonders wertvoll zu sein, denn Ferdinand beobachtete, dass sich alle hinabbeugten, um sie aufzuheben, sobald eine gefallen war, so als wäre ein Auge heruntergefallen. Die merkwürdigen „Mandeln", die Kolumbus sah, sind die Samen eines in großer Hitze, Feuchtigkeit und zugleich im Schatten der Urwaldriesen gedeihenden Baumes, dem der Botaniker Carl von Linné 1753 die wissenschaftliche Bezeichnung Theobroma Cacao gab, ein Name, dessen erster, griechischer Bestandteil „Speise der Götter" bedeutet. In Europa wurden der Baum, seine Früchte, Samen und schließlich auch das aus den pulverisierten und entölten Samen hergestellte Getränk als Kakao bekannt.

Die Maya kultivierten den Kakaobaum schon seit der Mittleren Präklassik (600–300 v. Chr.), wenn nicht schon früher, an der pazifischen Küste, im Norden von Belize und im Tiefland von Tabasco, jenen Regionen, in denen Regenfall, Boden und Klima dem empfindlichen Gewächs günstige Bedingungen boten.

Die Früchte des Kakaobaumes wachsen direkt aus dem Stamm (Abb. 26). In ihrem süßen und aromatischen Fruchtfleisch sitzen 30 bis 40 mandelförmige Kakaobohnen (Abb. 25). Die Maya bereiteten nicht nur aus den

25 *Eine aufgeschnittene Kakaofrucht*
Eingebettet im weißen Fruchtfleisch befinden sich die Kakaobohnen. Während in der heutigen Schokoladenherstellung allein die Bohnen genutzt werden, aßen die Völker des alten Mesoamerika, darunter die Maya, auch das köstlich süße Fruchtfleisch.

26 *Ein Kakaobaum bei Tapachula, Chiapas, Mexiko*
Anders als bei europäischen Obstbäumen entspringen die Blüten des Kakaobaumes in Büscheln unmittelbar dem Stamm oder größeren Ästen. Sie werden nur von Mücken bestäubt, weshalb der Kakaobaum bevorzugt im schattigen Unterholz größerer Bäume wächst. Die 10–20 cm langen, gurkenförmigen Früchte brauchen etwa ein halbes Jahr, bis sie ausgewachsen und reif sind. In jeder Frucht befinden sich bis zu 60 Kakaobohnen, die fermentiert, getrocknet und geröstet werden müssen, bevor sie zu Kakaomasse vermahlen werden können. Neben den Bohnen verzehrten die Maya auch das aromatische Fruchtfleisch, in das die Bohnen eingebettet sind.

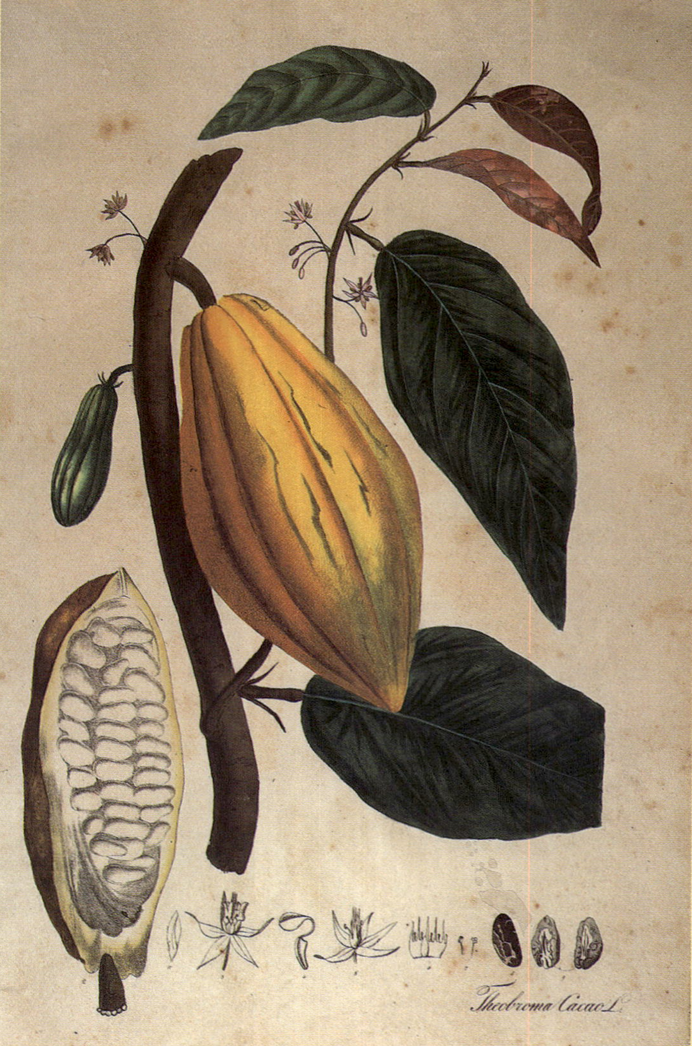

Dies ist | die Fertigstellung | der Schrift | auf dem Trinkgefäß | für frischen | Kakao

ka

wa

ka

Bohnen, sondern auch aus dem Fruchtfleisch köstliche Speisen und Getränke.

Fast alles, was wir über die Verwendung und Verarbeitung des Kakaos bei den Maya wissen, ist den Hieroglypheninschriften der Maya-Keramiken entnommen (Abb. 28). Unterhalb des Gefäßrandes tragen insbesondere kostbare Trinkgefäße eine Weiheinschrift, die sich auf ihre Verwendung als „Kakaobecher" bezieht (Abb. 29). Die Hieroglyphe für das Getränk steht dabei an letzter Stelle – sie wird von den drei Silbenzeichen *ka-ka-wa* gebildet. Die Hieroglyphen davor beschreiben unter anderem die unterschiedlichen Geschmacksrichtungen: Man trank bitteren und süßen Kakao, fruchtigen Kakao, Kakao, der mit Maismasse vermischt wurde, und sogar mit Chili gewürzten Kakao. Den Kakaotrunk stellte man – wie heute noch in vielen Teilen Mexikos und Mittelamerikas – auf der Basis von Wasser her. Um ihm eine etwas festere Konsistenz zu geben, wurden manchmal gemahlener Mais oder Maisteig hinzugegeben. Besonders geschätzt war der Schaum des Getränks; dazu wurde der Kakaotrunk verquirlt oder auch – wie auf manchen bemalten Keramiken zu sehen ist – mehrfach von einem Gefäß in das andere gegossen.

Der Kakaotrunk war so kostbar, dass Bankette, auf denen er gereicht wurde, sogar auf Steinmonumenten verewigt sind. Wahrscheinlich gingen die großen, prächtig bemalten zylindrischen Gefäße mit schaumigem Kakao bei Staatsempfängen, Hochzeitsfeierlichkeiten und Ritualen von Mund zu Mund (Abb. 30). Auch die getrockneten Kakaobohnen besaßen einen großen Wert und wurden von Händlern bis nach Zentralmexiko gebracht, wo das Getränk ebenfalls hoch geschätzt wurde, das Klima aber für den Anbau nicht geeignet war. Darüber hinaus dienten die Bohnen in der postklassischen Zeit (909–1500 n. Chr.) sogar als eine Art Währung, mit der man Waren und Dienstleistungen bezahlen konnte.

27 *Der Cacaobaum (Zweig mit Blüte und Frucht); um 1820; Federlithografie, koloriert*
Erst 1828 erfand ein holländischer Chemiker namens Coenraad Johannes van Houten den pulverisierten Kakao, der die alte Art der Kakaozubereitung aus fermentierten und zerstoßenen Bohnen verdrängt hat. Van Houten entwickelte eine hydraulische Presse, mit deren Hilfe man ein feines und haltbares Kakaopulver mit sehr geringem Fettanteil herstellen konnte. Durch das vereinfachte Verfahren und die längere Haltbarkeit wurde der Kakao billiger und auch für die breite Masse erschwinglich. Bis heute ist er ein beliebtes Getränk bei Kindern und Erwachsenen.

28 *Weiheinschrift auf einem Keramikbecher. Fundort unbekannt; Späte Klassik, 600–900 n. Chr.; gebrannter Ton, bemalt; H. 21,3 cm, Dm. 18,5 cm; Privatsammlung (Kerr 1837)*
Die meisten farbig bemalten, zylindrischen Keramikgefäße der klassischen Zeit waren kostbare Becher, aus denen Kakao getrunken wurde. Unterhalb des Gefäßrandes befindet sich in der Regel eine Weiheinschrift, die sowohl auf den Akt der Bemalung des Bechers als auch auf seine Verwendung eingeht. Der zweite Teil einer solchen Inschrift nennt nicht nur den Inhalt, Kakao, sondern beschreibt auch unterschiedliche Zubereitungsarten und Geschmacksrichtungen – in diesem Fall war es „frischer" Kakao.

29 *Frühklassisches Gefäß mit Kakaobohnen. Fundort nördlich von Uaxactun, Peten, Guatemala; Ende der Frühklassik (Tzakol 3), um 500–590 n. Chr.; gebrannter schwarzer Ton mit eingeschnittenen Hieroglyphen; H. 13,2 cm, Dm. 16,5 cm; Uaxactun, Museo Juan Antonio Valdés.*
Die Kakaogefäße der Frühklassik waren niedriger als die hohen, schlanken Gefäße der klassischen Zeit. Die eingeritzten Hieroglyphen verweisen auf den Besitzer des Objekts sowie mit der Hieroglyphe *ka-ka-wa* auch auf den Inhalt. Die getrockneten Kakaobohnen sind allerdings modernen Datums.

30 *Stuckierter und bemalter Kakaokrug. Río Azul, Peten, Guatemala, Gebäude C1 B, Grab 19; Frühe Klassik, um 500 n. Chr.; gebrannter Ton, stuckiert und bemalt; H. 23,0 cm, Dm. 15,2 cm; Guatemala Stadt, Museo Nacional de Arqueología y Etnología*
1984 wurde in Río Azul das reich ausgestattete Grab 19 eines Fürsten entdeckt, das u. a. diesen ungewöhnlichen Keramikkrug enthielt. Er ist mit einem Schraubdeckel verschlossen; Deckel wie Gefäß waren mit jeweils sechs auf Stuck gemalten Hieroglyphen beschriftet. Die Hieroglyphen auf dem Deckel bedeuten übersetzt „Dies ist das Trinkgefäß für *witik*-Kakao, für *kox*-Kakao", wobei *witik* und *kox* offenbar für zwei Geschmacksrichtungen stehen. Chemische Analysen von Resten im Inneren dieses Gefäßes wiesen nach, dass es tatsächlich Kakao enthalten hatte.

DIE URSPRÜNGE DER MAYA-KULTUR – DIE ENTSTEHUNG VON DORFGEMEINSCHAFTEN

Norman Hammond

Die ersten Belege für eine Besiedlung des Maya-Gebietes stammen aus der Zeit kurz nach dem Ende der letzten Eiszeit (24000 bis 8000 v. Chr.), mehrere Jahrtausende nachdem die ersten Menschen den amerikanischen Kontinent betreten hatten. So verstreut die wenigen Funde auch sind, so deuten sie doch darauf hin, dass Menschen bereits vor gut 10 000 Jahren sowohl im Hochland als auch im Tiefland siedelten.

Die am besten dokumentierte Stätte im Hochland ist das Jagdlager Los Tapiales in Guatemala an der kontinentalen Wasserscheide. Dort fand man Werkzeuge aus Obsidian und Basalt, darunter eine Speerspitze, Stichel und Schaber, die auf die Zeit zwischen 9600 und 8800 v. Chr. datiert wurden. Das Speerspitzenfragment aus Los Tapiales war zum Einsetzen in den Schaft mit flachen Kehlungen versehen, wie man sie in Nordamerika auch an Speerspitzen der Clovis-Kultur aus der Zeit zwischen 10 200 und 9500 v. Chr. kennt. Im Tiefland wurde in Ladyville bei Belize City eine Speerspitze aus Hornstein (einem Kieselgestein, zu dem auch Feuerstein gehört) gefunden, die ebenfalls dem Clovis-Typ ähnelt (Abb. 32).

Diese Grabungsstätten werden innerhalb der mesoamerikanischen Vorgeschichte vorläufig der paläoindianischen Periode vor circa 8000 v. Chr. zugeordnet. Aufgrund fehlender Kontexte und Datierungen sind allerdings gewisse Zweifel an dieser Zuordnung berechtigt.

Die Menschen waren mit hoher Wahrscheinlichkeit Jäger und Sammler. In der Loltun-Höhle im Norden Yukatans, im Peten und in Huehuetenango im Hochland von Guatemala fand man zusammen mit Steinwerkzeugen Knochen heute ausgestorbener Tiere, teils mit Spuren einer Schlachtung. Die Art der Funde ließ jedoch keine exakte Datierung mit der Radiokarbonmethode zu; sie gehören möglicherweise zur paläoindianischen oder zur darauf folgenden archaischen Periode (Archaikum, 8000–2000 v. Chr.), in der es in Mesoamerika zu einer Klimaerwärmung kam.

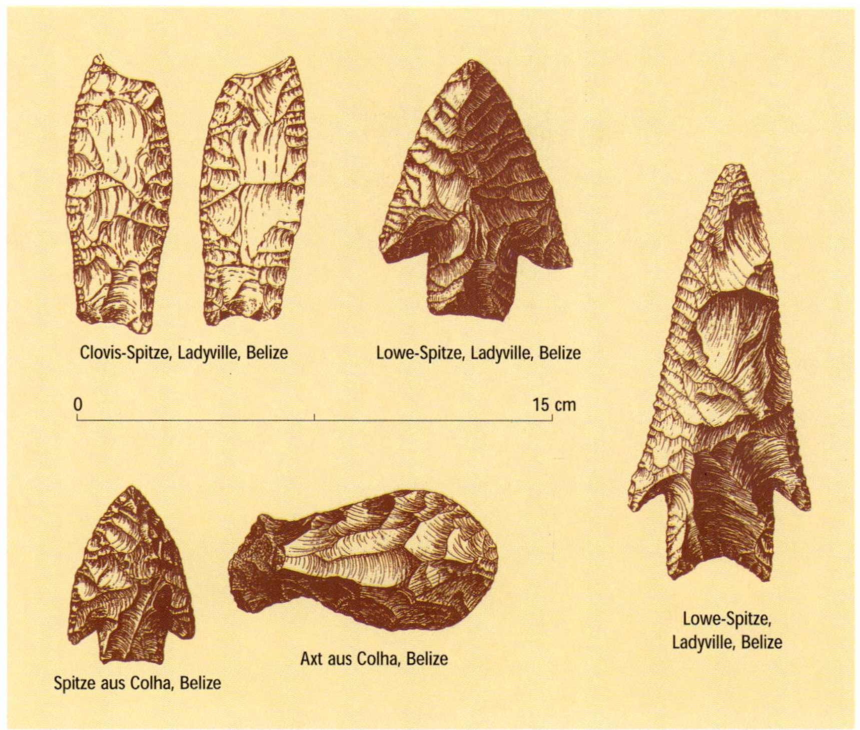

32 *Hornstein-Werkzeuge aus dem nördlichen Belize. Präkeramische Periode, 9000-1200 v. Chr.; Belmopan, Belize Department of Archaeology*
Oben links: kannelierte Turrialba (Clovis-Speerspitze); Ladyville; 9000–8000 v. Chr., L. 9 cm; oben Mitte u. rechts: Lowe-Speerspitzen mit Griffzapfen, Sand Hill-Gebiet, 2500–1900 v. Chr., L. 8,5 cm und 13,5 cm; unten links: Lowe-Spitzen, Pulltrouser Swamp, 2500–2000 v. Chr., L. 4,5 cm; unten Mitte: einseitig behauenes Beil, Pulltrouser Swamp, 1300 v. Chr., L. 11 cm. Diese Werkzeuge bilden bisher die einzigen Belege der Existenz präkeramischer Siedlungen von Jägern und Ackerbauern im Maya-Tiefland.

Auf dem Weg zur Sesshaftigkeit

Im Laufe des Archaikums gaben die Jäger und Sammler, die mehrmals im Jahr neue Lager errichteten, ihr nomadisierendes Dasein zugunsten einer halb sesshaften Lebensweise auf. Von Basislagern aus gingen sie auf Nahrungssuche und hielten sich gelegentlich auch länger an anderen Orten auf, etwa um zu jagen, Schalentiere zu sammeln oder Werkzeuge zu beschaffen. Die bisher besten Nachweise stammen aus den Tälern von Oaxaca und Tehuacan im mexikanischen Hochland. Im Maya-Hochland sind in der Höhle von Santa Marta in Chiapas für die Zeit zwischen 7600 und schätzungsweise 4000 v. Chr. fünf aufeinander folgende archaische Siedlungsphasen nachweisbar; La Piedra del Coyote bei Los Tapiales stammt aus der Zeit zwischen 8700 und 4200 v. Chr., und im nahe gelegenen Hochland von El Quiche sind ebenfalls mehrere archaische Fundstätten bekannt.

31 *Figur eines Sitzenden. Uaxactun, Peten, Guatemala, Gebäude A18, Opfergrube 31; Späte Präklassik, 400 v. Chr.–250 n. Chr.; Fuchsit; H. 25,3 cm; Guatemala, Museo Nacional de Arqueología y Etnología*
Diese sorgfältig polierte Figur wurde zusammen mit verschiedenen exzentrischen Feuersteinen und Obsidianstücken als Gebäude-Weiheopfer dargebracht. Die Wangen sind mit der Hieroglyphe *k'in* („Sonne") verziert, was in der Späten Klassik u. a. als Attribut des Sonnengottes galt.

Dass das Maya-Tiefland bereits in präkeramischer Zeit (ca. 9000–1400 v. Chr.) besiedelt war, belegen Geschossspitzen aus dem Küstengebiet von Belize. Der breitstielige Lowe-Typ etwa wird vorläufig auf die Zeit um 2500 bis 1900 v. Chr. datiert, die schmaleren Allspice- und Sawmill-Typen etwas später (Abb. 32). Einen weiteren Werkzeugtyp, einseitig behauene Hornsteine, die vermutlich als Hacke oder Beil benutzt wurden (Abb. 32), fand man an denselben Fundstellen sowie in Colha im Norden Belizes, das in Präklassik und Klassik zu einem der wichtigsten Zentren der Hornsteinbearbeitung wurde. Ein Steinbeil sowie eine Lowe-Spitze wurden im Pulltrouser Swamp, einem großen Sumpfgebiet nördlich von Colha, gefunden.

Anhand der Radiokarbondatierung dieses Fundortes und eines Bodenprofils aus Colha, das Spuren einer Besiedlung sowohl vor als auch nach Beginn der landwirtschaftlichen Bodennutzung aufweist, lässt sich erkennen, dass die Stätten schon in vorkeramischer Zeit zwischen 2500 und 1400 v. Chr. bewohnt waren. Die in einem Bohrkern aus dem Cobweb Swamp bei Colha gefundenen Pollen zeugen davon, dass um 2800 v. Chr. Mais und etwa um 1700 v. Chr. auch Baumwolle und Chilipfeffer angebaut wurden. Maniok kam als Wurzelgemüse noch vor 1000 v. Chr. hinzu. Im weiter nördlich liegenden Cob Swamp deuten Pollenfunde darauf hin, dass schon um 2500 v. Chr. Wald gerodet wurde (Abb. 33).

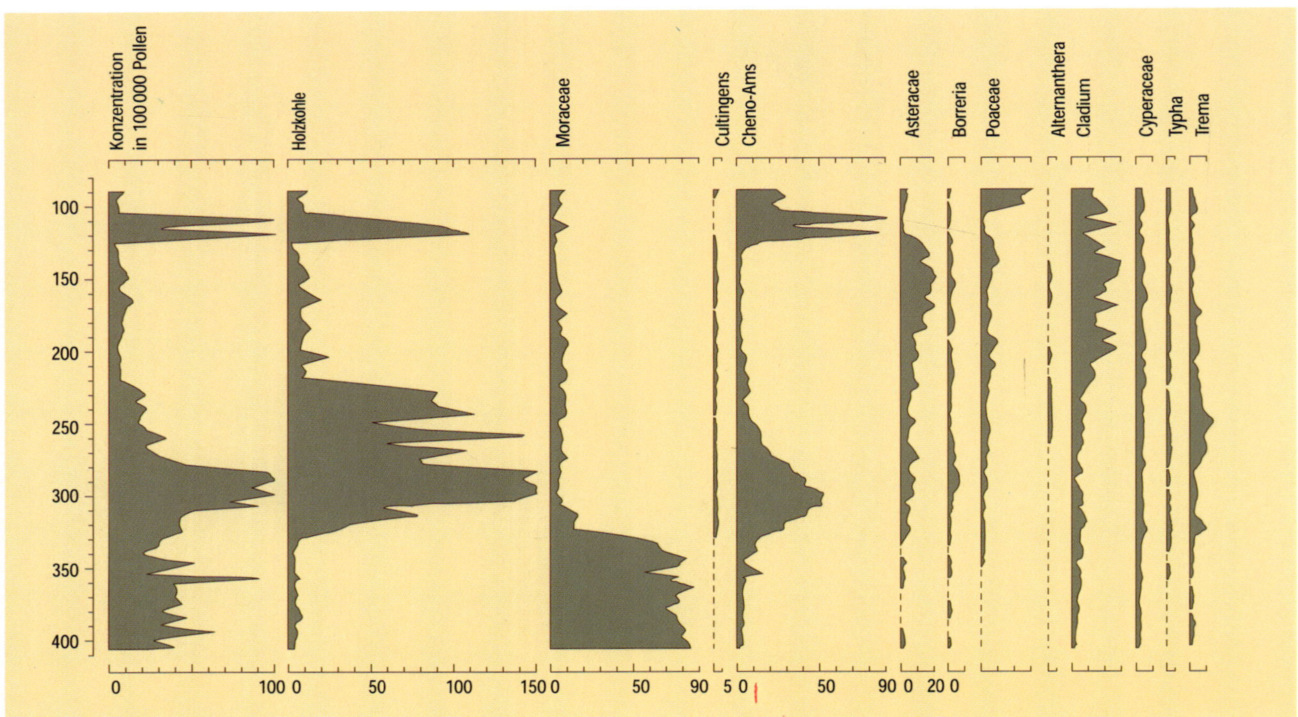

33 *Pollendiagramm des Cob Swamp im Norden von Belize*
Das Pollendiagramm enthält Anhaltspunkte für frühen Ackerbau um 2500–2000 v. Chr. Man erkennt einen plötzlichen Anstieg der Holzkohlenmenge und zugleich einen Rückgang des Waldgebietes und eine Zunahme der Pollen krautiger Pflanzen sowie erstmals auch von Kulturpflanzen. Solche Landnahmephasen sind auch für frühe Ackerbaukulturen in Europa nachweisbar.

Menschliche Eingriffe in die Umwelt, die sich in einer gegenüber dem typischen Regenwald veränderten Flora und Fauna spiegeln, scheinen demnach Mitte des 3. Jahrtausends v. Chr. eingesetzt zu haben. Allerdings ist durchaus denkbar, dass die Landwirtschaft neben dem Sammeln von Nahrung im Urwald zunächst von untergeordneter wirtschaftlicher Bedeutung war. Viele bisher undatierte Stätten in der Küstenebene, an denen der amerikanische Archäologe Richard S. MacNeish Probegrabungen vornahm, könnten Beweise für eine Besiedlung im Archaikum liefern, denn Gerätschaften wie Mahlsteine deuten auf die zunehmende Bedeutung gesammelter und verarbeiteter pflanzlicher Nahrungsmittel hin.

Siedlungsphasen der Präklassik

Im Tiefland von Belize und im Peten sind bisher weder Siedlungsplätze aus der Zeit der ersten Waldrodungen um 2500 v. Chr. noch aus dem darauf folgenden Jahrtausend entdeckt worden. Die älteste bekannte Siedlung ist das ab 1200 v. Chr. bewohnte Cuello. Dabei handelt es sich um das erste, bisher umfassend erforschte präklassische Maya-Dorf, denn zuvor hatten die präklassischen Schichten, auf die man stieß, stets unter größeren Bauten aus der Klassik verschüttet gelegen. Den Hauptteil dieser Fundstätte macht zwar ein 1,6 Quadratkilometer großes Zeremonialzentrum aus klassischer Zeit aus, aber die Untersuchungen richteten sich vor allem auf Plattform 34, einen großen, stumpfkuppigen Hügel, der nach 400 n. Chr. kaum noch besiedelt war, dafür aber in der Tiefe mehrere präklassische Schichten mit hervorragend konservierten architektonischen und organischen Überresten enthielt (Abb. 34).

Die architektonische Entwicklung im Verlauf von 1600 Jahren (von 1200 v. Chr. bis 400 n. Chr.) lässt sich anhand der Fundstücke in mehrere große Phasen unterteilen. Die frühesten Siedler der Swasey-Phase (1200–900 v. Chr.) bauten ausschließlich mit schnell verrottendem Holz und Stroh, der Boden bestand aus Lehm. Später hatten die Häuser verputzte Stangenwände und als Fußboden eine dünne Schicht Gips oder Kalkputz und Kalksteinschotter. Um 900 v. Chr. wurden die Wohnstätten um einen rund 15 Meter breiten, mit Kalkputz überzogenen Hof angeordnet. Die mit Palmwedeln gedeckten Fachwerkhäuser ähnelten stark den an den Schmalseiten gerundeten Apsidenhäusern der modernen Maya in Yukatan (Abb. 35).

Die Häuser standen auf kaum 30 Zentimeter hohen, an der Seite abgerundeten Geröll- und Erdplattformen mit einem Boden aus Kalkputz. In der anschließenden Bladen-Phase (900–650 v. Chr.) wurden diese Plattformen vergrößert, wobei man die bestehenden Bauten als Kern stehen ließ. Die Seiten der alten Plattform wurden abgeschlagen, sodass lediglich der rohe Stumpf übrig blieb, der dann zu einer größeren Plattform erweitert wurde. Die in diesen Bruchflächen verstreuten Jadeperlen deuten darauf hin, dass der Abriss kein schlichter praktischer Vorgang war, sondern rituellen Charakter besaß. Eine Rekonstruktion dieser Gebäude, sowohl der ursprünglichen aus der Swasey-Phase wie auch der späteren, ist oft schwierig,

34 *Hausfundamente. Cuello, Belize; laufende Ausgrabungen, Foto von 1980*
In dem 30 x 10 m großen Grabungsschnitt sieht man links und in der Mitte Überreste von Häusern aus der Frühen Mittelpräklassik (1100–700 v. Chr.), im Hintergrund Reste spätpräklassischer Gebäude (200 v. Chr.) und an der Westseite eine gegen Ende der Präklassik entstandene Pyramide (200–300 n. Chr.). Die älteren Gebäude waren mit Plattform 34 überbaut worden, deren weiße Stuckfußböden und Füllmaterial im Westprofil sichtbar sind.

36 *Apsidenhaus. Cuello, Belize, Gebäude 326, Plattform; Mittlere Präklassik, 900–800 v. Chr.; 8 x 4 m*
Man erkennt deutlich die Pfostenlöcher für das hölzerne Fachwerk. Die Fragmente der mit Lehmstuck überzogenen Wände belegen, dass dieses Haus ähnlich gebaut war wie Maya-Gebäude aus historischer Zeit (Abb. 34). Die tiefe Mulde rechts im Bild ist ein jüngeres Grab. Die Fußböden späterer Gebäude sind im Bodenprofil im Hintergrund zu erkennen.

35 *Modernes yukatekisches Haus*
Das Bild zeigt ein modernes Maya-Haus (etwa 8,5 x 3,5 m) aus Holzfachwerk und mit Lehm und Stuck verputzten Stangenwänden und einem Dach aus Guanopalmwedeln. Der apsidenförmige Grundriss und die Bauweise ähneln den in Cuello ausgegrabenen präklassischen Häusern (siehe Abbildung 36 und 37).

denn nur die aus Füllmaterial und Fußböden bestehenden Stümpfe und die Stangenlöcher der Wände im Hofboden geben Anhaltspunkte. Es lässt sich jedoch ermitteln, dass in Cuello mindestens eines der aus der Bladen-Phase stammenden Gebäude (Bauwerk 323) über elf Meter lang und gut fünf Meter breit war und seine Plattform das Hofniveau um einen Meter überragte. Ein älteres Gebäude – Bauwerk 326 – war verschüttet und überbaut worden und deshalb so gut wie intakt geblieben (Abb. 36). Es ist das besterhaltene Gebäude aus der Zeit des Übergangs von der Frühen zur Mittleren Präklassik.

Die zwischen 650 und 400 v. Chr. erstmals auftauchenden rechteckigen Gebäude waren größer als alle älteren Bauten, die sich jemals an der West- und Nordseite des Hofes befanden. Ob sie eine rituelle Funktion hatten, ist nicht bekannt, zumal der Abriss alle Spuren von Tätigkeiten in den Gebäuden auslöschte. Die später unmittelbar über dem Westgebäude errichteten Tempel lassen allerdings darauf schließen, dass sich bereits um 400 v. Chr. aus dem traditionellen Wohnungsbau eine sakrale Architektur entwickelt hatte.

Gräber geben Aufschluss über die frühe Maya-Gesellschaft

Der Hof selbst wurde nun planmäßiger gestaltet. Ab 800 v. Chr. verbannte man die (teils zum Kochen, teils zu verschiedenen anderen Haushaltstätigkeiten genutzten) tiefen „Feuergruben", die zuvor wahllos über den Hof verstreut waren, an dessen Ränder. Der gepflasterte Teil des Hofes wurde durch eine Mauer zwischen zwei Häusern begrenzt, sodass er nach außen abgeschlossen war (Abb. 37). Etwa von 600 v. Chr. stammt ein Grab in der Mitte eines Hofes in Cuello, in dem ein älterer Mann beerdigt wurde (Abb. 38). Er dürfte das Oberhaupt der dort lebenden Sippe gewesen sein, auf das sich nach seinem Tod die Ahnenverehrung konzentrierte.

Gräber gehören zu den besten Quellen, um Kenntnisse über die frühe Maya-Gesellschaft zu gewinnen. Bei den 27 gefundenen Toten der Swasey- und der Bladen-Phase von Cuello (davon fünf, die der Swasey-Phase vor 900 v. Chr. zugerechnet werden) handelt es sich – mehr oder weniger eindeutig – um sieben erwachsene Männer, zehn erwachsene Frauen, zwei Jugendliche und acht Kinder. Während

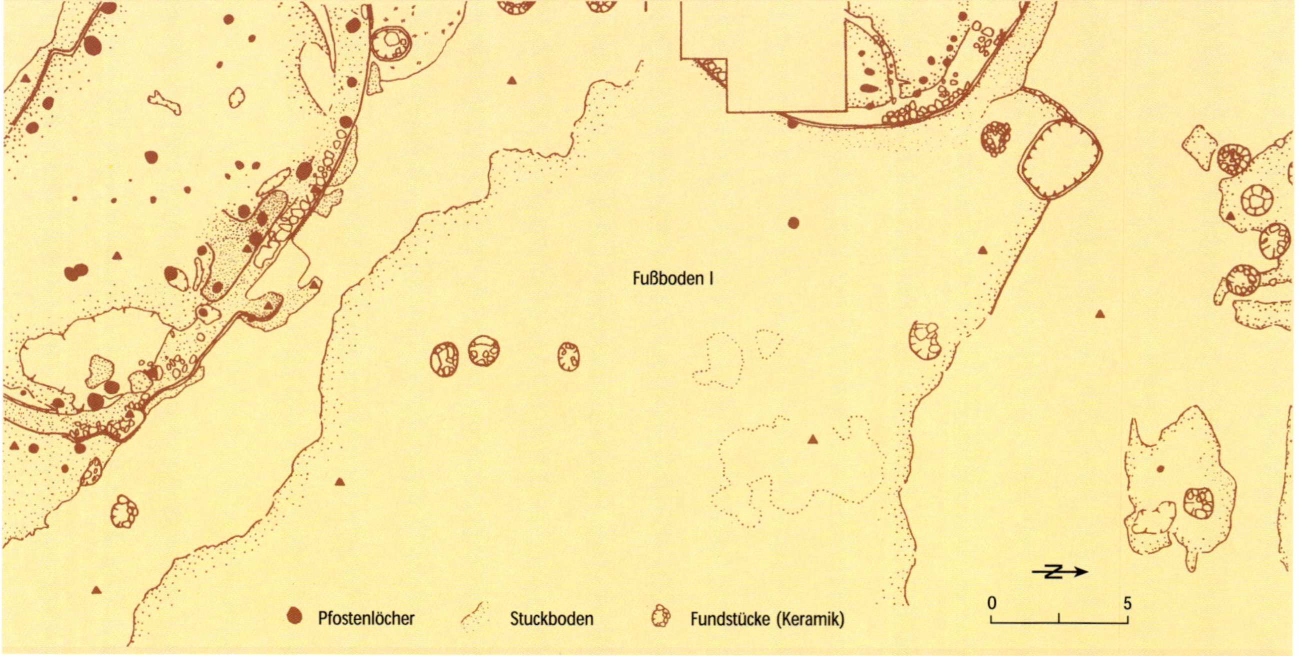

37 *Besiedlungsphase 1 in Cuello, Belize, 900–800 v. Chr.* Die Karten von Ausgrabungen in Cuello, Belize, lassen zwei Siedlungsphasen in der Mittleren Präklassik erkennen. In der älteren Periode wurden Feuerstellen im Hof angelegt, der zu dieser Zeit eine rein häusliche Funktion erfüllte. Zwischen den Wohnhäusern errichtete man Mauern, die den gepflasterten Teil des Hofes nach außen begrenzten.

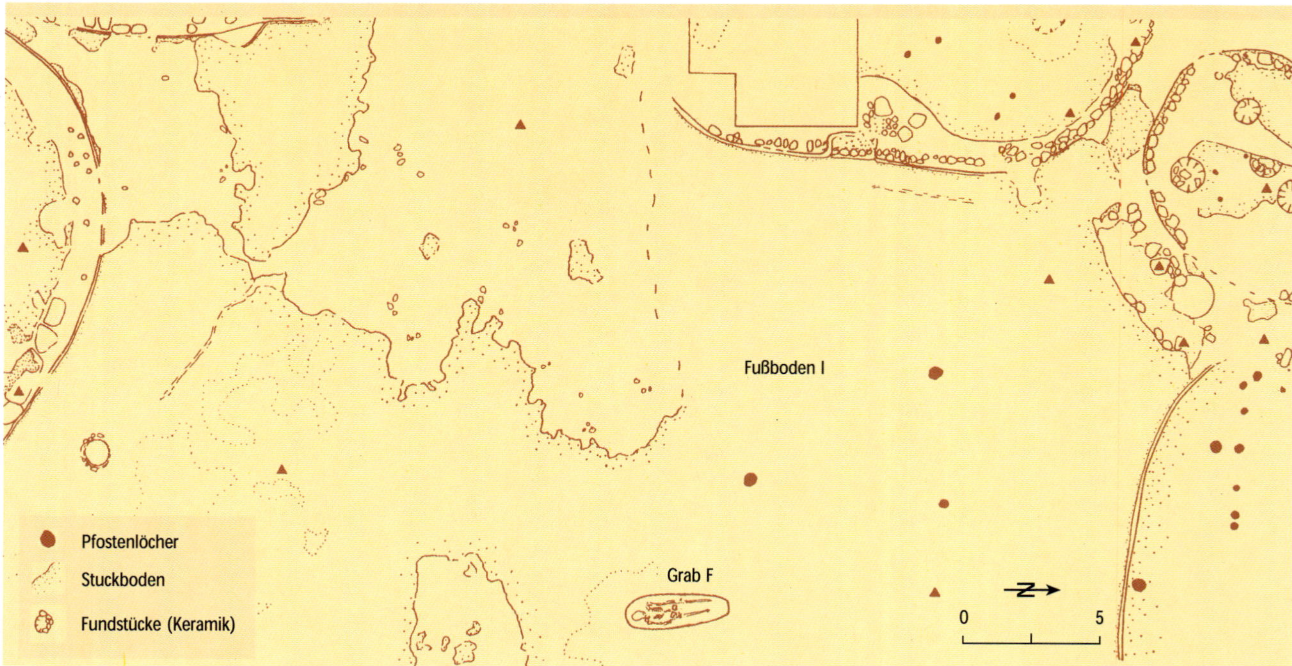

38 *Besiedlungsphase 2 in Cuello, Belize, 650–550 v. Chr.* In der zweiten Phase wurde der Hof um die Feuerstellen vergrößert und mit weiteren Gebäuden umgeben. Die Feuerstelle wurde nun in das Gebäude 319 oben rechts im Plan gelegt. In den Stuckfußboden des Hofes wurde eine Vertiefung gegraben, die der Beisetzung eines verehrten Vorfahren diente (Grab F49). Insgesamt wirkte die gesamte Hofgruppe nun geschlossener und privater.

39 *Grab einer erwachsenen Person. Cuello, Belize; Mittlere Präklassik, um 600 v. Chr.*
Das Grab ist 80 cm breit und länger als das weibliche Skelett, das mit dem Kopf nach Westen gebettet ist; über dem Gesicht liegt eine Keramikschale, eine weitere Schale (Dm. 50 cm) über dem Becken. Unter den Beinen befindet sich ein älteres Kindergrab. Die Keramikschüssel über dem Kopf des Kindes ist unter den Oberschenkelknochen der Frau erkennbar. Beide Gräber wurden nahe der Nordwand eines Wohnhauses in den Fußboden geschlagen.

die frühesten Gräber möglicherweise einfach in den Lehmboden im Erdgeschoss eines Hauses eingelassen wurden, legte man sie später bereits beim Bau (wenn ein Angehöriger soeben verstorben war) während der Nutzung oder nach dem Verlassen des Gebäudes in der Gipsplattform an (Abb. 39). Die Körperhaltung der Toten scheint von Alter und Geschlecht unabhängig gewesen zu sein, die meisten wurden flach auf den Rücken gelegt, doch sind auch Hockerbestattungen bekannt, für die die Toten in hockende Position gesetzt und manchmal zusammengebunden wurden. Ab 600 v. Chr. wurden die Verstorbenen auch oft in Sitzhaltung mit ausgestreckten Beinen bestattet. Als Grabbeigaben finden sich Keramikgefäße, Vogellockpfeifen, Jade- und Muschelschmuck sowie Werkzeuge aus Knochen und Hornstein. Sehr häufig wurde dem Toten eine Schale auf das Gesicht gelegt.

Die Art und Anordnung der Grabbeigaben zwischen 1200 und 650 v. Chr. legt den Schluss nahe, dass sie nicht allein von Alter und Geschlecht des Toten bestimmt waren. Manche Kindergräber waren mit Hunderten von Muschelperlen ausgestattet, darunter sogar einige aus dem kostbaren roten Perlmutt der Spondylusmuschel, was darauf hindeutet, dass Wohlstand und gesellschaftlicher Status einer Person eher durch Geburt zufielen und nicht erst im Erwachsenenleben erworben wurden. Manche Gegenstände in Kindergräbern waren sogar wertvoller und exotischer als die in Erwachsenengräbern, insbesondere Anhänger aus blauer Jade, die mit Sicherheit über Hunderte von Kilometern nach Cuello gebracht werden mussten, sei es aus dem Olmekengebiet oder von einem noch nicht identifizierten Vorkommen blauer Jade im Hochland.

Aus der Späten Mittelpräklassik zwischen 650 und 400 v. Chr. (Lopez-Mamom-Phase) stammen dreißig Gräber in Cuello mit zwanzig erwachsenen und zehn jugendlichen Verstorbenen. Von den Erwachsenen waren sechzehn männlich und nur drei weiblich, wobei dieses Ungleichgewicht zwischen den Geschlechtern bis in spätere Perioden hinein zu beobachten ist. Bis auf zwei lagen alle Gräber in Häusern oder Nebengebäuden. Eines befand sich, wie bereits erwähnt, mitten im Hof. Soweit Grabbeigaben vorhanden waren, fielen sie üppiger aus als zuvor. In den am reichsten ausgestatteten Gräbern fanden sich exotische und aufwändige Beigaben, etwa bei dem Mann in Grab 160, der mit Jadeperlen, geschnitzten Röhrenknochen sowie einem Brustschmuck in Form einer aus menschlichen Schädelknochen geschnitzten Maske geschmückt war (Abb. 40). Offenbar sollten diese

Beigaben den hohen Status des Verstorbenen unterstreichen. In einem anderen Grab war der Schädel des Toten durch eine Hornsteinplatte ersetzt worden. Es handelt sich dabei um das Erste einer Reihe von Gräbern mit verstümmelten, vermutlich geopferten Toten, die man in den Gebäuden an der Westseite des Hofes fand und die die Vermutung erhärten, dass es sich um einen Ritualbereich handelte. Die Gräber vom Ende der Mittelpräklassik im 4. Jahrhundert v. Chr. belegen somit sowohl die zunehmende soziale Differenzierung als auch die Praxis des Menschenopfers.

Die Skelette dieser frühen Maya lassen zudem Rückschlüsse auf Krankheiten zu, obgleich viele Erkrankungen, die nur an Veränderungen des Weichgewebes oder anhand von einer gut erhaltenen Knochenoberfläche nachweisbar sind, in archäologischen Untersuchungen nicht belegt werden können. Der interessanteste Befund dabei dürfte der Nachweis von Treponema-Infektionen sein, also vermutlich Syphilis oder Frambösie (Abb. 41). Dass die Syphilis bereits vor dem Eintreffen der spanischen Konquistadoren verbreitet war, wurde bereits an anderen Orten Amerikas sicher festgestellt. Die typischen „Säbelbeine“ mit innerer Verdickung der Schienbeine sind bei vielen Skeletten aus den Gräbern in Cuello nachweisbar, unter anderem bei einem der beiden ältesten Gräber aus der Zeit um 1000 v. Chr. Anzeichen für einen Vitamin-C-Mangel sind Blutungsspuren auf Knochenoberflächen und degenerierte Zahnmulden im Kiefer. Eine verzögerte Zahnschmelzbildung lässt vermuten, dass die Kinder im Alter von drei bis vier Jahren entwöhnt wurden, ohne dass die Muttermilch anschließend durch andere Eiweißquellen ersetzt worden wäre. Dennoch war die Gesundheit der Bevölkerung in der Zeit vor 400 v. Chr. insgesamt besser als in späteren Jahrhunderten, was sich anhand präklassischer menschlicher Überreste aus Altar de Sacrificios nachweisen lässt. Die Menschen waren in der früheren Phase zudem höher gewachsen, während bereits in der Späten Präklassik das knapper werdende Nahrungsangebot infolge der Bevölkerungszunahme zu vermindertem Wachstum führte.

40 *Anhänger aus menschlichem Knochen. Cuello, Belize, Grab 160; Mittlere Präklassik, 500–400 v. Chr.; menschlicher Schädelknochen; Dm. 7,5 cm; Belmopan, Belize Department of Archaeology*

Der Anhänger zeigt die Fratze eines Ungeheuers. Gefunden wurde der Anhänger am Hals des in Grab 160 bestatteten erwachsenen Mannes. Als weitere Grabbeigaben fanden sich zylindrische Knochenperlen mit dem Matten-Motiv, das für Königswürde steht. Unter dem Mann war im selben Grab ein Begleiter beerdigt worden.

Entwicklungsphasen der Keramik

Seit 1975 ist bekannt, dass Cuello die früheste Keramik des Tieflandes besitzt. Auch wenn die ersten Datierungen dieser Keramik mittels der Radiokarbonmethode aufgrund von Verunreinigen zu früh (um 2000 v. Chr.) angesetzt waren, hat sich doch herausgestellt, dass in Cuello schon um 1200 v. Chr. Keramik produziert wurde. In Bezug auf Gefäßformen und Ornamente unterscheidet man zwischen 1200 und 400 v. Chr. drei keramische Komplexe: Swasey, Bladen und Lopez-Mamom (Abb. 43). Obwohl Swasey-Keramiken zu den ältesten bekannten Formen des Maya-Tieflandes gehören, sind sie keineswegs experimentell, sondern in Herstellung und Verzierung bereits völlig ausgereift, sodass es möglicherweise noch eine frühere Entwicklungsstufe gab. Die Fundstücke sind zudem in Form, Farbgebung und Ornamentik typisch für das Maya-Tiefland und zeigen keine enge Verwandtschaft mit Töpferwaren von der Pazifikküste, dem Kernland der Olmeken an der Golfküste oder dem Maya-Hochland.

Swasey-Gefäße sind relativ schlicht gestaltet (Abb. 43.1). Es handelt sich vorwiegend um Schüsseln, flache Schalen und Krüge, teils mit rotem oder orangefarbenem gebrannten Tonschlamm, der Engobe, versehen. Gefäße ohne solchen Tonschlamm wurden beispielsweise mit Hilfe eines angespitzten Stabes oder Knochens mit Ritzdekor, gelegentlich sogar mit aufwändigen Schachbrettmustern dekoriert. Andere Ornamente erzeugten die Töpfer durch Einkerben, Punktieren oder plastisches Modellieren des Tons vor dem Brennen. Zwei der auffallendsten Formen sind ein Krug mit dickem eckigen Rand, der durch einen Griff aus zwei parallelen Tonzylindern mit der Wölbung des Gefäßes verbunden ist, und eine enghalsige Flasche. Im Allgemeinen dienten solche Gefäße zum Aufbewahren von Flüssigkeiten, vielleicht auch von Getreide, und zum Portionieren von Nahrungsmitteln. Trinkgefäße aus Kürbissen und Kalebassenfrüchten waren vermutlich lange vor der Erfindung der Töpferei in Gebrauch.

Keramiken der Bladen-Phase (Abb. 43.3), die um 900 v. Chr. die Swasey-Periode ablöste, sind ihren Vorgängern einerseits sehr ähnlich und eindeutig aus ihnen

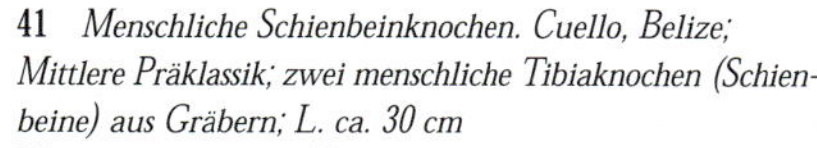

41 *Menschliche Schienbeinknochen. Cuello, Belize; Mittlere Präklassik; zwei menschliche Tibiaknochen (Schienbeine) aus Gräbern; L. ca. 30 cm*
Während der obere Knochen normal geformt ist, ist der untere zu einer so genannten Säbelscheidentibia verkrümmt. Ausgelöst wird diese nach ihrer typischen Form benannte Knochenveränderung durch Treponematosen wie Syphilis oder Frambösie. Viele Einwohner von Cuello litten zwar an einer solchen Infektion, erreichten aber dennoch ein reifes Alter. Nach den Erkenntnissen von Frank und Julie Saul sind die in Cuello gemachten Funde die frühesten Belege für Treponematosen im Maya-Gebiet.

hervorgegangen, andererseits jedoch in formalen Details und dem umfangreicheren dekorativen Repertoire durchaus eigenständig. Meist findet sich rote Engobe auf cremefarbenem Untergrund, der stellenweise sichtbar bleibt, sodass Streifen- oder Schachbrettmuster entstehen. Außerdem tauchen Engobes in Creme, Braun und Braunorange auf, teilweise mit charakteristischen komplizierten Ritzmustern versehen. Im 7. Jahrhundert v. Chr. bediente man sich eines Verfahrens, bei dem organische Abdeckmassen zum Einsatz kamen. Dabei wurde das Muster mit einem organischen Stoff wie beispielsweise Honig auf die Oberfläche des Gefäßes gemalt und anschließend am offenen Feuer grauschwarz aufgebrannt. Organische Abdeckmassen konnten mit anderen Ornamenten zu einem dreifarbigen Muster kombiniert werden.

Während Cuello vor allem für Keramik der Swasey-Phase bekannt ist, wurden im nahen Colha, dessen Bolay-Keramikkomplex aus der Zeit zwischen 900 und 500 v. Chr. stammt, vorwiegend Bladen-Keramiken gefunden; das Gleiche gilt für ein halbes Dutzend weiterer Fundstätten im Norden von Belize, darunter Nohmul und Santa Rita Corozal. Entferntere, allgemeinere Bezüge lassen sich zur Xe-Keramik in Altar de Sacrificios und zu Seibal im Tal des Río de la Pasión im südlichen Peten herstellen wie auch zu derjenigen der frühesten Siedler von Tikal im Nordosten des Peten. Solche regionalen Keramiktraditionen und Querverbindungen sind typisch für alle späteren Perioden im Maya-Tiefland.

Die Lopez-Keramiken aus Cuello fallen in das Ausbreitungsgebiet der Mamom-Keramik, das sich vom Tiefland von Seibal im Süden bis Komchen im Nordosten von Yukatan erstreckt und hinsichtlich der Gefäßformen, Engobes und Dekore erstaunliche Übereinstimmungen erkennen lässt. Mit dem Anwachsen der Bevölkerung war auch die Siedlungsdichte größer geworden, was wiederum den Austausch zwischen den Orten förderte. Die Vorstellungen, wie Töpferwaren auszusehen hatten, wurden nun erstmals von verschiedenen Bevölkerungsgruppen im gesamten Tiefland geteilt, so auch im Norden, wo vielerorts die Keramikherstellung mit der Mamom-Phase überhaupt erst begann. Zwar lässt sich durch die weiträumige Verbreitung von Obsidian aus Vorkommen im vulkanischen Hochland von Guatemala belegen, dass bereits ein funktionierendes Kommunikationsnetz existiert haben muss, doch zeigen die Unterschiede der Keramiken hinsichtlich Töpfermasse, Beimischungen und Oberflächenbehandlung, dass diese Artefakte keine Handelswaren darstellten, sondern mit wenigen Ausnahmen lokal gefertigt wurden.

Zu den technischen Besonderheiten der Mamom-Keramik gehörte die Einführung einer weichen, wachsartigen Engobe, die die zahllosen feinen Haarrisse der typischen Craqueléoberfläche ergab. Sie entstand durch das Auftragen vieler dünner Tonschlamm-

42 *Fragment eines Tonfigürchens. Cuello, Belize; Späte Präklassik, 400 v. Chr.; Ton; H. 8,8 cm*
Angesichts der flachen Brust dürfte es sich hier um eine männliche Figur handeln. Augen sind durch ovale, flache Mulden mit je einer kreisrunden Vertiefung in der Mitte angedeutet. Nase, Mund, Diadem und Ohrschmuck wurden an den schlicht geformten Kopf und Torso angesetzt.

PHASEN	KERAMIK	GRABBEIGABEN UND KLEINFUNDE
SWASEY 1200 - 900 v. Chr.	1	2
BLADEN 900 - 650 v. Chr.	3	4
LOPEZ-MAMON 650 - 400 v. Chr.	5	6
COCOS-CHICANEL 400 - 250 n. Chr.	7	8

schichten, von denen die letzte beim Brennen schrumpfte und zum Craquelémuster aufplatzte. Die vorherrschende Farbe ist wie zuvor monochromes Rot (Abb. 44). Die Formen der Schalen und Teller sind erheblich vielfältiger, häufiger findet man nun Elemente wie vorspringende Kanten und Tüllen. Aus Ton modellierte man auch Menschen- und Tierfigürchen, die am Beginn der darstellenden Kunst der Maya stehen, manchmal in Form einer Okarina – einer Gefäßflöte (Abb. 31, 42). Es wird sogar vermutet, dass einige der Menschenfiguren Porträts bestimmter Personen waren, vielleicht der Herrscher von Cuello.

Steinwerkzeuge und Muschelschalen

Die nach den Tonscherben zweitgrößte Gruppe von Artefakten, die in Cuello gefunden wurden, besteht aus Fragmenten und Abschlägen von Steinwerkzeugen, überwiegend aus feuersteinartigem Kieselsäuregestein und Chalcedon, einer durchscheinenden und weichen Abart des Quarzes. Chalcedon und einige grobe graue und weiße Hornsteine kommen vor Ort vor, doch die geschätzten braunen und gebänderten Hornsteine stammten aus einer „Hornsteinzone" östlich des New River im Norden von Belize, die sich im Süden bis in die Nähe von Altun Ha zog. Innerhalb dieser Zone lag Colha, das vor allem in der Späten Präklassik und Klassik Dutzende von Werkstätten vorzuweisen hatte, in denen Hornsteinwerkzeuge in standardisierten Formen produziert wurden. Spätestens ab 900 v. Chr. waren in Colha Dorfbewohner ansässig, deren Häuser, Töpferwaren und Lebensstil denen von Cuello ähnelten. Denkbar ist auch, dass die Produktion von Hornsteinwerkzeugen dort bereits ebenso früh begonnen hatte, wobei vielleicht die fertigen Waren nach Cuello und in andere Siedlungen im nördlichen Belize exportiert wurden.

Zu den Werkzeugen aus Cuello gehören leichte Gerätschaften für den häuslichen Gebrauch, schwere Werkzeuge wie doppelseitig bearbeitete Klingen, die an hölzernen Stielen befestigt und als Äxte verwendet wurden, und solche, die wahrscheinlich rituellen Zwecken dienten. Häusliche Werkzeuge nahm man zum Schneiden, Durchbohren, Schaben, Abziehen und Hacken, während die schweren Werkzeuge zum Baumfällen und Graben benötigt wurden. Alte und zerbrochene Werkzeuge wurden häufig aufgearbeitet und für andere Zwecke weiterbenutzt, bis die Überreste allzu klein oder allzu stark zersplittert waren.

Andere alltägliche Werkzeuge stellten die Maya aus härteren Kalksteinsorten her. Für *metates* (Mahlsteine) und *manos* (Handwalzen) etwa, mit denen sie Maiskörner zu einem Maisteig zermahlten, verwendeten sie üblicherweise Kalkstein, obwohl bereits in der Swasey-Phase auch Mahlsteine aus rosa Sandstein von den

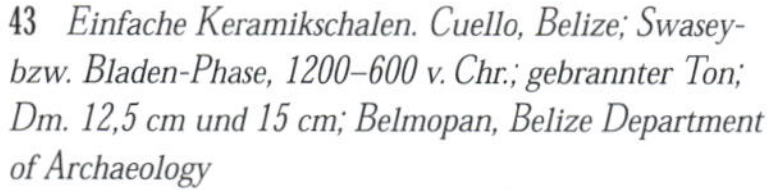

43 *Einfache Keramikschalen. Cuello, Belize; Swasey- bzw. Bladen-Phase, 1200–600 v. Chr.; gebrannter Ton; Dm. 12,5 cm und 15 cm; Belmopan, Belize Department of Archaeology*
Solche einfachen Schalen, in denen normalerweise Essen und Getränke gereicht wurden, dienten auch als Grabbeigaben. Möglicherweise enthielten sie Wegzehrung für die Reise ins Jenseits.

44 *Krug mit Tülle. Cuello, Belize; Späte Präklassik, 400–300 v. Chr.; Ton; Dm. 12,5 cm*
Solche Gefäße werden häufig als „Schokoladenkannen" bezeichnet, obwohl keine Beweise dafür vorliegen, dass darin tatsächlich Kakao zubereitet oder daraus verzehrt worden wäre. Das hier gezeigte Stück war einem Massengrab beigegeben, in dem 32 geopferte Menschen, überwiegend junge Männer, im Rahmen der Weiherituale bei der Errichtung der Plattform 34 bestattet wurden. Mit der Plattform wurde in der Späten Präklassik die mittelpräklassische Hofgruppe von 900–400 v. Chr. (Abb. 34) überbaut.

über 160 km weiter südlich gelegenen Maya Mountains importiert wurden. Gekehlte Rindenstößel aus Kalksandstein, die mit einem Weidenholzgriff versehen und zur Herstellung von Stoff oder Papier aus Feigenrindenbast verwendet wuden, tauchten erstmals in der Bladen-Phase auf. Zwar gibt es vor der Späten Präklassik keinerlei Belege für die Existenz einer Schrift, doch konnte man das Papier nicht nur für die Herstellung von Faltbüchern, sondern auch für viele andere praktische Zwecke, zum Beispiel für Kleidungsstücke und Kopfschmuck, verwenden.

Meeresmuscheln wurden von der knapp 50 km flussabwärts gelegenen Karibikküste nach Cuello gebracht. Während der Swasey-Periode waren es elf verschiedene Arten, später mehr. Muschelabschläge zeigen, dass man diesen Rohstoff in Cuello zu einer Reihe von Gegenständen verarbeitete, am häufigsten zu runden oder unregelmäßigen Perlen, die zu langen Ketten aufgefädelt und als Hals- oder Körperschmuck getragen wurden. Die meisten Perlen stammten von weißen Arten wie der Schale der Fechterschnecke (Strombus gigas), doch tauchten ab der Bladen-Phase gelegentlich auch Perlen auf, die aus der hoch geschätzten roten Perlmuttschicht der Spondylusmuschel geschliffen waren. In einem Grab wurde eine komplette Spondylus-Schalenhälfte mit freigekratzter roter Innenschicht gefunden, die man durchbohrt hatte, um sie als Anhänger tragen zu können (Abb. 43.4). Aus den Knochen von Schlachttieren wie etwa Rehen und Hunden wurden ebenfalls Perlen und Anhänger geschnitzt.

Das Dorf und sein Umfeld

Die unmittelbare Umgebung von Cuello bot alles zum Leben Notwendige. Nach dem sorgfältigen Ausspülen und Durchsuchen von über zehn Tonnen Erdboden aus allen Perioden und anhand der gefundenen Überreste von Pflanzen, Muscheln, Schnecken und anderen Tieren lässt sich rekonstruieren, wie das Umfeld des Dorfes in

45 *Knollen der Maniokpflanze (Manihot esculenta)*
Die Knollen der Maniokpflanze sind reich an Kohlenhydraten, enthalten jedoch in rohem Zustand einen giftigen blausäurehaltigen Saft. Um Maniok genießbar zu machen, muss, nachdem die Knollen geschält und geraspelt worden sind, der giftige Saft ausgepresst werden. Die Maniokmasse wird anschließend gewaschen und geröstet, um aus ihr Maniokmehl herzustellen. Die ungiftigen, jedoch oft faserigen Knollen des Süßen Maniok können geschält und mehrere Stunden lang weich gekocht wie Kartoffeln gegessen werden.

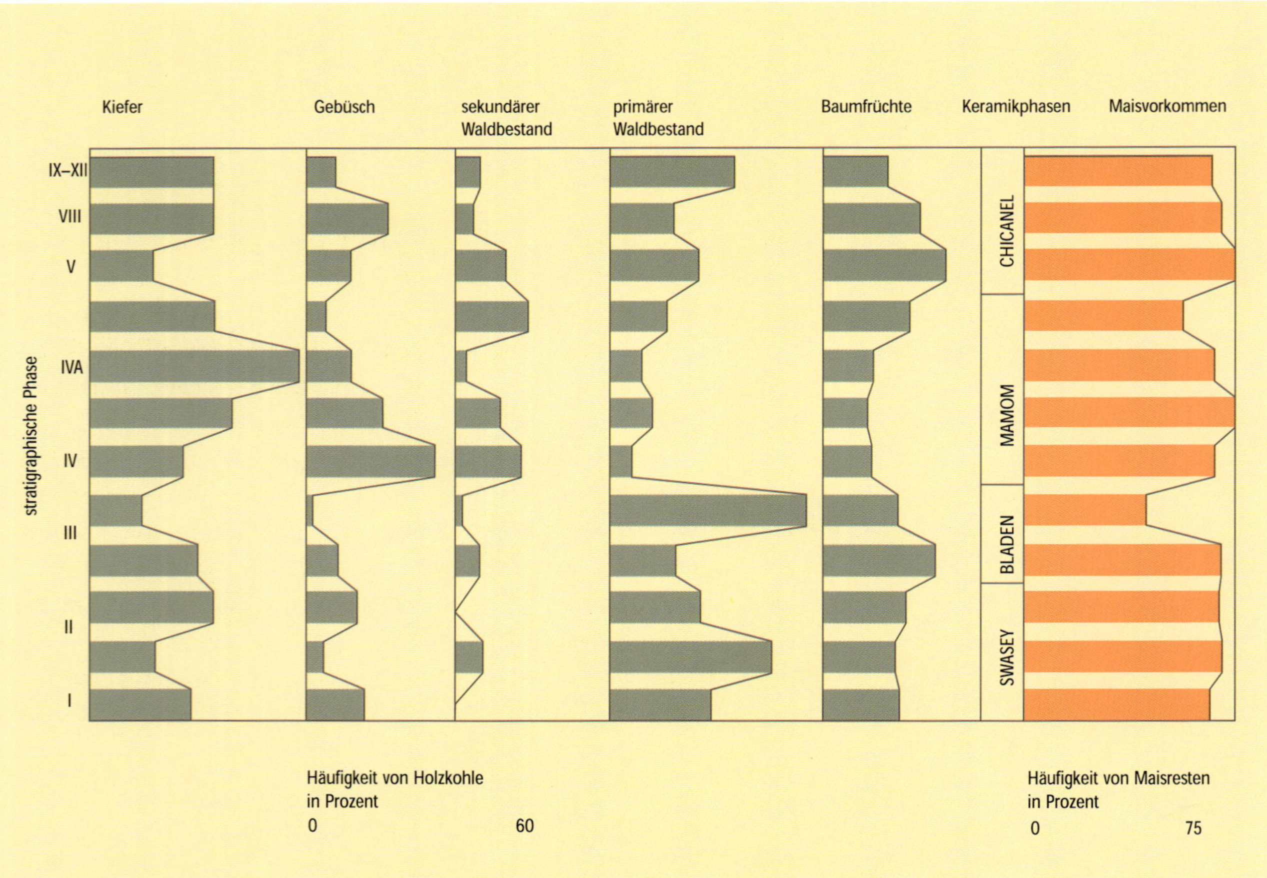

46 *Umweltgeschichte in Cuello. Charles H. Miksicek rekonstruierte 1300 Jahre Umweltgeschichte in Cuello, Belize, anhand makroskopischer Pflanzenreste (Samen, Früchte, Holzkohle)*
Phase I reicht von 1200–1000 v. Chr., die Phasen IX–XII von 100 v. Chr.–100 n. Chr. Da Mais bereits in Phase I in 90 % der Proben nachweisbar ist, während zugleich nur geringe Mengen Holzkohle von Urwaldbäumen (30 %), dafür aber ein hoher Prozentsatz Sträucher (20 %) vorliegen, dürfte die Landschaft in dieser Zeit bereits seit längerem gerodet und landwirtschaftlich genutzt worden sein (s. Abb. 33). Gegen Ende von Phase III ist ein Rückgang des Maisanbaus zu verzeichnen, verbunden mit einem Vorrücken des Waldes. Später wurde der Boden erneut gerodet und sogar noch umfassender genutzt.

47 *Früchte des Sapote-Baumes (Ponteria sapota oder Calocarpum Sapota)*
Sapote ist die Bezeichnung für mehrere zentralamerikanische Baumarten und ihre Früchte. Die Früchte sind oval oder birnenförmig und haben eine Länge von etwa 8 bis 20 cm. Ihre rostbraune Haut ist dick und holzig. Das weiche Fruchtfleisch ist lachsfarben bis rot. Die süß schmeckenden Früchte können jeweils ein Gewicht vin etwa 0,5 kg bis über 2 kg erreichen.

48 *Frucht des Kaschubaums (Anacardium occidentale)*
Die unter dem Namen Cashew oder auch als Semilla de Marañon bekannten Nüsse des Kaschubaums sind nierenförmig und wachsen am unteren Ende der birnenförmigen Kaschufrucht, die entweder rot, weiß oder gelblich sein kann. Die Nüsse werden vor allem geröstet gegessen oder dienen auch zur Herstellung von Speiseöl. Die Früchte mit ihrem feinen süßen Geschmack sind besonders reich an Vitamin C und Mineralstoffen.

der Mittelpräklassik beschaffen war. Zu Beginn der Swasey-Phase um 1200 v. Chr. war der natürliche Wald noch so gut wie unberührt, denn etwa ein Drittel der Holzkohle stammte von Waldbäumen. Daraus lässt sich schließen, dass beim Maisanbau relativ lange Bracheperioden eingehalten wurden oder die Felder recht klein waren und weit verstreut lagen. Auf den jeweils bis zu fünf Jahren brach liegenden *milpas,* den Pflanzungen, entwickelte sich in der Regel Buschwerk. Funde von Überresten der empfindlich auf Umweltbedingungen reagierenden Weichtiere bestätigen, dass die Landschaft überwiegend bewaldet war. Die am häufigsten angebaute Nutzpflanze war Mais, er ist in über 90 Prozent der untersuchten Proben aus weiten Teilen der Swasey- und Bladen-Phase nachweisbar (Abb. 46).

Bohnen, das zweite pflanzliche Grundnahrungsmittel der Maya, waren in der Swasey- und der Bladen-Phase kleiner als in späteren Perioden. Möglicherweise wurden Bohnen und Chilischoten zunächst in der Wildnis gesammelt. Kürbisse züchteten die Maya aus wild wachsenden Arten, zudem bauten sie spätestens ab der Bladen-Phase mindestens zwei Arten von Wurzelgemüsen an, Maniok (Kassaven; Abb. 45) und *malanga,* ein Aronstabgewächs, dessen Knolle in rohem Zustand giftig, gekocht jedoch ein wichtiger Stärkelieferant ist. Auf dem Speiseplan standen vermutlich auch Süßkartoffeln, die jedoch bisher nicht eindeutig nachgewiesen werden konnten. Die Maya sammelten zudem die Früchte von Waldbäumen, etwa Avocado, Guave (Psidium guajava), Kaschu (Cashew; Abb. 48), Balsampflaume, Annone, Sapote (Breiapfel; Abb. 47) und Antillenkirsche (Byrsonima). Inwieweit die Früchte von wild wachsenden Bäumen oder aus Obstgärten stammten (bei der Rodung verschonte oder mit dem Haushaltsabfall zufällig ausgesäte Bäume), lässt sich nicht mehr klären. Kakaobohnen (s. Grube, S. 32 ff.), die später für die Zubereitung eines kostbaren Getränks sowie als Zahlungsmittel dienten, sind in der Mittelpräklassik in Cuello noch nicht nachweisbar.

Veränderungen der Vegetation sind ebenso zu belegen wie ein Klimawandel, und zwar anhand der ausgegrabenen Samen und Holzkohlenreste sowie der Pollen, die in Bohrkernen aus Sedimenten der Seen im Maya-Gebiet enthalten sind. Der Regenwald bildete sich nach dem Ende der letzten Eiszeit in der feuchtwarmen Phase vor circa 3000 bis 8800 Jahren. Eine allgemeine Klimaabkühlung zwischen 900 und 400 v. Chr. ist in Cuello durch eine Zunahme der Kiefernholzkohle belegt: Die Mittelpräklassik war kühl und feucht. Holzkohlenfunde aus Cuello und Pollen aus Bohrkernen lassen gleichermaßen erkennen, dass sich das Klima in der Späten Präklassik wiederum erwärmte. Auch der Grundwasserspiegel in Cuello schwankte offenbar, was mit umfassenden Veränderungen der Meeres- und Flussspiegel in der Zeit zwischen 1500 und 500 v. Chr. übereinstimmt. Ob diese Verschiebungen die präklassische Gesellschaft beeinflussten, ist ungewiss. Zwar kam es gegen Ende der Bladen-Phase im 7. Jahrhundert v. Chr. bei Cuello zu einem deutlichen Nachlassen des Feldbaus mit entsprechendem Vorrücken

49 *Frühe Architektur. Komchen, Yukatan, Mexiko; ab 400 v. Chr.*
Die frühesten Monumentalbauten des nördlichen Maya-Tieflandes wurden in Komchen in der Nähe von Dzibilchaltun nördlich von Merida entdeckt. Ein weiteres großes Bauwerk stand 250 m davon entfernt, war jedoch in der Späten Präklassik durch einen Damm *(sakbe)* mit dem Komplex verbunden. Für alle sechs Plattformen zusammen wurden rund 60 000 m³ Füllmaterial verarbeitet.

51 *Die Pyramide E-VII-sub. Uaxactun, Peten, Guatemala; Späte Präklassik, 400 v. Chr. – 100 n. Chr.; modellierter Stuck auf Kalksteinmauerwerk*
Die Pyramide aus der Späten Präklassik wurde in späterer Zeit mehrfach überbaut und blieb so bis heute fast unversehrt erhalten. Auf allen vier Seiten der Pyramide führt je eine Treppe auf die obere Plattform, auf der sich eine kleinere Schreinplattform erhebt. Flankiert werden die Treppen von je vier Stuckmasken.

des Urwaldes, doch scheint dieser vorübergehende Bevölkerungsrückgang eher durch lokale wirtschaftliche oder soziale Faktoren bedingt gewesen zu sein. Ab 600 v. Chr. zeigte die Gesellschaft wieder die gleiche auf dem Bevölkerungswachstum beruhende Dynamik wie zuvor.

Zeugnisse für die zunehmende Komplexität der Maya-Kultur

Aus der Frühen Mittelpräklassik in der Zeit von 900 bis 650 v. Chr. wurden weitere Orte ausgegraben, darunter im gleichen Gebiet wie Cuello die Stätten Colha und Kaxob. Auch wenn die Ergebnisse dieser Ausgrabungen noch nicht vollständig publiziert sind, zeigt sich schon jetzt, dass dort eine ähnliche Gesellschaft mit vergleichbarer Lebensweise ansässig war. Weiter westlich in den frühesten Schichten von Seibal fanden die Forscher auf 900 v. Chr. datierte Opfergaben aus Jade, die olmekischen sowohl inhaltlich als auch strukturell entsprechen. Jaden im olmekischen Stil aus Yukatan und Maya-Töpferwaren aus der Olmekenstätte La Venta sind eindeutige Belege für Kontakte zwischen den beiden Regionen. Das Gleiche gilt für die Plastiken aus Xoc im östlichen Chiapas – das inzwischen von Plünderern verwüstet wurde – und aus der Umgebung von Palenque.

Komchen im Norden Yukatans war etwa ab 600 v. Chr. besiedelt. Während das Dorf bis 450 v. Chr. offenbar nur aus ebenerdigen Gebäuden aus leicht vergänglichen Materialien bestand, entwickelte es sich von da an rasch weiter. Unter anderem wurden fünf große Steinplattformen rings um einen zentralen Platz errichtet (Abb. 49). In Yaxuna nahe Chichen Itza baute man zwischen 600 und 400 v. Chr. eine elf Meter hohe Pyramide, deren Steinquader spezialisierte Steinmetze bearbeitet hatten. Auch das rasante Wachstum und die zunehmende Baudichte im präklassischen Seibal in der Zeit von 600 bis 400 v. Chr., unter anderem mit mehreren kleineren Zeremonialzentren außerhalb des Kerns, und die im benachbarten Altar de Sacrificios errichteten kleinen öffentlichen Bauten lassen die zunehmende Komplexität der Maya-Kultur erkennen. In Tikal konnten in der so genannten Mundo-Perdido-Gruppe im Südwesten der Großen Plaza unter spätpräklassischen und frühklassischen Bauwerken ältere Gebäude aus der Mittel-

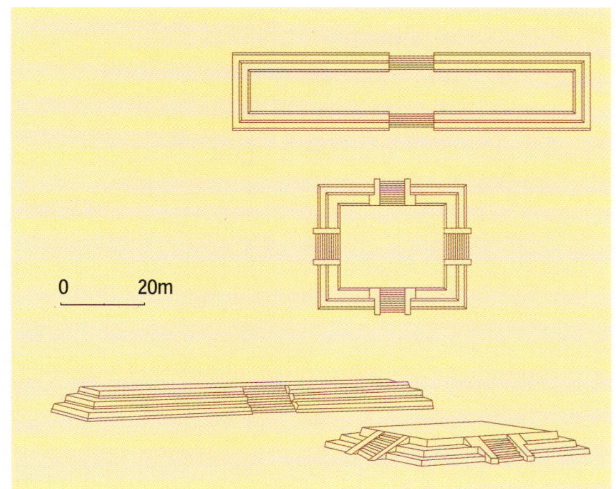

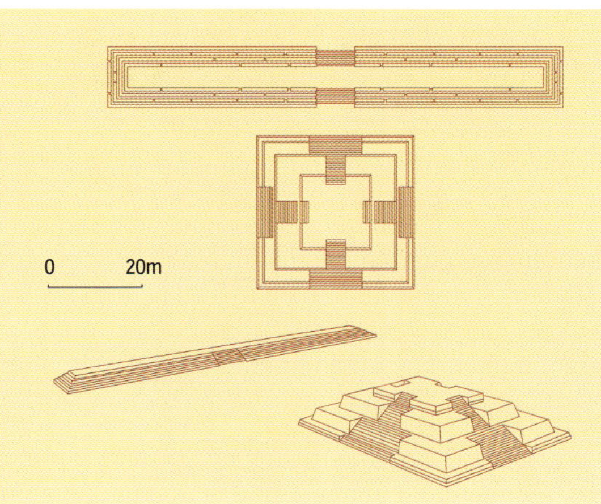

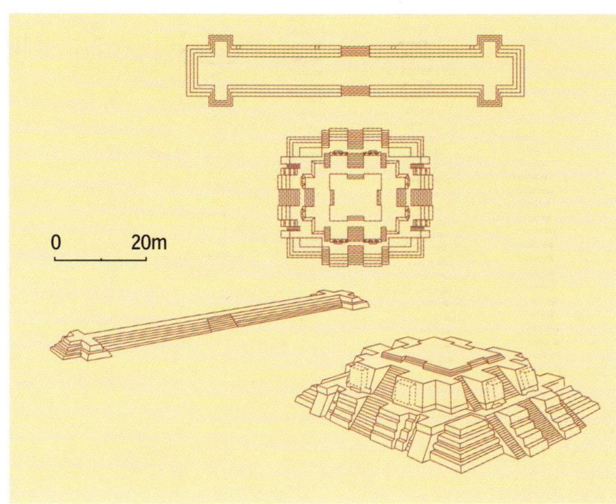

präklassik nachgewiesen werden. Gebäude 5C-54, eine große Pyramide, entstand beispielsweise um 600 v. Chr. als niedrige Plattform mit Stufen (Abb. 51) gegenüber einer lang gestreckten Unterkonstruktion an der Ostseite der Plaza, auf der später eine Reihe frühklassischer königlicher Grabtempel errichtet wurden. Gemeinsam bildeten die beiden Gebäude möglicherweise ein frühes Beispiel für einen Sonnenbeobachtungskomplex, wie er vor allem durch Gruppe E in Uaxactun verkörpert wird. Mit Sicherheit belegen sie, dass schon früh eine formale Beziehung zwischen öffentlichen Räumen und Zeremonialgebäuden bestand.

51 *Präklassische Anfänge der Monumentalarchitektur im Peten. Tikal, Peten, Guatemala, Gebäude 5C-54 und 5D-84; Präklassik, 800 v. Chr.–1 n. Chr.*
Das gewaltige Gebäude 5C-54, eine Pyramide der Mundo-Perdido-Gruppe südwestlich der Großen Plaza, und das lang gestreckte Gebäude 5D-84 östlich davon bildeten den frühesten Kern öffentlicher Gebäudekomplexe in Tikal und könnten darüber hinaus auch als astronomische Observatorien oder Denkmäler gedient haben. Das linke Diagramm zeigt J. P. Laportes Rekonstruktion des Zustandes in der Eb-Phase (800–600 v. Chr.), das in der Mitte die Tzec-Phase (600–350 v. Chr.) und das rechte die Chuen-Phase (350 v. Chr.–1 n. Chr.), wobei die Gebäude jeweils erweitert wurden, ohne Grundriss und Aufteilung zu verändern.

OBSIDIAN – DAS METALL DER MAYA

Nikolai Grube

Als die Spanier in das Gebiet der Maya eindrangen, waren sie fasziniert von deren Zivilisation, die verfeinerter und in vielen Bereichen weiter entwickelt zu sein schien als ihre eigene, aber in mancher Hinsicht dennoch rückständig wirkte. Den Umgang mit hartem Stahl aus Toledo gewöhnt, waren die Spanier vor allem erstaunt über die Tatsache, dass die Maya und andere Völker Mesoamerikas die bewundernswerten künstlerischen und zivilisatorischen Leistungen ohne Metallwerkzeuge vollbracht hatten. Obgleich Metall bei den Maya so gut wie keine Rolle gespielt hat und auch Gold erst in der Postklassik zu Schmuck verarbeitet wurde, wäre es doch falsch, die Maya in technologischer Hinsicht als „steinzeitliches Volk" zu apostrophieren. Die Technologie der Maya war zu einem guten Teil durch die Verwendung von Obsidian, einem vulkanischen Glas, geprägt. Obsidian entsteht durch die schnelle Abkühlung und Verhärtung siliziumreicher Lava. Obsidianadern durchziehen an bestimmten Stellen das vulkanische Hochland, und wo sie an die Oberfläche gelangen, sind sie der Erosion ausgesetzt, sodass es große Fundstätten gibt, an denen Obsidianknollen und Obsidiansplitter von der Erdoberfläche aufgelesen werden können.

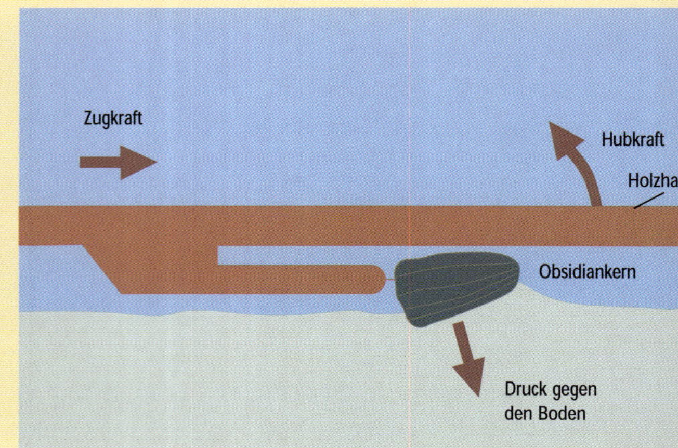

53 *Schematische Darstellung der Anfertigung von Obsidianklingen*
Bei der Herstellung von Klingen mit Hilfe eines hölzernen Zughakens wird der Obsidiankern zunächst fest in den Boden gedrückt, sodass er nicht wegrutschen kann. Der Haken wird an den Rand des Kerns gelegt und mit einem kurzen Ruck angezogen, dann angehoben, wobei eine längliche, scharfe Klinge absplittert.

52 *Obsidiankern. El Meco, Quintana Roo, Mexiko; Späte Postklassik, 1450–1550 n. Chr.; Obsidian, bearbeitet; H. 10,9 cm, Dm. 8,5 cm; Quintana Roo, Museo Arqueológico de Cancun*
Aus unbearbeiteten Obsidianknollen wurden mit gezielten Schlägen Obsidiankerne hergestellt. Sie waren die Rohform, aus der man mit dem hölzernen Zughaken scharfe Klingen gewann.

54 *Karte der wichtigsten Obsidian-Handelsrouten*
Durch die chemische Analyse von Fundstücken lassen sich die Herkunft des Obsidians und die Handelsrouten verfolgen. Überwiegend kam er aus drei Fundstätten im Hochland und wurde über die Flüsse und entlang der Karibikküste in das Tiefland transportiert.

Obsidian besteht zwar zum großen Teil aus Silizium, aber Untersuchungen haben gezeigt, dass daneben auch andere Spurenelemente wie Zäsium, Uran, Hafnium und Kobalt in veränderlichen Anteilen enthalten sind. Spezifische Kombinationen von Spurenelementen in bestimmten Größenordnungen kennzeichnen die einzelnen Fundstellen, sodass die präzise Zuweisung von archäologisch gefundenem Obsidian zu Fundstellen im Hochland möglich ist.

Die Maya des Tieflandes nutzten zunächst vor allem zwei Obsidianvorkommen im Hochland von Guatemala: die Fundstätten von El Chayal, 25 km nördlich von Guatemala-Stadt, und die westlich davon gelegenen Vorkommen von San Martín Jilotepeque. In diesen Orten wurde schon zu Beginn der mittleren Präklassik Obsidian abgebaut und wahrscheinlich über Land bis zu den Flüssen Pasión und Chixoy gebracht. Von dort wurden die unbearbeiteten Obsidianknollen vermutlich mit Kanus und dann wieder auf dem Landweg nach Norden transportiert. Die ältesten Anzeichen für die Nutzung von Obsidian im Tiefland stammen aus Cuello und datieren in die frühe Swasey-Periode, doch die geringe Zahl der Obsidianfunde deutet darauf hin, dass der Transport noch sehr teuer und aufwändig war. Mit dem Beginn der frühen Klassik blühte der Obsidianhandel auf, und Händler brachten das begehrte Element vor allem auf zwei Wegen zu ihren Endverbrauchern ins Tiefland (Abb. 54). Das Obsidian aus El Chayal und San Martín Jilotepeque transportierte man über Land, Obsidian aus Ixtepeque, einem Ort an der Grenze zu El Salvador, wurde über das Flusstal des Motagua zur Karibikküste geschafft und von dort entlang der Küste in Kanus nach Norden transportiert.

In der klassischen Zeit hat es offenbar Konkurrenz unter den Obsidianhändlern und den Betreibern der Fundstätten gegeben, deshalb hat der Obsidian aus El Chayal den aus San Martín Jilotepeque verdrängen können. Es scheint auch feste Handelsverträge gegeben zu haben, die die Abnehmer an bestimmte Anbieter banden. Nur so ist zu erklären, dass Orte, die Obsidian aus Ixtepeque bezogen, keine Knollen aus El Chayal erwarben und umgekehrt. Auf Inseln vor der Küste von Belize wurde jedoch Obsidian aus beiden Regionen in etwa gleich großen Mengen gefunden. Archäologen vermuten, dass diese Inseln Stützpunkte und Warenlager von neutralen Zwischenhändlern waren.

Der Einfluss der Metropole Teotihuacan auf das gesamte Maya-Gebiet (s. Martin, S. 99 ff.) ist auch durch ihre Kontrolle über den Obsidianhandel zu erklären. Die Stadt selbst lag 55 km südlich der Obsidianvorkommen von Pachuca, wo große, dunkelgrün glänzende Obsidianknollen an der Erdoberfläche eingesammelt werden konnten. Der wirtschaftliche Erfolg der Stadt beruhte zu einem großen Teil auf dem Monopol über den Handel mit Obsidian aus Pachuca. Mit zunehmendem Einfluss auf die Maya-Gebiete gelangten auch die Vorkommen von El Chayal unter die Kontrolle Teotihuacans. Die Stadt Kaminaljuyu, die in unmittelbarer Nähe von El Chayal liegt, wurde in ihrer so genannten Esperanza-Phase (400–600 n. Chr.) von Teotihuacan vereinnahmt und zu einem Handelsposten. Während Teotihuacan die Kontrolle über das Obsidian-Handelsnetzwerk ausübte, gelangte nun nicht nur mehr Obsidian aus El Chayal in das Tiefland, sondern auch grüner Obsidian aus dem weit entfernten Pachuca.

Das vulkanische Glas war für die Maya von großer Wichtigkeit, denn man konnte aus den Knollen eine breite Palette von Werkzeugen fertigen. Es hat im Tiefland spezialisierte Werkstätten gegeben, in denen die rohen Obsidianknollen zunächst zu fast runden „Kernen" weiterverarbeitet wurden (Abb. 52). Allein durch den geschickten Druck mit Hilfe eines hölzernen Hakens konnte man rasiermesserscharfe Klingen vom Kern lösen (Abb. 53). Mit gezielten Schlägen war in kurzer Zeit auch eine Vielzahl anderer Gerätschaften wie Speerspitzen, Dolche und große Messer herzustellen (Abb. 55). War ein Werkzeug abgenutzt oder zerbrochen, warf man es weg und fertigte ohne großen Aufwand ein neues an.

Die Obsidiantechnologie war billig und zeitsparend und daher eine wirkliche Alternative zu teurer und arbeitsintensiver Metallbearbeitung.

Der große Wert, den Obsidianprodukte für die Maya besaßen, beruhte jedoch nicht in erster Linie auf der in ihnen vergegenständlichten Arbeit, sondern auf ihrer exotischen Herkunft. Erst durch die Notwendigkeit, das Gut über den Fernhandel zu beschaffen, wurde Obsidian zu einer Luxusware. Das Studium ausgegrabener Wohnhäuser belegt, dass Obsidianwerkzeuge nur von einer kleinen privilegierten Schicht der Maya-Gesellschaft verwendet wurden. Die weniger Reichen mussten sich mit Werkzeugen aus dem brüchigeren, aber auch im Tiefland vorkommenden Silex („Feuerstein") begnügen.

Den wertvollen Obsidian hat man auch zu Schmuckstücken und Ritualgegenständen verarbeitet (Abb. 56). Besonders spektakuläre und exzentrische Objekte sind die hauchdünnen und fragilen Gebilde in Form von Klingen, aber auch von Tieren und Menschen, die allein zu Opferzwecken hergestellt wurden. Viele solcher Objekte hat man als Opfergaben an die Götter unter Stelen, Altären und Hausfluren gefunden (Abb. 57). Wurde ein Fürst bestattet, so verschüttete man am Eingang zu seiner Grabstätte Tausende kleiner Obsidiansplitter. Obgleich dieses Ritual noch nicht gedeutet werden kann, so zeigt es doch zumindest, welch große symbolische Bedeutung dem Obsidian in der Maya-Kultur beigemessen wurde.

56 *Anthropomorphe Figur aus Obsidian*
Aus Obsidian fertigten die Maya keineswegs nur Gebrauchsgegenstände, sondern oft auch fragile Kunstobjekte ohne erkennbaren Nutzwert. Solche „exzentrischen Obsidiane", wie sie in der Fachsprache genannt werden, haben in der Regel die Form stilisierter menschlicher oder tierischer Körper. Über ihre Funktion kann nur spekuliert werden – vielleicht handelt es sich um kostbare Opfergaben, die insbesondere bei Weihezeremonien an heiligen Orten in Opferdepots niedergelegt wurden.

55 *Lanzenspitzen und Werkzeuge aus Obsidian*
Obsidian wurde vor allem zur Herstellung von Waffen und Werkzeugen verwendet. Durch geschickte Bearbeitung mit hölzernen Werkzeugen konnten die Maya in kurzer Zeit Klingen, Speerspitzen und Messer anfertigen. War ein Werkzeug stumpf, wurde es weggeworfen und durch ein neues ersetzt.

57 *Beil aus Silex (Feuerstein)*
Häufiger als den kostbaren Obsidian verwendeten die Maya den im Tiefland natürlich vorkommenden Silex (Feuerstein) für die Herstellung von Werkzeugen, Waffen, Äxten und Beilen. Bei dieser Axt handelt es sich jedoch nur um ein zeremoniell benutztes Objekt, denn im Gegensatz zu „richtigen" Äxten sind hier Klinge und Stiel aus einem Stück gefertigt. Vielleicht schmückte sie das Bild des Gottes Chaak, den man sich mit einem Beil in der Hand zur Erzeugung des Donners vorstellte.

DIE ERSTEN STÄDTE – BEGINNENDE URBANISIERUNG UND STAATENBILDUNG IM MAYA-TIEFLAND

Richard D. Hansen

Lange Zeit fehlte jeglicher Nachweis für eine präklassische Besiedlung im Gebiet der Maya. Man nahm daher an, dass die Wurzeln der Maya-Kultur außerhalb des Tieflandes liegen müssten, und verwies auf das klimatisch scheinbar günstigere Hochland Zentralmexikos und die Golfküste, die die Heimat der Olmeken gewesen war. Forscher sahen bis vor wenigen Jahrzehnten in den Olmeken die „Mutterkultur" aller mesoamerikanischen Zivilisationen einschließlich der Maya.

Die ersten Ausgrabungen im guatemaltekischen Uaxactun erbrachten in den 1920er-Jahren eine archäologische Sensation: Sie förderten frühe Spuren der Maya zutage, die zunächst als rätselhaft und „primitiv" eingestuft wurden. In den 1960er- und 1970er-Jahren allerdings konnten die Forschungen der Universität von Pennsylvania in Tikal und Norman Hammonds Ausgrabungen in Cuello (s. Hammond, S. 38 ff.) belegen, dass die Besiedlung und Architekturentwicklung im Maya-Tiefland schon im ersten Jahrtausend v. Chr. begonnen hat. Spätere Ausgrabungen an nahe gelegenen Stätten wie Colha und Cahal Pech bestätigten die einheitliche frühe Besiedlung entlang von Flussläufen, Handelswegen und fruchtbaren Ebenen durch die Maya. Forschungen in den Tieflandgebieten belegen mittelpräklassische Bauwerke in Tikal, Altar de Sacrificios und La Lagunita, Río Azul, der Region Yaxha-Sacnab, Komchen, Dzibilchaltun, Yaxuna, Nohoch Ek, Colha, Cuello, Cahal Pech und Blackman Eddy (Abb. 59).

Das Maya-Tiefland bietet sich als faszinierende Fallstudie über einen besonderen Verlauf der Entwicklung menschlicher Gesellschaften an, weil die Herausbildung einer Hochkultur im tropischen Regenwald mit relativ wenigen Flüssen grundlegend anders verlief als die des alten Ägypten, Mesopotamien, des Industal oder Chinas, die in trockenen Regionen, aber in der unmittelbaren Umgebung fruchtbarer Flussläufe entstanden.

Das Mirador-Becken als reiche Fundstätte

Das Mirador-Becken ist ein geografisch definiertes, klar umgrenztes Becken im abgelegenen Norden Guatemalas und im südlichen Campeche (Mexiko), in dem bereits eine große Maya-Bevölkerung ansässig war, lange bevor die meisten übrigen antiken Städte im Maya-Tiefland Mesoamerikas entstanden. Die Fundstätten im Mirador-Becken stammen aus der Mittleren (1000–350 v. Chr.) und der Späten Präklassik (350 v. Chr.–150 n. Chr.) sowie vereinzelt aus der spätklassischen Periode (600–800 n. Chr.). Vier der größten Fundstätten befinden sich in El Mirador, Nakbe, Wakna und Tintal.

58 *Ausgrabung der Stuckmaske von Gebäude 34. El Mirador, Peten, Guatemala*
Das Gebäude 34 aus der Späten Präklassik ist eine kleine Plattform im Südosten der großen El Tigre-Pyramide und zugleich eines der am besten erforschten Bauwerke der Stadt El Mirador. Die mit Kalkstuck überzogene auf die Plattform führende Treppe wird von zwei überlebensgroßen Masken flankiert, wie sie für den Architekturschmuck dieser Zeit charakteristisch sind. Die Maske zeigt einen Gott mit langer Nase und großen Augen. Der Kopf wird von zwei großen Ohrspulen eingerahmt, aus denen Jaguarkrallen hervorkommen. Die ganze Maske war einst bemalt und muss in ihrer Farbigkeit und Monumentalität auf den Besucher einen dramatischen Eindruck gemacht haben.

Die frühe präklassische Entwicklung im Mirador-Becken lässt sich an der Häufung architektonischer Großbauten mit einer Höhe zwischen 40 und 72 Metern festmachen. Die Verbindung zwischen diesen Gebäuden schuf ein kompliziertes Netz von Dämmen, die sowohl innerhalb der einzelnen Orte als auch zwischen ihnen verliefen und die Stätten El Mirador mit Nakbe und Tintal sowie möglicherweise Wakna, Uxul und Calakmul in der Gegend von Mirador/Nakbe miteinander verbanden. Solche Dammstraßen, *sakbe* genannt, führten auch von Tintal zu mehreren unbekannten Orten im Süden und Osten der Region.

59 *Die wichtigsten präklassischen Stätten im Maya-Gebiet*
Bis vor wenigen Jahrzehnten war die Existenz präklassischer Siedlungen im Maya-Gebiet noch unbekannt. Intensive archäologische Ausgrabungen in zahlreichen Ruinenorten haben aber sowohl im Hochland wie auch im Tiefland Anzeichen für eine präklassische Besiedlung zutage gefördert. Besonders viele präklassische Stätten finden sich im Norden von Guatemala und in Belize, wo periodische Sümpfe eine intensive Landwirtschaft ermöglichten. Es ist aber auch denkbar, dass die Karte ein falsches Bild der Verteilung präklassischer Fundstätten bietet, weil Überreste präklassischer Siedlungen noch unter späteren Überbauungen verborgen sein können.

Erste Siedlungsformen zu Beginn der Mittleren Präklassik

Der Entwicklungsverlauf der präklassischen Architektur zeigt sich im Mirador-Becken besonders deutlich in Nakbe (Abb. 60). Untersuchungen der Ablagerungsschichten und Analysen der wenigen Keramikfunde aus dieser Zeit sowie die Radiokarbondaten der ältesten Schichten von Fundstätten datieren den Beginn der frühesten Besiedlung auf die Zeit zwischen 1000 und 800 v. Chr. Die Architektur dieser Zeit bildeten wie in Cuello einfache Wohnhäuser aus vergänglichem Material (Abb. 61, 62). Nachweise solcher Siedlungen finden sich in Nakbe in den ältesten Ablagerungsschichten unter den Geröll- und Erdplattformen eines Gebäudekomplexes, den die Archäologen die „Ostgruppe" nennen.

Mit dem Bau formaler Steinplattformen wurde erst etwas später begonnen, zwischen 800 und 600 v. Chr. Diese Plattformen waren aus zwei bis drei Meter hohen vertikalen Mauern aus grob behauenen flachen Steinen errichtet (Abb. 65), die mit einfachem Kalk-Lehm-Mörtel oder Kalkputz überzogen wurden. Die Fußböden bestanden im Wesentlichen aus Pisee – gestampftem Lehm –, Kalkmergel *(saskab)* oder einer dünnen Schicht Kalkputz. Plattformen mit derartigen Fußböden finden sich in Nakbe in der Ost- und Westgruppe. Sie stellen an dieser Fundstätte unabhängig von ihrer Größe die ersten bedeutenden Architekturkomplexe dar.

In manchen Gebieten waren die Maya auf die Herstellung kleiner Figuren spezialisiert. Der Archäologe Ron Bishop von der Smithsonian Institution, Washington, hat die chemischen Elemente des Tons von Statuetten aus Nakbe mittels Neutronenaktivierung untersucht und mit der chemischen Zusammensetzung mittelpräklassischer Statuetten aus Uaxactun verglichen. Der Vergleich ergab, dass der überwiegende Teil beider Gruppen von Figurinen trotz großer Ähnlichkeit in Form, Kontur und Dekoration am jeweiligen Fundort gefertigt worden war. Bei drei der in Uaxactun gefundenen Figürchen stellte sich allerdings heraus, dass sie in Nakbe hergestellt wurden, was darauf schließen lässt, dass bereits in dieser frühen Phase in geringem Umfang ein Austausch zwischen den Siedlungen stattgefunden hat.

Die Keramiken, die der Archäologe Donald Forsyth von der Brigham Young University in Provo, Utah, zwischen 1978 und 1989 untersucht hat, weisen eine erstaunliche Vielfalt an Formen und Oberflächenbehandlungen auf. Die gefundenen Stücke waren ein- oder zweifarbig, mit Ritzzeichnungen, Kannelierungen – senkrechten Rillen – oder Abdeckmassen versehen, bemalt oder mit bemaltem Stuck verziert (Abb. 63, 64). Sie stimmen vollkommen mit den mittelpräklassischen Keramiken überein, die während dieser frühen Phase überall im Maya-Tiefland entstanden, was auf eine ausgeprägte Kommunikation zwischen den Orten schließen lässt.

In Nakbe, Uaxactun, Tikal, Colha, Cahal Pech und der Region des Río de la Pasión ist die Frühe Mittelpräklassik durch verschiedene Muschelartefakte gekennzeichnet. Zu den häufigsten Typen gehören durchbohrte Schalen der karibischen Muschelart Strombus gigas. Solche Muschelfragmente (Abb. 66) weisen eine einzelne Bohrung auf und sind in quadratische oder rechteckige Stücke geschnitten, ansonsten jedoch nicht bearbeitet, auch die Spitzen und dornförmigen Vorsprünge sind intakt belassen. Da diese Muschelstücke ausschließlich in rituellen oder herrschaftlichen Kontexten früher mittelpräklassischer Schichten gefunden wurden, dienten sie vermutlich als Kennzeichen für politischen oder wirtschaftlichen Status. Auffallend ist, dass diese Strombus gigas-Schalen weder im Mirador-Becken noch

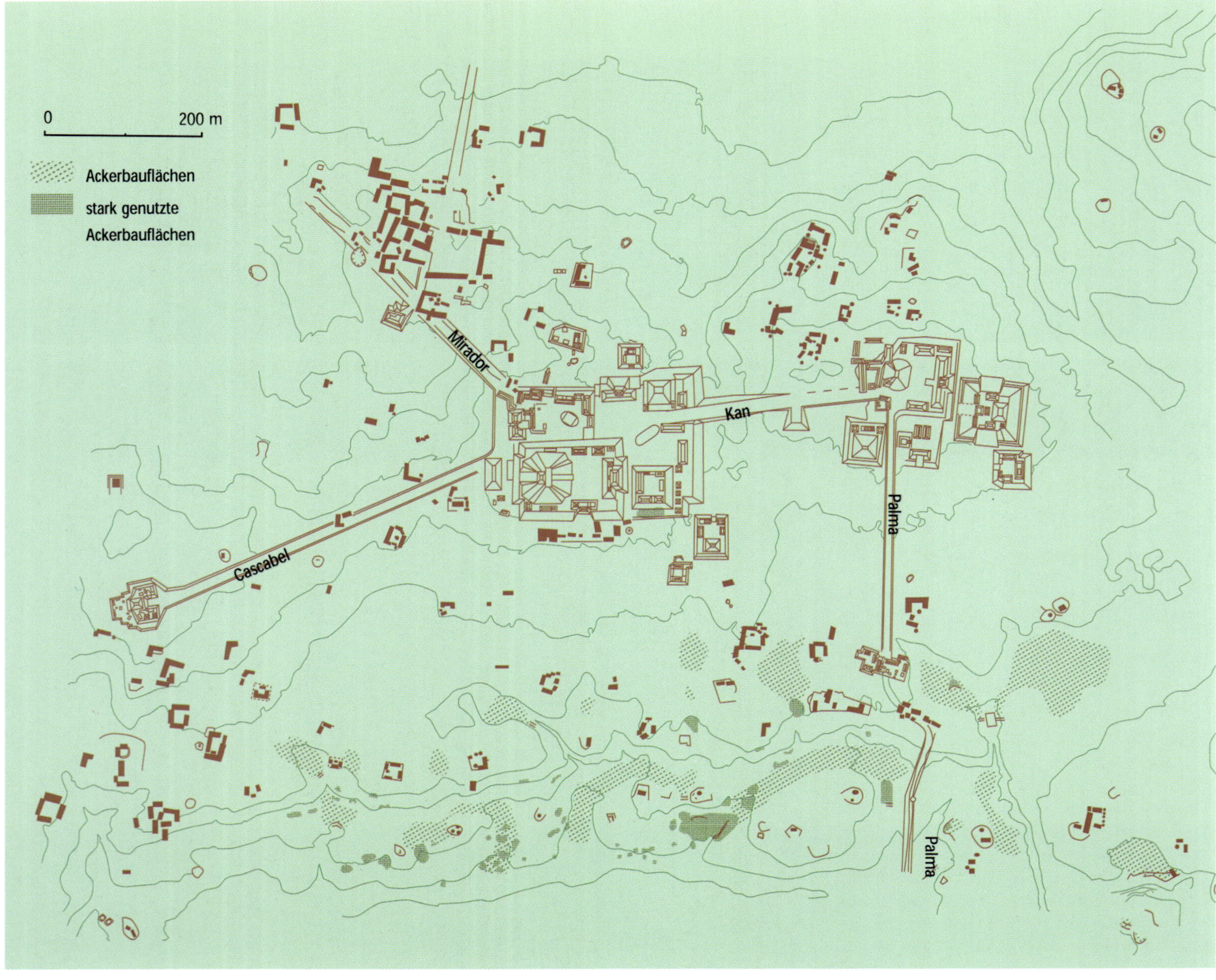

60 *Karte des Zentrums von Nakbe, Guatemala*
Die große präklassische Stadt Nakbe liegt in einem schwer zugänglichen Urwaldgebiet im Norden Guatemalas. Ihre Existenz ist seit 1930 durch Luftaufnahmen bekannt, aber erst 1962 wurde sie vom schottischen Archäologen Ian Graham besucht und kartografisch vermessen. Zwei massive Plattformen bestimmen das Zentrum der Stadt. Die östliche Plattform ist 32 m hoch, die westliche gehört mit 45 m Höhe zu den größten Akropolisbauten der Maya überhaupt. Die verschiedenen Architekturgruppen sind durch Dammstraßen verbunden. Eine weitere Dammstraße verbindet Nakbe mit der 13 km nordwestlich gelegenen Stadt El Mirador. Diese Straßen führen durch periodische Sümpfe, die eine intensive Landwirtschaft mit mehreren jährlichen Maisernten möglich machten.

61 *Ausgrabung am Fuß von Gebäude 51 in Nakbe, Guatemala*
Die Ausgrabungen westlich der Basis von Gebäude 51 von Nakbe (rechts) brachten umfangreiche Funde ans Licht. Der Schacht unten rechts zeigt in den nackten Fels gebohrte Pfostenlöcher eines Gebäudes aus vergänglichem Material unter einem Gipsflur, der in die Zeit zwischen 800 und 600 v. Chr. datiert wird. Ein großer flacher Altar (am rechten Bildrand) ist zeitgleich mit dem Flur. Oben rechts ist eine intakte Plattformmauer aus der Mittleren Präklassik zu erkennen, ganz links in der Mitte die Stele 1.

62 *Mittelpräklassische Architektur. Nakbe, Guatemala; Mittlere Präklassik, um 600 v. Chr.*
Diese vertikale Mauer aus der Mittleren Präklassik steht auf einem groben Gipsflur. Unter den beiden Flurebenen befinden sich die Reste eines früheren mittelpräklassischen Gebäudes und eines Abfallhaufens aus der Zeit um 800 v. Chr.

63 *Frühe Keramik. Nakbe, Guatemala; Präklassik, 1000–800 v. Chr.; gebrannter Ton*
Einfache, eingedrückte Verzierungen schmücken die früheste und nicht mit einer Engobe versehene Keramik aus Nakbe. Es handelt sich um einen Krug vom Typ „Resaca Impressed" aus der Zeit um 1000–800 v. Chr.

64 *Frühe Keramik. Nakbe, Guatemala; Präklassik, 1000–800 v. Chr.; gebrannter Ton;*
Dieses Fragment eines Kruges stammt aus der Zeit um 1000–800 v. Chr.

65 *Ausgrabungen an der Basis der Treppe von Gebäude 51 in der Ostgruppe von Nakbe*
Deutlich sind die massiven Blöcke der Treppe im oberen Bereich des Grabungsschnittes zu erkennen. Die Treppe und die Plattform wurden zur gleichen Zeit gebaut. Große Mengen von Steinen und Schutt wurden über den Resten früherer Siedlungen aufgeschüttet, um die Plattform zu konstruieren. Am Boden des Grabungsschnittes vor dem knienden Arbeiter deutet ein Pfostenloch im Fels die Existenz eines früheren Gebäudes aus Holz und Palmstroh an.

66 *Gehäuse von Fechterschnecken aus mittelpräklassischen Funden*
Die Gehäuse von Fechterschnecken (Strombus gigas) galten bei den Maya als besonders kostbare und exotische Objekte, weil sie über eine lange Strecke von der Karibikküste bis ins Binnenland gebracht werden mussten. In Nakbe sind sie ausschließlich in Fundkontexten aus der Mittleren Präklassik entdeckt worden. Die Muscheln wurden in Stücke geschnitten und durchbohrt, sodass sie auf Fäden gezogen und als prestigeträchtige Schmuckstücke getragen werden konnten.

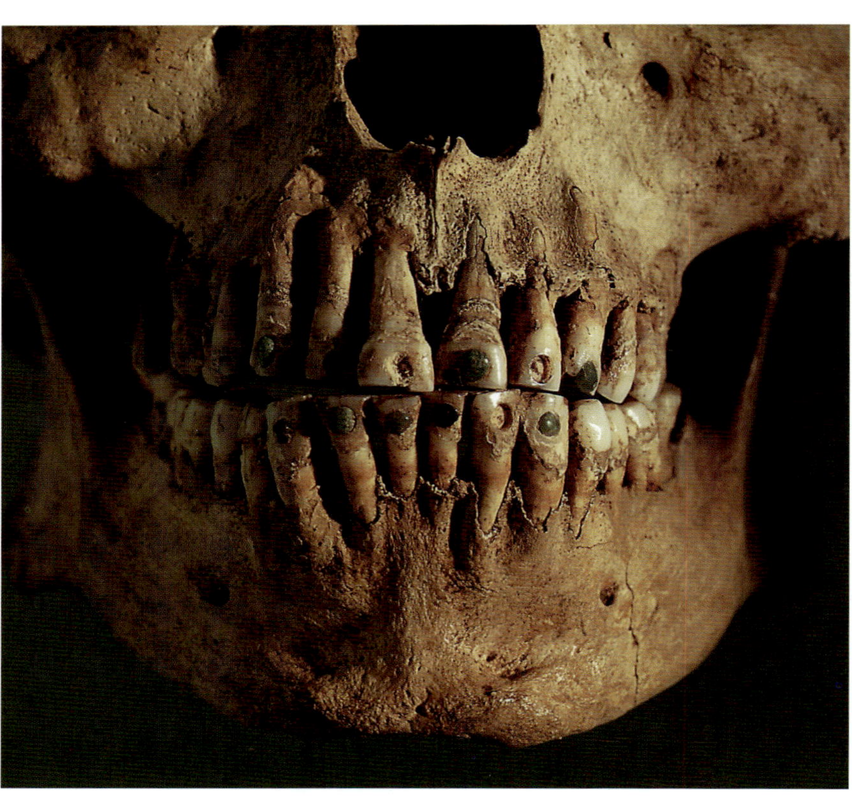

67 *Mit Jade inkrustierte Zähne. Nakbe, Guatemala; Mittlere Präklassik*
In der gesamten Geschichte der Maya galt die Verzierung von Zähnen mit Einlagen aus kostbaren Steinen als Schönheitsmerkmal, das zugleich einen hohen sozialen Status markierte. In Nakbe gefundene Reste von Zähnen zeigen, dass die Praxis der Inkrustation mit dünnen Jadescheiben schon seit der Mittleren Präklassik ausgeübt wurde.

68 *Scherbe mit Matten-Motiv. Nakbe, Guatemala; Mittlere Präklassik; gebrannter Ton*
Die Matte (Maya *pop*) galt bei den Maya als Zeichen königlicher Macht. Das Motiv könnte ein Zeichen für die Herausbildung von Führungspositionen vor der Entstehung des Gottkönigtums in der Klassik sein.

69 *Keramikfragment mit der Darstellung des Kopfputzes des Gottes Hu'unal. Mittlere Präklassik; gebrannter Ton*
Der Gott Hu'unal wird in der Kunst der Klassik mit einem dreizipfligen Kopfputz dargestellt. Wegen der Ähnlichkeit mit einer Narrenkappe wird er in der Fachliteratur auch der „Narrengott" genannt, ein Name, der nichts mit seiner tatsächlichen Funktion als Gott der Königsdynastien zu tun hat. Das hier gezeigte Keramikfragment könnte tatsächlich seinen Kopfputz zeigen; wenn dies der Fall ist, handelte es sich um die früheste Darstellung dieses Motivs.

anderswo in irgendeinem der umfangreichen Fundzusammenhänge der Späten Präklassik vorkommen, sodass ihr Auftreten eindeutig der Frühen Mittelpräklassik zugeordnet werden kann.

Die chemischen Analysen von Obsidianklingen und -abschlägen aus gesicherten Funden in Nakbe ergaben, dass etwa zwei Drittel des mittelpräklassischen Obsidians aus dem Vorkommen in San Martín Jilotepeque im Hochland von Guatemala stammen, ein knappes Drittel aus El Chayal (Guatemala) und nur ein geringfügiger Anteil aus Ixtepeque (Grenze Guatemalas zu El Salvador).

Die körperlichen Statussymbole der Maya-Elite wie die durch das Anbringen eines Brettes vor der Stirn in den ersten Tagen nach der Geburt herbeigeführten Schädeldeformationen oder mit kostbaren Steinen verzierten Zähne (Abb. 67) sind auch während der Mittleren Präklassik zu finden. Kleine Figuren des Gottes Hu'unal, der später zum Gott der Könige wurde (Abb. 69), und Flechtmattenmotive (Abb. 68) aus frühen mittelpräklassischen Ablagerungsschichten deuten darauf hin, dass die Symbole der herrschaftlichen Macht, wie sie bei den Olmeken an der Golfküste Mexikos nachweisbar sind, bereits vor 600 v. Chr. auch bei den Maya in Gebrauch waren.

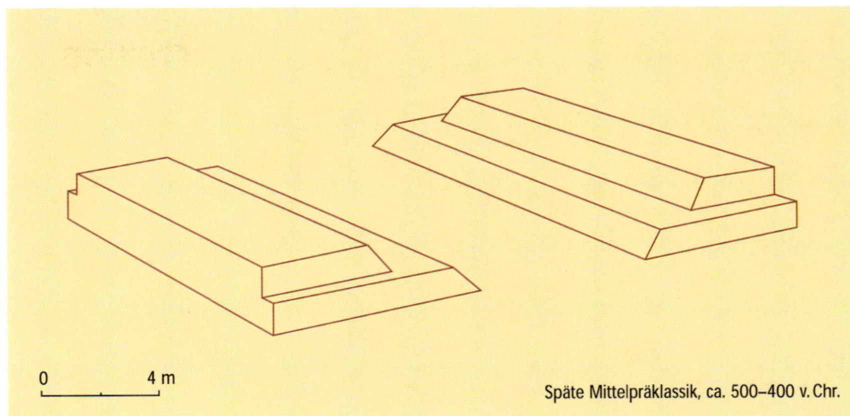

70 *Der Ballspielplatz von Nakbe in der Späten Mittelpräklassik, ca. 500–400 n. Chr.*
Im Süden der Ostgruppe von Nakbe liegt der Ballspielplatz von Nakbe. Ausgrabungen des guatemaltekischen Archäologen Juan Luis Velasquez in den 1990er-Jahren haben nachweisen können, dass er in drei Phasen erbaut wurde, deren älteste auf die Späte Mittelpräklassik zurückgeht. Damit ist der Ballspielplatz von Nakbe einer der ältesten sicher nachgewiesenen Ballspielplätze Mesoamerikas überhaupt. Schon in seiner frühesten Bauphase hatte er die charakteristische Form von zwei parallel angeordneten, niedrigen Gebäuden, in deren Mitte sich das eigentliche Spielfeld befand.

Anfänge der Monumentalarchitektur in der Späten Mittelpräklassik

Gegen Ende der Mittleren Präklassik, zwischen 600 und 400 v. Chr., entstanden in Nakbe Pyramiden von bis zu 18 Meter Höhe. Diese Gebäude wurden aus langen, linearen Steinreihen auf formalen Plattformen errichtet und mit sorgfältig gesetzten Quadern aus Kalksandstein verblendet. Unter steinernem Füllmaterial verschwanden die Reste des Dorfes aus der Frühen Mittelpräklassik, das an dieser Stelle gestanden hatte. Dennoch lässt die Verteilung der ältesten Schichten an der Fundstelle erkennen, dass der Siedlungskern in Nakbe knapp 50 Hektar umfasste.

Die Ausrichtung dieses Ortes weicht von zeitgenössischen Zentren an der Golfküste und im Hochland deutlich ab. Während olmekische Siedlungen überwiegend an der Nord-Süd-Achse ausgerichtet wurden, orientierte sich Nakbe wie andere frühe Maya-Zentren in Tintal, El Mirador und möglicherweise Naachtun an der Ost-West-Achse. Dies entspricht der Anlage späterer Maya-Zentren und lässt auf eine eigenständige, von außen unbeeinflusste Entwicklung der Monumentalarchitektur im Tiefland schließen.

Die riesigen, bis zu 40 000 Quadratmeter umfassenden Plattformen bildeten die Grundlage für die Herausbildung eines strengen, einheitlichen architektonischen Komplexes, einer Formation, die erstmals in Uaxactun entdeckt wurde und von Archäologen als „E-Gruppe“ bezeichnet wird. Mit dem Bau dieser Gruppen in der Mittleren Präklassik in Nakbe und an anderen Stätten wurde ein wichtiges rituelles architektonisches Element geschaffen, das an Hunderten von Maya-Stätten über Jahrhunderte Bestand hatte. Die E-Gruppe wird stets aus mindestens zwei Hauptgebäuden gebildet, die jeweils auf einer Plattform stehen. Das Bauwerk an der Ostseite, oft nur ein einzelnes zentrales Gebäude, steht auf einer lang gestreckten, in der Nord-Süd-Achse liegenden Plattform, während das westliche aus einer meist auf allen Seiten mit Treppen versehenen Pyramide besteht.

In der Späten Mittelpräklassik entstand zudem der erste Ballspielplatz in Nakbe, der in der Datierung einem Ballspielplatz der Mittleren Präklassik in Aba'j Takalik entspricht und in architektonischer Hinsicht jüngere präklassische Ballspielplätze im Tiefland vorwegnimmt. Die vom guatemaltekischen Archäologen Juan Luis Velasquez in den 1990er-Jahren in Nakbe durchgeführten Ausgrabungen zeigten im Detail die Abfolge der drei Umbauphasen des Ballspielplatzes bis zu seiner Aufgabe in der Späten Präklassik (Abb. 70–72). Bemerkenswert ist, dass spätklassische Einwohner den Platz offenbar erneut benutzten, denn seine Überreste wurden in der Spätklassik an einigen Stellen mit einer weiteren Stufe aus einfachen Steinen aufgestockt.

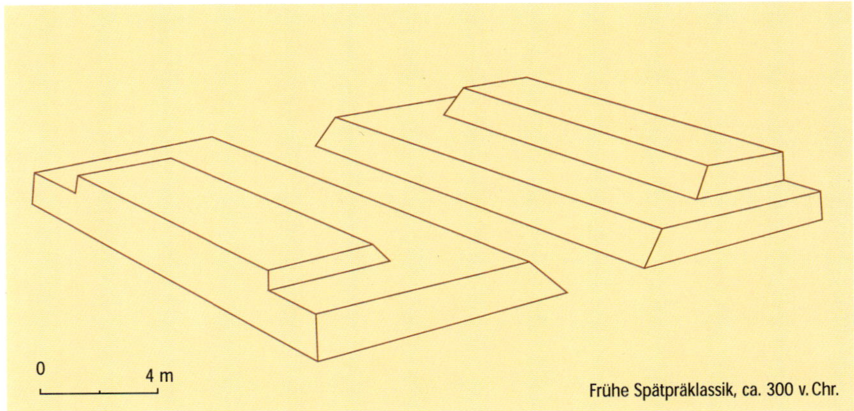

71 *Der Ballspielplatz in der Frühen Präklassik*
In der Frühen Spätklassik wurde die Grundfläche der beiden das Spielfeld begrenzenden Plattformen so erweitert, dass die eigentliche Spielfläche verengt wurde. Die Form des früheren Ballspielplatzes wurde aber beibehalten.

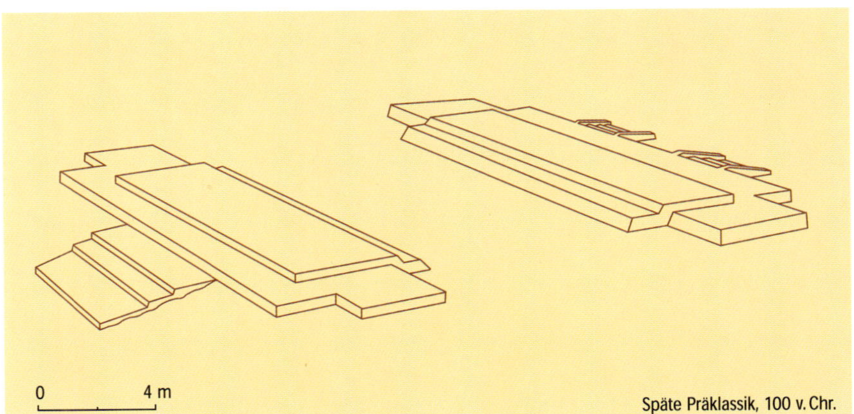

72 *Der Ballspielplatz in der Späten Präklassik*
Um 100 v. Chr., als Nakbe bereits seine Blütezeit überschritten hatte, wurde der Ballspielplatz ein zweites Mal umgebaut. Diesmal wurde ein Teil der älteren Plattformen abgerissen und niedrige Plattformen mit Treppen an beiden Seiten errichtet. Auch diese dritte Bauphase spiegelt noch den Plan des ersten Ballspielplatzes in ihrer Ausrichtung wider.

Früheste Steinskulpturen

Behauene steinerne Stelen und Altäre wurden ebenfalls erstmals während der Späten Mittelpräklassik im Mirador-Becken in Tintal, Nakbe, Isla, Pedernal und möglicherweise El Mirador errichtet. Diese Monumente ähneln in vielen Aspekten denen von der mesoamerikanischen Golf- und Pazifikküste aus der Zeit zwischen 500 und 350 v. Chr. Zu den spezifischen Merkmalen der Monumente von Tintal und Nakbe gehören großformatige, in dieser Gegend sonst unbekannte Steine in Beilform mit Darstellungen von Personen in Schrittstellung (Stele 1 aus Tintal, Stele 1 aus Nakbe; Abb. 75), skulptierte Schmalseiten von Monumenten mit abstrakten Symbolen (Monumente 2 und 3 aus Nakbe; Abb. 74), in der Mittelachse von Gebäuden aufgestellte große Plattenaltäre (Altar 4 aus Nakbe), naturbelassene Steinblöcke mit eingeritzten Götterdarstellungen (Stele 1 aus Isla) sowie skulptierte Rundaltäre mit nach unten

73 *Monument 8. Nakbe, Guatemala; Späte Mittelpräklassik, um 500–400 v. Chr.*
Bei diesem skulptierten Rundaltar handelt es sich um ein ungewöhnliches Monument, das nur in olmekisch inspirierten Skulpturen aus dem Hochland von Guatemala eine Entsprechung findet. Um einen Teil des äußeren Randes läuft ein sog. Himmelsband, das links und rechts in Köpfen alligatorähnlicher Wesen ausläuft, da man sich offenbar schon in der Mittelpräklassik den Himmel belebt vorstellte.

74 *Monument 2. Nakbe, Guatemala; Späte Mittelpräklassik, um 500–400 v. Chr.; Kalkstein; H. 48 cm, B. 43 cm*
Monument 2 aus Nakbe ist das Fragment einer flachen Stele, die sowohl auf der Vorderseite wie auch auf einer ihrer Schmalseiten skulptiert war. Charakteristisch für die Skulpturen aus der Zeit der Präklassik sind abstrakte Symbole, geschwungene Linien, Spiralen und ein Horror Vacui, der die Bildhauer veranlasste, die gesamte zur Verfügung stehende Fläche zu füllen. In der oberen Hälfte des Monuments ist die stark abstrahierte Darstellung eines kreuzförmigen Weltenbaums zu erkennen, wie er auch sehr viel später auf den berühmten Wandtafeln von Palenque zu sehen ist.

75 *Stele 1. Nakbe, Guatemala, Hauptplatz der Ostgruppe vor Gebäude 52; Späte Mittelpräklassik/Frühe Spätpräklassik, um 500–200 v. Chr.; Kalkstein; H. 340 cm*
Während es sich bei den Stelen der Späten Präklassik meist um lediglich etwa 1 m hohe Monumente handelt, belegt Stele 1 aus Nakbe, dass die Monumente aus früherer Zeit ungewöhnlich groß waren. Stele 1 wurde auf dem Hauptplatz der Ostgruppe gefunden. Sie zeigt auf ihrer Vorderseite zwei stehende und offenbar miteinander kommunizierende Figuren in vollem Ornat. Vor den Kopfputz der rechten Figur ist eine Maske gebunden, deren olmekische Züge – flache, breite Nase und weit geöffneter Mund mit Raubtierzähnen – auf Kontakt mit benachbarten olmekischen Siedlungen schließen lassen.

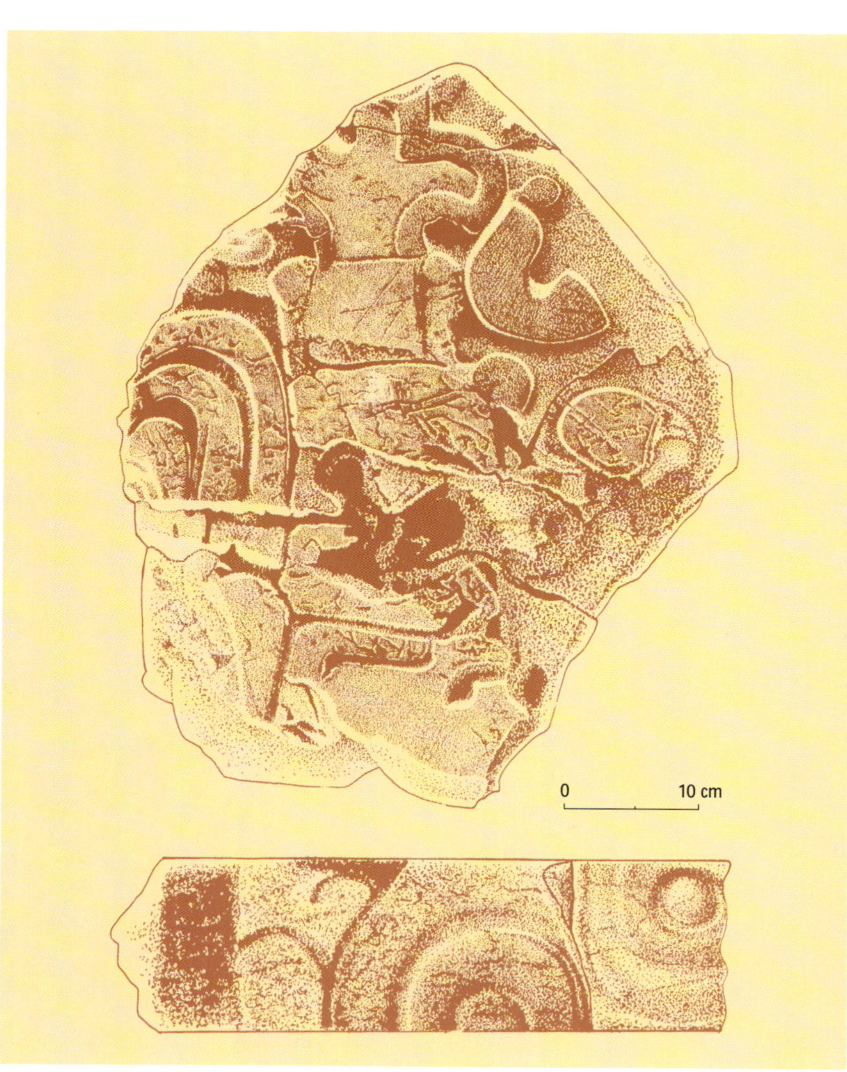

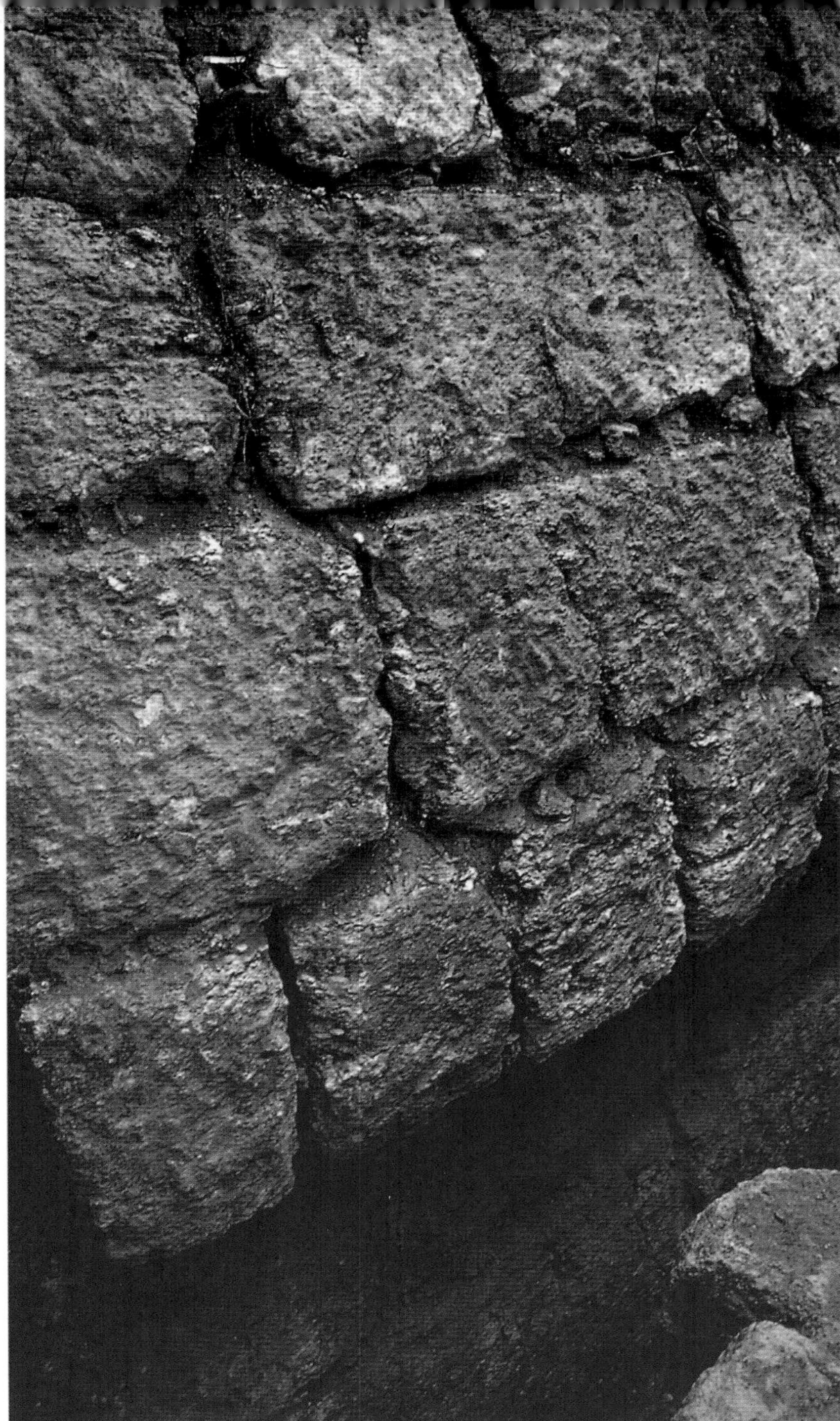

schauenden doppelköpfigen Reptilien, die ein Band mit Himmels- und Wassersymbolen verbindet (Monument 8 aus Nakbe; Abb. 73).

Im Mirador-Becken wurden in der Spätklassik (600–800 n. Chr.) frühe Skulpturen rituell verehrt, das ist nachweisbar für Stele 1 aus Tintal, Stele 1 und Monumente 2 und 3 aus Nakbe, Stele 1 und 3 und Altar 2 aus Isla sowie sechs bekannte Monumente in Pedernal (Stele 1, Altar 5, Monumente 2–5). In der Nähe solcher Monumente wurden zu rituellen Zwecken Kopalharzstücke in verzierten Räuchergefäßen verbrannt und hoch stehende Personen bestattet. Ebenfalls ritueller Natur war das Zerschlagen Hunderter spätklassischer Keramikgefäße, vermutlich vor allem solcher, die Flüssigkeiten enthielten.

Es hat den Anschein, dass die Monumente der Mittleren und Späten Präklassik aus ihrem ursprünglichen Kontext entfernt und in spätklassischen Gebäuden wieder aufgestellt wurden, denn an den großen spätklassischen Fundstätten sind fast nur Skulpturen zu finden, die ursprünglich einen anderen Standort hatten. Darauf weist zum Beispiel die Stele 1 von Tintal hin, die aus einer roten, mindestens 6,42 Tonnen schweren Sandsteinplatte gemeißelt wurde. Die Geologen Paul Wallace und Thomas Schreiner von der University of California in Berkeley zeigten durch chemische Analysen, dass das Monument ursprünglich aus der Gegend von Altar de Sacrificios am Unterlauf des Río de la Pasión und dem Oberlauf des Usumacinta stammte und 110 Kilometer weit in das Mirador-Becken transportiert wurde. Dieser Transport fand aller Wahrscheinlichkeit nach in der späten Mittelpräklassik (500–350 v. Chr.) statt, denn die während der Späten Präklassik in Tintal ansässige Bevölkerung besaß vermutlich keine ausreichend zentralisierte Organisation, um das Monument über diese erhebliche Entfernung zu transportieren.

Eine komplexe Gesellschaft

In der späten Mittelpräklassik gewann die Maya-Gesellschaft an Komplexität und hierarchischer Gliederung. Ablesbar ist diese Entwicklung unter anderem an der Architektur. Größe und Form der für Bauwerke verwendeten Kalksteinblöcke änderten sich erheblich, denn man verwendete nun sorgfältig geschnittene, bis zu 90 Zentimeter große Quader (Abb. 76, 77). Es wurde vermehrt Kalk gebrannt und Stuck zur Verkleidung und Verzierung von Bauten verwendet. Bestimmend für die generelle Zunahme an sozialer und wirtschaftlicher Komplexität war möglicherweise

76 *Mauerwerk von Gebäude 35. Nakbe, Guatemala, Gebäude 35; Späte Mittelpräklassik; Kalkstein*
In der Späten Mittelpräklassik veränderte sich das Mauerwerk in Nakbe. Anstelle groben Mauerwerks aus nur roh behauenen Steinplatten begann man um 500 v. Chr. die Steinblöcke zu fast 1 m großen, regelmäßigen Quadern zuzuschlagen. Die Außenwände der Gebäude wurden mit Stuck verkleidet. Erstmals erscheint in dieser Zeit auch die vertikale Gliederung der Fassade in eine obere schräge und eine darunter liegende zurückgesetzte Zone, ein Profil, für das der englische Ausdruck „apron moulding" verwendet wird.

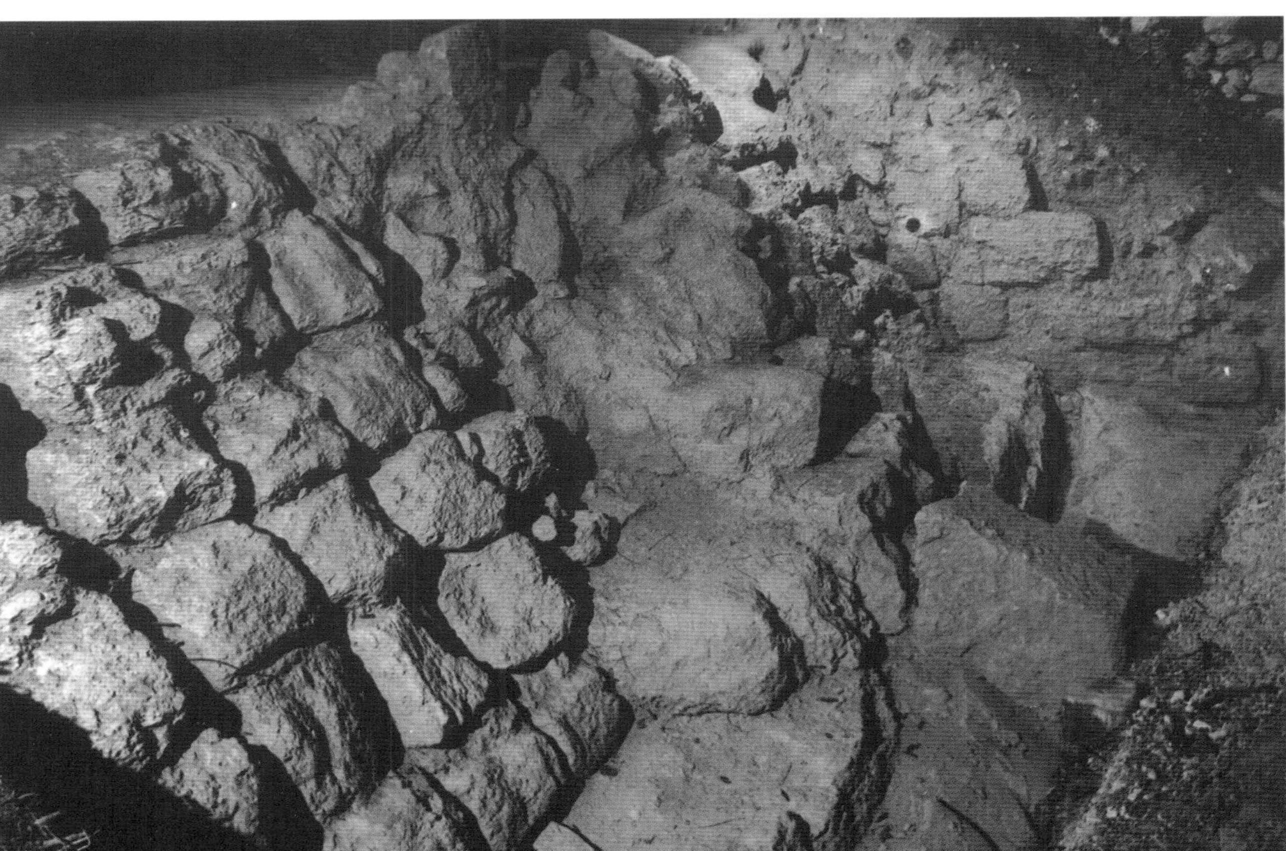

77 *Mittelpräklassisches Mauerwerk. Nakbe, Guatemala; Mittelpräklassik*
Obgleich die Quader dieses Gebäudes eine einheitliche Größe aufweisen, unterscheidet sich die Fassade durch ihre Gestaltung. Hier sorgte eine Verkleidung mit Kalkstuck nicht nur für ein besseres Aussehen, sondern auch für Schutz vor in das Mauerwerk eindringendem Wasser.

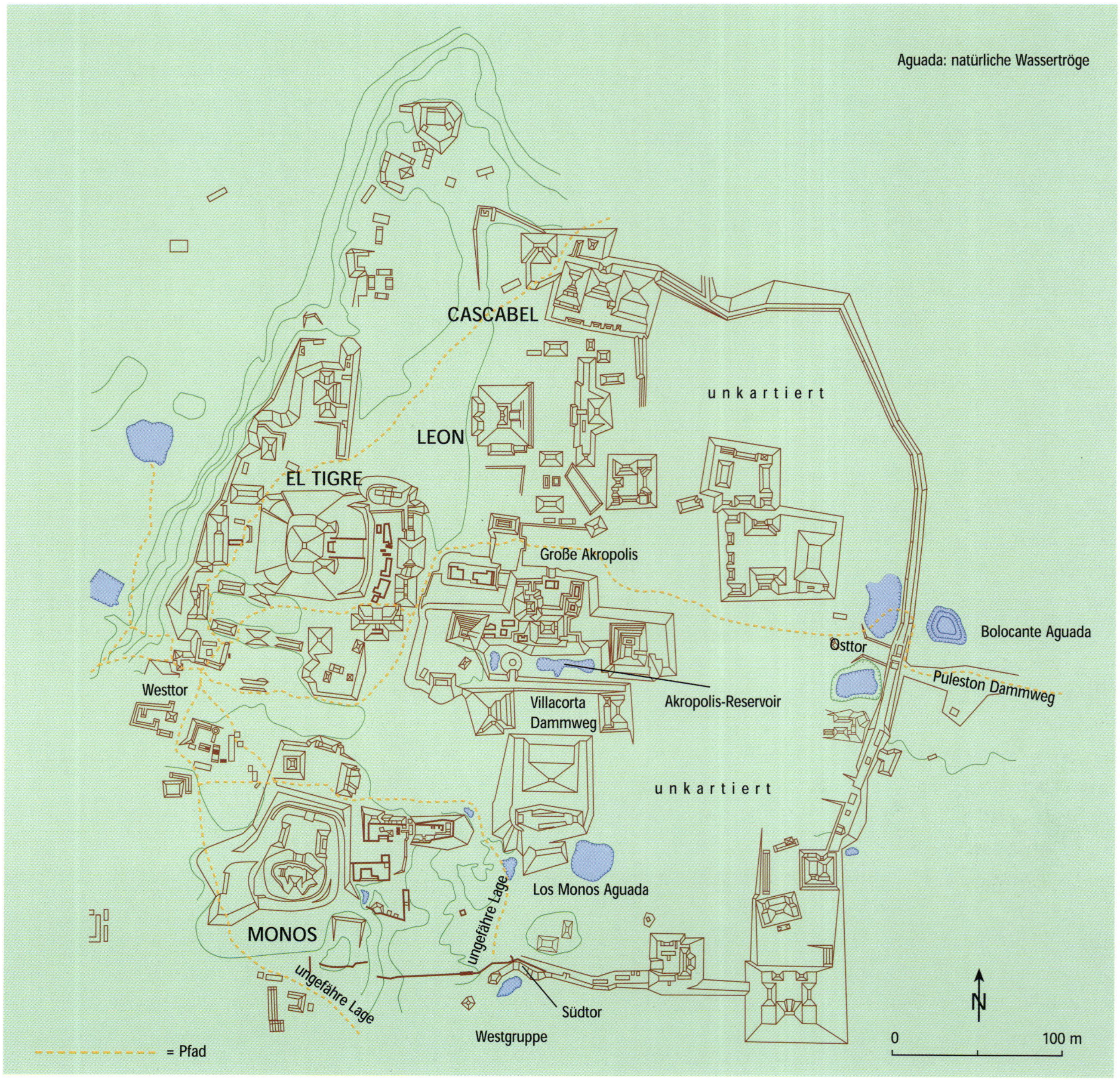

78 *Plan der Westgruppe von El Mirador, Peten, Guatemala*
Im abgelegenen Norden von Guatemala und nur 7 km südlich der heutigen mexikanischen Grenze liegt die riesige präklassische Maya-Stadt El Mirador. Das Zentrum der Stadt bedeckt ein Areal von der Größe des Zentrums von Tikal. Die massiven Pyramiden und Plattformen der Stadt stellen alles in den Schatten, was in späterer Zeit gebaut wurde. Die gewaltigste Plattform, El Tigre genannt, steht auf einer Grundfläche, die sechsmal größer ist als die von Tikals höchstem Gebäude, dem Tempel IV. Verschiedene Dammwege verbinden das Zentrum der Stadt mit außen liegenden Gebäudegruppen, aber auch mit anderen Städten wie Nakbe und Tintal. Gegen Osten und Süden wird die Westgruppe von einem Wall umgeben, der, wie die Mehrzahl der Bauwerke, in die Zeit der Späten Präklassik datiert.

Aguada: natürliche Wassertröge
CASCABEL
unkartiert
LEON
EL TIGRE
Große Akropolis
Bolocante Aguada
Osttor
Westtor
Akropolis-Reservoir
Puleston Dammweg
Villacorta Dammweg
unkartiert
Los Monos Aguada
MONOS
ungefähre Lage
ungefähre Lage
Südtor
Westgruppe
N
0
100 m
= Pfad

79 *Zeichnerische Rekonstruktion des Blickes von der Großen Akropolis von El Mirador auf die El-Tigre-Plattform*
Große Pyramidenplattformen, die drei Gebäude trugen, sind eine charakteristische Architektur der Präklassik. Die El-Tigre-Plattform ist die größte Plattform dieser Art im gesamten Maya-Gebiet. Ausgrabungen haben eine Serie von Überbauungen feststellen können, die allesamt in die Zeit der Späten Präklassik datieren. Auch die südlich anschließende Plattform 34, in der Zeichnung am linken Rand des Platzes, trug drei Gebäude. Die Rekonstruktionszeichnung vermittelt nicht nur einen Eindruck von der einstigen Größe der Stadt, sondern auch von ihrer Farbigkeit, denn fast alle Gebäude waren mit Stuck verkleidet und mit roter Farbe bemalt.

die Einführung diverser intensiver Feldbaumethoden, insbesondere die Anlage erhöhter Terrassen, die mit Morastschlamm aufgefüllt wurden und in den Stadtzentren als Gärten und Äcker dienten. Zahlreiche Ausgrabungen und Probenahmen belegen, dass die umliegenden Sümpfe der eigentliche Grund für die Maya waren, sich hier anzusiedeln. Die Ergebnisse vielfältiger Untersuchungsmethoden, darunter Pollen- und Bodenanalysen, geologische und geografische Studien, Botanik und Paläobotanik, deuten darauf hin, dass die Gebiete, die heute minderwertige periodisch entstehende Sümpfe *(bajos)* bilden, während der Mittleren und Späten Präklassik fruchtbare Morastgebiete waren. An fossilen Überresten dieser uralten Feuchtgebiete lässt sich noch heute der evolutionäre Wandel der Landschaft ablesen. Die Sümpfe lieferten nicht nur Wasser, Pflanzen und Tiere, sondern vor allem fruchtbaren, sich regenerierenden Mutterboden, der in die Siedlungszentren geschafft und dort für öffentliche und private Gartenanlagen verwendet wurde (s. Harrison, S. 76 ff.).

Diese natürlichen Ressourcen ermöglichten eine effiziente Bodennutzung und hohe Erträge; die gute Nahrungssituation war wiederum die Grundlage für kulturelle Innovationen, die einen gesellschaftlich legitimierten Zugang zu Reichtum und Status gestatteten. Auf dieser Basis entwickelte sich die organisierte Ausbeutung weiterer natürlicher Ressourcen, die Einführung systematischer Anbaumethoden sowie eine zunehmende Intensivierung der Arbeit und Spezialisierung der Produktionssysteme. In Folge dieses radikalen Wandels konsolidierte sich die wirtschaftliche und politische Macht der neuen Elite, und die sozialen, politischen und wirtschaftlichen Strukturen nahmen an Komplexität zu.

Urbanisierung und Staatenbildung in der Späten Präklassik

Das wirtschaftliche und politische Wachstum während der Mittleren Präklassik sorgte dafür, dass die Späte Präklassik zu einem der kulturellen Höhepunkte in der Geschichte der Maya wurde. In dieser Phase (ca. 350 v. Chr.–250 n. Chr.) setzte im Mirador-Becken ebenso wie im gesamten Maya-Gebiet ein äußerst dramatischer Wandel ein, der sich vielleicht am auffälligsten in der Herausbildung einer bis dato in Größe und Umfang unerreichten monumentalen Architektur ausdrückte. In dieser Zeit, die als „Ära der Monumentalität" bezeichnet werden könnte, entstanden in El Mirador (Abb. 78), Nakbe, Tintal, Wakna und möglicherweise La Manteca und Naachtun mächtige Pyramiden mit einer Höhe zwischen 40 und 72 Metern. Für die Errichtung oder den Umbau von Plattformen wurden Millionen Kubikmeter Füllmasse bewegt (Abb. 79). Daraus lässt sich schließen, dass der regierende Adel eine umfassende und bis dahin beispiellose Kontrolle über Arbeitskräfte und wirtschaftliche Ressourcen ausübte. Außerdem wurde mit arbeitsintensiven Steinbruch- und Bauverfahren die Größe und Menge der geschnittenen Blöcke maximiert, durch ihren besseren Zuschnitt konnten die Quader zudem präziser in die Mauern eingepasst werden (Abb. 76). Somit stiegen der Bedarf an Arbeitskräften und Baumaterialien und demzufolge die Baukosten enorm.

Seltsamerweise ist an jenen günstig gelegenen Stätten in Flusstälern, an Seen oder in Küstennähe, die in der klassischen Periode zu dominierenden Mächten aufstiegen, keine spätpräklassische Besiedlung festzustellen. Die Faktoren Bevölkerungsdruck, Krieg oder Wettkampf um schwindende Ressourcen kommen deshalb als Argumente für die zunehmende soziale und politische Komplexität in der Späten Präklassik nicht in Frage, denn wären Land und natürliche Ressourcen wirklich begrenzt gewesen, wären diese Regionen ebenfalls besiedelt worden. Zwar gab es präklassische Siedlungen in günstiger Lage an großen Seen, Flüssen oder Lagunen, etwa Yaxha (Guatemala) oder Lamanai (Belize; Abb. 80), überraschenderweise waren sie aber in der Mittleren Präklassik nicht nachhaltiger besiedelt, wobei doch zu erwarten wäre, dass solche ressourcenreichen Plätze viele Pioniere angelockt hätten. Stattdessen stieg die Bevölkerungszahl in Lamanai offenbar erst in der Späten Präklassik an, etwa zur Zeit der Errichtung der zentral gelegenen, 33 Meter hohen Hauptpyramide, der die Archäologen den technischen Namen N10-43 gegeben haben. Weitere wichtige Gebäude (Strukturen N9-56, P9-2, P9-25, P8-12) aus der Späten Präklassik finden sich vor allem im Nordteil der Stätte und in der Nähe eines vermuteten alten Hafens. Auch die Bevölkerung des unmittelbar an der Küste der Bucht von Chetumal gelegenen Cerros nahm erst in der Späten Präklassik zu, sodass davon ausgegangen werden kann, dass von den mittelpräklassischen Zentren im Binnenland aus offenbar keine Siedlungen in der Nähe der maritimen Rohstoffvorkommen gegründet wurden, obwohl der Import von Muscheln einen wichtigen Handelszweig darstellte. Die Siedlungen in Cerros und anderen Küstenorten entstanden wohl ausschließlich in der Späten Präklassik und standen bis zu ihrer Aufgabe mehrere Jahrhunderte in kultureller Blüte.

Abgesehen von den monumentalen Ausmaßen der Gebäude, die offenbar überall im Tiefland rasch übernommen wurden, insbesondere im zentralen Kerngebiet des nördlichen Peten, gab es weitere radikale strukturelle Veränderungen in der Architektur, etwa große Pyramidenplattformen, die drei Gebäude trugen. Man bezeichnet diesen Typus als „triadische Architekturform". Die Dreierkonstellation umfasst ein dominierendes zentrales Bauwerk und zwei sich gegenüberstehende kleinere Nebengebäude und repräsentiert die vorherrschende architektonische Anordnung in der Späten Präklassik. Erste Hinweise auf die Bedeutung und den möglichen Zweck der triadischen Gruppen lieferten 1992 die Ethnologen Barbara und Dennis Tedlock aufgrund der Aussagen von Maya-Schamanen zu verschiedenen Sternbildern. Sie zeichneten auf, dass die drei Sterne Alnitak, Saiph und Rigel im Sternbild Orion nach Auffassung der modernen K'iche'-Maya die drei Herdsteine der Maya-Küche darstellten, in der das Feuer der Schöpfung lodert. Das Feuer selbst erkennen die K'iche' in dem Nebel M42 zwischen diesen drei Sternen des Sternbildes. Diese triadische Form galt offenbar als besonders heilig, denn sie hatte bis in die Spätklassik hinein Bestand. Bei den Lakandonen-Maya im mexikanischen Bundesstaat Chiapas existieren noch heute „Gemeinschaftshäuser" in triadischer Anordnung.

80 *Plan der Stadt Lamanai, Belize*
Die archäologische Stätte Lamanai liegt am Ufer des in die Karibik mündenden New River, der an dieser Stelle eine breite Lagune bildet. Die Stadt war von der Präklassik bis in die jüngste historische Zeit durchgehend besiedelt. Spanier bauten hier noch im 18. Jh. eine kleine Kirche, um die Maya der Region zu missionieren – daher ist der Ort auch als „Indian Church" bekannt. Der New River war eine wichtige Handelsroute; Lamanai verfügte daher über einen Hafen, in dem die Kanus der Händler an Land gezogen werden konnten. Die meisten Siedlungsreste aus der Zeit der Präklassik liegen im Norden der Stätte, ausgenommen die 33 m hohe spätpräklassische Pyramide mit dem technischen Namen N10-43.

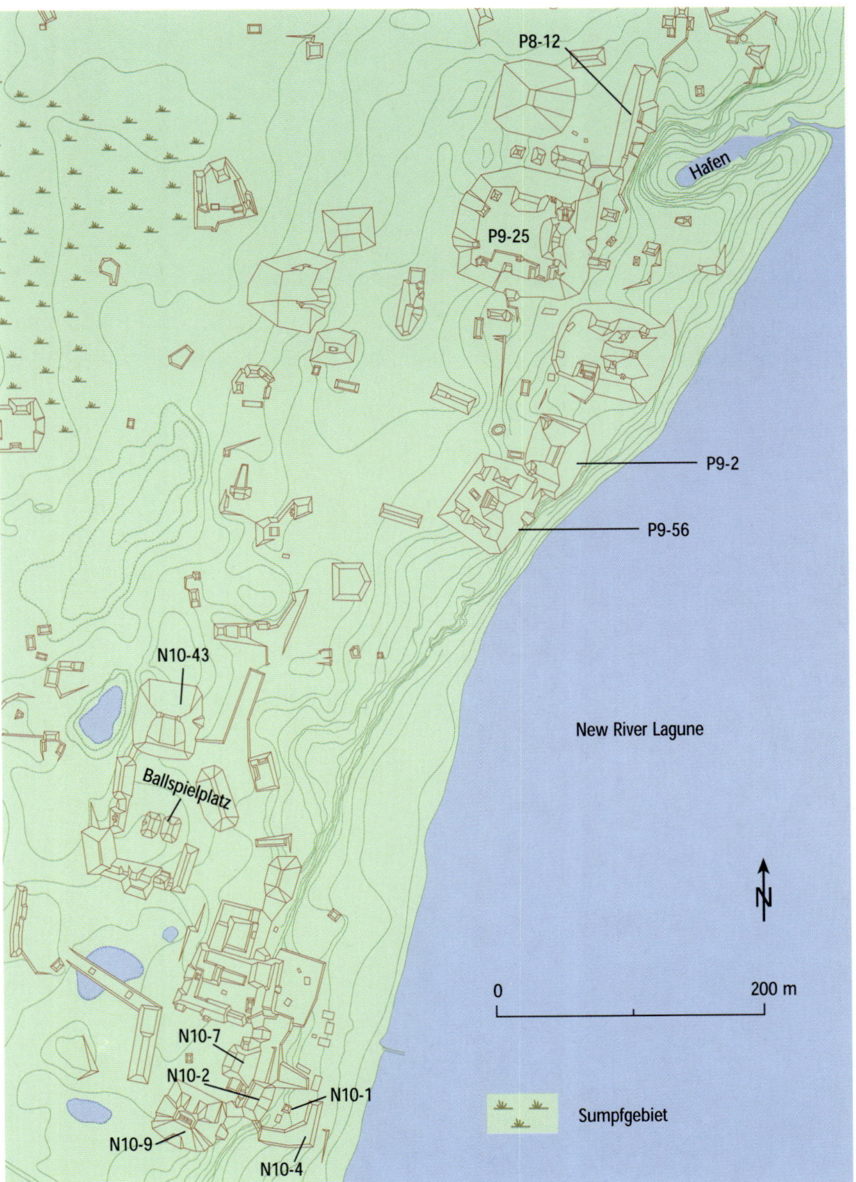

Stuck – das künstlerische Medium der Späten Präklassik

Neben der nachhaltigen Veränderung der architektonischen Landschaft durch die Monumentalität der Gebäude und die Einführung der triadischen Form gab es in den ersten Maya-Städten eine weitere Neuerung: monumentale architektonische Zierelemente an den Haupttreppen von Gebäuden. Während Flachreliefs offenbar bereits in der Späten Mittelpräklassik auftauchten, entwickelte sich monumentale Bauplastik erst in der Späten Präklassik zum vorherrschenden Medium, um Macht und Autorität auszudrücken. Solche Plastiken waren riesige, manchmal bis zu vier Meter hohe Göttermasken, oft flankiert von Profildarstellungen derselben Gottheit mit einer Vielzahl symbolischer Attribute (Abb. 81). Der Stuck für Masken und Tafeln wurde bemalt, indem zunächst eine cremefarbene Schicht und darauf als Akzente rote und schwarze Linien aufgetragen wurden. Diese Plastiken bildeten so einen kräftigen Kontrast zu den ansonsten nur mit rotem Hämatit bemalten Gebäuden, an denen sie angebracht waren. Die ersten Stuckmasken dieser Art wurden in den 1920er-Jahren in Uaxactun ausgegraben. Inzwischen fand man ähnlichen Architekturschmuck in großer Zahl auch in Cerros und Lamanai (Belize), Tikal, Uaxactun, El Mirador und Nakbe (Guatemala), in Calakmul, Edzna, Chiapa de Corzo sowie offenbar auch in El Tigre (Mexiko).

81 *Stuckmaske der Hauptpyramide. Acanceh, Yukatan, Mexiko, Hauptpyramide; Späte Präklassik, um 300 v. Chr.–250 n. Chr.; Kalkstuck, bemalt; H. 285 cm*
Acanceh ist eine bedeutender Gründung der Späten Präklassik im Nordwesten der Halbinsel Yukatan. Die Überreste der antiken Stätte sind heute vollständig vom modernen Ort gleichen Namens überbaut. Unmittelbar im Zentrum liegt die präklassische Hauptpyramide, deren vier Seiten überdimensional große Stuckmasken schmücken, die erst Ende der 90er-Jahre von mexikanischen Archäologen freigelegt wurden. Sie zeigen menschliche Köpfe, eingerahmt von zahlreichen symbolischen Attributen wie aufwändigem Ohrschmuck, einem großen Kopfputz und Spiralen, die sich aus dem Mund der Wesen ergießen.

82 *Zeichnerische Rekonstruktion der Gruppe H von Uaxactun*
Der Gebäudekomplex H von Uaxactun wurde 1985 von einer Gruppe guatemaltekischer Archäologen unter Leitung von Juan Antonio Valdés ausgegraben. Es handelt sich um eine Plattform aus der Späten Präklassik, auf der sechs Gebäude standen. Vier Gebäude waren mit Kraggewölben überdacht. Die Außenfassaden waren mit roter Farbe bemalt und mit figürlichen Wandmalereien geschmückt. Gebäude Sub-3 ist ein Pyramidensockel mit einer Höhe von 5,25 m, der ein Gebäude aus vergänglichem Material trug. Der auf die obere Plattform führende Treppenaufgang wurde zu beiden Seiten von großen, mit roter, weißer und schwarzer Farbe bemalten Stuckmasken flankiert. Das kleine Eingangsgebäude Sub-10 trägt Mattensymbole und Darstellungen von vergöttlichten Ahnen; Zeichen dafür, dass der gesamte Komplex dazu diente, die göttliche Herkunft einer Abstammungslinie (vielleicht die der Herrscher Uaxactuns) zu legitimieren.

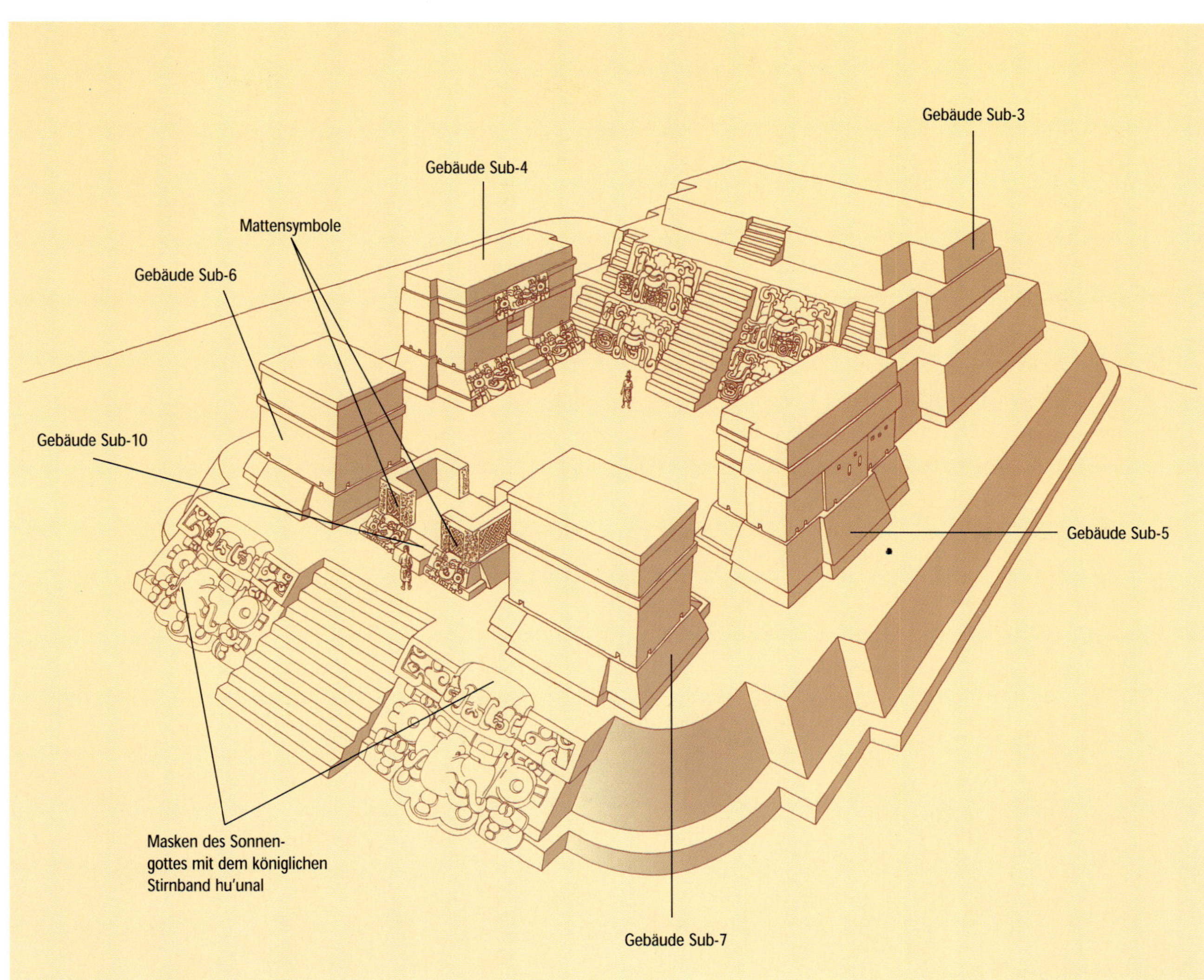

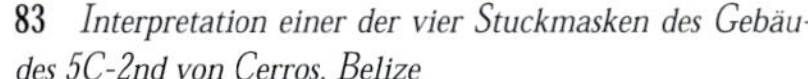

83 *Interpretation einer der vier Stuckmasken des Gebäudes 5C-2nd von Cerros, Belize*
Der an der Bucht von Chetumal im Norden von Belize gelegene Ort Cerros entstand aus einer kleinen präklassischen Siedlung, wuchs aber aufgrund seiner günstigen Lage an wichtigen Handelswegen noch in der Späten Präklassik zu einem wichtigen Zentrum heran. Um 50 v. Chr. wurde ein Teil des früheren Dorfes unter neu errichteten Gebäuden begraben, darunter dem Gebäude 5C-2nd, einer terrassierten Pyramidenplattform, deren Südseite mit vier großen Stuckmasken geschmückt wurde. Zwei der Masken stellen die Götter der Venus als Morgen- und Abendstern dar, die anderen die Sonne in der Ober- und der Unterwelt. Die hier gezeigte Maske ist die des Sonnengottes in der Oberwelt.

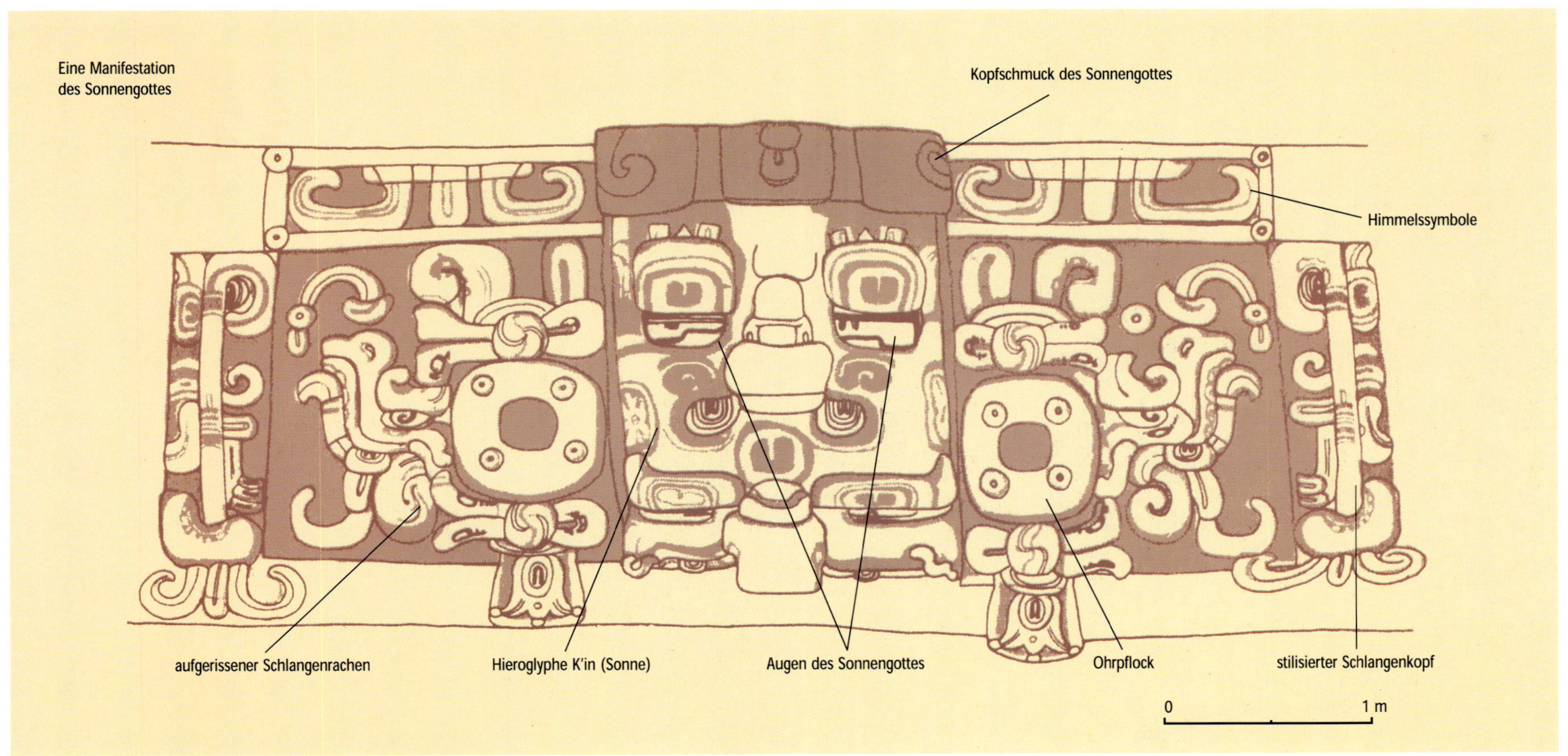

Bevölkerungszunahme und soziale Differenzierung

In der Späten Präklassik erreichten die Stätten im Mirador-Becken ebenso wie andere Zentren im Tiefland offensichtlich aufgrund einer drastischen Bevölkerungszunahme ihre maximale Bebauungsdichte und die höchste Zahl öffentlicher und privater Neubauten (Abb. 84). Der Siedlungsraum war so begrenzt, dass sich die Wohngebiete bis in die periodisch erscheinenden Sümpfe rings um die Hauptzentren erstreckten. Die wirtschaftliche und politische Blüte dieser Zeit verlangte den Um- oder Neubau gewaltiger Dämme durch die Sumpfniederungen, um direkte Transport- und Fußwege innerhalb der einzelnen Orte sowie auch zwischen den Stätten zu schaffen. Die Dämme waren zwischen 18 und 24 Meter breit und ein bis vier Meter hoch. Diese teilweise knapp 20 Kilometer langen Straßen gehören zu den eindrucksvollsten Monumentalbauwerken Mesoamerikas und spielten für die Konsolidierung der beginnenden Staatenbildung im Mirador-Becken eine besondere Rolle (s. Eberl, S. 232 ff.).

In der Späten Präklassik wurde die extensive landwirtschaftliche Nutzung und die Verwendung von Schlammaushub als Dünger in öffentlichen Gartenanlagen deutlich intensiviert. Als Felder dienten über- und nebeneinander liegende Terrassen, durch Stützmauern bebaubar gemachte Hänge, natürliche Lehmterrassen, die mit Schlammaushub angeschüttet wurden, und Gartenterrassen in unmittelbarer Nähe architektonischer Komplexe. Wiederholt aufgebrachte Schichten aus Schlammaushub und ein durch einen glücklichen Zufall entdecktes Terrassensystem mit erhaltenen kleinen Hügeln und Wassersammelbecken lassen auf eine Intensivierung des Feldbaus schließen. Die Becken sind an einer dünnen, eigens aufgebrachten Kalkschicht erkennbar. Die Feldoberfläche war mit solchen künstlich angelegten, flachen runden Anhöhen und Vertiefungen mit einem Durchmesser zwischen 80 Zentimetern und einem Meter bedeckt, die das Regenwasser sammeln und leiten sollten. Untersuchungen des Biologen Steven Bozarth von der University of Kansas an fossilen Pflanzenfunden ergaben, dass zu den angebauten Nutzpflanzen Mais, Kürbisse, Palmen und nicht näher bestimmte Obstbäume gehörten.

Der durch die Landwirtschaft erworbene Wohlstand wurde umgesetzt in vermehrte Ausgaben für Arbeitskräfte, schwierig und teuer zu beschaffende Importgüter, vermutlich eine Berufsarmee und ehrgeizige Bauvorhaben. Nicht zuletzt bildete der Reichtum die Grundlage für einen erblichen sozialen Status, den die in dieser Zeit erstmals auftauchenden Königsgräber und Elitebestattungen wie etwa in Wakna und Tikal belegen.

Das beste Maß für die soziale und politische Komplexität einer Gesellschaft ist ihre Monumentalarchitektur, allein schon wegen der Masse an Ressourcen und Arbeitskräften, die dafür über die Erfordernisse des täglichen Lebens hinaus mobilisiert und organisiert werden muss. Ein anderer Gradmesser sind die sozialpolitischen und wirtschaftlichen Entwicklungen, die Voraussetzung für die Planung, Errichtung und Instandhaltung derartiger Kolossalbauten waren. Als Volumen des El-Tigre-Komplexes in El Mirador (Abb. 78, 79) sind beispielsweise 428 680 Kubikmeter Füllmasse errechnet worden, die eine Arbeitsleistung von fünf Millionen menschlichen Arbeitstagen allein für den Transport erforderten. Die eingehenden Untersuchungen der Verfahren, die die Maya bei der Steinbrucharbeit und Quaderbearbeitung anwendeten, zeigen, wie viele Arbeitstage und Arbeitskräfte erforderlich waren, um die Steine zu brechen, zu bearbeiten und fertig zu stellen. Die noch nicht abgeschlossenen Untersuchungen über die bedeutende Kalkproduktion im Maya-Gebiet geben Aufschluss über die Mengen und Arten des verwendeten Holzes und Kalksteins, über die Produktionsmengen sowie die Verfahren und Strategien der Kalkgewinnung im Maya-Tiefland. Diese Untersuchungen belegen, dass es im Tiefland schon frühzeitig spezialisierte Produktionssysteme gab, die bei anderen komplexen mesoamerikanischen Gruppen nicht oder nur in erheblich geringerem Umfang existierten. Auf jeden Fall sind die ausgefeilten Methoden und Technologien der Maya bereits in der Frühphase der Staatenbildung zu erkennen.

Die Späte Präklassik war nicht zuletzt durch eine erstaunliche Homogenität ihrer Keramikproduktion gekennzeichnet. Diese *chicanel* genannten Keramiken wurden im gesamten Tiefland in großer Zahl hergestellt. Für die Oberflächenbehandlung verwendete man überwiegend Engobe, wachsartigen Tonschlamm, in Rot, Schwarz oder Creme. Die Übereinstimmung bei Engoben und Formen, selbst bei häuslichen Gebrauchskeramiken, lässt auf einheitliche, standardisierte Vorstellungen von Keramik

84 *Wohnanlage. Nakbe, Guatemala, Gebäude 84; Späte Präklassik*
In präklassischen Städten wie Nakbe, El Mirador, Lamanai, Cerros und Calakmul wurden nicht nur große Plattformen gefunden, die wahrscheinlich Tempelgebäude trugen, sondern auch Wohngebäude. Diese standen ebenfalls auf niedrigen Sockeln, zu denen Treppenaufgänge führten, und waren aus vergänglichem Material wie Holz und Palmstroh; es gab aber auch Steingebäude, die bereits Kraggewölbe besaßen.

Die rätselhafte Aufgabe der präklassischen Städte

Die frühen Städte des Tieflandes wurden offenbar mitten in einer Phase des Wohlstands, des intellektuellen Fortschritts und der umfassenden künstlerischen und architektonischen Blüte mit einer militärischen Gewalt konfrontiert. Die Ausgrabungen der Archäologen E. Wyllys Andrews IV (Tulane University, New Orleans) und David Webster (Universität von Pennsylvania) in den Jahren 1969 bis 1971 legten in Becan einen spätpräklassischen künstlichen Wassergraben rings um die Stätte frei (s. Hohmann-Vogrin, S. 208). Ein ähnlicher Kanal oder Graben umgab auch das Zentrum von Cerros. Eine von einem Graben umgebene „Festung" stand in Edzna, und auch in El Mirador gab es Verteidigungsanlagen.

Obwohl mehrere große Orte im Tiefland sich zur Verteidigung rüsteten, wissen wir noch nicht genug darüber, welche Art von Bedrohung den Bau so massiver Befestigungen auslöste. Selbst in Hochlandzentren wie Chiapa de Corzo gibt es Hinweise auf Brände und Zerstörungen in der Zeit des Übergangs von der Späten Präklassik (350 v. Chr.–250 n. Chr.) zur Frühen Klassik (250–550 n. Chr.). Der Fakt, dass die präklassischen Stätten in Chiapas an leichter zu verteidigende Orte verlagert wurden, ähnelt den Strategien der Tieflandbewohner. Bei Ausgrabungen auf dem Gipfel der Tigre-Pyramide in El Mirador fanden sich zahlreiche Projektilspitzen und prismenförmige Klingen aus Hornstein und Obsidian. Da die Obsidianstücke durchweg aus verschiedenen mexikanischen Vorkommen stammten, dürfte die Schlacht in der Frühklassik (etwa im 3. oder 4. Jahrhundert n. Chr.) stattgefunden haben, als Kontakte zu Zentralmexiko bestanden.

Es gehört zu den erstaunlichsten Entdeckungen in den frühen Maya-Zentren, dass sie gegen Ende der Späten Präklassik so gut wie vollständig aufgegeben waren. Wohnhäuser und Zeremonialgebäude wurden verlassen; zurück blieben intakte *chicanel*-Gefäße (Abb. 87) und Steingegenstände, die man einfach auf den Stuckböden liegen ließ. Nicht nur im Mirador-Becken, auch in anderen Bereichen des Tieflandes wurden gegen Ende der Späten Präklassik (ca. 150–250 n. Chr.) viele Orte etwa zeitgleich aufgegeben, darunter Uaxactun, Seibal, Cerros, Colha, Becan, im zentralen Yukatan

85 *Stele 2. El Mirador, Guatemala; Späte Präklassik*
Die Frage, ob die Maya-Schrift im Hochland von Guatemala entstand oder im Tiefland des Peten, ist immer noch nicht geklärt. Stele 2 aus El Mirador mit ihrem fein eingeritzten Hieroglyphentext beweist aber, dass die Schrift schon in der Späten Präklassik im Mirador-Becken verwendet wurde. Auch wenn der Text noch nicht insgesamt entziffert ist, deuten einige Zeichen darauf hin, dass er von Begebenheiten im Leben eines Fürsten berichtet.

86 *Stele 1. El Chiquero, Peten, Guatemala; Späte Präklassik, um 0–250 n. Chr.; Kalkstein; H. 50 cm*
Am Ende der Späten Präklassik wurden kleinformatige Stelen gemeißelt, die neben figürlichen Darstellungen Felder mit Hieroglyphentexten zeigen. Von Stele 1 aus El Chiquero ist nur die untere Hälfte erhalten, im vollständigen Zustand dürfte das Monument nicht mehr als 1 m hoch gewesen sein. Das Fragment zeigt ein Beinpaar in dynamischer Pose und eine rechteckige Fläche, in die wohl Hieroglyphen eingeritzt waren.

und ein relativ geringes Maß an individuellem Ausdruck schließen. Skulpturen waren in der Späten Präklassik im Mirador-Becken erheblich kleinformatiger als in früheren und späteren Perioden (Abb. 86). Dieses interessante Paradox scheint dem Muster zu widersprechen, wonach bedeutende Herrscher anlässlich dynastischer und historisch bedeutsamer Daten große, imposante Stelen und Altäre errichten ließen. Stattdessen wurden kleinformatige (ca. ein Meter hohe) Monumente nun mit Tafeln versehen, die sorgfältig eingemeißelte Hieroglyphentexte enthielten (Abb. 85). Schriftliche Zeugnisse tauchten zunehmend auch auf kleinen tragbaren Gegenständen auf, was darauf hindeutet, dass immer breitere Bevölkerungsschichten die Schrift zumindest passiv beherrschten. Zusammen mit dem engmaschigen Straßennetz, das eine stärkere Integration und möglicherweise sogar politische und wirtschaftliche Einheit begünstigte, liefern die kumulierten Anstrengungen der spätpräklassischen Monumentalarchitektur in El Mirador, Nakbe, Tintal, Wakna und angrenzenden großen Stätten wie Calakmul einen stichhaltigen Beleg für die beginnende Staatenbildung im Mirador-Becken. Zwar liegt der Gedanke nahe, der Anstoß für die Staatenbildung im Tiefland könne von einem bestimmten Gebiet ausgegangen sein, doch wurden Bauprojekte unter staatlicher Regie, etwa in Form der spätpräklassischen Kanäle in Edzna, zweifellos in mehreren Gebieten zeitgleich realisiert.

Dzibilchaltun, Komchen, an der Nordküste Yukatans Cerros, Isla Cancun, Edzna, Santa Rosa Xtampak und zahlreiche andere Plätze. Zugleich kam es im Hochland vielerorts zu massiven Bevölkerungsverlusten. Auch wenn die Ursachen für diesen Niedergang noch im Dunkeln liegen, ist bereits jetzt davon auszugehen, dass die Probleme sehr wahrscheinlich mehrschichtig waren und dass neben besagtem militärischen Angriff sowohl klimatische als auch ökologische und kulturelle Faktoren eine Rolle spielten.

Die Protoklassik im Mirador-Becken – ein Leben in den Trümmern einstiger Pracht

Während der kurzen Phase zwischen 150 und circa 250 n. Chr., der so genannten Protoklassik, die von vielen Forschern auch als die Endphase der Präklassik angesehen wird, scheint es in weiten Teilen des Maya-Tieflands zu einem dramatischen Bevölkerungsrückgang gekommen zu sein, wie man an der Unterbrechung baulicher und anderer Aktivitäten erkennen kann. Keramiken aus dieser Zeit weisen bestimmte typische Merkmale auf, wie beispielsweise die in der Späten Präklassik verbreiteten wachsartigen Engoben (vor allem einfarbig in Rot, Schwarz und Creme), die aber nun wesentlich matter ausfallen und abblättern. Gefäße mit Tropfbemalung und Ritzmustern imitieren den „Usulutan"-Stil des östlichen Hochlandes, der sich durch orangefarbige Engoben mit einer Bemalung aus roten und schwarzen Streifen auszeichnet. Erstmals werden orangefarbene Tonschlämme und polychrome geometrische Verzierungen verwendet, es tauchen zahlreiche neue Formen auf, darunter Gefäße mit angedeutetem „Haken" an der Oberseite des Randes oder Schalen mit vier runden und daher „mammiform" („brustförmig") genannten Fußstützen.

Die Obsidianimporte gingen gegenüber dem regen Handel in der Späten Präklassik drastisch zurück, zudem wurden keine monumentalen Bauvorhaben mehr in Angriff genommen. Zu Beginn der frühklassischen Periode (250–550 n. Chr.) scheinen die wichtigen Stätten des Mirador-Beckens vollends aufgegeben worden zu sein, abgesehen von einer kleinen Zahl von Menschen, die in El Mirador und mehreren Wohnkomplexen in Nakbe und Zacatal zurückblieben. Jegliche umfangreiche Bautätigkeit hatte aufgehört, und es wurden keine auswärtigen Waren mehr in das Mirador-Becken importiert. Die Siedlungen waren jetzt viel weiter verstreut, und die einst großen Herrschaftsstätten wurden offenbar wieder vom tropischen Regenwald überwuchert.

In der Spätklassik (550–800 n. Chr.) gab es überall im Mirador-Becken kleine Siedlungen, die verstreut zwischen den Ruinen der großen alten Zentren lagen. Wohngebäude wurden wahllos irgendwo in deren Nähe errichtet, oft aus Steinen und Baumaterialien, die man den präklassischen Ruinen entnommen hatte. Häufig entstanden spätklassische Gebäude direkt auf erhöht gelegenen präklassischen Plattformen und Dämmen, offenbar ohne besondere Rücksicht auf deren ursprüngliche Funktion. Zwischen den einzelnen Siedlungen scheinen in dieser Zeit kaum Beziehungen bestanden zu haben, denn Baumodelle, Keramiktypen, Grabarchitektur und -beigaben variieren stark innerhalb eines Gebiets oder sogar innerhalb einer Stätte. Die relativ kleinen Bauten dieser Zeit wurden offenbar sorgfältig mit bemaltem Kalkputz, Wandmalereien, Stuckdekorationen, Kraggewölben sowie aufwändigen Grabkammern versehen. So waren die Wände mehrerer kleiner Gebäude in Nakbe und El Mirador mit Wandmalereien verziert. Aufwändige Stuckplastiken mit Darstellungen von Menschen und mythischen Wesen sind an Fassaden und Dachkämmen kleiner und mittelgroßer Gebäude zu finden. Exotische Handelswaren aus Muscheln, Obsidian, Jade und Granit wurden in das Mirador-Becken importiert. Zwar weist alles darauf hin, dass die Gebiete, die in der Spätklassik eine hohe Bevölkerungsdichte aufwiesen, in der Präklassik nicht besiedelt waren, doch eine Ausnahme bildet möglicherweise die große und bereits in der Präklassik bedeutende Stätte Naachtun im Nordosten des Mirador-Beckens, wo zahlreiche spätklassische Stelen und große Gebäude entstanden waren.

In einigen der isolierten, verstreuten spätklassischen Siedlungen inmitten der älteren präklassischen Stätten im Mirador-Becken produzierten die Maya mehrfarbige Keramiken, die auf cremefarbenem Grund mit feinen schwarzen Strichzeichnungen verziert waren. Diese in vielfältigen Formen vorkommenden Töpferwaren werden wegen der Darstellung immer gleicher mythologischer Schlüsselszenen, die offenbar aus Codices kopiert wurden, als „Codex-Stil" bezeichnet. Die dargestellten Szenen zeigen, begleitet von Hieroglyphentexten, sehr lebendig und detailliert Mythologie, Architektur, Waffen, Keramiken, Tiere, Gottheiten und Alltagstätigkeiten der Maya. Töpferwaren im Codex-Stil fanden sich in Nakbe, El Mirador, Zacatal, La Muerta, La Muralla und offenbar auch in Porvenir (jeweils in unterschiedlicher chemischer Zusammensetzung) (Abb. 88). In einem bedeutenden Grab eines Herrschers in Struktur 2 in Calakmul fand man ein solches Gefäß, das die gleiche künstlerische Handschrift trägt und die gleiche chemische Zusammensetzung aufweist wie die Keramiken im Codex-Stil aus Nakbe. Da gerade diese Töpferwaren bei Plünderern und Sammlern sehr begehrt sind, wurden bereits zahllose Maya-Stätten im Mirador-Becken verwüstet. Viele der schönsten Gefäße im Codex-Stil sind heute in Privatsammlungen über die ganze Welt verstreut.

87 *Keramik aus einem geplünderten Grab. Wakna, Peten, Guatemala; Späte Präklassik; gebrannter Ton*
In der südlich von Nakbe gelegenen Stätte Wakna fanden Archäologen ein geplündertes Königsgrab in einer überwölbten Grabkammer. Die Räuber hatten die für sie uninteressante, weil nicht bemalte Keramik zurückgelassen. Einfarbige schwarze und rote Engoben sowie sich nach unten verjüngende Wandungen und ein vorspringender Rand am Boden sind charakteristisch für die Schüsseln des Chicanel-Stils der Späten Präklassik.

88 *Zylindrisches Gefäß im Codex-Stil. Nakbe, Peten, Guatemala; Späte Klassik, um 600–900 n. Chr.; gebrannter Ton, bemalt; H. 19,5 cm, Dm. 12,8 cm*
Nachdem das gesamte Mirador-Becken in der Frühklassik weitgehend verlassen war, wurde es in der Spätklassik erneut besiedelt und zu einem Zentrum der Herstellung von Keramiken, deren schwarze Bemalung auf cremefarbenem Grund denen der Maya-Codices ähnelt. Die Szene auf diesem Gefäßfragment zeigt einen Schreibergott, der ein aufgeschlagenes Buch in seinen Händen hält.

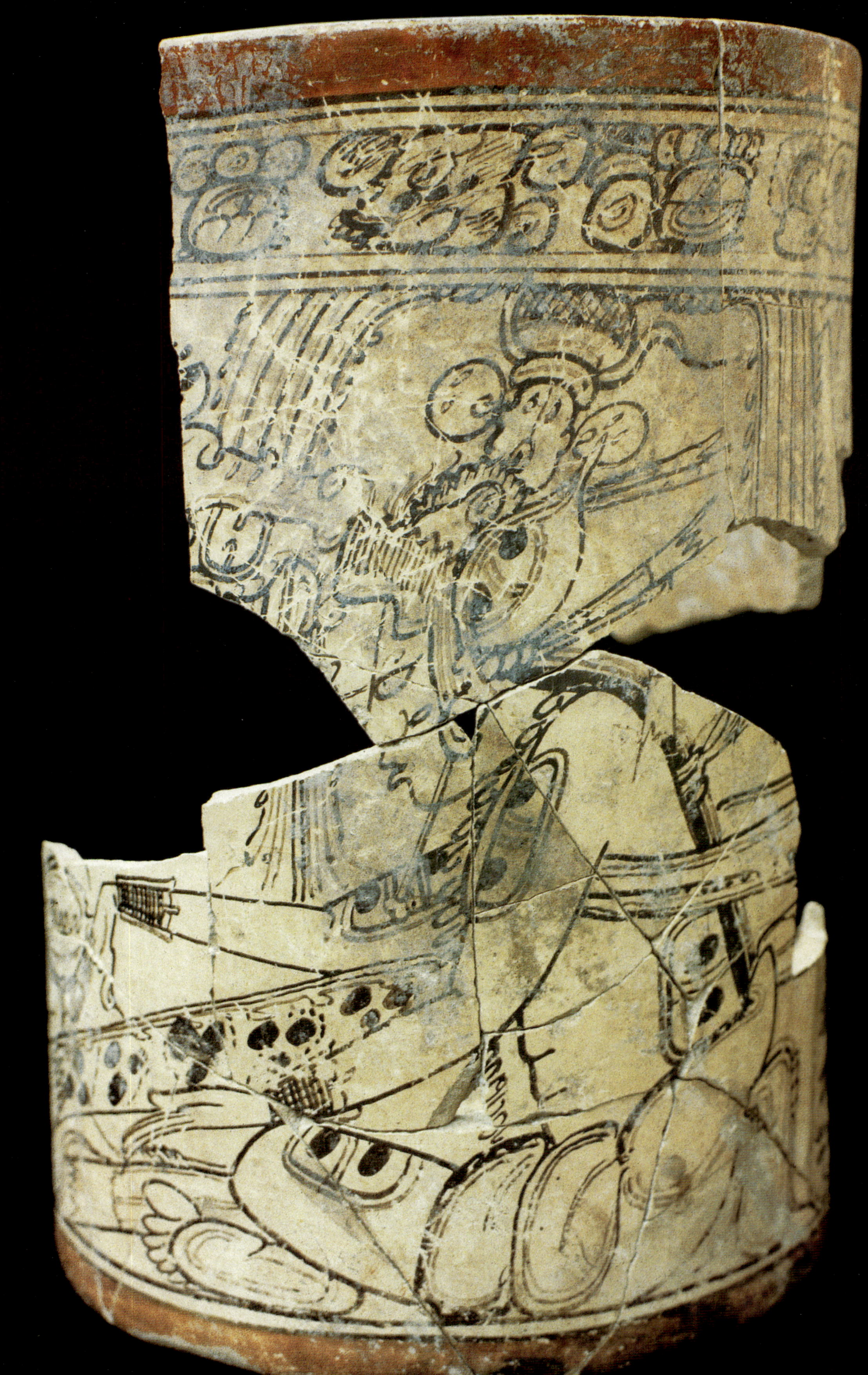

JADE – DAS GRÜNE GOLD DER MAYA

Elisabeth Wagner

Objekte aus Jade zählen zu den großartigsten Kunstwerken, die uns die Maya hinterlassen haben. Die Mehrzahl der Fundstücke stammt aus der klassischen Periode, aber auch aus der Zeit der Präklassik sind zunehmend Jadeobjekte entdeckt worden. Zu den frühesten Funden dieser Art gehören einfache unverzierte Perlen aus Gräbern in Cuello (Belize), die auf etwa 1200 bis 900 v. Chr. datiert werden. Zu dieser Zeit war die Steinschneidekunst bei den Olmeken, die noch früher als die Maya mit der Bearbeitung von Jade begonnen haben, bereits hoch entwickelt.

In Mesoamerika kommt Jade ausschließlich als Jadeit vor, das andere als Jade bezeichnete Gestein, Nephrit, gibt es dort nicht. Allerdings fallen unter den Sammelbegriff Jade für den Bereich Mesoamerikas auch eine ganze Reihe anderer Gesteine mit grünlicher oder bläulicher Färbung, wie etwa Diopsid, Chrysopras, Albit, Serpentin und Jadeit-Diopsid-Mischgesteine. Untersuchungen haben ergeben, dass manche Objekte nicht wie angenommen aus Jadeit bestehen, sondern aus den genannten, ähnlich aussehenden Grüngesteinen.

Lange Zeit waren die Jadevorkommen in Mesoamerika unbekannt. Erst in den 1970er-Jahren wurden sie in Guatemala, im Tal des Río Motagua, wieder entdeckt und werden seither von der einheimischen Schmuckindustrie genutzt. Mineralogische Untersuchungen haben gezeigt, dass sämtlicher im Maya-Gebiet sowie im übrigen Mesoamerika verarbeiteter Jadeit aus diesem Tal stammt. Das Rohmaterial findet sich als Geröll, sowohl in Form kleiner Kiesel als auch von bis zu Hunderten von Kilo schweren Blöcken, die mit den Flusssedimenten des Río Motagua abgelagert wurden. Auf Fundorte aus klassischer Zeit, an denen Jadeit und andere Grüngesteine bearbeitet wurden, ist man in Guatemala beiderseits des Río Motagua in der Nähe der Jadelagerstätten gestoßen. Oberflächenfunde an solchen Orten brachten Halbfabrikate und Abfallstücke mit Schnitt-, Bohr- und anderen Bearbeitungsspuren zusammen mit Werkzeugen zutage.

Das Rohmaterial wurde jedoch nicht nur in der Nähe der Vorkommen bearbeitet, sondern als Handelsware offensichtlich auch über weite Strecken transportiert. Dies belegt beispielsweise ein etwa 100 Kilogramm schwerer in Kaminaljuyu gefundener Block, von dem schon kleinere Stücke zur weiteren Verarbeitung entfernt wurden. Jade aus den Vorkommen im Gebiet des Río Motagua gelangte bis nach Honduras und sogar bis nach Costa Rica. In der Provinz Guanacaste von Costa Rica entdeckte man von Maya-Künstlern bearbeitete Jaden, die dort umgearbeitet worden sind. Den Bewohnern der Guanacaste-Region, die keine Maya waren, bedeuteten die Inschriften und Motive der Maya nichts. So zersägten sie die ursprünglichen Objekte oft in mehrere Teile, wobei Maya-Kunstwerke weitgehend zerstört wurden. Stilistisch sind die in Costa Rica gefundenen Maya-Jaden alle der Frühklassik zuzuordnen.

Bearbeitet wurde die Jade mit einfachsten Mitteln. Man sägte den Stein mit Hilfe von Schnüren, einem flachen Stück Hartholz oder sogar Schiefer, Werkzeugen, die man über dem Stein unter Zugabe eines Schleifmittels wie Sand, zerkleinerter Obsidian oder sogar Jadestaub hin- und herbewegte. War etwa die Hälfte des Steines durchgesägt, wurde er herumgedreht und von der anderen Seite in gleicher Weise bearbeitet. Wenn der Steg zwischen den beiden Sägerinnen schmal genug war, konnte das abzusägende Stück durch einen kräftigen Schlag mit einem Hammerstein abgetrennt werden.

Mit einem spitzen Obsidianstück brachte man Ritzlinien an, die mit einem spitzen Stöckchen und Schleifmittel weiter vertieft oder verbreitert werden konnten. Um eine gekrümmte Linie zu erhalten, legte man eine Reihe sich überlappender flacher Bohrungen an und schliff die Unebenheiten dann ab.

Zwei Typen von Bohrern sind bekannt. Die eine Art bestand aus einem angespitzten Holzstöckchen, das mit Sand oder pulverisiertem Obsidian versehen wurde. Ein solcher Bohrer wurde vor allem für kleine

89 *Grabmaske. Calakmul, Campeche, Mexiko, Gebäude VII, Grab 1; Späte Klassik, 600–900 n. Chr.; Jademosaik mit Einlagen aus Schulp und Obsidian; H. 15 cm, B. 13 cm, T. 5 cm; Campeche, Museo Historico, Fuerte de San Miguel*
In mehreren Herrschergräbern Calakmuls fand man aus Jademosaik gefertigte Totenmasken, von denen die hier gezeigte aus einem Grab in Gebäude 7 die ausdruckvollste und naturgetreuste ist; sie bildete offenbar die Gesichtszüge des Verstorbenen nach.

90 *Grabmaske Rio Azul, El Peten, Guatemala; Frühe Klassik, 300–600 n. Chr.; Fuchsit; H. 19,8 cm, B. 15,7 cm; Barcelona, Museo Barbier-Mueller de Arte Precolombino*
Diese Maske stammt mit größter Wahrscheinlichkeit aus einem Grab in Río Azul, da eine Inschrift auf der Rückseite den Tod eines frühen Herrscher dieses Ortes erwähnt. Sie zeigt das Gesicht des Regengottes Chaak und diente vermutlich als Totenmaske.

Bohrlöcher, etwa bei Perlen, verwendet. Der zweite Bohrertyp war der Hohlbohrer, der vermutlich aus Vogelknochen oder Schilfrohr gefertigt wurde. Unter Verwendung eines Schleifmittels erhielt man ein zylindrisches Bohrloch und einen zylindrischen Bohrkern, wobei aus Letzterem eine zylindrische Perle hergestellt werden konnte. Perlen wurden oft von beiden Seiten gebohrt, bis sich die Bohrlöcher in der Mitte trafen. Für rundliche Perlen verwendete man oft vom Wasser gerundete Jadekiesel, die nur wenig geschliffen und poliert wurden. Die Scheiben von Ohrpflöcken konnten am besten aus den beiden Hälften eines möglichst runden Jadekiesels hergestellt werden. Die dabei anfallenden halbmondförmigen Stücke wurden weiterverwendet, indem man sie zu Perlen oder kleinen Figurinen verarbeitete (Abb. 91). Auch aus den kleinsten „Abfallstücken“ konnten noch papierdünne Plättchen für Mosaike geschnitten werden. Haargenau aneinander gepasst wurden sie auf ein Trägermaterial wie Muschelschale oder Holz aufgeklebt oder in vorgeschnitzte Vertiefungen eingelegt (Abb. 94). Schon beim Entwurf und der Bearbeitung berücksichtigte man die ursprüngliche

Form oder wählte solche Rohstücke aus, die der angestrebten Form schon sehr nahe kamen. Die hohe Politur zahlreicher Objekte erreichte man nur durch feinstes Poliermittel, wie pulverisierten Hämatit oder pulverisierte Jade in Verbindung mit Wasser.

Gegenstände aus Jade verwendete man als Grabbeigaben, Ritualobjekte und natürlich als Schmuck. Aus Jade wurden nicht nur Perlen gefertigt, die oft zu komplexen Gehängen und Ketten montiert wurden, sondern auch Ohrpflöcke (Abb. 96, 97), Arm-, Waden- und Fußbänder, Gürtel, Pektorale (Brustschmuck) sowie Zierelement für Gewänder und Kopfschmuck. Als Brustschmuck wurden häufig kleine Reliefplatten aus Jade getragen, wie etliche Darstellungen von Maya-Würdenträgern zeigen. Die Bohrungen an solchen Objekten weisen darauf hin, dass sie oft Teil komplexerer Gehänge waren.

Inschriften auf Jadeobjekten geben mitunter die Bezeichnung des Objekts und auch den Namen seines Besitzers an. So tragen einige Ohrpflöcke die eingravierte Hieroglyphe *u tup*, „sein/ihr Ohrpflock“, gefolgt von Namen und Titeln des Besitzers. Andere Inschriften auf

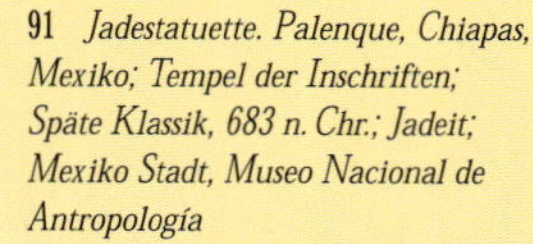

91 *Jadestatuette. Palenque, Chiapas, Mexiko; Tempel der Inschriften; Späte Klassik, 683 n. Chr.; Jadeit; Mexiko Stadt, Museo Nacional de Antropología*
Die kleine sitzende Figur aus dem Grab des Herrschers Janab Pakal zeigt eine Gottheit, die in der Kunst der Maya als personifizierte Form Personifizierung eines Baums, insbesondere des Weltenbaums, erscheint.

92 *Pektoral. Copan, Honduras; Gebäude 10L-26; Frühe Klassik, ca. 400 n. Chr.; Jadeit; L. 22 cm, B. 7,3 cm, T. 2,7 cm; Copan, Museo Regional de Arqueología*
Ein Depot, das im Jahre 755 n. Chr. durch den 15. Herrscher Copans, K'ak' Yipyaj K'awiil, angelegt wurde, enthielt u. a. das Pektoral einer stehenden männlichen Figur. Ihr Gesicht mit Jaguarohren, das anstelle des Unterkiefers stilisierte Wurzeln aufweist, entspricht der Kopfvariante der Hieroglyphe *te*, „Baum“ oder „Holz“.

93 *Jademosaikgefäß aus dem Grab des Herrschers Yik'in Chan K'awiil. Tikal, Peten, Guatemala; Gebäude 5D-73, Grab 196; Späte Klassik, nach 734 n. Chr.; Jademosaik auf Holz; H. 24,2 cm, D. 10 cm; Guatemala Stadt, Museo Nacional de Arqueología y Etnología (Kerr 4887)*
Das Gefäß besteht aus einem Mosaik aneinander gefügter Jadeplättchen. Der Kopf auf dem Deckel zeigt den Herrscher als Maisgott, auf den auch der Kopf des sog. „Xook-Ungeheuers“ hinweist. Dieser stilisierte Haifischkopf bildet den charakteristischen Gürtelschmuck des Gottes.

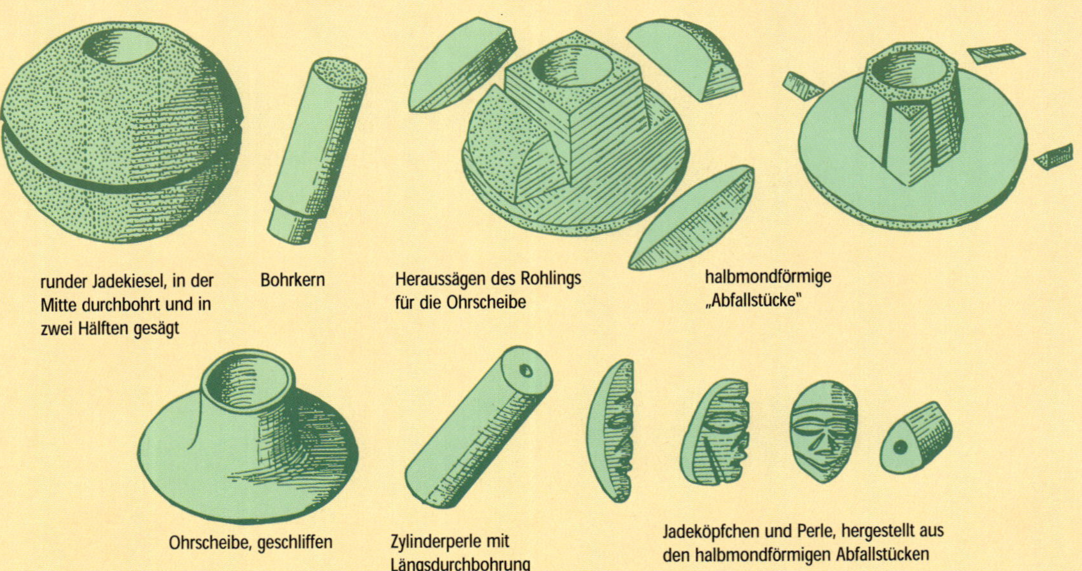

Jadeobjekten enthalten historische oder genealogische Angaben.

Das Grün der Jade war als Farbe der Pflanzen und Symbol des sprießenden Maises für die Maya wie für alle anderen Völker Mesoamerikas von zentraler Bedeutung. Sowohl bei der Weihe als auch bei der rituellen Zerstörung von Gebäuden wurden Jadeobjekte in Opferdepots niedergelegt. Das eindrucksvollste Beispiel sind die reichen Jadefunde aus dem Cenote in Chichen Itza. Jaden aus allen Teilen des Maya-Gebietes wurden dort versenkt und zeugen von der überregionalen Bedeutung dieses Heiligtums. In Opferdepots sind oft Jadefigürchen zu finden. Solche figürlichen Darstellungen reichen von simplen Kieseln, bei denen einfache Sägeschnitte oder Bohrungen Gliedmaßen und Gesichter andeuten, bis hin zu perfekt ausmodellierten Reliefdarstellungen oder Kleinskulpturen.

Jaden wurden auch als Erbstücke über Generationen weitergegeben und als Besitz der Ahnen verehrt und rituell bestattet. Selbst Objekte aus olmekischer Zeit haben die Maya gelegentlich mit Inschriften versehen, vermutlich auch getragen oder als heilige Objekte bewahrt. Ein bemerkenswertes Beispiel hierfür ist ein olmekisches Pektoral, das eine Maya-Inschrift trägt (Abb. 100). So manches Objekt, das man in einem Grab oder Opferdepot gefunden hat, ist nicht zwangsläufig an diesem Ort oder kurz vor der Niederlegung hergestellt worden (Abb. 98). In einem Opferdepot am Fuß der Hieroglyphentreppe von Gebäude 26 in Copan wurde ein Pektoral gefunden, das stilistisch eindeutig in die Frühklassik einzuordnen ist, während das Opferdepot selbst erst in spätklassischer Zeit anlässlich der Weihe der Treppe angelegt wurde. Es ist durchaus möglich, dass jenes Pektoral aus dem Besitz eines früheren Herrschers oder sogar des Dynastiegründers Yax K'uk' Mo' selbst stammt und als Erbstück von Generation zu Generation weitergegeben wurde. Möglich ist jedoch auch, dass es bei einer Graböffnung im Rahmen eines Totenrituals entnommen wurde, zumal in Copan solche Graböffnungen sowohl inschriftlich als auch archäologisch nachgewiesen sind.

Jadeobjekte waren vermutlich auch Teil der Mitgift, wenn adelige Frauen an andere Dynastien verheiratet wurden. So erklärt sich womöglich der Fund eines Jadekopfes als Teil eines Gürtelgehänges in der Umgebung von Copan, dessen Inschrift verschiedene Personen aus Palenque nennt. Zwei Inschriften in Copan berichten davon, dass die Mutter von Yax Pasaj, dem

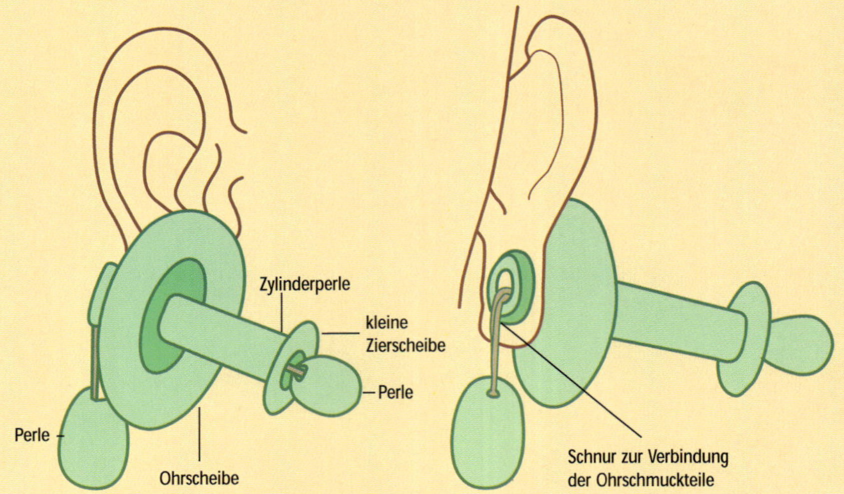

94 *Herstellung eines Ohrschmucks aus Jade und die Verwendung der Reste. Aus: Adrian Digby „Maya Jades"; British Museum, London 1972: Fig. 4*
Man nimmt an, dass die runden scheibenförmigen Teile eines mehrteiligen Ohrschmucks aus einem möglichst runden Jadekiesel, den man in zwei Hälften teilte, hergestellt wurden. Danach wurden jeweils vier halbmondförmige Stücke von jeder Hälfte abgetrennt, die man weiterverarbeiten konnte. Der so verbliebene vierkantige Zapfen wurde rund geschliffen und mit einem Hohlbohrer durchbohrt, wobei der anfallende Bohrkern ebenso weiterverwendet werden konnte.

95 *Halskette. Copan, Honduras; Las Sepulturas, Gebäudegruppe 9N-8, Grab VIII-27; Mittlere Präklassik, 900–400 v. Chr.; Jadeit; L. 80 cm; Copan Ruinas, Museo de Arqueología*
Diese Halskette fand man mit über 300 weiteren Gegenständen aus Jade in einem reich ausgestatteten Grab in einem einer der Außenbezirke Copans.

96 *Ein Paar Ohrpflöcke. Fundort unbekannt; Späte Klassik 600–900 n. Chr.; Jadeit; D. 8,3 cm; Denver, The Denver Art Museum*
Ein solcher Ohrschmuck symbolisiert eine Blume, wobei die Ohrscheibe den Blütenkelch, und die lange Zylinderperle den Blütenstempel darstellen sollen.

97 *Ein Paar Ohrspulen. Fundort unbekannt; Frühe Klassik, 200–600 n. Chr.; Jadeit; D. 5,7 cm, T. 2 cm Princeton, Art Museum, Princeton University*
Die Ohrspulen sind aus hellgrüner Jade als stilisierte Blüten aus einfachen Ringscheiben gearbeitet. Die stilisierten Blüten werden aus jeweils vier durchbrochen gearbeiteten Voluten gebildet, die jeweils gegenläufig angeordnet sind.

16. Herrscher von Copan, aus Palenque stammt. Der Jadekopf, dessen genauer Fundzusammenhang leider nicht bekannt ist, könnte aus der Mitgift dieser Frau stammen.

Kleine Jaden, die den Kopf des Gottes Hu'unal darstellen, waren Bestandteil der Herrscherinsignien, wie in zahlreichen Darstellungen in der Maya-Kunst überliefert ist. Auf der Mitte der Stirn oder sogar an drei Seiten des Kopfes getragen, symbolisierten sie Blüten des Ceiba-Baumes im Zentrum des Universums und bildeten das Blumendiadem, das seit olmekischer Zeit in ganz Mesoamerika bedeutendstes Zeichen der Herrscherwürde war. Dieses Kopfband setzte den Herrscher mit dem kosmischen Baum im Zentrum des Universums gleich. Wenn er das Blumendiadem anlegte, wiederholte er ein Schlüsselereignis der Schöpfung, das Aufrichten des Weltenbaumes. Eines der beeindruckendsten Objekte, die dies symbolisieren und selbst den toten Herrscher in seinem Grab noch als zentrale Weltenachse ausweisen, ist ein über 4 kg schwerer Jadekopf aus Grab B4/7 in Altun Ha (Belize).

Blumendiademe wurden auch in Opferdepots niedergelegt, um das Zentrum des so geschaffenen sakralen Raumes zu markieren. In einem in Cerros (Belize) entdeckten Opferdepot sind kleine Blütenköpfchen aus Jade in der Weise angeordnet, wie sie ursprünglich an einem Diadem angebracht waren, wobei der Stoff jedoch längst vergangen ist. Eine solche zentrumsbezogene Symbolik findet sich auch in der Dekoration anderer Jadeobjekte, die in Opferdepots gefunden wurden. Oft zeigen sie eine stehende menschenähnliche Figur, eine personifizierte Darstellung des kosmischen Baumes. In Fünferanordnung ausgelegte Jadestücke werden, vor allem wenn sie keine Bohrungen aufweisen, auch als Steine für Wahrsagerituale gedeutet. Mit ihnen markierten Zauberer und Schamanen den sakralen Bereich, in dem sie das Ritual vollzogen.

98 *Blick in das Grab von Jasaw Chan K'awiil von Tikal. Tikal, Peten, Guatemala; Tempel 1, Grab 116; Späte Klassik, 732–734 n. Chr.; Aufnahme aus dem Jahre 1962*
Das Foto zeigt den Archäologen Aubrey Trik während der Bergung der Funde aus Grab 116, das 1962 entdeckt wurde. Fast der gesamte Raum wird von einem Podest eingenommen, auf dem man die reich ausgestatteten sterblichen Überreste Jasaw Chan K'awiil's fand. Der auf dem Rücken liegende Tote trug reichen Schmuck aus Jade. Außer den Ohrpflöcken, Arm- und Fußbändern trug er einen breiten Halskragen aus länglichen Jadeperlen, in der Bauchregion einen weiteren „Kragen" aus 114 großen runden Jadeperlen. Zu den Beigaben gehört auch ein Gefäß aus Jademosaik, in dessen Deckel eine Inschrift graviert ist, die Jasaw Chan K'awiil nennt.

Das Deponieren von Jadeobjekten symbolisierte auch das Setzen der drei mythischen Herdsteine am Tage der Schöpfung. Indem ein Weihedepot angelegt wurde, wiederholte man gleichsam den Akt der Schöpfung.

Kein anderes Material ist so langlebig und widerstandsfähig wie Jade. Das erklärt seine reiche Verwendung im Totenkult, in der zumeist üppigen Ausstattung toter Herrscher, insbesondere mit Masken aus Jademosaik (Abb. 89), die dem Toten auf das Gesicht gelegt wurden oder sogar den bei Graböffnungsritualen entfernten Schädel ersetzten. Wurde der verstorbene Herrscher mit reichem Jadeschmuck (Abb. 99, 95) beigesetzt, war er dem Maisgott gleichgesetzt, der in den Wassern der Unterwelt, im Inneren des mythischen Berges, im Zentrum des Kosmos – gleich dem ausgesäten Maiskorn in der Erde – seine Auferstehung und Erneuerung erwartet.

99 *Halskette. Palenque, Mexico; Späte Klassik, 600–900 n. Chr., Jadeit; Mexiko Stadt, Museo Nacional de Antropología*
Ketten aus Jade wurden von beiden Geschlechtern als Halsschmuck getragen, wie es zahlreiche Darstellungen in der Kunst der Maya belegen. Oft bestand dieser Schmuck aus mehreren Reihen von Ketten.

100 *Olmekisches Pektoral mit spätpräklassischer Maya-Inschrift. Fundort unbekannt; Mittlere Präklassik, 1000–600 v. Chr.; grüner Quarzit; H. 9 cm, B. 26,7 cm; Washington D.C., Dumbarton Oaks Research Library and Collections*
Die Vorderseite des Pektorals zeigt in der Mitte das Gesicht eines olmekischen göttlichen Wesens, das menschliche Gesichtszüge mit denen des Jaguars vereint.

101 *Kopf einer gefiederten Schlange. Chichen Itza, Yucatán, Mexiko; großer Cenote; Endklassik, 900–1000 n. Chr.; Jadeit; L. 14,1 cm, B. 5,7 cm; Merida, Museo Regional de Yucatan „Palacio Ca Cantón"*
Das aus der Endklassik stammende Bruststück wurde wie zahlreiche andere Schmuckstücke im Cenote von Chichen Itza als Opfergabe versenkt.

DIE LANDWIRTSCHAFT DER MAYA

Peter D. Harrison

Als die Maya um 2000 v. Chr. als eigenständige Kultur in Erscheinung traten, hatten sie bereits wichtige Nutzpflanzen kultiviert. Dieser Kultivierungsprozess hatte entweder im mexikanischen Hochland oder in Südamerika stattgefunden, von wo aus die Erzeugnisse in die von den Maya besiedelte Region verbreitet wurden (Abb. 103). Mais, Bohnen und Kürbisse waren die ersten Feldfrüchte, die die Bewohner Mesoamerikas planvoll anbauten (Abb. 107). Bereits 5000 v. Chr. wurde im heutigen Mexiko Mais geerntet. Später kamen Pflanzen wie Chili, verschiedene Kürbissorten und einige nicht essbare Nutzpflanzen wie Baumwolle hinzu. Seit wann die für die Maya so wichtige Kakaopflanze kultiviert wurde, ist nicht bekannt.

Archäologisch sind Felder, auf denen, wie die Maya sagen, „*milpa* gemacht", also Wanderfeldbau betrieben wurde, nicht mehr nachzuweisen, ihre Lage ist nicht mehr genau zu bestimmen. Dass es sie gegeben hat, lässt sich anhand der Feldfrüchte belegen. Die Überreste verspeister Nahrungsmittel hat man in menschlichen Hinterlassenschaften aus der Zeit des Archaikums (Tehuacan-Höhle, Mexiko) und auch aus der Blütezeit der Maya-Kultur gefunden.

Die Maya-Kultur entwickelte sich aus einer früheren Gesellschaft von Sammlern und Jägern, die sich überwiegend von tierischem Eiweiß ernährte, selbstverständlich ergänzt durch pflanzliche Kost wie Wurzeln, Beeren und Knollen. Die Entwicklung der Landwirtschaft als stabile Grundlage der Nahrungsmittelerzeugung veränderte somit das Verhältnis von tierischer und pflanzlicher Ernährung zugunsten gezielt anbaubarer Pflanzen, wobei jedoch dem gejagten Wild weiterhin eine wichtige Rolle als Eiweißlieferant zukam.

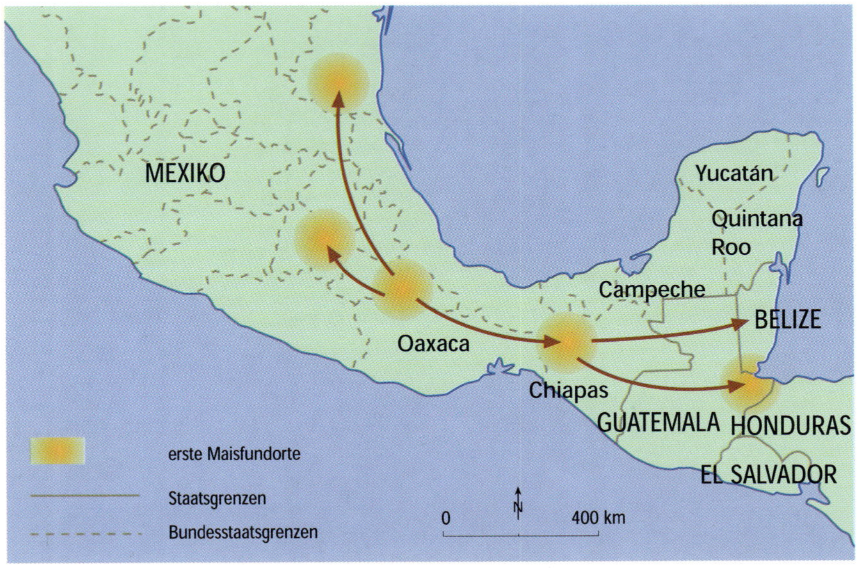

103 *Verbreitung des Feldbaus in Mesoamerika*
Der früheste Beleg für mehrere Arten kultivierter Feldfrüchte stammt aus Ablagerungsschichten in Höhlen von Tehuacan im zentralen Hochland Mexikos, wo der Anbau von Mais als frühestem Kulturgetreide um 3500 v. Chr. nachgewiesen ist. Von diesem Kerngebiet aus verbreitete sich der Feldbau später zur La Perra-Höhle in Tamaulipas, Mexiko, in das Tal von Mexiko selbst und zur Santa-Marta-Höhle in Chiapas. Letztere war für die weitere Ausbreitung ins Maya-Tiefland ausschlaggebend.

Die *milpa*-Feldwirtschaft

Hand in Hand mit der Kultivierung der ersten Nutzpflanzen ging die älteste bekannte Anbaumethode, die Brandrodung, die in Mesoamerika als *milpa*-Feldbau bezeichnet wird. Das Wort *milpa* ist ein aztekisches Lehnwort, das „Feld" bedeutet und ein für die Aussaat brandgerodetes Stück Land bezeichnet. Bei dieser Methode handelt es sich um das weltweit älteste und auch einfachste Verfahren einer gezielten Nahrungsmittelproduktion.

Der *milpa*-Feldbau ist nur scheinbar simpel. Zunächst wird ein Stück Land gerodet, das heißt, die gesamte ursprüngliche Vegetation wird niedergebrannt. Auch große Bäume in der Nähe werden gefällt, damit der Erdboden dem Sonnenlicht ausgesetzt ist (Abb. 104). Danach kann die Aussaat stattfinden, und wenn das Stück Land gepflegt wird, kann schließlich die Ernte eingefahren werden. Jeder Bauer muss allerdings die Jahreszeiten „lesen" können und ein Gefühl für die Größe und Beschaffenheit der zu bearbeitenden Fläche entwickeln. Die der Aussaat vorausgehende Brandrodung muss im richtigen Zeitabstand vor dem ersten Monsunregen erfolgen, weil die Asche eine entscheidende Rolle als Dünger spielt. Sie muss unbedingt liegen bleiben und beim ersten Regen in den Boden eingeschwemmt werden (Abb. 105). Wird zu früh gebrandrodet, würde die Asche vom Wind fortgetragen, der Acker wäre zu nährstoffarm und die Ernte dürftig. Erfolgt hingegen die Brandrodung zu spät, würde die bereits vorhandene Feuchtigkeit in erster Linie viel Rauch, jedoch nur wenig Asche entstehen lassen, sodass auch in diesem Fall das empfindliche Gleichgewicht gestört wäre. Angesichts dieses notwendigen Wissens um die Jahreszeiten war die Entwicklung eines Kalenders unumgänglich, der vermutlich schon gemeinschaftlich von früheren mesoamerikanischen Kulturen entwickelt wurde, lange bevor die Maya als eigenständige Sprach- und Kulturgruppe auftraten.

102 *Blick auf eine terrassierte Landschaft bei Sololá im Hochland von Guatemala*
Die hohe Bevölkerungsdichte zwingt die Maya des Hochlandes von Guatemala dazu, ähnlich wie ihre Vorfahren jede verfügbare Fläche landwirtschaftlich zu nutzen. Selbst auf steilen Hängen werden Mais, Bohnen, Kürbisse und Chilipfeffer angebaut. Durch Mauern geschützte Terrassen erlauben eine gleichmäßige Bewässerung der Anbauflächen und schützen die Hänge zugleich vor Erosion.

Eine ebenso wichtige Rolle wie das kalendarische Wissen spielte die Kenntnis der räumlichen Gegebenheiten, die sich bereits bei der Anlage eines Feldes zeigte, wobei auch rituelle Gesichtspunkte Berücksichtigung fanden. Ein Feld durfte weder zu groß noch zu klein sein, beides hätte sich negativ ausgewirkt. Es konnte zudem nur durchschnittlich drei Jahre lang bestellt werden; danach sanken die Erträge deutlich, weil die durch die Brandrodung mit der Asche in den Boden gelangten Salze und Mineralien erschöpft waren. Während einer fünfjährigen Brache erholte sich der Boden wieder. In dieser Zeit musste eine neue *milpa* an anderer Stelle angelegt werden. Da eine dreijährige Anbauphase und eine fünfjährige Brache einen fließenden Wechsel unmöglich machten, musste ständig neues Land gerodet werden. Selbst eine kleine Bevölkerung benötigte deshalb eine sehr große Fläche für diese Art des Feldbaus. Diese extensive Landnutzung musste bald an ihre natürlichen Grenzen stoßen, insbesondere in Zeiten des Bevölkerungswachstums mussten andere, das heißt intensivere Feldbaumethoden, mit denen auf einer kleineren Fläche mehr Nahrungsmittel produziert werden konnten, entwickelt werden.

Beim *milpa*-Feldbau wurde der fruchtbare Boden unter mehreren Bauern aufgeteilt. Bis sich der ausgelaugte Boden wieder erholt hatte und die Menschen auf ihr erstes Feld

104 *Abbrennen einer milpa*
Der Zeitpunkt des Abbrennens einer *milpa* ist von wesentlicher Bedeutung und erfordert eine genaue Kenntnis des Regenzyklus. Erfolgt es zu früh, trägt der Wind die Asche fort. Geschieht es aber zu spät, können Äste, Zweige usw. wegen des Regens nicht vollständig verbrennen. Die Folge ist in beiden Fällen eine magere Ernte.

105 *Die milpa nach dem Abbrennen*
Nach dem Brand ist der Boden mit einer phosphatreichen Ascheschicht bedeckt. Die unverbrannten großen Stämme werden einfach liegen gelassen; man sät um sie herum. Dieses Foto wurde im Mai 1974 im südlichen Quintana Roo in der Nähe der Stätte Dzibanche aufgenommen, etwas weiter nördlich als die in Abb. 104 gezeigte Aufnahme.

106 *milpa vor der Ernte*
Milpas werden überwiegend mit Mais eingesät, doch können Erträge erhöht werden durch Kombination mit anderen Feldfrüchten. Die Mischkultur bietet zum einen eine Vielfalt von Nahrungsmitteln, für deren Erzeugung nur einmal gebrandrodet werden musste, zum anderen geben manche Pflanzen Nährstoffe an den Boden ab, sodass das Feld vorerst fruchtbar bleibt.

107 *Maisfeld vor der Ernte*
Je nach der Sorte des ausgesäten Maises können die Kolben in einem Zeitraum von drei bis sechs Monaten nach der Aussaat geerntet werden. An den über 2 m hohen Maispflanzen haben sich Bohnen emporgerankt und verleihen den Stängeln der Pflanze zusätzliche Stabilität vor Stürmen.

zurückkehren konnten, legten sie an anderer Stelle eine *milpa* an. Das förderte die Herausbildung eines Raumverständnisses und die Festlegung von Besitzansprüchen auf bestimmte Parzellen. Andere Vorstellungen, wie das Land aufzuteilen sei, waren religiösen Ursprungs, beispielsweise die Rechteckform des Feldes und seine Ausrichtung nach den Haupthimmelsrichtungen, für die es keine praktischen Erklärungen gibt, die aber offensichtlich vorgeschrieben war. Bis heute halten sich die Maya, die noch immer die Brandrodung praktizieren, an diese jahrtausendealten Regeln (Abb. 114). So muss vor der ersten Aussaat das Feld durch Beschwörungen und Verbrennen von Weihrauch an allen vier Feldrainen gesegnet werden. Diese Bräuche gibt es noch in Teilen Yukatans und des Hochlands von Guatemala, wo viele vorspanische religiöse Vorstellungen unter dem Deckmantel des Christentums erhalten blieben.

Ein großer Teil Yukatans, 30 Prozent, besteht aus Feuchtgebieten *(bajos)*, für die eine Brandrodung nicht in Frage kommt. Im Peten, im zentralen Tiefland Guatemalas, liegt dieser Anteil sogar bei 50 Prozent. Das bedeutet, dass hauptsächlich während der Regenzeit riesige Gebiete des Landes überschwemmt sind. Diese Feuchtgebiete waren noch in der Spätklassik (550–900 n. Chr.) eine einzige Seenlandschaft und daher als Siedlungs- und Anbaufläche ungeeignet. Somit stand nur noch das hügelige, ständig trockene Hochland für den *milpa*-Anbau zur Verfügung. Es ist daher kein Zufall, dass die modernen Maya sehr geschickt darin sind, Feldfrüchte an Hängen anzubauen. Trotz oder vielleicht sogar gerade wegen des Fehlens von Sümpfen entwickelten sich im Hochland nie die großen Populationen und komplexen politischen Verflechtungen zwischen den Stadtstaaten wie im Tiefland.

Der Wanderfeldbau bildete den Grundstein für die Nahrungsmittelversorgung der Maya, die ihr Wissen von früheren Gesellschaften ererbt hatten und von dieser Methode abhängig waren. Nicht zuletzt trug das *milpa*-System dazu bei, dass die Maya-Kultur 2000 Jahre lang in Blüte stehen konnte.

ZWISCHEN DEN FELSEN GEDEIHT DER MAIS

Im Jahr 1588 reiste der Generalkommissar des Franziskanerordens, Fray Alonso Ponce, durch Yukatan, um sich ein Bild von der Missionsarbeit seiner Ordensbrüder, aber auch von der Amtskirche auf der Halbinsel zu machen. An seiner Seite reiste der 33-jährige Ordensbruder Antonio de Ciudad Real, der die Maya-Sprache fließend beherrschte. Er hegte ein ausgeprägtes Interesse und große Sympathie für die Welt der Maya, die erst vier Jahrzehnte zuvor unter spanische Herrschaft kamen. Zu seinen Aufgaben gehörte es, nach seiner Reise im Auftrag der Kirche, einen Bericht über die religiösen Orden und ihre Arbeit zu verfassen, aus dem auch die folgenden Beobachtungen über den Maisanbau in der frühen Kolonialzeit stammen:

Aus: Fray Alonso Ponce in Yucatán, 1588, Translated and Annotated by Ernest Noyes, Department of Middle American Research, Tulane University, New Orleans 1932, S. 311
(deutsche Übersetzung von Nikolai Grube)

In diesem Land hat man keine Minen von Gold, Silber oder irgendeinem anderen Metall gefunden, noch scheint es sie zu geben, noch bauen sie Weizen oder Gerste in irgendeinem seiner Teile an. Weizenmehl, mit dem sie für gewöhnlich in den Städten der Spanier Brot machen und verkaufen, wird aus Vera Cruz über die See gebracht; aber das Brot, das im gesamten Land gegessen wird, sind Tortillas aus Mais, welches der Weizen der Indianer ist, und von dem sie solche Mengen in der Provinz produzieren, dass er exportiert wird, und er wird in Schiffen bis Havanna und Florida gebracht [...]

Es scheint unmöglich zu sein, dass der Mais, von dem wir sprechen in der Lage ist, in dieser Provinz zu gedeihen, denn die Indianer säen ihn zwischen Felsen aus, wo es den Anschein hat, dass es kein bisschen Feuchtigkeit gebe, aber dennoch ist das Land so gut und fruchtbar, dass das Land ohne jede andere Bestellung, ohne Pflug und Spaten, und nur durch das rechtzeitige Abbrennen des Busches so gut durch das Feuer kultiviert wird und so gut für die Aussaat vorbereitet wird, dass es, einmal ausgesät, sehr hohe und robuste Halme hervorbringt und auf jedem von ihnen wachsen ein, zwei oder drei Kolben, und je mehr und je besser die Milpa abgebrannt ist, desto besseren Mais bringt sie hervor, denn das Feuer und die Asche des Brandes dienen als Dünger, der die Insekten und Wurzeln der Unkräuter verbrennt, und wenn die Milpa gerade abgebrannt wurde und der Mais gerade ausgesät wurde und die Regen kommen [was die Indianer sehr sorgfältig verzeichnen], sprießt er schnell und wächst mit den Schauern, und wenn das Unkraut zu wachsen beginnt, findet man den Mais bereits hoch gewachsen vor; er kann nicht wachsen, bis das Unkraut zerschnitten und untergegraben ist, und der Mais gedeiht und wächst dann sehr schnell, bis er seine volle Höhe erreicht.

Neben dem Mais wachsen viele Bohnen, Chile-Pfeffer, Kürbisse, Süßkartoffeln, Jicama-Wurzeln und andere Gemüse und Kräuter zur Ernährung und Freude der Spanier und der Indianer im Überfluss.

108 *Darstellung von Kulturpflanzen auf der Seite 25b des Madrider Codex. Fundort unbekannt; Späte Postklassik, 1350–1500 n. Chr.; Feigenbastpapier, mit Kalkschicht überzogen, bemalt, Seite: H. 23,2 cm, B. 12,2 cm; Madrid, Museo de América*
Der Ausschnitt aus dem Madrider Codex zeigt zwei Arten von Rankpflanzen, die aus der Hieroglyphe für „Erde“ hervorsprießen. Bei den Pflanzen mit dem hellen Stamm handelt es sich um Bohneranken, die an einem Stock emporwachsen. Deutlich sichtbar sind die Bohneschoten, während die Blätter nicht dargestellt sind. Bei der anderen Pflanze handelt es sich möglicherweise um blühende Kürbisranken, vielleicht aber auch um Baumwollpflanzen mit Samenkapseln, welche die Baumwollfasern enthalten.

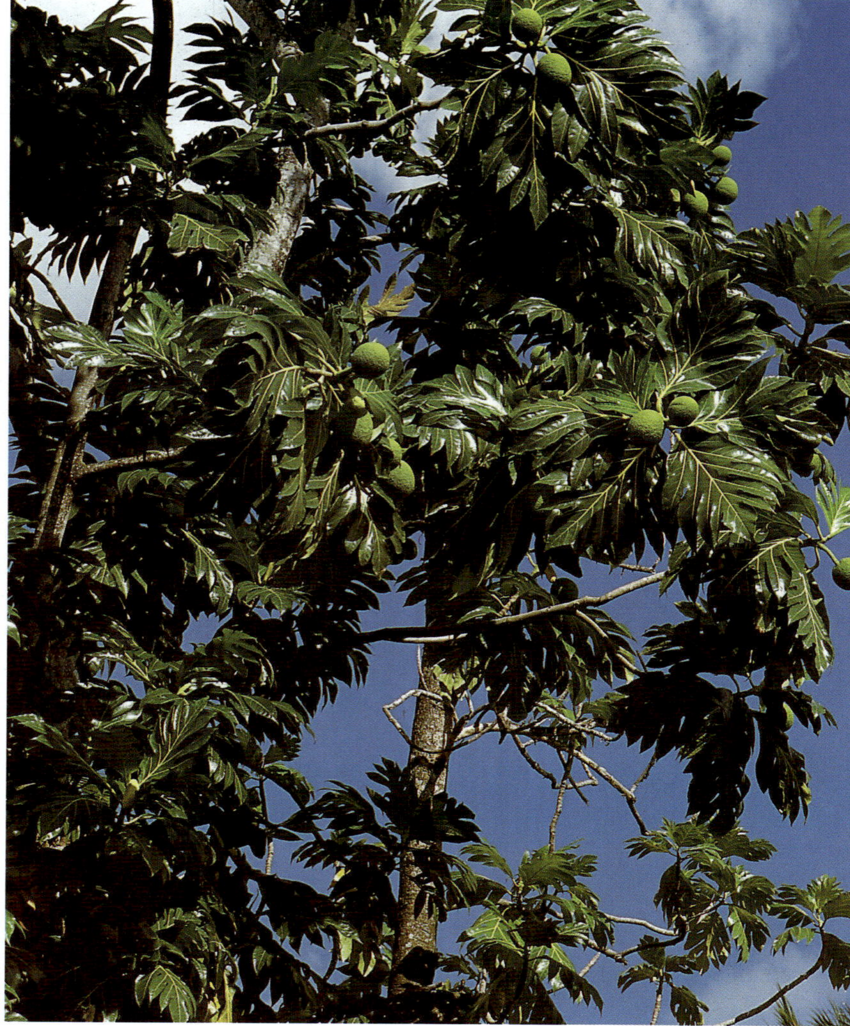

109 *Der Amapolabaum*
Ebenso wie den Brotnussbaum kultivierten die Maya in ihren Städten auch den *Amapolabaum* (Pseudobombax elipticum). Im Mai, unmittelbar vor Einsetzen der Regenzeit und damit vor dem Abbrennen der *milpa*, färben sich seine Blätter leuchtend rot; der Baum überzieht sich mit Blüten. Die Maya sammelten den Saft des Baumes und vergoren ihn zu einem berauschenden Getränk für rituelle Zeremonien. Dieses Foto entstand 1965 neben Tempel I in Tikal.

110 *Brotnussfrüchte und -blätter*
Die Früchte des Brotnussbaums sind von großer Bedeutung für die Maya. Sie sind essbar, besitzen jedoch nur wenig Fruchtfleisch. Die eiweißreiche Nuss wird bereits von jeher von den Maya sehr geschätzt. Gemahlen wurde sie teilweise anstelle von Mais zur Herstellung der landesüblichen Tortilla verwendet. Heutzutage halten die *Chicleros* bei ihren Ritten durch die Wälder des Peten gezielt Ausschau nach Brotnussbäumen, weil sie deren Laub an ihre Maultiere verfüttern.

Waldbau

Beim Waldbau werden bestimmte an ihrem natürlichen Ort wachsende Wildpflanzenarten gehegt, die nicht durch Umsetzen auf ein Feld kultiviert werden können. Bei den Maya lässt sich der Waldbau durch punktuelle Häufungen bestimmter Pflanzenarten im Umkreis von Ruinenstätten nachweisen. Die am häufigsten gezogene Pflanze war der Brotnussbaum (Brosimum alicastrum), dessen essbare Nüsse von einer dünnfleischigen, ebenfalls essbaren Fruchtkapsel eingeschlossen sind (Abb. 110). Die heutigen Maya schätzen den Baum aus mehreren Gründen. Seine Blätter werden zum Beispiel an Saumtiere wie Esel und Pferde verfüttert. Beide Tiere waren zwar vor Ankunft der Spanier unbekannt, doch die Maya hatten Erfahrungen mit dem Laub dieser Bäume bei der Fütterung halb domestizierter Nutztiere, wie Rotwild und Pekaris. Diese Tiere wurden bis zur Schlachtung in Gefangenschaft gehalten, um sie als Nahrungsmittelreserve zur Verfügung zu haben. Auf bemalten Keramikgefäßen gibt es zahlreiche Abbildungen von Rotwild mit Fußfesseln. Heute verwendet man in erster Linie die eiweißreichen Früchte des Brotnussbaums, die man zu einer Paste vermahlt und anstelle von oder zusammen mit Mais zu Tortillas verarbeitet. Die Frucht des Brotnussbaums muss ein absoluter Favorit in der Maya-Großküche gewesen sein, auch in Zeiten, wenn genügend Mais vorhanden war.

Eine weitere Baumart, die heute an alten Maya-Stätten außergewöhnlich oft anzutreffen ist, ist der Amapolabaum (Pseudobombax elipticum; Abb. 109). Dieser Baum gilt inzwischen als Hinweis darauf, dass sich die alten Maya an diesen Orten ständig aufgehalten haben. Im Frühling trägt dieser Baum keine Blätter, dafür aber leuchtend rote Früchte. Rot war für die Maya nicht nur die heilige Farbe des Ostens und der als Gott verehrten aufgehenden Sonne, sondern auch die Farbe des Lebens, vielleicht aufgrund der Assoziation mit Blut. Dies war allerdings nicht der Hauptgrund dafür, dass wild wachsende Amapolas von den Maya kultiviert wurden. Der Saft dieses Baums lässt sich leicht abzapfen und zu einem berauschenden Getränk vergären. Bilder von Trinkgelagen befinden sich auf zahlreichen bemalten Keramikgefäßen, was darauf schließen lässt, dass solche Szenen einen stark rituellen Charakter hatten und man sich an diesen Getränken zu bestimmten feierlichen Gelegenheiten, beispielsweise rituellen und spirituellen Handlungen, berauschte. Der „heilige" Amapolabaum bot nur eine von mehreren Möglichkeiten für die Beschaffung der erforderlichen Zutaten für berauschende Trinkrituale.

Die alten Maya hatten zudem pharmakologische Kenntnisse, die weitreichender waren als bisher angenommen. Im Rahmen des Waldbaus züchteten sie viele Kräuter und Heilpflanzen. Doch der Küchengarten war der wichtigste Ort für die Kultivierung besonders wertvoller Nutzpflanzen.

Küchengärten

Ebenso wie beim Wanderfeldbau lassen sich die Überreste eines Küchengartens nur schwer lokalisieren und ausgraben. Ausgangspunkt der Anlage eines Küchengartens, auch Halbfeldbau genannt, ist das Sammeln bestimmter Pflanzen, die als Gewürz, Kochzutaten und Heilpflanzen dienen. Diese Pflanzen wurden von den Familien in unmittelbarer Nähe des Hauses gezogen und gepflegt (Abb. 111). Aufgrund der unregelmäßigen Anlage des Gartens und der dafür benötigten Fläche ist diese Art des Anbaus auf ein ländliches Umfeld beschränkt. Noch heute finden sich solche Gärten sehr häufig; sie liegen stets nahe beim dazugehörenden Wohnhaus. An den Küchengarten angrenzende kleine Nebengebäude dienen heute als Vorratskammern und Werkstätten für die Herstellung oder Aufbewahrung landwirtschaftlicher Geräte. In bevölkerungsreichen Siedlungen bestand das gängigste Bebauungsmuster darin, Wohngebäude in konzentrischen Kreisen rings um das monumentale Zeremonialzentrum, zumeist bestehend aus riesigen Tempeln und Palästen, anzuordnen. Von innen nach außen wurden die Abstände zwischen den Gebäuden größer, die Bauten selbst kleiner, und auch nahe am Stadtzentrum wurden Küchengärten angelegt. Warum auch hätten die Herrscher auf die Köstlichkeiten eines Küchengartens verzichten sollen? Von anderer Qualität ist der vornehmere, Zeremonialzwecken dienende „heilige Garten". Er wurde speziell für die Oberschicht in der Nähe von sakralen Gebäuden angelegt. Dabei handelt es sich um Gebäudegruppen, die unter anderem der Beobachtung von Sonnenbewegungen und jahreszeitlichen Phänomenen wie der Sonnenwende und der Tag- und Nachtgleiche dienten. Nachgewiesen wurde ein „heiliger Garten" an der E-Gruppe von Uaxactun, möglicherweise auch neben der großen „Mundo-Perdido"-Gruppe in Tikal. Die viereckige Stufenpyramide, nach der dieser Komplex benannt ist, gehörte zu einem frühen Sonnenobservatorium. An der Nordseite der Gruppe befindet sich auf einem umgrenzten Stückchen Land eine überraschende Vielfalt nützlicher und duftender Kräuter neben Obstbäumen. Die Bedeutung dieser „heiligen Gärten" muss noch durch weitere Untersuchungen ermittelt werden, doch handelt es sich zweifellos um eine fürstliche Version des volkstümlichen Küchengartens.

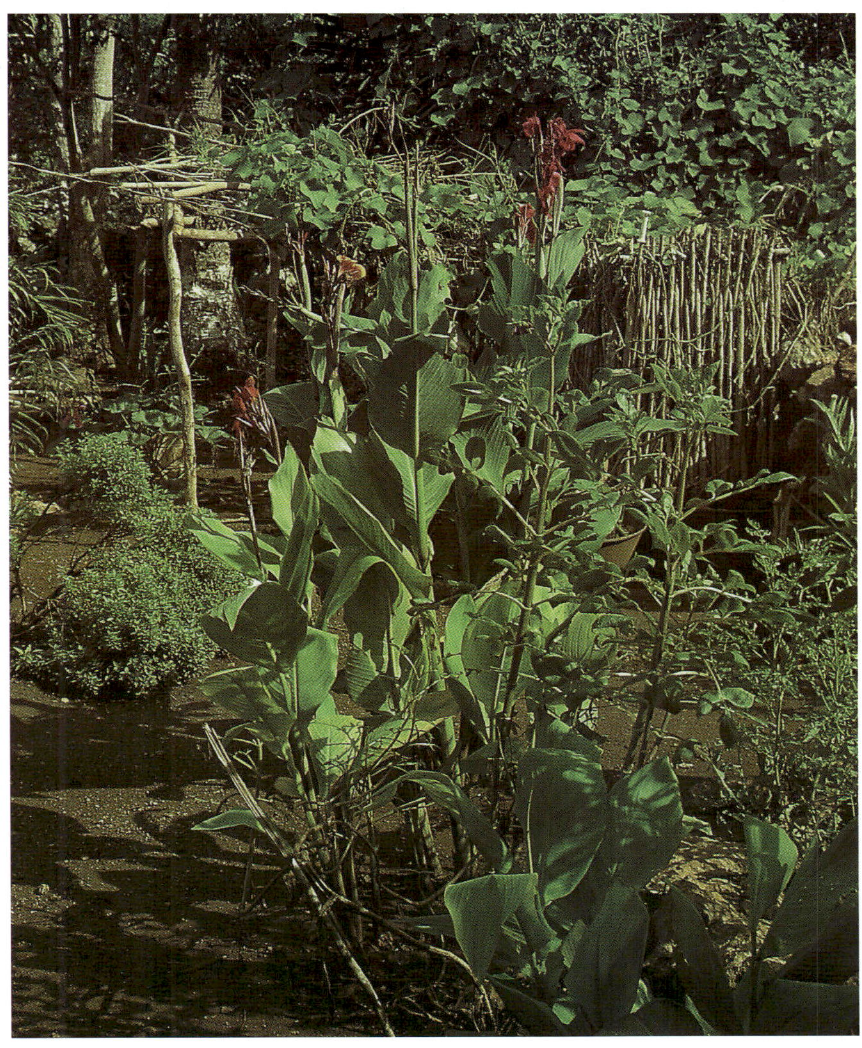

111 *Küchengarten*
Küchengärten sind ein unverzichtbarer Teil der Wohnhäuser des einfachen Volkes. In ihnen wurden und werden in erster Linie Gewürz- und Heilpflanzen, aber auch Grundnahrungsmittel angebaut. Es gab rings um die alten Häuser schon immer Freiflächen, in deren Böden Spuren einer traditionellen Nutzung als Garten gefunden wurden. Die Erträge von Küchengärten sind heute so groß, dass sie, wie sicher auch früher schon, nicht nur von der Familie selbst verbraucht, sondern auf dem Markt verkauft werden.

112 *Marktszene in Chichicastenango*
Landwirtschaftliche Produkte, die nicht zur Selbstversorgung nötig sind, werden wie schon in der vorspanischen Zeit feilgeboten. Besonders im Hochland von Guatemala werden heute noch regelmäßige Märkte abgehalten, auf denen Blumen, Gewürze, Obst und Gemüse, aber auch Haustiere ihre Besitzer wechseln. Der Sonntagsmarkt von Chichicastenango, Guatemala, zählt zu den größten des Hochlands.

Intensive Landwirtschaft

Der Wanderfeldbau als einfachste und älteste Form der Nahrungsmittelproduktion lag in den Händen der einzelnen Familie. Verantwortlich dafür war ihr männliches Oberhaupt, das bestrebt war, mehr zu produzieren, als seine Familie in einem Jahr bis zur nächsten Ernte benötigen würde. Allerdings arbeitete der Bauer keineswegs nur für seine eigene Familie; er unterstand dem Herrscher, in dessen Machtbereich er lebte. Von ihm erhielt er Schutz im Kriegsfall, Beratung hinsichtlich der Pflanzzeiten und konnte für ein gutes Gelingen auch Fürsprache bei den Göttern erwarten. Als Gegenleistung musste er dem Hofstaat seines Herrschers Tribute in Form von Nahrungsmitteln entrichten, also den Bedarf einer nicht an der Nahrungsmittelproduktion beteiligten Gesellschaftsklasse decken. Darüber hinaus dürfte in der landwirtschaftlichen Nebensaison sein Tribut auch in der Mitarbeit bei der Errichtung öffentlicher Bauwerke bestanden haben.

Auf die Grenzen, an die der *milpa*-Feldbau stößt, wurde bereits hingewiesen. Sie hängen mit der extensiven Nutzung großer Landflächen zusammen, die Stück für Stück nacheinander bearbeitet werden müssen, um eine kontinuierliche Produktion zu gewährleisten. Zudem ist die Bewirtschaftung von den Jahreszeiten abhängig; die Arbeit ist zwar schwer, aber nur jeweils kurzfristig erforderlich, sodass der Bauer in den übrigen Monaten anderen Beschäftigungen nachgehen kann. Demgegenüber erfordern die vielen verschiedenen intensiven Feldbaumethoden zwar weniger Fläche, dafür jedoch erheblich mehr kontinuierliche Arbeitsleistung. Beim *milpa*-System bleibt alles der Natur überlassen. Ihre Vorgaben werden genau befolgt, jedoch nicht beeinflusst.

Als intensive Landwirtschaft bezeichnet man jede Methode, die in die natürlichen Bedingungen eingreift, um die Ausbeute zu steigern. Eine der einfachsten Methoden der Ertragssteigerung ist das Düngen. Bei der Brandrodung dienen zur Bodenverbesserung lediglich die Nährstoffe, die beim Abbrennen der Vegetation freigesetzt werden, und sogar diese werden auf natürlichem Wege – durch den Regen – in den Boden geschwemmt. Bereits das Ausbringen von Nährstoffen in Form von „Abtrittsdünger“ stellt dagegen eine intensive Methode dar. Die menschlichen und tierischen Exkremente wurden auf den künstlich angelegten Feldern verteilt; der Urin wurde zum Gerben von Häuten genutzt.

113 *Die Chinampas von Ixtapalapa*
An der Stadtgrenze von Mexiko Stadt liegen von den Azteken angelegte uralte Hochbeete, so genannte *chinampas*. Sie entstanden vor 400 500 Jahren im Bett des damaligen Texcoco-Sees, beziehen jedoch heute das Wasser aus dem Fluss, der von dem See noch übrig geblieben ist. Solange die Wasserversorgung gesichert war, lieferten sie bis zu drei Ernten pro Jahr. Die kontinuierliche Nutzung und Pflege seit der Zeit der Azteken zeigt die Bedeutung von Hochäckern als Methode der Nahrungsmittelproduktion. Noch heute findet man Früchte, die dort gezogen wurden, auf den Gemüsemärkten von Mexiko Stadt.

Hydraulische Vorrichtungen

Der nächste, schon komplexere Schritt zur Intensivierung des Feldbaus ist die Steuerung der Wasserversorgung des Bodens. Das planvolle Sammeln und Lenken von Wasser gehörte zu den vielen Facetten, die nicht nur die Wasserversorgung der Bevölkerung, sondern auch die gezielte Bewässerung immer größerer Äcker möglich machte. Große Baugruppen wie die zentrale Akropolis von Tikal wurden sorgfältig geplant, um das Regenwasser mit Hilfe schräger Fußböden, unterirdischer Abflüsse und Öffnungen in Seitenwänden zu einem Auffangbecken oder zu Äckern und Gärten zu leiten. Auf diese Weise wurde zugleich dem natürlichen Verlust durch Verdunstung und Versickern vorgebeugt.

Entlang der Flüsse wurden Kanäle in die Uferzonen gestochen, um Wasser für höher liegende Flächen abzuleiten. Mit Erde, teils mit Schlamm aus dem Flussbett selbst, legten die Maya künstliche Felder an. Diese Erdarbeiten waren nur bei seichten, langsam fließenden oder stehenden Gewässern möglich. Wie bereits gesagt, bestanden über 50 Prozent des Tieflands im Peten aus Feuchtgebieten. Bohrungen in tieferen Erdschichten belegen allerdings durch die Mächtigkeit der Ablagerungen an mehreren Schlüsselstellen, dass sich dort einst, lange vor der Maya-Zeit, tiefe Seen ausbreiteten. Zur Zeit der Maya waren sie bereits so stark verlandet, dass sie für eine intensive Landwirtschaft nutzbar waren.

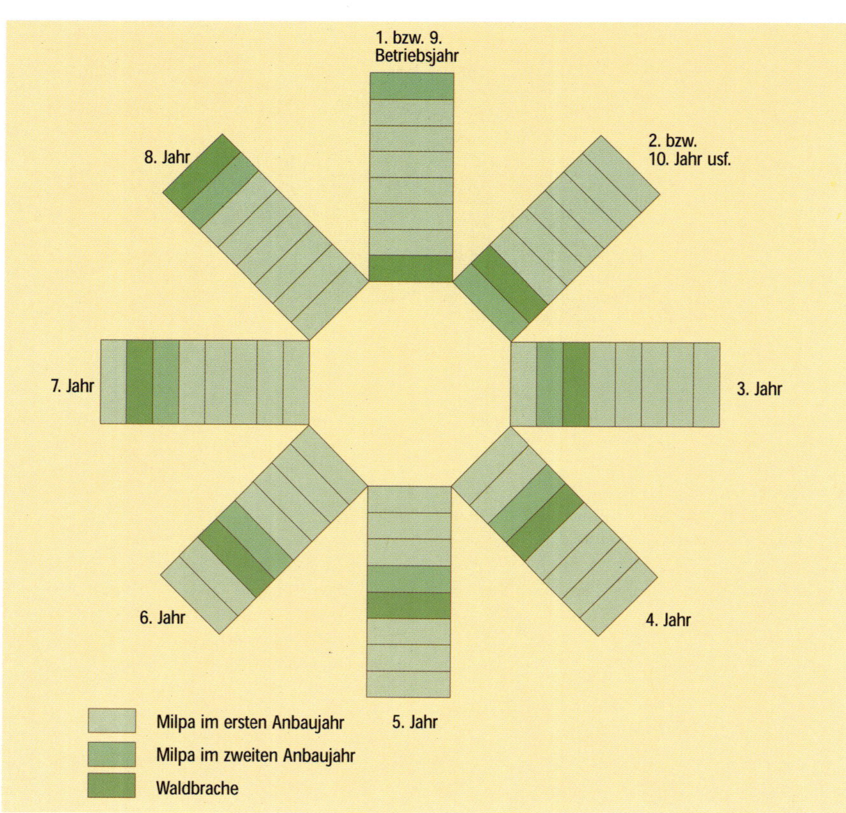

114 *Schematische Darstellung des milpa-Zyklus*
Die *milpa*-Landwirtschaft hat einen großen Landbedarf. Ein Bauer verfügt meist über mehrere Parzellen, aber nur zwei werden tatsächlich bearbeitet. Im ersten Jahr wird ein neues Feld angelegt, im zweiten Jahr kann noch einmal *milpa* gemacht werden, im dritten Jahr wird das Flurstück jedoch aufgegeben, damit sich der Boden erholen kann. Erst nachdem die Parzelle sechs Jahre brachliegt, kann sie wieder wie am Anfang bewirtschaftet werden. Die tatsächlichen Anbau- und Regenerationszeiten können je nach Region, Vegetation und Böden variieren.

Der noch heute existierende, über Jahrhunderte kontinuierlich bewirtschaftete Prototyp eines Hochackers befindet sich in den Außenbezirken von Mexiko Stadt in dem Distrikt Ixtapalapa (Abb. 113). Das einstige Seebett ist mittlerweile ausgetrocknet, doch ein Fluss, der den Distrikt durchquert, sorgt für ausreichende Wasserzufuhr, um die von den Azteken im 16. Jahrhundert angelegten Äcker zu bewässern. Alle Ackerflächen sind seither zwar mehrfach verändert, jedoch kontinuierlich genutzt worden. Durch die ständige Ablagerung neuen fruchtbaren Bodens liegen die Felder heute viel höher über dem Wasserspiegel als früher, sodass jetzt moderne Pumpen erforderlich sind, um das Wasser auf die Hochfelder zu befördern. Dies tat man schon zur Zeit der Maya, allerdings unter Einsatz menschlicher und tierischer Muskelkraft – ein weiteres Beispiel für den mit dem intensiven Feldbau verbundenen Arbeitsaufwand.

Hinweise auf ausgeschachtete Kanäle gibt es in mehreren Sümpfen. Die Sümpfe nördlich des Ruinenorts Yaxha im Peten und östlich von Tikal sowie in der Nähe von Río Azul im Nordosten des Peten lassen die gleiche Art der Bearbeitung des Sumpfbodens durch Kanäle erkennen. Auch wenn eine künstliche Veränderung des Wasserlaufs nicht als Bewässerung im eigentlichen Sinne bezeichnet werden kann, so deutet sie doch auf eine intensive Bearbeitung des Bodens hin, die weit über die individuelle Leistungsfähigkeit einer Einzelfamilie hinausgeht. Ihr Ziel war es, die Nahrungsmittelproduktion auf ein Niveau anzuheben, wie es mit dem traditionellen *milpa*-System nicht möglich war.

Die Entwicklung und der Einsatz intensiver Landbaumethoden hatte eine wichtige Voraussetzung: Es war eine höher entwickelte Form der gesellschaftlichen Organisation erforderlich, um derartige Ingenieurleistungen zu vollbringen; diese wiederum setzte eine zentrale Aufsichtsinstanz voraus, wie sie auch von den Wasserversorgungssystemen der Hochkulturen in der Alten Welt bekannt ist. Die Einführung intensiver Landbaumethoden hatte Konsequenzen für die Bevölkerungsdichte. Unter der Voraussetzung einer straffen Organisation des Arbeitseinsatzes und seiner Kontrolle konnte die Nahrungsmittelproduktion drei- bis viermal so hoch sein wie beim einfachen *milpa*-System und somit den Bedarf einer weit größeren Anzahl von Menschen decken. Folglich konnten in Städten von der Größe Tikals hunderttausende Einwohner leben. Große Gebiete mit Hochäckern hatten die Funktion von „Brotkammern", in denen Hunderte von Landarbeitern ganzjährig damit beschäftigt waren, Nahrungsmittel zu produzieren, die nicht nur von ihnen selbst und ihren Familien verzehrt wurden, sondern zur Versorgung der nicht in der Landwirtschaft beschäftigten Bevölkerungsteile dienten, etwa des Hofstaats.

Soziologisch widerspricht dies allerdings dem herkömmlichen Konzept des mesoamerikanischen Häuptlingtums, das im Wesentlichen auf den Familienverbänden beruhte. Ein Beispiel hierfür stammt aus einer Gegend im südlichen Quintana Roo: Auf Luftaufnahmen ist im Bajo Morocoy, einem großen Sumpfgebiet, eine 246 Quadratkilometer große Fläche mit Feldern und Kanälen zu erkennen. Der große Ruinenort Dzibanche liegt auf einer an dieses Feuchtgebiet angrenzenden Anhöhe, was bedeutet,

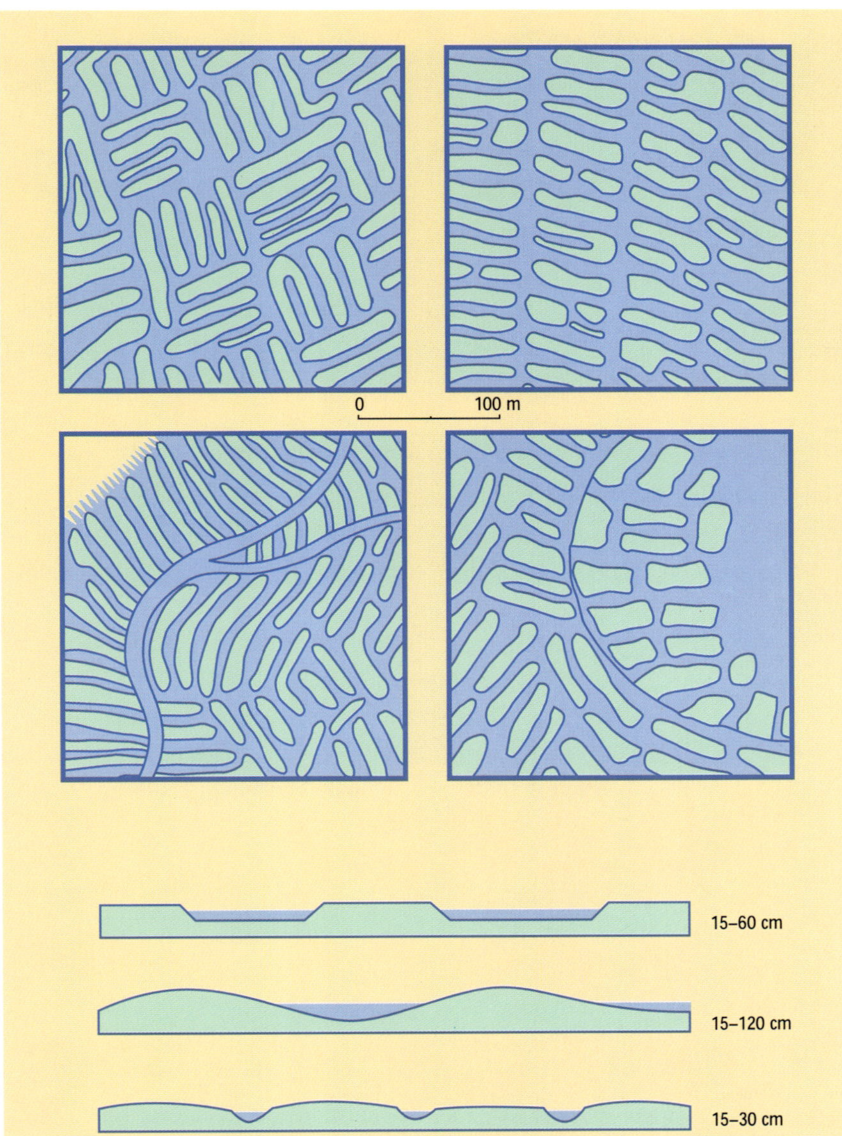

115 *Schematische Darstellung der Anlage von Hochäckern*
Die Anlage und Ausrichtung der Hochäcker und ihrer Kanäle kann stark variieren. Regelmäßige, gleich große Felder sind im Maya-Gebiet seltener als solche, deren Orientierung sich nach Flussläufen und Höhenzügen richtet. In Nord-Belize sind Hochäcker auch durch Aufschüttung in Wasserflächen entstanden. Die Breite der Kanäle und die Höhe der aus dem Wasser ragenden Beete sind ganz unterschiedlich.

116 *Hochäcker im Pulltrouser Swamp, Belize*
Dieses Foto zeigt das Nordende des östlichen Arms des Pulltrouser Swamp im nördlichen Belize. Klar zu erkennen sind die von den Maya in diesem feuchten Becken angelegten Hochäcker. Die mit den aztekischen *chinampas* (Abb. 113) vergleichbaren Felder und Kanäle wurden von den örtlichen Siedlern landwirtschaftlich intensiv genutzt. Die künstlich erhöhten Äcker dieses Feuchtgebiets erbrachten etwa dreimal so viel Nahrungsmittel, wie die Bauern für ihren unmittelbaren Eigenbedarf benötigten. Diese Überschüsse wurden an die größeren Städte im Westen geliefert.

117 *Ein Flickwerk von Feldern im Hochland von Guatemala*
Das gesamte Hochland von Guatemala wird landwirtschaftlich genutzt, der große Landbedarf hat die ehemals ausgedehnten Waldbestände stark zurückgedrängt. Hier erstreckt sich der Blick von einer *milpa* über einen Flickenteppich kleiner und großer landwirtschaftlicher Parzellen bis hin zum noch immer aktiven Vulkan Santa Maria in unmittelbarer Nähe von Guatemalas zweitgrößter Stadt, Quetzaltenango.

dass die auf diesen Feldern produzierten Nahrungsmittel die Bevölkerung in der nahe gelegenen Stadt ernähren sollten. Diese war zahlenmäßig zu groß, als dass sie mit dem *milpa*-System allein hätte versorgt werden können.

Untersuchungen in dem als Pulltrouser Swamp bekannten Feuchtgebiet im Norden von Belize zeigten, dass es diverse an unterschiedliche Uferkonstellationen und Bodenhöhen über dem Wasserspiegel angepasste Feldformen gibt (Abb. 116). Künstlich der Natur abgerungene Felder können etwa im Durchstichgebiet von Kanälen bis zu einem Flussufer entstehen, die das Wasser um ein Landstück herumleiten und es vom Festland abgrenzen (Abb. 115). Diese Felder werden oft durch Anschütten von Erde künstlich in den Sumpf hinein vergrößert, wobei der Schlammaushub von anderen Stellen oder vom Grund des Sumpfes selbst stammen kann. Ein zweiter Feldtypus entsteht aus der Anlage einer künstlichen Insel, wobei die Kanäle ringsum tiefer ausgeschachtet werden. Eine dritte Feldform im Pulltrouser Swamp bestand in einer Kombination der beiden zuvor beschriebenen Formen. Dabei wurde ein Stück von dem festen Ufer durch Kanaldurchstiche vollständig abgetrennt und die so entstandene Insel mit künstlich aufgeschüttetem Schlammaushub erweitert.

Wahrscheinlich wurde aufgrund von Faktoren wie der Wasserherkunft, der natürlichen Entwässerung der Feuchtgebiete durch Dolinen, jahreszeitlichen Schwankungen des Grundwasserspiegels und dem natürlichen Gefälle der umgebenden Landschaft jedes Feuchtgebiet ein wenig anders genutzt.

Es trifft aber auch zu, dass die Ernährung einer Bevölkerung, die recht groß gewesen sein muss, wie sich an der Anzahl seinerzeit bewohnter Häuser in den größeren Städten abschätzen lässt, allein durch das *milpa*-System nicht hätte sichergestellt werden können. Die Vielzahl der Feldformen im Pulltrouser Swamp ist eindrucksvoll: Neben ovalen L- und Y-förmigen Parzellen gibt es viele rechteckige Felder (Abb. 115). Manche weisen Veränderungen auf, die erst im Nachhinein vorgenommen wurden, um das Land einer anderen Funktion anzupassen. Bei einem Acker sind später hinzugefügte Dämme als Begrenzungen von Fischbecken zu erkennen. Die Kanäle rings um die Äcker konnten selbstverständlich auch für die Fischzucht genutzt werden (Abb. 116).

Noch immer gibt es viele ungelöste Fragen um die Bedeutung des intensiven Feldbaus. War die Verwendung von Hochäckern und hydraulischen Vorrichtungen überall im Tiefland verbreitet, oder waren bestimmte Städte durch ihre unmittelbare natürliche Umgebung begünstigt? In welchem Zusammenhang standen Feldbau und Bevölkerungsdichte? Und schließlich die entscheidende Frage: Welche Auswirkungen hatte dieses System der Hochäcker auf den Niedergang der Maya im zentralen Tiefland? Bereits innerhalb eines kurzen Beobachtungszeitraums wurden enorme Schwankungen bei der Niederschlagsmenge und der Wasserstände in den alten Zisternen sowie im angrenzenden riesigen Feuchtgebiet Bajo de Santa Fe beobachtet. Längere Dürrezeiten hätten katastrophale Folgen für die Erträge der auf ständige Wasserversorgung angewiesenen Hochäcker gehabt. Schon eine relativ kurzfristige Unterversorgung der Bevölkerung mit Grundnahrungsmitteln hätte sofort zu einer verschärften Nahrungskonkurrenz geführt, Kriege und Krankheiten ausgelöst und so vermutlich einen Bevölkerungsrückgang nach sich gezogen. Diese Erklärung für die Entvölkerung des zentralen Tieflands im 10. Jahrhundert ist allerdings ebenso plausibel wie jene Theorie, die für den dramatischen Rückgang der Maya-Bevölkerung menschliche Eingriffe in die Umwelt verantwortlich macht.

Terrassierung

Die künstliche Anlage von Kanälen und Terrassen zu Bewässerungszwecken war weit verbreitet. Aus Erde aufgeschichtete Terrassen, die am unteren Ende von steinernen Stützmauern gehalten werden, gab es an zahlreichen Stellen überall dort im zentralen Tiefland, wo das natürliche Gefälle es zuließ. Mit diesem Verfahren sollte das Regenwasser kontrolliert und gleichmäßig auf mehrere übereinander liegende Terrassen verteilt werden, die das Wasser auffingen und zugleich der Erosion vorbeugten. Genau wie bei den künstlichen Hochäckern gab es auch hier etliche Varianten, von einfachen Terrassen, die sich mit einem Gefälle um einen Hügel herum zogen, über die Terrassierung natürlicher, über Kanäle versorgter Felder bis hin zu Terrassen am Fuß sehr steiler Hänge, die das herabfließende Wasser auffingen und speicherten (Abb. 118–120). Zwar wurden solche Terrassen im gesamten Tiefland entdeckt, doch finden sich Häufungen rings um die Ruinen von Caracol und in der Gegend von Mountain Cow, beides im südlichen Belize, im südlichen Quintana Roo, wo sie an den Hügeln zwischen Xpuhil und Francisco Bravo nachweisbar sind, sowie im westlichen Peten nahe den Siedlungen in der Umgebung des Petexbatun-Sees.

118 *Maisfelder bei Antigua, Guatemala*
Im gebirgigen und dicht besiedelten Hochland Guatemalas ist die *milpa*-Wirtschaft nicht mehr praktizierbar. Durch Terrassierung sind auch steile Hänge nutzbar gemacht. Heute werden Parzellen viele Jahre hintereinander ohne eine Regenerationszeit bestellt. Ein solcher intensiver Anbau ist nur noch mit Hilfe teuren Kunstdüngers möglich.

Die Bedeutung des *milpa*-Systems für die Maya-Kultur

Die wichtigste Methode der Nahrungsbeschaffung war der vor 5000 Jahren eingeführte *milpa*-Feldbau. Das einfachste und extensivste landwirtschaftliche Verfahren wurde zu keiner Zeit aufgegeben und wird noch heute praktiziert. Den Erfolg dieser Anbaumethode beeinträchtigten nicht ökologische Veränderungen, sondern lediglich ihre in der Natur der Sache liegende beschränkte Ertragsfähigkeit. Dagegen waren intensive Agrarmethoden, insbesondere die Nutzung künstlicher Hochäcker, an ganz konkrete stabile Umweltbedingungen gebunden. Schon kleine Veränderungen der ökologischen Voraussetzungen hatten für diese Landwirtschaftsform insbesondere in den Feuchtgebieten verheerende Folgen.

Während das *milpa*-System heute noch praktiziert wird, sind keine der intensiven Feldbaumethoden mehr in Gebrauch, also weder Hochäcker noch Terrassen. Vielleicht wurden diese später entwickelten Systeme gerade wegen der notwendigen intensiven Bewirtschaftung aufgegeben. Kostenlose, bei Bedarf zur Verfügung stehende, mehr oder weniger leibeigene Arbeitskräfte sind in einer modernen Gesellschaft nicht mehr vorstellbar. Eine von Familien betriebene *milpa* beinhaltet für die Betroffenen die Möglichkeit, sich jederzeit neue Felder in neuen Gebieten anzulegen, vorausgesetzt, es steht genügend Land zur Verfügung. Neben subtilen Veränderungen in der Umwelt liefern die Arbeitskosten eine Erklärung dafür, warum die meisten Methoden der Nahrungsmittelproduktion im Wirtschaftssystem der alten Maya scheiterten.

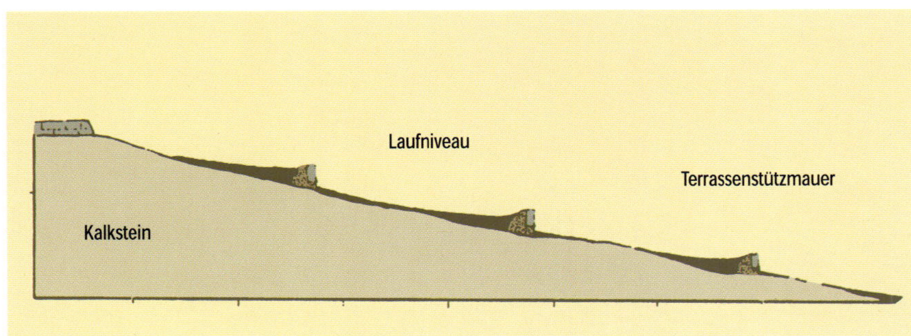

119 *Schematische Darstellung der Anlage von Feldbauterrassen*
Durch die Anlage von Terrassen wurden längliche Flächen ebenen Bodens geschaffen, der sich für den Anbau hervorragend eignete. Durch Aufschüttung wurde der fruchtbare Bereich vertieft. Die Mauern verhinderten die Erosion während der Regenzeit und ermöglichten eine bessere Kontrolle und sogar die Kanalisierung und gleichmäßige Verteilung des Wassers. Die Bauern wohnten auf den Hügeln und bewirtschafteten die Felder in ihrer unmittelbaren Umgebung.

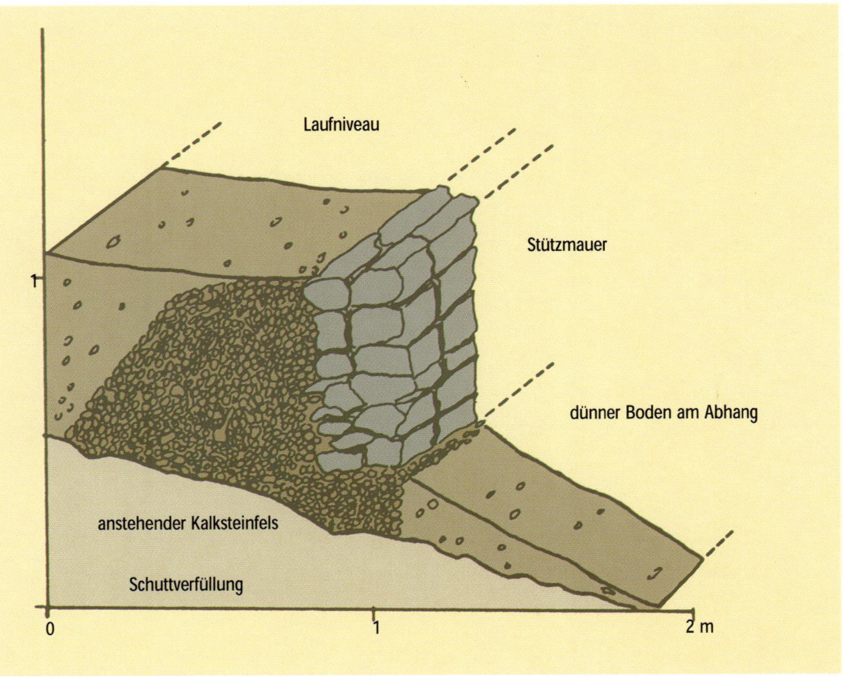

120 *Schnitt durch die Stützmauer einer Feldbauterrasse*
Stützmauern von landwirtschaftlich genutzten Terrassen, wie sie z. B. in der Umgebung der Stadt Caracol in Belize gefunden wurden, erreichen eine Höhe bis zu 1 m. Sie bestehen meist aus einfachen, unbehauenen Steinen, die auf den Abhängen aufgelesen und ohne Mörtel aufeinander geschichtet wurden. Die Stützmauern lehnen auf einer Seite gegen eine Geröllmasse, die zusätzlichen Halt vermittelt.

TORTILLAS UND TAMALES – DIE SPEISE DER MAISMENSCHEN UND IHRER GÖTTER

Marta Grube

Am frühen Morgen, in den Mittagsstunden und am Abend kann man aus jedem Maya-Haus die gleichen Geräusche vernehmen: ein rhythmisches Klatschen, das entsteht, wenn die Maismasse zu Tortillas, der Speise der Maismenschen, wie sich die Maya selbst nennen, geformt wird. Die runden Maisfladen, die man überall in Mexiko und Mittelamerika Tortillas nennt, werden zu allen Tageszeiten gegessen, 60 Prozent der täglichen Kalorienmenge vertilgt ein durchschnittlicher Maya in Form von Maisfladen, sodass die Tortilla zum Inbegriff von Nahrung geworden ist (Abb. 122).

Die Zubereitung von Tortillas ist äußerst arbeitsintensiv. Zunächst müssen die Maiskörner von den Kolben gelöst werden. Über Nacht lässt man die harten Körner in Wasser weichen, in das man zuvor Kalk oder Herdasche gegeben hat. Dadurch entsteht eine Alkalilösung, die

121 *Männer von Tixcacal Guardia bei der Zubereitung von Opferbroten*
Die *noj waaj* genannten Opferbrote werden nur von Männern hergestellt. Während Frauen die Tortillas für den täglichen Bedarf mit einer Hand auf einer Arbeitsplatte formen, stellen Männer die Brote für die Götter mit beiden Händen her.

122 *Maisbrote mit einem Kreuzzeichen aus gerösteten Kürbissamen*
Als Zeichen ihrer Heiligkeit werden die dickleibigen Maisbrote mit einem Kreuzzeichen aus den gerösteten und gemahlenen Samen des *sikil*-Kürbis versehen.

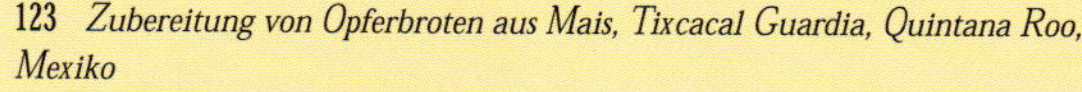

123 *Zubereitung von Opferbroten aus Mais, Tixcacal Guardia, Quintana Roo, Mexiko*
Wichtige religiöse Feste gehen bei den Maya der Halbinsel Yukatan mit der Zubereitung von großen Opferbroten einher, die über mehrere Stunden im Erdofen gegart werden. Die Zubereitung der Opferspeisen selbst ist bereits ein großes Fest; bei den zurückgezogen lebenden Cruzoob-Maya von Quintana Roo ist sie ausschließlich Aufgabe der Männer, denn nur sie gelten als rituell rein. Hier sind einige der religiösen Würdenträger des für die Cruzoob-Maya heiligen Ortes Tixcacal Guardia vor dem Heiligtum des „sprechenden Kreuzes“ versammelt, um die in Bananenblätter gewickelten Opferbrote in den Erdofen zu legen.

dazu beiträgt, dass chemisch gebundene Aminosäuren im Mais erschlossen werden können und der Nährwert steigt. In den frühen Morgenstunden, lange bevor sich das erste Licht am Horizont zeigt, wird die Lösung abgegossen, und die nun weichen Körner werden auf einem steinernen Mahltisch (spanisch *metate*) mit einer Handwalze (spanisch *mano*) zu einem feinen Teig gemahlen. Mit der Hand werden dann Tortillas geformt, wobei das erwähnte rhythmische Klatschen zu hören ist. Auf einer tönernen, von einem Holzfeuer erhitzten Herdplatte, die auf drei Steinen ruht, bäckt man die handtellergroßen Fladen goldgelb und verzehrt sie am besten sofort. Die Tortillas sind gewissermaßen das Besteck der Maya: Sie werden in kleine Stücke zerteilt, mit Hilfe deren sich scharf gewürzte Suppen, Bohnengerichte und nach erfolgreicher Jagd auch Fleischspeisen aus Kalebassenschalen löffeln lassen.

Während es außer Frage steht, dass Mais auch in der vorspanischen Zeit das Hauptnahrungsmittel war, ist jedoch umstritten, in welcher Form er zubereitet wurde. Vermutlich aß man den Mais in der klassischen Maya-Zeit nicht in Form von Tortillas, sondern als Maisbrote (spanisch *tamales*, maya *noj waaj)*, die man mit Chilischoten, Bohnen und zu Festtagen auch mit Fleisch füllen konnte. Mit Truthahnfleisch gefüllt und in Bananenblätter eingewickelt sind die Tamales heute vor allem die Speise der Götter. Bei keiner Opferzeremonie der Maya von Yukatan dürfen sie fehlen. Wird zu Beginn oder während der Regenzeit, in den Monaten Juni bis September, eine *ch'a chaak-* („Regen-holen“-)Zeremonie gefeiert, versammeln sich die Männer eines Dorfes auf einem Feld. Frauen dürfen an diesen Zeremonien nur als Zuschauerinnen teilnehmen. Sie sind zwar für die Versorgung der Familie verantwortlich, aber sie gelten bei den Maya von Yukatan als rituell unrein, daher werden die Maisbrote für Opferzwecke ausschließlich von Männern hergestellt (Abb. 121, 123).

Der *hmèen,* „Macher“, wie der Priester der Maya genannt wird, und sein Gehilfe legen Art und Anzahl der Opferbrote fest und überwachen deren Herstellung. Einige der Opferbrote werden aus Schichten von runden Teigfladen gefertigt, andere direkt aus einem Kloß Maismasse zu Brotlaiben

124 *Tonteller mit Darstellung einer Frau beim Maismahlen. Fundort unbekannt; Späte Klassik, 600–900 n. Chr.; gebrannter Ton, bemalt; Dm. 31 cm; Jerusalem, Israel Museum*
Szenen des Alltags werden selten auf bemalten Maya-Keramiken abgebildet. Eine solche Ausnahme ist die Darstellung einer Mais mahlenden Frau auf einer Keramikschale, die vielleicht einmal der Aufbewahrung von Tamales diente. Die Frau kniet vor dem Mahlstein und bearbeitet mit der Handwalze die Maismasse, aus der die Tamales geformt werden. Ihr gegenüber sitzt ein Rauchender, vielleicht der hungrige Ehemann.

125 *Das Schmücken der Opferbrote*
Mit den Fingern werden Vertiefungen in die Opferbrote eingedrückt, die heilige Zeichen darstellen. Sie werden mit Kürbissamen gefüllt, dann werden die Laibe in große Blätter eingewickelt und mit Lianen verschnürt.

126 *Der Altar wird geschmückt*
Auf der *milpa* wird der Altartisch aus Holz errichtet. Sein Platz wurde zuvor mit Weihrauch aus dem Harz des *pom*-Baumes gereinigt. Der Altar ist ein Abbild des Kosmos: Seine quadratische Form symbolisiert die vier Seiten des Universums.

127 *Balche' wird geopfert*
Damit der Hauptteil des *ch'a chaak,* der Regenhol-Zeremonie, anfangen kann, kniet der verantwortliche *hmèen* (Priester) vor dem Altar nieder und beginnt in langen Gebeten, den Regengott Chaak und seine Gehilfen anzurufen und zum Festmahl einzuladen. In der Vorstellung der Maya hat Chaak viele Manifestationen, von denen jede für andere Arten von Regen zuständig ist.

geformt. Bei den geschichteten Maisbroten streuen die Männer zwischen jede Lage Teig gemahlene Kürbissamen *(sikil)* in Form von Kreuzen und anderen heiligen Symbolen (Abb. 122, 125). Es gibt auch mit Honig gesüßte Brote – diese heißen bei den Maya von Yukatan *oxdias,* ein Wort, das von dem spanischen Wort *hostia* („Hostie") abgeleitet ist. Diese Entlehnung ist nur ein Beispiel von vielen, wie sich in den Feldbauzeremonien der Maya altes Maya-Gedankengut und christliche Symbolik vermischt haben. Eine andere Anlehnung an das katholische Abendmahl ist die Herstellung und Verwendung von Balche', einem leicht alkoholischen und fermentierten Getränk aus der Rinde des gleichnamigen Baumes (Lonchocarpus longystilus). Balche' wird heute nur zu religiösen Anlässen gebraut, man bezeichnet ihn in Anlehnung an den Abendmahlswein auch mit dem spanischen Wort *vino.* Um die fertig geformten Brotlaibe zu weihen, werden sie vom betenden Hauptpriester mit Balche' beträufelt. Anschließend wickelt man die Brote in einzelne große Bananenblätter ein, verschnürt sie mit Lianen oder Rindenbast und stapelt sie im Schatten auf.

In der Zwischenzeit haben die Männer in der Nähe des Altars auf dem Feld einen Erdofen ausgehoben. Auf das in der Vertiefung aufgeschichtete Brennholz legen sie große Kalksteine, die beim Abbrennen des Holzes mit der Glut nach unten fallen. Nachdem sie die noch glühenden Holzreste entfernt haben, legen sie die eingewickelten Opferbrote zwischen die heißen Kalksteine und decken sie mit Blättern zu. Schließlich schütten sie die ausgehobene Erde auf die Blätter und lassen die Speisen drei Stunden in dem Erdofen ruhen. Während dieser Zeit schmücken der Priester und sein Gehilfe in Anwesenheit der Männer den Altartisch mit Blumen, Kerzen aus dem Wachs der wilden, stachellosen Bienen – denn nur deren Wachs gilt als rituell rein –, mit Bildern christlicher Heiliger, die allerdings in der Tracht der Maya gekleidet sind, mit Kreuzen und schließlich auch mit einem Baldachin aus den Blättern eines Baumes, dem eine besondere heilige Kraft zugesprochen wird (Abb. 126). Schließlich wird der Altar mit einem Trankopfer aus Balche' geweiht, und der Priester ruft in langen Gebeten sowohl den Regengott Chaak und seine Gehilfen an wie auch den christlichen Gott und die katholischen Heiligen (Abb. 127).

Wenn die Garzeit abgelaufen ist, wird der Erdofen geöffnet, und die dampfend heißen Brotlaibe werden ausgewickelt, über *pom,* dem Weihrauch der Maya, geschwenkt und auf den Altar gelegt. Manche der Brote werden zerkleinert und mit Fleischbrühe zu einer dicken Suppe angerührt. Anschließend legt man Brote auf den Altar. Die Suppe wird mit Eimern zum Altar geschafft; auf jedes Opferbrot wird eine

Kalebassenschale mit Suppe und Fleischstückchen platziert (Abb. 128). Auch das Balche'-Getränk gießt man in Kalebassenschalen, die sorgfältig auf dem Altar angeordnet sind. Die Anordnung der Opferspeisen ist äußerst bedeutungsvoll. Es wird vor allem genau auf die Anzahl der Brote und der Schalen mit Suppen und Getränken geachtet, die stets den schon bei den vorspanischen Maya heiligen Zahlen vier, neun und 13 entsprechen (Abb. 129).

Sind die Opfergaben auf dem Altar aufgebaut, werden die christlichen und die Maya-Gottheiten von allen Versammelten auf den Knien darum gebeten, den „heiligen Bissen" anzunehmen, die Gaben auf dem Altar zu akzeptieren und dem freiwillig erbrachten Opfer mit Wohlwollen zu begegnen sowie die Bitte um Regen zu erhören (Abb. 130). Dann werden die Speiseopfer symbolisch den Göttern übergeben, indem die Männer an den Altartisch treten. Jeder hebt ein Opferbrot oder eine Kalebassenschale empor und präsentiert sie den Göttern in den vier Himmelsrichtungen. Noch einmal wird der Altar mit Weihrauch geweiht; im beißenden Rauch steigt die unsichtbare heilige Essenz der Opfergaben zu den Göttern empor: Damit ist die eigentliche Zeremonie beendet, und die Brotlaibe, Suppen und Kalebassen mit dem Balche' werden zunächst an die Männer, dann an die Frauen, die dem Geschehen aus der Ferne beiwohnten, und schließlich an die Kinder verteilt. Auch vorbeikommende Dorfbewohner und Fremde werden zum Mahl eingeladen. Das Ende einer Opferzeremonie ist eine große Freude für alle Beteiligten: Es ist ein geselliges Festmahl, und das vollbrachte Opfer stellt sicher, dass es bald regnen wird.

Neben Tamales und Tortillas lassen sich aus dem Mais noch eine Vielzahl anderer Speisen zubereiten. So kann man den Maisteig mit Wasser und Gewürzen zu dem Getränk Atole (Maya *ul*) verrühren oder aus gerösteten und gemahlenen Maiskörnern eine Art Kaffee zubereiten, der Pinole (Maya *k'aj*) genannt wird.

Auch wenn Tortillas und Tamales noch immer ganz oben auf dem Speiseplan eines jeden Maya stehen, so haben sich doch die Formen der Zubereitung insbesondere in den stadtnahen Regionen verändert. Nicht mehr das rhythmische Klatschen der Hände kündet von der bevorstehenden Mahlzeit, sondern das Knattern der elektrischen Maismühle, die vielerorts die Mahlsteine verdrängt hat, und das laute Dröhnen der an öffentlichen Plätzen und Märkten aufgebauten Tortillamaschinen, die die Arbeit des Formens und Backens der Tortillas übernommen haben. Maisbrote jedoch, die Speise der Götter, davon sind die Maya überzeugt, lassen sich nicht mit Maschinen herstellen. Sie müssen noch immer mühsam geformt werden und Stunden im Erdofen garen.

128 *Kalebassenschalen mit Suppe und Fleischstücken*
Einige der *noj waaj* (Opferbrote) werden, nachdem sie im Erdofen gegart sind, zerbrochen, zerbröselt und einer Brühe beigegeben, die aus Hühner- und Truthahnfleisch zubereitet ist. Diese *k'ol* genannte Suppe wird in Kalebassenschalen serviert und zusammen mit den anderen Opferspeisen auf dem Altar präsentiert.

129 *Auf dem Altar platzierte Opferspeisen*
Die Anzahl der großen und kleinen Kalebassenschalen mit Opfergaben, aber auch die der Kerzen und der Opferbrote ist festgelegt und folgt der Zahlensymbolik, die auch schon in vorspanischer Zeit eine so große Rolle spielte. Das Kreuz auf dem Altar ist hier nicht das Zeichen für die Passion Christi, sondern der Punkt, an dem sich die unsichtbaren Regengötter versammeln.

130 *Gebet und Darbringung des Opfers*
Höhepunkt der Zeremonie ist die Darreichung der Opferspeisen. Der *hmèen*, aber nun auch alle anderen Beteiligten knien zum Gebet nieder und erheben anschließend die Opferspeisen, um sie den Göttern zu zeigen und entgegenzubringen. Haben die Götter die Essenz der Speisen zu sich genommen, wird der Rest zu einem üppigen Festschmaus für die Versammelten.

GEBURT DER STAATEN

VON HÄUPTLINGSTÜMERN ZU STAATEN IM HOCHLAND VON GUATEMALA

Federico Fahsen

Die Entstehung ständig bewohnter Siedlungen im südlichen Mesoamerika kann auf den Beginn der Frühen Präklassik um das Jahr 2000 v. Chr. datiert werden. Ausgrabungen an verschiedenen archäologischen Stätten im Hochland und in den Küstengebieten Mexikos sowie an der Pazifikküste Guatemalas und El Salvadors erbrachten allerdings Spuren einer sehr viel früheren, wenn auch nur zeitweiligen Besiedlung bereits vor rund 10 000 Jahren durch Gruppen von Jägern und Sammlern. Ihre ohnehin dürftigen Spuren sind oft schwer zu finden, zum einen, weil sie jeweils nur kurze Zeit an einem Ort blieben, zum anderen, weil in vielen Gebieten, die sich für eine Besiedlung durch Menschen anboten, widrige Witterungsverhältnisse herrschten, wie etwa extreme, Verrottung fördernde Luftfeuchtigkeit, vielfach verbunden mit sintflutartigen Regenfällen und Stürmen, die alles mit sich rissen. Zudem muss man diese Gegend geologisch gesehen als unruhig bezeichnen. Erdbeben und Vulkanausbrüche sind in diesem Teil der Welt keine Seltenheit. Spuren, die frühe Siedler hinterließen, sind daher nur noch selten auffindbar.

132 *Präklassische Stätten in Guatemala*
Diese Karte der präklassischen Stätten in Guatemala umfasst einige der wichtigsten bisher untersuchten archäologischen Funde aus der Zeit zwischen der Mittleren Präklassik (600–300 v. Chr.) und der Späten Präklassik (300 v. Chr.–250 n. Chr.). Die Angaben basieren auf den Erkenntnissen einer Reihe von Autoren und zeigen, dass zwar die gesamte Fläche besiedelt war, jedoch bestimmte regionale Gruppierungen, möglicherweise die Keimzellen von Staaten, allmählich miteinander verschmolzen. Bis zur Endphase der Präklassik waren einige dieser Subregionen bereits zu vollwertigen Staatswesen mit Verwaltungssystem, Religion und Königtum geworden.

Die ersten Dörfer an Küsten und Ufern

Gegen Ende dieser Periode, die von den Archäologen Archaikum genannt wird (6000–2000 v. Chr.), entwickelten sich in der Nähe der Meeresküsten und Flüsse am Golf von Mexiko, dem Pazifik und der Karibik allmählich kleine Dörfer an Stellen, an denen die Siedler sowohl die Meeres- und Flussressourcen nutzen als auch in begrenztem Umfang Landwirtschaft betreiben konnten, während sich zugleich die umliegenden Wälder und Dschungel zur Jagd anboten.

Die Dorfgemeinschaften waren zunächst egalitär organisiert und umfassten vermutlich nicht viel mehr als einige Großfamilien. Erst zu Beginn der Frühen Präklassik bildete sich allmählich eine soziale Schichtung heraus. Die verschiedenen Sippen wetteiferten darum, den jeweiligen Kleinfürsten zu stellen, dessen Autorität vermutlich bereits vererbbar war.

Diese soziale Differenzierung und zunehmende Komplexität im Zuge der Sesshaftwerdung der Stämme erklärt sich aus zwei miteinander verknüpften Faktoren. Der eine ist die Abhängigkeit dieser steinzeitlichen Gesellschaft von ihrer Umwelt, die sie noch kaum nach ihren Vorstellungen verändern konnte: Weder Feldbau noch die Domestikation von Tieren wurden planvoll betrieben, sodass die Menschen auf das angewiesen waren, was die Natur ihnen zufällig bot. Ein anderer Faktor mag das Bedürfnis gewesen sein, im Rahmen eines einheitlichen und von allen Gesellschaftsmitgliedern akzeptierten ideologischen Gebäudes Erklärungen für natürliche Phänomene zu finden, um den Alltagstätigkeiten einen Sinn zu geben.

Für die gesellschaftliche Organisation der Nahrungsmittelbeschaffung wurden ein Häuptling und später eine Oberschicht erforderlich, welche die Aktivitäten des Dorfes während Aussaat und Ernte koordinierten. Dem Häuptling oblag zudem die Verteilung erwirtschafteter Überschüsse sowie die Organisation der Maßnahmen bei etwaigen Missernten.

Die Herausbildung eines ideologischen Systems zur Erklärung der Welt wurde angetrieben von dem Bedürfnis, die in dieser Region so häufigen Naturkatastrophen zu deuten, aber auch günstige Bedingungen für die Landwirtschaft und das Leben allgemein vorherzusagen, wobei zunächst einzelne und später bestimmte Gruppen als Vermittler zwischen der übernatürlichen Welt und den Menschen auftraten. Das Prestige und der Einfluss der Priesterelite leitete sich aus einem System ab, in dem ein Häuptling schließlich mit gleichsam göttlicher Macht ausgestattet an der Spitze einer hierarchischen Gesellschaftspyramide stand.

Es gibt nur wenige archäologische Funde von Siedlungen aus der ersten Hälfte der Frühen Präklassik. Das liegt zum Teil an den verwendeten leicht verrottenden Baumaterialien, zum Teil aber auch an der Tatsache, dass es noch keine fest etablierten Formen religiöser Verehrung gab, die eine religiöse Architektur aus Stein notwendig gemacht hätten. In Chiapas und einigen anderen Orten an der Pazifikküste hat man allerdings Erdhügel von beträchtlicher Höhe gefunden, von denen Wissenschaftler vermuten, dass sie künstlich angelegt wurden und kultischen Zwecken dienten.

Vorhergehende Doppelseite: *Teotihuacan, Mexiko*
Blick nach Süden von der Mondpyramide auf die über 1 km lange Straße der Toten. Im Vordergrund liegt der Platz der Mondpyramide, links oben sieht man die 65 m hohe Sonnenpyramide.

131 *Sitzende Figur aus Villa Nueva. Tal von Guatemala; Mittlere Präklassik, 700–500 v. Chr.; harter, feinkörniger Stein; H. 26,5 cm; Guatemala Stadt, Museo Nacional de Arqueología y Etnografía*
Die Steinfigur gehört zu einer spät- oder postolmekischen Gruppe anthropo- und zoomorpher Pedestalskulpturen aus dem zentralen Hochland von Guatemala. Diese Figuren sitzen auf einem Thron oder einer Bank und stellen vermutlich vergöttlichte Herrscher dar.

133 *Weibliche Figur. Kaminaljuyu, Guatemala; Mittlere Präklassik, 900–400 v. Chr.; polierter cremefarbener Ton; H. 24 cm, B. 18 cm; Guatemala Stadt, Museo Nacional de Arqueología y Etnología*
Diese mit einer weißen Engobe überzogene Tonplastik hatte einst bewegliche Arme. Die Figur mit ausgeprägtem Nabel, kleinen Brüsten und fröhlichem Lächeln trägt außer großen Ohrpflöcken nichts am Leib; vielleicht wurde sie aber wie eine Puppe mit eigens für sie geschneiderten Gewändern bekleidet. Dickbauchige Figuren sind in der Mittleren Präklassik weit verbreitet; neben solchen aus Ton sind im gesamten Hochland auch Steinskulpturen mit grotesk angeschwollenen Bäuchen, so genannte „Dickwanst-Plastiken", gefunden worden.

Das Wenige, was die Archäologen über die erste Hälfte der Frühen Präklassik an der Pazifikküste und im Hochland wissen, beruht vorrangig auf der Auswertung von keramischen Funden. Die frühesten Töpferwaren aus dieser Epoche werden als Chantuno bezeichnet und stammen etwa aus der Zeit zwischen 2000 und 1700 v. Chr. Archäologen unterscheiden zwei weitere, etwas jüngere Keramiktypen namens Barra und Locona, die bis etwa 1500 v. Chr. hergestellt wurden. An diese Phasen schloss sich bis 1200 v. Chr. eine aufwändigere, vielfältigere keramische Tradition an, die als Ocos bezeichnet wird.

Die ersten Häuptlingstümer in der Mittleren Präklassik

Der Übergang von der Frühen zur Mittleren Präklassik um das Jahr 1000 v. Chr. manifestierte sich unter anderem in der Gründung des ersten regional bedeutsamen Häuptlingstums in der Pazifikebene von Guatemala. Die Stadt La Blanca, der die küstennahen Keramikstile Cuadros und Jocotal zugeordnet werden, herrschte über ein Gebiet zwischen der Pazifikküste und dem Hochland. Diese Region war stets ein Gebiet der Kontakte zwischen den Maya und anderen Gruppen, denn die pazifische Küstenebene war eine bedeutende Handelsroute für Menschen aus dem Isthmus von Tehuantepec und für die Olmeken, die auf der atlantischen Seite der mittelamerikanischen Meerenge siedelten und Kontakt zu den Maya des Hochlandes suchten. Durch diese ökonomischen und kulturellen Beziehungen war der Grundstein für einen drei Jahrhunderte andauernden Wohlstand gelegt, zu einer Zeit, als die archäologische Stätte Ab'aj Takalik und andere Stätten im Osten gerade erst zu kleineren lokalen Häuptlingstümern zusammenwuchsen.

Die Ausgrabungen von Siedlungen aus der Mittleren (800–500 v. Chr.) und Späten (500–200 v. Chr.) Präklassik zeigen, dass zu dieser Zeit ganz Guatemala und ein großer Teil von Chiapas, Belize und El Salvador dörfliche, zum Teil schon komplexe Siedlungen aufzuweisen hatten. Viele von ihnen gingen möglicherweise in aufkeimenden Staatswesen oder den Einflusssphären größerer Stätten auf (Abb. 132).

Die Handelswege an der Pazifikküste

Eine dieser sich rasch entwickelnden Regionen erstreckte sich um die seit langem besiedelten Zentren La Blanca und Izapa im westlichen Bereich der Pazifikküste. Die Nachfolge von La Blanca trat das weiter östlich gelegene Zentrum Ujuxte an, dessen Besiedlung auf die Zeit um 600 v. Chr. datiert wird. Ein zweites frühes Siedlungsgebiet wird im zentralen Teil der Ebene an der guatemaltekischen Pazifikküste rings um die Stätten El Baul, Balberta und Monte Alto vermutet. Diese Städte waren vor rund 800 bis 100 v. Chr. und später bewohnt und lagen alle an wichtigen Fernhandelsstraßen, die von den Olmeken ebenso benutzt wurden wie von den örtlichen Händlern. Der olmekische Einfluss lässt sich an den Resten zahlreicher Skulpturen und Keramiken nachweisen (Abb. 135, 136). Die Pazifikebene und der Anstieg zum Hochland gehören zu den fruchtbarsten Gebieten Guatemalas. Zweifellos trug dies dazu bei, dass sich die Gruppen, die ursprünglich am Golf von Mexiko siedelten, schon früh für diese Gegend interessierten. Die Handelsstraße blieb bis zur Ankunft der Spanier ein bedeutender Verkehrsweg und stellt auch heute noch eine wichtige Verbindung zwischen Mexiko, Guatemala und den weiter südlich gelegenen Ländern her.

134 *Olmekischer Kolossalkopf. La Venta, Tabasco, Mexiko; Mittlere Präklassik, 1000–500 v. Chr.; Basalt; H. 218 cm; Villahermosa, Tabasco, Parque Museo La Venta*
Die überdimensionalen menschlichen Köpfe sind geradezu ein Markenzeichen olmekischer Kunst. Sie sind in allen Stätten der olmekischen Kultur, der ältesten Stadtkultur Mesoamerikas, gefunden worden, so auch in der Stadt La Venta an der mexikanischen Golfküste im Bundesstaat Tabasco. Vermutlich stellen die Kolossalköpfe Porträts von Fürsten und Würdenträgern dar. Es steht außer Zweifel, dass die Olmeken in der Frühen und Mittleren Präklassik einen großen Einfluss auf die Maya ausübten und dass viele kulturelle Errungenschaften der Olmeken von den Maya übernommen wurden.

135 *Kolossalkopf. Monument 4 , Monte Alto, Escuintla, Guatemala; Präklassik, 600–100 v. Chr.; Basalt; H. 157 cm, B. 180 cm, T. 170 cm; derzeit im Park der Ortschaft La Democracia, Escuintla*
Die wahrscheinlich nur wenige Jahre vor dem nebenstehenden Monument 2 entstandene Skulptur weist Charakteristika des „Dickwanst-Stils" der Region sowie die eng am Körper liegenden Arme und Beine einer an der Pazifikküste vorherrschenden Darstellungstradition auf. Der Kopf der Figur ist nicht vom Körper abgesetzt, dafür verlaufen zu beiden Seiten der Nase zu den Wangen hin tiefe Furchen. Die geschlossenen Augen mit den geschwollenen Lidern finden sich in ähnlicher Form bei anderen Steinbildnissen. Abgesehen von den Armen und Beinen sind die Ohren die einzigen menschlichen Attribute, durch die sich die Steinplastik von einem natürlichen Felsblock unterscheidet.

136 *Kolossalkopf. Monument 2, Monte Alto, Escuintla, Guatemala; Präklassik, 600–100 v. Chr.; Basalt; H. 147 cm, B. 200 cm, T. 180 cm; derzeit im Park der Ortschaft La Democracia, Escuintla*
Die Basaltskulptur gehört einer an der Pazifikküste verbreiteten Tradition an, die zeitgleich mit den „Dickwanst-Plastiken" im Hochland war. Der Stil umfasst die Zeitspanne zwischen 500 und 200 v. Chr. und fällt damit in die so genannte postolmekische Periode. Die Inspiration durch olmekische Kolossalköpfe (Abb. 134) ist offensichtlich. Der Menschenkopf mit Ohren, Augenfalten oder geschlossenen Augen, einer scharf geschnittenen Nase und den für den olmekischen Stil typischen wulstigen Lippen wirkt wie eine Trophäe. Aufgrund der geschlossenen Augenlider ist anzunehmen, dass es sich bei dem Abgebildeten um einen Verstorbenen oder Gefangenen handelt.

La Lagunita und El Portón – Kleinstaaten der Mittleren Präklassik

In der Mittleren Präklassik wuchsen im Hochland von Guatemala zwei weitere Gebiete zu Staatswesen von regionaler Bedeutung zusammen. Das eine erstreckte sich über das zentrale Quiché-Becken zu beiden Seiten des Río-Chixoy-Tals. Die Ergebnisse von Ausgrabungen rund um den Ort Santa Cruz del Quiché und umfangreiche Vermessungsarbeiten im westlichen Teil der Verwaltungsbezirke Baja Verapáz und El Quiché, bei denen eine große Zahl aussagekräftiger Funde gemacht werden konnte, lassen eine kunsthandwerkliche Spezialisierung und die Entstehung regionaler Kunststile erkennen. Dies sind Anzeichen für eine zunehmende soziale Differenzierung. Die Herausbildung einer komplexen Gesellschaft und die Entstehung des Königtums sind auch an den reich mit Beigaben ausgestatteten Gräbern abzulesen. Keramiken aus La Lagunita belegen, dass sich diese Prozesse zur gleichen Zeit auch an der Pazifikküste, in der großen Stadt Kaminaljuyu und anderen Städten des Tieflandes vollzogen.

Im Salama-Tal nördlich von Kaminaljuyu fand eine ebenso frühe wie bedeutende Entwicklung statt. Archäologen gruben rund 15 mittelpräklassische Stätten mit Tempelplattformen, Gräbern und herrschaftlichen Wohngebäuden aus. Bis 500 v. Chr. hatte sich El Portón vermutlich zur Regionalhauptstadt im Tal von Salama entwickelt; dort ist mit Monument 1 ein herausragendes Beispiel für ein frühes Schriftdokument zu sehen (Abb. 139). Die Stele trägt das Bildnis eines Herrschers oder Häuptlings mit vermutlich einer zweiten Person und einen Hieroglyphentext. Die Steinbearbeitung ähnelt stilistisch jener der Stele 1 im weiter nördlich gelegenen Nakbe, was den Schluss nahe legt, dass beide Stätten über eine gemeinsame künstlerische und ideologische Tradition verfügten. Beide Monumente werden auf die Zeit um 400 v. Chr. angesetzt. El Portón und das gesamte Tal von Salama bildeten das südliche Ende einer Handelsroute, die sich von der Region Alta Verapáz über Sakajut und Chisec bis ins Maya-Tiefland oder flussabwärts bis Chama und Salinas de los Nueve Cerros am Ufer des Chixoy erstreckte.

Kaminaljuyu – die wichtigste präklassische Stätte im Hochland von Guatemala

Eine nicht minder bedeutende Region war das Zentraltal von Kaminaljuyu mit den umliegenden Stätten, die heute von den Außenbezirken der Hauptstadt Guatemalas umfasst werden. In der Präklassik bildete dieser Ort das wichtigste kulturelle Zentrum Guatemalas mit umfangreichen Zeremonialkomplexen, einer Vielzahl von Skulpturen, Gräbern, Grabmälern und raffinierten Bewässerungsanlagen (Abb. 137). Die Bewohner betrieben intensiv Landwirtschaft. Die politische Einflusssphäre Kaminaljuyus erstreckte sich einst rings um das heutige Guatemala Stadt und schloss im Westen die heutigen Verwaltungsbezirke Chimaltenango und Sacatepéquez ein, sie reichte bis an die Küste des Pazifiks. Von wirtschaftlich großem Interesse waren die nahen Obsidianvorkommen von El Chayal, die für alle im Hochland angesiedelten Stadtstaaten von so großer Wichtigkeit waren, dass sie trotz zahlreicher politischer Konflikte frei zugänglich blieben (s. Grube, S. 48 f.).

137 *Blick auf Kaminaljuyu*
Von der einst größten Stadt im Hochland von Guatemala sind heute nur noch unscheinbare Reste zu sehen. Sie befinden sich in den westlichen Außenbezirken von Guatemala Stadt und verschwinden in der expandierenden Metropole mit ihren Millionen Einwohnern zunehmend unter der Bebauung. Die ersten Freilegungen in Kaminaljuyu, der Name bedeutet „Hügel der Toten", wurden 1935 von der Carnegie Institution von Washington durchgeführt. 1960 fanden Rettungsgrabungen durch die Universität von Pennsylvania statt, und seit 1993 widmet sich ein guatemaltekisches Projekt der systematischen Erforschung der Stadt und des sie umgebenden Siedlungsraumes.

Nach Norden hin bestanden bis zum Ende der Präklassik (0–200 n. Chr.) Beziehungen zum Salama-Tal, das zu dem Zeitpunkt, als es unter den Einfluss von Kaminaljuyu gelangte, etwa gleichrangig war. Im Osten kontrollierte Kaminaljuyu die Obisidanvorkommen von El Chayal, die für die Stadt einen beträchtlichen Wohlstand brachten. Von dort aus wurden bereits seit der Frühen Präklassik (ca. 1000 v. Chr.) Obsidianknollen bis in das untere Chiapas-Becken, das Tiefland im Norden und zur Pazifikküste exportiert. Dass die Fernhandelsstraßen zwischen El Chayal und der Karibik- sowie der Pazifikküste durch das Tal von Kaminaljuyu führten, war für die Bevölkerung von großer Bedeutung, denn so kamen intensive Handelsbeziehungen zwischen den reichen Kakaoanbaugebieten an der Küste und den Jadevorkommen im Tal des Río Motagua der Stadt zugute. Der Höhepunkt der Entwicklung von Kaminaljuyu fiel in die Zeit zwischen 400 v. Chr. (Verbena-Phase) und 100 bis 200 n. Chr. (Santa-Clara-Phase; Abb. 138).

Erst in den letzten Jahren sind nach intensiven Forschungen genügend Informationen systematisch zusammengetragen worden, um Rückschlüsse auf Faktoren wie ethnische Identität, Staatswesen, Handelsbeziehungen und die Wechselwirkungen zwischen den einzelnen Stadtstaaten ziehen zu können.

Sprache und Schriftsystem von Kaminaljuyu

Eine 1996 durchgeführte Untersuchung der Skulpturen und Hieroglypheninschriften von Kaminaljuyu hat erbracht, dass es sich um eines der ältesten mesoamerikanischen Schriftsysteme handelt. Mehrere Monumente in Kaminaljuyu sind mit Inschriften versehen, deren Schreiber ein dem Chol-Zweig der Maya-Sprachen verwandtes Idiom gesprochen haben müssen (Abb. 146). Heute sind diese Sprachen ausschließlich im Tiefland von Guatemala und den angrenzenden mexikanischen Bundesstaaten Chiapas und Tabasco in Gebrauch. Die Inschriften von Kaminaljuyu belegen, dass dort eine frühe Variante dieser Sprachen gesprochen und geschrieben wurde. So enthält beispielsweise der Text auf Stele 10 (Abb. 142) Wörter wie *winal* (Monat), *ch'ok* (junger Mann) und die Kombination der Zeichen *chi* und *chan,* vielleicht in der Bedeutung *chi[k]chan* (Regenschlange), Wörter, die sich im Ch'ol bis heute unverändert erhalten haben. Das Monument weist darüber hinaus zwei Tageszeichen auf, die als 7 Muluk und 8 Ok gelesen werden können. Alle Monumente mit Hieroglypheninschriften in Kaminaljuyu stammen aus der Späten Präklassik.

Weitere mit Schriftzeichen versehene Monumente wie Stele 1 aus El Baul (Abb. 141), Monumente 11 und 12, Stele 2 und Altar 13 aus Ab'aj Takalik sowie Monument 1 aus Chalchuapa deuten auf eine Verbreitung von Inschriften hin, die Herrscher in ihrer Funktion als Schamanen oder Priester abbilden. Ein Monument ohne Text, dafür jedoch mit einem eindeutigen Herrscherbildnis, ist die Stele 11 in Kaminaljuyu (Abb. 145). Sie zeigt eine maskierte Figur, vermutlich den Herrscher bei einem Ritual, der in der linken Hand eine Hornsteinwaffe trägt. Zwar ist das Bildnis nicht mit einem eigentlichen Hieroglyphentext versehen, doch immerhin mit einzelnen Schriftzeichen, unter anderem dem Zeichen *ak'bal* (Nacht) und dem Pronomen *u* sowie überkreuzten Bändern, die mit etwas späterer Datierung in Kaminaljuyu ebenso wie an anderen Stätten in zusammenhängenden Texten gefunden wurden. Das Zeichen *ajaw* (König, Fürst) auf der Rückseite seines Rockes ist ein eindeutiger Hinweis auf den Herrscherstatus des Abgebildeten. Viele dieser

138 *Die Chronologie von Kaminaljuyu*
Diese Chronologie wurde von den Archäologen Marion Hatch und Edwin Shook übernommen und wird heute von den meisten in diesem Bereich tätigen Wissenschaftlern akzeptiert. Auf die frühpräklassische Arévalo-Phase (vor 1100–1000 v. Chr.) folgt die mittelpräklassische Periode, die in drei Phasen unterteilt wird (Las Charcas, Majadas und Providencia). Die Späte Präklassik umfasst die gut erforschten Verbena- und Arenal-Phasen und endete mit der kurzen, vermutlich wirren Santa-Clara-Phase. Mit der Amatle- und Pamplona-Phase beginnt der allmähliche Niedergang der Stätte; die übrigen Phasen gehören bereits der Postklassik an.

Periode		Jahr	Phase
		1500	
	Spät	1400	Chinautla
		1300	
Postklassik		1200	
	Früh	1100	Ayampuc
		1000	
		900	Pamplona
	Spät	800	
		700	Amatle
		600	
Klassik		500	Esperanza
	Früh	400	
		300	Aurora
		200	
	End	100	Santa Clara
		0	Arenal
	Spät	100	
		200	
		300	Verbena
Präklassik		400	
		500	Providencia
	Mitte	600	
		700	Majadas
		800	Las Charcas
		900	
		1000	
	Früh	1100	Arévalo

139 *Monument 1. El Portón, Baja Verapáz, Guatemala; Späte Präklassik, um 400 v. Chr.; graugrüner Schiefer; H. 230 cm, B. 150 cm, T. 40 cm; derzeit im Park der Ortschaft San Jerónimo, Baja Verapáz, Guatemala*
Das Monument trägt einen der frühesten Texte im Maya-Gebiet. Man erkennt mehrere Hieroglyphen, beginnend mit einer nach rechts zeigenden Hand, gefolgt von einem Trennstrich. Danach folgt eine Hieroglyphe, die wahrscheinlich das Wort *chum-il* (Inthronisation) bezeichnet. Nach einer unlesbaren Textstelle kommt ein Geierkopf und vermutlich ein *ajaw*-Zeichen, das die Inschrift beschließt.

140 *Stele 7 und Altar 3. Izapa, Chiapas, Mexiko; um 300–50 v. Chr.; Granit; Stele: H. 178 cm, B. 127 cm, T. 35 cm; Altar: Dm. 146 cm, H. 40 cm*
Stele 7 ist zwar im mittleren Bereich zerstört, doch das erhaltene Fragment zeigt zwei Personen, die auf den Häuptern einer doppelköpfigen Schlange stehen. Über ihnen erhebt sich eine symbolhafte Darstellung des Firmaments in Form einer Himmelsschlange. Vor der Stele ist, wie auch im Tiefland in der Zeit der Klassik üblich, ein Altar platziert.

141 *Stele 1. El Baul, Escuintla, Guatemala; Frühklassik, 37 n. Chr.; Vulkangestein; H. 230 cm, B. 142 cm, T. 50 cm; Finca El Baul, Privatbesitz*
Dieses Monument trägt eine der ältesten datierten Inschriften der südlichen Maya-Region. Das Datum der langen Zählung ist 7.19.15.7.12, und der Tag ist 12 Eb, das entspricht dem 6. März 37 n. Chr. im julianischen Kalender. Unter dem Tzolk'in-Datum stehen vier Hieroglyphenblöcke, die möglicherweise Mondstandsangaben enthielten. Obwohl der Text durch Verwitterung oder bewusste Beschädigung so gut wie zerstört ist, gehört er mit zwei Spalten zu jeweils rund 20 Zeichen zu den längsten präklassischen Inschriften.

Zeichen tauchen später in der Frühklassik und Klassik in Hieroglypheninschriften des Tieflandes wieder auf.

Zweifellos beweist dies, dass die Sprache, die im Tal von Kaminaljuyu und in nahe gelegenen Gegenden gesprochen und geschrieben wurde, dem Idiom des Tieflands ähnelte, wenn nicht sogar identisch mit ihm war. Eindeutige Beispiele dafür sind Altar 1 in Kaminaljuyu oder Stele 5 in Ab'aj Takalik: Dort finden sich zwischen zwei menschlichen Figuren doppelte Spalten mit Hieroglyphen. Das gleiche Arrangement ist auf gleichzeitigen Monumenten im Tiefland anzutreffen, etwa auf Altar 1 von Polol und dem viel späteren „Motmot"-Markierstein von Copan.

142 *Stele 10. Kaminaljuyu, Guatemala; Späte Präklassik, um 200 v. Chr.; feinkörniger, schwarzer Basalt; H. 107 cm, L. 122 cm, B. 100 cm; Guatemala Stadt, Museo Nacional de Arqueología y Etnología*
Stele 10 war vermutlich ein Altar mit Flechtmattenmotiven an den Seitenflächen. Die Darstellung zeigt einen Herrscher in der Rolle eines „alten" Gottes, der aufgrund des Hornsteinbeils in der linken Hand mit dem Regengott gleichgesetzt wird. Eine Vogelmaske, vielleicht eine Anspielung auf die höchste Vogelgottheit, schwebt hinter ihm, darunter kniet ein Gefangener. In die Oberfläche sind zwei Texte eingeritzt. Es liegt eine klar erkennbare Inthronisationshieroglyphe vor, ferner wird im narrativen Teil der göttliche Name der Person genannt; es handelt sich um eine Geier-Hieroglyphe, möglicherweise ein Logogramm für „Fürst", und das Zeichen *witz* (Berg).

Die Ch'ol-Kultur von Kaminaljuyu

Die Urheimat der Ch'ol-Sprachgemeinschaft hat unter anderem in Kaminaljuyu gelegen. Mit der plötzlichen Abwanderung von Ch'ol sprechenden Gruppen aus dem Kaminaljuyu-Tal in den Osten etwa gegen Ende der Santa-Clara-Phase (100–200 n. Chr.) kann vielleicht das Wiedererstarken von Copan und anderen Ch'ol sprechenden Maya-Städten erklärt werden. Die Abwanderung der Ch'ol aus Kaminaljuyu hing wahrscheinlich mit der Expansion der K'iche'-Sprachgruppe zusammen, die die Ch'ol-Sprecher aus dem Norden und Osten des guatemaltekischen Hochlands vertrieb. Dies könnte neuen ethnischen Gruppen den Weg für die Expansion in diese Gebiete geebnet haben, etwa den Poqom, Poqomchi', Q'eqchi' und Mam. Diese Gruppen traten an die Stelle der früheren Ch'ol-Sprecher und spalteten sich später in immer weitere Untergruppen auf (Abb. 146, 147).

Die Oberschicht von Kaminaljuyu sprach nicht nur die gleiche Sprache wie die Tiefland-Maya, sondern besaß zudem offenbar ein identisches Sozialwesen, in dessen Mittelpunkt ein gottgleicher König stand. Während der späten Verbena-Phase (250–200 v. Chr.), der gesamten Arenal-Phase (200 v. Chr.–100 n. Chr.) sowie der ersten Hälfte der Santa-Clara-Phase (100–150 n. Chr.) wurden Skulpturen mit Darstellungen von Fürsten in Kleidung und Ausstattung göttlicher Machthaber angefertigt. Mit Ausnahme von Göttermasken – vermutlich für öffentliche Tanzzeremonien wie bei Stele 11 (Abb. 145) – fehlen hingegen Bildnisse von Göttern. Ein Beweis für die Bildung hierarchischer Strukturen im Übergang von einer frühen Gesellschaft zu einer staatlich organisierten ist der enorme Umfang von Gräbern und Grabbeigaben. Ein Grab in Kaminaljuyu (Grab 1) enthielt insgesamt 345 Objekte und das später

143 *Ständer eines Weihrauchgefäßes. Kaminaljuyu, Guatemala, Gebäude D-III-6; Späte Präklassik/Protoklassik, 400 v. Chr.–250 n. Chr.; Sandstein; H. 79 cm, B. 82,6 cm; Guatemala Stadt, Museo Nacional de Arqueología y Etnología*
Diese Skulptur in Form des Kopfes eines unbekannten Gottes besaß drei heute abgebrochene vertikale Zapfen, auf denen die Schalen mit Weihrauchharz platziert wurden. Sie ist einer von drei Ständern für Weihrauchgefäße, die in einem großen Erdwall im Südosten der Hauptakropolis von Kaminaljuyu gefunden wurden.

144 *Stele 9. Kaminaljuyu, Guatemala, Pyramide C-III-6; Las-Charcas-Phase, um 1000–700 v. Chr.; Basalt; H. 154 cm, B. 22 cm; Guatemala Stadt, Museo Nacional de Arqueología y Etnología*
Diese Stele, eine schmale Basaltsäule mit dem Flachrelief einer nackten männlichen Figur, ist eines der frühesten skulptierten Monumente von Kaminaljuyu. Der Dargestellte ist in einer ungewöhnlich dynamischen Pose, vermutlich in Ekstase tanzend und singend, gezeigt; er blickt nach oben, und aus seinem geöffneten Mund winden sich Spiralen, die in der gesamten mesoamerikanischen Kunst das Zeichen für Sprache oder Gesang sind.

145 *Stele 11. Kaminaljuyu, Guatemala; Späte Präklassik, um 200 v. Chr.; Granit; H. 183 cm, B. 70 cm, T. 30 cm; Guatemala Stadt, Museo Nacional de Arqueología y Etnología*
Diese bemerkenswerte Stele mit klar gemeißeltem Relief zeigt eine nach links blickende Person, die zwischen zwei Weihrauchgefäßen steht. Der Herrscher ist in der Rolle eines Vogels dargestellt: Er trägt die Maske eines Schlangenvogels, die sein Gesicht fast ganz bedeckt. Zu seinem aufwändigen Kopfputz gehört ein pflanzliches Element, sein Gewand ist mit mehreren *ak'bal-* (Dunkelheit-)Zeichen geschmückt. Auf seinem Lendenschurz ist eine große *ajaw-* (König-) Hieroglyphe zu sehen. Über dem linken Arm trägt er eine Hornsteinaxt, in der rechten Hand eine Art Klinge oder Stab.

angelegte Grab 2 immerhin 200 Beigaben. Die Zahl der Artefakte ist bei weitem größer als bei einigen späteren Königsgräbern des Tieflandes. Bedeutung und Wohlstand der dort bestatteten Personen bezeugen echte politische Macht im Gegensatz zu den eher egalitären und weniger hierarchischen Häuptlingstümern. Es gab ein durchorganisiertes System für die Verteilung von Gütern in Form von Tributen, die in späteren Phasen der gesellschaftlichen Entwicklung auch bei großen öffentlichen Festen wieder neu- und umverteilt wurden.

Belege für untergeordnete staatliche Verwaltungseinrichtungen lassen auf eine stark zentralisierte Organisation in Kaminaljuyu schließen. Es gab Institutionen zur Kontrolle und Verwaltung der Wasserressourcen und Bewässerungsanlagen (etwa den Kanal vom Miraflores-See zum Südteil des Tals) sowie Nebenzentren zur Organisation des Handels mit den küstennahen Ebenen. Die Obsidianminen in El Chayal und die Jadevorkommen im Motagua-Flusstal wurden von Kaminaljuyu bewirtschaftet. Während der Endphase der Präklassik dominierte Kaminaljuyu das gesamte zentrale Hochland. Die Stadt kolonisierte oder gründete sogar Satellitenstädte, die eine Zeit lang Teile der pazifischen Abdachung und der Baja Verapáz im Norden kontrollierten.

In den überwiegend an alten Handelsstraßen der Olmeken gelegenen Stätten (Ab'aj Takalik, Chocola, El Baul, Chalchuapa u. a.) finden sich Monumente mit Hieroglyphentexten, die zwar noch nicht entschlüsselt sind, jedoch in Gestaltung und Syntax den Ch'ol-Texten aus Kaminaljuyu ähneln. Im Hochland von Guatemala hat es also in der Späten Präklassik eine blühende Kultur gegeben, die sich in ihren Ausprägungen, insbesondere in der Sprache, nicht von der des Tieflandes unterschied. Bald nach dieser Blütephase ist es offenbar zu einem plötzlichen Zusammenbruch der Kultur im Hochland gekommen.

Der Zusammenbruch des Staatswesens in Kaminaljuyu

Zu einem Zeitpunkt, den die Forschung bislang noch nicht genau ermitteln konnte, trat in den Beziehungen zwischen den K'iche', den Bewohnern der Pazifikküste und denen des Tals von Kaminaljuyu ein nachhaltiger Wandel ein, der sich an den Merkmalen der keramischen Artefakte ablesen lässt. Die keramischen Traditionen des Tals wiesen bis dahin enge Verbindungen zu denen im westlichen El Salvador auf und bildeten mit ihnen zusammen die so genannte Miraflores-Sphäre, zu der auch in gewissem Sinne das Salama-Tal gehörte.

Eine Bevölkerungsverschiebung lässt sich daran erkennen, dass die so genannte Solano-Keramik des Nordwestens kontinuierlich in Richtung Kaminaljuyu zu finden ist. Ihr Verbreitungsgebiet erstreckte sich dabei auch über das Gebiet des Atitlan-Sees bis an die Küste des Pazifiks. Das Vordringen der Solano-Kultur wurde für Kaminaljuyu vor allem deshalb zu einer bedrohlichen Situation, weil der Stadt dadurch der Zugang zu den Obsidianvorkommen in San Martín Jilotepeque versperrt wurde. Vor allem der Zusammenbruch des lukrativen Obsidianhandels mit Chiapas hatte schwer wiegende Folgen. In den westlichen Gebieten verschwand der Obsidian aus El Chayal so gut wie vollständig von der Bildfläche.

Mitbedingt wurde der Niedergang des Ch'ol-Staates von Kaminaljuyu durch das Eindringen von K'iche'-sprachigen Gruppen in das Tal von Kaminaljuyu und die Gründung der Siedlung Solano am strategisch günstigen Pass zwischen Escuintla an der Pazifikküste und dem Guatemala-Tal (Abb. 147). Auf diese Weise wurde der über tausend Jahre lang bestehende Austausch und Handel zwischen den beiden Wirtschaftszonen für Kaminaljuyu unterbunden oder zumindest stark eingeschränkt. Etwa um 200 n. Chr. eroberten die K'iche' schließlich Kaminaljuyu. Die Bewohner verließen ihre Stadt, vermutlich nach jahrelangem massivem Druck, und nahmen dabei eine jahrhundertealte Tradition mit sich fort.

Die Aurora-Phase von Kaminaljuyu

Die sich anschließende Aurora-Phase (200–400 n. Chr.) illustriert den Bevölkerungsrückgang in Kaminaljuyu durch einen drastischen Wandel des Keramikstils, bei dem sogar die Gebrauchskeramik verschwand. Zur gleichen Zeit wurden alle Monumente mit Hieroglypheninschriften zerschlagen und zerstört. Aber auch an weniger spektakulären Ereignissen lassen sich bedeutsame Veränderungen festmachen. Zum Beispiel kann ein Wechsel der von der Oberschicht verwendeten Keramiken dann eintreten, wenn sich diese Gruppe einem fremden Einfluss unterwirft oder besiegt wird und fortzieht. Veränderungen bei der Gebrauchskeramik dagegen sind ein Hinweis darauf, dass auch die unteren Schichten der lokalen Bevölkerung fortgezogen sind und ihre Alltagsgegenstände mitgenommen haben.

Die flächendeckende Vernichtung der in Hieroglyphen niedergeschriebenen Geschichte erfolgte vermutlich durch die eindringenden K'iche', die über kein eigenes Schriftsystem verfügten. Die meisten Maya-Gruppen im Hochland von Guatemala verwendeten zu keiner Zeit eine Hieroglyphenschrift, auch wenn das Popol Wuj Andeutungen für die Existenz einer K'iche'-Schrift im Hochland macht. Die K'iche' erlangten zwar im mesoamerikanischen Raum als Produzenten und Händler eine wirtschaftlich bedeutsame Rolle, waren jedoch bis zur Postklassik nicht in der Lage, die Grundlagen für einen wirklich funktionierenden und beständigen Staat zu schaffen. Vielleicht war das Fehlen einer Schrift einer der Gründe dafür.

Während der 200-jährigen von den K'iche' geprägten Aurora-Phase in Kaminaljuyu kam es im gesamten Maya-Gebiet zu tief greifenden Veränderungen. Im Tiefland wurden die Stätten El Mirador und Nakbe, die den Norden des zentralen Tieflands kontrolliert hatten, von den aufblühenden Stätten Tikal und Uaxactun sowie vielen weiteren komplexen Staaten in ihrer Funktion als beherrschende Metropolen abgelöst (s. Sachse, S. 356 ff.). Die klassische Blütezeit der Maya-Kultur (250–909 n. Chr.) fand im Tiefland statt und war durch die Zuwanderung der Ch'ol-sprachigen Gruppen aus dem Hochland Guatemalas angeregt und beschleunigt worden.

Während der Aurora-Phase wurde Kaminaljuyu zu einem Provinzzentrum ohne große überregionale Bedeutung. Die früher so wichtigen Handelsverbindungen wurden nicht mehr genutzt. Der Zugang zu den fruchtbaren Gebieten von Escuintla an der Pazifikküste blieb den eingerückten K'iche' von Kaminaljuyu versperrt, weil neue Völker, vermutlich Xinka und die Nahuatl sprechenden Pipil in das Küstengebiet vorgedrungen waren. Die Folge war ein Niedergang des Stadtstaates Kaminaljuyu, möglicherweise noch beschleunigt durch den Verlust der Jademinen im Motagua-Tal an Guayatan, ein unabhängiges, aber mit Copan verbündetes Häuptlingtum.

Der Einfluss von Teotihuacan auf das Hochland von Guatemala

Zur gleichen Zeit, als sich die K'iche' in Kaminaljuyu niederließen und versuchten, ihre Vormachtstellung im Hochland zu festigen, dominierten in Escuintla an der Pazifikküste und in Amatitlan südlich des Tals Fremdeinflüsse aus Teotihuacan, möglicherweise als Folge tatsächlicher militärischer Eroberung oder in Verbindung mit einem monopolisierten Fernhandel. Die Beziehungen zu dieser Stadt waren geprägt von einem starken ideologischen Unterbau, der die Inbesitznahme von Handel und Ressourcen durch die Fremden rechtfertigen sollte. Er zeigte sich unter anderem in der Kunst, in der jetzt in Teotihuacan gebräuchliche Symbole und Stilelemente verwendet wurden (Abb. 148; s. Martin, S. 109).

Die Eroberung Kaminaljuyus durch Teotihuacan beschleunigte eine weitere Neuordnung, denn die unmittelbar südlich von Kaminaljuyu gelegenen Satelliten-

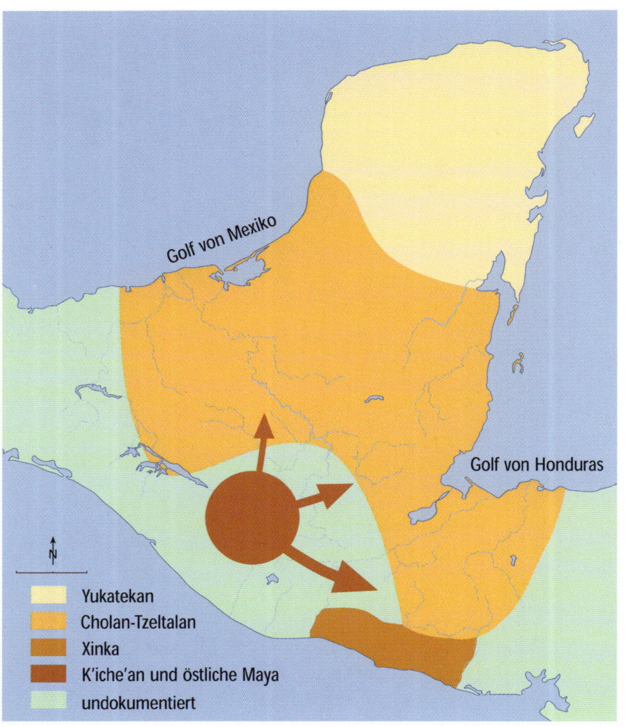

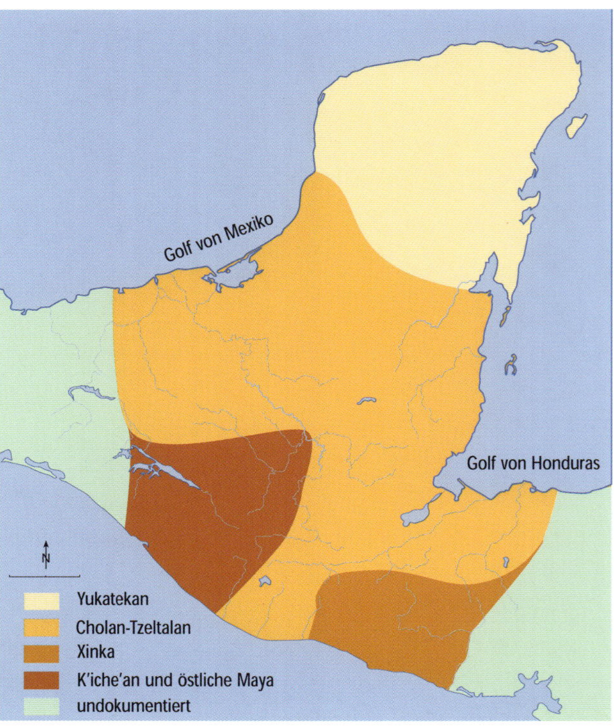

146 *Die Expansion der Sprecher von K'iche'an und östlicher Maya-Sprachen um das Jahr 200 n. Chr.*
Gruppen von Ch'ol-Sprechern besiedelten in der klassischen Periode einen breiten Streifen Land zwischen der Golfküste im mexikanischen Tabasco und dem westlichen Honduras. Diese Ch'ol-Gruppen lebten im westlichen Tiefland von Chiapas und weiter südlich bis Copan. Aufgrund von Texten und Inschriften aus El Portón, Kaminaljuyu, El Baul, Chalchuapa, Chocola und Ab'aj Takalik ist davon auszugehen, dass Ch'ol-Völker oder zumindest deren Oberschicht ein Territorium besetzten, das nach Süden hin weit über die Grenzen ihres heutigen Sprachbereichs hinausging.

147 *Der Keil der K'iche'-Sprachgruppen um 300 n. Chr.*
Die ersten archäologischen Belege für die Existenz einer Gruppe von Proto-K'iche'-Sprechern stammen aus der Zeit um 600 v. Chr. aus dem Herzen des Verwaltungsbezirks Quiché rings um die Täler von Sajcabaja und La Lagunita. Aus dieser Region verlagerten sich die Keramikkomplexe und somit auch die Menschen in den östlichen Teil Guatemalas, nach Solola (San Andrés Semetabaj) und Chimaltenango (Sumpango). In der Santa-Clara-Phase (100–200 n. Chr.) eroberten sie schließlich das Tal von Kaminaljuyu und expandierten gleichzeitig weiter nach Norden und Westen. Sie bildeten damit einen Keil, durch den die Ch'ol-Sprecher weiter nach Norden getrieben wurden.

148 *Deckel eines Weihrauchgefäßes. Tiquisate, Escuintla, Guatemala; Esperanza-Phase, 400–600 n. Chr.; Ton, bemalt; Genf, Privatsammlung*
Zur gleichen Zeit wie im Tiefland machen sich auch im Hochland von Guatemala und seiner pazifischen Abdachung Einflüsse aus der zentralmexikanischen Metropole Teotihuacan bemerkbar. Die Architektur Kaminaljuyus weist zahlreiche Merkmale Teotihuacans auf, aber auch die Keramik lässt die Kontakte deutlich erkennen. In Tiquisate, einem auf dem Weg zwischen Kaminaljuyu und der Pazifikküste gelegenen Ort, sind zahlreiche figürlich verzierte Deckel von Weihrauchgefäßen aus Ton gefunden worden, wie sie ansonsten nur in Teotihuacan selbst bekannt sind. Sie stellen Götter aus dem Pantheon von Teotihuacan in kostbarem Ornat dar. Die reichen Applikationen sind in Modeln geformt und erst nach dem Brennen befestigt worden. Aufgrund ihrer großen Fragilität müssen diese Gefäße lokal hergestellt worden sein.

städte Solano und Frutal bildeten nun mit diesem zusammen ein Dreieck, das die Kontrolle über den Handel zwischen den Kakaoanbaugebieten und dem K'iche-Hochland ausübte.

Bezüglich der Kontakte zwischen Teotihuacan, Kaminaljuyu und dem Hochland gibt es verschiedene Theorien, die jedoch die Situation noch nicht hinreichend erklären. Die Pyramidensockel A und B und die für Teotihuacan so typische Talud-Tablero-Architektur auf der Palangana-Akropolis von Kaminaljuyu deuten auf eine starke Präsenz von Fremden hin, die möglicherweise durch Heirat mit Ortsansässigen in Führungspositionen gelangten oder aber mit militärischen Mitteln die Stadt in ihre Gewalt brachten.

Die Esperanza- und Amatle-Phasen von Kaminaljuyu

Die Esperanza-Phase in Kaminaljuyu (400–550 n. Chr.) ist gekennzeichnet durch die Talud-Tablero-Architektur, einen besonderen Keramikstil mit prächtig bemalten und mit Stuck versehenen zylinderförmigen Dreifußgefäßen sowie Ballspielplätzen und neuartigen Skulpturen. Statt der Herrscherbildnisse stellten die Skulpturen Spielfeldmarkierer in Form eingezapfter Schlangenköpfe dar. Offenbar legten die Maya damals weniger Wert auf Porträtierung von Herrscherpersönlichkeiten als auf die Kenntlichmachung der Zugehörigkeit zu Sippen oder Abstammungslinien, denn jede Sippe scheint über ihren eigenen Ballspielplatz verfügt zu haben.

Aufgrund der politischen Stabilität unter dem Einfluss Teotihuacans und der wieder belebten Handelsbeziehungen zur Pazifikküste erreichte das Bevölkerungswachstum im Tal einen neuen Höhepunkt. Um die Mitte der Amatle-Phase könnte die Einwohnerzahl etwa 15 000 betragen haben, bevor die Stadt um 800 n. Chr. endgültig verlassen wurde und über das Zentraltal verstreute kleine Gemeinden entstanden.

Dieser Wiederaufstieg wurde dokumentiert durch skulptierte Monumente in einem neuen Stil und die Verlagerung alter Monumente in neue Heiligtümer in der Palangana-Akropolis sowie den Bau neuer Ballspielplätze. Möglicherweise hatte das Verschwinden des Fremdeinflusses um das 7. Jahrhundert und der Zusammenbruch von Teotihuacan wenige Jahre später das Wiedererstarken unabhängiger Maya-Häuptlingstümer im Hochland zur Folge, wobei die K'iche' eine herausragende Rolle spielten (s. Sachse, S. 356 ff.). Der Aufstieg der K'iche' und ihre Ausbreitung im Hochland stellen den Beginn der Postklassik dar, eine Periode, die ihrerseits ebenfalls durch innere Unruhen und enge – freiwillige oder unfreiwillige – Kontakte mit Fremden aus Zentralmexiko gekennzeichnet war.

Nur unter der Vorherrschaft von Kaminaljuyu in der Präklassik hat das Hochland von Guatemala ein Staatswesen mit zentralisierter Verwaltung gekannt, das in der Lage war, Wasserressourcen zu unterhalten, Handelsrouten zu kontrollieren, ein Schriftsystem zu entwickeln, monumentale Bauwerke zu errichten und seine Einflusssphäre über weite Teile der Küstengebiete und der pazifischen Abdachung, das westliche El Salvador und das zentrale Hochland von Guatemala auszuweiten. Kaminaljuyu war der erste präklassische Staat im Maya-Gebiet. Seine Organisation könnte in der Klassik den Königtümern der Tiefland-Maya als Modell gedient haben.

DIE INSIGNIEN DER MACHT

Nikolai Grube

Das Gottkönigtum der Maya, ja ihr gesamtes politisches System, beruhte auf der Zurschaustellung von Macht. Deren Sicherung durch den Einsatz physischer Gewalt kostete viele Menschenleben, viele Ressourcen und menschliche Energie. Konnte ein König allerdings eindrucksvoll demonstrieren, dass er Macht besaß, dass er ein legitimer Nachfolger des Dynastiegründers war und dass die Götter auf seiner Seite standen, so bedurfte es nur einer Drohgebärde, nicht aber des Risikos eines Kriegszuges. Eine wichtige Funktion der höfischen Kunst war daher, die königliche Macht nach außen deutlich zu machen und zu inszenieren. Könige erhielten bei ihrer Amtseinsetzung Insignien, die ihren besonderen Status symbolisierten. Es waren Objekte von großem materiellen und symbolischen Wert, häufig Erbstücke, die über Generationen weitergegeben wurden und mit spiritueller Energie aufgeladen waren, sodass sie ihrem Träger besondere Kräfte verliehen.

Im Rahmen der wahrscheinlich mehrere Tage dauernden Inthronisationszeremonien empfing der junge König ein Zepter, das den Gott K'awiil (Abb. 152) darstellte. Als Gott der Transformation und der Visionen war K'awiil zugleich der Gott der Königsdynastien, denn es waren vor allem die Könige, die über die Fähigkeit verfügten, Visionen zu haben.

Viele Stelen zeigen Könige, die in ihrer Rechten das K'awiil-Zepter präsentieren. Eines der Beine des Gottes endet im Körper einer Schlange und dient zugleich als Griff für das Zepter. Leider ist keines dieser K'awiil-Zepter erhalten geblieben, denn vermutlich bestanden sie aus Holz. Im Opferbrunnen von Chichen Itza haben Archäologen jedoch Zepter aus Holz gefunden, die im konservierenden Schlamm überdauert haben. Obgleich sie nicht den Gott K'awiil zeigen, sind sie doch ein Beispiel für die Gestaltung solcher Insignien.

Bei ihrer Inthronisation legten Könige den Kopfputz des Gottes Hu'unal an (Abb. 150), bei dem es sich ursprünglich wohl um ein blumengeschmücktes Stirnband gehandelt hat. Das Band selbst bestand aus Rindenbast oder Rindenbastpapier – in Maya *hu'un*. Schon in der präklassischen Zeit wurden die Blumen durch Jadefiguren ersetzt, welche die Personifizierung von Blumen waren (Abb. 149). Das gesamte Stirnband einschließlich der Götterfiguren wurde *hu'unal* genannt,

151 *Ovale Palasttafel. Palenque, Haus E des Palastes; Spätklassik, um 650–660 n. Chr.; Kalkstein; H. 117 cm, B. 95 cm; am Original-Standort*
Die so genannte ovale Palasttafel war über dem Thron der Herrscher von Palenque in die Wand von Haus E eingelassen. Sie zeigt rechts den zwölf Jahre alten K'inich Janaab Pakal auf einem Thron in Form eines doppelköpfigen Jaguars sitzend; er erhielt 615 n. Chr. den königlichen Kopfputz aus der Hand seiner Mutter, Frau Sak K'uk'. Sie starb erst 640 n. Chr. und führte vermutlich einen Teil der Regierungsgeschäfte, solange ihr Sohn noch ein Kind war.

149 *Maske. Tikal, Peten, Guatemala, Grab 85 in der Nordakropolis; Späte Präklassik, Ende des 1. Jh. n. Chr.; Fuchsit, Muschelschale; H. 12,3 cm; Tikal, Museo Sylvanus Morley*
Die Maske könnte aus dem Grab des Gründers der Königsdynastie von Tikal, Yax Eeb Xook, stammen. Sie trägt das königliche Stirnband, das dreizackige Element in der Mitte geht auf die stilisierte Darstellung einer Blüte zurück und wurde zu späterer Zeit durch das Abbild des Gottes Hu'unal ersetzt.

150 *Jadekopf des Gottes Hu'unal. Fundort unbekannt; Späte Klassik, 600–900 n. Chr.; Jadeit; H. 13,5 cm, B. 9 cm; Salt Lake City, Utah Museum of Fine Arts*
Hu'unal war der Gott der Königswürde schlechthin. Er ist an seinem Kopfputz zu erkennen, dessen drei Zipfel an die Kopfbedeckung von Narren erinnern. Hier ist nur einer der Zacken zu sehen, die tatsächlich stilisierte Darstellungen von Blüten sind, mit denen Könige ihr Haupt schmückten.

und Hu'unal selbst wurde zum Gott der Königswürde. Darstellungen des Gottes sind an den drei Zipfeln zu erkennen, die wie bei einer Narrenkappe aus seiner Stirn herauswachsen und vermutlich sprießende Vegetation oder Blütenblätter symbolisieren.

Obgleich sich die Kleidung der Könige insgesamt durch ihren Reichtum und die Vielzahl ihrer Attribute von jener der einfachen Menschen, aber auch anderer Adliger unterschied, so war doch der Kopfputz das eigentliche Erkennungsmerkmal der Regenten. Es gab viele verschiedene Arten von Kopfschmuck, ein unabdingbares Element waren jedoch die langen grüngoldenen Schwanzfedern des in den Bergwäldern im nördlichen Hochland lebenden Quetzalvogels (Pharomachrus mocinno; Abb. 23). Sie bilden den Hintergrund für Götter- und Tiermasken sowie andere Gegenstände von größter symbolischer Bedeutung, die ausdrücken sollen, dass sich der Herrscher unter göttlichem Schutz befindet. Nur in wenigen Fällen ist wirklich bekannt, was dieser Kopfschmuck bedeutet und welche Götter die von den Herrschern getragenen Masken abbilden. In manchen Fällen verbergen sich hinter den Götterköpfen möglicherweise die Schutzgötter der Stadt oder der Königsdynastie; Tiermasken stehen vermutlich für die tierischen Schicksalsdoppelgänger (s. Eberl, S. 312 f.) des Königs oder seiner Familie.

Den Insignien der Königswürde wird insbesondere in den Inschriften von Palenque viel Aufmerksamkeit geschenkt. Die Hieroglypheninschriften, aber auch die Reliefs berichten von verschiedenen wertvollen Gegenständen, welche den Herrschern des Ortes anlässlich ihres Amtsantritts von ihren Vorgängern oder ihren Eltern überreicht wurden. Neben dem Stirnband empfingen die Herrscher auch einen Schild und eine Speerspitze – dies waren die Symbole für den Krieg, die den König in die Schlacht begleiten sollten. Zudem gab es in Palenque einen besonderen königlichen Kopfputz, einen aus Jadescheiben zusammengesetzten und mit dem Bildnis des Gottes Hu'unal geschmückten Helm (Abb. 151). Jeder König von Palenque scheint diesen Helm als Insignie der Macht von seinem Vorgänger übernommen zu haben, so auch der König K'an Joy Chitam, der jüngste Sohn des großen Herrschers K'inich Janaab Pakal. Ihn jedoch hat der Kopfputz nicht vor Unglück bewahren können – K'an Joy Chitam wurde im Jahr 711 von seinen Erzfeinden aus Tonina gefangen genommen. Sein Schicksal in Tonina ist uns zwar nicht überliefert, es gilt jedoch als wahrscheinlich, dass er nicht sogleich getötet, sondern zunächst als wertvolle Geisel behalten und gedemütigt wurde.

Es dauerte mehr als zehn Jahre, bis Palenque einen neuen Herrscher bekam. Bemerkenswert ist, dass in dieser herrscherlosen Zeit ein wichtiges Gebäude zum Palast von Palenque hinzugefügt wurde. Es war nicht für einen Menschen bestimmt, sondern, wie aus einer Weiheinschrift zu erfahren ist, für den königlichen Kopfputz. In diesem Gebäude wurden die königlichen Insignien und der Kopfputz gehütet, die K'an Joy Chitam in Palenque zurückgelassen hatte. Nach der Gefangennahme des Königs war der Schmuck nicht nur eine materielle Erinnerung an seinen früheren Träger, sondern geradezu seine Verkörperung. In der Tat vererbten die Maya den Kopfputz nicht nur über lange Zeit als ein Familienjuwel, sondern glaubten auch, dass er und andere Zeichen der Königswürde beseelt und lebendig seien. Der Kopfschmuck von K'an Joy Chitam sei, so heißt es in der gleichen Inschrift, im Jahr 598 geboren worden.

Erst im Jahr 721 bestieg ein neuer Herrscher den Thron von Palenque. Jüngste Ausgrabungen in Palenque unter der Leitung des Archäologen Alfonso Morales haben einen Tempel und in seinem Inneren eine Art Thron zutage gebracht, der mit einem langen Hieroglyphentext und zwei mehrfigurigen Szenen geschmückt ist, die unter anderem den neuen König K'inich Ahkal Mo' Naab zeigen. Auf dem Relief auf der Südseite des Throns sieht man den König umgeben von sechs Würdenträgern. Er wendet sich einem von ihnen zu, der ihm eine Maske des Gottes Hu'unal überreicht, wobei hinter seinem Rücken der helmartige Kopfputz aus Jadeperlen steht. In dieser ungewöhnlichen Szene sind es nicht die Eltern oder Vorfahren, welche die Insignien der Macht überreichen, sondern Mitglieder der adligen Familien von Palenque. In der herrscherlosen Zwischenzeit waren sie es, die über den königlichen Kopfputz und die Maske des Gottes Hu'unal wachten. Als beseelte Objekte mussten Kopfputz und die anderen Attribute der Macht wie lebendige Wesen betreut und versorgt werden, vor allem mussten sie auch Nahrung in Form von Opfergaben wie Blut und Weihrauch erhalten. Der unlängst ausgegrabene Tempel 19 war vermutlich das Haus, in dem die Insignien der Macht in der Zeit von Ahkal Mo' Naabs Regierung aufbewahrt wurden. Der von den Archäologen gefundene Thron war nicht der Sitz des Herrschers selbst, sondern der Platz, wo man die Insignien unter einem Baldachin hütete und pflegte.

152 *Stele 4. Machaquila, Peten, Guatemala, Hauptplatz, Spätklassik, 28. Dezember 820 n. Chr.; Kalkstein; H. 183 cm, B. 82 cm; Guatemala Stadt, Museo Nacional de Arqueología y Etnología*
Der göttliche König von Machaquila, Siyaj K'in Chaak (Der aus der Sonne geborene Chaak), ist hier anlässlich der Feier von zwei Periodenenden im Maya-Kalender in vollem Ornat dargestellt. Als Zeichen seiner Herrscherwürde hält er ein Zepter in Form des Gottes K'awiil in der rechten Hand; ein Fuß des Gottes endet in dem Leib und Kopf einer Schlange.

GROSSMACHT IM WESTEN – DIE MAYA UND TEOTIHUACAN

Simon Martin

Zu den faszinierendsten Aspekten der Maya-Kultur gehören ihre Beziehungen zu ihren Nachbarn in Zentralmexiko und besonders zu der bedeutenden Stadt Teotihuacan. Diese gewaltige Metropole, deren Ruinen knapp 50 Kilometer nordöstlich des heutigen Mexiko Stadt zu finden sind, war das Herz einer Zivilisation, die den gesamten mesoamerikanischen Raum in unvergleichlicher Weise beeinflusste. Ihre unverwechselbare Kunst und Architektur ist in allen großen Kulturen dieses Raumes sichtbar und taucht in der gesamten Region der Maya vom Norden Yukatans über das mexikanische Kernland bis zu den Grenzgebieten von Honduras und der Pazifikküste Guatemalas auf (Abb. 154).

Wissenschaftler sind zwar in der Lage, das Verbreitungsgebiet von Artefakten und Bautraditionen aus Teotihuacan zu kartographieren, ihre Bedeutung erschließt sich allerdings nicht ohne weiteres. Es ist nicht bekannt, in welchem Maß die künstlerischen und architektonischen Hinterlassenschaften Ausdruck politischer, kultureller oder wirtschaftlicher Kontakte sind. Auch lässt sich nicht so leicht feststellen, wo Menschen aus Teotihuacan selbst anwesend waren und wo ihre kulturellen Errungenschaften lediglich nachempfunden wurden. Die Deutung der Kunstwerke Teotihuacans ließ manche Forscher an ein wohlwollendes, kollektives und theokratisch ausgerichtetes Regierungssystem denken. In dieser Vorstellung wird die Religion als einigende Kraft verstanden, die das Volk zu einem Paradies auf Erden lenkt, in dem ein Ehrfurcht gebietender Kosmos nicht nur als Maß der Stadtplanung, sondern auch der Gesellschaftsordnung gilt. Die regen Handelsaktivitäten von Teotihuacan gelten als Motor für seinen kulturellen Einfluss, wobei die militaristische Komponente erst in späteren Zeiten Bedeutung erlangt haben soll.

Teotihuacan – ein mesoamerikanisches Rom

Bereits 100 n. Chr. trat Teotihuacan als eine bedeutende Stadt auf den Plan der mesoamerikanischen Geschichte und beherrschte den nördlichen Teil des Hochlandbeckens von Mexiko. Als sie um 500 n. Chr. ihren Zenit erreichte, hatte sie stolze 125 000 bis 200 000 Einwohner aufzuweisen. Die Stadt war nach einem strengen Schachbrettmuster angelegt, selbst der Fluss San Juan, der sich einst durch den Ort schlängelte, wurde

153 *Tempel des Quetzalcoatl. Teotihuacan, Mexiko; um 250 n. Chr.*
Der Tempel des Quetzalcoatl, der sich in der Mitte des großen Zitadellenkomplexes erhebt, muss für die Herrscher von Teotihuacan von immenser Bedeutung gewesen sein. Wie durch Muscheln verdeutlicht wird, gibt seine kunstvoll skulptierte Fassade, ursprünglich in leuchtendem Rot, Grün und Weiß bemalt, eine Wasserwelt wieder, zu der zwei besondere Schlangengottheiten gehören. Die eine ist Quetzalcoatl, die berühmte „Federschlange". Die andere wird als Kopfschmuck auf deren Rücken dargestellt, was ein altes Bild für Xiuhcoatl ist, der „Türkisfarbenen Schlange", dem feurigen Gott des Krieges.

154 *Ansicht von Teotihuacan vor Ausgrabung der Straße der Toten*
Allein das Ausmaß von Teotihuacan hinterlässt beim Besucher einen unauslöschlichen Eindruck. Wie bei jeder Ruinenstätte sehen wir jedoch nur das Gerippe, die leere Hülle einer Stadt, und der Reiz besteht darin, sich diesen Ort in seiner Blütezeit vorzustellen, als er vor Menschen überquoll und jede Hauswand mit Stuck verkleidet und mit oft großartigen Wandgemälden geschmück war. Die Azteken verehrten, was von dieser Stadt übrig war, die auch schon zu ihrer Zeit in Trümmern lag. Sie waren es auch, die ihr den heutigen Namen gaben: Teotihuacan oder „Ort, an dem Menschen zu Göttern werden". Auch ihren hervorragendsten Bauwerken gaben sie die sinnträchtigen Titel, die sie noch heute tragen: Pyramide der Sonne, Pyramide des Mondes und Weg der Toten.

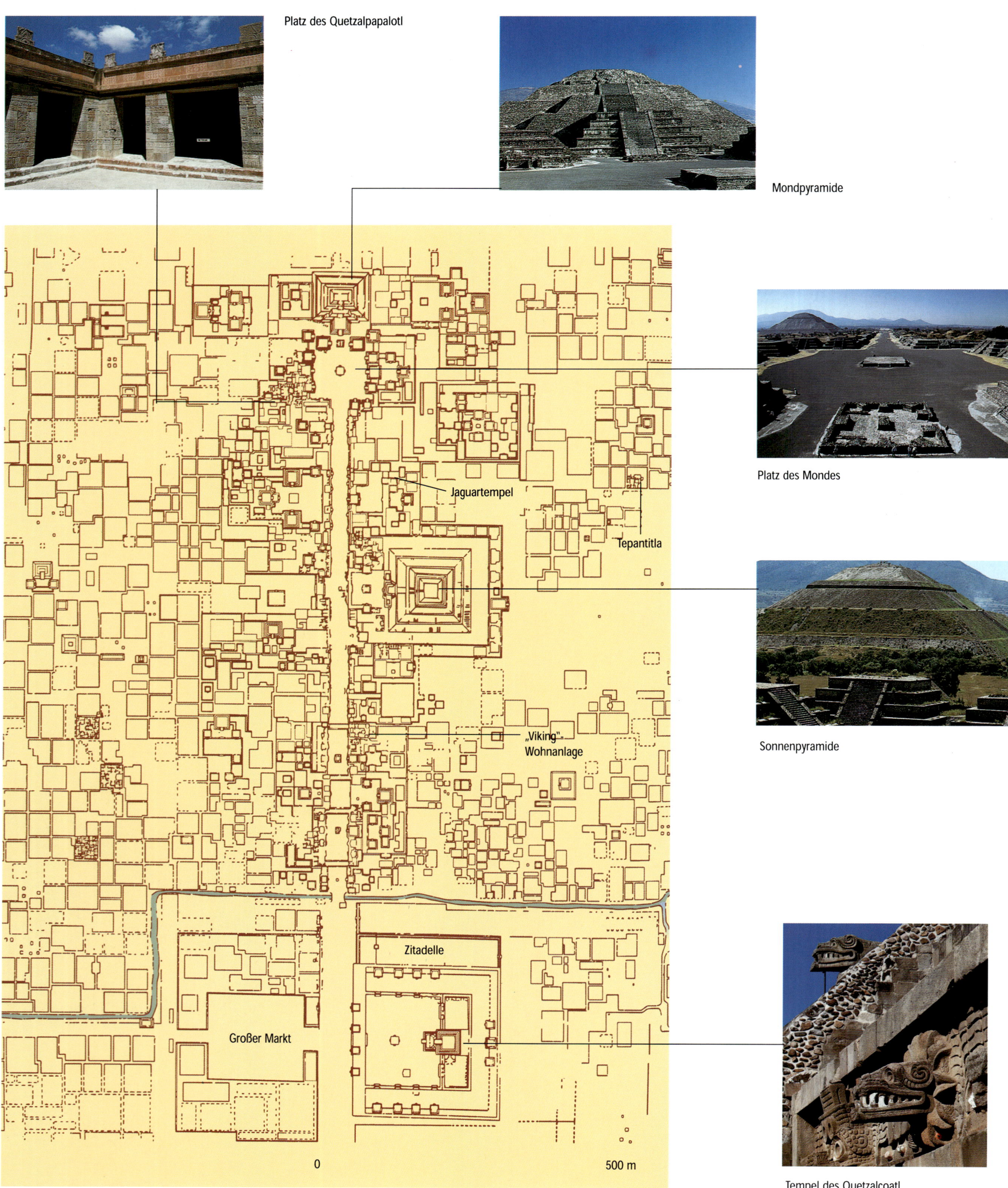
Platz des Quetzalpapalotl
Mondpyramide
Platz des Mondes
Jaguartempel
Tepantitla
Sonnenpyramide
„Viking"-
Wohnanlage
Zitadelle
Großer Markt
0
500 m
Tempel des Quetzalcoatl

begradigt und in ein Kanalbett mit rechtwinkligen Biegungen gezwungen (Abb. 155). Die Hauptachse der Stadt verläuft nahezu exakt in nordsüdlicher Richtung und wird vom 2,5 Kilometer langen Weg der Toten gebildet, einer prächtigen Prozessionsstraße, die von zahlreichen Tempelplattformen und Palastkomplexen flankiert ist. Sie verbindet die herausragendsten Monumente der Stätte: die mächtigen Pyramiden der Sonne und des Mondes – von Menschen angelegte Berge, die die Zweidimensionalität des Straßengitters nur insofern durchbrechen, als sie die dritte Dimension himmelwärts bilden. Am südlichen Ende des Weges der Toten befinden sich zwei weitläufige Umbauungen. Die eine könnte der Hauptmarktplatz gewesen sein; zu der anderen, der so genannten Ciudadela (Zitadelle), gehört der Komplex einer Residenz, die wohl das Herz der Regierung von Teotihuacan war. Im Mittelpunkt der Ciudadela liegt der Quetzalcoatl-Tempel oder Tempel der „Federschlange", eine Pyramide, die prächtig mit skulptierten Schlangengottheiten geschmückt ist. Umsäumt sind die zentralen Bauwerke der Stadt auf allen Seiten von ungefähr 2000 Wohnkomplexen, die sich über etwa 22 Quadratkilometer erstrecken. Die eingeschossigen Wohnanlagen sind aus Steinen oder Adobe-Ziegeln grob gefügt, mit Gips verputzt und voneinander durch schmale Gassen getrennt. Im Innern bestanden diese Komplexe aus miteinander verbundenen Räumen und Höfen, genutzt zum Kochen, Schlafen und Aufbewahren; sie beherbergten überdies Gemeinschafts- bzw. Familienschreine. Einer der freigelegten Komplexe zählte 176 Räume.

Beherrschendes Merkmal der Zeremonialarchitektur war der als Talud-Tablero bekannte Fassadenstil (Abb. 156). Obgleich es sich nicht um eine eigene Schöpfung handelte (er scheint sich im Gebiet des nahe gelegenen Puebla entwickelt zu haben), wurde er einer der bekanntesten Exportartikel von Teotihuacan (s. Fahsen, S. 95). Bauten dieses Stils zeigen abwechselnd schräge Böschungsmauern *(talud)* über kastenartig vorspringenden Doppelsimsen *(tablero)*; sie wurden aus Steinblöcken über einem tönernen Adobe-Kern gebaut, mit Gips verputzt und reich mit figürlichen Motiven wie Fabelwesen und aquatischen oder floralen Ornamenten in einer Farbpalette bemalt, in der Rot und Grün überwiegen. Diese Tradition kraftvoller Wandbemalung, die in echter Freskotechnik aufgetragen wurde, findet sich in der gesamten Stadt und speziell im Innern der Wohnkomplexe mit vielfältigen Motiven. Abstraktion und geometrische Formen sind in der Kunst Teotihuacans in einem Maße vertreten, wie man es sonst eher mit Südamerika als mit der mesoamerikanischen Tradition in Verbindung bringt, in der sie einen so bedeutenden Stellenwert errang. Diese ästhetische Grundlage wird durch florale Ornamente und die Liebe zum minuziösen Detail bis zu einem gewissen Grad aufgehoben und gemildert. Porträtierte Götter und Fürsten scheinen fast in ihrer Kleiderpracht unterzugehen (Abb. 157); hier konkurrieren Umhänge, Tücher und Quasten mit Federn, Fellen und Perlen um das Augenmerk des Betrachters. Auffälligste Zier ist der Kopfputz mit schwungvollen Federbüschen, die meist auf dem Kopf einer Eule, eines Pumas, Koyoten oder einer Schlange befestigt sind, aus deren Rachen der Träger hervorschaut. Auf vielen Werken sind die kreisrunden „Glotzaugen" und Donnerkeile des Regengottes, den die Azteken Tlaloc nannten, zu sehen. Die abgebildeten Kriegerfiguren sind mit Schild, Pfeilen und der hölzernen Speerschleuder bewaffnet, die später als *atlatl* bekannt wurde; manche schwingen Feuersteinklingen, deren Spitzen menschliche Herzen aufspießen. Auf anderen Darstellungen haben sie die Gestalt von Raubtieren. An erster Stelle stehen hier die Eule (Abb. 158, 159) und – für uns befremdlich – Schmetterlinge und Nachtfalter als Symbole der Flüchtigkeit eines Kriegerlebens oder möglicherweise der reinkarnierten Seele des Kriegers. Immer wieder finden sich auf den Wandgemälden Gruppen von singenden oder psalmodierenden Menschen, von deren Lippen sich blumig verzierte „Spruchbänder" rollen.

155 *Karte des Stadtkerns von Teotihuacan*
Die Schachbrettanlage von Teotihuacan ist auf dieser Karte des Stadtkerns von etwa 7 km² gut zu erkennen. Die Hauptachse bildet die von Norden nach Süden verlaufende, 2,5 km lange Straße der Toten, auf die alle großen Gebäude auf die eine oder andere Weise ausgerichtet sind, von der Zitadelle (Ciudadela) und dem Großen Markt im Süden bis zu den gigantischen Pyramiden der Sonne und des Mondes, die ihren nördlichen und südlichen Schlusspunkt bilden. In Ost-West-Richtung durchzieht der schon in vorspanischer Zeit kanalisierte Fluss San Juan die Stadt. Nur ein Bruchteil der Gebäude im Zentrum ist bislang ausgegraben worden.

156 *Talud-Tablero-Fassade. Mundo Perdido, Tikal, Guatemala, Mundo-Perido-Pyramide (5C-54); Frühklassik, 250–500 n. Chr.*
Fassaden im Talud-Tablero-Stil sind ein Charakteristikum der Architektur von Teotihuacan. Sie sind in zahlreichen Orten anzutreffen, mit denen die Stadt Handel trieb oder die in ihren unmittelbaren Einflussbereich kamen, so auch in Oxkintok in Nord-Yukatan und Kaminaljuyu im Hochland von Guatemala. Die Hauptpyramide der frühklassischen Mundo-Perdido-Gruppe von Tikal lässt die miteinander abwechselnden abgeschrägten Böschungsmauern (span. *talud*) und die kastenartig vorspringenden Doppelsimse (span. *tablero*) erkennen. Talud-Tablero-Fassaden tauchen schon vor 378 n. Chr. in Tikal auf, ein Zeichen dafür, dass die Bande zwischen den Städten bereits bestanden, als Siyaj K'ak' dort eintraf.

157 *Ein Fürst von Teotihuacan. Teotihuacan, Techinantitla-Bezirk; um 650–750 n. Chr.; Fresko; H. 70 cm, B. 97 cm; San Francisco, The Fine Arts Museums of San Francisco*
Dieses Fragment eines Wandgemäldes befand sich ursprünglich in einem Wohnkomplex in der Nähe des Stadtzentrums und zeigt einen der Herren von Teotihuacan. Durch Fußabdrücke ist ein Weg dargestellt, auf dem er schreitet; in seiner rechten Hand hält er einen Beutel mit Weihegaben, die er mit der linken verstreut. Ein Spruchband entrollt sich seinem Mund; es steht für ein Lied oder einen Gesang, und seine Verzierung mit Blumen und Amuletten symbolisiert „Heiligkeit". Der Fürst ist mit so genannten Glotzaugen-Ornamenten und einem Quastenkopfputz geschmückt. Letzterer könnte ein Hinweis auf seine soziale Stellung sein; er kehrt im unteren rechten Teil seiner Namensglyphe wieder.

Merkwürdig scheint bei einer solch hochkomplexen Gesellschaft, dass eine Schrift in Teotihuacan lediglich in rudimentären Ansätzen vorhanden war. Zwar erscheinen die Namen von Personen und Orten als Hieroglyphen auf Wänden und Bodenplatten öffentlicher Plätze, aber bis jetzt ließ sich noch kein Hinweis auf ein Schriftsystem finden, wie es die Maya und andere Völker Mesoamerikas entwickelten. Das bedeutet, dass der Weg zum wirklichen Verständnis der außergewöhnlichen Geschichte dieser Stadt wahrscheinlich für immer versperrt bleibt. Selbst über die Bewohner von Teotihuacan – ihre Herkunft, ihre Sprache, ihre gesellschaftliche und politische Struktur und viele andere Aspekte ihres Lebens – wissen wir sehr wenig. Das Fehlen offensichtlich dynastischer Monumente verlieh ihrem Staatswesen recht gesichtslose, kollektive Züge. Allerdings bezeugen vornehm ausgestattete Grabstätten wie die des Quetzalcoatl-Tempels eine große Diskrepanz zwischen den Gesellschaftsschichten.

Der große Reichtum der Stadt basierte unter anderem auf der Fertigung handwerklicher Güter und der Kontrolle über Schlüsselressourcen wie Obsidian – das vulkanische Glas, aus dem rasiermesserscharfe Klingen aller Art geschliffen wurden. Der Obsidian mit der typisch grünlichen Färbung, der bei den nahe gelegenen Orten Tepeapulco und Pachuca abgebaut wurde, fand seinen Weg in alle Regionen Mesoamerikas. Die weite Verbreitung des Keramikstils „Fein Orange" ist ein weiteres charakteristisches Indiz für den Kontakt mit Teotihuacan; Erzeugnisse dieses Stils wurden exportiert und häufig imitiert.

Die große Zahl militärischer Darstellungen lässt darauf schließen, dass auch das Kriegshandwerk eine Schlüsselfunktion für den Erfolg der Stadt hatte. Die Handelsstraßen von Teotihuacan wurden durch Waffengewalt gesichert. Zur Zeit der Azteken – viele Jahrhunderte später – existierte eine Kaste von Soldaten-Kaufleuten, den *pochteca,* die eine wesentliche Rolle im Fernhandel spielten, sodass ein ähnliches System der militärischen Sicherung auch für Teotihuacan vermutet werden kann. Tatsächlich waren die aztekischen *pochteca* nur eines der Instrumente eines Tribut fordernden

Reiches; es liegt also nahe anzunehmen, dass ein großer Teil des Reichtums, den Teotihuacan aufhäufte, mit Gewalt erpresst wurde. Auf jeden Fall dürften enorme Einfuhren zur Versorgung der Einwohnerschaft von Teotihuacan nötig gewesen sein, denn die war viel zu zahlreich, als dass der Großteil der Bewohner sich durch das Bestellen der umliegenden Felder hätte ernähren können.

Teotihuacan war eine kosmopolitische Stadt, die eine beachtliche Zahl Fremder beherbergte, wobei Gruppen aus dem Maya-, Oaxaca- und Veracruz-Gebiet Kolonien in separaten Stadtvierteln bildeten. Sie behielten dort viele Elemente ihrer heimatlichen Kultur wie zum Beispiel Bautechniken, Bestattungsriten und Keramikstile bei. Wenn es sich bei einigen dieser Fremden auch sicherlich um Kaufleute, die aus geschäftlichen Gründen und aus freien Stücken hier weilten, gehandelt hat, so ist nicht auszuschließen, dass die anderen Fremden zwangsweise nach Teotihuacan umgesiedelte Menschen waren. Auf der ganzen Welt haben Großmächte Vertreter eines unterworfenen Volkes – oft die Sprösslinge seiner Herrscher – verpflichtet, in der Hauptstadt der Sieger zu leben, wo sie sowohl als Botschafter wie de facto als Geiseln dienten, um das Wohlverhalten ihrer Sippe zu erzwingen.

Insgesamt stellen die Stadt Teotihuacan und die Kultur ihrer Bewohner also ein unvergleichliches Phänomen dar – das komplexeste und bevölkerungsreichste urbane Zentrum der Klassik, eine kulturelle und wirtschaftliche Supermacht ohnegleichen. Seine Blütezeit währte über 500 Jahre; im 7. Jahrhundert kam es jedoch zu einem verheerenden Niedergang. Öffentliche Gebäude im Herzen der Stadt wurden systematisch niedergebrannt und zerstört, von Invasoren geplündert oder im Zuge einer internen Revolution vernichtet. Bis 750 n. Chr. war die Einwohnerzahl von Teotihuacan auf einen Bruchteil ihrer einstigen Größe gesunken.

158 *Fragment eines Wandgemäldes mit Kriegseule. Teotihuacan, Techinantitla-Bezirk; um 650–750 n. Chr.; Fresko; H. 26 cm, B. 30,5 cm; Mexiko Stadt, Instituto Nacional de Arqueología e Historia*
Eines der wichtigsten Kriegsmotive Teotihuacans war die mit einem *atlatl*-Pfeil oder -Speer bewaffnete Eule mit rundem Schild. Unterschiedliche Interpretationen sehen sie als Gottheit, als Emblem einer bestimmten Kriegerkaste oder eines Kriegergeschlechtes oder sogar als einen persönlichen Namen oder Titel. Die aus dem Schnabel hervorkommenden Spiralen sind ein häufiges Motiv in der Kunst Teotihuacans und stellen Sprache oder Gesang dar. Die Kriegseule erscheint auch in der Kunst der Maya, dort ist sie Begleiter von Gott L, der sowohl ein Kriegsgott wie auch ein Gott der Händler war, zwei Aspekte, die eng mit der Rolle des Einflusses von Teotihuacan im Maya-Gebiet zusammenhängen.

Zu seiner Zeit war Teotihuacan genauso Mittelpunkt der mesoamerikanischen Welt, wie Rom dies für den Mittelmeerraum war. Es wird jedoch immer deutlicher, dass sich der Imperialismus mesoamerikanischer Prägung von seinem Gegenstück in der westlichen Welt unterschied und möglicherweise nur schwache archäologische Spuren hinterlassen hat. Mangels unumstößlicher Beweise wagen nur wenige, von einem „Reich von Teotihuacan" zu sprechen. Statt auf die rigide Kontrolle der eroberten Gebiete – für die das reife Römische Reich steht und die sich in seinen gewaltigen öffentlichen Bauten in ganz Europa ausdrückt – setzten die Mesoamerikaner eher auf „hegemoniale" Kontrollmechanismen, auf lockere Strukturen, die die persönlichen Bindungen zu unterworfenen Elitegruppen betonen.

Wichtig zu erwähnen ist, dass Militarismus und politische Ordnung als Themen der Kunst Teotihuacans außerhalb seiner Grenzen und speziell im Gebiet der Maya die deutlichste Sprache sprechen. Im wörtlichen Sinne bietet die von den Maya gelieferte Information eine besondere Sicht auf diese einflussreiche zeitgenössische Großmacht und gibt gleichzeitig ebenso wesentliche Auskunft darüber, wie sich die Maya selbst sahen.

159 *Teotihuacanische Kriegseule. Fundort unbekannt; um 650–750 n. Chr.; gebrannter Ton; Dm. 26,4 cm; Mexiko Stadt, Museo Nacional de Antropología*
Diese kunstvolle Darstellung der Kriegseule von Teotihuacan auf dem Deckel eines schwarzen Keramikgefäßes zeigt das Motiv zum Emblem stilisiert mit zentral positioniertem Schild und gekreuzten *atlatl*-Pfeilen. In ähnlicher Form findet es sich immer wieder auf Wandgemälden, Keramikgefäßen und Steinskulpturen aus Teotihuacan.

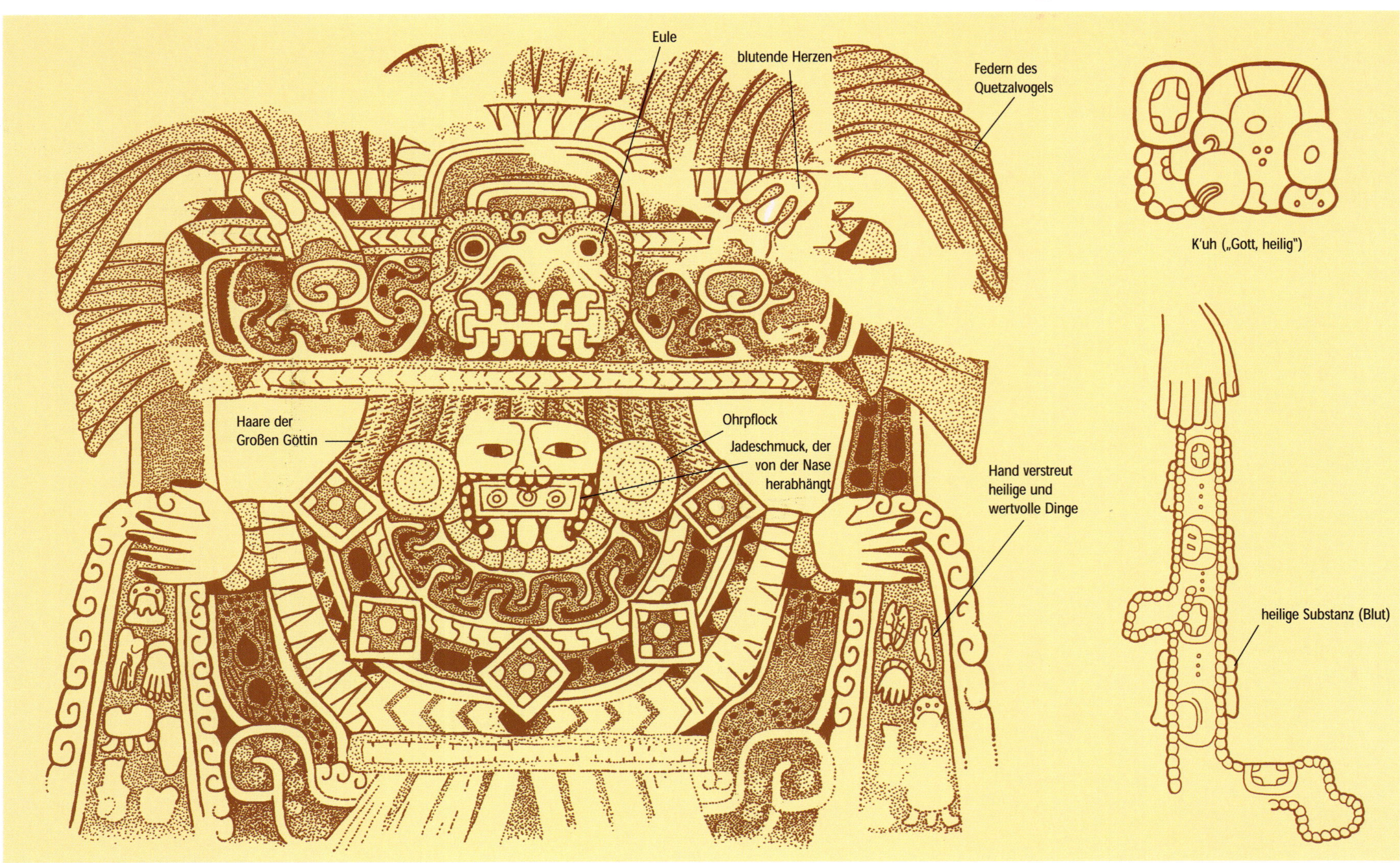

160 *Der „heilige Stoff" von Teotihuacan. Links: Ausschnitt aus dem Wandgemälde von Pórtico 11; Teotihuacan, Mexiko, Tetitla; rechts: Detail der Stele 3/6 aus Yaxchilan; Yaxchilan, Mexiko*
Der Strom der Gaben, den die Große Göttin von Teotihuacan austeilt, wird durch die in ihm treibenden Embleme, wie stilisierte Herzen, Muscheln, Augen, Hände, Blumen, als göttlich oder kostbar ausgewiesen. Dieselbe Substanz findet sich bei Aussaat-Riten, die von Gottheiten verkörpernden Fürsten vorgenommen wurden; überdies kennzeichnen die Symbole besondere sprachliche Ausdrucksformen wie Lieder, Gesänge und Poesie (s. Abb. 157). In der Klassik übernahmen die Maya mehr und mehr diese teotihuacanischen Vorstellungen und ihre Bildersprache. Der „heilige Stoff" der Teotihuacaner fand Eingang in die Hieroglyphen der Maya für *k'uh* (Gott) und *k'uhul* (heilig; oben rechts), und auch in der Darstellung der Aussaat-Riten der Maya-Könige begegnen uns die teotihuacanischen Motive (unten rechts).

Teotihuacan und die Maya

Der Einfluss Teotihuacans auf die Maya lässt sich archäologisch anhand ihrer Kunst und seit einigen Jahren auch an ihren hieroglyphischen Inschriften nachweisen. Beide Gebiete liefern eigene Ansatzpunkte, dabei ist die Rolle, die die bildliche Darstellung im Stil von Teotihuacan innerhalb der Kunst der Maya spielt, die auffälligste.

Wichtig ist festzustellen, dass es nie zu einer wirklichen Verschmelzung dieser beiden Stile kam; ohne Frage sind die Motive aus Teotihuacan immer als „fremd" oder „ausländisch" zu erkennen. Im Reglement der Maya-Mode stellen Elemente aus Teotihuacan einen Sonderparagrafen dar. In manchen Abbildungen ist lediglich ein einziges mexikanisches Motiv in ein Gewand im reinen Maya-Stil aufgenommen, in anderen Fällen ist man von Kopf bis Fuß auf Teotihuacan eingestellt.

Im gesamten mesoamerikanischen Raum war der Kopfputz immer ein erstklassiges Medium für symbolische Informationen, das zu vielen Gelegenheiten „gelesen" werden sollte wie ein Text. Die größte und sperrigste Kopfbedeckung, mit der ein Maya-König zu sehen ist, zeigt eine monströse, gepanzerte Schlange (Abb. 162). Als Vorläuferin des Azteken-Gottes Xiuhcoatl bildete diese Gottheit das Herzstück eines „Kriegskultes" in Teotihuacan. Die Maya kannten sie unter der immer noch recht mysteriösen Bezeichnung *waxaklajuun ubaah kaan* oder „18-köpfige-Schlange" (Abb. 161). Verwandte Ausführungen mexikanischen Kriegerkopfputzes waren ein runder Helm aus Muschelplättchen, den die Maya als *ko haw* bezeichneten, und ein unförmiger „Ballon" aus Hirschleder, an dem Eulenfedern mit schwarzen Spitzen angebracht waren. Das „Glotzaugen"-Motiv kommt in solchen Zusammenhängen immer wieder vor, ob als Maske oder als einfache Kreise, die auf der Stirn fixiert sind. Manchmal ist sogar der stilisierte Rüssel des Schmetterlingskriegsgottes zu sehen. Komplettiert wurde die mexikanische Gala-Uniform durch den viereckigen Schild (im Gegensatz zu dem runden der Maya), den die Kriegsschlange zierte, und die Speerschleuder *atlatl*.

Solche Ausstattungen stehen im Kontext zu Kriegsberichten und versinnbildlichen offensichtlich spezielle Charaktere, die Maya-Könige benutzten, um Siege zu verkünden – ein Hinweis auf Teotihuacans Furcht einflößenden Ruf als Militärmacht. Eine zweite Art des Kopfschmucks könnte man als „Kronen" bezeichnen. Besitz und Zurschaustellung prestigeträchtiger Kopfbedeckungen spielten eine wesentliche Rolle bei Zeremonien zur Thronbesteigung. Der Stil solcher Insignien lässt oft Verbindungen zu Teotihuacan erkennen.

Ein Maya-Ritual mit einer ganz besonderen Verbindung zu Teotihuacan war die so genannte „Aussaat-Zeremonie", bei der der Herrscher Tröpfchen oder Kügelchen auf einen Altar, den man aus noch unbekannten Gründen mit Seilen verschnürt und verknotet hatte, oder in das Feuer von Kohlenpfannen streute. Der Beutel, dem diese Essenzen entnommen wurden, hing von einem Griff herab und war immer mit mexikanischen Motiven verziert. Tatsächlich ist auf Wandgemälden in Teotihuacan exakt dasselbe Ritual dargestellt; dort bestehen die Gaben des „göttlichen Füllhorns" aus amulettartigen Gegenständen: halben oder ganzen Muscheln, Herzen, Augen, Blumen und Händen. Was genau verstreut wurde, ist unklar; jedoch bieten sich Blut und Weihrauch als die naheliegendsten Opfergaben für diese „geheiligte Essenz" an. Die beiden Kulturen scheinen von alters her gleiche Vorstellungen mit dieser Substanz verbunden zu haben, die die Maya *k'uhlel* nannten. Der Begriff ist vom Wortstamm *k'uh* (Gott) abgeleitet, bedeutet also einfach „heiliger Stoff". Die Maya-Hieroglyphe für diese Bezeichnungen zeigt einige derselben Amulette, so zum Beispiel die Halbmuschel, die auch in Teotihuacan zu sehen ist. Dieser Aussaat-Ritus ist also höchstwahrscheinlich mexikanischer Herkunft (Abb. 160).

Wie deutlich hieroglyphische Texte die mexikanische Kunst widerspiegeln und mit ihr in Wechselbeziehung stehen, zeigt folgendes Beispiel: Ein Zeichen, das häufig in bildlichen Darstellungen aus Teotihuacan zu sehen ist, wurde als *pu* oder *puh* entziffert, das Maya-Wort für „Rohrkolben" (Abb. 164). Bezeichnenderweise sprechen Quellen der Kolonialzeit aus ganz Mesoamerika vom Tollan beziehungsweise „Ort des Röhrichts". Diese legendäre Stätte war das Inbild sozialer und religiöser Ordnung. Der Begriff wurde jedoch auch auf eine Reihe weltlich-politischer Macht-

161 *Maya-Fürst im teotihuacanischen Gewand. Umzeichnung einer im Codex-Stil bemalten Schale; Fundort unbekannt; um 700 n. Chr.*
Außergewöhnlich ist das Ausmaß, in dem sich der Maya-Fürst in dieser Szene mit der fremden Symbolik aus Teotihuacan umgibt, die ihm je nach Bedarf den Status eines Gründers, Eroberers oder Oberkönigs verleiht. Chan Muwaan reitet auf einer Kriegsschlange mit großen „Glotzaugen" und ist mit Ballonkopfputz und Hakenzepter ausgestattet.

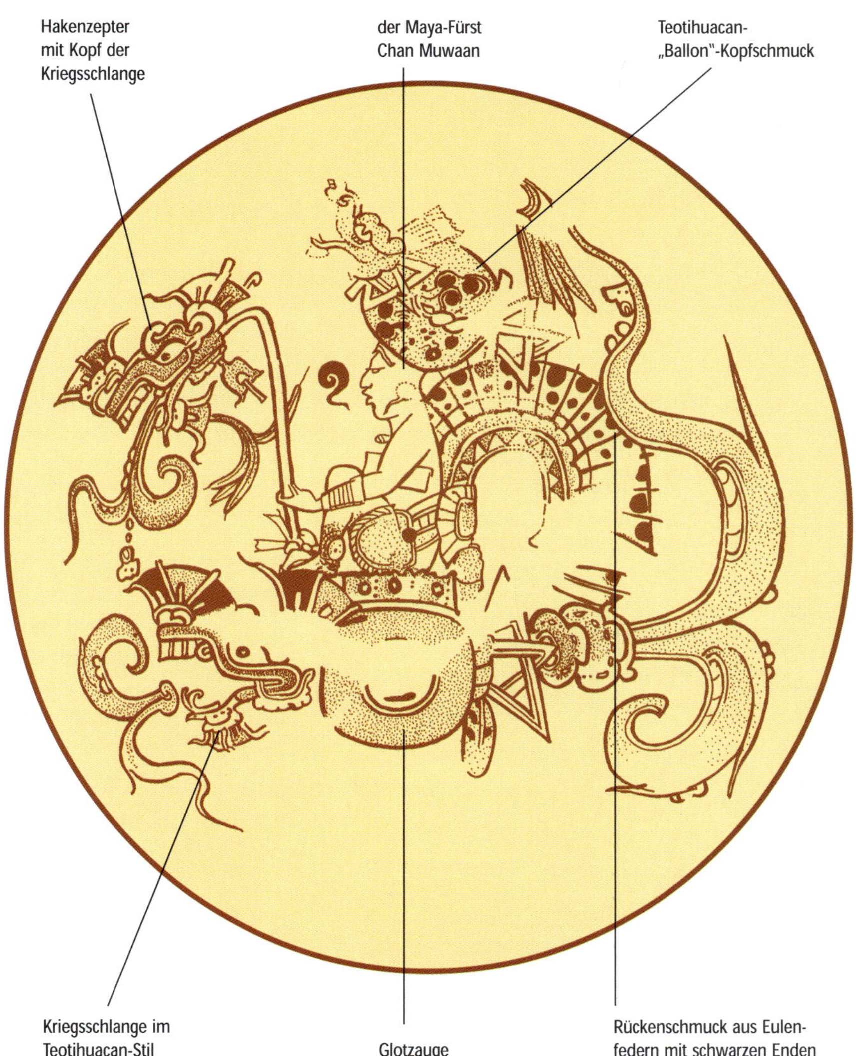

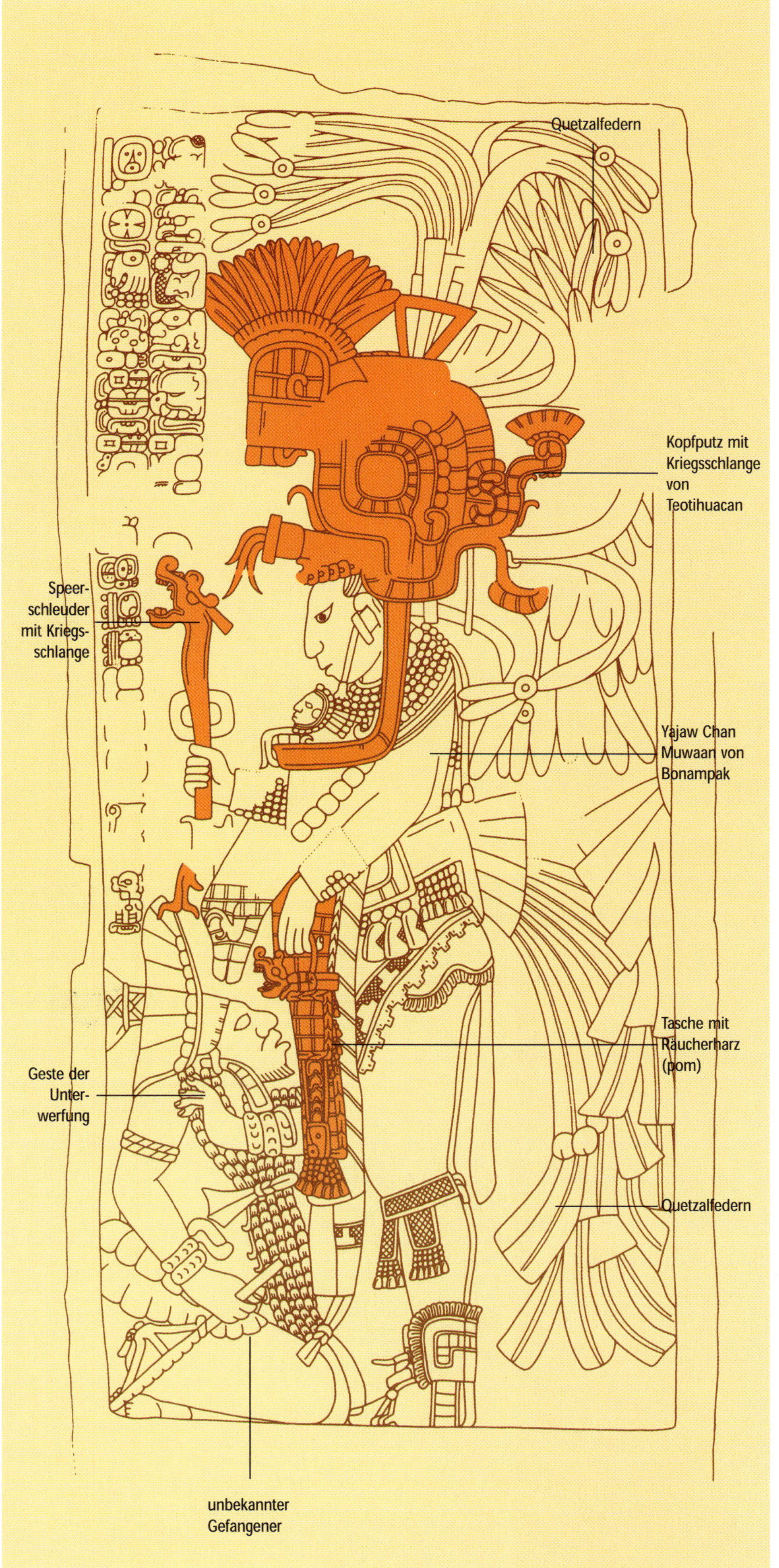

162 *Die Kriegsschlange bei den Maya. Bonampak, Mexiko, Umzeichnung der Stele 3; 785 n. Chr.*
Um an der Macht der Götter von Teotihuacan und am Ruhm der Teotihuacaner als Eroberer und Herrscher teilzuhaben, übernahmen die Maya-Könige der Klassik häufig Elemente der teotihuacanischen Kriegsrüstung. Dieses späte Maya-Monument zeigt Yajaw Chan Muwaan („Fürst-des-Himmels-Falke"), König von Bonampak, wie er als Kopfschmuck die Kriegsschlange trägt und einen *atlatl*, eine Speerschleuder, mit demselben Motiv mit sich führt.

163 *Beschwörung einer teotihuacanischen Vision. Yaxchilan, Mexiko, Türsturz 25; um 726 n. Chr.; Kalkstein; H. 130,1 cm, B. 86,3 cm; London, British Museum*
Hier sehen wir Frau K'abal Xook, Königin von Yaxchilan, die nach einem Blutentnahmeritual eine Vision erlebt. Sie hat ein halb verwestes Monster beschworen, ein Geschöpf zwischen einer Schlange und ihrem tödlichen Gegenstück, dem Hundertfüßler, das den Helmbusch der teotihuacanischen Kriegsschlange trägt. Seinem Rachen entspringt ein bewaffneter Krieger mit Ballonkopfputz und „Glotzaugen"-Maske, den der Begleittext als den „Feuerstein und Schild" des bedeutendsten Schutzgottes von Yaxchilan beschreibt; mit größter Wahrscheinlichkeit ist er eine Manifestation des Königs Itzamnaaj Balam („Schild-Jaguar II") als Beschützer der Stadt.

164 *Maya-Hieroglyphen für teotihuacanische Themen*
In den Inschriften der Maya finden sich Bezeichnungen, die sich auf spezifisch teotihuacanische Topoi und Begriffe beziehen. So wissen wir z. B, dass die allgegenwärtige Kriegsschlange von den Maya *waxaklajuun ubah kan* („18-Gesichter-hat-die-Schlange") genannt wurde. Die Vorstellung von Teotihuacan als einem Tollan, also einem „Ort des Röhrichts", wird durch ein Rohrkolben-Symbol dargestellt, das *puh* (Schilfrohr) bedeutet. Weniger gut ist das Zeichen der „gekreuzten Fackeln" entschlüsselt, das für eine Art Stammsitz steht, den Entstehungs- und Gedenkort einer Dynastie, die mit dem großen Teotihuacan verbunden ist. Einer der höchsten königlichen Titel war *kalomte'*, was etwa „Großer Fürst" oder sogar „Kaiser" bedeutet. Zusammen mit *oochk'in* bildet es den Begriff „Großer Fürst des Westens", eine Bezeichnung, die mit Persönlichkeiten verknüpft ist, die aus Teotihuacan kamen oder sich auf ihre Abstammung von dort beriefen.

165 *Ankunft der Mexikaner. Tikal, Guatemala; um 400 n. Chr.; gebrannter Ton; Aufbewahrungsort unbekannt; Zeichnung University of Pennsylvania, USA*
Die Szene auf einem schwarzen Keramikgefäß könnte durchaus in idealisierter Form die Ankunft der Mexikaner im Maya-Tiefland beschreiben. Zur Rechten sehen wir einen Tempel im Talud-Tablero-Stil, der möglicherweise Teotihuacan selbst symbolisiert. Ihn verlässt eine Gruppe von Personen in mexikanischer Kleidung. Voran gehen Krieger, die mit *atlatl* (Speerschleudern) und Pfeilen bewaffnet sind, gefolgt von zwei weiteren Persönlichkeiten mit Quastenkopfputz und Dreifuß-Deckelgefäßen. Sie bewegen sich auf eine andere Stadt zu, die von Menschen mit typischen Merkmalen der Maya bewohnt wird.

zentren übertragen. Bei Legitimationsproblemen beanspruchten Könige zum Beispiel, von einer Tollan-Herrscherdynastie abzustammen, oder unternahmen Wallfahrten zu diesem Ort, um ein Unterpfand ihrer Königswürde zu erhalten. Diese Vorstellungen waren Teil eines hierarchischen Weltbildes, das in Mesoamerika sehr weit gefasst war und nicht nur die sterbliche Welt, sondern auch die der Götter betraf. Die Stellung Teotihuacans als führender Tollan ganz Mesoamerikas in der klassischen Periode belegt, wie tief sein Leitbild die politischen und religiösen Vorstellungen der Maya durchdrang.

Dies lässt sich gut anhand der Stadt Yaxchilan verdeutlichen. Auf dem Türsturz 25 ist die Königin des Ortes, K'abal Xook, zu erkennen, wie sie die Vision einer teilweise skelettierten mexikanischen Kriegsschlange am Tag der Thronbesteigung ihres Mannes „Schild-Jaguar" 681 n. Chr. beschwört. Die Schlange sendet aus ihrem Rachen einen Krieger in voller teotihuacanischer Uniform, offensichtlich den König selbst, der sich hier als Prototyp des Kriegers und Instrument einer lokalen Gottheit, die im Begleittext genannt wird, darstellt. Durch diesen Vorgang wird die Königin zur personifizierten Gottheit, die die „gekreuzten Fackeln" in ihrer Namensglyphe trägt, ein mexikanisiertes Motiv, das einen besonderen Bezug zu politischen Gründungsakten hat.

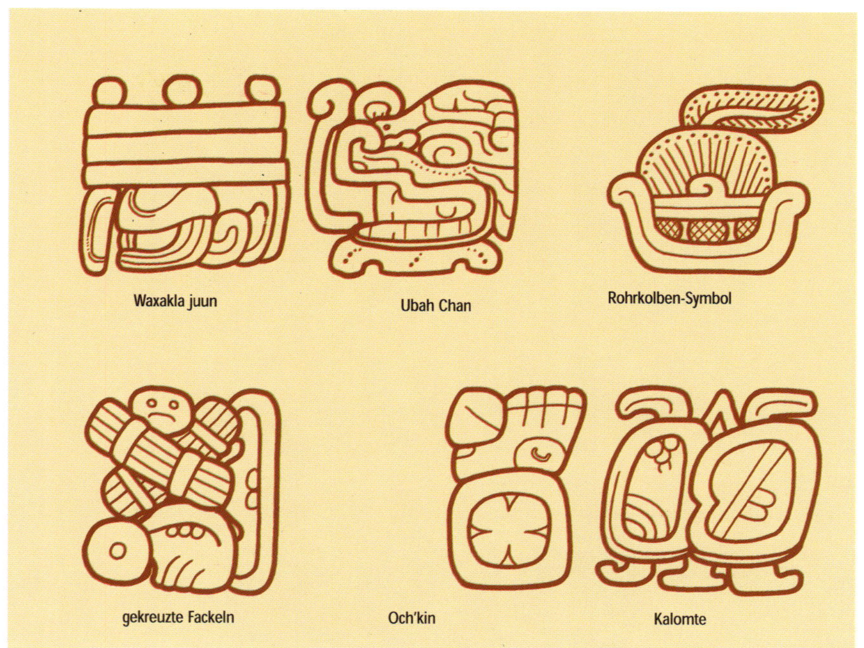

Teotihuacan und Tikal

Keine andere Stadt in Mesoamerika liefert einen besseren Beweis für den allumfassenden Einfluss Teotihuacans auf Kunst und Hieroglyphentexte als Tikal. Ausgrabungen in den 60er-Jahren ergaben Belege für eine plötzliche Intensivierung des mexikanischen Einflusses gegen Ende des 4. Jahrhunderts n. Chr. In Tikal (s. Grube/Martin, S. 159), mehr als tausend Kilometer von Teotihuacan entfernt, zeigen die Monumente unvermittelt Figuren in der Kleidung der Bewohner Teotihuacans, und zahlreiche Gräber und Gedenkstätten enthalten dreibeinige Deckelgefäße im Stil dieser Stadt. Auf einem Reliefgefäß sind einige mexikanische Krieger und Fürsten mit Quastenkopfputz zu sehen. Sie tragen Gefäße und brechen aus einer Stadt im Talud-Tablero-Stil zu einem anderen Ort auf, der von Maya bewohnt ist. Vielleicht stellt diese Szene die Zuwanderung von Teotihuacanern nach Tikal dar. Neuere Entschlüsselungen der Inschriften von Tikal lassen genau dies vermuten (Abb. 165).

Dieses Ereignis ist mit einem bestimmten Datum des Jahres 378 n. Chr. verknüpft. Es markiert die Ankunft eines gewissen Siyaj K'ak' („Im-Feuer-Geboren"). Er tauchte erstmals, acht Tage vorher auf, und zwar nicht in Tikal, sondern in El Peru. Aber die Ankunft Siyaj K'ak's war nicht das einzige Ereignis dieses Tages; es war auch der Tag, an dem einer der bedeutendsten Herrscher von Tikal, „Große Jaguartatze", starb. Es liegt nahe, dass eine politische Übernahme oder eine Eroberung stattgefunden haben muss. Mit Sicherheit bedeutete dies das Ende einer alten Dynastie in Tikal und ihre Ablösung durch eine Herrscherlinie, die sich auf ihre mexikanische Abstammung berief.

Siyaj K'ak', der einen mit der Bedeutung „westlich" assoziierten Titel trug, bildete den Dreh- und Angelpunkt dieser neuen politischen Ordnung. Er setzte Nuun Yax Ayiin I („Grünes" oder „Erstes Krokodil") 379 n. Chr. als neuen Herrscher über Tikal und andere Fürsten als Herren der Städte Uaxactun, Bejucal und Río Azul ein. Ob es sich dabei um auswärtige, das heißt mexikanische oder dienstwillige örtliche Fürstenlinien

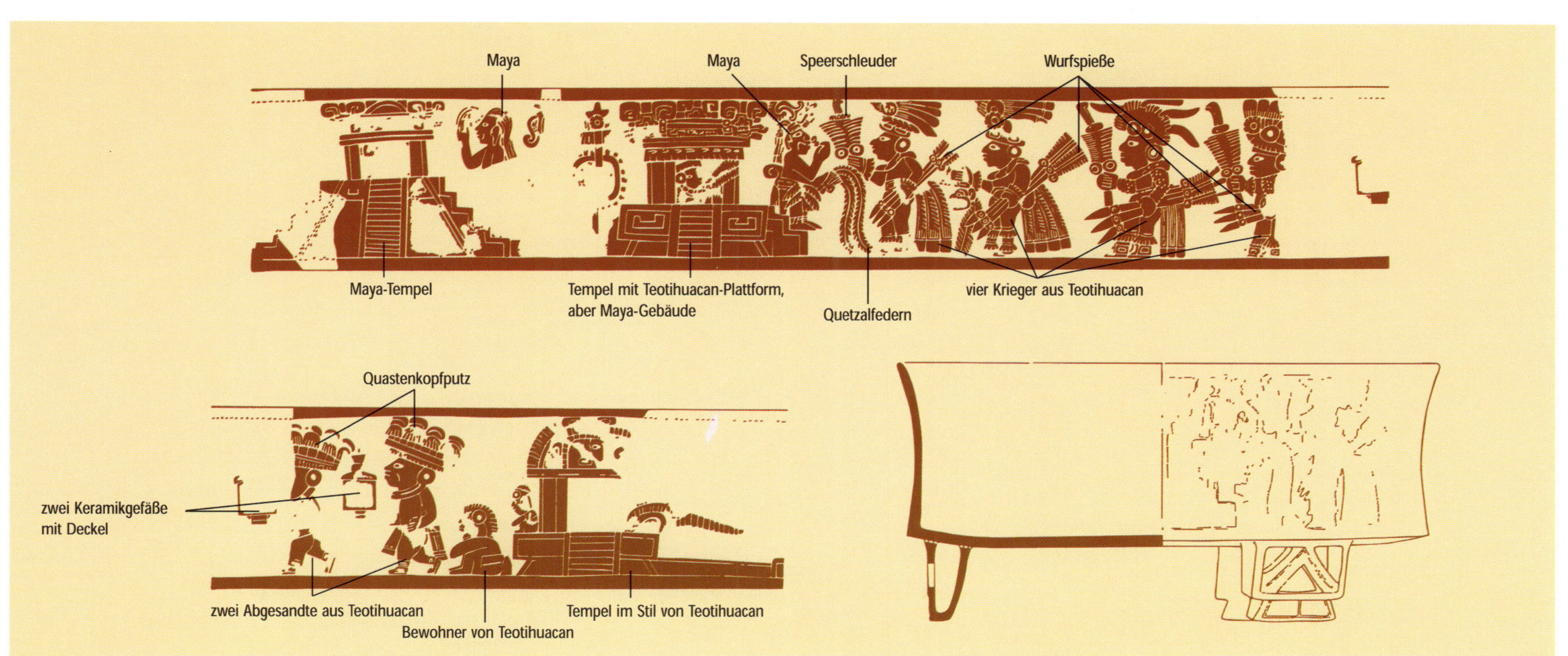

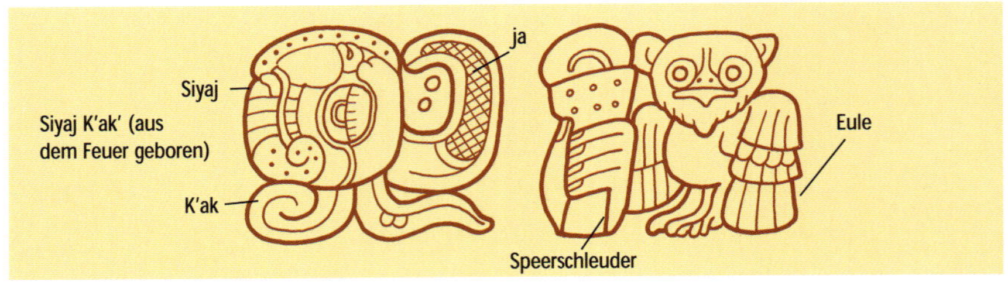

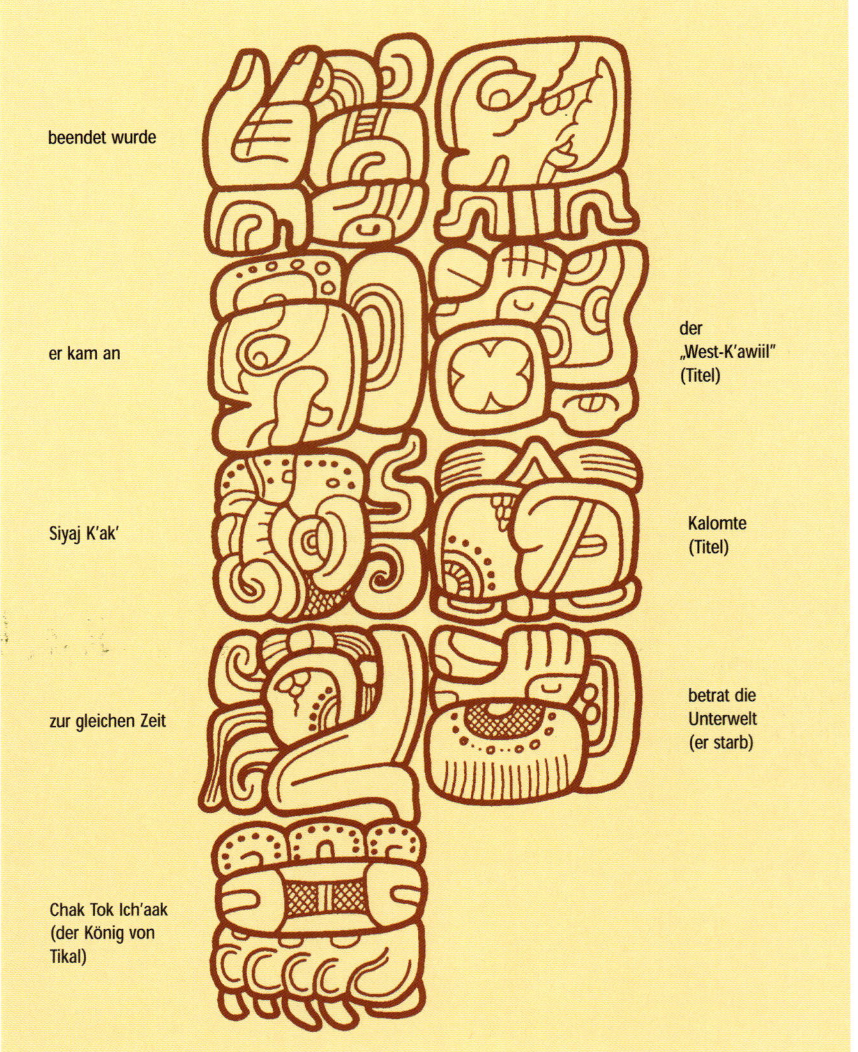

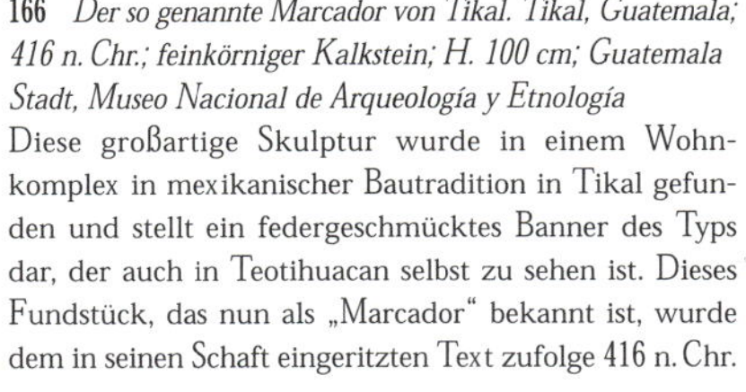

166 *Der so genannte Marcador von Tikal. Tikal, Guatemala; 416 n. Chr.; feinkörniger Kalkstein; H. 100 cm; Guatemala Stadt, Museo Nacional de Arqueología y Etnología*
Diese großartige Skulptur wurde in einem Wohnkomplex in mexikanischer Bautradition in Tikal gefunden und stellt ein federgeschmücktes Banner des Typs dar, der auch in Teotihuacan selbst zu sehen ist. Dieses Fundstück, das nun als „Marcador" bekannt ist, wurde dem in seinen Schaft eingeritzten Text zufolge 416 n. Chr. als Ehrenbezeugung für oder als Besitz von „Speerschleuder-Eule" feierlich übergeben. Und tatsächlich erscheint auf dem Medaillon in der Mitte eine Eule und ein *atlatl*, eine Speerschleuder. Im Weiteren beschreibt der Text die Erhebung von „Speerschleuder-Eule" zum Herrscher von 5-?-Berg. Vorstellbar ist, dass es sich dabei um ein Synonym für Teotihuacan selbst handelt.

167 *Die Ankunft von Siyaj K'ak'. Tikal, Guatemala, Stele 31 (Rückseite); 445 n. Chr.; Kalkstein; H. 230 cm; Tikal, Museo Sylvanus Morley*
Im Jahr 445 n. Chr. ließ Siyaj Chan K'awiil, der 16. König von Tikal, anlässlich der Feier des Endes einer Zehn-Jahres-Periode die großartige Stele 31 errichten. Die Schmalseiten sowie die Rückseite der Stele berichten von weit zurückliegenden Begebenheiten in der Geschichte der Stadt, aber auch über die Ankunft von Siyaj K'ak' am 15. Januar 378 n. Chr. Am gleichen Tag starb auch König Chak Tok Ich'aak – ein Zusammenhang zwischen der Ankunft des mit der Himmelsrichtung Westen assoziierten Siyaj K'ak' und dem Tod des Herrschers kann sicher vermutet werden. Das Ereignis war so wichtig, dass es auch auf dem nebenstehenden „Marcador" sowie auf zwei Monumenten der Nachbarstadt Uaxactun verzeichnet wurde, deren Herrscherdynastie möglicherweise ebenfalls durch Teotihuacan-freundliche Vasallen ersetzt wurde.

handelte, ist noch nicht geklärt. Nuun Yax Ayiin I selbst wird in der Tracht Teotihuacans abgebildet, und der Name seines Vaters, „Speerschleuder-Eule", bezeichnet das häufig in Teotihuacan dargestellte Motiv der „Kriegseule" (Abb. 168). An zwei anderen Stellen wird Speerschleuder-Eule als höchster Herrscher aller Maya-Könige genannt; er schien als höchste Autorität die mexikanische Präsenz im Tiefland zu verkörpern (Abb. 166).

Andere Funde dokumentieren, dass die Beziehungen zwischen Tikal und Teotihuacan bis weit vor 378 n. Chr. zurückreichten. Der in der Nähe von Teotihuacan gewonnene grünlich schimmernde Obsidian kommt in größerer Menge schon sehr viel früher in Tikal und Umgebung vor, was auf eine lange Handelstradition deutet, innerhalb deren Tieflandprodukte wie exotische Federn, Pelze und Textilien das mexikanische Zentralgebiet erreichten. Der Aufstieg Tikals zum Zentrum der Region muss nicht zuletzt mit diesen einträglichen Handelsbeziehungen in Zusammenhang gestanden haben. Große Zeremonialkomplexe im Talud-Tablero-Stil wurden um 250 n. Chr. in Tikal errichtet, was sogar auf mögliche dynastische Bande vor 378 n. Chr. hinweisen könnte.

Unter Nuun Yax Ayiins Sohn Siyaj Chan K'awiil I („Gott K'awiil, der im Himmel geboren wurde"; Regierungszeit 411–456 n. Chr.) verschwanden nahezu alle diese Hinweise auf Teotihuacan, da sich das mexikanische Herrschergeschlecht – inzwischen durch Einheirat versippt – als eine rechtmäßige Maya-Dynastie neu darstellte.

Der Einfluss Teotihuacans auf die Maya-Städte Kaminaljuyu und Copan

Bei Freilegung einer anderen großen Maya-Metropole, Kaminaljuyu, im südlichen Hochland ließ sich ein intensiver Kontakt mit Teotihuacan Ende des 3. und Anfang des 4. Jahrhunderts n. Chr. erkennen. Kaminaljuyu, das zuvor eine reiche und mächtige Stadt war, erlebte einen Niedergang, der bis 100 n. Chr. zu seiner fast vollständigen Entvölkerung geführt hatte. Merkmal seines Wiederaufblühens ist seine bedeutende Talud-Tablero-Architektur. Die dazugehörenden Grabstätten waren mit schönen Gefäßen im Teotihuacan-Stil und prestigeträchtigen Objekten, die von so weit entfernten Gebieten wie der Küste des Golfs von Mexiko kamen, ausgestattet. Eine Gruppe von Teotihuacanern, die zumindest der Ausstattung ihrer Gräber nach dem Adel angehörten, hatte die Herrschaft über Kaminaljuyu übernommen, um Kontrolle über die Fülle der natürlichen Reichtümer dieser Region zu erlangen; dazu gehörten Jade und andere Bodenschätze, inklusive der begehrten Obsidianvorkommen von El Chayal, sowie verderbliche Luxusgüter wie Quetzalfedern und Kakaobohnen, die an der Pazifikküste im Süden geerntet wurden. Funde teotihuacanischer „Weihrauchgefäße" – dekorative Keramikschöpfungen, auf die erhabene Muster appliziert sind – deuten auch hier auf einen mexikanischen Einfluss hin.

Copan birgt den vielleicht eindeutigsten Beweis für die aktive Rolle, die Teotihuacan oder seine Maya-Verbündeten bei der Einführung neuer Dynastien und der Verbreitung des klassischen Ideals in neue Territorien spielten. Der Altar Q (Abb. 169), die wohl großartigste Proklamation dynastischer Macht in der gesamten Geschichte der Maya, ist ein quadratischer Steinblock, der umlaufend in chronologischer Folge die Könige von Copan zeigt; jeder von ihnen thront auf seiner Namenshieroglyphe. Wo der Kreis sich schließt, unterhält sich der „Gründer" von Copan, Yax K'uk' Mo' (Erster-Quetzal-Ara; Regierungszeit 426–ca. 437 n. Chr.) mit seinem Nachfolger, dem 16. König und Auftraggeber des Monuments. Yax K'uk' Mo' ist mit den kennzeichnenden „Glotzaugen"-Ornamenten geschmückt und

168 *Ein neuer König in Tikal. Tikal, Guatemala, Stele 31; 445 n. Chr.; Kalkstein; H. 230 cm; Tikal, Museo Sylvanus Morley*
Der erste König, der nach der Ankunft der Teotihuacaner die Herrschaft in Tikal übernahm, war Nuun Yax Ayiin I („Grünes" oder „Erstes Krokodil"). Die Zeremonie zu seiner Inthronisation im Jahr 379 n. Chr. wurde vom Führer der oben beschriebenen Mission, Siyaj K'ak', geleitet. Yax Nuun Ayiins Vater war „Speerschleuder-Eule", der mutmaßliche Herrscher von Teotihuacan. Auf diesem Porträt sehen wir den König im vollen Ornat des teotihuacanischen Kriegers mit abgeflachtem Kopfputz; er trägt einen Halsschmuck aus aufgeklappten Muschelschalen, ebenfalls ein Attribut der Fürsten Teotihuacans.

169 *Yax K'uk Mo' und Yax Pasaj von Copan. Copan, Honduras, Altar Q; Tuffit; 776 n. Chr.; Copan, Museo de las Esculturas*
Altar Q von Copan ist mit der Darstellung der 16 Könige des Ortes eines der Schlüsseldokumente zum Verständnis der dynastischen Abfolge. Auf jeder der vier Seiten sind vier Könige auf ihren Namenshieroglyphen abgebildet. Dort, wo sich der Kreis schließt, sitzt Yax Pasaj, der das Monument im Jahr 776 n. Chr. anfertigen ließ, gegenüber von K'inich Yax K'uk' Mo', dem Gründer der Königsdynastie von Copan, der 426 n. Chr. in die Stadt kam. Wo seine Heimat lag, ist noch ungewiss, allerdings deuten der viereckige Schild und die „Glotzaugen" auf enge Kontakte mit Teotihuacan hin.

171 *Ein Motiv aus Teotihuacan in der Kunst der Maya. Tonina, Mexiko; um 700 n. Chr.; Stuck*
1992 wurde in der Maya-Stadt Tonina im Hochland von Chiapas ein spektakulärer Stuckfries freigelegt. Es zeigt die unterschiedlichsten mythischen Figuren, von denen die meisten *wayob* (Schicksalsdoppelgänger) zu sein scheinen. Alle Maya-Fürsten besaßen ein solches Alter Ego in Form einer phantastischen Tiergestalt. Der Rahmen aus Federn oder Blättern mit den nach unten zeigenden Köpfen in den Ecken ist ein von Teotihuacan entlehntes Ornament. Es ist dort eindeutig auf Wandgemälden zu erkennen, was z. B. durch den Wohnkomplex von Atetelco (Abb. 172) belegt wird. Sollte die Bedeutung in beiden Fällen auch nur annähernd vergleichbar sein, könnte sich hieraus ein Hinweis zur Interpretation der oft mysteriösen Symbolik teotihuacanischer Gemälde ergeben.

170 *Das „Dazzler"-Gefäß. Copan, Honduras, Akropolis; um 450 n. Chr.; gebrannter Ton, mit Stuck überzogen, bemalt; H. 20,5 cm, D. 27 cm; Copan, Instituto Hondureño de Antropología e Historia; (Kerr 6785)*
Dieses lebhaft bemalte Dreifuß-Gefäß wurde – obwohl durch und durch teotihuacanisch in Darstellung und Technik – in einer Grabkammer tief unter der Akropolis von Copan gefunden. Sein Hauptmotiv verbindet einen *Talud-Tablero*-Tempel und eine Figur mit ausgestreckten Armen, deren „Glotzaugen" und Nasenschmuck aus der Dunkelheit des Haupteingangs auftauchen. Es könnte sich um ein Bild des Gründers von Copan, Yax K'uk Mo', handeln, der hier als sein eigener Schrein dargestellt ist.

trägt den viereckigen Schild Teotihuacans. Nach einer modernen Interpretation des Textes auf der Altarplatte ist Yax K'uk' Mo' im Jahre 426 n. Chr. an die Macht und ins „Haus der gekreuzten Fackeln" gekommen, nicht zuletzt auch wegen der Unterstützung des nahe bei Copan gelegenen Ortes Quirigua. Wie Siyaj K'ak' ist Yax K'uk' Mo' durch seinen Titel mit dem Begriff „Westen" assoziiert. Die „gekreuzten Fackeln" markieren offensichtlich seinen Herkunftsort oder den Ort der Dynastiegründung – sie sind ein Ort des „ersten Feuers", an dem die Flamme einer Dynastie entfacht wurde.

Ausgrabungen in den tieferen Erdschichten von Copan, die der Bauebene zur Zeit des Dynastiegründers entsprechen, werfen Licht auf die noch nicht geklärte Frage nach Yax K'uk'Mo's Herkunft (Abb. 171). Die frühesten Bauwerke von Copan spiegeln den Einfluss von Tikal. An der Basis des Tempels 16 wurde das einzige Gebäude von Copan in Talud-Tablero-Architektur entdeckt. Im Innern war es einst, genau wie in Teotihuacan üblich, mit Wandgemälden in lebhaften Farben geschmückt. In den Fußboden eingelassen war das Grab eines Mannes mit einer Fülle von Grabbeigaben. Die Lage der Grabstätte und ihre Überbauung mit mindestens sieben Tempeln zum Gedächtnis des Dynastiegründers liefern eine solide Grundlage für die Annahme, dass es sich hier um den Leichnam von Yax K'uk' Mo' handelt. Die chemische Analyse seiner Gebeine lässt vermuten, dass er nicht im Tal von Copan aufwuchs, dass es sich also um einen „Ausländer" handelte, wie in den Schriftquellen beschrieben. Von Bedeutung scheint auch, dass ein nahe gelegenes Grab einen Leichnam barg, dem *atlatl*-Pfeile beigegeben waren und dessen Stirn immer noch zwei „Glotzaugen" aus Muschelschalen schmückten.

Wie in Tikal kam es in Copan später zu einem Wiederaufleben des Teotihuacan-Stils; auch hier handelte es sich um eine Reaktion auf politische Ereignisse, und zwar

auf die Gefangennahme und Hinrichtung des Königs von Copan durch einen aufständischen Unterkönig aus Quirigua. Tempel 26, zu dem die großartige Hieroglyphentreppe mit der längsten bekannten Maya-Inschrift gehört, ist diesem Ereignis gewidmet. Im Treppenaufgang sind sechs copanekische Könige in der Kriegertracht Teotihuacans inmitten einer detaillierten Beschreibung der dynastischen Geschichte von Copan zu sehen. Außergewöhnlichstes Merkmal ist eine Inschrift im oberen Heiligtum der Pyramide. Sie ist auf 751 n. Chr. datiert und in einem einzigartigen „zweisprachigen" Text verfasst, wobei teotihuacanischen Hieroglyphen eine „Maya-Übersetzung" zur Seite gestellt ist.

Ein Vorbild für den „Imperialismus" der Maya

Der Einfluss, den Teotihuacan auf die Maya ausübte, war komplex und facettenreich, eine Kombination von tatsächlicher Interaktion und kultureller Resonanz, die noch lange nach dem Fall dieser großen Stadt anhielt (Abb. 171). Auf einer rein ideellen, religiösen Ebene stellte Teotihuacan einen Tollan, den mythischen „Ort des Röhrichts", dar und war damit eine ferne Quelle des Ansehens und der Autorität. Seine Möglichkeit jedoch, auch direkt in die Geschicke der Maya einzugreifen – so übte die Stadt zum Beispiel zeitweise die Oberherrschaft über bestimmte Gebiete aus, die sie vermutlich durch Eroberungskriege erlangte –, weist darauf hin, dass sein Status auf sehr realer politischer und so mitunter auch militärischer Macht gründete.

Das Ausmaß, mit dem die Kunsttraditionen Teotihuacans alle Gebiete der Elitekultur der Maya durchdrangen, geht über eine simple Aneignung hinaus und spricht für einen fundamentaleren Vorgang. Die Maya-Könige der Klassik sahen Teotihuacan offensichtlich als natürliches Vorbild und Inspiration. Dies erscheint paradox, wenn Teotihuacan, wie oben angedeutet, als Inbegriff gesichtsloser, nicht dynastischer Herrschaft betrachtet wird. In einigen Fällen waren Teotihuacaner direkt oder durch Mittelsmänner an der Gründung von Herrscherdynastien der Maya beteiligt. Hier wirkte die besondere Art seines „Imperialismus": Teotihuacan betätigte sich nicht als eine Eroberungsmacht, sondern schien seine Ziele – vermutlich die Sicherung von Ressourcen und Handelswegen – besser durch die Einbeziehung und Nutzung lokaler Traditionen und Institutionen verwirklichen zu können.

172 *Wandgemälde aus Atetelco (Ausschnitt). Atetelco, Teotihuacan; um 400 n. Chr.; Malerei auf Stuck*
Wie in allen großen Wohnanlagen im Zentrum von Teotihuacan waren auch in dem ummauerten Wohnkomplex Atetelco viele Innenräume mit polychromen Wandmalereien geschmückt. Ihre Erforschung steht erst am Anfang. Vielleicht führt der Weg zum besseren Verständnis einzelner Bildgegenstände und Szenen über die Kunst der Maya, die Symbole und Motive aus Teotihuacan übernahmen. Die Rahmung der Figuren durch miteinander verwobene Blumenbänder in diesem Wandgemälde könnte das Vorbild für den Aufbau des Stuckfrieses von Tonina gewesen sein. Solche Bordüren verweisen in der Kunst ganz Mesoamerikas auf bestimmte mythologische oder auch historische Orte.

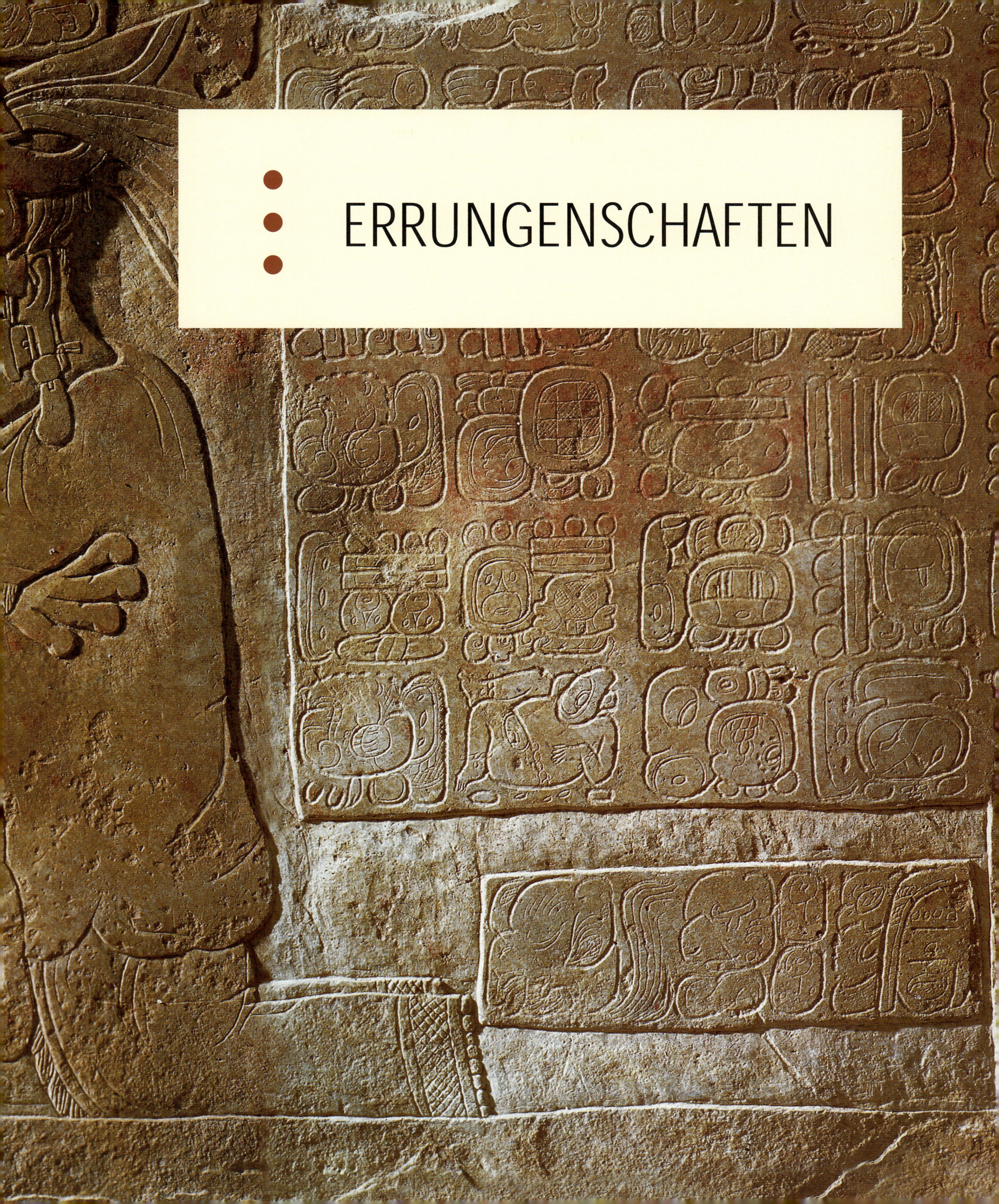

ERRUNGENSCHAFTEN

DIE HIEROGLYPHENSCHRIFT – DAS TOR ZUR GESCHICHTE

Nikolai Grube

Die Entzifferung der Maya-Hieroglyphen zählt zu den großen intellektuellen Abenteuern unserer Zeit. Noch vor einem halben Jahrhundert galt es als unvorstellbar, dass die Schrift der Maya eines Tages so gelesen werden könnte wie andere antike Schriftsysteme. Der Pessimismus war so groß, dass die meisten Gelehrten der Jahrhundertmitte die Maya-Schrift resigniert ein „unlösbares Problem“ nannten. Auch wenn die Forscher heute noch nicht sämtliche Schriftzeichen zu lesen vermögen und viele der Inschriften noch große Rätsel bergen, so beginnen die Texte der klassischen Maya-Zeit doch wieder zu uns zu sprechen (Abb. 176). Mehr als alle anderen Disziplinen der Forschung hat die Entzifferung der Hieroglyphenschrift in den letzten Jahrzehnten das Bild von den Maya verändert.

Als die ersten spanischen Eroberer das Land der Maya betraten, fanden sie die Hieroglyphenschrift noch in voller Verwendung. In der Überzeugung, dass die Bücher und die Schrift der Maya die Eroberung und christliche Mission behinderten, unternahmen die Spanier alles, um die Zeugnisse der indianischen Geisteskultur zu zerstören. Bischof Diego de Landa berichtet: „Wir fanden bei ihnen eine große Zahl von Büchern mit diesen Buchstaben, und weil sie nichts enthielten, was von Aberglauben und den Täuschungen des Teufels frei wäre, verbrannten wir sie alle, was die Indios zutiefst bedauerten und beklagten.“ Die schriftkundigen Angehörigen des Maya-Adels wurden in spanischen Klöstern umerzogen; die Verwendung der alten Schrift bei Androhung harter Strafen wurde verboten. So kam es, dass der Gebrauch und die Kenntnis der Hieroglyphenschrift innerhalb nur weniger Jahre verschwanden. Zwar fuhren die Maya auch nach der spanischen Invasion fort, ihre eigene Literatur aufzuzeichnen, doch verwendeten sie dafür nur noch lateinische Buchstaben. Allein in den abgelegenen Urwaldregionen im Süden und im Zentrum der Halbinsel hielt sich die Hieroglyphenschrift noch bis 1697. Der Franziskaner Fray Andres de Avendaño de Loyola, der die Itzaj-Maya dieser Gegenden 1696 besuchte, um ihre Missionierung vorzubereiten, berichtet mit Erstaunen von der großen Bedeutung, die Schrift und Bücher für die Maya von Noj Peten, der Hauptstadt der Itzaj, besaßen.

174 *Waldecks Zeichnung der Tafel des Kreuztempels von Palenque*
Der exzentrische Graf Waldeck war einer von vielen Reisenden, die im frühen 19. Jh. den Ruinen von Palenque einen Besuch abstatteten und Zeichnungen der Skulpturen anfertigten. Diese frühen Dokumentationen eigneten sich jedoch nicht als Grundlage systematischer Entzifferungsversuche. So hat Waldeck in dieser Zeichnung z. B. den langen Hieroglyphentext auf beiden Seiten der zentralen Szene nur unvollständig abgebildet, und die beiden einzelnen Kolumnen am linken und rechten Bildrand sind hier vollständig ihrem Kontext entrissenes dekoratives Beiwerk.

173 *Detail der Inschrift von Tikal. 445 n. Chr.; Kalkstein; Tikal, Museo Sylvanus G. Morley*
Stele 31 von Tikal wurde im Jahr 445 n. Chr. von Siyaj Chan K'awiil errichtet und fasst mehr als 200 Jahre der Geschichte Tikals zusammen. Die gesamte Stele befindet sich in einem hervorragenden Erhaltungszustand, da sie irgendwann im 6. Jh. n. Chr. von ihrem ursprünglichen Standplatz auf eine frühere Version des Tempels 33 gebracht und dann von einem späteren Tempelgebäude beerdigt wurde. Der hier gezeigte Textausschnitt befindet sich auf der Rückseite der Stele und ist ein hervorragendes Beispiel für die Kalligrafie der Frühen Klassik.

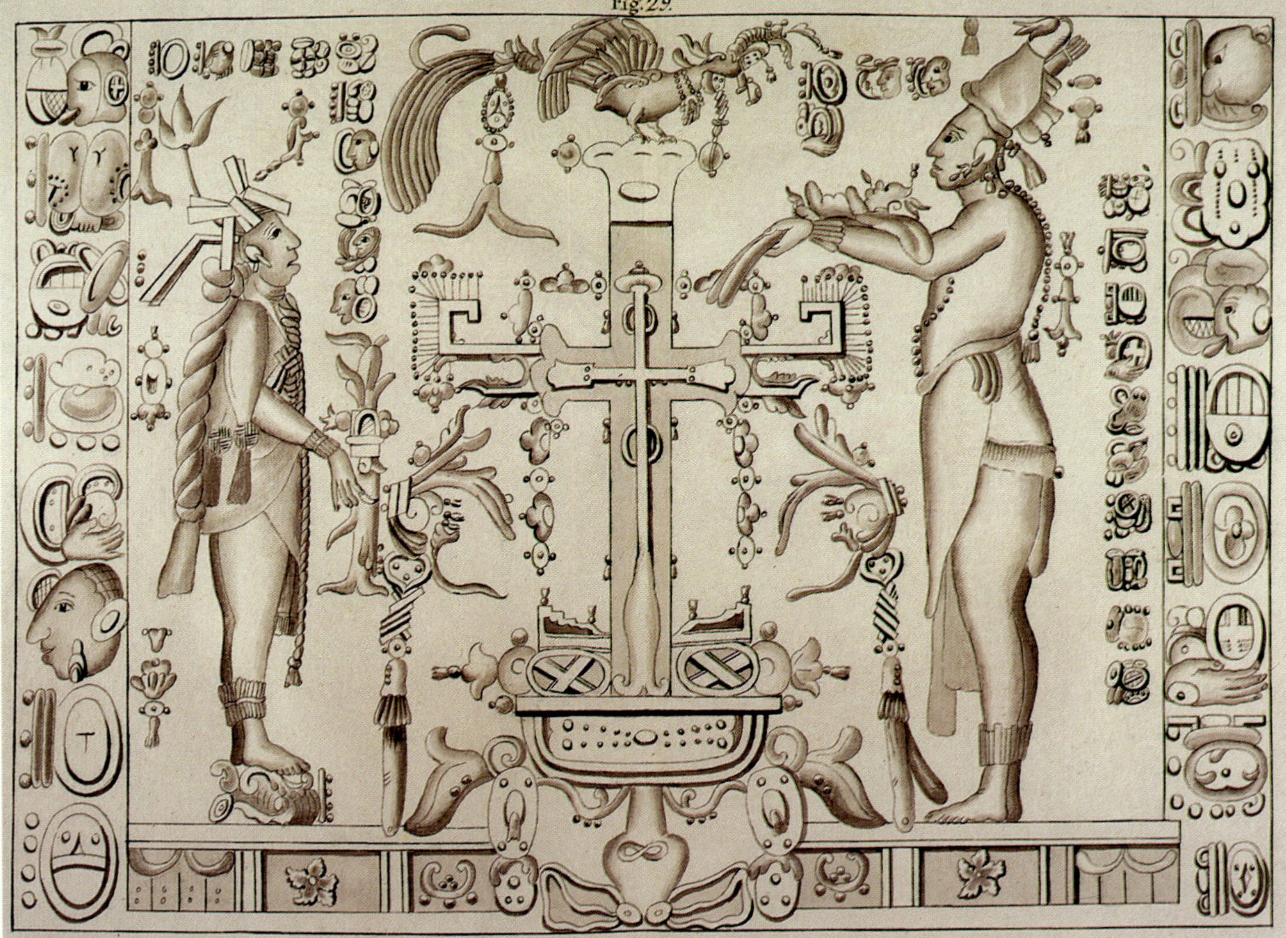

Vorhergehende Doppelseite: *Bildwerk und Hieroglypheninschrift auf einer Sitzbank im Tempel XIX von Palenque. Palenque, Chiapas, Mexiko*
Dieser Fund gilt als einer der spektakulärsten Entdeckungen der letzten Jahre und erlaubt Einblicke in die Schöpfungsmythologie der klassischen Maya.

Die Wiederentdeckung der Schriftzeugnisse

Nur vier Handschriften der Maya entgingen der Verbrennung oder dem natürlichen Zerfall im feuchtheißen Klima des Tieflandes. Drei von ihnen teilten nur deshalb nicht das Schicksal der anderen Bücher, weil sie wahrscheinlich bereits zum Zeitpunkt der ersten Kontakte zwischen Maya und Spaniern als exotische Geschenke an den habsburgischen Hof gelangten, wo sie alsbald unbeachtet in den Kuriositätenkabinetten verschwanden und verstaubten. Eine der Handschriften gelangte auf geheimnisvollen Wegen nach Wien und von dort nach Dresden, wo sie das Interesse Alexander von Humboldts weckte. Er bildete fünf Seiten des so genannten Dresdner Codex in seiner berühmten „Kordillerenreise“ ab und legte somit den Grundstein für die Wiederentdeckung der Maya-Schrift (s. Eggebrecht, S. 395 ff.).

Drei Jahrzehnte nach dem Erscheinen von Humboldts Reisebericht lösten die Bücher der beiden Forschungsreisenden John Lloyd Stephens (1805–1852) und Frederick Catherwood (1799–1854) eine wahre Begeisterung für die geheimnisvollen Ruinen des im Urwald verschwundenen Volkes aus. Die brillanten und detailgetreuen Zeichnungen von Hieroglypheninschriften auf Stelen (Abb. 184), Türsturzen, Altären, Hauswänden und Treppenstufen ließen keinen Zweifel daran, dass diese steinernen Zeugnisse ein bedeutendes Volk hinterlassen haben musste. Viele Zeitgenossen konnten sich jedoch nicht vorstellen, dass die verarmten und des Lesens und Schreibens nicht mächtigen Indianer, die in den Dörfern in der Nachbarschaft der Ruinenstädte lebten, die Erben dieser Zivilisation gewesen sein sollten. So suchte man nach allen möglichen Theorien, um die Existenz einer Schrift-Kultur in Mesoamerika zu erklären. Man konnte sich eine vorspanische Schrift auf dem amerikanischen Kontinent nur als Folge von äußeren Anregungen durch Kontakte mit der Alten Welt erklären. Stephens und Catherwood jedoch glaubten nicht an diese Theorien. Sie waren die Ersten, die für die Erbauer der alten Stätten das Wort „Maya“ verwendeten und in der indianischen Bevölkerung die Nachfahren der alten Bewohner sahen.

Die wenigen von Stephens und Catherwood minutiös aufgezeichneten Beispiele für Hieroglyphentexte boten noch keinen Ansatzpunkt für eine systematische Entzifferung (Abb. 184). Jedoch erkannte man bald, dass es sich bei den Steininschriften an Ruinenorten wie Copan, Quirigua und Palenque um die gleiche Schrift handeln musste wie in den erhaltenen Rindenbastbüchern.

Die Entzifferung des Kalenders

Der Dresdner Codex stand für lange Zeit im Mittelpunkt des Forschungsinteresses (Abb. 213). Er war das längste und am besten zugängliche Schriftdokument, das der beginnenden Maya-Forschung zur Verfügung stand. Anhand der kalendarischen und astronomischen Tafeln dieser Handschrift gelang dem königlich-sächsischen Hofbibliothekar Ernst Förstemann (1822–1906) in den letzten beiden Jahrzehnten des 19. Jahrhunderts (Abb. 177) die Entschlüsselung des Zahlensystems und des Kalenders der Maya. Förstemann entdeckte, dass das Zahlensystem auf der Einheit 20 basierte, also ein Vigesimalsystem war, und er fand heraus, dass die Maya eine „lange Zählung“ hatten, bei der alle Tage gezählt wurden, die seit dem Nullpunkt des Kalenders im vierten Jahrtausend vor Beginn unserer Zeitrechnung verflossen waren. Außerdem stellte er fest, dass die Maya bereits den Stellenwert und das Prinzip der Null kannten.

Zudem hatte man herausgefunden, dass die Hieroglyphenschrift der Steinmonumente identisch war mit derjenigen der Handschriften und dass Hieroglyphentexte in beiden Medien in Doppelkolumnen zu lesen waren: Man musste mit der obersten linken Hieroglyphe beginnen, las dann die Hieroglyphe rechts daneben und fuhr dann eine Zeile tiefer mit der linken, dann wiederum mit der rechten Hieroglyphe fort, bis man an das untere Ende eines Textes gelangt war. Dann musste man in der nächsten Doppelkolumne rechts neben der bereits gelesenen nach dem gleichen Prinzip fortfahren.

175 *Südfassade des Palastes der Inschriften. Xcalumkin, Campeche, Mexiko; Foto von Teobert Maler aus dem Jahr 1887*
Kein anderer Forscher entdeckte so viele Maya-Stätten wie Teobert Maler (1842–1917), der im Anhang Kaiser Maximilians nach Mexiko kam und dort sein Interesse an der Archäologie entdeckte. Auf beschwerlichen Reisen durchstreifte er die Urwälder des gesamten Tieflandes und fotografierte mit einer schweren Plattenkamera Gebäude und Skulpturen. Der Ort Xcalumkin gehört zu den wenigen Orten im nördlichen Tiefland mit einer großen Anzahl wohl erhaltener, lesbarer Inschriftentexte.

176 *Ausschnitt des Hieroglyphentextes von Lintel 3 aus Tempel 4. Tikal, Guatemala; Holz des Chicozapote-(Breiapfel-)Baumes (Manilkora zapota); H. 1,69 m, B. 1,90 m; Basel, Museum der Kulturen der Welt*
Die hölzernen Türsturze (Lintel) der Tempel von Tikal gehören zu den wichtigsten Dokumenten über die historischen Ereignisse im südlichen Tiefland, die wir besitzen. Lintel 3 befand sich über einer der Türen von Tempel 4, dem höchsten aller Maya-Tempel. Die Inschrift des Türsturzes besteht aus zwei Teilen, von denen nur einer hier abgebildet ist, und berichtet von einem erfolgreichen Kriegszug des Königs Yik'in Chan K'awiil im Jahr 743 gegen die mit Calakmul verbündete Stadt El Peru. Der hier gezeigte zweite Teil des Textes geht auf Blutopfer und einen Tanz zur Feier des Sieges ein und endet mit der Nennung der Eltern des siegreichen Herrschers.

und dann erreichte er Tikal. Drei Jahre später

am Tag 13 Ak'bal (am 13. Juli 746 n. Chr.) 1 Ch'en

(?) mit der Schlange Tzab Chan,

der Herrscher von … es war sein erstes Blutopfer (?)

er verkörpert den Kriegsgott

den Gott Akan (?) dies ist der Gott des

Imperators Das erste Mal

trug er (?) die (?)-Schlange,

Yik'in Chan K'awiil (Name des Königs) göttlicher König von mutal (Tikal)

Naabnal K'inich (ein Titel) 4 K'atun-Imperator (der Imperator, der sich in der vierten 20-Jahres-Periode seines Lebens befindet)

er tanzt als (?)

Gott Akan er errichtet

Akan Haabnal (Name eines Tempels oder einer Plattform?) (im) ersten (eigentlichen) Tikal-Ursprungsort

er (Yik'in Chan K'awiil) selbst ist der Umhegte (der Sohn von)

Frau (?)-nal Prinzessin aus Yokman

(Frau) Zwölf Schwanzfedern des Papageien (Name der Mutter) er ist das Geschenk,

der Sohn des Vaters Jasaw Chan K'awiil (Name des Vaters)

göttlicher König von mutal (Tikal) 4 K'atun-Imperator (der Imperator, der sich in der vierten 20-Jahres-Periode seines Lebens befindet)

177 *Ernst Förstemann (1822–1906)*
Zu den Pionieren der Maya-Hieroglyphenforschung gehört der Philologe Ernst Förstemann, der als Bibliothekar der königlich-sächsischen Bibliothek in Dresden über die schönste Maya-Handschrift wachte. Er entzifferte das gesamte Kalendersystem und die astronomischen Tafeln des Dresdner Codex.

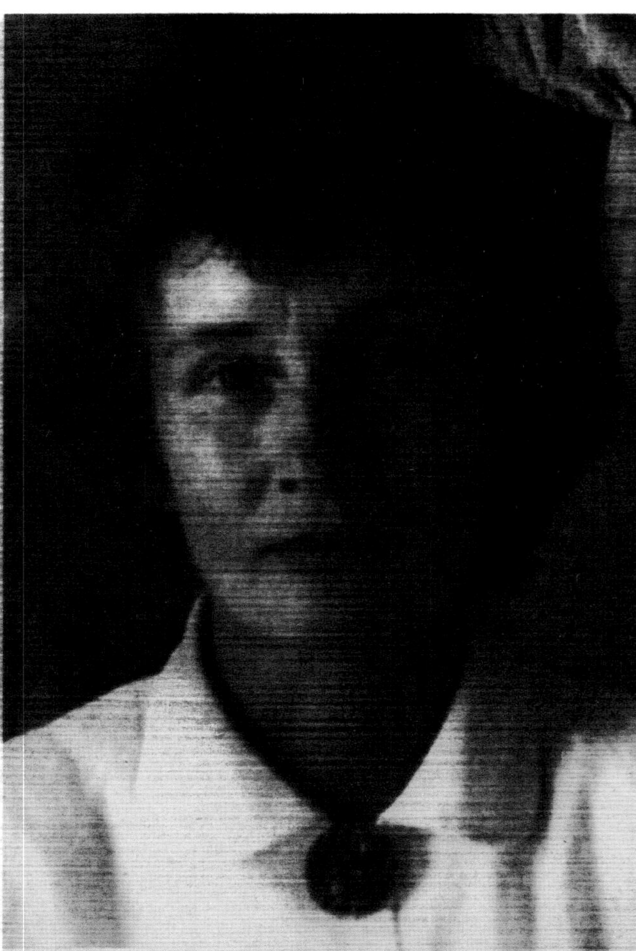

178 *Tatiana Proskouriakoff (1909–1985)*
Die aus Tomsk in Sibirien stammende amerikanische Architektin und Zeichnerin Tatiana Proskouriakoff leitete mit ihrem Artikel über den historischen Charakter der Inschriften von Piedras Negras einen Paradigmenwechsel in der Maya-Forschung ein. Sie identifizierte zahlreiche Verben, die sich auf Ereignisse im Leben von Herrschern beziehen, wie Geburt, Tod, Inthronisation und Gefangennahme.

179 *Heinrich Berlin (1915–1987)*
Der deutsch-mexikanische Archäologe und Kunsthistoriker Heinrich Berlin führte den Nachweis, dass es in den Hieroglyphentexten des Tieflandes ortsspezifische Hieroglyphen gibt, die er „Emblemhieroglyphen" nannte, ein erster Durchbruch zum historischen Verständnis der Inschriften.

Die Erforschung der Hieroglypheninschriften auf Steinmonumenten machte zunächst kaum Fortschritte, denn bis zum Ende des 19. Jahrhunderts waren nur wenige Steininschriften bekannt. Um die Datengrundlage für weitere Entzifferungen zu vergrößern, unternahmen der britische Forscher Alfred P. Maudslay (1850–1931) und der im Gefolge Kaiser Maximilians nach Mexiko gelangte deutsch-österreichische Architekt Teobert Maler (1842–1917) mühsame Expeditionen auf dem Rücken von Maultieren durch die Urwälder Südmexikos und des nördlichen Mittelamerikas. Sie suchten in den Maya-Ruinenstädten nach Inschriften und bannten sie mit schweren Kameras auf Glasplatten (Abb. 175). Diese beiden Pioniere der Forschung entdeckten zahlreiche neue Stätten, darunter so wichtige Orte wie Yaxchilan, Piedras Negras, Seibal, Altar de Sacrificios, Naranjo und Yaxha. Die in brillanter Qualität reproduzierten Fotografien lösten eine wahre Flut von Forschungsarbeiten aus, deren Ziel es war, den geheimnisvollen Schriftzeichen auf den Grund zu gehen. Erfolge erzielte man jedoch nur im Bereich der kalendarischen Passagen der Inschriften, die einen großen Platz einzunehmen schienen. So gelang es dem amerikanischen Zeitungsverleger Joseph Goodman, das „Nulldatum" des Maya-Kalenders in unseren Kalender umzurechnen. Diese Umrechnung beruhte vor allem auf dem Vergleich von Maya-Daten aus der Kolonialzeit mit Ereignissen, deren julianisches Äquivalent bekannt war. Die von ihm vorgeschlagene Kalenderkorrelation machte es möglich, die Daten des Maya-Kalenders taggenau in unseren Kalender zu übertragen. Obgleich verschiedene Forscher Zweifel an der von Goodman vorgeschlagenen Korrelationskonstante anmeldeten, wird sie mit geringer Modifikation noch heute angewendet und liegt auch den Datierungen dieses Buches zugrunde. Sie kann mittlerweile durch verschiedene astronomische Berechnungen, etwa die von den Maya aufgezeichneten Finsternisse, aber auch durch naturwissenschaftliche Datierungsmethoden gestützt werden.

Trotz aller Bemühungen, die Inschriften auf Stelen, Altären und Türsturzen zu entziffern, kam man über die Deutung der kalendarischen Passagen nicht hinaus. Und da alles, was man überhaupt „lesen" konnte, Kalenderdaten und astronomische Berechnungen waren, entstand in der ersten Hälfte des 20. Jahrhunderts der Eindruck, dass auch alle weiteren, bislang noch nicht entzifferten Textpassagen sich mit Kalenderwissenschaft und der Berechnung der Zyklen von Himmelskörpern befassten. Dieses Bild, das die Inschriften vermittelten, ergänzte sich vorzüglich mit dem damals vorherrschenden Bild von der Maya-Kultur als einer Gesellschaft von friedlichen Bauern, die von Priestern regiert wurden und sich der Beobachtung des Himmels und dem Nachdenken über das Phänomen der Zeit hingaben. Da es weder Kriege noch machthungrige Könige gegeben habe, hätten die Inschriften auch keine Geschichte aufgezeichnet. Einflussreiche Forscher wie der Brite Eric Thompson (1898–1975; s. Grube/Martin, S. 149 ff.) sahen in den Inschriften esoterische Hymnen an die Zeit; Darstellungen, die wir heute ganz offensichtlich als Zeugnisse kriegerischer Überfälle erkennen, deuteten er und seine Zeitgenossen als Auseinandersetzungen zwischen Himmelsgöttern.

180 *Yurii Knorozov (1922–1999)*
Dem vielseitigen russischen Anthropologen, Schriftforscher und Linguisten Yurii Knorozov aus Charkow verdanken wir den eigentlichen Durchbruch in der Entzifferung der Maya-Schrift. Ihm gelang es als Erstem, Beweise dafür zu erbringen, dass die Maya-Hieroglyphen Silbenzeichen besitzen und dass die Schrift nicht nur Ideen und Begriffe, sondern richtige Sprache wiedergibt.

Die Entdeckung der Geschichte

Die russisch-amerikanische Kunsthistorikerin Tatiana Proskouriakoff (1909–1985) veröffentlichte die Beobachtung, dass bestimmte Stelen aus Piedras Negras im Abstand von einer Generation wieder erscheinen (Abb. 181). Sie fand eine Hieroglyphe für „Geburt“ und deutete eine andere als Hieroglyphe für „Thronbesteigung“ (Abb. 182); das letzte Zeichen in einer Serie von Daten identifizierte sie als Hieroglyphe für „Tod“. In den jeweils folgenden Zeichen erkannte sie die Namenshieroglyphen historischer Personen. Mit dieser Entdeckung gelang ihr der eindeutige Nachweis, dass die Inschriften Leben und Geschicke weltlicher Fürsten beschrieben und Einblick in Politik und Herrschaft der großen Städte des Tieflandes geben können. Eine ähnliche Vermutung hatte zuvor schon der deutsch-mexikanische Archäologe Heinrich Berlin (1915–1987) geäußert (Abb. 179). Er hatte Hieroglyphen entdeckt, deren Grundbestandteile immer gleich waren, die aber über ein Element verfügten, das je nach Ort variierte. In diesen Hieroglyphen erkannte er so genannte „Emblem-Hieroglyphen“, Hieroglyphen, die seiner Meinung nach auf Städte oder Fürstenhäuser hinwiesen (Abb. 183).

181 *Inthronisationsmotiv. Piedras Negras, Guatemala, Stele 14, vor Tempel O-13; 758 n. Chr.; Kalkstein; ; Harvard, Peabody Museum, Harvard University*
Stele 14 ist ein schönes Beispiel für das Inthronisationsmotiv, das Tatiana Proskouriakoff auf verschiedenen Monumenten von Piedras Negras entdeckte. Hier sitzt Herrscher 5 des Ortes am Tag seiner Thronbesteigung, dem 10. März 758 n. Chr., auf einem erhöhten Thron unter einem Baldachin aus Himmelssymbolen, über den der Himmelsvogel seine Schwingen breitet. Vor ihm steht seine Frau und hält einen mit Federn geschmückten Dolch zur Selbstkasteiung.

182 *Hieroglyphen für „Geburt“ und „Thronbesteigung“*
Tatiana Proskouriakoff entdeckte, dass alle Stelen von Piedras Negras, auf denen eine in einer Nische sitzende Figur gezeigt ist, auch eine Hieroglyphe tragen, die wie ein verbundener Kopf mit Zahnschmerzen aussieht. Eine andere Hieroglyphe in Form eines nach oben blickenden Frosches kommt auf diesen Monumenten mit etwa 20 Jahre früheren Daten vor. Sie schloss daraus, dass die „umgedrehte Frosch-Hieroglyphe“ das Wort für „Geburt“ bedeutet, und dass die „Zahnschmerz-Hieroglyphe“ für „Inthronisation“ steht. Heute können wir beide Hieroglyphen in der Ch'ol-Sprache lesen.

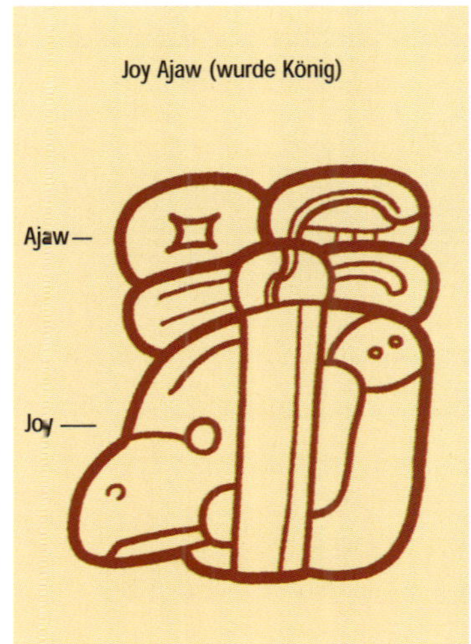

0
150 m
N
Staatsgrenze
Zeichen, die für das Wort „Ajaw" (König) stehen
Zeichen, die für das Wort „K'uhel" (göttlich) stehen
?-Chantiho'
Tz'ibilchaltun
Tal?
Ek Balam
Kan
Calakmul
Baak
Palenque
Pakaabal?/Pomona
Yokib /Piedras Negras
Popo'
Tonina
?
El Peru
Mutal
Tikal
Eeb?
Nak'um
Sal
Naranjo
Yaxha
Yaxha
K'an Witznal
Ukanal
Jul
Sacul
Siyaj Chan
Yaxchilan
Aak'?
Bonampak
?/Seibal
Mutal
Dos Pilas
K'antumaak/Caracol
?
Nim Li Punit
?-su
Machakila
?
Pusilha
Yak?
Kankuwen
?
Quirigua
?-pi
Copan

Der Schlüssel zur Entzifferung der Schriftzeichen

Trotz dieses die Forschung revolutionierenden Paradigmenwechsels, der aus einer „prähistorischen" Gesellschaft auf einmal ein Volk mit einer geschriebenen Geschichte machte, war man noch immer nicht in der Lage, die Maya-Schrift richtig zu lesen. Das „Lesen" eines Textes bedeutet ja schließlich auch seine sprachliche Umsetzung. Dazu hätte man den Aufbau der Maya-Schrift verstehen und die Zeichen so auszusprechen lernen müssen, wie es die Maya zur klassischen Zeit taten. Aber war die Maya-Schrift überhaupt eine Schrift, in der die Zeichen für konkrete sprachliche Laute standen? Die gängige Forschung vertrat bis vor wenigen Jahrzehnten die Meinung, die Schriftzeichen würden wenig präzise auf Ideen verweisen. Jedes Zeichen habe für ein Wort oder eine Idee gestanden. Nach dieser Vorstellung war eine Kenntnis der Maya-Sprache nicht notwendig, da die Zeichen, so wie heute Symbole auf Flughäfen und Bahnhöfen, von jedem hätten verstanden werden können, gleich welche Sprache er sprach.

Eine ganz andere Meinung vertrat der russische Archäologe und Schriftforscher Yurii Knorozov (1922–1999; Abb. 180). 1945 war er als junger Artilleriesoldat mit der Roten Armee in das brennende Berlin eingerückt. In den Straßen vor der Reichsbibliothek fand Knorozov Bücherkisten, welche die Deutschen nicht mehr vor den einmarschierenden Russen hatten bergen können. Ausgehungert nach Büchern durchstöberte Knorozov die Kisten und fand eine Ausgabe von Diego de Landas Bericht über die Zustände in Yukatan sowie eine Reproduktion der drei damals bekannten Maya-Handschriften. Mit dieser wertvollen Kriegsbeute kehrte Knorozov nach Leningrad zurück, um dort sein Studium abzuschließen. Seine Doktorarbeit war eine kommentierte Übersetzung des Landa'schen Manuskriptes, der wichtigsten Quelle über das Leben der Maya auf der Halbinsel Yukatan am Vorabend der spanischen Eroberung. Ein Abschnitt von Landas Manuskript berichtete über die Schriftzeichen der Maya. Landa, der selbst nie andere als alphabetische Schriften gekannt hatte, hielt auch die Zeichen der Maya für eine Alphabetschrift. Tatsächlich enthält sein Werk ein Hieroglyphenalphabet, in dem für jeden Buchstaben des lateinischen Alphabets eine Hieroglyphenentsprechung wiedergegeben ist (Abb. 187). Fasziniert von Landas Beschreibung der Schrift wandte sich Knorozov nun dem systematischen Studium der Hieroglyphen zu. Er verfügte bereits über Erfahrung im Umgang mit anderen antiken Schriftsystemen und wusste, dass die Maya-Schrift mit ihren etwa 800 Schriftzeichen keine Alphabetschrift sein konnte, in der jeder Buchstabe einem Laut entspricht. Eine reine Begriff- oder Wortschrift konnten die Maya-Hieroglyphen auch nicht sein, da keine Sprache mit nur 800 Wörtern auskommt. Die Zahl der Schriftzeichen ähnelt allerdings der anderer antiker Schriftsysteme, die weder reine Wort- noch Alphabetschriften und auch keine reinen Silbenschriften sind. Die sumerische Keilschrift gebraucht über 600 Schriftzeichen, die Hieroglyphenschrift der Hethiter kommt mit 497 Schriftzeichen aus. Diese beiden in ihrem Aufbau vergleichbaren Schriftsysteme bestehen aus einer Kombination von Silben- und Wortzeichen.

Für die etablierte Maya-Forschung, allen voran Eric Thompson, war es allerdings undenkbar, dass die Maya-Schrift ähnlich funktionieren sollte wie die Schriften des alten Orients.

183 *Liste von Emblemhieroglyphen*
Die 1958 von Heinrich Berlin entdeckten Emblemhieroglyphen sind Titel, mit denen sich Herrscher als „göttliche Könige" über eine bestimmte Stadt oder ein Territorium ausweisen. Berlin entdeckte die Emblemhieroglyphen von Tikal, Copan, Quirigua, Yaxchilan, Seibal, Palenque, Piedras Negras und Naranjo. Seitdem sind viele neue Emblemhieroglyphen entdeckt worden, die belegen, dass das Tiefland in der klassischen Zeit in eine Vielzahl kleiner Staaten zersplittert gewesen war.

184 *Copan, Stele A in der Zeichnung von Catherwood*
John Lloyd Stephens und Frederick Catherwood erreichten Copan im Jahr 1840 und waren fasziniert von den verlassenen Monumenten einer großen Zivilisation. Stephens vermutete schon zu diesem Zeitpunkt, dass die steinernen Stelen der Stadt die Geschichte ihrer Könige aufzeichnen müssten. Seine Vermutung wurde aber erst 120 Jahre später bestätigt. Die hier von Catherwood gezeichnete Stele A wurde, wie wir heute wissen, im Jahr 731 n. Chr. von Waxaklajun Ubaah K'awiil errichtet und enthält u. a. eine Liste von vier Emblemhieroglyphen, den in den Augen Copans vier wichtigsten Städten der Maya-Welt, Tikal, Calakmul, Palenque und natürlich Copan selbst.

Dem jungen Knorozov gelang es jedoch, fernab und unabhängig von den großen Forschungszentren jenseits des Eisernen Vorhangs, Beweise für die Existenz von Silbenzeichen zu finden. Er glaubte, dass man das viel diskutierte Landa-Alphabet missverstanden habe, dass es sich vielmehr um ein Syllabar in der Kombination von Konsonanten und Vokalen handle. Er nahm an, dass Landa das Prinzip syllabischer Schreibungen nicht verstanden und zum Beispiel nur deshalb das Silbenzeichen *be* als Alphabetzeichen *b* aufgefasst hatte.

Den Nachweis für die Richtigkeit seiner Überlegungen konnte Knorozov mit Hilfe der Handschriften antreten, in denen die meisten Bilder von kurzen Hieroglyphentexten begleitet werden. Der deutsche Forscher Paul Schellhas hatte schon Anfang des Jahrhunderts herausgefunden, dass in diesen Beischriften bestimmte Hieroglyphen immer wieder mit den gleichen Götterfiguren auftreten und dass auch Tiere durch eigene Hieroglyphen benannt werden. Knorozov stellte fest, dass die Hieroglyphe für den Truthahn aus zwei Zeichen besteht, von denen das erste auch im Landa-Alphabet für den Buchstaben *q* verzeichnet ist (Abb. 185). Dieses Zeichen, so nahm Knorozov an, musste für die Silbe *ku* stehen. Das Wort für den wilden Truthahn lautet in der Tat *kutz*. Knorozov folgerte nun, dass das zweite Zeichen das fehlende *-tz* schreiben sollte. Er fand dieses Zeichen als ersten Bestandteil in der Hieroglyphe für den Hund wieder. Eine Hunderasse im vorspanischen Yukatan hieß *tzul*. Damit war der Beweis erbracht, dass das erste Zeichen im Namen des Hundes *tzu* sein musste, im zweiten Zeichen vermutete er eines für die Silbe *lu*. Schließlich fand Knorozov an einer Stelle des Dresdner Codex eine Datumsrechnung, in der anstelle der rechnerisch erwarteten Zahl elf eine Hieroglyphe aus drei Zeichen steht, ein verwittertes Zeichen und darunter die von ihm als *lu* und *ku* entzifferten Zeichen. Das Maya-Wort für „elf" lautet *buluk*. Damit war ein weiterer Beleg für seine Entzifferungen und die Richtigkeit seines methodischen Ansatzes gewonnen.

Mit Hilfe dieser Kombinatorik ermittelte Knorozov eine Vielzahl von Silbenzeichen und wies nach, dass die Silbenzeichen nach immer dem gleichen Verfahren miteinander kombiniert wurden, um Wörter der Maya-Sprache zu schreiben. Da fast alle Maya-Wörter gleich aufgebaut sind und aus Konsonant – Vokal – Konsonant bestehen, konnte man ein solches Wort mit zwei Silbenzeichen schreiben, indem man den Vokal des zweiten Silbenzeichens nicht mitlas.

So logisch Knorozovs Überlegungen auch schienen und so beweiskräftig seine Entzifferungen auch waren, seine Vorschläge stießen dennoch anfangs auf eine Front der Ablehnung. Neben der marxistischen Rhetorik, in die er seine Schriften einzukleiden gezwungen war, gab es auch etliche Fehler im Detail, die es seinen Kritikern zu einfach machten, seine Hypothesen anzugreifen. Erst in den 1960er-Jahren bezogen nordamerikanische Forscher wie Floyd Lounsbury, David Kelley und Michael Coe für Knorozov Stellung und demonstrierten an weiteren Entzifferungen, dass die Maya-Schrift tatsächlich ein Schriftsystem war, das zum einen aus Wortzeichen (Logogrammen), zum anderen aus Silbenzeichen bestand, weshalb man in der Fachwelt auch von einer logosyllabischen Schrift oder einem „gemischten System" spricht.

185 *Syllabische Schreibungen im Dresdner Codex*
Schon seit der Jahrhundertwende war bekannt, dass eine Kombination von zwei Zeichen für den Geier, eine andere für den Hund stand. Jedoch konnte man diese Zeichen noch nicht sprachlich lesen. Erst Yurii Knorozov übertrug den Lautwert *ku* aus dem Landa-Alphabet auf das erste Zeichen in der Hieroglyphe für den Truthahn. Er fand in Wörterbüchern das Wort *kutz* für den wilden Truthahn und kombinierte, dass das zweite Zeichen die Silbe *tzu* schreiben müsse. Seine Vermutung wurde durch die Verwendung des zweiten Zeichens in der Hieroglyphe für den Hund *tzul* bestätigt. Mit Hilfe dieser kombinatorischen Methode gelang es ihm, immer weitere Zeichen zu entziffern.

Der Aufbau der Maya-Schrift

In der Folgezeit hat sich eine kleine, eng zusammen arbeitende Gruppe junger Hieroglyphenforscher darum bemüht, Knorozovs Ansatz, der sich vor allem auf die Handschriften beschränkte, auf den viel größeren Korpus von Monumentinschriften aus der klassischen Zeit zu übertragen. Unter Anwendung seiner Methode ist es heute gelungen, einen Großteil der etwa 800 Schriftzeichen zu lesen und in ein Silbenraster zu ordnen (Abb. 187). Die Silbenzeichen in der Schrift der Maya haben stets die gleiche Struktur, sie bestehen aus jeweils einem Konsonanten und einem Vokal. Für jede mögliche Kombination von Konsonant und Vokal gibt es mindestens ein Zeichen. Da Ch'ol – die Sprache der Hieroglyphen – fünf Vokale und 22 Konsonanten aufweist, ergibt sich daraus, dass es mindestens 110 Silbenzeichen gegeben haben muss. Daneben existierte eine Reihe reiner Vokalzeichen. De facto aber war die Anzahl der Silbenzeichen mindestens doppelt so hoch, denn für die meisten Silben hat es zwei oder mehr Zeichen gegeben. So konnte man die Silbe *bi* mit einem Zeichen schreiben, das im Wesentlichen aus fünf Punkten besteht, aber auch mit einem Zeichen, das eine menschliche Fußspur zeigt und im Ch'ol *bi* heißt. Dass es

186 *Vollfigur-Hieroglyphen aus Copan. Behauene Vorderseite der „Harvard-Bank"; Spätklassik, 600–900 n. Chr.; Tuffstein*
Alle Schriftzeichen konnten auch als belebte Wesen wiedergegeben werden. Solche Vollfigurtexte sind besonders schwer zu lesen, galten aber als kunstvolle Beweise für die kalligrafische Phantasie von Maya-Schreibern. Hier steht der Name des von 749 bis ca. 763 regierenden 15. Königs von Copan geschrieben – K'ak' Yipiyaj K'awiil („Feuer ist die Kraft des Gottes K'awiil").

DIE BUCHSTABEN DIESER LEUTE

Obwohl Diego de Landa Götterbilder und Hieroglyphenhandbücher für Teufelswerk hielt und auf dem Scheiterhaufen verbrennen liess, war er von der geistigen Kultur der Maya beeindruckt. Das folgende Zitat zeigt Landas Versuch, das Schriftssystem der Maya zu beschreiben und zu begreifen.

Aus: Diego de Landa: relación de las cosas de Yucatán. Deutsch: Bericht aus Yucatán. Deutsche Übersetzung von Carlos Rincón, Reclam, Leipzig 1990

Diese Leute gebrauchten auch bestimmte Schriftzeichen oder Buchstaben, mit denen sie in ihren Büchern ihre alten Geschichten und ihre Wissenschaften aufschrieben, und durch sie, die Bilder und einige Zeichen an den Bildern verstanden sie ihre Angelegenheiten, machten sie den anderen begreiflich und lehrten sie. Wir fanden bei ihnen eine große Zahl von Büchern mit diesen Buchstaben, und weil sie nichts enthielten, was von Aberglauben und den Täuschungen des Teufels frei wäre, verbrannten wir sie alle, was die Indios zutiefst bedauerten und beklagten. Ich werde nun ein Abc ihrer Buchstaben anführen, denn mehr lässt ihre Schwerfälligkeit nicht zu, weil sie für alle gehauchten Laute vor den Buchstaben ein besonderes Schriftzeichen gebrauchen, und danach verbinden sie es mit dem Teil eines anderen Schriftzeichens, und so geht es ad infinitum weiter, wie man an dem folgenden Beispiel sehen kann. *Le* heißt *Schlinge* und mit ihr *jagen;* damit sie *Le* in ihren Schriftzeichen schreiben konnten denn wir hatten ihnen erklärt, dass es zwei Buchstaben seien –, benutzten sie drei, wobei sie für den Hauchlaut bei dem L den Vokal E setzten, den das L vor sich mitführt, und dabei irren sie sich nicht, obgleich sie aus Genauigkeit [ein weiteres] E gebrauchen, wenn sie wollen. Zum Beispiel:

Am Ende hängen sie dann die miteinander verbundenen Teile an.

Ha bedeutet Wasser, und weil das H ein A vor sich hat, schreiben sie es am Anfang mit A und am Ende auf die folgende Art:

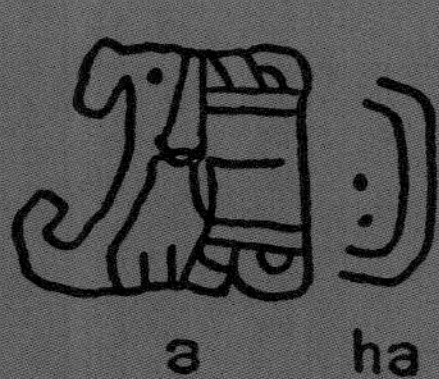

Sie schreiben es auch in einzelnen Teilen, doch würde ich hier weder das eine noch das andere anführen und behandeln, wenn es nicht deshalb wäre, um einen vollständigen Bericht über die Angelegenheiten dieser Leute zu geben: *Ma in Kati* bedeutet *ich will nicht* und sie schreiben es auf diese Art in einzelnen Teilen:

Es folgt ihr Abc: Die hier fehlenden Buchstaben sind in dieser Sprache nicht vorhanden, und sie hat weitere, die unseren hinzugefügt werden, um andere Dinge auszudrücken, die für sie notwendig sind; jetzt gebrauchen sie ihre Schriftzeichen für nichts mehr, besonders gilt das für die jungen Leute, die unsere Buchstaben erlernt haben.

187 *Das Landa-Alphabet:* Der Rosette-Stein der Maya-Schriftforschung

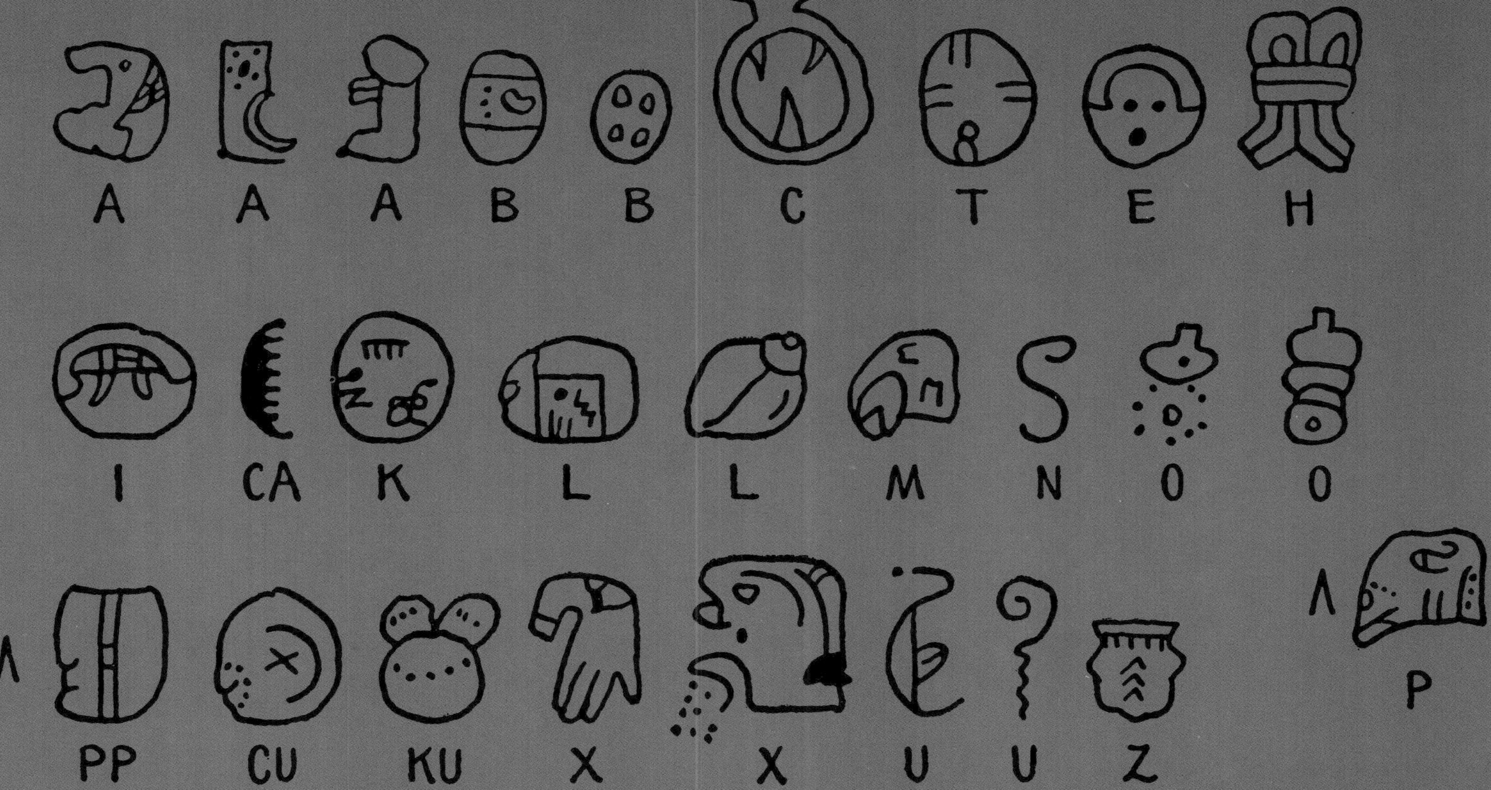

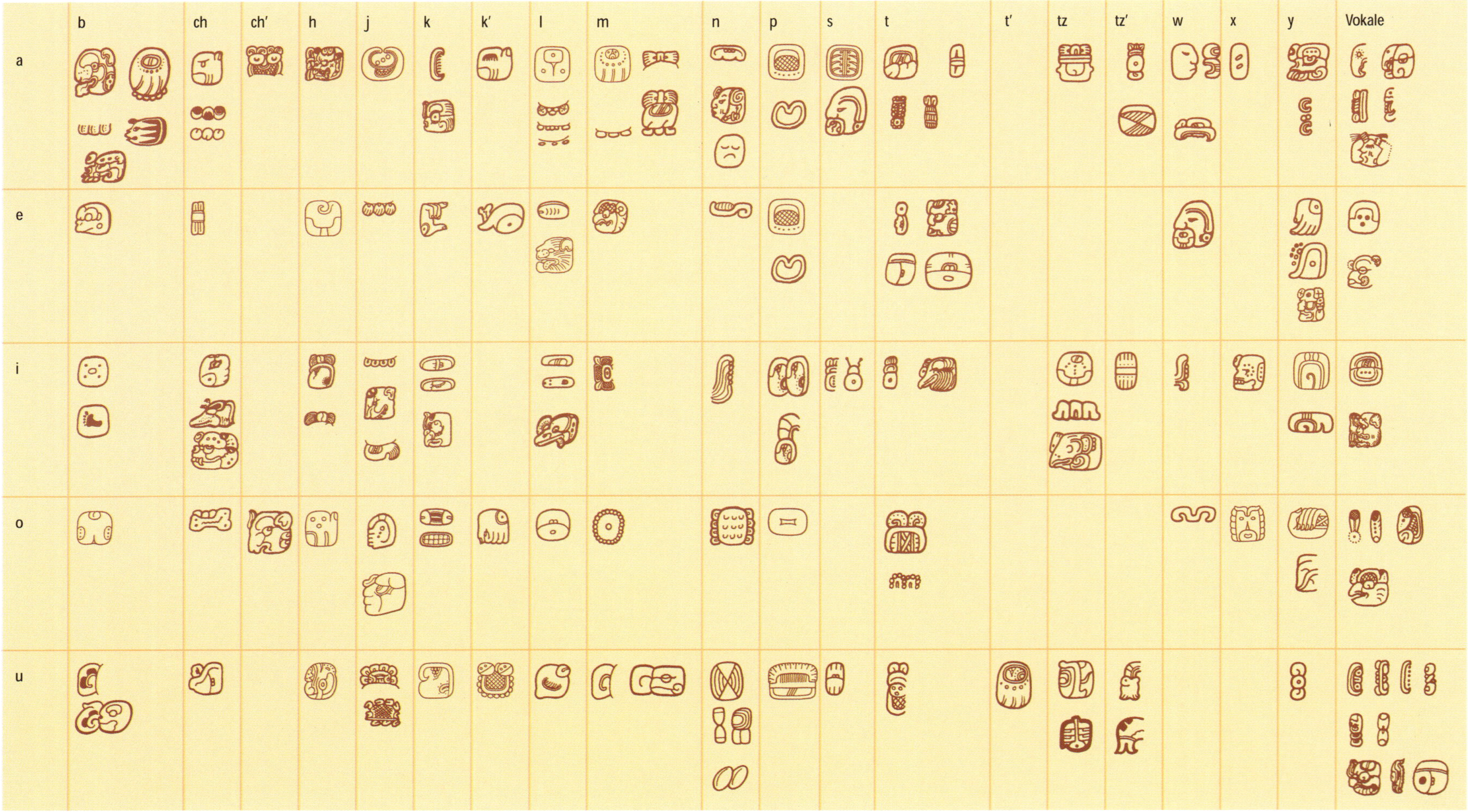

	b	ch	ch'	h	j	k	k'	l	m	n	p	s	t	t'	tz	tz'	w	x	y	Vokale
a																				
e																				
i																				
o																				
u																				

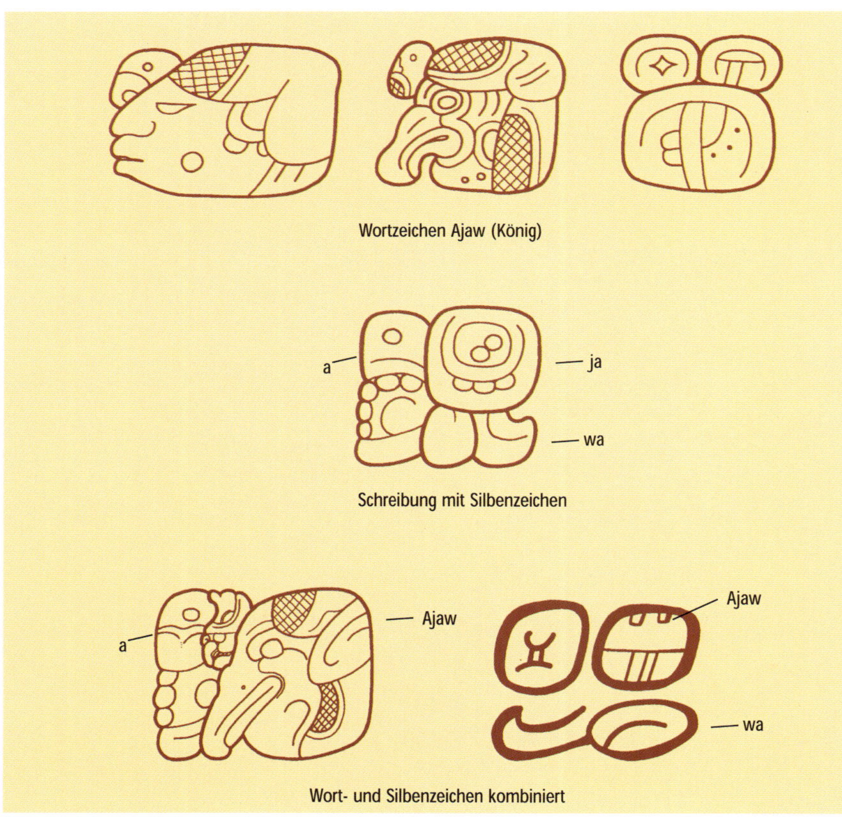

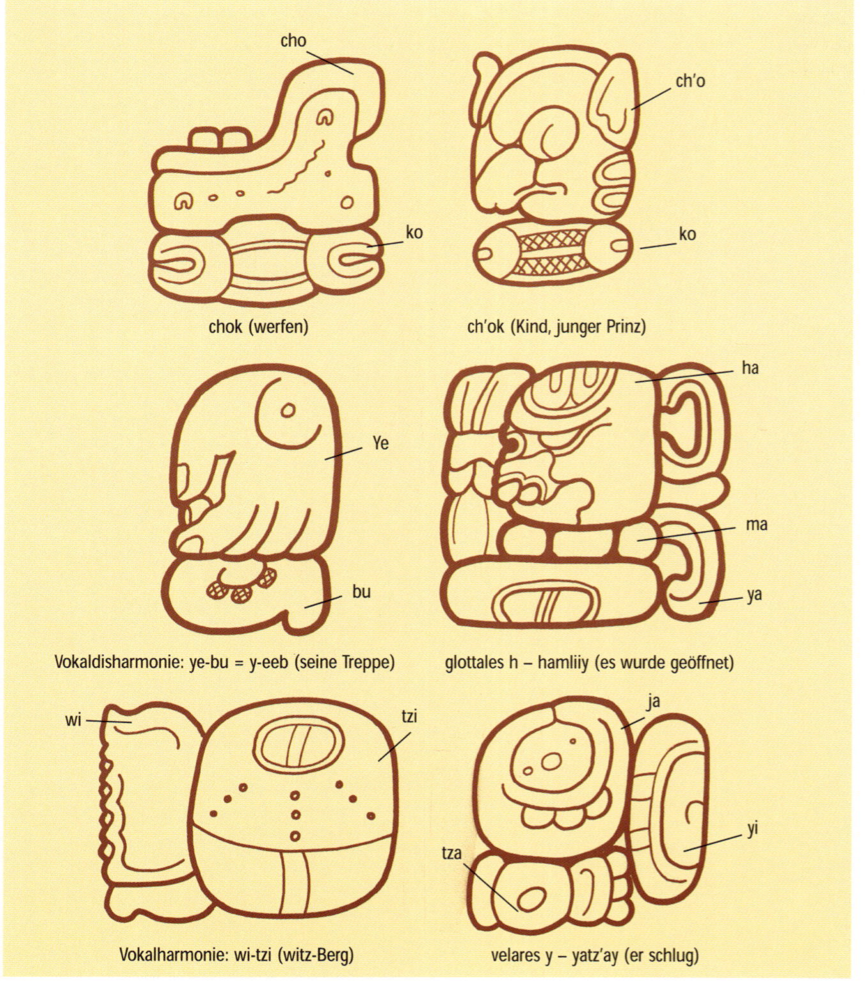

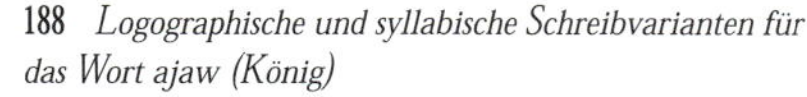

188 *Logographische und syllabische Schreibvarianten für das Wort ajaw (König)*
Es gab drei Wortzeichen (Logogramme), die für das Wort standen *ajaw* (König) – der Kopf eines Königs mit seinem Stirnband, ein Geierkopf und ein abstraktes Zeichen. Man konnte das Wort auch ausschließlich mit Silbenzeichen schreiben – *a-ja-wa*. Am häufigsten finden sich jedoch Kombinationen aus Wort- und Silbenzeichen. Im ersten Beispiel ist der Vokal *a* vor die Geierkopf-Variante für *ajaw* gestellt, im zweiten Beispiel steht das abstrakte *ajaw*-Wortzeichen zusammen mit der Silbe *wa*, die betonen soll, dass das Wort mit dem Konsonanten *w* endet.

189 *Das Silbenraster*
Das Silbenraster ist eine Zusammenstellung aller bis jetzt bekannten Silbenzeichen der Hieroglyphenschrift. Bis auf die Vokalzeichen geben alle Silbenzeichen die Kombination eines Konsonanten mit einem Vokal wieder. Das Kästchen oben links enthält z. B. alle Silbenzeichen, die für die Silbe *ba* verwendet werden können. Das Kästchen darunter steht für die Silbe *be*. Leere Kästchen bedeuten, dass die entsprechenden Schriftzeichen noch nicht entziffert worden sind. Es fällt auf, dass es für viele Silben mehrere Zeichen gegeben hat. Dies ermöglichte den Schreibern eine große Variation.

190 *Ein Schreiber bei der Arbeit. Fundort unbekannt; Späte Klassik, 600–900 n. Chr.; gebrannter Ton; Privatsammlung*
Die Malerei im Codex-Stil auf dem Grund dieser Schale zeigt einen Schreiber bei der Arbeit. Mit der linken Hand hält er einen aufgeschlagenen Codex, in der rechten einen feinen Pinsel. Pinsel und andere Schreibuntensilien bewahrten die Schreiber in ihrem Kopfputz auf. Die Arbeit des Schreibers besaß ein hohes soziales Prestige; vermutlich waren viele der Schreiber Mitglieder des Adels und lebten und wirkten an Königshöfen.

191 *Die Präzision der Maya-Schrift*
Die Maya-Schrift erlaubte die präzise Wiedergabe aller Laute der Sprache. So wurden einfache und glottalisierte Konsonanten unterschieden – *chok* bedeutet „werfen", und *ch'ok* „Kind, junger Prinz". Man konnte aber auch die unterschiedliche Länge von Vokalen anzeigen: das Wort *yeeb* (seine Treppe) hat einen langen Vokal und wird daher mit der auslautenden Silbe *bu* geschrieben (nicht mit *be*). Dagegen ist der Vokal von *witz* (Berg) kurz. Der nicht mitgelesene Vokal des zweiten Silbenzeichens muss daher dem des ersten entsprechen, also *wi-tzi*. Schließlich machten die Schreiber auch einen Unterschied zwischen einem *h*, das kaum zu hören war (wie in *hamliiy* „es wurde geöffnet") und einem rauen *j*, das so ähnlich klingt wie das *ch* im Deutschen *Dach*, z. B. in dem Wort *jatzay*, „er schlug".

mehrere Zeichen für die gleiche Silbe gibt, hat wohl vor allem ästhetische und orthografische Gründe. Die Schreiber der Maya strebten ein Höchstmaß an visueller Prachtentfaltung und optischer Variation an (Abb. 186). Der Eindruck barocker Fülle, der sich dem unbefangenen Betrachter aufdrängt, war von den Schreibern durchaus beabsichtigt und wurde erreicht, indem man ein und dasselbe Wort in einer Vielzahl von Varianten schreiben konnte (Abb. 188).

Die Komplexität der Maya-Schrift mit der Mischung aus Wortzeichen, Silben und Vokalen lässt sich am Beispiel der Schreibungen für das Wort *ajaw* („Herrscher, König") vorführen. Es gab drei verschiedene Wortzeichen, um *ajaw* zu schreiben: ein Zeichen, das einen Kopf mit einem Stirnband zeigt, den Kopf eines Königsgeiers und schließlich ein abstraktes Zeichen. Man konnte aber auch das Vokalzeichen *a* mit den Silbenzeichen *ja* und *wa* kombinieren. Am häufigsten finden sich jedoch Schreibungen, in denen beide Arten von Zeichen gemeinsam auftreten. Man nahm zum Beispiel das Vokalzeichen *a* und stellte es vor den Kopf des Geiers, der ja allein schon *ajaw* bedeutet. In einer solchen Schreibvariante hatte das *a* allein die Funktion, eine Art Lesehilfe zu geben und zu betonen, dass die Lesung des Geierkopfes eben mit *a* beginnt. Wenn Silbenzeichen in dieser Form mit Wortzeichen kombiniert werden, heißen sie in der Forschung „phonetische Komplemente".

Erschwert wird die Lektüre von Hieroglyphentexten der Maya-Schrift dadurch, dass bestimmte Zeichen unterschiedliche Lesungen haben. Ein Frauenkopf kann sowohl für *ixik* (Frau) als auch für *na* (Mutter) stehen, ein anderes Zeichen bedeutet je nach Kontext die Silbe *ku* oder das Wortzeichen *tuun* (Stein). Virtuose Schreiber versuchten, die visuelle Komplexität der Schrift zu vergrößern, indem sie Zeichen nicht nur nacheinander setzten, sondern überlappen ließen oder gar ein Zeichen in ein anderes einfügten, ohne dass dies die Lesung verändert hätte. Schließlich gibt es viele Zeichen, die sowohl in einer vollständigen Variante als auch in einer Kurzform auftreten. Und wollte ein kalligrafisch ambitionierter Schreiber einen Text zu einem wahren Kunstwerk machen, so bildete er die Zeichen als Köpfe oder gar als vollständige Figuren ab (Abb. 186). Die ästhetische Qualität der Schrift war von großer Bedeutung, um ihren sakralen Charakter zu unterstreichen. Anders als die meisten anderen alten Schriftsysteme entstand die Maya-Schrift nicht aus der Notwendigkeit, wirtschaftliche Transaktionen festzuhalten, sondern war von Anfang an ein Medium, um sich an die Götter zu wenden oder die Herrschaft gottgleich gedachter Könige zu legitimieren. Die Schreiber, die mit der Hieroglyphenschrift umgingen, hatten eine hohe gesellschaftliche Position (Abb. 190); in der Regel lebten und wirkten sie an Königshöfen. Es scheint, dass bei den Maya wie bei anderen Völkern Mesoamerikas zumindest die passive Beherrschung der Schrift – also das Lesen – ein Bestandteil der Erziehung des Adels war. Ob die Schrift auch bei der einfachen Landbevölkerung verankert war, ist nicht bekannt, aber eher unwahrscheinlich, denn über das alltägliche Leben der einfacheren Bevölkerungsschichten gibt es keine schriftlichen Zeugnisse. Dennoch konnte wahrscheinlich jeder den Namen des regierenden Herrschers in einer steinernen Inschrift erkennen. Der bildhafte Charakter vieler Hieroglyphen hat dieses Wiedererkennen einzelner Zeichen sicher erleichtert.

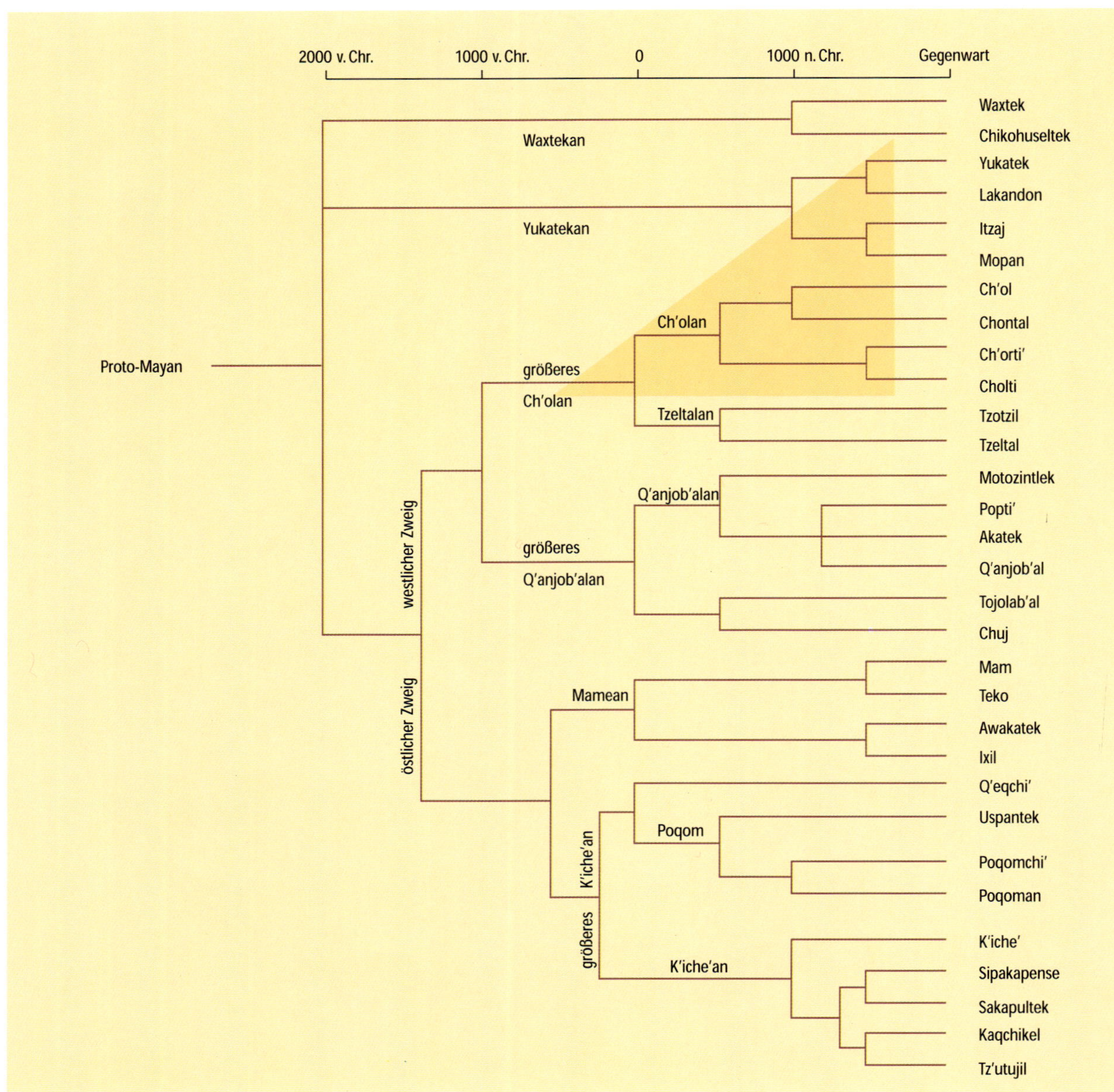

192 *Die Verwandtschaft der Maya-Sprachen*
Diese Darstellung der Aufsplitterung der Maya-Sprachen von der Proto-Mayan genannten „Ursprache" in die 31 bekannten und größtenteils heute noch gesprochenen Maya-Sprachen beruht auf der Rekonstruktion der amerikanischen Linguisten Lyle Campbell und Terrence Kaufman. Die Hieroglyphenschrift wurde von Sprechern des größeren Ch'olan entwickelt, bevor sich etwa um die Zeitenwende das Tzeltalan absplitterte. Die Sprachen des yukatekischen Zweiges (Yukatekan) übernahmen die Schrift erst später. Die Schattierung deutet an, welche Sprachen zu welchem Zeitpunkt die Schrift verwendeten.

193 *Weiheinschrift. Ek Balam, Yucatán, Mexiko, Westbalustrade der Treppe zur Akropolis; Späte Klassik, ca. 830. n. Chr.; Kalkstein*
Bei den Ausgrabungen von Ek Balam im Norden der Halbinsel Yukatan wurden zwischen 1998 und 2000 eine Vielzahl gut erhaltener Inschriften entdeckt. Die hier gezeigten Hieroglyphen sind in einzelnen Reihen von links nach rechts zu lesen. Es handelt sich um eine Weiheinschrift, eine Textgattung, die besonders häufig in Yukatan vorkommt: „Beendet wurde (?) das Relief auf dem ?-Uh, dies ist der Name der Treppe des Herrschers Kit Kan Leek Tok', göttlicher König von Ek' Balam". Vermutlich war das Anbringen einer Weiheinschrift selbst ein religiöser Akt, der von aufwändigen Zeremonien begleitet wurde.

194 *Eine Maya-Sprechblase (Ausschnitt von Abb. 195). Fundort unbekannt; Späte Klassik, 700–850 n. Chr.; gebrannter Ton; Privatsammlung*
Auf vielen Maya-Keramiken wird gesprochener Text zitiert, die Sprache wird ähnlich wie bei unseren Comics mit Linien den Mündern der Sprecher zugewiesen. Die hier gezeigte Sprechblase gibt die Beschwerde des Gottes L vor dem Sonnengott von der Keramik in Abb. 195 wieder. Gott L jammert hier „Herr! Der Hase, er nahm meinen Schmuck (?), meine Kleidung, meine Last!". Texte dieser Art sind selten und enthalten sprachliche Formen, wie sie in den sonst ausschließlich narrativen Inschriften nicht zu finden sind.

Die Entzifferung der Maya-Literatur

Von den rund 800 Zeichen, die in der Maya-Schrift vorkommen, sind heute etwa 300 entziffert; von etwa der gleichen Anzahl haben wir eine mehr oder weniger präzise Vorstellung ihrer Bedeutung. Obgleich die Entzifferung schon weit vorangeschritten ist, gibt es noch eine Reihe unbeantworteter Fragen, etwa die, ob und wie die Maya unterschiedlich lange Vokale in der Schrift markierten. Wichtiger noch scheint die sprachwissenschaftliche Erforschung der Sprache, die der Hieroglyphenschrift zugrunde liegt. Die Hieroglyphenschrift wurde offensichtlich in der Späten Präklassik von Menschen geschaffen, die Ch'ol sprachen, eine der zahlreichen eng verwandten Maya-Sprachen (Abb. 192). Obgleich die Schrift später auch von Sprechern anderer Maya-Idiome, vor allem von yukatekischen Maya im Norden der Halbinsel Yukatan, übernommen wurde, blieb das Ch'ol doch die vorherrschende Sprache der Inschriften. Ch'ol war die lingua franca, die Verkehrssprache des Maya-Adels der klassischen Zeit, und genoss als Schriftsprache ein hohes Prestige. Tatsächlich verfügte die Hieroglyphenschrift über eine Vielfalt stilistischer Möglichkeiten und war in der Lage, alle Nuancen der Sprache wiederzugeben (Abb. 191). Dennoch machen die erhaltenen Schrifttexte mit ihren formelhaften Wendungen und steten Wiederholungen einen monotonen Eindruck. Die Texte sind offizielle Verlautbarungen, königliche Propaganda und langatmige Chroniken. Zumindest auf öffentlichen

Monumenten hatten erzählerische und poetische Ausdrucksformen keinen Platz. Spuren des verloren gegangenen literarischen Schaffens und des breiten Spektrums einst niedergeschriebener Themen finden sich allerdings auf bemalten Keramikgefäßen (Abb. 195). Sie wurden für einen kleineren privaten Rahmen geschaffen, sodass hier die Künstler weniger Beschränkungen unterworfen waren. Es gibt Malereien auf Gefäßen, die Menschen bei der Konversation zeigen und deren Sprache mit Hieroglyphen aufgeschrieben ist. Wie in modernen Comics weisen Linien die Hieroglyphenblasen den Mündern der Sprecher zu.

Es darf auch nicht vergessen werden, dass aus dem reichen literarischen Schaffen der Maya nur ein kleiner Ausschnitt überliefert ist. Durch das feuchtheiße tropische Klima sind alle Schriftträger aus vergänglichem Material – Inschriften auf Holz und auf Stoffen, vor allem aber die vielen Bücher aus Feigenbastpapier – verloren gegangen. Nur was die Schreiber auf Stein und andere die Zeit überdauernde Materialien schrieben, steht uns heute zur Verfügung (Abb. 193). Die meisten Inschriften finden sich auf steinernen Gedenksäulen, den Stelen, aber auch auf Altären, Wandtafeln, Thronen und Türsturzen. Gebäude wurden beschriftet, ganze Treppenanlagen wie die bekannte Hieroglyphentreppe von Copan mit Inschriften von über 2000 Hieroglyphen geschmückt. Hieroglyphen wurden in Stuck geformt und an der Außenseite wie auch innerhalb von Gebäuden angebracht, die Wände von Gebäuden wurden bemalt und die szenischen Darstellungen mit erklärenden Beischriften versehen. Texte wurden auch in Objekte aus Jade, Knochen und Muschelschale geritzt; gewöhnlich handelt es sich dabei um kurze Aussagen zum Besitzer eines kostbaren Schmuckstücks: „Dies ist der Ohrring von …“. Die feinsten Werke von Maya-Kalligrafie finden sich auf den bereits erwähnten Keramikgefäßen und in den vier erhaltenen Handschriften.

Die Entzifferung der Hieroglyphenschrift hat wie kein anderer Forschungszweig die Maya-Forschung revolutioniert. Die neuen Erkenntnisse der Hieroglyphenforschung sind aber nicht nur für den kleinen Kreis der Wissenschaftler von Bedeutung. Immer mehr Maya selbst erkennen, dass die Schrift ihrer Vorfahren ihnen einen Schlüssel zum Verständnis ihrer Vergangenheit bietet. Maya in Guatemala und Mexiko eignen sich die Hieroglyphenschrift an, um mit ihr einen Teil ihrer Identität wiederzufinden und um zu legitimen Erben einer jahrtausendealten Schriftkultur zu werden.

195 *Die so genannte „Häschen-Vase“. Fundort unbekannt; Späte Klassik, 720–730 n. Chr.; gebrannter Ton; Privatsammlung*

Die so genannte „Häschen-Vase“ gehört zu den Meisterwerken klassischer Gefäßmalerei. Sie wurde in der Umgebung von Naranjo für dessen Herrscher K'ak' Tiliw Chan Chaak angefertigt. Sie ist mit zwei offenbar zusammenhängenden mythologischen Szenen bemalt, deren Hauptperson der alte Gott L ist. Die Szene rechts im Bild scheint die erste Episode darzustellen: Ein Hase hält die Kleidung und den Kopfputz von Gott L in der Hand. In der linken Szene scheint sich Gott L beim Sonnengott zu beschweren, der auf einem reich geschmückten Thron sitzt. Hinter seinem Rücken versteckt sich der Hase, der die Attribute des nun fast nackten Gottes L geraubt hat.

BÜCHER AUS RINDENPAPIER

Nikolai Grube

Am 12. Juli des Jahres 1561 ließ Diego de Landa, Bischof von Yukatan, auf dem Platz vor dem Franziskanerkonvent von Mani einen hohen Scheiterhaufen aufschichten. Kreuze wurden aufgestellt, Bänke für die Zuschauer errichtet und alle „Götzen“ und Objekte der Teufelsanbetung, deren er und seine franziskanischen Brüder habhaft werden konnten, auf den Scheiterhaufen geworfen und den Flammen übergeben. Nachdem die Messe gelesen war, verkündete man den Maya-Adligen, die ihrem alten Glauben abzuschwören nicht bereit waren, die Strafe für die Götzendienerei: Jeder erhielt auf der Stelle 200 Peitschenhiebe.

Unter den Schätzen, die Landa verbrennen ließ, waren auch Bücher, wie der Jesuit José de Acosta im Jahr 1590 berichtete: „In der Provinz von Yukatan gab es früher auch Bücher aus Blättern, in denen die gelehrten Indianer die Abfolge ihrer Zeit aufbewahrten, wie auch die Kenntnis von Pflanzen, Tieren und alten Sitten, auf eine sehr schöne und sorgfältige Weise. Es erschien einem Lehrer der Doktrin, dass all dies nur da sei, um Zauberei und magische Künste zu betreiben, und deshalb wurden diese Bücher verbrannt. Später bedauerten das nicht nur die Indianer, sondern auch viele offenherzige Spanier, die über die Geheimnisse jenes Landes lernen wollten.“

Was Acosta hier „Bücher aus Blättern“ nennt, waren in Wirklichkeit Bücher aus einem Papier, das man aus den Fasern der Rinde eines Feigenbaumes (Ficus cotinifolia) gewann (Abb. 199). Die Fasern des Baumes wurden mit Stärke vermischt und dann zu flachen Papierstreifen verarbeitet. Dabei verwendete man steinerne, an der Unterseite geriffelte Schlägel, wie sie häufig in archäologischen Grabungen gefunden werden. Das Rindenpapier wurde mit einer feinen Kalkschicht geweißt, auf die man mit winzigen Pinseln und feinen Federn schrieb (Abb. 196, 198). Die viele Meter langen Papierstreifen einer Handschrift ließen sich wie eine Ziehharmonika oder wie ein Leporello-Album zusammenfalten; auf diese Weise konnte man beliebig viele Seiten aufklappen und nebeneinander legen. Die Handschriften hatten Einbände aus Holz und manchmal aus Jaguarfell (Abb. 197); zu ihrem Schutz bewahrte man sie in Holzkästen auf. Die einzelnen Seiten der Handschriften sind in der Regel zwischen 20 und 25 Zentimeter hoch und etwa halb so breit. Es scheint sich dabei um das Standardformat von Maya-Büchern gehandelt zu haben, denn dieses Oktavformat wird auch von spanischen Chronisten, die diese Bücher noch in Gebrauch gesehen haben, beschrieben. Die Buchseiten sind an vielen Stellen mit feinen roten Linien in drei oder vier horizontale Abschnitte gegliedert. Häufig erstreckt sich ein „Kapitel“ über einen horizontalen Streifen, der mehrere Buchseiten einnimmt. Andere Buchseiten sind so aufgebaut, dass sie von links oben nach rechts unten zu lesen sind.

196 *Keramik in Form einer aufgeschnittenen Muschelschale. Tikal, Peten, Guatemala, Gebäude 5D-73, Grab 196; Späte Klassik; gebrannter Ton, bemalt; L. 18 cm; Tikal, Museo Sylvanus Morley*
Die Schreiber der Maya verwendeten aufgeschnittene Muschelschalen als Tintengefäße. In ihren verschiedenen Sektoren konnte man wie auf einer Palette Farben anrühren. Ein Künstler aus Tikal kam auf die Idee, eine solche Muschelschale in Keramik nachzubilden. Die Hieroglyphe auf dem Grund bedeutet *abak* (Tinte).

Unschätzbar viele kostbare Bücher sind damals in den Flammen aufgegangen. Doch auch wenn diese Bücherverbrennung nicht stattgefunden hätte, so wären nicht wesentlich mehr vorspanische Maya-Bücher erhalten geblieben als lediglich die vier, die die Forschung heute kennt. Das hängt in erster Linie mit dem tropischen Klima zusammen, in dem Papier, das nicht sorgfältig konserviert wird, nur eine geringe Lebensdauer hat. Die meisten Bücher der Maya, insbesondere die Handschriften aus der klassischen Zeit, sind lange vor Ankunft der Spanier zerfallen. Ganze Bibliotheken müssen auf diese Weise verloren gegangen sein.

Die vier bekannten Handschriften der vorspanischen Maya stammen vermutlich ausnahmslos aus der Zeit unmittelbar vor der spanischen Invasion. Die eine Handschrift, nach ihrem Aufbewahrungsort Madrider Codex genannt, ist vielleicht sogar erst im 17. Jahrhundert in der letzten unabhängigen Maya-Stadt Tayasal

198 *Schmucknadel aus Knochen mit Darstellung einer Schreiberhand. Tikal, Peten, Guatemala, Tempel 1, Grab 116; Spätklassik, um 734 n. Chr.; Knochen, mit Hämatit eingefärbte Gravur; Tikal, Museo Sylvanus Morley*
Mit zarten, eleganten Linien hat ein unbekannter Künstler eine Hand graviert, die einen Pinsel hält, wie er wohl auch von den Schreibern der Bücher verwendet wurde. Neben Pinseln wurden auch beschnittene Federn benutzt.

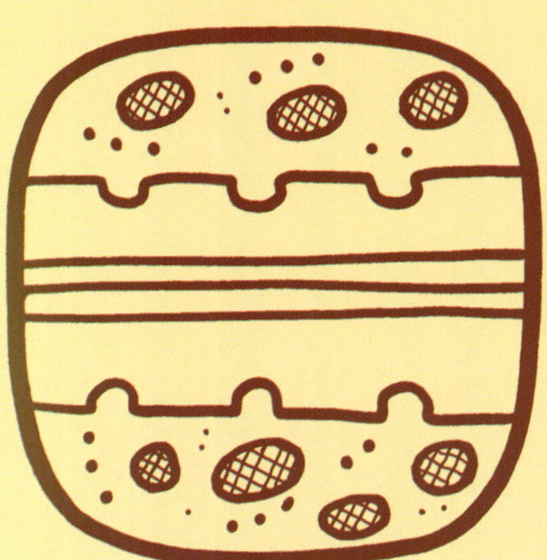

197 *Die Hieroglyphe hu'un (Buch)*
In der Hieroglyphenschrift gibt es verschiedene Möglichkeiten, das Wort *hu'un* (Buch, Papier) zu schreiben. Eine davon ist ein Wortzeichen, das eine zusammengefaltete Handschrift zwischen zwei Buchdeckeln zeigt, die mit Jaguarfell bezogen sind.

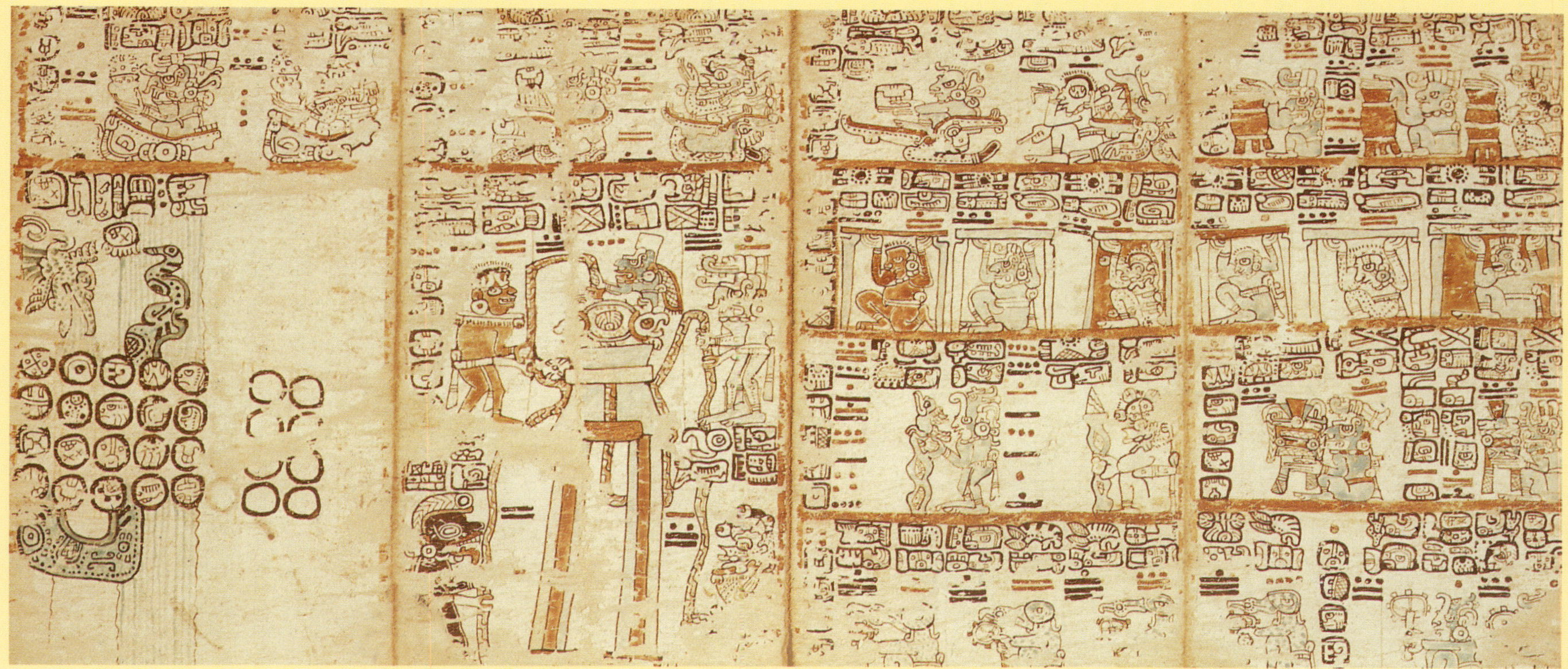

entstanden (Abb. 199). Die drei Handschriften, die sich heute in europäischen Bibliotheken befinden, wurden offensichtlich in der Frühzeit der Kolonisation nach Europa gebracht, die vierte tauchte erst 1971 in einer ungewöhnlich trockenen Höhle in Südmexiko auf (Abb. 200).

Mit seinen 74 Seiten ist der Dresdner Codex zwar nicht das umfangreichste, unzweifelhaft aber das schönste der vier Maya-Bücher. Es ist ausschließlich religiösen und rituellen Inhalts und behandelt den Umlauf der Venus, die Berechnung ihrer Phasen, Vorhersagen über Sonnen- und Mondfinsternisse, Rituale für die Jahreswende. Es enthält ein Kapitel, das sich mit der Mondgöttin und ihrem Einfluss auf Krankheit und Geburt befasst, sowie verschiedene Kapitel, die sich dem Regengott Chaak und seiner Herrschaft über das Wetter und die Ernte widmen. Der Dresdner Codex scheint die postklassische Abschrift einer Handschrift aus der klassischen Zeit zu sein. Die unterschiedlichen Schreib- und Malstile, die sich auf seinen Seiten nachweisen lassen, deuten darauf hin, dass an seiner Entstehung mindestens fünf Meister der Schreibkunst beteiligt waren. Über den Ort der Entstehung der Handschrift lässt sich nichts Genaues sagen, außer dass ihre Heimat wahrscheinlich irgendwo im Norden von Yukatan zu suchen ist.

Die 112 Seiten der Madrider Handschrift, des Codex Tro Cortesiano, können es hinsichtlich ihrer ästhetischen Qualität nicht mit dem Dresdner Codex aufnehmen. Die Themenpalette der Madrider Handschrift ist zudem weitaus pragmatischer angelegt. Sie reicht von Ritualen für die erfolgreiche Jagd, über die Bienenzucht und Aussaat bis zu langen Kapiteln über den Regengott und seinen Einfluss auf das landwirtschaftliche Jahr. Es gibt aber auch Abschnitte im Madrider Codex, die ihre genauen

199 *Madrider Codex, Seiten 18 bis 21. Fundort unbekannt; Späte Postklassik, 1450–1650 n. Chr.; Feigenbastpapier, mit Kalkschicht überzogen, bemalt; Seite: H. 23 cm, B. 12 cm; Madrid, Museo de las Americas*
Die Schreiber des Madrider Codex machten viele orthografische Fehler, dennoch handelt es sich um ein wichtiges Dokument der Schreibkultur der Späten Postklassik.

200 *Codex Grolier, Seite 6. Fundort unbekannt; Mittlere Postklassik, 1100–1350 n. Chr.; Feigenbastpapier, mit Kalkschicht überzogen, bemalt; H. 19 cm, L. insgesamt 125 cm; Mexiko Stadt, Museo Nacional de Antropología e Historia, Sección de Arqueología*
Ein mexikanischer Kunstsammler erwarb den Codex 1965 von Raubgräbern. 1971 wurde er erstmals im New Yorker Grolier Club ausgestellt, einer Kunstgalerie, von der er auch seinen Namen erhielt.

Entsprechungen in der Dresdner Handschrift haben. Sie bezeugen, dass die religiösen Vorstellungen der postklassischen Zeit stark kanonisiert waren. Die Schreiber des Madrider Codex waren allerdings keine Meister ihres Faches; Fehler, Auslassungen und vertauschte Hieroglyphen haben manchen Forscher veranlasst, sie geradezu als Maya-Legastheniker zu bezeichnen.

Der in der Pariser Nationalbibliothek aufbewahrte 22 Seiten umfassende Pariser Codex erreicht in der Eleganz der Linienführung ebenfalls nicht die Qualität der Dresdner Handschrift, übertrifft aber in Genauigkeit und Detailreichtum den Codex von Madrid (Abb. 199). Unglücklicherweise ist die hauchdünne, das Feigenbastpapier bedeckende Stuckschicht an so vielen Stellen abgeblättert, dass etwa 70 Prozent der ursprünglichen Malerei verloren gegangen sind. Dennoch können wir den verbleibenden Schrifttexten und Bildern entnehmen, dass sich der Pariser Codex vor allem mit drei Themen befasst, nämlich Prophezeiungen für die 1320 Jahre dauernden K'atun-Zyklen des Maya-Kalenders und der Beschreibung der Erschaffung des Universums sowie dem auf 13 Sternbildern beruhenden Tierkreis der Maya (Abb. 217).

Der erst vor drei Jahrzehnten in Mexiko aufgetauchte vierte Codex wird allgemein Codex Grolier genannt, nach der Galerie, in der er zum ersten Mal ausgestellt war (Abb. 200). Stilistisch unterscheidet sich der Codex von den anderen dadurch, dass die einzigen Schriftzeichen Zahlzeichen sind. Zunächst hielt man die elf Seiten der Handschrift für eine Fälschung. Es stellte sich aber bald heraus, dass das Papier der Handschrift aus der vorspanischen Zeit stammt und dass der Codex wie die Dresdner Handschrift einen Venuskalender enthält, sodass die Authentizität dieses Buchfragments nicht mehr bestritten wird.

ASTRONOMIE UND MATHEMATIK

Alexander W. Voß

Die Maya sind das einzige Volk Mesoamerikas, von dem uns umfangreiche mathematische und astronomische Kenntnisse überliefert sind. Der Nachwelt ist dieses Wissen aus der vorspanischen Zeit in Form von zahlreichen Inschriften auf Steinmonumenten und vier Faltbüchern aus Rindenbast, Codices genannt, erhalten geblieben. Aus der Kolonialzeit sind es vor allem der „Bericht über die Begebenheiten aus Yukatan", der aus den Aufzeichnungen des Franziskaners Diego de Landa (1524–1579) zusammengestellt wurde, und die „Chilam-Balam"-Bücher (Bücher des Jaguarpriesters) – in lateinischer Schrift, aber yukatekischer Maya-Sprache abgefasste Textsammlungen –, welche uns wichtige Informationen und Einblicke in dieses Wissen der Maya gewähren. Zahlreiche ethnologische Studien aus dem guatemaltekischen Hochland, wo Elemente des vorspanischen Kalenders noch immer praktiziert werden, helfen uns, die Zeit- und Kalendervorstellungen der Maya zu verstehen.

Die Maya nutzten ihre mathematischen und astronomischen Kenntnisse für die Erstellung des Kalenders. Mit seiner Hilfe waren sie in der Lage, wichtige Ereignisse vorauszuberechnen, aber auch zu bestimmen, welche der allgegenwärtigen übernatürlichen Wesen mit ihren positiven oder negativen Eigenschaften jedes einzelne Datum beherrschen würden. Die Prognosen dienten den Kalenderpriestern *aj k'inob* (wörtlich: Herren der Tage) zur Vorbereitung von Zeremonien, mit denen die Wirkung der übernatürlichen Kräfte auf den Einzelnen und das gemeinschaftliche Leben positiv beeinflusst werden sollte.

Die mathematischen Grundlagen

Die Maya verwendeten für ihre Berechnungen ausschließlich die positiven ganzen Zahlen. Sie bedienten sich dabei eines Systems von Addition und Multiplikation, das in etwa unserem arabischen Zahlensystem entspricht.

In diesem System ist der Wert einer Ziffer von ihrer Stellung innerhalb der Zahl abhängig. So lässt sich beispielweise unsere Zahlenangabe „2001" von rechts nach links in die aufsteigenden Stellenwerte für Einer, Zehner, Hunderter und Tausender zerlegen. Die Grundlage bildet hier das auf der Zahl 10 beruhende Dezimalsystem. Der Eigenwert jeder Stelle wird durch die Ziffern 0 bis 9 angegeben, also für unser Beispiel 1 Einer, 0 Zehner, 0 Hunderter und 2 Tausender. Die Maya dagegen verwendeten als Berechnungsgrundlage die Einheit 20, lateinisch *vigesima,* weshalb ihr Stellenwertsystem auch Vigesimalsystem genannt wird. Es hat die Stellenwerte 1, 20, 400, 8000, 160 000, 3 200 000, 64 000 000 und so weiter.

Der Eigenwert jeder Stelle im Vigesimalsystem wird durch die Ziffern 1 bis 19 ausgedrückt. Zu ihrer schriftlichen Darstellung benötigten die Maya in der Regel zwei Zeichen: Punkt und Strich. Der Punkt hat den Wert 1 und der Strich den Wert 5. Durch Kombination dieser Zeichen waren die Maya in der Lage, die Ziffern von 1 bis 19 zu schreiben. Punkte und Striche sind dabei nicht gemischt, sondern in getrennten Gruppen angeordnet. Die Punkte bilden immer eine Reihe und stehen parallel zu den Strichen, die

201 *Frühklassisches Gefäß mit Tageszeichen-Reihen. Tikal, Peten, Guatemala, Komplex der Verlorenen Welt; Frühe Klassik, 3. Jh. n. Chr.; gebrannter Ton, bemalt; H. 21,5 cm, Dm. 10 cm; Guatemala Stadt, Museo Nacional de Arqueología y Etnología (Kerr 5618)*
Dieser mehrfarbige, zylinderförmige Becher gehörte zum Grabinventar einer adligen Frau. Beim Schütteln des Gefäßes dienten die mit Tonkügelchen gefüllten, hohlen Standfüße als Rasseln. Der Griffknopf des Becherdeckels stellt einen Wasservogel dar. Auf die Außenwand sind Tageszeichen des 260-tägigen Ritualkalenders Tzolk'in in schwarzer Farbe auf einen hellgelben Hintergrund gemalt.

202 *Die Zahlenzeichen von 0 bis 20*
Zur Schreibung von Zahlen standen den Maya entweder eine Punkt-Strich-Notation oder eine Reihe von individuellen Kopfzeichen zur Verfügung. Durch die Kombination der Kopfformen für die Zahlen von 3 bis 9 mit der Form des fleischlosen Unterkiefers von Zahl 10 werden die Zahlenzeichen von 13 bis 19 gebildet. Die 0, die für eine Leerstelle steht, stellen stilisierte Schneckengehäuse oder ein Kopf dar, dessen Unterkiefer durch eine menschliche Hand ersetzt ist. Die Zahl 20 wird durch das Mondzeichen angezeigt, von dem sich die Kopfform lediglich in der Gestaltung der Umrisslinie als menschliches Profil unterscheidet.

203 *Das Caracol. Chichen Itza, Yucatán, Mexiko; Endklassik, 850–1000 n. Chr.; Kalkstein; H. 11,5 m, Dm. 11 m*
Das Caracol (span., „Schnecke") zählt zu den wenigen Rundbauten, die bisher für das Maya-Gebiet dokumentiert sind. Der Name Caracol leitet sich von der im Inneren gelegenen Wendeltreppe ab, die in den obersten Aufbau des Gebäudes führt. Von dieser hoch gelegenen Kammer gehen Fenster ab, die zur astronomischen Beobachtung geeignet sind. Das Caracol gilt deshalb als Observatorium von Chichen Itza, von dem aus bestimmte Stationen von Sonne und Mond am Horizont verfolgt werden konnten. Die am Bauwerk angebrachten Hieroglyphentexte datieren in die zweite Hälfte des 9. Jh.s.

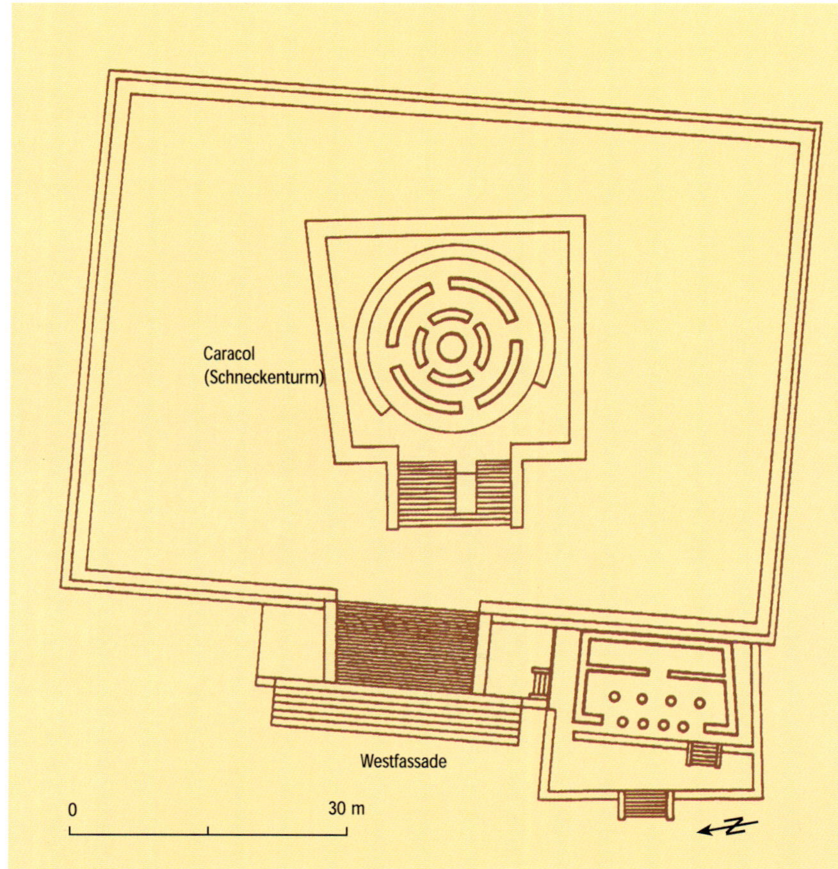

204 *Plan des Caracol-Gebäudes*
Das Rundgebäude, das der Himmelsbeobachtung diente, steht auf einer rechteckigen, erhöhten Plattform. Bei der Ausgrabung der zur Plattform führenden Treppe wurden Inschriften gefunden, die von Ereignissen aus der zweiten Hälfte des 9. Jh.s berichten, dem Zeitpunkt, als die vermutliche letzte Bauphase des Gebäudes abgeschlossen war.

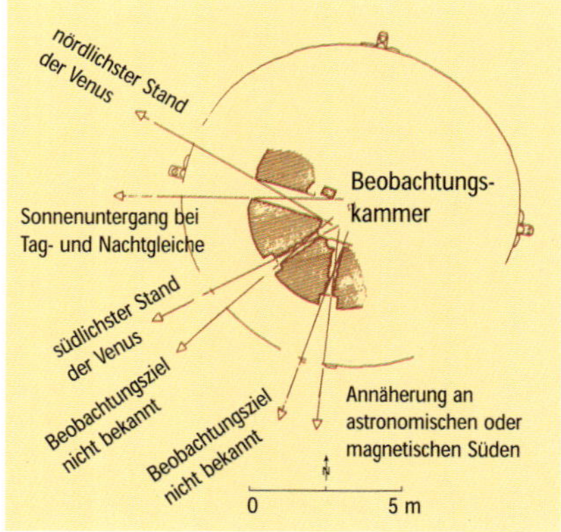

205 *Die Beobachtungsfenster des Caracols*
Nur drei Fenster des Rundbaus sind erhalten geblieben. Sie ermöglichten von der Beobachtungskammer aus den Blick auf verschiedene am Himmel zu beobachtende Phänomene. Die Fensterkanten wurden dabei als Visierlinien benutzt.

ebenfalls nebeneinander gestellt sind (Abb. 202). Ein Sonderfall ist die Kennzeichnung einer leergebliebenen Stelle. Das arabische System benutzt dafür die 0, die Maya verwendeten stilisierte Schneckenhäuser. Neben dieser 0 und den Zahlen 1 bis 19 gibt es auch für die Zahl 20 ein eigenes Zahlzeichen, das Ähnlichkeiten mit dem Schriftzeichen für Mond aufweist.

Die Maya nutzten auch andere bildliche Darstellungen, um Zahlen wiederzugeben. Mit den so genannten Kopfzeichen konnte man die Zahlen 0 bis 20 als Bilder darstellen. So wird zum Beispiel die Zahl 9, im yukatekischen Maya *bolon* genannt, durch einen Kopf dargestellt, dessen untere Gesichtshälfte von einem Jaguarfell bedeckt wird, denn Jaguar heißt *balam* (Abb. 202).

Diese Art, Zahlen zu schreiben, ist aber mehr als eine grafische und lautliche Spielerei. Sie deutet auf einen fundamentalen Aspekt des Weltbildes der Maya hin: Zahlen und Zeit waren keine abstrakten Größen, sondern belebt. Sie waren Götter, die in verschiedenster Weise in Beziehung zueinander standen und das Leben der Menschen durch ihre guten oder bösen Charaktereigenschaften beeinflussten.

Die astronomischen Grundlagen

Die Maya entwickelten ihren Kalender auf der Grundlage von astronomischen Beobachtungen, die sie mit bloßem Auge durchführten. Von festen Standorten aus peilten sie vor allem in der Morgen- und der Abenddämmerung den Horizont an und beobachteten die auf- und untergehenden Himmelskörper. Dazu bauten sie Gebäude, die speziell für die astronomische Beobachtung ausgelegt waren (Abb. 206). Eindrucksvollstes Zeugnis ist das als *Caracol* (Schneckenhaus) bezeichnete Rundgebäude in Chichen Itza im mexikanischen Bundesstaat Yucatán (Abb. 203, 204). Das obere Stockwerk mit seinen Fenstern diente offenbar als Beobachtungskammer für den Weg der Himmelskörper (Abb. 205): der Sonne *(k'in)*, des Mondes *(uh)*, der Sterne *(ek'ob)* und des Planeten Venus, des großen Sterns *(chak ek') (Abb. 208)*.

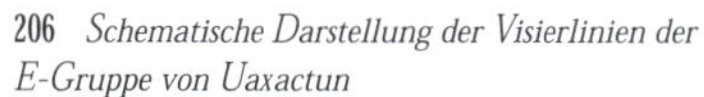

206 *Schematische Darstellung der Visierlinien der E-Gruppe von Uaxactun*
Der frühklassische Gebäudekomplex, der in der Fachliteratur als Gruppe E von Uaxactun bekannt ist, stellt vermutlich eine einfache Anlage zur Beobachtung des jährlichen Sonnenlaufs dar. Von der Pyramide im Westen blickte man auf eine Plattform mit drei Gebäuden. Schaute man an der linken Ecke des nördlichen Gebäudes vorbei, so sah man auf den Punkt am Horizont, an dem die Sonne bei der Sommersonnenwende aufging, während man vom rechten Rand des südlich auf der Plattform stehenden Gebäudes den Sonnenaufgang am Tag der Wintersonnenwende fixieren konnte. Zur Tagundnachtgleiche im Frühling und Herbst hingegen erschien die Sonne in der Richtung des Mittelgebäudes. Ähnliche Anlagen sind in vielen anderen Maya-Städten gefunden worden.

207 *Himmelskörper und Himmelsphänomene in einem Himmelsband. Quirigua, Izabal, Guatemala, südlicher Bereich des Großen Platzes, Stele 1; Späte Klassik, 15. August 800 n. Chr.; rotbrauner Sandstein; H. 410 cm (mit Sockel)*
Das Gestell auf dem Rücken des Herrschers stellt den Himmel dar, in dem Himmelssymbole und mythische Wesen eingehängt sind und auf dem der Himmelsvogel mit ausgebreiteten Schwingen thront.

208 *Die Schriftzeichen für die Himmelskörper*
Für jeden Himmelskörper besaßen die Maya ein eigenes Schriftzeichen. Die Sonne wird als vierblättrige Blume und der Mond als ovale Fläche mit Schraffuren für die Mondflecken dargestellt. Das Zeichen für einen Stern ähnelt dem Buchstaben W. Das Symbol für die Venus besteht aus zwei miteinander verbundenen Sternzeichen.

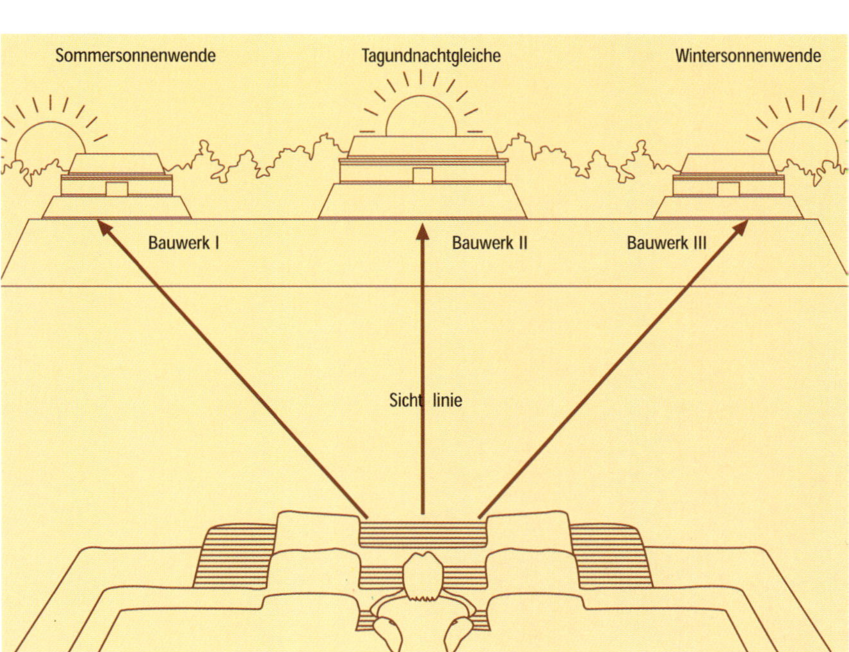

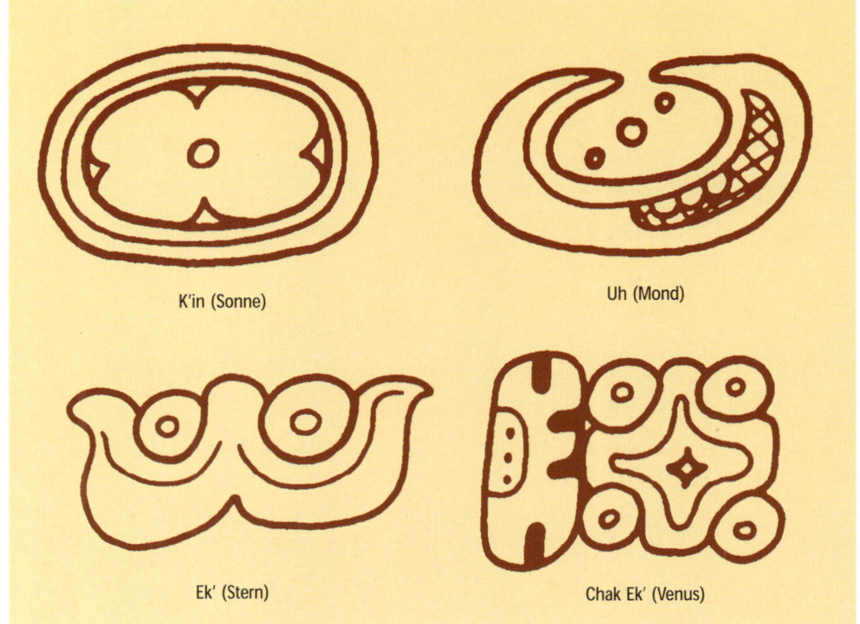

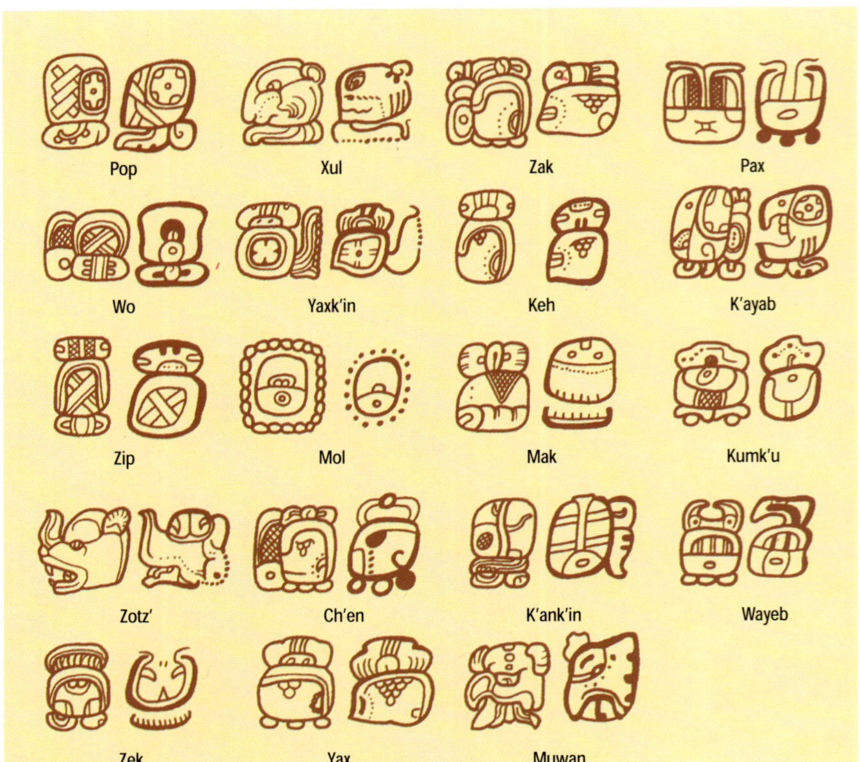

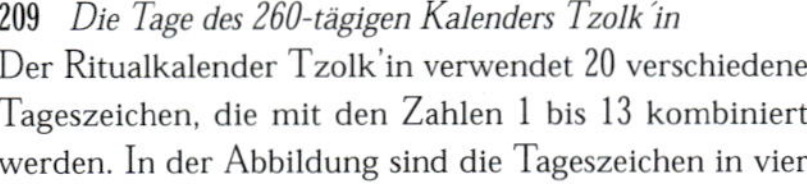

209 *Die Tage des 260-tägigen Kalenders Tzolk'in*
Der Ritualkalender Tzolk'in verwendet 20 verschiedene Tageszeichen, die mit den Zahlen 1 bis 13 kombiniert werden. In der Abbildung sind die Tageszeichen in vier Spalten geordnet, die von links nach rechts und von oben nach unten zu lesen sind. Dargestellt sind jeweils zwei Formen eines Tageszeichens aus den Steininschriften und aus den Codices.

210 *Die Monate des 365-tägigen Kalenders Haab*
Im Gemeinjahr der Maya sind die Ereignisse eines vollständigen landwirtschaftlichen Zyklus erfasst worden. Es wird in 18 Winal oder Winik von 20 Tagen, den sog. Monaten, unterteilt und besitzt einen Kurzmonat von fünf Unglückstagen am Jahresende. Jeder Monat wird durch eine Namenshieroglyphe repräsentiert, die eine herausragende Eigenschaft des jeweiligen Zeitabschnitts bezeichnet.

Der Ritualkalender Tzolk'in und seine Komponenten

Aus ihren astronomischen Beobachtungen leiteten die Maya Tagereihen und Zyklen ab, die sich wiederholten und ineinander verzahnt waren. Der Ritualkalender, der wichtigste Tagezyklus der Maya, hatte eine Länge von 260 Tagen, die sich aus der Multiplikation der Zahl 20 mit der Zahl 13 ergab. Unbestritten ist, dass die Anzahl der menschlichen Finger und Zehen den Faktor 20 geliefert hat. Welche weiteren Elemente hinzukamen, ist noch immer unklar. Für diesen 260-Tage-Zyklus ist aus der vorspanischen Zeit kein Begriff überliefert. Die Wissenschaft hat die von dem nordamerikanischen Maya-Forscher William Gates (1863–1940) eingeführte Bezeichnung Tzolk'in übernommen, die er 1921 aus dem K'iche'-Begriff Ch'ol Q'ij (die Ordnung der Tage) abgeleitet hatte.

Der einzelne Tagesname des Tzolk'in setzt sich aus zwei Teilen zusammen: einer Zahl und einem Tageszeichen (Abb. 204, 209). Insgesamt gibt es 20 Tageszeichen, die fortlaufend und in immer gleich bleibender Reihenfolge mit den Ziffern 1 bis 13 verbunden werden. Aus der Kombination beider Elemente ergibt sich der Tagesname. Da es aber nur 13 Zahlen für 20 Tageszeichen gibt, führt der 14. Tagesname wieder die Zahl 1, erhält aber das 14. Tageszeichen. Mit dem 21. Tag beginnt dann die Reihe der Tageszeichen wieder von vorne, während die Zahlenreihe bei ihrem zweiten Durchlauf erneut bei der Zahl 8 angelangt ist. Die Reihe lautet also für die ersten zwanzig Tage 1 Imix, 2 Ik', 3 Ak'bal, 4 K'an, 5 Chikchan, 6 Kimi, 7 Manik', 8 Lamat, 9 Mulu, 10 Ok, 11 Chuwen, 12 Eb, 13 Ben, 1 Ix, 2 Men, 3 Kib, 4 Kaban, 5 Etz'nab, 6 Kawak, 7 Ajaw.

Die nächste Einheit von 20 Tagen beginnt mit 8 Imix, 9 Ik' und so weiter. Das Durchspielen aller Kombinationen ergibt einen vollständigen Zyklus von 260 Tagen. Nun wiederholt sich die Reihe und beginnt am 261. Tag wieder mit 1 Imix und einem neuen Zyklus.

Die Entstehung dieses Kalenders geht wahrscheinlich auf die Träger der olmekischen Kultur zurück, die ihn während der Präklassik im gesamten mesoamerikanischen Raum verbreiteten. Der früheste schriftliche Hinweis findet sich in den Steininschriften aus Monte Alban bei Oaxaca aus dem 5. Jahrhundert v. Chr. Die Maya übernahmen diesen Kalender wahrscheinlich von Mixe-Zoque-Völkern, ihren westlichen und südlichen Nachbarn an der Landenge von Tehuantepec.

Die Bedeutung des rituellen Kalenders lag in den schicksalsbestimmenden Eigenschaften jedes einzelnen Tages begründet. So war jedem Tageszeichen des Tzolk'in ein übernatürliches Wesen zugeordnet, welches das Lebensschicksal jedes Menschen vom Tage seiner Geburt an bestimmte und nachhaltig beeinflusste. Diese übernatürliche Kraft des Tageszeichens wurde durch die Bedeutung der Zahl modifiziert und ergab eine Reihe von 260 Möglichkeiten, aus denen die Prognosen für die soziale Gemeinschaft erstellt wurden.

Das Tageszeichen des Geburtstages bestimmte Charakter und Schicksal eines Neugeborenen. Die Eigenschaften der Tageszeichen waren in Prognoselisten, die „Botschaft und Kunst der Tage“ (u mutil u chuwenil k'in) genannt wurden, verzeichnet. Im Chilam-Balam-Buch von Kaua heißt es zum Beispiel für das Tageszeichen Muluk: „Der Hai ist seine Botschaft. Er verschlingt Nachkommen und Ehefrauen. Kinder und Ehefrauen sterben immerzu. Sie sind reich. Er ist einer, der tötet und verdirbt, auch die Nahrung.“ Dieser negativen Prognose steht das positive Tageszeichen Chuwen gegenüber: „Er ist der Tischler. Er ist der Schnitzer. Die Wanderameise ist die Botschaft der Künstler. Er ist sehr wohlhabend. Sein gesamter (Lebens)weg ist sehr gut. Jede Sache wird gelingen. Er ist auch ein Herr mit klugem Verstand.“ Über das Tageszeichen Etz'nab erfahren wir: „Er ist Ah Tok'Ch'akwil, der Herr des Feuersteins zum Schneiden. Er ist Etz'nabil Tok', scharfer Feuerstein. Der Toch-Vogel ist seine Botschaft. Er ist Ah Toh Olal, der Herr mit aufrechtem Herzen. Er verursacht Schmerz und teilt ihn aus. Er ist auch ein Krieger.“

Jeder der 260 Tagesnamen hatte wiederum Einfluss auf das Zusammenleben und die Aktivitäten der Gemeinschaft. Auch hierzu enthält das Chilam-Balam-Buch von Kaua eine Auflistung. So galt zum Beispiel der Tag 3 Chuwen als ungünstig, während der Tag 8 Kib ein gutes Jahr mit genügend Regen und einer reichen Ernte versprach. Auch der Zeitpunkt für den Beginn und die Durchführung von religiösen Festlichkeiten wurde mit Hilfe der Tagesnamen bestimmt.

Das Wissen um die schicksalhafte Bedeutung der Tageszeichen und Tagesnamen haben die Maya Yukatans noch bis in das frühe 19. Jahrhundert in den Chilam-Balam-Büchern festgehalten und überliefert. Im Hochland von Guatemala wird der 260-tägige Ch'ol Q'iij nach wie vor als Wahrsagekalender verwendet und hat in den letzten Jahren im Rahmen der Wiederbelebung alter Traditionen eine neue, identitätsstiftende Bedeutung für die Maya-Kultur gewonnen.

Das Gemeinjahr Haab

Neben dem Ritualkalender galt bei den Maya ein dem Sonnenjahr angenähertes Gemeinjahr zu 365 Tagen mit dem Namen Haab. Es gliederte sich in 18 Abschnitte zu je 20 Tagen (Abb. 210), die im Yukatekischen als *winal jun ek'eh* bezeichnet wurden und mit den Monaten im christlichen Kalender zu vergleichen sind. Jedem dieser Zeitabschnitte des Haab war ein Schutzpatron zugeordnet, der wiederum jeden der 20 Tage des Winal mit seinen übernatürlichen Kräften beeinflusste. Nach dem Ablauf der insgesamt 360 Tage folgten die verbleibenden fünf Tage als eigenständiger Rest, der das Jahresende bildete. Da diese fünf Tage nicht problemlos in das Vigesimalsystem eingefügt werden konnten, nannte man sie „die Schläfer des Jahres" *(u wayeb u haab)* oder „die namenlosen Tage" *(ma k'aba' k'in)* und schrieb ihnen schlechte prognostische Eigenschaften zu.

Bei der Zählung der Tage des Haab-Jahres wurde im Gegensatz zum Ritualkalender (Tzolk'in) auch die Zahl 0 verwendet. Nach Auffassung der Maya galt der Tag 0 als der Zeitpunkt, an dem ein neuer Schutzpatron eingeführt wurde, dessen Einfluss sich in den nachfolgenden 19 Tagen entfaltete. Diese folgenden Tage wurden im üblichen Punkt-Strich-Verfahren oder mit den entsprechenden Kopfzeichen notiert.

In seinem Bericht über Yukatan gibt Diego de Landa eine vollständige Beschreibung des Haab. Er nennt die Monate und zählt jeden einzelnen Tag auf, dem er auch die Tagesnamen des Tzolk'in zuordnet. Der Haab beginnt mit dem Maya-Monat Pop und endet mit Kumk'u, dem die fünf Tage des Wayeb folgen.

In der Mitte des 16. Jahrhunderts begann das Gemeinjahr der Maya Mitte Juli. Ob es auch in vorspanischer Zeit so war, lässt sich nicht ermitteln, da nicht bekannt ist, ob die Maya bei ihrer Kalenderrechnung durch das Einfügen von Schalttagen ihr Gemeinjahr von 365 Tagen an das um knapp sechs Stunden längere tropische Sonnenjahr anglichen. Diego de Landa schreibt zwar, dass sich die yukatekischen Kalenderpriester dieser Zeitdifferenz bewusst waren und deshalb alle vier Jahre einen Schalttag einfügten, doch wie sie es bewerkstelligten, dass die Verzahnung zwischen Gemeinjahr und Ritualkalender unverändert blieb, hat er nicht überliefert.

Religiöse Feste

Wie das christliche Kirchenjahr besaß auch das Jahr der Maya religiöse Feste, die sich gleichmäßig über die Monate des Haab verteilten. Die einzige umfassende Darstellung hiervon stammt wiederum von Diego de Landa. Ihm zufolge galt Neujahr als das größte alljährliche Fest, da es von allen gemeinschaftlich begangen wurde. An diesem Tag wurden die Häuser ausgefegt, der alte Hausrat durch neuen ersetzt und die Umhänge für die Reliquienbündel und Götterstandbilder erneuert. Dieses tat man, um den Unrat und die Last des alten Jahres symbolisch zu beseitigen und das neue Jahr würdevoll zu begrüßen. Im Monat Sip, der zur Zeit der spanischen Eroberung in die Monate August bis September fiel, feierten die Jäger und Fischer ihr Bittfest für das gute Gelingen von Jagd und Fischfang, während die Besitzer der Bienenhäuser im Monat Tzek (Oktober) ihr Fest begingen, um eine reiche Honigernte zu erbitten. Der Monat Mol (Dezember) galt als besonders günstig, um hölzerne Götterstandbilder für Familien- und Hausaltäre zu schnitzen. Die Erneuerung der tönernen Götterstatuen und der Tempelbauten wurde im

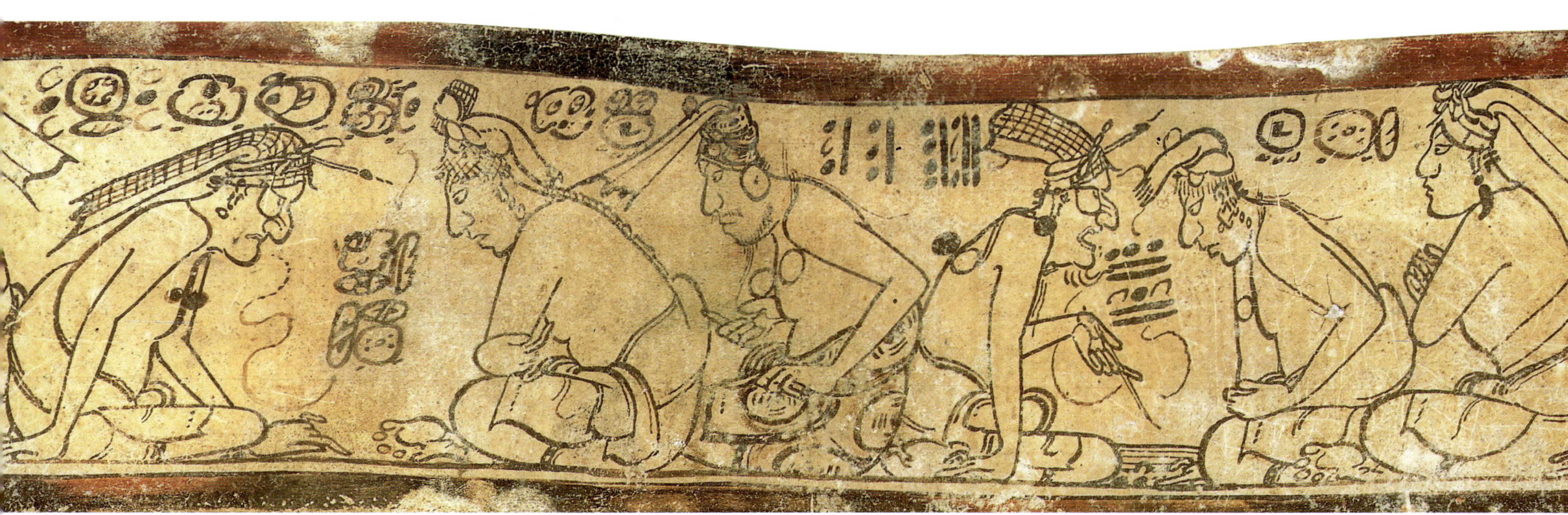

211 *Pawajtun geben „Mathematikunterricht". Keramik-Abrollung; Fundort unbekannt; Späte Klassik, 600–900 n. Chr.; gebrannter Ton, bemalt; H. 9,7 cm, Dm. 19,2 cm; Privatsammlung (Kerr 1196)*
In der Szene auf der mehrfarbig bemalten Schale erteilen zwei alte Männer vier jungen Männern Unterricht. Jedem Lehrer sitzt ein Schülerpaar gegenüber. Die netzartigen Kopfbedeckungen der beiden Alten sind das Kennzeichen der Pawajtun, die als Windgötter und als Stützen der vier Himmelsrichtungen auftreten. In die Bänder ihrer Kopftücher haben die Pawajtun ihre Pinsel gesteckt, die sie als Schreiber ausweisen. Aus ihren Sprechblasen erfahren wir, dass sie ihre Schüler in der Kunst des Schreibens und der Mathematik unterweisen.

Monat Yax (Januar) feierlich begangen. Im Monat Sak (Februar) hielten die Jäger ein Dankfest für ihre erfolgreichen Unternehmungen ab. Um ausreichend Wasser für den Feldbau bat man im Monat Mak (März bis April) und führte die Feuerzeremonie *tup k'ak'* („Feuer auslöschen") durch. Im Monat Muwan (April bis Mai) begingen die Kakaopflanzer ihr Bittfest. Um ihr Kriegsglück zu begünstigen, feierten die Maya im Monat Pax (Mai) ein Fest, zu dem sie den Kriegertanz *holkan ok'ot* aufführten. In der verbleibenden Zeit bis zu den fünf namenlosen Unglückstagen (Mitte Juli) feierte man diverse rauschende Feste, die sich *sabakil t'an* („verrußte Sprache") nannten. An besagten Unglückstagen des Wayeb bereitete man sich auf die Ankunft des neuen Jahres vor. In dieser Zeit wurden weder schwere körperliche Arbeiten verrichtet, noch pflegte man seinen Körper, aus Angst, es könnte einem ein Unglück zustoßen.

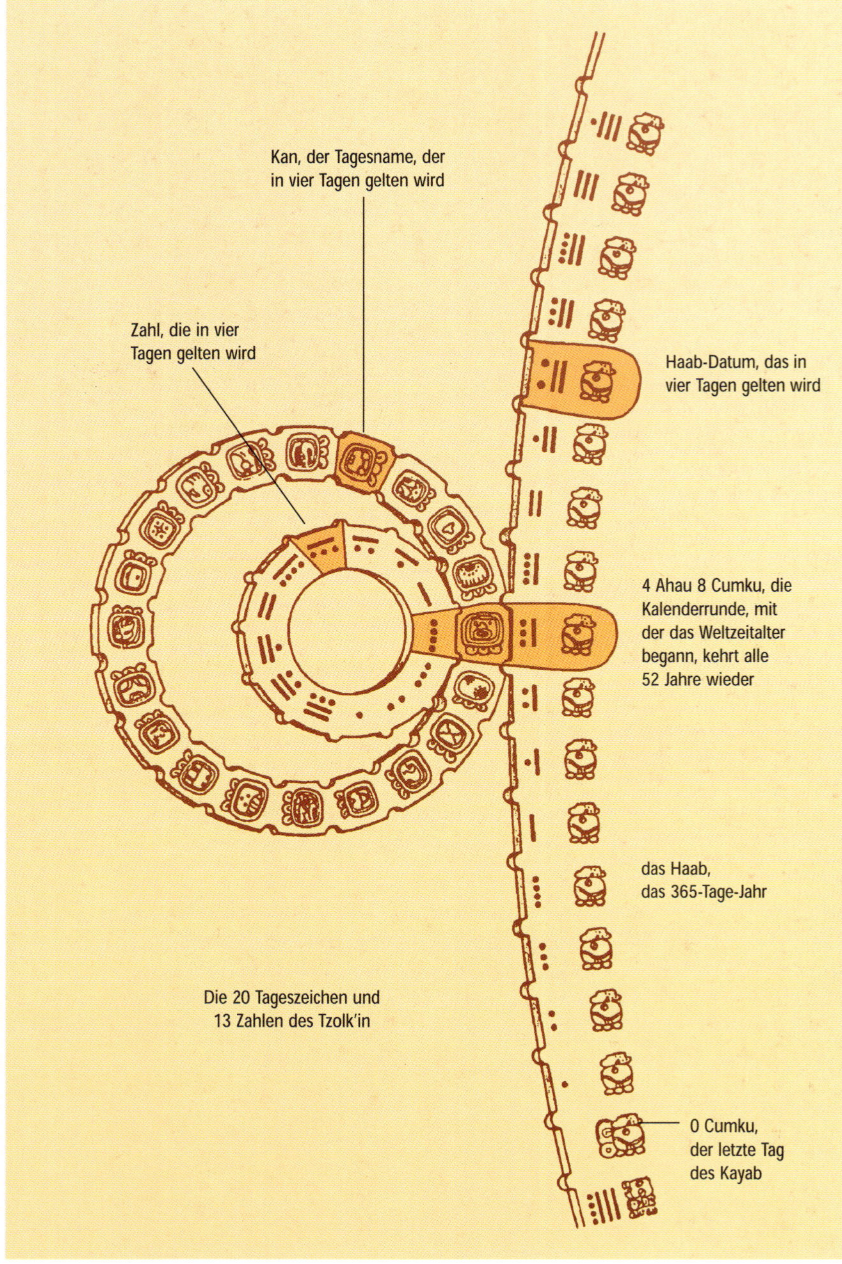

212 *Die Verzahnung der Zeitzyklen*
Das Diagramm zeigt die Verzahnung des Ritualkalenders Tzolk'in mit dem 365-tägigen Gemeinjahr Haab. Der Ritualkalender besteht aus den Zahlen 1 bis 13 (Rad B) und den 20 Tageszeichen (Rad A). Der Haab besteht aus 18 Monaten zu 20 Tagen und einem fünftägigen Abschnitt am Jahresende. Aus Gründen der Anschaulichkeit wird nicht das Gesamtrad, sondern nur der 20-tägige Monat Keh wiedergegeben (Rad C). Das Datum ergibt sich aus der Verbindung aller drei Zeiträder. Insgesamt müssen 18 980 Tage oder 52 Haab-Jahre verstreichen, um ein und dasselbe Datum wieder zu erreichen.

Kalenderrunde und Jahresträger

Obwohl der rituelle Tzolk'in und der profane Haab zwei unabhängig voneinander laufende Kalender sind, wurden sie von den Maya zu einem größeren Zyklus zusammengeschlossen, der in der Literatur als Kalenderrunde bekannt ist (Abb. 212). Dabei kommt es nur alle 18 980 Tage zur Kombination eines der 260-Tzolk'in-Tage mit einem der 365-Haab-Tage. Die rechnerische Begründung liegt im kleinsten gemeinsamen Vielfachen beider Zyklen, bei dessen Ermittlung alle Faktoren beider Zahlen jeweils nur einmal berücksichtigt werden: 260 wird aufgelöst in 13 x 5 x 4 und 365 in 73 x 5 Tage. Das kleinste gemeinsame Vielfache ergibt sich aus 73 x 13 x 5 x 4. So kann ein Tzolk'in-Tag mit der Bezeichnung 5 Imix und der Haab-Tag 9 Kumk'u erst nach dem Ablauf von 18 980 verschiedenen Verbindungen aller vier Elemente – der Zahl und dem Tagesnamen des Tzolk'in und der Zahl und dem Monatsnamen des Haab – erneut vorkommen, was 52 Gemeinjahren des Haab entspricht. Dieser Zyklus der Kalenderrunde war im gesamten Mesoamerika verbreitet und bildete eine weitere Grundlage für kalendarische Prognosen. Der Weltschöpfungstag der Maya fällt auf die Kalenderrunde 4 Ajaw 8 Kumk'u (s. Wagner, S. 283).

Aus der Kalenderrunde ergaben sich die Jahresträger, die von den yukatekischen Maya Bakab genannt werden. Das sind jene vier Tageszeichen des Tzolk'in, die auf den Neujahrstag des Haab fallen können und so die Prognosen für das neue Jahr bestimmen. Jedes Tageszeichen, das als Jahresträger auftritt, ist mit einer Himmelsrichtung, einer Farbe, aber auch mit bestimmten Prophezeiungen assoziiert. Die Maya glaubten, dass dieser eine Tag von größter Bedeutung für das ganze Jahr sei. Die Abfolge der Jahresträger lässt sich rechnerisch ableiten. Da ein Haab-Monat stets ein ganzes Vielfaches von fünf Tagen umfasst und der Zyklus der 20 Tageszeichen ebenfalls, können auf jede Tageszahl im Haab nur vier verschiedene Tageszeichen des Tzolk'in fallen, die untereinander einen Abstand von fünf Tagen haben. Zu Diego de Landas Zeiten konnten also nur die Zeichen K'an, Muluk, Ix und Kawak auf den ersten Tag des Monats Pop fallen, mit dem das Jahr begann. Das Maya-Gemeinjahr, das Landa beschreibt, ist ein K'an-Jahr, da alle Haab-Monate mit dem Tageszeichen K'an des Tzolk'in beginnen. Während der Nachklassik waren es dagegen die Tageszeichen Ak'bal, Lamat, Ben und Etz'nab, die das Jahr beeinflussten (Abb. 220).

Nach der Vorstellung der Maya waren die Jahresträger übernatürliche Wesen, die bei der Weltschöpfung an die vier Kardinalpunkte der Erde gesetzt wurden, um den Himmel zu tragen. Jedem Bakab waren eine Himmelsrichtung, eine Farbe und übernatürliche Kräfte zugeordnet, mit denen er jenen Haab beeinflusste, der mit seinem Tageszeichen begann. Muluk war mit Osten *(el k'in)* und der Farbe Rot assoziiert, Ix fiel mit Norden (*nal* oder *xaman*) und der Farbe Weiß zusammen. Kawak wurde mit dem Westen (*oochk'in* oder *chik'in*) und Schwarz in Beziehung gesetzt, während K'an mit Süden *(nojol)* und Gelb kombiniert wurde. Durch die Kombination der Jahresträger mit Farben und Weltrichtungen versuchten die Maya-Priester, Zeit- und Raumvorstellungen in Einklang zu bringen.

Der alljährliche Wechsel der Jahresträger wurde mit einer aufwändigen Zeremonie vollzogen. Für die Umsetzung der Jahresträger waren an den Ortseingängen der Maya-Siedlungen, die in den vier Himmelsrichtungen lagen, Steinhaufen aufgetürmt, auf welche die Standbilder der Jahresträger gestellt wurden. Ging zum Beispiel ein K'an-Jahr zu Ende, fertigte man ein tönernes Kultbild des gegenwärtigen Bakab, der *k'an way u haab* („Gelber Schläfer des Jahres") genannt wurde, und stellte es auf den Steinhaufen am südlichen Ortseingang auf. Dieses wurde dann in einer feierlichen

213 *Dresdner Codex, Seiten 25 und 26 aus dem Neujahrskapitel. Fundort unbekannt; Späte Postklassik, 1200–1500 n. Chr.; Feigenbastpapier, mit Kalkschicht überzogen, bemalt; Seite: H. 20,4 cm, B. 9 cm; Dresden, Sächsische Landesbibliothek*

Das Neujahrskapitel ist so aufgebaut, dass auf jeder Seite der vollständige Ablauf der Zeremonie für einen der vier möglichen Jahresträger Ak'bal, Lamat, Ben und Etz'nab wiedergegeben ist und in Bild und Text die wesentlichen rituellen Handlungen und Opfergaben geschildert werden, die dafür von Bedeutung sind.

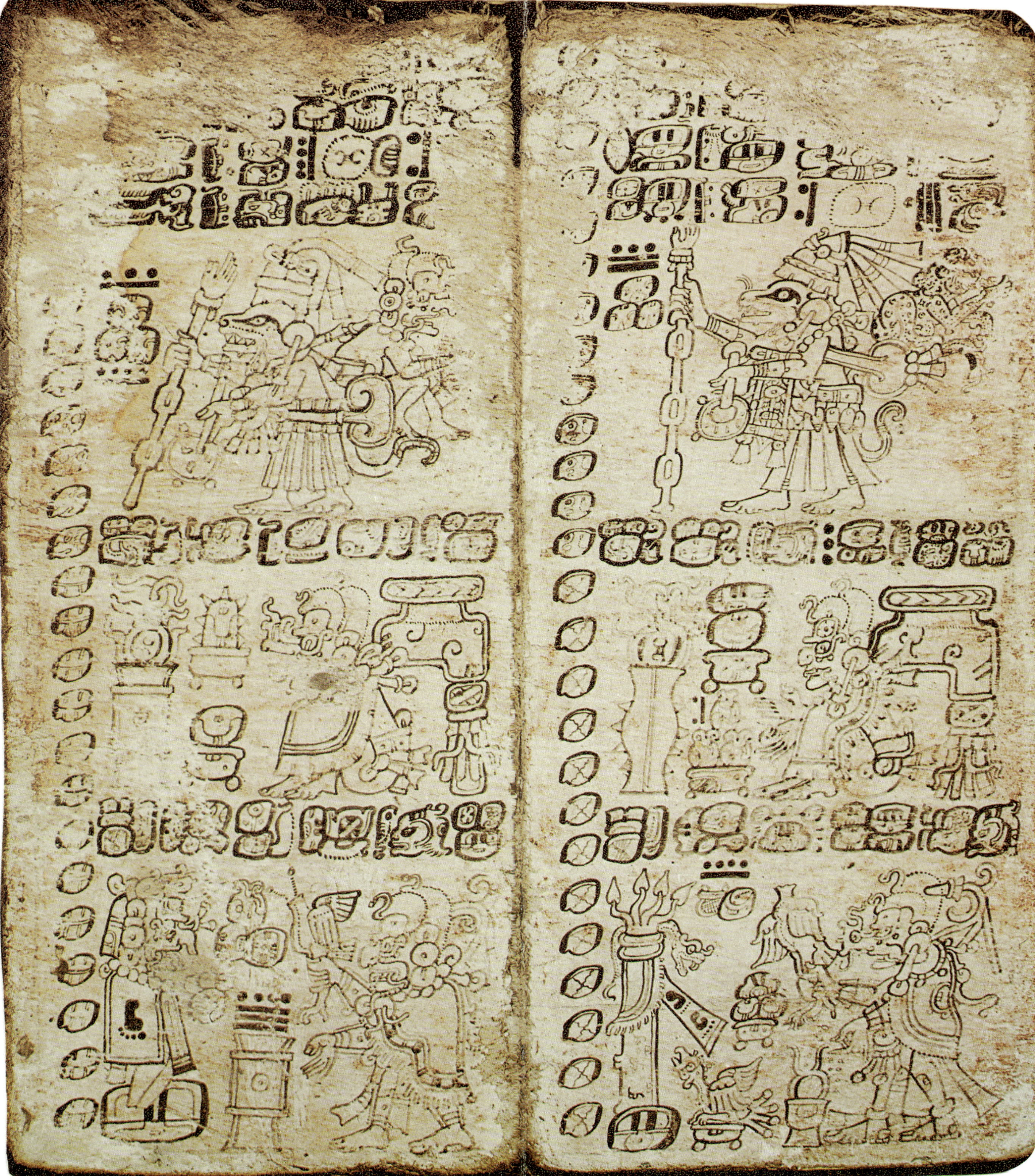

Prozession in die Mitte des Ortes geholt. Zu Neujahr brachte man diesen Jahresträger an den östlichen Eingang des Dorfes und stellte ihn dort für die Dauer eines Gemeinjahres auf. Im Jahr darauf stellte man den folgenden Jahresträger in nördlicher Richtung auf (Abb. 213).

Die lange Zählung – die Einteilung der Zeit

Die sich ständig wiederholenden Tageszyklen wurden von den Maya mit einer geradlinig fortschreitenden Zählung der Tage verbunden, die eine eindeutige chronologische Festlegung ermöglichten. Den Ausgangspunkt dieser langen Zählung bildet die Erschaffung der Welt in ihrer jetzigen Gestalt. Im Prinzip gleicht er dem christlichen Kalender, der bei seiner Datumsangabe die seit Christi Geburt vergangenen Tage, Monate und Jahre angibt.

Für die Berechnung und Darstellung der verstrichenen Zeit entwickelten die Maya auf der Grundlage ihrer astronomischen Beobachtungen ein eigenständiges Datierungsverfahren mit Stellenwerten, das ihren Kalender in immer größer werdende Zeitperioden unterteilte.

Die kleinste Periode ist der Tag, K'in. Dieser Grundeinheit folgt die nächsthöhere mit einem Zeitabschnitt von 20 Tagen, der Winal oder Winik heißt. In der dritten aufsteigenden Stelle besteht eine Abweichung zum reinen Vigesimalsystem. Statt der erwarteten Einheit von 400 wird hier durch Multiplikation des Winal mit dem Faktor 18 nur eine Einheit von 360 Tagen gebildet, die je nach Region Haab oder Tun, also Jahr oder Stein, genannt wird. Diese Abweichung wurde offensichtlich vorgenommen, um eine rechnerische Annäherung an das Gemeinjahr von 365 Tagen zu erhalten. Alle folgenden Einheiten der langen Zählung werden wieder um den Faktor 20 erhöht. So bilden 20 Tun mit insgesamt 7200 Tagen einen K'atun, also eine Zeitperiode von etwa 20 Jahren. Zwanzig K'atun mit insgesamt 144 000 Tagen (etwa 395 Jahre) sind ein Bak'tun. Zwanzig Bak'tun mit insgesamt 2 800 000 Tagen oder 8000 Tun bilden einen Piktun (etwa 7675 Jahre), der, wiederum mit 20 multipliziert, einen Kalabtun mit 57 600 000 Tagen (etwa 157 810 Jahre) ergibt. Diese mathematische Reihe wurde von den Maya nachweislich bis zur Größe von 20^{21} Tun geführt. Mit Hilfe dieser Berechnungen versuchten sie, den ersten Tag ihrer Weltschöpfung kalendarisch exakt zu bestimmen und in die kosmische Ordnung einzubinden.

Bei den verwendeten Bezeichnungen für die einzelnen Zeitperioden handelt es sich um kolonialzeitliche Begriffe aus yukatekischen Quellen (Abb. 214). Nur die Begriffe für die drei niedrigsten Stellenwertbezeichnungen Tag, Monat und Jahr (K'in, Winal oder Winik, Haab oder Tun) konnten bisher in den Inschriften entziffert werden. Bei der Schreibung eines Datums in der langen Zählung wird die so genannte Einleitungshieroglyphe vorangestellt, die in ihrer Mitte ein austauschbares Element enthält, das sich auf die Haab-Monate bezieht. Dieses Symbol stellt den Schutzpatron des laufenden Haab-Monats dar und wechselt nach Ablauf von 20 Tagen beziehungsweise den fünf Tagen des Wayeb.

Danach folgen die Perioden Bak'tun, K'atun, Tun, Winik und K'in in absteigender Reihenfolge. Das Datum auf der Stele 11 von Yaxchilan bedeutet demnach, dass genau 9 Bak'tun zu 144 000 Tagen, 16 K'atun zu 7200 und 1 Tun zu 360 Tagen, insgesamt also 1 411 560 Tage, seit der Weltschöpfung verstrichen sind und die zu diesem Zeitpunkt gehörende Kalenderrunde 11 Ajaw 8 Tzek lautet (Abb. 216).

Mit Hilfe von Diego de Landas Bericht und mayasprachigen Texten aus den Orten Oxkutzcab und Yaxkukul, die während der Kolonialzeit in lateinischer Schrift verfasst wurden, lässt sich die europäische Zeitrechnung mit dem Maya-Kalender in Übereinstimmung bringen. Danach entspricht der Schöpfungstag der Maya, 4 Ajaw 8 Kumk'u, dem 8. September 3113 v. Chr. im julianischen Kalender, der in Europa bis zur Kalenderreform Papst Gregors XIII. (1502–1585) im Jahre 1582 verwendet wurde. Somit ergibt sich als Datum auf der Stele 11 von Yaxchilan der 29. April 752 n. Chr.

Auch das Prinzip der langen Zählung übernahmen die Maya von den Mixe-Zoque-Völkern. Die frühesten Nachweise für die Existenz dieses Kalenders stammen aus der Zeit zwischen 50 v. Chr. und 200 n. Chr. Damit gilt die lange Zählung noch vor dem indischen Rechensystem weltweit als das älteste Verfahren mit dem Zahlzeichen 0.

Die neun Herren der Nacht

Bei der Darstellung eines Datums folgt auf die lange Zählung und den Tzolk'in-Tag eine Hieroglyphe, welche eines von neun übernatürlichen Wesen bezeichnet, die jeweils für einen Tag herrschten und sich fortlaufend abwechselten. Irrigerweise werden diese als die „Neun Herren der Nacht" bezeichnet, obwohl ihre Namen keinen Hinweis auf die Nacht enthalten. Dem Anfangsdatum des Maya-Kalenders 4 Ajaw 8 Kumk'u ist die Hieroglyphe des neunten Herren zugeordnet. Ihr folgt eine Hieroglyphe, die sich vermutlich darauf bezieht, dass der „Herr der Nacht" für die Dauer

214 *Die Zeitperioden der langen Zählung*
Zeitperioden der langen Zählung lassen sich wie Zahlen als abstrakte Einheiten oder mit einer Kopfform darstellen. Der Bak'tun (144 000 Tage) repräsentiert eine Eule, deren Unterkiefer durch eine menschliche Hand ersetzt ist. Der K'atun (7200 Tage) wird auch als mythischer Eulenvogel gezeigt. Eine Eule mit fleischlosem Unterkiefer und Auge in Form des Tageszeichens Hix zeigt den Tun oder Haab (360 Tage) an. Der Winal oder Winik (20 Tage) wird als Kröte abgebildet. Für den Tag wird der Sonnengott verwendet.

eines Tages ein Kopfband als Zeichen seiner Macht anlegt. Zum Zeitpunkt des auf Stele 11 von Yaxchilan angegeben Datums herrscht ebenfalls der neunte Herr. Leider ist über die Eigenschaften dieser „Herren der Nacht" und ihre Bedeutung und Herkunft nichts Näheres bekannt (Abb. 216).

Der 819-Tage-Zyklus

Die Maya verwendeten die Zahlen 7, 9 und 13, um durch deren Multiplikation einen weiteren Zyklus auf der Basis von 819 Tagen zu bilden. Der Lauf von 819 Tagen entspricht in seinem Aufbau dem Zyklus der Jahresträger mit dem beständigen Wechsel der vier Himmelsrichtungen und den dazugehörenden Farben. Dieser Zyklus konnte offensichtlich das Wohlergehen ganzer Stadtstaaten beeinflussen. Man findet ihn besonders häufig im Zusammenhang mit dem Geburtstag und der Inthronisation eines Herrschers, wie die Inschriften von Palenque in vielen Fällen belegen. Das kalendarische Nulldatum der Langen Zählung lag in einem drei Tage vorher begonnenen 819-Tage-Zyklus, der mit der Himmelsrichtung Osten und der Farbe Rot zusammenfiel. Da der Osten als Aufgangspunkt der Sonne den Ursprungsort des Lebens symbolisiert, war dies ein günstiger Zeitraum für die Erschaffung der Welt. Gleichzeitig wird deutlich, dass die Weltschöpfung nicht als Ursprung der Zeit angesehen wurde, sondern ein Ereignis darstellte, das in größere Zeiträume eingebettet war.

215 *Stele 11 aus Yaxchilan mit einer langen Zählung. Yaxchilan, Chiapas, Mexiko, südliche Akropolis, Stele 11 (Ostseite); Späte Klassik, 20. April 752 n. Chr.; feinkörniger Kalkstein; H. 400 cm (ohne Sockel), B. 115 cm, T. 27 cm*
Die Stele zeigt den jungen Herrscher Yaxuun Balam („Vogel Jaguar IV") aus Yaxchilan und nennt das Datum seiner Einsetzung in Form einer Initialserie, die die Anzahl der Tage angibt, die seit der Maya-Weltschöpfung am 13. September 3113 v. Chr. verstrichen sind. Das Foto zeigt lediglich einen Ausschnitt des Textes, der das Datum in der langen Zählung wiedergibt.

216 *Umzeichnung des Datums auf Stele 11 aus Yaxchilan*
Das Datum auf Stele 11 wird, wie allgemein bei der langen Zählung üblich, von einer übergroßen Hieroglyphe eröffnet, der so genannten Einführungshieroglyphe. Erst dann folgt die eigentliche Tageszählung, die in Doppelspalten von oben nach unten 9 Bak'tun, 16 K'atun, 1 Tun, 0 Winik und 0 K'in gelesen wird. Das entspricht dem 29. April 752 n. Chr. Es folgt die Ergänzungsserie, die Angaben zum Mondkalender und zu anderen rituellen Zyklen enthält. Anschließend folgen das (hier nicht umgezeichnete) Einsetzungsverb und der Name des neuen Herrschers.

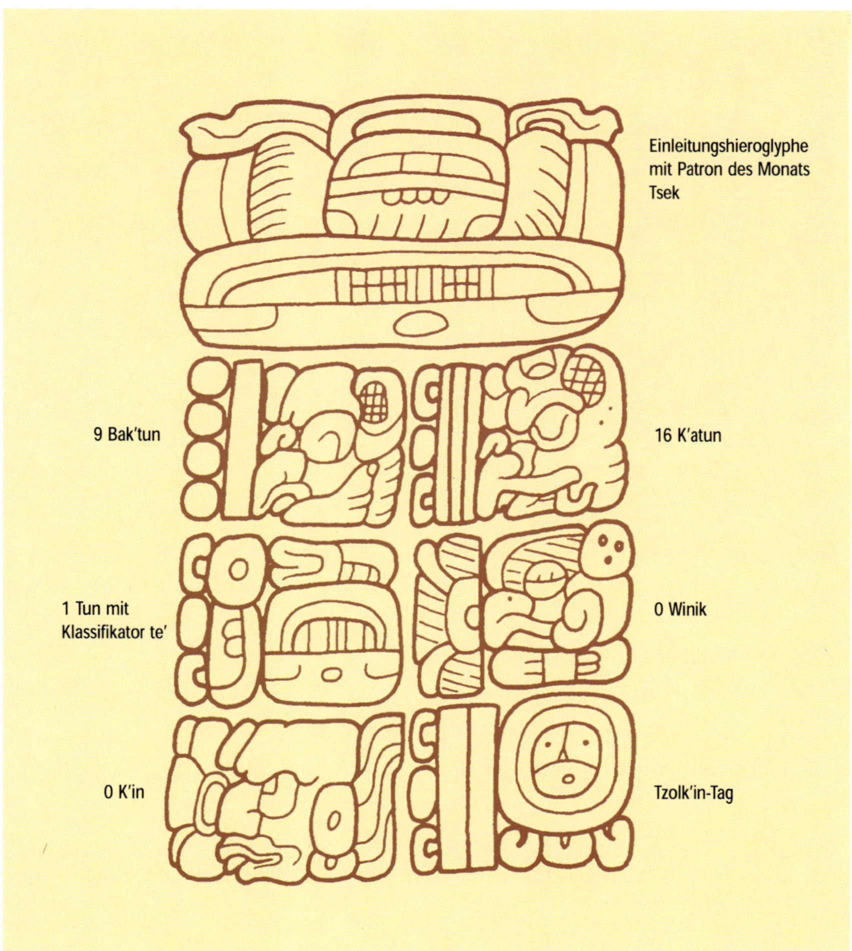

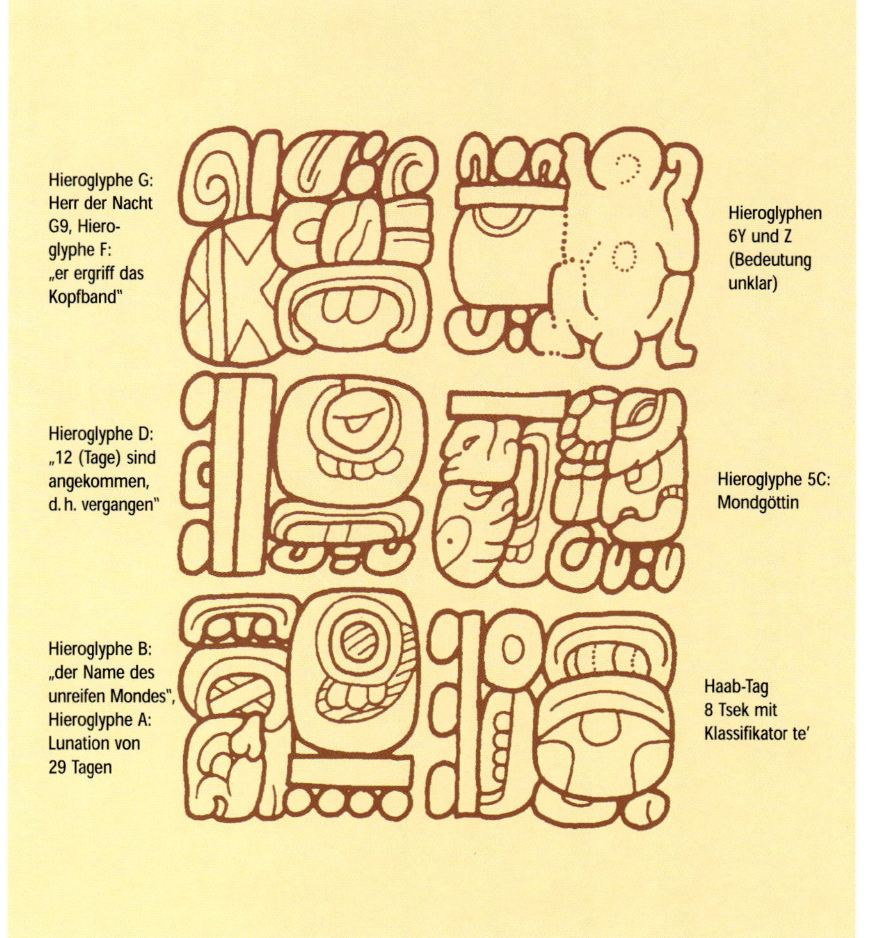

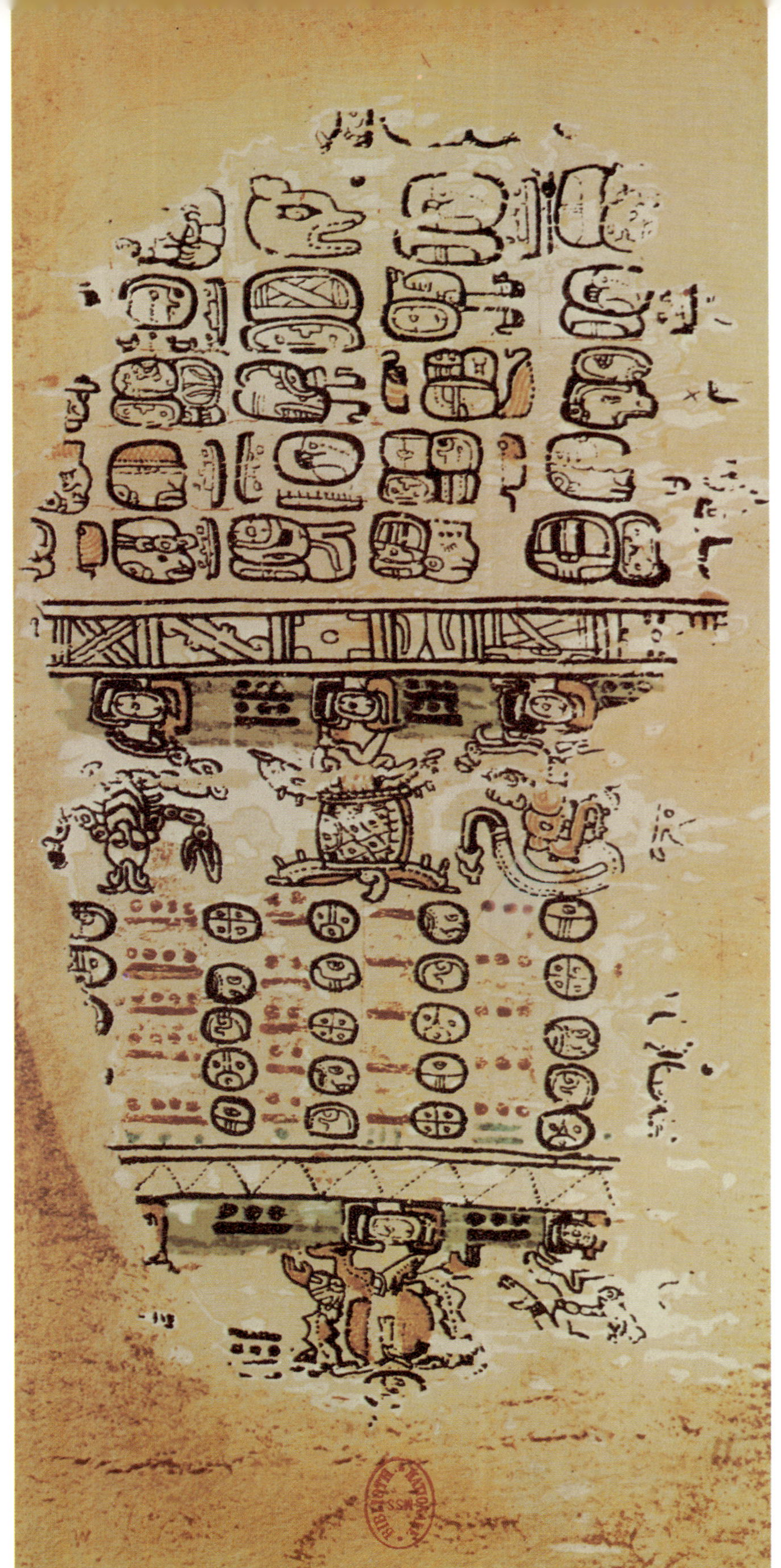

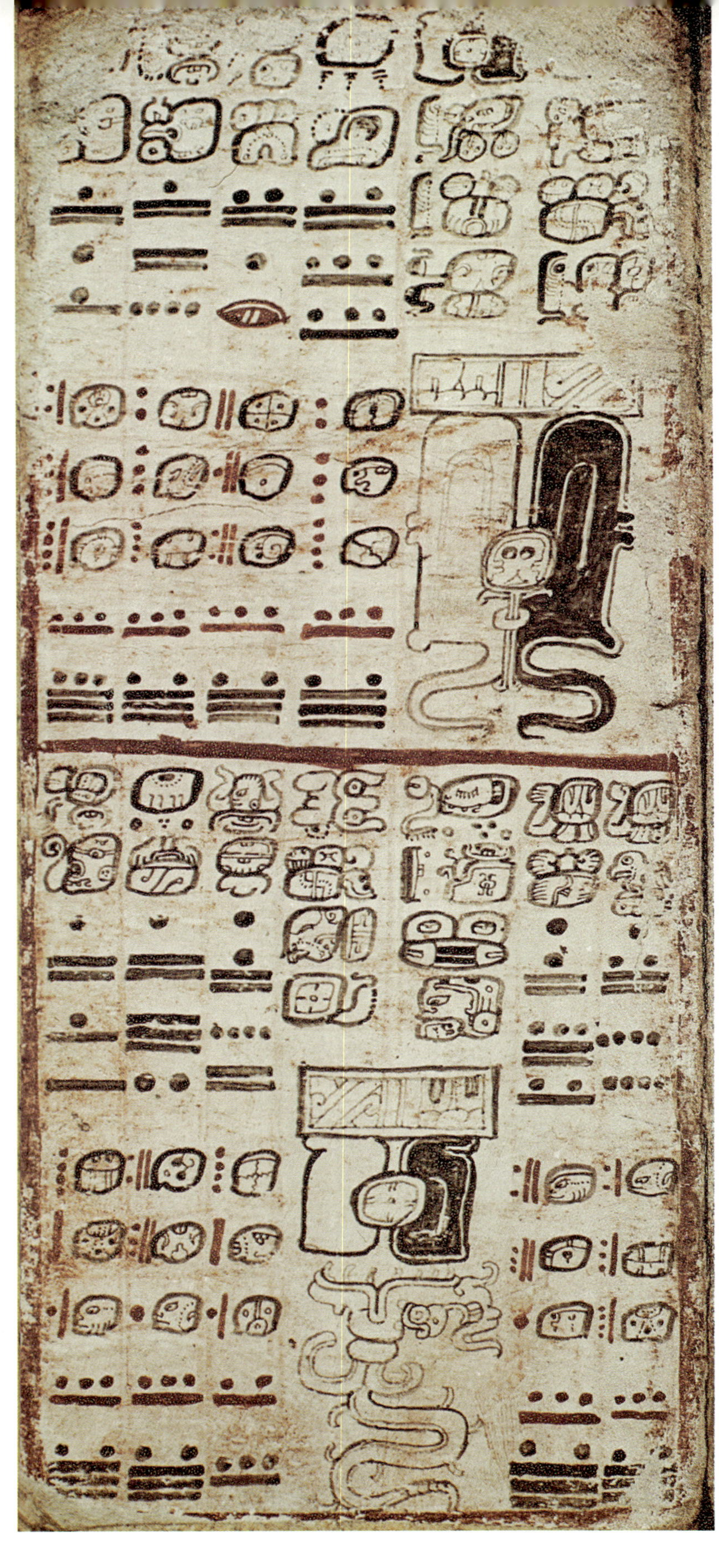

217 *Der Tierkreis im Pariser Codex, Seite 23. Fundort unbekannt; Späte Postklassik, 1200–1500 n. Chr.; Feigenbastpapier, mit Kalkschicht überzogen, bemalt; Seite: H. 23,5 cm, B. 12,5 cm; Paris, Bibliothèque Nationale*
Der Tierkreis besteht aus einem 364-tägigen Zyklus, der in 13 Abschnitte zu 28 Tagen eingeteilt ist. Jede Zeile gibt einen vollständigen Durchlauf an, wobei der erste Tag der Sichtbarkeit eines Tierkreiszeichens durch das Tageszeichen angegeben wird. Die 13 Sternzeichen werden als Tiere und mythische Wesen dargestellt.

Die Mondserie

Neben den beiden Kalendern Tzolk'in und Haab und der langen Zählung widmeten die Maya der Mondserie besondere Aufmerksamkeit, wie auch Stele 11 aus Yaxchilan belegt (Abb. 216). Ihren Berechnungen legten die Maya die Phase von Neumond zu Neumond als Mondmonat von 29 und 30 Tagen zugrunde. Das Mondalter wurde von der ersten Sichtbarkeit nach Neumond an gerechnet, und die bereits verstrichenen Tage zählte man ebenfalls in einer eigenen Hieroglyphe. Diese setzt sich aus dem Verb für „ankommen" und einer vorangestellten Zahl zusammen. Der Ausdruck besagt, dass eine bestimmte Anzahl von Tagen angekommen, also bereits vorüber sei. Im Falle von Stele 11 aus Yaxchilan waren es zwölf Tage, an denen der Mond bereits sichtbar war. Die nächste Hieroglyphe fasst die Mondmonate in drei Großzyklen von fünf oder sechs Mondmonaten zusammen, die nachfolgende gibt den Namen des gegenwärtigen Mondes an. Dieser Name richtet sich nach der Position des Mondes innerhalb eines der drei Großzyklen, über die wiederum einer von drei Göttern wachte: der Jaguargott der Unterwelt, der Todesgott und die Mondgöttin. In der Inschrift auf Stele 11 aus Yaxchilan durchläuft der Mond gerade den fünften Monat unter dem Vorzeichen der Mondgöttin.

Der Finsterniszyklus und die Tierkreiszeichen

Die Zyklen, welche mit Hilfe der sechs Mondmonate erfasst wurden, bilden im Finsterniskapitel des Dresdner Codex die Grundlage zur Berechnung von möglichen Sonnen- und Mondfinsternissen (s. Grube, S. 144 ff.). Eine Finsternis wird dort als schwarz-weiße Fläche dargestellt, auf der sich das Sonnen- oder das Mondzeichen befindet (Abb. 218). Die Sternzeichen des Tierkreises scheinen ebenfalls an den Finsterniszyklus gekoppelt zu sein. So hängen auf einer Darstellung im Pariser Codex die einzelnen Sternbilder von einem Himmelsband herab und beißen sich in das Symbol für Sonnenfinsternis fest (Abb. 217). Offenbar hatten die Maya die Vorstellung, dass die Sonne bei einer Finsternis verschlungen wird, denn im „Chilam-Balam"-Buch von Chumayel schrieben sie anlässlich einer Sonnenfinsternis: „Und dann wurde das Gesicht der Sonne gebissen." Der Tierkreis der Maya besteht aus 13 Sternbildern: Dazu gehören ein Vogel (Waage), eine Schildkröte (Gürtelsterne des Orion), ein Skorpion (Skorpion), eine Schreieule (Zwillinge), eine Schlange (Schütze), ein Papagei (Steinbock), ein Frosch (westlicher Teil von Löwe), eine Fledermaus (Wassermann), ein Nabelschwein (östlicher Teil von Löwe), ein nicht mehr erhaltenes Zeichen (Jungfrau), ein Skelett (Fische) und ein Jaguar (Widder). Die genannte Abfolge der Sternzeichen entspricht nicht der tatsächlichen Verteilung am Firmament. Die *aj k'inob,* die Kalenderpriester, fassten die Sternbilder in Paaren zusammen. Sie wählten diese Art der Anordnung, damit die Sternzeichen, von denen das eine während der Morgendämmerung im Osten aufging und das andere gleichzeitig im Westen unterging, paarweise nebeneinander zu stehen kamen. So waren sie in der Lage, ohne technische Hilfsmittel die Positionen der Sternbilder am Himmel exakt zu ermitteln.

Der Planet Venus

Eines der herausragenden Kapitel des Dresdner Codex ist *chak ek',* der Venus, gewidmet (Abb. 219). Da der Planet bei den Maya als Unglücksbote, böses Omen und Krieg bringendes Wesen galt (Abb. 221), waren exakte Bestimmungen seiner Positionen durch die *aj k'inob* geboten, um das Unheil durch entsprechende Zeremonien frühzeitig abwenden zu können. Zu diesem Zweck teilten die Maya den Umlauf der Venus von fast 584 Tagen in vier Abschnitte ein: 236 Tage für die Sichtbarkeit als Morgenstern im Osten, 90 Tage für den Umlauf hinter der Sonne, die so genannte obere Konjunktion, 250 Tage für das Erscheinen als Abendstern im Westen und acht Tage für den nicht sichtbaren Durchlauf zwischen Erde und Sonne, die untere Konjunktion. Dass die Umläufe jeweils mit dem ersten Sichtbarwerden im Osten einsetzen, zeigt, dass die Maya vor allem dem Morgenstern besondere Aufmerksamkeit widmeten. Offenbar war dies der kritischste Abschnitt im gesamten Zyklus, was die negativen Auswirkungen betraf. Wohl auch aus diesem Grund sind dem östlichen Abschnitt fünf Kriegsgottheiten zugeordnet. Nur zwei davon, der so genannte Gott L und Lajun Chan (Zehn Himmel), entsprangen den kosmischen Vorstellungen der Maya. Die anderen drei wurden in der Nachklassik aus dem Pantheon der Azteken oder ihrer Vorläufer entlehnt und den eigenen Venusgöttern zur Seite gestellt. Es handelt sich um Tlahuizcalpantecuhtli (Herr der Morgendämmerung), Xiuhtecuhtli (Schöner Herr des Jahres) und Kaktonal (Sandalen-Tag) oder Ce Acatonal (Eins Schilf). Sie alle brachten Tod und Verderben. Sie durchbohrten andere kosmische Wesen mit Wurfpfeilen und beraubten die Menschen so jener positiven Eigenschaften, welche die Getöteten verkörperten.

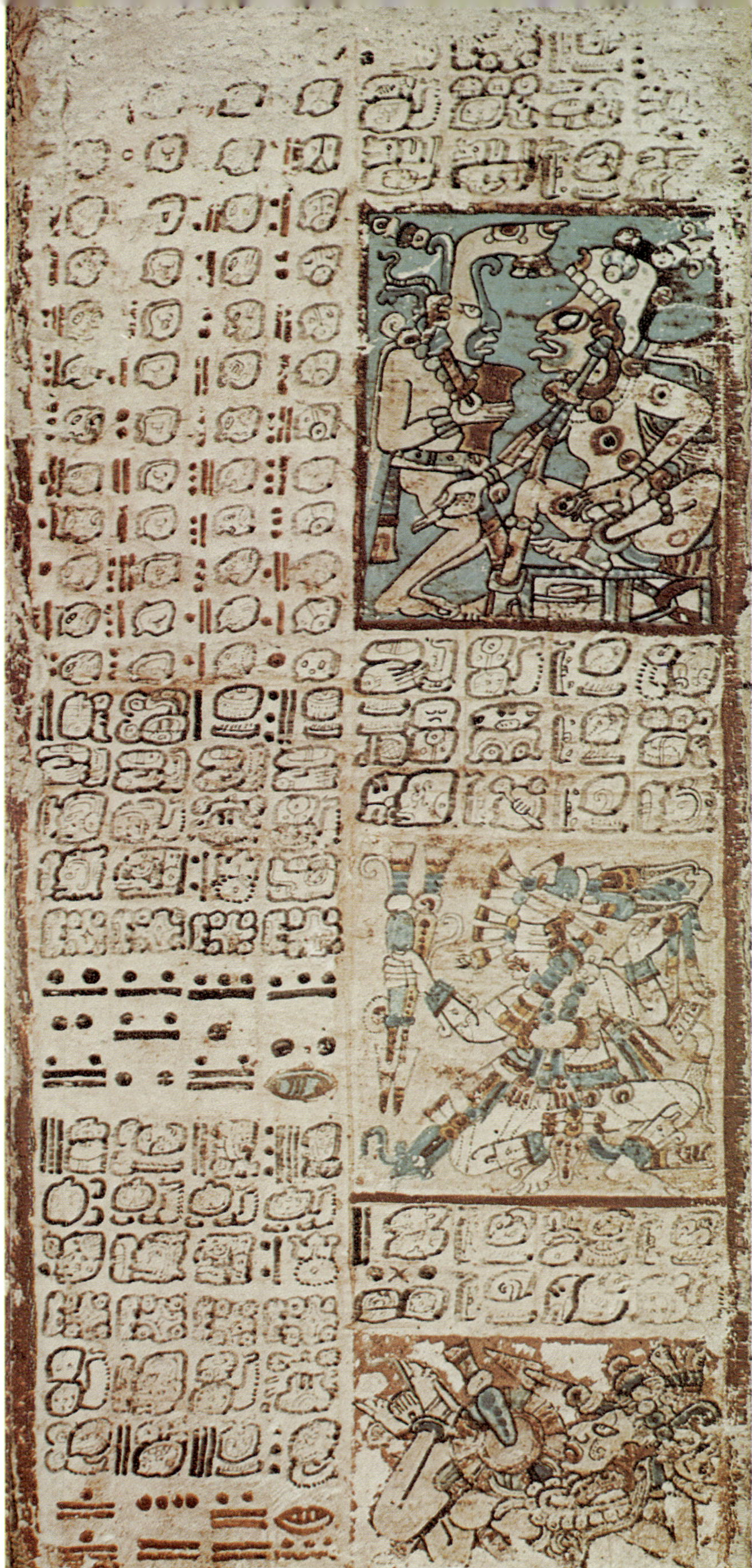

218 *Dresdner Codex, Seite 57 aus dem Finsterniskapitel Fundort unbekannt; Späte Postklassik, 1200–1500 n. Chr.; Feigenbastpapier, bemalt; Seite: H. 20,4 cm, B. 9 cm; Dresden, Sächsische Landesbibliothek*

Das Finsterniskapitel dient der Berechnung von Sonnen- und Mondfinsternissen. Spalten mit jeweils drei Tageszeichen bezeichnen immer einen dreitägigen Zeitraum, an dem sich eine Finsternis ereignen kann. Da die Maya keine Bruchrechnung verwendeten, wurden Zeiträume kürzer als ein vollständiger Tag summiert und zur rechnerischen Angleichung an den entsprechenden Stellen des Zyklus eingeschoben. Eine Verdunklung von Sonne oder Mond wird als schwarz-weiße Fläche dargestellt, die das Mond- oder Sonnenzeichen einrahmt.

219 *Dresdner Codex, Seite 49 aus dem Venuskapitels. Fundort unbekannt; Späte Postklassik, 1200–1500 n. Chr.; Feigenbastpapier, bemalt; Seite: H. 20,4 cm, B. 9 cm; Dresden, Sächsische Landesbibliothek*

Das Venuskapitel diente zur Berechnung der Stationen, die der Planet Venus auf seinem 584-tägigen Umlauf durchläuft. Als unheilvoll galt jener Zeitraum, in dem die Venus als Morgenstern sichtbar ist. Die Herren des Morgensterns werden mit ihren negativen Eigenschaften auf der rechten Seitenhälfte dargestellt. In der Mitte ist der Gott des Morgensterns als Krieger mit Speerschleuder und Geschosspfeilen zu sehen. Sein tödlich verwundeter Gegner ist darunter abgebildet, wie er sich mit einem Wurfpfeil im Körper am Boden windet.

DIE LETZTEN ZEUGNISSE DES MAYA-KALENDERS IN DER KOLONIALZEIT

Die Annalen von Oxkutzcab sind ein kurzes, in lateinischer Schrift, aber in yukatekischer Maya-Sprache verfasstes Dokument aus dem Jahr 1685. Der Stil dieses einzigartigen Textes spricht dafür, dass es sich um die zweite Generation einer Abschrift aus einem ursprünglich in Hieroglyphenschrift geschriebenen Text handelt. Die Annalen berichten über wichtige Ereignisse im Zusammenhang mit der spanischen Invasion der Halbinsel Yukatan. Die Daten der geschichtlichen Ereignisse sind sowohl im christlich-julianischen wie auch im Maya-Kalender festgehalten:

Textpassage entnommen aus den Annalen von Oxkutzcab, Tozzer Library, Harvard University

(Übersetzung aus dem yukatekischen Maya von Nikolai Grube)

„... Im Jahr 1542, 1 Pop fiel auf 13 K'an, gründeten die Spanier eine Siedlung in Tiho [dem heutigen Mérida]. Dort siedelten sie, und zum ersten Mal begannen die Leute von Mani und deren Provinz Tribut zu zahlen ...

... Im Jahr 1543, 1 Pop fiel auf 1 Muluk, wurden die Leute von Dzidzantun von einer Armee von Spaniern umgebracht, deren Kapitän Alonso López war ..."

Angaben dieser Art in Quellen aus der Kolonialzeit waren es, die den ersten Forschern das Verständnis des Maya-Kalenders ermöglichten. Offensichtlich war der Autor der Annalen nicht daran interessiert, Tag und Monat der Ereignisse präzise aufzuzeichnen, ihm ging es allein um die Jahreszahlen. Er nennt zuerst die Jahre im damals gebräuchlichen julianischen Kalender und fährt dann fort, die Jahre im Maya-Kalender zu benennen. Dabei verweist er in beiden Fällen auf den Tag 1 Pop, den ersten Tag im 365-tägigen Jahr, das die Maya Haab nannten. Die Zahl 1 bedeutet, dass es sich um den ersten Tag des Monats handelte (jeder Monat hatte 20 Tage, bis auf den 19. Monat, der nur fünf Tage lang war). Pop ist der Name des ersten Monats. Man kann also sagen, dass 1 Pop der Neujahrstag der Maya war. Nun hatten die Maya neben dem Kalender zu 365 Tagen auch einen 260-tägigen Kalender, der parallel neben dem 365-tägigen Jahr ablief. Daher verweist der Autor der Annalen auf die Tage 13 K'an und 1 Muluk. Dies sind die Tage im 260-tägigen Kalender, auf die der Neujahrstag des 365-tägigen Kalenders in den Jahren 1542 und 1543 fiel. Zwischen dem Tag 1 Pop im Jahr 1542 und 1 Pop im Jahr 1543 liegen genau 365 Tage. Der Name eines Tages im 260-tägigen Kalender besteht aus den Zahlen 1 bis 13 und 20 verschiedenen Tagesnamen. Im Zeitraum von 365 Tagen wurde also ein 260-tägiger Zyklus vollständig durchlaufen und die ersten 105 Tage eines zweiten Zyklus begonnen. Wenn ein Tag im 260-tägigen Kalender die Zahl 13 im Namen hatte, so fiel der nächste Neujahrstag auf einen Tag mit der Zahl 1, denn 365 ist 28 x 13, Rest 1. Da im 260-tägigen Kalender nur von 1 bis 13 gezählt wurde, gab es keinen Tag mit der Zahl 14, sondern man begann erneut mit der Zählung.

Die Tagesnamen rückten um fünf Tage vor, denn 365 ist 18 x 20 (die Anzahl der Tagesnamen), Rest 5. Ein Kalenderpriester konnte nun die Tage abzählen, K'an, Chikchan, Kimi, Manik, Lamat, Muluk, und wusste nun den Namen des betreffenden Tages. So kam es, dass der erste Neujahrstag nach 13 K'an auf den Tag 1 Muluk fiel. Im darauf folgenden Jahr würde der Neujahrstag auf 2 Ix fallen. Diese Tage im 260-tägigen Kalender, die mit dem Tag 1 Pop zusammenfielen, wurden von den Kalenderpriestern „Jahresträger" genannt. Bei einigen Maya-Gruppen des Hochlandes von Guatemala werden sie auch heute noch berechnet und mit großen Feierlichkeiten begangen.

220 *Das Gründungsjahr von Mérida (Yucatán, Mexiko) in der Zeitrechnung der Maya*
Das Schema zeigt das Gründungsjahr von Mérida in der Zeitrechnung der Maya, wie es in den Annalen von Oxkutzcab aufgezeichnet ist. Der Zeitraum umfasst das Jahr 1542 des julianischen Kalenders. Hier wird der 365-tägige Haab mit dem Tzolk'in-Zyklus von 260 Tagen kombiniert. Das Jahr mit 365 Tagen beginnt mit dem ersten Tag des Monats Pop, 1 Pop, der im julianischen Jahr 1542 auf den Tzolk'in-Tag 13 K'an fällt. 365 Tage später, im Jahr 1543, fällt der Neujahrstag 1 Pop des Haab auf den Tzolk'in Tag 1 Muluk. Der jeweilige Name des Tzolk'in-Tages, an dem das neue Haab-Jahr begann, war auch der Name des jeweiligen Jahresträgers. In diesem Beispiel sind die Jahresträger K'an und Muluk.

Neujahr	2. Tag	3. Tag	259. Tag	260. Tag	261. Tag	363. Tag	364. Tag	365. Tag	Neujahr
1 Pop	2 Pop	3 Pop	19 Mak	K'ank'in setzt sich	1 K'ank'in	3 Wayeb	4 Wayeb	Pop setzt sich	1 Pop
13 K'an	1 Chikchan	2 Kimi	2 Ik'	12 Ak'bal	13 K'an	2 Mulul Kimi	12 Manik'	13 Lamat	1 Muluk

221 *Türsturz mit der Darstellung des Herrschers Yaxuun Balam. Yaxchilan, Chiapas, Mexiko, Westakropolis, Türsturz 41; Späte Klassik, 5. Mai 755 n. Chr.; feinkörniger Kalkstein; L. insgesamt über 120 cm (Bruchstück 60 cm), B. 93 cm, T. 10 cm; London, British Museum*
Die Szene zeigt den Herrscher Yaxuun Balam („Vogel Jaguar IV") in voller Kriegertracht zusammen mit seiner Nebenfrau Wak Jalam Chan Ajaw. Der Text oben links nennt das Datum 7 Imix 14 Tzek (5. Mai 755 n. Chr.). Anschließend folgen das so genannte Sternenkrieg-Verb, das aus einem halbierten Zeichen für Stern und herabfließenden Wassertropfen besteht, und eine Ortsangabe. Der Text besagt also, dass Yaxchilan einen Krieg gegen einen Ort in der Nachbarschaft geführt hat. Nach gängiger Auffassung soll die Position der Venus als Morgenstern eine maßgebliche Rolle bei der Bestimmung günstiger Tage für kriegerische Unternehmungen gespielt haben. Welcher Zusammenhang aber wirklich zwischen der Venus und den Tagen, an denen Kriegszüge stattfanden, existierte, ist nach wie vor nicht sicher bekannt.

Für genaue Berechnungen wurde der Venus-Umlauf insgesamt 65 mal notiert, was genau 104 Gemeinjahren, 146 Tzolk'in-Umläufen oder zwei Kalenderrunden entspricht. Als Problem erwies sich aber die Tatsache, dass sich nach diesen 65 Venus-Umläufen ein rechnerischer Fehler von fünf Tagen aufsummierte. Da der Kalender der tatsächlichen Planetenbewegung vorauslief, wurde er durch eine entsprechende Schaltung zurückgesetzt. Das umgekehrte Korrekturverfahren wurde beim Tierkreis angewandt, der bei einer Länge von nur 364 Tagen schon nach fünf Durchläufen um sechs Tage zurücklag. Trotz dieser mathematischen Ungenauigkeiten verzeichnet das Venus-Kapitel im Dresdner Codex für das erste Erscheinen der Venus als Morgenstern am 20. November 934 n. Chr. (10.5.6.4.0 nach der langen Zählung, 1 Ajaw 18 K'ayab in der Kalenderrunde), ein tatsächlich beobachtetes Ereignis, mit dessen Hilfe der bisherige Umrechnungsmodus von Maya-Kalender und christlichem Kalender bestätigt wird.

Die Zeitvorstellungen der Maya

Dieser Abriss zur Mathematik und Astronomie der Maya kann nur einen kurzen Einblick in das komplexe Wissen gewähren, welches die Priesterschaft für die Entwicklung ihres vielschichtigen Kalenders über Generationen zusammengetragen hat. Eine umfassende Beschreibung allein dieses Kalendersystems würde einige Bücher füllen. Der Kalender entstand wohl aus der Beobachtung von verschiedenen astronomischen Phänomenen, aber auch in dem Bestreben, Formeln zu finden, welche die unterschiedlichen Zeitzyklen verbinden oder zusammenfassen sollten. Ein weiterer Antrieb, der die Maya dazu führte, immer neue Kalender zu entwickeln, war der Wunsch, in die Zukunft zu sehen und die Kräfte und Bewegungen der Himmelskörper zu erkennen und vorherzubestimmen.

Nie war der Kalender Selbstzweck oder auf die reine Gliederung der Zeit ausgerichtet. Die plastischen und lebensnahen Darstellungen und Beschreibungen zeigen, dass in der Vorstellung der Maya die Zeit kein abstraktes physikalisches Phänomen war, sondern sich in den übernatürlichen Wesen jenseits der menschlichen Welt manifestierte. Auch diese lebten, liebten, ernährten sich, herrschten und töteten. In einem beständigen Kreislauf wurden sie geboren, entfalteten ihre Macht und starben, um zu einem genau feststellbaren Zeitpunkt wieder geboren zu werden und einen neuen Zyklus zu eröffnen.

Für die Maya repräsentierten die übernatürlichen Wesen die Zeit und hielten die kosmische Ordnung aufrecht. Ihre Eigenschaften und ihr Handeln bestimmten den Gang der Welt. In den astronomischen Phänomenen meinten die *aj k'inob*, die Kalenderpriester, das Wirken der kosmischen Wesen zu erkennen. Aus der Erfassung dieser Gesetzmäßigkeiten, denen der Mensch unterworfen war, leiteten sie Prognosen ab, mit deren Hilfe sie das Wirken der übernatürlichen Kräfte vorherzubestimmen suchten, um die Menschen auf kommende Ereignisse vorzubereiten.

Mit der Ankunft der Spanier und der damit einhergehenden Bekehrung zum Christentum wurde der alte Wissensschatz der Maya allmählich verdrängt. Die abendländischen Vorstellungen von kosmischer Ordnung und Heilslehre setzten sich jedoch nicht in allen Regionen des Maya-Gebietes gleichermaßen durch. Während die machtvolle Gegenwart der katholischen Kirche im nördlichen Yukatan nachhaltig zur Zerstörung der althergebrachten Gesellschaftsordnung beitrug und damit das Verschwinden alter Glaubens- und Kalendervorstellungen beschleunigte, durchliefen die Götter vor allem im Hochland von Guatemala unterschiedliche Verwandlungen, um in abendländischen Gewändern und unter neuen Namen an der Seite Jesu, Marias oder eines anderen katholischen Heiligen ihre angestammten Plätze einzunehmen. Besonders in schwer zugänglichen Gebieten hat sich altes astronomisches und kalendarisches Wissen erhalten.

Seit dem zurückliegenden Jahrhundert trägt auch die abendländische Wissenschaft durch die Neuentdeckung und Entzifferung der schriftlichen Hinterlassenschaften der vorspanischen Maya-Kultur dazu bei, einen Teil des Wissens um den Maya-Kosmos zurückzugewinnen.

SONNENFINSTERNISSE – DIE ANGST VOR DEM ENDE

Nikolai Grube

222 *Totale Sonnenfinsternis*
Totale Sonnenfinsternisse, bei der die Sonne vollständig vom Mond verdeckt ist, sind extrem selten zu beobachten. Überall auf der Welt sind sie Vorboten von Schrecken und Unglück, denn sie machen den Tag zur Nacht, sodass in den Augenblicken größter Dunkelheit sogar der Sternenhimmel zu sehen ist.

Im dem Maya-Dorf Señor, im abgelegenen Zentrum von Quintana Roo, wo ich mich aufhielt, um die yukatekische Maya-Sprache zu lernen, herrschte große Aufregung. Die Zeitungen hatten berichtet, dass sich in der Nacht eine totale Mondfinsternis ereignen würde. Zwar konnten nur wenige der yukatekischen Maya des Dorfes lesen, aber die jungen Leute, die die Schule in der nächsten Stadt besucht hatten, verbreiteten die Kunde schnell. Auch der mayasprachige Radiosender wies in seinen Nachrichten auf das bevorstehende Ereignis hin. Unter den mit ruhiger Stimme vorgetragenen Berichten aus aller Welt und den Prognosen für die bevorstehenden Gouverneurswahlen im Bundesstaat Quintana Roo wäre die Nachricht von der bevorstehenden Mondfinsternis leicht zu überhören gewesen. Doch in Señor beschäftigte und besorgte das zu erwartende Naturphänomen jeden. „Wird Señora Luna, Frau Mond, jemals wiederkommen? Warum verlässt sie uns?", fragte mich ängstlich eine alte Frau, die sich gerade anschickte, in der nahe gelegenen Kirche Schutz zu suchen.

Für die Maya ist der Mond kein leblos durchs Universum wandernder Himmelskörper, sondern eine Frau, und zwar die alte Mondgöttin. Eine Finsternis der Sonne oder des Mondes sind daher nur als großes Unglück zu erklären, das der Mondgöttin oder dem Sonnengott zustößt. Wenn sich am hellichten Tag die Sonne verdunkelt, sodass es Nacht wird, oder sich in einer Vollmondnacht plötzlich eine schwarze Scheibe vor den Mond schiebt, gibt es für die Maya keinen Zweifel mehr, dass großes Unglück bevorsteht. Bis heute werden daher Sonnen- und Mondfinsternisse mit Angst und Schrecken erlebt. Und weil die Mondgöttin auch über Schwangerschaft und Geburt wacht, sind schwangere Frauen in der Vorstellung der Maya während einer Finsternis besonders gefährdet. In der vorspanischen Zeit glaubte man zudem, Finsternisse seien Vorboten von Kriegen oder großen Katastrophen für die ganze Gemeinschaft.

Tritt eine Finsternis ein, versammeln sich Frauen und Kinder in der Kirche, während die Männer mit Gewehren schießen, um die großen Ameisen, die nach Auffassung der Maya Sonne oder Mond aufzufressen drohen, zu vertreiben. Das Wort für „Sonnenfinsternis" ist daher *u chibal k'in*, „das Verschlucken der Sonne" (Abb. 224). In Señor ließ der Maya-Priester sogar die Glocken seiner Kirche läuten, während die Kinder mit Löffeln auf Kochtöpfe schlugen. Ein wahrhaft höllischer Lärm kam da mitten in der Nacht aus der Kirche. Vor der Kirche schossen die Männer mit alten Flinten, und in ihr knieten die Frauen, beteten den Rosenkranz und riefen zugleich ihre alten Götter an.

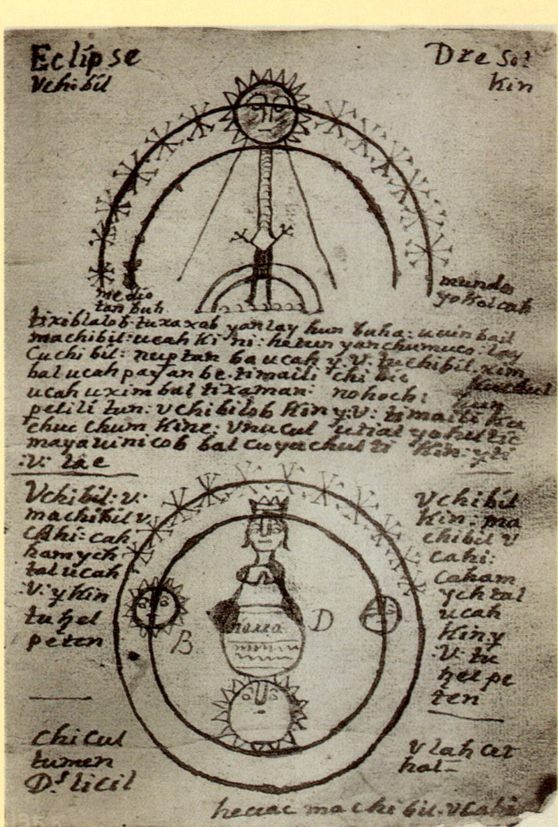

223 *Erklärung der Entstehung von Finsternissen im Chilam-Balam-Buch von Chumayel. Handschrift, Seite 27; 2. Hälfte des 18. Jh.s.; Philadelphia, University Museum*
Spanische Missionare versuchten die Maya in der Kolonialzeit über die europäische Sicht der Entstehung von Finsternissen aufzuklären. Dieser Text erklärt die Idee, dass der Mond aufgegessen würde, für einen Irrtum.

In der vorspanischen Zeit war die Angst vor den Finsternissen nicht geringer, allerdings verstanden die Priester die gefährlichen Tage vorherzusagen, an denen eine Sonnen- oder Mondfinsternis eintreten konnte (s. Voß, S. 141). Sieben Seiten des Dresdner Codex enthalten eine Tabelle, die es den Kalenderpriestern ermöglichte, die Tage zu bestimmen, an denen sich der Pfad des Mondes am Himmel mit der scheinbaren Sonnenbahn kreuzen würde (Abb. 225). Die Kalenderpriester wussten, dass sich Sonnen- und Mondfinsternisse nur innerhalb einer Periode von 18 Tagen vor oder nach einem solchen „Knotendurchgang" – wie die Kreuzung von Mond- und Sonnenbahn in der Fachsprache der Astronomen heißt – ereignen konnten. Sie hatten beobachtet, dass Finsternisse, gleich ob von Sonne oder Mond, tatsächlich in Abständen von etwa 148 Tagen (fünf Mondmonaten) oder 177 Tagen (sechs Mondmonaten) auftraten. Auch wenn viele, wenn nicht sogar die meisten Finsternisse nicht beobachtet werden konnten, weil sie nicht über dem Gebiet der Maya sichtbar waren, so konnten die Astronomen der Maya jedoch auf die in Büchern gesammelten Beobachtungsdaten mehrerer Jahrhunderte zurückgreifen, um die Zyklen der Finsternisse zu verstehen und vorherzusagen.

Die beiden Intervalle von 148 und 177 Tagen stehen daher auch im Mittelpunkt der Finsternistafel der Seiten 51 bis 58 des Dresdner Codex (Abb. 225). Der Hauptteil der Tafel beginnt auf der oberen Hälfte der Seite 52 mit den Startdaten, von denen aus die Tafel zu rechnen ist. Auf Seite 53 ist im unteren Teil der oberen Seitenhälfte die mit Maya-Ziffern geschriebene Zahl 177 zu lesen (geschrieben mit einer roten 8 über einer schwarzen 17, also $8 \times 20 + 17 \times 1 = 177$). Dies ist die Anzahl der Tage, die von einem Finsternisdatum zum nächsten führt. Man erwartete jedoch nach diesen 177 Tagen noch keine tatsächlich sichtbare Finsternis. Rechts daneben finden wir eine weitere Zahl 177, in der dritten Spalte die Zahl 148. Erst nach der Zahl 148 werden die Zahlenkolumnen von dem Bild eines auf einem Knochenthron sitzenden Todesgottes unterbrochen, der darauf hindeutet, dass man diesmal tatsächlich eine Finsternis beobachtete oder dass man eine sichtbare Finsternis erwartete. Die Frage, ob die Finsternistafel zur Vorhersage von Sonnen- und Mondfinsternissen diente oder aber tatsächlich über Yukatan beobachtete Finsternisse notierte, ist in der Forschung noch immer nicht gelöst. Die sieben Seiten der Tafel erstrecken sich

über 405 Mondmonate oder 11 960 Tage, einen Zeitraum, der für die Maya auch deshalb bedeutsam war, weil er 46 Zyklen zu je 260 Tagen entsprach.

Das astronomische Wissen der Maya ist nach der spanischen Invasion verloren gegangen; die Vorstellung, dass Finsternisse das Ende der Welt, Unglück und Krankheit bedeuten, ist aber auch heute noch allgemein verbreitet. Das ist erstaunlich, denn schon seit der frühen Kolonialzeit haben spanische Missionare und Lehrer immer wieder versucht, den Maya Finsternisse als den Schatten der Erde auf dem Mond oder als die Verdeckung der Sonnenscheibe durch den Mond zu erklären (Abb. 223). Auch die Tageszeitung, die einige der jungen Maya von Señor gelesen hatten, beschrieb dem Leser geduldig, was sich anlässlich der bevorstehenden Mondfinsternis ereignen würde. Doch der althergebrachte Glaube siegte schließlich über alle gut gemeinten wissenschaftlichen Deutungen. 500 Jahre Kontakt mit europäischer Denkweise haben hier wie auch in vielen anderen Bereichen die traditionellen Vorstellungen der Maya nicht verdrängen können.

Als in Señor am frühen Morgen schließlich wieder das erst fahle, dann immer kräftiger werdende Licht der Mondsichel das Überleben der Mondgöttin anzeigte, brach ein großer Jubel aus. Noch einmal hatte man großes Unglück von der Welt abwenden können.

224 *Schlange mit aufgerissenem Rachen verursacht eine Finsternis. Pariser Codex, S. 23; Fundort unbekannt; Feigenbastpapier, mit Kalkschicht überzogen, bemalt; Späte Postklassik, 1350–1500 n. Chr.; H. 24,8 cm; L. insgesamt 145 cm; Paris, Bibliothèque Nationale*

Die Schlange ist eines der 13 Tierkreiszeichen. Sie gibt hier den Ort an, wo eine Finsternis am Himmel zu sehen sein wird. Ihr aufgerissener Rachen spiegelt die Vorstellung wider, dass Sonne oder Mond bei Finsternissen aufgegessen werden.

225 *Erste Seite der Finsternistafel (Schematische Darstellung und Foto). Dresdner Codex, S. 53; Fundort unbekannt; Späte Postklassik, 1200–1500 n. Chr.; Feigenbastpapier, mit Kalkschicht überzogen, bemalt; Seite: H. 20,4 cm, B. 9 cm; Dresden, Sächsische Landesbibliothek*

Die Finsternistafel besteht aus sechs Seiten und beginnt auf der hier dargestellten Seite 53, oben. Erst wenn die oberen Hälften der Seiten 53–58 gelesen sind, fährt man auf ihrer unteren Hälfte fort.

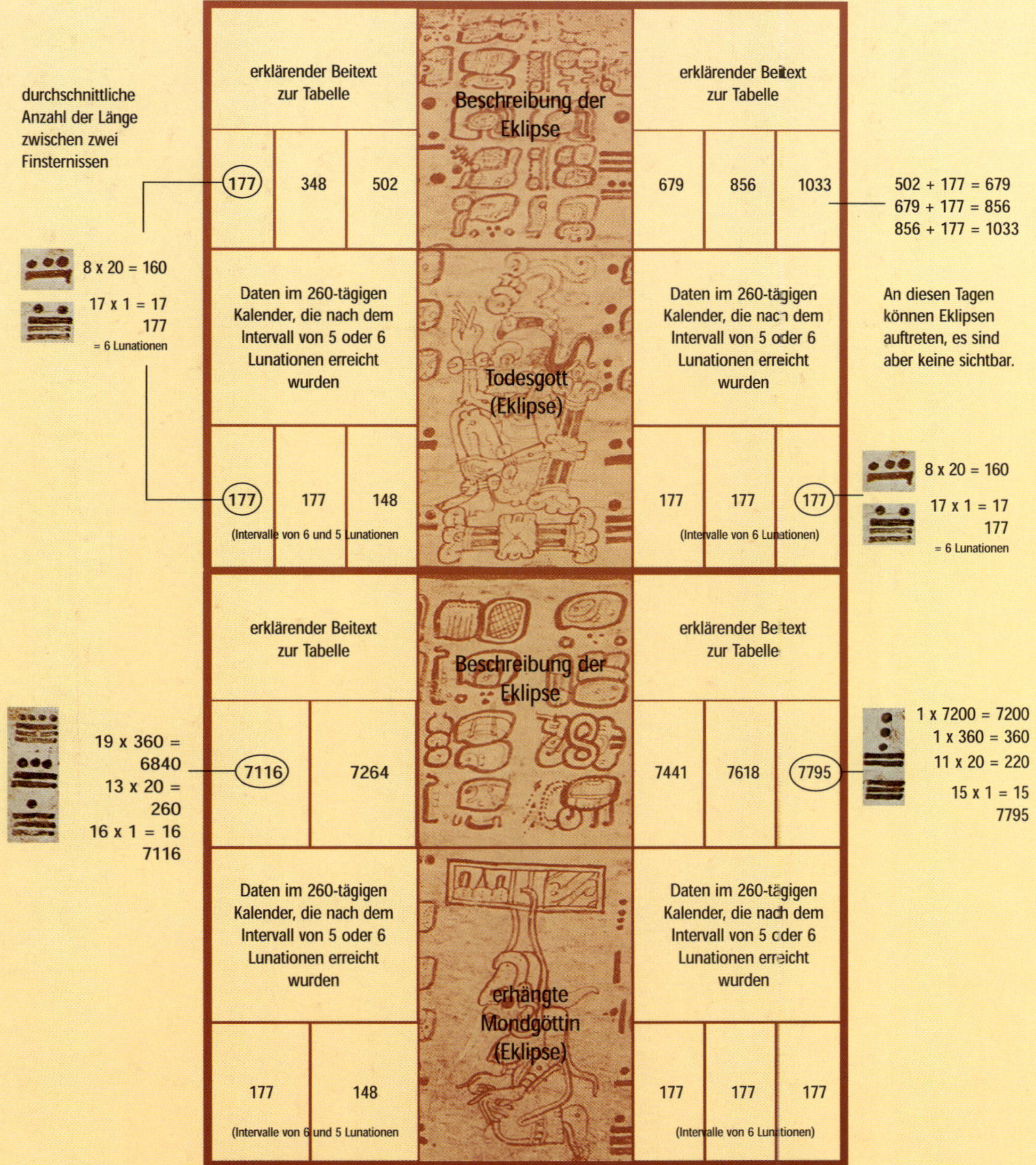

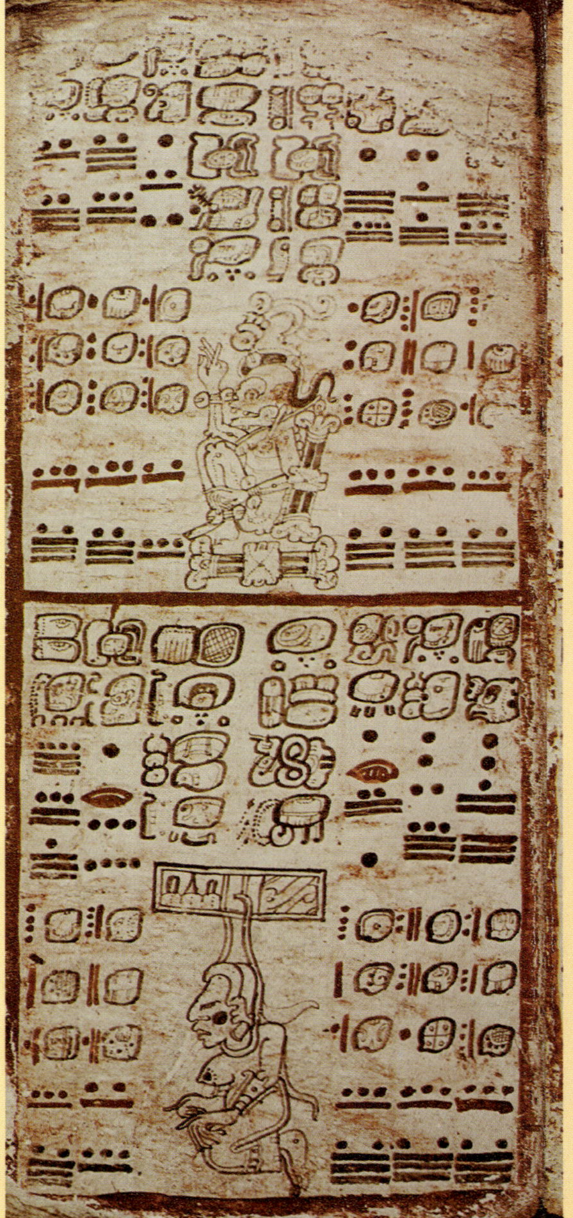

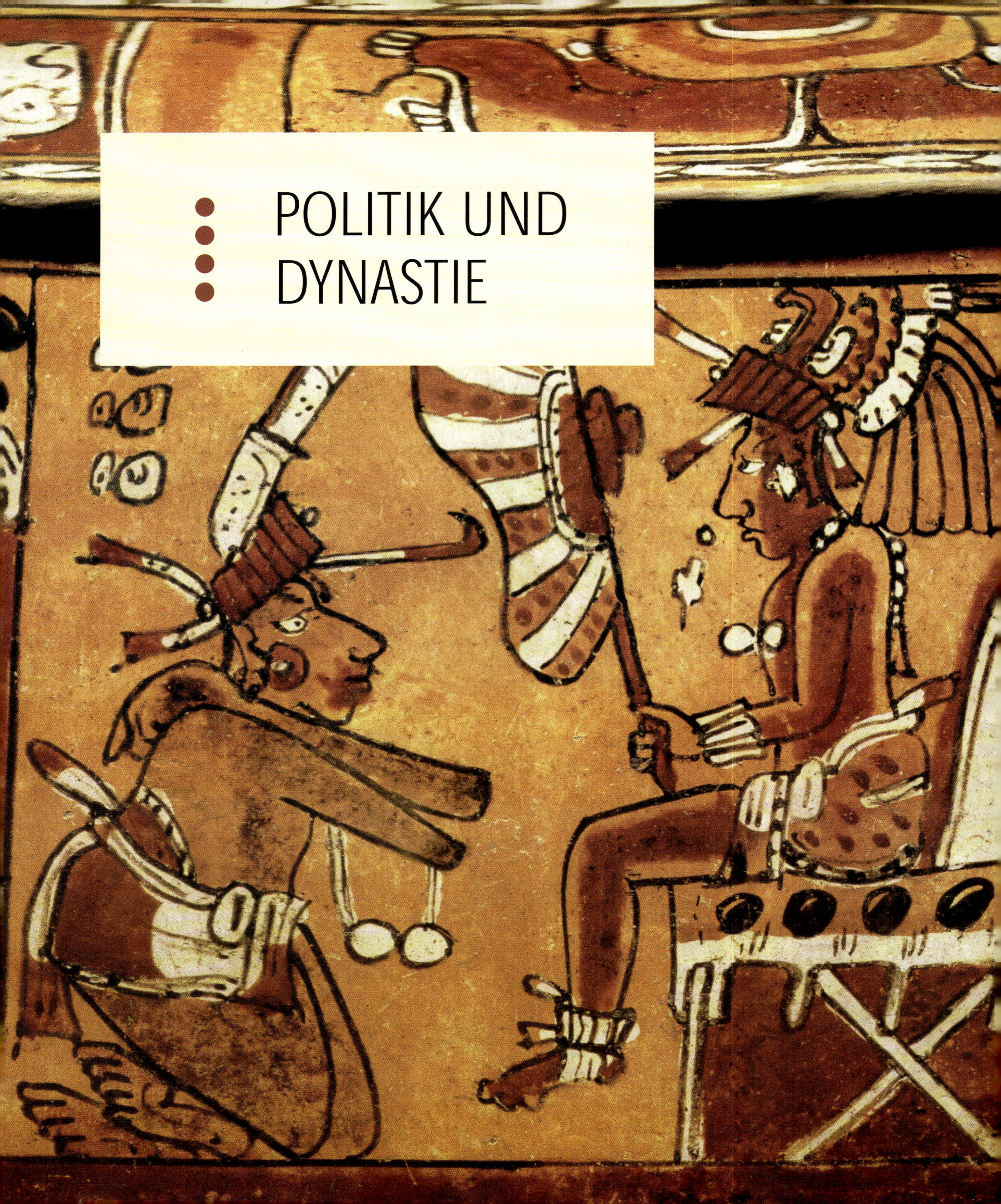

POLITIK UND DYNASTIE

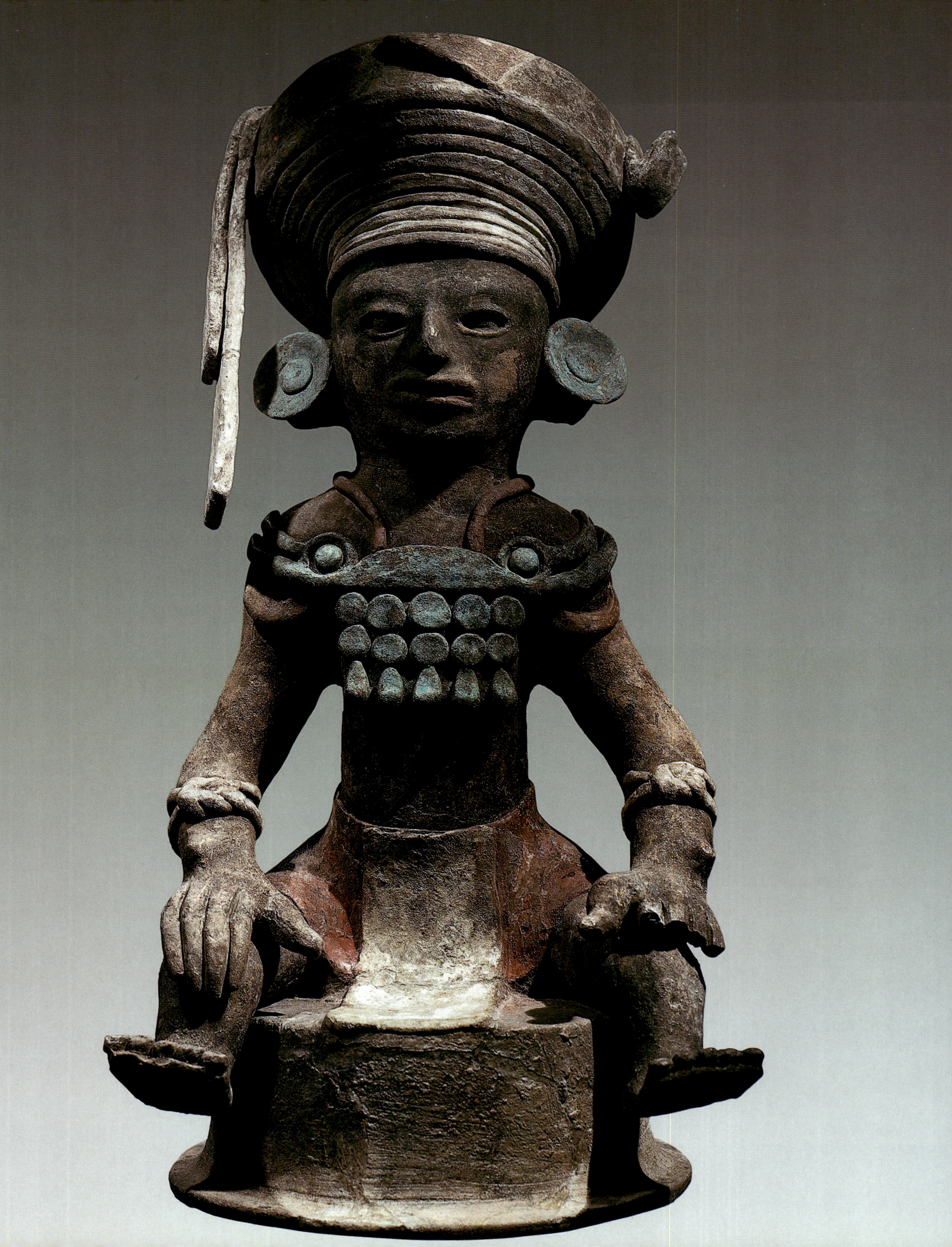

DIE DYNASTISCHE GESCHICHTE DER MAYA

Nikolai Grube und Simon Martin

Die Verwendung einer Hieroglyphenschrift ist das wichtigste kulturelle Merkmal, welches die klassische Periode der Maya (250–909 n. Chr.) von der vorangegangenen Präklassik unterscheidet. Das Entstehen der Hieroglyphenschrift im Tiefland Yukatans war eine Folge weit reichender gesellschaftlicher Veränderungen, die sich nach dem Zusammenbruch der großen präklassischen Städte einstellten (s. Hansen, S. 51 ff.). Welcher Prozess schließlich zum Untergang der meisten dieser Siedlungen führte, ist noch nicht sicher geklärt. Es stellte sich aber heraus, dass einige Städte diesen gewaltigen Transformationsprozess überlebten und zu den Keimzellen der klassischen Maya-Kultur wurden. Insbesondere im zentralen Bereich des südlichen Tieflandes gingen Orte wie Tikal, Uaxactun, Yaxha und Xultun sogar erstarkt aus diesen Umwälzungen hervor.

Zeitgleich mit der Hieroglyphenschrift entwickelte sich eine neue politische Institution in der frühen Klassik – das erbliche Königtum. Während die Kunst der Präklassik noch unpersönlich war und sich vor allem in den Masken von Göttern und in kosmischen Symbolen ausdrückte, rückte mit dem Beginn der Klassik die Darstellung historischer, individuell gestalteter Persönlichkeiten in den Vordergrund. Die Aufgabe von Hieroglypheninschriften und Kunstwerken der klassischen Zeit war es, die konkreten Machtansprüche gottgleicher Könige mit ihrer Funktion als Mittelpunkt des Kosmos und Mittler zwischen Menschen und Göttern zu begründen.

Die Gründung von Königsdynastien

Die frühesten Schrifttexte datieren in die Zeit der Gründung der ersten Königsdynastien im 1. Jahrhundert n. Chr. und berichten über diesen Akt aus der Retrospektive. Das Fehlen von zeitgenössischen Inschriften, in denen sich die Dynastiegründer selbst darstellen, kann zum einen damit zusammenhängen, dass sie sich nicht selbst als solche sahen, sondern ihnen diese Rolle erst von späteren Generationen zugeschrieben wurde. Zum anderen waren die zeitgenössischen Texte auf vergänglichen Materialien wie etwa Holz, Rindenpapier oder als Malerei auf stuckierten Gebäudewänden geschrieben, die uns nicht mehr erhalten sind.

Den Dynastiegründern kommt eine große Bedeutung für das Selbstverständnis der Herrschergeschlechter zu. Nachfolgende Könige beziehen sich auf die Gründerväter mit Titeln, die oft „n-ter Herrscher in der Nachfolge des Gründers" lauten, also eine richtige Herrscherzählung darstellen.

Eine der ersten Königsdynastien des Maya-Tieflandes war die von Tikal. Obgleich die Lebensdaten von Yax Eeb Xook, dem ersten Herrscher dieser Königsfamilie, nicht überliefert sind, lässt sich doch anhand der Herrscherzählungen rekonstruieren, dass er in der zweiten Hälfte des 1. Jahrhunderts gelebt und regiert hat. Er ist wahrscheinlich in dem ältesten Fürstengrab bestattet, das in der Nordakropolis von Tikal entdeckt wurde, einem Grab, das sich bereits durch charakteristische königliche Grabbeigaben auszeichnet, wie zum Beispiel eine lebensgroße Maske mit dem königlichen Kopfband *hu'un*, das mit drei stilisierten Blüten geschmückt ist. In der klassischen Zeit wurde der Kopfschmuck *hu'un* selbst zu einem Gott und Schutzpatron der Königsdynastien (s. Grube, S. 96 ff.).

Vorhergehende Doppelseite:
Maya-Keramik unbekannter Herkunft
Ehrfürchtig und mit gekreuzten Armen – Zeichen des Respekts – kniet ein Adliger vor einem auf einem Jaguar-Thron sitzenden Maya-Herrscher.

226 *Aufsatz eines Weihrauchgefäßes. Copan, Honduras, Tempel 26 vor Grab XXXVII-4; Spätklassik, 7. Jh. n. Chr.; Ton, bemalt; H. 58 cm, Dm. 26,5 cm; Copan, Instituto Hondureño de Antropología e Historia*
Elf zerbrochene Räuchergefäße wurden am Eingang des Grabes des 12. Königs von Copan unter Tempel 26 gefunden. Die auf den Deckeln der zylindrischen Räuchergefäße thronenden tönernen Figuren stellen wahrscheinlich die elf Vorgänger des Verstorbenen dar.

Konkurrierende Gottkönigtümer

Sowohl die Gründer der Königsdynastien als auch ihre Nachfolger nahmen nach ihrer Inthronisation das Amt des *ajaw*, des „Herrschers, Fürsten, Königs", an. Nach 400 n. Chr. wurden die höchsten Herrscher als *k'uhul ajaw*, „göttlicher König", tituliert, um sie deutlicher von einer größer werdenden Klasse einfacher Adliger abzuheben und ihre göttliche Herkunft in den Vordergrund zu stellen. Obgleich der Titel *k'uhul ajaw* ursprünglich auf die bedeutendsten Königtümer wie Tikal und Calakmul beschränkt war, schmückten sich bald auch viele andere Herrscher mit ihm, die damit ihre göttliche Legitimation kundtun wollten. Um 450 n. Chr. gab es im Tiefland mehrere Dutzend Könige, die Anspruch auf diesen Titel erhoben, sich auf einen Dynastiegründer beriefen und als Mittelpunkt eines kleinen Staates betrachteten.

An dieser Kleinstaaterei sollte sich während der gesamten klassischen Zeit nichts ändern. Zu keiner Zeit war das Tiefland politisch geeint, nie hat es, wie früher angenommen, ein einheitliches Maya-Reich gegeben. Die politische Zersplitterung des Tieflandes lässt sich an der großen Zahl so genannter Emblemhieroglyphen ablesen (s. Grube, S. 120). Diese Hieroglyphen sind königliche Titel, die ihren Träger als *k'uhul ajaw*, „göttlichen König", über ein bestimmtes Territorium ausweisen. Die Hieroglyphe besteht aus drei Kernelementen, von denen zwei den Titel *k'uhul ajaw* schreiben, während das dritte und größte Element den Namen des jeweiligen Staates nennt. Die Könige Tikals, das in der klassischen Zeit Mutal hieß, nannten sich *k'uhul mutal ajaw*, „göttlicher König von Mutal/Tikal", während zum Beispiel die Herrscher der Stadt Piedras Negras den Titel *k'uhul yokib ajaw*, „göttlicher König des Schluchtenlandes", trugen (Abb. 183).

Eine Zusammenstellung sämtlicher dieser Titel zeigt, dass es im Laufe der Geschichte etwa 50 Kleinstaaten gegeben hat, jeder mit seinem eigenen *ajaw* an der Spitze und dem Anspruch auf göttliche Abkunft. Dass es nie zu einem politischen Zusammenschluss dieser Staaten gekommen ist, dürfte mit der besonderen Form hegemonialer Herrschaft, die in ganz Mesoamerika verbreitet war, zusammenhängen. Danach wurden eroberte Gebiete nicht vollständig in das Gebiet des siegreichen Staates eingefügt, sondern existierten als eigenständige Staaten weiter, jedoch wurden die besiegten Könige zur Loyalität und zur Abgabe von Tributleistungen gezwungen. Ein Netzwerk persönlicher und familiärer Beziehungen zwischen den Königsfamilien – etwa die Verheiratung der Töchter – band unterworfene Staaten an ihren Eroberer und machte sie zu loyalen Vasallen.

Zu den Tributleistungen zählten Quetzalfedern, Kakaobohnen, kostbare Keramik oder fein gewebte Tuchware.

Hierarchien zwischen den Maya-Staaten

Die lange Zeit vorherrschende Idee, dass diese kleinen Staaten wirklich autonom und unabhängig voneinander gewesen seien, erweist sich jedoch schon bei einem Vergleich der Architektur ihrer Hauptstädte als haltlos. Wenn dem so wäre, hätte eine Stadt von der Größe Tikals über die gleiche politische Macht verfügen müssen wie der vergleichsweise kleine Ort Dos Pilas, der ebenfalls die Residenz eines *k'uhul ajaw* war. In der Tat verweisen auch die Hieroglypheninschriften auf ein politisches System, in dem Macht und Reichtum zwischen den Staaten ungleich verteilt waren und einige wenige Staaten eine Vielzahl anderer Staaten kontrollierten. Unterschiede in Macht und Einfluss spiegeln sich auch in den Hieroglypheninschriften wider. Sie beschreiben, wie einige Staaten in die inneren Angelegenheiten anderer Staaten eingriffen und deren Politik, Kriegsführung und dynastische Abfolge manipulierten. In den Inschriften lassen sich Berichte finden, in denen davon die Rede ist, dass der Herrscher eines Ortes sein Amt „unter der Aufsicht" des Königs eines anderen Ortes antrat (Abb. 228). Solche Aussagen sind konkrete Zeugnisse von Unterordnung. Noch deutlichere Zeichen für die Existenz von Hierarchien zwischen Königtümern bietet der Titel *yajaw,* der von dem Wort *ajaw* (König, Herrscher) abgeleitet ist. Die wörtliche Übersetzung des Titels lautet „... ist der König von ...", dahinter verbirgt sich die Idee, dass der Träger dieses Titels von einem anderen König besessen, also als sein Eigentum betrachtet wird. Dem Titel folgt der Name eines zweiten Königs, der stets der mächtigere von beiden ist und für den der Träger des Titels *yajaw* nichts anderes ist als ein Vasall, über den er verfügen kann. Betrachtet man diese Hinweise auf Unterordnung und hierarchische Bindungen im Kontext von anderen politischen Ereignissen, Kriegszügen und diplomatischen Handlungen, ergibt sich ein erstaunliches Bild von den Beziehungen der vielen Maya-Staaten untereinander. Es waren vor allem zwei Könige, die Regenten anderer Staaten inthronisierten und die als Herren über Vasallenfürsten genannt werden, die Herrscher von Tikal und Calakmul. Es gab zwar einige mächtige und einflussreiche Staaten im Tiefland, deren Könige ebenfalls Vasallenherrscher inthronisierten, jedoch verfügten keine anderen Staaten über so viel Macht und diplomatisches Geschick wie Calakmul und Tikal.

Tikal und Calakmul waren regelrechte Supermächte im Tiefland der Maya, die jeweils über ein eigenes Netzwerk von Vasallenstaaten verfügten (Abb. 243). Obgleich sich die Beziehungen zwischen den Staaten gelegentlich auch änderten und es immer wieder Revolten gab, in denen ein Vasallenstaat seinen Status der Abhängigkeit und Tributverpflichtungen abzuschütteln versuchte, war das System der beiden Supermächte über die längste Zeit der Klassik erstaunlich stabil, denn es beruhte vor allem auf persönlichen und familiären Bindungen.

Die Kultur der Königshöfe

Auch wenn die Dynastien der kleinen Staaten und der Supermächte unterschiedlich mächtig waren, so einte den Maya-Adel sämtlicher Königtümer eine gemeinsame höfische Kultur. Die Könige der klassischen Zeit und ihre Angehörigen erfreuten sich einer privilegierten Existenz, umgeben von Reichtum und persönlichem Luxus (Abb. 227).

Junge Prinzen, vielleicht auch sämtliche Adlige, die keinen königlichen Status hatten, trugen den symbolisch gemeinten Titel *ch'ok* (Kind). Der zukünftige Thronfolger wurde *bah ch'ok* (erstes Kind) genannt und musste in einer Vielzahl ritueller Handlungen, darunter in der Regel einem ersten Blutopfer, das im Alter von fünf Jahren stattfand, seine Eignung für das spätere Amt beweisen (Abb. 229). Die Thronfolge vollzog sich für gewöhnlich innerhalb der väterlichen Linie. Dabei wurde meistens der erstgeborene Sohn zum Thronfolger bestimmt. Das war jedoch der Idealfall, der nicht immer eintraf; beim frühen Tod eines designierten Thronfolgers auf dem Schlachtfeld rückte sein Bruder an seine Stelle, und fehlte ein männlicher Erbe, konnten auch Frauen an die Macht gelangen. Viele Konflikte innerhalb von

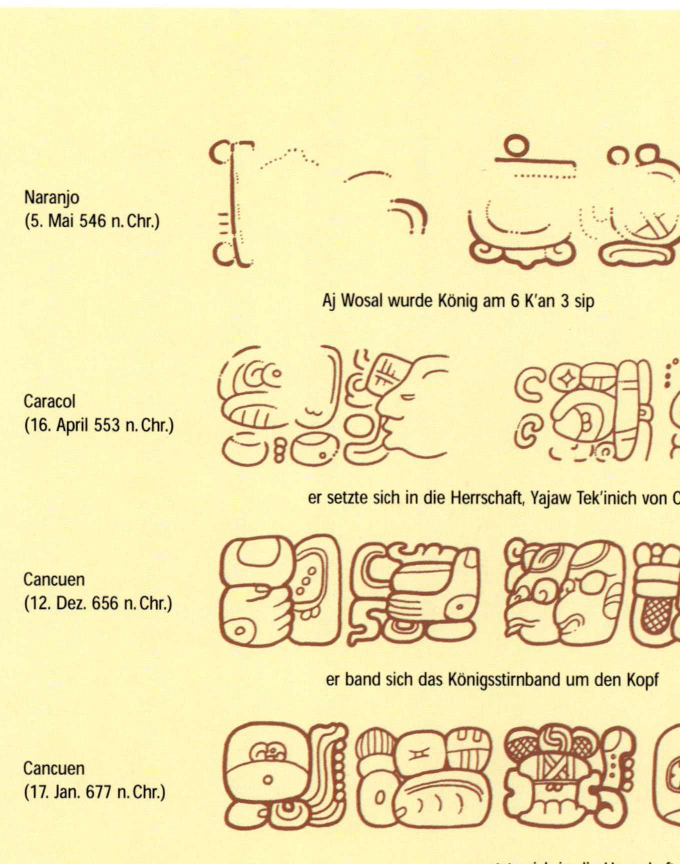

Naranjo
(5. Mai 546 n. Chr.)
Aj Wosal wurde König am 6 K'an 3 sip
durch die Autorität von Tun K'ab Hix von Calakmul
Caracol
(16. April 553 n. Chr.)
er setzte sich in die Herrschaft, Yajaw Tek'inich von Caracol
durch die Autorität von Yax Eeb Xook, göttlicher König von Tikal
Cancuen
(12. Dez. 656 n. Chr.)
er band sich das Königsstirnband um den Kopf
K'ib Ajaw, göttlicher König von Cancuen, durch die Autorität von Yuknoom Ch'een aus Oxte Tuun (Calakmul)
Cancuen
(17. Jan. 677 n. Chr.)
er setzte sich in die Herrschaft
durch die Autorität von Yuknoom Ch'een, göttlicher König von Calakmul
Quirigua
(29. Dez. 724 n. Chr.)
er ergriff den Königszepter, K'ak Tiliw Chan
durch die Autorität von Waxaklajun Ubaah K'awiil, König von Copan
El Peru
(Datum unklar)
er ergriff die Herrschaft
durch die Autorität von, göttlicher König von Calakmul
Bonampak
(6. Mai 747 n. Chr.)
er band sich das königliche Stirnband um sein Haupt
durch die Autorität von Yaxun Balam [von Yaxchilan]
Piedras Negras
(Datum unklar)
er wurde zum König, Yaxum Balam (von Yaxchilan)
durch die Autorität von [von Piedras Negras]

227 *Szene am Königshof. Fundort unbekannt; Spätklassik, 600–900 n. Chr.; Abrollung eines polychrom bemalten Tongefäßes; Privatsammlung*
Das Leben am Königshof war von Pomp und Luxus bestimmt. Ein großer Hofstaat sorgte für die Versorgung und die Unterhaltung der Königsfamilie. Auf dieser Keramik ist der auf einem Thron sitzende König von Motul de San José zu sehen, der gegen ein von einem Diener gehaltenes Kissen lehnt. Seine überlangen Fingernägel und seine Leibesfülle deuten an, dass er sich keiner körperlichen Arbeit hingeben muss und privilegierte Versorgung genießt. Hofzwerge und Bucklige kauern vor ihm, darunter auch ein auf dem Thron stehender Zwerg, der einen Spiegel aus Obsidian hält. Zwei tönerne Trompeten und eine Tritonmuschel ragen ins Bild; die Musikanten der königlichen Hofkapelle bleiben allerdings hinter einer Säule oder einem Vorhang verborgen.

228 *Thronbesteigungen unter Aufsicht fremder Herrscher*
Zu den wichtigsten in Hieroglyphentexten festgehaltenen Ereignissen gehört die Thronbesteigung von Maya-Königen. Viele der Könige erhielten die Königswürde jedoch nicht nur aufgrund ihres Charismas oder ihrer Stellung als Thronerbe einer Königsdynastie, sondern weil sie von anderen, mächtigeren Herrschern unterstützt und gefördert wurden. Diese forderten von ihren Günstlingen Loyalität und Unterstützung ihrer eigenen politischen Entscheidungen. Die Grafik stellt Thronbesteigungen unterschiedlicher Orte und Zeiten zusammen, in denen ein König den Thron durch die Begünstigung eines mächtigeren Potentaten bestieg. In der linken Hälfte der Grafik sind die Thronbesteigungen aufgeführt, in der rechten Seite die Namen der Förderer, stets von der Hieroglyphe *u kabjiiy* (unter der Aufsicht von), eingeleitet. Es zeigt sich, dass die Könige von Tikal und Calakmul besonders häufig fremde Thronbesteigungen beaufsichtigten.

229 *Wandtafel 19. Dos Pilas, Peten, Guatemala; zwischen 727 und 735 n. Chr.; Kalkstein; Guatemala Stadt, Museo Nacional de Arqueología y Etnología*
Selten wird dem ersten Blutopfer eines Thronfolgers so viel Raum eingeräumt wie auf der Wandtafel 19 von Dos Pilas. Die außergewöhnlich explizite Darstellung des ersten Blutopfers eines Kindes, das im Beitext *ch'ok mutal ajaw* (Prinz von Dos Pilas) genannt wird und bei dem es sich vermutlich um den jungen K'awiil Chan K'inich handelt, lässt erkennen, dass sein Vorgänger, Herrscher 3, der diese Tafel in Auftrag gegeben hatte, sehr besorgt über seine Nachfolge war. Im Zentrum der Szene steht ein reich gekleideter Jüngling, dessen Penis von einem knieenden Priester durchbohrt wird. Das Blut tropft in eine Schale. Die Szene wird überwacht von Herrscher 3 und seiner aus dem Ort Cancuen stammenden Frau zur Linken, während zur Rechten zwei Würdenträger stehen, von denen einer ein Gesandter aus Calakmul ist.

230 *Zwei Seiten eines Zepters. Fundort unbekannt; Spätklassik, 600–900 n. Chr.; Schiefer; Privatsammlung*
Dieser aus Schiefer geschnitzte Zepter war ein kostbares Zeichen der Würde und Macht. Er hat die Form eines Beiles, zeigt auf beiden Breitseiten aber figürliche Darstellungen. Auf der einen Seite ist Hun Ajaw, einer der göttlichen Zwillinge, zu erkennen, der hier als Jäger mit einem Blasrohr dargestellt ist; auf der anderen Seite sitzt ein Herrscher auf einer niedrigen Thronbank, vielleicht der ehemalige Besitzer dieses Prunkstückes selbst.

Königsdynastien, aber auch zwischen Staaten, entbrannten, wenn die rechtmäßige Thronfolge infrage stand. Ein designierter Thronfolger tat daher gut daran, schon vor seiner Einsetzung seine Eignung als Kriegsherr unter Beweis zu stellen. Manche Kriegszüge dürften daher nur der Profilierung zukünftiger Herrscher gedient haben. Machte ein König vor seiner Amtseinsetzung einen bedeutenden Gefangenen, schmückte er sich in vielen Fällen zeitlebens mit dem Titel „Besitzer von …" und dem Namen des jeweiligen Gefangenen.

War der Zeitpunkt der Thronbesteigung gekommen – in der Regel zehn Tage bis mehrere Monate nach dem Tod des Vorgängers –, begannen pompöse Thronbesteigungszeremonien. Der Ablauf dieser Zeremonien ist nur selten in der Kunst dargestellt. Auch die Hieroglyphentexte berichten stets nur in formelhaften Wendungen von einigen Schlüsselepisoden, wie *chumlaj ti ajawlel* (er setzte sich auf den Königsthron), *u ch'amaw k'awiil* (er ergriff das Zepter in Form des Gottes K'awiil) und *k'alaj hu'un tu baah* (er band den Königskopfputz am Kopf fest; Abb. 228).

Mit der Thronbesteigung wechselten Könige ihren Namen. Zwar behielten sie manchmal auch ihren Jugendnamen, aber die Annahme eines *k'uhul k'aba,* eines „göttlichen Namens", war Ausdruck der neuen Rolle und Identität. Die nun gewählten Namen bezogen sich oft auf Götter und deren Tätigkeiten, auf Gegenstände mit besonderer sakraler Bedeutung oder Tiere, die eine wichtige Rolle als Manifestation oder Assistenten von Göttern spielten. Dem Wunsch folgend, an eine lange Traditionskette anzuknüpfen, wählten die Thronfolger auch häufig den Namen eines Großvaters oder eines anderen berühmten Vorfahren. Mit der Annahme eines göttlichen Namens wurde der König schließlich ein *k'uhul ajaw,* ein „göttlicher König", und damit in eine andere Sphäre der Existenz erhoben.

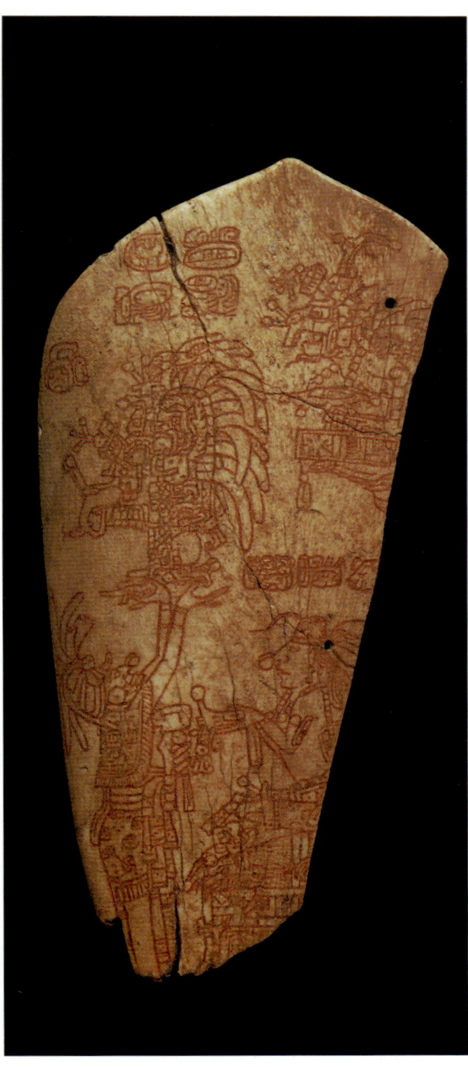

231 *Inthronisationsszene. Fundort unbekannt; Spätklassik, 600–900 n. Chr.; gravierter Knochen; Dallas, Dallas Museum of Art*
Auf einem nur wenige Zentimeter großen Knochenstück ist hier mit sicheren Linien eine Inthronisationsszene dargestellt. Der Anwärter auf die Macht sitzt auf einem Thron unter einem (nur unvollständig erhaltenen) Baldachin, der von der Vogel-Manifestation des Gottes Itzamnaaj bekrönt wird. Der alte Jaguar-Gott, wohl ein Aspekt des Sonnengottes, hält den königlichen Kopfputz in die Höhe, bereit, ihn dem Thronfolger aufs Haupt zu setzen.

232 *Der als Chaak verkleidete Vogel-Jaguar bei der Ergreifung von Gefangenen. Yaxchilan, Chiapas, Mexiko, vor Tempel 40; Spätklassik, 29. April 752; Kalkstein*
Durch das Aufsetzen von Göttermasken nahmen Könige die Identität von Göttern an, so wie auf Stele11 von Yaxchilan Vogel-Jaguar IV. mit einer Maske des Gottes Chaak vor seinem Gesicht auftritt. Der Maya-Künstler legte aber doch Wert darauf, dass die doppelte Identität der Könige erkennbar blieb. Unter der Maske bleibt daher das menschliche Antlitz des Regenten erkennbar.

Vermittler zwischen Menschen und Göttern

Als gottgleiche Wesen standen Könige außerhalb der Gesellschaft. Sie lebten in einer anderen Welt als ihre Mitmenschen. Diese Position kommt in der gesamten höfischen Kultur zum Ausdruck, aber auch in den Erwartungen, die die Menschen eines Stadtstaates an ihren König hatten. Die Nähe des Königs zu den Göttern verpflichtete ihn, als Vermittler und Fürsprecher der Gemeinschaft vor die Götter zu treten und gleichzeitig deren Botschaften den Menschen nahe zu bringen.

Die Rolle des Königs als Bindeglied zwischen den Welten kommt auch in seiner Kleidung zum Ausdruck. Viele Darstellungen zeigen Könige mit den Attributen von Göttern (Abb. 232). In diesen Fällen war es dem Betrachter klar, dass die Könige sich nicht nur verkleideten, sondern dass sie in die Identität des dargestellten Gottes wechselten. Als Götter vollzogen Könige eine Vielzahl öffentlicher Rituale, die dazu dienen sollten, das Geschick der gesamten Gemeinschaft günstig zu beeinflussen (Abb. 233). In der Rolle von Göttern führten sie Tanzdramen auf, in denen zentrale Episoden des Schöpfungsmythos nicht nur nachgespielt und öffentlich inszeniert, sondern im Verständnis der Betrachter regelrecht wiederholt und aufs Neue vollzogen wurden. Diese königlichen Tänze sind Gegenstand vieler Darstellungen in der Kunst (Abb. 237).

Zu den wichtigsten rituellen Handlungen gehörte das königliche Blutopfer (Abb. 233). Während männliche Herrscher das Blut mit Rochenstacheln, Knochennadeln oder Obsidianspitzen aus Ohrläppchen, Zunge oder – und das war das heiligste Blut – aus ihrem Glied abzapften, zeigen Blutopferszenen, in denen Frauen im Mittelpunkt stehen, wie diese ein dornenbewehrtes Seil durch ein Loch in ihrer Zunge ziehen. Das so gewonnene kostbare königliche Blut tropfte in mit Papierstreifen gefüllte Körbe; hatten sich die

Papierstreifen vollgesogen, wurden sie in brennende Weihrauchgefäße gelegt, wo sie gemeinsam mit dem edlen Duft des Weihrauchharzes den Göttern als Nahrung dienten.

Derartige königliche Blutopfer dürften der Höhepunkt mehrtägiger Rituale gewesen sein. Anscheinend waren sie von so großer Bedeutung für die Gemeinschaft, dass sie öffentlich inszeniert wurden. Die Architektur der Stadtanlagen mit ihren vielen Plätzen und großen Treppenfluchten eignete sich vorzüglich, um solchen Spektakeln eine Bühne zu bieten. Auf Kunstwerken der klassischen Zeit, wie den berühmten Türsturzen aus Yaxchilan (Abb. 233), wird das Blutopfer stets mit Visionserlebnissen in Verbindung gebracht. Ob es der rapide Blutverlust selbst war oder aber die vorherige Einnahme von halluzinogenen Substanzen, die zu den Visionen führte, ist nicht bekannt. Die Suche nach visionären Erscheinungen, die Kontaktaufnahme zu Göttern und Vorfahren war jedenfalls eine wichtige Funktion der Könige. In der Kunst werden solche Visionen stets in Form von Schlangen dargestellt, aus deren weit geöffneten Rachen der Kopf eines Gottes oder Vorfahren ragt.

Unter den vielen göttlichen Rollen, in die Maya-Könige schlüpften, war die des jugendlichen Maisgottes vermutlich die wichtigste. Kunst und Hieroglypheninschriften betonen immer wieder, dass Könige die Verkörperung des Fruchtbarkeit und Reichtum bringenden Maisgottes waren (s. Taube, S. 271). Die Geburt von Königen wird mit dem Hervorbrechen des Maises aus der Unterwelt verglichen, während der Tod eines Königs dem Abstieg des Maisgottes in die Unterwelt entspricht; und so wie ein Maiskorn in der Krume wieder geboren wird, so ersteht auch der verstorbene Regent in seinem Thronfolger wieder auf. Der Zyklus der Maispflanze, also Leben und Tod des Maisgottes, wurde so zu einer Metapher für den Kreislauf des königlichen Lebens. Die Wurzeln dieser Metapher liegen in der Kultur der einfachen Maisbauern. Sie band auf diese Weise die Gesellschaft der Maya vom untersten bis zum höchsten Glied in einem allen zugänglichen und verständlichen Bild zusammen.

233 *Lintel 24. Yaxchilan, Chiapas, Mexiko, Tempel 23; Spätklassik, ca. 726 n. Chr.; Kalkstein; H. 110,5 cm, B. 80,6 cm, T. 10,1 cm; London, The British Museum*
Auf diesem Meisterwerk der Maya-Kunst opfert Frau K'abal Xook mit einer dornenbesetzten Schnur Blut aus ihrer Zunge, während ihr Mann Itzamnaaj Balam ihr mit einer Fackel Licht spendet. Offensichtlich findet die Szene im Dunkeln eines Tempelraumes oder zur nächtlichen Stunde statt. Ein Korb zu Füßen der Frau enthält Papierstreifen, die das heraustropfende Opferblut auffangen sollen.

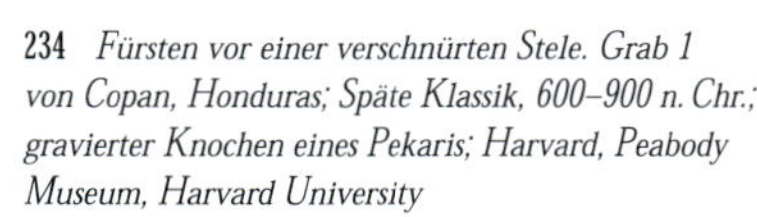

234 *Fürsten vor einer verschnürten Stele. Grab 1 von Copan, Honduras; Späte Klassik, 600–900 n. Chr.; gravierter Knochen eines Pekaris; Harvard, Peabody Museum, Harvard University*
Die zentrale Szene auf diesem Knochen ist in einen vierblättrigen Rahmen platziert, der in der Maya-Kunst das Portal zwischen Menschenwelt und Unterwelt markiert. Durch dieses Portal sehen wir auf einen personifizierten Altar und dahinter auf eine verschnürte Stele, links und rechts von dieser Achse sitzen zwei Würdenträger, vielleicht noch nicht identifizierte frühe Könige von Copan. Das „Verschnüren" von Stelen und anderen Steinen gehörte zu den rituellen Praktiken, mit denen das Ende von Zeitperioden zelebriert wurde.

235 *Königliches Ballspiel. Fundort unbekannt; 13. September 726; Kalkstein; Chicago, Chicago Art Institute*
Zu den vielen Titeln, die Könige trugen, gehört auch der Titel *aj pitz* (Ballspieler). Auf öffentlichen Monumenten ließen sich Könige als Ballspieler darstellen, gekleidet in die dicke Schutzkleidung aus Leder und bekrönt mit einem aufwändigen Kopfputz. Hier hat sich ein Angehöriger der Herrscherfamilie von Calakmul auf den Boden geworfen, den Arm zum Schlag gegen den Ball ausholend. Vor ihm steht sein unbekannter Gegenspieler; zwei Stufen im Hintergrund deuten an, dass sich diese Szene auf einem Ballspielplatz abspielt.

236 *Stele E. Quirigua, Guatemala, Großer Platz; 20. Januar 771; Sandstein; H. 7,25 m*
Stele E ist mit 7,25 m die höchste Stele im ganzen Maya-Gebiet. Die Errichtung dieses 30 Tonnen schweren Monolithen muss eine technische und organisatorische Meisterleistung gewesen sein. Die gigantischen Ausmaße der Monumente von Quirigua aus der Späten Klassik spiegeln das Selbstbewusstsein der Stadt wider, nachdem ihr König K'ak' Tiliw Chan Yoaat im Jahr 738 n. Chr. Copan überfallen und den lokalen König Waxaklajuun Ubaah K'awiil enthauptet hatte. Pikanterweise war es dieser Herrscher von Copan, der K'ak' Tiliw 14 Jahre zuvor zur Macht verholfen hatte – der kriegerische Akt Quiriguas war somit Verrat an einem früheren Förderer. Stele E, hier in einer historischen Aufnahme von Alfred Maudslay, ist das monumentale Porträt von K'ak' Tiliw als stolzem Triumphatoren mit allen Zeichen seiner Macht.

237 *Vogel-Jaguar beim Tanz. Yaxchilan, Chiapas, Mexiko, Lintel 1, Struktur 33; um 760 n. Chr.; Kalkstein*
Zu den Aktivitäten von Königen gehörten auch Tänze, die sie in üppiger Verkleidung anlässlich wichtiger Feste und Jahrestage historisch bedeutsamer Ereignisse durchführten. Insbesondere in der Stadt Yaxchilan zeigen viele der Türsturze königliche Tänze, bei denen Itzamnaaj Balam und sein Nachfolger Vogel-Jaguar IV in Verkleidung von Göttern und mit einer Vielzahl von Attributen auftreten, nach denen diese Tänze auch benannt sind. Auf diesem Türsturz ist Vogel-Jaguar IV am Tag seiner Inthronisation, dem 29. April 752, zu sehen. Frau Chak Joloom, eine seiner Frauen, überreicht ihm ein heiliges Bündel, während er sich auf den Tanz mit dem K'awiil-Zepter vorbereitet.

238 *Händler und Übersetzer am Hof. Fundort≠ unbekannt; Späte Klassik, 700–750 n. Chr.; Ton, bemalt*
Zu den häufig auf polychrom bemalten Keramikgefäßen dargestellten Sujets gehören Palastszenen. Der aufgerollte Vorhang über der Szene sowie der Thron deuten an, dass wir uns hier im Inneren eines Palastes befinden. Zwei Händler sind angekommen und bieten Bündel ihrer Waren an. Vor den weit gereisten Händlern hocken ein Schriftgelehrter und ein *chilam*, ein Dolmetscher, am Boden. Der König K'inich Laman Ek' von Motul de San José sitzt auf dem Thron, hinter ihm steht einer seiner Höflinge in entspannter Pose mit Zigarre im Mund und einer Fackel zum Anzünden in seiner Rechten. Aus dem Text geht hervor, dass die Versammelten über den Preis der angebotenen Waren verhandeln.

Die Anlässe, bei denen Könige als Götter auftraten, Blut opferten und Rituale durchführten, waren vielfältig. So wurde das Ende der großen Zeitperioden, wie des 20 Jahre währenden K'atun, aber auch der Fünf- oder Zehnjahresperioden, mit großen Festen gefeiert. In den meisten Städten errichteten Könige zum Ende eines K'atun eine Stele und davor einen Altar (Abb. 236). Das Aufstellen der Stele *tz'apaj u lakamtuunil,* ein Ritual, das als „Stein-binden", *k'al tuun,* beschrieben wird (Abb. 234), sowie das Verschütten von Blut oder das Abbrennen von Weihrauch auf dem Altar *chokwaj ch'aaj* waren rituelle Handlungen, die mythische Episoden nachvollzogen, in denen Götter das Universum in Bewegung setzten.

Leben am Hof

Das Leben der Könige spielte sich vor allem im Palast ab. Obgleich es schwierig ist, Gebäuderesten konkrete Funktionen zuzuschreiben, so bieten uns doch die polychromen Malereien auf Keramiken einen Einblick in das höfische Leben (Abb. 227, 238). Viele von ihnen wurden in Palastwerkstätten für den Hofbedarf hergestellt und illustrieren Szenen wie die Abgabe von Tributen, die Ankunft von Vasallen, Vorbereitungen für Tänze, aber auch Tätigkeiten des höfischen Personals, zu dem auch Zwerge und Narren gehörten (s. Prager, S. 278 ff.). Ihre Aufgabe war es, den König und seine hohen Gäste zu unterhalten. Tributszenen zeigen den König auf einem kostbaren, mit Jaguarfell bezogenen Thron; vor ihm knien Vasallen, die Bündel von edlen Stoffen, Federn und Säcke mit Kakaobohnen übergeben (Abb. 238). Zu den Hofangestellten gehörten auch *aj tz'iib* (Schreiber), die die abgelieferten Güter mit ihren Tributlisten verglichen. Solche Szenen vermitteln uns einen seltenen Einblick in die Ökonomie der Maya-Staaten. Sie machen deutlich, dass die Vermehrung des eigenen Reichtums, aber auch desjenigen der gesamten Gemeinschaft eine der wichtigsten Tätigkeiten von Königen war. Zu diesem Zweck wurden Kriege geführt und benachbarte Staaten überfallen. Die Herrscher besiegter Staaten wurden gefangen genommen und in manchen Fällen als Geiseln behalten. Mitunter entließ man sie aber auch wieder in ihren Herkunftsort und verpflichtete sie zu regelmäßigen Tributleistungen (Abb. 239). Eine subtile Form der Geiselnahme war die Errichtung von Residenzen für Söhne und andere Familienmitglieder unterworfener Fürsten in der Hauptstadt des Siegers. Offiziell galten die fremden Adligen als Botschafter und Abgesandte der unterworfenen Stadtstaaten, im Grunde aber bürgten sie mit ihrem Leben für deren Verzicht auf Rebellion und für die regelmäßige Zahlung von Tributleistungen. Einige der großen Palastanlagen in Städten wie Tikal und Calakmul dürften solche Residenzen unterworfener Fürstenfamilien gewesen sein. Vielleicht wurden die fremden Adelssprösslinge sogar am Hof des Siegers erzogen, sodass sie, wenn ein Thronfolger im Vasallenstaat gebraucht wurde, an den Ort ihrer Geburt zurückkehrten, aber ihre Bindungen aufrechterhielten.

Königliche Paläste waren schließlich auch die Orte für Zusammenkünfte und Feste. Hier wurden Heiratsverträge zwischen den Kindern verschiedener Fürsten-

239 *Wandtafel 3. Piedras Negras, Peten, Guatemala, Gebäude O-13; 782 n. Chr.; Kalkstein*
Eingelassen in die Wand von Tempel O-13 von Piedras Negras war diese Wandtafel ein Tribut des Herrschers 7 an Herrscher 4. Die Inschrift der Tafel endet mit der Beschreibung eines Feuerrituals, das im Jahr 782 an dessen Grab durchgeführt wurde. Die Szene zeigt die Feier des K'atun-Jubiläums der Thronbesteigung von Herrscher 4 im Jahr 749. Der König sitzt auf einer geschmückten Thronbank, umgeben von Würdenträgern und Besuchern. Einer der Besucher war der König Yo-Aat Balam II von Yaxchilan, der wohl ein Vasall von Piedras Negras gewesen ist und daher in späteren Inschriften Yaxchilans schamhaft verschwiegen wird. Auf dem Boden vor dem König sitzen Provinzgouverneure, Schreiber und Gelehrte, und die zwischen ihnen stehenden Keramikgefäße dürften Kakao enthalten haben, der zur Feier des Dienstjubiläums gereicht wurde.

240 *Text von der Tafel der 96 Hieroglyphen aus Palenque*
Unsere Kenntnis über die dynastische Geschichte der Maya, die Geburt und Inthronisation von Königen beziehen wir aus Hieroglypheninschriften. Nicht alle Texte jedoch sind so gut verständlich wie die Inschrift auf der so genannten Tafel der 96 Hieroglyphen, die am Fuße des Turms im Palast von Palenque gefunden wurde. Sie berichtet von der Einweihung eines Flügels des Palastes von Palenque (dem „Haus mit der weißen Haut") unter K'inich Janaab Pakal I und der Inthronisation von drei seiner Nachfolger auf einem in diesem Flügel errichteten Thron. Die Inschrift endet wie häufig mit einer Weiheinschrift, in der auch der Name des Künstlers genannt wird, der die Tafel im Jahr 783 n. Chr. im Auftrag des Königs K'inich K'uk' Balam meißelte.

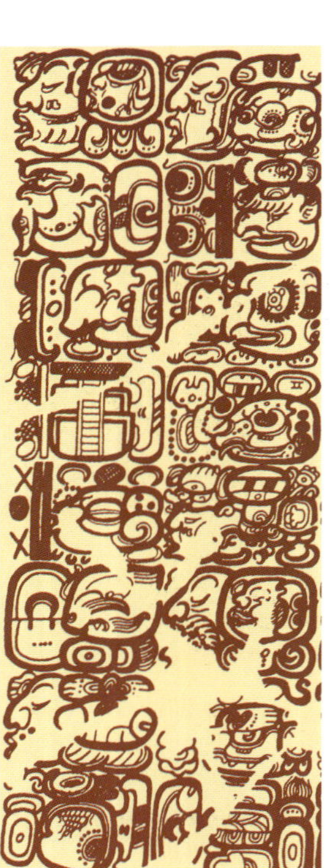

am Tag 12 Ajaw/
8 Keh [am Tag 9.11.0.0.0 in der langen Zählung, am 11. Oktober 652 im julianischen Kalender]

vollendete sich/
die 11. K'atun (20-Jahres-)Periode

unter der Aufsicht von/
K'inich Janaab Pakal I

der fünf Pyramiden [hat]/
göttlicher König von Palenque.

11 Tage, 1 Winal/
und 2 Tun später

das war am/
Tag 9 Chuwen

9 Mak [am Tag 9.11.2.1.11 in der langen Zählung, am 1. November 654 im julianischen Kalender]/
trat Feuer ein

[in] das Haus mit der weißen Haut [Haus E des Palastes]/
im dem Gebäude von

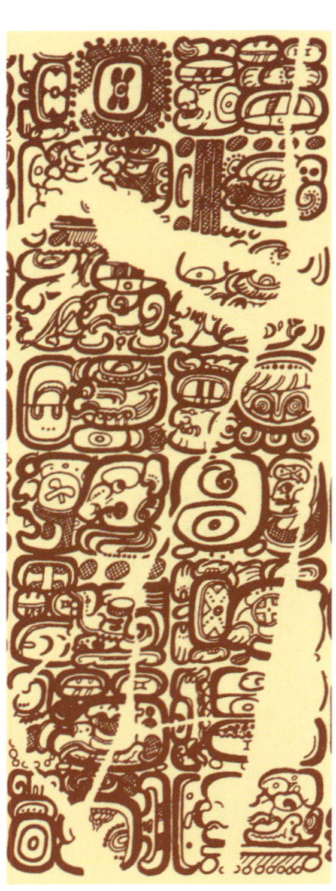

K'inich Janaab Pakal I/
der König, der fünf 20-Jahres-Perioden alt wurde.

Und dann/
17 Tage, 4 Winal

8 Tun/
und 2 K'atun später,

das war am/
Tag 5 Lamat

6 Xul [am Tag 9.13.10.6.8 in der langen Zählung, am 30. Mai 702 im julianischen Kalender]/
setzte er sich

in das Königsamt, Ox-?/
K'inich K'an Joy Chitam II

göttlicher König von Palenque./
Er setzte sich auf den Thron

[im] Haus mit der weißen Haut./
Und dann,

14 Tage, 15 Winal/
und 19 Tun später,

das war am/
Tag 9 Ik'

5 K'ayab [am Tag 9.14.10.4.2 in der langen Zählung, am 30. Dezember 721 im julianischen Kalender]/
setzte er sich in das Königsamt,

der Herr der Familie (?)/
K'inich Ahkal

Mo Naab III,/
göttlicher König von Palenque.

Er setzte sich auf den Thron/
[im] Haus mit der weißen Haut.

Und dann/
5 Tage, 14 Winal,

2 Tun/
und 2 K'atun später,

häuser geschlossen und Hochzeiten gefeiert, Staatsbesuche empfangen, Bittsteller angehört, aber auch Versammlungen der Anführer verschiedener adliger Abstammungsgruppen abgehalten. Als administrative Zentren dürften die Paläste auch Sitz von Beamten, militärischen Befehlshabern, Lagerverwaltern und anderen Subalternen gewesen sein.

Der Aufstieg Tikals

Um einen Einblick in die Geschichte des Tieflandes zu gewähren, muss nicht das Schicksal jedes Einzelnen der mehr als 50 Kleinstaaten skizziert werden. Es genügt, das Augenmerk auf die beiden Supermächte Tikal und Calakmul zu lenken, deren Politik und Machtinteressen die Geschicke des gesamten Tieflandes stärker prägten als jedes andere Königtum.

Die dynastische Geschichte von Tikal ist besonders gut erforscht und bestätigt, dass Tikal schon seit dem Ende der Präklassik eine der führenden Mächte des Tieflandes war. Der Gründer der Königsdynastie von Tikal, Yax Eeb Xook, lebte in der zweiten Hälfte des ersten Jahrhunderts und wurde in einem reich ausgestatteten Grab in der Nordakropolis beigesetzt. Seine unmittelbaren Nachfolger sind unbekannt und haben keine Inschriftentexte hinterlassen. Die älteste Stele Tikals, Stele 29, hält das Datum 292 n. Chr. fest und zeigt auf der Vorderseite einen Herrscher in vollem Ornat (Abb. 241). Obgleich die dem Datum folgende Inschrift auf der Stele nicht mehr erhalten ist, kann der dargestellte König vermutlich als Herrscher Siyaj Chan K'awiil I identifiziert werden. Von ihm ist eine weitere kleine Stele in dem nahe gelegenen Ort El Encanto erhalten, die ein nur wenige Jahre späteres Datum verzeichnet. Auf einem Keramikgefäß, das mindestens zwei Jahrhunderte später angefertigt wurde, wird Siyaj Chan K'awiil I „der elfte Nachfolger" von Yax Eeb Xook genannt. Daraus ergibt sich, dass zwischen dem ersten König und Siyaj Chan K'awiil neun weitere Herrscher regiert haben müssen, deren Namen und Biografien wir nicht kennen.

Im Jahr 317 n. Chr. scheint es zu einer Unterbrechung der männlichen Erbfolge gekommen zu sein, denn die Feiern zu dem *K'atun*-Ende 8.14.0.0.0 wurden von einer Frau ausgerichtet. Mit ihrem Namen Une Balam, „Jaguar-Baby", knüpft sie an den einer lokalen Göttin an. Der 13. Herrscher Tikals war K'inich Muwaan Jol. Über seine Herrschaft wissen wir wenig; nur, dass er der Vater des nächsten Königs von Tikal war und wahrscheinlich 359 n. Chr. starb. Sein Sohn und Nachfolger Chak Tok Ich'aak I ist der bekannteste unter den frühen Herrschern Tikals. Nach seiner Thronbesteigung im Jahr 360 n. Chr. ließ er verschiedene wichtige Bauprojekte in Tikal ausführen. Unter seiner Ägide wurde nicht nur der Mundo-Perdido-Komplex, eines der beiden rituellen Zentren des Ortes, erheblich vergrößert, sondern auch der Bau eines großen Palastes begonnen (s. Harrison, S. 222 ff.), aus dem sich später die Zentralakropolis entwickelte. Die reliefierten Stelen aus der Zeit von Chak Tok Ich'aak I sind Meisterwerke der Skulptur, und auch die Keramikgefäße seiner Zeit künden vom Können der Künstler und dem Reichtum Tikals unter seiner Regentschaft. Chak Tok Ich'aak I herrschte über die größte und fortschrittlichste aller Maya-Städte. Ein Teil dieses großen Erfolgs von Tikal ist sicher auf Handelsbeziehungen sowohl mit dem Hochland von Guatemala wie auch mit dem Zentrum von Mexiko zurückzuführen.

Teotihuacans Machtübernahme

Die Beziehungen zwischen Tikal und Zentralmexiko änderten sich jedoch schlagartig im Jahr 378 n. Chr., als unter der militärischen Führung eines Adligen aus Teotihuacan, der in den Inschriften der Maya stets Siyaj K'ak', „der im Feuer Geborene", genannt wird, eine Gruppe von Menschen aus Teotihuacan in Tikal „ankam". Auf Stele 31 von Tikal wird diese Ankunft im gleichen Atemzug mit dem Tod des Königs Chak Tok Ich'aak I genannt, sodass man davon ausgehen muss, dass es sich um ein gewaltsames Ereignis handelte. Infolge dieser dynastischen Umwälzungen wurde in Tikal eine neue, von Teotihuacan inspirierte Dynastie eingesetzt. Der neue Herrscher, Yax Nuun Ayiin, war vermutlich der Sohn eines hoch stehenden Würdenträgers von Teotihuacan und einer Frau aus dem Adel von Tikal. Die Kunst dieser Jahre in Tikal, insbesondere die Keramikproduktion und die Architektur, spiegelt den enormen Einfluss Teotihuacans auf das Gemeinwesen wider. In den Jahren nach der Übernahme Tikals wurde die Stadt zum Motor weit reichender Veränderungen, die nun auch viele andere Orte im Tiefland erfassten, so zum Beispiel das nur 20 Kilometer nördlich von Tikal gelegene Uaxactun. Seine lokalen

das war am/
Tag 9 Manik'

15 Wo [am Tag 9.16.13.0.7 in der langen Zählung, am 4. März 764 im julianischen Kalender]/
setzte er sich in das Herrscheramt,

der mit dem Knochen-Schicksalsdoppelgänger,/
er, der ein Ballspieler ist,

K'inich K'uk' Balam II/
göttlicher König von Palenque.

Er setzte sich auf den Thron/
[im] Haus mit der weißen Haut.

Und dann,/
1 K'atun später,

das war am/
Tag 7 Manik'

als sich der Monat Pax gesetzt hatte [am Tag 9.17.13.0.7 in der langen Zählung, am 20. November 783 im julianischen Kalender]/
wurde vollendet

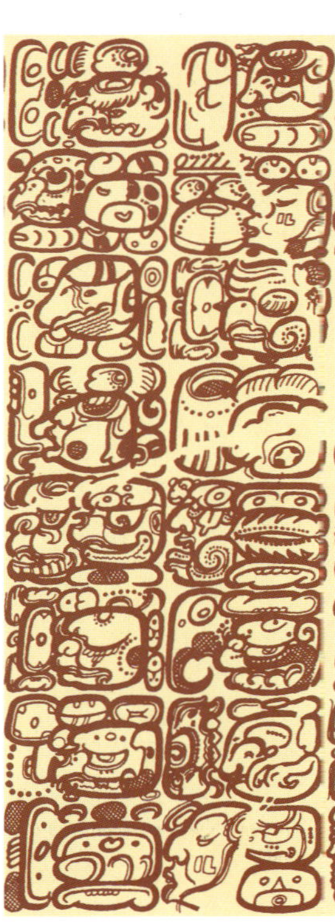

sein erster K'atun/
im Amt des Königs,

der mit dem Knochen-Schicksalsdoppelgänger,/
der Ballspieler

Herr der Familie (?)/
K'inich K'uk' Balam I

Herr des einen K'atuns,/
Erster der Welt

er ist der Sohn von/
(?)

K'inich Ahkal/
Mo' Naab III

göttlicher König von Palenque;/
er selbst ist

das umsorgte Kind/
von Frau (?)-la

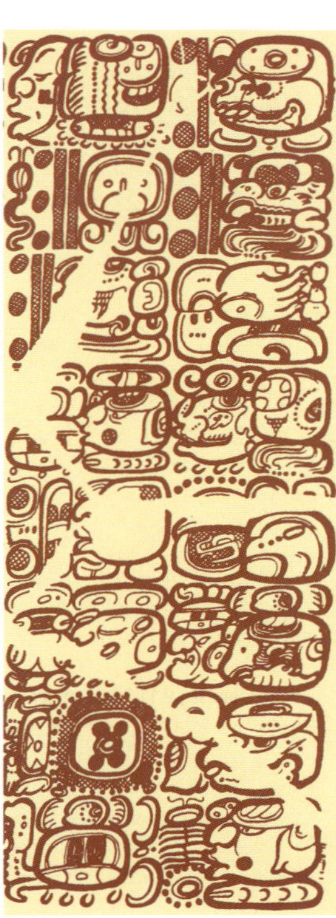

Frau Saj Hu./das war 7 Tage

nach dem Tag 13 Ajaw/
13 Muwan [am Tag 9.17.13.0.0 in der langen Zählung, am 13. November 783 im julianischen Kalender]

[als der] 13. Tun [vollendet wurde]/
da vollendete sich

sein erster K'atun im Königsamt./
Er skulptierte den wertvollen Stein,

Uut Ajaw/
k'uhul-(?)-(?)-tan [Name des Künstlers?]

sie [die Hieroglyphentafel] wurde errichtet unter der Aufsicht von/
dem sich im 5. K'atun befindenden

K'inich Janaab Pakal./
Dieser

vollendete einen K'atun/
in dem Königsamt.

Herrscher wurden offenbar am gleichen Tag wie die von Tikal von einer Teotihuacan-freundlichen Dynastie abgelöst. Aber selbst weiter entfernte Orte wie Río Azul, Bejucal und vielleicht auch Copan verzeichnen die Einsetzung neuer Herrscher unter der Aufsicht von Siyaj K'ak' aus Teotihuacan.

Die beiden Stelen, die Yax Nun Ayiin zu Lebzeiten errichten ließ, weichen deutlich von allen früheren Herrscherdarstellungen aus Tikal ab. Sie zeigen den König in Frontalansicht und sitzender Pose, gekleidet in Robe und Kopfschmuck, die auf die Metropole im Westen hinweisen. Bis zu seinem Tode um 410 n. Chr. stellte sich Yax Nun Ayiin als Repräsentant des einflussreichen Teotihuacans dar. Selbst seine sogar für Herrscher vergleichsweise große Grabkammer spiegelt in ihrer Ausstattung noch seine Herkunft außerhalb des Tieflandes wider.

Diese Form der Selbstdarstellung änderte sich unter seinem Sohn Siyaj Chan K'awiil II, der wieder an die Maya-Tradition früherer Herrscher anzuknüpfen versuchte. Da er nur über die Mutter mit dem Dynastiegründer verwandt war, räumte er dieser Linie seiner Vorfahren einen besonderen Platz auf seinen Skulpturen ein. Unter anderem ließ er Stele 31 errichten, welche die gesamte Geschichte Tikals resümiert und auf der Vorderseite ihn selbst in vollem Ornat porträtiert, während die Schmalseiten seinen Vater in der Tracht der Krieger von Teotihuacan zeigen.

Turbulente Zeiten – Kriege und dynastische Krisen in Tikal

Siyaj Chan K'awiil II herrschte von 411 bis 457 n. Chr. über Tikal, bevor sein Sohn K'an Chitam im Jahr 458 n. Chr. das Erbe antrat. Über K'an Chitams Herrschaft gibt es nur wenig zu berichten, außer dass unter seiner Ägide wahrscheinlich einer der ersten Kriegszüge stattfand, der in Inschriften festgehalten wurde. Zwar hat es auch vorher kriegerische Konflikte gegeben, doch jetzt gewannen die militärischen Auseinandersetzungen offenbar an Intensität und politischer Brisanz, sodass sie nun zum Gegenstand schriftlicher Aufzeichnungen wurden. Es ist möglich, dass dieser Kriegszug auch eine Reaktion auf weit reichende Veränderungen der Machtverhältnisse und ihrer ökonomischen Grundlagen war, denen Tikal und große Teile des Tieflandes in der zweiten Hälfte des 5. Jahrhunderts unterworfen waren. In Tikal lässt sich an der veränderten Größe und Qualität der errichteten Stelen ablesen, dass es nach der Errichtung des letzten in der frühklassischen Tradition gehaltenen Monuments, der Stele 40 aus dem Jahr 468 n. Chr. (Abb. 242), keine Ressourcen mehr gab, um wirklich anspruchsvolle und große Projekte der Selbstdarstellung zu verwirklichen. Auch K'an Chitams Sohn Chak Tok Ich'aak II errichtete vergleichsweise nur kleine, schlecht ausgeführte Stelen. Seine Herrschaft endete mit dem untrüglichen Zeichen dafür, dass Tikal nicht mehr die unangefochtene Vormachtstellung im Tief-

241 *Stele 29, die älteste datierte Stele im Tiefland. Nordakropolis von Tikal, Peten, Guatemala; 8. Juli 292; Kalkstein; Tikal, Museo Sylvanus G. Morley*
Stele 29 trägt das älteste Datum aller in kontrollierten Ausgrabungen gefundenen Inschriften des Tieflandes. Es gibt zwar Inschriften mit noch früheren Daten, diese stammen jedoch von Objekten, deren genaue Herkunft und archäologischer Kontext unbekannt sind, weil sie geplündert wurden. Die Vorderseite zeigt den nach rechts blickenden König Siyaj Chan K'awiil I mit einem reichen Kopfputz und einer Göttermaske auf seiner linken Hand, während auf der Rückseite von oben nach unten die Datumsangabe 8 Bak'tun, 12 K'atun, 14 Tun, 8 Winal und 15 K'in zu erkennen ist, die umgerechnet dem 8. Juli 292 n. Chr. entspricht. Vielleicht handelt es sich dabei um das Datum der Thronbesteigung des Herrschers.

242 *Stele 40. Tikal, Peten, Guatemala, westlich vor Gebäude 5D-29; 19. Juni 468 n. Chr.; Kalkstein; Tikal, Museo de las Estelas*
Die erst im August 1996 entdeckte Stele 40 von Tikal ist das letzte Monument von Tikal im barocken und detailreichen Stil der Frühklassik. Auf der Vorderseite ist der 17. König Tikals, K'an Chitam, zu sehen, der einen Zeremonialbalken, Symbol seiner königlichen Autorität, mit der linken Hand umfasst. Die beiden Schmalseiten der Stele porträtieren seine Eltern; links ist sein Vater Siyaj Chan K'awiil zu sehen, auf der rechten Seite seine Mutter, Frau Ayiin. Die hier nicht gezeigte Rückseite trägt einen langen Hieroglyphentext, der die Geburt K'an Chitams im Jahr 415, seine Thronbesteigung im Jahr 458 und die Aufstellung der Stele im Jahr 468 n. Chr. beschreibt.

land besaß. Einer der Könige des aufstrebenden jungen Königtums von Yaxchilan am Usumacinta-Fluss führte im Jahr 508 n. Chr. einen Krieg gegen Tikal, bei dem es Yaxchilan gelang, ein Mitglied des Fürstenhauses gefangen zu nehmen. Der König von Tikal starb wenige Tage nach der Gefangennahme, wie auf einem Altar aus Tonina erzählt wird.

Der Tod des Königs war für Tikal eine dramatische Wendung. Ein geeigneter männlicher Thronfolger stand offenbar nicht zur Verfügung. Daher wurde im Jahr 511 n. Chr. ein nur sechs Jahre altes Mädchen, vermutlich eine Tochter von Chak Tok Ich'aak II, zur Regentin erhoben. Dass sich das Herrscherhaus zu diesem ungewöhnlichen Schritt entschloss, zeigt, wie verzweifelt man versuchte, die dynastische Linie aufrechtzuerhalten. Hinter dem Rücken des Mädchens hielten jedoch Adlige die Macht fest in der Hand, darunter ein militärischer Anführer mit Namen Kalomte Balam, der sich schon 486 n. Chr., also noch zu Lebzeiten des vorherigen Königs, in einem Feldzug gegen den Herrscher von Maasal (wahrscheinlich identisch mit der archäologischen Fundstätte Naachtun) ausgezeichnet hatte. Kalomte Balam, dessen familiäre Herkunft im Unklaren ist, bezeichnete sich auf Stele 12 aus dem Jahr 527 n. Chr. als „19. Nachfahre“ und „göttlicher König von Mutal“, ein Zeichen dafür, dass er die Macht über Tikal an sich gerissen und die nun 22 Jahre alte Frau in den Hintergrund gedrängt hatte.

Chak Tok Ich'aak hatte aber auch einen Sohn, Wak Chan K'awiil. Er wurde im Jahr 508 n. Chr., also im Todesjahr seines Vaters, geboren und kam aufgrund seines zarten Alters zunächst als Thronfolger nicht infrage. Erst sehr viel später wurde er doch noch zum König Tikals, wenn auch nicht auf üblichem Wege. Wak Chan K'awiil hatte während der Regentschaft seiner älteren Schwester im Exil gelebt und kam erst 537 in den Ort seiner Geburt zurück, um dort die Macht zu ergreifen, die ihm als Angehöriger der Vaterlinie zustand.

Konflikt mit Caracol

Trotz dieser dynastischen Wirren blieb Tikal ein mächtiger Spieler auf der politischen Bühne. Im Jahr 553 n. Chr. setzte Wak Chan K'awiil einen neuen König ein, der über die 60 Kilometer südöstlich gelegene Stadt Caracol im heutigen Belize herrschen sollte (Abb. 244). Caracol war schon seit der Späten Präklassik besiedelt und hatte eine eigene Königsdynastie, deren Gründer Te K'ab Chaak 331 n. Chr. den Thron bestiegen hatte. Auf einem Hochplateau vor den Maya Mountains gelegen, hatte Caracol Zugang zu wichtigen Ressourcen wie Granit, Schiefer, Hämatit, aber auch zu Pinienhölzern, die es zu einem strategisch und ökonomisch bedeutenden Zentrum machten. Yajaw Te K'inich, der neue König, war Sohn des Vorgängers K'an I. Wenn er auf Stele 6 und Altar 21 seine Thronbesteigung als das Werk von Wak Chan K'awiil von Tikal angibt, so ist dies ein Hinweis auf den starken politischen Einfluss, den Tikal auf die inneren Angelegenheiten Caracols nahm. Die Bindung Caracols an Tikal war aber nicht von langer Dauer. Etwa zeitgleich war Naranjo, ein anderes zwischen Tikal und Caracol gelegenes Königreich, in die Einflusssphäre der großen und aufstrebenden, etwa 100 Kilometer nordwestlich von Tikal gelegenen Macht Calakmul gekommen und es scheint, dass sich auch Caracol nicht lange dem Druck der mächtigen Könige Calakmuls entziehen konnte. So kam es schon 556 n. Chr. zu einem Konflikt zwischen Tikal und seinem Vasallen Caracol, als Wak Chan K'awiil einen Adligen aus Caracol enthaupten ließ. Nur wenige Jahre später widerfuhr Wak Chan K'awiil ein ähnliches Schicksal. Die Inschrift auf Altar 21 von Caracol berichtet von einem Krieg gegen Tikal im Jahr 562. Obgleich die Inschrift stark zerstört ist, sind noch genug Details zu erkennen, die darauf hindeuten, dass dieser Krieg von Calakmul ausging, der neuen Supermacht des Tieflandes. Der Krieg gegen Tikal dürfte eine Reaktion auf die Konflikte zwischen Tikal und Caracol gewesen sein, in die sich Calakmul als neue Schutzmacht Caracols eingeschaltet hatte. Mit der militärischen Niederlage war Tikals dominierende Rolle im zentralen Tiefland für mindestens 130 Jahre unterbrochen, und eine dunkle Zeit begann für die Stadt, in der weder Stelen noch Bauwerke errichtet wurden.

Der Aufstieg Calakmuls

Die Niederlage Tikals markiert den Beginn einer neuen Periode im Tiefland, in der Calakmul zum Zentrum eines weiten Netzes abhängiger Staaten wurde (Abb. 243). Nur wenige Kilometer nördlich von El Mirador gelegen, sah sich Calakmul in der Tradition und als Erbe der großen präklassischen Städte. Calakmul war selbst ein präklassisches Zentrum von beträchtlicher Größe, eine Stadt, die wie Tikal die politischen Umwälzungen im Übergang von der Präklassik zur Klassik überlebt hatte (Abb. 246). In struktureller Hinsicht unterschied sich Calakmul von allen anderen Staaten des Tieflandes darin, dass es ein viel größeres Territorium kontrollierte und vielleicht sogar eine Art von in Provinzen gegliederter Regionalstaat war. Auch war der heutige große Ruinenort Calakmul wahrscheinlich nicht die einzige und auch nicht die älteste Hauptstadt dieses Staates. Die ersten Hinweise auf die göttlichen Könige von Calakmul sind nicht in Calakmul selbst, sondern in der erst kürzlich freigelegten Stätte Dzibanche 150 Kilometer nordöstlich von Calakmul zu finden, wo eine Hieroglyphentreppe von den Eroberungszügen des Königs Yuknoom Ch'een I gegen Ende des 5. Jahrhunderts kündet (Abb. 245).

Calakmuls rasanter Aufstieg zum Gegenspieler Tikals ist an den vielen Erwähnungen seiner Herrscher in anderen Städten zu erkennen, in denen von Einmischung in deren innere Angelegenheiten die Rede ist. Das früheste Anzeichen für Calakmuls Expansion ist eine Inschrift aus der Stadt Naranjo, die von der Inthronisation des lokalen Herrschers Aj Wosal im Jahr 546 n. Chr. unter der Aufsicht von Tuun K'ab Hix von Calakmul berichtet. Dieser Eingriff in die Thronfolge eines mit Tikal benachbarten Staates muss eine Provokation für Tikal gewesen sein und ist das erste Glied in einer Kette von Auseinandersetzungen um die politische Vorherrschaft im Tiefland.

Unter der Herrschaft des Königs „Beobachter des Himmels" gelangte auch der Ort Los Alacranes in das politische Gravitationszentrum von Calakmul, denn auch hier wurde 561 n. Chr. ein lokaler König durch den Herrscher von Calakmul ins Amt gesetzt. Der erfolgreiche Kriegszug Calakmuls gegen Tikal im folgenden Jahr war ebenfalls eine Leistung von „Beobachter des Himmels" und führte dazu, dass Tikal für die nächsten

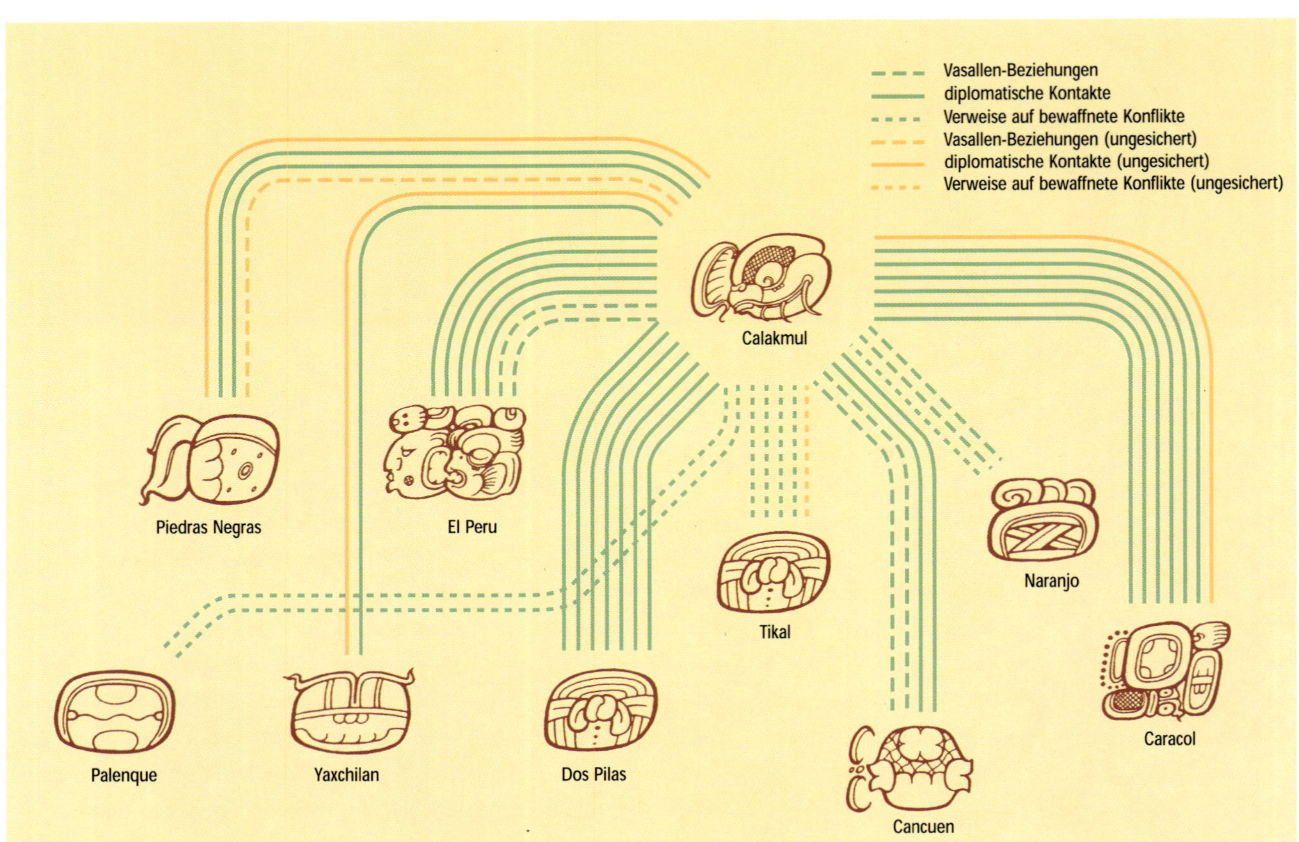

243 *Der Einfluss der Supermacht Calakmul auf andere Städte*
Die Grafik zeigt, dass Calakmul über ein Netzwerk von Beziehungen verfügte, mit dessen Hilfe es seinen Einfluss über das gesamte Tiefland geltend machte. Keine andere Maya-Stadt des Tieflandes betrieb eine so aktive überregionale Politik wie Calakmul. Während die Beziehungen der meisten Städte zu Calakmul friedlich und diplomatischer Natur waren, bestanden antagonistische Beziehungen zu Palenque und Tikal, die sich in Kriegen manifestierten. Bei den anderen Städten, die in bewaffneten Konflikt mit Calakmul kamen, handelt es sich wohl um Strafaktionen, mit denen Calakmul die Herauslösung dieser Orte aus seinem Einflussbereich verhindern wollte.

244 *Blick auf die Ausgrabung der Pyramide Caana in Caracol, Belize*
Die Stadt Caracol liegt auf einem Kalksteinplateau im Süden des Cayo Districts von Belize. Die 43 m hohe, Caana genannte Pyramide dominiert einen der beiden zentralen Plätze des Ortes, von dem sich strahlenförmig ins Umland erhöhte Dammstraßen von bis zu 12 km Länge erstrecken. Lange Raumfluchten auf den verschiedenen Absätzen der Pyramide waren vermutlich Wohnplätze der Königsfamilie und des Hofstaates. Die Gebäude auf der obersten Plattform waren mit Stuckornamenten verkleidet, darunter auch Hieroglyphentexten, die von einem Krieg zwischen Caracol und Naranjo berichten.

245 *Blick auf die Hauptgruppe von Dzibanche, Quintana Roo, Mexiko*
Die ersten Hinweise auf die Könige von Kaan, wie sich die Herrscher Calakmuls selbst nannten, kommen nicht aus der Stadt Calakmul selbst, sondern aus dem weit nordöstlich gelegenen Ort Dzibanche. Ausgrabungen in der Hauptgrupppe von Dzibanche unter der Leitung des mexikanischen Archäologen Enrique Nalda haben eine Hieroglyphentreppe ans Licht gebracht, die von den Eroberungen des Herrschers Yuknoom Ch'een I in den Jahren 479 bis 490 n. Chr. berichten. Vielleicht war Dzibanche der Hauptsitz der Herrscherdynastie Calakmuls während der Frühen Klassik.

130 Jahre als Konkurrent Calakmuls ausgeschaltet war. Mit weiteren Überfällen auf Verbündete Tikals scheint Calakmul in der Folgezeit geschickt seinen Machtbereich ausgedehnt zu haben (Abb. 247). Im Jahr 599 n. Chr. berichtete die am Westrand des Maya-Gebietes gelegene und eng mit Tikal verbündete Stadt Palenque von einem Überfall Calakmuls, in dessen Folge die Stadt zerstört wurde. Ein zweiter Überfall auf Palenque fand 611 n. Chr. unter der Führung des Herrschers „Schleifen-Schlange“ von Calakmul statt. Die Herrscherschicht der Stadt wurde getötet und auf diese Weise die Verbindung zur Vaterlinie unterbrochen. Betrachtet man die lange Strecke von über 200 Kilometer zwischen Palenque und Calakmul, wird die politische Ambition und das Streben Calakmuls nach seiner Vormachtstellung im Tiefland deutlich.

246 *Luftaufnahme von Struktur 2 von Calakmul, Mexiko*
Calakmul ist mit seinen über 6000 Gebäuden, die Archäologen bis jetzt aufgefunden und kartografisch erfasst haben, sicher die größte aller Maya-Städte gewesen. Im Zentrum der Stadt befindet sich die Struktur 2, eine enorme präklassische Plattform, die mehr als 120 m an jeder ihrer Seiten misst und eine Höhe von 45 m erreicht. Ausgrabungen in den Jahren 1999 und 2000 entdeckten in ihrem Inneren Überreste eines Palastes aus der Frühzeit der Späten Präklassik, dessen aufwändig verzierte Stuckfassade vollständig erhalten ist. In der Frühen Klassik wurde die präklassische Pyramide um einen großen Anbau ergänzt, auf dem drei Tempelgebäude platziert wurden. Ein weiterer Anbau war in der Späten Klassik geplant und begonnen, jedoch nie fertig gestellt worden.

Ein Bündnis gegen Naranjo

Während Calakmul seinen Einfluss im Westen des Tieflandes durch Kriegszüge und geschickte Diplomatie gesichert hatte, verlor es im Osten mit dem Tod des Königs Aj Wosal, den es ins Amt gesetzt hatte, einen treuen Verbündeten. Nach Aj Wosals Tod ergriff ein neuer Herrscher, der sich offenbar von den Bindungen an Calakmul lösen und aus dessen Hegemonie ausbrechen wollte, in Naranjo die Macht. Daher schritt 626 n. Chr. Caracol, das zu einem verlässlichen Partner Calakmuls im Osten des Tieflandes geworden war, mit einer Strafaktion ein. Caracols Herrscher K'an II war schon durch seine Herkunft fest mit der Königsfamilie Calakmuls verwoben: Er war der Sohn des Herrschers Yajaw Te K'inich, unter dessen Ägide Caracol sich von Tikal gelöst und mit Calakmul verbündet hatte, sowie einer Prinzessin, die 584 im Alter von 18 Jahren mit Yajaw Te K'inich verheiratet worden war. Obgleich wir den Geburtsort dieser Prinzessin nicht kennen, deutet doch vieles darauf hin, dass sie der Königsfamilie Calakmuls oder aber einer eng verwandten Familie entstammte. 626 n. Chr. griff K'an II zwei Ortschaften im Gebiet von Naranjo an. Diese Attacken waren aber nur Vorbereitungen auf den eigentlichen Überfall, der fünf Jahre später, aber nun unter der Führung Calakmuls, stattfand und in dessen Konsequenz der rebellierende König von Naranjo nach Calakmul verschleppt und dort gefoltert wurde.

Für ein paar Jahre versank Naranjo daraufhin in die politische Bedeutungslosigkeit. Das Fehlen von Stelen oder anderen Monumenten aus dieser Zeit ist ein Indiz dafür, dass der Thron vakant blieb oder aber der Herrscher nicht über genug Macht und Ressourcen verfügte, um sich auf Monumenten verewigen zu lassen. Doch waren Naranjos politische Ambitionen nicht gänzlich verloschen. Eine Stuckinschrift aus Caracol berichtet, dass ein nicht namentlich erwähnter Herrscher von Naranjo im Jahr 680 n. Chr. Vergeltung übte, Caracol überfiel und den König Caracols, der ein Nachfolger von K'an II war, ins Exil trieb. Diese Inschrift ist ein

247 *Die wichtigsten Kriegszüge im südlichen Tiefland in der Zeit der Späten Klassik*
In der Späten Klassik befand sich Tikal im Zentrum kriegerischer Auseinandersetzungen mit Orten, die allesamt Vasallen von Calakmul waren. 558 n. Chr. attackierte Tikal Caracol, als Folge davon wurde Tikal 562 n. Chr. von Calakmul überfallen. Dos Pilas, dessen herrschende Dynastie sich von Tikal abgespalten hatte, beanspruchte die Macht über Tikal. Die Herrscher von Dos Pilas verwendeten daher die gleiche Emblemhieroglyphe wie die von Tikal. Nach einem Sieg Tikals über Calakmul im Jahr 695 n. Chr. zerbrach allmählich das Netzwerk der mit Calakmul verbündeten Staaten, und um seine Vorherrschaft zu konsolidieren, überfiel Yik'in Chan K'awiil von Tikal in den Jahren 743 und 744 die beiden Städte El Peru und Naranjo, die frühere Vasallen Calakmuls waren.

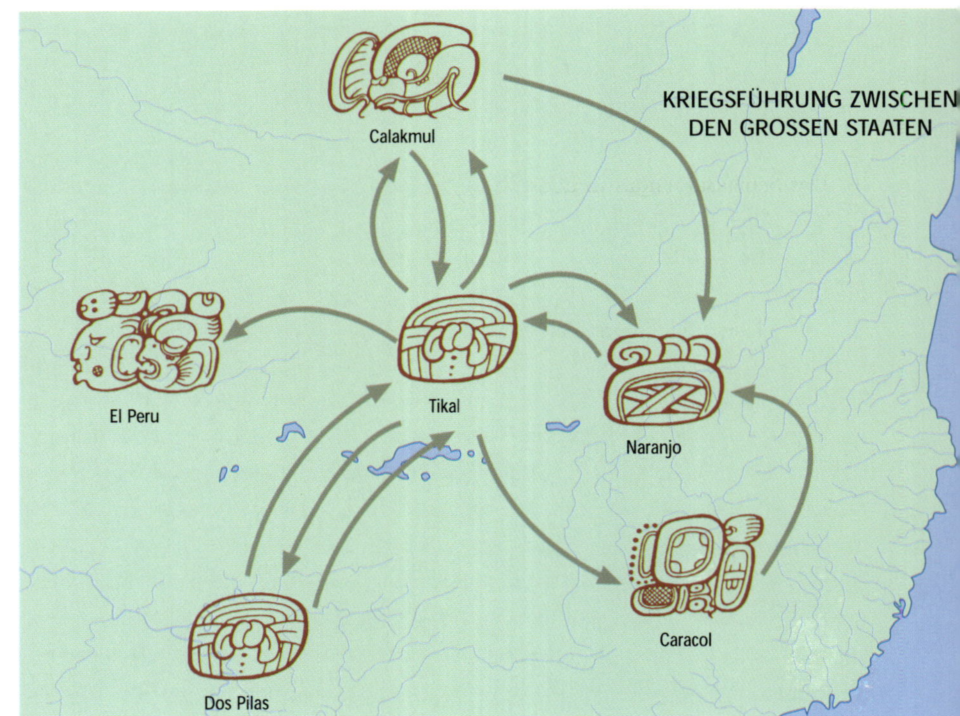

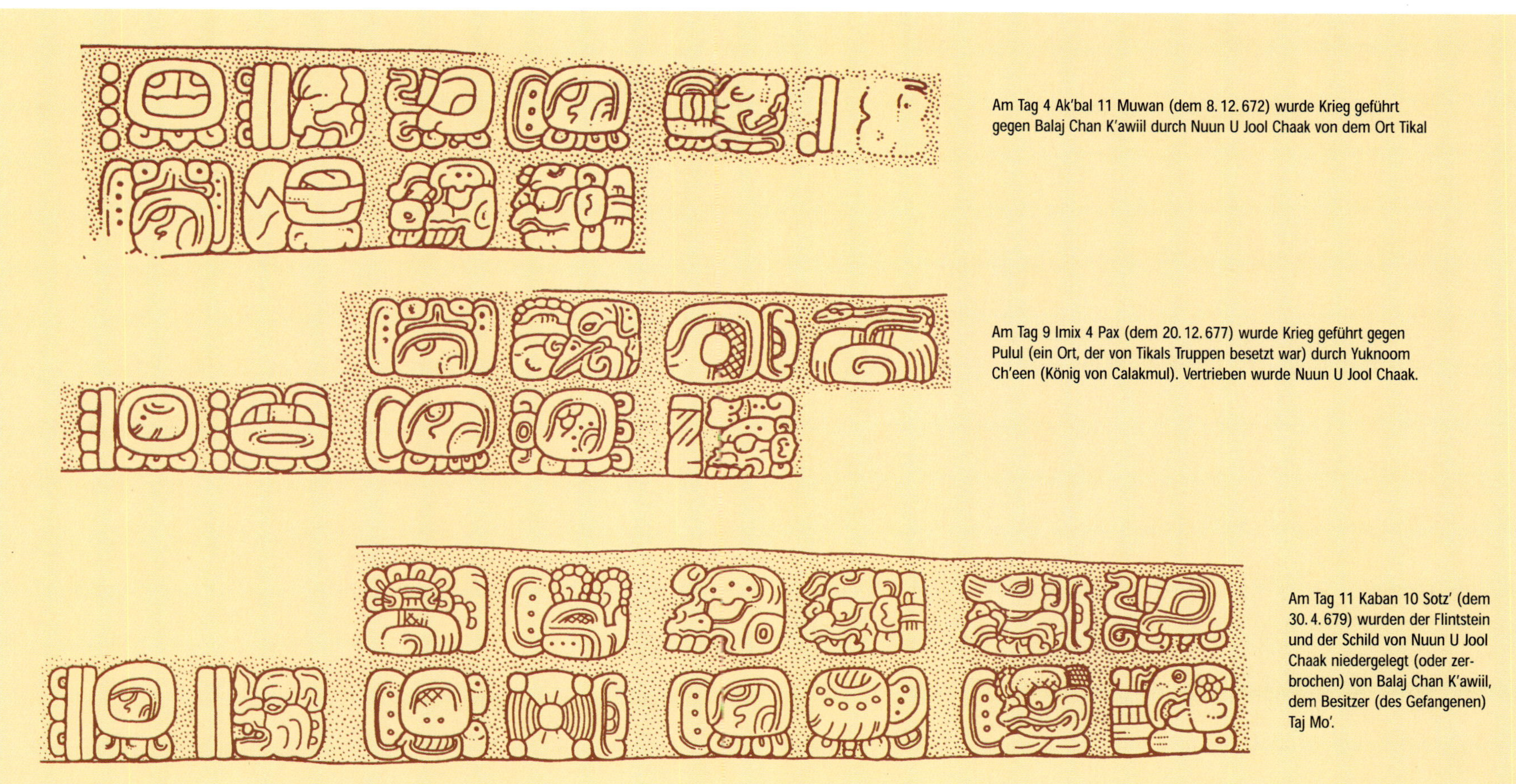

Am Tag 4 Ak'bal 11 Muwan (dem 8. 12. 672) wurde Krieg geführt gegen Balaj Chan K'awiil durch Nuun U Jool Chaak von dem Ort Tikal
Am Tag 9 Imix 4 Pax (dem 20. 12. 677) wurde Krieg geführt gegen Pulul (ein Ort, der von Tikals Truppen besetzt war) durch Yuknoom Ch'een (König von Calakmul). Vertrieben wurde Nuun U Jool Chaak.
Am Tag 11 Kaban 10 Sotz' (dem 30. 4. 679) wurden der Flintstein und der Schild von Nuun U Jool Chaak niedergelegt (oder zerbrochen) von Balaj Chan K'awiil, dem Besitzer (des Gefangenen) Taj Mo'.

248 *Die Beschreibung des Kriegs zwischen Calakmul, Tikal und Dos Pilas auf der Hieroglyphentreppe 3 von Dos Pilas*
Die fünf vollständig mit Hieroglyphen beschrifteten Stufen der Hieroglyphentreppe 3 von Dos Pilas wurden erst 1990 ausgegraben. Sie berichten über die verschiedenen Episoden der Auseinandersetzung zwischen den Städten Dos Pilas, Tikal und Calakmul. Erwartungsgemäß endet die Chronik der Kriegszüge mit dem Sieg von Balaj Chan K'awiil von Dos Pilas über Nuun U Jool Chaak von Tikal im Jahr 679. Auch wenn Kriegsberichte nicht selten eigene Niederlagen einräumen, geschieht dies doch nur, um den Triumph am Ende noch größer erscheinen lassen und die Vernichtung des Gegners zu rechtfertigen.

Hinweis darauf, dass es Naranjo innerhalb der vergangenen Jahrzehnte gelungen war, sich wieder aus dem Joch Calakmuls zu befreien. Wenn eine Stadt davon berichtete, dass sie von Feinden überfallen worden war, so geschah dies in der Regel mit dem Ziel, einen eigenen Militärschlag zu rechtfertigen. Der besagte Stucktext ist nicht vollständig ausgegraben worden; es ist aber anzunehmen, dass er schließlich, wie in solchen Fällen üblich, mit dem Sieg Caracols über Naranjo endet. Dass Naranjo keinen dauerhaften Sieg davontrug, lässt sich auch an dem Fehlen von Inschriften oder Hinweisen auf Bautätigkeiten erkennen.

Dos Pilas – ein zweites Tikal

Das Schicksal Tikals in den 130 Jahren nach der Niederlage gegen Calakmul bleibt weitgehend im Dunklen. Was wir über Tikal aus dieser Zeit wissen, beruht auf Inschriften auf Keramikgefäßen und Tellern, die in Gräbern gefunden wurden. Sie berichten davon, dass es auch weiterhin Könige in Tikal gab. Ein Herrscher namens „Tierschädel" war der Nachfolger des besiegten Wak Chan K'awiil. Es gibt aber Anzeichen dafür, dass „Tierschädel" über keine Verbindungen zur alten Tikal-Dynastie verfügte, sondern eine Marionette der Eroberer war. Vielleicht war „Tierschädel" sogar ein Angehöriger der Königsfamilie von Calakmul, der nach Tikal entsandt worden war. Obgleich die Einzelheiten von Calakmuls Herrschaft über Tikal nicht bekannt sind, kann vermutet werden, dass es Calakmul gelang, die verbleibenden Angehörigen der alten Herrscherfamilie Tikals zu spalten. Es bildeten sich zwei Gruppen innerhalb des Adels von Tikal: eine, die mit der neuen Hegemonialmacht kooperierte, und eine andere, die sich nach wie vor loyal zu der alten Königsdynastie verhielt. In der Mitte des 7. Jahrhunderts scheint die Fraktion, die sich auf die alten Könige Tikals berief, die Oberhand im internen Machtkampf erlangt zu haben, denn 648 n. Chr. ließ sich ein unzufriedener oder aus Tikal vertriebener Zweig der Herrscherfamilie in Dos Pilas nieder und machte den Ort zur Hauptstadt eines neuen Staates. Die neuen Könige von Dos Pilas führten wie diejenigen Tikals den Titel „göttlicher König von Mutal". Die exilierten Konkurrenten um die Macht über den Staat von Mutal suchten nun den Schutz von Calakmul, das zu diesem Zeitpunkt ganz offensichtlich die Kontrolle über das 86 Jahre zuvor eroberte Tikal verloren hatte. Vermutlich erhofften sie sich von Calakmul auch Unterstützung bei der Wiedererlangung der Macht über Tikal.

In Tikal hatte in der Mitte des 7. Jahrhunderts Nuun U Jol Chaak den Thron bestiegen, ein Herrscher, der die Unabhängigkeit von Calakmul anstrebte. Zu dieser Zeit wurde Tikal daher das Ziel eines neuen Angriffs von Seiten Calakmuls (Abb. 248) mit dem Ergebnis, dass Nuun U Jol Chaak aus Tikal vertrieben wurde. Hieroglyphentexte aus dem entfernten Palenque erwähnen ihn 659 n. Chr. als Begleiter des großen Herrschers K'inich Janaab Pakal. Wie lange Nuun U Jol Chaak als Asylant in Palenque weilte, ist nicht bekannt; es gelang ihm aber offenbar, Tikal zurückzuerobern und 672 n. Chr. sogar einen Rachefeldzug gegen Dos Pilas zu unternehmen. Kurzfristig wendete sich so das Schicksal, und während Nuun U Jol Chaak Dos Pilas für fünf Jahre besetzt hielt, wurde dessen Regent Balaj Chan K'awiil aus dem Ort vertrieben. Im Jahr 677 n. Chr. kam Calakmul dem geflüchteten Balaj Chan K'awiil zu Hilfe und befreite Dos Pilas. Zwei Jahre später fand eine letzte, entscheidende Schlacht statt, bei der Nuun U Jol Chaak von Dos Pilas und seiner Schutzmacht Calakmul besiegt wurde. Das Schicksal des Königs von Tikal ist unklar, aber das Fehlen späterer Hinweise in Form von Siegesmonumenten oder anderen Bild- und Schriftträgern deutet an, dass er entweder den Tod auf dem Schlachtfeld fand oder als unrühmlicher Verlierer in das geschlagene Tikal zurückkehrte.

Calakmul auf dem Höhepunkt seiner Macht

Mit dem erneuten Sieg über Tikal hatte Calakmul den Höhepunkt seiner Macht erreicht. Unter der Herrschaft des Königs Yuknoom des Großen, der 636 n. Chr. den Thron bestieg, dehnte Calakmul seine Macht in alle Bereiche des Tieflandes aus. Der Sieg über Tikal war dafür in jeder Weise hilfreich. Zum einen war damit der wichtigste Konkurrent um die Vorherrschaft im Tiefland ausgeschaltet, zum anderen war der gewonnene Krieg gegen Tikal ein sichtbares Zeichen von Calakmuls militärischer Potenz. Calakmul brauchte nun nicht mehr militärische Gewalt anzuwenden, um seine Ziele zu erreichen, die bloße Androhung von Gewalt reichte bereits aus, um Staaten gefügig und zu treuen Vasallen zu machen.

Einer der wenigen Staaten, der es gewagt hatte, sich aus dem Joch von Calakmuls Oberherrschaft zu befreien, war Naranjo, das etwa 120 Kilometer südöstlich von Calakmul entfernt liegt. Die fehlenden Hinweise auf die Existenz einer eigenen Herrscherdynastie deuten jedoch darauf hin, dass Naranjos Versuch, im Jahr 680 n. Chr. Caracol zu überfallen, fehlgeschlagen und von einer Strafaktion gefolgt war. Das Ziel des Calakmul-Herrschers Yuknoom war es nun, in Naranjo eine neue und abhängige Dynastie zu schaffen, von der keine Rebellionen mehr zu befürchten waren. Im Jahr 682 n. Chr. entsandte daher Balaj Chan K'awiil, der König von Dos Pilas und Vasall Calakmuls, seine Tochter Frau „Sechs Himmel" nach Naranjo, wo sie in eine der dortigen Adelsfamilien einheiratete (Abb. 250). Der Ehemann war trotz seiner adligen Herkunft politisch bedeutungslos. Frau „Sechs Himmel" regierte höchstselbst über Naranjo und führte sogar Kriege. Im Alter von sechs Jahren wurde ihr Sohn K'ak' Tiliw Chan Chaak auf den Thron geschickt. Damit war ein männlicher Thronfolger etabliert, der zugleich über seine Mutter mit einem Calakmul-loyalen Staat, Naranjo, verwandt war. In der Tat nannte sich der neue Herrscher „Vasall von Calakmul", und seine späteren Kriegszüge richteten sich gegen viele einstige Besitzungen von Tikal, darunter auch die große Stadt Yaxha und den Ort Ucanal, der schon seit der Frühen Klassik Verbindungen zu Tikal unterhielt.

Die Macht Calakmuls ist in den Orten deutlich zu erkennen, die es als Ordnungsmacht akzeptierten. Yuknoom der Große beaufsichtigte die Inthronisation des Herrschers der Stadt El Peru westlich von Tikal. Aber auch im 250 Kilometer südlich von Calakmul gelegenen Cancuen nannten sich drei aufeinander folgende Generationen von Königen Vasallen von Calakmul. Auch im etwa 250 Kilometer nördlich von Palenque gelegenen Moral überwachte Yuknoom der Große die Thronbesteigung des lokalen Herrschers, und selbst in Piedras Negras, dem größten Ort am Río Usumacinta, sind Anzeichen für die Anerkennung von Calakmul als Supermacht zu erkennen (Abb. 249). Zum Zeitpunkt des Todes von Yuknoom dem Großen im Jahr 686 n. Chr. war somit Tikal fast vollständig von Calakmuls Vasallen und Verbündeten umzingelt. Dennoch ist es Calakmul offenbar nicht gelungen, Tikal selbst dauerhaft zu unterjochen.

249 *Wandtafel. Piedras Negras, Peten, Guatemala; 25. Juli 667; Kalkstein; Harvard, Peabody Museum, Harvard University*
Piedras Negras war lange Zeit die mächtigste Stadt am Usumacinta-Fluss, der wichtigen Handelsroute zwischen dem Golf von Mexiko und dem zentralen Tiefland. Gegen Ende der Frühen Klassik und zu Beginn der Spätklassik dominierte Piedras Negras die gesamte Region des Usumacinta. Wandtafel 2, eine Skulptur aus der Regierungszeit des Herrschers 2 (639–686 n. Chr.), zeigt den König, hinter ihm den jungen Thronfolger und vor ihm sechs kniende Vasallen in Kriegsuniform. Es handelt sich um junge Ajaws aus den Orten Yaxchilan, Bonampak und Lacanha. Die Hieroglypheninschrift geht aber auch auf ein Ereignis ein, das sich im Jahr 510 n. Chr. ereignete, also 150 Jahre früher als die dargestellte Szene, als einer der frühen Könige von Piedras Negras den *kohaw*-Kriegshelm aus der Hand des Königs von Calakmul empfing, ein Zeichen dafür, dass sich auch Piedras Negras im Einflussbereich Calakmuls befand.

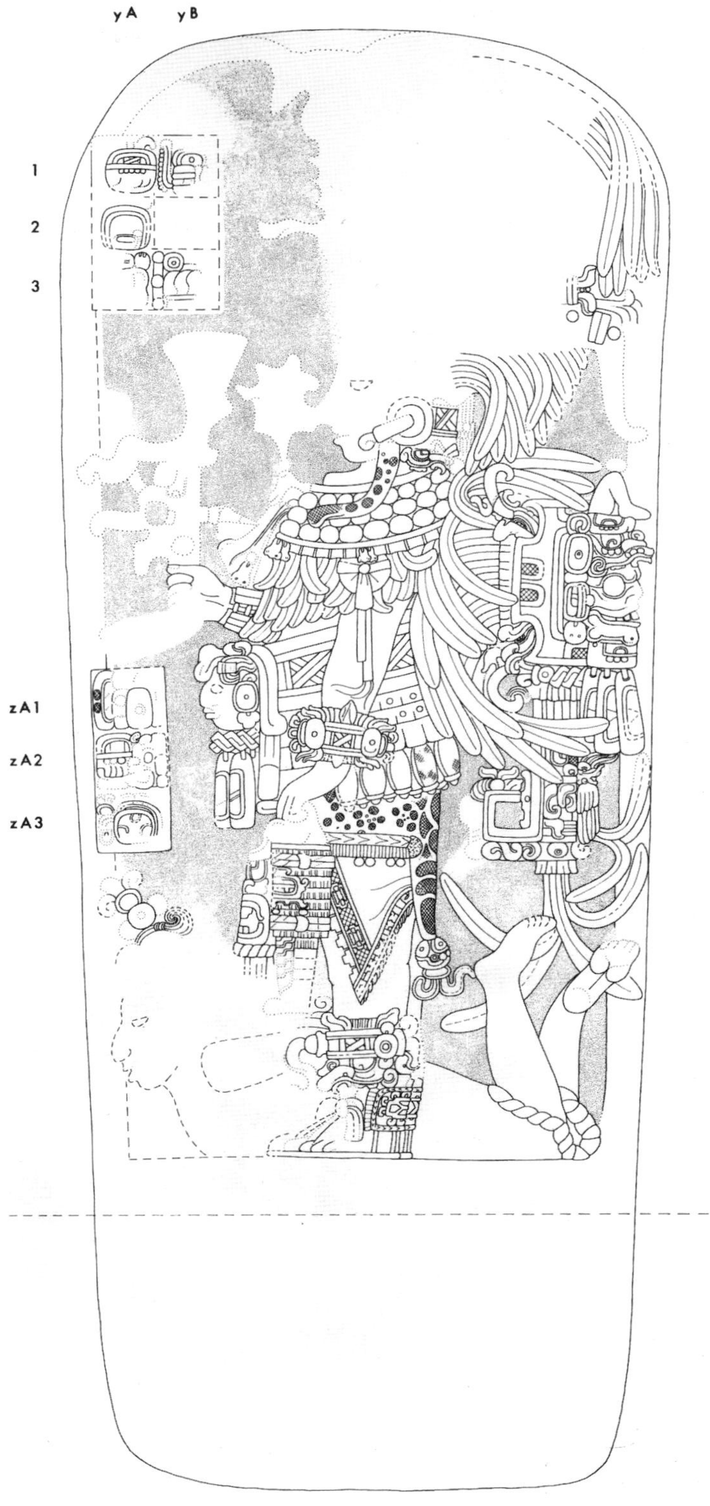

250 *Stele 24. Naranjo, Peten, Guatemala, vor Gebäude C-7; 22. Januar 702; Kalkstein; H. 192 cm, B. 87 cm; Guatemala Stadt, Museo Nacional de Arqueología y Etnología*
Diese Stele aus der Stadt Naranjo ist eines der wenigen Monumente, auf dem eine Frau in der Pose der siegreichen Kriegerin auf dem Rücken eines Gefangenen gezeigt wird. Frau „Sechs Himmel" wurde in Dos Pilas als Tochter des Herrschers Balaj Chan K'awiil geboren und im Jahr 682 nach Naranjo entsandt, um sich dort mit einem lokalen Adligen zu verheiraten und eine neue, Calakmul-treue Vasallendynastie zu etablieren. Sie gebar einen Sohn, der schon als Kind den Thron bestieg, dabei führte sie aber die politischen Geschäfte im Hintergrund weiter.

251 *Umzeichnung der Stele 5. Tikal, Peten, Guatemala, Nordplattform des Großen Platzes; 10. Juni 744; Kalkstein*
Mit dem Sieg über Calakmul im Jahr 695 n. Chr. begann Tikals Wiederaufstieg zur Macht. König Yik'in Chan K'awiil (734–ca. 746 n. Chr.) konsolidierte Tikals Einflussbereich erfolgreich, indem er Kriege gegen frühere Vasallenstaaten von Calakmul führte, darunter auch gegen die östlich gelegene Stadt Naranjo. Am 4. Februar 744 besiegte er Naranjo und nahm dessen König Yax Mayuy Chan Chaak gefangen. Der geschlagene Herrscher liegt hier als gebundener Gefangener zu Füßen des reich gekleideten Königs von Tikal, der einen großen Rückenschild mit der Darstellung eines Schutz- oder Kriegsgottes trägt.

Das Wiedererstarken Tikals

Weder Tikal noch Calakmul waren in der Lage, einmal gemachte Eroberungen wirklich stabil in ihre politische Einflusssphäre einzugliedern. Obgleich die beiden Supermächte erhebliche Truppen mobilisieren konnten, verfügten sie doch nicht über eine ausreichende Infrastruktur, die die vollständige Unterjochung eines besiegten Staates, die Auslöschung und den Austausch seiner Herrscher und seines Beamtenapparates möglich gemacht hätte. Stattdessen versuchten die siegreichen Staaten, den Kostenaufwand bei ihren Eroberungen möglichst niedrig zu halten, indem sie die lokalen Machtstrukturen übernahmen und deren Repräsentanten durch Zwang oder geschickte Diplomatie zur Kooperation bewegten. Im Fall von Tikal stellte sich diese Strategie jedoch als ein fataler Fehler Calakmuls heraus. Jasaw Chan K'awiil, ein Sohn des 679 n. Chr. von Calakmul besiegten Nuun U Jol Chaak, bestieg im Mai 682 n. Chr., offenbar ohne von Calakmul behelligt zu werden, den Thron von Tikal. Es gelang ihm, den Sohn von Yuknoom dem Großen, den König Yich'aak K'ak' von Calakmul, zu besiegen. Dieser Schlag, auf dem hölzernen Türsturz von Tikals Tempel 1 lakonisch als „Niederbringung des Feuersteins und des Schildes von Yich'aak K'ak'" beschrieben, entpuppte sich als Wendepunkt in der Geschichte des gesamten Tieflandes.

In den folgenden Jahren setzte Jasaw Chan K'awiil ein anspruchsvolles Bauprogramm in Tikal um, das zum Ziel hatte, Tikals neue Größe öffentlich zu demonstrieren. Manche der Bauwerke griffen ganz bewusst in ihrem Dekor wieder Elemente der Architektur und Kunst von Teotihuacan auf. Jasaw Chan K'awiil wollte in seiner Herrschaft und seinen Werken an die frühere, von Teotihuacan geprägte goldene Zeit anknüpfen.

Die Konsolidierung der Macht Tikals

Es ist unklar, was sich nach dem Sieg Tikals in Calakmul selbst abspielte. Vermutlich herrschte für einige Jahre in der Stadt ein neuer, diesmal von Tikal eingesetzter König. Der Sieg Tikals bewirkte zwar nicht den völligen Untergang, jedoch die deutliche Schwächung Calakmuls. Ein Zeichen dafür sind die immer seltener werdenden Erwähnungen Calakmuls in den Hieroglyphentexten anderer Städte.

Jasaw Chan K'awiil hatte Tikal endgültig aus der Vorherrschaft Calakmuls befreit; aber es war sein Sohn Yik'in Chan K'awiil, der 27. Herrscher von Tikal, der Tikals expansive Politik zu ihrem Höhepunkt führte. Unter seiner Herrschaft wurde Calakmul um 736 n. Chr. erneut das Ziel eines Angriffs. Sein eigentliches Vorhaben schien aber nicht nur die Niederschlagung Calakmuls, sondern auch die seiner Verbündeten gewesen zu sein. Zwei große Feldzüge in den folgenden Jahren richteten sich daher gegen die beiden bedeutendsten früheren Alliierten Calakmuls, El Peru und Naranjo: Der König „Jaguarthron" von El Peru wurde gefangen genommen und seine prachtvolle Sänfte mit dem Standbild des Schutzgottes der Stadt nach Tikal verbracht (Abb. 252). Ein halbes Jahr später wandte sich Yik'in Chan K'awiil nach Osten und griff Naranjo an. Der Herrscher Naranjos, Yax Mayuy Chan Chaak, wurde ebenfalls nach Tikal verschleppt. Auf einer der Stelen aus Yik'in Chan K'awiils Herrschaft steht der König auf seinem am Boden kauernden Gefangenen – ein Zeichen größter Demütigung (Abb. 251).

Mit diesen beiden Siegen ist es Tikal gelungen, die Umzingelung durch Verbündete Calakmuls aufzubrechen. In den von Tikal besiegten Stadtstaaten wurden für mehrere Jahrzehnte keine neuen Stelen errichtet, ein Indiz dafür, dass Tikal diese Orte tatsächlich unter seiner Kontrolle hielt. Tikals neue Vorherrschaft über das Tieflandgebiet ist auch an seinem Reichtum und einem beispiellosen Bauboom zu erkennen. Viele der großen Tempel und Palastanlagen Tikals wurden unter der Herrschaft Yik'in Chan K'awiils gebaut oder ergänzt, darunter auch der 65 Meter hohe Tempel IV, das höchste Gebäude der klassischen Zeit. Die Phase der Expansion setzte sich auch unter den folgenden beiden Königen, dem 28. Herrscher, dessen Name nicht bekannt ist, und dem 768 inthronisierten Nuun Yax Ayiin II fort.

252 *Lintel 1 aus Tempel 1. Tikal, Peten, Guatemala; um 735 n. Chr.; Holz des Chicozapote- (Breiapfel-)Baumes (Manilkara zapote); Basel, Museum der Kulturen der Welt*
Eines der Schlüsselereignisse in der Geschichte des Tieflandes war der Sieg Tikals über Calakmul im Jahr 695 n. Chr. Er bedeutete das Ende von Calakmuls militärischer Vorherrschaft und eine Abnahme seines Einflusses auf andere Staaten. Dieser hölzerne Türsturz aus dem Tempel I von Tikal zeigt Jasaw Chan K'awiil auf einem reich geschmückten und mit Jaguarfell bespannten Thron sitzen. Der Thron selbst steht auf einem tragbaren hölzernen Gerüst, einer Art überdimensionalen Sänfte. Hinter dem Rücken des stolz posierenden Königs ist eine große Jaguar-Figur zu erkennen. Hierbei handelt es sich wahrscheinlich um eine ausgestopfte oder aus Holz und Fell nachgebildete Figur des Schutzgottes von Calakmul. Das gesamte Throngerüst gehörte dem besiegten König Yich'aak K'ak' von Calakmul und war nun eine wertvolle Kriegsbeute, die in Tikal zur Schau gestellt wurde.

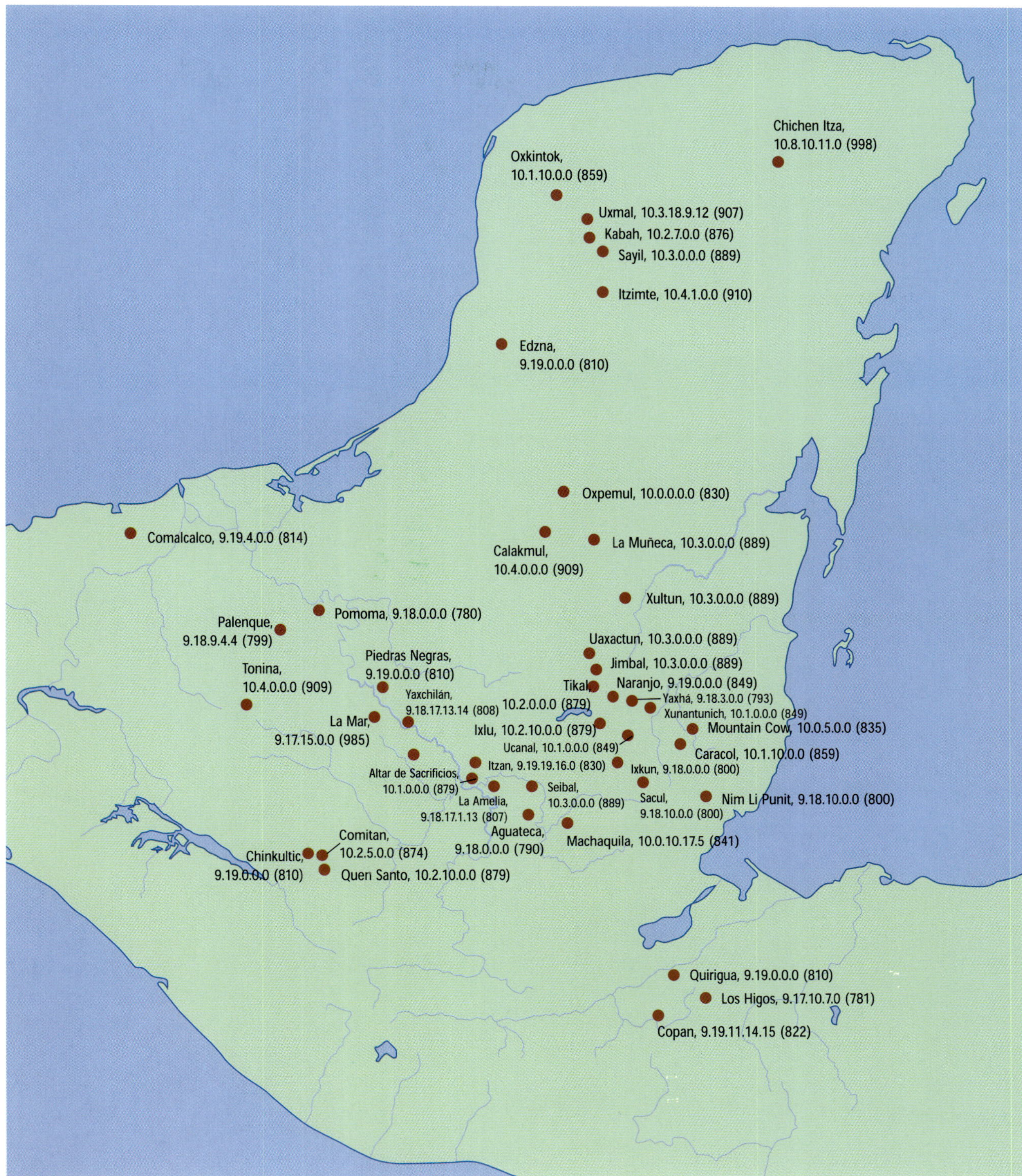

253 *Karte der letzten in den Städten verzeichneten Daten*
Die letzten Daten, die in den Inschriften der Städte des Tieflandes aufgezeichnet wurden, können ein Eindruck von dem Zeitraum vermitteln, in dem sich der Zusammenbruch der klassischen Maya-Kultur ereignete. Das Ende der Errichtung datierter Monumente ist ein Zeugnis für den Zerfall des Gottkönigtums und der es tragenden Institutionen. Zwar verblieb nach dem Verschwinden der Könige noch Bevölkerung in den Städten, es handelt sich dabei aber nur um einige wenige Familien, die wie „Hausbesetzer" in den zerfallenden Bauten hausten. Deutlich lässt sich anhand der Daten erkennen, dass der Kollaps im Westen seinen Anfang nahm und dass die Städte im Zentrum des Tieflandes oder an der extremen Peripherie am längsten Bestand hatten. Das letzte im klassischen Stil geschriebene Datum findet sich auf Monument 104 aus dem Ort Tonina in Chiapas (909 n. Chr.).

Die Aufgabe der Städte in der Endphase der Klassik

Trotz des wieder erlangten Ansehens und der erstarkten Macht, trotz einer Phase innerer Stabilität und geregelter Erbfolge unter den Herrschern setzte in Tikal mit dem Beginn des 9. Jahrhunderts eine Krise ein, die letztlich zur Aufgabe der Stadt führen sollte. Die vier letzten Herrscher Tikals waren nur noch unbedeutende Fürsten, die keine nennenswerten Bauprojekte mehr in Auftrag gaben und nur noch wenige Stelen errichteten. Während die früheren Könige jedes K'atun-Ende mit der Aufstellung einer Stele feierten, wurde zum Ende des 10. Bak'tun, eines noch bedeutenderen Zeitzyklus des Maya-Kalenders, kein Monument errichtet. Die letzte Stele in Tikal ist die Stele 11 aus dem Jahr 869 n. Chr. Es ist die letzte Inschrift der Stadt überhaupt und damit auch das Ende ihrer Königsdynastie. Fast alle Städte des Tieflandes ereilte im 8. und 9. Jahrhundert das gleiche Schicksal (Abb. 253). Palenques letzte Inschrift datiert in das Jahr 799 n. Chr., gut zehn Jahre später errichtete Yaxchilan seinen letzten Türsturz, Dos Pilas wurde schon 761 n. Chr. zerstört, und Caracols letztes Monument ist eine grob ausgeführte Stele aus dem Jahr 859 n. Chr. In Copan ließ ein Bildhauer einen um 822 n. Chr. in Auftrag gegebenen Altar sogar unvollendet zurück (Abb. 255). Der Untergang der klassischen Maya-Kultur zog sich über zwei Jahrhunderte hin. Im Jahr 909 n. Chr. wurde in der im äußersten Südwesten des Maya-Gebietes liegenden Stadt Tonina die endgültig letzte Inschrift für einen klassischen Maya-König gemeißelt. Damit war das über viele Jahrhunderte erfolgreiche politische System der klassischen Maya-Kultur endgültig versunken. Die Theorien für diesen spektakulären Zusammenbruch faszinieren Forscher wie Laien gleichermaßen, doch noch immer ist nicht endgültig geklärt, was sich in den letzten 200 Jahren der klassischen Zeit im Maya-Tiefland abgespielt hat.

254 *Stele 12 mit der Darstellung eines militärischen Triumphs. Piedras Negras, Peten, Guatemala; 11. September 795 n. Chr.; Kalkstein; Guatemala Stadt; Museo Nacional de Antropología y Etnología*

Stele 12 ist ein Meisterwerk der späten Bildhauerkunst von Piedras Negras. Sie ist auf drei Seiten bearbeitet: Die Schmalseiten tragen eine lange Hieroglypheninschrift, die von mehreren Kriegszügen von Piedras Negras gegen den einen noch unbekannten und den ebenfalls am Usumacinta-Fluss gelegenen Ort Pomona berichten, während die Vorderseite die Gefangenen aus dem besiegten Pomona vorführt. Die gebundenen Gefangenen kauern hier zu Füßen des auf einem Thron sitzenden Herrschers 7 von Piedras Negras und seines Feldmarschalls aus La Mar auf der linken Seite der Szene. Namenshieroglyphen identifizieren die einzelnen gebundenen und ihrer Insignien beraubten Gefangenen. Der Anführer der Besiegten, der Fürst von Pomona, kauert direkt unterhalb des Throns des Königs von Piedras Negras und berührt mit seiner linken Hand seine rechte Schulter – ein Zeichen der Unterwerfung und des Respekts. Dieses war der letzte Triumph der Herrscher von Piedras Negras – im Jahr 808 n. Chr. wurde die Stadt selbst Opfer eines Überfalls durch Yaxchilans Herrscher K'inich Tatbu Joloom III, von dem sie sich nicht mehr erholte.

255 *Altar L, Vorderseite. Copan, Honduras, Nordende des Ballspielplatzes A-III; 6. Februar 822 n. Chr.; Tuffit*

Copans Altar L ist eines der letzten, wenn nicht sogar das letzte Monument, das in Copan errichtet wurde und zugleich ein Dokument für den plötzlichen Zusammenbruch des Gemeinwesens. Die Vorderseite zeigt links den letzten Herrscher Copans, Ukit Took', auf seiner Namenshieroglyphe sitzend. Ihm gegenüber sitzt sein Vorgänger Yax Pasaj, ebenfalls auf seiner Namenshieroglyphe. Der Hieroglyphentext zwischen beiden gibt als Datum der Thronbesteigung von Ukit Took' den 6. Februar 822 an. Die Kombination eines Herrscherporträts mit dem Bildnis des Vorgängers ist ein häufiges Motiv in der Kunst Copans.

256 *Altar L, Rückseite. Copan, Honduras*

Die Rückseite des Altars zeigt, dass dieser nie fertig gestellt wurde. Die Autorität des neu installierten Herrschers war so gering, dass sie noch nicht einmal über die kurze Zeit Bestand hatte, die das Meißeln des Altars in Anspruch genommen hätte. Allein die Umrisslinien der Figuren und einige wenige der Hieroglyphen wurden fertig skulpiert. Dann ließ der Künstler seine Werkzeuge fallen und verschwand. Für einen Ort wie Copan, der so viel Leidenschaft für Steinskulpturen hegte, ist dies wahrhaftig ein Zeichen des Untergangs.

In der gesamten Klassik zeigen die Bevölkerungszahlen eine permanente Aufwärtskurve, in der Spätzeit sogar eine wahrhafte Bevölkerungsexplosion. Über eine gewisse Zeit konnte der Unterhalt einer aufs Doppelte gewachsenen Population gesichert werden. Doch irgendwann wurden die Eingriffe in die Umwelt so drastisch, dass trockene Jahre unweigerlich zu Hungerkatastrophen führen mussten. Die zunehmende Erosion der dünnen tropischen Böden, die Abholzung der letzten Waldbestände, die damit einhergehenden klimatischen Veränderungen bis hin zum Absinken des Grundwasserspiegels waren Risikofaktoren, die die gesamte Maya-Gesellschaft vor hohe Anforderungen stellten. Die neuen ökologischen und logistischen Probleme konnten die Gottkönige nicht bewältigen. Anhand von Skelettfunden kann man zeigen, dass Mangelerkrankungen in der Endphase der klassischen Zeit zunahmen, ebenso die Kindersterblichkeit.

Der Zusammenbruch der politischen Ordnung

Neuere Forschungen rücken aber immer mehr interne politische Faktoren in den Vordergrund. Der Zusammenbruch der beiden antagonistischen Hegemonialblöcke hat zur Auflösung des gesamten politischen und sozialen Gefüges der klassischen Maya-Gesellschaft geführt. Solange die großen Machtblöcke ein politisches Gleichgewicht aufrechterhielten, waren Kriege begrenzbar und wurden von den dominanten Großmächten kalkuliert. Mit dem Zusammenbruch des Gleichgewichts der beiden Machtblöcke nahm aber auch die Interaktion zwischen den Staaten ab. Die Endklassik war eine Periode, in der Maya-Staaten eine größere Unabhängigkeit besaßen, aber gleichzeitig auch stärker voneinander isoliert waren. Damit hängt das Phänomen zusammen, dass sich immer mehr Orte, die zuvor Sitze subalterner Fürsten gewesen waren, zu Hauptstädten neuer Kleinstaaten aufschwangen. Die politische Zersplitterung des Tieflands ist auch an der Kunst zu erkennen, in der Könige häufig zugunsten von anderen Fürsten und Beamten in den Hintergrund traten. Das königliche Monopol, sich in Stein verewigen zu lassen, wurde gebrochen, es gibt sogar Forscher, die von dem Entstehen einer Mittelklasse sprechen, die königliche Privilegien nun für sich beansprucht habe.

Obgleich einige Staaten wie Caracol und die Stadt Seibal am Río de la Pasión von den Umwälzungsprozessen der Endklassik kurzzeitig profitierten (Abb. 260), hatte sich die Maya-Gesellschaft doch insgesamt so verändert, dass ein Zurück zu den Organisationsformen der klassischen Zeit nicht mehr möglich war. Der Trend zur Zersplitterung und letztlich immer größeren Auflösung war nicht mehr aufzuhalten.

Einer der Auslöser für den Zerfall des politischen Systems dürfte der Sieg Tikals über Calakmul im Jahr 695 n. Chr. gewesen sein. Obgleich es sich anscheinend nur um einen Kriegszug unter vielen handelte, war dieser Sieg doch geeignet, das System hegemonialer Macht, das auf der Darstellung und Wahrnehmung von Herrschaft beruhte, zu unterminieren. Abhängige und verbündete Staaten konnten diesen Schlag als ein Zeichen für die Verletzbarkeit ihrer sie dominierenden Macht interpretieren und daraus Profit schlagen. Tatsächlich kann dieses Datum als ein Wendepunkt in der politischen Struktur des Tieflandes angesehen werden, denn mit ihm beginnt der politische Bedeutungsverlust von Calakmul und gleichzeitig eine Periode eskalierender Kriege. Vermutlich ist es dem siegreichen Tikal nicht gelungen, eine neue Infrastruktur zu erschaffen, die jene Calakmuls hätte ersetzen können. Damit war ein politisches Vakuum geschaffen, das nun eine Vielzahl konkurrierender Staaten auszufüllen versuchte. Es ist nicht verwunderlich, dass vielerorts die letzten schriftlich festgehaltenen Episoden von Kriegen zwischen zuvor befreundeten Nachbarn berichten. Der Zusammenbruch des hegemonialen Systems wurde vermutlich durch den Bevölkerungsdruck, ökologische Krisen und Klimaschwankungen noch beschleunigt, sodass zum Ende des 9. Jahrhunderts weite Teile des Tieflandes entvölkert waren. Wenige Jahre nachdem die letzten Könige ihre Paläste aufgegeben hatten, eroberte sich der Urwald die Städte zurück.

257 *Stele 10. Seibal, Peten, Guatemala, Südplatz nördlich vor Gebäude A-3; 26. April 849 n. Chr.; Kalkstein*
Zwischen 830 und 889 n. Chr., während überall sonst im Tiefland Städte aufgegeben wurden, schwingt sich Seibal zu einem Zentrum von überregionaler Bedeutung auf. Verschiedene Forscher führen die kurze Blüte von Seibal auf Fremdeinfluss zurück, der sich in dieser Zeit nicht nur in den Keramiken bemerkbar machte, sondern auch in den Gesichtszügen der auf den Stelen dargestellten Fürsten. Die Herrscher von Seibal sehen sich jedoch in der Tradition der Klassik und streben eine politische Restauration an. So berichtet Stele 10 von dem Versuch des Herrschers Wat'ul K'atel, 849 durch die Einladung der Könige von Tikal, Calakmul und Motul de San José anlässlich der Feier eines Periodenendes überregionale politische Bande zu festigen.

HEIRATSDIPLOMATIE – FRAUEN AM KÖNIGSHOF

Stefanie Teufel

Den bisher wichtigsten Beitrag zur Erforschung der Rolle der Frau bei den Maya leistete in den 60er-Jahren Tatiana Proskouriakoff (1909–1985), eine in den USA lebende russische Emigrantin, die sich als Erste in einer Studie mit den Frauen-Darstellungen in den Maya-Inschriften befasste. Sie entdeckte in den Hieroglyphentexten ein Zeichen in Form eines weiblichen Kopfes und identifizierte es als Hinweis auf einen Frauennamen, der manchmal mit einer Herkunftsbezeichnung verbunden war (Abb. 259).

Diese grundlegende Arbeit und die nachfolgenden Entzifferungen der Hieroglyphen trugen schließlich dazu bei, einen Einblick in die Bedeutung und Stellung der Frau am Hofe der Maya zu gewähren.

Bei den Maya entsprach die Rolle der Frau dem traditionellen Bild einer von Männern dominierten Gesellschaft. In den bildlichen Darstellungen erscheint sie meist als dem Regenten untergeordnet und tritt vor allem in ihrer Funktion als Mutter des Thronfolgers auf. Die einzigen Frauen in der Geschichte der Maya, die als Regentinnen angesehen wurden, sind aus Palenque und Tikal überliefert. Dass ihre Position ungewöhnlich und problematisch war, zeigt sich in den Legitimationsschwierigkeiten ihrer Nachfolger, die großen Aufwand treiben mussten, um den von ihren Müttern ererbten Thron zu rechtfertigen. Dennoch ist die Stellung der Frauen in dieser patriarchalisch geprägten Gesellschaft nicht zu unterschätzen. Oft wurden ihnen eigene Monumente gewidmet, sie trugen hohe Titel, hatten gar Ämter inne, und in den Verwandtschaftsbezeichnungen ihrer herrschenden Söhne standen die Namen der Mütter ebenbürtig neben denen der Väter.

Vor allem in der Politik der Heiratsallianzen spielten Frauen der herrschenden Schicht eine wichtige Rolle. Sie waren nicht nur Garantinnen für familiäre Bündnisse über politische Grenzen hinweg, sondern brachten auch Prestige, insbesondere wenn die Braut aus einem mächtigeren Ort stammte als der Mann. Ungewöhnlich selten berichten die Inschriften über die Hochzeit selbst. Auf eine Eheschließung weist meist nur die Hieroglyphe „Ehefrau von" oder die Abstammungsbezeichnung der herrschenden Söhne hin.

Der gut erhaltene Inschriftenkorpus der Stätten Yaxchilan am Ufer des Usumacinta-Flusses und Naranjo im östlichen Peten sollen beispielhaft einen Einblick in die strategisch geplante Heiratspolitik der Späten Klassik geben.

Vor Mitte des 7. Jahrhunderts führte eine Heirat zum Zusammenschluss zweier vorher autonomer Machtbereiche am Usumacinta, die in der Forschung unter dem gemeinsamen Namen Yaxchilan bekannt wurden. Unter der Herrschaft des aus dieser Verbindung hervorgegangenen Sohnes Itzamnaaj Balam II vollzog sich in der Region ein erheblicher Aufschwung, was sich vor allem in einem groß angelegten Bildprogramm mit den Darstellungen seiner siegreichen Taten widerspiegelt. Dieser Regent war mit mehreren Frauen liiert, worunter sich auch eine Adlige aus der einst einflussreichen Stadt Calakmul befand. Aus dieser Verbindung stammte der Sohn Yaxuun Balam I, der aber erst elf Jahre nach dem Tode seines Vaters im Jahre 751 auf den Thron gelangte. Verschiedene Gründe, wie Kriegswirren mit Dos Pilas und innenpolitische Zwistigkeiten, werden für diese späte Amtsübernahme vermutet. Wahrscheinlich stand einer früheren Thronbesteigung seine Herkunft im Wege, denn die Mutter wurde zu Lebzeiten seines Vaters nicht erwähnt, und außerdem stand ihr Geburtsort in enger Verbindung mit Dos Pilas.

258 *Türsturz mit der Darstellung des Herrschers Yaxun Balam. Yaxchilan, Chiapas, Mexiko, Gebäude 21, Türsturz 17; Späte Klassik, 770 n. Chr.; Kalkstein, ehemals farbig gefasst; H. 69,2 cm, B. 76,2 cm, T. 5 cm; London, The British Museum*
Zur Legitimation seiner Macht ließ sich Vogel-Jaguar in Angleichung an das Bildprogramm seines Vaters in einer Selbstkasteiungsszene darstellen. Rechts im Bild sitzt Vogel-Jaguar bei der Opferung auf einem mit Federn geschmückten Sitz, während links im Bild Frau Mutul-Jaguar aus *Hix Witz* kniet und sich eine Schnur durch die Zunge zieht. Der Anlass der Kasteiung wird im Begleittext angegeben, der von der Geburt des Sohnes Schild-Jaguar am 18. 2. 752 n. Chr. berichtet. Obwohl die dargestellte Frau Mutul nicht die leibliche Mutter des Kindes ist, unterstützt sie mit diesem Akt als Vertreterin ihrer Stätte die Nachfolgeregelung ihres Mannes.

erste göttliche Frau

Frau Ik'-Schädel

Frau des göttlichen Kopfputzes

Prinzessin aus Calakmul

Ost-Kriegsfürstin

259 *Namenshieroglyphe der Frau Uh-Chanil. Detail der Stele 10 von Yaxchilan, Chiapas, Mexiko; Späte Klassik, 766 n. Chr.*
Der hier abgebildete Namenszug enthält einen weiblichen Kopf, der als Hinweis auf einen Frauennamen dient und *ixik* (Frau) gelesen wird. Die zweite Hieroglyphe nennt ihren persönlichen Namen, der ihr in der Forschung u. a. den Spitznamen Frau Ik-Schädel einbrachte, der jedoch wahrscheinlich *Ixik Uh-Chanil* lautet. Auf diesen folgen verschiedene Titel wie etwa *aj k´ujul hun* (Besitzer des königlichen Stirnbandes) und die Angabe ihrer Herkunft, die sie als weibliche *ajaw* (Königin oder Prinzessin) von Calakmul ausweist. Frau Ik-Schädel ging als Mutter des berühmten Herrschers Vogel-Jaguar in die Annalen von Yaxchilan ein.

Yaxuun Balam IV musste deshalb geschick vorgehen, um an die Macht zu gelangen. Er verheiratete sich mit einer Frau aus Yaxchilan und bestimmte den aus dieser Ehe hervorgegangenen Sohn zu seinem Nachfolger. Er baute seine Macht aber nicht nur mit Hilfe einflussreicher Personen innerhalb seines Staates auf, sondern dehnte sie auch durch siegreiche Kriege und Eheverbindungen mit Frauen anderer Orte aus. Yaxuun Balam IV sicherte sich die Bestätigung als rechtmäßiger Nachfolger und Fortsetzer der dynastischen Linie auch außerhalb seines Staates, indem er eine Frau aus dem Ort Hix Witz bei einem Blutopfer anlässlich der Geburt seines Sohnes darstellen ließ. Dadurch wurde auch nach außen hin deutlich, dass Yaxuun Balam IV über Frauen aus anderen Königsdynastien verfügte, die ihm bei wichtigen familiären und religiösen Ereignissen assistierten (Abb. 258). Einen Bündnispartner verschaffte er sich auch durch die Heirat mit einer Adligen aus dem Ort Motul de San José, Hauptstadt eines Kleinstaates, der in unmittelbarer Nähe der Großmacht Tikal lag und selbst auch einst in einen Krieg mit Dos Pilas verwickelt war. Nach seinem Tod setzte sein Sohn Itzamnaaj Balam III die Heiratspolitik fort, um Bündnispartner zu gewinnen. So verheiratete er eine Adlige nach Bonampak, um dort die alte Freundschaft zu festigen und sich Unterstützung in seinen zahlreichen Kriegen zu sichern.

Naranjo war die Hauptstadt eines einflussreichen Kleinstaates im Osten des Peten. Im Jahr 642 zog sich die Stadt die Feindschaft Caracols zu und wurde von diesem mächtigen Staat in einen Krieg verwickelt. Manche Forscher vermuten, dass die Heirat einer Adligen aus Naranjo mit einer hoch gestellten Persönlichkeit aus Tikal, dem Erzfeind von Caracol, dafür verantwortlich war, denn schließlich wurde somit Naranjo zum Bundesgenossen von Tikal. Dieser Krieg jedenfalls überschattete die Geschichte Naranjos derart, dass in dieser Zeit kaum noch Monumente entstanden sind. Erst 40 Jahre später erlangte die Stadt ihre einstige Bedeutung wieder, als der damalige Herrscher von Dos Pilas die Chance nutzte, die der Niedergang Naranjos gebracht hatte. Er heiratete eine Frau aus der unmittelbaren Umgebung und festigte so seine Herrschaft in der Region. Nach Naranjo schickte er im Jahre 682 n. Chr. seine Tochter Wak Chan Ajaw aus zweiter Ehe, um dort die Dynastie zu revitalisieren. Das war eine bemerkenswerte Strategie, denn so konnte er sich ein zweites Standbein schaffen und seine Macht gegenüber dem Erzfeind Tikal demonstrieren. Im Namen seiner Tochter wurde nun nicht nur ihre adlige Abstammung angegeben, sondern sie behielt auch den Herrschertitel ihres Heimatortes Dos Pilas.

Als ihr Sohn fünf Jahre alt war, wurde er zum Machthaber über Naranjo. Sicher regierte der Knabe nicht selbst, sondern überließ seiner Mutter die politischen Geschäfte. Der Vater, so scheint es, war ein bedeutungsloser Adliger, den die Inschriften kaum der Erwähnung wert finden. Die Vorfahren der Herrscher von Dos Pilas und somit auch von Frau Wak Chan Ajaw kamen aus Calakmul, und schließlich war sie es, die Naranjo in den Einflussbereich dieser ständig mit Tikal verfeindeten Großmacht brachte. Es ist daher nur logisch, dass sich ihr Sohn als „Vasall des Königs von Calakmul" verstand. In den 40er-Jahren des 8. Jahrhunderts holte Tikal zum Gegenschlag aus und führte Krieg gegen Calakmul und Naranjo. Der Ort Naranjo, der unter Frau Wak Chan Ajaw und ihrem dann mehrere Jahrzehnte regierenden Sohn eine Blütezeit erlebte, verlor in der Folgezeit an Macht und Ansehen. Wie die Beispiele zeigen, war Heiratsdiplomatie – wie übrigens auch im neuzeitlichen Europa – eine wichtige Strategie der Aristokratie, um politische Ziele zu verfolgen. So erreichte man einerseits Stabilität im Inneren, andererseits auch Bündnispartner in der Außenpolitik.

260 *Die so genannte Yomop-Stele. Herkunft unbekannt; Späte Klassik, um 700 n. Chr.; Kalkstein; H. 178 cm, B. 82 cm, T. 8,5 cm; Antwerpen, Privatbesitz*
Oftmals ist es schwierig, Heiratsverbindungen nachzuweisen, wie dieses Beispiel einer geraubten Stele veranschaulicht. Das Monument zeigt eine ältere Frau in der Tracht der Schöpfer- bzw. der Mondgöttin, die in der wässrigen Unterwelt umgeben von Seerosen steht. Der inschriftlichen Erwähnung nach ist sie eine Adlige aus Yomop, einem Ort, der vermutlich zwischen Tortuguero und Tonina lag. Der Ursprung des gestohlenen Monuments ist jedoch aufgrund stilistischer Hinweise in der Gegend um Palenque und um Pomona zu vermuten. Dies bedeutet, dass Yomop einen wichtigen Bündnispartner in dieser Region hatte.

UNTER EINEM TÖDLICHEN STERN – KRIEG BEI DEN KLASSISCHEN MAYA

Simon Martin

Von allen falschen Vorstellungen, die das Bild von den Maya in der ersten Hälfte des 20. Jahrhunderts nachhaltig prägten, ist die von der Harmonie und Friedfertigkeit ihres Zusammenlebens heute am schwersten nachzuvollziehen. Immer wieder stellen ihre Monumente kriegerische Motive dar, angefangen bei den Waffen, die ihre Könige schwingen, bis zu den gefesselten Körpern der Gefangenen, die man zertreten unter ihren Füßen sieht. Viele Wandgemälde und bemalte Gefäße zeigen Schlachtszenen und blutige Abrechnungen in Form von Folterung und Hinrichtung der unterlegenen Feinde (Abb. 272). Die Theorie, dass es sich dabei um kleinere „Überfälle" handelte, bei denen Gefangene für die rituellen Menschenopfer gemacht werden sollten, wurde von der neueren Erkenntnis hinweggefegt, dass in den Schlachten erbitterte Rivalitätskämpfe zwischen den Königtümern um den Erwerb und Erhalt der Macht ausgetragen wurden.

Auch wenn diese Abbildungen auf Keramiken und Wandbildern wichtige Einblicke in die kriegerischen Konflikte der Maya gewähren, so vermitteln doch nur die Inschriften den historischen Hintergrund und den politischen und wirtschaftlichen Kontext von Machtkämpfen, Wechseln der Allianzen, Intrigen und Tragödien. In einer politischen Landschaft, die sich aus einer Unzahl territorial begrenzter, unmittelbar aneinanderstoßender und jeweils von einem *k'uhul ajaw* oder „göttlichen König" regierter Königreiche zusammensetzte, sind häufige Konflikte nicht verwunderlich. Über Nachbarschaftsstreitigkeiten hinaus liefen jedoch sehr viel komplexere Prozesse in der Region ab. Mächtige Herrscher strebten einen Status als „Oberkönig" an, um ihren Machtbereich zu erweitern und die Könige mitunter weit entfernter Reiche zu ihren Vasallen zu machen. Tikal und Calakmul waren sicher nicht die einzigen, doch auf jeden Fall die erfolgreichsten Staaten, die an diesem Spiel auf einer größeren geopolitischen Bühne teilnahmen. Die materielle Bereicherung gehörte zu den Hauptzielen dieser dynamischen, aber dennoch recht beständigen Hegemonialstaaten. Tributleistungen spielten innerhalb der gesamten dokumentierten Geschichte der Maya eine zentrale Rolle. So befassen sich zum Beispiel die Szenen auf zahlreichen Gefäßen mit Empfang und Verbuchung von Steuerleistungen (s. Reents-Budet, S. 252). Neben diesen politischen Ursachen waren die Motive für Kriege häufig auch emotional begründet, ausgelöst durch persönliche Kränkungen, Eifersucht oder Zwistigkeiten, die möglicherweise seit Generationen bestanden.

Wahrscheinlich hielten sich die Maya der klassischen Epoche (250–900 n. Chr.) an einen gewissen Ehrenkodex der Kriegsführung. Eine allgemein anerkannte ethische Grundlage verhinderte die völlige Vernichtung anderer Völker und ihres Besitzes. Mit Beginn des 9. Jahrhunderts verloren derartige moralische Grundsätze jedoch ihre Verbindlichkeit, und die Maya stürzten in ein endloses Chaos zahlreicher Kriege. Die Phase des Zusammenbruchs der Maya-Gesellschaft mit ihren drastisch veränderten Lebensumständen, die sich in einer vielschichtigen Mischung von ökologischem Niedergang, massivem Bevölkerungsrückgang und Abbau der königlichen Autorität manifestierte, war tatsächlich durch ungehemmte Gewalttätigkeit gekennzeichnet.

261 *Türsturz mit Darstellung der Präsentation von Gefangenen. Fundort unbekannt, vermutlich Laxtunich, Chiapas, Mexiko, oder La Pasadita, Peten, Guatemala; 783 n. Chr.; Kalkstein; Fort Worth, Kimbell Art Museum*
Auf einem mit seinem Namen beschrifteten Thron sitzend, empfängt der König Itzamnaaj III von Yaxchilan (769–um 800 n. Chr.) einen Kriegsherren namens Aj Chak Maax, der ihm auf den zum Thronraum führenden Stufen drei Gefesselte präsentiert. Um sie zu erniedrigen, entfernte man ihren Ohrschmuck und ersetzte ihn durch Papierstreifen. Darauf bezieht sich vielleicht der Text, in dem es heißt, dass die Gefangenen drei Tage nach ihrer Ergreifung „als Vasallen geschmückt" wurden.

262 *Der Kriegerkönig. Ucanal, Peten, Guatemala, Stele 4; 26. November 849 n. Chr.; Kalkstein; Guatemala Stadt, Museo Nacional de Arqueología y Etnología*
Mit den ersten dynastischen Monumenten, die sich im Maya-Tiefland um 300 n. Chr. finden, begegnen wir auch Herrschern, die sich in der Rolle eines Kriegerkönigs sahen. Kennzeichnendes Merkmal ist die Darstellung eines oder mehrerer gefesselter Gefangene zu ihren Füßen. Ist der siegreiche König während der Frühen Klassik noch bei rituellen Handlungen zu sehen, so stehen in der Späten Klassik Waffen und militärische Ausstattung immer deutlicher im Vordergrund.

Kriegsdarstellungen in der Maya-Kunst

Die ersten Darstellungen von Kriegsgefangenen stammen aus der Späten Präklassik und begleiteten das Entstehen der mächtigen politischen Zentren dieser Zeit wie El Mirador oder Nakbe. Mit den ersten bildlichen Umsetzungen von Konflikten um 300 n. Chr. hatte sich im Tiefland auch ein neues Schema der Darstellung durchgesetzt. Während sich die öffentliche Kunst der Präklassik der unpersönlichen Darstellung von Gottheiten und kosmischen Themen widmete, wurden in der klassischen Zeit Individuen abgebildet, und zwar zumeist die Herrscher in der idealisierten Rolle des „Kriegerkönigs". Dieser stand über oder auf seinem gefesselten Feind, den oft Namensglyphen auf dem Kopfschmuck oder später auch Bildtexte identifizierten (Abb. 263).

Erst ab dem 6. Jahrhundert fand das Thema Krieg regelmäßig Eingang in die hieroglyphischen Inschriften. Dieser Fakt markiert eine wichtige Weiterentwicklung der königlichen Propaganda und hatte offensichtlich eine neue politische Aufgabe zu erfüllen. Solche Berichte dienten dazu, eine kriegerische Auseinandersetzung zeitlich festzuschreiben und alle Einzelheiten über die Identität des Feindes auszubreiten. Die große Mehrheit der Inschriften beschreibt erfolgreich geführte Kriegszüge (Abb. 269), nur gelegentlich erwähnen sie auch demütigende Niederlagen. Diese weniger ruhmvollen Passagen erscheinen dann innerhalb längerer Schilderungen, in denen sie als Stilmittel einem Sieg über Widrigkeiten oder der Rechtfertigung von Feindseligkeiten vorangestellt sind, um diese zu überhöhen, oder sie sind Teil weitschweifiger geschichtlicher Erläuterungen, die einen dynastischen Bruch erklären.

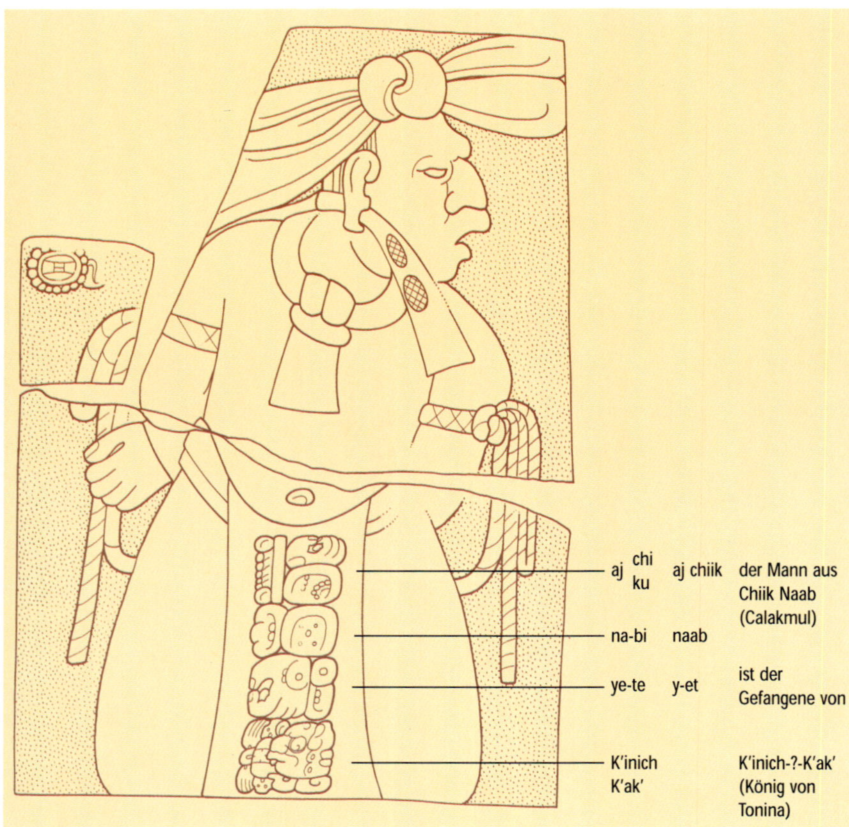

263 *Demütigung eines Gefangenen. Umgebung von Puerto Barrios, Izabal, Guatemala; 17. September 320 n. Chr.; Jade; H. 21,7 cm; Leiden, Rijksmuseum van Oudheden*
Die archetypische Siegerpose der Maya bestand darin, den unterlegenen Gegner mit Füßen zu treten, so wie die ägyptischen Pharaonen ihre Feinde umstießen. Diese berühmte „Leidener Plakette" zeigt einen triumphierenden Fürsten und einen unbekannten Gefangenen. Seine Glieder sind verrenkt, und er ist nahezu nackt.

264 *Identifizierung der Gefangenen. Umzeichnung; Tonina, Chiapas, Mexiko, Monument 153; Späte Klassik, 716–723 n. Chr.; Kalkstein; H. 81 cm, B. 55 cm, Dm. 7,5 cm.; Tonina, Museo del Sitio*
Es war den Maya in jedem Fall wichtig, die Identität ihrer Gegner festzuhalten; so registrieren die Inschriften üblicherweise Namen, Herkunft, Stellung und Datum der Gefangennahme eines Opfers. Solche Dokumentationen finden sich sogar auf öffentlichen Skulpturen.

DER GROSSE KRIEGSHERR KIQ'AB' BESIEGT DIE FEINDLICHEN STÄMME

Das Popol Wuj enthält nicht nur Abschnitte über Mythologie und Religion, sondern widmet sich auch geschichtlichen Ereignissen aus der Sicht der K'iche'. Ihre kriegerische Expansion und Hegemoniebestrebungen bilden das Thema der folgenden Textstelle.

(Übersetzung von Nikolai Grube)

Sie hassten Kiq'ab' und führten Krieg gegen ihn. Er zerbrach und zerschmetterte wahrlich die Täler und die Orte von Rab'inal, Kaqchikel und Saquleew, bis sie zusammenbrachen und sich ihm ergaben. Wenn sie ihm nicht dienten, tötete Kiq'ab' sie. Wenn ein oder zwei Gemeinden keinen Tribut leisteten, fiel er über sie her. Vor das Antlitz von Kiq'ab' und Qawisimaj mussten sie den Tribut bringen. Man verleibte sie darauf dem Stamm ein, aber man schlug sie blutig und band sie an Bäume, ruhmlos, machtlos. So kam die Vernichtung über die Städte, in einem Augenblick wurden sie dem Grund gleichgemacht.

Man konnte ihn weder töten noch besiegen. Er war wirklich ein ganzer Mann. Alle Stämme leisteten ihm Tribut. Und als alle Herren sich beratschlagt hatten, ging man hinaus, um die Ausgänge der Schluchten und die Ausgänge der Städte zu befestigen von all den anderen Stämmen, die gefallen waren. Und die Wachen zogen aus, die Späher der Soldaten. Wachmannschaften der Abstammungslinien wurden gebildet. „Für den Fall, dass diese zu ihren früheren Herren zurückkehren sollten."

Als die Herren sich so beratschlagt hatten, marschierten sie zu ihren Posten. „Sie sind wie unser Schild, wie unsere stolze Linie. So werden auch unsere Mauern, unsere Festungen sein. So wird unser Mut, unser Mannestum sein." So sprachen alle Herren.

Dann gingen sie alle auf ihren Posten, jeder in seiner Abstammungslinie. Sie waren Soldaten gegen den Feind.

Dann verabschiedeten sie sich und gingen als Wächter nach draußen. Sie lebten in den Bergen unter den [unterworfenen] Stämmen. „Ziehet nun aus! Das ist jetzt unser Land! Habt keine Furcht! Falls noch [feindliche] Soldaten auftauchen, um euch zu töten, so gebet rasch Nachricht, dann werde ich diese umbringen." So sprach Kiq'ab', als er sie in Angesicht des Fürsten und des Edelmannes unterwies. Es zogen dann die aufgerufenen Bogenschützen und Schleuderer aus. Dann verteilten sich die Großväter und die Väter aller K'iche' über alle Berge. Sie waren auf jedem Berg, als Wächter auf jeder Anhöhe. Sie waren die Hüter der Pfeile und Schleudern. Sie zogen als Wächter und Soldaten aus. Sie schliefen nicht im Morgengrauen, nicht einmal der Götter gedachten sie. Sie blockierten allein die Ausgänge der Orte.

[...]

Jeder eine ging zu seinem Berg. Und später kamen die Gefangenen. Die Gefangenen brachte man vor Angesicht von Kiq'ab' und Qawisimaj und des Fürsten sowie des Edelmannes. Die Bogenschützen und Schleuderer machten wieder Krieg. Sie waren Helden geworden, sie wurden angesehen, sie wurden geschätzt von den Herren, als sie ihre Gefangenen übergaben.

265 *Begegnung von zwei Fürsten. Abrollung eines polychromen Keramikgefäßes; Fundort unbekannt; Frühe Klassik, 520–580 n. Chr.; Ton, bemalt; Privatsammlung*

Zwei Delegationen scheinen sich zu begegnen und zu beraten; der Fürst zur Linken sitzt in einer Sänfte, ein zweiter großer und mit Götterfiguren verzierter Tragstuhl steht hinter ihm. Solche Objekte wurden auch in die Schlacht mitgenommen, um die Gegner zu beeindrucken und zu erschrecken.

Kriegsschilderungen in Hieroglyphentexten

Wie bei den meisten Maya-Texten ist der Stil der Kriegsberichte von formelhafter Stereotypie; es fehlen lebendige Farbigkeit und beschreibende Details. Genau geschildert wird allerdings die Art des Angriffs, wobei der Feind stets namentlich oder durch eine Ortsangabe identifiziert wird.

Eine der rätselhaftesten Hieroglyphen bleibt der „Sternenkrieg" (Abb. 267). In den klassischen Inschriften wurden die Schlachten, die in Beziehung zu einem astronomischen Phänomen standen, durch eine spezielle, noch nicht entzifferte Hieroglyphe markiert, die einen Stern zeigt, von dem sich eine Flüssigkeit wie Wasser oder Blut auf die Erde ergießt (Abb. 267). In diesen Darstellungen handelt es sich immer um die dramatischsten Auseinandersetzungen, die mit dem Tod eines Königs oder dem Fall einer Dynastie endeten. In allen mesoamerikanischen Kulturen war der himmlische Schutzpatron des Krieges nicht Mars, sondern Venus, die bei den Maya Chak Ek' („Großer Stern") genannt wurde. Eine deutliche Ahnung von ihrer Grausamkeit vermittelt der Dresdner Codex. Darin sind die Aufgänge des Morgensterns als unterschiedliche Personifizierungen der Venus wiedergegeben, wovon jede ein am Boden liegendes Opfer mit einem Speer durchbohrt (Abb. 266; s. Voß, S. 141 ff.).

Eine weitere Kriegsglyphe, das Verb *ch'ak,* das wörtlich „hacken" bedeutet, ist in einigen Texten auf Enthauptungen bezogen: *ch'ak u baah* (sein Kopf wurde abgeschlagen). In anderen Zusammenhängen bezeichnet der Begriff *ch'ak* eine Aktion gegen einen Ort und muss in seiner erweiterten Bedeutung als „Angriff" oder „Zerstörung" gelesen werden. Im Zusammenhang mit einer solchen Attacke gegen Palenque wird davon berichtet, dass die Schutzgötter der Stadt „niedergeworfen" wurden *(valej),* was auf die Entweihung ihrer Standbilder im Stadtkern hindeutet.

266 *Venus als Kriegsgott. Dresdner Codex, Ausschnitt aus Seite 49; Fundort unbekannt; Späte Postklassik, 1200–1500 n. Chr.; Feigenbastpapier, mit Kalkschicht überzogen, bemalt; Seite: H. 20,4 cm, B. 9 cm; Dresden, Sächsische Landesbibliothek*
Für alle mesoamerikanischen Völker war die Venus ein furchterregendes Phänomen, dessen Auftauchen am Himmel Tod und Vernichtung bedeuten konnte. Im postklassischen Dresdner Codex finden wir eine Tabelle mit Berechnungen der heliakalischen Aufgänge der Venus als Morgenstern, in der sie als eine Gottheit wiedergegeben ist, die mit Hilfe der Speerschleuder (zu beachten ist der hakenförmige Gegenstand in ihrer linken Hand) ihre Opfer unten auf der Erde mit Pfeilen durchbohrt.

Eine relativ seltene Form ist *ooch ch'een'* (betraten die Höhle; Abb. 267). *Ch'een,* „Höhle", ein Schriftzeichen, das erst kürzlich entziffert wurde, scheint im übertragenen Sinne auch „Stadt" zu heißen, vielleicht weil Siedlungen symbolisch oder tatsächlich in unmittelbarer Nähe von Höhlen angelegt wurden (s. Brady, S. 297 ff.). Höhlen galten als das spirituelle Zentrum eines Königreiches und möglicherweise als Geburtsort oder Wohnsitz der Schutzgötter.

Eine der anschaulichsten Bezeichnungen für einen Angriff liefert der Verbstamm *pul* (brennen; Abb. 267). In der Ikonographie der mexikanischen Kulturen wird Eroberung mit einem in Flammen aufgehenden Tempel dargestellt. Als häufigster Ausdruck im Kriegsvokabular erscheint *chukaj* (es wurde gefangen genommen; Abb. 267). *Jubuy* (herunterholen/zu Fall bringen) scheint die Hauptaussage bei Feldschlachten zu sein, die außerhalb von Ballungszentren stattfanden (Abb. 267). Der Begriff wird häufig auf *took' pakal* (Feuerstein und Schild) angewendet; dabei scheint es sich einerseits um eine Art Feldstandarte von großer symbolischer Bedeutung zu handeln, andererseits bezeichnet dieses Begriffspaar in Mesoamerika die

267 *Kriegshieroglyphen*
Maya-Inschriften, deren Thema der Krieg ist, halten nicht nur Ereignisse, Schauplätze und Identität der Teilnehmer fest, sondern bedienen sich auch anderer Ausdrucksformen. Die entscheidendste dieser Kriegsvokabeln ist der Begriff „Sternenkrieg", wobei das tatsächliche Maya-Wort jedoch noch zu entziffern bleibt. Es wird durch die Glyphe für „Stern" dargestellt; aus ihr strömt eine Flüssigkeit auf das Erde-Zeichen oder, in manchen Fällen, auch auf den Namen des angegriffenen Ortes darunter. Ein noch bildhafteres Verb ist *ch'ak* (hacken). Hier handelt es sich um eine allgemeine Bezeichnung für die Einnahme größerer und kleinerer Städte.

beiden wichtigsten Gegenstände der Kriegsführung, eine Speerspitze aus Feuerstein und den schützenden Schild. Die Eroberung des *took' pakal*, des „feindlichen Herrschers", könnte auch ein direkter Hinweis auf die Niederlage seiner Armee sein.

Das Schicksal der Gefangenen

Wie die meisten vorspanischen Gesellschaften legten die Maya Wert darauf, ihre Feinde lebend gefangen zu nehmen, sie in der Hauptstadt der Sieger vorzuführen (Abb. 275) und zu demütigen, sie in vielen Fällen zu foltern und schließlich zu töten (Abb. 268, 269). Man könnte sagen, dass die Opferung der Kriegsgefangenen ihren eigenen Tempel hatte: den steinernen Ballspielplatz (s. Colas/Voß, S. 186 ff.), der sich im Herzen aller bedeutenderen Städte der Maya befand und von jeher mehr als nur eine Wettkampfarena war. Dieser Schauplatz versinnbildlichte den Ballspielplatz der Unterwelt, auf dem in der Mythologie der Maya der entscheidende Kampf zwischen Leben und Tod ausgetragen wurde. Die unterlegene Mannschaft symbolisierte hier den überwältigten Feind, so wie die meisten Mannschaftssportarten auch heute an Kriege im Kleinen erinnern mögen. Als eine äußerst makabere Form des Menschenopfers sind Gefangene zu sehen, die – selbst zu einem großen Ball zusammengebunden – ganze Treppenfluchten hinuntergestoßen wurden und so zu Tode kamen oder schwer verletzt wurden.

Ein Schicksal, das sie ebenso ereilen konnte, war *k'uxaj*, „gefoltert" oder eventuell auch „gegessen" zu werden. Ritueller Kannibalismus war in Mesoamerika nicht unbekannt, wenn er möglicherweise auch den abscheulichsten Vergehen vorbehalten

268 *Die Mythologie der Opferung. Tonina, Chiapas, Mexiko, Monument 155; 688–715 n. Chr.; Kalkstein*
Gelegentlich wird auf Unterlegene hingewiesen, die *nawaj* (geschmückt) sind. Das bezieht sich wahrscheinlich auf Stofffetzen oder Papierstreifen, die ihnen anstelle ihres kostbaren Schmucks durch die Ohrläppchen gezogen wurden. In einigen Fällen scheint der Begriff jedoch eine förmlichere Aufmachung zu bezeichnen. Dieses Opfer aus Anayte nahe des Usumacinta wurde vermutlich von K'inich Baknal Chaak gefangen genommen, der um 700 König von Tonina war. Er ist an den Armen gefesselt und zeigt die „Teigwurst"-Augenumrahmung und die Flammenohren einer bekannten Jaguar-Gottheit. Bedenkt man, dass die Maya-Fürsten in Göttergestalt in den Kampf zu ziehen pflegten, so lässt die Betonung eines Mythos, der in der Opferung eines solchen Gottes gipfelt, vermuten, dass dieser Besiegte speziell hergerichtet wurde, um die entsprechende mythologische Begebenheit des von ihm repräsentierten Gottes nachzustellen.

269 *König und Gefangener. Umzeichnung einer Relieftafel; Palenque, Chiapas, Mexiko, Tempel XVII; um 687 n. Chr.; Kalkstein; Palenque, Museo del Sitio Palenque*
Das Motiv des mit Füßen getretenen Gefangenen beschränkt sich weitgehend auf die monolithischen Stelen mit ihrem schmalen Format; auf breiteren Tafeln finden sich auch naturalistischere Szenen und empfindsamere Porträts des Gefangenenelends. Auf dieser Tafel ist ein König von Palenque dargestellt; er hält einen gezähnten Speer in der einen und einen biegsamen Schild – vermutlich aus Baumwolle – in der anderen Hand. Zu seinem Kopfputz gehört die mexikanische Kriegsschlange – ein Hinweis auf die überragenden kriegerischen Fähigkeiten der Großmacht Teotihuacan. Der kleine Text oben rechts scheint sich auf eine Niederlage des großen Rivalen von Palenque, dem Königreich von Tonina, im Jahre 687 n. Chr. zu beziehen.

war (wozu offensichtlich die Rebellion gegen den „Oberkönig" gehörte). In einem Text in Yaxchilan heißt es von den Gefangenen, sie seien die „Speise" der örtlichen Götter. In diesem Licht gesehen, wurden die Kriegsgefangenen zur notwendigen Nahrung der Götter, die ohne die regelmäßige Versorgung mit Blutopfern schwächlich werden und ihre schützenden Kräfte hätten verlieren können. Ob die Gefangenen tatsächlich gegessen oder nur in symbolischer Form den Göttern als Speise gereicht wurden, lässt sich aus den Hieroglyphentexten jedoch nicht entnehmen.

Waffen und Schutz

Über die Kriegstaktiken der klassischen Maya ist so gut wie nichts bekannt, allerdings lassen zeitgenössische Darstellungen oder auch spätere Quellen kaum Hinweise auf ein formiertes Vorgehen erkennen (Abb. 270, 271). Hauptwaffe im Nahkampf war offensichtlich die Stoßlanze. Sie bestand aus einem schweren Schaft, der nur selten länger als zwei Meter und mit einer großen Feuersteinspitze versehen war (Abb. 271). Gelegentlich wird der obere Schaft mit gezähnten Kanten dargestellt, die eindeutig sägeartige Verletzungen reißen sollten. Der *atlatl,* die Speerschleuder, war eine Geschosswaffe von größerer Reichweite, die etwa wie eine Steinschleuder funktionierte. Eingearbeitet waren zwei Fingerlöcher zur besseren Griffsicherheit und eine weitere Vertiefung für die Schaftenden der langen Pfeile. Ihre beeindruckende Reichweite und Zielgenauigkeit wurden durch moderne Untersuchungen bestätigt.

In der Kunst der Maya findet sich der *atlatl* oft in Verbindung mit fremder mexikanischer Kleidung und scheint als ein ganz besonderer Importartikel gegolten zu haben. Die Maya bildeten eine Anzahl verschiedener Äxte und Keulen ab; und wenn auch Steinklingen, die an Holzgriffen befestigt wurden, nur selten zu sehen sind, so wurden sie doch eindeutig im Kampf verwendet. Einige Bilder lassen erkennen, dass die Maya „Schwerter" führten, die, ähnlich wie später bei den Azteken, mit Feuerstein- oder Obsidiansplittern besetzt waren.

Zu ihrem Schutz trugen die Krieger stets einen runden oder viereckigen Schild. Die Schilde bestanden offensichtlich aus Holz und waren gelegentlich mit Tierhäuten bezogen. Die Frontseite schmückten überwiegend heraldische Motive oder Götterporträts. Die Maya-Krieger trugen auch Körperschutz; allerdings macht seine üppige Ausschmückung es oft schwer, ihn als solchen zu erkennen. Schwere Pektorale aus Seilen, die möglicherweise aus gedrehter Baumwolle oder Palmblattfasern bestanden, schützten die Brust. Auch eng anliegende Kürasse aus Baumwolle oder Tierhäuten wurden getragen. So weit aus Kunstwerken zu erkennen ist, hatte der Kopfschmuck keine unmittelbare Schutzfunktion; bei ihm konzentrierte man sich auf eindrucksvolles Zurschaustellen kunstvoller Zierelemente, zu denen Tiernachbildungen oder ausgestopfte Tiere, oft Raubkatzen, Hirsche oder Schlangen, und die allgegenwärtigen Fächer aus gespreizten Federn gehörten (Abb. 276). Wir wissen, dass die Azteken diese Art hinderlicher Aufmachung im Kampf trugen, und in ebensolchem Aufzug werden auch Maya-Krieger in szenischen Kampfschilderungen gezeigt.

Auf zahlreichen Porträts sind die Maya-Herrscher mit mexikanischen, speziell im Stil von Teotihuacan gehaltenen Gewändern und Waffen zu sehen (Abb. 269). Sie waren bemüht, sich in die Symbole einer fremden Macht zu hüllen, deren militärischer Ruhm die gesamte Region tief beeindruckte. In erster Linie hofften die Maya-Könige jedoch, die Hilfe der Götter von Teotihuacan wie zum Beispiel der

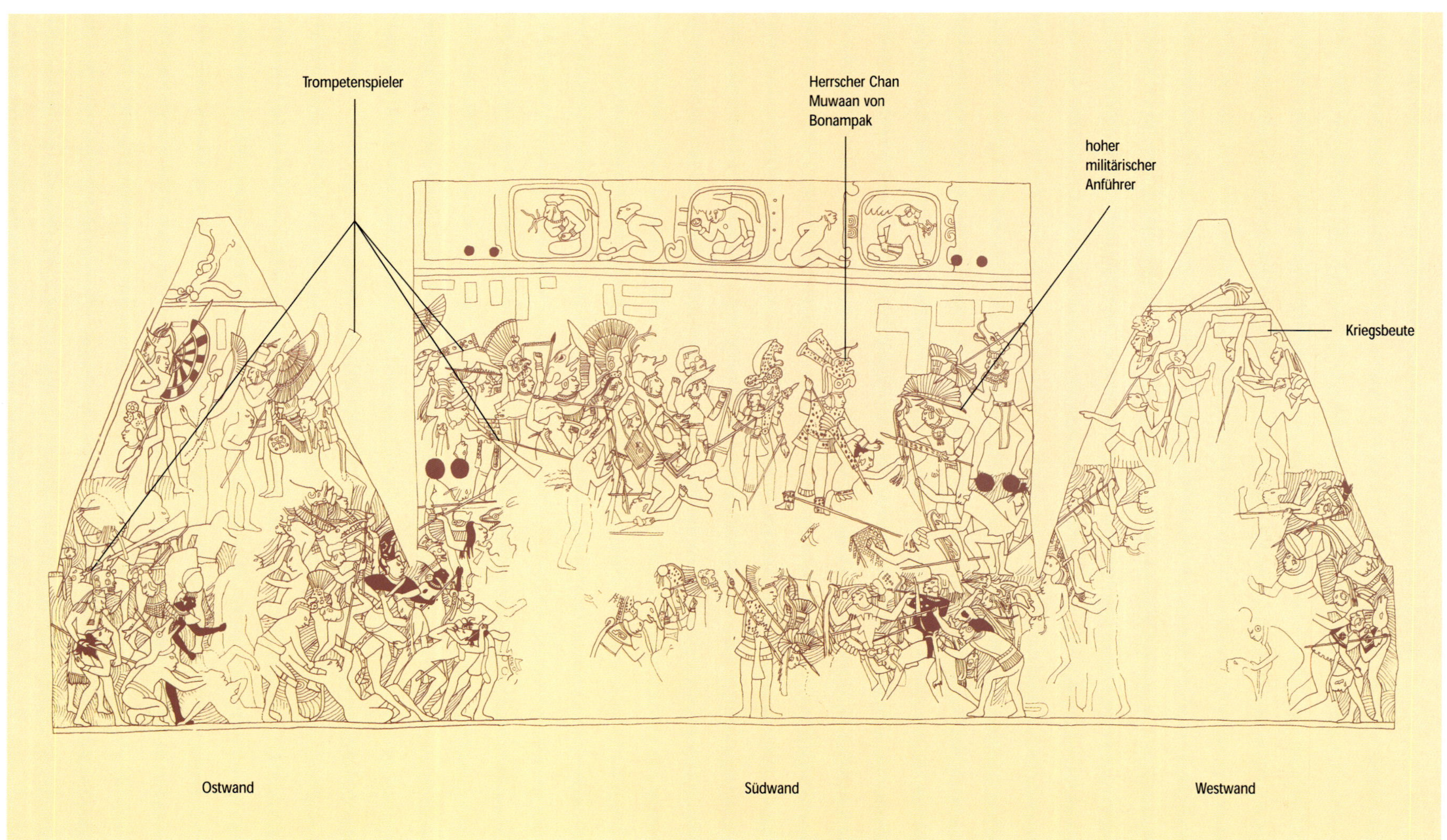

Kriegsschlange *waxaklajuun ubaah kaan* zu beschwören, eines Schutzgottes, der zunehmend mit den Zielen panmesoamerikanischer Eroberung und Vorherrschaft in Verbindung gebracht wurde.

In der gesamten Menschheitsgeschichte haben bewaffnete Verbände immer wieder akustische und visuelle Zeichen eingesetzt, um die Moral ihrer Kämpfer zu stärken und den Gegner einzuschüchtern. Von Berichten über die spanische Invasion wissen wir, dass die Armeen der Maya begleitet von den Klängen der Schnecken-

271 *Schlachtszene. Abrollung eines bemalten Zylindergefäßes; Gebiet von Nebaj, Guatemala; Späte Klassik, 600–800 n. Chr.; Ton, bemalt; H. 19 cm, U. 58 cm*
Einige der eindrucksvollsten Szenen eines Maya-Kampfes sind auf Zylindergefäßen aus dem Gebiet des guatemaltekischen Nebaj zu sehen. Sie veranschaulichen die Pracht der zur Schau gestellten Federn und edlen Textilien, aber auch das zweckmäßigere Zubehör wie die Schutzwesten aus Leder oder Baumwolle. Hier stoßen mehrere Krieger ihren Speer mit beiden Händen nach unten, um ihr Ziel mit größtmöglicher Stoßkraft zu treffen. Zu beachten sind auch die drei Kopftrophäen, die einer der Fürsten um den Hals gebunden trägt.

270 *Das Schlachtengemälde von Bonampak. Nachzeichnung der Ost-, Süd- und Westwand von Raum 2, Bonampak, Chiapas, Mexiko; Späte Klassik, um 790 n. Chr.*
Dicht an dicht stürzen sich hier die Krieger in einer Schlacht aufeinander, von der auf drei Wänden eines Bauwerks in Bonampak berichtet wird. Die Auseinandersetzung muss um 790 stattgefunden haben; das genaue Datum ist nicht gesichert. Am äußersten linken Rand halten drei Männer „Sonnenschirm"-Banner, rechts sorgen zwei weitere mit Trompeten und Rasseln für die nötige Geräuschkulisse. Im Mittelpunkt steht Yajaw Chan Muwaan, der König von Bonampak, wie er gerade einen Gefangenen macht, wobei ihm Ahnen mit einst von ihnen Besiegten vom Himmel herab zuschauen. Ganz rechts ist die Verliererpartei mit einem Kasten zu sehen, in dem sich möglicherweise ein Götterbildnis befindet.

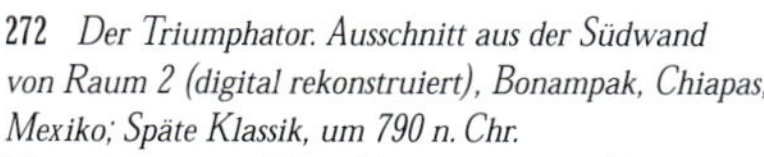

272 *Der Triumphator. Ausschnitt aus der Südwand von Raum 2 (digital rekonstruiert), Bonampak, Chiapas, Mexiko; Späte Klassik, um 790 n. Chr.*
Höhepunkt eines Maya-Krieges war die Gefangennahme eines hoch stehenden Gegners; sie wurde auf Monumenten, bemalten Gefäßen oder, wie hier, auf Wandgemälden festgehalten. Wir sehen Yahaw Chak Muwaan in einem Wams aus Jaguarfell, mit Kopftrophäe und einem dekorativem Jademosaik, das er zu diesem Anlass als Halsschmuck trägt. Bei dem schwach erkennbaren Profil vor seinem Gesicht handelt es sich um eine Detaildarstellung seiner Maske, die belegt, dass er sich in der Gestalt eines Gottes oder eines Ahnen in den Kampf begeben hatte. Sein Opfer ist bereits seines Gewandes beraubt, sein Speer wurde zerbrochen und er selbst rüde an den Haaren zu Boden gerissen.

muscheltrompeten, Holztrommeln und Schildkrötenpanzer in die Schlacht zogen (Abb. 271, 272). Körperbemalung, kriegerische Aufmachung und Banner sorgten für einen martialischen Anblick der Truppen. Dazu sind nur wenige Abbildungen überliefert, aber auf manchen, die überdauert haben, sind deutlich Fahnen zu erkennen, die sicherlich mit auffälligen Farben und Emblemen bemalt waren. Gelegentlich sind Krieger dargestellt, die die viereckigen Wimpel nicht in der Hand, sondern in Gestellen hinten am Gürtel trugen, etwa wie die führenden Samurai des mittelalterlichen Japan. Von besonderer Wichtigkeit waren die federbesetzten Standarten, die offenkundig eine Weiterentwicklung von Sonnenschirmen waren. Wurden kleinere Sonnenschirme nach unten gehalten, so war dies oft ein Symbol der Unterwerfung oder Niederlage.

Göttlicher Schutz

Auf kunstvollen Tragen führten die Maya ihre Schutzpatrone in Gestalt von Götterbildern mit in die Schlacht. Im Kriegsverständnis der Maya wurden die göttlichen Wesen ebenso wie die sterblichen Krieger gegeneinander ins Feld geführt. Ein erobertes feindliches Götterbild galt so viel wie ein hoher Gefangener und wurde auf dieselbe Weise anlässlich einer Parade durch die Hauptstadt der Sieger zur Schau gestellt. (Abb. 273, 274)). Ähnlich verfuhren die Azteken, die eroberte Götterbilder in eigens errichteten Tempeln gefangen hielten. Hier wurden sie als geheiligte Wesen verehrt, Wesen allerdings, die nun den mächtigeren Göttern der Azteken unterworfen waren. Kosmologische Phänomene lieferten oft das religiöse und weltanschauliche

Fundament für die organisierte Gewalttätigkeit in Mesoamerika, sie spielten jedoch keine dominierende Rolle gegenüber pragmatischen Erwägungen. Bei genauer Untersuchung der Ereignisse um den „Sternenkrieg" stellen wir fest, dass nur wenige von ihnen mit bedeutsamen Stationen des Venus-Zyklus zusammenfielen. Das lässt vermuten, dass, welche Auguren auch immer befragt und welche komplizierten Planetenbewegungen auch immer festgehalten wurden, der Zeitpunkt für einen Krieg in erster Linie von taktischen Gesichtspunkten und nicht von esoterischen Kriterien bestimmt war.

Maya-Kriegsführung im Spiegel der Archäologie

Die archäologischen Spuren der Kriegsführung sind rar und oft widersprüchlich. Die Körper der einfachen Bauern einschließlich jener der erschlagenen Krieger sind im tropischen Klima der Maya-Region oft schlecht erhalten und sagen wenig über die

273 *Festzüge für den Krieg. Tikal , Peten, Guatemala, Tempel IV, Türsturz 3; nach 746 n. Chr.; Sapodilla-Holz; H. 176 cm, L. 205 cm; Basel, Museum der Kulturen*
Auf Türsturz 3 hat der Tikal-Herrscher Yik'in Chan K'awiil auf einer anderen großen Sänfte Platz genommen (man beachte die verknoteten Tragebalken links und rechts außen) und wird dabei vom Bildnis einer riesigen Schlange umgeben. Die Inschrift erwähnt einen „Sternenkrieg", der um 743 n. Chr. gegen einen Ort namens Yaxa' geführt wurde, der Teil des Königreichs von El Peru war. Auch hier wurde die Sänfte des Rivalen mit dem Bildnis seines persönlichen Schutzgottes als Beute nach Tikal verschleppt. Die Szene stellt einen drei Jahre später stattfindenden Festzug dar, der mit Tänzen und der Personifikation des Gottes durch den Tikal-Herrscher seinen Höhepunkt erreicht.

274 *Kriegsgötter und Zeremonialsänften. Tikal, Peten, Guatemala, Tempel IV, Türsturz 2; nach 747 n. Chr.; Sapodilla-Holz; H. 216 cm, B. 186 cm; Basel, Museum der Kulturen*
Die Inschriften und Szenen auf den Türstürzen von Tempel IV in Tikal enthalten wichtige Informationen über Religion und Kriegsführung der klassischen Maya. Türsturz 2 zeigt den Tikal-Herrscher Yik'in Chan K'awiil (Herrscher B), wie er auf einer Sänfte unter der Statue eines Schutzgottes Platz genommen hat. Der Text erzählt, dass er um 744 n. Chr. einen „Sternenkrieg" gegen den Stadtstaat von Naranjo geführt und dabei wohl die dargestellte Sänfte mit dem Bildnis einer bedeutenden Gottheit als Kriegsbeute nach Tikal gebracht hat. Diese Holzsänften wurden wahrscheinlich als eine Art Schutz- oder Kriegsgottheit der jeweiligen Partei mitgeführt.

275 *Zurschaustellung von Gefangenen. Abrollung eines bemalten Zylindergefäßes; Fundort unbekannt; Ton, bemalt; H. 28,1 cm, U. 45 cm; Privatsammlung*
Nach der Schlacht wurden die Gefangenen in die Hauptstadt der Sieger geführt, wo sie ein unterschiedliches Schicksal erwartete. Manche wurden eindeutig geopfert, aber viele wurden versklavt oder einfach zu Vasallen gemacht. In Szenen ihrer Vorführung, wie dieser, sind oft Berge kostbarer Dinge zu sehen, die von Plünderungen oder gewaltsamen Tributforderungen stammen könnten.

276 *Kriegerstatuette im Jaina-Stil. Fundort unbekannt; Späte Klassik, 600–800 n. Chr.; gebrannter Ton; H. 26 cm; Cleveland, Cleveland Museum of Art, James Albert und Mary Gardiner Ford Memorial Fund*

Dieser Krieger trägt ein Gewand aus blauen Federn mit breitem Schutzkragen und einen mit ausladenden Federn geschmückten Helm. Speer und Schild gingen verloren.

Opfer und die Todesart aus. Hinweise auf Brände finden sich, aber ihre Ursache ist selten klar, und wir wissen, dass die meisten Kriegsschäden repariert wurden. In der Regel bieten Befestigungsanlagen die beste Information; sie sind aber im Gebiet der Maya nur selten anzutreffen. Die nördlichen Städte in späteren Zeiten waren von steinernen Doppelringwällen oder Holzpalisaden umschlossen, jedoch ließen sich aus der klassischen Zeit im Tiefland nur wenige derartiger Anlagen identifizieren (Abb. 278, 277).

In den 60er-Jahren des letzten Jahrhunderts wurde ein tiefer, 9,5 Kilometer langer Graben mit Erdwall 4,5 Kilometer nördlich von Tikal freigelegt. Überreste einer ähnlichen Sperre im Süden der Stadt deuten darauf hin, dass er einmal Teil einer wuchtigen Befestigungsanlage war, auf der vermutlich eine Brustwehr verlief, die die benachbarten Sümpfe im Westen und Osten miteinander verband. Tikal ist in dieser Hinsicht einzigartig. Das Hinterland der Maya-Städte ist jedoch zu wenig erforscht, als dass man ähnliche Bollwerke ausschließen könnte, insbesondere wenn sie überwiegend aus Holzpalisaden und bescheidenen Grabenanlagen errichtet wurden. In Becan gibt es einen recht eindrucksvollen Wallgraben, der anscheinend schon früh angelegt wurde, wohingegen die niedrigen Verteidigungsanlagen im Petexbatun-Gebiet in aller Eile in der Endphase der Klassik hochgezogen wurden, als der große Kollaps der Maya-Gesellschaft im südlichen Tiefland bereits begonnen hatte. Eine Fülle von Befunden zeigt, dass diese Hindernisse überwunden und die dazugehörenden Siedlungen, so vor allem die Stadt Aguateca, überstürzt verlassen und niedergebrannt wurden.

Wenn überhaupt, so konnten die wenigsten solcher Schutzanlagen einem Angriff ohne aktive Verteidigung standhalten. Es hätte einer großen Zahl von Menschen bedurft, um Befestigungsanlagen wie die von Tikal zu bemannen beziehungsweise Verteidiger am angegriffenen Abschnitt zusammenzuziehen. Die ausgedehnte Fläche (etwa 125 Quadratkilometer), die sie umschließen, zeigt, dass das ländliche Zentralgebiet und nicht sein städtischer Kern das primäre Verteidigungsobjekt war. Die Vermutung drängt sich auf, dass die Anlage nur saisonal in Betrieb war, wenn bestimmte Ernten besonders durch Brände, Verwüstung oder Diebstahl gefährdet waren, während die menschliche Arbeitskraft in den Monaten September bis Februar, wenn die Maiskolben bereits ausgereift waren, nur hin und wieder benötigt wurde, sodass Männer zur Verteidigung ihrer eigenen Felder beziehungsweise zum Angriff auf fremde Äcker von der Arbeit freigestellt werden konnten.

Ausmaß und Bedeutung der Kriege

Ob die Maya-Gesellschaft über eine Kriegerkaste und somit über eine Art stehendes Heer verfügte, ist heute schwer nachzuvollziehen. Kolonialzeitliche Quellen erwähnen eine militärische Elite, allerdings eine, die Truppen von Bauernkriegern anführte, die von ihrer Feldarbeit abgezogen wurden. Forscher, die sich mit der statistischen Häufigkeit von Kriegen im Jahresverlauf befasst haben, fanden Hinweise auf Häufigkeitsspitzen in den Trockenzeiten. Das hätte nicht nur den Truppentransport erleichtert, sondern erhärtet auch die These, dass die meisten Kriege stattfanden, wenn die Ernte eingebracht war und eine Höchstzahl von Männern für den Kampf zur Verfügung stand. Es ist auch der bisher solideste Anhaltspunkt für die Vermutung, dass die Truppenstärke der Maya-Armeen zumindest von Fall zu Fall sehr hoch war. Es ist schwer vorstellbar, dass heftige Zusammenstöße, die mit der Einnahme fremder Städte und der Gefangennahme und dem Tod der Könige endeten, auf professionelle Minderheiten beschränkt blieben und nicht auch die Kräfte vieler königlicher Untertanen zur Verteidigung ihrer Städte und „göttlichen" Herrscher mobilisiert wurden (Abb. 272).

Die Bedeutung kriegerischer Auseinandersetzungen in den ersten Anfängen der Maya-Zivilisation ist zwar immer noch unklar, es ist aber davon auszugehen, dass Kriege eine wesentliche Rolle bei der Entstehung komplexer präklassischer Gesellschaften und der Hauptstädte spielten. Bei Anbruch der klassischen Epoche, das heißt spätestens ab 300 n. Chr., kam militaristischen Themen eine Schlüsselstellung in der Kunst des Tieflandes zu, und das Ideal des „Kriegerkönigs" wurde bei den Maya als eine entscheidende Komponente der Herrschaftsform erkennbar. Ab dem 6. Jahrhundert führte die Entwicklung eines politischen Machtgefüges, das aus zahlreichen, erbittert rivalisierenden Königtümern bestand, zu neuen Herrschaftsansprüchen und Allianzen. In den Inschriften wurden Kriegshandlungen während der ganzen Spätklassik zunehmend in ihrer dynastischen Bedeutung und nicht länger als allgemeines Porträt militärischer Heldentaten festgehalten.

Diese Verhältnisse blieben im blühenden südlichen Tiefland bis zum weitgehenden Zerfall der klassischen Gesellschaft im 9. Jahrhundert bestehen. Der Zusammenbruch der Herrschaft königlicher Dynastien führte anscheinend zu einer weiteren Zersplitterung der politischen Landschaft, die nun von Kleinfürsten dominiert wurde, und sie alle rangen um die Kontrolle über die schwindenden Ressourcen. Wo größere Maya-Gruppen in zusammenhängenden Verbänden weiterexistierten, wie zum Beispiel im nördlichen Tiefland und im Hochland, wurden politische Konflikte ähnlich wie zuvor ausgetragen.

Die vorspanische Maya-Gesellschaft ähnelte in keiner Weise dem friedlichen Utopia, das einst unsere Vorstellungen prägte. Aber ihre militärischen Züge, die nicht brutaler waren als die vergleichbarer Zivilisationen, lassen zumindest ein umfassenderes und überzeugenderes Bild von einer Kultur entstehen, die zu den herausragendsten der Welt gehört.

277 *Angriff auf eine zweifach befestigte Stadt. Chichen Itza, Yucatán, Mexiko, Nonnenhaus, Raum 22; Endklassik oder Frühe Postklassik, 800–1200 n. Chr.; Wandmalerei (Kopie)*
Obwohl nur fragmentarisch erhalten, illustriert dieses Wandgemälde auf einzigartige Weise eine doppelte Stadtbefestigung im Verteidigungszustand. Oben links sehen wir Tempel, die eng von einer mit rautenartigen Mustern überzogenen Mauer eingefasst werden. Diese wird konzentrisch von einer zweiten, rot bemalten Mauer umrundet. Ein Schauer feuriger Pfeile prasselt auf die Tempel nieder. Sie entstammen wohl den *atlatl* (Speerschleudern) der Angreifer. Andere Krieger in diesem Bezirk scheinen zu den Verteidigern zu gehören. Rechts von ihnen könnte es sich gut um Gefangene handeln.

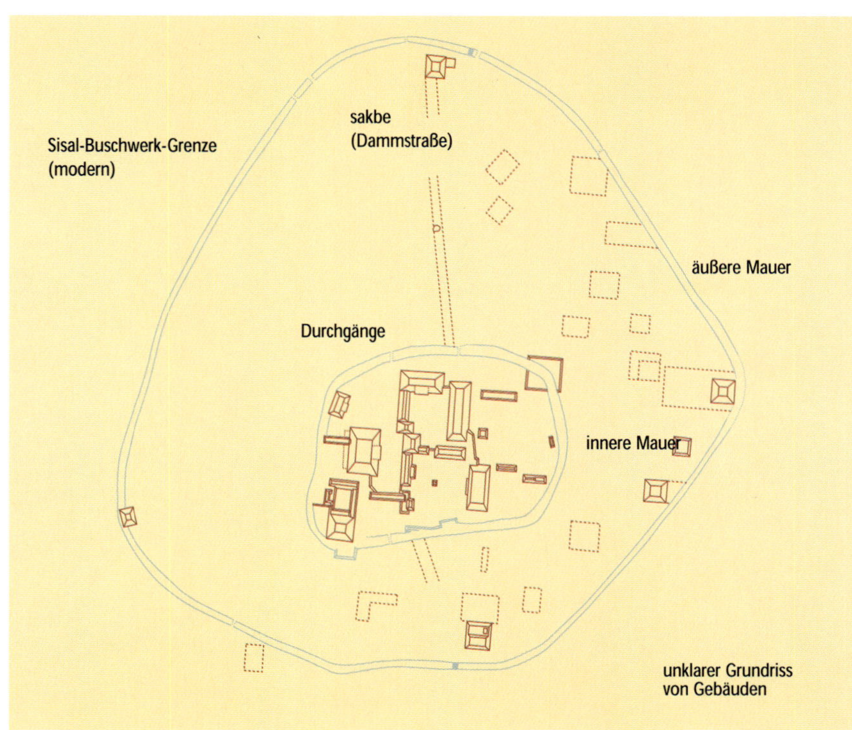

278 *Eine doppelte Befestigungsanlage in Yukatan. Karte der archäologischen Stätte Cuca, Yucatán, Mexiko*
Diese Karte von Cuca zeigt konzentrische Stadtmauern, die denen von Chichen Itza sehr ähnlich sind. Der äußere Ring ist niedrig, aber bis zu 4 m dick und könnte früher mit Palisaden oder einem Schutz aus Dornenhecken bestückt gewesen sein. Die innere Mauer ist mit 10–12 m Dicke und stellenweise 3 m Höhe wesentlich massiver.

SPIEL AUF LEBEN UND TOD – DAS BALLSPIEL DER MAYA

Pierre R. Colas und Alexander Voß

Das Ballspiel bildete einen zentralen Bestandteil im gesellschaftlichen Leben der vorspanischen Maya. Hinweise auf Ballspielplätze und Darstellungen von Ballspielern sind nicht nur im gesamten Maya-Gebiet gefunden worden, sondern auch bei allen anderen Völkern Mesoamerikas. Das Ballspiel war darüber hinaus sogar bis in den Südwesten der heutigen Vereinigten Staaten verbreitet, sodass man in der Tat von einem kulturübergreifenden Phänomen sprechen kann.

Das Ballspiel war aber nicht nur über einen weiten geografischen Raum verbreitet, sondern auch von erstaunlicher zeitlicher Kontinuität. Seine archäologischen Spuren reichen bis ins 5. Jahrhundert v. Chr. zurück. Die ältesten Ballspielplätze sind am Mittellauf des Grijalva-Flusses in Chiapas freigelegt worden. Die Funde aus dem olmekischen Fundort San Lorenzo stammen möglicherweise auch aus dieser Zeit. Die meisten Ballspielplätze im Maya-Gebiet wurden in der Klassik zwischen dem 3. und 9. Jahrhundert n. Chr. angelegt. Kurz vor Ankunft der Spanier waren Ballspielplätze im Maya-Gebiet allerdings nur noch im Hochland von Guatemala bei den K'iche' und Kaqchikel anzutreffen, so in Utatlan und Iximche'. Heute werden Varianten des Ballspiels noch in den mexikanischen Bundesstaaten Sinaloa und Michoacan gespielt. Die Bewahrung des Ballspiels über viele Jahrhunderte und historische Umbrüche hinweg zeugt von seiner großen kulturellen Bedeutung in Mesoamerika.

279 *Mittlerer Markierstein vom Großen Ballspielplatz. Copan, Honduras, Ballspielplatz A-II; Späte Klassik, nach 695 n. Chr.; grüner Tuffstein; Dm. 74 cm; Copán Ruinas, Museo de Arqueología*
In der Mitte und an den Enden eines Spielfeldes sind drei Markiersteine in den Boden eingelassen. Dieser Mittelstein stammt von einem Vorgängerbau des jetzigen Ballspielplatzes. Sein Relief zeigt den König beim Ballspiel in der Rolle eines Unterweltgottes. Ein Hinweis auf die Unterwelt als Ort des Ballspiels ist auch die stilisierte Darstellung eines Durchgangs dorthin am Rand.

280 *Ballspielszene. Fundort unbekannt; Späte Klassik, 600–900 n. Chr.; gebrannter Ton, bemalt; H. 23 cm, Dm. 17,7 cm; Saint Louis, Saint Louis Art Museum*
Die Szene wirkt wie die Momentaufnahme eines Spielzuges zwischen zwei Akteuren in einem Ballspiel. Alle Spieler sind mit Schutzgürteln und Knieschonern sowie mit einem Kopfputz ausgestattet, der offenbar ihre Mannschaftszugehörigkeit anzeigt. So tragen die beiden Spieler links vom Ball einen Vogelkopf und die auf der rechten Seite einen Hirschkopf. Auf einer Freitreppe, die als Zuschauertribüne dient, unterhalten sich zwei Männer angeregt, während ein Dritter, mit einer Muscheltrompete in der Hand, die Spieler anzufeuern scheint. Die schwarzen Wellenlinien, aber auch die Hieroglyphen im Hintergrund geben wohl die Rufe der Spieler wieder.

Der Mythos vom Ballspiel

Der Schlüssel zum Verständnis des Ballspiels in der Kultur der Maya liegt in den Erzählungen des Popol Wuj, des „Buches des Rates", das den Entstehungsmythos des K'iche'-Volkes beschreibt. Obgleich es sich um ein kolonialzeitliches Dokument handelt, sind die Übereinstimmungen einzelner Erzählungen mit Überlieferungen in Inschriften und bildlichen Darstellungen so groß, dass man die Mythen des Popol Wuj für eine nachklassische Fassung des Schöpfungsmythos aus klassischer Zeit hält.

Im ersten Teil des Popol Wuj wird vom Bruderpaar Jun Junajpu (1 Blasrohr) und Wuqub' Junajpu (7 Blasrohr) berichtet, die vor dem Eingang zur Unterwelt Ball spielten. Die Herren der Unterwelt störte der Lärm, und sie befahlen den beiden, in die Unterwelt herabzusteigen, um sich mit ihnen im Ballspiel zu messen. Es handelte sich um eine Falle, die beiden Brüder wurden hintergangen, getötet und der Kopf von Jun Junajpu in einen Baum gehängt. Ein Mädchen namens Xkik' (Frau des Blutes) sah den merkwürdigen Baum und näherte sich ihm, woraufhin ihr der Kopf in die Handfläche spuckte. Xkik' wurde auf wundersame Weise davon schwanger. Die junge Frau fürchtete die Rache ihres Vaters, eines der Herren der Unterwelt, und floh zur Mutter der toten Brüder in die Oberwelt. Dort brachte sie die Zwillinge Junajpu (Blasrohr) und Xb'alanke (Junger Jaguar) zur Welt. Die beiden fanden die Ballspielausrüstung ihrer Väter, begannen damit zu spielen

und wurden wie diese in die Unterwelt zitiert. Dort mussten die Ballspieler allerlei Prüfungen bestehen. Während einer dieser Prüfungen wurde Junajpu der Kopf von einer Fledermaus abgerissen. Die Herren der Unterwelt glaubten sich ihres Sieges sicher, doch Xb'alanke ersetzte den Kopf seines Bruders durch einen Kürbis. Junajpu selbst forderte die Herren der Unterwelt auf, mit seinem Kopf Ball zu spielen. Durch eine List, bei der ein Kaninchen als Ball über den Platz sprang und so die Herren der Unterwelt ablenkte, gelang es Xb'alanke, den Kopf seines Bruders wiederzuerlangen und Junajpu wieder zu beleben. Nach allen Prüfungen ließen sich die Zwillinge dennoch töten, ihre Überreste wurden in den Fluss der Unterwelt gestreut. Nach fünf Tagen kehrten sie jedoch wieder und vollbrachten eine Reihe großer Wunder, indem sie eine Vielzahl von Geschöpfen töteten und wieder zum Leben erweckten. Als die Herren der Unterwelt die Zwillinge baten, das Gleiche auch mit ihnen zu tun, töteten die Zwillinge die Herren der Unterwelt, ohne ihnen allerdings das Leben wiederzugeben. So wurden die Herren der Unterwelt besiegt, und die Zwillinge stiegen als Sonne und Mond in den Himmel auf.

Besonders eindrucksvoll ist dieser Mythos in den Reliefs am Großen Ballspielplatz von Chichen Itza umgesetzt (Abb. 283), die einen knienden Spieler ohne Kopf zeigen, dessen Blut in Gestalt von Schlangen aus dem Hals schießt. Der Spieler ihm gegenüber hält den abgetrennten Kopf in seiner linken Hand, in der rechten ein Feuersteinmesser. Diese Szenen sind bildliche Umsetzungen des Mythos von den Heldenzwillingen, sie geben keinerlei Hinweis darauf, dass die Spieler am Ende eines Spiels geopfert wurden. Solche Berichte gehören zu den phantastischen Erzählungen, die aber wegen ihrer bizarren Exotik immer wieder unkritisch übernommen werden.

Die Spielregeln

Die Spielregeln des Ballspiels der klassischen Zeit können heute nur noch anhand von Darstellungen in der Gefäßmalerei, Tonplastik und auf Steinmonumenten bruchstückhaft rekonstruiert werden. Auch einige Augenzeugenberichte von Europäern aus dem 16. Jahrhundert ermöglichen Rückschlüsse auf den Spielverlauf des Maya-Ballspiels. Wir wissen nicht viel mehr, als dass der Ball zu Spielbeginn mit der Hand ins Spielfeld geworfen wurde, dann aber nur mit der Hüfte und dem Oberschenkel getroffen werden durfte, alles andere galt als Verstoß gegen die Regeln. Es ist weder bekannt, wie die Punkte gezählt, noch, wie der Gewinner ermittelt wurde. Vermutlich gab es regional unterschiedliche Spielvarianten. Ungeklärt ist auch die Frage, ob es Mannschaften gab und wie viele Spieler einer Gruppe angehörten. Anhand der Angaben aus dem Popol Wuj lässt

281 *Ballspieler mit Schutzgürtel. Fundort unbekannt; Späte Klassik, 600–900 n. Chr.; gebrannter Ton, bemalt; Privatsammlung*
Diese kleine Tonplastik zeigt anschaulich die verschiedenen Teile der Ausrüstung eines Ballspielers. Um die Hüften, mit denen der Ball geschlagen wurde, legt sich der große Schutzgürtel. Die Knieschoner sollten ihn vor Verletzungen schützen, wenn er sich zum Abspielen des Balls auf dem harten Boden abstützen musste.

sich mutmaßen, dass man sowohl Mann gegen Mann spielte, aber auch in Paaren und ungleich starken Gruppen (Abb. 280). Die Darstellungen zeigen fast ausschließlich Männer beim Ballspiel. Nur auf der Hieroglyphentreppe 2 von Yaxchilan sind zwei Frauen als Ballspielerinnen abgebildet. Die meisten Ballspieler knien oder liegen mit einer Seite fast vollständig am Boden, manchmal stützen sie sich dabei mit dem Arm ab (Abb. 282). Andere Spieler wiederum stehen aufrecht und halten einen Ball in der Hand. Die verschiedenen Haltungen der Spieler zeigen offensichtlich verschiedene Stationen des Spielablaufs und können als Ausdruck der einzelnen Spielsituationen begriffen werden.

Die Ausrüstung der Spieler

Da der Spieler häufig direkte Treffer durch den massiven Kautschukball erhielt und sich oft auf den Boden warf, musste er sich vor Schürfwunden, Prellungen und Quetschungen schützen. Das wichtigste Stück seiner ledernen Schutzkleidung war ein Gürtel, spanisch *yugo* (Joch) genannt. Er hatte die Form eines Hufeisens und wurde um den Bauch gelegt (Abb. 281). Man hat zahlreiche steinerne Yugos gefunden. Welchem Zweck diese schweren steinernen Joche dienten, ist jedoch umstritten. Nach einer Theorie dienten die steinernen Yugos als Model, über die man feuchtes Leder zog, um die Motive der Vorlage darin einzudrücken. Nach dem Trocknen sei die Lederform abgenommen und weiterverarbeitet worden. Außerdem trug der Spieler Knieschoner, Hand- und Unterarmschoner sowie Schuhwerk (Abb. 281). Die Knieschoner hatten die Form kleiner Schilde und wurden unterhalb des Knies festgebunden. Gesäß und Oberschenkel schützte der Spieler durch einen ledernen Rock und Lendenschurz. Selten trugen die Spieler Sandalen, meist wurde barfuß gespielt. Die größte Gestaltungsvielfalt findet sich beim Kopfschmuck der Ballspieler. Die Darstellungen zeigen Hirschköpfe (Abb. 280), breitkrempige Hüte und Netztücher, wie sie auch der alte Gott N trug. Es ist eine interessante Tatsache, dass diese Kopfbedeckungen sowohl von Ballspielern als auch von Jägern getragen wurden. Diese Parallele, obgleich schon seit längerem bekannt, kann nach wie vor noch nicht hinreichend gedeutet werden.

282 *Herrscher beim Ballspiel. Fundort unbekannt; Späte Klassik, 600–900 n. Chr.; Kalkstein; New York, National Museum of the American Indian*
Das Relief gehört zu einer Gruppe von Monumenten unbekannter Herkunft, deren Übereinstimmung in Material und Stil vermuten lässt, dass sie aus demselben Ort stammen. Es zeigt einen reich gekleideten Spieler, der am Boden kniet, um den Ball mit der Hüfte zu schlagen. Die Hieroglyphen vor seinem Gesicht nennen außer dem Namen noch den Titel *pitzil* (Ballspieler).

283 *Relief vom Großen Ballspielplatz. Chichen Itza, Yucatán, Mexiko; Endklassik, 900–1000 n. Chr.; Kalkstein*
Auf diesem Relief am Ballspielplatz sind Prozessionen von jeweils 14 Spielern zu erkennen, die sich um eine zentrale Szene gruppieren. Sie vereinigt zwei Episoden, die uns aus dem Popol Wuj überliefert sind. Der Totenkopf auf dem Ball steht für den spuckenden Schädel Jun Junajpus, der so seine Lebenskraft an die nächste Generation weitergibt; gleichzeitig spielt er auf die Enthauptung und den Tod des Zwillings an. Das Motiv ist also ein Symbol für den ewigen Kreislauf von Werden und Vergehen.

Die Bälle

Die Bälle wurden aus geronnenem Latexsaft hergestellt, den man aus einheimischen Kautschukbäumen gewann. Dieses Baumharz zieht beim Erhitzen Fäden, die zu einem runden Ball gewickelt und anschließend mit den Händen verknetet oder in ein Model gepresst wurden. Ein solcher Ball wog zwischen drei und acht Kilogramm. Dieses Gewicht brachte es mit sich, dass sich der Ball schnell verformte und man ihn deshalb aufhängen musste, um ihn wieder in Form zu bringen. Augenscheinlich besaß jeder Spieler seinen eigenen Ball, denn Bälle gehörten zur persönlichen Ausrüstung. Eine Szene im Popol Wuj beschreibt, wie sich die Herren der Unterwelt mit den Zwillingen vor dem

Pitzal (Ballspieler)

Hieroglyphe für „Ballspielplatz"

9-Nab (Hieroglyphe auf Bällen)

Ik'(?)-Nal (Schwarzes Loch)

284 *Hieroglyphen für a) Ballspieler, b) Ballspielplatz, c) Ball, d) Unterwelt*
a) Die Hieroglyphe für Ballspieler wird *pitzil* gelesen. Sie erscheint in den Inschriften oft als Titel in den Namen von Herrschern. b) Die Hieroglyphe für Ballspielplatz ist ein Piktogramm und zeigt einen Ballspielplatz im Aufriss, mit einem Ball, der in der Mitte zwischen den Böschungen liegt. c) Auf dem Ball erscheint oft eine Hieroglyphe, die *nab* gelesen wird. Ihr ist jeweils eine Zahl vorangestellt; bisher belegt sind 7, 9, 12, 13 und 14. Die Bedeutung dieser Hieroglyphe ist jedoch noch nicht hinreichend geklärt. d) In einigen Inschriften werden mythische Ballspiele überliefert, die in der Unterwelt stattfinden, dem Ort, dessen Name mit „Schwarzes Loch" übersetzt wird.

Spiel stritten, mit welchem Ball zu spielen sei (Abb. 280). In den Darstellungen erscheinen etwa handgroße Bälle bis hin zu solchen in der Größe heutiger Gymnastikbälle.

Das Ballspiel als religiöses Drama

In Anlehnung an die mythischen Ballspielepisoden im Popol Wuj haben Maya-Künstler manchmal den Schädel Jun Junajpus, den Kopf Junajpus oder das Kaninchen in den Ball hineingezeichnet, mitunter aber auch einen gefesselten Gefangenen (Abb. 285). Diese hilflosen Gefangenen wurden offenbar die Böschung eines Ballspielplatzes oder eine Treppe hinabgestoßen,

285 *Sieger und Besiegte beim Ballspiel. Yaxchilan, Chiapas, Mexiko, Gebäude 33; Späte Klassik, vor 771 n. Chr.; Kalkstein; B. 165 cm*
Das Relief zeigt den Herrscher Vogel Jaguar IV als Ballspieler vor einer Treppe, von der ein Ball mit der Darstellung eines Gefangenen herunterrollt. Die Szene bezieht sich auf die Tötung eines Kriegsgefangenen aus dem Ort Lakamtuun; der Gefesselte wurde, wie der Ball, die Treppe hinuntergestoßen. Die beiden Zwerge rechts von Vogel Jaguar IV gelten als Boten der Unterwelt. Der rechte Hieroglyphentext setzt das Ereignis in Verbindung mit einem mythischen Ballspiel, das in ferner Vergangenheit stattfand. Der Text links berichtet von drei Enthauptungen, die auf einem Ballspielplatz in der Unterwelt stattfanden.

in der Absicht, sie zu töten (Abb. 285). Solche Darstellungen offenbaren den grausamen Aspekt des Ballspiels: Der Herrscher präsentierte sich als unerbittlicher Sieger im politischen Machtkampf, der seinen unterlegenen Gegner öffentlich zur Schau stellte und demütigte. Natürlich hatte auch dieses Szenarium eine mythologische Entsprechung, die uns zwar nur bruchstückhaft aus den klassischen Inschriften überliefert ist, doch in wesentlichen Teilen mit dem Popol Wuj übereinstimmt. So spricht der Text auf der Hieroglyphentreppe 2 von Yaxchilan (Abb. 285) über die Selbsttötung *(ch'ak baah)* von drei Göttern in mythischer Vergangenheit. Jede der drei Selbsttötungen wird als Sieg *(ahal)* bezeichnet. Da sich diese auf einem Ballspielplatz zutrugen, erhielt der Platz, auf dem das Drama nachgespielt wurde, den Namen Ox Ahal Eeb, „Treppe der drei Siege". Die Inschrift berichtet weiter, dass die drei mythologischen Wesen nach ihrem Tod vom Ballspielplatz aus den Weg in die Unterwelt antraten *(ooch bih)*. Der Ort, an dem dieser Ballspielplatz sich befindet, heißt „schwarzes Loch", was darauf verweist, dass er am Eingang zur Unterwelt liegt. Bei den drei enthaupteten Göttern handelt es sich um verschiedene Aspekte des Maisgottes. Erst dieser Tod in der Unterwelt ermöglicht die Wiedergeburt des Mais und damit die Vollendung des Lebenszyklus in der Vorstellung der Maya.

Die Ballspielplätze

Ballspielplätze sind durch alle Epochen gleich bleibend an ihrer charakteristischen Form zu erkennen. Die Langseiten des rechteckigen Spielfeldes sind zwischen 20 und 30 Meter lang und werden von drei bis vier Meter hohen Böschungen eingefasst (Abb. 287). Auf den angesetzten Plattformen stehen meist Gebäude, die ausgewählten Zuschauern als Aufenthaltsräume gedient haben mögen. An den Enden der Spielgasse

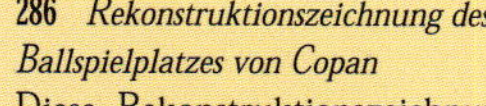

286 *Rekonstruktionszeichnung des Ballspielplatzes von Copan*
Diese Rekonstruktionszeichnung der Architektin und Kunsthistorikerin Tatiana Proskouriakoff vermittelt einen Eindruck von der Architektur des Ballspielplatzes von Copan in seiner Endphase. Der Ballspielplatz wurde mehrfach überbaut. Die erste Version wurde bereits zu Beginn des 5. Jh. von Yax K'uk' Mo', dem Gründer der Königsdynastie, angelegt, während die letzten Maßnahmen auf Waxaklajuun Ubaah K'awiil zurückgehen, der kurz danach von Quirigua gefangen genommen und enthauptet wurde.

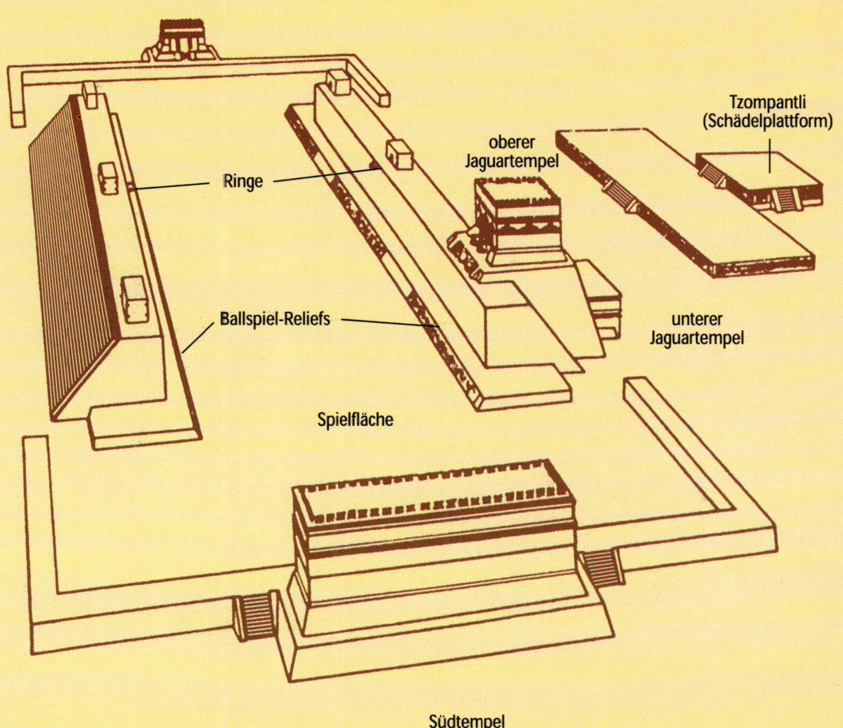

287 *Der Große Ballspielplatz. Chichen Itza, Yucatán, Mexiko; Endklassik, 900–1000 n. Chr.; L. 138 m, B. 40 m, H. 8 m*
Der größte Ballspielplatz im Maya-Gebiet und ganz Mesoamerikas steht in Chichen Itza. Seine Ausdehnung und Form unterscheiden ihn wesentlich von anderen Ballspielplätzen. Der Grundriss gleicht zwar auch einem langgestreckten „H", doch begrenzen ihn hohe, senkrechte Mauern, und die seitlichen Schrägen sind im Verhältnis zur Breite des Spielfeldes äußerst schmal und zudem auch sehr steil; sie sind mit Flachreliefs (Abb. 283) verziert.

288 *Steinerner Ring am Großen Ballspielplatz. Chichen Itza, Yucatán, Mexiko; Endklassik, 900–1000 n. Chr.*
In der Mitte der Begrenzungsmauern des Spielfeldes sind oben in vertikaler Ausrichtung steinerne Ringe eingelassen, durch die der Ball gespielt werden musste. Dieser Ring ist mit der Reliefdarstellung zweier verschlungener Schlangen verziert. Die Größe des Ballspielplatzes und die Ringe als Ziel für den Ball belegen klar, dass in Chichen Itza offenbar mit anderen Techniken und nach anderen Regeln als im südlichen Maya-Gebiet gespielt wurde.

289 *Blick auf das Südende des Großen Ballspielplatzes. Chichen Itza, Yucatán, Mexiko; Endklassik, 900–1000 n. Chr.*
Am Südende (wie auch am hier nicht zu sehenden Nordende) des Großen Ballspielplatzes stehen kleine Tempel, deren Gewölbeinnenseiten einst reich mit mythologischen Szenen verziert waren.

gibt es zusätzliche offene Spielflächen, die dem Spielfeld das Aussehen einer römischen „I" geben. Ein gutes Beispiel ist der Ballspielplatz von Copan (Abb. 286, 292), der als einer der schönsten Mesoamerikas gilt. Auf der Längsachse der Spielfläche liegen in der Regel drei Markiersteine in gleichen Abständen. Mitunter ist auch nur ein einzelner in die Mitte des Feldes eingelassen. Als zusätzliche Markierungen sind in Copan an den Außenkanten der Böschungen skulptierte Papageienköpfe angebracht (Abb. 290). Auf einigen Ballspielplätzen stehen auch Vollplastiken in der Mitte jeder Langseite oder steinerne Ringe anstelle der Skulpturen. Aus der Bildhauerei und der Gefäßmalerei der Maya sind bisher keine vollständigen Darstellungen von Ballspielplätzen bekannt. Meistens wird nur eine Seitenansicht gezeigt, seltener der Querschnitt. Die Seiten werden in der Regel als Treppe abgebildet, von der ein Ball herabrollt. In den Inschriften finden sich entsprechende Schriftzeichen: *eeb* steht für Treppe, Ballspielen heißt *pitz*, der Ballspieler *aj pitz*, ein Titel übrigens, den auch viele Herrscher tragen (Abb. 284).

Kontinuität und Wandel – der Große Ballspielplatz von Chichen Itza

Der beeindruckendste Ballspielplatz des Maya-Gebietes befindet sich in Chichen Itza. Mit einer Gesamtlänge von 138 Metern und einer Spielfeldbreite von 40 Metern ist es der größte, der je in Mesoamerika gebaut wurde (Abb. 289). Doch nicht nur seine Ausmaße, sondern auch seine Gestaltung unterscheiden ihn von den übrigen Ballspielplätzen im Maya-Gebiet. Die Böschungen sind schmal, von ihnen konnten keine Gefangenen zu Tode gestürzt werden. Dagegen ragen die Wände des Spielfeldes acht Meter senkrecht auf. Mögliche Vorläufer dieser Bauweise finden sich im Nordwesten Mexikos. Die steinernen Ringe mit Öffnungen von 50 Zentimeter Durchmesser sind in sieben Meter Höhe in die Mitte der Mauern eingelassen (Abb. 288). Um den Ball durch diese Ringe spielen zu können, verwendeten die Spieler offenbar eine Schlaghilfe mit Handgriff, die am oberen Ende mit einem Echsenkopf verziert war. Auch die Ausrüstung

der Spieler war hier anders als an den übrigen Orten. Um sich vor hohen Flugbällen zu schützen, trug der Spieler am Gürtel einen Aufsatz zum Schutz von Brust und Gesicht. Dieses löffelförmige Objekt wird als *palma* oder *palmeta* bezeichnet und findet sich sonst nur noch in Veracruz, Puebla und dem Hochland von Guatemala. Die Monumentalität der Spielgasse lässt darauf schließen, dass wohl große Mannschaften gebildet wurden, die sich durch Kopf- und Brustschmuck voneinander unterschieden.

Der Kreislauf des Lebens und das Ballspiel

Den sportlichen Charakter der Ballspiele kannte man bereits aus spanischen Berichten über die Azteken, ihre religiöse Dimension blieb jedoch lange Zeit ungeklärt. Sicher ist, dass die Bedeutung des Spiels unmittelbar mit den Ball spielenden Zwillingen des Popol Wuj zusammenhängt, die die Herren der Unterwelt besiegten. Wie eng das Ballspiel mit der Kontaktaufnahme zur Unterwelt assoziiert wurde, zeigt sich auch in einer Malerei von Junajpu als Ballspieler in der Höhle von Naj Tunich (Abb. 291). Höhlen galten als natürliche Zugänge zur Unterwelt und wurden als heilige Stätten für Rituale genutzt. Die Ballspielplätze waren in ihrer Anlage künstliche Schluchten und versinnbildlichten wie Höhlen die Eingänge zur Unterwelt. Sie waren eine Bühne, auf der einer der zentralen Mythen, auf denen die gottähnliche Herrschaft der Fürsten beruhte, nachgespielt wurde. Hier konnten sich Herrscher als Helden darstellen, die in die Unterwelt stiegen, um den Tod zu besiegen. Dass sich Könige beim Ballspiel symbolisch in die Unterwelt begaben, um sich dort mit den Herren der Unterwelt zu messen, zeigen auch die drei Markiersteine des Ballspielplatzes von Copan. Jede Szene ist in einen Rahmen hineingesetzt, der den Eingang in die Unterwelt darstellen soll. Die drei Markiersteine zeigen je zwei Spieler zu den Seiten eines Balles. Auf dem nördlichen Stein sind womöglich die Zwillinge Junajpu und Xb'alanke, auf dem südlichen ihr Vater und Onkel vor dem Ballspiel zu sehen. Der mittlere Stein stellt den Erbauer des Ballspielplatzes, den Herrscher Waxaklajuun Ubaah K'awiil (672–738) aus Copan, im Wettstreit gegen einen Herren der Unterwelt dar. Ballspielplätze waren also nicht nur symbolische Eingänge in die Unterwelt, sondern auch Orte, an denen der Tod überwunden werden konnte. Das Konzept des Ballspiels im Hochland-Epos der K'iche'-Maya ist eng verwoben mit Tod und Auferstehung. Der Kreislauf von Leben und Sterben wird hier in einer der großen mythologischen Erzählungen der Menschheitsgeschichte erklärt.

291 *Junajpu als Ballspieler. Naj Tunich, Peten, Guatemala, Zeichnung 21; Späte Klassik, 600–900 n. Chr.; Holzkohle auf Kalksteinfels; H. 22 cm, B. 19 cm*
Die Wandzeichnung aus der Höhle von Naj Tunich zeigt einen Ballspieler vor einer dreistufigen Treppe. Deutlich zu erkennen ist die Ausrüstung des Spielers, bestehend aus einem Knieschoner am linken Bein und dem um den Oberkörper gelegten Schutzgürtel, von dem ein langer Schurz herabhängt. Ein Ball liegt auf der mittleren Stufe. Die Bedeutung der Zahl 9 oberhalb des Balles ist nicht eindeutig geklärt, setzt das Spiel aber vermutlich in Beziehung zu mythischen Ballspielen in der Unterwelt. Vermutlich handelt es sich bei dem Dargestellten um die klassische Entsprechung von Junajpu, einem der mythischen Helden des Popol Wuj.

292 *Der Ballspielplatz. Copan, Honduras, Ballspielpatz A-III, Gebäude 10L-9/10; Späte Klassik, 738 n. Chr.; L. 36 m, B. 10 m*
Dieser Ballspielplatz, einer der schönsten des Maya-Gebiets, ist charakteristisch für das südliche Tiefland: Das Spielfeld in Form eines gestreckten „H" wird von zwei Böschungen begrenzt. Entlang der Längsachse des Spielfeldes ist in der Mitte und an den beiden Enden jeweils ein Markierstein in den Boden eingelassen. Diesen stehen am äußeren Rand der Böschungen weitere Markiersteine gegenüber, die in Copan als Papageienköpfe skulptiert sind. Zu beiden Seiten wird der Ballspielplatz von Gebäuden umgeben.

290 *Fassadenskulptur vom Ballspielplatz. Copan, Honduras, Gebäude 10L-10; Späte Klassik, 738 n. Chr.*
Wie alle Gebäude im Zentrum Copans trug auch die den Ballspielplatz umgebende Architektur ursprünglich reichen Schmuck im oberen Teil der Fassade. Im Allgemeinen ist der plastische Dekor auf den mythischen Ort abgestimmt, den ein Bauwerk symbolisiert. Diese Fassadenskulptur am Ballspielplatz zeigt ein vogelartiges Wesen mit dem Kopf eines Ara-Papageis, kombiniert mit Motiven, die auf einen heiligen Berg hinweisen. Der Ballspielplatz bezieht sich also auf ein unterweltliches Pendant im Inneren des in den Inschriften Copans oft erwähnten mythischen Berges Mo' Witz („Ara-Papageien-Berg").

ARCHITEKTUR UND KUNST

DIE EINHEIT VON RAUM UND ZEIT – DIE ARCHITEKTUR DER MAYA

Annegrete Hohmann-Vogrin

Von allen Zeugnissen der alten Maya-Kultur sind die der Architektur die beeindruckendsten und bekanntesten. Die Masse des Gebauten präsentiert sich als Agglomeration von Terrassen, Plattformen, Höfen und Plätzen, gebildet aus Stützmauern, Treppen, Abstufungen und Gebäuden mit Innenräumen, die aber nur klein und gering an der Zahl sind im Verhältnis zum gestalteten offenen Raum. Die Interpretation der Maya-Architektur lässt noch vieles offen. Gerade wagen die Forscher es, ohne Umschweife und Einschränkungen von „Maya-Städten" zu sprechen. Die hohen gestuften Solitärbauten als „Pyramiden" zu bezeichnen ist schon auf die Form bezogen eine grobe Vereinfachung, und die Unterscheidung der meisten anderen Bauten in „Tempel" und „Paläste" ist oft willkürlich, weil deren Funktion und Bedeutung noch nicht vollständig geklärt sind. Einzig Ballspielplätze scheinen aufgrund ihrer charakteristischen Begrenzung durch zwei parallel verlaufende Wälle klar identifizierbar.

Die in der jeweiligen Region verfügbaren Baumaterialien, vor allem verschiedene Gesteinsarten, waren offensichtlich einer der stilprägenden Faktoren. Wenn auch über weite Bereiche Kalkgestein vorherrschend war, so gab es doch in einzelnen Gegenden auch anderes Material, das sich zum Bauen eignete. In Copan war es beispielsweise Tuffit, der leicht zu bearbeiten war, in Quirigua kam reichlich Sandstein vor. In Comalcalco wurden hauptsächlich flache gebrannte Ziegel als Baumaterial benutzt (Abb. 295).

Der über die Jahrhunderte zu beobachtende Wandel in Bautechnik und -stil in ein und derselben Region legt nahe, dass sich auch Veränderungen in der Verfügbarkeit von bewährtem Werkzeug aus Feuerstein und Obsidian zur Bearbeitung von Gestein oder von genügend Holz zum Brennen von Kalk ergeben haben dürften. Die Obsidian- und Feuersteinlagerstätten waren vielleicht nicht mehr zugänglich oder ausgebeutet und die Holz liefernden Wälder gerodet. Andere Baumaterialen und Werkzeuge bewirkten so eine Veränderung der Baustile. In erster Linie werden stilistische Unterschiede in der Architektur aber Veränderungen der kulturellen Einflusssphären zugeschrieben.

Solange ein Ort besiedelt war und prosperierte, unterlag er einem stetigen Wandel. Neue Bauvorhaben wurden nicht nur nach weitgehendem Abbruch des Bestehenden ins Werk gesetzt, so wie das in unserer Kultur üblich ist, sondern oft durch wiederholte Überbauungen. Vorgängerbauten wurden meist in neue integriert und als Unterkonstruktionen für höhere Bauwerke verwendet (Abb. 294). So enthalten in Orten mit langer Geschichte die mächtigen Plattformsysteme der letzten Fassung viele Schichten von Stuckböden, Terrassen, Plattformen, Großstufen und Treppenläufen. Manchmal, zum Glück für die heutige archäologische Forschung, erfolgten Überbauungen unter sorgfältiger Schonung des Vorhandenen, die Fassadendekoration wurde fein verfüllt, bevor man daran ging, die neue Schale darüber zu errichten. Oft stehen diese Bauaktivitäten in Zusammenhang mit Bestattungen von Adligen und der Anlage von entsprechenden Grabkammern in diesen Gebäuden.

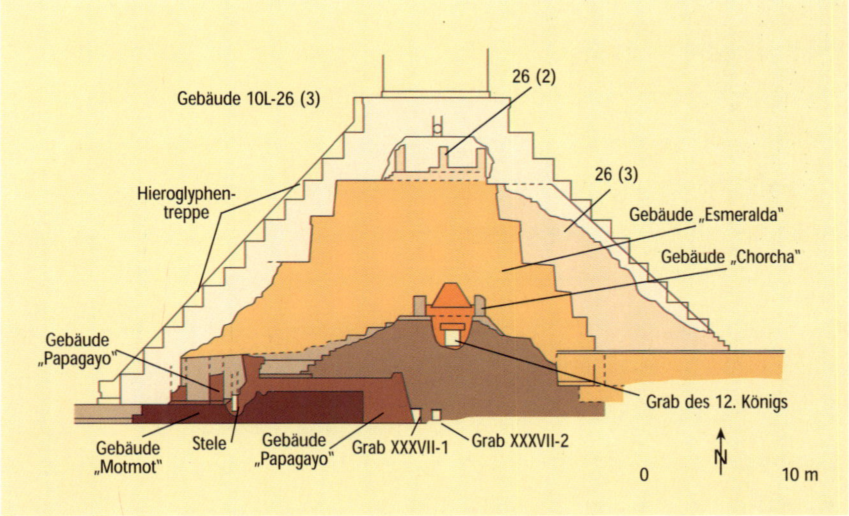

294 *Schnitt durch Tempel 26 von Copan, Honduras*
Die Akropolis von Copan ist ein Beispiel dafür, wie architektonische Komplexe im Laufe der Zeit wachsen und sich verändern können. Das älteste Gebäude unter dem Tempel 26 ist der so genannte Papagayo. Dieser Tempel, den vermutlich der 2. König der Stadt in Auftrag gab, wurde unter dem 4. König teilweise eingerissen und durch einen neuen, größeren ersetzt. Der 11. König ließ darüber Anfang des 7. Jh.s ein von den Archäologen Chorcha genanntes Bauwerk errichten, in dem er auch begraben ist; seine Grabkammer wiederum wurde mit dem Gebäude Esmeralda überbaut. Unter den folgenden Königen erfuhr der Tempel 26 von Copan weitere Umgestaltungen und Erweiterungen; u. a. wurde die Hieroglyphentreppe angelegt, für die er heute berühmt ist.

Gebäude aus vergänglichem Material

Ein beträchtlicher Teil der Gebäude bestand zu allen Zeiten aus vergänglichem Material. Viele Indizien sprechen dafür, dass einfache Häuser auf Sockelplattformen, wie sie bis heute noch im Maya-Gebiet gebräuchlich sind, zu allen Zeiten das Siedlungsbild mitbestimmten (Abb. 296). Pfosten wurden in den Boden einer sorgfältig angelegten Plattform gerammt. Diese trugen dann das Dach, das mittels eines aus Lianen gefertigten Zugringes zusammengehalten und mit den Pfosten verbunden wurde (Abb. 297). Das Dach bestand aus Palmblättern oder anderen geeigneten in der Natur vorkommenden Materialien (Abb. 298). Die Wandkonstruktion variierte je nach gewünschter Dichte. Entweder bestand sie nur aus locker aneinander geflochtenen Holzstäben oder aus einem Fachwerk, ausgefüllt mit Lehm oder einem Geflecht, das mit Lehm verschmiert und verputzt wurde. Den unteren Teil der Wände bildeten mitunter einige Lagen Steinmauerwerks, wie das in Copan sowohl im heute bewohnten Ort noch zu sehen ist, als auch in den Ruinen der alten Stadt nachgewiesen werden konnte. Auch Häuser mit Mauern bis zum Dachansatz sind nicht unüblich.

Vorhergehende Doppelseite:
Morgen über der Zentralakropolis von Tikal, Guatemala
Blick über die so genannte Zentralakropolis im Süden des Großen Platzes von Tikal. Langgestreckte Häuser auf gestuften Terrassen, mit nebeneinander sowie hinter- und übereinander angeordneten Räumen, überdeckt mit falschen Gewölben, bilden intime Höfe. Die Zentralakropolis war wahrscheinlich die Hauptresidenz der Adligen von Tikal.

293 *Das Castillo, Chichen Itza, Yucatán, Mexiko*
Mit ihren 91 Stufen auf jeder Seite vereint die Castillo genannte Pyramide auf dem Großen Platz von Chichen Itza Raum und Zeit: Die Gesamtzahl der Stufen entspricht, nimmt man den Absatz des Tempeleingangs hinzu, der Anzahl der Tage eines Sonnenjahres. Wie viele andere Maya-Bauwerke hat auch das Castillo (spanisch, „Schloss") erst in der Kolonialzeit seinen irreführenden Namen bekommen. Für die Maya war es ein Abbild des Berges, in dem der Mais erschaffen wurde.

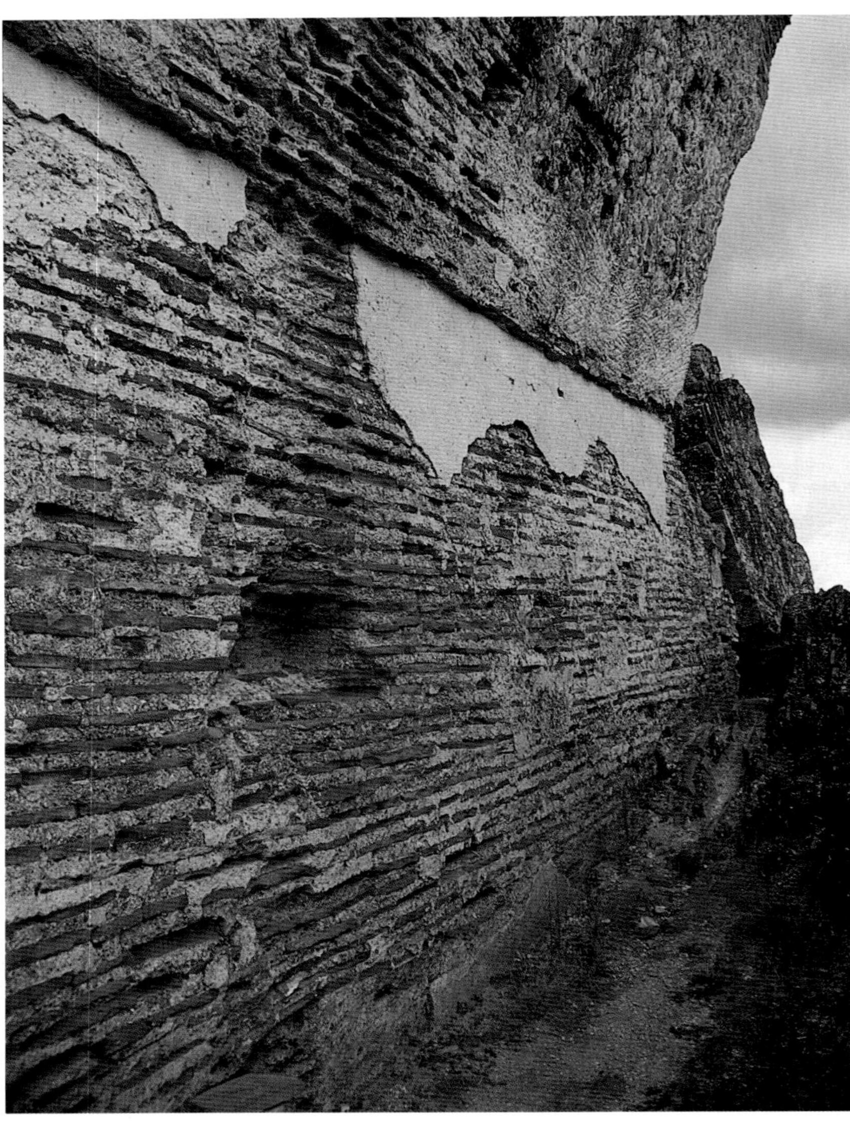

295 *Konstruktion mit gebrannten Ziegeln. Comalcalco, Tabasco, Mexiko*
Während in der Architektur fast aller Maya-Städte hauptsächlich lokales Gestein Verwendung fand, bilden hier flache, gebrannte Ziegel das Baumaterial. Daraus errichtete man sogar Gewölbe, wie die Abbildung einer solchen, allerdings eingestürzten Konstruktion zeigt. Zum Schutz vor Verwitterung wurden die Ziegelmauern mit einer Schicht aus Kalkstuck überzogen.

299 *Pyramide N10-43 von Lamanai, Belize*
Frühe Bauten bewahrten über viele Überbauungen hinweg ihre Form, für die Treppenaufgänge, flankiert von meterhohen Stuckmasken, charakteristisch sind. Diese breit gelagerte, terrassierte Plattform aus der Späten Präklassik erreichte eine Höhe von 33 m; auf ihr befanden sich drei Gebäude aus Holz und Palmstroh in der für die Präklassik so typischen triadischen Anordnung.

296 *Hausplattform. Uaxactun, Peten, Guatemala, Gruppe A-5*
Bei den Ausgrabungen der Carnegie Institution von Washington in der A-Gruppe von Uaxactun wurden unter einer großen klassischen Palastanlage die Überreste einer ovalen Sockelplattform aus der Zeit der Frühklassik gefunden. Die vier Löcher in ihrem Stuckboden markieren die einstigen Positionen der hölzernen Pfosten, die eine Dachkonstruktion aus Holz und Palmstroh trugen.

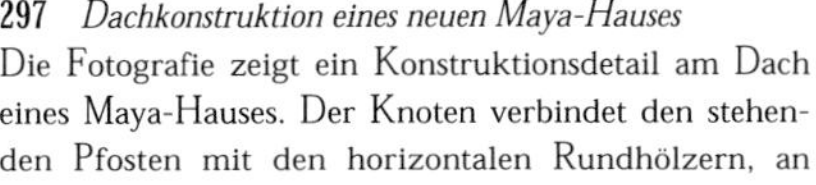

297 *Dachkonstruktion eines neuen Maya-Hauses*
Die Fotografie zeigt ein Konstruktionsdetail am Dach eines Maya-Hauses. Der Knoten verbindet den stehenden Pfosten mit den horizontalen Rundhölzern, an denen der Zugring angebracht ist. Er hält die Sparren zusammen, an denen lange Ruten befestigt werden, in die dann die Abdeckung aus Palmblättern geflochten wird.

298 *Modernes Haus auf Sockelplattform*
Einfache Häuser auf unterschiedlichen Sockeltypen sind bis heute im Maya-Gebiet üblich. Hier wird eine Konstruktion aus Rundhölzern mit aneinander geflochtenen Stäben ausgefacht, in einem Fall mit Lehm verschmiert und mit einem Dach aus den Wedeln der Guano-Palme (Sabal mexicana) versehen.

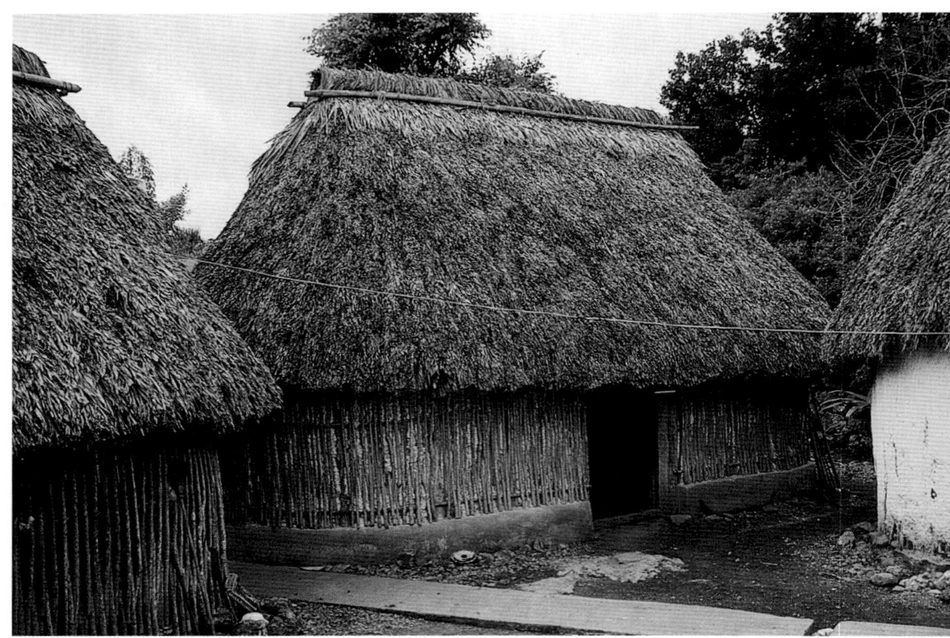

Die typische Hofgruppe

Haus und Plattform samt Vorplatz bilden das Grundelement der typischen Hofgruppe, die aus mehreren auf einen gemeinsamen Hof bezogenen Häusern oder Plattformen besteht. Diese räumliche Anordnung prägt nicht nur einfache Bauwerke, sondern war auch das Grundprinzip für die monumentale Architektur (Abb. 299). Das Errichten überdimensionaler Plattformen, die weite Plätze und Höfe rahmten, gehörte zu den frühesten gemeinschaftlichen Bauvorhaben in Mesoamerika und auch im Maya-Gebiet. Im Hochland von Guatemala, in Kaminaljuyu beispielsweise, wurden diese Plattformen bis zu 20 Meter hoch aufgeschüttet und mit Lehm unter Beimengung vulkanischer Asche verkleidet. Die Verwendung von Stein war wie bei den Maya an der Pazifikküste noch sehr eingeschränkt. Nur im zentralen, karstigen Tiefland, im tropischen Regenwald, wo viele Orte ohne Oberflächenwasser auskommen mussten, wurden schon im ersten Jahrtausend v. Chr. massige Plattformen resistent gegen Durchfeuchtung durch tropische Regengüsse in Stein und Mörtel errichtet, so beispielsweise in Nakbe und später in El Mirador. Manche dieser Plattformen waren über alle Geländeunebenheiten hinweg schon zu diesem frühem Zeitpunkt durch breite Dammwege verbunden, die wie die Platzebenen selbst mit einer dicken Mörtelschicht befestigt waren. Auf den Platzebenen erheben sich mehrfach gestufte Sockelplattformen, deren oberste Ebene eine Terrasse bildet, die, in einer typischen Ausprägung für diese Zeit, an drei Seiten wieder von gestuften Sockelplattformen gerahmt sein konnte (Abb. 300). Hierbei ist die mittlere, dem zentralen Treppenaufgang gegenüberliegende, wesentlich größer und höher als die beiden seitlichen. Die Konstruktion besteht Stufe für Stufe aus Umfassungsmauern, die einen Kern aus grobem Schüttmaterial einschließen, der aus statischen Gründen wahrscheinlich in Kammern unterteilt war. Die Außenflächen waren mit dicken Mörtelschichten überzogen, geglättet und bemalt oder auch mit tiefen Reliefs aus demselben Material versehen (s. Hansen, S. 51 ff.).

300 *Schematische Darstellung einer Pyramide*
Tempel standen in der Regel auf gestuften, oft über Grabkammern errichteten Sockelgebäuden mit vorgebauten Freitreppen. Um den Kern zu stabilisieren, legte man Zellen mit Bruchsteinmauern an und schüttete sie mit Steinen und Mörtel auf. Anschließend wurden diese Pyramiden mit Haustein verkleidet und über eine Treppe zugänglich gemacht. Der letzte Schritt war die Konstruktion des Tempels selbst aus Stein oder Holz und Palmstroh.

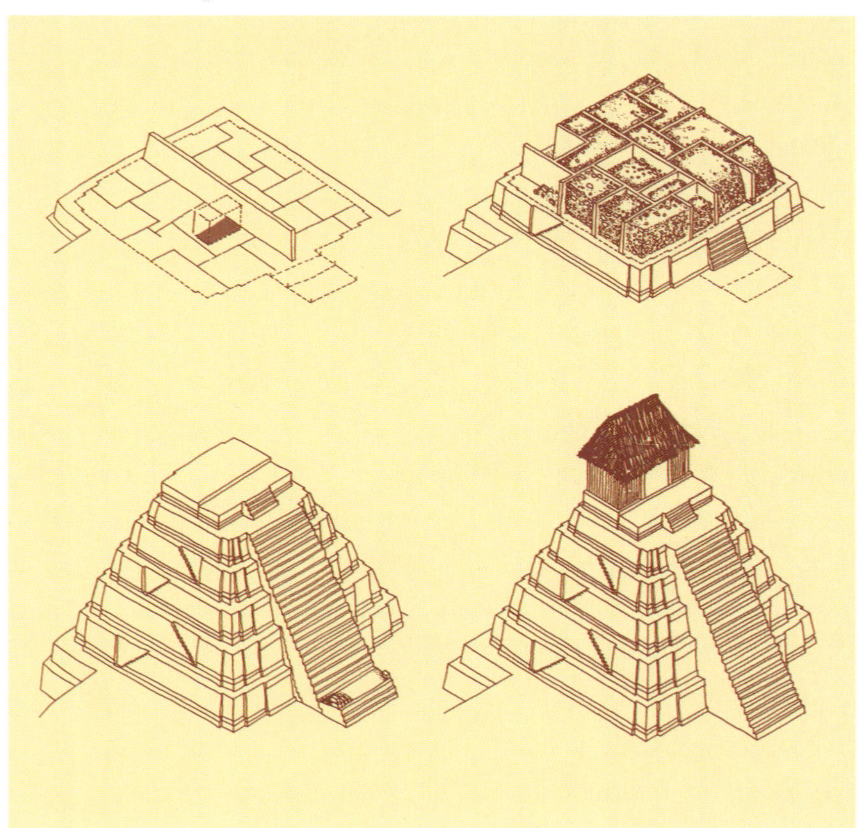

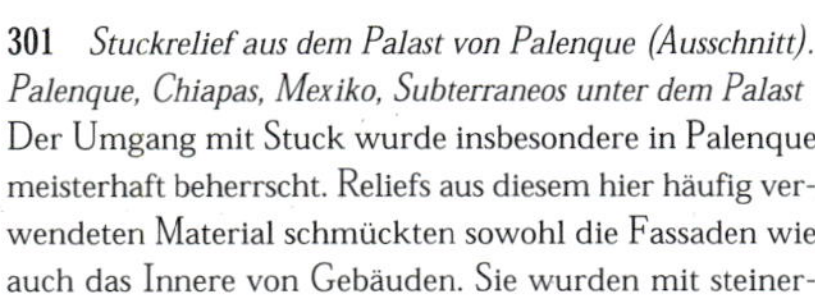

301 *Stuckrelief aus dem Palast von Palenque (Ausschnitt). Palenque, Chiapas, Mexiko, Subterraneos unter dem Palast*
Der Umgang mit Stuck wurde insbesondere in Palenque meisterhaft beherrscht. Reliefs aus diesem hier häufig verwendeten Material schmückten sowohl die Fassaden wie auch das Innere von Gebäuden. Sie wurden mit steinernen Zapfen an der Wand befestigt. Gelegentlich fertigte man sogar Rohformen aus Stein, die dann mit Stuck verkleidet wurden. Die Reliefdarstellung des Himmelsmonsters, von dem wir hier einen der beiden Köpfe sehen, ist über dem Eingang zu einem Raum der Akropolis angebracht.

302 *Stuckrelief aus Balamku (Ausschnitt). Balamku, Campeche, Mexiko*
Erst 1990 wurde der Ort Balamku im Süden des mexikanischen Bundesstaates Campeche entdeckt. Grabräuber waren auf Teile eines frühklassischen Stuckfrieses gestoßen. Als Archäologen von der mexikanischen Altertumsbehörde INAH den gesamten Fries freilegten, stellte sich heraus, dass er den oberen Teil einer Fassade schmückte und drei Frösche zeigt, aus deren weit aufgerissenen Rachen menschliche Figuren hervorkommen. Die Tiere sitzen auf drei Masken, die *witz,* den Gott der Berge, repräsentieren.

Stuckarbeiten

In der Mittleren und Späten Präklassik war Stuck das wichtigste Material, in dem Reliefs an den Außenseiten von Gebäuden geformt und modelliert wurden (Abb. 301). Charakteristisch für diese frühe Zeit der Maya-Architektur sind bis zu vier Meter hohe Stuckmasken, die Götter darstellen und die Fassaden von Plattformen schmücken Nur wenige Beispiele präklassischer Stuckskulptur sind erhalten geblieben. Allein wo breit gelagerte solitäre Stufenpyramiden in spätklassischen Anlagen einen frühen, präklassischen Kern einschließen, ist der Stuckdekor der Präklassik dem Verfall entgangen. Bedeutendes Beispiel ist die nach mehrfacher Überbauung etwa 30 Meter hohe Hauptpyramide der Mundo-Perdido-Gruppe in Tikal. In Caracol blieb ein derartiges Bauwerk bis zum Niedergang der Stadt das mächtigste Gebäude, ebenso wie die Hauptpyramide in Calakmul, einer Stadt, die auch in die Reihe der bedeutenden spätklassischen Maya-Zentren gehört. Manche dieser mit Stuckmasken dekorierten Bauten, wie die in Kohunlich oder Balamku (Abb. 302), reichen in die Frühklassik (6. Jh. n. Chr. oder früher) zurück. Die jüngeren Stuckarbeiten jedoch sind feiner, die Motive reicher an Variationen und in ihrer Ausführung differenzierter. Stuck wurde zwar auch in der Spätklassik weiterverwendet, jedoch seltener und nunmehr in der Absicht, Steingebäuden eine Schutzschicht zu geben, die auch als Malgrund dienen konnte.

Überbrückungstechniken und Gewölbekonstruktionen

Veränderungen von der Präklassik zur Frühklassik hin zeigen sich auch in der Vervollkommnung der Bautechnik. Das Mauerwerk wurde zunehmend aus genauer behauenen Steinen hergestellt, sodass die Mörtelschicht feiner sein konnte. Das gilt für die sichtbaren Mauern der Sockelbauwerke wie auch für die Wände der Gebäude. Die meisten Grabkammern in den tieferen Schichten wurden schon in der Frühklassik mit einem Kraggewölbe abgeschlossen, einer Konstruktion, die Ausgangspunkt für die Entwicklung unterschiedlichster Überdeckungstechniken in Stein und Mörtel war (Abb. 305).

Ein Großteil der Bauten in den Zentren der Spätklassik weist so genannte falsche Gewölbe auf. Darunter versteht man Überwölbungen, die nicht auf dem Prinzip des Druckbogens beruhen. Entweder sind dies Kraggewölbe (Abb. 304), die durch übereinander liegende, immer wieder vorkragende Steinscharen den Abstand zwischen zwei tragenden Raumwänden überbrücken, oder Schüttgewölbe, bei denen die notwendige tiefe Verankerung der auskragenden Steine im Mauerwerk ersetzt wird durch das Einbringen eines Gemisches aus Mörtel und Steinen, sodass die sichtbaren Gewölbesteine manchmal nur noch sorgfältig gefügtes Blendmauerwerk sind.

Dazwischen gibt es viele Übergangsformen. Die Gewölbe tragenden Wände sind ähnlich wie die Gewölbe selbst konstruiert. Sie bestehen meist aus zwei Mauerwerksschalen und einem Schüttkern aus Stein und Mörtel. Der Anteil an Bindemittel schwankt. In manchen der Gewölbe haben sich Querbalken aus hartem Holz erhalten, oder es sind noch Maueröffnungen sichtbar, die auf die frühere Existenz solcher Balken hinweisen. Da sie statisch nicht notwendig sind, waren sie wohl nur Teil eines Gerüstes während der Bauzeit und der Grund für ihr Verbleiben im fertigen Gewölbe die Möglichkeit, Dinge dort aufzuhängen (Abb. 303); eine Praxis, die noch heute in Maya-Häusern zu beobachten ist.

Mit der Entwicklung und dem bald weit verbreiteten Einsatz des falschen Gewölbes wurde die Umsetzung des einfachen Hauses aus vergänglichem Material in ein dauerhaftes Haus aus Stein vollendet. Die neuen Bautechniken ermöglichten eine Vielfalt von neuen Gebäudekonfigurationen. Lang gestreckte Baukörper, mit mehreren Eingangsachsen und zwei bis drei hintereinander liegenden Reihen von Räumen, jeder mit einem Gewölbe überdeckt, quer liegende Kammern an den Enden und verschiedene Arten der Mehrgeschossigkeit mit entsprechenden Treppenaufgängen wurden damit möglich. Die überwölbten Innenräume wurden entweder versetzt oder direkt übereinander angeordnet. Die Fassaden dieser Gebäude waren horizontal deutlich in eine Wand- und eine Gewölbezone gegliedert, darunter lag oft noch eine Sockelzone zwischen dem Terrassenniveau und der Fußbodenoberkante des Hausinneren. Diese Zonen waren meist durch Gesimse voneinander getrennt.

In manchen Gebieten und an entsprechend bedeutenden Gebäuden sorgen prunkvolle Dachkämme für eine Überhöhung (Abb. 317c). Die Eingangsöffnungen unterbrechen die Wand fast bis zur Gewölbezone und sind mit einem Sturz aus Steinplatten oder Holzbalken – auch davon sind einige noch erhalten – überbrückt. So einfach die konstituierenden Elemente dieser Architektur auch waren, entwickelte sich daraus doch eine Vielfalt an Formen.

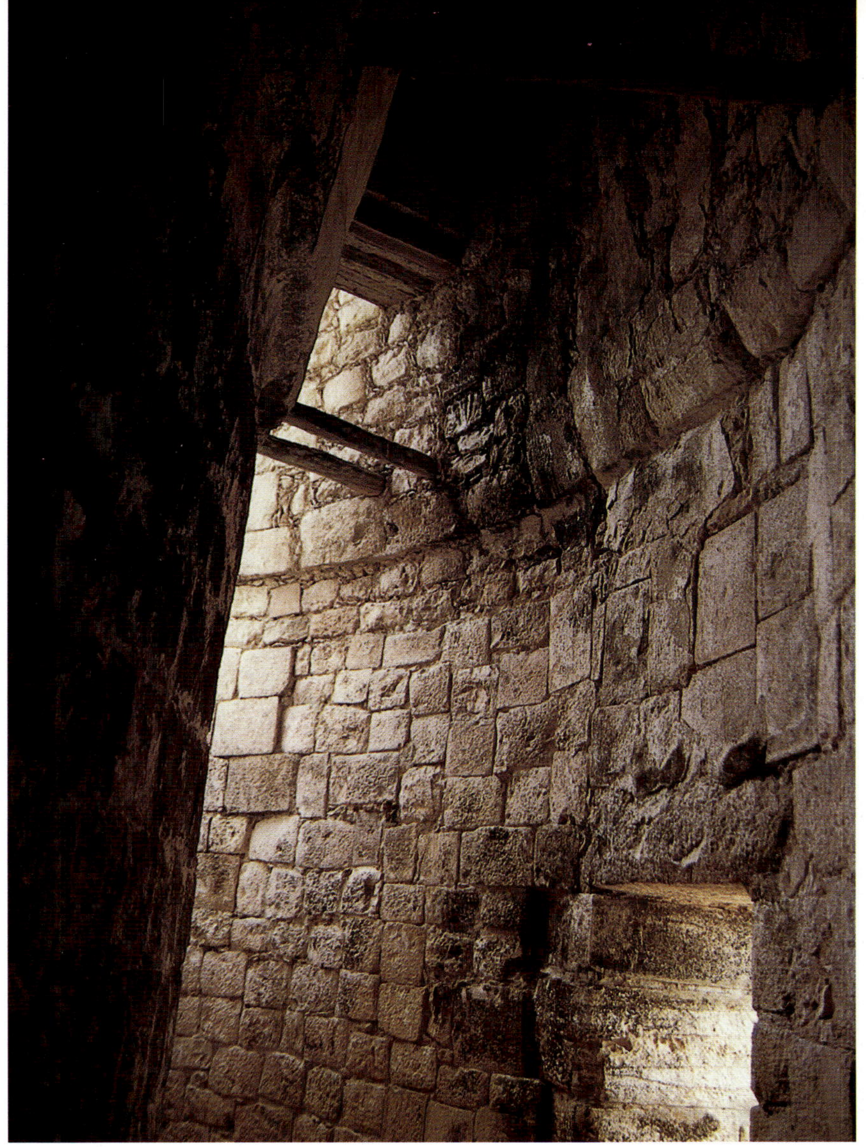

303 *Das Gewölbe des Caracol. Chichen Itza, Yucatán, Mexiko*
Der so genannte Caracol in Chichen Itza, ein zweistöckiger Rundtempel auf massivem Unterbau, diente vermutlich als Observatorium. Die Korridore mit ihren schweren Tonnengewölben sind kreisförmig angelegt, die Verbindung zwischen den Geschossen stellt eine schmale Wendeltreppe her.

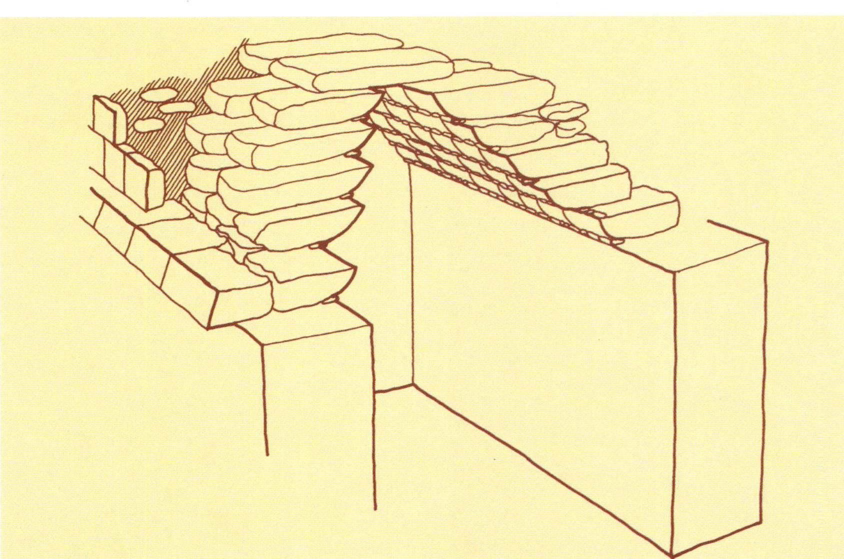

304 *Schematische Darstellung eines Kraggewölbes*
Das Kraggewölbe ist ein so genanntes falsches Gewölbe. Horizontale Steinlagen kragen von Schicht zu Schicht vor und überbrücken so allmählich den Abstand zwischen zwei tragenden Raumwänden. Den Gewölbeschluss bildet eine flache Steinplatte.

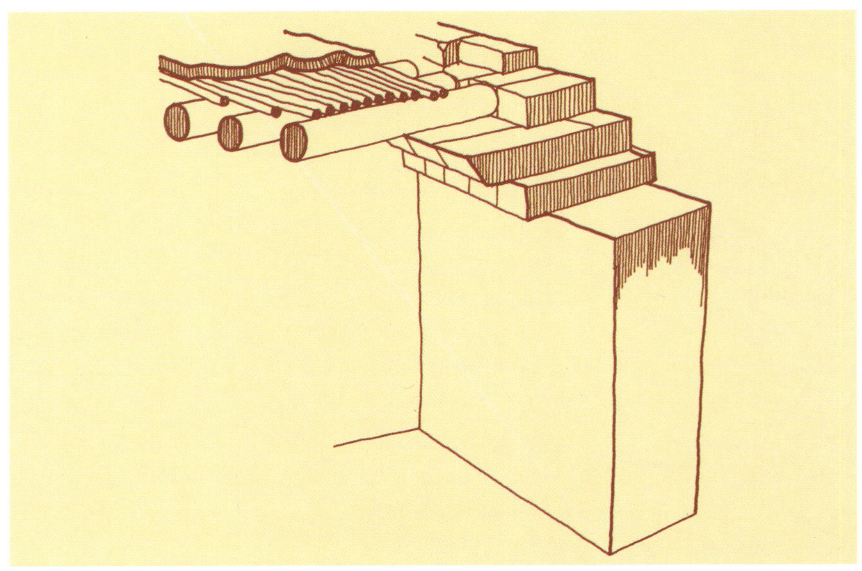

305 *Schema einer Balkendecke mit Stuckauflage*
Insbesondere in der Zeit der End- und der Postklassik waren Balkendecken mit Stuckauflagen im Maya-Tiefland weit verbreitet. Sie hatten den Vorteil, dass mit ihnen große Räume abgedeckt werden konnten. Gleichzeitig waren sie aber wenig stabil und undicht; sie mussten, um Wassereinbrüche insbesondere während der Regenzeit zu vermeiden, immer wieder neu mit Stuck abgedichtet werden.

Vielfältige Funktionen der Maya-Architektur

Das Bauen war bei den Maya vor allem durch die Notwendigkeit bestimmt, das Wasser bei heftigem Tropenregen rasch abzuleiten sowie Vorkehrungen zu treffen, es für einige Zeit zu speichern. Frei stehende Hofgruppen mit Häusern auf oft mehrstufigen Sockelplattformen, eventuell von Gärten umgeben, waren vorzüglich dafür geeignet. Das Wasser konnte in alle Richtungen abfließen oder in Speichersysteme, Haushaltszisternen oder große Reservoire geleitet werden. Das gilt auch für die monumentale Palast- und Tempelarchitektur. Die stuckbefestigten Höfe und großen Plätze, zum Teil auch die Dammwege, scheinen eigens für das Ableiten und Sammeln des Wassers angelegt worden zu sein.

Das tropische Klima ist auch der Hauptgrund dafür, dass es in diesen Zonen nur relativ wenig überdachte, geschlossene Räume gibt. Der größte Teil des Lebens, des privaten, aber vor allem des öffentlichen Lebens, konnte im Freien oder unter leichten Dächern stattfinden. Das legt nahe, Überlegungen zur Funktion der Maya-Architektur von den Freiräumen her anzustellen.

Aus dem Grad der Zugänglichkeit und der Zentralität von Gebäudekomplexen und ihrem Verhältnis zueinander kann auf eher öffentlichen oder eher privaten Charakter eines Bereiches geschlossen werden. Kultische Funktion ist demnach schwer zugänglichen, aber gut einsehbaren Bauten in zentraler Lage zuzuordnen. Die beschränkte Einsehbarkeit der erhöhten, den großen offenen Plätzen angelagerten, meist in mehreren Ebenen sich entwickelnden Hofkomplexe weisen diese insgesamt als Palastanlagen aus. Je nach Lage im Gesamtgefüge lassen sich hier Bereiche für die fürstliche Repräsentation und eine ausgedehnte Haushaltsführung mit der zugehörenden Lagerhaltung ausmachen sowie solche für die administrative Funktion. In vielen Anlagen des zentralen Tieflandes sind Ballspielplätze den großen Palastkomplexen vorgelagert. Diese Ballspielplätze sind allerdings bis heute die einzigen Anlagen mit gesicherter Funktion, abgesehen von Schwitzbädern oder Wohnplätzen, wo Indizien wie Feuerstellen und Häufungen von halb bearbeiteten Rohmaterialien auf bestimmte Tätigkeiten hinweisen. Im nördlichen Tiefland scheinen die verschiedenen Palastfunktionen wie Residenz, Repräsentation und Administration eher in getrennten Baukomplexen untergebracht gewesen zu sein.

Die symbolische Bedeutung der Maya-Architektur

Die Architektur der einfachen Hofgruppen kehrt in den Palastkomplexen in monumentaler Ausführung wieder. In ihrer Struktur zeigen beide Ähnlichkeiten mit der natürlichen Landschaft, mit Bergen, die sich aus feuchten Ebenen erheben, und auch mit der in vielen Quellen dokumentierten mythischen Vorstellung der mesoamerikanischen Völker, dass die Erde eine von Wasser umspülte Landmasse sei. Damit kann die Architektur der Maya als Versinnbildlichung dieses Weltbildes angesehen werden. Diese Interpretation wird auch gestützt durch die hieroglyphische Benennung der hohen Bauwerke als *witz*, „Berg". Noch heute ist bei vielen Völkern Mittelamerikas die Landschaft mit symbolisch-mythischen Vorstellungen verknüpft, die auch das Bauen mitbestimmen. Hier zeigt sich der Fortbestand jener traditionellen Vorstellungen von Architektur und Landschaft bis in die jüngste Zeit gesehen. Im Verständnis der Maya besteht die Welt aber nicht nur aus der Oberfläche der Erde, die im Wasser (der Mittelwelt) liegt, sondern auch aus einer tiefer liegenden dunklen Unterwelt und dem gestirnten Himmelsgewölbe (Abb. 306). Nach ihrem Entschwinden im Westen durchwandert die Sonne die Unterwelt, bis sie morgens im Osten wieder aufgeht. Die Auf- und Untergangspunkte am natürlichen Horizont wandern im Lauf des Jahres zwischen den beiden Sonnwendpositionen zu Beginn des Sommers und des Winters. Zu Beginn des Frühlings und des Herbstes bei den zwei Tagundnachtgleichen geht die Sonne in der Mitte zwischen diesen beiden Punkten auf beziehungsweise unter. Die Strecken, die die vier Sonnwendpositionen verbinden, sind nach Auffassung der Maya die vier Seiten der Welt: Ost, Nord, West und Süd, denen jeweils unterschiedliche Farben und Eigenschaften zugeordnet sind. In der Mitte der Welt steht der Weltenbaum, der Zenit und Nadir verbindet (s. Wagner, S. 288). Auch in der Architektur sind Plätze und Höfe an jeder Seite in unterschiedlicher Weise begrenzt, die Bauwerke aber trotz ständiger Veränderungen immer wieder auf vielfältige Weise zueinander in Beziehung gesetzt. Eingebettet in die Landschaft, scheinen sie in manchen Fällen auch ausgerichtet nach Auf- oder Untergangspunkten von Himmelskörpern an bestimmten Tagen. So hat die Idee von der Einheit von Zeit und Raum in der Struktur der gebauten Welt in überzeugender Weise ihren Niederschlag gefunden.

306 *Gebäude-Eingang im Chenes-Stil. Chicanna, Campeche, Mexiko, Gebäude II, zentraler Eingang*
Den Eingang zu diesem zweistöckigen Gebäude mit seinem reichen, mosaikartigen Fassadendekor bildet der aufgerissene Rachen einer geschosshohen Maske. Vermutlich stellt sie einen Gott dar, vielleicht *witz*, den Gott der Berge. Eingänge dieser Art sind charakteristisch für den Chenes-Architekturstil, der insbesondere im Norden und in der Mitte des mexikanischen Bundesstaates Campeche vertreten ist. Die Seitenflügel von Gebäude II haben allerdings nur einfache, schmucklose Zugänge.

307 *Blick auf Tempel I und II von Tikal, Peten, Guatemala*
Der Tempel I an der Westseite des Großen Platzes ruht auf einem neunfach gestuften, steilen Unterbau und ist insgesamt etwa 47 m hoch. Das Bauwerk wurde in einem Zug über der großen Grabkammer des Königs Jasaw Chan K'awiil (682–734 n. Chr.) errichtet, der als thronende Figur aus Stein und Kalkstuck auch den hier charakteristisch zurückgesetzten Dachkamm zierte. Am gegenüberliegenden Ende des Großen Platzes steht Tempel II, der auf dieser Aufnahme nur von hinten zu sehen ist. Er war vermutlich der Grabtempel von Frau Kalajuun Une' Mo', der Gattin von Jasaw Chan K'awiil, obgleich Probegrabungen bislang keinen Hinweis auf die Existenz einer Grabkammer erbrachten.

308 *Freilegung der Tempel II, III und IV von Tikal. Foto von Alfred P. Maudslay aus dem Jahr 1882*
Die erste wissenschaftliche Untersuchung von Tikal wurde von Alfred P. Maudslay in den Jahren 1881 und 1882 unternommen. Um einen Plan des Zentrums der Anlage und seiner Architektur zeichnen zu können, ließ Maudslay die völlig überwachsenen Pyramiden von der Vegetation befreien. Das Foto zeigt die Tempel II (im Vordergrund), III (links) und IV (im Hintergrund rechts) in dem Zustand vor ihrer eigentlichen Ausgrabung und Restauration.

Tikal – Modell für die Architektur des Tieflandes

Im zentralen Tiefland wurde die große Maya-Stadt Tikal stilprägend (Abb. 307). Seit circa 600 v. Chr. besiedelt, erreichte die Entwicklung der Stadt um 700 n. Chr. ihren Höhepunkt (s. Harrison, S. 219 ff.). Damals lebten dort vielleicht 70 000 bis 80 000 Menschen auf einer Fläche von etwa 120 Quadratkilometern. Die mächtigen Hauptgruppen erheben sich aus der bewegten Topografie. Der Abbau des Steins und die Anlage der hier notwendigen Wasserreservoire, der weiten Plätze und verbindenden Dammwege gingen bei ihrer Errichtung Hand in Hand. Sechs steile, mehrfach gestufte solitäre Bauwerke aus der Späten Klassik, bis zu 65 Meter hoch und jeweils durch eine einläufige Treppe erschlossen, prägen heute noch das Bild dieser Anlage. Gekrönt werden sie durch einachsige Gebäude, meist drei Räume tief, mit mächtigen, einstmals reich dekorierten Dachkämmen. Die Räume waren winzig im Vergleich zu der gewaltigen Baumasse dieser Gebäude. Vorläufer dieser Art Bauten drängen sich, durch die Jahrhunderte immer wieder neu arrangiert, in sonst untypischer, fast symmetrischer Anordnung auf einer gemeinsamen Plattform, der so genannten Nordakropolis. Unzählige Bestattungen von Angehörigen des Adels konnten hier nachgewiesen werden. Auch der erste, um 735 n. Chr. vom König Yik'in Chan K'awiil im Süden der Nordakropolis errichtete steile Stufenbau an der Ostseite des Großen Platzes, Tempel I (Abb. 307), enthielt ein königliches Grab. Sein Gegenüber, Tempel II, ist nur scheinbar symmetrisch auf diesen bezogen; die Achsen der dominierenden Treppen laufen deutlich aneinander vorbei.

Auf den niedrigeren Terrassen- und Plattformkomplexen entwickelten sich meist um Höfe arrangierte, lang gestreckte Gebäude, oft mehrgeschossig, die sich in entsprechender Lage auch mit repräsentativen Galerien und Treppenaufgängen den öffentlichen Plätzen zuwandten, so zum Beispiel über dem kleinen Ballspielplatz südlich von Tempel I. Kunstvoll und wohlproportioniert sind die Abstufungen und Eckausbildungen von Terrassen und Sockelbauwerken. Von der Fassadendekoration ist bis auf die hier typischen weit zurückversetzten, massiven Dachkämme wenig erhalten.

Palenque – Leichtigkeit und Eleganz der Klassik

Ganz anders zeigt sich Palenque (Abb. 309), hoch über der Ebene des Usumacinta gelegen und von vielen Wasserläufen durchflossen, wovon der Otolum-Bach sogar über eine gewisse Strecke in einen mit grobem Kraggewölbe versehenen Kanal geführt wurde. Künstliche Terrassierungen folgen dem natürlichen Gelände. Neben einigen anderen Solitärbauten auf hohen gestuften Sockeln dominiert heute der so genannte Tempel der Inschriften (Abb. 314, 315) das Zentrum (Abb. 310), der am Ende eines kunstvoll überwölbten Abgangs im Inneren des gestuften Sockelbauwerks die prachtvoll bestückte Grabkammer des Königs K'inich Janaab Pakal enthält. Pakal, der im Jahr 683 n. Chr. starb, hatte sein Grabmonument wahrscheinlich selbst entworfen, vollendet wurde es jedoch erst unter der Herrschaft seines Sohnes Kan Balam II um 690 n. Chr. Es lehnt sich breit gelagert an den dahinter aufsteigenden Berg. Vor ihm befindet sich ein immer wieder überbauter und veränderter Palastkomplex mit mehreren äußerst unterschiedlichen Höfen auf einer gemeinsamen Plattform mit internen Treppenaufgängen. Unter dem vorletzten bekannten König der Stadt, K'uk' Balam II,

309 *Blick auf Palenque. Kolorierte Lithografie von Frederick Catherwood, 1844*
Zu den vielen archäologischen Stätten, die der amerikanische Diplomat John Lloyd Stephens und sein britischer Zeichner Frederick Catherwood aufsuchten, gehört auch Palenque, eine Stadt, die schon zuvor das Interesse von Abenteurern auf sich gezogen hatte. Catherwoods romantisierende Darstellung platziert den Palast in eine bizarre Gebirgslandschaft, die mehr dem Geschmack der Zeit als der Realität entspricht. Seine Stiche jedoch, welche die Architektur und die Reliefs festhalten, zeichnen sich durch Genauigkeit und Sachlichkeit aus.

310 *Das Zentrum von Palenque, Chiapas, Mexiko. Blick vom Kreuztempel auf den Tempel der Sonne, die Tempel 14 und 15 sowie den Tempel der Inschriften in der Bildmitte und den Palast von Palenque am rechten Bildrand*
Die Stadt Palenque liegt auf einer Terrasse an den nördlichsten Ausläufern des Hochlandes von Chiapas über den weiten, einstmals dicht bewaldeten Ebenen der mexikanischen Golfküste. Ihre Architektur bezaubert den Besucher nicht durch gewaltige Dimensionen, sondern durch elegante Anmut und Leichtigkeit. Alle Bauwerke waren einst reich mit Stuck verziert und farbig bemalt.

311 *Risse des Palastturms von Palenque*
Im Südwesthof des Palastes von Palenque steht ein vierstöckiger Turm, der zur letzten Bauphase der Anlage wahrscheinlich von K'inich K'uk' Balam II (764–um 783 n. Chr.) errichtet wurde. Eine Hieroglyphe für „Venus" oder „Stern" in seinem Inneren deutet vielleicht darauf hin, dass das Gebäude auch astronomischen Beobachtungen diente.

312 *Der Palastkomplex von Palenque, vom Inschriftentempel aus gesehen*
Auf einer gemeinsamen Plattform, die auch durch interne Treppenaufgänge erschlossen wird, gruppieren sich lang gestreckte, meist zwei Gewölbe tiefe Gebäude um mehrere Innenhöfe. Der vierstöckige Turm wird für ein Observatorium gehalten. Nach außen präsentiert sich der Palast mit mächtigen Treppenaufgängen und Pfeilergalerien. Die Gewölbezonen sind nach hinten geneigt und waren, wie viele andere Bauteile, mit feinen Stuckreliefs dekoriert.

313 *Grundriss des Palastes von Palenque*
Der Palast im Zentrum der Stadt ist zugleich Palenques größter architektonischer Komplex. Die verschiedenen Bauten erheben sich auf einer etwa 10 m hohen und 80 x 100 m großen Plattform. Zwei große Treppenanlagen an der Nord- und Westseite ermöglichten den Zugang zu den um drei große Innenhöfe gruppierten Räumen.

wurde als letzte Ergänzung zum Palast (Abb. 312, 313) ein fast quadratisches turmähnliches Bauwerk, als Observatorium bezeichnet, hinzugefügt (Abb. 311). In dem Palast haben Archäologen auch einen kleinen intimen Raum mit Wasserspülung gefunden, womit auch die profane Funktion solcher Höfe belegt ist.

Die Fassaden vieler Gebäude und ebenso die begleitenden Rampen einzelner Treppenläufe waren reich dekoriert. Auch die hier typisch allseits nach hinten geneigten Gewölbezonen weisen teilweise noch Reste feiner Stuckreliefs auf. Stark durchbrochene Dachkämme (Abb. 316, 317) geben den Bauten eine seltene Leichtigkeit. Manche der Gewölbe ebenso wie die für Palenque typischen Nischen und Durchbrüche in den Gewölbezonen zeigen ganz eigenwillige einem Kleeblatt gleichende Querschnitte. Ehemals farbig gefasste Stuckreliefs und Wandmalereien mit Inschriften sowie figürlichen und ornamentalen Motiven finden sich nicht nur an den Fassaden, sondern auch im Inneren der Bauten. In manchen Gebäuden haben sich auch große kunstvoll relifierte Tafeln aus einem besonders feinen Kalkstein mit langen Hieroglypheninschriften erhalten, oft in Zusammenhang mit komplexen szenischen Darstellungen. Sie tragen heute, da die Inschriften weitgehend entschlüsselt sind, dazu bei, die Entstehungsgeschichte, aber auch die rituelle Bedeutung mancher Gebäude besser zu verstehen.

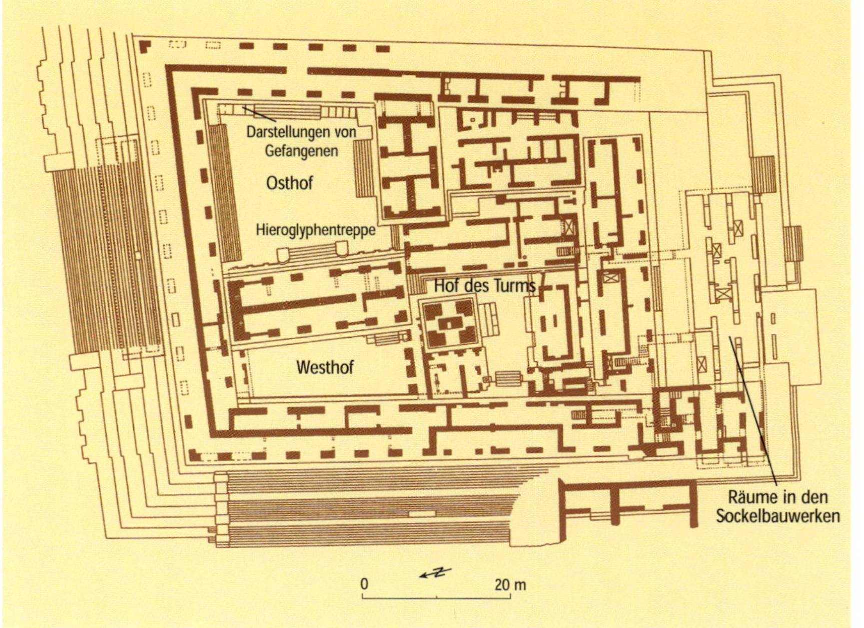

314 *Der Tempel der Inschriften von Palenque*
Der Tempel der Inschriften ist ein 25 m hoher Schrein zum Andenken an Palenques großen König K'inich Janaab Pakal. Er wurde nach seinem Tod im Jahr 683 n. Chr. von Pakals Sohn Kan Balam (684 bis 702 n. Chr.) über der Grabstätte seines Vaters errichtet. Die auf die Plattform der Pyramide führende Freitreppe wurde zu späterer Zeit mehrfach überbaut, um sie zu verbreitern.

316 *Der Kreuztempel von Palenque, 692 n. Chr.*
Der Kreuztempel gehört zu einer Gruppe von drei Tempeln auf pyramidenförmigen Sockeln, die Palenques König Kan Balam im Jahr 692 auf einem großen, erhöhten Platz im östlichen Sektor der Stadt errichten ließ. Die beiden anderen Tempel – der Tempel der Sonne und der Tempel des Blattkreuzes – sind niedriger und kleiner als der die Anlage dominierende Kreuztempel.

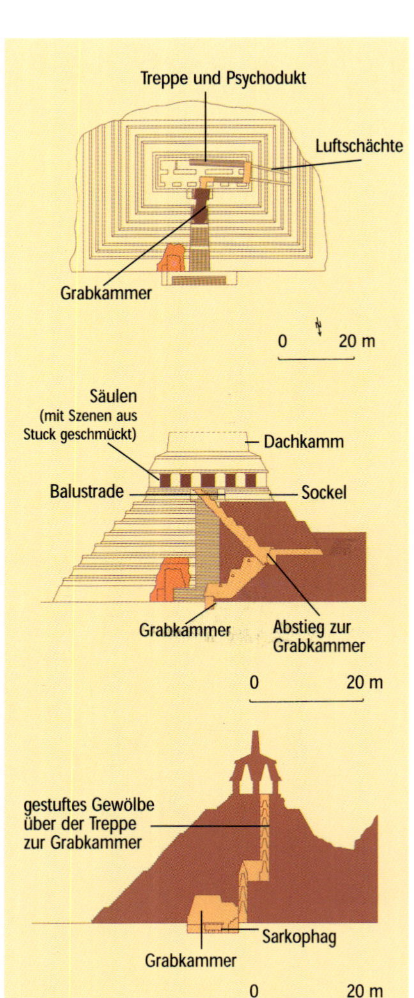

315 a *Grundriss des Tempels der Inschriften von Palenque*
Der Zugang zur Treppe, die zur Grabkammer von König K'inich Janaab Pakal führt, wurde erst 1949 von dem mexikanischen Archäologen Alberto Ruz Lhuillier entdeckt, als er im Boden des Tempelgebäudes große Steinplatten mit Grifflöchern bemerkte. Darunter kam ein überwölbtes Treppenhaus zum Vorschein, das vollständig mit Schutt gefüllt war. Seine Freilegung dauerte vier Jahre.

315 b *Aufriss des Tempels der Inschriften von Palenque*
Im Jahr 1952 erreichte Alberto Ruz Lhuillier das Ende der Treppe und den Eingang der größten bislang im Gebiet der Maya gefundenen Krypta. Sie misst 4 x 10 m, und das Gewölbe ist 7 m hoch. Wahrscheinlich wurde die Grabkammer mit dem großen Sarkophag noch zu Lebzeiten des Königs in Auftrag gegeben und angelegt.

315 c *Querschnitt durch den Tempel der Inschriften von Palenque*
Der Querschnitt zeigt die Größe der Grabkammer im Vergleich zum Tempelgebäude, das auf dem Pyramidensockel steht. Die Treppe führt von dem hinteren Tempelraum hinab zur Krypta, die teilweise unter dem Niveau des Vorplatzes liegt.

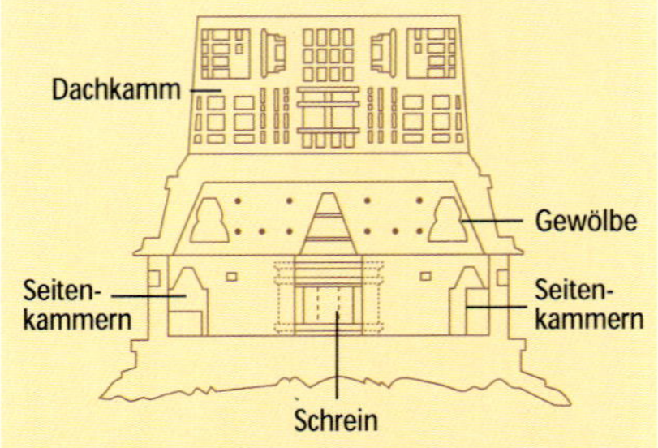

Dachkamm
Gewölbe
Seitenkammern
Seitenkammern
Schrein

Seitenkammern
Schrein
Seitenkammern
Vorraum
Türlaibungen
0 15 m

Dachkamm (ursprünglich mit Figuren und Dekoration aus Stuck geschmückt)
der eigentliche Schrein (von den Maya Pib Naah genannt)
Schüttmauerwerk
hölzerner Türsturz
Treppe zum Platz der Kreuzgruppe

317 a *Längsschnitt durch den Kreuztempel von Palenque*
Der 692 n. Chr. fertig gestellte Kreuztempel besticht, wie viele andere Gebäude Palenques auch, durch seine gleichmäßigen Proportionen. In der Mitte des Daches trägt er einen filigranen Schmuckaufbau, einen so genannten Dachkamm. Dieser war reich mit Stuck verziert und farbig bemalt.

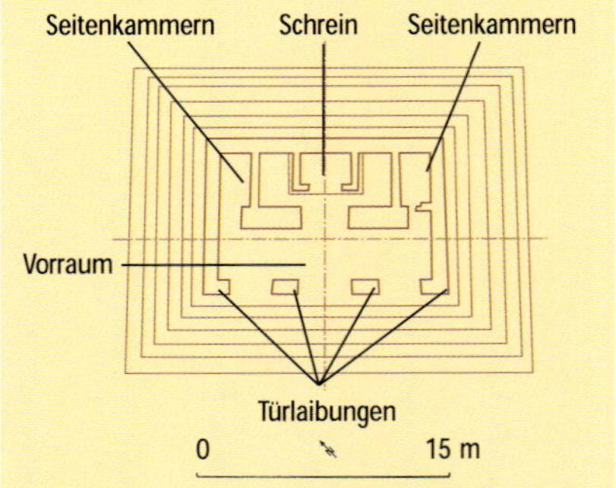

317 b *Grundriss des Kreuztempels von Palenque*
Im hinteren Teil des Gebäudes liegt, wie auch bei den beiden anderen Tempeln der so genannten Kreuzgruppe, ein Raum, der wiederum ein Sanktuarium umschließt. An der rückwärtigen Wand dieses Schreins befand sich eine Relieftafel, die von der Erschaffung des Universums und der Geburt der Schutzgötter von Palenque berichtet. Der Schrein wurde von den Maya *pib naah* (Haus der Geburt der Götter) genannt.

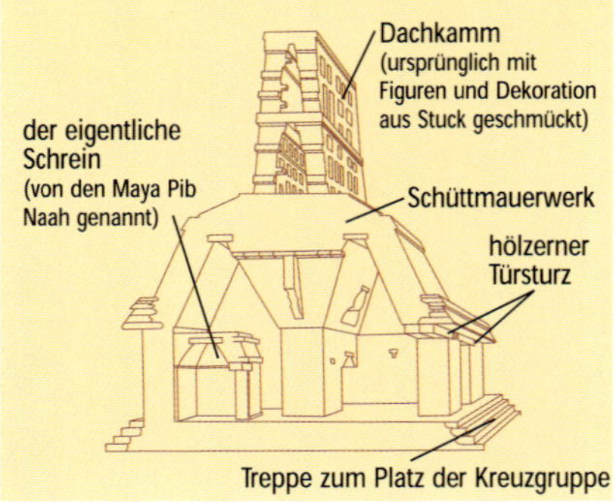

317 c *Querschnitt durch den Kreuztempel von Palenque*
Der Querschnitt durch den Kreuztempel lässt den aus zwei Mauern bestehenden Dachaufbau erkennen, der auf den beiden Gewölben ruht. Nicht nur die rückwärtige Wand des Schreins im hinteren Teil des Tempels, sondern auch die Abschnitte zu beiden Seiten der Tür sind mit steinernen Reliefs verziert, die zu den Meisterwerken der Bildhauerkunst der Maya gehören.

Copan – Glanz des Skulpturenschmucks

Im Südosten des Maya-Gebietes, im Bereich des Motagua-Flusses und seiner Nebenläufe, ist die Topografie anders als im übrigen Maya-Tiefland. Bedeutendster Ort hier ist Copan, dessen Hauptgruppe sich inmitten einer Talweitung direkt am Fluss erhebt (Abb. 319). Da der Fluss an dieser Stelle starke Mäander bildet und so einen Teil der Bauten längst mit sich gerissen hat, kann die Beziehung zwischen Stadt und Fluss nicht mehr festgestellt werden. Im Bereich nordwestlich des Zentrums, ehemals dicht bebaut mit Hofgruppen unterschiedlicher Größe, quert heute allerdings ein auch in der alten Baustruktur vorgezeichneter Weg den Fluss über eine Hängebrücke. Brücken aus Stein sind im gesamten Maya-Gebiet archäologisch nur selten nachweisbar, eine allerdings im nicht allzu fernen Pushila.

Den nördlichen Teil der Hauptgruppe bildet ein weiträumiger Platz (Abb. 318), der durch die präzise Einfügung des Ballspielplatzensembles (Abb. 320) in mehrere Bereiche gegliedert wird. Sein unter dem König Rauch-Imix im Jahr 676 n. Chr. angelegter nördlicher Teil, wo die meisten großen, fast vollfigurig gearbeiteten Monumente zur Schau gestellt sind, ist an drei Seiten von Stufenreihen umgeben, die angrenzende Plattformen erschließen. Ein Dammweg führt vom Mittelteil des Platzes aus zu anderen bedeutenden Gruppen im Tal, die sowohl in der Bauweise als auch im Skulpturenschmuck den Glanz der Hauptgruppe reflektieren. Von Süden her wird dieser Platz dominiert von einem Massiv aus Plattformen und Terrassen, das sich in zahlreichen Überbauungen seit der Frühklassik hier entwickelt hat. Um das zentrale, mehrfach gestufte Sockelbauwerk (10L-16) ordnen sich zwei Höfe unterschiedlichen Charakters, die durch einen Umgang auf demselben Niveau verbunden sind. Der Zugang zu den am Ende etwa 20 Meter über dem Platzniveau liegenden Höfen wurde im Laufe der Zeit durch das Überbauen der breiten Stufenreihen durch Großstufen beschränkt. Unter dem zentralen Bauwerk entdeckte der honduranische Archäologe Ricardo Agurcia im Jahr 1989, nach vielen weiteren Schichten, ein vollständig rekonstruierbares, sorgfältig „bestattetes" Gebäude, zweigeschossig und mit einem Dachkamm versehen. Die reiche Fassadendekoration dieses von den Archäologen „Rosalila" getauften Gebäudes bestand noch aus farbig gefasstem Kalkstuck. Schon in der nächsten Bauphase aber bestimmte ein neues und besonders gut zu bearbeitendes Gestein die Gestaltung der Bauten: Tuffit.

Neue Gebäude und Treppenanlagen, darunter die berühmte 21 Meter hohe Hieroglyphentreppe von Bauwerk 26 mit ihren 2200 Hieroglyphen (Abb. 322), wurden errichtet und mit mosaikartig zusammengefügter Bauskulptur – einstmals mit feinen Kalkschlämmen überzogen und bemalt – dekoriert (Abb. 321).

318 *Blick auf Gebäude 4 auf dem Großen Platz von Copan, Honduras*
Der Große Platz von Copan wird beherrscht von Gebäude 4, einer gestuften Sockelplattform mit einer Freitreppe auf jeder Seite. Davor steht die Stele 3, ein Monument aus der Regierungszeit des 12. Königs von Copan, Rauch-Imix (628–695 n. Chr.), der auch einen Teil der Gebäude um den Platz errichten ließ. Die Mehrzahl der Stelen auf dem Großen Platz, für die Copan so berühmt ist, wurde jedoch erst unter seinem Nachfolger aufgestellt.

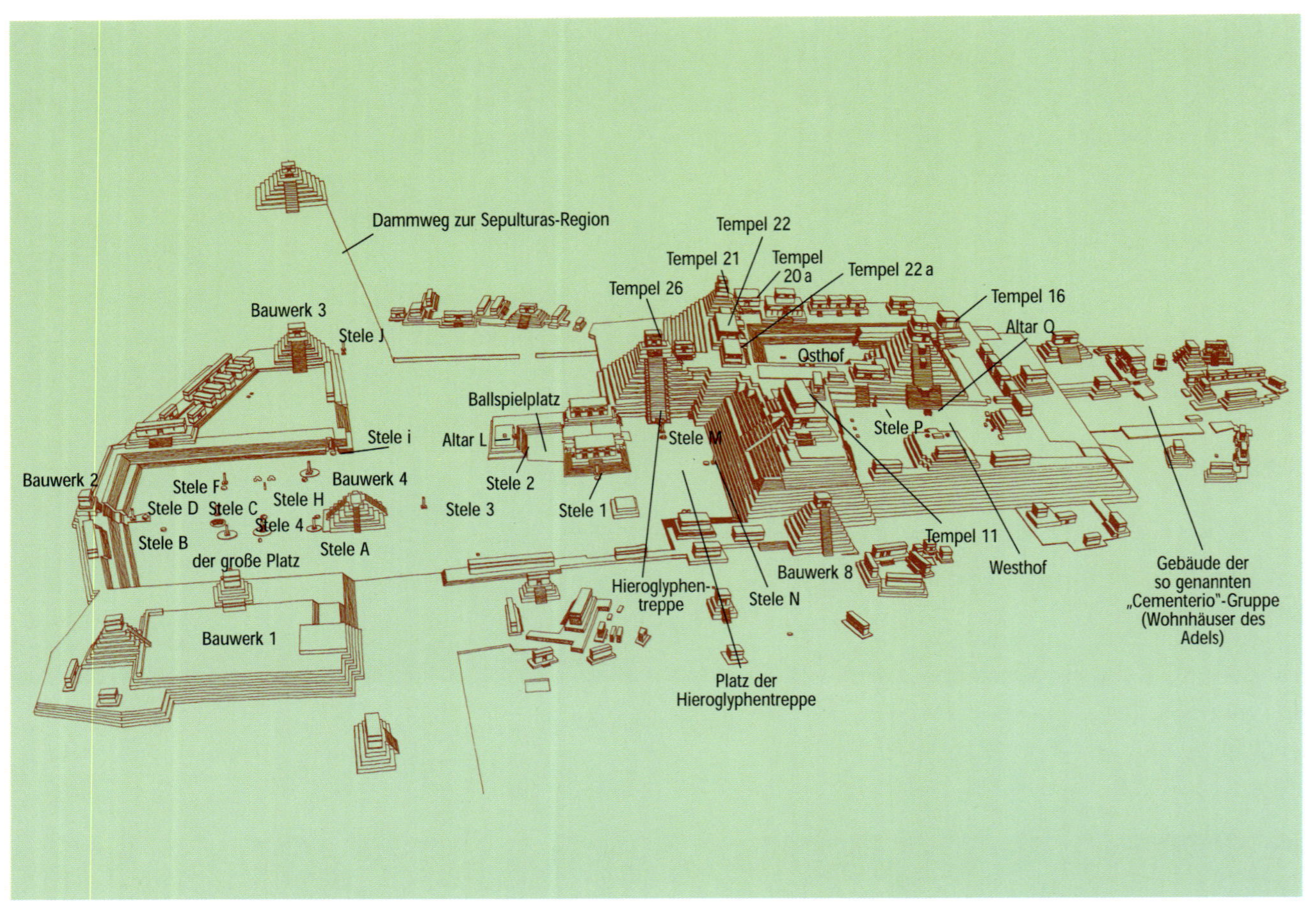

319 *Perspektivische Darstellung einer Rekonstruktion der letzten Bauphase der Hauptgruppe von Copan*
Den weiträumigen Platz, den Stufenreihen und auch Mauern einfassen, gliedern die abgetreppte Plattform und das Ensemble des Ballspielplatzes in verschiedene Bereiche. Von Süden her beherrscht ihn ein Massiv von Plattformen und Terrassen, die einst prächtige Gebäude trugen. Dies ist die eigentliche Akropolis von Copan, die in der Frühen Klassik begonnen und kontinuierlich überbaut und erweitert wurde. Ein Dammweg verbindet das Zentrum mit der westlich gelegenen Sepulturas-Gruppe, einer großen Wohnresidenz, in der auch ein Schreiber seinen Sitz hatte.

322 *Die Hieroglyphentreppe von Tempel 26 von Copan*
Copan ist berühmt durch seine beinahe rundplastischen Stelen, aber auch durch die Hieroglyphentreppe von Tempel 26, neben den Codices das längste Schriftdokument der vorspanischen Zeit. 2200 einzelne Hieroglyphenblöcke, verteilt auf 55 Treppenstufen, erzählen die Geschichte Copans, von der Gründung der Königsdynastie durch Yax K'uk' Mo' bis hin zum Tod von Waxaklajuun Ubaah K'awiil im Jahr 738 n. Chr. Die Treppe wurde noch unter Waxaklajuun Ubaah K'awiil begonnen, doch erst unter dem 15. König, K'ak' Yipyaj Chan K'awiil, im Jahr 755 n. Chr. vollendet. Er selbst hat sich auf der 756 n. Chr. am Fuß der Treppe aufgestellten Stele M verewigt.

320 *Blick auf den Ballspielplatz von Copan*
Der Blick wandert von Tempel 11 über den Ballspielplatz zum Großen Platz von Copan. Am Kopfende des Ballspielplatzes steht die Plattform mit der Stele 2 und dem Altar L, dem letzten skulptierten Monument in der Geschichte des Ortes. Der Ballspielplatz in seiner gegenwärtigen Form – zahlreiche Vorgängerbauten liegen darunter – wurde von Waxaklajuun Ubaah K'awiil (695–738 n. Chr.) angelegt und war das letzte Bauprojekt dieses Herrschers.

321 *Gebäude 9 von Copan*
Das Gebäude (10-L9) ist eines von zwei Bauwerken, die den Ballspielplatz von Copan flankieren und befindet sich an der Westseite des Ballspielplatzes. Es bildet die seitliche Begrenzung des Spielfeldes. Es wurde in mehreren Bauphasen errichtet, von denen die jüngste in das letzte Jahr der Regierungszeit des berühmten Königs Waxaklajuun Ubaah K'awiil von Copan (695–738 n. Chr.) datiert. Die dem Ballspielplatz zugewandte Fassade des Gebäudes war in ihrer oberen Hälfte mit großen Mosaikskulpturen von Papageien geschmückt, die das auf einer 4 m hohen Plattform errichtete Bauwerk als den *mo witz* ausweisen, jenen mythischen „Papageienberg", der in den Inschriften Copans eine so große Rolle spielt.

Becan – Scheintürme des Río-Bec-Stils

Im Norden des Peten schließt ein Gebiet an, das unscharf abgegrenzt nach einem frühen Fundort als Río Bec bezeichnet wurde. Auch hier gibt es überall frühere Relikte, doch die letzte Überbauung, die letzte Fassung der meisten Bauwerke, ist spät- oder endklassisch. Das gilt für Kohunlich mit seinen frühklassischen Stuckmasken ebenso wie für Becan, das einen rundum laufenden Wall mit davor liegendem Graben aufweist, der sogar in die Späte Präklassik datiert wird. Palastartige Anlagen mit mehreren Räumen und jene isolierten Gebäude auf hohen gestuften Unterkonstruktionen gehen hier eine eigenartige Symbiose ein. Letztere werden als Türme, deren Fassaden nur mehr das Relief von Treppe und Hochtempel zeigen, in die stets symmetrisch angelegten Palastanlagen integriert. Neben diesen Gebäuden gibt es aber noch viele Varianten anderer ein- und mehrgeschossiger Bauten. Bauwerk IV in Becan beispielsweise zeigt sich in seiner letzten Fassung nach Süden hin als hohes, mehrfach gestuftes Sockelbauwerk mit breitem Treppenaufgang, gekrönt von einem reich dekorierten Gebäude, das wieder einen Hof umschließt (Abb. 323–326). An den Seiten finden sich Scheintreppen; an der Westseite liegt darunter ein enger Treppenaufgang verborgen. Nach Norden hin präsentiert sich das Ganze dagegen als vierfach abgestufter Palast. Technik und Dekor zeigen mehr Konsistenz als in anderen Gebieten: Mauern, Wände und Gewölbe bestehen aus Verblendmauerwerk mit einer Füllung aus Stein und Mörtel. Das Hauptmotiv der mosaikartig zusammengestellten Fassaden sind Masken, einzelne befinden sich in den vertikalen Gewölbezonen der Fassaden, andere übereinander gestapelt als Dekorationselement flach an der Wand oder plastisch vortretend an den Gebäudeecken. Die spektakulärste Ausprägung des Maskenmotivs findet sich jedoch an den Eingängen, die manchmal insgesamt als monströse Schlangenrachen ausgebildet sind. Das Steinmosaik war meist mit feinem Kalkmörtel überzogen und bemalt. Manche Fassadendekorationen wurden aber auch hier noch später überwiegend in Stuck gearbeitet.

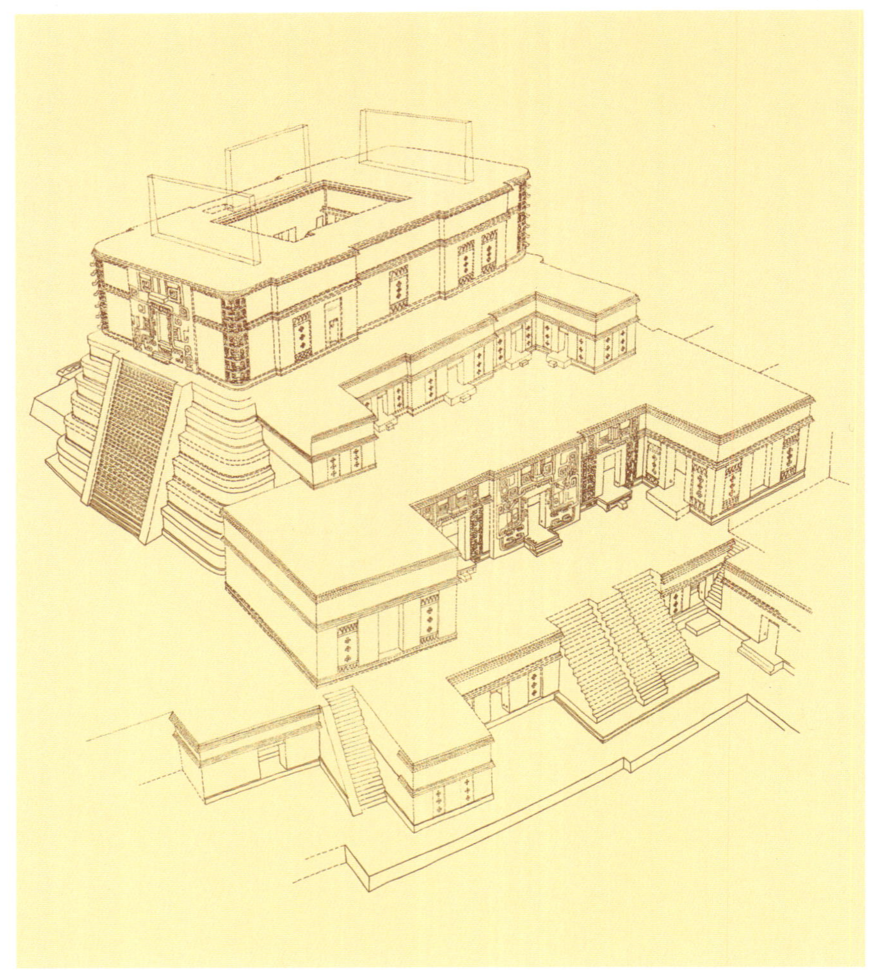

323 *Perspektivische Rekonstruktionszeichnung von Gebäude IV von Becan, Campeche, Mexiko*
Der breite Treppenaufgang an der Südseite führt zu einem architektonischen Komplex, der einen intimen Hof einschließt und zugleich die oberste Ebene eines nach Norden hin vierfach abgestuften Palastes bildet. An der Ostseite ist der Ansatz einer Scheintreppe sichtbar, wie sie charakteristisch für den Río-Bec-Stil ist. Die Haupteingänge des Gebäudes sind in Form von aufgerissenen Rachen gestaltet.

324 *Blick auf die Plattform vor Gebäude IV von Becan*
Das Gebäude IV erhebt sich über einer monumentalen, gestuften Plattform, unter der eine frühere, bereits in der Mittleren Präklassik begonnene Akropolis liegt. Auf dem Plateau befinden sich verschiedene Bauwerke, darunter auch eine zylindrische Plattform aus der Zeit der Endklassik. Auf der Südseite wird sie von einem Gebäude mit zwei Türmen im Río-Bec-Stil begrenzt.

325 *Blick auf Gebäude IV von Becan*
Nach Süden präsentiert sich das Gebäude IV als hohes, mehrfach gestuftes Sockelbauwerk mit einem breiten Treppenaufgang. Es wird von einem reich verzierten Bau bekrönt, der wiederum einen Innenhof umschließt. Becan wurde 1934 von Archäologen der amerikanischen Carnegie-Institution entdeckt, Grabungen fanden jedoch erst in den Jahren 1969 bis 1971 statt. Sie ergaben, dass die Stadt in der Präklassik ein bedeutendes Zentrum war, jedoch in der Frühklassik ihre Bedeutung verlor. Erst in der Späten Klassik kam es wieder zu Baumaßnahmen, das Gebäude IV stammt aus dieser Spätzeit.

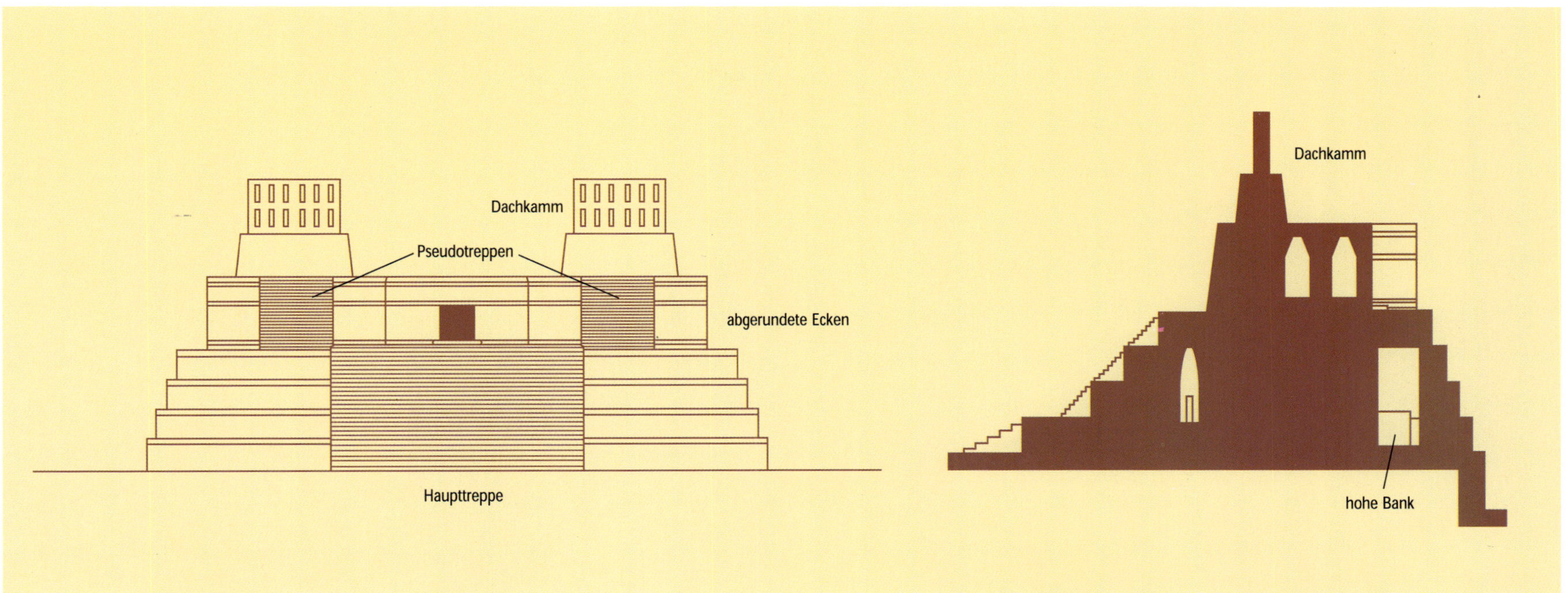

326a *Perspektivische Rekonstruktionszeichnung der Aufsicht auf die Westseite von Gebäude I von Becan*
Das Gebäude I ist ein Beispiel für den Río-Bec-Stil, der über das gesamte Zentrum der Halbinsel Yukatan verbreitet war. Es steht auf einer hohen Plattform, auf die eine breite Freitreppe führt, hat lediglich einen Eingang und wird von zwei Scheintürmen flankiert. Als nicht begehbar erweisen sich auch die steilen Treppen.

326b *Schnitt durch Gebäude I von Becan*
Von den Tempeltürmen im Río-Bec-Stil nimmt man an, dass sie die großen Pyramiden des zentralen Peten, insbesondere Tikals, in reduzierter Form symbolisch darstellen. An der Front haben sie Treppen mit Stufen und Wangen, doch sind diese zu steil, um wirklich bestiegen zu werden. Auch die Tempel auf den obersten Plattformen mit ihren geschlossenen Türnischen sind lediglich Scheinarchitektur.

Uxmal – Endklassik in der Puuc-Region

Im nördlichen Teil der Halbinsel Yukatan, hauptsächlich in Orten an der Hügelkette der Puuc-Region, überwiegen strengere Motive im Fassadenschmuck. Die untere Wandzone zwischen den Eingängen, die häufig durch das Einfügen von Säulen oder Pfeilern erweitert wurde, zeigt eher glatte Flächen; der Sockel, vor allem aber die Gewölbezone der Gebäude, ist oft üppig dekoriert (Abb. 329). Manche Fassaden reichen noch darüber hinaus und bilden so fast einen frontseitigen Dachkamm. Masken, Schlangen und andere Motive aus der Tierwelt sind noch geometrischer in der Form. Mit unterschiedlichsten Gesimsbändern, Säulen- und Mattenmotiven bilden sie äußerst variationsreiche Fassaden (Abb. 327; s. Dunning, S. 325 ff.).

Uxmal, der vielleicht wichtigste Ruinenort dieser Region, wird dominiert von eindrucksvollen Gebäudekomplexen. Die so genannte Zaubererpyramide, ein mehrfach überformtes Bauwerk, verfügt sowohl an der Ost- als auch an der Westseite über einen breiten Treppenaufgang. Zu dieser Pyramide steht das so genannte Nonnenkloster in Beziehung, ein vierseitig von lang gestreckten Bauten umschlossener Hof auf einer mächtigen Plattform. Sein Bau wurde vom König Chan Chaak K'ak'nal Ajaw, der Uxmal zu seiner Blütezeit regierte, zwischen 906 und 909 n. Chr. vollendet. Jede der vier Seiten des Nonnenklosters zeigt eine vollkommen individuelle Gestaltung (Abb. 328). Eine Terrasse mit dem ebenfalls von Chan Chaak K'ak'nal Ajaw gebauten Ballspielplatz trennt diese Gruppe von einer noch ausgedehnteren Plattform, die der fast 100 Meter lange so genannte Gouverneurspalast dominiert. Das Gebäude, auf einem eigenen Sockelbau gelegen, enthält zwei Reihen hintereinander liegender Räume mit hohen Gewölben und wird an zwei Stellen von „Querschiffen" durchdrungen. Die exponierte Lage und die allseitige Prachtentfaltung unterscheiden dieses Bauwerk von anderen Palästen.

Weitere Komplexe, die dieser Bezeichnung eher gerecht werden, sowie angeschlossene Höfe und Plätze, auch einige hohe, gestufte Sockelplattformen, umgeben die spektakulären Hauptwerke. Eine bescheidene Umwallung, die den Kern der Stadt umgrenzte, konnte auch hier nachgewiesen werden. Ein Dammweg verbindet Uxmal mit Kabah und führt dort durch ein freistehendes Tor, dessen Gewölbe etwa vier Meter breit und acht Meter hoch ist. Mehrere Gruppen von Palästen, darunter ein Gebäude, dessen Westfassade durchgehend mit einem Maskenmosaik dekoriert ist, bestimmen hier wie auch in Labna, Sayil und Oxkintok die Struktur der Orte.

An vielen Stellen können Dammwege *(sakbe)* nachgewiesen werden, die Gebäudegruppen oder auch Siedlungen verbinden. Einer der längsten ist der zwischen Coba und Yaxuna, er verläuft in gerader Linie über 100 Kilometer. In Coba selbst, an der Ostküste Yukatans zwischen mehreren Seen gelegen, gibt es eine Vielzahl solcher Dammwege.

327 *Detail der Fassadendekoration des Monjas-Komplexes von Uxmal, Yucatán, Mexiko*
Der Fassadenschmuck der Puuc-Region, der Hügellandschaft im nördlichen Yukatan, ist im Allgemeinen strenger und weniger dekorativ als die der Chenes- und Rio-Bec-Architektur im Süden. Die Baumeister von Uxmal verstanden es jedoch, glatte Wandflächen mit Abschnitten zu kombinieren, die reich verziert und mit Ornamenten versehen sind. Dieser Dekor ist, wie ein Mosaik, aus vorgefertigten Steinelementen zusammengesetzt. Rechts im Bild ist ein einfaches Bauernhaus mit einem Dach aus Palmstroh zu erkennen; wie ein Versatzstück fügt es sich in die große Architektur des Monjas-Komplexes von Uxmal ein.

328 *Blick auf den Ostflügel des Monjas-Komplexes von Uxmal. Historisches Foto um 1857/59 von Augustus Le Plongeon*
Diese Aufnahme aus der Frühzeit der archäologischen Fotografie zeigt den Ostflügel des Monjas-Komplexes vor seiner Ausgrabung und Konsolidierung. Die Dekoration der Fassade beschränkt sich auf den oberen Abschnitt. Die untere Wandzone ist glatt, geschlossen und schmucklos, nur durch den Rhythmus der Türöffnungen gegliedert. Der von kräftigen Gesimsen gerahmte Fries gewinnt seinen optischen Reiz aus dem Nebeneinander von einfachen geometrischen Motiven und realistischen Darstellungen von Häusern oberhalb der Türen.

329 *Gebäude I von Xlabpak, Yucatán, Mexiko; Endklassik*
Typisch für die Architektur der Endklassik im Puuc-Gebiet ist die reich dekorierte Gewölbezone. Es überwiegen geometrische Motive, in die abstrahierte Gruppen von Masken eingefügt sind. Die Wandzone darunter bleibt dagegen, abgesehen von den in die Ecken eingestellten Säulen, ohne Schmuck.

DIE BAUWERKE VON YUKATAN

330 *Blick auf die Ostfassade des Ostflügels des Monjas-Gebäudes. Chichen Itza, Yucatán, Mexiko. Historisches Foto; um 1857/59, von Augustus Le Plongeon*
Das Foto aus der Frühzeit der archäologischen Fotografie zeigt die Fassade noch vor ihrer Restaurierung. Das Drachenmaulportal und der Baudekor, der die gesamte Fassade einnimmt, erinnert an Bauwerke des Chenes-Stils.

Als Diego de Landa Mitte des 16. Jahrhunderts in Yukatan weilte, war er erstaunt, eine derart große Anzahl komplexer stadtähnlicher Siedlungen anzutreffen, die mit ihren massiven Tempel- und Palastbauten bestachen. Diese Bewunderung kommt in der folgenden Textpassage zum Ausdruck:

Aus: Diego de Landa, „Bericht aus Yucatán", herausgegeben und mit einem Nachwort von Carlos Rincón, deutsche Übersetzung von Ulrich Kunzmann, Reclam, Leipzig, 1990, S. 137f.

Wenn sich Yukatan durch die Vielzahl, Größe und Schönheit seiner Bauwerke einen Namen machen und Berühmtheit erlangen sollte, wie andere Teile der Indias es mit Gold, Silber und [anderen] Schätzen erreicht haben, so hätte sich sein Ruf so sehr wie jener Perus und Neuspaniens verbreitet, denn gerade die Bauwerke und ihre Vielzahl sind das Bedeutsamste, was man bis heute in den Indias entdeckt hat, weil sie so zahlreich sind, sich an so vielen Orten befinden und in ihrer besonderen Art so gut aus Quadersteinen errichtet wurden, dass es in Erstaunen setzt, und da dieses Land gegenwärtig nicht so beschaffen ist, wenn es auch ein gutes Land ist, wie es allem Anschein nach in der Blütezeit aussah, als man in ihm so viele und so vortreffliche Bauwerke errichtete – obwohl es dort keinerlei Metall gibt, mit dem man die Steine bearbeiten könnte –, werde ich hier die Gründe anführen, die ich von denen hörte, die jene erwähnten Bauwerke betrachteten. Die Gründe sind, dass diese Menschen wohl einigen Herren unterworfen sein mussten, die sie gerne mit reichlich Arbeit beschäftigten und die ihnen gerade dies als Arbeit zuwiesen; und da sie so gute Götzenverehrer gewesen seien, zeichneten sie sich dadurch aus, dass sie gemeinsam Tempel für die Götzen erbauten; überdies wurden aus gewissen Gründen die Ortschaften verlegt, und wo sie sich ansiedelten, bauten sie daher immer wieder neue Tempel, Kapellen und Häuser für die Häuptlinge, wie sie bei ihnen Brauch waren und aus Holz und einem Strohdach bestanden; oder der große Vorrat an Steinen, Kalk und einer gewissen weißen Erde, die sich vortrefflich für Bauwerke eignet, habe sie angeregt, so viele zu errichten; man wird es nämlich für einen Scherz halten, wenn man jemandem von ihnen erzählt, es sei denn, man hat sie selbst gesehen; oder das Land soll auch irgendein Geheimnis haben, und wenn man es bisher noch nicht ergründet habe, was selbst den Landesbewohnern nicht gelungen sei, so habe man es ebenso wenig in unserer Zeit ergründet.

Postklassische Architektur in Chichen Itza

In Chichen Itza erfuhr die Entwicklung der Maya-Architektur noch einmal einen wesentlichen Wandel. Bis zur Endklassik entstanden auch dort prächtige Gebäudekomplexe im Puuc-Stil, darunter auch ein Rundbau mit gewendeltem Innenaufgang, als *caracol* (Schnecke) bezeichnet, der für ein Observatorium gehalten wird (Abb. 331). In der Folgezeit wurden riesige Platzebenen und Terrassen angelegt und Monumentalbauten errichtet, unter anderem ein großer Ballspielplatz mit steilen Seitenwänden und Markierungsringen, vor allem aber ausgedehnte Säulenhallen (Abb. 332, 333), etwas nie da Gewesenes in dieser Kultur, sieht man von einem eigenwilligen frühklassischen Bauwerk in Ake ab. Die Tempel jüngeren Datums erinnern stark an ähnliche im zentralen Hochland von Mexiko und sind daher häufig als Argument für ausgeprägte Beziehungen zwischen Zentralmexiko und Chichen Itza herangezogen worden.

Sonst ist es vor allem die Bauskulptur, die eine starke Veränderung signalisiert, sowohl in den Motiven als auch in deren Darstellung. Im Zentrum des „neuen" Teils von Chichen Itza steht eine mehrfach überbaute, an allen vier Seiten mit Treppenläufen erschlossene Stufenpyramide, das so genannte Castillo (Abb. 293, 334, 335).

Im 13. Jahrhundert stagnierte die Entwicklung auch dieser Stadt. Kleinere, dichter besiedelte, oft mit Mauern umgebene Orte prägten von da an das Bild der Zeit. Aber auch wenn die gesamte Erscheinungsweise der Siedlungen nunmehr einfacher, schmuckloser wirkt, sind die alten traditionellen architektonischen Konzepte doch immer noch zu erkennen.

In der Bauweise der Postklassik kam es zu einigen Veränderungen. Vermehrt wurden flache Dächer mit einer Unterkonstruktion aus Holz und einer Auflage aus Stein und Mörtel verwendet, so wie wahrscheinlich auch bei der Dachkonstruktion der mehrreihigen Säulenhallen in Chichen Itza. Aber auch Schüttgewölbe waren nach wie vor üblich. An der Ostküste Yukatans finden sich viele Orte mit kleineren Gebäuden und Gewölben in Schütttechnik, wie zum Beispiel in El Meco, San Gervasio auf der Insel Cozumel, Tancah, Xelha, Tulum und Santa Rita Corozal. Die Gewölbezonen der Fassaden zeigen hier häufig eine Neigung nach außen. Das Mauerwerk ist gröber, die Mörtelschicht entsprechend dicker. So übernehmen wieder Stuck und polychrome Wandmalerei, häufig mit komplexen mythologischen Motiven, die Dekoration der Bauten. Postklassisch geprägte Orte finden sich nicht nur in Yukatan, sondern auch im südlichen Tiefland – Topoxte und Lamanai beispielsweise – sowie im Hochland von Guatemala, etwa in Q'umarkaj, Iximche' oder Mixco Viejo, Hauptstädte von postklassischen Staaten des Hochlandes.

331 *Das Caracol von Chichen Itza. Kolorierte Lithografie nach einer Zeichnung von Frederick Catherwood; 1844*
Das Caracol von Chichen Itza ist ein monumentaler Rundbau, der auf einer großen, rechteckigen Plattform thront, auf die eine breite Freitreppe führt. Da es nur wenige Rundbauten in Yukatan gibt, hat das Caracol schon früh die Aufmerksamkeit von Forschern und Reisenden auf sich gezogen. Es wurde aber erst in den 1920er-Jahren von der Carnegie-Institution aus Washington wissenschaftlich freigelegt. Inschriften datieren die letzte Bauphase um 906 n. Chr.

332 *Der Kriegertempel von Chichen Itza, Yucatán, Mexiko*
Ausgedehnte Säulenhallen und Säulengänge sind ein Kennzeichen der hybriden Architektur Chichen Itzas, die Elemente der Maya-Architektur mit Formen aus Zentralmexiko und anderen Regionen Mesoamerikas kombiniert. Dem Kriegertempel entspricht in Anlage und Bauplan der so genannte Morgensterntempel der kleinen vorspanischen Fundstätte Tula im mexikanischen Bundesstaat Hidalgo. Durch den Einsatz von Säulen und Pfeilern als Stützen konnten nun große, luftige Hallen geschaffen werden. Die hohen Säulen sind aus einzelnen Steinplatten zusammengesetzt, und ihre Kapitelle haben eine quadratische Deckplatte.

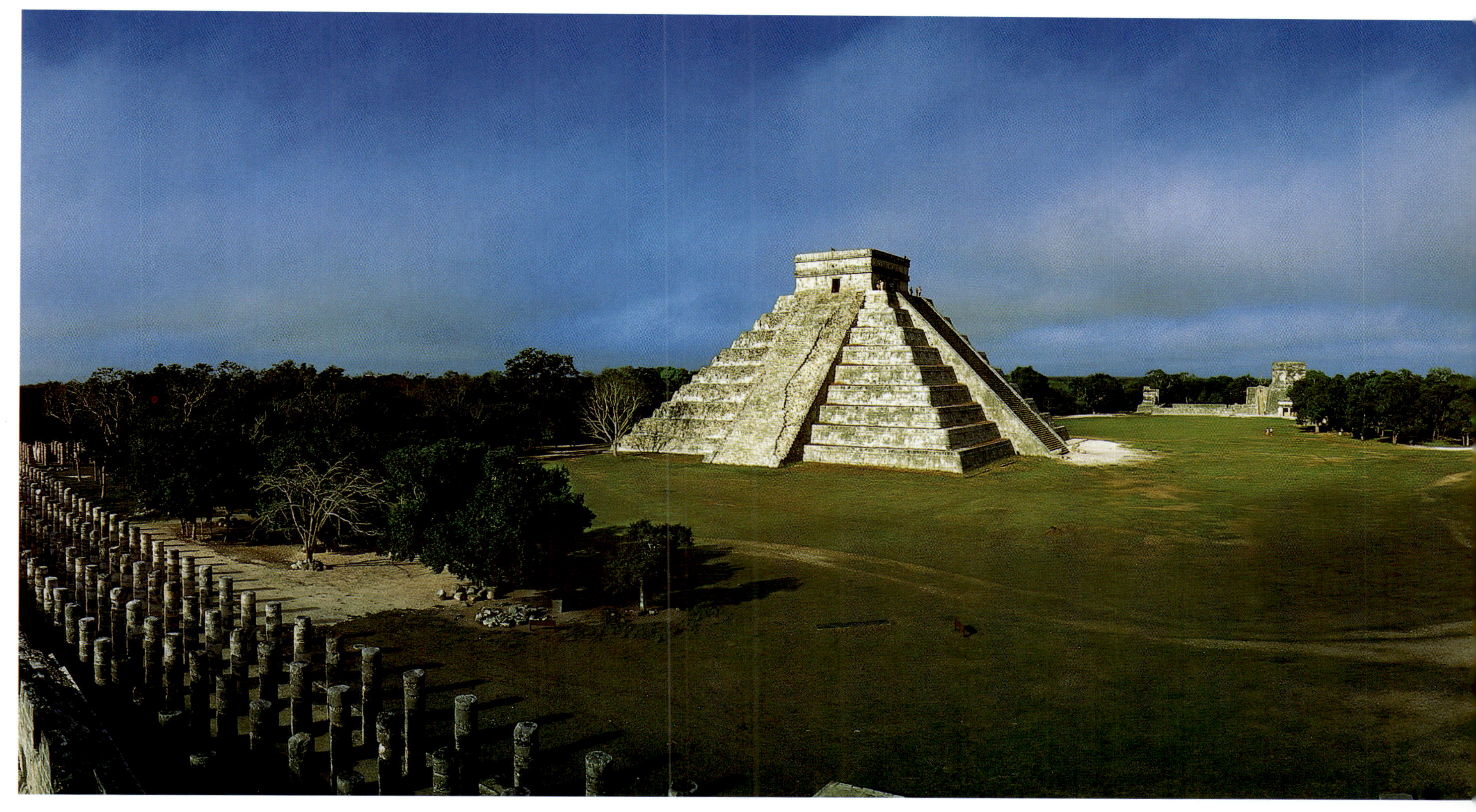

333 *Blick in den Kriegertempel von Chichen Itza*
Vor dem Eingang des Kriegertempels wacht eine auf dem Rücken liegende steinerne Figur; sie hält eine runde Schale über ihrem Bauch und wendet den Kopf zur Seite, als ob sie über den Großen Platz von Chichen Itza blickte. Skulpturen dieses Typs werden Chacmool genannt und sind in der gesamten Postklassik weit verbreitet. In keinem anderen Ort kommen sie jedoch so häufig vor wie in Chichen Itza. Die beiden aufgerichteten Schlangenleiber trugen einst die Dachkonstruktion des Kriegertempels. An seiner rückwärtigen Wand befindet sich ein Altar, der von kleinen Atlanten gestützt wird.

334 *Blick vom Kriegertempel zum Castillo von Chichen Itza*
Riesige Platzebenen verbinden die einzelnen Monumentalbauten der Postklassik, die sich auch in ihrer Formensprache stark von der früheren Architektur unterscheiden. Links im Bild ist die so genannte Gruppe der Tausend Säulen zu sehen, in der Mitte die Pyramide El Castillo, und links von ihr befindet sich der Große Ballspielplatz, einer von 13 Ballspielplätzen in dieser Metropole. Sämtliche Gebäude in diesem Bereich sind in einem hybriden Stil gehalten, der viele Entlehnungen aus Zentralmexiko aufweist.

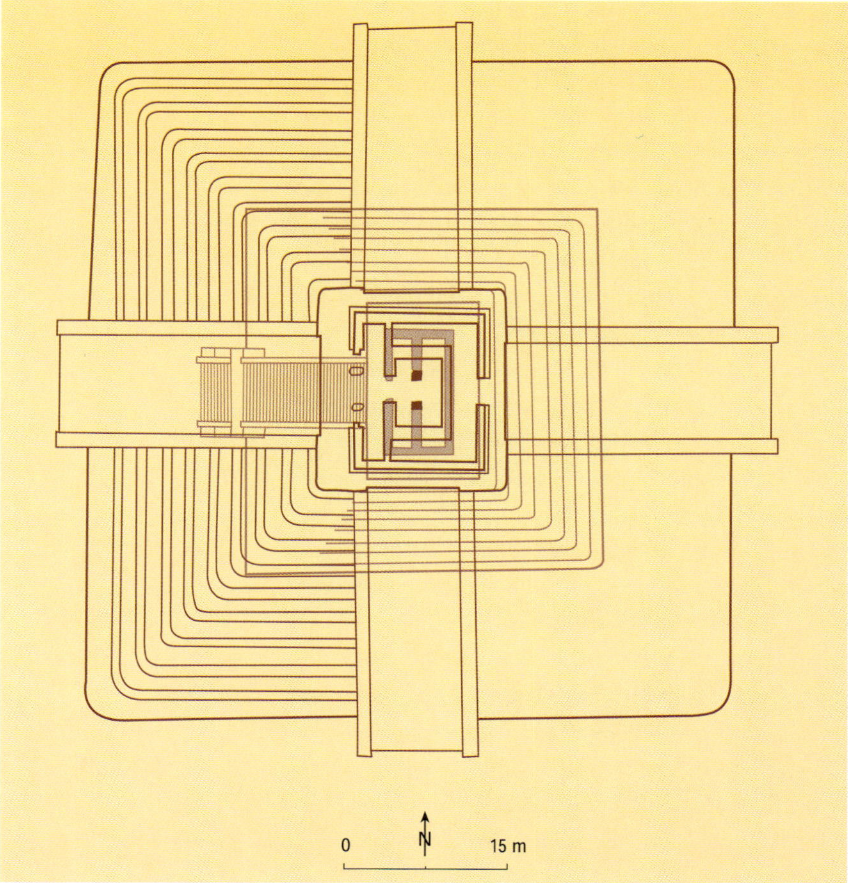

335 *Grundriss des Castillo von Chichen Itza*
Das Castillo ist ein Tempelgebäude auf einem neunfach gestuften Pyramidensockel. Vier Treppen führen hinauf, jede Treppe hat 91 Stufen, sodass die Gesamtzahl der Stufen einschließlich der Plattform der Anzahl der Tage des Jahres entspricht. Im Inneren des Castillo stießen die Archäologen der Carnegie-Institution auf ein älteres Gebäude, in dessen gut erhaltenem Tempel eine Chacmool-Figur und ein rot bemalter Thron in Form eines Jaguars gefunden wurden. Die Augen und die Flecken des Jaguars bestehen aus Jadeitscheiben.

DIE GESCHICHTE EINER MAYA-SIEDLUNG – FORSCHUNGSERGEBNISSE AUS DEN AUSGRABUNGEN VON XKIPCHE

Michael Vallo

Vor rund 1200 Jahren bildete das von den Maya besiedelte Puuc-Gebiet südlich der Sierrita de Ticul im Südwesten des mexikanischen Bundesstaates Yukatan einen relativ einheitlichen Kulturraum. Zu den herausragenden architektonischen Hinterlassenschaften dieses einstmals dicht besiedelten Gebietes gehören insbesondere elaboriert verzierte Steingebäude. Vor allem der deutsch-österreichische Architekt und Fotograf Teobert Maler leistete durch seine detaillierten Gebäudeskizzen, Beschreibungen und Fotografien wichtige Pionierarbeit bei der Erforschung und Dokumentation dieser vorspanischen Siedlungen. Auf einer seiner Expeditionen besuchte er im Dezember 1883 in Begleitung zweier indianischer Helfer den circa neun Kilometer südlich von Uxmal gelegenen Ruinenort Xkipche. In seinem umfangreichen Nachlass, der sich heute im Ibero-Amerikanischen Institut in Berlin befindet, sind eine kurze Beschreibung und eine Bleistiftskizze des größten erhaltenen Gebäudes von Xkipche sowie eine Fotografie erhalten (Abb. 336).

Die Fragen nach den Ursachen und der zeitlichen Einordnung der dichten Besiedlung des Puuc-Gebietes sind bis heute weitgehend unbeantwortet geblieben, da sich eine wissenschaftlich orientierte Architektur- und Keramikforschung in diesem Gebiete erst in Ansätzen entwickelt hat. Um eine solide Datenbasis über die Puuc-Region und ihre Architektur zu gewinnen, führte das Institut für Altamerikanistik und Ethnologie der Universität Bonn von 1991 bis 1997 in Kooperation mit mexikanischen Institutionen sechs mehrmonatige Grabungskampagnen durch.

Im Mittelpunkt der archäologischen Erforschung des Ruinenortes Xkipche standen neben der Datierung einzelner Bauabschnitte und Architekturstile vor allem Fragen zur Ausdehnung, zur Gliederung und wirtschaftlichen Versorgung von Siedlungen des Puuc-Gebietes. Im ersten Arbeitsschritt wurden daher die an der Oberfläche sichtbaren Siedlungsreste des Fundortes akribisch dokumentiert. Nach den Ergebnissen der Kartierungsarbeiten verteilen sich die Gebäude von Xkipche auf einer Fläche von circa 0,7 Quadratkilometer. Insgesamt wurden 278 Gebäude in acht Gruppen auf der Karte verzeichnet. Der Ort dürfte damit in seiner Blütezeit 2000 bis 3000 Einwohner besessen haben. Um die Palast- und Zeremonialgruppen, die anscheinend das Zentrum des Ortes gebildet haben, lassen sich kreuzförmig nach den Himmelsrichtungen angeordnet weitere Gebäudegruppen beschreiben, die durch weniger dicht bebaute Flächen vom eigentlichen Siedlungskern getrennt sind.

Die Ausgrabungsarbeiten konzentrierten sich vor allem auf das schon von Teobert Maler dokumentierte, heute als A 1 bezeichnete Gebäude (Abb. 337) sowie die Gebäude in dessen unmittelbarer Nachbarschaft. Das Gebäude A 1 – der so genannte Palast – ist, gemessen am Gesamtbauvolumen, das größte in Xkipche und mit sei-

336 *Gebäude A1 von Xkipche mit der Westfassade des Südflügels. Xkipche, Yucatán, Mexiko; 750–900 n. Chr.*
Das Gebäude A1 von Xkipche ist ein zweistöckiger Palast, der über einen langen Zeitraum hin immer wieder überbaut, ergänzt und erweitert wurde. Das Ziel des Ausgrabungsprojektes war es, die Entstehung dieser großen Palastanlage zu erforschen und die Bauphasen zu datieren.

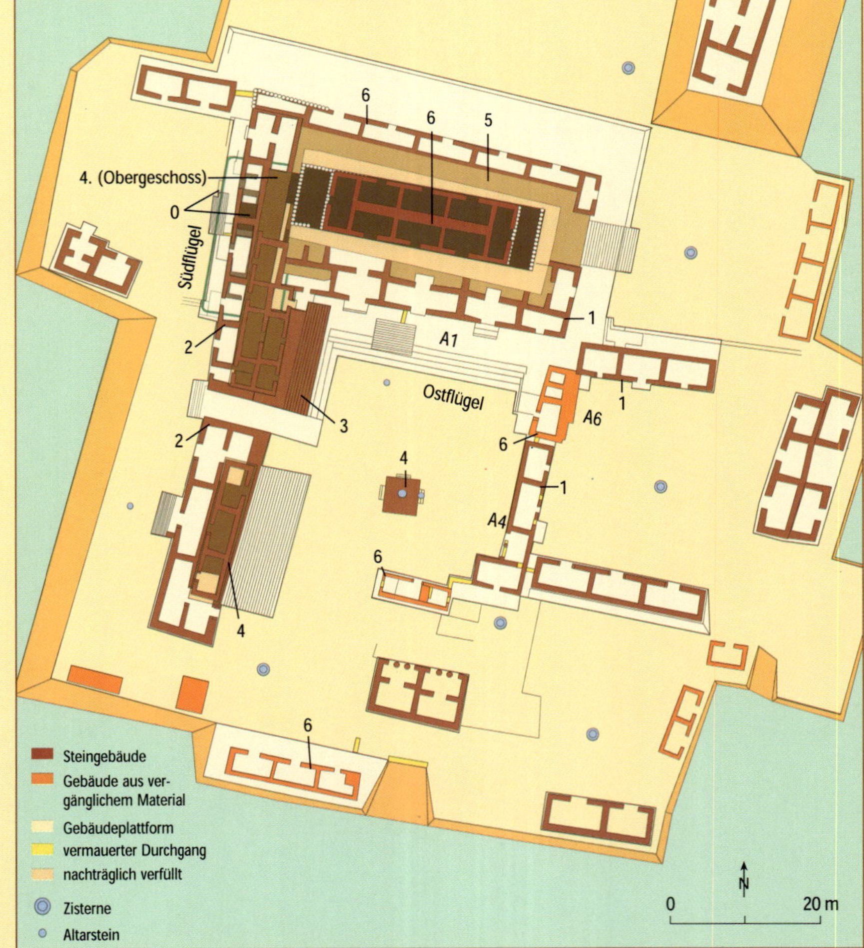

337 *Zentraler Bereich der Gebäudegruppe A mit dem Palastgebäude A1 und den anschließenden Hofgruppen. Xkipche*
Das Gebäude A1 mit 40 geplanten Räumen liegt inmitten des größten architektonischen Ensembles von Xkipche. Die notwendigen Verbindungen zu den zwei Stockwerken wurden über zahlreiche Treppenaufgänge und Durchgänge zwischen dem Monumentalbau und anderen Gebäuden hergestellt. Wie bei fast allen Siedlungen des Puuc-Gebietes umgeben die größeren steinernen Gebäude kleinere Gebäude aus vergänglichem Material, die vermutlich der Nahrungszubereitung dienten und mit den zahlreichen unterirdischen Zisternen die Versorgung der Palastbewohner sicherstellten. Die Bauphasen der Gebäudegruppe A werden in der Graphik durch Zahlen von 0 bis 6 gekennzeichnet, wobei die früheste Phase durch 0, die späteste Bauphase durch die Zahl 6 markiert wird.

338 *CAD-Rekonstruktion des Gebäudes A1 von Xkipche nach der Errichtung der Erdgeschosse des Ost- und Südflügels*
Durch CAD-Rekonstruktionen auf Grundlage exakter Vermessung noch sichtbarer Teile lässt sich die Baugeschichte ermitteln. Hier erkennt man zwei Bauphasen des Gebäudes A1. Die meisten Gebäude im Puuc-Gebiet gewannen erst im Verlauf großer Zeitperioden durch das Anfügen weiterer Trakte ihre spätere Größe.

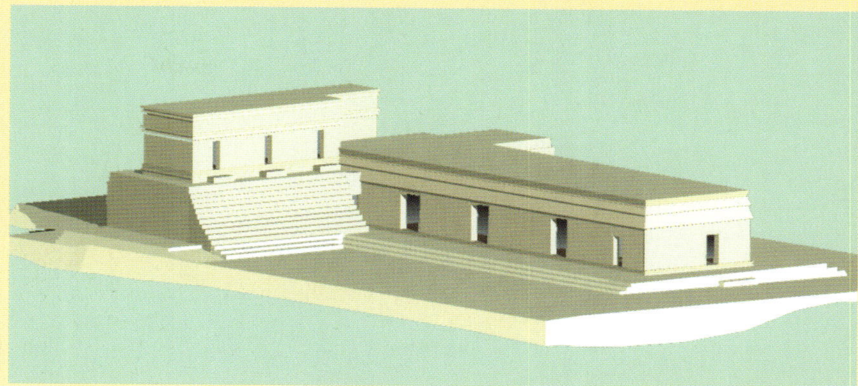

339 *CAD-Rekonstruktion des Gebäudes A1 in Xkipche nach der Errichtung des Obergeschosses auf dem Südflügel*
Noch in der dritten Bauphase erhielt der Südflügel ein weiteres Stockwerk. Zuvor mussten jedoch aus Stabilitätsgründen einige der unteren Räume mit Bruchsteinen verfüllt werden. Anschließend ermöglichten die östlich und westlich des Südflügels errichteten Freitreppen den Zugang zum Obergeschoss.

340 *CAD-Rekonstruktion des Gebäudes A1 in Xkipche nach der Errichtung des Obergeschosses auf dem Ostflügel*
Schließlich wurde auch auf den Ostflügel ein weiteres Stockwerk gesetzt. Auch diesmal mussten einige der Räume im unteren Bereich mit Bruchsteinen verfüllt werden, um das zusätzliche Gewicht tragen zu können. Erreicht wurde das Obergeschoss über eine Freitreppe, die dem Ostflügel vorgelagert wurde.

341 *CAD-Rekonstruktion des Gebäudes A1 in Xkipche mit umgebenden Steingebäuden und Konstruktionen aus vergänglichem Material*
Die Abbildung zeigt die von den Bauherren nicht abgeschlossene Anlage von Gebäude A1. Die Arbeiten wurden plötzlich abgebrochen. Weitere unvollendet gebliebene Gebäude lassen vermuten, dass die Siedlung aus uns heute noch unbekannten Gründen unerwartet verlassen wurde.

nen 45 Räumen das drittgrößte Gebäude im Puuc-Gebiet überhaupt. Es gliedert sich in zwei jeweils zweigeschossige Baukörper, den von Westen nach Osten verlaufenden Ostflügel und den L-förmigen Südflügel. Nach dem bisherigen Stand der Auswertungsarbeiten wurde die Anlage zwischen 650 und 1050 n. Chr. in mehreren Bauphasen auf einer großen, künstlich angelegten Plattform errichtet (Abb. 337).

Sehr früh datierbare Keramikfragmente aus den Grabungsbereichen der Gebäude A 4 und A 6 unterhalb der großen Plattformkonstruktion sind außergewöhnlich frühe Spuren einer intensiven menschlichen Besiedlung des Puuc-Gebietes. Zu den wenigen und meist schwer zugänglichen baulichen Überresten dieser Phase zählen vor allem Mauerzüge unterhalb des Gebäudes A 4, die einem früheren Bauwerk zuzurechnen sind. Um circa 500 n. Chr. wurde dieser alte Vorgängerbau jedoch fast vollständig abgerissen und mit einem L-förmigen Gebäude überbaut, zu dessen charakteristischen Merkmalen ein reich verzierter Stuckfries zählt (Abb. 338).

Auch unter dem Südflügel des Gebäudes A1 fanden sich Mauerreste eines kleineren Vorgängerbaus mit farbig bemalten Stuckresten, der allerdings um circa 650 bis 700 n. Chr. fast gänzlich abgerissen wurde. An seine Stelle trat ein von Ost nach West ausgerichtetes Gebäude mit zwölf Räumen, das wegen seiner Türpfosten aus großen bearbeiteten Steinen, seiner hölzernen und steinernen Türsturze, einer zwei- bis dreiteiligen Fassadengliederung sowie wegen seines charakteristischen Schüttmauerwerks als ein gutes Beispiel für den klassischen Puuc-Architekturstil gelten kann. Nur wenig später entstand das Erdgeschoss des heutigen Südflügels. Im Zeitraum zwischen circa 800 bis 900 n. Chr. wurde diese L-förmige Anlage des Gebäudes A 1 zum monumentalen Bauwerk erweitert (Abb. 339). Westlich des heutigen Südflügels wurde eine riesige Freitreppe angefügt, die den Zugang zu den nur wenig später errichteten Räumen des Obergeschosses ermöglichte.

Die letzten Baumaßnahmen am Gebäude A 1 verdeutlichen das Geschick und das Gesamtkonzept der damaligen Bauherren. Um circa 950 bis 1050 n. Chr. wurde zunächst auf den Ostflügel des Gebäudes A 1 eine knapp eineinhalb Meter hohe Plattform aufgebracht, die als Untergrund für das zehn Räume umfassende Obergeschoss konzipiert war. Die Bauarbeiten hieran wurden bis zu einer Mauerhöhe von circa 1,8 Meter fortgesetzt (Abb. 340), dann plötzlich abgebrochen. Ein ähnlicher Vorgang spiegelt sich auch an der nördlichen Erweiterung des Gebäudes A 1 wider. Dort lässt sich für diesen Zeitabschnitt anhand nicht verbauter steinerner Türlaibungen ein abruptes Ende der Baurbeiten nachweisen.

Die Gründe für diesen plötzlichen Abbruch der Bautätigkeit sind bislang noch nicht erklärbar. Innerhalb der untersuchten Siedlungsbereiche findet sich weder eine Brandschicht als Anzeichen einer kriegerischen Auseinandersetzung noch ein Hinweis auf einen plötzlichen Umsturz, der zur Entmachtung der adligen Oberschicht des Ortes geführt haben könnte. Neuere Forschungsergebnisse aus Pollenuntersuchungen im Norden der Halbinsel Yukatan deuten jedoch auf eine allgemeine Klimaverschlechterung gegen Ende des 10. Jahrhunderts hin. Geringere Regenfälle, die zusammen mit einer Überbeanspruchung der Böden zur dramatischen Verschlechterung der Nahrungsversorgung geführt haben könnten, sind möglicherweise für den Niedergang dieses Siedlungsgebietes verantwortlich.

MAYA-ARCHITEKTUR IN TIKAL, GUATEMALA

Peter D. Harrison

Tikal war eine der größten Städte im zentralen Maya-Tiefland (Abb. 342). Sie erlangte schon in der Frühklassik enorme politische Bedeutung und damit einen außergewöhnlich großen Einfluss nicht nur auf die Politik, sondern auch auf die Kunst und Architektur vieler anderer Maya-Staaten im Tiefland. Die geografische Lage Tikals begünstigte ihre Entwicklung zu einer Maya-Metropole von gewaltiger Ausdehnung und überragender Architektur (Abb. 344). Tikal liegt innerhalb einer locker gefügten Hügelkette, die Teil der Wasserscheide der Halbinsel Yukatan ist. Mit der Errichtung Tikals an dieser strategisch günstigen Stelle, an der eine der Überlandstraßen verlief, die die Verbindung zwischen dem großen Flussnetz des Usumacinta im Westen und der Karibik im Osten herstellte, gelang es den Einwohnern der Stadt, die Kontrolle über den Fernhandel zu gewinnen.

Die Stadt Tikal war von 800 v. Chr. bis 950 n. Chr. besiedelt, ein Zeitraum, der wesentlich kürzer ist als bei vielen anderen Maya-Stätten. In dieser vergleichsweise knappen Zeitspanne vollzogen sich allerdings bedeutende kulturelle Entwicklungen, die sich sowohl in der Architektur als auch in den Bevölkerungszahlen spiegeln. Letztere bedingten im Laufe der Jahre geradezu einen Bauboom und damit zugleich eine große Vielfalt an architektonischen Typen. Aus diesem Grunde weiß man über die späten Phasen von Tikals Besiedlung besser Bescheid als über die frühesten: Während sich die Forschung von der präklassischen Architektur in Tikal nur ein grobes Bild machen kann, weiß sie erheblich mehr über die Spätklassik und den in dieser Zeit bereits etablierten individuellen Stil der Stadt. In den allerersten Phasen der Stadtgeschichte war die Architektur von Tikal der anderer Stätten noch sehr ähnlich, die Herausbildung eines lokalen Stils zog sich bis zum Höhepunkt der Spätklassik im 8. und 9. Jahrhundert n. Chr. hin (Abb. 343).

Die Wurzeln der Maya-Architektur

Fast die gesamte Maya-Architektur ist aus der Form des traditionellen Bauernhauses hervorgegangen, das überwiegend aus vergänglichem Baumaterial bestand, doch von frühester Zeit an auf einem dauerhaften Sockel errichtet wurde (Abb. 343).

Zunächst wurde eine Steinplattform angelegt und mit Vertiefungen für die Stützpfosten versehen. Die Wände wurden aus senkrechten Stangen gebildet und durch waagerechte Binder stabilisiert. Dieses Geflecht wurde dann mit einem groben Stuck überzogen, der dem Rauputz früherer europäischer Wohnhäuser ähnelt. Die waagerechten Binder kragten vor und unterteilten die Wand in zwei Zonen. Die Dachkonstruktion hielt ein einziger Giebel aus verbundenen Trägerbalken zusammen. Gedeckt wurde das Dach mit Palmwedeln. Ebenso wie die uralten landwirtschaftlichen Verfahren hat auch die einfachste Version einer Maya-Hütte bis zum heutigen Tage überdauert. Von dieser schlichten Bauweise leiten sich alle Elemente der mit Gewölben überspannten jüngeren „Paläste" und der auf der Spitze der Stufenpyramiden thronenden Hochtempel ab (Abb. 343).

Neben diesen auf der bäuerlichen Architektur beruhenden Monumentalgebäuden gibt es als weitere Grundform die Pyramide, die auf die Form von Bergen Bezug nimmt. Im Hochland von Guatemala und Mexiko verehren manche Maya-Gruppen wie etwa die Tzotzil von Zinacantan und Chamula heute noch Götter, die auf bestimmten Berggipfeln ihren Sitz haben. Dass die Stufenpyramiden als Wohnort der Götter verstanden wurden, bestätigen auch die vielen Inschriften zu Füßen dieser Bauwerke, die jene als *witz,* als heiligen Berg der Maya, bezeichnen.

Es ist nicht bekannt, ob auf der obersten Stufe der frühen Pyramiden, die als das steingewordene Sinnbild der heiligen Berge verehrt wurden, dauerhafte Gebäude als steinerne Entsprechungen der palmwedelgedeckten traditionellen Wohnhütten standen. Da die Maya häufig vorhandene Gebäude überbauten und dabei Teile der älteren Bauwerke abtrugen (Abb. 343), sind deren Spuren kaum noch auffindbar.

Die spätklassische Maya-Architektur in Tikal ist im Wesentlichen durch zwei Elemente gekennzeichnet: die steinerne Wiedergabe eines heiligen Bergs und die steinerne Wiedergabe der palmstrohgedeckten Wohnhütte. Ein großer Tempel ist bildlich gesehen ein Haus auf einem Berg, was eine grobe Vereinfachung der in Wirklichkeit möglichen und bekannten Bandbreite der Versinnbildlichungen darstellt.

342 *Blick auf Tempel I und II. Tikal, Peten, Guatemala; 734 n. Chr.*
Wie Türme ragen die beiden Tempel I und II aus dem Meer der Vegetation. Die eigentlichen Tempelgebäude stehen auf einem pyramidenförmigen, soliden Sockel und werden von einem hohen Dachaufbau bekrönt, der keine Funktion hatte, außer dem Gebäude als Schmuck zu dienen und ihm ein noch imposanteres Aussehen zu geben. Diese Dachkämme waren einst mit Stuck verziert und farbig bemalt. Tempel I, der hintere der beiden Tempel in dieser Aufnahme, wurde um 734 n. Chr. als Grabmonument für den König Jasaw Chan K'awiil gebaut.

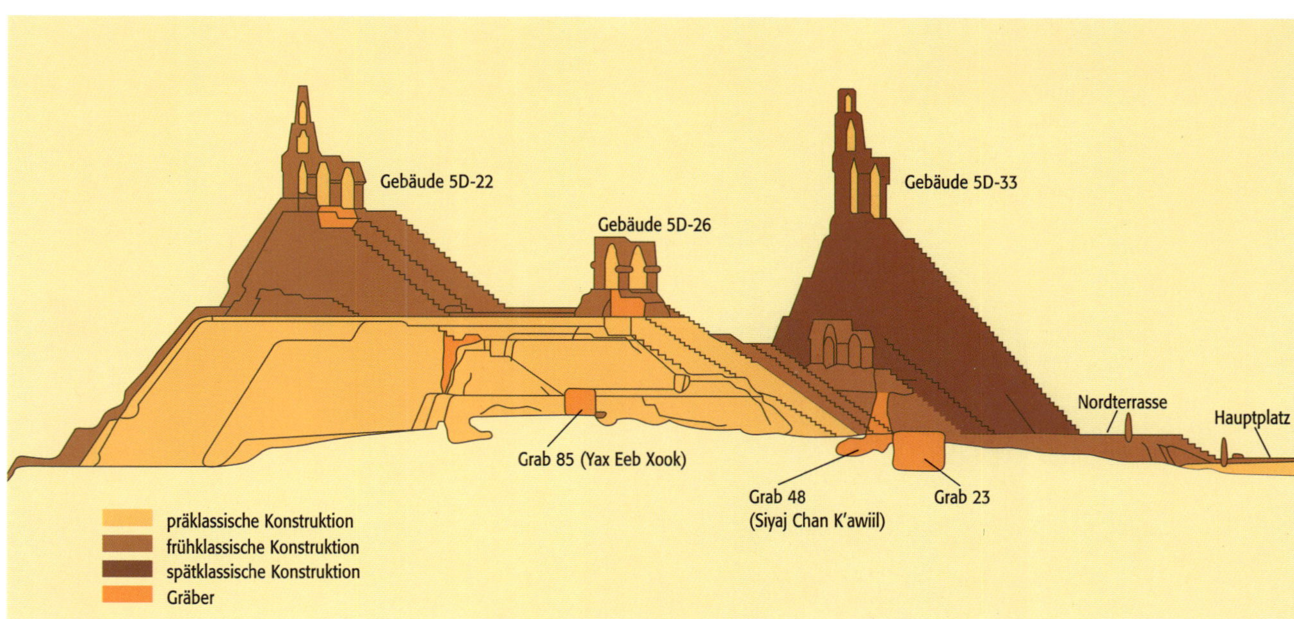

343 *Schnitt durch die Nordakropolis von Tikal*
Bei den Ausgrabungen der Universität von Pennsylvania in den Jahren 1956–1969 wurden die verschiedenen Entstehungsphasen der Nordakropolis, die das Herz der Stadt und die Grabstätte vieler früher Könige bildet, dokumentiert. Dieser Schnitt zeigt vereinfacht die Baugeschichte von der Präklassik bis zur Spätklassik.

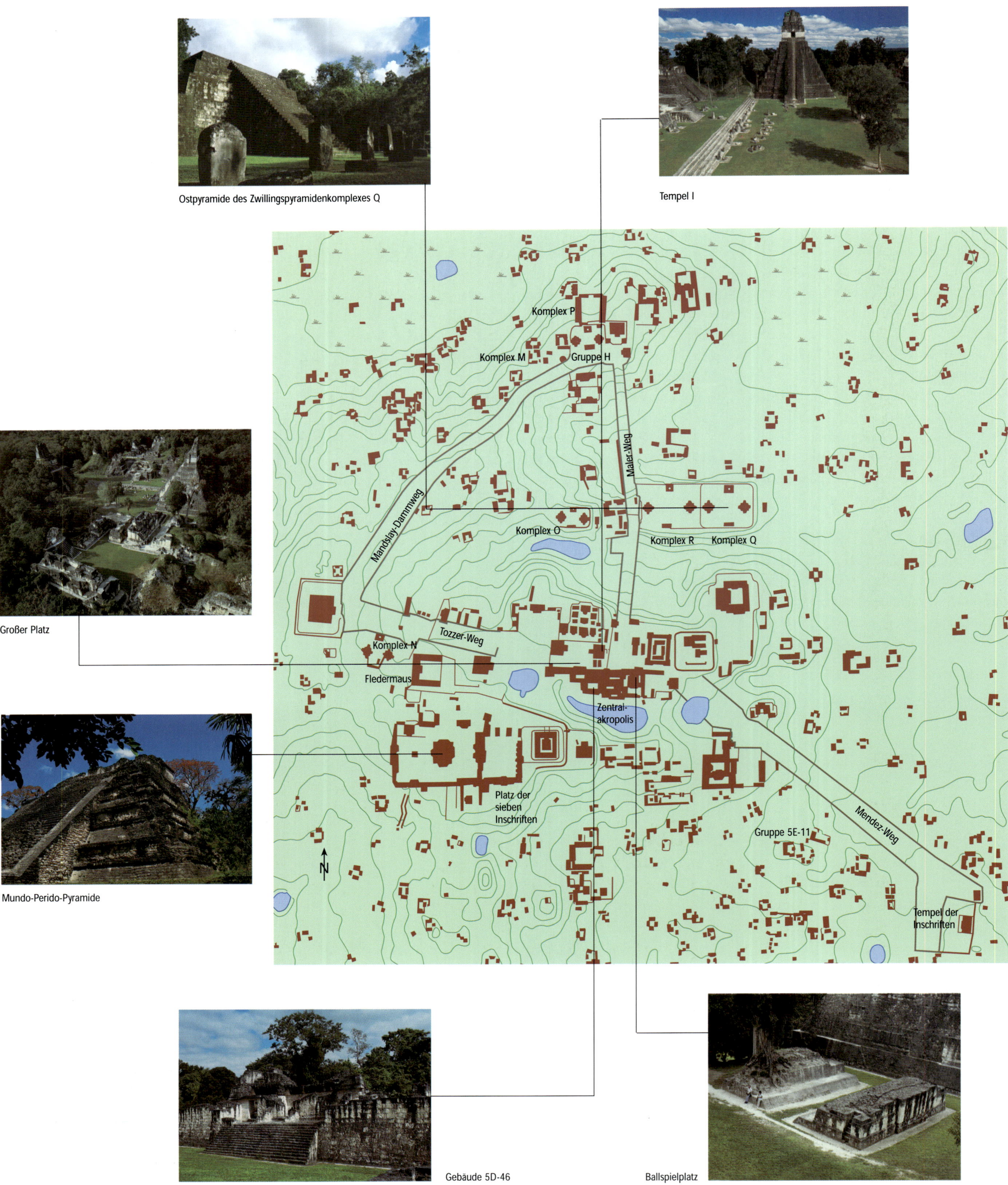

Ostpyramide des Zwillingspyramidenkomplexes Q

Tempel I

Großer Platz

Mundo-Perido-Pyramide

Gebäude 5D-46

Ballspielplatz

344 *Übersichtskarte von Tikal*
Der Kartenausschnitt (4 km²) zeigt den Kern Tikals. Über 1500 Jahre Besiedlung und Bautätigkeit lassen sich an den schwarz eingezeichneten Bauwerken ablesen. Vier Dammstraßen *(sakbe)* verbinden die wichtigen Gebäudegruppen miteinander. Die Tempel zu beiden Seiten des Großen Platzes in der Stadtmitte wurden im Jahr 734 n. Chr. eingeweiht. Im Laufe der Zeit errichtete man unterschiedliche, kosmographisch angeordnete Komplexe, von denen Gruppe H, Tempel IV und Tempel VI gegen Ende des 7. Jh.s die größten bildeten. Kleinere Gruppen von Hausplattformen sind schwarz markiert.

345 *Blick von der Nordakropolis auf Tempel I und die Zentralakropolis. Tikal, Peten, Guatemala*
Das Foto zeigt einige der wichtigsten Gebäude im Stadtkern: Der Blick geht von der Nordakropolis über den Großen Platz, der auf seiner Ostseite von Tempel I begrenzt wird, auf die vom Autor ausgegrabene Zentralakropolis. Der Große Platz ist das eigentliche Zentrum Tikals gewesen, während es sich bei der Zentralakropolis wohl um eine ausgedehnte Palastanlage gehandelt haben dürfte, in der Angehörige des Adels und der Königsfamilie lebten.

Der Große Platz – Mittelpunkt der Stadt und des Universums

Die kosmologische Ausrichtung nach den vier Haupthimmelsrichtungen mit ihren jeweiligen spezifischen Assoziationen findet sich auch beim Großen Platz von Tikal, dem räumlichen und kultischen Mittelpunkt der Stadt. In jeder Maya-Stadt bilden große und öffentlich zugängliche Plätze das Zentrum des gesellschaftlichen und religiösen Lebens. Um die zentralen Plätze gruppieren sich die höchsten Tempelpyramiden, aber auch die Wohnanlagen des Adels. Häufig wurden Plätze in der Geschichte einer Stadt aufgegeben und an anderer Stelle neu angelegt. In der Regel zeigen jedoch viele übereinander angeordnete Schichten weißen Stucks, dass ein Platz über viele Jahrzehnte, oft sogar Jahrhunderte, den Mittelpunkt einer Gemeinschaft bildete und immer wieder erneuert wurde.

Die rings um den großen Platz von Tikal angeordneten architektonischen Elemente sind die am längsten benutzten Gebäude der Stadt (Abb. 345). Einige der ältesten Bauten entstanden auf der so genannten Nordakropolis, die den nördlichen Abschluss der Plaza bildet. Von den präklassischen Gebäuden ist keines oberirdisch erhalten, da sie sämtlich abgerissen oder später überbaut wurden. In der Frühklassik (250–550 n. Chr.) standen die meisten der heute noch vorhandenen Gebäude bereits. Es handelte sich durchweg um Tempel, von denen zwar nicht jeder einzelne ausgegraben wurde, die aber dennoch archäologisch genügend Anhaltspunkte dafür liefern, dass es sich um eine Nekropole mit Königsgräbern gehandelt haben dürfte. Die Nord-Süd-Achse der Akropolis wurde während der Frühklassik bevorzugt, war jedoch schon früh so dicht bebaut, dass keine weiteren Grabbauten mehr errichtet werden konnten. Neue Tempel entstanden deshalb auf der Nordterrasse an der Vorderseite der Akropolis.

Südlich des Großen Platzes liegt die zentrale Akropolis, die Sitz des Hofstaats und zum Teil auch Königsresidenz war. Diese Gebäudegruppe wurde ebenfalls in der Späten Präklassik begonnen (150–250 n. Chr.) und erlebte in der Frühklassik ihre Blüte. Vollends in Schwung kam die Bautätigkeit jedoch erst in der Spätklassik auf dem Gipfelpunkt von Reichtum und Erfolg, den Tikal unter der Ägide dreier aufeinander folgender Herrscher erlebte.

Der König Jasaw Chan K'awiil ließ den übrigen Großen Platz so anlegen, wie wir ihn heute kennen. Dazu gehörte auch der Bau von Gebäude 5D-33-1, dem frühesten der hohen Tempel, die den typischen Tikal-Stil solcher Bauwerke verkörpern. Unter der Ägide seines Sohnes Yik'in Chan K'awiil (734–746 n. Chr.) wurden die Tempel I und II, die sich an der Ost- und Westseite des Platzes gegenüberstehen, errichtet (Abb. 346). Mit dem Bau dieser beiden mächtigen Tempel schenkte Yik'in Chan K'awiil der Stadt einen neuen kosmischen Raum. Während die nördliche Akropolis in der Frühklassik neben dem Komplex um die Mundo-Perdido-Pyramide (Abb. 354) als einer der beiden kosmischen Bereiche Tikals gedient hatte, war der ganze Komplex rings um den Großen Platz eine neue kosmische Zone, die in mehrfacher Hinsicht die Konfiguration der Zwillingspyramidenkomplexe wieder aufnahm (Abb. 359). Die Tempel I und II sind zwar keine übereinstimmenden „Zwillinge", immerhin jedoch zwei pyramidenförmige Zeremonialbauten als Abschluss der Ost- und Westseite einer Plattform. Die Nordakropolis, die zuvor selbst als kosmische Gruppe fungiert hatte, stellt nun den Himmel dar, den Ruheplatz der Könige. Symbol der Unterwelt im Süden ist ein neuntüriger Palast (5D-120), der viel aufwändiger gestaltet ist als ähnliche Konstruktionen in Zwillingspyramidengruppen. Dieser Palast steht auf mehreren Plattformen und besaß ursprünglich zwei hintereinander liegende Galerien. Allerdings liegt das Gebäude nicht in der zentralen Nord-Süd-Achse der Plaza der Nordakropolis, weil der ältere Bau 5D-71 vermutlich als zu wichtig angesehen wurde, als dass man ihn hätte abtragen dürfen, zudem steht das dreitürige Gebäude genau in der heiligen Nord-Süd-Achse.

Paläste – Wohnstätten des Königs und seines Hofstaates

Unter den Begriff Palast fassen die Maya-Forscher Gebäude mit einer großen Vielfalt an Formen und Funktionen. Der Palast lehnt sich mehr als andere Gebäude an die Form normaler Häuser aus vergänglichen Baustoffen an. Die Bezeichnung „Kammerpalast" verweist etwas vage auf die Tatsache, dass die meisten Paläste mehrere nebeneinander angeordnete Räume umfassen. Allerdings zeigte bereits eine Untersuchung der verschiedenen Gruppen der zentralen Akropolis von Tikal, dass die Bandbreite von ganz einfachen bis zu höchst komplexen Formen reicht: von einzelnen (unverbundenen) Räumen bis hin zu jeder denkbaren Kombination von hinter- und nebeneinander liegenden Kammern (Abb. 349–351). Der Begriff Akropolis hat sich in der Maya-Forschung für große Plattformen durchgesetzt, auf denen mehrere Gebäudekomplexe platziert sind. Eine Funktionsbezeichnung ist damit nicht impliziert, im Fall der zentralen Akropolis geht man jedoch davon aus, dass es sich tatsächlich um eine Palastanlage handelte (Abb. 347). Paläste sind oft mehrgeschossig, wobei jedes Stockwerk (Abb. 351) eine spätere Hinzufügung mit Zugang über eine Außentreppe ist – in seltenen Fällen aber auch mit einer Innentreppe ausgestattet wurde (Abb. 346, 347).

Umfangreiche Gebäudegruppen wie die zentrale Akropolis hatten vielfältige und komplexe Funktionen. Unter anderem residierte hier vermutlich der Königshof. Fraglich ist allerdings, ob nur einige oder alle Paläste als Residenzen dienten. Es liegen in der Tat viele Anhaltspunkte dafür vor, dass einige der größeren Bauwerke der zentralen Akropolis den Herrschern von Tikal als Wohnsitz dienten. So wird beispielsweise Gebäude 5D-46 allgemein als ständige Residenz des Herrschers „Große Jaguartatze" (359–378 n. Chr.) angesehen (Abb. 348).

In Tikal gibt es noch weitere spätklassische Palastgruppen wie etwa Gruppe G, Gruppe F und den Fledermaus-Palast. Anhand der Untersuchung der Mauerverbünde und der Innenräume sowie aller Ausgrabungen lassen sich diese Paläste mit Ausnahme von Gruppe F eindeutig der Spätklassik zuordnen (ca. 730–830 n. Chr.). Diese Palastgruppen könnten unter aufeinander folgenden Herrschern durchaus mehreren Funktionen gedient haben, sowohl als Residenzen wie auch als Sitz diverser Ämter des jeweiligen Königshofes. Die mittige Lage der zentralen Akropolis in der Nähe des Großen Platzes lässt darauf schließen, dass zumindest bestimmte Funktionen des Königshofes von der Fertigstellung des Bauwerks in der Späten Präklassik (350 v. Chr.) bis zur Aufgabe von Tikal (um 950 n. Chr.) durchgehend von hier aus wahrgenommen wurden.

346 *Luftaufnahme des Zentrums von Tikal*
Das von Nicholas Hellmuth aufgenommene Luftbild zeigt den Kern der Maya-Stadt Tikal in seinem heutigen Zustand. Im Vordergrund sieht man das mehrstöckige Palastgebäude aus dem 4.–9. Jh. n. Chr. Die großen Tempel I und II sind in der Bildmitte zu sehen, dahinter Teile der Nordakropolis, die während der Frühklassik Nekropole der Herrscher Tikals und gleichzeitig Ahnenschrein der Dynastie war. Den überwiegenden Teil dieser großen Stadt im zentralen Peten, Guatemala, hat inzwischen der Wald zurückerobert.

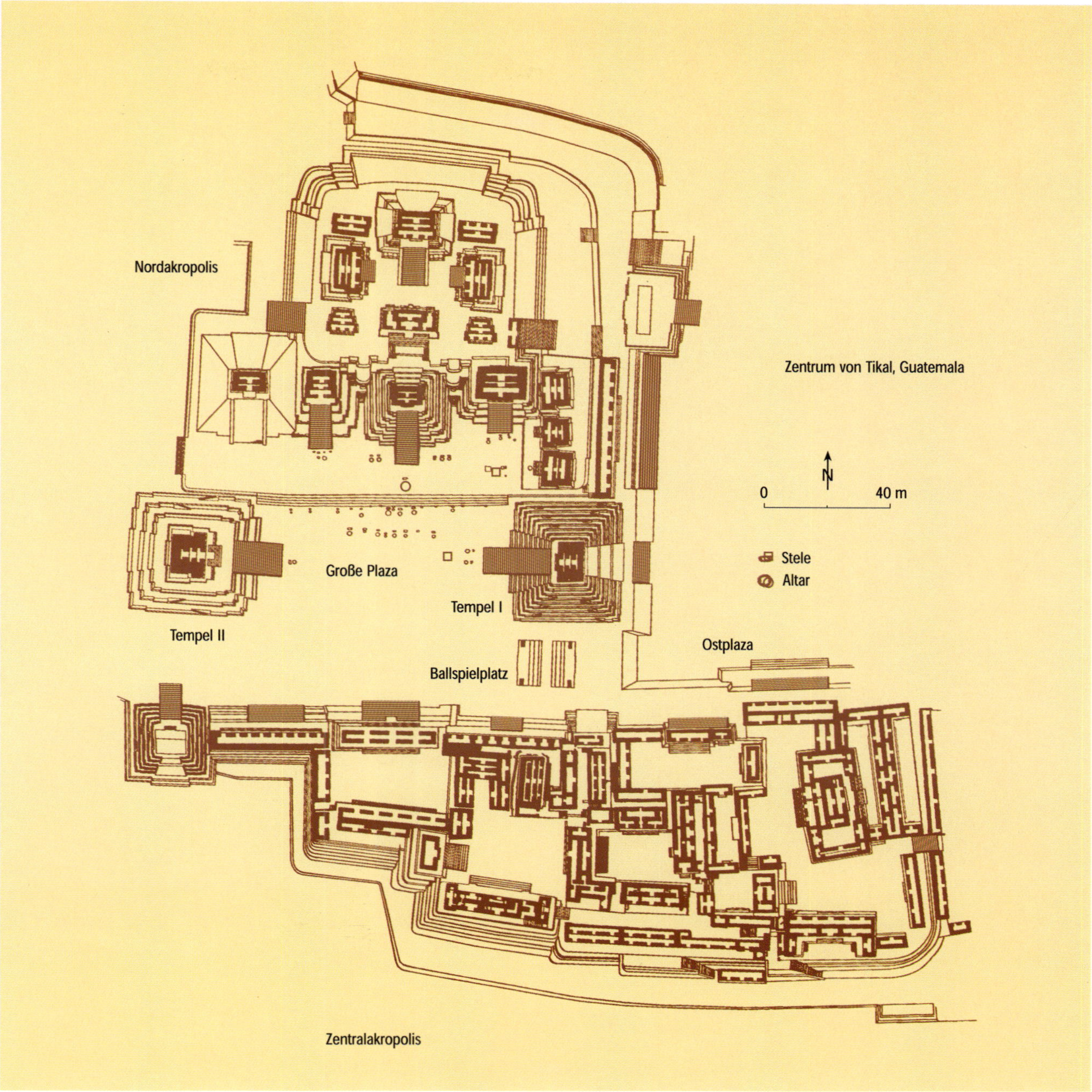

347 *Der heilige Stadtkern Tikals*
Das Zentrum Tikals bildete sich bereits um etwa 800 v. Chr. mit der Anlage der Nordakropolis heraus. Das heute als „Großer Platz" bezeichnete Areal wurde erst in der Periode zwischen 695 und 734 n. Chr. fertig gestellt, als der Herrscher Jasaw Chan K'awiil einen „Drei-Steine-Ort" errichten ließ; dieses Abbild der Herdsteine, die in der Kosmologie der Maya der Mittelpunkt des Universums sind, bestand aus den Tempeln 5D-33-1, I und II. Südlich davon lag die zentrale Akropolis, die im Gegensatz zu den Tempeln weiter nördlich der Herrscherdynastie Tikals als Residenz diente.

348 *Gebäude 5D-46, eine Herrscherresidenz der Frühen Klassik. Tikal, Peten, Guatemala; Frühe Klassik, Mitte 4. Jh. n. Chr.*
In einigen Gebäuden der zentralen Akropolis waren die königlichen Wohngemächer untergebracht. Das Gebäude 5D-46 ließ Mitte des 4. Jh.s n. Chr. der Herrscher „Große Jaguartatze" errichten. Mehrere Jahrhunderte später erweiterte man den ursprünglichen Palast, der bei wiederholten Überfällen auf die Stadt stets verschont blieb. Die Inschrift auf einem Weihegefäß aus einem Weihedepot unter der Westtreppe bezeichnet das Gebäude als *yotoot* (Wohnstatt) des Königs Große Jaguartatze. Der Palast diente von 350–850 n. Chr. ein halbes Jahrtausend lang als Residenz und war selbst während des Niedergangs der Stadt (850–950 n. Chr.) noch bewohnt.

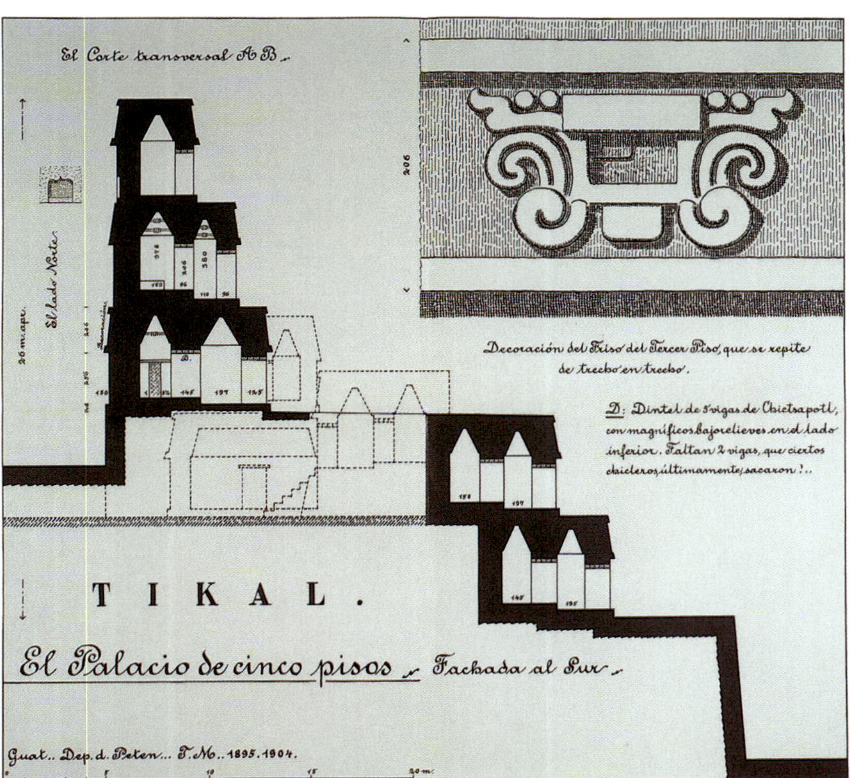

349 *Innenraum von Gebäude 5D-52. Tikal, Peten, Guatemala; 741 n. Chr.*
Die Innenansicht dieses im Jahr 741 n. Chr. vom 27. Herrscher, Yik'in Chan K'awiil, errichteten Bauwerks zeigt das Gewölbe mit den ursprünglichen Holzbalken aus Campeche-Holz (Haematoxilum campechianum) aus den nahe gelegenen Sümpfen. Zu erkennen sind außerdem gemauerte und verputzte Bänke, die zum Ausruhen oder für Empfänge gedient haben könnten. Das Gebäude umfasst drei verschieden gestaltete Stockwerke aus verschiedenen Bauperioden. Das Gebäude steht räumlich mit den älteren, von Y'ikin Chan K'awiils Vorfahren errichteten Gebäuden in Beziehung, darunter auch mit dem in Abb. 348 gezeigten Familiensitz des Herrschers Chak To Yich'ak.

350 *Ein Raum der Zentralakropolis*
Das eingestürzte Gewölbe eines Raumes der Zentralakropolis lässt sowohl das für Tikal typische hohe Gewölbe erkennen wie auch die an der Schmalseite des Raumes angebrachte Sitzbank. Ein charakteristisches Merkmal der Architektur Tikals ist schließlich auch das Missverhältnis zwischen Baumasse und zur Verfügung stehendem Raum.

351 *Schnitt durch den „Palast der fünf Stockwerke" von Tikal. Zeichnung von Teobert Maler, 1904*
Teobert Maler reiste in den Jahren 1895 und 1904 nach Tikal, um die Architektur der Stadt zu vermessen und zu zeichnen und ihre Hieroglypheninschriften mit der Kamera auf Glasplatten zu bannen. Besonders beeindruckt war er von dem „Palast der fünf Stockwerke", einem Gebäude, das aus zwei Elementen besteht, den oberen drei Stockwerken und einem später ergänzten zweistöckigen Anbau. Ein kompliziertes System von Treppen ermöglichte den Aufstieg bis zur obersten Ebene.

353 *Der Ballspielplatz. Tikal, Peten, Guatemala, Gebäude 5D-74; Späte Klassik, 600–900 n. Chr.*
Die drei bekannten Ballspielplätze von Tikal sind in Vergleich zu denen anderer Orte von vergleichsweise bescheidenen Ausmaßen. Der hier gezeigte Ballspielplatz verfügte aber über eine besonders exponierte Lage zwischen Tempel I (im Hintergrund) und der Zentralakropolis, von der aus dieses Foto aufgenommen wurde.

Ballspielplätze – wo Sport und Kult zusammenfanden

Ballspielplätze wurden von den Maya bis zur Ankunft der Spanier, die solche Spiele noch miterlebten, genutzt. Der Ablauf des Spiels verband zeremonielle und sportliche Aspekte und hatte große Bedeutung in der rituellen Ausbildung der jungen Männer, die sich dabei vermutlich vor allem im Wettkampf und in der körperlichen Konfrontation üben sollten. Ballspielplätze sind stets an ihrer charakteristischen Form zu erkennen – einem Spielfeld in Form eines lang gezogenen „H", das an beiden Seiten von geböschten Mauern begrenzt wird (s. Colas/Voß, S. 186 ff.).

In Tikal fanden sich nur wenige Ballspielplätze. Derjenige an der Ost-Plaza hinter Tempel I ist mit einem überdachten Gebäude auf der Oberseite jeder der beiden Böschungen, die das Spielfeld begrenzten, recht aufwändig gestaltet. Er ist wahrscheinlich ein Werk des Königs Jasaw Chan K'awiil (682–734 n. Chr.).

Ein zweiter, viel kleinerer Ballspielplatz befindet sich in exponierter Lage auf dem Großen Platz unmittelbar südlich von Tempel I (Abb. 252, 253). Von bestimmten angrenzenden, hoch aufragenden Palästen der zentralen Akropolis, aber auch von Tempel I hatte man einen guten Blick auf das Spielfeld. Darüber hinaus führten Treppen zu kleinen Plattformen auf den Böschungen.

Das dritte Beispiel ist ein noch nicht ausgegrabener Gebäudekomplex östlich der Mundo-Perdido-Gruppe in einem Bereich, der als Platz der sieben Tempel bezeichnet wird. Die Konfiguration lässt drei nebeneinander liegende Spielfelder vermuten. Die Schutthügel sind relativ groß und könnten ausgedehnte Gebäude verbergen.

352 *Rekonstruktionszeichnung des Ballspielplatzes und der Zentralakropolis von Tikal*
Die Rekonstruktionszeichnung zeigt den Ballspielplatz unmittelbar südlich von Tempel I auf dem Großen Platz. Der Blick auf die Zentralakropolis dahinter verdeutlicht die Komplexität dieser Palastanlage und die verschiedenen Überbauungen, bei denen die darunter liegende Architektur erhalten blieb. Ein Raum am Nordende von Bauwerk 5D-62 in der Mitte der oberen Gebäudegruppe hat eine große Fensteröffnung, die direkt auf die Mittelachse des Ballspielplatzes gerichtet ist und höchstwahrscheinlich bei Ballspielen als königliche Loge diente.

Tempel – Wohnorte der Götter und der Ahnen

Ein Tempel ist ein Bauwerk, das in erster Linie eine Zeremonialfunktion erfüllt. Er ist einer oder mehreren Gottheit(en) geweiht, wozu auch menschliche Vorfahren zählen können. Zeremonielle Handlungen sind anhand der Spuren von Brandopfern auf Fußböden und dem Vorhandensein von Votivgaben belegbar, gelegentlich auch durch Abfallhaufen mit Keramiken, die für solche Zeremonien verwendet wurden (Weihrauchgefäße, Figuren, Musikinstrumente). Tempel wurden auch als Grabmonumente über einem Königsgrab erbaut (Abb. 343). Sechs große auf Pyramiden errichtete Tempel stehen in Tikal. Sie wurden allesamt in der Spätklassik, vermutlich im 8. Jahrhundert während der Regierungszeiten des Königs Jasaw Chan K'awiil und seiner Söhne, errichtet. Tempel I ist um 735 n. Chr. als Grabstätte von Jasaw Chan K'awiil erbaut worden (Abb. 355, 356). Ob die anderen Tempelpyramiden ebenfalls Gräber enthalten, ist noch nicht bekannt. Der um 745 n. Chr. errichtete Tempel IV im Westen des Stadtzentrums ist mit 65 Meter Höhe das höchste Bauwerk, das die Maya je schufen. Das Tempelgebäude und der Dachkamm von Tempel 6, der so genannte Tempel der Inschriften, sind vollständig mit einer Hieroglypheninschrift bedeckt, die die gesamte Geschichte Tikals erzählt.

355 *Tempel I von Tikal, Plan und Schnitt. Zeichnung von Teobert Maler, 1904*
Der Plan des 47 m hohen Tempel I, mehr noch aber der Schnitt durch das Gebäude zeigen das krasse Unverhältnis zwischen nutzbarem Raum und Baumasse, das für die Tempelgebäude Tikals, aber auch für viele Städte des südlichen Tieflands charakteristisch ist. Der gesamte neunstufige Pyramidensockel besteht aus aufgeschüttetem Geröll und Mörtel, nur die Außenfassade des Pyramidenkörpers ist mit behauenen Steinen verkleidet. Das eigentliche Tempelgebäude hatte drei enge und schmale Räume. Über jeder der Türen war ein Türsturz aus dem harten Holz des Breiapfel- oder Chicozapote-Baumes angebracht. Der zurückgesetzte Dachaufbau diente nur als Schmuck und hatte keine praktische Funktion. Er besitzt zwei hohle Kammern, um das auf dem Gewölbe ruhende Gewicht zu reduzieren.

354 *Die Mundo-Perdido-Pyramide. Tikal, Peten, Guatemala; Frühe Klassik*
Die von guatemaltekischen Archäologen unter der Leitung von Juan Pedro Laporte in den 1980er-Jahren ausgegrabene Mundo-Perdido-Pyramide (Gebäude 5C-54), während der Frühklassik höchstes Gebäude von Tikal, weist eine lange Baugeschichte in ihrer radialsymmetrischen Anlage auf. An allen vier Seiten führte eine Treppe hinauf, und diese Bauform wurde auch bei den späteren Überbauungen und Erweiterungen beibehalten. Die einzelnen Bauphasen reichten von der frühen Spätpräklassik bis zur frühklassischen Version, die heute noch vorhanden ist und nie überbaut wurde. Die Anlage und Orientierung des Gebäudes sind vergleichbar mit denen des Gebäudes E-VII-sub im nahe gelegenen Uaxactun. Wie bei diesem könnte es sich bei der Mundo-Perido-Pyramide um eine Art von Sonnenobservatorium gehandelt haben.

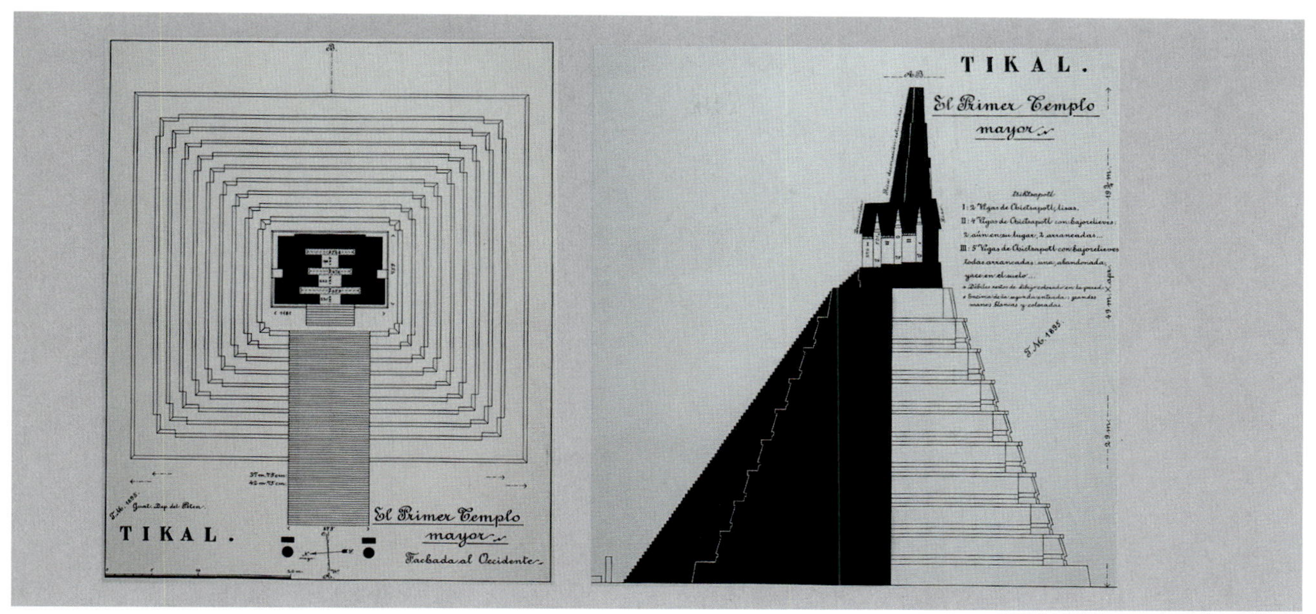

356 *Tempel I. Tikal, Peten, Guatemala; um 732 n. Chr.*
Dieses als Grabmonument für Jasaw Chan K'awiil errichtete und für den Tikal-Stil typische Gebäude ist zum Symbol der Stadt selbst und ihres 26. Herrschers geworden. Dieser starb vermutlich im Jahr 732 n. Chr., und sein Grabtempel entstand in den zwei folgenden Jahren. Der gegenüberliegende Tempel II, von dem dieses Foto aufgenommen wurde, war der Gattin von Jasaw Chan K'awiil gewidmet und wurde vor seinem Tod begonnen, jedoch wahrscheinlich erst zusammen mit Tempel I vollendet. Der Herrscher und seine Frau schauen sich als Reliefdarstellungen auf den Türstürzen ihrer Grabtempel in alle Ewigkeit über den Großen Platz hinweg an.

357 *Die Ostpyramide des Zwillingspyramidenkomplexes Q. Tikal, Peten, Guatemala; 771 n. Chr.*
Komplex Q ließ Yax Ayiin II, 29. Herrscher Tikals, im Jahre 771 n. Chr. anlässlich der Vollendung des 17. K'atun östlich des Großen Platzes errichten. Eine radialsymmetrische Pyramide bildet den östlichen Teil einer Gruppe von zwei identischen Bauwerken. Dieser Komplex Q wurde als einzige so genannte Zwillingspyramide teilweise rekonstruiert, um dem Betrachter einen Eindruck von diesem Gebäudetyp zu vermitteln. Mehrere glatte Stelen reihen sich vor der östlichen Pyramide aneinander, während solche mit dem Bildnis der königlichen Bauherren bei derartigen Ensembles stets innerhalb einer Einfriedung an der Nordseite stehen.

358 *Stele 16 und Altar 5. Tikal, Zwillingspyramidenkomplex N; 711 n. Chr.; Stele 16: H. 352 cm, B. 128 cm; Altar 5: Dm. 167 cm*
Stele 16 wurde zusammen mit Altar 5 im Jahr 711 n. Chr. zur Feier des Endes einer K'atun-Periode im Zwillingspyramidenkomplex N an der Tozzer-Dammstraße aufgestellt. Während die Stele den König Jasaw Chan K'awiil in vollem Ornat präsentiert, stellt Altar 5 eine historische Szene dar, deren Interpretation immer noch problematisch ist. Zwei Personen – vermutlich der König von Tikal und ein entfernter Verwandter – exhumieren die Knochen einer Adligen, vielleicht sogar der Frau von Jasaw Chan K'awiil. Der Altar stand ursprünglich vor Stele 16.

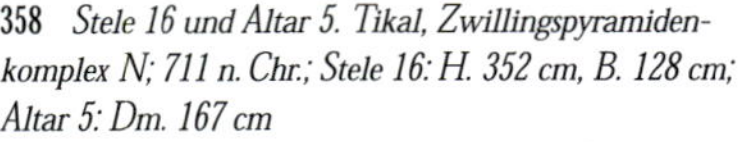

359 *Schematische Darstellung eines Zwillingspyramidenkomplexes*
Zwillingspyramidenkomplexe waren große Tempelplattformen, die alle 20 Jahre zur Feier des Endes einer K'atun-Periode errichtet wurden. Das Anlass gebende Datum ist auf der Stele festgehalten, die am Nordende des Platzes in einer Einfriedung steht. Die großen Pyramiden erheben sich auf der Ost-West-Achse und markieren den Sonnenlauf, während das Gebäude im Süden wohl die Unterwelt darstellt.

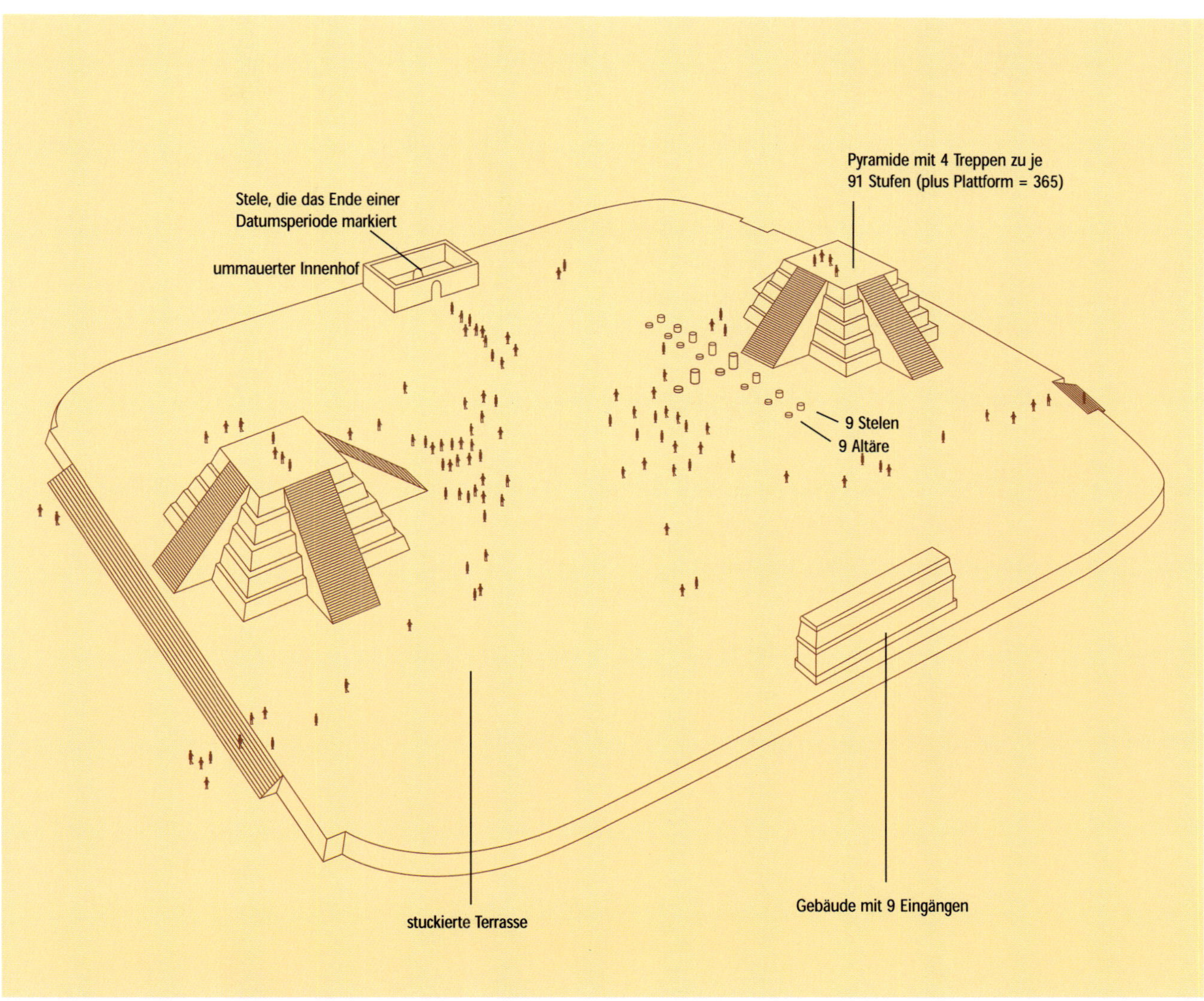

Zwillingspyramidenkomplexe – Feiern für den 20-Jahres-Zyklus

Die Zwillingspyramiden gelten als die für Tikal typische Baugruppe; doch wird inzwischen allmählich deutlich, dass sich die gleiche Anordnung auch in der Umgebung von Tikal in viel kleineren, von Tikal abhängigen „Satellitenstädten" wiederfindet, wie etwa Ixlu, Sakpeten und Yaxha. Der Komplex umfasst jeweils zwei aufeinander abgestimmte Pyramiden an der West- und Ostseite einer erhöhten Plattform (Abb. 359).

Die Pyramiden sind radialsymmetrisch, haben also eine Treppe auf jeder der vier Seiten (Abb. 357). Die gesamte Gruppe ist eindeutig an kosmischen Punkten orientiert und steht für das Weltbild der Maya: Ost und West sind die Himmelsrichtungen, die Tag für Tag den Ort des Sonnenauf- und -untergangs markieren. Die Treppenstufen aller Gebäude der Gruppe ergeben zusammengenommen 365, also genau ein Kalenderjahr. Die Gebäude im Norden und Süden des Platzes stellen den Himmel und die Unterwelt dar. Vor dem Gebäude im Westen des Platzes steht eine Reihe von neun nicht skulptierten Stelen. Welche Bedeutung diese Monumente besaßen, ist noch nicht erforscht.

Diese Gebäudekomplexe wurden jeweils am Ende eines 20 Jahre umfassenden *k'atun* des Maya-Kalenders vom amtierenden Herrscher erbaut, der damit seine Untertanen wissen ließ, dass er diesen Regierungszeitraum vollendet hat, selbst wenn dieser vor seiner Zeit begonnen hatte. Zeremoniell sollte der Komplex einerseits das Verstreichen des Zeitraums ohne Katastrophen und Brüche hervorheben, zum anderen aber auch den Herrscher selbst verherrlichen. An der Nordseite, dem „Himmel", stand deshalb eine nach oben offene Einfriedung mit einer skulptierten Steinstele, die den Herrscher als Triumphator abbildete; davor war ein runder Steinaltar aufgestellt, meist mit der Darstellung des besiegten und unterjochten feindlichen Herrschers eines anderen Stadtstaates.

In der Nähe von Tempel IV liegt Gruppe N mit Stele 16 aus dem Jahr 711 n. Chr. und dem etwa zeitgleich errichteten Altar 5 (Abb. 358). Altar 5 bildet nicht einen besiegten Gegner ab, sondern zeigt zwei Fürsten in Verhandlungen über ein Häufchen Knochen und einen Schädel. Die lange Inschrift schildert, dass sich der Herrscher von Tikal, Jasaw Chan K'awiil, mit einem entfernten Verwandten traf, um die Gebeine seiner verstorbenen Frau aus ihrem Grab in einer anderen Stadt zu holen und damit einer Schändung ihres Grabes bei einer drohenden Invasion zuvorzukommen. Wir haben es hier mit einem ebenso erstaunlichen wie beispiellosen Akt der Diplomatie und auch der Liebe zu tun, wie er sich in den Hieroglyphentexten nur selten findet.

Der Bau von Zwillingspyramiden als zeremonielle Zeitmarkierungen begann in Tikal während der Frühklassik und setzte sich bis zur Errichtung der letzten Gruppe im Jahr 790 n. Chr. fort. Wahrscheinlich fanden auf den stumpfen Kuppen der Pyramiden Tanzzeremonien statt, vielleicht jeweils zu Neujahr, um das Vergehen der Zeit bis zum Bau einer neuen Gruppe zu strukturieren.

An der Südseite des Gebäudekomplexes stand eine lang gestreckte „Palasthalle" mit neun nach Norden zeigenden Türen. Dieses Bauwerk stellte wohl die Unterwelt dar; die neun Türen symbolisieren deren neun Herren, die in der Maya-Mythologie häufig eine Rolle spielen.

Architektonische Geometrie und die drei großen Könige von Tikal

Etwas über ein Jahrhundert lang (692–800 n. Chr.) sorgten drei Herrscher für einen nachhaltigen Wandel der Stadt Tikal. Es waren Vater, Sohn und Enkel, die einander unmittelbar auf den Thron folgten. Praktisch alle großen Tempel entstanden in dieser Periode, es ist jedoch nicht mehr möglich, sie jeweils einem einzelnen Herrscher zuzuordnen (Abb. 360). Das Bauwerk 5D-33-1 wurde unter Jasaw Chan K'awiil erbaut. Tempel I, II und IV sowie vermutlich auch Tempel VI entstanden unter seinem Sohn Yik'in Chan K'awiil, ebenso zahlreiche weitere Paläste und eine Zwillingspyramidengruppe. Jasaws Enkel schließlich, Nuun Yax Ayiin II, soll neben anderen großen Palästen und Zwillingspyramiden den Tempel V erbaut haben. Tempel III ist späteren Datums (810 n. Chr.) und stellt das letzte monumentale Bauwerk dar, das in Tikal vollendet wurde. Weitere Großbauten wie die Überreste der Ost-Akropolis könnten der gescheiterte Versuch eines fast bankrotten Königs gewesen sein, einen eigenen großartigen Tempel zu errichten.

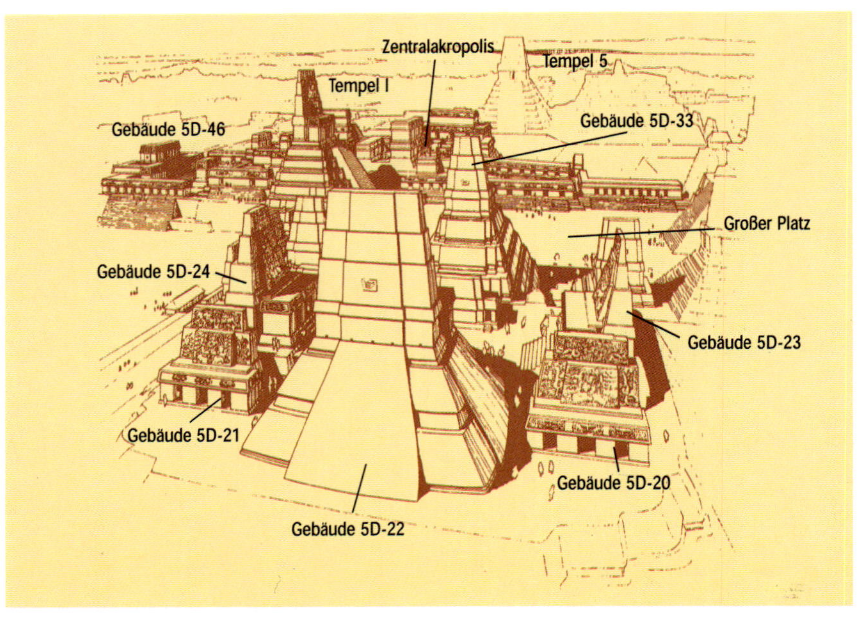

361 *Rekonstruktionszeichnung der Nordakropolis und des Großen Platzes*
Die über mehrere Jahrhunderte errichtete Nordakropolis ist die Begräbnisstätte der Könige Tikals. Die zeichnerische Rekonstruktion vermittelt eine Vorstellung von ihrem Zustand im Jahr 800 n. Chr. Im Vordergrund ist das höchste Gebäude der Nordakropolis, Tempel 22, zu sehen. Der Blick schweift über den Großen Platz, vorbei an Tempel I zu dem im Hintergrund stehenden Tempel V und der gigantischen, bislang noch nicht ausgegrabenen Südakropolis, einer massiven Plattform, auf der sich ein weiterer Tempel erhebt.

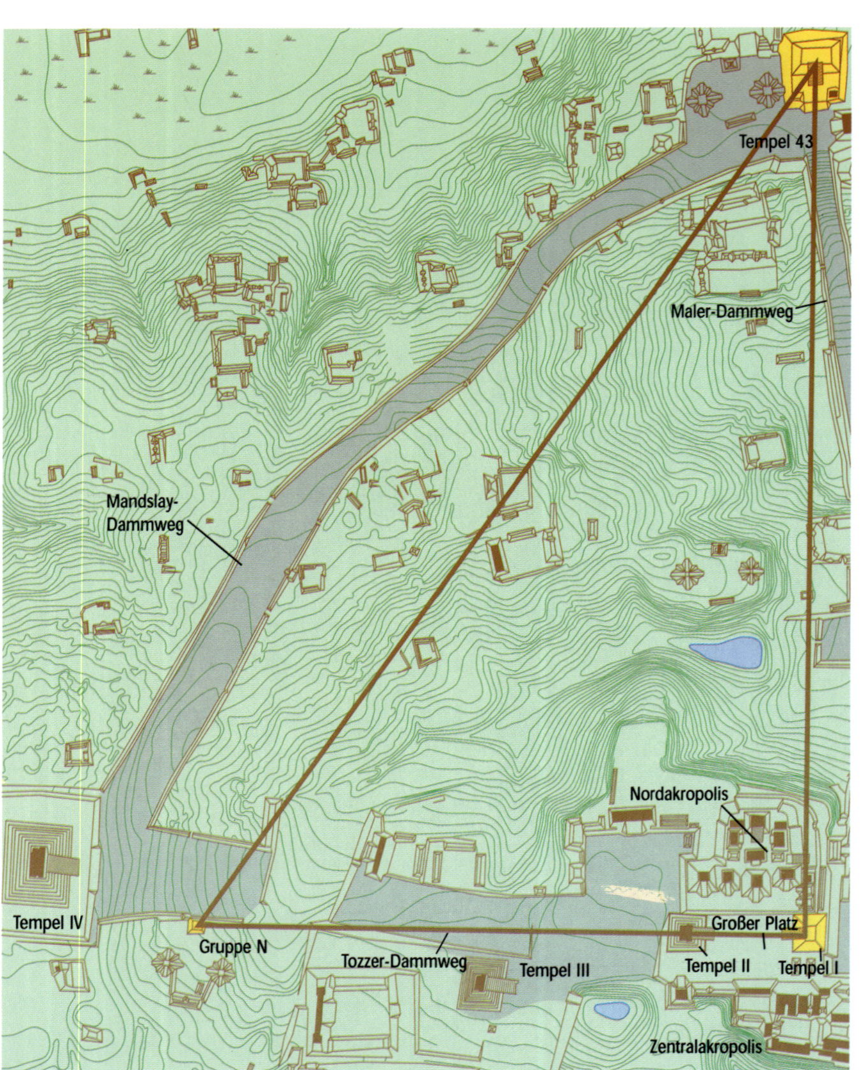

360 *Stadtplanung*
Rechtwinklige Dreiecke wurden in Tikal häufig eingesetzt, um neue Gebäude in Beziehung zu den bestehenden zu setzen. In der hier gezeigten Konstellation ist Tempel 43 der Nordgruppe (Gruppe H) mit Altar V im Zwillingspyramidenkomplex N und mit Tempel I verbunden. Ersteres stammt aus der Frühklassik und ist somit das älteste Element. Bei der Errichtung der Gruppe N und des Altars V im Jahr 711 n. Chr. muss diese Dreieckskonfiguration bereits beabsichtigt gewesen sein. Derselbe Herrscher baute die Tempel I und II genau auf der Verbindungsachse, sodass auf der Schwelle zu Tempel I ein perfekter rechter Winkel zustande kam.

Zwar haben die drei großen Könige für ihre Bauwerke keine spezifische geometrische Anordnung erfunden, doch ergibt ihre Bautätigkeit Anhaltspunkte für eine gezielte Stadtplanung, die unter Einbeziehung von bestehenden Bauten jeweils eine Dreieckskonfiguration bevorzugte. Es gibt in Tikal Dutzende Beispiele dafür, dass als Grundschema für neue Gebäudekomplexe ein rechtwinkliges Dreieck verwendet wurde. Die eindrucksvollsten davon stammen aus den Herrschaftsperioden des Yik'in Chan K'awiil und des Nuun Yax Ayiin II. Sie schufen die Gruppe N, eine heute nahe dem damals noch nicht gebauten Tempel IV gelegene Zwillingspyramidengruppe, sowie die Tempel I und II, die einander genau gegenüberstehen.

Die Mittelachse beider Tempel führt direkt zum oben erwähnten Altar V in der nördlichen Einfriedung von Gruppe N. Bezeichnenderweise war Tempel II der verstorbenen Ehefrau des Jasaw geweiht, während Tempel I sein eigenes Grabmal war. Der Totenkult für seine Frau wird auf Altar V zelebriert. Überdies führt von der Eingangstür des Tempels I, dem östlichsten Punkt der beschriebenen Fluchtlinie, eine Linie im rechten Winkel zur Eingangstür des Tempels 3D-43 in der Nordakropolis. Dabei handelt es sich um ein frühklassisches Grabmal, von dem nicht bekannt ist, für wen es errichtet wurde. König Yik'in Chan K'awiil hielt es jedenfalls für so bedeutsam, dass er es als Bezugspunkt für seine der Ahnenverehrung dienende Dreieckskonstruktion benutzte. Die Eckpunkte des Dreiecks sind der Eingang zu Tempel I, Altar V und der Eingang zum Tempel 3D-43. Sie bilden ein komplettes rechtwinkliges Dreieck (Abb. 361).

Ein weiteres Beispiel ist die Verbindung zwischen den großen Tempeln I, V und IV. Auch hier liegt ein vollständiges rechtwinkliges Dreieck vor, wobei noch eine Verbindungslinie durch ein Fenster des Palastes 5D-65 hinzukommt. Der dazugehörende Raum ist asymmetrisch in das Gebäude eingefügt und zeigt direkt zum Eingang von Tempel V. Da dieser als Letzter der drei großen Tempel dieser Gruppe entstanden ist, ist davon auszugehen, dass Tempel V und Palast 5D-65 gemeinsam als einheitliches Vorhaben gebaut wurden. Mit solchen präzisen Dreiecksformationen wollte jeweils ein König einem oder mehreren seiner direkten Vorfahren seine Referenz erweisen. Dieses städteplanerische Prinzip ist zwar auch von anderen großen Ausgrabungsstätten her bekannt (etwa aus Palenque), lässt sich jedoch in Tikal am besten nachvollziehen. Die Ausgrabungen gestatten hier eine zeitliche Einordnung und damit auch die Vermutung, dass jede neue monumentale Baugruppe zwei älteren Strukturen durch eine sorgfältig geplante räumliche Beziehung Tribut zollen sollte.

Der Einfluss der Architektur Tikals auf andere Städte

Die Architektur von Tikal ähnelt zwar in vieler Hinsicht der Baukunst in den umliegenden Regionen, vor allem in der Frühzeit der Besiedlung, doch entwickelte die Stadt vor allem in ihrer Blütezeit in der Spätklassik einen vollkommen eigenständigen Stil. Er wurde von dem Herrscher Jasaw Chan K'awiil eingeführt und von seinen unmittelbaren Nachkommen aufgenommen und ergänzt. Der hoch aufragende, mit nur einem Eingang versehene Tempel, der durch einen künstlichen Berg in den Himmel erhoben wurde, kennzeichnet einen Stil, der in Tikal seinen Anfang nahm und in der unmittelbar angrenzenden Region aufgegriffen wurde. Man bezeichnet ihn als Zentral-Peten-Stil. Jahrzehnte später entstanden viel weiter nördlich ungewöhnliche (Kammer-)Paläste, deren Fassaden mit ihren zwei flankierenden Scheinfronten den Stil des Tempels I in Tikal imitieren (Abb. 362). Diese Verbindung lässt darauf schließen, dass der Stil von Tikal aus über einen recht langen Zeitraum Einfluss auf einen großen Teil des Maya-Tieflandes ausübte.

Der Einfluss der Architektur lässt sich auch noch weiter nördlich in den Bauwerken der Stadt Oxkintok erkennen. Die Hauptpyramide weist eine Fassadendekoration auf, wo die Stirnseite einer Pyramidenstufe in eine obere schräge Zone mit einer darunterliegenden, zurückversetzten vertikalen Zone gegliedert wird. Ein solches Profil wird mit dem englischen Fachausdruck *apron molding* bezeichnet und ist geradezu ein „Markenzeichen" für die Architektur Tikals und ein eindrucksvolles Beispiel dafür, wie weit Tikal den Architekturstil der Maya geprägt hat.

362 *Der Palast von Río Bec in Campeche, Mexiko; um 600–900 n. Chr.*
In Río Bec, weit nördlich von Tikal, errichtete man einen Palast mit Scheinfassaden, die wie Kopien des Tempels I aus Tikal aussehen. Man nimmt an, dass dieses Gebäude erst nach dem Zusammenbruch von Tikal entstand, aber dennoch stilistisch von der Architektur aus der Zeit des 26. Herrschers von Tikal beeinflusst ist. Dieses zeitversetzt aktivierte „kulturelle Gedächtnis" deutet möglicherweise auf politische Beziehungen hin, die in dieser Epoche nach einer langen Phase der Feindschaft zwischen Tikal und insbesondere dieser nördlichen Region wieder aufgenommen worden waren.

PROZESSIONEN, PILGER, LASTENTRÄGER – DIE ZEREMONIALSTRASSEN

Markus Eberl

Das von den Maya besiedelte Tiefland erweist sich als vielfältig gestalteter Kulturraum. Neben Hochbeeten und Ackerbauterrassen waren es vor allem die Zeremonialstraßen, mit denen die Maya großräumig in ihre natürliche Umwelt eingriffen und sie nach ihren Vorstellungen ordneten. Aufgrund des hellen Belags aus Kalk werden sie als *sakbe* – yukatekisches Maya für „weiße *(sak)* Straße *(be)*" – bezeichnet. Es handelt sich um wetter- und erosionsbeständig ausgebaute Straßen und Straßennetze, die im Zentrum der Maya-Städte anzutreffen sind oder die von dort strahlenförmig in das Umland führen. Für ein Fernstraßennetz mit Verbindungen zwischen den großen Zentren fehlt bislang allerdings der archäologische Nachweis.

Die Länge der Straßen beschränkt sich bei fünf bis zehn Meter Breite auf einige Dutzend bis wenige 100 Meter. Die Straßen sind plattform- oder dammartig (meist jedoch nur etwa 50 Zentimeter hoch) aufgeschüttet und dadurch aus der umgebenden Landschaft besonders hervorgehoben (Abb. 363). Nur wenige Städte, wie etwa Caracol, weisen ein richtig gehendes Netz auf, das die einzelnen *sakbe* miteinander verknüpft und sich insgesamt über einige Kilometer erstreckt. Die größte Ausdehnung erreichte das Straßennetz um Coba im Nordosten der Halbinsel Yukatan mit fast 50 *sakbe* auf einer Gesamtlänge von mehr als 150 Kilometern (Abb. 364).

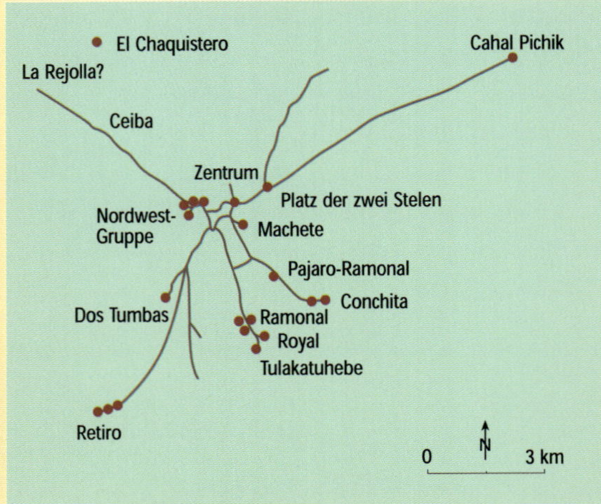

363 *Das Straßennetz von Caracol*
Mit einer Gesamtlänge von mindestens 70 km besitzt Caracol in Belize eines der größten regionalen Straßennetze, die im Maya-Tiefland bekannt sind. Es geht strahlenförmig von der Stadt aus und verbindet umliegende kleinere Orte mit dem Zentrum. Durch die Straßen wird ein Gebiet von über 300 km² erschlossen, das wahrscheinlich direkt von Caracol kontrolliert wurde.

Die Maya bauten ihre Straßen nach einem einheitlichen Prinzip: Auf dem von der Vegetation befreiten Boden legten sie zuerst die seitlichen Begrenzungsmauern an und füllten den Zwischenraum dann mit Geröll auf. Eine helle Deckschicht aus Kalkzement oder -mörtel sorgte für einen wetterfesten und abnutzungsresistenten Abschluss. Die Deckschicht war manchmal leicht gewölbt, so konnten die Wassermengen, die gerade während der Regenzeit zu erwarten waren, leicht abfließen.

Statt sie dem Verlauf der Landschaft anzupassen, wurden die *sakbe* überwiegend geradlinig angelegt. Abzweigungen oder Kurven sind selten; Richtungsänderungen erfolgen vielmehr durch leichte Knicke. Unebenheiten des Geländes wurden durch entsprechend hohe

364 *Die Zeremonialstraße im Zentrum von Labna, Yucatán, Mexiko*
Die Straße verbindet den zeremoniell genutzten Teil des Puuc-Ortes Labna mit dem weitläufigen Palast, der den Wohnbereich der herrschenden Schicht bildete. Die dammartige Erhöhung und der helle Stuckbelag sind charakteristisch für Zeremonialstraßen, die im yukatekischen Maya als „weiße Straßen" bezeichnet wurden.

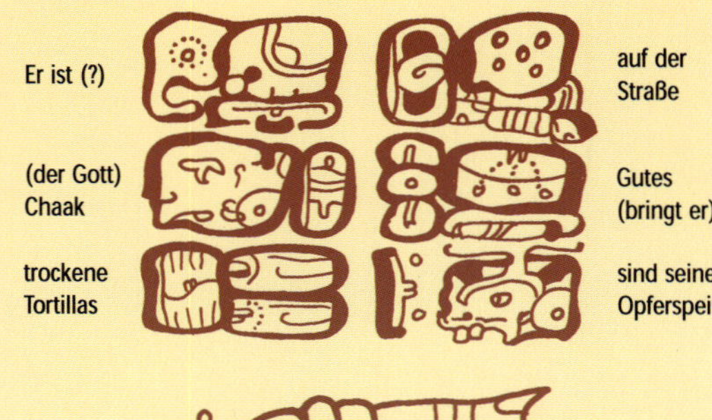
Er ist (?)
auf der Straße
(der Gott) Chaak
Gutes (bringt er)
trockene Tortillas
sind seine Opferspeise

365 *Der Regengott als Wanderer auf einer Straße. Nachzeichnung eines Details aus dem Dresdner Codex, S. 65; Fundort unbekannt; Späte Postklassik, 1200–1500 n. Chr.; Feigenbastpapier, mit Kalkschicht überzogen, bemalt; Seite: H. 20,4 cm, B. 9,0 cm; Dresden, Sächsische Landesbibliothek*
Mit einem knorrigen Wanderstab in der Linken und einem Bündel auf dem Rücken geht der Regengott Chaak auf einer Straße, die hier als Band mit Fußabdrücken dargestellt ist. Die Inschrift aus sechs Hieroglyphen am oberen Rand bezieht sich auf das Bild: Chaak, der Regengott, befinde sich auf einem Weg. Darüber hinaus wird die einfache, ungewürzte Nahrung, wie sie damals auf eine Reise mitgenommen wurde, als Opfergabe an Chaak erwähnt.

Fundamente und Füllungen ausgeglichen; Brücken sind allerdings nur selten gebaut worden.

Die zum Teil kilometerlangen Straßen verraten ein hohes Maß an organisatorischem Geschick und technischer Perfektion. Der bauliche Aufwand lässt sich daran ermessen, dass für manche Straße weit mehr Erde und Geröll als für eine mehrere Dutzend Meter hohe Pyramide zu bewegen war. Allein die Verwaltung der hierzu erforderlichen Arbeitskräfte muss erheblich gewesen sein. Die heute bekannten *sakbe* sind trotz ihres Alters von mehr als 1000 Jahren oft erstaunlich gut erhalten – ein Beweis für die Güte der Konstruktion. Die *sakbe* wurden nur in Einzelfällen zwischen weit auseinander liegenden Siedlungen gebaut, sie sind vor allem ein typisches Merkmal innerhalb der Städte selbst. Dort verbinden sie verschiedene Viertel miteinander und innerhalb dieser Viertel einzelne Tempel- und Palastkomplexe.

Neben den innerörtlichen Verbindungen existieren auch regionale Straßen. Sie haben ihren Ausgangspunkt im Zentrum einer Stadt und sind dort mitunter durch Torbogen oder spezielle Gebäude besonders markiert. Die schönsten Beispiele finden sich im Norden Yukatans: In Kabah wurde eine quadratische Plattform an der Stelle errichtet, wo die Straße von Uxmal auf das Zentrum von Kabah stößt. Zwei Rampen führen zu der Plattform. Auf ihr kennzeichnet ein isolierter Torbogen den Übergang vom Stadtzentrum ins Umland. Die *sakbe* sind nicht für Karawanen oder Fuhrwerke angelegt worden. Nutzbare Lasttiere fehlten in der Fauna Yukatans. Und obwohl den Maya das Rad durchaus bekannt war (die *sakbe* wurden mit großen Steinwalzen eingeebnet), konstruierten sie nie Radfahrzeuge. Der Transport von Waren ging seit der Präklassik bis zur Ankunft der Spanier zum Großteil auf dem menschlichen Rücken vonstatten (Abb. 365, 366). Ein erheblicher Teil des Verkehrs konnte außerdem auf das Wasser verlagert werden. Anders als im Römischen Reich spielten bei den Maya militärisch-administrative Aspekte bei der Analyse eines Straßensystems keine Rolle, denn es gab keine stehenden Heere oder ein umfassendes Militärwesen.

Die Missionare, die mit der Eroberung Yukatans durch die Spanier in das Land kamen, verweisen in ihren Berichten immer wieder auf die festen Straßen. Der spanische Autor Fray Diego López de Cogolludo beschrieb im Jahr 1688 die religiöse Bedeutung der Insel Cozumel im Nordwesten Yukatans und eine regelrechte Wallfahrt, die den Kult begleitete:

„Die Straßen dienten – den [spanischen] Fernstraßen gleichend, denen man sich ohne Angst vom Weg abzukommen anvertrauen kann – dazu, dass sie [die Pilger] Cozumel erreichten: zur Einlösung ihrer Gelübde, zur Darbringung ihrer Opfer, um Hilfe für ihre Belange zu erflehen und zur irrigen Verehrung ihrer falschen Götter."

In diesem und in anderen Berichten ist die Rede von der Nutzung der *sakbe* durch Pilger und Prozessionen. Die Belege für eine zeremonielle Funktion stützen sich nicht nur auf die kolonialzeitlichen Dokumente, die den tatsächlichen Gebrauch der *sakbe* oder zumindest die Erinnerung daran schriftlich überliefern, sondern auch auf die Struktur und Eigenschaften dieser Straßen. Innerhalb der Städte konzentrierten sie sich auf die Zentren, die von den Tempelpyramiden und den Wohnkomplexen des Adels geprägt waren und in denen die wichtigsten Rituale abgehalten wurden. Mit ein wenig Phantasie erscheinen vor dem geistigen Auge die feierlichen Prozessionen und Pilgerzüge, die sich auf diesen Straßen vor mehr als 1000 Jahren entlangbewegten.

Die zeremonielle Nutzung der *sakbe* schließt andere Funktionen nicht aus. Eine wirtschaftliche Nutzung der Maya-Straßen erscheint wahrscheinlich, auch wenn sie kein weitreichendes Netz bildeten. Der herrschende Adel war von Tributlieferungen abhängig. Insbesondere auf vielfarbig bemalten Gefäßen gibt es Darstellungen, die die Abgaben in Form von Lebensmitteln, etwa Bohnen, Stoffen oder Luxusgütern wie Jaguarfellen und Codices an einen Herrscher zeigen. Die bei den Untergebenen eingesammelten Tribute könnten daher durchaus über die Zeremonialstraßen an den Hof des göttlichen Herrschers ins Zentrum gebracht worden sein. Der politische Symbolgehalt mag bei der Nutzung der Zeremonialstraßen eine nicht unwesentliche Rolle gespielt haben. Durch die innerörtlichen *sakbe* wurden die Tempelbezirke und die Wohnkomplexe der Oberschicht nicht nur miteinander verknüpft, sondern auch aus der Umgebung herausgehoben und betont. Dem einfachen Maisbauern führte die herrschende Elite so ihren besonderen Status und damit die allgegenwärtige göttliche Ordnung vor Augen.

366 *Auf dem Weg zum Markt*
Nach wie vor werden Güter in Guatemala auf dem menschlichen Rücken transportiert. Die auf einem hölzernen Traggestell festgezurrte Last wird mit einem Stirnband, im lokalen Spanisch *mecapal* genannt, gehalten. In Anbetracht des unwegsamen Geländes und des Fehlens von Last- oder Zugtieren war dies die einzige Möglichkeit, auch schwere Gegenstände über weite Strecken zu befördern. Diese im Hochland von Guatemala entstandene Aufnahme aus den 1930er-Jahren zeigt einen Maya mit Tonkrügen auf dem Weg zum Markt. Noch heute legen auf diese Weise bepackte Händler bis zu 30 km zu Fuß zurück.

ZUM VERSTÄNDNIS DER WANDGEMÄLDE VON BONAMPAK

Mary Miller

Vom Ende des ersten Jahrtausends v. Chr. bis zur Zeit der spanischen Eroberung schmückten die Maya die Wände ihrer Bauwerke häufig mit farbigen Malereien (Abb. 367). Die meisten dieser Gemälde haben in Gräbern überdauert. Gegen Ende der Späten Klassik, also zur selben Zeit, als auch Skulpturen bemalt wurden, bedeckten Maya-Künstler speziell im Westen der Maya-Region ganze Wände mit kunstvollen Bildprogrammen in Secco-Malerei.

Das bemerkenswerteste Beispiel dieser Wandgemälde gelangte 1946 ans Licht der Öffentlichkeit, als Lakandonen-Maya den amerikanischen Filmemacher Giles Healey zu einer Stätte führten, von der sie zwar selbst schon lange wussten, die sie aber noch nie zuvor einem Fremden gezeigt hatten (Abb. 369). Gerüchte über die Existenz eines solchen Ortes hatten schon den Forschungsreisenden Teobert Maler bei seiner Durchquerung der Region Ende des 19. Jahrhunderts erreicht; er ging jedoch in die falsche Richtung und kam in Budsilha am Fluss Usumacinta an. Healey, der einen Film über die Ruinen und das Leben der heutigen Maya drehen wollte, erkannte sofort die Bedeutung der bemalten Bauwerke. Innerhalb weniger Tage hatte er den wichtigsten Maya-Forschern von seiner Entdeckung berichtet. Sylvanus Morley, der führende Mayanist der Carnegie Institution, taufte die Stätte „Bonampak", was in der Sprache der yukatekischen Maya „bemalte Wände" bedeutet. Bald zogen Wissenschaftler die Bilder von Bonampak heran, um die verschiedensten Ideen über die Maya-Kultur zu bebildern und zu stützen. Zwar haben auch andere Wandgemälde die Zeiten überdauert, aber die Bilder von Bonampak zeichnen sich durch eine Reihe von besonderen Merkmalen aus, nicht zuletzt durch ihren nahezu intakten Zustand.

Höfischer Alltag und dynastische Geschichte im Bild

Die Gemälde erscheinen als unmittelbar verständliche Illustrationen des Lebens der vorspanischen Maya, die Themen wie die gesellschaftliche Hierarchie, die Kriegsführung und das Leben bei Hofe veranschaulichen. Innerhalb des Dreiraumgebäudes, das zur Struktur 1 ernannt wurde (Abb. 371), sind Hunderte von Maya-Fürsten zu sehen, die miteinander agieren. Die Figuren sind in halber bis Zwei-Drittel-Lebensgröße gemalt, sodass sie dem Besucher das Gefühl vermitteln, gleichsam Teil der Darstellung zu sein. Zudem drücken die Wandmalereien sehr eindrucksvoll Gefühle der Abgebildeten aus, ganz besonders in der Wiedergabe der Gefangenen in Raum 2. Zwar klingen auch auf den Menschendarstellungen vieler Keramikgefäße Emotionen wie Kummer und Humor an, aber kein anderes Monumentalwerk fängt so eindringlich Leid und Triumph im alten Amerika ein wie diese Wandgemälde. Unter den verschiedenen Künstlern, die an diesen Malereien gearbeitet haben, befanden sich einige, und zwar besonders die Meister der Nordwände in den Räumen 1 und 2, deren künstlerisches Vermögen, Konturen und Bewegungen des menschlichen Körpers festzuhalten, ganz außerordentlich war (Abb. 368). Raum 2, der mittlere und größte der drei Räume, diente zweifelsohne als Thronraum, die gemauerte Sitzbank, die sich in ihm befindet, war der Thron, von dem aus der höchste Fürst präsidierte. Alle drei Räume können als eine Bildsequenz betrachtet werden: Im Thronraum sind Krieg und Kampf bildnerisch dargestellt, in den beiden anderen weitere Ereignisse aus der Geschichte der Dynastie. So ergeben die Gemälde eine zusammenhängende, in sich einheitliche Darstellung einer Welt, die durch Krieg, Menschenopfer, zeremonielle Handlungen und politische Händel gekennzeichnet war.

Gegen Ende des 8. Jahrhunderts, als diese Kunstwerke entstanden, hatten sich die Herren von Bonampak, das nur 26 Kilometer von Yaxchilan entfernt liegt, sowohl mit diesem Maya-Zentrum als auch mit Lacanha, einer nahen, kleineren Stadt, verbündet. Auch die Beziehung zu diesen beiden Städten und ihre gemeinsamen Siege werden in den Darstellungen gefeiert.

Die Herren von Bonampak hatten die von Tikal in der Zeit der Frühklassik ausgehende Gepflogenheit angenommen, die wesentlichen Zeremonialbauten in einer einzigen Akropolis (s. Harrison, S. 221) mit kleineren Schreinen und einzelnen Bauflügeln anzuordnen. Stelen säumten den zentralen Platz und die unteren Ebenen der Akropolis; Wandfriese schmückten die zurückgesetzten Fassaden. Auf einer Seite des Platzes bei der Gruppe der niedergebrannten Tempel und der Frey-Gruppe, einer Gebäudegruppe, die nach einem früheren Besucher der Ruinenstätte benannt ist, könnten die Residenzen der Adligen und die Gemeinschaftsunterkünfte der Krieger und Priester gestanden haben (Abb. 370).

Das Struktur 1 getaufte Gebäude, das um 790 errichtet wurde, war mit Sicherheit das aufwändigste Einzelbauwerk, das jemals an diesem Ort gebaut wurde. Der Anlass

367 *Blick auf die Westwand von Raum 1. Bonampak, Chiapas, Mexiko, Struktur 1; Späte Klassik, um 790 n. Chr.; Wandmalerei*
Die Innenwände der drei Räume der Struktur 1 von Bonampak sind vollständig mit historischen Szenen bemalt und bilden gleichsam einen steinernen Codex. In keinem anderen Gebäude der Maya haben sich Wandmalereien durch glückliche Umstände so gut erhalten.

368 *Prozession von Musikanten. Kopie eines Wandgemäldes (Detail); Bonampak, Chiapas, Mexiko, Struktur 1, Raum 1, Westwand; Späte Klassik, um 790 n. Chr.*
Zu sehen ist ein Ausschnitt aus der Prozession von Musikanten im unteren Bereich der Westmauer (Abb. 367). Während die Figur in der Mitte der Szene die große Schlitztrommel schlägt, blickt sie zu zwei Männern, die mit Hirschgeweihen auf Schildkrötenpanzer schlagen. Zwei weitere halten große Kürbisrasseln in ihren Händen.

369 *Die Akropolis von Bonampak im dichten Urwald*
Für lange Zeit war Bonampak im Urwald verborgen, und lediglich eine Gruppe von Lakandonen-Maya wusste davon. Lakandonen waren es auch, die 1946 den amerikanischen Filmemacher Giles Healey zu den Ruinen führten, die er dann der Wissenschaft bekannt machte. Auf dieser Aufnahme ragt nur die Akropolis aus dem Wald. Zahlreiche andere Gebäudegruppen liegen noch immer unter einer dichten Decke von Vegetation begraben.

für seine Errichtung könnte das Bedürfnis nach einer symbolischen Darstellung der Integration der vielen Schichten innerhalb der Elite gewesen sein. Womöglich war dies das erklärte politische Ziel des Königs von Bonampak, Yajaw Chan Muwaan, der 776 an die Macht kam – der Text in Raum 1 bezeichnet das Bauwerk ausdrücklich als seinen Besitz.

Struktur 1 war innen wie außen bemalt; von ihrem äußeren Schmuck ist jedoch wenig erhalten. Knapp unter dem Gesims verläuft eine Textleiste, die vermutlich einst aus fast 100 Hieroglyphen bestand und das äußere Gebäude ähnlich wie eine Randinschrift auf den Keramikgefäßen der Maya umrahmte. Die ungewöhnliche Architektur des Gebäudes unterstreicht die intensiven farbigen Kriegsszenen, die auf den Gemälden dargestellt sind.

Ein Meisterwerk der Malkunst

Nach Auftragen des weißen Stuckuntergrundes wurde das gesamte Bildprogramm wahrscheinlich von einem Meisterkünstler mit roter Wasserfarbe oder Kreide vorgezeichnet. Andere Maler füllten dann die größeren Farbflächen aus, speziell die blauen und roten Hintergründe, und malten die menschlichen Figuren darüber. Nach dem Auftrag aller Farben dürften Meisterkalligrafen die abschließenden schwarzen Konturen gezogen haben (in Raum 3 verwendeten sie dazu allerdings auch Rot); sie arbeiteten die Gesichter und Hände aus und ergänzten die Details des gesamten Programms. In vielen Fällen deutet die subtile Bearbeitung der Farbflächen, die abschließend durch eine schwarze Kontur gestaltet werden sollten, darauf hin, dass die für die Konturierung zuständigen Künstler auch die Farbe selbst aufgetragen haben.

In Raum 1 findet sich die Standardeinleitung eines Maya-Textes, ein als Initialserie geschriebenes Datum, das auf den Beginn der Lesefolge in diesem Raum hinweist. Berechnungen des Mondkalenders folgen dem ersten Datum (9.18.0.3.4, im Jahr 790 n. Chr.), das wahrscheinlich, weil es auf denselben roten Untergrund gemalt wurde, den Tag der dargestellten Szene angibt. Über diesem Text nähern sich nun Adlige in weißen Umhängen, von denen einige ausdrücklich als *ajaw* (Fürst) tituliert werden, einer königlichen Familie, die sich auf einem gemeinsamen großen Thron versammelt hat; zu ihr gehört auch ein kleines Kind, das den Fürsten von einem Diener entgegengehalten wird. Ein Bündel zur Rechten des Thrones enthält 5 x 8000 Kakaobohnen, wie der Hieroglyphenbeschriftung zu entnehmen ist (Abb. 374). In einer Gesellschaft, in der Kakaobohnen ein begehrtes Tauschobjekt waren, weist diese große Menge auf eine Tribut- oder Steuerzahlung hin. Offensichtlich zeigt die Darstellung die Fürsten also beim Entrichten ihrer Steuern. Der Text unter der Szene vermerkt eine Amtseinführung für das Datum der Initialserie; sie betrifft möglicherweise das Kind und findet unter den Augen der königlichen Familie von Yaxchilan statt. Leider ist der Name verwittert. Ob der König von Bonampak oder der von Yaxchilan auf dem Thron sitzt, bleibt ungewiss: Die Textfelder über der Szene wurden nie ausgefüllt. Wegen der hervorgehobenen Position des thronenden Fürsten und seines zur Schau gestellten Reichtums könnte es sich um Yajaw Chan Muwaan handeln.

In dieser Szene tragen die 14 Fürsten, die ihre Aufwartung machen, einheitlich weiße Umhänge, die in der Kunst der Maya insgesamt relativ selten vorkommen. Diese weißen Umhänge sind allerdings bekannt von einigen Keramiken aus Tikal, einem Thron aus Palenque sowie dem so genannten „Skulptierten Stein 1" aus Bonampak. Maya-Würdenträger legten sie offenbar an, wenn sie ihrem König Tributleistungen und Geschenke darbrachten und ihm ihre Ergebenheit bekunden wollten. Obwohl der Umhang also im Verhältnis zum regierenden König einen niedrigeren Rang der Träger anzeigt, beherrschen die *ajaw* optisch die Szene in Raum 1, was ihre wachsende Macht bekunden könnte (Abb. 371). Man fragt sich in der Tat, ob nicht sie es waren, die die Szene in Auftrag gaben: Zwar sind sie alle, die Fürsten wie die Königsfamilie, mit gleich großer Detailtreue abgebildet und jedem wurde gleich viel Platz eingeräumt, aber in der Gruppe sind sie es, die zuerst ins Auge fallen. Überdies wurde den Gesichtszügen und der Kleidung der *ajaws* von einem Meister der Kalligrafie sehr viel Beachtung geschenkt, während die Abbildung der königlichen Familie im Vergleich eher stümperhaft ausfällt. Dies wird auch deutlich an der unbeholfenen Gruppierung der Königsfamilie auf dem Thron oder der mangelnden Kunstfertigkeit, mit der die Hände und Füße des dargebotenen Kindes ausgearbeitet wurden. Wahrscheinlich hat ein weniger begabter Künstler diesen Abschnitt des Gemäldes vervollständigt.

Der Quetzaltanz in erzählender Darstellung

Nur von einer eingebauten Wandbank aus kann der Betrachter die Nordwand über der Tür studieren. Sie zeigt drei Würdenträger, die sich in Kostümen aus Jaguarfellen, Quetzalfedern und Boahäuten für den feierlichen Tanz herrichten, den sie dann auf der gegenüberliegenden Südwand vollführen. Diese Szenenfolge bezieht sich somit auf ein einziges Ereignis, das im Bildtext 42 sogar mit den Worten „Dies ist der Quetzaltanz" benannt wird. Auf dem Bild an der Nordseite betupft ein Diener zur

370 *Perspektivische Rekonstruktionszeichnung der Akropolis von Bonampak*
Auf den Stufen der Akropolis stehen mehrere Gebäude, von denen aus der Große Platz vor der Akropolis zu überblicken ist. Einige trugen einfache Dächer aus Palmstroh, während andere reich geschmückte, steinerne Gewölbe hatten und von einem aufwändigen Zierkamm bekrönt wurden. Das große Gebäude auf dem mittleren Absatz ist die mit Wandgemälden ausgestattete Struktur 1.

371 *Längsschnitt durch Struktur 1 von Bonampak*
Der Längsschnitt durch Struktur 1 zeigt die drei bemalten Räume. In jedem befindet sich eine steinerne Sitzbank; die Bank im mittleren Raum ist etwas höher als die beiden anderen.

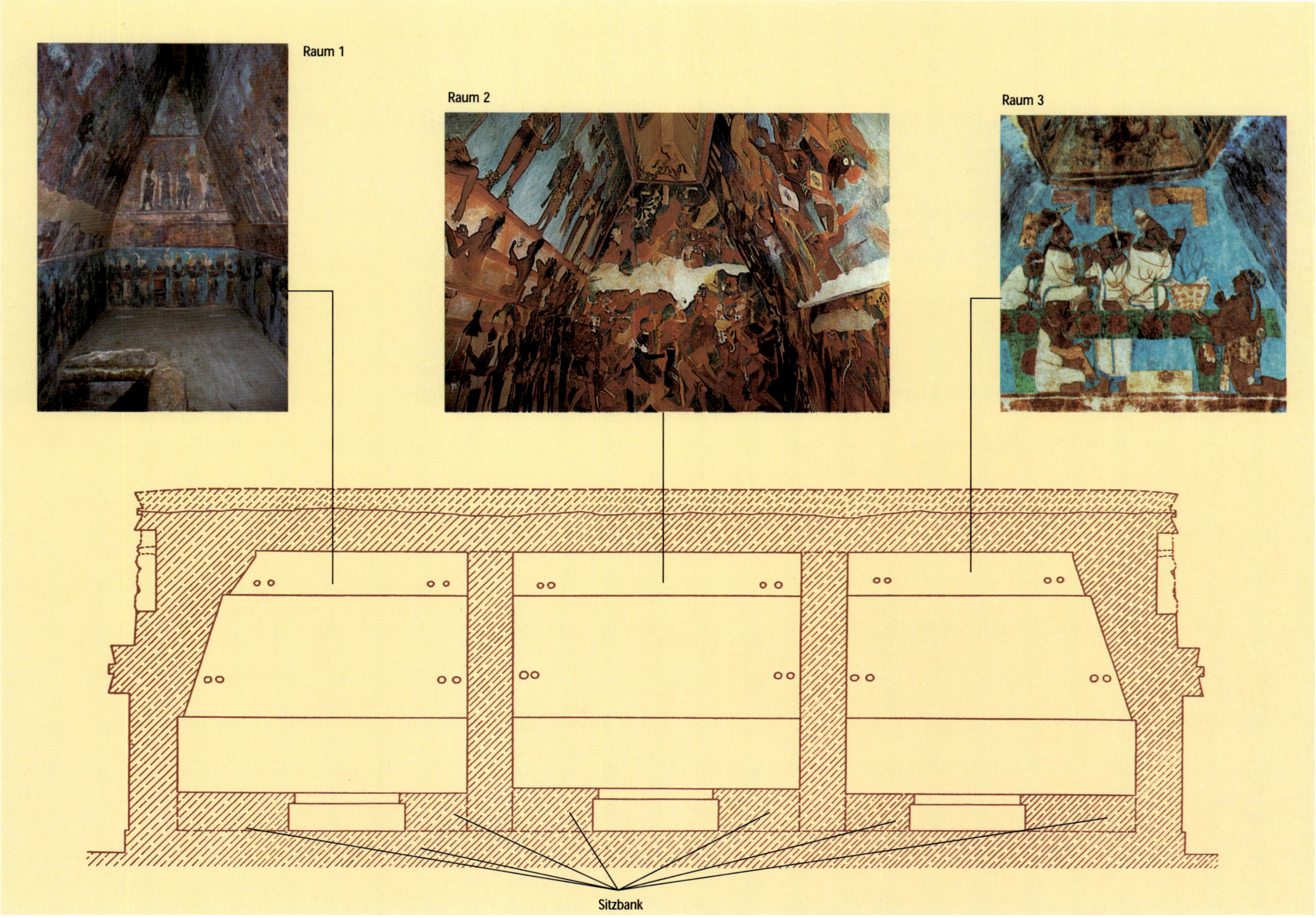

Raum 1

Raum 2

Raum 3

Sitzbank

372 *Die Bekleidung des Fürsten. Kopie eines Wandgemäldes (von Antonio Tejeda); Bonampak, Chiapas, Mexiko, Struktur 1, Raum 1, Nordwand; Späte Klassik, um 790 n. Chr.*
Von der Sitzbank aus kann man die Malerei über der Eingangstür an der Nordwand von Raum 1 studieren. Die Toilette eines Fürsten bildet die zentrale Szene. Zwei Diener stehen ihm zur Seite; einer ist gerade dabei, den Körper seines Herrn mit Farbe zu betupfen.

373 *Versammlung der Fürsten. Digitalisierte Rekonstruktion eines Wandgemäldes; Bonampak, Chiapas, Mexiko, Struktur 1, Raum 1, Südwand; Späte Klassik, um 790 n. Chr.*
Auf diesem Ausschnitt sind vier Fürsten mit weißen Umhängen und großen Muschelschalen zu sehen. Die hellen Flächen über ihren Köpfen enthielten einst die Hieroglyphen, die sie identifizierten. Rechts im Bild wird ihnen ein kleines Kind präsentiert, vielleicht der zukünftige Thronfolger.

Rechten des Fürsten seinen Herrn mit roter Farbe; der Künstler hat ihm Farbkügelchen in die Hand gegeben. Die weiter rechts stehenden Personen warten möglicherweise darauf, dass die Reihe an ihnen ist, den Fürsten zu schmücken (Abb. 372, 373). Ein links stehender Diener bemüht sich, den Federputz des Fürsten in der vorgesehenen Halterung zu sichern. Mit Hilfe ihrer Diener legen die Würdenträger Gewänder ähnlich dem ihres Führers an. Die Rahmen ihres Federputzes stecken in Halterungen, die wie lederne Hüfttaschen aussehen. Die kunstvoll gewebten Stirnbänder scheinen, ähnlich wie die heutigen so genannten Panamahüte, aus feinen Palmfasern gefertigt zu sein. Im Segment darunter breiten Bedienstete neben Ballen, die mit Jaguarfellen eingeschlagen sind, ganze Pelze dieser Tiere aus. Vielleicht haben sie diese gerade von den Ballen gewickelt, vielleicht kommt es aber nur auf das Zurschaustellen solcher Luxusgüter an.

Neuere Untersuchungen mit Infrarottechnik enthüllten die lange Zeit unsichtbar gebliebene Kunst der Maler, die Farbflächen mit lebhaften Konturen zu umreißen, speziell an der Nordwand. Die Linienführung der Körper und Körperwinkel beweist eine gründliche Kenntnis des menschlichen Körperbaus und der verkürzten Perspektive. Die Hände sind mit größter Sorgfalt ausgearbeitet, das plastische Detail lässt eher an eine Verwandtschaft mit der bildhauerischen Tradition von Yaxchilan als mit den Miniaturen auf den Keramiken der Maya denken.

Die Würdenträger der Ankleideszene von der Nordwand, die man bei Betreten des Raumes sieht, werden – nun tanzend – ein zweites Mal auf der Wand dargestellt. Der Ablauf ist klar: Das Ankleiden der Tänzer geht dem Auftritt voraus. Durch Akzentuieren solcher Abfolgen verstanden es die Maya-Künstler, den Faden der Handlung kenntlich zu machen, der sich entlang der Wände entspinnt. Die Hauptakteure kehren in jeder Szene wieder, was den Eindruck vermittelt, dass sich die Geschichte chronologisch fortentwickelt. In dieser Hinsicht sind die Gemälde als bildliche Schilderungen jedem anderen vorspanischen Kunstwerk überlegen. Übertragen auf die sprachliche Ebene könnte man sagen, dass es sich hier um eine richtige Erzählung handelt, was sie von den typischen Stelen der Maya und den meisten anderen Werke der vorspanischen Zeit unterscheidet. Die bemalten Wände von Bonampak könnten als einziges Kunstwerk der Maya in ihrer Anschaulichkeit die Erzählkraft der schriftlichen Hinterlassenschaften der Maya noch übertreffen. Auf der untersten Bildzone in Raum 1 flankieren Musiker und Kleinfürsten die Tänzer in der Mitte. Sonnenschirme ragen neben dem Text auf, und eine gegenläufige Ikonographie rechts und links wirkt wie moderne Zitatzeichen, die die zentrale Szene einrahmen. Dreizehn Provinzfürsten oder *sajal,* wie sie ausdrücklich in zugeordneten Bildtexten genannt werden, ziehen zur Rechten der Tänzer auf. Ihre Anzahl ist vermutlich genau so von Bedeutung wie ihre Kleidung und ihre Attribute. Der Erste, dicht bei dem kleinsten Tänzer, trägt einen Sonnenschirm mit kurzem Griff; hierbei kann es sich um einen abgebrochenen Schirm handeln wie bei den Gefangenen in Yaxchilan – ein deutliches Zeichen politischer Unterwerfung, die allerdings in diesem Fall rein symbolischen Charakter haben dürfte, denn es scheint sich bei den

Abgebildeten jeweils um Persönlichkeiten mit einigen Privilegien zu handeln. Zumindest eine von ihnen ist als Sänger *(k'ayoom)* ausgewiesen, während die Figuren auf der anderen Seite Instrumente spielen. Mindestens einer der *sajal* raucht eine dünne Zigarre und stößt Tabakrauch aus.

Musikanten und Schauspieler

Betrachtet man das Defilee der *sajal* und Musikanten über die Wände aus der Perspektive der Tänzer oder einer zweifellos wichtigen Persönlichkeit, die auf der Bank vor ihnen dargestellt ist, so sieht es aus, als seien Fürsten und Musikanten paarweise eingezogen und hätten sich dann getrennt. Die Musikanten führen den Zug an, vorneweg die Spieler mit den Rhythmusrasseln; ihnen folgen der Mann mit der großen Pauke *(huehuetl)* und die Schildkrötenschalenspieler (Abb. 368). Maskierte Gestalten pausieren in der Nord-Ost-Ecke; Trompeter und ein Musiker mit einer kleinen Tontrommel bilden den Schluss (Abb. 375). Wenn sich der Zug hier im Uhrzeigersinn zu bewegen scheint, so könnten die Musikanten in Wirklichkeit im Kreis um den Paukenspieler oder vielleicht um die Maskenträger gezogen sein, so wie es bei den Azteken üblich war.

Maya-Musiker sind ein häufiges Sujet auf Keramikgefäßen, wo sie natürlich per se im Kreis aufziehen. Ob auf Keramikgefäßen oder an den Wänden von Bonampak, die Musiker treten immer in einer festen Ordnung auf. In der mesoamerikanischen Gesellschaft waren sie solide ausgebildete Berufsmusiker. Wie auch die Geiger in einem heutigen Orchester ihren festen Platz haben, so sind auch die Trompeter oder Schildkrötenschalenspieler immer an derselben Stelle eines Maya-Orchesters zu finden. Die Schönheit der Musik mag sich in der Schönheit der Musikanten ausdrücken, denn bei der Darstellung der Spieler wurde besondere Sorgfalt auf die Eleganz ihres Profils verwendet.

Eingekeilt zwischen den Musikern ist eine Gruppe von maskierten Schauspielern. Ein einzelner Unmaskierter lässt sich als der Darsteller des Maisgottes identifizieren. Die Annahme liegt nahe, dass die maskierten Schauspieler, unter anderem in den Masken eines Kaimans und eines Riesenkrebses, eine Aufführung von der Wiedergeburt

des Maisgottes vorbereiten. Im Hintergrund untersuchen zwei vermummte Gestalten einen zarten Maiskolben; sie tragen schlichte Ballspielerkleidung. Dem Popol Wuj zufolge fand die Wiedergeburt des Maisgottes auf einem Ballspielplatz statt.

Schlachtszenen

Raum 2 unterscheidet sich von Raum 1 vor allem in der Eindringlichkeit der Darstellung: Eine einzige Kriegsszene beherrscht alle drei Wände; sie umfängt den Betrachter beim Betreten dieses Raums und scheint ihn in das Kampfgetümmel hineinzuziehen (Abb. 376). Dutzende von Kriegern zweier verfeindeter Parteien – eine davon sicher aus Bonampak – stürzen sich mit hochgereckten Bannern und Waffen von der Ostwand aus in die Schlacht. Sie treffen unter einem großen, in Form

374 *Infrarotfoto eines so genannten Mikrotextes. Bonampak, Chiapas, Mexiko, Struktur 1, Raum 3, Nordwand*
Durch Infrarotfotografie sind zahlreiche Details der Malerei sichtbar geworden, die aufgrund der starken Verwitterung mancher Partien dem menschlichen Auge bislang verborgen geblieben sind. Dazu zählen auch die beiden Hieroglyphen auf einem Bündel, das zwischen sitzenden Würdenträgern platziert ist. Sie informieren über seinen kostbaren Inhalt, *pik kakaw* (40 000 Kakaobohnen).

375 *Musikanten und Tänzer. Digitalisierte Rekonstruktion eines Wandgemäldes; Bonampak, Chiapas, Mexiko, Struktur 1, Raum 1, Westwand; Späte Klassik, um 790 n. Chr.*
Den Schluss der großen Prozession von Tänzern und Musikanten, die auf der Westwand dargestellt ist, bilden ein Mann mit Rasseln und zwei Trompetenspieler, die ihre wohl aus Holz oder Ton gefertigten Instrumente in die Höhe halten. Vor ihnen tanzen vier maskierte Schauspieler, zwischen deren Füßen zwei als Ballspieler ausgestattete Männer auf dem Boden sitzen. Einer der Schauspieler ist als Riesenkrebs verkleidet – Wassertiere gelten in der Symbolik der Maya als Bewohner der Unterwelt.

eines Winkels arrangierten Hieroglyphentext an der Südwand aufeinander, und Krieger in Jaguarfellen, unter ihnen Yajaw Chan Muwaan, werfen sich mit solcher Vehemenz auf den Feind, dass Chan Muwaans Körper aus der Bildebene zu fliegen scheint.

Der begleitende Hieroglyphentext bietet ein rätselhaftes Datum, das im Maya-Kalender vermutlich einen Zeitpunkt einige Jahre vor 790 v. Chr. bezeichnet, das Jahr also, dessen Ereignisse in Raum 1 festgehalten sind. Im oberen Teil des westlichen Gewölbes scheinen einige Kämpfer eine Holzkiste zu verteidigen, vielleicht dieselbe, die auch unter dem Thron in Raum 3 zu sehen ist. Bei den zerstörten Partien der Gemälde am Übergang zwischen Wänden und Bänken könnte es sich um Szenen der Gefangennahme und Verstümmelung gegnerischer Krieger handeln. Die ungewöhnliche Dunkelfärbung des Hintergrunds lässt vermuten, dass die Auseinandersetzung vielleicht im Urwald stattfand; die angedeutete Vegetation weist darauf hin, dass sich der Kriegsschauplatz in einiger Entfernung von einem Stadtzentrum befand, was wohl häufig für die Schlachten der Maya zutraf.

Das Gesamtgemälde vermittelt dem Betrachter das Gefühl, den Ablauf der Zeit zu sehen. Auf der oberen Ostwand ist der unmittelbare Beginn des Kampfes dargestellt, und obwohl einige Krieger schon ihre Waffen hochhalten, sind noch schmetternde Fanfaren als Vorspiel zur beherrschenden Szene der Südwand zu sehen, in der Yajaw Chan Muwaan seinen Gegner erschlägt. Das durch die besondere Art der Darstellung hervorgerufene Gefühl für die Dauer der Schlacht wird auf der Westwand und in den unteren Zonen noch verstärkt. Hier werden Gefangene von je zwei oder drei siegreichen Kriegern gepackt und in der Schlussszene nahezu nackt vom Schlachtfeld gezogen. Nur einer der Besiegten zeigt schwere Verletzungen, obwohl die Kampfszene das ganze Getümmel und Chaos eines Schlachtfeldes vermittelt: Die Darstellung schwächt also die Realität des Blutvergießens und der Qualen einer solchen kriegerischen Begegnung ab.

Die Schilderung der Ereignisse endet dann vermutlich auf der unteren Ostwand, auf der die Gefangennahme abgeschlossen ist. Das Geschehen rollt in seiner zeitlichen Abfolge vor den Augen des Betrachters ab, den Vorbereitungen zur Schlacht folgt der Höhepunkt der Auseinandersetzung und schließlich das Einsammeln der Besiegten. Einige Personen kommen mehr als einmal vor, was beweist, dass die Maya fähig waren, zeitlich aufeinander folgende Geschehnisse in bildlicher Darstellung zu erzählen.

Gefangene und Menschenopfer

Auf der Nordwand ist zu sehen, wie dem König Yajaw Chan Muwaan, der von Kriegern und Damen des Hofes einschließlich seiner Ehefrau aus Yaxchilan begleitet wird, Gefangene auf einer siebenstufigen Treppe vorgeführt werden (Abb. 376, 377). Eine Treppe war der bevorzugte Ort für derartige Inszenierungen. Ihre wuchtigen Stufen sind vermutlich dieselben, die sich auf der Nordseite des Hauptplatzes von Bonampak befinden und in die Akropolis führen. Bedeutende Sternenkonstellationen stehen über der Opferungsszene, so die Schildkröte rechts (Orion) und die Nabelschweine (Zwillinge?). Dies lässt vermuten, dass die Opferung bei Anbruch der Dämmerung beginnen sollte. Die Wiedergabe der Gefangenen mit der elegant gezeichneten, geschwungenen Linienführung ihrer Körperkonturen, ihrer Augen, Hände und Haare gehört zu den schönsten Darstellungen von Menschen in der Kunst der Maya. Die Gefangenen zur Rechten strecken ihre Hände aus, als ob sie gegen die Art der Behandlung durch den Krieger, der ganz links zu sehen ist, protestieren wollten; sein Körper ist durch die Löcher der Querträger nur bruchstückhaft zu erkennen. Er beugt sich vor und ergreift einen Gefangenen beim Handgelenk, um ihm entweder die Fingernägel zu ziehen oder das letzte Fingerglied abzutrennen. Blut spritzt von den Händen der Gefangenen, die aufgereiht hintereinander sitzen. Die meisten scheinen auch ihre Zähne eingebüßt zu haben, und einer schreit gepeinigt auf.

Vor Yajaw Chan Muwaan streckt ein Offizier seinen Arm aus, vermutlich um die Gefangenen seinem mächtigen Fürsten zu übergeben. Er umfasst mit einer Hand etwas, das eine Jadeperle sein könnte, die andere hält ein Bündel Quetzalfedern. Jade

und Quetzalfedern waren im antiken Mesoamerika der Inbegriff des Kostbaren. Zur Zeit der spanischen Eroberung wurden sie von den Dichtern der Azteken zu einer Metapher verbunden, die für alles stand, was für sie von Wert war.

Als Sieger aus einem Kampf hervorgegangen zu sein kann für Bonampak die kostbare Beute von Jade- und Quetzalfederschmuck bedeutet haben, es konnte auch heißen, dass die Maisernte des Verlierers der Stadt zufiel, dass ausgebildete Arbeitskräfte verschleppt wie auch Gefangene für die Menschenopfer gemacht wurden.

Ein einzelner Gefangener auf der obersten Stufe fleht Yajaw Chan Muwaan an, der über ihn hinwegschaut. Zu seinen Füßen liegt hingestreckt ein Getöteter; Wunden

376 *Die Präsentation der Gefangenen. Rekonstruktionszeichnung eines Wandgemäldes (von Antonio Tejeda); Bonampak, Chiapas, Mexiko, Struktur 1, Raum 2, Nordwand; Späte Klassik, um 790 n. Chr.*
Die Szene der Präsentation der Gefangenen in Raum 2 gehört zu den Meisterwerken der Malerei aus der klassischen Zeit. Kaum eine andere Darstellung kombiniert mit dem gleichen spannungsgeladenen Realismus höfisches Zeremoniell, tiefe Emotion und grausamen Schmerz. Der Besucher, der durch die Tür eintrat, wurde selbst zu einem Mitwirkenden.

377 *Die Präsentation der Gefangenen (Detail)*
Stolz blickt Yajaw Chan Muwaan, der König von Bonampak und Triumphator über seine Feinde, über den Flehenden hinweg, der vor ihm auf der obersten Stufe sitzt. Blut tropft von seinen Fingern wie auch von denen der anderen Gefangenen, deren Nacktheit tiefste Demütigung bedeutet. Ihres Schmuckes, vor allem ihrer Kopfbedeckung und der Ohrringe beraubt, sind die vermutlich Adligen nicht mehr von einfachen Bauern zu unterscheiden. Ein abgeschlagener Kopf vor dem Fuß des ausgestreckten Mannes scheint ihr Schicksal anzudeuten.

sind auf seinem Körper sichtbar, sein Fuß lenkt den Blick auf einen abgeschlagenen Kopf; graue Hirnmasse quillt aus dem offenen Schädel. Keine Figur in der Kunst der Maya ist mit größerer anatomischer Sicherheit und mit intensiverem Bewusstsein für die Wirkung nackten Fleisches gemalt worden als dieser tote Gefangene in Raum 2. Die ausdrucksstarke Diagonallinie seines Körpers führt zu der vergleichsweise hölzernen Abbildung des Königs und untergräbt damit dessen selbstgefällige Pose, denn für den Betrachter ist der tote Körper des Gefangenen eindeutig der Mittelpunkt des Blickfelds. Mit dieser künstlerischen Aussage erreichten die Maler von Bonampak höchste Meisterschaft und verdeutlichten die Sinnlichkeit von Opferung und Tod: Der erotisierte, wie hingegossene Körper des toten Gefangenen von Raum 2 beherrscht die Szene vollkommen und gibt der Demonstration des Sieges eine neue Dimension (Abb. 377).

Im untersten Register rücken Krieger vor, im Sturm auf den offenen Eingang oder die Leere, je nachdem, wie man die Szene interpretieren will. Wenn wir diese Lücke in Gedanken aber mit Menschen füllen und uns zum Beispiel einen Gefangenen vorstellen, der durch diesen Eingang hereingeführt wird, dann sähe es so aus, als ob die Krieger diese Person angriffen. Das Gemälde an dieser Wand „funktioniert“ also nur, wenn lebende Menschen die Lücke, die im Bild gelassen wurde, ausfüllen.

Rituelle und symbolische Bedeutung der ausgemalten Räume

Eine der Fragen, die zu den Wandgemälden von Bonampak immer wieder gestellt wird, ist die nach dem Zweck der Räume. Natürlich könnten sie als Lagerräume gedient haben: Sie sind besonders sicher und relativ feuerfest, sodass wertvolle Güter, von Jade über Federn bis zum Saatgut für die kommende Maisaussaat, darin hätten aufbewahrt werden können. Bemerkenswert ist überdies, dass die Bank in Raum 2 zehn Zentimeter höher und etwas breiter ist als die Bänke der angrenzenden Räume. Wenn also auch durch die Platzierung der Initialserie feststeht, dass die Schilderung in Raum 1 beginnt, so scheint Raum 2 als Mittelraum doch der wichtigste zu sein.

Wenn Fürsten diese Räume betraten, beherrschten die, die sich in Raum 2 aufhielten, das Geschehen; sie könnten also sehr wohl auch ihre Mitmenschen beherrscht haben. Die deutliche Hervorhebung des Eingangs lässt darauf schließen, dass die Gefangenen zur Demütigung vorgeführt wurden und dass sexuelle Bedrängung und Vergewaltigung Teil der Entwürdigung waren. Die Schönheit der Gefangenen mag das Begehren der Sieger gesteigert haben, und Schändung solcher Schönheit könnte den Maya als Verinnerlichung der Schönheit gegolten haben.

Auf der Darstellung in Raum 3 legen sich die Herren von Bonampak für eine Abschlussorgie, die aus Selbstkasteiungen und Verstümmelung der Gefangenen besteht, große „Tänzerflügel“ an (Abb. 379). Dies alles entfaltet sich als große Pyramide entlang der Ost-, Süd- und Westwand. Wie Derwische tanzende, sich um die eigene Achse drehende Fürsten haben ihren Penis durchstochen, und Blut sammelt sich auf ihren weißen, windelähnlichen Lendentüchern; Gefangene werden von der Seite hereingeführt und in der Mitte der Südwand abgeschlachtet. Trotz der schweren Verwitterungsschäden kann man bei den toten Gefangenen im Gewölbeansatz noch Jaguarpelz an Füßen und Händen erkennen. Ihre Opferung könnte demnach ein mythisches Ereignis nachstellen, vielleicht eine von Keramikmalereien bekannte Episode, bei der Gott Chaak einen Jaguargott opferte.

Kleine Textzeilen von etwa zwei Zentimeter Höhe – also der Größe vieler Keramikinschriften – sind an manchen Stellen zu sehen. Eine besonders fein ausgeführte in der Mitte der Südwand, wo sie genau ins Auge fällt, nennt Itzamnaaj Balam III, den zur gleichen Zeit (Ende des 8. Jahrhunderts) amtierenden König von Yaxchilan. Ungewöhnlich an dieser kleinen Textzeile ist, dass sie auf ein Banner geschrieben scheint, das zwischen zwei Fürsten mit „Tänzerflügeln“ ausgebreitet ist. Falls es sich tatsächlich um ein großes ausgerolltes Tuch handelt, wäre dies ein in der Maya-Kunst einzigartiges Werk nach Art der Tuchbemalung in Zentralmexiko zur Zeit der spanischen Eroberung, die als *lienzo* bekannt ist.

Wie die Inschriften wissen lassen, sind die drei Haupttänzer in der Spitze der Pyramide dieselben wie in Raum 1. Auffällig ist der herausragende Kopfschmuck des Sonnengottes, den die oberste Figur trägt. Als zweites Ereignis ist in der Initialserie in Raum 1 eine Weihezeremonie benannt. Sie wurde entweder von Yajaw Chan Muwaan selbst durch-

378 *Selbstkasteiung adliger Frauen. Digitalisierte Rekonstruktion eines Wandgemäldes; Bonampak, Chiapas, Mexiko, Struktur 1, Raum 3, Ostwand; Späte Klassik, um 790 n. Chr.*
Damen des Hofes, in weißen Kleidern vor und auf einem Thron sitzend, sind hier bei einer Selbstkasteiung zu beobachten. Sie durchstechen sich mit Dornen die Zunge und sammeln das Blut in einem rechts auf dem Thron stehenden Gefäß. Davor kniet ein Mann mit einem Dorn in der Hand, vermutlich ein Diener, der den Frauen beim Blutopfer assistiert.

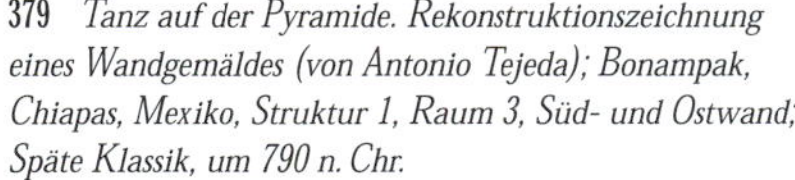

379 *Tanz auf der Pyramide. Rekonstruktionszeichnung eines Wandgemäldes (von Antonio Tejeda); Bonampak, Chiapas, Mexiko, Struktur 1, Raum 3, Süd- und Ostwand; Späte Klassik, um 790 n. Chr.*
Vor dem Hintergrund einer Treppe, die vielleicht den Aufgang zur Akropolis von Bonampak selbst darstellt, tanzt eine Gruppe von bizarr Kostümierten. Einer von ihnen wird durch einen winzigen Hieroglyphentext als Itzamnaaj Balam III ausgewiesen, der zum Zeitpunkt der Entstehung der Wandmalereien König der Nachbarstadt Yaxchilan war. Die drei Haupttänzer auf der obersten Stufe sind identisch mit den Fürsten, die auf der Südwand von Raum 1 zu sehen sind.

geführt, der dort als Sonnengott bezeichnet ist, oder zu seinen Ehren. Dies könnte sich auf das zweite Datum im Jahr 791 beziehen und Feierlichkeiten zur Einweihung des Gebäudes oder des gesamten Baukomplexes betreffen. Die Namenskartusche, die dieser Figur zugeordnet ist, nennt aber nicht Yajaw Chan Muwaan, sondern einen der drei Tänzer. Yajaw Chan Muwaan könnte bereits vor Vollendung des Projekts gestorben sein.

Mit den Szenen im oberen Gewölbeabschnitt, die den Tanz auf der Pyramide flankieren, haben die Maya-Künstler weitere intime Einblicke in das Palastleben gegeben.

Eine Gruppe missgestalteter Musikanten ist auf der westlichen Gewölbeseite zu sehen; wie in Raum 1 soll möglicherweise auch hier der Eindruck entstehen, dass sie sich im Kreis bewegen. In einer besonders schön dargestellten Szene versammeln sich die Damen des Hofes im Thronraum auf der oberen östlichen Gewölbeseite (Abb. 378). Sie durchstechen ihre Zunge und belehren ein kleines Kind, vermutlich dasselbe Kind wie in Raum 1, das eine Hand ausstreckt, um damit den Dolch zum Blutopfer zu ergreifen. Der kleine Thronfolger, der nur in der Eingangs- und Schlussszene zu sehen ist, könnte gut den vorgeschobenen Anlass für die gesamte Folge der Ereignisse abgeben, deren tieferer Grund die Selbstdarstellung von Yajaw Chan Muwaan gewesen sein dürfte. Unter dem Thron befindet sich eine mattenbedeckte Kiste, möglicherweise dieselbe, um die in der Schlacht gekämpft wurde; sie könnte durchaus Sakralgegenstände enthalten haben, die einer anderen Stadt geraubt wurden. Wie um das Geschehen abschließend zu bezeugen, kehren in einer Reihe auch die in Weiß gehüllten Herren aus Raum 1 auf der Nordwand von Raum 3 wieder.

Zweifellos sind die bemalten Wände von Bonampak als das großartigste Einzelkunstwerk der Maya auch gleichzeitig die hervorragendsten Gemälde der indigenen Neuen Welt. Sie ermöglichen darüber hinaus auch die tiefsten Einblicke in das Leben der Maya im ausgehenden 8. Jahrhundert, als dieses Volk gegen die Bedrohung durch Umweltkatastrophen und andauernde Kriegsführung um sein Überleben kämpfte. Durch das Ausmaß der kriegerischen Auseinandersetzungen scheint die Welt der Elite, die uns hier gezeigt wird, aus den Fugen geraten zu sein: Falls diese Schlacht nur eine von vielen war, die Bonampak für seine eigenen Ziele und mittelbar auch zum Nutzen von Yaxchilan führte, dann enthüllen die Wandgemälde eine von Krieg und Chaos erschütterte Welt, für die Ordnung und Kontrolle, wie sie durch Menschenopfer wieder hergestellt werden sollte, nicht mehr erreichbar war.

Seit der Entdeckung der bemalten Wände im Jahr 1946 hat die Zeit ihren Tribut gefordert. Da die Gemälde seit ihrer Anfertigung ungeschützt am Ort verblieben, sind sie heute nur noch ein verblassender Schatten ihrer selbst. Glücklicherweise erlaubt der technische Fortschritt, vor allem die digitale Infrarotfotografie, die Erforschung der Wandgemälde von Bonampak fortzusetzen und immer wieder neue Details zu sehen und Geheimnisse zu lüften.

GRABRÄUBER IM URWALD

Nikolai Grube

Am Nachmittag des dritten Tages des Urwaldmarsches erreichten wir erschöpft unseren Rastplatz, eine der wenigen Wasserstellen in dieser unwegsamen und menschenleeren Gegend im hohen Norden der Peten-Provinz von Guatemala. Eine Gruppe von Kaugummisuchern war bei ihrer Arbeit auf eine Ruinenanlage gestoßen, in der sie Stelen mit Schriftzeichen entdeckt hatte. Nun wollten sie unsere kleine Expedition zu dieser vergessenen Stadt führen. Zu unserem Erstaunen fanden wir am sumpfigen Ufer der Wasserstelle nicht nur frische Spuren von Tieren, sondern auch die von Menschen. Antonio, unser Führer, mahnte uns zu größter Vorsicht, entsicherte sein Gewehr und machte sich gemeinsam mit den uns begleitenden Kaugummisammlern auf die Suche nach den Unbekannten. Wir Zurückgebliebenen fragten uns, ob vor uns Soldaten, Guerrilleros, Banditen oder illegale Grenzgänger nach Mexiko an dieser gottverlassenen Wasserstelle geruht hatten. Bald schon kam die Gruppe zurück: Sie war im Dickicht unmittelbar hinter der Wasserstelle auf zwei Grabräuber gestoßen, die glücklicherweise keine Waffen bei sich trugen. Sie hatten unser Kommen bemerkt und sich versteckt; erst als sie erkannten, dass wir keine Soldaten waren, trauten sie sich hervor. Aus dem Dickicht krochen zwei abgerissene Gestalten, die seit Monaten in einem primitiven Verschlag aus Plastikplanen hausten. Ihnen war das Essen ausgegangen, auch das Wasser in der Wasserstelle ging wegen des ausbleibenden Regens zur Neige. Nachdem wir ihnen etwas von unserem Reis und den Bohnen abgegeben hatten, wurden sie gesprächig: Beide lebten in der Stadt San Benito, 120 Kilometer weiter im Süden, und hatten dort ihre Frauen und Kinder. Sie waren nie zur Schule gegangen, hatten keinen Beruf erlernt und waren arbeitslos; im Plündern von Ruinenstätten im Grenzgebiet zwischen Mexiko und Guatemala sahen sie die einzige Chance, ihre Familien am Leben zu erhalten. Seit Monaten wühlten sie sich jeden Tag mit Buschmessern, Schaufeln und ihren zerschundenen Händen in das Innere von überwachsenen Ruinen hinein, gruben tiefe Stollen in der Hoffnung, auf ein reiches Grab zu stoßen (Abb. 380, 381), zugleich auch in der immer währenden Furcht, der Stollen könne über ihnen zusammenbrechen und sie, wie so viele andere Grabräuber zuvor, lebendig begraben. Ihre Ausbeute war gering: ein bemalter Teller (Abb. 382), ein paar zerbrochene unbemalte Gefäße, nichts, was der Händler in der Provinzhauptstadt Flores angekauft hätte. Das Plündern der archäologischen Stätten ist in allen modernen Staaten auf dem Gebiet der alten Maya illegal. Ein Land wie Guate-

380 *Grabräuber in Aktion. Im Norden des Peten, Guatemala; Foto aus dem Jahr 1998*
Nur mit Machete, Spitzhacke und Schaufeln ausgerüstet, graben die Plünderer einen metertiefen Stollen in das Innere eines überwucherten Bauwerkes, in der Hoffnung, ein Grab zu finden. Diese Grabräuber haben eines geöffnet, das jedoch nur die zerfallenen Knochen des Toten sowie einige wenige Keramikgefäße enthielt.

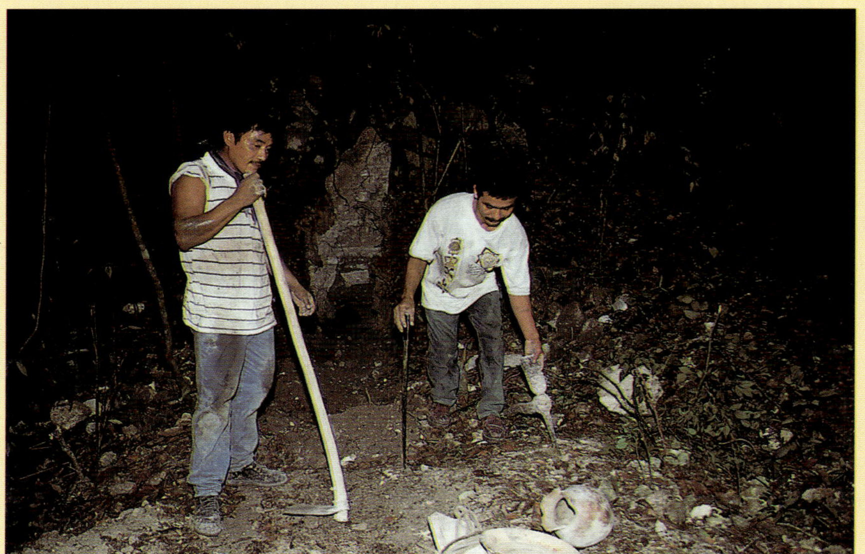

381 *Grabräuber mit ihren Werkzeugen. Im Norden des Peten, Guatemala; Foto aus dem Jahr 1998*
Grabräuber sind in der Regel nur mit einfachen Werkzeugen ausgestattet. Meist arbeiten sie in kleinen Gruppen zusammen. Während einer von ihnen den Stollen vorantreibt, beseitigen die anderen den Schutt. Oft ist es schon vorgekommen, dass die unterirdischen Gänge zusammenbrachen und einen oder mehrere Menschen begruben.

382 *Grabräuber zeigen ihre Beute. Campamento El Aguacate, Peten, Guatemala; Foto aus dem Jahr 1997*
Einer der Plünderer überreicht Nikolai Grube einen bemalten Teller. Teller erzielen auf dem Kunstmarkt niedrigere Preise als zylindrische Gefäße, sie werden daher von den Räubern oft zurückgelassen. Hier erklärten sie sich bereit, das Beutestück einem privaten Museum in dem Dorf Uaxactun zu überlassen.

383 *Die zerstörte Pyramide von El Manantial, Peten, Guatemala; Foto aus dem Jahr 1996*
Die tiefen Tunnel der Plünderer gefährden die Statik der antiken Bauwerke. Dringt Regenwasser in die Bauten, lösen sich Mörtel und Kalkstein auf, die Mauern verlieren ihren Halt und stürzen schließlich ein. Die Zerstörung der Bauwerke wird von Grabräubern und Sammlern von Beutegut in Kauf genommen.

mala, das zu den ärmsten Ländern des Kontinents gehört, ist jedoch nicht in der Lage, die vielen tausend archäologischen Stätten wirkungsvoll zu schützen. In der Verborgenheit des Urwalds können Grabräuber ungehindert operieren; nur ein Bruchteil der archäologischen Stätten ist noch nicht von Plünderern heimgesucht worden, und es ist zu erwarten, dass in den nächsten Jahren die letzte unberührte Fundstätte Opfer illegaler Grabungen wird. Die Räuber arbeiten manchmal auf eigene Faust, meist aber sind es ganze Banden, die im Auftrag von Hintermännern aus der Hauptstadt gezielt Städte der klassischen Zeit plündern. Auf der Suche nach Gräbern mit Beigaben aus Jade und bemalter Keramik, die auf dem internationalen Kunstmarkt für fünf- und sechsstellige Dollarbeträge verkauft werden, setzen sie sogar schwere Maschinen und Planierraupen ein. Der Abtransport geraubter Funde geschieht in Zusammenarbeit mit den in dieser Region operierenden Drogenhändlern. Sie verfügen über eigene Flugzeuge und Landepisten, um Marihuana und Kokain aus Kolumbien in die Vereinigten Staaten zu fliegen. Um an die Gräber zu gelangen, zerstören Grabräuber ganze Gebäude (Abb. 383), ja ganze archäologische Stätten. So ist zum Beispiel die Stadt Naranjo – eine der wichtigsten Maya-Städte der klassischen Zeit – seit 1997 nahezu dem Erdboden gleichgemacht worden.

Die Plünderung der archäologischen Schätze geht so lange weiter, wie in den Vereinigten Staaten und Europa ein Markt für Maya-Kunst besteht und Sammler bereit sind, hohe Preise für das Raubgut zu zahlen. Aber auch die große Armut der Bevölkerung treibt eine wachsende Zahl von Menschen dazu, im Urwald Reichtum und Glück zu suchen. Der Bau immer neuer Straßen selbst in Schutzgebieten wie der „Maya-Biosphäre“ durch Holzfäller und Ölgesellschaften trägt dazu bei, dass Plünderer immer leichteren Zugang zu den früher so abgelegenen Ruinenstätten Nordguatemalas finden.

Die Plünderung und der Ausverkauf an die Vereinigten Staaten und Europa hat katastrophale Folgen für die Archäologie, aber auch für die Region selbst. Eine geraubte Keramik ist ihres archäologischen Kontextes entrissen; wir wissen nicht mehr, in welcher Stadt und in welchem Grab sie gefunden wurde. Wertvolle Informationen über die Maya-Gesellschaft sind damit für alle Ewigkeit verloren. Eine andere Folge ist die Auslöschung des kulturellen Erbes eines Volkes – heute schon gibt es kaum noch eine kostbar bemalte Keramik in Guatemala und Mexiko selbst. Wer die Meisterwerke der Gefäßmalerei bewundern will, muss sich heute in Privatsammlungen und Museen in New York, Genf und Brüssel umsehen.

DIE KUNST DER KLASSISCHEN VASENMALEREI

Dorie Reents-Budet

Die Kunst der vorspanischen Maya ist berühmt für ihre stilvolle Schönheit und ihre erzählende Darstellung. Ein hervorragendes künstlerisches Medium der Maya ist die Keramikmalerei, deren technische Perfektion und ästhetische Eleganz ihresgleichen suchen. Zusammen mit den begleitenden Hieroglyphentexten thematisieren die komplexen Bildszenen geschichtliche Ereignisse der klassischen Epoche und das religiöse Weltbild, auf dessen Grundlage die Maya ihre großartige Zivilisation aufbauten. Während der klassischen Epoche dienten die Keramiken der Maya vielen Verwendungszwecken. So wurden sie zum Beispiel als Essgefäße genutzt, als Geschenke in der Oberschicht ausgetauscht und verehrten Toten ins Grab mitgegeben. Ihre bildlichen und hieroglyphischen Darstellungen berichten über wichtige Einzelheiten in der Geschichte und Religion der Maya und gewähren Einblicke in das Leben bei Hofe (Abb. 384), den ästhetischen Glanz der klassischen Zeit und die Sakralität, deren philosophische Tiefe in diesen Gefäßen deutlich wird. Sie wurden als Modelle und keramische Metaphern für zentrale religiöse Vorstellungen und die Mythologie (Abb. 385), speziell des kosmischen Schöpfungsakts, geschaffen. Die Kunst der Keramiken bezeugt das technische Können, die ästhetische Kreativität, die intellektuellen Errungenschaften und die in Bilder umgesetzte Poesie der Maya-Keramikkünstler in der klassischen Epoche, deren Beherrschung der Töpferkunst in der Geschichte dieses Mediums auf der ganzen Welt unerreicht bleibt.

Die Technik der Engobe-Keramik

Die polychromen Keramiken der klassischen Zeit gehören weltweit zu den höchstentwickelten bei niedriger Temperatur gebrannten Töpferarbeiten in Engobe-Technik und übertreffen in technischer und künstlerischer Finesse sogar die berühmten Keramiken der griechischen Antike. Die Keramikkünstler der Maya entwickelten eine bemerkenswert glänzende und harte Engobe-Oberfläche, die der bei uns bekannten Terra sigillata entspricht. Die Technik basiert auf dem Abscheiden winzigster Tonpartikel durch Herstellung einer Paste aus fein gemahlenem Ton, der in einem Absetzbecken mit reichlich Wasser vermischt wird. Heutige Töpfer fügen dieser Aufschlämmung Alkali-Verbindungen wie Natriumsilikate oder Sodaasche bei, wodurch die Tonpartikel ausflocken und sich gegenseitig abstoßen. Größere Partikel setzen sich dabei auf dem Grund ab, die kleinen bleiben im Wasser gelöst. Die entstandene Terra sigillata lässt sich durch Eindampfen je nach gewünschter Plastizität konzentrieren, was Engobe-Begüsse in einem Spektrum von lichtdicht bis hochtransparent möglich macht.

384 *Polychromes Zylindergefäß. Fundort unbekannt; Spätklassik, 8. Jh. n. Chr.; gebrannter Ton, bemalt*
Die Darstellung von höfischem Leben gehört zu den häufigsten Sujets der Malerei auf klassischen Maya-Keramiken. Vermutlich wurden die meisten dieser kostbaren Gefäße auch für den höfischen Gebrauch gefertigt. Wertvolle zylindrische Gefäße wie dieses wurden von Königen und Adligen an subalterne Fürsten verschenkt, um sich deren Loyalität zu versichern.

385 *Schale mit Darstellung eines Heldenzwillings. Fundort unbekannt; Spätklassik, etwa 700–750 n. Chr.; gebrannter Ton, bemalt; H. 13 cm, Dm. 15 cm; Boston, Museum of Fine Arts (MS1837)*
Dieser Ausschnitt zeigt einen der Heldenzwillinge; er hält eine Schale mit den Juwelen seines Vaters, des Maisgottes, hoch.

Die von den Maya-Töpfern verwendeten Tonbegüsse werden vor dem Brennen in einem Tauchbad auf das Gefäß aufgebracht. Sie enthalten erhebliche Zuschläge an Eisen und freien Alkalien und lassen sich nur schwer zu einer so feinkörnigen Tonmasse wie der Terra sigillata verarbeiten. Enthält der Ton die Mineralien Illit oder Montmorillonit, wie das bei vielen Tonerden aus dem Gebiet der Maya der Fall ist, so lagern sich die Tonpartikel überdies aneinander, anstatt frei in der Flüssigkeit zu schweben. Beim Brennen verteilen sich die kleinen Tonpartikel der Terra sigillata dann gleichmäßig über die Oberfläche des Gefäßes. Es bildet sich eine überlappende Schuppenstruktur, wodurch eine glänzende, harte Oberfläche entsteht, die durch Chemikalien nicht angegriffen werden kann und so das Gefäß wasserdicht macht. Terra sigillata wird heute zum Beispiel zur Herstellung von Abflussrohren aus Ton verwendet, um sie wasserundurchlässig zu machen – eine Eigenschaft, die auch für jede Gebrauchskeramik wie Geschirr, um die es sich bei den Gefäßen der Maya handelte, unerlässlich ist. Ein weiteres Merkmal der Engobe-Bemalung, das die Maya-Künstler ausgiebig nutzten, besteht darin, dass sich mit Engobe-Farben im Gegensatz zur Glasur scharf umrissene Linien auftragen lassen, da sie während des Brennens nicht verschmelzen oder verlaufen (Abb. 384, 385).

Die Herstellung der Farben

Zur Herstellung von unterschiedlichen Farben werden der Terra sigillata kleine Mengen von Oxiden zugefügt. Als häufigste Pigmente verwendeten die Maya der Klassik Eisenoxide, speziell Eisenoxidrot und Eisenoxidschwarz. Aus diesen Oxiden lassen sich Farbvarianten von Gelb über Rot und Braun bis Schwarz gewinnen. Dieses Spektrum lässt sich zum einen durch Hinzufügen anderer Metalloxide (z. B. Mangan, Kobalt) noch erweitern, wobei Farbstufen wie Rosa und Kastanienbraun entstehen (Abb. 387). Zum anderen können Eisenoxide vor dem Brennen mit Kalzium versetzt werden, wobei flüchtige Substanzen entweichen und eine dunklere Tönung des jeweiligen Oxids erzielt wird.

Der Brennvorgang

Die Maya der klassischen Periode brannten ihre Keramik bei niedrigen Temperaturen von 500 bis 700 °C, die leicht durch offene Feuer im Freien oder in einer Grube erreicht werden können. Bei den Maya und anderen zeitgenössischen Kulturen Mesoamerikas deutet wenig auf den Gebrauch von Brennöfen zur Herstellung von Keramiken hin. Echte Brennöfen wurden an den Maya-Stätten der klassischen Zeit noch nicht gefunden. Allerdings könnten sich die jüngsten Funde der amerikanischen Archäologin Heather McKillop in Nord-Belize als solche Konstruktionen entpuppen. Gegen den Einsatz von Brennöfen zur Herstellung der polychromen Keramiken, die die Maya in der klassischen Epoche fertigten, spricht die Tatsache, dass hohe Temperaturen den Lüster der Engobe-Farben beträchtlich vermindert hätten. Außerhalb des Maya-Gebietes wurden antike Brennöfen lediglich im Hochland von Mexiko gefunden.

Die Adobe-Ziegel, die von den meisten Töpfern zum Bau eines Brennofens verwendet werden, zerfallen nach und nach zu kleinen Partikeln gebrannten Tons. Falls die Maya ähnliche Ziegel für den Bau von Brennöfen verwendet haben, ließen sie sich archäologisch möglicherweise nicht mehr leicht identifizieren. Die modernen Maya-Töpfer brennen ihre Arbeiten in offenen Feuern oder in Erdgruben, und man geht davon aus, dass es sich dabei um die beiden primären Brenntechniken des Altertums handelt. Wenn auch offene Feuerstellen wenige Spuren im archäologischen Befund hinterlassen, so könnten sich zum Beispiel die „Gruppe der Zwölf", die in den Außenbezirken von Emal, einer klassischen Stätte in Yukatan, gefunden wurde, als Brenngruben erweisen.

386 *Palastszene am Hof eines Herrschers von Maan. Fotografische Abrollung einer Keramik; Fundort unbekannt; Spätklassik, etwa 8. Jh. n. Chr.; gebrannter Ton, bemalt; H. 20,2 cm, Dm. 16,5 cm; Washington, Dumbarton Oaks, Harvard University (Kerr 2784/MS0445)*
Die Szene zeigt eine Versammlung im 8. Jh. n. Chr. in einem Palast des Herrschers von Maan, einer bisher nicht lokalisierten Stätte im guatemaltekischen Tiefland. Unterhalb des Hieroglyphenbandes mit der Primären Standardsequenz und der Angabe des Gefäßeigentümers sitzt der Fürst auf einem Thron, umgeben von Dienern, Beamten und Adligen. Die Namen und Titel der einzelnen Personen befinden sich jeweils in dem Feld links oder oberhalb der Figuren, der Künstler hat sich mit seiner Signatur ganz rechts auf seinem Werk verewigt. Die Wände des Raumes sind rot, wobei ausstaffierte Jaguarköpfe und andere mehrfarbige Malereien den roten Farbuntergrund unterbrechen.

387 *Zylindrisches Gefäß mit Wasserfarben-Effekt. Fundort unbekannt; Spätklassik, 600–900 n. Chr.; gebrannter Ton, bemalt; H. 23 cm, Dm. 8,4 cm; Privatsammlung (Kerr 5850/MS1688)*
Die Keramikmaler der Klassik entwickelten innerhalb des für Mineralfarbstoffe typischen Spektrums viele verschiedene Farben, darunter Schwarz, Braun, Rot und Gelb, und erweiterten ihre Palette noch durch zahlreiche Nuancen und Hell-Dunkel-Stufen. Der ungewöhnliche Rosenton, in dem die Hieroglyphen koloriert sind, ist schwer zu erzielen, und dies nicht nur im Hinblick auf die Farbherstellung, sondern auch auf die aquarellartige Wirkung.

388 *Versammlung am Herrscherhof. Fotografische Abrollung einer Vase; Fundort unbekannt; Spätklassik, 600–900 n. Chr.; gebrannter Ton, bemalt; H. 18,2 cm, Dm. 13 cm; Privatsammlung (Kerr 1599/MS0651)*
Dargestellt ist ein „Staatsbankett" oder ein rituelles Mahl, das im Rahmen einer Versammlung im Palast abgehalten wird. Der festliche Charakter des Essens lässt sich am Geschirr ablesen. Neben dem Thron steht ein Zylindergefäß, das vermutlich ein Schokoladengetränk enthält, eine Schale unbekannten Inhalts und ein Teller voll Tamales mit roter Soße.

Kostbares Tafelgeschirr

Die kunstvoll bemalten Töpferwaren dienten in erster Linie der Oberschicht als Tafelgeschirr. Szenen auf Töpferarbeiten zeigen ihre Verwendung bei „Staatsbanketten" (Abb. 386, 388), die eine wesentliche Komponente höfischer Prachtentfaltung waren. Auf die Abschlussränder vieler Gefäße wurden Hieroglypheninschriften aufgemalt (Abb. 397). Wie ihre jüngste Entzifferung ergab, bestehen sie aus fünf Elementen, wobei das dritte und vierte den Verwendungszweck als Trinkgefäß bestätigen. Die zylindrischen Vasen werden dabei als „Trinkgefäße" für Getränke auf *kakaw*-Basis bezeichnet; das konnten Getränke aus gerösteten und gemahlenen Kakaobohnen oder aus dem die Bohne umgebenden süß schmeckenden Fruchtfleisch sein. Auch Schüsseln wurden als „Trinkgefäße" benutzt. Aus ihnen nahm man *ul* (Atole), zu sich, eine Flüssigkeit auf Maisbasis, die üblicherweise getrunken, in ihrer festeren Form aber auch gelöffelt wurde. Auf Tellern wurde *noj waaj*

(„Tamales“ oder „großes Brot“), serviert, ein Nahrungsmittel aus gekochtem Maisteig, das mit Gewürzen, Soßen und Fleisch gegessen wurde.

Die ersten beiden und der letzte Abschnitt dieser Hieroglyphensequenz befassen sich mit der sozialen Funktion der bemalten Gefäße. Die Hieroglyphen geben eine Weiheinschrift wieder, durch die das Gefäß der beabsichtigten Verwendung „würdig“ wird. Interessant ist die Aussage des zweiteiligen Abschnitts, die nahe legt, dass ein Gefäß Segnung und Würde durch den Akt des Bemalens erhält. Der letzte Abschnitt nennt den Besitzer oder Auftraggeber des Gefäßes und endet gelegentlich mit dem Namen oder den Titeln des Künstlers, der das Gefäß bemalte (Abb. 395, 396, 397).

Essgeschirr für die Verstorbenen

Über ihre Verwendung als Tafelgeschirr hinaus gelangten viele Gefäße in Grabkammern und Grabstätten des Adels, aber auch weniger hoch gestellter Bevölkerungsgruppen, und enthielten vermutlich Nahrung für die Seelen der Toten. Bemerkenswerterweise wurde durch die Mitte mancher Schalen, kurz bevor sie dem Grab beigegeben wurden, ein kleines Loch gebohrt (Abb. 389). Möglicherweise handelte es sich um ein Ritual, durch das der Geist des Gefäßes vor der Bestattung freigesetzt wurde. Diese Praxis findet sich auch bei anderen Völkern Amerikas, so zum Beispiel bei den Vorfahren der Hopi im Südwesten der USA.

389 *Bemalter Dreifußteller. Uaxactun, Peten, Guatemala, Grab A1; Spätklassik, 600–900 n. Chr.; gebrannter Ton, bemalt; Dm. 54 cm; Guatemala Stadt, Museo Nacional de Arqueología y Etnología*

Mit wenigen schnellen Strichen hat hier ein Maya-Künstler einen Tanzenden dargestellt. Die Schale mit der eleganten Malerei war eine Grabbeigabe und wurde, wie das Loch in ihrer Mitte zeigt, rituell getötet.

390 *Die Vase von Buenavista del Cayo, Belize. Spätklassik, 8. Jh. n. Chr.; gebrannter Ton, bemalt; H. 29,7 cm, Dm. 12,3 cm; Belize, Department of Archaeology; (Kerr 4464/MS1416); aktueller Standort: Toronto, Gardiner Museum*

Dieses Gefäß wurde im Grab eines jungen Adligen in der kleinen archäologischen Stätte Buenavista del Cayo, Belize, geborgen. Die chemische Analyse der Keramikmasse deutet darauf hin, dass es in Naranjo, einem mächtigen Zentrum in Ost-Guatemala, hergestellt wurde. Aus dem Hieroglyphentext geht hervor, dass es sich um das Trinkgefäß des Herrschers K'ak' Tiliw Chan Chaak von Naranjo handelte. Dass es schließlich einem Fürstengrab in Buenavista beigegeben wurde, weist auf politische Verbindungen zwischen den beiden Städten im 8. Jh. n. Chr. hin.

391 *Gefangene am Hof eines Adligen. Fotografische Abrollung eines Zylindergefäßes; Fundort unbekannt; Spätklassik, 600–900 n. Chr.; gebrannter Ton, bemalt; H. 28,3 cm, Dm. 13,8 cm; Princeton, Princeton Art Museum (Kerr 767/MS1406)*

Auf diesem hohen Zylindergefäß wird die Vorführung von Kriegsgefangenen und die Abgabe von Tributleistungen geschildert. Der siegreiche Herrscher sitzt auf einem Thron, zu dem eine breite Treppe hinaufführt, wie sie für die Architektur der klassischen Periode typisch war.

392 *Geschenkübergabe an einen Adligen aus Tikal. Fotografische Abrollung einer Vase; Fundort unbekannt; Spätklassik, 700–720 n. Chr.; gebrannter Ton, bemalt; H. 21,3 cm, Dm. 11,5 cm; Privatsammlung (Kerr 5453/MS0071)*

Ein Gesandter aus der Stadt Calakmul, Tikals großem Rivalen, kniet mit einem Begleiter vor dem Adligen aus Tikal, auf dessen Thron ein Bündel, vielleicht ein Tribut, liegt.

Kostbare Geschenke an subalterne Fürsten

Gleichermaßen bedeutsam war die Rolle der bemalten Keramiken in der klassischen Zeit als „gesellschaftliche Währung", das heißt, sie wurden als Geschenke zwischen den Mitgliedern der Fürstenhäuser getauscht und trugen damit bei zur Knüpfung und Festigung sozialer und politischer Bande. So gab ein mächtiger Herrscher zum Beispiel bei einem Hofkünstler ein wunderschönes bemaltes Trinkgefäß für Kakao in Auftrag und überreichte es dann einem anderen Fürsten von gleichem oder niedrigerem Rang. Dieser wiederum benutzte das Geschenk bei eigenen Feierlichkeiten, wo das Gefäß die Beziehung seines Besitzers zum „fremden" Herrscher signalisierte.

Das so genannte „Buenavista-Gefäß" (Abb. 390) veranschaulicht die soziale und politische Bedeutung, die kostbaren Keramiken zukam. Dieses kunstvoll bemalte Gefäß wurde in der Grabstätte eines jungen adligen Mannes in der größten Pyramide von Buenavista del Cayo, einer kleinen Maya-Stätte in West-Belize, gefunden. Der Hieroglyphentext auf dem Gefäß nennt Fürst K'ak' Tiliw Chan Chaak (Regierungszeit 693 bis ca. 728 n. Chr.) als Besitzer oder Auftraggeber, einen berühmten König des mächtigen Staates von Naranjo im Osten des Peten von Guatemala, etwa 35 Kilometer westlich von

Buenavista del Cayo. Die chemische Analyse der Keramikmasse deutet darauf hin, dass das Gefäß in einer Werkstatt in der Nähe von Naranjo gefertigt wurde. Die Vase hat wahrscheinlich K'ak' Tiliw Chan Chaak von Naranjo in Auftrag gegeben, der sie dem Herrscher von Buenavista del Cayo als Ausdruck seines Wunsches schenkte, die Beziehungen zu dem kleinen, aber in äußerst fruchtbarem Gebiet gelegenen Buenavista zu festigen und aufrechtzuerhalten.

Die Darbringung von Geschenken und die Übergabe von Tributleistungen sind Gegenstand vieler gemalter Szenen auf Keramikgefäßen (Abb. 391, 392). Solche Ereignisse fanden im Palast statt, entweder in einem Palastgebäude oder in einem der Innenhöfe, die für die Architektur der Maya-Paläste typisch sind. Viele der Höflinge, die bei solch wichtigen Gelegenheiten anwesend waren und als Gastgeber wie als Zeugen der förmlichen Übergabe von Gebrauchsgegenständen und Geschenken fungierten, wurden abgebildet. Da diese Szenen auch mit Speisen gefüllte bemalte Gefäße zeigen, lässt sich schließen, dass dem Festmahl ein bedeutender Stellenwert im höfischen Leben zukam.

Als Objekte des königlichen Repräsentationsbedürfnisses mussten die Gefäße hohen ästhetischen Ansprüchen genügen und gleichzeitig einen großen symbolischen Wert besitzen. Die Malereien auf den Gefäßen sowie die Hieroglyphentexte sollten historische und religiöse Inhalte vermitteln. Besonders kostbare Keramiken waren solche, die im individuellen Stil eines berühmten Künstlers bemalt und signiert waren.

Stile und Werkstätten – die Ik'-Keramik

Die polychromen Töpferarbeiten der Klassik zeichnen sich durch eine Vielfalt individueller Malstile aus. Neue Forschungsarbeiten ermöglichten durch die Kombination von archäologischen, kunsthistorischen, epigraphischen und chemischen Forschungen die deutliche Differenzierung unterschiedlicher Stile und ihre Zuordnung zu bestimmten Regionen und archäologischen Stätten. Jeder Stil repräsentiert den charakteristischen ästhetischen Ausdruck eines Staates und der Werkstätten, die die königliche Familie am Hof unterhielt. In besonderen Fällen kann die künstlerische Handschrift eines einzelnen meisterlichen Malers identifiziert werden. Ein Beispiel eines berühmten Kunststils ist jener des Staates Ik', dessen Arbeiten auch als Rosa-Hiero-

393 *Vase des „fetten Kaziken". Fundort unbekannt; Spätklassik, 600–900 n. Chr.; gebrannter Ton, bemalt; H. 10,5 cm, Dm. 10 cm; Privatsammlung (Kerr 1463/MS1418)*
Dieses Gefäß wurde von einem Künstler bemalt, der als „Meister der rosafarbenen Hieroglyphen" bekannt ist. Es zeigt einen korpulenten Herrscher von Motul de San José, der wahrscheinlich der königliche Gönner des Malers war.

394 *Gefäß mit Darstellung ritueller Handlungen. Fundort unbekannt; Spätklassik, 600–900 n. Chr.; gebrannter Ton, bemalt; H. 22 cm, Dm. 13,3 cm; Privatsammlung (Kerr 1399/MS1419)*
Dieses Gefäß zeigt dieselben rötlich überhauchten Hieroglyphen und ein Bildprogramm, wie sie typisch für den „Meister der rosafarbenen Hieroglyphen" waren. Die geringere künstlerische Qualität deutet jedoch auf eine Lehrlingsarbeit oder das Werk eines weniger talentierten Epigonen hin, der im Schatten des „Meisters der rosafarbenen Hieroglyphe" arbeitete.

glyphen-Keramiken bekannt sind (Abb. 393, 394). Sie wurden von vielen Maya-Forschern als eigenständiger Stil erkannt und erforscht und aufgrund der Hieroglypheninschriften mit den archäologischen Fundstätten Motul de San José und Bejucal in Verbindung gebracht. Diese Gefäße erwähnen stets einen *k'uhul ik' ajaw*, den göttlichen König von Ik'. Den Titel kennen wir auch von den Steininschriften verschiedener Ortschaften der Region um Motul de San José. Die Vermutung liegt daher nahe, dass sich die Keramikwerkstätten des Ik'-Stils in Motul de San José befanden.

Der Ik'-Stil lässt sich in mindestens fünf verschiedene künstlerische Richtungen unterteilen, wovon zwei die Schöpfungen der zwei hervorragendsten Maler der klassischen Zeit repräsentieren. Dazu gehört auch der so genannte Rosa-Hieroglyphen-Maler. Einer der beiden Meister signierte seine Werke, die einen beleibten Herrscher zeigen, mit der Unterschrift *u-tz 'iib tubal ajaw*, „dies ist das Gemälde/die Schrift des Fürsten von Tubal". Er regierte während der ersten Hälfte des 8. Jahrhunderts, wobei das letzte Datum, das sich auf ihn bezieht, dem Jahr 749 n. Chr. entspricht (dem Tag 9.15.18.0.10 im Maya-Kalender). Möglicherweise hatte dieser große Meister Schüler, die seine Arbeiten kopierten, denn es wurden eine Reihe ähnlich bemalter Gefäße gefunden. Ihnen fehlt jedoch das technische Können und das ästhetische Niveau jener Gefäße, die von dem Fürsten von Tubal selbst bemalt wurden (Abb. 394).

Der zweite Künstler und sein königlicher Gönner könnten die nächste Generation des Staates von Ik' repräsentieren, denn die Daten auf den Keramiken reichen von 751 bis 798 n. Chr. (entsprechend 9.16.0.0.0–9.17.8.0.0 im Maya-Kalender). Auch

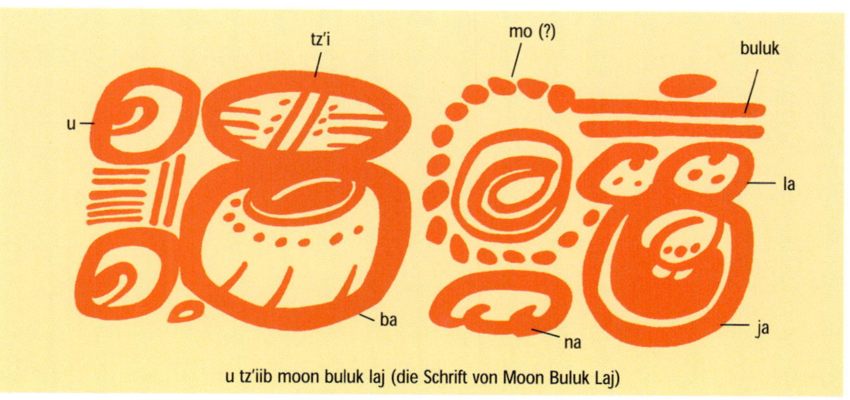

395/396 *Die Signatur des Künstlers. Foto und Umzeichnung*
Nur wenige vorspanische Kunstwerke sind mit Namen und Titeln signiert. Diese Signatur auf einer Keramik verweist auf einen bedeutenden klassischen Künstler, der auch die Malerei auf einem Zylindergefäß (Abb. 397) ausführte. Die erste Hieroglyphe, *u tz'iib*, bedeutet „(dies ist) die Schrift von", während die folgende, bislang nicht entzifferte Hieroglyphe den Namen nennt. Leider entzieht sich der Name in diesem Fall immer noch der Entzifferung, und andere signierte Werke dieses großen Meisters sind nicht bekannt. Die Entzifferung der Hieroglyphe *tz'iib* „Schrift" durch den jungen Hieroglyphenforscher David Stuart im Jahr 1986 war eine Sensation, denn sie bewieß, dass Hieroglyphentexte auf Keramiken keine Hymnen an die Toten darstellen, wie lange Zeit vermutet, sondern Verwendung und Herstellung des Gefäßes behandeln.

397 *Zylindergefäß mit Darstellung von Seelenbegleiter-Figuren. Fundort unbekannt; Spätklassik, 600–900 n. Chr.; gebrannter Ton, bemalt; H. 20 cm, Dm. 16 cm; Princeton, Princeton Art Museum (Kerr 791/MS1769)*
Dieses Zylindergefäß wurde von einem der hervorragendsten Keramikkünstler der klassischen Maya-Zeit bemalt, der mit den formalen, ästhetischen wie technischen Aspekten der Keramikarbeit mit figürlichem Dekor gleichermaßen vertraut war. Sein königlicher Gönner war der Herrscher von Motul de San José. Die Darstellung zeigt eine Versammlung von neun mit Königsdynastien aus dem Tiefland assoziierten Schicksalsdoppelgängern in der Unterwelt. In der Vorstellung der Maya besaß jeder Mensch einen oder mehrere Schicksalsdoppelgänger, Wesen, die menschliche und tierische Züge miteinander kombinierten und wohl patrilineal „vererbt" wurden.

398 *Gefäß mit imitierter Holzmaserung. Fundort unbekannt; Spätklassik, 600–900 n. Chr.; gebrannter Ton, bemalt; H. 14,5 cm, Dm. 13 cm; Toronto, Gardiner Museum of Ceramic Art*

Die braune Engobe dieses Gefäßes ahmt eine natürliche Holzmaserung nach. Die Maya fertigten auch Gefäße aus Holz; leider hat jedoch keines das feuchte Tropenklima unversehrt überstanden.

399 *Keramik in Form eines Korbes. Fundort unbekannt; Spätklassik, 600–900 n. Chr.; gebrannter Ton, bemalt; H. 12,7 cm, Dm. 13,2 cm; Durham, Museum of Art, Duke University (MS0165)*

Form und Bemalung machen die Töpferarbeit zur keramischen Umsetzung eines geflochtenen Korbes. Das Schwarz-auf-Weiß-Dekor des niedrigen Gefäßes ahmt die Struktur von Korbwaren nach.

dieser Künstler signierte seine Werke; seine Unterschrift entzieht sich allerdings immer noch der Entzifferung. Der königliche Auftraggeber war Laman Ek', der heilige Ajaw des Staates Ik' und Sohn des vorherigen Herrschers. Eines der Werke des Künstlers wurde dem Grab einer Dame hohen Ranges in Altar de Sacrificios beigegeben, einer Stätte, die 90 Kilometer südwestlich von Motul de San José liegt. „Ausländische" Gefäße in Grabstätten von Frauen der Oberschicht sind auch von anderen Fundstätten bekannt, so zum Beispiel von Copan und Tikal. Sie belegen, welche wichtige Rolle die Frauen durch Einheirat in den soziopolitischen Beziehungen

400 *Schale mit Hieroglyphen auf dem inneren und äußeren Boden. Fundort unbekannt; Spätklassik, 600–900 n. Chr.; gebrannter Ton, bemalt; H. 10 cm, Dm. 19,5 cm; Denver, Denver Art Museum*

Die Hieroglyphen, die auf den inneren und äußeren Boden dieser Schale im „Codex-Stil" gemalt wurden, machen sie zum Symbol für einen tatsächlich namentlich genannten Ort im Jenseits, vermutlich in der Unterwelt.

401 *Deckelgefäß in Form eines Fürstenhofes. Fundort unbekannt; Spätklassik, 600–900 n. Chr.; gebrannter Ton, bemalt; H. 22,5 cm, Dm. 17 cm; Privatsammlung (Kerr 5943/MS1719)*

Dieses Gefäß bildet en miniature ein Palastgebäude der klassischen Zeit nach, in dem sich Fürsten und Höflinge treffen, und kann als Modell eines Fürstenhofes gelten. Der Deckel stellt das Dach dar.

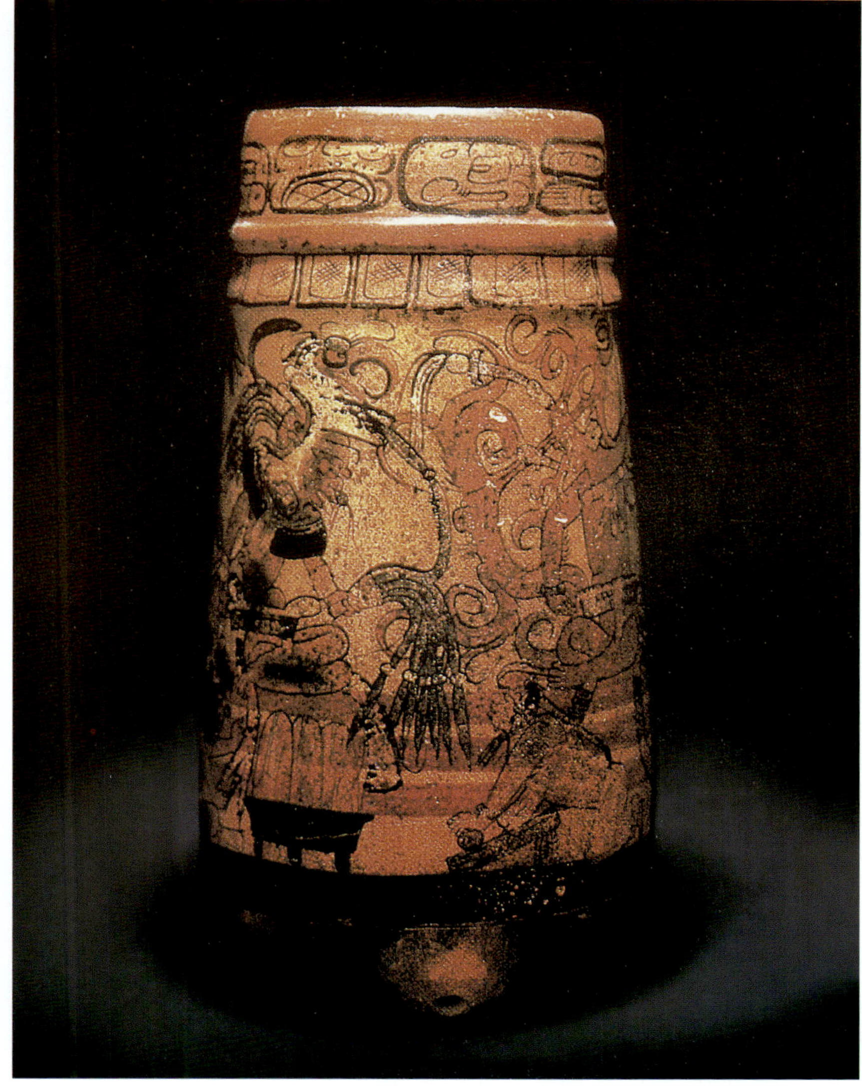

402 *Mythologische Palastszene. Fundort unbekannt; Spätklassik, 600–900 n.Chr.; gebrannter Ton, bemalt; H. 30 cm, Dm. 12 cm; Privatsammlung (Kerr 631)*
Der modellierte und bemalte Abschnitt im oberen Teil dieser Vase deutet das strohgedeckte Dach eines Gebäudes an; das Gefäß wird damit zur Darstellung eines Bauwerks. Die Szene zeigt eine Versammlung von Tieren und mythologischen Gestalten an der Treppe eines Palastes.

der klassischen Maya-Gesellschaft spielten (s. Teufel, S. 172 f.). Die Vase aus Ik' im Grab einer Frau in Altar de Sacrificios könnte auf familiäre Beziehungen zur Stadt Ik' und Einheirat in eine Elite-Familie von Altar de Sacrificios hinweisen.

Keramiken als Modelle des Kosmos

Bei den bemalten Keramiken der Klassik handelte es sich um mehr als nur um Statussymbole in Form von Geschirr, Grabbeigaben oder gesellschaftlicher Währung. Manche sind so modelliert und bemalt, dass sie zur Nachbildung konkreter Objekte oder natürlicher und übernatürlicher Orte wurden. Einige niedrige Zylindergefäße aus Yukatan wurden mit diagonalen Streifen auf dunkelbrauner Engobe bemalt, um einen Maserungseffekt wie bei einem geschnitzten Holzgefäß zu erzielen (Abb. 398). Holz war das bevorzugte Medium der Bildhauer der klassischen Zeit; allerdings haben die wenigsten ihrer Werke das feuchte Tropenklima und die zerstörerischen Kräfte des Menschen überdauert. Andere Gefäße imitieren in Form und Farbe Kürbisflaschen, Kalebassen und Körbe (Abb. 399). Viele hohe Zylindergefäße sind mit Szenen des höfischen Lebens bemalt, und einige haben Deckel mit verzierten Knäufen. Darstellung und Gefäß werden dann zu einem abstrakten zylindrischen Modell eines Palastgebäudes der klassischen Zeit (Abb. 401). Speziell die seltenen viereckigen Gefäße erinnern an die Architektur der Klassik und versinnbildlichen Hofgebäude und Palastkomplexe. Die abgebildeten Szenen zeigen auf einer Bank sitzende Fürsten im Innern eines Gebäudes. Der Deckelknauf ist so gestaltet, dass er an die typischen geschmückten Dachkämme von Palastgebäuden erinnert. Nur einige seltene Exemplare besitzen knapp unter dem Gefäßrand einen modellierten und bemalten Rand als Nachbildung palmstrohgedeckter Gebäudedächer (Abb. 402, 406).

Andere Stücke stellen Schauplätze im Jenseits und seine Eingangspforten dar. So ist zum Beispiel auf eine Schale ein schwarzer Untergrund gemalt, in dem rote Welse und Seerosen schwimmen. Sie sind um eine rote Öffnung in Vierblattform in der Tellermitte gruppiert. Die Darstellung lässt an das vierteilige Portal zwischen Erde und Unterwelt und ihre schwarzen Wasser denken. Die übliche Sicht des Menschen von der Erdoberfläche hinab in die Unterwelt wird hier zum Blick aus der Unterwelt hinauf in die Menschenwelt; durch ein Gewölbe aus schwarzen Wassern fällt der Blick durch die Höhlenöffnung auf das (rote) irdische Reich.

Hieroglyphen, die Schauplätze des Jenseits benennen, finden sich bisweilen sowohl auf dem Innen- wie dem Außenboden einer Schale oder eines Tellers und verwandeln

403 *Teller mit Darstellung des tanzenden Maisgottes. Fundort unbekannt; Spätklassik, 600–900 n. Chr.; gebrannter Ton, bemalt; H. 14 cm, Dm. 33 cm (Kerr 5723/MS0605)*
Dieser Teller ist ein Modell des „Drei-Steine-Ortes" der kosmischen Schöpfung. Die drei Füße, auf denen er steht, symbolisieren den eben aus drei Steinen bestehenden Herd, der das Zentrum eines jeden Maya-Hauses darstellt; er wurde nach der Mythologie am Tag der Erschaffung des Universums von den Göttern geformt.

Geschirr auf diese Weise in keramische Modelle sakraler Orte. Am häufigsten kommt die hieroglyphische Ortsangabe *wuk-ha-nal* oder „Ort der sieben Wasser" vor (Abb. 400). Schalen und Schüsseln mit niedrigem Rand, die diesen jenseitigen Ort symbolisieren, sind in der Regel im so genannten Codex-Stil des Mirador-Beckens in Nordguatemala gemalt. Wenn auch die Bedeutung dieses mythologischen Ortes ungeklärt bleibt, so scheint er doch stets sowohl mit bestimmten Himmelsschichten wie auch der Unterwelt assoziiert zu sein.

Einer der bedeutungsvollsten mythologischen Orte ist der Drei-Steine-Platz, der in den Steininschriften der klassischen Zeit wie auch im Popol Wuj beschrieben wird. Der Drei-Steine-Platz ist der Ort, an dem die Götter das Universum erschufen und den Weltenbaum errichteten, der das Gewölbe des Universums stützt. Die Darstellung auf einer spätklassischen Dreifußschale aus dem zentralen Peten mit cremefarbenem Untergrund bezieht sich auf den Drei-Steine-Platz. Die Steine sind hier als kreuzförmige Symbole in Form des Tageszeichens K'an wiedergegeben und nach dem Schema des gleichseitigen kosmischen Herddreiecks angeordnet. Das K'an-Kreuz wird mit der Himmelsregion, der Schöpfung und dem Geburtsort des Maisgottes in Verbindung gebracht. Es findet sich auch als Hauptmotiv auf den so genannten „lip to lip"-Deckelgefäßen der Frühen Klassik. Einige der Beigaben in diesem Gefäß enthielten organisches Material, dessen Anordnung die Themen der kosmischen Gliederung und Schöpfung aufnimmt. Die Schale hat überdies drei Standfüße, die miteinander wiederum ein gleichseitiges Dreieck bilden. Ihr Außenboden ist über die ganze Fläche rot bemalt, was bei Schalen der Klassik sehr selten ist; der Boden wurde normalerweise nicht engobiert. Die drei Füße und die rote Engobe unterstreichen die Ausführung der Schale als Metapher für den Drei-Steine-Platz, den Ort der Weltenschöpfung.

404 *Teller mit Darstellung des tanzenden Maisgottes. Fundort unbekannt; Späte Klassik, 600–900 n. Chr.; gebrannter Ton, bemalt; H. 14 cm, Dm. 33 cm (Kerr 5723/MS0605)*
Die kreisrunden Hieroglyphentexte bestehen aus der so genannten Primären Standardsequenz, einer Weiheformel, die den Gefäßtyp und den Namen des Besitzers dieser Schale nennt. Die Innenseite des Tellers stellt den Tanz des Maisgottes als rituelles Element der Erschaffung der Welt dar. Der Gott trägt einen riesigen Rückenschmuck, unter dem er selbst fast nicht mehr zu erkennen ist. Die drei auf den Teller modellierten Schalen symbolisieren vermutlich, wie die Füße auch, den Ort der Schöpfung.

405 *Die Füße des Tellers als die drei Herdsteine*
Die Füße stellen die drei Herdsteine eines Maya-Hauses dar. Die seltene Bemalung eines solchen Gefäßes belegt seine besondere Bedeutung.. Der Gefäßboden zeigt die ungewöhnliche Form der Schale. Auf der Außenseite des Schalenrandes befinden sich drei große Bildfelder, in denen sich aufwändig gemalte Motive wiederholen.

406 *Palastszene. Fundort unbekannt; Späte Klassik, 600–900 n.Chr.; gebrannter Ton, bemalt; H. 30 cm, Dm. 14 cm; Privatsammlung*
Das Gefäß zeigt vermutlich die Übergabe eines Tributs oder Geschenkes auf einer Treppe vor einem Gebäude. Auf der obersten Stufe sitzt ein Herrscher, dem offenbar ein Untergebener einen Streifen weißen Tuchs darbietet. Die Bemalung im oberen Teil der Vase, bildet den den unteren Rand eines palmblattgedeckten Daches nach.

So wie die genannte Schale eine rote Außenfärbung zeigt, weisen die Böden anderer Dreifußschalen eine rote Kreislinie auf. Als mögliche Erklärung für dieses ungewöhnliche Schmuckelement bietet sich wiederum der Bezug zum kosmischen Herd an, sodass die Schale als Keramikmodell dieses mythologischen Ortes zu sehen wäre.

Eine spätklassische Dreifußschale aus der Region von Holmul, Guatemala, vereinigt alle Grundmerkmale des kosmischen Herdes in sich (Abb. 403, 404, 405). Die hohen Standfüße sind mit weißen und schwarzen Streifen bemalt und wie oben in Form eines gleichseitigen Dreiecks angeordnet. Die schwarz-weiße Bemalung der Füße könnte wie in der Symbolsprache Zentralmexikos „Steine" bedeuten. Die drei Füße stehen um einen roten Kreis, der die Mitte des Schalenbodens umläuft. Form und Bemalung dieser Schale suggerieren den Drei-Steine-Platz, von dem aus die Götter die Welt erschufen.

407 *Die Vase der sieben Götter. Aufnahme und Abrollung; Fundort unbekannt; Spätklassik, 600–900 n. Chr.; gebrannter Ton, bemalt; H. 27,3 cm, Dm. 11,5 cm; Chicago, Chicago Art Institute (Kerr 2796/MS1763)*

Die Vase, von dem bedeutenden Künstler Aj Maxam bemalt, zeigt die Schöpfungsgötter, die sich in der Finsternis versammelt haben, um das Universum zu entwerfen. Sie werden angeleitet von dem auf einem Jaguar-Thron sitzenden Gott L, dem Herren der Unterwelt.

408 *Der Tanz des Maisgottes. Fundort unbekannt; Spätklassik, 600–900 n. Chr.; gebrannter Ton, bemalt; H. 24 cm, Dm. 16 cm; Privatsammlung (Kerr 633/MS1774)*

Von Aj Maxam sind drei Malereien auf Keramik überliefert. Diese stellt den Tanz des Maisgottes als rituelles Element der Erschaffung der Welt dar.

Drei zylindrische Gefäße (Abb. 407, 408, 409), die von dem Künstler Aj Maxam aus dem bereits erwähnten Ort Naranjo bemalt wurden, fügen sich zu einer beeindruckenden metaphorischen Aussage. Jedes beschreibt jeweils ein Schlüsselereignis der Schöpfungsgeschichte; gemeinsam bilden sie ein dreidimensionales Keramikmodell des Drei-Steine-Platzes der Schöpfung. Auf jedem Gefäß dominiert eine Farbe. Das Erste aus dieser Reihe, das schwarzgrundige Gefäß, beschreibt eine Zusammenkunft der Schöpfungsgötter im kosmischen Urdunkel am Tag der Schöpfung, 4 Ajaw 8 Kumk'u (Abb. 407). Itzamnaaj, der Hauptschöpfungsgott und erste Priester, ist einer Versammlung von sechs weiteren Göttern zugewandt, unter denen sich der Maisgott befindet.

Ein zweites Gefäß, überwiegend in Weiß gehalten, ist sparsam mit schwarzen Blüten-Motiven bemalt (Abb. 409). Blumen und Blüten stehen in der klassischen Maya-Symbolik für Lebenskraft und den Atem, den die Schöpfungsgötter der Welt eingehaucht haben.

Die zentralen Darstellungen auf der dritten, rot bemalten Vase vermitteln drei Versionen eines im Gewand von Jun Junajpu, dem Vater der Heldenzwillinge aus dem Popol Wuj, tanzenden Maisgottes (Abb. 408). Er tanzt während des Schöpfungsaktes am Drei-Steine-Platz. Auf dem Gefäß trägt jeder Tänzer ein Rückengestell, ein Modell des Maya-Kosmos. Innerhalb dieses Kosmogramms befinden sich drei Göttertiere, tierische Schicksalsdoppelgänger *(way)*: ein Jaguar, der die Maske des Gottes K'awiil hält, eine langschnäuzige Echse und ein Brüllaffe in Menschengestalt als Patron der Künstler, der hier einen Farbpinsel oder ein Schnitzwerkzeug hält.

Das kosmische Ereignis, das auf diesem Gefäß dargestellt ist, wird auch auf Stele C in Quiriga wiedergegeben. Sie berichtet von der Platzierung der drei Steine des kosmischen Herdes. Der Jaguar-Ruderer setzte den Stein für den Jaguar-Thron, der Gott des Schwarzen Hauses setzte den Stein für den Schlangen-Thron und Itzamnaaj setzte den Stein für den Seerosen-Thron. Das alles wurde vom Maisgott, der wie fast alle Maya-Götter in verschiedenen Gestalten auftreten kann, in seiner Manifestation als Jun Ye Nal überwacht. Auf dem roten Gefäß werden diese Steine durch die tierischen Schicksalsdoppelgänger *(way)* in den Rückengestellen symbolisiert, die Jun Ye Nal trägt. Auf der Stele ersetzte der Künstler den Stein für den Seerosen-Thron jedoch durch Jun Chuwen, einen der Affen-Schutzgötter der Maya-Künstler. Dieser Austausch unterstreicht die Ebenbürtigkeit der klassischen Maya-Künstler in ihrer Beziehung zu den Schöpfungsgöttern. Jedes dieser drei Gefäße beschreibt somit jeweils einen Abschnitt des Schöpfungsmythos. Zusammen bilden sie eine dreidimensionale Metapher für die klassische Schöpfungsgeschichte.

Von besonderem Interesse sind dabei die drei Farben Rot, Schwarz und Weiß, die der Künstler als vorherrschende Töne für jeweils ein Gefäß wählte. Die schwarze Vase stellt den Kosmos vor Beginn der Zeit dar, als völlige Finsternis herrschte. Die rote Vase beschwört Tanz und Opferritual der Schöpfungsgötter, deren rotes Blut der neu geschaffenen Welt Lebenskraft und göttlichen Atem verlieh. Die weiße Vase steht für das Licht, das in die Welt kam, als diese Götter ihr die Kraft des Lebens einhauchten.

Das zweite Motiv für diese Farbwahl gründet in der Ebenbürtigkeit der Maya-Künstler und ihrer Schöpfungsgötter. Im gesamten mesoamerikanischen Raum steht die Wendung „rot und schwarz" für Buch, für die Künstler, die Bücher schufen, und für das geheime, oft kosmologische Wissen, das diese Bücher enthielten. Mit Bedacht wählte der Maya-Künstler Aj Maxam diese drei Farben geheiligten Wissens für sein keramisches Sinnbild der Schöpfung.

409 *Vase mit der Künstlersignatur von Aj Maxam. Fundort unbekannt; Spätklassik, 600–900 n. Chr.; gebrannter Ton, bemalt; H. 23,5 cm, Dm. 14,5 cm; Chicago, Chicago Art Institute (Kerr 635/MS1375)*

Das dritte der von Aj Maxam geschaffenen Gefäße ist mit „Fleur de Lys"-Motiven geschmückt; sie symbolisieren den göttlichen Atem, der der Welt von den Schöpfungsgöttern eingehaucht wurde. Aj Maxam hat diese Vase als Einziges seiner Werke signiert (dritte Hieroglyphe von rechts der unteren Hieroglyphenreihe).

RELIGIÖSE VORSTELLUNGEN

DIE GÖTTER DER KLASSISCHEN MAYA

Karl Taube

Zu den auffälligsten Merkmalen der Maya-Religion gehört ihr reich bevölkertes Pantheon von Göttern und übernatürlichen Wesen. Als einer der ersten Europäer beschrieb der Franziskaner Fray Diego de Landa (1524–1579) in seinem enzyklopädischen Werk über die yukatekischen Maya des 16. Jahrhunderts, „Bericht über die Dinge von Yukatan“, die Namen und Attribute etlicher Götter sowie ihre Bedeutung für bestimmte, zeitlich festgelegte Kalenderrituale. Allerdings interessierte sich Landa nur wenig für die Mythologie der Maya oder die in den heiligen Schriften beschriebenen vielfältigen Beziehungen zwischen den Göttern, denn ihm ging es mehr darum, Parallelen zwischen der Religion der Maya und dem Christentum zu finden.

Die bei weitem bedeutendste Quelle vorspanischer Maya-Mythologie ist das von Hochland-Maya verfasste Popol Wuj, ein Dokument der K'iche'-Maya aus der frühen Kolonialzeit, das der Dominikanermönch Francisco Ximenez gegen Ende des 17. Jahrhunderts übersetzte und in lateinischen Buchstaben niederschrieb. Dieses Dokument liefert nicht nur unschätzbare Informationen über Götter und Schöpfungsmythen (s. Eberl. S. 315 ff.), sondern auch über das Selbstverständnis der Maya im Verhältnis zu ihren Göttern und Ahnen.

Erste Forschungen über das Pantheon der Maya

Gegen Ende des 19. Jahrhunderts begannen Wissenschaftler mit dem Studium der alten Götterwelt in den Maya-Handschriften und in der Kunst. Unter diesen Pionieren befand sich der Berliner Gerichtsassessor Paul Schellhas (1854–1945), dem es als Erstem gelang, die in den nach Europa gelangten Maya-Handschriften, den so genannten Codices von Dresden, Paris und Madrid, vertretene Vielzahl von Göttern systematisch zu identifizieren und zu kennzeichnen (Abb. 411). Neben der Beschreibung der Kleidung,

Vorhergehende Doppelseite: *Höhle bei Dzitnup (bei Valladolid), Yucatán, Mexiko*
Die Karsthöhlensysteme bildeten in der Vorstellung der Maya den Eingang zur Unterwelt, sicherten im oberflächenwasserarmen Norden der Halbinsel aber auch die Trinkwasserversorgung der Bevölkerung.

410 *Räuchergefäß. Tikal, Peten, Guatemala, Gebäude 5D-34, Grab 10; Frühe Klassik, 300–600 n. Chr.; gebrannter Ton, bemalt; H. 35 cm; Tikal, Museo Sylvanus G. Morley*
Wurde in diesem Räuchergefäß in Gestalt eines Unterweltgottes Weihrauch verbrannt, so entwich der Rauch durch den Mund und die Röhre in der Mitte der Stirn

411 *Die Götterliste von Paul Schellhas*
Als erster Forscher versuchte Paul Schellhas, die Götter, die in den postklassischen Maya-Handschriften abgebildet sind, zu identifizieren. 1886 und 1897 veröffentlichte er seine Ergebnisse. Insgesamt konnte er 15 verschiedene Götter nicht nur anhand ihrer Merkmale bestimmen, sondern er erkannte auch ihre Namenshieroglyphen. Allerdings gelang es ihm nicht, diese Hieroglyphen zu entziffern, und so bezeichnete er die Götter jeweils mit einem Buchstaben unseres Alphabets.

der physischen Attribute und magischen Kräfte von rund 15 Gottheiten hinaus gelang es ihm auch, deren Namenshieroglyphen zuzuordnen. Da man damals die Namenshieroglyphen der Götter noch nicht lesen konnte und auch ihre Bedeutung in vielen Fällen unklar war, wählte Schellhas willkürlich für jeden Gott einen Buchstaben des lateinischen Alphabets. Einige Bezeichnungen, etwa „Gott L" oder „Gott N", sind noch heute unter Wissenschaftlern gebräuchlich. Bei seinen Untersuchungen konzentrierte sich Schellhas auf die Götter der drei bekannten Codices, die auch in anderen spätpostklassischen Darstellungen auftauchen, beispielsweise auf Keramiken, Wandgemälden und Monumenten. Darüber hinaus sind die göttlichen Wesen fast ausnahmslos in der Kunst und den Texten der klassischen Maya-Zeit vertreten, denn einer der eindrucksvollsten Züge der Götterwelt und Religion der Maya ist ihre außergewöhnliche kulturelle Kontinuität.

Themen in der Erforschung der Maya-Religion

Der akribisch vorangetriebenen ikonographischen Forschung verdanken wir die Erkenntnis, dass die klassische Maya-Mythologie, ihre Gottheiten und Episoden in das Jahrhunderte später auf K'iche' verfasste Popol Wuj eingegangen sind. Dabei stellte sich heraus, dass Wesen wie das Vogelungeheuer Wuqub' Kaqix oder die göttlichen Zwillinge und ihre arroganten Halbbrüder Jun B'atz' und Jun Chuwen bereits in der klassischen Maya-Religion und deren bildlichen Darstellungen einen bedeutenden Platz einnahmen. Sie wurden vor allem in erzählerisch geprägten Szenen auf Keramiken dargestellt. Einer der herausragenden Charaktere in den Keramikmalereien ist der junge Maisgott, die klassische Version des von den K'iche' Jun Junajpu genannten Vaters der göttlichen Zwillinge (Abb. 412). Die texanische Kunsthistorikerin Linda Schele (1942–1998) hat in wichtigen Untersuchungen einige der großen Gottheiten und Ereignisse identifiziert, die am Tag 13.0.0.0.0 4 Ajaw 8 Kumk'u (dem 13. September 3113 v. Chr. im julianischen Kalender), als der Mythologie der Maya zufolge unsere Welt erschaffen wurde, beteiligt waren.

Zahlreiche Informationen über die Götter und ihre Eigenschaften liefert die Erforschung der Hieroglyphenschrift. Eine spezielle Hieroglyphe, die den Kopf einer Gottheit zeigt, ist als das Wortzeichen für *k'uh,* das Maya-Wort für „Gott", entziffert worden (Abb. 413). Diese Hieroglyphe leitet häufig in den Inschriften die Namen von Göttern ein, auch die des Götterpaars des Himmels und der Erde (Abb. 414).

412 *Der junge Maisgott. Copan, Honduras, Gebäude 10L-22; Späte Klassik, 715 n. Chr.; grüner Tuffstein, H. 89,7 cm; London, British Museum*
Ursprünglich war die Büste Teil des Frieses an Gebäude 22 in Copan. Errichtet von Waxaklajuun Ubaah K'awiil anlässlich des ersten K'atun-Jubiläums seiner Herrschaft, ist dieser Tempel am Nordrand des Osthofes der Akropolis das Abbild des mythischen Berges Yax Hal Witz, („grünender Berg"), aus dem der erste Mais, personifiziert durch den jungen Maisgott Hun Nal Ye („Eins-Maiskolben"), spross. Auf diese mythische Begebenheit bezieht sich die Skulptur des von Paul Schellhas als Gott E bezeichneten schönen Jünglings, aus dessen Kopf Mais wächst.

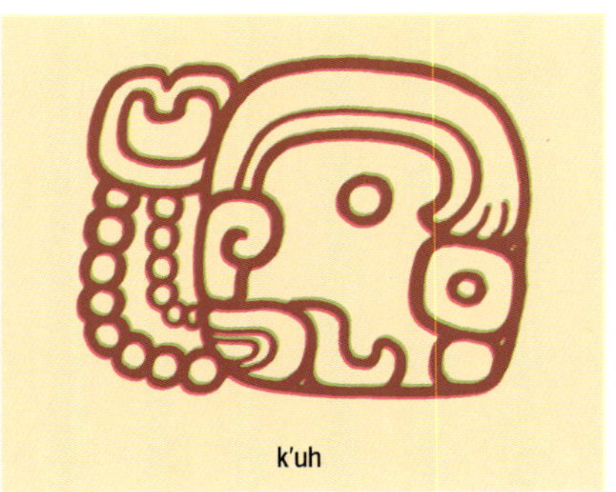

413 *Die Hieroglyphe k'uh*
Die Hieroglyphe *k'uh* symbolisiert die Essenz, die allen heiligen Dingen innewohnt. Personifiziert wird *k'uh* durch einen Mann, dessen Kopf die Hieroglyphe bildet.

414 *Hieroglyphen für das Götterpaar des Himmels und der Erde*
Die Inschrift der Rückseite von Stele 31 in Tikal berichtet nicht nur von der Gründung der Dynastie und ihren frühen Herrschern, sondern erwähnt auch verschiedene Götter, die von Siyaj Chan K'awil anlässlich der Weihe des Monuments angerufen wurden. Zu ihnen gehören Chan k'uh und Kab k'uh, die Götter des Himmels und der Erde.

Ein weiterer wichtiger Schritt in der Erforschung der religiösen Vorstellungen der Maya war die Identifizierung der *way*-Wesen, einer faszinierenden Untergruppe von Göttern mit engen Bindungen an die dunkle Unterwelt. Es handelt sich dabei um Schicksalsdoppelgänger in phantastischen Tiergestalten. Man stellte sich vor, dass diese *way*-Wesen einer menschlichen Seele zugeordnet waren, aber in der Unterwelt lebten.

Gruppen von Göttern

Dank der bereits seit über 100 Jahren betriebenen Forschung ist viel über das Wesen und die Eigenschaften der vorspanischen Maya-Götter bekannt. Zuerst fällt die bemerkenswerte Geschlossenheit in der Darstellung diverser Gottheiten sowohl in den Schrifttexten wie in der Kunst auf. Die meisten Götter und die mit ihnen verbundenen

BLUTVERGIESSEN FÜR DEN TEUFEL

Als die Spanier Mitte des 16. Jahrhunderts in Yukatan ankamen, waren sie entsetzt über die blutigen Selbstkasteiungspraktiken der Einheimischen. Die Spanier verboten diese „teuflische Unsitte" wie folgt.

Aus: Diego de Landa, „Bericht aus Yukatan", herausgegeben und mit einem Nachwort von Carlos Rincón, Übersetzung aus dem Spanischen von Ulrich Kunzmann, Reclam, Leipzig, 1347, 65f.

415 *Blutopfer aus der Zunge. Madrider Kodex, Seite 96 b; Späte Postklassik, 1450–1650 n. Chr.; Feigenbastpapier, mit Kalkschicht überzogen, bemalt; Seite: H. 23 cm, B. 12 cm; Madrid, Museo de América*
Zu den kostbarsten Gaben, die ein Mensch den Göttern darbringen konnte, gehörte das eigene Blut, das häufig mittels Durchstechen der Zunge gewonnen wurde.

Sie opferten von ihrem eigenen Blut, indem sie sich manchmal runde Stücke aus den Ohren schnitten, und diese verunstalteten Ohren blieben ihnen als Zeichen zurück. Bei anderen Gelegenheiten durchbohrten sie sich die Wangen und dann wieder die Unterlippen; manchmal machten sie sich Einschnitte in bestimmte Körperteile; manchmal durchlöcherten sie die Zunge mit schrägen seitlichen Stichen, und unter schlimmsten Schmerzen zogen sie Strohhalme durch die Löcher; dann wieder rissen sie sich die überflüssige Haut des Schamgliedes ab, sodass dieses wie die Ohren aussah, und hierdurch ließ sich der Verfasser der Allgemeinen Geschichte der Indias [Gonzalo Fernández de Oviedo] täuschen, als er sagte, bei ihnen wäre die Beschneidung üblich.

Manchmal vollzogen sie auch ein schmutziges und schmerzhaftes Opfer, bei dem diejenigen, die es ausführten, sich im Tempel zusammenfanden, und nachdem sie sich in einer Linie ausgerichtet hatten, bohrte sich jeder ein schräges seitliches Loch in das männliche Glied; sobald sie dies getan hatten, zogen sie die größtmögliche Menge Schnur durch die Löcher, sodass sie nun alle miteinander verbunden und aneinander gereiht waren; sie bestrichen auch den Teufel [das Götterbild] mit dem Blut von all diesen Schamgliedern, und wer es am meisten tat, wurde für den Tapfersten gehalten, und ihre Söhne begannen schon im frühesten Alter, sich dem hinzugeben, und es ist entsetzlich, mit welchem Eifer sie daran hingen.

Bei den Frauen war derartiges Blutvergießen nicht üblich, obwohl sie ziemliche Betschwestern waren; immer beschmierten sie jedoch das Gesicht des Teufels [des Götterbildes] mit dem Blut der Vögel des Himmels und der vierfüßigen Tiere der Erde oder der Fische aus dem Wasser und mit allem, was sie bekommen konnten. Und sie opferten andere Dinge, die sie besaßen. Einigen Tieren schnitten sie das Herz heraus und opferten es, andere opferten sie ganz, die einen lebend und die anderen tot, die einen roh und die anderen gekocht, sie opferten auch viel [Mais-]Brot und Wein [Balche] sowie alle bei ihnen üblichen Speisen und Getränke.

Um die Feste würdig zu begehen, wurden Menschen geopfert, und darüber hinaus geboten ihnen der Priester oder die *Chilanes* (Zauberer) auch bei irgendeiner Bedrängnis oder Notlage, Menschen zu opfern; hierfür steuerten alle bei, damit man Sklaven kaufen konnte, oder aus Frömmigkeit gaben sie auch ihre kleinen Kinder hin, die bis zu ihrem Tag und Opferfest sehr liebevoll behandelt und sehr aufmerksam behütet wurden, damit sie nicht entflohen oder sich mit einer Fleischessünde beschmutzten; und während man sie tanzend von Ort zu Ort schaffte, fasteten die Priester zusammen mit den *Chilanes* und Amtsgehilfen.

416 *Blutopfer aus dem Ohrläppchen. Madrider Codex, Seite 95 a*
Eine nur aus postklassischer Zeit bekannte Praktik des Blutopfers ist das Durchstechen der Ohrläppchen, das wie hier im Madrider Codex mittels feiner Lanzetten aus Obsidian erfolgen konnte.

mythologischen Episoden sind ohne weiteres an unterschiedlichen Orten wie Palenque, Copan oder Calakmul wieder zu erkennen. Die spezifische Rolle der Götter konnte jedoch entsprechend der jeweils vorherrschenden dynastischen Politik und lokalen Ideologie sehr unterschiedlich sein.

Die Herrscher Palenques beziehen sich vor allem auf eine Dreiheit von Göttern als die Schutzherren ihrer Dynastie. Andere Städte wie etwa Tikal und Caracol standen offenbar unter dem Schutz eigener Göttertriaden. Neben den Dreiergruppen tauchen auch Gruppen von vier Göttern auf, wobei jeder von ihnen den Aspekten einer Himmelsrichtung zugeordnet wird.

Die Verschmelzung von Gottheiten

Gelegentlich verschmelzen zwei oder mehrere Götter zu einem einzigen Wesen, meist unmittelbar miteinander verwandte Geschöpfe, wie etwa der feurige Blitzgott K'awiil und der Regengott Chaak. Eine solche Verknüpfung kann allerdings auch ein Mittel sein, einen Gott näher zu charakterisieren, gewissermaßen die Facetten seiner Persönlichkeit herauszustellen.

Ein besonders komplexes Beispiel für ein derart verbundenes Götterwesen führt die frühklassische Stele 31 aus Tikal vor, die auf ihrer Vorderseite König Siyaj Chan K'awiil zeigt, dessen Name „himmelgeborener K'awiil" bedeutet (Abb. 417). Die Maske, die Siyaj Chan K'awiil am Gürtel trägt, stellt drei miteinander verschmolzene Götter dar, die auch einzeln als Götter der Zahlen drei, vier und sieben auftauchen (Abb. 418). Die Götter der Zahlen vier und sieben stellen die Tages- und Nachtsonne dar, der Gott der Zahl drei ist ein Windgott. Die Augen des Mischwesens weisen die charakteristische Pupille der Tagessonne auf, sind aber zugleich von dem typischen verschlungenen „Kringel" der nächtlichen Sonne umrahmt. Das gewebte Blumenstirnband und die Wangenabzeichen sind die Merkmale des Windgottes, der in den Vorstellungen der Maya von Leben, Tod und Beschwörung von Göttern und Ahnen von zentraler Bedeutung ist. Im Text auf der Rückseite von Stele 31 tauchen die gleichen drei Götter direkt unter der „Himmelsgötter"-Hieroglyphe auf, die für das bereits genannte Götterpaar des Himmels- und Erdgottes steht. So wie diese ist auch das verschmolzene Gottwesen der Maske als himmlisches Wesen aufzufassen: Der Gürtel, an dem die Maske befestigt ist, bildet ein so genanntes Himmelsband, eine gängige Konvention im Symbolsystem der klassischen Maya.

Diese Art Verknüpfung von Himmelsband und Gürtel ist auch auf der erst 1996 in Tikal ausgegrabenen Stele 40 zu sehen. Die Vorderseite zeigt König K'an Joy Chitam, die Seiten seinen Vater Siyaj Chan K'awiil und seine Mutter. In diesem Fall trägt nicht Siyaj Chan K'awiil den

417 *Stele 31. Tikal, Peten, Guatemala, Gebäude 5D-33-1; Frühe Klassik, 445 n. Chr.; Kalkstein; H. 245 cm, B. 70 cm, T. 53 cm; Tikal, Museo Sylvanus G. Morley*
Die Stele zeigt den Herrscher Siyaj Chan K'awil während eines Visionsrituals, in dem er seine Ahnen und die Schutzgötter seiner Dynastie anruft. Die beschworenen Wesen schweben um ihn und bilden einen Bestandteil seiner Tracht. Über dem König erscheint der Kopf seines verstorbenen Vaters Yax Hun Ayin. Eine lange Inschrift auf der Rückseite des Monuments berichtet von der Gründung des Herrscherhauses und den Vorgängern Siyah Chan K'awiils.

420 *Frühklassisches Gefäß, mit Stuck verziert. Tikal, Peten, Guatemala, Gebäude 5D-34, Grab 10; Frühe Klassik, 300–600 n. Chr.; Holz, bemalter Stuck*
Das mit Stuck verzierte Gefäß stammt aus dem Grab des Herrschers Siyah Chan K'inich. Dargestellt sind Wesen der Unterwelt, die bis zur Brust in einem Gewässer mit Seerosen stehen. Zwei tragen auf dem Kopf eine Namenshieroglyphe, die sie von allen übrigen unterscheidet und als bedeutende Götter der Unterwelt kennzeichnet. Der junge Windgott erhebt sich aus dem Ozean der Unterwelt, während ein anderer Gott eine Schlange in Händen hält, die das Symbol für „Nacht" und „Dunkelheit" umgibt.

418 *Windgott. Tikal, Peten, Guatemala, Gebäude 5D-33-1, Stele 31 (Detail); Frühe Klassik, 445 n. Chr.; Kalkstein; Tikal, Museo Sylvanus G. Morley*
Oft werden in den Götterdarstellungen der Maya die Attribute verschiedener Götter miteinander kombiniert. Die Maske am Gürtel von Siyah Chan K'awiil auf Stele 31 von Tikal vereint Merkmale des Sonnengottes, des Feuergottes und des Windgottes. Diese drei Gottheiten sind, neben weiteren, auch in der Inschrift auf der Rückseite der Stele erwähnt. Ein Bestandteil der Namenshieroglyphe dieser Gottheit befindet sich auf deren Kopf und wird als *ikal ajaw* gelesen

419 *Statue des Windgottes mit Rassel. Copan, Honduras, Westhof, Gebäude 10L-11; Späte Klassik, 769 n. Chr.; grüner Tuffstein*
Im unteren Bereich der Südseite dieses als Abbild des Kosmos gedachten Tempels stellt die zentrale Treppe und Terrasse einen mythischen Ballspielplatz der Unterwelt dar, welcher unterhalb der Wasser der Unterwelt liegt. Aus diesem Gewässer, symboliert durch steinerne Muschelschnecken auf dem Rand der Terrasse, erhebt sich der Windgott. Die Statue zeigt einen alten Windgott mit einer Rassel, mit der er das Rauschen des Windes erzeugt.

Gürtel, sondern seine Frau. Nicht nur das frontal dargestellte Mittelstück des Gürtels bildet die Verschmelzung der drei Götter ab, sie werden auch im Text auf der Rückseite der Stele nacheinander aufgeführt.

Ein mit bemaltem Stuck verziertes frühklassisches Gefäß aus Tikal stellt dieselben drei Wesen bis zur Taille im Wasser stehend dar. Der durch das blumengeschmückte Stirnband und einen langen Haarschopf gekennzeichnete jugendliche Windgott steht in der Mitte der Szene (Abb. 420). Bedeutungsvoll waren diese multiplen Götterwesen auch für die Namensgebung der Könige. Die Maya-Herrscher wählten für sich die Namen von Göttern, um ihre gottgleiche Macht besonders zu unterstreichen. Dabei kombinierten sie auch verschiedene Götternamen miteinander. Für die Kenntnis der religiösen Symbolik sind solche Verschmelzungen wichtig, denn sie helfen, die augenfälligen Attribute bestimmter Gottheiten zu identifizieren und zu verstehen.

Stätten der Geburt

Bekanntlich schaffen die Menschen, so auch die Maya, die Götter nach ihrem eigenen Bild, das heißt, die Götter sind direkter, tief greifender Ausdruck der sozialen Beziehungen und Werte einer Gesellschaft. Nach Auffassung der Maya werden Götter

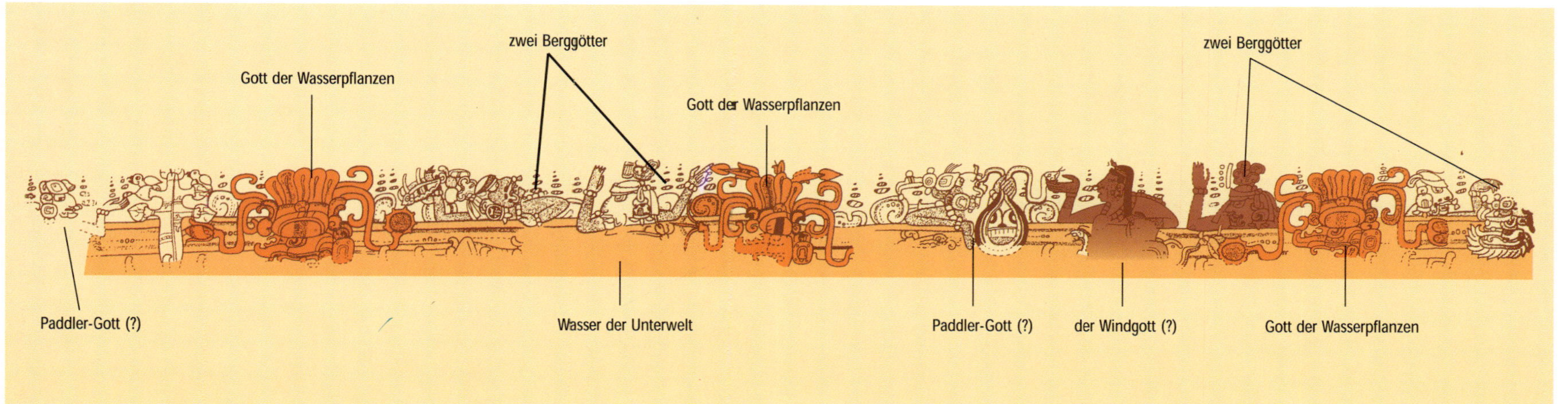

421 *K'awiil. Fundort unbekannt; Späte Klassik, 600–900 n. Chr.; gebrannter Ton, bemalt; H. 14 cm, Dm. 13 cm; Privatsammlung (Kerr 3150)*
Der Name des Wesens, das Paul Schellhas als Gott K in seine Götterliste aufnahm, ist in zahlreichen Inschriften der vorspanischen Maya als K'awiil überliefert. Oft erscheint K'awiil als Figurenzepter, das ein Zeichen herrschaftlicher Macht ist. In dieser Darstellung seiner Geburt entschlüpft der Gott dem Rachen einer Visionsschlange in Gestalt eines röhrenförmigen Zeremonialbalkens.

wie Menschen geboren, und ihr Leben ist von den gleichen Abläufen und Konflikten, von Freundschaften und Intrigen, Freuden und Schmerzen geprägt.

Die genannte Göttertriade von Palenque liefert sogar dazu genaue Informationen, denn jedem der drei Götter wurde in Palenque ein eigener Tempel errichtet. Die kleinen Schreine im Inneren dieser Tempel, in den Inschriften *pib naah* (Schwitzbad) genannt, bezeichnen Räume, die nicht nur in der Maya-Region, sondern in ganz Mesoamerika weithin mit Orten der Geburt gleichgesetzt werden.

Eine Malerei auf einem zylindrischen Gefäß aus der Spätklassik zeigt eine Göttergeburt in grauer Vorzeit (Abb. 421). Der Gott K'awiil wird durch den an beiden Enden mit Blumen und Jade geschmückten Zeremonialstab von einer Schlange auf die Welt gebracht und greift mit der linken Hand nach einer Edelsteinblume. Als vom Himmel geborener Gott des Blitzes ist K'awiil eng mit der Himmelsschlange verwandt.

Opfer für die Wiedergeburt der Götter

Die von den Maya vorgenommenen rituellen Beschwörungen von Göttern und Ahnen durch das Blutopfer stellen eine Art symbolischer Geburt dar. Der Gott K'awiil mit seinem Schlangenfuß personifiziert als brennendes, himmlisches Blitzwesen die Wiedergeburt von Göttern und Ahnen (Abb. 423). Im Zentrum der Opferrituale steht laut Popol Wuj der Gott Tojil, bei den K'iche' die Entsprechung des Gottes K'awiil. Die Maya-Forscher Nikolai Grube und Werner Nahm entdeckten, dass es in den Inschriften eine Verbhieroglyphe gibt, die *tzak* lautet, ein Wort, das im kolonialen Yukatekisch „Wolken oder Wind anrufen" heißt. In Begleittexten zu Szenen mit der „Visionsschlange" ist die angerufene Gottheit üblicherweise K'awiil, so, als stellte die Schlange einen Aspekt eines Wesens dar.

Die Gottheiten betreten ihre himmlische Welt als Säugling, auch darin ganz den Menschen gleich. In der klassischen Maya-Kunst werden die Götter somit häufig in Gestalt von Kleinkindern, die von den Herrschern auf dem Arm getragen werden, abgebildet. Die kleinen Götter sind auch oft auf dem Rücken liegend gemalt – in der Maya-Kunst eine übliche Darstellung für Neugeborene –, manchmal scheinen sie sogar zu zappeln und zu strampeln. Ließen sich die lokalen Herrscher mit göttlichen Säuglingen im Arm abbilden, so sollte offenbar ihre weltliche Macht aufgrund der einzigartigen Bindung an ihre Gottheiten um eine religiös-spirituelle Komponente ergänzt werden. Doch ist die Bedeutung dieser Beziehung zwischen Herrscher und kleinem Gott noch nicht eindeutig geklärt. Auch wenn die klassischen Maya-Götter als Kinder wiedergeboren werden konnten, waren sie doch steinalte, urzeitliche Wesen. Mit diesem Modell der Götterwelt konnte die klassische Elite ihre dynastische Geschichte über Jahrhunderte zurückverfolgen und verklären.

Das Blutopfer, so wie es im Popol Wuj als Metapher auftaucht, hatte den Zweck, die Götter zu nähren. Die Texte in den heiligen Büchern der Maya setzen die Begriffe „säugen" und „umarmen" gleich: Beide besagen, dass die Götter gewissermaßen von den Herrschern wie Babys an die Brust gedrückt werden. Die Maya-Könige verstanden sich als fürsorgliche Eltern der Götter; durch die religiösen Handlungen der Oberschicht wurden die Götter betreut und am Leben erhalten. Das Popol Wuj berichtet, dass die steinernen Bildnisse von Tojil und zwei weiteren Gottheiten durch ein Blutopfer in lebende, kindliche Wesen verwandelt werden.

> Sie [...] durchbohrten ihre Ohren und Ellbogen,
> fingen das Blut auf und salbten den Mund der Steinbilder.
> Aber schon waren es keine Steine mehr: als Jüngling
> offenbarte sich jeder der drei, denn das Blut der treuen
> Opferpriester labte sie.

In der Kunst der Maya wird die Wiedergeburt der Götter und Ahnen durch die aus den brennenden Opfergaben emporsteigenden so genannten „Visionsschlangen" dargestellt. Eine andere übliche Darstellung in der Maya-Kunst ist der von Königen getragene Zeremonialstab, aus dessen Enden die wieder geborenen Wesen hervorkommen.

Tributzahlungen an die Götter

So sind mit den Maya-Göttern also zwei Aspekte verbunden: Einerseits sind sie von den Fürsten gehegte Kinder, genauso gut jedoch auch mächtige Herrscher, die Tribut in Form ritueller Opfergaben einfordern. Die Vorstellung eines symbolischen

Tributes an die Götter spiegelt sich auch in den drei typischen Gegenständen, die in der so häufig dargestellten und mit dem Sonnenzeichen *k'in* versehenen Opferschale zu finden sind (Abb. 422). Die beiden äußeren Gegenstände der immer gleichen Anordnung sind eine Spondylusmuschel-Schale und ein Federbündel, die beide an Königshöfen als Herrschertribut geschätzt wurden. Diese seltenen Güter betonen die Kostbarkeit des mittleren Gegenstandes. Dabei handelt es sich um einen Rochenstachel, das wichtigste Instrument für das rituelle Blutopfer, mit dem Göttern und Ahnen das eigene Blut dargeboten wurde. Die Opferschale ist eigentlich ein Räuchergefäß, in dem Blut und andere Opfergaben verbrannt wurden.

Die rituelle Opferung von Blut und anderen kostbaren Dingen war zwar in erster Linie ein Akt der Frömmigkeit, doch verband sich damit auch eine politische Aussage. Tributzahlungen an die Götter eines Gemeinwesens sind den an den Staat zu leistenden sehr ähnlich, beides sind öffentliche Bekundungen von Treue und Abhängigkeit. Im Popol Wuj wird geschildert, dass sich andere Hochland-Maya bereit erklärten, Tojil mit ihrem Blut und ihren Herzen zu ernähren, wenn sie dafür das Feuer bekämen. Lediglich die Kaqchikel-Maya verweigerten sich der religiösen und politischen Unterwerfung:

> Er erbat kein Feuer für die Kaqchikel. Diese lieferten sich
> nicht aus. Aber alle anderen Stämme lieferten sich aus,
> als sie gestatteten, an ihren Rippen, ihrer Achsel zu ruhen.

422 *Opferschale. Fundort unbekannt; Späte Klassik, 600–900 n. Chr.; gebrannter Ton, bemalt; Dm. 30 cm; Privatsammlung (Kerr 1270)*
Der Boden der Opferschale zeigt eine Visionsschlange, aus deren Rachen der Kopf des jungen Maisgottes hervorkommt. Sie gehört zu jenem Typ von Opferschalen, die das Zeichen *k'in* (Tag, Sonne) tragen und auf den Sonnenaufgang und den Osten verweisen. In Verbindung mit der Darstellung der Wiedergeburt des Maisgottes steht die Hieroglyphe für die Erneuerung, die durch das Opfer bewirkt wird.

423 *K'awiil. Fundort unbekannt; Späte Klassik, 600–900 n. Chr.; Kalkstein; Cleveland, Cleveland Museum of Art (Kerr 2879)*
Dieser Ausschnitt aus einem Relief zeigt K'awiil ungewöhnlich lebendig dargestellt. Er erscheint nicht wie üblich als Zepter, sondern als kleines Wesen, das auf der Hand einer Dame sitzt und mit weit nach hinten geneigtem Kopf nach oben zu ihr blickt. Die charakteristischen Merkmale des Gottes sind das langnasige Gesicht, die rauchende Fackel an der Stirn und der als Schlange gebildete Fuß. Ein Zepter mit seinem Abbild gehörte zu den Herrschaftsinsignien.

In der klassischen Maya-Kunst findet man häufig Darstellungen von Göttern, die entrückt von den Menschen in palastartigen Tempeln thronen, doch im alltäglichen Umfeld den Menschen in anderer Gestalt erscheinen. Verehrt wurden die Götter als eine Art entfernter Ahnen, die durch spezielle Bitt- und Anrufungsriten beschworen werden konnten. Inschriftentexte bezeichnen Schreine als *waybil,* „Ort des Schlafes", was vermuten lässt, dass es sich nicht nur um die Wohnungen der Götter und Ahnen handelte, sondern auch um Orte, wo diese geweckt und angerufen werden mussten (Abb. 425, 426). Dem Popol Wuj zufolge konnten die Stammesgötter Tojil, Awilix und Jakawitz zwar sprechen, wurden jedoch beim allerersten Sonnenstrahl in reglosen Stein verwandelt.

Die Verklärung der Ahnen

Die Grenzen zwischen den Göttern der klassischen Zeit und den verstorbenen Mitgliedern des Adels sind fließend. Angesehene Ahnen wurden zu Göttern und als solche verehrt. Das in der Klassik gängige Motiv der Götter oder der Verkörperungen adliger Vorfahren, die über historischen Personen am Himmel schweben, taucht erstmals in der Späten Präklassik auf Maya-Monumenten auf. Auf der frühklassischen Stele 4 von Tikal schwebt K'awiil als Ahnherr am Himmel. Die Vorfahren tragen oft eine rauchende Fackel oder Axt in der Stirn, die in der Maya-Kunst als Attribut dieses Gottes gilt. Ein weiteres frühklassisches Monument von Tikal, Stele 31, verklärt König Nuun Yax Ayiin zum Sonnengott, und obwohl der Name des Königs in seinem Kopfputz auftaucht, ähnelt sein Abbild eindeutig dem Sonnengott, der bereits in der Späten Präklassik in Ab'aj Takalik auf der etwa im 1. Jahrhundert v. Chr. entstandenen Stele 2 erschien. Der Gründer der Dynastie von Copan, K'inich Yax K'uk' Mo', wird an dem als Rosalila-Tempel bezeichneten frühklassischen Gebäude als Vogel-Sonnengott dargestellt. Auch eine bedeutende Skulptur aus dem später darüber gebauten Tempel 16 bildet den Gründer als Sonnengott ab, diesmal beim Vollführen eines Kriegstanzes in einem „Sonnenspiegelschild" (Abb. 424).

Eine weitere Gottheit, zu der Ahnen verklärt wurden, ist der Maisgott, der bei der Aussaat symbolisch stirbt und nach dem Keimen im neuen Sämling wieder geboren

424 *Yax K'uk' Mo' beim Kriegstanz im Sonnenschild. Copan, Honduras, Gebäude 10L-16; Späte Klassik, nach 763 n. Chr.; grüner Tuffstein; Copán Ruinas, Museo de Escultura*
Das Zentrum von Copan bildet Tempel 16, der Ahnenschrein der Herrscher dieser Stadt. Er hat eine Reihe von Vorgängerbauten und erhebt sich, wie schon der allererste Schrein, über dem Grab des Dynastiegründers K'inich Yax K'uk' Mo'. Einer der Altäre auf der Treppe zu Tempel 16 zeigt ihn in der Sonnenscheibe als Sonnengott beim Kriegstanz; der aufgehenden Sonne gleich entsteigt er der Unterwelt. Die Porträtstatue Yax K'uk'Mo's steht in einer Nische, deren Umrandung eine Verschmelzung von Sonnenscheibe und viereckigem Schild darstellt. Kopfschmuck und Gesichtszüge der Statue tragen Elemente des Quetzal und des Ara-Papagei sowie des Sonnengottes und symbolisieren so den Namen K'inich Yax K'uk' Mo', „Sonnengesichtiger Grüner Quetzal-Ara-Papagei".

425/426 *Kleine Schreine in Gestalt eines Hauses. Copan, Honduras, Gebäude 10L-29; Späte Klassik, nach 763 n. Chr.; grüner Tuffstein; Copán Ruinas, Museo de Escultura*
Südlich der Akropolis von Copan mit dem zentralen dynastischen Schrein Tempel 16 befindet sich die Residenz der Angehörigen des 16. Königs von Copan, Yax Pasaj. Das Gebäude 10L-29 am nordwestlichen Rand dieses Komplexes war offenbar der Ahnenschrein weiterer Mitglieder der Herrscherfamilie. Daneben entdeckte man die steinernen Nachbildungen einfacher, palmblattgedeckter Häuser. Die Inschriften an den Wänden weisen sie als Schreine *(waybil)* für die göttliche Essenz einer bestimmten Person aus, und so sitzt auch im Eingang eines jeden Hausmodells die Personifikation der Hieroglyphe für die göttliche Essenz, *k'uh*. Auf den Dächern erscheint die Hieroglyphe für die Atemseele. Außer den Angaben über die Besitzer und die Art der Schreine trägt der eine auf seinem Dach eine weitere Inschrift, die aufgrund des schlechten Erhaltungszustandes jedoch nicht mehr vollständig lesbar ist. Vermutlich handelt es sich um die Weiheinschrift. Ähnliche Inschriften sind für die verschiedensten Steinmonumente in Copan bekannt. Außer dem Datum der Einweihung werden häufig die Art des geweihten Objekts sowie dessen Besitzer oder Auftraggeber genannt.

wird. Ein reliefiertes frühklassisches Gefäß aus Tikal stellt König „Große Jaguartatze" als dieses Wesen dar. Im begleitenden Text wird er mit Titeln belegt, die sich auf den Maisgott als Schöpfergott beziehen. Ein frühklassisches figürliches Räuchergefäß, das zur Anrufung von Göttern und Ahnen diente, zeigt den Herrscher ebenfalls als Maisgott. Auch die beiden spätklassischen Könige K'inich Janaab Pakal von Palenque und Yax Pasaj von Copan sind in Gestalt des Maisgottes abgebildet, zudem mit der rauchenden Fackel des K'awiil in der Stirn.

Götter und Ahnen, die im Himmel schweben oder aus dem Rachen von Himmelsschlangen hervorkommen, sind häufig von Wirbeln begleitet, die Regenwolken oder Rauch symbolisieren, zwei im Weltbild und in den Ritualen Mesoamerikas fest verbundene Vorstellungen. Auch wenn solche Geschöpfe eindeutig das Wolkenzeichen tragen, weisen die Wirbel auch auf das Brandopfer hin. Feuerrituale spielten eine zentrale Rolle in den Zeremonien der vorspanischen Maya, weshalb ihnen in Tempelinschriften und in der Ikonographie ein besonderer Platz zukommt. Der von den Opfergaben aufsteigende Rauch bildete die Nahrung und zugleich die Essenz eines übernatürlichen Wesens. Bei den Tzotzil-Maya von Chiapas heißt es, dass regenbeladene Wolken süßen Weihrauch *ch'ulel* enthalten, den Seelenstoff des belebten Universums. Der Tzotzil-Begriff *ch'ulel* ist mit dem klassischen Maya-Wort *(k'uh)* für „Gott" verwandt und bezeichnet die innere Seele, die insbesondere im Herzen und im Blut der Menschen angesiedelt ist.

Vorstellungen von Göttlichkeit und Seele

Neuere Diskussionen über die Vorstellungen der vorspanischen Maya von Göttlichkeit und Seele konzentrieren sich meist auf die Bedeutung und Heiligkeit des Blutes. Als ätherische Substanz mit zentralem Sitz im Herzen ist *ch'ulel* allerdings mehr als nur Blut. Der immaterielle Aspekt des *ch'ulel* wird bei den Tzotzil von Chenalho so beschrieben: „Es ist wie Luft, es ist das Abbild des Körpers ... es ist das ungreifbare Wesen des Individuums ..." Vergleichbar ist das *ch'ulel* der Tzotzil mit der Vorstellung einer inneren Seele oder *áanma* bei den Mam-Maya von Chimaltenango. Sitz der vom spanischen Wort für Seele *(ánima)* abgeleiteten *áanma* der Mam ist ebenso wie beim *ch'ulel* das Herz.

Der Atem gilt als die eigentliche Substanz der Seele, die nach dem Tod eines Menschen weiterlebt. Anstatt stoffliche Nahrung zu verspeisen, nehmen die Geister den Atem oder Duft von Nahrungsmitteln, Blumen, Weihrauch oder Blut zu sich.

427 *Quetzalcoatl als bärtige Schlange. Cacaxtla, Tlaxcala, Mexiko, Gebäude A; um 750 n. Chr.*
Etwa 25 km südwestlich der Stadt Tlaxcala (Bundesstaat Tlaxcala, Mexiko) liegen die Ruinen con Cacaxtla. Bei Ausgrabungen in den 1970er-Jahren entdeckten Archäologen großformatige Wandmalereien mit zentralmexikanischer Ikonographie und Symbolik, die jedoch im Maya-Stil gearbeitet waren. Die Malerei am Eingang von Gebäude A zeigt eine prunkvoll gekleidete männliche Person mit schwarzer Körperbemalung, die auf dem Rücken einer gefiederten Schlange steht. Es handelt sich dabei um den Windgott Quetzalcoatl in der Gestalt einer bärtigen grünen Federschlange. Die Identität der männlichen Person kann aus dem Kontext nicht erschlossen werden.

Sowohl Berichte aus der Zeit der spanischen Invasion als auch Darstellungen aus der vorspanischen Zeit lassen erkennen, dass bei den Opferungen neben Kopal, dem süß duftenden Harz oder „Blut" des Kopalbaumes, üblicherweise auch blutgetränktes Papier verbrannt wurde. Auch die Maya-Priester der Gegenwart verbrennen mit dem Kopal-Harz zusammen andere aromatische und kostbare Substanzen – getrocknete Blüten, Alkohol, Tabak und das Blut von geopferten Tieren. Für die vorspanischen Maya bildete nicht das Blut selbst, sondern diese Substanz, der „Atem" der Seele, das Bindeglied zwischen der Welt der Lebenden und dem Übernatürlichen.

Die Atemseele

Das Konzept der Atemseele war und ist auch heute noch in Mesoamerika sehr verbreitet. Die Atemseele wird einerseits mit Gerüchen verbunden, etwa den durchdringenden Düften von Blumen und Kopal, andererseits aber auch mit Geräuschen, insbesondere Musik – beides sind flüchtige Elemente, die vom Wind oder der Luft getragen werden. Von der olmekischen Kunst der Mittleren Präklassik bis zu den Codices der Späten Postklassik ist die Atemseele durch eine Blume oder eine Jade verkörpert, die in oder an der Nase angebracht ist oder vor dem Gesicht schwebt. Über das rituelle Einfangen dieser Seele beim Tod eines Königs der Poqom-Maya heißt es:

> [...] sie hielten einen Edelstein bereit, den sie an seinen Mund legten, als er zu verscheiden schien; sie glaubten, darin seinen Geist einzufangen und während er verschied, rieben sie damit vorsichtig über sein Gesicht. Er nimmt den Atem, die Seele oder den Geist in sich auf [...]

In der frühklassischen Maya-Kunst wird das Atemmotiv häufig von einem Schlangengesicht aus halbkreisförmigen Ornamenten begleitet. Diese „Atemschlange" ist nichts anderes als eine Form des Bärtigen Drachens, eines himmlischen Verbindungswegs zu Göttern und Ahnen. In der spätklassischen Kunst erscheint der Bärtige Drache oft als Schlange, die aus ihrem weit aufgerissenen Rachen wirbelnde Flammen ausstößt. In Cacaxtla, einer zentralmexikanischen Ruinenstätte, die für ihre Wandmalereien im Maya-Stil berühmt ist, gibt es eine Darstellung von Quetzalcoatl als Windgott in Gestalt einer bärtigen Federschlange, die Flammen atmet (Abb. 427). Die Wirbel von Flammen, Wolken und Rauch, die himmlische Wesen umgeben, sind vom Wind bewegt. Genau dieser Wind nährt das Feuer und befördert die Brandopfer in den Himmel. Aus dem Rachen des himmlischen Bärtigen Drachens steigen üblicherweise das wie der Buchstabe T geformte Zeichen *ik'* (Wind) und Blumenmotive auf. In einem Fall atmet die Schlange den Kopf des Windgottes, der eine Personifikation der Atemseele darstellt, aus. In der Maya-Kunst gibt es unzählige Figuren, die aus den Rachen von Schlangen und anderen Reptilien entweichen; sie stellen göttliche Wesen dar, die durch Atem und Beschwörungen zum Leben erweckt werden.

Weihrauchopfer als Atemseelen

Atem oder Wind sind für die Götter und Ahnen aber nicht nur Nahrung, sondern stellen zugleich auch ihre spirituelle Substanz und Präsenz dar, ebenso wie der Duft von Blumen und Weihrauch. Diese Vorstellung manifestiert sich in zweiteiligen figürlichen Räuchergefäßen der Maya (Abb. 410) und anderer vorspanischer mesoamerikanischer Völker. Frühklassische Beispiele aus Kaminaljuyu, Tikal und anderen Maya-Stätten sind Porträts von Göttern und Herrschern, deren Münder Austrittsöffnungen aufweisen. Bei dem bereits weiter oben erwähnten Weihrauchgefäß sitzt König „Große Jaguartatze" auf einer umwickelten Blume, eigentlich einem Blütenkranz, wie er am Ende vieler Zeremonialstäbe zu sehen ist.

Bei den vorspanischen Maya symbolisierten Kopalkugeln üblicherweise das Herz, den Sitz der Seele. Im Popol Wuj gibt die Jungfrau Xkik' eine Kopalkugel als ihr Herz aus und täuscht damit die Götter des Todes. Im heiligen Brunnen von Chichen Itza gefundene Kopalbälle sind an der Oberseite mit Kügelchen besetzt und ähneln so Herzen mit durchtrennten Blutgefäßen. Wird ein Kopal-„Herz" in einem zweiteiligen Räuchergefäß verbrannt, entsteht der Seelenatem desjenigen Wesens, das dieses Gefäß abbildet und nun zum Leben erweckt wird.

Die beeindruckendste Darstellung einer Beschwörung der Atemseele durch Weihrauch ist auf Stele 40 von Piedras Negra dargestellt. Sie zeigt Herrscher 4 von Piedras Negras, wie er Weihrauch in die höhlenähnliche Grabstätte seiner Mutter hinabwirft. Ein scharf geknicktes Seil erstreckt sich vom Grab in den Himmel, wo es in einem stilisierten Schlangenkopf endet. Das Seil ist mit dreifachen Knoten und Federn geschmückt, die in der Maya-Ikonographie gemeinsam mit Instrumenten für das Blutopfer auftreten. Diese Instrumente trugen oft Gesichter und erschienen so als belebt. Auf Stele 40 ist dargestellt, wie sich durch das Feueropfer die Essenz der Seele der Mutter von Herrscher 4 aus dem Grab in den Himmel erhebt. Das rechtwinklig geknickte Seil erinnert an das berühmte „Psychodukt", den zur Grabkammer führenden Seelenkanal des Tempels der Inschriften von Palenque, in dem K'inich Janaab Pakal begraben ist (s. Eberl, S. 314).

Der Windgott als Verkörperung der Atemseele

Der Windgott, von der Wissenschaft als Gott H bezeichnet, verkörpert die Atemseele, in der klassischen Zeit gilt er zudem als Gott der Zahl drei und Patron des Monats Mak (Abb. 429). Sowohl die klassischen wie auch die postklassischen Darstellungen zeigen ihn als schönen jungen Mann mit einem ausgeprägten Stirnband und einem reliefartigen Blumenmotiv an der Stirn. Auf Darstellungen aus der Klassik trägt er im Bereich der Wange oder des Ohrschmucks das deutlich erkennbare Zeichen für *ik'* (Wind).

Klassische Porträthieroglyphen des Windgottes haben in der Regel Markierungen auf den Wangen, die sich ansonsten nur bei

428 *Weihrauchgefäß. Palenque, Chiapas, Mexiko; Späte Klassik, 600–900 n. Chr.; gebrannter Ton, bemalt; H. 114 cm, B. 60,5 cm; Mexiko Stadt, Museo Nacional de Antropología*
Das Abbrennen von Weihrauch war wesentlicher Bestandteil der meisten Rituale. Bei den Ausgrabungen in Palenque wurden zahlreiche Räuchergefäße im Bereich der Tempel der Kreuzgruppe entdeckt. Man platzierte diese Tonzylinder auf den Terrassen und Plattformen und stellte darauf die Schalen, in denen Weihrauch und andere Opfergaben dargebracht wurden. Die meisten dieser Räuchergefäße zeigen das Gesicht des Feuergottes als dem Nacht- und Unterweltaspekt des Sonnengottes. Das Entfachen und Auslöschen von Feuer, das bestimmten Gottheiten – darunter auch dem dargestellten Sonnengott – zugeordnet ist, bildet zudem einen wichtigen Bestandteil von Zeremonien, die in den Hieroglyphentexten erwähnt werden. Dies lässt sich vielleicht dadurch erklären, dass die Entstehung von Feuer ein zentrales Thema archaischer Urstandsmythen darstellt.

Frauendarstellungen finden. In diesem Kontext sollen sie wahrscheinlich auf die besondere Schönheit des Gottes hinweisen. Der auffallenden Blume über der Stirn entspringen in der Regel paarweise gebogene Linien; in der Maya-Kunst ist dies die visuelle Konvention für die Darstellung von Duft und Aroma. Der Windgott wird aber nicht nur mit süß duftenden Blumen in Verbindung gebracht, sondern auch mit den Klängen der Musik. Auf der Palasttafel von Palenque ist der Windgott als Rasseln haltender und singender Patron des Monats Mak zu sehen. In der bereits erwähnten Darstellung aus Tikal, die drei bis zu den Hüften im Wasser stehende Gottheiten zeigt, scheint der Windgott ebenfalls zu singen. Er wendet seinen Kopf zum Sonnengott, der ein Wassergefäß in die Höhe hält. Mit großer Wahrscheinlichkeit stellt diese Szene ein natürliches Phänomen dar, nämlich das Verdampfen von Regen bringender Feuchtigkeit unter Einfluss von Sonne und Wind.

In der klassischen Zeit ist der Windgott keineswegs auf numerische und kalendarische Kontexte beschränkt, sondern erscheint in einer Vielzahl mythologischer Szenen. In Tikal wird er nicht nur in den Inschriften der frühklassischen Stelen 31 und 40 erwähnt, sondern auch in zwei der spätklassischen in Knochen geritzten Texte von Grab 116. Einer der Texte bezieht sich auf zwei kalendarische Episoden, die seine Verbrennung und seinen Tod beschreiben.

Der Windgott war der Gott der Zahl drei. In einigen Maya-Sprachen klingt das Wort für die Zahl drei so ähnlich wie die Wörter für Atem, Dampf, Duft und Geist. Ein weit verbreiteter Ausdruck für „Tod" in den klassischen Inschriften beschreibt die Auslöschung von zwei Elementen: der „weißen Blume", *sak nik,* und dem Wind, *ik'.* Auch die „weiße Blume" bezieht sich wie der Atem auf die Seele, denn in der Maya-Kunst gibt es Darstellungen von Totenschädeln, die sowohl das *ik'*-Zeichen als auch Blumen aushauchen (vergleiche das „Weiße-Blume-Bewusstsein" im Beitrag von Eberl, S. 311 ff.).

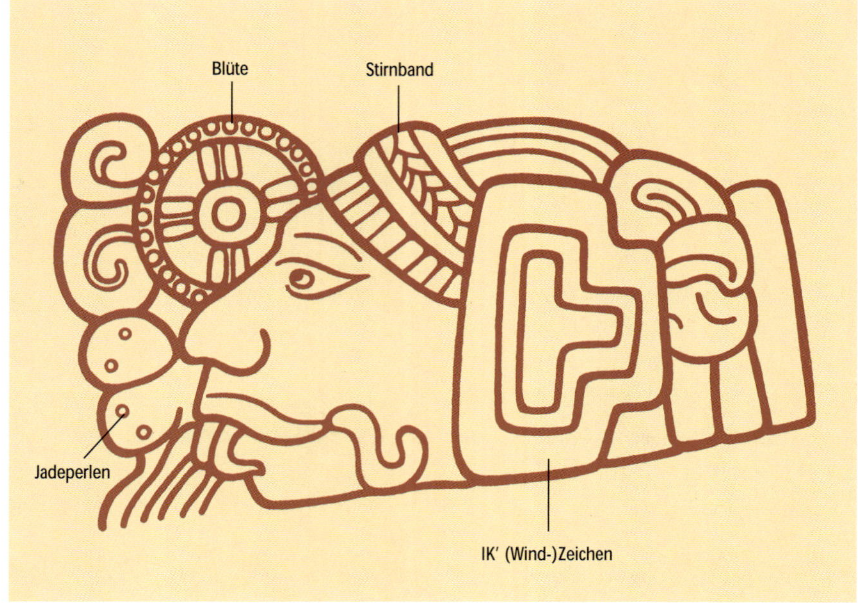

Der Himmelsgott Itzamnaaj

Der alte als Itzamnaaj bekannte Gott ist einer der „Hochgötter" des Maya-Pantheons. Auf klassischen Gefäßmalereien erscheint er häufig auf einem Himmelsthron und herrscht über andere Götter (Abb. 430). Auch in kolonialzeitlichen Quellen aus Yukatan wird er als der höchste Herrscher des Himmels beschrieben. Itzamnaaj und der Windgott sind verwandte Geschöpfe; in den postklassischen Handschriften sind ihre Namen mitunter sogar ausgetauscht. Als alter, weiser Gott wird Itzamnaaj mit Hakennase und großen, quadratischen Augen dargestellt, wie sie auch der Sonnengott besitzt. Der Schmuck seines Kopfputzes scheint aus einem Muscheljuwel zu bestehen, das aus der Spitze des Kopfes herausragt, sowie einer Kopfbinde mit einem auffallenden Spiegel, der die Form einer Blume hat und auf seiner Stirn liegt. Der perlenbesetzte Streifen, der von diesem Blumenmotiv herabhängt, ist als *itz* gedeutet worden, ein Maya-Wort, das sowohl „Nektar" als auch „Tau" bedeutet. In einem kolonialzeitlichen Text heißt es, Itzamnaaj sei der Tau der Wolken und des Himmels. Die Maya sammelten diesen Tau von Blättern und verwendeten das heilige Wasser

430 *Itzamnaaj und die Heldenzwillinge. Fundort unbekannt; Späte Klassik, 600–900 n. Chr.; gebrannter Ton, bemalt; H. 20 cm, Dm. 17 cm; Privatsammlung (Kerr 1183)*
Itzamnaaj hält in seiner menschlichen Gestalt eine Audienz im Himmel ab, den ein Himmelsband-Thron symbolisiert. Ihm gegenüber sitzen die aus dem Popol Wuj bekannten, mythischen Heldenzwillinge Hun Ajpu und Xb'alanke, die hier in der klassischen Version erscheinen. Vor ihm steht ein Korb, auf dem ein Bündel liegt. Es ist geöffnet, sodass sein Inhalt sichtbar wird, ein mit Ohrpflock und Blumen geschmückter Totenkopf, wahrscheinlich der Schädel von Jun Junajpu, dem Vater der Zwillinge. Die Hieroglyphe *ik* (Atem, Wind, Leben) schmückt den Korb und signalisiert, dass Itzamnaaj durch seine Zauberkraft den Toten wieder zum Leben erweckt.

429 *Windgott*
In der Einleitungshieroglyphe des Initialseriendatums, das auf einer Relieftafel aus der Region um Bonampak festgehalten ist, erscheint der Windgott als Patron des Monats Mak. Sein Porträt verwendete man aber auch als Kopfvariante für die Zahl 3. Dargestellt wird die aus den Maya-Handschriften bekannte und von Schellhas als Gott H bezeichnete Gottheit als junger Mann mit einem Blumenstirnband und Ohrschmuck in Form der Hieroglyphe für den Tag *ik'* (Wind, Atem).

431 *Itzamnaaj in seinem menschlichen und seinem Vogelaspekt. Fotografische Abrollung eines Gefäßes; Fundort unbekannt; Frühe Klassik, 200–600 n. Chr.; gebrannter Ton, geritzt; H. 17 cm, Dm. 19,5 cm; Privatsammlung (Kerr 3863)*
Die Darstellung auf dem Gefäß zeigt den Gott Itzamnaaj in zwei Ausprägungen. Zum einen tritt er in seiner menschlichen Gestalt auf, mit dem Gesicht eines alten Mannes mit großen, runden Augen und Hakennase. Als Kopfschmuck trägt er ein Diadem, von dem eine Blüte mit langen Stempeln herabhängt. Zum anderen zeigt er sich als vogelähnliches Wesen, dessen Flügelfedern stilisierten Schlangenköpfen entspringen. Auch in dieser Erscheinungsform schmückt der Stirnreif sein Haupt.

für eine Vielzahl ritueller Handlungen. Verschiedene Darstellungen aus der postklassischen Zeit porträtieren Itzamnaaj als Priester, der diesen Tau mit Hilfe der Rasseln einer Klapperschlange ausschüttet.

Itzamnaaj wurde auch mit dem Weltenbaum assoziiert, der zentralen Achse, die Himmel, Erde und Unterwelt miteinander verbindet. Tatsächlich porträtieren einige Szenen Itzamnaaj in der Metamorphose mit Wuqub' Kaqix, dem Vogelungeheuer des Popol Wuj (Abb. 431). In einer genauen Schilderung dieser Episode überreichen verschiedene Tiere des Waldes, wie Hirsche, Jaguare, Eichhörnchen und Gürteltiere, den siegreichen Heldenzwillingen Gefäße mit Speisen und Getränken, so, als ob sie erfolgreichen Kriegsherren Tribut leisteten. In einer anderen Szene blicken Itzamnaaj in Vogelgestalt und ein Hirsch zu einer Figur, die mit Jaguarfell-Flecken geschmückt ist, der klassischen Maya-Darstellung des Heldenzwillings Xb'alanke aus dem Popol Wuj. Xb'alanke war in der klassischen Zeit vermutlich der Gott der Jagd. Das Erschießen des Vogelungeheuers ist vielleicht als Sieg Xb'alankes über das Tierreich zu interpretieren (Abb. 432). So wie der Zwillingsbruder von Xb'alanke, Junajpu oder „Eins Ajaw", als Verkörperung der Institution des Königtums *(ajaw)* über die Menschen herrscht, so war Xb'alanke der Herr des Waldes. Angesichts des Sieges der Heldenzwillinge über das Vogelungeheuer mag die enge Beziehung dieser Kreatur zu Itzamnaaj merkwürdig erscheinen. Jedoch als himmlische Bewohner der Weltenachse sind sowohl Itzamnaaj als auch das Vogelungeheuer für den Zugang zur Welt der Götter und die Beschwörung der Vorfahren zuständig.

Der Sonnengott K'inich Ajaw

Neben Itzamnaaj war der Sonnengott K'inich Ajaw einer der wichtigsten Himmelsgötter (Abb. 433). Wie sein Name schon sagt, war er eine mächtige, königliche Gestalt und wurde mit der Macht des Adels und der Institution des Königtums in Verbindung gebracht. Darüber hinaus war der Sonnengott auch ein Wesen des Krieges und der Opferungen. Diego de Landa erwähnt, dass die yukatekischen

432 *Abschuss des Vogelungeheuers. Fundort unbekannt; Späte Klassik, 600–900 n. Chr.; gebrannter Ton, bemalt; H. 11,4 cm, Dm. 12,5 cm.; Boston, Museum of Fine Arts (Kerr 1226)*
Die Szene vergegenwärtigt eine im Popol Wuj überlieferte Episode: Einer der Heldenzwillinge, der Blasrohrschütze Hun Ajpu, feuert gerade einen Schuss auf das Vogelungeheuer Vukub Caquix ab, das sich auf dem Wipfel eines Baumes niedergelassen hat. In der klassischen Vasenmalerei wie der vorliegenden trägt Hun Ajpu den Namen Hun Ajaw und zielt auf den Vogelaspekt des Gottes Itzamnaaj. An diesem Motiv zeigt sich die Langlebigkeit von Mythen, die sich über Jahrhunderte hinweg kaum verändert haben.

Maya während einer der Neujahrszeremonien Kriegstänze und Blutopfer für K'inich Ajaw darbrachten. Ein ähnliches Ereignis ist in Raum 3 von Gebäude 1 von Bonampak dargestellt, wo beilschwingende Tänzer einen Blutopfertanz direkt unter dem Bildnis des Sonnengottes aufführen. Derselbe Tanz erscheint auf der bereits erwähnten Skulptur von K'inich Yax K'uk' Mo' von Tempel 16 in Copan. Dieses Monument porträtiert den Gründer der Dynastie von Copan als Sonnengott, der einen Blutopfer-Kriegstanz vor einer Art großem Spiegel vorführt, der die Sonne darstellen soll. Die skelettierten Köpfe an den Ecken dieses Sonnenspiegels sind von den Hieroglyphenforschern Werner Nahm und Nikolai Grube als die von Tausendfüßlern identifiziert worden. Grube stellte außerdem fest, dass es bei den yukatekischen Maya die Vorstellung gibt, dass sich Sonnenstrahlen in Tausendfüßler verwandeln könnten. Skelettierte Tausendfüßler erscheinen aber auch deshalb zusammen mit dem Sonnengott, weil sie Wesen des Todes und der Dunkelheit sind und als solche die gerade aus der Unterwelt heraufsteigende erste Morgensonne begleiten.

Der Todesgott Kimi

Eine der wichtigsten, die Unterwelt bewohnenden Götterfiguren ist Kimi, der Todesgott (Abb. 434). In Quellen der Späten Postklassik und der Kontaktzeit wird er als Kimi bezeichnet. Ob er diesen Namen auch in der Klassik trug, bleibt jedoch weiterhin unklar. In klassischen Darstellungen wird er gleichermaßen witzig-grotesk wie grausam gezeigt, manchmal mit seinem dicken Bauch einen wilden Tanz aufführend, der in krassem Gegensatz zu den würdevollen Tänzen der Oberschicht steht. Der Todesgott scheint von den Maya als widerliches und nicht besonders geistvolles Wesen, das man mit rituellen Handlungen und intelligenten Tricks täuschen konnte, angesehen worden zu sein. Im Popol Wuj gelingt es daher den Heldenzwillingen, die einfältigen Götter des Todes mit vielen Tricks zu täuschen und sie endlich zu besiegen.

433 *Der Sonnengott K'inich Ahaw. Copan, Honduras, Gebäude 8N-66; Späte Klassik, 600–900 n. Chr.; grüner Tuffstein; Copán Ruinas, Museo de Escultura*
Die Thronbank im mittleren Raum des Gebäudes 8N-66 ist mit einem Relief geschmückt. Dargestellt sind die vier Götter, denen die Himmelsquadranten *tzuk*, hier durch Masken symbolisiert, zugeordnet sind. Der abgebildete Ausschnitt zeigt den Sonnengott K'inich Ajaw, wie er sich aus der Sonnenscheibe lehnt. Als aufgehende Sonne ist er mit dem Osten assoziiert. Diese Ikonographie definiert den Ort als Abbild des Kosmos, in dessen Zentrum der Herrscher thront.

434 *Der Todesgott. Fundort unbekannt; Späte Klassik, 600–900 n. Chr.; gebrannter Ton, bemalt; H. 18,3 cm, Dm. 18 cm; Privatsammlung (Kerr 7287)*
Der von Paul Schellhas als Gott A bezeichnete Todesgott zählt zu den bedeutendsten Gottheiten im Pantheon der Maya. In der Kunst erscheint er mit zahlreichen Attributen, jedoch immer in Form eines ganz oder teilweise skelettierten menschlichen Leichnams. Hier steht er in den Wassern der Unterwelt, in denen Seerosen wachsen. Über dem Kopf hält er mit beiden Händen einen Gegenstand, wahrscheinlich ein Bündel mit Knochen.

Das *k'ex*-Opfer

Eine solche rituelle Handlung ist das *k'ex*-Opfer, das im Popol Wuj beschrieben und noch immer von den Maya praktiziert wird. Im Popol Wuj ersetzt die schwangere Xkik' ihr Herz durch eine Kugel aus Kopalharz; dadurch kann sie der Unterwelt entfliehen und die Heldenzwillinge auf der Erdoberfläche gebären. Bei den zeitgenössischen Maya werden den Göttern und Dämonen des Todes und der Krankheit häufig Hühner und andere Opfergaben im Tausch gegen den erkrankten Patienten dargebracht. Einige szenische Darstellungen in der klassischen Maya-Kunst deuten an, dass Kinder in der *k'ex*-Zeremonie für die Angehörigen der Oberschicht geopfert wurden. Funde von Kinderknochen in Höhlen scheinen diese Praxis zu bestätigen, die vielleicht sogar auf präklassische, olmekische Vorstellungen zurückgeht. Olmekische Jade- und Tonfiguren stellten Opfer von Kindern mit den Gesichtszügen von Jaguaren dar. Viele der olmekischen Jadeobjekte in Form so genannter „Jaguarbabys" sind vermutlich kostbarer Ersatz für die Kinder, die man zu opfern nicht bereit war. Auch die vielen Opferszenen auf Codex-Stil-Keramiken, die ein Jaguarbaby zeigen, das im aufgerissenen Rachen der Unterwelt verschwindet, scheinen sich auf ein solches *k'ex*-Opfer zu beziehen (Abb. 435). Auffällig ist, dass diese Opfer gewöhnlich nicht verbrannt, sondern begraben wurden.

Im Gegensatz zum Windgott mit seiner süß duftenden Atemseele ist der Todesgott ein Wesen, das Gestank und Fäulnis verbreitet. Aus diesem Grund ist einer der Namen des Todesgottes bei den yukatekischen Maya *kisin,* ein Wort, das wörtlich übersetzt „der Furzer" bedeutet.

Die Opfer und Speisen der bereits erwähnten *way*-Wesen sind ebenfalls Objekte des Todes und des Zerfalls. In vielen Szenen sind die *way*-Wesen zu sehen, wie sie Schalen mit Augäpfeln, Knochen und abgetrennten Händen und Köpfen halten. So wie bei den zeitgenössischen Maya waren die *way* der klassischen Zeit sicherlich auch mit Zauberei, Heilritualen und Krankheiten assoziiert. Sie sind wie der Todesgott Kreaturen der Dunkelheit, der Nacht und der tödlichen Unterwelt. Eine Studie über die *way*-Hieroglyphe stellt fest, dass ein Symbol in Form unseres Prozentzeichens nicht nur für „Tod" steht, sondern auch unmittelbar das *way*-Zeichen ersetzen kann. Sie zeigt auch, dass ein Knochenwesen im Hieroglyphentext von Tempel 14 von Palenque als *way* des Gottes K'awiil beschrieben wird. Dieses Wesen ist der *sak baak naah chapaat,* der „weiße Knochenhaus-Tausendfüßler", eine Kreatur der Dunkelheit und der Unterwelt. Der Rachen dieses Wesens bildet einen Teil der Hieroglyphe für den letzten, nur fünftägigen Monat des Jahres, Wayeb, in dem das alte Jahr stirbt. Der Eingang zur Unterwelt wird in der Maya-Kunst häufig in Form des Rachens eines Tausendfüßlers abgebildet. Im Gegensatz zum Bärtigen Drachen hilft dieser *way* von K'awiil nicht bei der himmlischen Wiedergeburt, sondern beim Abstieg in die Tod bringende Unterwelt.

435 *Opferung des Jaguarbabys. Fundort unbekannt; Späte Klassik, 600–900 n. Chr.; gebrannter Ton, bemalt; H. 16,3 cm, Dm. 10 cm; New York, Metropolitan Museum of Art (Kerr 521)*
Die Vasenmalerei bezeugt den reichen Mythenschatz der vorspanischen Maya. Eine beliebte Episode ist die Opferung des Jaguarbabys. Der ein Beil schwingende Regengott Chaak wirft dieses Mischwesen, halb Mensch halb Tier, in den Rachen der Unterwelt. Dort warten bereits der Todesgott mit gierig ausgestreckten Händen und ein hundeartiges Tier auf die Beute. Ein Glühwürmchen erleuchtet mit einer Fackel das Dunkel.

HOFZWERGE – BEGLEITER DER HERRSCHENDEN UND BOTEN DER UNTERWELT

Christian Prager

Auf einer Vielzahl mehrfarbig bemalter Tongefäße, die man zumeist in Grabstätten aus klassischer Zeit gefunden hat, ist der Alltag am Hofe der Maya-Fürsten dargestellt. Diese Keramiken tragen Hieroglyphentexte, was darauf schließen lässt, dass sie fast ausschließlich für die politische und soziale Oberschicht produziert wurden, denn nur die Eliten und nicht das gemeine Volk der Maya waren des Lesens mächtig.

Anhand dieser Darstellungen kann sich der heutige Betrachter ein Bild vom täglichen Leben am Hofe machen. Zum Personal, das sich um das körperliche und geistige Wohlergehen der Herrscherfamilie und ihrer Gäste kümmerte, gehörten auch „menschliche Kuriositäten“ wie Hofzwerge (Abb. 438) und Buckelige, die ähnlich wie an europäischen Fürstenhöfen mit possierlichem Tanz und burlesken Vorführungen die Adligen amüsierten. Auch kulinarische Dienstleistungen waren Aufgabe von Hofzwergen. Sie servierten die erlesenen Speisen und prüften die Güte der Getränke.

Eine mehrfarbige Keramik unbekannter Herkunft zeigt eine Szene am Herrschaftssitz von Siyaj K'awiil (Abb. 437). In seiner Funktion als *k'uhul ajaw* oder „Göttlicher Herrscher“ von Motul de San José nimmt der Dargestellte Geschenke in Empfang. Der dunkle Teint, seine Sitzhaltung, die elegante Kleidung und sein aufwändiger Kopfputz unterscheiden ihn klar von den anderen Personen. In der rechten Bildhälfte sitzt zu Füßen des Thronbaus ein korpulenter Hofbeamter mit Wedel, der mit der Verwahrung der vor ihm liegendenden Hieroglyphenfaltbücher betraut ist. Der Herrscher betrachtet gestikulierend sein Profil in einem Spiegel, den ein vor ihm kniender Hofzwerg hält. Ein zweiter Hofzwerg testet vermutlich die Qualität der Getränke in den Kalebassen und Tonkrügen. Der Buckelige neben den beiden Zwergen kann anhand des charakteristischen Kopftuches als Amtsträger am Hof des Herrschers identifiziert werden. Vasendarstellungen und Hieroglyphentexte zeigen, dass Hofzwerge auch mit administrativen Aufgaben betraut waren. Sie nahmen Gastgeschenke, die Aussteuer bei Eheschließungen (Abb. 439) und Tributabgaben entgegen und kontrollierten die Qualität der Produkte. Dazu gehörten unter anderem Fächer, Federbündel, Dreifußteller, Kalebassen mit Kakao oder Bohnen, Spiegel und andere Prestigeobjekte. Als Diener des Herrschers trugen sie oftmals ein Zepter mit dem Bildnis des K'awiil, eines der wichtigsten Götter für das Herrscheramt der klassischen Epoche.

436 *Rückseite eines Spiegels mit Darstellung eines tanzenden Zwerges. Fundort unbekannt; Spätklassik, 600–900 n. Chr.; Schiefer; Dm. 9 cm; Köln, Rautenstrauch-Joest-Museum*
Die skulptierte Rückseite dieses Schieferspiegels zeigt einen Zwerg in einem Federkostüm, der einen zeremoniellen Tanz vorführt. Spanische Chronisten berichten, dass zwergwüchsige und buckelige Menschen zur Unterhaltung des Hofes oftmals als Schauspieler auftraten und dabei derartige Kostüme trugen, mit denen sie den Flügelschlag und die Bewegung von Vögeln, insbesondere Fischreihern, imitierten.

437 *Zwerge am Hof. Abrollung eines polychrom bemalten Keramikgefäßes (Detail); Fundort unbekannt; Spätklassik, 600–900 n. Chr.; Privatsammlung*
Hofzwerge erfüllten eine Vielzahl von Funktionen. Hier kniet einer vor einem König, um ihm den Spiegel vorzuhalten, während ein anderer die Qualität der Speisen in den Kalebassen und Krügen prüft.

Kleinwüchsige hatten offenbar nicht nur den Hofadel zu unterhalten, sondern wirkten auch an der Gestaltung von Steinmonumenten mit. Die Signaturkartusche auf einer skulptierten Stele unbekannter Herkunft weist den Künstler als kleinwüchsig aus.

Spanische Quellen berichten, dass auch bei den Azteken Kleinwüchsige, Buckelige, Verkrüppelte und Albinos am Hof lebten, wo sie für die Unterhaltung und das leibliche Wohl des Herrschers sorgten und ebenfalls als Spiegelträger in Erscheinung traten (Abb. 436). Kleinwüchsige findet man als Diener und Unterhalter schließlich auch bei den Inka-Fürsten Südamerikas.

Die Gottkönige der Maya repräsentierten den Mittelpunkt des Kosmos, sie konnten sogar Götter personifizieren und durch rituelle Handlungen mit ihnen in Kontakt treten (s. Grube/Martin, S. 153). Wegen ihrer extremen Körpergestalt galten Kleinwüchsige, Buckelige und andere Verwachsene als übernatürliche Wesen in menschlicher Gestalt. Da man sie wie die Maya-Könige als Boten und Bindeglied zu der transzendenten Welt der Götter ansah, wählten die Herrscher diese Menschen häufig zu ihren Begleitern. Die Maya verbanden damit möglicherweise die Vorstellung, dass mit der Anwesenheit eines übermenschlichen Wesens ein Medium zur Verfügung stehe, durch das die Götter am irdischen Leben teilhaben könnten. Das erklärt auch die zahlreichen Darstellungen auf Keramikgefäßen und Steinmonumenten, die Hofzwerge als Zuschauer bei rituellen und profanen Handlungen zeigen. Um ihre absolute soziale Macht und religiöse Bedeutung zu unterstreichen, ließen sich die Herrscher in Begleitung von rangniederen Personengruppen, wie etwa Vasallen, Hofbeamten oder Gefangenen, darstellen, aber auch in Gesellschaft von Göttern und anderen übernatürlichen Wesen, darunter eben auch den Hofzwergen.

Nachgesagt wurde den Zwergen zudem eine Beziehung zur Unterwelt, die man sich als eine Art Gegenwelt vorstellen muss. Nach Vorstellung der Maya lag sie jenseits der natürlichen Welt. In ihr war der Lebens- und Wirkungsraum von göttlichen Wesen und anderen übernatürlichen Erscheinungen zu suchen. Den Zugang und die Grenze zu dieser Welt vermuteten die Maya in Erdlöchern im Wald, in dunklen Höhlen und tiefen Erdspalten. Schimmernde Wasseroberflächen, bedeckt mit tiefgrünen Seerosenblättern, oder finstere Cenotes – unterirdische Wasserläufe – galten ebenfalls als Eingang zur Unterwelt. In diesem Reich zwischen wahrnehmbarer und übernatürlicher Welt lebten Frösche, Wasserschlangen, Skorpione, aber auch menschenähnliche Wesen wie Gnome, Waldgeister und kleine Menschen. Aus diesem Grund erscheinen Kleinwüchsige in der Ikonographie in Szenen, die einen Bezug zur Unterwelt haben.

438 *Tonfigur mit der Darstellung eines Zwerges. Jaina, Campeche, Mexiko; Spätklassik, 600–900 n. Chr.; gebrannter Ton, bemalt; H. 11,1 cm; Mexiko Stadt, Museo Nacional de Antropología*
Diese Tonfigurine zeigt einen Zwerg mit dem typischen Krankheitsbild der Chondrodysplasie, der häufigsten Variante von über 200 Arten von Kleinwuchs: verkürzte und verdickte Extremitäten, großer Bauch, überdimensionaler Kopf, dicke und herabhängende Unterlippe und Sattelnase. Der Zwerg trägt einen als Vogelkopf gearbeiteten Kopfschmuck und einen Wickelschurz; auf Brusthöhe hängt an einer Schnur eine Muschel, die als Symbol für die Unterwelt gedeutet werden kann.

In der Mythologie der Maya spielten Zwerge eine ebenso wichtige Rolle. So war es in der Vorstellung der klassischen Maya die Aufgabe von vier Zwergen, das schwere Himmelsgewölbe emporzuheben. Bereits die Olmeken glaubten, dass vier Zwerge den Himmel stützten. Diese Vorstellung hat sich bis in die Postklasik erhalten, wo zwergenähnliche Steinfiguren mit hochgehobenen Armen als Stützen von Altaraufbauaten dienten, die vielleicht das Himmelsgewölbe symbolisierten. Auch am Firmament erkannten die Maya zwei Zwerge, die ein bislang nicht identifiziertes Sternbild darstellen. Oft erscheinen Zwerge auch als Begleiter und Diener des Sonnen- und des Maisgottes. Auf vielen Stelen trägt der dargestellte Machthaber einen Hüftschmuck, der das Antlitz des Sonnengottes zeigt. Dies erklärt auch, weshalb sich Regenten oftmals mit Kleinwüchsigen umgaben und sich mit ihnen in Stein verewigen ließen. Denn es scheint, dass der König durch die Begleitung von Hofzwergen und das Tragen eines Kostüms in die Rolle des Sonnengottes schlüpfen konnte und so gleichzeitig das Zentrum der realen und der jenseitigen Welt in sich vereinte.

439 *Inzisierte Keramik mit Zwergendarstellung. Herkunft unbekannt; Spätklassik, 600–900 n. Chr.; Ton, inzisiert; H. 16,5 cm, Dm. 15,4 cm; Privatsammlung*
Die linke Szene der beiden Bildsequenzen zeigt einen *coati* oder Waschbären, der als Tiergeist oder Alter Ego einen Herrscher begleitet. Der Hieroglyphentext besagt, dass es „nicht viel Tribut gibt". Der rechts vor einer Adligen stehende Zwerg spricht: „Empfange den Besuch, hübsche Frau!". Vielleicht ist das als Empfehlung zu verstehen, sich mit dem jungen Mann zu vermählen. Dessen Tiergeist hingegen rät möglicherweise aus materiellen Gründen von einer Heirat ab.

SCHÖPFUNGSMYTHEN UND KOSMOGRAPHIE DER MAYA

Elisabeth Wagner

Das Volk der Maya besaß eine hoch entwickelte Mythologie, deren reiche Bilderwelt uns auf vielen bemalten Keramikgefäßen und Steinmonumenten überliefert ist. Diese szenischen Darstellungen umkreisen wie die meisten Hieroglyphentexte den wichtigsten Mythos überhaupt, den von der Erschaffung des Kosmos. Die gegenwärtig existierende Welt wurde den Hieroglypheninschriften der klassischen Zeit zufolge am Tag 4 Ajaw 8 Kumk'u erschaffen, der nach dem julianischen Kalender auf den 28. September 3113 v. Chr. fällt. Diese Welt war nach den Vorstellungen der Maya jedoch nicht die erste. Mindestens eine Schöpfung war der gegenwärtigen Ära vorausgegangen. Es sind Ereignisse überliefert, die sich weit vor diesem Zeitpunkt der Erschaffung der Welt zugetragen haben. Vergleichende ikonographische Forschungen haben ergeben, dass die Vorstellungen der Maya über ihre Herkunft auf einer wesentlich älteren Tradition beruhen, die sich bis in die Zeit der La-Venta-Kultur der Olmeken, der Vorläufer der Maya (1000–800 v. Chr.), zurückverfolgen lässt und dort bereits voll entwickelt war.

Dank der Fortschritte in der Entzifferung der Hieroglyphenschrift der Maya gewinnen wir mehr und mehr Einblick in die Weltsicht dieser einstigen Hochkultur. Unsere Kenntnisse der Mythologie und der religiösen Vorstellungen der Maya bleiben allerdings fragmentarisch. Nur wenige Zeugnisse sind so umfangreich und eindeutig interpretierbar, dass sich aus ihnen eine vollständige Episode erschließen ließe.

Die Geburt des Ersten Götterpaares

Über die Ära vor der Schöpfung der gegenwärtigen Welt geben vor allem die Inschriften aus den drei Tempeln der so genannten Kreuzgruppe in Palenque Auskunft, insbesondere die zentrale Relieftafel des Kreuztempels (Abb. 442). Der Text beginnt mit der Geburt der Ersten Mutter, etwa sechs Jahre vor Beginn der gegenwärtigen Epoche. Dem ging die Geburt des Ersten Vaters voraus, ungefähr acht Jahre vor dem Tag der Schöpfung. Aber diese vorzeitliche Epoche weist noch wesentlich weiter in die Vergangenheit zurück. In einer erst jüngst entdeckten Throninschrift im Tempel XIX in Palenque ist nicht nur die Geburt des Ersten Vaters überliefert, sondern auch dessen Inthronisation durch Itzamnaaj, der somit schon lange vor dem Urgötterpaar gelebt haben muss. Itzamnaaj war offensichtlich das höchste Wesen im Götterhimmel der Maya (Abb. 443).

440 *Der Weltenbaum*
Dieser fast 40 m hohe Kapokbaum (Ceiba pentandra) steht am Eingang zu der archäologischen Stätte von Tikal (Peten, Guatemala). Bei den Maya galt der Kapokbaum als heilig, weil er die Weltenachse verkörperte, die die verschiedenen Ebenen des Universums verband. Der Maya-Name des Baumes lautet Yaxche oder „grüner Baum", nicht nur wegen seiner grünen Blätter, sondern weil Grün die Farbe des Mittelpunktes des Kosmos war. Noch heute werden Kapokbäume mit Respekt behandelt und nicht gefällt, wenn ein Stück Urwald gerodet wird, um ein Maisfeld anzulegen.

441 *Stele C, Quirigua, Izabal, Guatemala, vor Gebäude 1A-3; Späte Klassik, 775 n. Chr.; rotbrauner Sandstein; H. 400 cm*
Die Inschrift auf den Seiten erzählt von der Erschaffung der Welt und der Platzierung von drei Steinen im Zentrum des Kosmos. Weiterhin enthält der Text Angaben zur Errichtung der Stele im Jahr 775 n. Chr. durch K'ak' Tiliw Yoaat. Die Vorderseite zeigt diesen Herrscher in der Rolle des Gottes, der den „Jaguar-Bündel-Stein" am Tage der Schöpfung aufstellte. Die kurze Inschrift am Sockel bezeichnet das Monument als *wak ajaw tuun* (6 Ajaw Stein). Dieser Name bezieht sich auf den Tag seiner Errichtung an einem Tag 6 Ajaw im 260-tägigen Kalender.

442 *Relieftafel vom Tempel des Kreuzes. Palenque, Chiapas, Mexiko; Späte Klassik, 692 n. Chr.; Kalkstein; H. 190 cm, B. 325 cm, T. 13,5 cm; Mexiko Stadt, Museo Nacional de Antropología e Historia*
Der Tempel des Kreuzes ist der nördliche und größte der drei Schreine der so genannten Kreuzgruppe. Er ist nach dem zentralen Motiv der Relieftafel an der Rückwand des Sanktuariums im Tempelinneren benannt, dessen Form an ein Kreuz erinnert. Tatsächlich ist es eine stark stilisierte Darstellung des kosmischen Baums, der aus einer Opferschale herauswächst und auf dessen Wipfel der Vogelaspekt von Itzamnaaj sitzt. Dieser Baum markiert das Zentrum des Himmels, worauf das Himmelsband hinweist, auf dem er steht. Die Position des Kreuztempels markiert den nördlichen Quadranten des Kosmos, welcher dem Himmel zugeordnet ist.

443 *Relieftafel auf der Südseite der Thronplattform von Tempel XIX. Palenque, Chiapas, Mexiko; Späte Klassik, 736 n. Chr.; Kalkstein; H. 45 cm, B. 248 cm, T. 5–6 cm*
Die Inschrift auf der Südseite der Plattform berichtet von der Inthronisation des Gottes Hun Yeh Nal Chaak durch Itzamnaaj am Tag 12.10.1.13.2 9 Ik 5 Mol, lange vor Beginn der gegenwärtigen Ära. Die zentrale Szene des Reliefs scheint dieses mythische Ereignis zu vergegenwärtigen, doch tatsächlich handelt es sich um eine Darstellung seiner Re-Inszenierung aus Anlass der Thronbesteigung von K'inich Ahkal Mo' Naab III im Jahre 721 n. Chr. Historische Personen sind in die Rolle der Götter geschlüpft. Der Herrscher von Palenque hat den Part von Hun Yeh Nal Chaak übernommen, und ein Adliger tritt als Itzamnaaj auf. Letzteres ist insofern bemerkenswert, als es die große Bedeutung des Adels während der Regentschaft von K'inich Ahkal Mo' Naab III aufzeigt.

Die Erschaffung der gegenwärtigen Welt

Der Geburt und dem Herrschaftsantritt des Urgötterpaares folgte der Tag der Schöpfung 4 Ajaw 8 Kumk'u. An diesem Tag war die vorangegangene Ära mit der Vollendung des 13. Bak'tun (1 Bak'tun = 400 Jahre) abgeschlossen und hatte die gegenwärtige Zeitrechnung begonnen.

Monumente wie Altar 1 von Piedras Negras, Stele 1 von Coba oder Stele 23 aus Copan, vor allem aber die lange Inschrift auf der Westseite der Stele C aus Quirigua beschreiben nicht nur den Übergang von der alten zur neuen Ära, sondern gebrauchen auch vielfach die formelhafte Wendung „es manifestierte sich das Abbild" oder „es wurde errichtet der Herd" (Abb. 444). Dabei handelt es sich um eine der häufigsten Aussagen, die auf das Werden des Kosmos deuten. Eine Inschrift auf einem Stelenfragment unbekannter Herkunft berichtet davon, dass das „erste Abbild der Schildkröte" gesehen wurde. Die Maya stellten sich die Erde als eine im Urmeer schwimmende Schildkröte vor. Die Inschrift von Stele C aus Quirigua geht aber in ihrer Beschreibung noch weiter.

Der Erschaffung der Erde folgten drei Steinsetzungen an einem Na Ho Chan, „erster von fünf Himmeln" genannten mythologischen Ort. Zwei als „Paddler-Götter" bezeichnete Gottheiten setzten den ersten Stein, den „Jaguar-Bündel-Stein". Dann stellte ein Gott, dessen Name noch nicht eindeutig entziffert ist, den „Schlangen-Bündel-Stein" an einem mit der Erde assoziierten Ort auf. Der dritte und letzte Stein war der „Wasser-Bündel-Stein", den Itzamnaaj, die oberste Gottheit, an dem mythologischen Ort „Darniederliegender Himmel" oder „Erster Drei-Steine-Ort" setzte.

Diese drei Steine spielen in der Mythologie der Maya eine zentrale Rolle. Sie entsprechen jenen drei Herdsteinen, die schon seit Jahrtausenden den Mittelpunkt eines jeden Maya-Hauses bilden. Das Haus gilt den Maya als eine Metapher für das gesamte Universum. So wie die drei Herdsteine den Mittelpunkt des Hauses bilden, so bilden die drei während der Schöpfung errichteten Steine das Zentrum des Kosmos. Sie erst ermöglichten es, dass der Himmel aus dem Urmeer gehoben werden konnte.

Der Schöpfungsmythos, wie er auf Stele C von Quirigua beschrieben ist (Abb. 441), schließt ab mit der Vollendung des 13. Bak'tun durch Wak Chan Ajaw, den „Herrn des sechsten Himmels". Aus anderen Hieroglypheninschriften wissen wir, dass dies ein Beiname des Maisgottes war.

Einen Bezug zu den auf Stele C erwähnten Steinsetzungen hat offensichtlich die Szene auf der so genannten „Vase der sieben Götter", einer schwarzgrundigen, bemalten Keramik aus einer Werkstatt in Naranjo (Abb. 445). Hier sitzt einer der alten

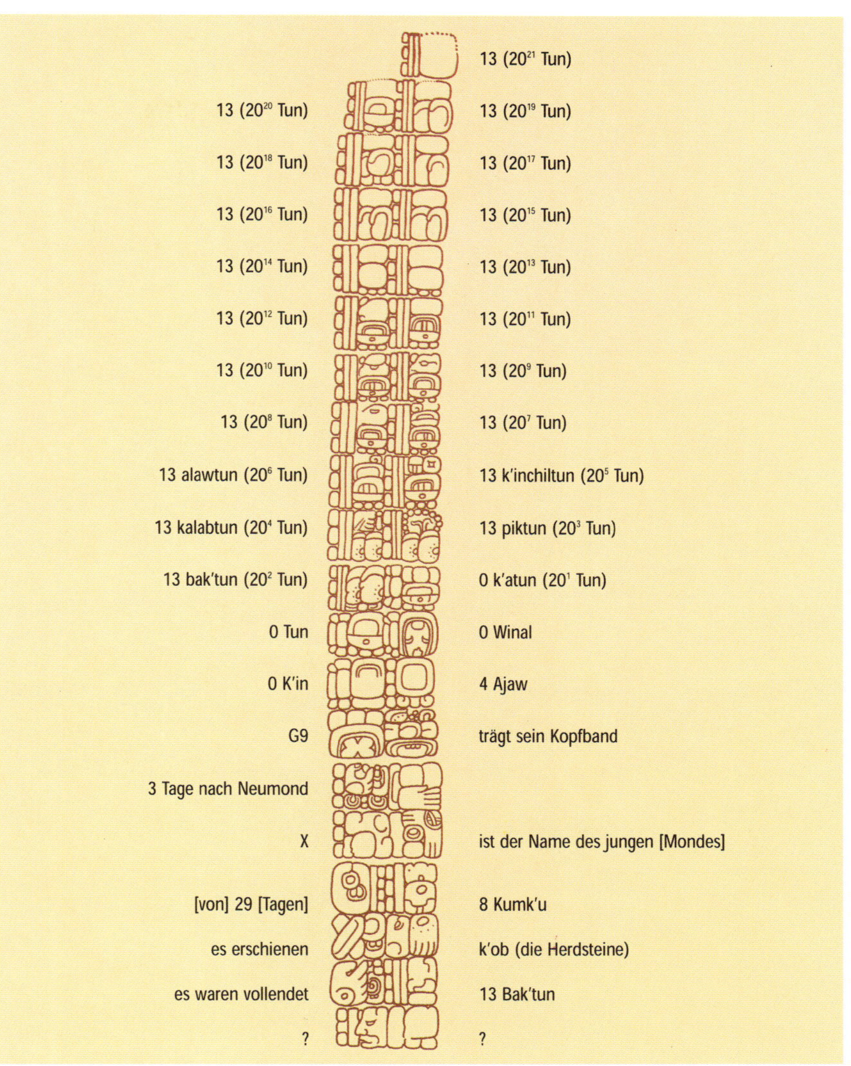

444 *Stele 1. Coba, Quintana Roo, Mexiko, Gebäude A-9; Späte Klassik, 680–750 n. Chr.; Kalkstein; H. 292 cm, B. 143 cm, T. 36 cm*
Die Inschrift beginnt mit dem Tag der Schöpfung, 4 Ajaw 8 Kumk'u; er ist verbunden mit *halaj k'oob* („es erschienen die Herdsteine") und *homaj oxlahun pih* („es waren vollendet 13 Bak'tun"). Statt der in der langen Zählung üblichen Schreibung dieses Datums als 13.0.0.0.0 erscheinen hier 20 weitere Stellen, deren Zeichen jeweils der Koeffizient 13 voransteht. Dieser Zeitraum entspricht 2021 x 13 x 360 Tagen. Offenbar markierte der Beginn der gegenwärtigen Schöpfung nicht den absoluten Nullpunkt der Zeit.

445 *Die Vase der sieben Götter. Fundort unbekannt; Späte Klassik, 600–900 n. Chr.; gebrannter Ton, bemalt; H. 27,3 cm, Dm. 11,5 cm; Privatsammlung (Kerr 2796)*
Die schwarze Malerei auf beigefarbenem Grund zeigt sechs Götter, die sich am Tage der Schöpfung, 4 Ajaw 8 Kumk'u, vor Gott L, dem Herrscher der Unterwelt, versammelt haben. Letzterer sitzt auf einem Jaguar-Thron in einer Höhle. Offenbar findet die Szene in der Nacht- oder Unterwelt statt. Die Inschrift, die vom Ordnen des Universums an diesem Tag berichtet, nennt auch die Namen der sechs Götter. Sie bilden drei Gegensatzpaare mit unterschiedlichen Zuständigkeitsbereichen innerhalb der Oberwelt oder Himmelssphäre sowie der Unterwelt.

Unterweltherrscher auf einem Jaguarthron sechs anderen göttlichen Wesen gegenüber. Der Jaguarthron ist identisch mit dem „Jaguar-Bündel-Stein". Die Beischrift zu der dargestellten Szene nennt das Datum 4 Ajaw 8 Kumk'u und lässt keinen Zweifel daran, dass es sich hier um eine Episode aus dem Schöpfungsmythos handelt. Das Ereignis wird mit den Hieroglyphen „Sie brachten die schwarze Mitte in Ordnung" beschrieben. Es folgen die Namen der sechs dargestellten Wesen, die sich offenbar anlässlich des unmittelbar bevorstehenden Schöpfungsereignisses versammelten. „Die schwarze Mitte" bezeichnet den Zustand des Universums genau zum Zeitpunkt der Schöpfung, als der Himmel dunkel und noch nicht vom Urmeer abgehoben war.

Vom Akt des Himmelaufrichtens, etwa eineinhalb Jahre nach der Aufstellung der drei Steine, berichten die Inschriften in Palenque in drei Abschnitten. Der erste beginnt mit dem Eintritt des Ersten Vaters, des Maisgottes Jun Ye Nal („Eins Enthüllter Mais"), in den Himmel und endet mit der Einweihung des „Nordhauses" am „Ort des Maisgottes". Das „Nordhaus" ist eine Metapher für den um den Himmelsnordpol rotierenden Sternenhimmel mit seinen vier Haupt- und vier Nebenrichtungen, wobei Letztere die Ecken des Himmels markieren. Um diesen Ort zu errichten, hob Jun Ye Nal den Himmel empor und stützte ihn ab, indem er den Baum Wakah Chan im Zentrum des Universums aufstellte. Die Abbildung auf einem Gefäß aus einem Opferdepot in Tikal zeigt diese Episode in vereinfachter Form (Abb. 446, 447). Der Maisgott Jun Ye Nal hebt den Himmel, hier dargestellt durch ein doppelköpfiges, schlangenartiges Wesen, zusammen mit den Paddler-Göttern an. Zwei Hieroglyphen neben dem Gesicht des Maisgottes bezeichnen ihn als Wak Chan Winik, „Sechs Himmel Mensch". Sie bestätigen somit den Schöpfungsbericht aus Palenque, in dem Jun Ye Nal erwähnt wird und sich hinter dem Titel Wak Chan Ajaw, „Herr des Erhobenen Himmels", verbirgt.

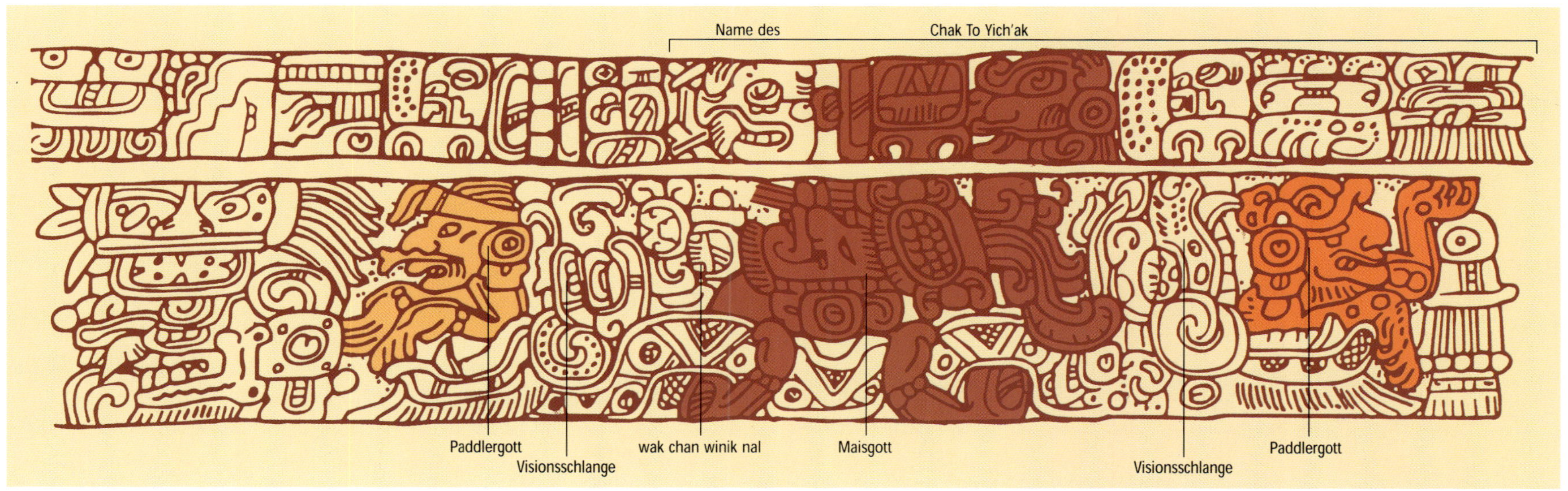

446/447 *Weihedepotgefäß. Zeichnerische Abrollung (oben), Fotografie (unten); Tikal, Peten, Guatemala, Gebäude 5D-46, Weihedepot 198; Frühe Klassik, 350–378 n. Chr.; gebrannter Ton; Tikal, Museo Sylvanus G. Morley*
Die Inschrift auf dem Deckel berichtet von der Weihe des Hauses des Stammvaters der Dynastie von Tikal, Yax Eeb Xook, und seines Nachfahren Chak Tok Ich'ak. Bemerkenswert ist, dass der Erstgenannte hier den Zusatz *wak chan te* in seinem Namen führt, die Bezeichnung für den kosmischen Baum. So wird das bedeutendste Ereignis der Schöpfung mit der Gründung des Herrscherhauses von Tikal in Verbindung gebracht. Die eingravierte Szene zeigt die Anrufung der Paddlergötter durch den Maisgott *wak chan winik* („6-Himmel-Mensch").

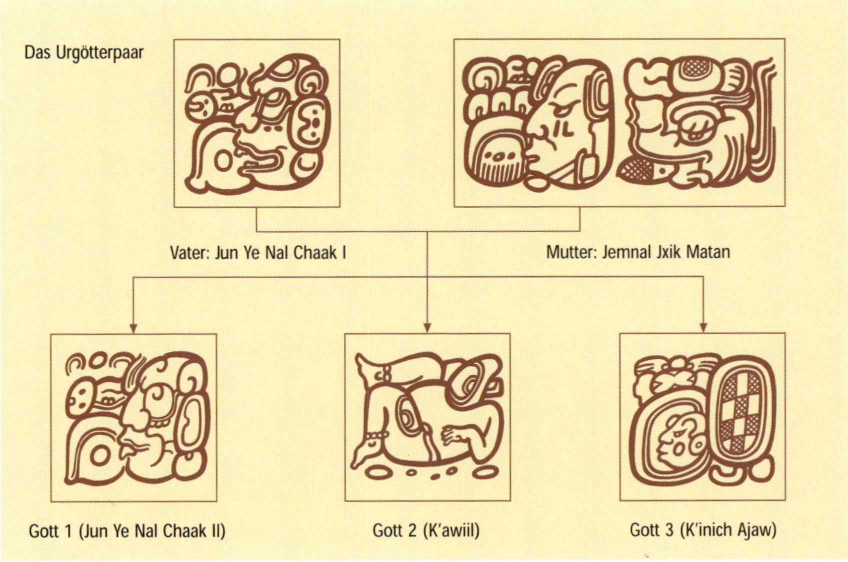

Der Himmel war nun in die Höhe gehoben und von der Erde getrennt, das Universum durch das Aufrichten des kosmischen Baumes in seinem Zentrum erschaffen worden. Aber erst nach weiteren zwei Bak'tun-Zyklen war die Schöpfung vollendet, als der Erste Vater das „Herz des erhobenen Himmels", das Zentrum des Himmels, zum Drehen gebracht hatte. Das bedeutete in einem geozentrischen Weltbild, dass der Sternenhimmel in Drehung versetzt wurde. Mit diesem Akt der Schöpfung wurde der zuvor starren Ordnung des Universums Leben eingehaucht. Die Rotation des Himmels um seine Achse, der Weg der Gestirne am Firmament und die Wanderung der Sonne und des Mondes waren die Grundlage für die astronomischen Zyklen (s. Voß, S. 131 ff.), deren Regelmäßigkeit die Maya mit großer Faszination und Genauigkeit beobachteten, schließlich auch erklären und exakt berechnen konnten.

Die Geburt der Schutzgötter

In Palenque wird dieser Schöpfungsmythos mit der späteren Geburt von drei göttlichen Wesen, der so genannten „Palenque-Dreiheit", als den Schutzgöttern dieses Ortes und ihrer Herrscherdynastie verbunden (Abb. 448). Sie sind die Abkömmlinge des Ersten Götterpaares und wurden 1963 von dem Maya-Forscher Heinrich Berlin erstmals als Schutzgottheiten von Palenque identifiziert. 800 Jahre nach der Ankunft dieser drei Wesen an einem Matawil genannten mythologischen Ort führte die Erste Mutter einen Beschwörungsritus durch, der auf dem „ersten grünenden Berg", dem Geburtsort der „ersten Maispflanze", stattfand. Vermutlich nimmt dieser Ritus Bezug auf den Ursprung des Maises, aus dem später die ersten Menschen erschaffen wurden. Allerdings ist die Erschaffung des Menschen nicht explizit in den bisher bekannten Inschriften überliefert, sondern nur aus kolonialzeitlichen Quellen bekannt. Die Frage nach der Herkunft von Maisa bildet noch heute ein zentrales Thema der Maya-Folklore. In Palenque endet die mythische Geschichte mit dem Herrschaftsantritt der Ersten Mutter, 809 Jahre nach der Erschaffung des Universums. Die Verbindung der Ersten Mutter mit der Erde wird in ihrem Namenszusatz deutlich: Jemnal Ixik, „Frau des Talorts", wie er in der Inschrift des Blätterkreuztempels erscheint.

Das Urgötterpaar

Vater: Jun Ye Nal Chaak I

Mutter: Jemnal Ixik Matan

Gott 1 (Jun Ye Nal Chaak II)

Gott 2 (K'awiil)

Gott 3 (K'inich Ajaw)

448 *Die Götter der Palenque-Triade und ihre Eltern. Rekonstruktion der Verwandtschaftsverhältnisse aufgrund der Inschriften von Palenque*
Die drei Schutzgötter Palenques, deren Namenshieroglyphen die Abbildung zeigt, sind die Kinder des Urgötterpaares. Die drei Schreine der Kreuzgruppe (Abb. 442) sind ihnen geweiht.

449 *Die Geburt des Maisgottes. Fundort unbekannt; Späte Klassik, 600–900 n. Chr.; gebrannter Ton, bemalt; Boston, Museum of Fine Arts (Kerr 1892)*
Der Boden der Schale zeigt den Mais in Gestalt des jungen Maisgottes Hun Ye Nal, der aus der Erde hervorsprießt. Sie wird durch eine Schildkröte symbolisiert, die im Urozean, hier angedeutet durch ein Zeichen für Wasser und Seerosen, treibt. Aus der hinteren Öffnung des Panzers schaut eine Wassergottheit hervor. Die Zwillinge Hun Ajaw und Yax Balam wohnen der Geburt des Maisgottes bei. Die Inschrift oberhalb der Szene nennt den Gefäßtyp und den Besitzer: *u lak Tojam K'awiil Sak Way* („die Schale des Tojam K'awiil Sak Way").

Schöpfungsmythen in kolonialzeitlichen Dokumenten

Eine Reihe von Dokumenten aus der Kolonialzeit, die in lateinischen Buchstaben niedergeschrieben, aber in einer Maya-Sprache verfasst sind und zum Teil auf frühere hieroglyphische Manuskripte zurückgehen, erzählen ebenfalls mythische Episoden, darunter auch die von der Erschaffung der Welt.

Hierzu gehört unter anderem das Popol Wuj, das „Buch des Rates", das circa 1530 nach mündlichen Zeugnissen aufgezeichnet wurde. Es verbindet die Geschichte der Herrscherdynastie der K'iche'-Maya mit dem Mythos vom Kampf der Heldenzwillinge, der Söhne der Urväter der K'iche'-Maya, gegen die Herren der Unterwelt und berichtet eingangs auch von der Erschaffung der Welt. Episoden aus dem Popol Wuj sind schon auf einigen frühen Bildwerken aus der protoklassischen Ruinenstätte Izapa im mexikanischen Bundesstaat Chiapas dargestellt und finden sich später in der Kunst der klassischen Maya.

Das Popol Wuj berichtet von der wiederholten Erschaffung und Zerstörung früherer Welten, die der unseren vorausgingen. Auffällig an diesen Berichten ist, dass sie die Vermessung des Universums mit den gleichen Worten beschreiben wie die Anlage eines Maisfeldes *(milpa)* oder den Bau eines Hauses. Die Schöpfergottheiten legten mit einer Messschnur ein Viereck an, um die Ausmaße des Himmelsgewölbes und der Erde festzulegen. Nachdem die Welt und die in ihr lebenden Tiere und Pflanzen erschaffen waren, formten der Erste Vater und die Erste Mutter die Menschen aus Maisteig. Alle früheren Versuche, Menschen aus anderen Materialien, wie Erde oder Holz, zu erschaffen, waren fehlgeschlagen. Bis heute nennen sich die Maya daher in ihrer eigenen Literatur „Maismenschen".

Bildliche Darstellungen von der Erschaffung des Menschen finden sich immer wieder in der Kunst der klassischen Zeit. So hat der Regengott Chaak mit seinem Blitzbeil den Berg Yax Hal Witz gespalten, um aus ihm den ersten Mais sprießen zu lassen, aus dem dann wiederum die ersten Menschen geschaffen wurden. Oftmals wird dieser Berg auch durch andere die Erde symbolisierende Wesen, wie etwa ein Nabelschwein (Pekari) oder eine Schildkröte, ersetzt. Aus diesen wächst dann der Mais in Gestalt des jungen Maisgottes hervor (Abb. 449).

Der Aufbau des Kosmos

Aus den überlieferten Mythenfragmenten und dargestellten Ritualen lässt sich die Kosmographie der Maya rekonstruieren. Die Struktur ihres Weltbildes deckt sich weitgehend mit dem von dem bekannten Religionswissenschaftler Mircea Eliade (1907–1986) beschriebenen Weltmodell des Schamanismus: Es ist viergeteilt, und eine zentrale Achse verbindet die kosmischen Ebenen Himmel, Erde und Unterwelt (Abb. 450).

In den meisten Überlieferungen der Maya ist die Oberfläche der Erde als ein Viereck mit einem klar markierten Zentrum beschrieben. Sie schwimmt in einem großen Gewässer, das die Grenze zur Unterwelt bildet. In der klassischen Kunst erscheint die Erde oft als Schildkröte, Krokodil oder Nabelschwein (Pekari). Die Seiten dieser viergeteilten Welt sind nach den vier Haupthimmelsrichtungen ausgerichtet, die Ecken durch die Sonnenauf- und -untergangspunkte der Sommer- und Wintersonnenwenden bestimmt. In der Mitte einer jeden Seite erhebt sich ein mythischer Berg mit einer Höhle, an deren Eingang ein Baum steht. Hier befinden sich die Zugänge zur Unterwelt und dem darüber liegenden mythischen Urmeer; dort leben die Ahnen wie auch andere übernatürliche Wesen. Vom Mittelpunkt der Welt führen vier Wege in diese Höhlen und verbinden das Zentrum mit den vier Hauptrichtungen.

So wie die Erdoberfläche, das Urmeer und die Unterwelt ist auch der Himmel viergeteilt. Man stellte ihn sich ähnlich wie die Unterwelt aus mehreren Ebenen beste-

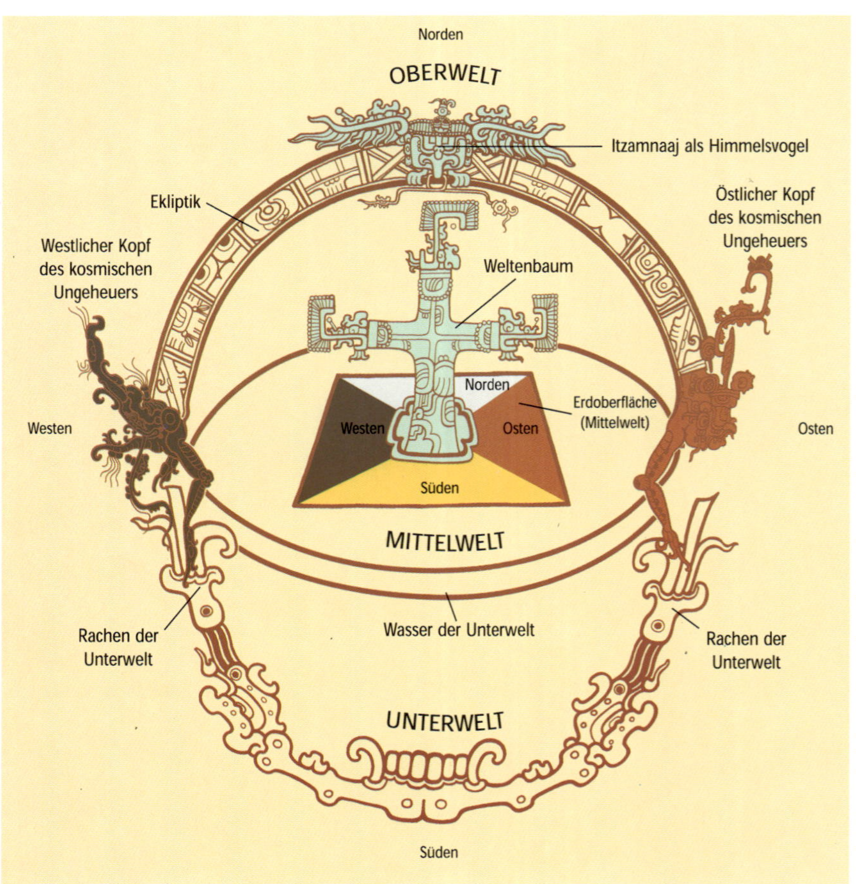

450 *Ein schamanistisches Weltmodell. Rekonstruktionszeichnung, basierend auf den Inschriften von Palenque und dem Dresdner Codex*
Weltweit teilen schamanistische Religionen die Vorstellung von einem mehrschichtigen Universum, dessen Seiten den Himmelsrichtungen zugeordnet und mit Farben assoziiert sind und in dessen Zentrum sich ein Weltenbaum befindet.

451 *Die „Kosmische Schale". Fundort unbekannt; Späte Klassik, 600–900 n. Chr.; gebrannter Ton, bemalt; Dm. 31 cm; Privatsammlung (Kerr 1609)*
Die dreifüßige „Kosmische Schale", eine Keramik im „Codex-Stil", gehört unbestritten zu den Meisterwerken der klassischen Gefäßmalerei der Maya. Mit sicherer Hand hat der unbekannte Künstler aus der Region von Nakbe, Guatemala, die schwarzen und grauen Linien auf dem cremefarbenen Untergrund ausgeführt. Um den Rand der Schale läuft ein rotes Band und setzt einen kräftigen Akzent. Stilisierte Seerosen an der Außenseite sollen die wässrige Oberfläche der Unterwelt symbolisieren. Wenige Bilder des Kosmos in der Kunst der Maya sind so anschaulich wie diese Malerei.

452 *Umzeichnung der Malerei auf dem Grund der Schale*
Um den Schalenrand legt sich ein doppelköpfiges Ungeheuer, das den Himmel verkörpert; das Firmament symbolisierende Zeichen bildet seinen Leib, in dessen Mitte Itzamnaaj als Himmelsvogel sitzt. Der Regengott Chaak erhebt sich als kosmischer Baum aus dem Urozean; er markiert die Grenze zur Unterwelt und ist durch schwarze parallele Streifen dargestellt. Der „Ort des schwarzen Wassers" ruht im weit aufgerissenen Rachen von Sak Baak Chapaat, dem „weißen Knochen-Tausendfüßler", am Eingang zur Unterwelt, deren Bewohner ebenfalls zu sehen sind.

hend vor. Die Grenzen der östlichen und der westlichen kosmischen Region bilden die Sonnenwendpunkte. Das viergeteilte Himmelsgewölbe wird von vier Göttern – den Bakab oder Pawahtun – gestützt.

In der Maya-Kunst erscheint der Himmel als zweiköpfiges Wesen mit einem krokodilähnlichen Leib. Häufig ist der Körper durch ein so genanntes Himmelsband mit Stern- und Planetensymbolen oder durch Wolken symbolisierende Spiralen ersetzt. Ein Gewässer, gefüllt mit Seerosen, Fischen, Muscheln und anderem Seegetier, stellt das Urmeer dar, in dem die Erdoberfläche treibt. Im Zentrum des Kosmos erhebt sich ein riesiger Kapokbaum. In der Ikonographie wird er gelegentlich durch eine Maispflanze ersetzt. In der Krone dieses Weltenbaumes, am höchsten Punkt, sitzt der Himmelsvogel Itzam Ye, eine der Versinnbildlichungen der obersten Gottheit Itzamnaaj oder Yax Itzam, „Erster Zauberer", wie er in den klassischen Inschriften genannt wird. Seine Kunst erst hauchte dem Universum die Seele ein.

Jeder Haupthimmelsrichtung oder kosmischen Region war eine Farbe zugeordnet. So stand Rot für den Osten, Weiß für den Norden, Schwarz für den Westen und die Farbe Gelb war die des Südens. Zentrale Bezugsgröße für den Fortgang des Universums und aller Geschöpfe ist der Lauf der Sonne, worin auch die hervorgehobene Bedeutung der Ost-West-Achse des Kosmos begründet liegt. Im Weltbild der Maya ist der Osten mit der Sonne und dem Tag assoziiert, der Westen dagegen mit der Dunkelheit und der Nacht. Der Süden ist die Richtung des Planeten Venus oder des nächt-

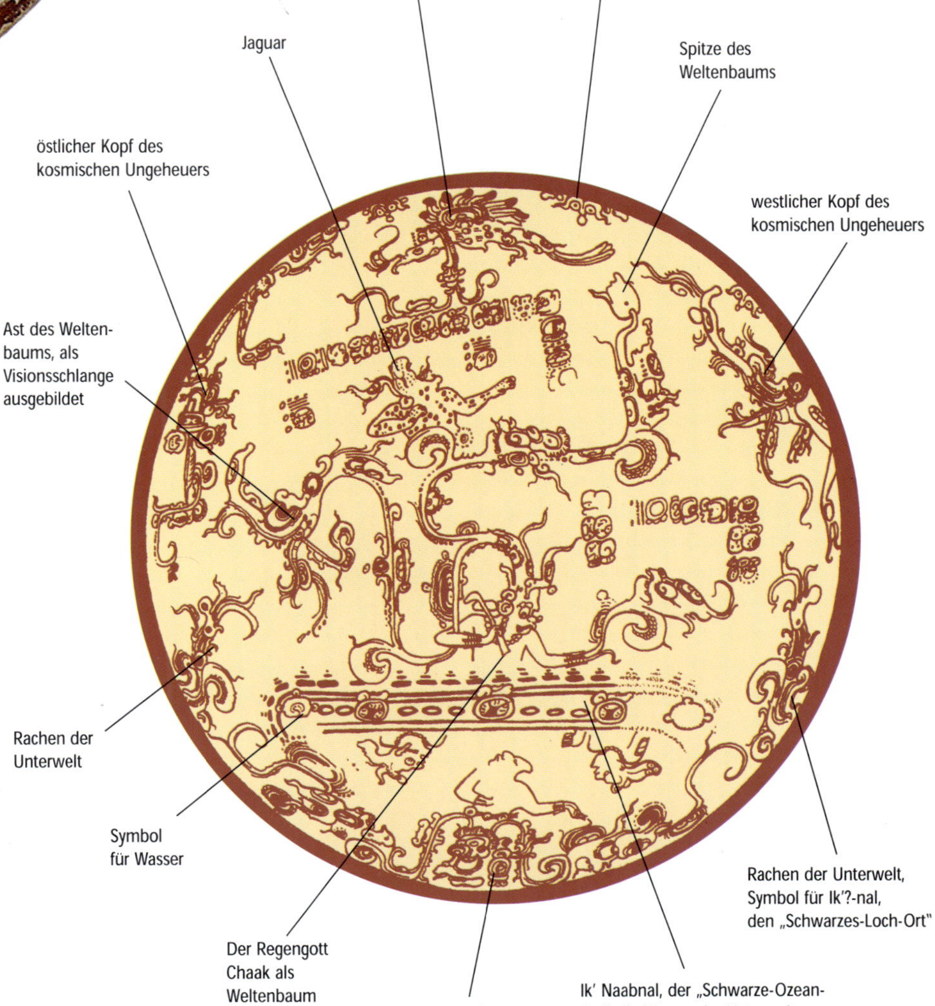

DIE ERSCHAFFUNG DER WELT IM CHILAM-BALAM-BUCH VON CHUMAYEL

Die Chilam-Balam-Bücher sind Textsammlungen in yukatekischer Maya-Sprache aber lateinischer Schrift, die im 17. und 18. Jahrhundert von Dorfschreibern aus einer Vielzahl von Vorlagen, darunter auch Texten, die in ihrem Inhalt bis auf die Zeit vor der Ankunft der Spanier zurückgehen, zusammengestellt wurden. Von den vielen Chilam-Balam-Büchern, die es einst gegeben hat, sind nur ein Dutzend erhalten geblieben. Sie werden nach den Dörfern benannt, in denen die Manuskripte gefunden oder zuletzt aufbewahrt wurden. Das Chilam Balam von Chumayel ist eine der umfangreichsten und wichtigsten dieser Textsammlungen. Neben zahlreichen Texten historischer und prophetischer Natur berichtet ein Textsegment auch von der Erschaffung des Universums. Dem eigentlichen Schöpfungsakt ging die Zerstörung der vorherigen Welt durch eine Flut voraus. Die neue Erschaffung des Kosmos geschieht durch die Errichtung von Bäumen in den Ecken und dem Zentrum des Universums. Die Bäume sind mit den Farben für die Weltrichtungen assoziiert, auf ihnen sitzen Vögel, wie auch auf den Darstellungen des Weltenbaumes in Palenque. Viele Symbole und Metaphern dieses Schöpfungsberichtes können aber trotz intensiver Forschung noch immer nicht gedeutet werden.

Es gab einen plötzlichen Anstieg des Wassers, als sich der Diebstahl der Insignien von Oxlahun-Ti-K'u ereignete.

Da fiel der Himmel herab, er fiel herab auf die Erde, als die vier Götter, die vier Bacabs, aufgestellt wurden, die die Zerstörung der Welt vollbrachten.

Dann, nachdem die Zerstörung der Welt vollendet war, wurde ein Baum errichtet, um den gelben Yuyum-Vogel auf seinen Platz zu setzen. Dann wurde der weiße Imix-Baum aufgestellt. Eine Säule des Himmels wurde aufgestellt, ein Zeichen der Zerstörung der Welt; das war der weiße Imix-Baum im Norden. Dann wurde der schwarze Imix-Baum im Westen aufgestellt, damit sich der schwarzbrüstige Pixoy-Vogel auf ihn setzen könne. Dann wurde der gelbe Imix-Baum im Süden aufgestellt als ein Symbol für die Zerstörung der Welt, damit sich der gelbbrüstige Pixoy-Vogel auf ihn setzen könne, damit sich der gelbe Yuyum-Vogel auf ihn setzen könne, der gelbe Mut-Vogel. Dann wurde der grüne Imix-Baum im Zentrum [der Welt] errichtet als Erinnerung an die Zerstörung der Welt.

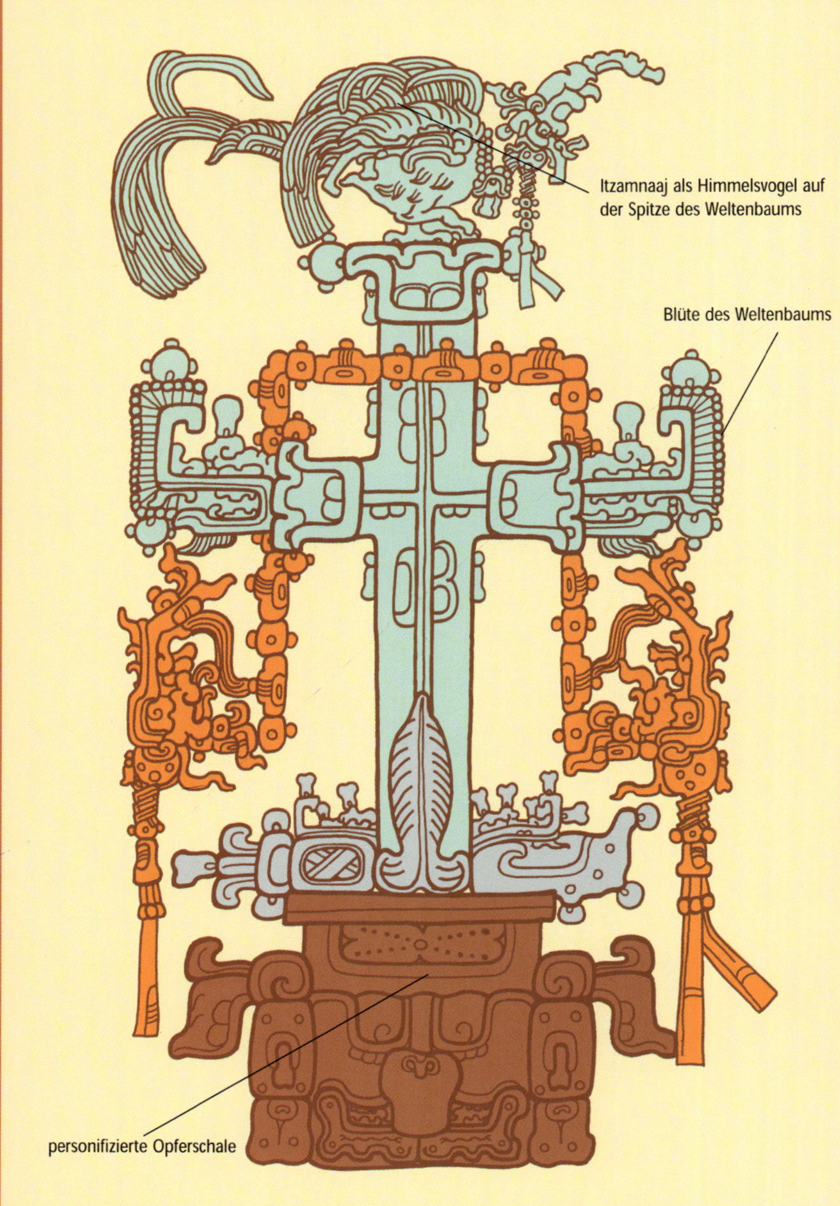

453 *Darstellung des Weltenbaums, Umzeichnung einer Relieftafel (Detail); Palenque, Chiapas, Mexiko, Tempel des Kreuzes; Späte Klassik, 692 n. Chr.; Kalkstein; H. 190 cm, B. 325 cm; Mexiko Stadt, Museo Nacional de Antropologia e Historia*
Das zentrale Motiv der Relieftafel im Sanktuarium des Kreuztempels zeigt eine symbolische Darstellung des kosmischen Baumes, der sich aus einer Opferschale erhebt. Vom Stamm ragt zu beiden Seiten je ein Ast mit einer großen Blüte. Eine doppelköpfige Schlange, deren Körper aus Jadeperlen und einer fortlaufenden Reihe der Hieroglyphe „yax" besteht, symbolisiert das frische Grün des Baumes und die Farbe der Mitte des Kosmos. Auf der Blüte an der Spitze des Baumes thront Itzamnaaj in Gestalt des Himmelsvogels.

Die Schale eines anderen K'atuns wurde hingestellt und platziert durch die Boten, die Diener ihres Herren. Der rote Piltek wurde in den Osten der Welt gesetzt um die Menschen zu seinem Herren zu führen. Der weiße Piltek wurde in den Norden der Welt gesetzt, um die Menschen zu seinem Herren zu führen. Lahun Chaan wurde in den Westen gesetzt, um die Menschen zu seinem Herren zu führen. Der gelbe Piltek wurde in den Süden gesetzt, um die Sachen zu seinem Herren zu bringen. Über die ganze Welt aber wurde Aj Wuk Chek'nal („der den Mais sieben mal befruchtet") gesetzt. Er kam aus der siebten Ebene der Erde, da stieg er herab, um Itzam-Kab-Ayiin („Itzam, das Erd-Krokodil") zu befruchten, dort stieg er mit Kraft zwischen den vier Ecken von Erde und Himmel herab. Sie wanderten zwischen den vier Kerzen, zwischen den vier Ebenen der Gestirne. Die Welt war noch nicht erhellt; es gab weder Tag noch Nacht, noch den Mond. Dann nahmen sie war, dass die Welt erweckt wurde. Da wachte die Welt auf.

lichen Sternenhimmels im Allgemeinen und der Norden dem Mond zugeordnet. Diese Motive erscheinen unter anderem auch auf den Himmelsbändern und bilden in der Kunst die einfachste Form des Kosmogramms, wie zum Beispiel am Rand des Reliefs auf der Grabplatte von Palenque. Die Himmelsbänder erscheinen oft auf Thronbänken, zum Beispiel auf einer skulptierten Bank aus dem Gebäude 8 N-66, einer der Adelsresidenzen aus dem östlichen Sektor der Stadt Copan. Hier wird dieses Kosmogramm noch durch die Anordnung der Symbole ergänzt, die die Nord-Süd-Achse des Kosmos betonen, jeweils getrennt durch eine Maske, die als Symbol für *tzuk*, die kosmischen Quadranten, steht.

Eine der schönsten Darstellungen des Kosmos ist uns auf einem bemalten Gefäß, der so genannten „Kosmischen Schale", überliefert (Abb. 451, 452). Den Himmel verkörpert ein um den oberen Schalenrand gelegtes doppelköpfiges Ungeheuer, dessen Leib aus Zeichen gebildet ist, die den Sternenhimmel symbolisieren. In der Mitte des Himmels sitzt der Himmelsvogel Itzam Ye. Im Zentrum der gesamten Szene erhebt sich der Regengott Chaak als kosmischer Baum aus dem Urozean. Unterhalb dieses Wasserbandes sind Wesen der Unterwelt zu sehen. Eines auf der westlichen Seite symbolisiert einen Toten, der mit geschlossenen Augen jene Welt betritt. Auf der östlichen Seite erkennen wir den Kopf des jungen Maisgottes, dessen grün sprießende Blätter die Vorstellungen von Fruchtbarkeit und Erneuerung beschwören. Das Meer, der „Ort des schwarzen Wassers", wie es in den Hieroglyphen auf dem Wasserband genannt wird, ruht im weit aufgerissenen Rachen eines Ungeheuers. Das ist Sak Baak Chapaat, der „weiße Knochen-Tausendfüßler", am Eingang zur Unterwelt.

Diese kosmographischen Vorstellungen sind in ihren Grundzügen bei allen Maya-Gemeinschaften, aber auch bei anderen Völkern Mesoamerikas zu finden und lassen sich bis weit in die präklassische Zeit zurückverfolgen. Die grundlegenden Vorstellungen von der Schöpfung und dem Aufbau des Universums haben nicht nur den Niedergang der klassischen Maya-Kultur überdauert, sondern auch die Umwälzungen infolge der spanischen Invasion. In vielen Gemeinschaften haben sie sich bis in heutige Zeit erhalten und bilden die Grundlage des Glaubens und der damit verbundenen Rituale. Zeremonien, die den Bau eines Hauses, die Anlage einer *milpa* oder die Aussaat begleiten, stützen sich auch heute noch auf diese alten Überzeugungen, die in der vorspanischen Zeit wurzeln.

Kosmographie als räumliches Ordnungsprinzip

Wo immer die Maya Eingriffe in den natürlichen Raum vornahmen, sei es durch die Anlage einer Siedlung, die Errichtung eines Gebäudes, eines Altars oder das Roden des Urwaldes für den Feldbau, bildeten sie das viergeteilte Weltmodell ab. Plätze, Pyramiden, Tempel und Paläste imitierten in symbolischer Form die mythische Landschaft, die von den Göttern am Tage der Schöpfung gestaltet wurde. So wurde dieser mythische Akt jedes Mal, wenn ein Gebäude oder ein Stück Land mit einer Schnur vermessen wurde, wiederholt und bestätigt. Die so angelegte *milpa* oder die gesamte Ansiedlung überhaupt, ganz gleich, ob das einfache Haus eines Bauern oder die Kultbauten eines Stadtzentrums – sie alle sind Modelle des Kosmos.

Auch Gräber sollten aus der Sicht der Maya ein Abbild des Universums sein. Besonders schöne Beispiele sind die bemalten Grabkammern von Río Azul im Nordosten Guatemalas, deren Wände die Seiten und die Ecken der viergeteilten Welt mit ihren Namenshieroglyphen darstellen (Abb. 454, 455) und auch die mythischen Berge an den Seiten des Kosmos und des Urmeeres zeigen. Auf den Boden, das Zentrum dieses Kos-

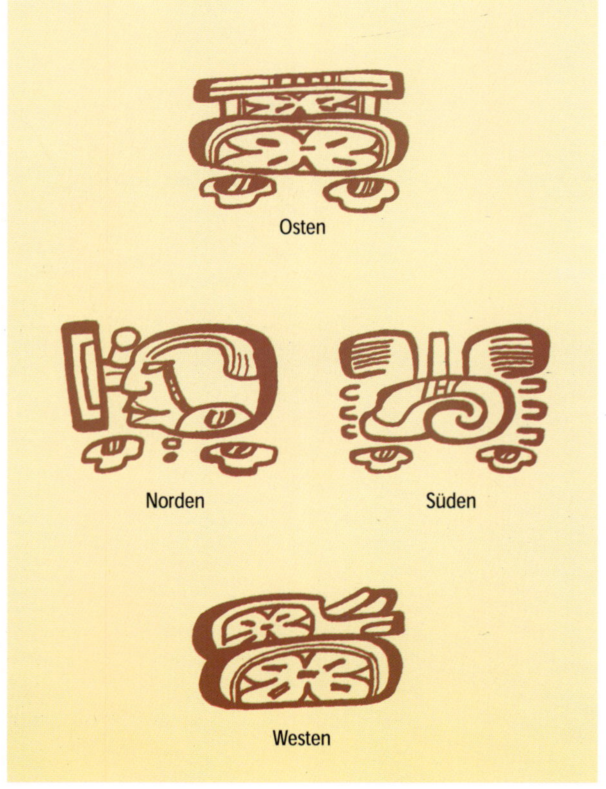

454 *Grab 12. Río Azul, Peten, Guatemala, Gebäude A-4, Grab 12; Frühe Klassik, 450 n. Chr.; Wandmalerei*
Die Namenshieroglyphen der vier Himmelsrichtungen sind an die entsprechenden Wände der Grabkammer und in die vier Ecken geschrieben worden. Den vier Quadranten des Kosmos sind die Namen ihrer Markiersteine zugeordnet, die hier als so genannte Wahrsagesteine, *am*, bezeichnet werden. In den Ecken des Grabes erscheinen auch die Namen der Eckpunkte der Quadranten, die sich vermutlich auf die Sonnenwendpunkte am Horizont beziehen. So wird das Grab zu einem Abbild des Kosmos, in dessen Zentrum der tote Herrscher liegt. Eine Inschrift an der Nordwand berichtet von seiner Bestattung.

455 *Hieroglyphen der vier Himmelsrichtungen. Umzeichnung der unteren Hieroglyphen an den Seitenwänden von Grab 12 von Río Azul*
Auf die Wände des Grabes sind die Hieroglyphen für die vier Himmelsrichtungen geschrieben. Während sich die Bezeichnungen für Osten und Westen am Sonnenlauf orientieren, ist die Bedeutung der Hieroglyphen für Norden und Süden noch nicht sicher geklärt. Osten heißt *el k'in* („wo die Sonne hervorkommt") und Westen *ooch k'in* („wo die Sonne [in die Unterwelt] eintritt"). Die Hieroglyphe für Süden kann als *nojool* (rechts) übersetzt werden, denn in dieser Richtung liegt der Süden, wenn man gen Osten blickt.

mogramms, wurde der Leichnam des verstorbenen Herrschers platziert. Er lag damit in der Unterwelt, deren oberste Schicht das mythische Urmeer war.

Die Maya-Stadt als symbolische Landschaft

Pyramiden mit den sie krönenden Tempeln und den Gräbern in ihrem Inneren sind das gebaute Abbild mythischer Berge und Höhlen. In ihnen residieren die verstorbenen Vorfahren und Wesen der Unterwelt (Abb. 457). Die Plätze, an denen sich die Pyramidenberge erheben, symbolisierten oft einen bestimmten mythischen Ort auf der Erde oder der Oberfläche des Urgewässers. Dass die Bauwerke einer Stadt die Elemente des Kosmos verkörperten, geht auch aus den Bezeichnungen für die verschiedenen Gebäudetypen hervor. *Naab*, „Platz“, bedeutet auch „Ozean“, „See“ oder allgemein „stehendes Gewässer“. Aus diesem erhoben sich die von Menschenhand nachgebildeten heiligen Berge (*witz*), verkörpert durch die pyramidalen Tempel mit ihren Plattformen.

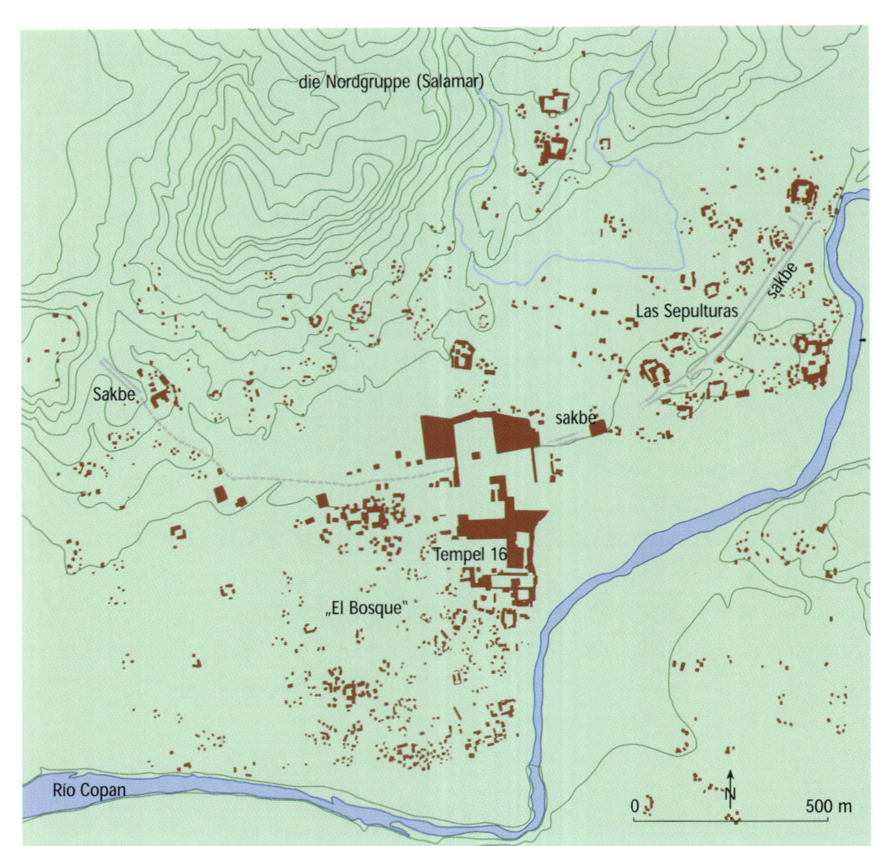

456 *Karte des Stadtkerns von Copan, Honduras*
Die Karte zeigt, umgeben von vier großen Wohngebieten in etwa einem Kilometer Abstand, die so genannte Hauptgruppe im Zentrum. Dort befindet sich über dem Grab des Dynastiegründers Yax K'uk' Mo' der zentrale Ahnenschrein sowie die Residenz der Herrscherfamilie. Die Wohnbezirke liegen in den vier Haupthimmelsrichtungen und waren Residenzen adliger Familien, ihrer Handwerker und ihres Hofstaats. Östlicher und westlicher Wohnbezirk sind jeweils durch einen *sakbe*-Dammweg mit dem Kern verbunden. Eingebettet in die Landschaft mit ihren Wasserläufen und Bergen, ist die Stadt Copan ein ideales Modell des Maya-Kosmos.

Das viergeteilte Weltmodell lag nicht nur der Gestaltung von Plätzen und Gebäuden zugrunde. Auch Städte in ihrer Gesamtheit wurden als Abbild des Universums angelegt, um sie als Sitz der politischen und religiösen Macht kenntlich zu machen. Sie symbolisierten die mythische, von Göttern geformte und bewohnte Landschaft. So bildete die Anlage einer Maya-Stadt ein auf eine horizontale Fläche projiziertes Kosmogramm ab (Abb. 456). Die Stadt als religiöses und politisches Zentrum gab nicht nur die göttliche Ordnung des Kosmos wieder, sie repräsentierte auch die Struktur der irdischen Welt. Die Residenz des Herrschers und die Schreine seiner Ahnen befanden sich dort, und der Herrscher selbst repräsentierte die Harmonie von Makrokosmos und Mikrokosmos und erhielt sie aufrecht.

In der Anlage einer Stadt wurden die Achsen des Kosmos oft von breit angelegten, *sakbe* genannten Dammwegen repräsentiert, die vom Zentrum ausgingen und es mit den äußeren Bezirken verbanden. Die Ost-West-Achse wurde oft besonders betont. Schreine, die sich in Höhlen, auf Berggipfeln und am Fuß von Bergen befanden, markierten in der umgebenden Landschaft die Grenzen einer Stadt. Andere Schreine sind in der Peripherie einer Stadt aufgestellte Stelen und Altäre, die gelegentlich sogar explizit in ihren Inschriften als Markierungspunkte des jeweiligen kosmischen Quadranten bezeichnet werden (Abb. 458). Die Standorte solcher Monumente galten auch als Öffnungen oder Verbindungswege zu den verschiedenen kosmischen Ebenen. Die Anlage von Siedlungen in der Nähe bestimmter Berge, Höhlen, Flussläufe oder Quellen erfolgte nicht nur unter rein praktischen Gesichtspunkten, sondern richtete sich auch nach dem in der Kosmographie überlieferten Modell einer idealen Landschaft. Berge mit Höhlen in der Umgebung einer Siedlung wurden und werden noch immer als die Entsprechungen der mythischen Berge und Höhlen aufgefasst, in denen die Ahnen und die lokalen Schutzgötter residieren (s. Brady, S. 298 ff.).

Der Sinn der kosmographischen Anlage einer Stadt und ihrer Einbettung in eine mythische Geografie war es, die irdische Welt mit der göttlichen Ordnung in Einklang zu bringen. Das zugrunde liegende Modell ist im gesamten Maya-Gebiet erkennbar, wenn auch mit regionalen oder örtlichen Varianten. Auch in der Ikonographie des Fassadenschmucks, ganz gleich, ob Stuckplastik oder Steinskulpturen, bildete man die Attribute heiliger Orte oder die mit ihnen verbundenen Wesen ab. So entstand ein heiliger Bezirk, gleich einer Landkarte der sakralen Geografie.

Kosmographie und Gesellschaftsstruktur

Das Kosmogramm als grundlegendes Ordnungsschema lag allen räumlichen Organisationsebenen der Städte zugrunde und reichte vom einzelnen Haus über die zentrale Hofgruppe eines Wohnbezirks bis hin zur gesamten Stadtanlage. Die

457 *Durchgang zum Sanktuarium von Tempel 22. Copan, Honduras, Gebäude 10L-22; Späte Klassik, 715 n. Chr.; grüner Tuffstein*
Errichtet von Waxaklajuun Ubaah K'awiil anlässlich des 1. K'atun-Jubiläums seiner Herrschaft, stellt Tempel 22 am Nordrand des Osthofes der Akropolis das Abbild des mythischen Berges Mo' Witz dar, Sitz eines Schutzgottes der Dynastie Copans. Die Skulpturen am inneren Durchgang zum Sanktuarium symbolisieren den Kosmos in seiner Ost-West-Achse, der Ekliptik. Diesen Himmelausschnitt repräsentiert ein zweiköpfiges reptilienartiges Wesen mit einem Körper aus Wolkenspiralen, das von zwei Atlantenfiguren gehalten wird. Diese *Bakab* oder *Pawajtuun* kauern auf Schädeln, welche für die Unterwelt stehen.

458 *Stele 19. Copan, Honduras, 5,5 km westlich des Zentrums; Späte Klassik, 652 n. Chr.; grüner Tuffstein; H. 317 cm, B. 63 cm, T. 43 cm*
„Rauch Imix", der 12. Herrscher von Copan, errichtete im Jahre 652 n. Chr. an abgelegenen Orten im Tal von Copan eine Reihe von Stelen als Markiersteine für den östlichen und den westlichen Quadranten seiner Stadt. Eine von ihnen ist Stele 19, die zusammen mit einem Altar den westlichen Grenzschrein darstellt. Die zum Teil stark verwitterte Inschrift berichtet u. a. von der Aufstellung des Monuments durch den Fürsten.

so erkennbare räumliche Hierarchie spiegelte auch eine Rangfolge innerhalb der Gesellschaft wider, wie sie zumindest für den Adel aus den Inschriften ersichtlich ist. Der Herrscher, der *k'uhul ajaw* („Göttlicher Herr"), steht im Mittelpunkt dieses Kosmos. Die Herrscher der Maya sahen sich selbst als die *axis mundi* und ließen sich als Verkörperung dieser Achse auf vielen Monumenten abbilden. Oft zeigen diese Darstellungen den Herrscher in einer Tracht, die den Weltenbaum Wakah Chan symbolisiert, mit dem *tzuk*-Gesicht vom Stamm des Baumes in der Mitte des Lendenschurzes, oft flankiert von Schlangenköpfen, die Äste oder Blüten darstellen. Der Kopfschmuck zeigt häufig Kopf und Federn des Himmelsvogels Itzam Ye, der auf der Spitze des Baumes sitzt.

Der Herrscher sah sich sowohl in der Rolle desjenigen Menschen, der die irdische Ordnung aufrechterhielt, als auch in der des Gottes, welcher die kosmische Ordnung herstellte, eingeschlossen die meteorologischen, astronomischen und anderen natürlichen Phänomene, die für den Agrarzyklus von Bedeutung waren (Abb. 459, 460). Die Herrscher residierten im Zentrum der Städte und traten als oberste Priester und Mittler auf. Durch ihre Rituale übertrugen sie göttliche Macht auf die irdische Gemeinschaft und legitimierten somit ihren Status. Das Zentrum der weltlichen und religiösen Macht wurde mit dem Mittelpunkt des Universums gleichgesetzt.

Jedes Oberhaupt einer niederen Adelsfamilie bediente sich in der Anlage seiner Residenz und bei rituellen Handlungen derselben kosmographischen Symbole wie der Herrscher und sicherte den Bestand der göttlichen Ordnung in dessen Machtbereich. Maya-Städte stellen den in vorindustriellen Kulturen weit verbreiteten Typus der „königlich-ritualen" Stadt dar. Eine solche Stadt war ein symbolischer Kosmos und umfasste alle sozialen Einheiten, die in die Herrschaft des Königtums involviert waren: Sie war sowohl Residenz des Herrschers als auch Wohnbezirk des Adels. Jede untere Einheit, die von der darüber liegenden abhängig war, reproduzierte das kosmographische Ordnungsschema.

Kosmographie und Ritual

Das Schöpfungsereignis hatte eine große Bedeutung für die Erstellung des Kalenders und die in ihm festgelegten rituellen Aktivitäten. Die anlässlich von Periodenenden, vor allem beim Abschluss eines K'atuns durchgeführten Rituale, zum Beispiel das Errichten von Stelen und Altären als symbolische Wiederholung der Steinsetzungen zu Beginn der Schöpfung und die damit gelegentlich einhergehende bauliche Veränderung von Plätzen und Gebäuden, sind als Erneuerungszeremonien aufzufassen. Der Herrscher zerstörte symbolisch die Welt und erschuf sie aufs Neue. Tempel und Paläste früherer Machthaber mussten abgerissen werden, um Platz für die Überbauungen nachfolgender Herrscher zu machen.

Ein weiteres Beispiel für derartige rituelle Neuinszenierungen der Zerstörung und Wiedererschaffung der Welt sind die Neujahrsriten, die sowohl im Dresdner Codex als auch vom spanischen Chronisten Diego de Landa (1524–1579) beschrieben wurden. Zu den wesentlichen Handlungen bei diesen Ritualen gehörten das Aufstellen von Bäumen oder Götterbildern und das Setzen von Steinen in den vier Himmelsrichtungen.

So wurde alle 819 Tage eine Figur des Gottes K'awiil aufgestellt. Nach einem solchen 819-Tage-Zyklus betrat der Gott einen neuen kosmischen Quadranten und wechselte dabei seine Farbe, indem er den Ton der entsprechenden Himmelsrichtung annahm.

Mit der Erschaffung der Welt schufen die Götter also nicht nur die materielle Grundlage für das Sein des Menschen. Die Schöpfung war der Beginn der Zeit und aller Ordnung. Sie war ein Modell für das soziale Zusammenleben. Das Ritual stellte sicher, dass der Mensch das Gleichgewicht der Schöpfung nicht zerstörte, sondern durch symbolische Neuschöpfung und Opfer am Leben erhielt.

459 *Stele D und Altar von Copan. Farblithografie von Frederick Catherwood, 1841*
Der Zeichner Frederick Catherwood war nicht nur von der Magie des Ortes angezogen, den er 1840 zusammen mit John Lloyd Stephens besuchte, sondern schuf auch die ersten verlässlichen Zeichnungen von Maya-Steinmonumenten wie der hier gezeigten Stele D. Der Altar davor stellt vermutlich den Eingang zur Unterwelt dar und die dahinter aufragende Stele den Herrscher Waxaklajuun Ubaah K'awiil, der aus der Unterwelt hervorkommt.

460 *Stele B. Copan, Honduras, Großer Platz; Späte Klassik, 731 n. Chr.; grüner Tuffstein; H. 373 cm, B. 118 cm, T. 100 cm*
Das Monument wurde errichtet von Waxaklajuun Ubaah K'awiil, dem 13. Herrscher Copans, und zeigt ihn als Verkörperung verschiedener Götter in einer Höhle des Mo' Witz („Ara-Papagei-Berg"), eines der Berge an den vier Seiten des Kosmos und Sitz eines Schutzgottes der Herrscherdynastie. Vermutlich war Mo' Witz der Name des großen Massivs, das sich nördlich der Stadt erhebt. Das Gesicht auf dem Lendenschurz des Fürsten bedeutet *tzuk* (Abschnitt) und weist darauf hin, dass der Dargestellte in der Mittelachse eines kosmischen Quadranten steht.

ESTELA
B

RAUSCH UND EKSTASE

Nikolai Grube

Eine Seite der Maya-Kultur, die bei den spanischen Geistlichen großen Abscheu hervorrief, war der in ihren Augen exzessive Genuss von Alkohol und Drogen anlässlich religiöser Feste. Diego de Landa (1524–1579) ist nur einer von vielen Missionaren, die feststellten, dass es kaum eine Feierlichkeit gegeben habe, die am Ende nicht in ein großes Trinkgelage mündete: „Die Indios waren beim Trinken und beim Rausch äußerst hemmungslos; hieraus erwuchsen ihnen viele Übel, wie etwa, dass sie sich gegenseitig umbrachten [...] Wein machten sie aus Honig, Wasser und der Wurzel eines gewissen Baumes, den sie hierfür anpflanzten, sodass der Wein stark und sehr übel riechend wurde; sie tanzten, erlustigten sich und

saßen jeweils zu zweit und zu viert zusammen, um zu speisen; und nach dem Essen holten die Mundschenke, die sich gewöhnlich nicht betranken, einige große Bottiche zum Trinken hervor, bis es schließlich zum allgemeinen Tumult kam; und die Frauen waren sehr besorgt, wenn ihre Ehemänner betrunken heimkamen."

Das Getränk, welches Landa beschreibt, war vermutlich Balche', ein alkoholisches Gebräu aus Wasser, dem Honig wilder Bienen und der Rinde des zu diesem Zweck in vielen Hausgärten angepflanzten Balche'-Baumes (Lonchocarpus longistylus). Der Alkoholgehalt von Balche' ist sehr niedrig, deshalb müssen große Mengen konsumiert werden, wenn ein berauschender Effekt erzielt werden soll. Balche' wird auch heute noch auf der gesamten Halbinsel Yukatan zu zeremoniellen Anlässen hergestellt und getrunken; bei den Lakandonen von Naha' wird die Rinde des Baumes am frühen Morgen in einem ausgehöhlten Baumstamm mit Wasser aufgegossen; am folgenden Morgen kann dann das Balche'-Ritual beginnen: ein den ganzen Tag andauerndes Trinkgelage, das angesichts von Götterbildern durchgeführt wird.

Neben Balche' gab es in der klassischen Zeit noch ein anderes alkoholisches Getränk, das man aus dem fermentierten Saft von Agaven braute. Das Getränk hieß bei den Maya *chi*, so wie auch die Agave selbst. Darstellungen von Trinkgelagen auf klassischen Maya-Keramiken zeigen häufig große Gefäße, die mit der Hieroglyphe *chi* beschriftet sind (Abb. 463). Solche Trinkszenen erhellen aber auch einen anderen Aspekt des Alkoholkonsums der Maya: Da die Getränke nicht mehr Alkohol besaßen als etwa ein leichtes Bier, musste man große Mengen zu sich nehmen, um den erwünschten Rauschzustand zu erleben. Offenbar trank man so viel von dem Gebräu, bis man sich übergeben musste. Das Erbrochene wurde in Taschen aufgefangen, die man sich eigens für diese Zeremonien wie Lätzchen vor die Brust band. Um aber dem Körper noch mehr und schneller Alkohol

462 *Raucher. Fundort unbekannt; Späte Klassik, 700–720 n. Chr.; Ton, bemalt; Privatsammlung*
Diese Darstellung eines Rauchers gehört zu den wenigen frontalen Wiedergaben von Gesichtern in der Maya-Kunst. Der ungewöhnliche Hut in Form eines Tierkopfes verleiht der Szene einen zusätzlichen humoristischen Aspekt.

461 *Akan, Gott des Rausches. Umzeichnung einer Malerei auf einem polychromen Keramikgefäß*
Schwarze Flecken um die Augen und „Prozentzeichen" auf dem Körper sind die Attribute von Akan, dem Gott des Rausches, der sich hier übergibt und ein Klistier in der Hand hält.

463 *Trinkgelage. Abrollung eines polychrom bemalten Gefäßes; Fundort unbekannt; Frühe Spätklassik, 550–700 n. Chr.; Ton, bemalt*
Die Szene zeigt ein orgiastisches Fest mit intensivem Alkoholgenuss. Zwei der Tonkrüge sind mit der Hieroglyphe *chi* (vergorener Agavensaft) beschriftet. Die beiden mittleren Gestalten haben Taschen umgebunden, um Erbrochenes aufzufangen.

zuführen zu können, verwendete man schließlich aus Kürbissen und Ton gearbeitete Klistiere, die in den Enddarm eingeführt wurden (Abb. 464). Diese Prozedur ermöglichte eine extreme Alkoholisierung der Beteiligten. So zeigen viele Darstellungen von Rauschszenen tanzende, taumelnde und fallende Menschen (Abb. 463). Den Getränken wurden häufig toxische Substanzen beigemischt, welche die Wirkung noch steigern sollten, aber auch den Geschmack erheblich beeinträchtigten. Wohl auch aus diesem Grunde verwendete man Klistiere, denn mit ihrer Hilfe konnte man dem Körper Flüssigkeiten zuführen, deren orale Aufnahme die Geschmacksnerven zu sehr strapaziert hätte. Es gab sogar einen Gott, der über die Klistierrituale wachte und eigens für die Trinkgelage „zuständig" war. Dieser Gott Akan wird von den Spaniern als der „Bacchus" der Maya beschrieben (Abb. 461).

Diese orgiastischen Trinkgelage scheinen vor allem in Höhlen stattgefunden zu haben. Höhlen galten als Zugänge zur Unterwelt; als Orte ewiger Dunkelheit waren sie nicht nur zeitlos, sondern lagen auch jenseits der in der Tagwelt geltenden Regeln des sozialen Zusammenlebens. In der lichtlosen Gegenwelt waren die Augen als Sinnesorgane weitgehend ausgeschaltet, dafür konnte man sich mittels unterstützender Stimulanzien ungehemmt inneren Bildern und Visionen hingeben. Tatsächlich finden sich in manchen Höhlen auch genau dieselben großen dickbauchigen Gefäße, die auf Vasenmalereien als Behälter für vergorenen Agavensaft *chi* zu erkennen sind.

Alkoholische Getränke waren aber nur eine der vielen Arten von Drogen, welche die Maya zu sich nahmen, um die sichtbare Welt hinter sich zu lassen und durch Visionen und Entrückungen einer anderen Wirklichkeit teilhaftig zu werden. Gewissermaßen ein ganzer Strauß psychoaktiver Drogen stand zur Verfügung, um im Verbund mit tagelangem Fasten, monotoner Musik und ekstatischem Tanz den Wechsel von einer Welt in die andere zu ermöglichen. Die meisten der Drogen waren pflanzlichen Ursprungs und wirkten direkt auf das Zentralnervensystem, indem sie Wahrnehmung, Bewusstsein und Befindlichkeit veränderten. Zu den ältesten psychotropen Pflanzen der Neuen Welt gehört der Tabak, der mit über 35 Arten im Gebiet der Maya vorkommt (Abb. 462, 465). Tabak wurde nicht nur geraucht, sondern auch geschnupft und gekaut; ein Sud aus der Pflanze wurde getrunken. Selten konsumierten die Maya den Tabak allein. Um seine vielen unterschiedlichen Wirkungen zu erhöhen, vermischte man ihn mit den Blättern der Engelstrompete (Brugmansia spp.) und den Samen des Stechapfels (Datura spp.), die zahlreiche halluzinogen wirkende und stimulierende Alkaloide enthalten.

Im Hochland gedeihen Pilze, die das Alkaloid Psilocybin produzieren. Sie werden noch heute von Schamanen getrocknet und auf Mahlsteinen zu Pulver zerrieben, das eine stark halluzinogene Wirkung hat. Vermutlich nutzte man diese Pilze schon seit der Späten Präklassik, denn Steinskulpturen in Form von Pilzen sind in Kaminaljuyu und im gesamten Hochland von Guatemala gefunden worden.

464 *Darstellung eines Einlaufs. Fundort unbekannt; Späte Klassik, 600–900 n. Chr.; schwarzer Ton; H. 17,5 cm, Dm. 13,3 cm*
Auf dem Boden liegend, lässt sich der Protagonist der Szene, der ein Bein angewinkelt hat, mittels eines ungewöhnlich großen Klistiers einen rektalen Einlauf verabreichen. Während er seinen Kopf mit der einen Hand abstützt, ein Zeichen großer Entspannung, hilft er mit der anderen Hand, die Spitze des Klistiers in seinen Enddarm einzuführen.

465 *Rauchender. Fundort unbekannt; Spätklassik, 600–900 n. Chr.; Muschelschale; H. 26,5 cm; Cleveland, The Cleveland Museum of Art, The Norweb Collection*
Der nur mit einem Lendenschurz und einem Kopfschmuck in Form eines Hirschkopfes bekleidete Fürst sitzt vor einer Tritonmuschel, aus der eine Schlange hervorkommt.

Neben pflanzlichen Drogen gewannen die Maya psychoaktive Substanzen auch aus dem Giftsekret des Ochsenfrosches (Bufo marinus). Das Krötengift enthält die mit LSD verwandte Substanz Bufotenin, die in großer Dosis sogar zum Tod führen kann. Darstellungen von Kröten sind in der Präklassik weit verbreitet, und die hinter dem Ohr des Tieres gelegenen Drüsen werden stets besonders hervorgehoben. Neuere Forschungen des kalifornischen Ethnologen Johannes Wilbert deuten darauf hin, dass auch die in Gräbern und Opferdepots so oft gefundene Spondylusmuschel (Spondylus spp.) eine halluzinogene Wirkung hatte. Dies könnte erklären, warum man dieser Muschel, die zudem ein wichtiges Attribut des Regengottes Chaak ist, im gesamten Maya-Gebiet eine so große Bedeutung beimaß.

Die Einnahme der meisten Drogen ruft unmittelbare Effekte wie Brechreiz, Lichtempfindlichkeit und sogar Taubheit der Glieder hervor, doch dann treten die gewünschten Erscheinungen ein: Es scheint, als verließe die Seele den Körper und begebe sich auf eine Reise zu den Ahnen und Göttern, mythische Tiere tauchen auf, Tote beginnen zu reden und weit entfernte Orte wirken auf einmal erreichbar nah. Die erlebten Visionen sind keine zufälligen Erscheinungen, sondern beruhen auf überkommenen Inhalten der Mythologie, kulturellen Erfahrungen und konkreten Erwartungen der Beteiligten. In der Kunst der klassischen Zeit werden Visionen stets als Schlangen dargestellt; die Vorfahren und Götter, die mittels der Visionen gesprochen und gehört werden, kommen aus deren weit geöffneten Rachen hervor. Die Einnahme von Drogen war daher ein fester Bestandteil des Rituals, dessen sich schamanistische Heiler wie auch die gottgleichen Könige bedienten, um Rat und Beistand bei Göttern und Ahnen zu holen.

DIE DUNKLEN GEHEIMNISSE DER MAYA – ARCHÄOLOGISCHE ERFORSCHUNG VON MAYA-HÖHLEN

James E. Brady

Die drei zentralen Bezugspunkte im religiösen Leben der Maya sind Tempelpyramiden, Berge und Höhlen. Ungeachtet dieser Erkenntnis wurden Höhlen und ihre immense Bedeutung in der Mythologie bis vor kurzem von der Forschung nicht beachtet und kaum verstanden. Warum man sie so vernachlässigte, ist nicht recht klar, denn bereits in den 1840er-Jahren beschäftigten sich Wissenschaftler mit diesen Höhlen. Das belegt eine berühmte Lithografie Frederic Catherwoods von der riesigen Holztreppe von Bolonchen; die eindrucksvolle Größe dieser Konstruktion illustriert, welchen Aufwand die Maya trieben, um ins Innere der Höhlen zu gelangen (Abb. 467). Bei den späteren Versuchen, die Höhlen zu erforschen, trugen die schwierigen äußeren Bedingungen, etwa beschwerliche Kletter- und Kriechpartien bei drückender Hitze und hoher Luftfeuchtigkeit, dazu bei, dass die Geheimnisse der Maya-Höhlen unangetastet blieben. Der Abstieg in die Gruta de Chac schien so mühsam gewesen zu sein, dass es vielen Archäologen wegen physischer Erschöpfung nicht gelang, das umfangreiche archäologische Material im Innern der Höhle zu erforschen oder zu dokumentieren.

Das Hauptproblem bestand jedoch darin, dass nicht erkannt wurde, dass die Höhlen vor allem religiöse Orte und keine Wohnstätten waren und man zunächst ihre zentrale Bedeutung in der mesoamerikanischen Religion nicht verstand (Abb. 469). Beispielsweise lehnte es der Begründer der Mexikanistik in Deutschland, Eduard Seler (1849–1922), angesichts der Ruinen von Quen Santo ab, den Namen als Kombination aus Maya-Sprache und Spanisch aufzufassen und wörtlich als „heilige Höhle" zu übersetzen. Somit deutete er die drei Höhlen unterhalb der Stätte nicht etwa als religiösen Mittelpunkt dieser vorspanischen Stadt, sondern sah darin nur einen Ort, an dem die Maya ihre Skulpturen zurückließen, als sie die Stätte aufgaben. Das war besonders bedauerlich, denn die Höhlen enthielten sowohl eindrucksvolle architektonische Elemente als auch Monumentalskulpturen, von denen viele seitdem geplündert oder zerstört worden sind. Die systematische Erforschung der Höhlen begann erst in den 1980er-Jahren, während der 1990er-Jahre wurde sie beträchtlich intensiviert, und unablässig sorgen neue Entdeckungen für neue Erkenntnisse.

Maya-Religion und physische Landschaft

Die Wichtigkeit der Höhlen für die Maya kann man nur dann richtig einschätzen, wenn man die besondere Bedeutung der Landschaft in ihrer Religion versteht. Anscheinend betrachteten alle indianischen Völker die Erde als heiliges und beseeltes Wesen (Abb. 470, 471), eine Vorstellung, die den westlichen monotheistischen Religionen fremd ist. Die Ausrichtung auf die Erde ist auch bei modernen Maya-Bauern noch ein wichtiger Bestandteil der Weltsicht. Ethnologen haben herausgefunden, dass Tzuultaq'a, was in der Sprache der Q'eqchi'-Maya „Herr der Erde" bedeutet, noch immer die wichtigste Gottheit in der Religion zahlreicher Maya-Gruppen darstellt. Das Wort *tzuultaq'a* bedeutet „Berg-Tal" und hat selbst dann noch die Konnotation des Übernatürlichen, wenn es im alltäglichen Sprachgebrauch als Angabe geografischer Gegebenheiten benutzt wird. Da zahlreiche Maya-Sprachen für den „Herrn der Erde" einen Namen benutzen, der übersetzt „Berg-Tal" bedeutet, kann dies als allgemeines Muster angesehen werden. Die sie umgebende Landschaft selbst wird von den Maya personifiziert und vergöttlicht. In vielen Maya-Sprachen ist das Wort für „Höhle" gleichbedeutend mit „Steinhaus", da man glaubt, der „Herr der Erde" residiere in einer Höhle in einem ihm geweihten Berg.

466 *Die Höhle von Loltun, Yucatán, Mexico*
Die Aufnahme zeigt eine der größeren Hallen der Höhle von Loltun. Die Decke ist eingestürzt, sodass das Sonnenlicht eindringen kann; in der Mitte sammelt sich der Schutt. Derartige Öffnungen in der Erdoberfläche bildeten in der Vorstellung der Maya die Verbindung zwischen Ober- und Unterwelt.

467 *Der Brunnen von Bolonchen. Lithografie von Frederick Catherwood, Anf. 19. Jh.*
Im nördlichen Yukatan, wo Flüsse und Seen fehlen, versorgen Cenotes und unterirdische Höhlengewässer zusammen mit Zisternen die dort lebende Bevölkerung mit Wasser. Das Wasser aus den Höhlen diente darüber hinaus rituellen Zwecken. Die Lithografie zeigt die eindrucksvolle Brunnenanlage von Bolonchen im frühen 19. Jh. Eine riesige hölzerne Treppe führt von einem seitlichen Eingang hinab zu einem kleinen See am Grunde des Cenote.

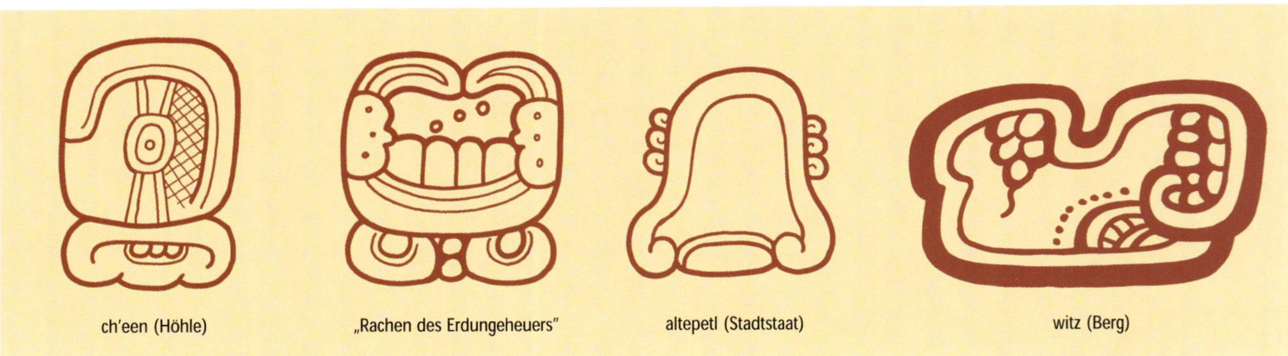

468 *Maya-Hieroglyphen für Höhle, „Rachen des Erdungeheuers", Berg und aztekische Hieroglyphe für Stadt*
Ortsnamen in Maya-Inschriften enthalten oft auch Hieroglyphen für die jeweilige Landschaftsform. Eine in der mesoamerikanischen Vorstellungswelt lange Zeit weit verbreitete, ideale Landschaft ist der heilige Berg, der sich aus den Wassern der Unterwelt erhebt. Darauf basiert auch der aztekische Begriff für Stadt, *altepetl*, was wörtlich übersetzt „Wasser-Berg" heißt.

Früher neigte man dazu, Berge und Höhlen als Gegensätze aufzufassen, die „unten" und „oben" oder „Himmel" und „Unterwelt" repräsentieren, doch dies scheint dem Weltbild der Maya nicht gerecht zu werden. Der Begriff „Berg-Tal" vereinigt nämlich beide Dimensionen in einem Begriff. Die Maya hielten Berge für hohl und glaubten, dass sich im Innern die Wohnstätten der Herren der Erde befänden, auch Pferche, in denen sie alle Arten wilder Tiere halten würden, oder Kammern, die mit Mais, Wasser oder Schätzen angefüllt seien. Auch für die modernen Maya sind Berge und Höhlen eine Einheit. Die Q'eqchi' kennen 13 große heilige Berge, in denen jeweils ein wichtiger Tzuultaq'a lebt. Zu jedem Berg gehört auch eine Höhle, die den heiligsten Bereich darstellt und ritueller Ort für die Verehrung des Tzuultaq'a ist. Wenn ein Q'eqchi' sagt, er gehe zum Xukaneb', dem bedeutendsten heiligen Berg, ist sein eigentliches Ziel die Höhle.

Die Verschmelzung von Bergen und Höhlen, den wichtigsten Elementen der sakralen Landschaft, zu einem einzigen heiligen Symbol hat weitere Konsequenzen. Der Hieroglyphenforscher David Stuart von der Harvard University entdeckte, dass Maya-Pyramiden in den Hieroglypheninschriften als *witz* (Hügel oder Berg), bezeichnet wurden (Abb. 468). Bei der Entschlüsselung von Ortsnamen in der Maya-Schrift stellten Stuart und sein Kollege Stephen Houston von der Brigham Young University fest, dass Bezeichnungen für von Menschen geschaffene Bauwerke auffallend häufig Metaphern für „Berge" waren. Dies legt die Vermutung nahe, dass alte Tempelpyramiden heilige Berge darstellen sollten. Die Eingänge der oben auf den Pyramiden erbauten Tempel gelten deshalb als Öffnungen symbolischer Höhlen. Ein verbreitetes Höhlensymbol sind Fassaden, die den offenen Rachen des Erdungeheuers darstellen. Bei den Kultstätten Höhlen, Berge und Tempelpyramiden handelt es sich gewissermaßen um eine Dreieinheit. Ihr religiöser Gehalt kreist um ein einziges Grundthema: die Erde.

469 *Längsschnitt durch die Höhle von Loltun, Yucatán, Mexiko*
Bereits Ende des 19. Jh.s wurde die Höhle von Loltun archäologisch erforscht. Henry C. Mercer untersuchte sie in den 1890er-Jahren mit dem Ziel, Informationen über ihre frühe Nutzung als Siedlungs- und Kultplatz zu gewinnen. Er vermaß und zeichnete die Höhle und legte dort auch mehrere Ausgrabungsschnitte an.

Höhlen, Landschaft und Maya-Siedlungen

Wenn die Erde für die Maya so wichtig war, dass die öffentliche Monumentalarchitektur natürlichen Landschaftselementen nachgebildet wurde, müssen landschaftliche Gegebenheiten für Siedlungsgründungen von vorrangiger Bedeutung gewesen sein. Die Wahl eines bestimmten Ortes war in der lokalen Mythologie begründet und dargestellt. Demnach hatten die Götter die auserwählten Orte den Menschen offenbart oder sie ihnen anhand besonderer Zeichen kenntlich gemacht. Das wohl berühmteste mesoamerikanische Beispiel ist die Gründung der Hauptstadt der Azteken, Tenochtitlan. Sie wurde an genau der Stelle erbaut, wo die Azteken einen Adler gesehen hatten, der mit einer erbeuteten Schlange auf einem Kaktus saß.

Die Auswertung kolonialzeitlicher Quellen über die Rituale bei Siedlungsgründungen in allen Teilen Mesoamerikas ergab, dass bestimmte geografische Merkmale eine enorme Bedeutung besaßen. Orte ohne diese Merkmale wurden nicht gewählt, auch wenn sie aus ökonomischer, strategischer oder ökologischer Sicht besser geeignet gewesen wären. Ein zu besiedelnder Ort sollte zwischen Bergen und Wasser liegen, eine Erhebung im Zentrum haben und über Quellen und Höhlen verfügen.

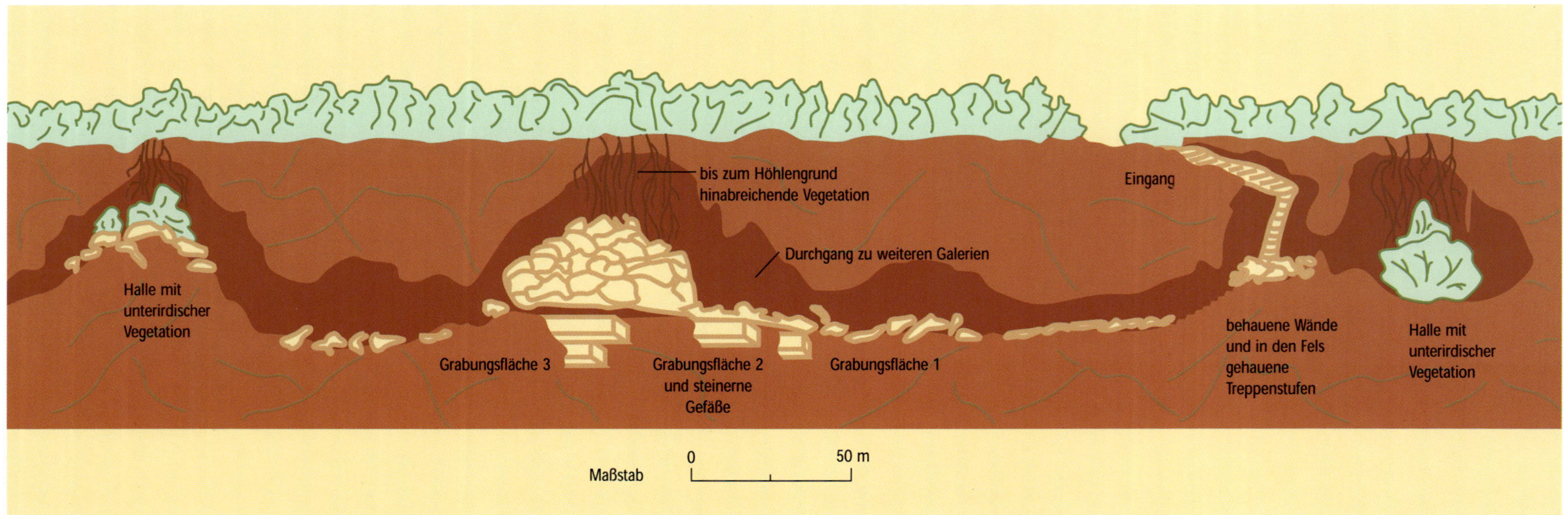

So wurde, wie in vielen Kulturen, mit der Siedlungsgründung gleichsam die Erschaffung der Erde, in der Wasser und Himmel sich trennten und die Erde emporstieg, nachvollzogen.

Darüber hinaus muss bedacht werden, dass die großen Schöpfungsakte immer im Zentrum des Kosmos stattfanden, sodass die neue Siedlung für sich ebenfalls in Anspruch nehmen konnte, dieser zentrale Ort von realer Macht und mythischer Bedeutung zu sein. So musste im Zentrum der Region eine natürliche Höhle Wasser enthalten oder von Wasser umgeben sein (Abb. 478). Oft schachteten die Maya Grotten mit ihren eigenen Händen aus, um ihre Form dem mythologischen Ursprungsort so ähnlich wie möglich zu machen. Die den Göttern geweihten Höhlen bildeten das Herz der neuen Stadt und besaßen die kosmogonischen Zeichen, aus denen die Menschen das Recht zur Besiedelung dieses besonderen Ortes und die Autorität des Herrschers über diese Stätte herleiteten.

Die Tatsache, dass bei Gründungsritualen in allen Teilen Mesoamerikas die gleichen Symbole verwendet werden, lässt vermuten, dass der Berg-Höhle-Wasser-Komplex den Kern des mesoamerikanischen Ideologiesystems bildet. Die Höhle und der sie umgebende Berg sind mit den Ahnen, dem Ursprungsort der Gemeinschaft und sogar mit der ethnischen Identität verknüpft. Die Landschaftselemente sind daher stark mit religiöser Bedeutung aufgeladen. In Zentralmexiko spiegelt sich die enge Verknüpfung von Gemeinschaft und Landschaft in dem Wort *altépetl* wider, das die Azteken und verwandte Völker benutzten, um damit die wichtigste politische Einheit, eine Art Kleinstaat, zu beschreiben. Wörtlich übersetzt bedeutet es „wassergefüllter Berg" und wird in ihrer Schrift als Berg dargestellt, unter dem sich eine Höhle befindet (Abb. 468).

Spuren dieser auffälligen Orientierung an Höhlen bei Siedlungsgründungen finden sich auch bei den modernen Maya. So wurde die Lage eines Lakandonen-Dorfes im Urwald von Chiapas vom Wunsch der Dorfbewohner bestimmt, in der Nähe einer heiligen Höhle zu leben, auch wenn der Boden in dieser Gegend ausgesprochen karg ist. Auch Siedlungen der Tzeltal-Maya im Hochland von Chiapas liegen an nament-

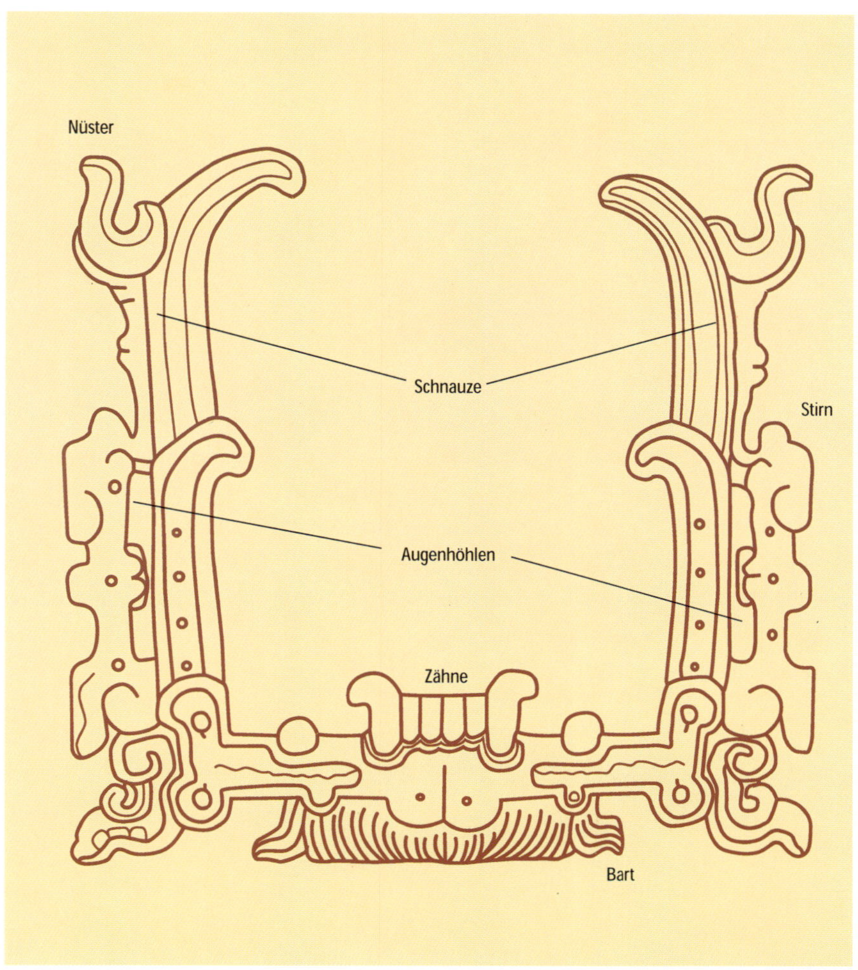

470 *Der Rachen der Unterwelt*
Landschaftsformen wie Berge, Höhlen und Cenotes werden in der Maya-Kunst oftmals als mythische Wesen dargestellt. Der aufgesperrte Rachen des in Maya-Inschriften so genannten Sak Baak Chapaat (weißer Knochen-Tausendfüßler) symbolisiert einen Cenote als „Rachen der Unterwelt, in dem die Wasser der Unterwelt ruhen". Die natürlichen Vorbilder für diesen mythischen Ort sind nicht nur Cenotes, sondern auch unterirdische Höhlenseen.

471 *Altar in Form eines Berges mit Höhleneingang. Tonina, Chiapas, Mexiko, Gebäude E5-5; Frühe Klassik, 300–600 n. Chr.; modellierter Stuck auf Mauerwerk; H. 150 cm, B. 250 cm*
Maya-Gebäude, insbesondere Kultbauten, bilden oft Orte nach, die in der Mythologie eine bedeutende Rolle spielen. Tempel und ihre pyramidalen Unterbauten symbolisieren heilige Berge. Diese sind in der Kunst als reptilienähnliche Wesen dargestellt und weisen als Bauplastik die von Menschenhand geschaffenen Abbilder mythischer Orte aus. Als symbolische Höhleneingänge errichteten die Maya Altäre, auf denen sie die gleichen Opferhandlungen vollzogen wie in tatsächlichen Höhlen: Sie brannten Weihrauch ab und legten Gaben nieder.

472 *Chalcatzingo, das Felsrelief „El Rey". Chalcatzingo, Morelos, Mexiko; olmekisch, Mittlere Präklassik, 700–500 v. Chr.*
Eine menschliche Figur in reichem Schmuck, vermutlich ein Herrscher oder der Ahne eines Herrschers von Chalcatzingo, sitzt auf einem niedrigen Thron im Rachen des Erdungeheuers, der einen Höhleneingang bezeichnet. Spiralen symbolisieren den Wind, der aus der Höhle bläst und Wolken mitbringt, aus denen Regen fällt. Die Figur hält das Symbol für „Wolke" in den Armen und wird als Regengott gezeigt. Offenbar liegt diesem Relief die bis heute in Mesoamerika verbreitete Vorstellung zugrunde, dass Wolken und vor allem die Leben spendenden Regenwolken in Höhlen entstehen und von dort aufsteigen.

lich bekannten Höhlen, nach denen die Orte auch benannt wurden. Innerhalb der Gemeinde wird die Verantwortung für die Verehrung und die Sorge um die Höhle von Generation zu Generation weitergegeben, denn die Menschen glauben, dass darin der „Herr der Erde" lebt, dem das Land der Gemeinschaft gehört.

Ein ähnliches Phänomen lässt sich bei den Tzotzil-Maya in Larrainzar beobachten. Das Dorf wurde in der Nähe einer großen Höhle gegründet, die sich in einem weißen Fels befindet, und der Ort wurde Sakanch'en („Weiße Höhle"), genannt. Unter dem Einfluss der Azteken wurde der Name in das Nahuatl übersetzt und lautete dann Istacostoc. Die Spanier fügten noch den Namen eines Heiligen hinzu, sodass der Ort bis in die 1930er-Jahre San Andrés Istacostoc hieß. Die Siedlungen der Tzotzil-Maya verdanken ihre Beinamen häufig solchen Höhlen. Höhlen haben für die einzelnen Gemeinschaften stets eine besondere Bedeutung und werden als Wohnstätte der Ahnengötter der jeweiligen Gruppe angesehen.

Die Erforschung der Höhlen von Dos Pilas

Bis vor kurzem haben Archäologen sich nicht mit der Frage beschäftigt, ob die Siedlungen der vorspanischen Maya nach den gleichen Gesichtspunkten angelegt wurden wie diejenigen, die in kolonialzeitlichen Dokumenten erwähnt werden. Ein Projekt, das in Dos Pilas im Tiefland Guatemalas durchgeführt wurde, dokumentierte jedoch, dass die drei bedeutendsten Architekturkomplexe dieser Stadt mit großen und wichtigen Höhlen in Zusammenhang standen. Das größte und eindrucksvollste Bauwerk ist die El-Duende-Pyramide auf der höchsten natürlichen Erhebung der Region, die allerdings so verändert wurde, dass eine massive Pyramidenplattform entstand, auf der man einen Steintempel errichtete. Aus Inschriften auf Stelen, die auf der Pyramide aufgestellt wurden, weiß man, dass der Komplex einst *k'inalha'* („Sonnenwasser" oder „heißes Wasser") hieß. Der Tempel ist nach einer unterirdischen Quelle ausgerichtet, die an dieser Stelle an die Oberfläche tritt. Bei der Ausgrabung eines Schlundloches an der Westseite des Gebäudes wurde eine 1,5 Kilometer lange Höhle, die sich unterhalb des Tempels erstreckt, entdeck. Der Teil unmittelbar unterhalb der Pyramide enthält einen unterirdischen See, das größte Wasserreservoir in der Region von Dos Pilas. Die Fülle von Artefakten und menschlichen Knochen in der Höhle zeigt, dass die einstigen Bewohner von Dos Pilas die Höhle nutzten (Abb. 474, 475). Daher besteht kaum Zweifel daran, dass der gesamte Komplex seinen Namen dieser Höhle verdankt: Das spanische Wort *pila* bedeutet auf Deutsch „Wassertrog".

Ungefähr einen halben Kilometer westlich der El-Duende-Pyramide befindet sich der drittgrößte Architekturkomplex, der so genannte Fledermauspalast. Hier residierten einst die letzten beiden Herrscher von Dos Pilas. Genau unter dem Palast liegt der Eingang zur Fledermaushöhle, aus der ein unterirdisches Flusssystem von über zehn Kilometer Länge austritt. Das Wasser strömte nach starken Regenfällen mit einer solchen Gewalt aus dem Höhleneingang, dass man das Getöse noch auf der einen halben Kilometer entfernten Großen Plaza hören konnte. Für die Maya war dies zweifellos

473 *Die bekanntesten Höhlen im Maya-Gebiet*
In den Karstgebieten der Halbinsel Yukatan finden sich unzählige Höhlen; viele nutzen die Maya bis in die heutige Zeit als Kultplätze. Immer wieder jedoch stößt man auf unbekannte Höhlen mit zum Teil spektakulären Funden. Insbesondere in den schwer zugänglichen Gebieten im Urwald des Peten und im Westen von Belize sind auch in Zukunft noch einige Entdeckungen zu erwarten.

ein Ehrfurcht gebietender Anblick, mit dem die Erde ihre heilige Kraft demonstrierte. Derartige Naturschauspiele kündigten den Anfang der Regenzeit und damit den Beginn des Anbauzyklus an.

Die Verbindung des königlichen Palastes mit der eindrucksvollen Quelle bewies die Herrschaft des Königs über das Wasser, den Regen und die Fruchtbarkeit. Interessanterweise beanspruchte der Nicht-Maya-König aus dem ersten Jahrtausend v. Chr., der auf die „El Rey"-Tafel in den Fels von Chalcazingo in Morelos graviert ist, die gleiche Macht. In dieser Zeichnung, die sich in der Nähe eines Höhleneingangs befindet, ist ein Herrscher in einem stilisierten Höhlensymbol dargestellt. Aus dem Eingang der Höhle strömt Wind, und vom Himmel fällt Regen (Abb. 472).

Die Ausrichtung der Architekturkomplexe von Dos Pilas an Höhleneingängen war jedoch nicht nur auf wichtige öffentliche Bauwerke beschränkt. Zahlreiche Nebengebäude und andere Paläste orientieren sich ebenfalls an den zwei Dutzend Höhlen, die sich dort befinden. Dabei überrascht besonders, dass auch bescheidene Wohnstätten und Einzelhäuser mit sehr kleinen Höhlen verbunden sind, die alle Artefakte enthalten.

In den untersuchten Fällen lagen die Höhleneingänge unmittelbar hinter der Plattform der Pyramide. Das Tunnelsystem verlief unter den Bauwerken. Diese städtebauliche Ausrichtung an als heilig geltenden Landschaftselementen und heiligen Symbolen in Dos Pilas spiegelt Normen wider, die anscheinend für alle Bewohner der Stadt unabhängig von ihrer gesellschaftlichen Stellung verbindlich waren.

Ebenso interessant sind die archäologischen und historischen Zusammenhänge der Höhlennutzung. Hieroglyphen lassen darauf schließen, dass Dos Pilas um etwa 640 n. Chr., also erst sehr spät in der Geschichte der Maya, ein bedeutender Ort wurde. Archäologische Ausgrabungen der oberirdischen Architektur scheinen dies zu bestätigen, da nur sehr wenige Nachweise aus der Besiedlungsphase zwischen 300 v. Chr. und 550 n. Chr. gefunden wurden. Im Gegensatz

474 *Keramikgefäße als Opfergaben in der Cueva del Sangre. Dos Pilas, Peten, Guatemala; gebrannter Ton*
Wie die meisten Höhlen bei den Maya galt auch die Cueva del Sangre (span., „Bluthöhle") in Dos Pilas als verborgener heiliger Ort. Sie wurde nur für die Durchführung von Ritualen und das Niederlegen von Opfergaben aufgesucht.

475 *Die Cueva del Sangre, Dos Pilas, Peten, Guatemala*
Bei den Maya galten Höhlen als heilig und waren oft ausschlaggebend für die Anlage von Siedlungen. Auch Dos Pilas bildet in dieser Hinsicht keine Ausnahme, liegt es doch bei der Cueva del Sangre (span., „Bluthöhle"), einem für die Maya sehr bedeutenden Kultplatz.

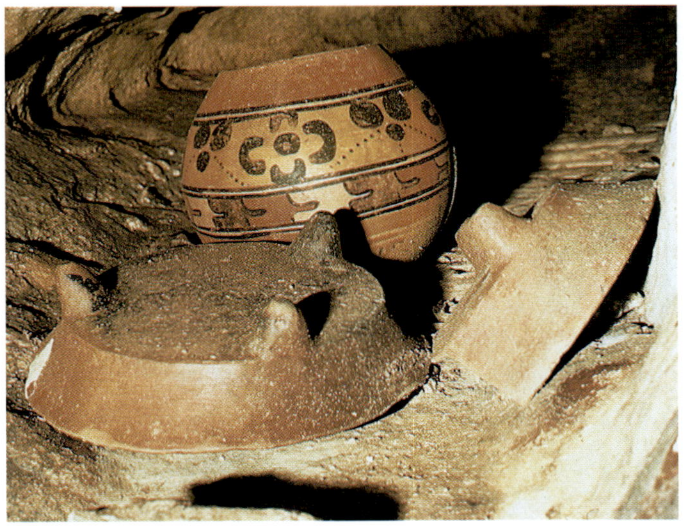

476 *Eine künstliche Unterwelt. Tonina, Chiapas, Mexiko, zweite Terrasse der Akropolis; Späte Klassik, 600–900 n. Chr.* Die mythische Landschaft, in der vor langer Zeit die Götter agierten, wurde von den Maya nachgebaut. In dieser Architektur, einer künstlichen mythischen Landschaft, vollzogen sie die Schöpfungsgeschichte und andere religiös bedeutsame Episoden rituell nach. Neben heiligen Bergen und Gewässern wurden die oft weit verzweigten Höhlen aufgegriffen. Ein Beispiel ist das Labyrinth auf einer der Terrassen der Akropolis von Tonina. Solch massive Gebäude mit verschlungenen, schmalen Gängen und dunklen Räumen sind aber auch in vielen anderen Orten der Maya-Kultur gefunden worden.

dazu enthielten alle großen Höhlen zahlreiche präklassische Artefakte, die darauf schließen lassen, dass sie bereits Jahrhunderte vor dem rasanten Wachstum des Stadtstaates Dos Pilas wichtige Elemente der heiligen Landschaft darstellten und als sakrale Stätten genutzt wurden. Als dann in der Spätklassik mit den gewaltigen Bauprojekten in der Stadt begonnen wurde, bezog man mehrere als heilig geltende Orte, die vielleicht schon seit tausend Jahren existierten und verehrt wurden, in die Architekturkomplexe ein. Wahrscheinlich legten die ersten Könige von Dos Pilas großen Wert darauf, Symbole zu benutzen, welche die neu gegründete Hauptstadt mit der Vergangenheit verknüpften.

Künstliche Höhlen

Bei Gründungsritualen griffen die Maya anscheinend auf weit über ihr eigenes Siedlungsgebiet hinaus verbreitete Symbole zurück. Interessanterweise gilt dies auch für geologisch völlig unterschiedliche Gegenden. Normalerweise entstehen Höhlen in Karstgebieten, wo das Wasser den Fels (meist Kalkstein) auflöst und so Höhlen und Dolinen schafft. Ein Großteil Mesoamerikas besteht jedoch aus nichtkarstigen, vulkanischen Gebieten, in denen es normalerweise keine Höhlen gibt. Wenn Höhlen tatsächlich den rituellen Mittelpunkt für eine Gruppe Siedlungswilliger darstellten und ihren Anspruch auf das Land legitimieren sollten, stellt sich die Frage, wie dieses Problem in Regionen ohne natürliche Höhlen gelöst wurde. Paradoxerweise ist die Wichtigkeit von Höhlen am deutlichsten in nichtkarstigen Regionen dokumentiert, wo es keine natürlichen Höhlen gibt. Die vorspanischen Völker fanden sich nicht etwa mit dieser Tatsache ab, sondern setzten im Gegenteil alles daran, die fehlenden Höhlen, die für sie einen derart wichtigen Teil ihrer heiligen Landschaft darstellten, selbst anzulegen (Abb. 476, 477). Es gab Hinweise auf künstlich angelegte Tunnel, die jedoch nie für wichtig gehalten wurden, bis Wissenschaftler 1990 einige von ihnen entdeckten und die vom Menschen geschaffenen Höhlen als Architekturform erkannten. Diese Höhlen scheinen entweder in Zusammenhang mit Siedlungen oder mit heiligen Stätten entstanden zu sein. Zu den besten Beispielen für eine Siedlung mit einer künstlichen Höhle gehört die Stätte La Lagunita im heutigen Verwaltungsbezirk Quiché im Hochland von Guatemala. Dort begann der Tunnel an der Treppe einer der vier Hauptpyramiden, die die Große Plaza umgaben; er endete in der Mitte des Platzes. In der Höhle fand man ein eindrucksvolles Lager mit über 400 Keramikgefäßen und anderen Artefakten. Doch das Fehlen menschlicher Knochen lässt darauf schließen, dass es sich bei diesen Objekten nicht um Grabbeigaben handelte.

Noch spektakulärer ist der Fund an der Stätte Q'umarkaj, die im 16. Jahrhundert Hauptstadt der K'iche'-Maya war und von den Spaniern unter Pedro de Alvarado eingenommen wurde. Hier existierten mindestens drei Höhlen. Die längste besaß ein mehr als 125 Meter langes Tunnelsystem und endete unter der zentralen Plaza. Die Anordnung der Seitengänge lässt darauf schließen, dass sie die für die Schöpfungsgeschichte der Maya wichtige Höhle mit den sieben Kammern darstellte, aus der die K'iche' einst ans Licht der Welt traten und in der der Gott Tojil ihren Königen das Recht zur Herrschaft verlieh. Die Höhle ist bis heute eine wichtige Pilgerstätte der K'iche'-Maya.

Künstliche Höhlen gibt es in östlicher Richtung bis nach Honduras; eine wurde auf den Bay Islands entdeckt, eine andere an der Stätte Tenampua. Inzwischen vermutet man, dass es im Maya-Hochland noch wesentlich mehr Höhlen mit ritueller Bedeutung gibt. Außer den künstlichen Höhlen innerhalb der archäologischen Stätten gibt es einige

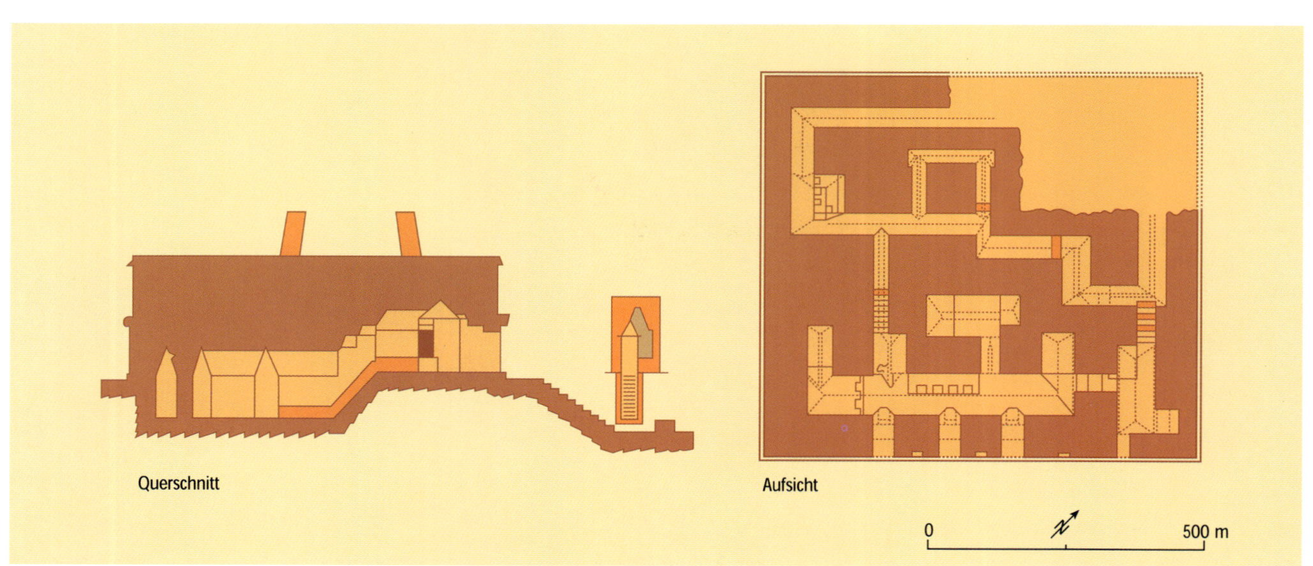

477 *Das Labyrinth. Yaxchilan, Chiapas, Mexiko, Gebäude 19*
Das so genannte Labyrinth von Yaxchilan reiht sich in eine Vielzahl vergleichbarer Bauwerke im gesamten Maya-Gebiet ein. Ähnlich sind das Gebäude Satunsaat von Oxkintok in Yukatan und die unter dem Palast von Palenque gelegenen Gewölbegänge. Die absolute Dunkelheit in ihrem Inneren lässt es plausibel erscheinen, dass es sich um künstliche Unterwelten gehandelt hat, in denen für die jeweiligen Orte wichtige Zeremonien stattfanden.

andere, die offenbar heilige Orte kennzeichnen und von den Maya noch immer für religiöse Zeremonien genutzt werden. Zwei derartige Höhlen fand man in Esquipulas, dem größten Pilgerzentrum Mittelamerikas, in denen der „Schwarze Christus" verehrt wird. Die Höhlen liegen am Río Milagro („Wunderfluss"), interessanterweise glaubt man, dass der Fluss nur vor dem Eingang zur größten Höhle Wunderkräfte besitzt. Die Höhlenwände sind mit einer dicken schwarzen Rußschicht bedeckt, da die unzähligen Besucher im Höhleninneren unablässig Kopalharz verbrennen. Möglicherweise waren die Höhlen bereits ein Zentrum vorspanischer Götterverehrung und wurden später vom Christentum übernommen.

Zwei weitere künstliche Höhlen befinden sich hoch oben auf einem Grat in der Nähe der Stätte Xab'aj. Die Höhlen locken seit langem Pilger von weit her an, vielleicht weil sie vermuten, dass sich hier einer der „Sonnenaufgangsorte" befindet, an dem die K'iche'-Maya nach dem Schöpfungsmythos des Popol Wuj Zeuge des ersten Sonnenaufgangs wurden. Auch die Höhle unterhalb der Sonnenpyramide in Teotihuacan ist künstlich angelegt. Als die Höhle, die unter der Haupttreppe beginnt und unter der Mitte des Bauwerks endet, 1971 entdeckt wurde, hielt man sie zunächst für einen natürlichen Hohlraum. Doch inzwischen deutet alles darauf hin, dass die riesige Pyramide und die Höhle Teile eines künstlichen Kosmogramms, ausgerichtet an den wichtigsten Orientierungspunkten des Himmelsgewölbes, waren.

Das Anlegen künstlicher Höhlen scheint sich auf die Praxis zu berufen, natürliche Höhlen in architektonische Konstruktionen einzubeziehen, wie man es aus Stätten wie Dos Pilas kennt. Seit der Entdeckung künstlicher Höhlen, die mindestens bis in die Späte Präklassik zurückdatiert werden können (300 v. Chr. bis 250 n. Chr.) geht man davon aus, dass die Vorstellung, Siedlungen in die natürliche Landschaft einzubetten, noch sehr viel älter sein muss als bisher angenommen.

478 *Unterirdischer Höhlensee. Xtacumbilxunan, Yucatán, Mexiko*
In der Kosmographie der Maya bildete ein dunkles, stehendes Gewässer in einem großen Erdloch die Grenze zwischen Ober- und Unterwelt. Diese Vorstellung orientierte sich an den mit Wasser gefüllten Cenotes sowie den zahlreich vorkommenden Höhlen mit Seen, wie derjenigen von Xtacumbilxunan.

Pilgerzentren

Überall in der Welt gibt es sakrale Stätten, die dem jeweiligen kulturellen Ideal des Heiligen so perfekt entsprechen, dass ihnen eine besondere Bedeutung und Kraft zugesprochen wird und unzählige Menschen sie besuchen. Die Bedeutung dieser Wallfahrtsorte kann kaum überschätzt werden, weil dort die größten Menschenansammlungen anzutreffen sind. Dies ist für die Frage nach der Bedeutung von Höhlen insofern wichtig, als mesoamerikanische Wallfahrtsorte häufig mit Wasser- und Regengottheiten in Verbindung gebracht werden. Da Regengötter in der Vorstellung der Maya in Höhlen leben und auch der Regen selbst in Höhlen entsteht, ist es nicht verwunderlich, dass Höhlen einen Großteil der bekannten Pilgerstätten ausmachen. Zu den bekanntesten Höhlen gehört der Cenote in Chichen Itza. Bischof Diego de Landa (1524–1579) beschrieb, wie Pilger im 16. Jahrhundert Opfergaben, darunter auch Menschenopfer, in die Höhle warfen. An der Wende zum 20. Jahrhundert wurde ein Teil dieser Höhle trockengelegt, um Landas Bericht zu belegen, und tatsächlich wurden zahlreiche Artefakte entdeckt, unter anderem Gold, Jade und auch menschliche Knochen. Ein weiteres von Landa erwähntes religiöses Zentrum fand man auf der Insel Cozumel. Es ist der Göttin Ixchel geweiht, die ebenfalls mit Wasser in Zusammenhang gebracht wird. Viele Idole und Räuchergefäße wurden in Höhlen auf der Insel gefunden und lassen darauf schließen, dass sich hier wichtige Zentren religiöser Aktivität befanden.

Da Archäologen erst in den letzten Jahren begonnen haben, sich mit Pilgerzentren näher zu beschäftigen, gibt es leider noch keine abgestimmten Erkenntnisse über die archäologischen Besonderheiten dieser Stätten. Ein gemeinsames Merkmal, nicht nur in Mesoamerika, sondern überall auf der Welt, scheint eine Verbindung mit eindrucksvollen Landschaftselementen zu sein. Mehrere Pilgerhöhlen der Maya (etwa Naj Tunich, Seamay in Alta Verapáz, vielleicht auch Santo Domingo und die Cueva de las Pinturas im Peten und Loltun in Yucatán) haben riesige Eingänge und Eingangshallen. Darüber hinaus weisen Naj Tunich, Cueva de las Pinturas, Loltun (Abb. 480, 466) und Seamay umfangreiche kulturell begründete bauliche Veränderungen auf, die von der Frühen Präklassik bis in die Späte Postklassik reichen. Viele dieser Veränderungen scheinen die Funktion zu haben, den Zugang zu den inneren Kammern für die Allgemeinheit zu beschränken, was darauf hindeutet, dass nur wichtige Besucher die heiligsten und verborgensten Stätten betreten durften. Alle oben erwähnten Höhlen bestätigen überdies das für Mesoamerika typische Muster, dass Pilgerstätten fern von großen Siedlungen liegen.

Drei der Höhlen (Naj Tunich, Santo Domingo und Cueva de las Pinturas) weisen Hieroglypheninschriften auf. Die Inschriften in Naj Tunich (Abb. 481, 482) und Cueva de las Pinturas enthalten das Schriftzeichen *il*, das „besuchen" oder „zugegen sein" bedeutet und in diesem Kontext meist mit Pilgerstätten in Verbindung gebracht wird. Sie bestätigen den Eindruck, dass die Hieroglyphen in Höhlen von den Besuchen wichtiger Personen künden.

Die Gleichsetzung dieser Höhlen mit Pilgerzentren wirft die Frage auf, was die Stadtstaaten veranlasst hat, so viel Mühe auf deren architektonische Ausgestaltung zu verwenden. Vermutlich wurde eine wichtige Pilgerstätte innerhalb eines Stadtstaates als Zeichen übernatürlicher Gunst ausgelegt, die Anlass zur Demonstration von Selbstbewusstsein gab. Politische Führer in aller Welt streben auch heute nach dem Prestige und der moralischen Autorität, die mit Pilgerzentren verbunden sind. Dies allein wäre schon Erklärung genug für die aufwändige Gestaltung dieser Stätten.

Höhlen und Rituale

Die bisherigen Ausführungen konzentrierten sich auf die größten und wichtigsten Höhlentypen, die sich im zeremoniellen Herzen der Maya-Zentren befanden und so zu Mittelpunkten ganzer Stadtstaaten und öffentlicher Rituale wurden (Abb. 473). In anderen Fällen dienten sie als Pilgerstätten und lockten Wallfahrer aus Gebieten jenseits der Grenzen des jeweiligen Stadtstaates an. Auf jede große Höhle kamen Dutzende oder vielleicht sogar Hunderte von kleineren, bescheideneren Höhlen, die den Ritualen einfacher Menschen dienten. Im Zusammenhang mit Dos Pilas wurde bereits erwähnt, dass einige Häuser über sehr kleinen Höhlen errichtet wurden, die wahrscheinlich lediglich den Bewohnern des jeweiligen Hauses als geheiligte Stätte für ihre religiösen Aktivitäten dienten. Die meisten Höhlen befanden sich nicht in den Zentren, sondern waren über das ganze Land verteilt und empfingen nur die Gaben der dort ansässigen Bauern. In fast allen Höhlen, ganz gleich, wo sie sich befinden, gibt es Hinweise darauf, dass sie seit sehr langer Zeit genutzt wurden.

Vorwiegend fanden in den Höhlen Rituale statt, die sich auf den landwirtschaftlichen Anbauzyklus bezogen (Abb. 479). Befand sich eine Höhle in unmittelbarer Nähe eines Feldes, wurde sie wahrscheinlich genutzt, um dort vom „Herrn der Erde" die Erlaubnis zu erbitten, Bäume fällen und Brandrodung durchführen zu dürfen. Wenn es keine Höhle gab, fand das Ritual auf dem Feld statt. Die wichtigste Zeremonie, die immer noch überall in Mesoamerika durchgeführt wird, findet Anfang Mai, unmittelbar vor Beginn der Regenzeit, statt. Ganze Dörfer suchen ihre Höhlen auf, um den „Herrn der Erde" oder den Regengott Chaak (Abb. 483) um Regen und

479 *Opfergaben in der Höhle von Balankanche, Yucatán, Mexiko. Späte Klassik und Frühe Postklassik, 800–1150 n. Chr.*
Nur wenige Kilometer südöstlich von Chichen Itza liegt die Höhle von Balankanche. Die in ihr gefundenen Opfergaben belegen, dass sie ein symbolischer Ort der Schöpfung war. Die Räuchergefäße tragen das Gesicht des mexikanischen Regengottes Tlaloc, den die Maya mit der Gründung von Königsdynastien assoziierten. Die kleinen Maisreibsteine erklären sich aus dem Glauben, dass die vorhergehende Schöpfung von Zwergen bewohnt war; ihnen wollte man hiermit offenbar Tribut zollen.

480 *Felsrelief am Eingang der Höhle von Loltun, Yucatán, Mexiko. Späte Präklassik, 300 v. Chr.–100 n. Chr.*
Die Felswand an der rechten Seite des Eingangs der Höhle von Loltun trägt eine der frühesten Darstellungen eines Herrschers mit Attributen des Regengottes Chaak im Maya-Gebiet. Eine kaum mehr lesbare Inschrift befindet sich oberhalb des Kopfes der Figur. Vermutlich handelt es sich um einen verstorbenen Herrscher, der als göttlicher Ahne in der Rolle des Regengottes Garant für Wasser und Fruchtbarkeit ist. Das Relief wie seine Positionierung nehmen spätere Maya-Arbeiten vorweg, die Vorfahren wie auch den Regengott im Inneren von Höhlen zeigen.

481 *Malerei in der Höhle von Naj Tunich, Peten, Guatemala. Zeichnung 68; Späte Klassik, 600–900 n. Chr.; Holzkohle auf Kalksteinfels*
Eine der zahlreichen Felszeichnungen in der Höhle von Naj Tunich zeigt einen adligen Herrn zusammen mit einem Zwerg bei einem Trinkgelage. Die Inschrift zwischen den beiden Figuren gibt offenbar den Namen eines Fürsten aus Ixtutz wieder, der als Pilger die Höhle besuchte. Dies geht aus der untersten Hieroglyphe hervor, die den Titel Ho Kab Ajaw nennt. Er erscheint als Emblemhieroglyphe auf den Monumenten der heute unter dem Namen Ixtutz bekannten archäologischen Stätte etwa 40 km nordwestlich von Naj Tunich.

483 *Der Regengott Chaak im Eingang einer Höhle. Fundort unbekannt; Späte Klassik, 600–900 n. Chr.; gebrannter Ton, bemalt; H. 24 cm, Dm. 16,7 cm; Privatsammlung*
Dieser Ausschnitt einer Szene auf einem bemalten Keramikgefäß zeigt den Regengott Chaak, der im Eingang einer Höhle sitzt. Diese wird durch den aufgesperrten Rachen eines Wesens symbolisiert, das in Ikonographie und Hieroglyphenschrift für das Wort *witz* (Berg) steht. Davor hat man sich zu einem Gelage versammelt und berauschende Flüssigkeiten als Einläufe zu sich genommen. Auf Letzteres weisen die beiden Krüge und Klistierspritzen hin. Wahrscheinlich wurden die Kulthandlungen, die in den Höhlen stattfanden, von exzessiven Festen begleitet.

482 *Inschrift in der Höhle von Naj Tunich, Peten, Guatemala. Zeichnung 82; Späte Klassik, 600–900 n. Chr.; Holzkohle auf Kalksteinfels*
In einer Reihe von Höhlen finden sich an die Felswände gemalte Inschriften, die offenbar von hochrangigen Würdenträgern dort angebracht wurden, um ihren Besuch als Pilger zu verewigen. Eine der schönsten Inschriften wurde in der Höhle von Naj Tunich entdeckt. Sie dokumentiert allerdings nicht einen Aufenthalt dort, sondern berichtet von einem noch nicht vollständig verstandenen Vorgang des „Feuer-Tragens", an dem ein gewisser Tum Yool K'inich von Caracol, ein Herrscher aus Ixkun und vielleicht auch der Herrscher des weit entfernten Calakmul beteiligt waren.

484 *Pilger in einer Höhle*
In der Weltsicht der Maya spielen Höhlen und Berge auch heute noch eine besondere Rolle, da sie als Eingänge zur Unterwelt und als Sitz von Göttern und Ahnen gelten. Wie in vorspanischer Zeit sind sie bedeutende Kultplätze. Auf einem als Altar genutzten Felsblock im Eingangsbereich dieser Höhle zünden zeitgenössische *Aj Q'ijaab'* (Kalenderpriester) Kerzen an und verbrennen mitgebrachten Weihrauch.

reiche Ernte zu bitten. Unter Umständen sind zusätzliche Zeremonien nötig, etwa bei extremer Trockenheit oder Schädlingsbefall, da dies als Missfallen der Götter gedeutet wird. Der Anbau von Mais hat in allen Teilen Mesoamerikas einen tief religiösen Aspekt und ist mit zahlreichen Ritualen verbunden. Zudem findet man überall Ernterituale, die lokal unterschiedlich ausfallen. Die Entdeckung von winzigen, vier oder fünf Zentimeter großen Maiskolben in Stätten wie Naj Tunich und Gordons Cave in Copan lässt darauf schließen, dass es während der klassischen Periode (250–900 n. Chr.) möglicherweise üblich war, die ersten jungen Maiskolben als Opfergabe darzubringen. Höhlen spielten somit eine Rolle bei allen landwirtschaftlichen Ritualen.

Gut und Böse sind in der mesoamerikanischen Vorstellungswelt ein nicht so absolutes Gegensatzpaar wie in westlichen Religionen. Die Erde ist gleichzeitig Quelle des Regens, der Fruchtbarkeit und des Lebens, jedoch auch Ursprung von Krankheiten. In Yukatan werden Krankheiten mit Winden in Zusammenhang gebracht, die aus Höhlen oder Cenoten austreten. Opfergaben werden in Höhlen in der Nähe der Wohnstätten gebracht, um die Winde davon abzuhalten, die Höhle zu verlassen (Abb. 484). Wenn jemand erkrankt, gehören zur Heilungszeremonie oft Rituale in einer Höhle. In vielen Fällen kann der Krankheitsauslöser von einem Schamanen vertrieben werden, indem er ein Ei über den Körper des Kranken führt oder eine giftige Substanz heraussaugt und die Krankheit in einen Gegenstand bannt Das mit der Krankheit behaftete Objekt oder Ei wird dann in eine Höhle gelegt, womit die Rückkehr des Bösen an seinen Ursprungsort symbolisiert ist.

Höhlen gelten gemeinhin als Orte von Schamanen und Zauberpriestern, weil sie ihre Kräfte häufig aus der Erde beziehen. Zur Wahrsagerei oder Diagnose und Behandlung von Krankheiten nehmen sie oft Kristalle zu Hilfe. Unlängst fanden Archäologen in Höhlen große Mengen von Kristallen, die dort möglicherweise von schamanistischen Zauberern für bestimmte Riten zurückgelassen wurden. Diese Zauberpriester sind nicht selten Außenseiter ihrer sozialen Gemeinschaft und werden aufgrund ihres Wissens und ihrer besonderen Kräfte geachtet, gleichzeitig aber der Hexerei und Zauberei verdächtigt und entsprechend gefürchtet. Die Maya glauben noch heute, dass ein Zauberer zu einer kleinen Höhle im Urwald geht, um dort der schwarzen Kunst zu huldigen. Bei den Tzotzil-Maya kann dies sogar bedeuten, dass er einen Pakt schließt, bei dem er dem „Herrn der Erde" die Seele eines anderen Menschen verkauft.

Es wird auch von Höhlenzeremonien berichtet, die sich auf den Lebenszyklus der Menschen und den Kalender richten. Archäologische Funde belegen, dass die alten Höhlenrituale sogar höher entwickelt waren als die heute noch praktizierten. Erst kürzlich fand man bei Untersuchungen in Dos Pilas Tausende und Abertausende von Gegenständen wie Beile, Keramikgefäße, Obsidianartefakte, beschnitzte Tier- und Menschenknochen, Spiegel aus Hämatit, Jadeschmuck und exotische Muscheln, die unsere Einstellung zur Religion der alten Maya wahrscheinlich nachhaltig verändern werden. Diese Objekte sind Überreste von bedeutenden Zeremonien, die in diesen Höhlen stattfanden. Sie können helfen, den Ablauf und das Ziel der Höhlenzeremonien besser zu verstehen. Zudem ist auch unsere Hochachtung vor dem Mut der Maya gewachsen, die sich kilometerweit in die Erde hineinwagten, wobei sie nichts als einfache Holzfackeln bei sich trugen.

JAINA – DIE INSELNEKROPOLE

Christian Prager

Eine dichte Vegetation aus Mangroven, Fächerpalmen, Gräsern und anderen Pflanzenarten überzieht heute das kleine Eiland Jaina, das etwa 40 Kilometer nördlich von Campeche-Stadt liegt. Mit seiner Fläche von weniger als einem Quadratkilometer stellt es einen eher unscheinbaren Fleck auf der Landkarte dar (Abb. 485).

Die Insel diente in der vorspanischen Zeit über fünf Jahrhunderte als wichtigste Nekropole (Begräbnisstätte) an der Westküste Yukatans. Ihre Berühmtheit verdankt Jaina einer Legion von meisterhaft modellierten Grabfiguren aus Terrakotta, die in den letzten Jahrzehnten gefunden worden sind. Ihre realistische Gestaltung hat das Interesse der Forschung geweckt, denn sie gewährt einen wichtigen Einblick in das Leben der vorspanischen Maya.

Das Wort Jaina ist entweder auf *ja'ilnah* oder *ja'nal* „Haus der Wassers“ oder „Ort des Wassers“, zurückzuführen. Ein schmaler Kanal von etwa 60 Meter Breite zwischen der Insel und dem sumpfigen Ufer des Festlandes war in der Spätklassik durch einen künstlich aufgeschütteten Damm an der engsten Stelle unterbrochen (Abb. 486). Bewohner und Besucher konnten damals den Ort trockenen Fußes erreichen. Da Jaina auf Meereshöhe liegt, erzeugt der schwankende Grundwasserspiegel auf dem Inselterrain kleine Wasserläufe und Sumpfgürtel, sodass der Untergrund morastig und weich ist. Um die Insel dennoch bewohnbar zu machen und auch für die Totenbestattung nutzen zu können, schütteten die Einwohner in der klassischen Zeit große Mengen von herbeigebrachtem Bruchgestein zu erhöhten Terrassen auf, um darauf einen Ort für Zeremonien und Wohnanlagen zu errichten.

Im zentralen Areal liegt quer über der Insel eine rechteckige Plaza, die jeweils im Westen und Osten von mächtigen pyramidalen Plattformen und anderen Gebäuden begrenzt wird. In diesem Bezirk befand sich das rituelle und administrative Zentrum der herrschenden Elite Jainas, deren Domäne und Einflussgebiet Anfang des 7. Jahrhunderts sehr wahrscheinlich bis weit in das Festland reichte.

Die meisten Gräber wurden jedoch nicht auf dieser religiös-administrativen Achse, sondern in Zonen rund um das Zeremonialzentrum angelegt, wo das Siedlungsgebiet der einfachen Bevölkerung lag. Schätzungen gehen davon aus, dass auf Jaina in der Zeit zwischen 500 und 1000 n. Chr. etwa 20 000 Erdgräber angelegt wurden, wovon bisher rund tausend archäologisch untersucht und teilweise publizistisch ausgewertet sind. Man bestattete die Toten in Körper- und Urnengräbern. Dem Leichnam eines Erwachsenen wurde im Zuge des in seinen Details immer noch rätselhaften Bestattungsrituals Jadeperlen in den Mund gelegt. Dann wurde der Tote in Hockstellung in ein Leichentuch eingehüllt und mit Beigaben in das Grab gebettet.

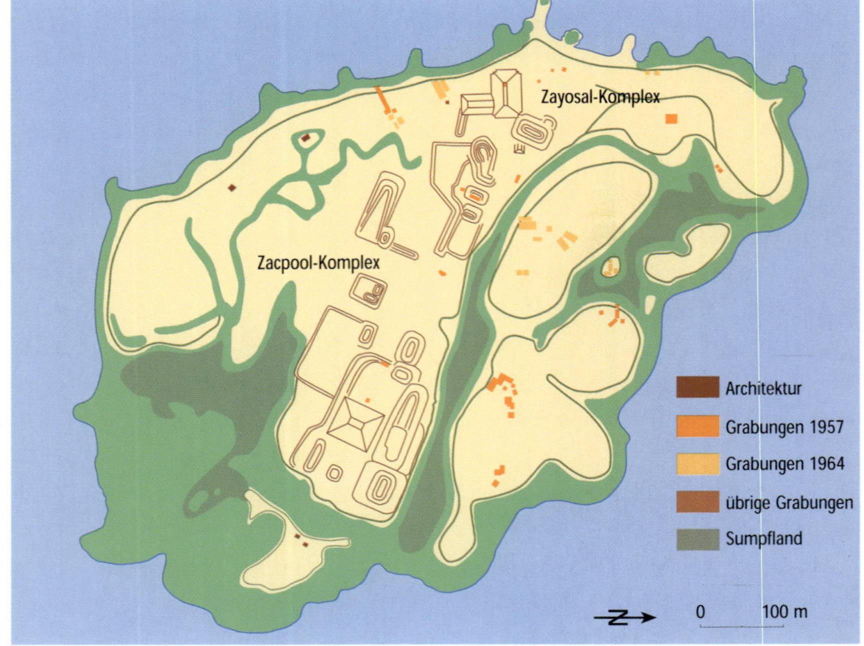

485 *Karte der Insel Jaina*
Die Insel Jaina erhebt sich nur wenige Meter über dem Meeresspiegel. Weite Gebiete sind Sumpfgürtel, die von kleinen Wasserläufen durchzogen werden. Die höchste Pyramide Jainas ist die des Zacpool-Komplexes. Die prunkvollen Gräber wurden jedoch nicht im unmittelbaren Umkreis der Zeremonialgebäude, sondern in den Wohngebieten der Bevölkerung gefunden. Sie befinden sich in einer Tiefe zwischen 60 cm und mehreren Metern unter der Oberfläche.

486 *Blick auf den Kanal, der die Insel Jaina vom Festland trennt*
Ein etwa 60 m breiter Kanal trennt die Insel Jaina von der mit Mangroven bewachsenen Küste von Campeche. Ein künstlich aufgeschütteter Damm verband sie einst mit dem Festland und ermöglichte es, die Stätte trockenen Fußes zu erreichen. Jaina ist nur eine von vielen Inseln vor der Westküste Mexikos, auf der reiche Gräber mit Keramikfiguren als Beigaben gefunden wurden.

Wie es in der Klassik bei Erst- und Zweitbestattungen weit verbreitet war, färbte man zuvor das Leichenbündel mit mineralischen Farbstoffen, wie etwa Zinnober oder Hämatit, rot, was den Lebenssaft Blut symbolisierte. Kleinkinder wurden in der Hocke und mit gekreuzten Armen als Totenbündel in kniehohen Tonkrügen bestattet, die mit flachen dreifüßigen Keramiktellern verschlossen und in den kalkhaltigen Untergrund eingelassen wurden.

Die Terrakottafiguren Jainas gehören zu den Glanzstücken der Plastik. Die Künstler verstanden es, naturgetreu zu modellieren und die Komplexität des menschlichen Körpers und menschlicher Empfindungen anschaulich zu machen. Wie in der Malerei löste sich die Kunst in der Tonplastik von der sonst statischen Natur ihrer Hauptpersonen und hauchte den Figuren Leben ein. Eingebettet in die facettenreiche Welt ihrer Lebensumstände, zeigen die Figuren Gefühlszustände und körperliche Anmut, aber auch Krankheit, Degeneration und Hässlichkeit.

Die Terrakottafiguren Jainas gehören zu den Glanzstücken der Plastik. Die Künstler verstanden es, naturgetreu zu modellieren und die Komplexität des menschlichen Körpers und menschlicher Empfindungen anschaulich zu machen. Wie in der Malerei löste sich die Kunst in der Tonplastik von der sonst statischen Natur ihrer Hauptpersonen und hauchte den Figuren Leben ein. Eingebettet in die facettenreiche Welt ihrer Lebensumstände, zeigen die Figuren Gefühlszustände und körperliche Anmut, aber auch Krankheit, Degeneration und Hässlichkeit.

Die Modellierkünstler Jainas bedienten sich bei der Herstellung der Figuren im Wesentlichen zweier Techniken. Zwischen 500 und 800 n. Chr. waren die Plastiken massiv. Kopf, Rumpf und Gliedmaßen der Tonfiguren waren manuell aufgebaut und individuell gestaltet. Obwohl sich die Bildmotive der Figurenkunst Jainas häufig wiederholen, stellen die aus dieser Zeit erhaltenen Figuren Einzelstücke dar, die Emotion und Grazie ausstrahlen.

Zwischen 800 und 1000 n. Chr. entstand gefragte Massenware. Die Künstler gingen nun zu einer produktiveren Methode über, um der steigenden Nachfrage gerecht zu werden. Sie benutzten dabei Model mit Negativformen, von denen binnen kürzester Zeit eine große Anzahl Statuetten abgeformt werden konnte. Durch dieses ökonomischere Herstellungsverfahren verloren die Figuren allerdings an Individualität und Ausdruckskraft. Man konnte sie wegen ihres Hohlkörpers auch als Rassel benutzen, indem man kleine Tonkügelchen darin einschloss.

Vor allem aus den sorgfältig handmodellierten Figuren gewinnt die Forschung heute Einblicke in das tägliche Leben der spätklassischen Maya-Elite. Neben den seltenen Tier-, Götter- und Architekturmotiven steht der Mensch in seinem sozialen Umfeld im Zentrum der Darstellungen. Adlige Herren erscheinen häufig als würdevoll ausgestattete Krieger (Abb. 487, 489), wendige Tänzer und tollkühne Ballspieler. Sie tragen ihren feierlichen Ornat aus Kopf-, Brust- und Hüftschmuck. Die weitaus seltener dargestellten Damen des Maya-Adels sind mit prunkvollen Gewändern ausstaffiert und mit kostbarem Geschmeide, aufwändigem Kopfputz und Galanteriewaren, wie Fächern und Taschen, geschmückt. Einige Statuetten tragen Gesichtsverzierungen in Form von künstlichen Nasenverlängerungen, Masken sowie Stirn- und Wangenornamente, die entweder temporär oder permanent angebracht waren. In ihrer breiten Vielfalt an prachtvollen Bekleidungsformen, Schmuck und anderen Details spiegeln die Jaina-Figuren einen Ausschnitt der Gesellschaft wider. Neben den Herrschern, die als Krieger oder Ballspieler agieren, tauchen in den Darstellungen auch Priester und Teile der Dienerschaft auf. Das Interesse der Künstler an der menschlichen Anatomie zeigt sich in der plastischen Interpretation extremer Körpersituationen, des Alters (Abb. 488) und von Krankheiten. Die künstlerische Abbildung schmerzverzerrter Gesichter und geschundener Körper von Kriegsgefangenen war ebenso beliebt wie die Darstellung von Blinden oder Kleinwüchsigen. Wie bei anderen Zivilisationen war auch in der Maya-Gesellschaft der Tod von einer Vielzahl von Ritualen umgeben. Die in den Gräbern von Jaina gefundenen Figuren sind Teil eines komplexen, bislang noch mit vielen Rätseln umgebenen Übergangsrituals vom Mitglied einer Gemeinschaft zum Toten oder Ahnen (s. Eberl, S. 311 ff.). Welche spezifische Rolle den zahlreichen Tonfiguren in Bezug auf das Jenseits zukam, bleibt weiterhin eines der Rätsel der Maya-Forschung.

487 *Adliger Krieger in voller Ausrüstung. Jaina, Campeche, Mexiko; Spätklassik, 600–900 n. Chr.; gebrannter Ton, bemalt; H. 20,6 cm; Yale, Yale University Art Gallery, Stephen Carlton Clark*
Ein knielanges Panzerkleid aus Federn und dicht gepresster Baumwolle schützt den Körper dieses stolzen Kriegers vor den Pfeilen und Hieben seiner Gegner. Mit der rechten Hand hält er einen blau bemalten Schild, in seiner Linken hatte er vermutlich einen langen Speer, der jedoch verloren ist. Eine starke, mit Jadestücken verzierte Halskrause schützt den Hals des Mannes und seine Brust, die ein Pyritspiegel schmückt.

488 *Statuette eines alten Mannes. Jaina, Campeche, Mexiko; Spätklassik, 600–900 n. Chr.; Ton, gebrannt; H. 36,4 cm, B. 14 cm; New York, National Museum of the American Indian, Heye Foundation*
Rituelle Handlungen und Zeremonien gingen oftmals mit körperlichen Enthaltungen, euphorischen Tänzen und Trinkgelagen einher. Diese Tonfigurine zeigt einen betrunkenen Mann. In seinem linken Arm hält er zwei Tongefäße und reibt sich dabei sein Kinn. Vermutlich befindet sich in den Gefäßen eine berauschende Flüssigkeit, die entweder getrunken oder als Klistier eingeführt wurde.

489 *Kriegerfigur. Jaina, Campeche, Mexiko; Spätklassik, 600–900 n. Chr.; Ton, gebrannt; H. 18 cm, B. 12,7 cm; Mexiko Stadt, Museo Nacional de Antropología*
In einen Panzer aus Baumwolle gekleidet und mit einem imposanten Federschmuck auf dem Rücken ist dieser Krieger bereit, einem Feind entgegenzutreten. In der linken Hand hält er einen großen, rechteckigen Schild, während er mit der rechten einen Speer umfasste, der aus Holz geschnitzt war und verloren ist.

TOD UND SEELENVORSTELLUNGEN

Markus Eberl

Der 28. August 683 n. Chr.: Der Mann, der fast drei Generationen lang über die Maya-Stadt Palenque (Baak) geherrscht hatte, K'inich Janaab Pakal, stirbt. Mit etwas über 81 Jahren erlischt – um die poetische Sprache einer Inschrift zu übernehmen – das „Weiße-Blüte-Bewusstsein" des K'inich Janaab Pakal.

Baak ist der alte Name der heute als Palenque bezeichneten Stadt im Südwesten des Maya-Tieflandes. Die heutige Bekanntheit Palenques geht zu großen Teilen auf die Bautätigkeit eben dieses K'inich Janaab Pakal zurück. Eine der Inschriften, die seinen Tod verkünden, weist ausdrücklich darauf hin, dass er der Herr und Erbauer von fünf Tempelpyramiden gewesen sei.

K'inich Janaab Pakal ging jedoch nicht nur als Bauherr in die Geschichte Palenques ein: Der Ort, der vor seinem Amtsantritt zu Anfang des 7. Jahrhunderts eine Reihe von vernichtenden und demütigenden Niederlagen zu erleiden hatte, fand erst durch ihn wieder zu seiner großen früheren Bedeutung zurück. Die Erneuerung des politischen Einflusses, der militärischen Stärke und der zeremoniellen Würde – all dies nahm K'inich Janaab Pakal für sich in Anspruch. Sein Tod war daher für seine Nachkommen und Nachfolger ebenso einschneidend wie prägend.

Ein Herrscherbegräbnis in vorspanischer Zeit

Der Tod K'inich Janaab Pakals wird in den Steininschriften mehrfach beschrieben, dabei jedoch immer stark verkürzt und formelhaft zum Ausdruck gebracht. An diesem 28. August 683 n. Chr., so steht es gleich zweimal im Tempel der Inschriften, „betrat er den Todesweg". Die Todesformeln greifen zwei Aspekte heraus, die der Tod in den Augen der Maya mit sich brachte: Zum einen lösten sich im Sterben die verschiedenen Seelen – hier das „Weiße-Blüte-Bewusstsein" – vom Körper, und zum anderen trat der Verstorbene den Weg in die jenseitige Welt an.

Beide Konzepte sind in der Ausstattung und Anlage des Grabes von K'inich Janaab Pakal – wie auch anderer Maya-Herrscher – noch sichtbar. Sein Leichnam wurde im Tempel der Inschriften, den er bereits zu Lebzeiten als persönliches Grabdenkmal entworfen und erbaut hatte, bestattet. Von dem Tempel an der Spitze einer Pyramide führt eine gewundene Treppe zu K'inich Janaab Pakals Grab im Inneren der Pyramide (Abb. 491). Die Grabkammer mutet in ihrer Anlage und Positionierung wie ein Ort der Unterwelt an (Abb. 497). Vom Grab führt eine kleine Röhre nach oben zum Tempel zurück. Die Röhre wird als „Seelenkanal" bezeichnet, das heißt, sie erlaubte es der Seele, sich vom toten Körper zu lösen und nach oben zu steigen.

490 *Das Berliner Dreifußgefäß. Fundort unbekannt; Frühe Klassik, 300–600 n. Chr.; Ton, graviert; H. 12,9 cm, Dm. 17,3 cm; Berlin, Museum für Völkerkunde*
Das Museum für Völkerkunde in Berlin erwarb das frühklassische Dreifußgefäß, das aus grauem Ton besteht und in Gravurtechnik gearbeitet ist. Die genaue Herkunft ist unbekannt. Es stammt jedoch vermutlich aus einem Ort im zentralen Peten (im Norden des heutigen Guatemala) und dürfte die Grabbeigabe des Maya-Adligen gewesen sein, der auf den Füßen als Besitzer genannt wird.

Seelenvorstellungen

Das „Weiße-Blüte-Bewusstsein", das mit dem Tode K'inich Janaab Pakals erlosch, gehört in eine kleine Gruppe von Elementen oder Konzepten, die sich am ehesten mit dem Begriff der „Seele" umschreiben lassen. Die Seelenvorstellungen der klassischen wie auch der modernen Maya basieren auf einer besonderen Wahrnehmung des Menschen und seiner Beziehung zur Umwelt. Im Gegensatz zu europäischen Vorstellungen sieht sich der Mensch weniger als autarkes Individuum (mit dem Gegensatz von Seele und Körper); er versteht sich vielmehr als Bestandteil seiner Umwelt und fühlt sich auf vielfältige Weise mit ihr verbunden. Als Seelen lassen sich jene Kräfte und Konzepte bezeichnen, die als Bindeglied und Mittler zwischen Mensch und Umwelt fungieren und in beiden Sphären verankert sind. Seelen sind für die Maya keineswegs ungreifbar und unsichtbar, sondern können konkrete Gestalt annehmen und sich in speziellen Ritualen, etwa Blutopferungen und Tänzen, materialisieren (Abb. 495).

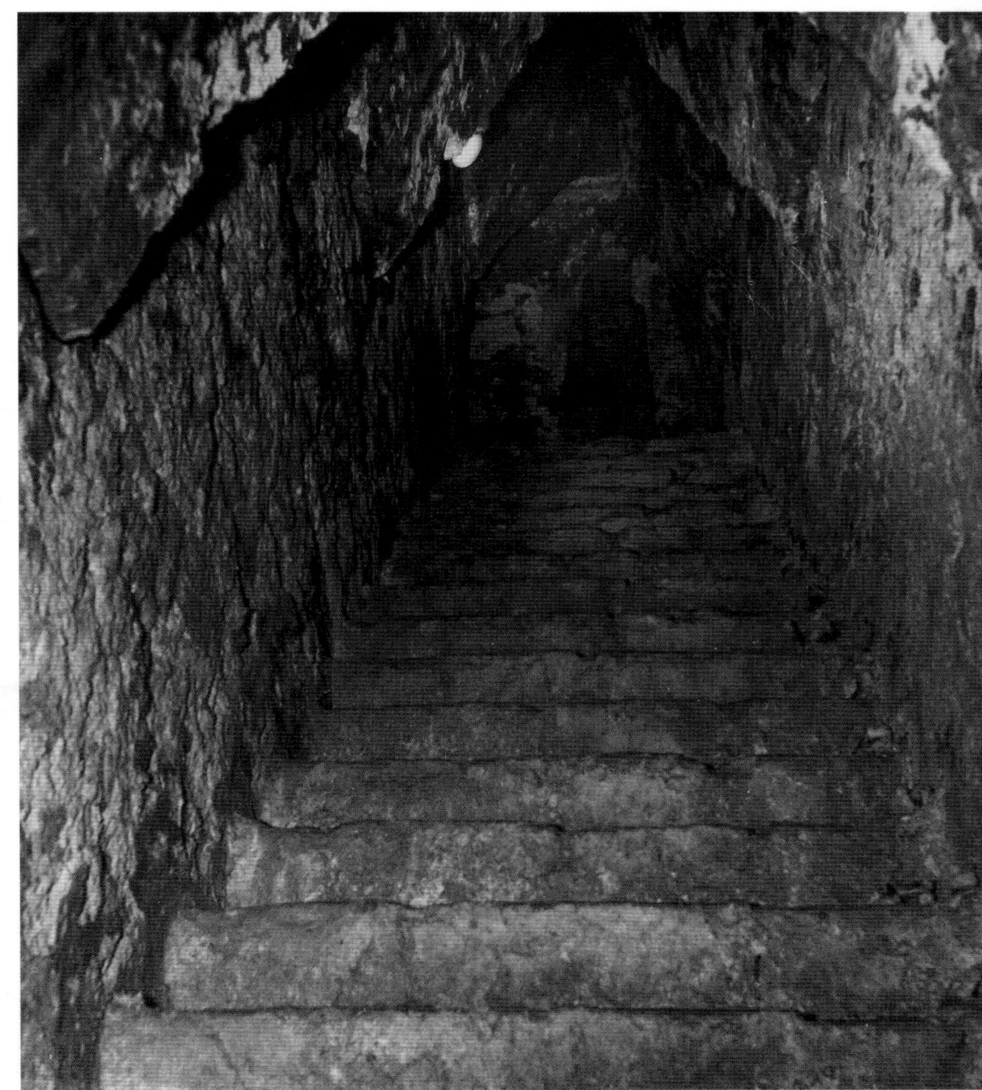

491 *Treppe zur Grabkammer im Tempel der Inschriften. Palenque, Chiapas, Mexiko; Spätklassik*
Erst 1949 entdeckte der mexikanische Archäologe Alberto Ruiz Lhuillier den Beginn der von den Maya sorgfältig zugeschütteten Treppe, die im Tempel der Inschriften bis hinab zur Grabkammer von K'inich Janaab Pakal führt. Ihre Freilegung dauerte drei Jahre. Rechts im Bild ist der Überrest eines Tonrohres zu erkennen – dies war das Psychodukt, der Seelenkanal, der den Verstorbenen mit der Menschenwelt verband.

Das „Weiße-Blüte-Bewusstsein" erweist sich als jene Seele, die den Kreislauf der Natur – das Werden und Vergehen von Pflanzen – auf den Menschen überträgt. „Weiße-Blüte-Bewusstsein" ist die wörtliche Übersetzung des Ausdrucks *sak nik nahal*. Ein Vergleich der Inschriften, in denen dieser Ausdruck vorkommt, zeigt, dass jedem Menschen ein „Weiße-Blüte-Bewusstsein" bei der Geburt eingepflanzt wird. Der Lebenslauf des Menschen wird mit dem Wachsen und Vergehen einer Pflanze gleichgesetzt: Was bei der Geburt mit dem Einpflanzen des *sak nik nahal* beginnt, endet im Sterben des Menschen mit dem Verlöschen des *sak nik nahal*.

Die Maya stellten das „Weiße-Blüte-Bewusstsein" (Abb. 494) mit dem Schriftzeichen für „Herrscher" dar, das auch „Blüte" bedeutet, da sich Könige als Zeichen ihrer Würde Blüten ins Stirnband flochten. Aus diesem Zeichen wachsen Pflanzensprossen, und zwar stilisierte Darstellungen von jungen Maispflanzen. Die besondere Bedeutung, die der Mais für die Maya hatte, offenbart sich im Schöpfungsmythos der K'iche' im Hochland von Guatemala: Nach den fehlgeschlagenen Versuchen, Menschen aus Lehm und aus Holz zu erschaffen, formten die Götter schließlich Menschen aus Maisteig. Erst die „Maismenschen" erwiesen sich als lebensfähig. Alle heutigen Menschen stammen von ihnen ab. Die Maya waren so in vielerlei Hinsicht vom Mais abhängig: ganz unmittelbar in ihrer Existenz, denn eine reiche Ernte verhieß Überfluss, eine magere Ausbeute dagegen Hunger, und im Geiste, da sie sich selbst als Maisgeborene betrachteten. Das Werden und Vergehen des „Weiße-Blüte-Bewusstseins" erscheint so als folgerichtiges Symbol der innigen Verbindung zwischen Mais und Mensch (s. Grube, S. 80 ff.).

Neben dem „Weiße-Blüte-Bewusstsein" kannten die klassischen Maya die *way*-Seele (Abb. 494). Der *way* ist ein Schutzgeist und Begleiter des Menschen. Er kann sehr unterschiedliche Formen annehmen; in den meisten Fällen erscheint er in Gestalt

492 *Umzeichnung der Szene auf dem Berliner Dreifußgefäß*
Das unten in einer fotografischen Abrollung reproduzierte Weihrauchgefäß ist ein einzigartiges Meisterwerk der frühklassischen Maya-Kunst. Selten wird sonst die Trauer um einen Toten so realistisch dargestellt. Die Frage nach der Identität der fast unbekleidet Trauernden ist ungeklärt. Sind es die Söhne des Verstorbenen oder gar Vasallenfürsten, die hier ihren Patron in kollektiver Trauer beweinen? In der linken Szene ist der Tote zu einem Baum geworden und gesellt sich so neben seine Eltern, die ebenfalls Frucht tragende Bäume sind – Bäume, wie sie in den Hausgärten der Maya wachsen und die Lebenden jeden Tag begleiten.

493 *Fotografische Abrollung des Berliner Dreifußgefäßes. Fundort unbekannt; Frühe Klassik, 300–600 n. Chr.; Ton, graviert; H. 12,9 cm, Dm. 17,3 cm; Berlin, Museum für Völkerkunde*
Das Bildfeld lässt sich in zwei Szenen gliedern, die sich auf das Totenritual bzw. auf die Jenseits-Vorstellungen der Maya beziehen. Rechts ist das Begräbnis eines Maya-Adligen wiedergegeben. Der Verstorbene ruht – eingehüllt in ein Totengewand mit neun Knoten – auf einer Steinbahre und wird von jeweils drei Männern rechts und links betrauert. Über ihm schwebt seine Blumenseele und kauern seine tierischen Schicksalsdoppelgänger (ein Affe links und ein Jaguar rechts). In der linken Szene liegt der bereits Skelettierte zu Füßen einer Stufenpyramide und verwandelt sich in einen respektierten Ahnen, d. h. in einen anthropomorphen Baum, der aus den Gebeinen wächst. Seine Eltern, ebenfalls in Gestalt von Ahnenbäumen, flankieren ihn.

494 *Hieroglyphen für zwei Formen der Seele*
Die Hieroglyphe für die *way*-Seele, d.h. die Seele in Gestalt eines tierischen Schicksalsdoppelgängers, hat die Form eines stilisierten Kopfes, der zur Hälfte mit Jaguarfell bedeckt ist. Meist kommt sie mit dem vorangestellten Pronomen *u* vor und steht dann vor dem Namen des Verstorbenen. Die Hieroglyphe *u sak nik nahal* („sein weißes Blütenbewusstsein") meint dagegen die Seele, die jedem Menschen bei seiner Geburt eingepflanzt wird und nach seinem Tod den Körper verlässt.

eines Tieres. Die *way*-Seelen repräsentieren die ganze Palette der yukatekischen Fauna, angefangen von Säugetieren (wie Hirsche, Affen, Hunde) über Reptilien bis hin zu Insekten. Maya-Herrscher schrieben sich mit Vorliebe den Jaguar, das gefährlichste und mächtigste Tier des Tieflandes, als *way*-Seele zu. Die *way*-Tiere wurden durch unterschiedliche Attribute und Kennzeichen fein untergliedert. Vom Jaguar, dem häufigsten *way*-Tier, sind etwa 15 *way*-Varietäten bekannt; darunter befindet sich ein „Feuer-Jaguar" ebenso wie ein „Wasser-" und ein „Wolken-Jaguar". Als *way*-Seelen treten außerdem tierische Mischwesen auf. Eine „Hirsch-Schlange" vereint die Merkmale beider Tiere auf sich. Phantastische, mythologische und göttliche Wesen (darunter Todes- und Opfergottheiten), aber auch Naturphänomene wie Kometen und Blitze bilden schließlich die letzte Kategorie von *way*-Seelen.

Ein *way* existiert als *Alter Ego* des Menschen; beider Schicksal ist aufs engste miteinander verknüpft. Alle Veränderungen im Leben des *way* oder des Menschen (hierunter fallen besonders Verwundungen, Krankheiten oder schlimmstenfalls der Tod) wirken sich sofort auf beide in gleicher Weise aus. Eine Krankheit des Menschen zieht das Siechtum bei seinem *way*, ein tödlich verwundeter *way* das Sterben seines menschlichen Partners nach sich. Das Geburtsdatum des Menschen gilt als entscheidendes Merkmal, um den ihn begleitenden *way* zu ermitteln. Besondere Ereignisse oder Zufälle können allerdings ebenfalls zum Gewinn eines *way* oder zur Aufdeckung des dem Menschen bis dahin unbekannt gebliebenen tierischen Doppelgängers führen, sodass manche Menschen mehrere und sehr verschiedene tierische Doppelgänger besitzen können. Man glaubt, dass der individuelle Charakter und die persönlichen Eigenheiten des Menschen mit den Eigenschaften des tierischen Begleiters übereinstimmen.

Tierische Doppelgänger sind keineswegs nur den Menschen vorbehalten. *Way*-Seelen sind vielmehr in den Augen der Maya ein naturweites und naturübergreifendes Phänomen, das auch auf Tiere und sogar Pflanzen übertragen wird. Selbst Gottheiten und übernatürliche Wesen besitzen ihrerseits einen *way*. K'awiil, eine der wichtigsten Gottheiten der Maya, hat zum Beispiel die Gottheit Yax Loot Jun Winik Na Kan, die bei Blutopfern beschworen wird, zum *way*.

495 *Vorderseite der Stele 40. Piedras Negras, Peten, Guatemala, Gebäude J-3; Spätklassik, 746 n. Chr.; Kalkstein; H. 485 cm, B. 118 cm, T. 46 cm; Guatemala Stadt, Museo Nacional de Arqueología y Etnografía*
Die um 746 n. Chr. errichtete Stele 40 zeigt im oberen Register den vierten Herrscher von Piedras Negras während einer Opferzeremonie zu Ehren eines verstorbenen Ahnen: Kniend lässt er aus seiner rechten Hand Blutstropfen oder Weihrauchkörner in einen Schacht fallen, der zu einem unten im Aufriss angedeuteten Grabgewölbe führt. Auf einer Liege sind die verschnürten Reste eines Toten aufgebahrt; besonders auffällig ist die aufgerichtete Büste, die reich mit Jade geschmückt ist.

Es ist kein Zufall, dass mit Blutopfer und Tod assoziierte *way*-Wesen als Begleiter genannt werden, denn dem *way*-Glauben haftet eine weitere Dimension an, die über die Existenz von tierischen oder übernatürlichen Doppelgängern hinausgeht. *Way* bedeutet in den Sprachen des Tieflandes einerseits „schlafen" oder „träumen", Bedeutungen, die gut zu unsichtbaren, jedoch ständig anwesenden Begleitern des Menschen passen; andererseits bedeutet *way* aber auch „sich verwandeln" und „verhexen". Manchen Menschen, etwa Schamanen, wurde die Fähigkeit zugeschrieben, sich durch ekstatische Rituale und die Einnahme von Drogen in ein Tier zu verwandeln und dessen Eigenschaften (bei Vögeln etwa die Fähigkeit zu fliegen) für kurze Zeit zu übernehmen. Auch den klassischen Maya-Herrschern schrieb man die Fähigkeit derartiger Transformationen zu. Zeremonien, mit denen etwa das Ende wichtiger Zeitperioden gefeiert wurde, nahmen sie zum Anlass, sich begleitet von Blutopfern und ekstatischen Tänzen in ein Tier oder ein übernatürliches Wesen zu verwandeln. Sie trugen dazu passende Tier- und Göttermasken und bezeichneten sich in Glypheninschriften als Verkörperung des jeweiligen Tieres oder Gottes.

Betreten des Todesweges

Der Tod des K'inich Janaab Pakal von Palenque wird nicht nur als Ablösung und Erlöschen seiner Seelen, sondern auch als Gang in das Jenseits beschrieben (wobei sich beide Konzepte offensichtlich nicht gegenseitig ausschlossen). Das Jenseits war für die klassischen Maya eine unterirdische Wasserwelt, die durch (real existierende) Wasserflächen oder durch Höhlen mit der Menschenwelt verbunden war. Das Begräbnis des K'inich Janaab Pakal vollzog seinen Gang in das Jenseits nach. Sein toter Körper wurde in der Grabkammer im Zentrum des Tempels der Inschriften niedergelegt – er tauchte symbolisch über die ins Unterirdische führende Treppe in das Erdinnere hinab.

In eindringlicher Weise berichtet die Inschrift auf dem Deckel, der K'inich Janaab Pakals Sarkophag verschließt (Abb. 496), was ihn nach seinem Tod erwartete: Dem Ruf seiner Vorfahren und Ahnen folgend, betrat er den Weg in die Unterwelt, den vor ihm bereits seine Vorgänger gegangen waren. Die toten Ahnen waren für die Maya keine passiven Wesen, sondern sie griffen in den menschlichen Alltag ein und manifestierten sich in den Zeremonien und Ritualen.

Der Tote hatte auf seinem Weg in das Jenseits mannigfaltige Hindernisse zu überwinden. Seine Angehöri-

496 *Der Sarkophagdeckel in der Grabkammer von K'inich Janaab Pakal. Palenque, Chiapas, Mexiko, Tempel der Inschriften; Spätklassik, 683 n. Chr.; Kalkstein; L. 379 cm, B. 220 cm*
Der Sarkophagdeckel hält einen entscheidenden Moment des Jenseitsganges fest, den K'inich Janaab Pakal anzutreten hatte: Der Herrscher entsteigt dem skelettierten Rachen der Unterwelt in der Gestalt des jungen Maisgottes, d. h., er hat das jenseitige Leben erlangt. Aus ihm wächst der kreuzförmige Weltenbaum, der den Weg des Toten in das Jenseits markiert und dessen Transformation in einen Ahnen symbolisiert.

gen bemühten sich, ihm diesen Weg zu erleichtern. Das Verbrennen aromatischer oder geweihter Pflanzen sollte böse Geister fernhalten; moderne Maya fürchten besonders die *okol-pixan*, die „Seelenräuber", denen die aufsteigende Seele des Sterbenden zum Opfer fallen könnte. Besondere Öffnungen in den Dächern der Häuser – oder der Seelenkanal im Tempel der Inschriften in Palenque – dienten den Seelen als Schlupfloch und Fluchtweg.

Vom Herrscher zum Gott

Die beeindruckendste Schilderung des Abstiegs in die Unterwelt stammt aus dem Hochland von Guatemala. Zu den zentralen Themen des frühkolonialen Popol Wuj zählen die Erlebnisse der göttlichen Zwillinge namens Junajpu und Xb'alanke. Der Bericht über ihren Abstieg in die Unterwelt, ihre Auseinandersetzungen mit den Herren der Unterwelt und ihr Tod wie auch ihre triumphale Wiederkehr wird als profundeste und ausführlichste Schilderung der Todes- und Jenseitsvorstellungen der vorspanischen Maya angesehen. Die Geschichte beginnt mit dem unglücklichen Schicksal der Vorfahren von Junajpu und Xb'alanke, zwei Brüdern, die Jun Junajpu (1 Blasrohr) und Wuqub' Junajpu (7 Blasrohr) hießen. Zu den Lieblingsbeschäftigungen dieser beiden zählte das Ballspiel. Bei einem ihrer Ballspiele – die beiden spielten dabei gegen die Söhne Jun Junajpus – ärgerten sich die Herren der Unterwelt über den ungewohnten Lärm an der Erdoberfläche. Jun Junajpu und Wuqub Junajpu ließen es wohl, so die

497 *Blick in die Grabkammer von K'inich Janaab Pakal. Palenque, Chiapas, Mexiko, Tempel der Inschriften; Spätklassik; H. 7 m, L. 10 m, B. 4 m*
Der Weg zur Grabkammer des K'inich Janaab Pakal führt zuerst auf die neunstufige Pyramide des Tempels der Inschriften. Im rückwärtigen Teil gelangt man über eine Treppe im Inneren zur Gruft. Sie wird von dem Sarkophag beherrscht, der die Überreste K'inich Janaab Pakals birgt; sein mit einem Relief geschmückter Deckel ist wohl das berühmteste Werk der Maya-Kunst.

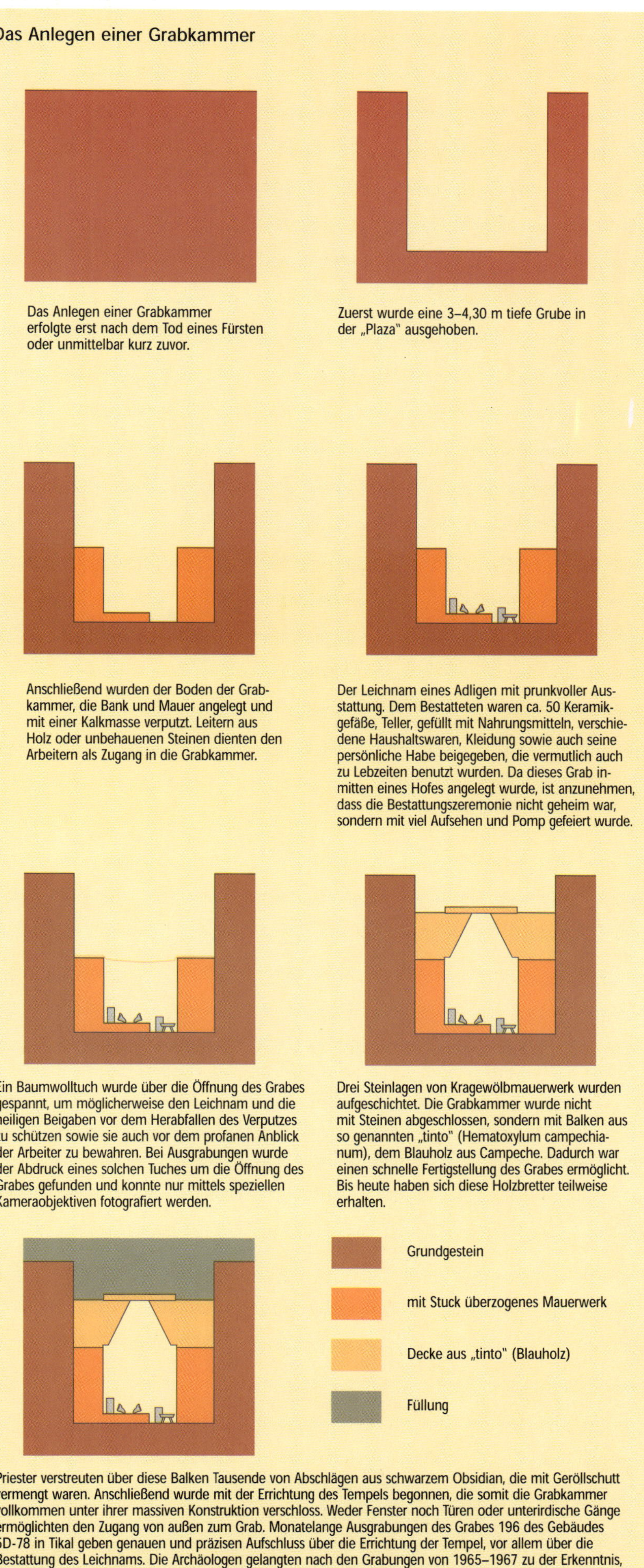

Das Anlegen einer Grabkammer
Das Anlegen einer Grabkammer erfolgte erst nach dem Tod eines Fürsten oder unmittelbar kurz zuvor.
Zuerst wurde eine 3–4,30 m tiefe Grube in der „Plaza" ausgehoben.
Anschließend wurden der Boden der Grabkammer, die Bank und Mauer angelegt und mit einer Kalkmasse verputzt. Leitern aus Holz oder unbehauenen Steinen dienten den Arbeitern als Zugang in die Grabkammer.
Der Leichnam eines Adligen mit prunkvoller Ausstattung. Dem Bestatteten waren ca. 50 Keramikgefäße, Teller, gefüllt mit Nahrungsmitteln, verschiedene Haushaltswaren, Kleidung sowie auch seine persönliche Habe beigegeben, die vermutlich auch zu Lebzeiten benutzt wurden. Da dieses Grab inmitten eines Hofes angelegt wurde, ist anzunehmen, dass die Bestattungszeremonie nicht geheim war, sondern mit viel Aufsehen und Pomp gefeiert wurde.
Ein Baumwolltuch wurde über die Öffnung des Grabes gespannt, um möglicherweise den Leichnam und die heiligen Beigaben vor dem Herabfallen des Verputzes zu schützen sowie sie auch vor dem profanen Anblick der Arbeiter zu bewahren. Bei Ausgrabungen wurde der Abdruck eines solchen Tuches um die Öffnung des Grabes gefunden und konnte nur mittels speziellen Kameraobjektiven fotografiert werden.
Drei Steinlagen von Kragewölbmauerwerk wurden aufgeschichtet. Die Grabkammer wurde nicht mit Steinen abgeschlossen, sondern mit Balken aus so genannten „tinto" (Hematoxylum campechianum), dem Blauholz aus Campeche. Dadurch war einen schnelle Fertigstellung des Grabes ermöglicht. Bis heute haben sich diese Holzbretter teilweise erhalten.
Grundgestein
mit Stuck überzogenes Mauerwerk
Decke aus „tinto" (Blauholz)
Füllung
Priester verstreuten über diese Balken Tausende von Abschlägen aus schwarzem Obsidian, die mit Geröllschutt vermengt waren. Anschließend wurde mit der Errichtung des Tempels begonnen, die somit die Grabkammer vollkommen unter ihrer massiven Konstruktion verschloss. Weder Fenster noch Türen oder unterirdische Gänge ermöglichten den Zugang von außen zum Grab. Monatelange Ausgrabungen des Grabes 196 des Gebäudes 5D-78 in Tikal geben genauen und präzisen Aufschluss über die Errichtung der Tempel, vor allem über die Bestattung des Leichnams. Die Archäologen gelangten nach den Grabungen von 1965–1967 zu der Erkenntnis, dass die Tempel erst nach dem Tod des Adligen von den Nachfolgern errichtet wurden, um das Prestige der Dynastie zu erhalten.

498 *Frühklassischer Türsturz. Genaue Herkunft unbekannt, Usumacinta-Region; Frühe Klassik, 521 n. Chr.; Kalkstein; Privatsammlung*
Zu beiden Seiten des zentralen Hieroglypentextes, der die Einweihung dieses Türsturzes (auch bekannt als „Po Throne Panel") auf den 30. Juni 521 n. Chr. datiert, ist ein Maya-Adliger dargestellt. Rechts sitzt der damalige Herrscher von Bonampak, der den Türsturz für die Grabstätte seines Großvaters in Auftrag gab und dort auch anbringen ließ. Der solchermaßen geehrte Ahne aus dem Ort Lacanja ist links zu sehen; sein Kinnbart signalisiert, dass er längst verstorben ist.

Vermutung der Herren der Unterwelt, an Respekt ihnen gegenüber fehlen. Die Herren der Unterwelt beschlossen deshalb, beide in die Unterwelt zu einem Ballspiel einzuladen, um sie zu prüfen. Arglos folgten die beiden der Einladung. Boten führten sie in die Unterwelt – ein beschwerlicher und gefährlicher Weg über steile Stufen, durch reißende Flüsse und enge Schluchten. Die Herren der Unterwelt empfingen Jun Junajpu und Wuqub Junajpu ränkesüchtig und siegessicher. Zur Begrüßung wurde ihnen ein glühender Stein als Sitzbank zugeteilt. Als die Brüder sich niedersetzen wollten und schmerzverzerrten Gesichtes aufsprangen, krümmten sich die Herren der Unterwelt bereits vor Lachen.

Da das Ballspiel erst am nächsten Morgen stattfinden sollte, bot man den Brüdern das „Haus der Finsternis" zum Schlafen an. Der darin herrschenden Dunkelheit wegen gab man ihnen einen brennenden Kienspan und je eine angesteckte Zigarre – mit der Aufforderung, am nächsten Morgen Kienspan und Zigarren unaufgebraucht zurückzugeben. Über Nacht verbrannte der Kienspan und verglühten die Zigarren. Als die Brüder am nächsten Morgen nach dem Verbleib von Kienspan und Zigarren gefragt wurden, mussten sie eingestehen, beides aufgebraucht zu haben. Ohne Zaudern opferten daraufhin die Herren der Unterwelt Jun Junajpu und Wuqub' Junajpu. Jun Junajpu wurde enthauptet (Abb. 500) und sein Kopf in einen am Wegesrand hängenden Baum gehängt.

Eines Tages kam die Tochter eines der Herren der Unterwelt an dem Frucht tragenden Strauch vorbei und trat heran, um eine Frucht zu pflücken. Da sprach sie der Schädel von Jun Junajpu an, spuckte ihr in die ausgestreckte rechte Hand und schwängerte sie mit seinem Speichel. Aus Angst vor der Entdeckung ihrer Schwangerschaft floh das Mädchen aus der Unterwelt. Schließlich brachte sie die beiden göttlichen Zwillinge, Junajpu und Xb'alanke zur Welt. Diese wuchsen zu geschickten Jägern heran. Eine Maus, die sie erjagt hatten, verriet ihnen, wo Jun Junajpu und Wuqub' Junajpu vor ihrem Abstieg in die Unterwelt ihre Ballspielausrüstung versteckt hatten. Neugierig probierten sie die Ausrüstung aus und übten sich im Ballspiel.

Als sich die Herren der Unterwelt erneut über den Lärm ärgerten, erging abermals eine Einladung an die beiden Ballspieler, ihre Kunst doch in der Unterwelt zu zeigen. Junajpu und Xb'alanke nahmen die Einladung an und stiegen den gefährlichen Weg in die Unterwelt hinab. Dort angekommen, hielten Junajpu und Xb'alanke den Prüfungen der Herren der Unterwelt mit größerem Erfolg stand als ihre Vorgänger. Auch ihnen wurde das „Haus der Finsternis" als Schlafstätte zugewiesen, jedoch ersetzten die göttlichen Zwillinge den unverbraucht von ihnen zurückgeforderten Kienspan durch die leuchtende Schwanzfeder eines Ara und hefteten an das Ende ihrer Zigarren ein Glühwürmchen. Als sie am nächsten Morgen Kienspan und Zigarren unverbraucht zurückgaben, waren die Herren der Unterwelt überrascht.

Ihr Erstaunen wuchs mit jeder weiteren Prüfung, die die göttlichen Zwillinge mit List meisterten. Erfolgreich bestanden sie das „Haus der Obsidianmesser", das „Haus des Frostes" und das „Haus des Feuers". Erst die letzte Prüfung im „Haus der Fledermäuse" verlief unglücklich. Gezwungen, eine Nacht unter Fledermäusen mit messerscharfem Gebiss zu verbringen, verkrochen sich die Zwillinge auf wundersame Weise in ihren Blasrohren. Als Junajpu nachsehen wollte, ob die Morgendämmerung schon eingesetzt hatte, war er jedoch unvorsichtig und streckte den Kopf unvorsichtigerweise aus seinem Blasrohr hinaus. Augenblicklich riss ihm eine der Fledermäuse den Kopf ab. Am nächsten Morgen konnte Xb'alanke im Ballspiel mit den Herren der Unterwelt den Kopf Junajpus zwar noch durch einen Kürbis ersetzen, doch die Niederlage und Opferung vermochte er nicht mehr abzuwenden. Die Herren der Unterwelt töteten die göttlichen Zwillinge (Abb. 501), zermahlten ihre Körper und streuten die Knochen in einen Fluss.

Die Knochen sammelten sich aber auf dem Grund des Flusses und wuchsen erneut zu Körpern zusammen. Am fünften Tag nach ihrer Opferung entstiegen die göttlichen Zwillinge dem Fluss. Sofort gingen sie daran, Rache an den Herren der Unterwelt zu üben. Als Bettler getarnt machten sie sich einen Namen durch die Aufführung von

WIE DIE EIFERSÜCHTIGEN HALBBRÜDER IN AFFEN VERWANDELT WURDEN

Das Popol Wuj geht der Frage nach, wie die Existenz der bestehenden Welt und ihrer Bewohner zu erklären ist. Folgendes Zitat beschreibt die Herkunft der Klammeraffen.

Und das ist ihre Geburt, davon werden wir erzählen. Als sie den Tag der Geburt herausfand, da kam das Mädchen nieder, Xq'ik, wie sie genannt wird. Aber die Großmutter sah es nicht, als jene geboren wurden. Plötzlich erschienen sie; beide wurden geboren, Junajpu und Xb'alanke waren ihre Namen. Auf dem Berg erschienen sie, und von dort gingen sie nach Hause. Aber sie schliefen nicht. „Du solltest dich ihrer entledigen, denn sie sind wahrlich laut", sagte die Großmutter.

Da wurden sie in ein Bett aus Ameisen gelegt, aber dort schliefen sie friedlich. Dann entfernten sie sich und wurden auf Dornen gebettet, denn das war, was Jun B'atz' und Jun Chuwen [ihre älteren Halbbrüder] wollten: Sie sollten dort unter den Ameisen sterben, sie sollten dort in den Dornen sterben. Sie wollten das wegen ihrer Eifersucht und ihres Zornes, der Jun B'atz' und Jun Chuwen die Röte ins Gesicht trieb. Ihre jüngeren Brüder wurden von ihnen zuerst noch nicht einmal in das Haus eingelassen, sie kannten sie noch nicht einmal.

Denn jene waren in den Bergen aufgewachsen. Sie waren große Flötenspieler und Sänger, jener Jun B'atz' und Jun Chuwen. Sie waren in großer Armut aufgewachsen. Sie hatten Schmerz erlitten, sie sind gepeinigt worden. Sie sind daher große Männer und Weise geworden. Nun waren sie Flötenspieler und Sänger, und Maler und Holzschnitzer. Alles ging ihnen einfach von der Hand. Sie kannten wirklich ihr Schicksal.

...

Eines Tages gingen sie [Junajpu und Xb'alanke] an den Fuß des Baumes, der Gelbbaum genannt wird, begleitet von ihren älteren Brüdern. Als sie ankamen, begannen sie zu schießen. Es gab unzählige Vögel im Baum. Sie piepten und gackerten, und die älteren Brüder waren erstaunt, als sie die Vögel sahen. Doch was die Vögel betraf, so fiel keiner vom Baum herunter. „Dies sind unsere Vögel, aber sie werden nicht herabfallen. Klettert nur hinauf", sprachen sie zu ihren älteren Brüdern. „Nun gut", antworteten diese. Da bestiegen sie den Baum, aber der Baum wuchs und die Wurzel schwoll, sodass Jun B'atz' und Jun Chuwen nicht mehr hinabklettern konnten, als sie es wollten. Da riefen sie vom Baum herab: „Wie werden wir errettet werden, oh unsere jüngeren Brüder? Habt Mitleid mit uns, dieser Baum erschreckt uns, so scheint es, oh unsere jüngeren Brüder!" So riefen sie vom Baum herab, und dann sagten Junajpu und Xb'alanke: „Zieht eure Lendenschurze aus und bindet sie unter eure Bäuche mit einem langen Ende, das wie ein Schwanz hinter euch herabhängen soll, so könnt ihr besser laufen", so wurde ihnen von den jüngeren Brüdern gesagt. „Gut", sagten diese und zogen die Enden aus ihren Lendenschurzen. Sofort wurden diese zu ihren Schwänzen; sie verwandelten sich in Klammeraffen. Sie verschwanden über die Bäume auf den niedrigen Hügeln, auf den großen Bergen, und dann verschwanden sie im Wald. Sie kreischten und hangelten sich entlang der Äste der Bäume. Dies also war der Sieg von Junajpu und Xb'alanke über Jun Chuwen und Jun B'atz'.

499 *Die klassische Version von Jun B'atz' und Jun Chuwen. Fundort unbekannt; Späte Klassik, 600–900 n. Chr.; gebrannter Ton, bemalt; H. 16,2 cm, Dm. 16 cm; Privatsammlung (Kerr 2220)*
Bereits in der Kunst der klassischen Maya-Kultur finden sich Darstellungen mythischer Wesen, die den Akteuren der im Popol Wuj überlieferten Mythen sehr ähnlich sind. Hierzu gehören auch zwei affengesichtige göttliche Wesen, die offenbar Jun B'atz' und Jun Chuwen, den Halbbrüdern der Heldenzwillinge Junajpu und Xb'alanke, entsprechen.

Der Fortbestand des Toten im Jenseits wurde und wird von der Befriedigung der elementaren Bedürfnisse wie Durst und Hunger abhängig gemacht. Die regelmäßige Versorgung der Toten sehen die Maya als Gradmesser für die Beziehungen zwischen den Lebenden und ihren toten Angehörigen an. „Hungern" die Toten, können die Lebenden wenig Gutes erwarten. Mitgegebene Geld- beziehungsweise Jadestücke, wie im Bericht von Diego de Landa, verraten, dass das Jenseits der Maya keine abstrakte Vorstellung, sondern wie die Menschenwelt von (bezahlbaren) Bedürfnissen und Regeln bestimmt war.

Das Grab – in den Inschriften als *muknal* (Ort der Bestattung) bezeichnet – symbolisiert durchaus den Endpunkt der physischen Existenz eines Menschen. Davon bleibt aber sein Weiterleben als Ahne unberührt (Abb. 491, 492). Die Beschreibung des Weges in das Jenseits verdeutlicht die komplexen und vielgestaltigen Vorstellungen, die die Maya mit diesem Ort verbanden. Herausragende Individuen wie Herrscher waren im Leben und im Tod Grenzgänger, die zwischen der jenseitigen und der diesseitigen Welt pendeln konnten. Mit ihrem Tod waren sie zwar gezwungen, wie jeder Normalsterbliche den Weg in die Unterwelt auf sich zu nehmen, ihnen stand aber die im Mythos der göttlichen Zwillinge überlieferte Möglichkeit offen, sich in der Überwindung des Todes zu vergöttlichen.

500 *Fries von der fünften Stufe der Akropolis von Tonina, Chiapas, Mexiko; Stuck*
Die Präsenz des Todes findet in dem Stuckfries aus Tonina seinen unmittelbarsten Ausdruck. Er entstand nach einem Sieg der Herrscher von Tonina und bettet die Opferung der dabei gemachten Kriegsgefangenen in die Vorstellungen ein, die die klassischen Maya von Tod und jenseitiger Unterwelt hatten. Die Köpfe der Enthaupteten markieren die Kreuzungspunkte der Bildfelder. Mit Opferung und Tod verknüpfte, skelettierte Gottheiten oder solche in Tiergestalt wiederholen die rituelle Tötung der Unterlegenen.

502 *Fürstengrab. Río Azul, Peten, Guatemala, Grab 23; Frühklassik, 5. Jh. n. Chr.*
Der Maya-Adlige, der im 5. Jh. n.Chr. in Grab 23 bestattet wurde, gehörte zur Führungsschicht von Río Azul. Darauf weisen insbesondere die vielen Grabbeigaben aus Ton hin – Teller, Schalen und Zylindergefäße mit Deckel. Die Krypta wurde rot ausgemalt; auf dem Felszapfen, der in das Grab ragt, sind die Mondgöttin und möglicherweise ein Monster der Unterwelt dargestellt.

Tänzen und das Vollbringen von Wundern. Als die Herren der Unterwelt von ihnen hörten, luden sie diese ein, am Hofe der Unterwelt aufzutreten. Von ihrer Vorstellung waren die Herren so begeistert, dass sie die göttlichen Zwillinge baten, ihnen doch ihre gesamte Kunstfertigkeit zu beweisen. Die Zwillinge töteten einen Hund und erweckten ihn wieder zum Leben. Sie zündeten die Residenz der Unterweltherrscher an, ohne dass das Haus Schaden nahm. Begeistert verlangten die Herren der Unterwelt, dass sie sich gegenseitig opfern und erneut zum Leben erwecken sollten. Als Xb'alanke dies mit Junajpu vorgeführt hatte, forderten die Herren der Unterwelt schließlich, selbst geopfert und wieder erweckt zu werden. Die göttlichen Zwillinge öffneten ihnen umgehend die Brust, rissen das Herz heraus – und ließen die Leichname der Herren der Unterwelt liegen, ohne sie wieder zum Leben zu erwecken. Auf diese Weise rächten sie sich an den Herren der Unterwelt und brachen ihre Macht. Schließlich verwandelten sich die göttlichen Zwillinge in Sonne und Mond.

Die Herrscher der klassischen Maya vollzogen mit ihrem Sterben das Schicksal der göttlichen Zwillinge nach. Als deren Verkörperung führte sie der Tod auf einem hindernis- und abenteuerreichen Weg in die Unterwelt. Im Gegensatz zu den einfachen Menschen besaßen die gottgleichen Herrscher die Fähigkeit, wie Junajpu und Xb'alanke die Prüfungen der Unterwelt mit List zu bestehen und schließlich die Macht der Unterwelt und damit des Todes zu brechen und als vergöttlichte Wesen aufzusteigen.

Die Gegenwart des Todes

Der Glaube an eine Weiterexistenz nach dem Tode war ein fester Bestandteil der vorspanischen Maya-Religion. Dies äußert sich auf unmittelbare Weise in der Sitte, einem Toten Essen und Trinken in das Grab mitzugeben (Abb. 502). Diego de Landa (1524–1579) dokumentierte diesen Brauch noch im 16. Jahrhundert: „Die Toten hüllten sie in das Leichentuch. Man füllte den Mund der Toten mit gemahlenem Mais, der für sie unter der Bezeichnung *k'oyem* Speise und Trank ist, und mit einigen dieser Steine, die sie zum Bezahlen benutzen, damit ihnen im Jenseits das Essen nicht ausgehe."

501 *Tzompantli (Schädelgerüst). Chichen Itza, Yucatán, Mexiko, Großer Platz; Endklassik/Frühe Postklassik, 850–1100 n. Chr.; Kalkstein*
Das so genannte *Tzompantli*, das man auch in anderen Städten Mesoamerikas und vor allem in Zentralmexiko findet, ist eine steinerne Plattform, auf der nach spanischen Quellen die abgeschlagenen Köpfe von Menschenopfern aufgespießt und zur Schau gestellt wurden. Ihre Seitenflächen sind mit Darstellungen aufgepfählter Schädel geschmückt.

VON DER KLASSIK ZUR POSTKLASSIK

LANGSAMER NIEDERGANG ODER NEUBEGINN? DER WANDEL DER KLASSISCHEN MAYA-ZIVILISATION IN DER PUUC-REGION

Nicholas P. Dunning

„Hügel stiegen um uns herum auf, und die Landschaft war für diese Gegend geradezu malerisch zu nennen, aber überall herrschte Öde und Schweigen. Totenstille lag über den Ruinen, unterbrochen nur vom Gesang eines kleinen Fliegenschnäppers ... wir erreichten schließlich ein Gebäude, das Catherwood später zeichnete." (Abb. 504)

So schrieb John Lloyd Stephens 1842 über die alten Maya-Ruinen von Xculoc in Campeche. Seit den Aufsehen erregenden Berichten von John Lloyd Stephens, Frederick Waldeck, Desiré Charnay, Teobert Maler und anderen Forschern des 19. Jahrhunderts nimmt die Welt Notiz von der außergewöhnlichen architektonischen Hinterlassenschaft der Maya in der Puuc-Region, einem Hügelland, das sich über den Süden des mexikanischen Bundesstaates Yucatán und den Norden von Campeche erstreckt. Einige der im Puuc-Stil errichteten Bauwerke, wie zum Beispiel der Palast des Gouverneurs von Uxmal (Abb. 523), gehören zu den hervorragendsten architektonischen Leistungen der Welt. Solche Baukomplexe sind Ergebnis und Symbol des Wandels, der sich in der Maya-Gesellschaft der Puuc-Region im Laufe der Spät- und Endklassik (600–950 n. Chr.) vollzog. Zu einem Zeitpunkt, als die meisten Städte des Tieflandes aufgegeben wurden, konnten viele Puuc-Städte und die sie regierenden Dynastien ihre alten Traditionen bis ins frühe 10. Jahrhundert n. Chr. aufrechterhalten, ein Jahrhundert länger als die Maya weiter im Süden. Diese Periode, von den Archäologen oft die „Endklassik" genannt (790–909 n. Chr.), war einerseits durch eine großartige Hochblüte der Architektur und Kunst gekennzeichnet, andererseits durch einen ungeheuerlichen Niedergang, der zu entscheidenden politischen Veränderungen und der Aufgabe zahlreicher Siedlungen führte – einem Wandel, der den Boden bereitete für den Anbruch der postklassischen Epoche.

504 *Der „Palast der Figuren" in Xculoc. Stich von Frederick Catherwood, 1842; aus: John L. Stephens, Incidents of Travel in Yucatan, 1843*
Dieses Bauwerk wurde nach den kleinen Steinskulpturen im Fries an der Fassade benannt, die „Stützer der Welt" darstellen. Diese Gottheiten tragen in den vier Ecken des Maya-Kosmos Himmel und Erde.

503 *Masken vom Nordflügel des Monjas-Gebäudes. Uxmal, Yucatán, Mexiko; Endklassik, 900–910 n. Chr.*
Mosaikmasken, zu mehreren übereinander gesetzt, sind charakteristisch für die Bauplastik des Puuc-Stils. Am Monjas-Gebäude von Uxmal sind diese Maskentürme zur höchsten Vollendung gebracht. Die gesamte Fassade des Nordflügels, der den Haupttrakt der vierteiligen Anlage bildet, ist mit Symbolen verziert, die sich auf Kriege beziehen. So werden auch diese vier Masken von einer stilisierten Darstellung des mexikanischen Gottes Tlaloc bekrönt. Typisch für den Kriegsgott sind die auffallend großen, runden Augen.

Vorhergehende Doppelseite:
Die Pyramide des K'uk'ulcan in Chichen Itza, Yucatán, Mexiko
Blick von der Venusplattform auf die Nordseite der K'uk'ulcan-Pyramide, die auch als Castillo bekannt ist. Die Skulptur im Vordergrund stellt den stilisierten Kopf einer Schlange dar, die in der Ikonographie Chichen Itzas eine dominierende Rolle einnimmt.

505 *Die wilde witz-Landschaft (Kegelkarst) der Hügel von Bolonchen bei Balche, Campeche, Mexiko. Foto aus dem Jahr 1989*
Im Vordergrund ist das kleine Gebäude A-6 zu sehen. In der Karstlandschaft von Bolonchen lagen die Orte zwar meist in den Tälern, doch oft standen auf den Hügelkuppen einzelne Gebäudegruppen. Sie bildeten ein wesentliches Element vieler Siedlungen, sei es als deren offizielle Grenzmarkierungen, sei es, dass sie Blickachsen akzentuierten; diese verliefen zwischen einem zentralen Platz in der jeweiligen Stadt und den Haupthimmelsrichtungen oder anderen kosmologisch wichtigen Punkten.

Geografische Voraussetzungen und kulturelle Anpassung

Ein tieferes Verständnis der Maya-Gesellschaft der Puuc-Region setzt die Betrachtung der geomorphologischen Grundlagen ihres Siedlungsgebietes voraus. Die Puuc-Region – *Puuc* bedeutet im yukatekischen Maya „bewaldeter Hügel" – verdankt ihren Namen einer Hügelkette, deren Verwerfungen das „Hügelland" vom relativ flachen Gebiet der nördlichen Ebenen trennen (Abb. 505). Die Gesamtregion umfasst den Höhenzug des Puuc, das Hügelland des Santa-Elena-Tals und die zerklüfteten Karstkegel der Hügel um Bolonchen. Von großer Bedeutung für die Anlage der Siedlungen ist die Tatsache, dass der Grundwasserspiegel der Puuc-Region ständig etwa 65 Meter unter der Erdoberfläche liegt und nur durch vereinzelte, tief reichende Höhlensysteme zugänglich ist. In den benachbarten westlichen und nördlichen Ebenen hingegen ist das Grundwasser weit weniger abgesenkt und lässt sich durch viele *cenotes* oder ausgehobene Brunnen nutzen. Für die Siedlungsabsichten der Maya im Puuc bedeutete dieses Fehlen sowohl überirdischer wie unterirdischer Quellen, die eine ganzjährige Wasserversorgung gesichert hätten, eine massive Einschränkung, umso mehr, als Niederschläge in dieser Gegend streng jahreszeitlich begrenzt sind. Wie im gesamten Maya-Tiefland herrscht auch in der Puuc-Region ein tropisch-subtropisches Mischklima, bei dem sehr feuchte und extrem trockene Jahreszeiten einander abwechseln. Im Puuc erreichen die jährlichen Niederschläge durchschnittlich etwa 1100 Millimeter, wovon über 90 Prozent in der Regenzeit zwischen Ende Mai bis November fallen.

Um den Puuc ganzjährig bewohnen und die Trockenperiode im Winter und Frühling überstehen zu können, mussten die Maya Möglichkeiten ersinnen, das Regenwasser aufzufangen und in großen Mengen zu sammeln. In einigen ihrer größeren Ortschaften und Städte nutzten sie natürliche Senken, die *ak'alche* genannt wurden, zum Bau von Wasserreservoiren. In der Hauptsache legten sie jedoch *chultunes* an, unterirdische Zisternen, in die Regenwasser durch gepflasterte, trichterförmige Sammelbecken geleitet wurde (Abb. 506). Praktisch jeder Wohnkomplex verfügte über einen oder mehrere *chultunes* als einen lebenswichtigen Teil seiner Ausstattung. Ein *chultun* üblicher Größe konnte etwa 30 000 Liter Wasser fassen und wurde in der Regel mit einem größeren flachen Stein verschlossen.

Während die Wasserknappheit die Maya bei der Besiedlung des Puuc mit Schwierigkeiten konfrontierte, machte der Reichtum an guten Böden die Region überaus attraktiv. Weite Flächen mit fruchtbaren Böden, die von den heutigen yukatekischen Maya als *puslu'um* („weiche Erde"), *ek'lu'um* („schwarze Erde") oder *k'ankab* („gelbe Erde") bezeichnet werden, machen den Puuc zu einer der ertragreichsten Agrarflächen des Maya-Tieflandes. Besonders häufig kommen diese Böden an den inneren Randgebieten des Santa-Elena-Tals vor. Es ist daher nicht verwunderlich, dass sich viele der größten Zentren der Region, wie zum beispiel Kabah, an den Abhängen des Tales befanden, wo sie das enorme landwirtschaftliche Potential des Gebietes nutzen konnten. In der Hügellandschaft von Bolonchen sind große Flächen guten Bodens seltener; sie kommen hin und wieder in den Kalksteintälern vor. Hier wurden Maya-Siedlungen oft so angelegt, dass sie in strategisch günstiger Lage die Kontrolle über diese fruchtbaren Täler ermöglichten, sich jedoch auch in die benachbarten Hügelbezirke, zum Beispiel um Balche', ausdehnten (Abb. 507).

506 *Schema einer typischen kleinen Wohnanlage im Puuc*
Auf dem Grundstück befindet sich neben dem Wohnhaus ein *chultun* (Zisterne), der aus dem *sahkab* (Kalkmergelschicht) ausgehoben wurde. Dort sammelte sich während der Regenzeit das Regenwasser. Solche Reservoire spielten eine wesentliche Rolle für das Überleben der Maya in der Puuc-Region, in der natürliche Ganzjahresquellen rar sind und mit längeren Trockenperioden zu rechnen ist. Entsprechend sparsam und auf die unterschiedlichen Erfordernisse eines Haushaltes abgestimmt war der Wasserverbrauch.

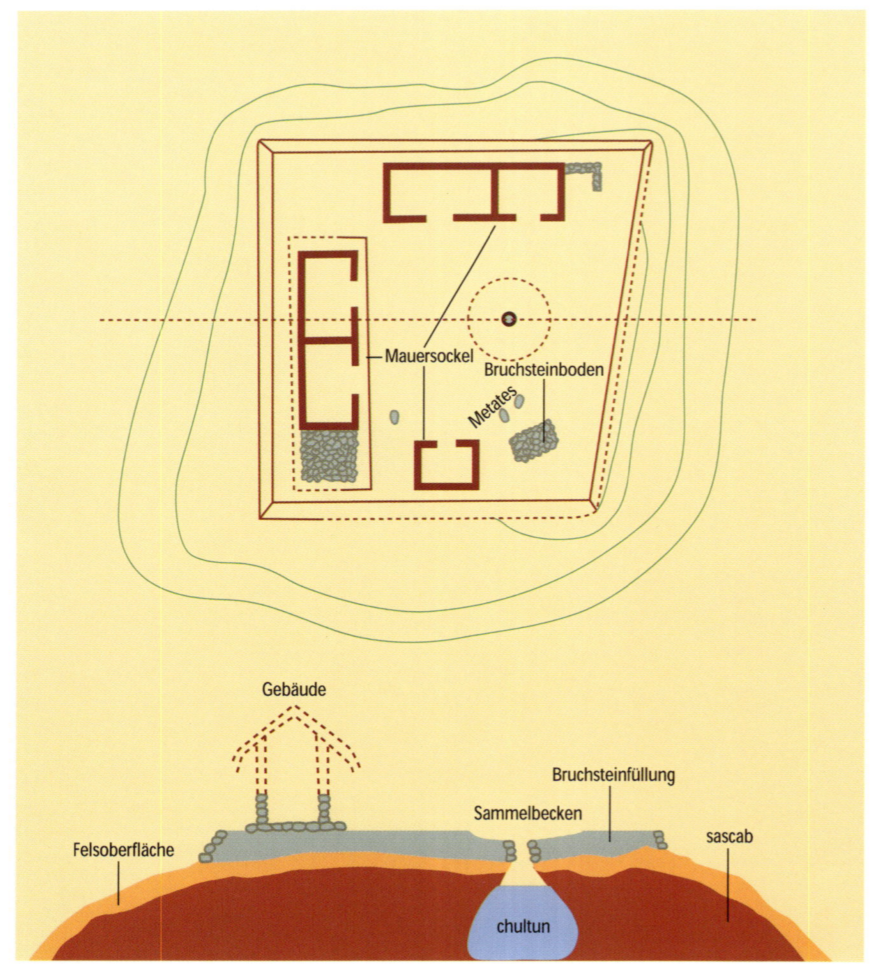

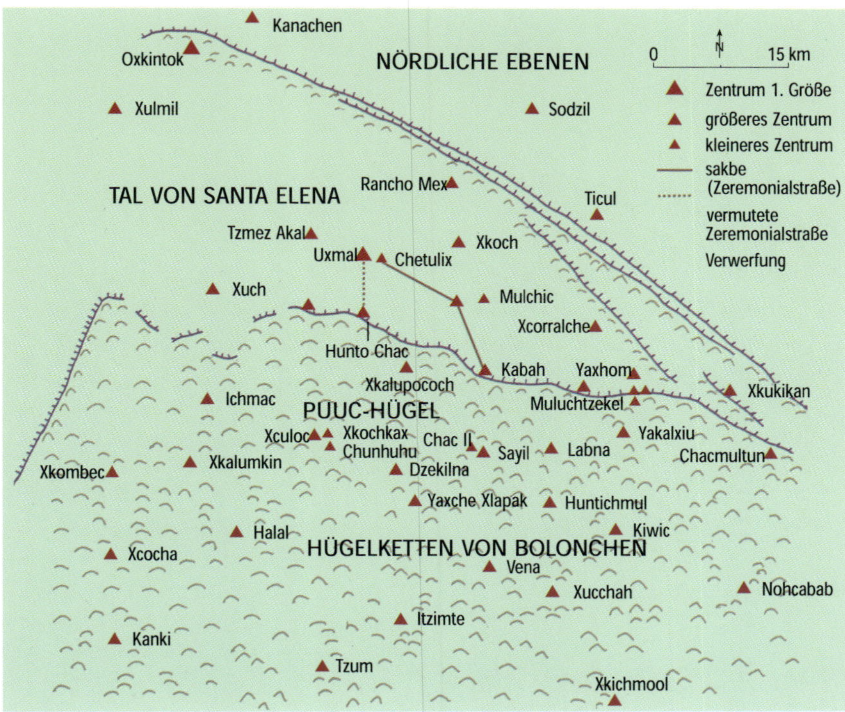

Bei den Baumeistern der Puuc-Region begann sich jedoch eine neue Technik zu entwickeln, die die Maya weitgehend von diversen bautechnischen Einschränkungen durch die traditionelle Bauweise befreite. Um 600 n. Chr. setzte sich in der Region immer stärker eine neue Steinarchitektur durch, die nun als früher Puuc-Stil bekannt ist. Die Steine wurden dabei mit immer größeren Mengen Mörtel verankert, was die Statik der Gebäude erheblich verbesserte. Die großen Steinplatten und -quader der früheren Bauweise wurden durch dünne Verblendsteine ersetzt, die mit einem Kernmauerwerk aus zementierten Bruchsteinen verzapft wurden. Zwar behielt man die Form der traditionellen falschen Gewölbe bei, die Gewölbe wurden jedoch nicht mehr durch auskragende Steinplatten gefügt, sondern allein durch die Kraft der zementierten Kernmauern getragen. Diese Befreiung von den durch die Physik diktierten Grenzen, die sich mit der Errichtung von „echten" Scheingewölben ergab, ermöglichte es den Puuc-Baumeistern, bedeutend größere Innenräume zu schaffen (Abb. 512). Die neue Zementkern-Architektur ließ sich überdies wesentlich wirtschaftlicher umsetzen als frühere Bauweisen. Entsprechend kam es im Gefolge der frühen Puuc-Architektur zu einer Explosion baulicher Aktivitäten. Vor ihrer Einführung und in anderen Gebieten des Maya-Tieflandes gehörten Steingewölbebauten in den Bereich des Exklusiven und waren weitgehend der Monumentalarchitektur und den Wohnsitzen der höchsten Gesellschaftsschicht vorbehalten. Nun wurden Gewölbebauten aus Stein in der Puuc-Region für viele Zwecke, so auch im Wohnbau, genutzt.

507 *Karte der Puuc-Region mit den wichtigsten Siedlungszentren*
Die Sierrita de Ticul, der Höhenzug des Puuc, trennt die Region vom nördlich angrenzenden Tiefland. Das breite Santa-Elena-Tal hat wohl den fruchtbarsten Boden im gesamten Gebiet. Auch die Niederungen der Hügellandschaft von Bolonchen sind ertragreich. Ein Netz gepflasterter Straßen überzieht den Kernbereich des Regionalstaates, dessen Hauptstadt um 900 n. Chr. Uxmal war.

508 *Talud-Tablero-Architektur. Oxkintok, Yucatán, Mexiko, Gebäude CA-4; Früher Oxkintok-Stil, 300–500 n. Chr.*
Die Pyramide CA-4 im Stadtkern von Oxkintok zeigt, wie stark die frühe Architektur im Nordwesten der Halbinsel von Teotihuacan geprägt ist. Ob dieser Einfluss direkt von der Metropole ausging oder über Tikal oder einen anderen Ort im Maya-Gebiet in den Norden gelangte, ist noch Gegenstand der Forschung. Oxkintok war ein bedeutendes Zentrum in der Frühklassik und durch seine Lage nahe den Salzvorkommen an der Küste möglicherweise ein Knotenpunkt für den Salzhandel.

Kulturgeschichte und Baukunst

Zwar gab es im Puuc, speziell in Höhlen, schon frühe, präarchitektonische Funde, die ersten Steinkonstruktionen der Region stammen jedoch aus der Späten Präklassik (300 v. Chr.–250 n. Chr.). Sie sind also im Verhältnis zu den anderen Gebieten des Maya-Tieflandes jung zu nennen. Überdies fanden sich im Puuc bis in die tiefe Frühklassik nur einige Steinbauten bescheidener Größe. Um etwa 400 n. Chr. wurden in diesem Gebiet jedoch allmählich größere und komplexere Monumentalbauten errichtet. Oxkintok war während der frühklassischen Periode das bei weitem größte Zentrum der Region; mehrere monumentale Pyramidentempel beherrschten das Stadtbild.

Gleichzeitig entwickelten sich in Oxkintok und anderen Orten des westlichen Puuc, wie Kanki und Ichmac, eigene regionale Baustile, die als frühe Oxkintok- beziehungsweise Proto-Puuc-Architektur bezeichnet werden (Abb. 508). Hauptmerkmale sind die Kraggewölbe, für die Steine bis zu einer überbrückbaren Lücke auskragend geschichtet wurden, und Wände aus grob behauenen Steinquadern, die mit dicken Stuckschichten bedeckt wurden. Diese Bauten waren der zeitgenössischen Architektur von Palenque stilistisch sehr ähnlich.

509 *Chenes-Architektur. Dzibilnocac, Campeche, Mexiko, Gebäude A-1; Späte Klassik, 600–900 n. Chr.*
Der Chenes-Stil ist eng mit dem Río-Bec-Stil verwandt, der die Architektur weiter im Süden und in der Mitte der Halbinsel prägt; ein gemeinsames Charakteristikum sind beispielsweise Scheintürme. Eine Eigentümlichkeit allein des Chenes-Stils sind Eingänge in Form aufgerissener Mäuler. In Dzibilnocac sind sie besonders aufwändig gestaltet: Sie bilden die Rachen von Masken, die personifizierte Berge und Schlangen darstellen und mit ihren barock-überbordenden Details das gesamte Tempelgebäude überziehen, das auf einer Pyramidenplattform steht.

Während der Spät- und Endklassik, als zunächst im frühen, dann im klassischen Puuc-Stil gebaut wurde, fertigten Maya-Töpfer der Puuc-Region eine Vielfalt von charakteristischen Schiefererzeugnissen und Keramiken, die in der Archäologie als der Cehpech-Komplex bekannt sind. Im Gegensatz zu vielen anderen Gebieten des Maya-Tieflandes fanden sich unter den Töpferarbeiten kaum polychrom bemalte Gefäße. Diesem Umstand ist es wahrscheinlich zu verdanken, dass viele Ruinenstätten der Maya im Puuc erhalten blieben, denn im Vergleich zu anderen Regionen hielten sich Plünderungen hier in Grenzen. Die Blütezeit der frühen Puuc-Architektur lag zwischen 600 und 770 n. Chr. Zwar lässt sich an den Maurer- und Steinmetzarbeiten dieser Periode deutlich eine Weiterentwicklung gegenüber früheren Stilen ablesen, die Hauptform der Ornamentierung blieb jedoch die Ausschmückung der oberen Fassadenpartien mit bemalten Stuckmustern und -figuren. In manchen Fällen wurde der dekorierte Teil auf hochragende Dachkämme ausgedehnt, was den Künstlern die Möglichkeit bot, komplexere Szenen zu schaffen (Abb. 7). Nach und nach wurden die dekorativen Fassadenelemente der Steingebäude immer aufwändiger gestaltet, und es entwickelten sich schließlich die typischen Stile der klassischen Puuc-Baukunst (Abb. 515).

Bauwerke der klassischen Puuc-Architektur entstanden etwa zwischen 770 und 950 n. Chr. und lassen sich zwei Phasen zuordnen, dem klassischen Säulenstil und dem klassischen Mosaikstil, die sich schließlich bis zu einem kaum noch bestimmbaren Ausmaß überlagerten. Zum klassischen Säulenstil gehören Reihenanordnungen von Säulen, die oft durch mittige „Schnürelemente“ unterteilt sind (Abb. 516). Diese Kombinationen von Säulen und Schnürwindungen werden allgemein als Stützen interpretiert, die mit Seilen zusammengebunden sind, wie dies zum Beispiel auch heute noch bei den typischen strohgedeckten Hütten moderner Maya-Bauern der Fall ist. Die Maya bezeichneten selbst riesige Steinpaläste als *naah* (Haus), also mit demselben Begriff, der auch für die kleine strohgedeckte Hütte aus Stangenbündeln benutzt wurde. Die Säulchen sind auch häufiges Element der Ornamentik im klassischen Mosaikstil. Zum Gestaltungskatalog der aufwändigen Mosaikfassaden gehörte allerdings die kunstvolle Entwicklung dekorativer Bildelemente (Abb. 515, 516), die die Handwerker aus Hunderten von in Form geschnittenen Steinen zusammensetzten. Die Fassaden zeigen auch geometrische Muster, wie sie sich in der Elite-Architektur der Spätklassik von Oaxaca und Veracruz bis Yukatan finden; dies spricht für ein weites Netz mesoamerikanischer Tausch- und Handelsbeziehungen, in das die Puuc-Region eingebunden war.

Über Eingängen und Gebäudeecken brachte man häufig langnasige Göttermasken an; typische Symbole weisen viele von ihnen als ein Abbild des Gottes *Chaak* aus. Aber auch andere Götter wurden oft dargestellt, so zum Beispiel *Itzamnaaj*, der Schöpfergott, und *K'awiil*, der Gott der Königsdynastien. Auf einigen Fassaden ist überdies stilisiertes Mattengeflecht zu sehen, die das Gebäude offensichtlich als „der Herren der Matte“, also des Königshauses oder des hohen Adels, würdig ausweisen sollen (Abb. 511). Insgesamt handelt es sich bei den Bildgruppen der Mosaikfassaden um eindrucksvolle Aussagen zu Bedeutung und Status der Bewohner eines Gebäudes.

Zur Zeit der klassischen Puuc-Architektur wuchs die Bevölkerungszahl der Region beträchtlich. Viele der älteren Orte breiteten sich aus, und neue Zentren wurden gegründet. Während jedoch das frühe 10. Jahrhundert n. Chr. in der Puuc-Region im Zeichen des höchsten Bevölkerungswachstums und der aktivsten Stadtbebauung stand, kam es in der zweiten Hälfte des Jahrhunderts zu einer drastischen Entvölkerung und faktisch zur Aufgabe vieler Stadtgebiete. Dennoch blieben einige Zentren bis in die postklassische Periode nach 1000 n. Chr. bewohnt.

510 *Das Codz-Poop-Gebäude. Kabah, Yucatán, Mexiko, Gebäude 2C-6; Endklassik, 800–900 n. Chr.*
Das Codz-Poop-Gebäude, auch der „Palast der Masken" genannt, ist das bekannteste Bauwerk der Stadt Kabah und zugleich eines der berühmtesten Beispiele für den späten Puuc-Stil. Es ist 46 m lang und besitzt zehn paarweise angeordnete Räume. Während bei Puuc-Gebäuden der untere Abschnitt der Außenmauern in der Regel ohne Dekor blieb, sind hier alle Flächen mit weitgehend identischen Mosaikmasken überzogen. Ein hoher Dachkamm bekrönt den Palast; vor ihm standen – auf der von der Abbildung nicht erfassten Seite – fünf lebensgroße Steinfiguren.

511 *Eingang zum Innenhof des Monjas-Gebäudes. Uxmal Yucatán, Mexiko, Monjas-Gebäude, Südflügel; Endklassik, 900–910 n. Chr.*
Den Innenhof des großen Monjas-Gebäudes, das wohl von König Chan Chaak K'ak'nal Ajaw von Uxmal erbaut wurde, betrat man hauptsächlich durch das monumentale, überwölbte Portal des Südflügels. Der Eingang gliedert den Südflügel, der der niedrigste der vier Flügel des Monjas-Komplexes ist, in zwei symmetrische Teile und schafft damit ein optisches Gegengewicht zu dem ansonsten dominierenden Nordflügel. Geht der Blick vom Innenhof in die entgegengesetzte Richtung, so fällt er auf die Mittelachse des Ballspielplatzes.

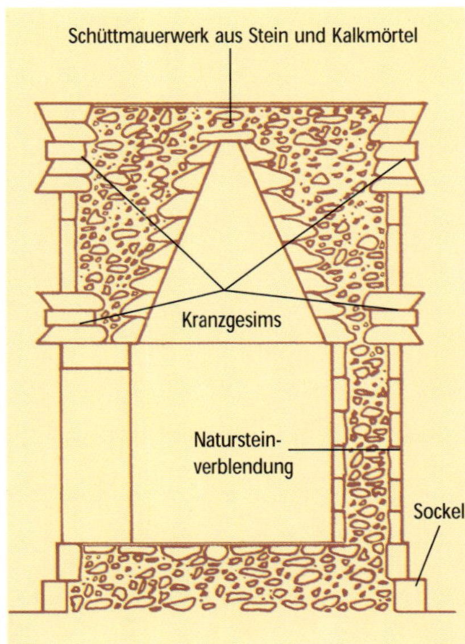

512 *Schnitt durch einen Flügel des Monjas-Gebäudes. Uxmal, Yucatán, Mexiko; Endklassik, 900–910 n. Chr.*
Die Gewölbe wie auch die Mauern von Puuc-Gebäuden haben einen Kern aus Geröll und Mörtel. Nur die Fassaden sind mit Haustein verkleidet; sie gliedern sich in Höhe des Gewölbeansatzes in zwei Ebenen.

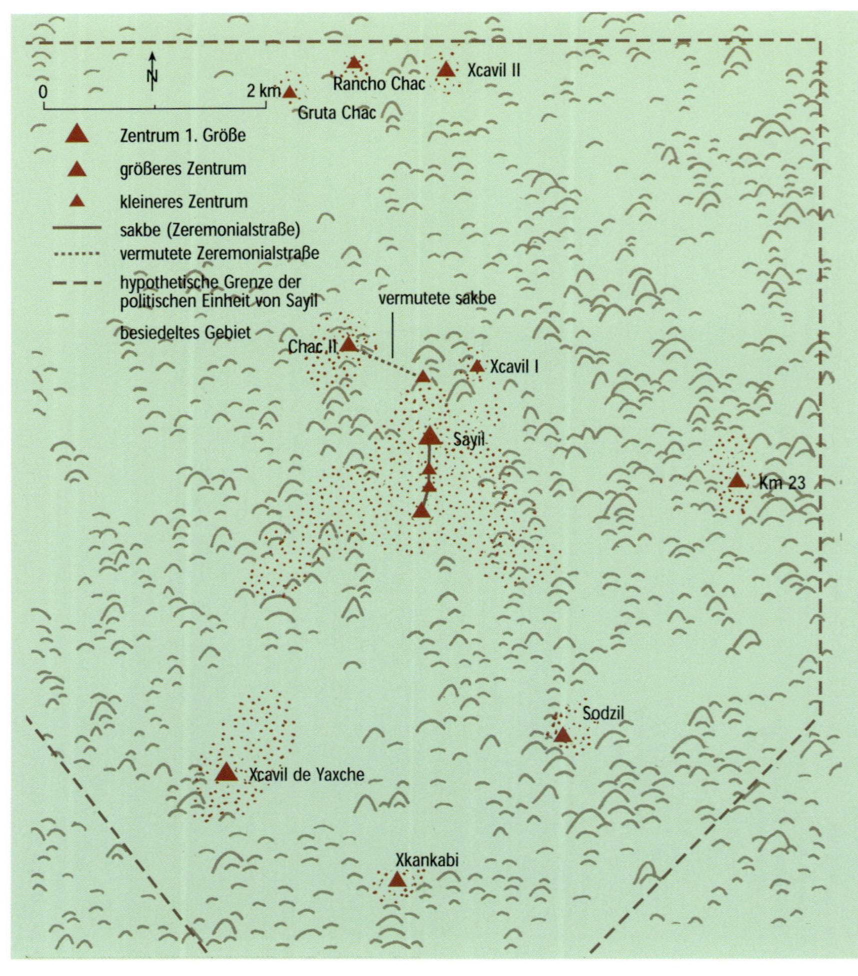

Stadt- und Landsiedlungen

Die Besiedlung der Puuc-Städte konzentrierte sich im Vergleich zu vielen anderen Gebieten des Maya-Tieflandes eher um einen Kern, was zu relativ hoher Bevölkerungsdichte in den Ortschaften des Puuc führte. Dennoch blieben auch hier etwa 70 Prozent des Stadtgebietes unbebaut. Allerdings handelte es sich kaum um offenes Gelände, denn das Land wurde auf unterschiedliche Weise genutzt, zum Beispiel durch Landwirtschaft, Herstellung und Lagerung von Lebensmitteln sowie Töpferbetriebe. Intensiv bewirtschaftete Hausgärten und umbaute Felder waren elementarer Bestandteil der Stadtlandschaft und dienten der Eigenversorgung der Maya. So lassen sich die Zentren der Puuc-Region unbedingt als Gartenstädte bezeichnen, wobei große Teile des Stadtgebiets für Obstgärten, den Anbau von pflegeintensivem Gemüse und Kräutern, Zierpflanzen und sogar den Feldanbau von Mais, Bohnen und Kürbissen genutzt wurden.

513 *Karte von Sayil und der Zentren in seinem Einflussbereich*
Die bedeutenderen Zentren der nordöstlichen Puuc-Region lagen im Allgemeinen etwa 6 bis 8 km auseinander. Bei den kleineren Ortschaften in ihrer Umgebung handelte es sich vermutlich um Trabantensiedlungen, die auf die größeren Städte wie Sayil bezogen waren. Sie befanden sich oft am äußeren Rand eines Kleinstaates, möglicherweise um das Grenzland zu sichern. Andere Dörfer waren anscheinend rein landwirtschaftlich ausgerichtet.

514 *Der Große Palast von Sayil, von Südwesten aus gesehen. Sayil, Yucatán, Mexiko; Spätklassik, 650–900 n. Chr.*
Wie der Palast des Gouverneurs in Uxmal, so war auch dieses großartige Bauwerk Residenz und Verwaltungssitz in einem, hatte also eine Doppelfunktion. Es scheint in mehreren Etappen zwischen 650 und 900 n. Chr. entstanden zu sein. Nach und nach wurden Flügel hinzugefügt und Plattformen aufgestockt, indem man aus Gründen der Statik Innenräume bestehender Ebenen mit Bruchsteinen aufschüttete und versiegelte.

515 *Die Symbolik einer Puuc-Mosaikmaske. Uxmal, Yucatán, Mexiko, Monjas-Gebäude, Ostflügel; Zeichnung von Karl von den Steinen*
Diese zwei Masken sind über der mittleren Tür des Ostflügels vertikal angeordnet. Auf den ersten Blick scheinen sie identisch – beide tragen ein Stirnband mit einer Blüte in der Mitte und werden von stark abstrahierten Schlangenköpfen gerahmt –, doch unterscheiden sie sich in vielen Details. Die Symbolik der Mosaikmasken an Puuc-Gebäuden ist unzureichend bekannt, ihre Erforschung steckt noch in den Anfängen.

516 *Hauptfassade des Großen Palastes. Sayil, Yucatán, Mexiko; Späte Klassik, 650–900 n. Chr.*
Der Palast von Sayil zeigt exemplarisch den klassischen Colonette-Stil. Die Ausschmückung der oberen Wandpartie – der Ausschnitt zeigt die Südfassade des zweiten Stockwerks – beschränkt sich im Wesentlichen auf Reihen von Colonette-Säulen. Diese kleinen Halbsäulen, die mit dem Zementkern der Mauer verbunden sind, gelten als stilisierte Darstellung der Holzpfähle, die zur Errichtung der typischen Maya-Häuser verwendet wurden. Nur an einigen Stellen wird ihre Folge von Mosaikmasken unterbrochen, die einen Gott mit langer Nase und fehlendem Unterkiefer zeigen.

Die Stadt Sayil in den Hügeln von Bolonchen ist bei intensiven Ausgrabungsarbeiten ausgiebig kartografiert worden. Das Siedlungsgebiet der Stadt erstreckte sich über circa fünf Quadratkilometer und beherbergte etwa 7000 bis 8000 Einwohner. Zur Bebauung von Sayil gehörten einige Gruppen monumentaler Steinbauwerke, die durch steinerne Zeremonialstraßen miteinander verbunden waren. Das imposanteste Gebäude von Sayil war der Große Palast (Abb. 514), an dem vermutlich 100 bis 200 Jahre gebaut wurde und der wahrscheinlich die Funktionen einer offiziellen Residenz der herrschenden Familie beziehungsweise des mächtigsten Adelsgeschlechts und des Verwaltungszentrums miteinander verband.

Sayil liegt in einem großen, unregelmäßig verlaufenden Kalkmergel-Tal, das wertvolle Böden besitzt (Abb. 513). Im Tal selbst war vermutlich das kleinere Zentrum Chak II der Ursprung früher urbaner Entwicklung, wobei sich bis zum 8. Jahrhundert n. Chr. der Wachstumsschwerpunkt immer mehr nach Sayil verlagerte. Im Tal von Sayil entschied weitgehend das Prinzip der „Erstlandnahme“ über den Besitz erstklassigen landwirtschaftlich nutzbaren Bodens. Das lässt sich gut erkennen, da die Wohnkomplexe der herrschenden Familien direkt an Böden angrenzen, die für die intensive Gartennutzung am begehrtesten waren. Dieses Muster der Erstlandnahme lässt sich aber auch in einem größeren regionalen Rahmen erkennen, denn Sayil dominierte durch seine Lage Talbereiche mit einer Fülle guten Bodens. Man geht davon aus, dass Sayil über ein Gebiet von mehr als 70 Quadratkilometern herrschte (Abb. 513). Zu seinem politischen Einflussbereich gehörten verschiedene kleinere Ortschaften. In einigen Fällen lässt die Lage dieser kleineren Zentren vermuten, dass sie gegründet wurden, um weite Flächen fruchtbaren Bodens zu nutzen, die sich in einiger Entfernung von Sayil befanden. Andere kleinere Zentren wurden möglicherweise angelegt, um die Grenze zwischen Sayil und den benachbarten Stadtstaaten schützen zu helfen.

Überall im Gebiet der vorspanischen Maya-Besiedlung des Puuc finden sich um größere und kleinere Zentren Ansammlungen von niedrigen Hausfundamenten und Mauersockeln, Reste von Hütten, die überwiegend aus vergänglichen Materialien gebaut wurden. Ein faszinierender Aspekt dieser ländlichen Siedlungen ist das nahezu vollständige Fehlen von *chultunes* zum Auffangen und Aufbewahren von Regenwasser, um die Trockenzeit zu überstehen. Das Fehlen solcher Zisternen deutet darauf hin, dass diese Siedlungen wahrscheinlich nur saisonal bewohnt wurden. Während der Wachstumszeit könnten sich Teile der Stadtbevölkerung in den kleinen Weilern und Gehöften aufgehalten haben, um entlegeneres Land zu bewirtschaften.

Die großen Zentren des Puuc konkurrierten um landwirtschaftlich nutzbare Böden. Während des 9. Jahrhunderts n. Chr. teilte sich eine Vielzahl rivalisierender Stadtstaaten den nordöstlichen Teil der Region und beherrschte jeweils etwa 50 bis 100 Quadratkilometer des Gebiets. Bei den Hauptorten dieser Stadtstaaten konnte es sich um relativ kleine Zentren wie Labna handeln, eine Siedlung von zwei bis drei Quadratkilometern (Abb. 517, 518), oder um vergleichsweise große Städte wie Yaxhom und Uxmal. Das Siedlungsgebiet von Yaxhom umfasste circa acht Quadratkilometer, Uxmal hat sich sogar über 20 Quadratmeter ausgedehnt. Die Hauptstädte der Stadtstaaten waren mit den Elementen monumentaler Architektur, wie königlichen Wohnsitzen (Abb. 12) und weiteren „Palästen", Pyramidentempeln und oft auch Ballspielplätzen, ausgestattet.

In vielen Hauptorten des östlichen Puuc wurden Stelen gefunden. Die Mehrzahl konzentriert sich, wie auch die Stelen aus dem südlichen Tiefland, auf die Abbildung einer einzigen Herrscherpersönlichkeit (Abb. 519), meist in prächtigem Ornat. Oft findet sich ein kurzer Hieroglyphentext, der die abgebildete Person im Allgemeinen als einen *ajaw*, König oder Herrscher, identifiziert. Die Stelen lassen anhand ihrer Bilder und Texte eine herrscherorientierte politische Struktur der Stadtstaaten im östlichen Puuc des 9. Jahrhunderts n. Chr. erkennen. Aus dem führenden Adelsgeschlecht eines Staates wurde ein Mitglied bestimmt, welches das Gemeinwesen dann als oberster Herrscher regierte. Wahrscheinlich teilten die Puuc-Herrscher jedoch wie auch in anderen Maya-Städten der Spätklassik ihre politische und wirtschaftliche Macht bis zu einem gewissen Grad mit den Oberhäuptern konkurrierender Adelshäuser.

517 *Der Große Torbogen. Labna, Yucatán, Mexiko; Späte Klassik, 600–900 n. Chr.*
Der Große Torbogen von Labna, der als eines der schönsten Beispiele für den Puuc-Stil gilt, bildete den Zugang zum Innenhof einer Residenz, deren Hauptgebäude dem Palast von Sayil vergleichbar war. In den oberen Bereichen wird die Fassade des Torbogens zu beiden Seiten von Mosaikskulpturen von einfachen strohgedeckten Häusern eingerahmt.

518 *Der Bogen von Labna um 1900. Labna, Yucatán, Mexiko; Späte Klassik, 600–900 n. Chr.; Foto von Teobert Maler*
Der unermüdliche Forscher und Fotograf Teobert Maler gehörte zu den ersten Reisenden, die Ende des 19. Jh.s Labna besuchten. Etwa zur gleichen Zeit kam auch der amerikanische Konsul in Mérida, Edward Thompson, in die Ruinenstätte, die damals teilweise freigelegt wurde.

519 *Platz der Opferung. Pich Xcorralche, Yucatán, Mexiko; Späte Klassik, 600–900 n. Chr.; Kalkstein; Maße der Stele 1: H. 335 cm, B. 90 cm.; Foto von Teobert Maler aus dem Jahr 1888*
Dieser Teil von Xcorralche wird als „Platz der Opferung" bezeichnet. Das Fragment unmittelbar im Vordergrund gehörte zu einem Gebäudeeingang. Die große Stele in der Mitte ist zerbrochen, der obere Teil ging verloren. Ihr Relief zeigt einen Herrscher von Xcorralche beim Zeremonialtanz. Von dieser Stele und der dahinter existieren Gipsabdrücke. Diese und weitere Monumente standen auf niedrigen Sockeln und waren mit einem großen Gebäudekomplex im Zentrum der Stätte verbunden.

520 *Das Monjas-Gebäude in Uxmal, von der „Pyramide des Wahrsagers" aus gesehen. Uxmal, Yucatán, Mexiko; Endklassik, 900–910 n. Chr.*
Die rechteckige Anlage des von den Spaniern so genannten Nonnenklosters nimmt die Grundform des Maya-Kosmos auf. Das nördliche Gebäude erhebt sich auf dem höchsten Plateau und ist ikonographisch als „Himmelshaus" ausgewiesen. Am niedrigsten liegt der südliche Bau, der mit Symbolen der Unterwelt versehen ist. Die Gebäude im Osten und Westen wurden auf einer Zwischenebene errichtet; ihr Bildschmuck bezieht sich auf die „Mittelwelt" bzw. die Erdoberfläche und den Lauf der Sonne von Osten nach Westen. Im Vordergrund ist ein Teil des „Palastes der Vögel" zu sehen.

Der Aufstieg und Fall von Uxmal

Quellentexte der Maya, die im 16. bis 17. Jahrhundert n. Chr. geschrieben wurden, bringen die Gründung von Uxmal mit dem Auftreten des Fürstengeschlechts Tutul Xiw in Verbindung. Zu diesem Zeitpunkt war Uxmal noch ein vergleichsweise kleines Gemeinwesen, dessen Monumentalbauten sich auf nördliche und südliche Gruppen des Ortskerns beschränkten (Abb. 521). Uxmal gehörte während des 9. Jahrhunderts zu den vielen Zentren, die um die Herrschaft über das Gebiet und die Kontrolle über landwirtschaftliche Flächen im östlichen Puuc konkurrierten. Zumindest im gesamten Gebiet des Santa-Elena-Tals und möglicherweise noch darüber hinaus hatte Uxmal mit Beginn des 10. Jahrhunderts n. Chr. seine Vormachtstellung durchgesetzt (Abb. 507). Anhaltspunkte für die Wandlung von Uxmal zur Hauptstadt eines Regionalstaates sind zum Beispiel der Bau eines Straßennetzes, eine massive Zunahme monumentaler Bauwerke, der augenfällige Machtverlust rivalisierender Nachbarstädte, die zunehmende Bedeutung von Militarismus und Eroberungszügen und die Entwicklung einer engen Beziehung zum Machtzentrum des nördlichen Tieflandes, Chichen Itza.

Uxmal war auch mit Nohpat, einem weiteren wichtigen Zentrum, durch eine *sakbe* (Zeremonialstraße) verbunden. Diese Straße beginnt in Chetulix, einem monumentalen „Vorstadt"-Baukomplex mit steinernem Tor, das den formalen Eingang zur Innenstadt von Uxmal markierte. Von Nohpat führte eine weitere *sakbe* zur Stadt Kabah. Solche Straßensysteme (s. Eberl, S. 232 f.) wurden auch im übrigen nördlichen Tiefland angelegt, so zum Beispiel die 100 Kilometer lange *sakbe,* die die großen Stätten Coba und Yaxuna verband; sie werden als Hinweis für wichtige politische Beziehungen gedeutet. Die dichte Folge kleiner Siedlungen entlang der *sakbe* Nohpat–Kabah lässt vermuten, dass diese Straße über lange Zeit genutzt wurde, was möglicherweise einer lang anhaltenden Allianz dieser beiden Zentren entspricht.

In Uxmal und den „alliierten" Städten Nohpat und Kabah wurden im späten 9. und beginnenden 10. Jahrhundert n. Chr. Monumentalbauten errichtet. Anderen Hauptzentren der Region ging es allerdings nicht so gut. Intensive Grabungen bei Xkipche im Südwesten von Uxmal zeigen, dass sich mit dem Aufstieg Uxmals die Bautätigkeit dort erheblich verlangsamte, vielleicht ein Indiz dafür, dass die Bevölkerung beziehungsweise Arbeitskräfte in die neue Hauptstadt abgezogen wurden. Andere Nachbarstädte wie Xkoch und Rancho Mex schienen in ähnlicher Weise betroffen zu sein. Auch in Oxkintok, das weiterhin ein bevölkerungsreiches urbanes Zentrum blieb, verlangsamte sich der Monumentalbau drastisch, weshalb Archäologen davon ausgehen, dass die Stadt zunehmend unter die sich ausdehnende politische Gewalt der Herrscher von Uxmal geriet.

In dieser Zeit wurden in Uxmal die ehrgeizigsten Bauvorhaben vorangetrieben, die dort jemals in Angriff genommen worden sind. Zu diesen Projekten gehörte der Palast des Gouverneurs, der auf einem der größten Pyramidensockel des Maya-Tieflandes errichtet wurde und eine riesige Investition an menschlicher Arbeitskraft verlangte (Abb. 522, 523). Der Palast vereinte in sich die Funktion der Herrscherresidenz und des *popol naah,* des Gebäudes für die Versammlung der Adligen. Das spektakuläre Bauwerk wurde von *Chan-Chaak-K'ak'nal-Ajaw,* Fürst Chak (Abb. 520), in Auftrag gegeben. Dieser Herrscher von Uxmal wird auch mit der Anlage des Ballspielplatzes 1, des so genannten Nonnenvierecks, und weiterer Gebäude, die alle zwischen 890 und 915 n. Chr. entstanden, in Verbindung gebracht (Abb. 524, 525).

521 *Karte des Zentralbezirks von Uxmal*
Den größten Teil des Zeremonialbereichs fasst eine Mauer ein; Ausgrabungen ergaben, dass sie erst spät in der Geschichte der Stadt, vermutlich als Verteidigungsanlage, errichtet wurde. Die frühesten Monumentalbauten von Uxmal gruppieren sich um die auf- bzw. absteigenden Innenhöfe des „Grupo Norte" und des „Grupo Sur" (Nord- und Südgruppe), zu dem der „Templo Sur" und das „Taubenhaus" gehören. Letzteres, ein lang gestrecktes Gebäude im frühen Puuc-Stil, wird wegen seiner pyramidenförmigen, ursprünglich mit Stuckornamenten geschmückten Dachkämme mit rechteckigen Öffnungen so genannt. Ein Großteil der architektonisch herausragendsten Komplexe von Uxmal stammt aus der Zeit um 900 n. Chr.

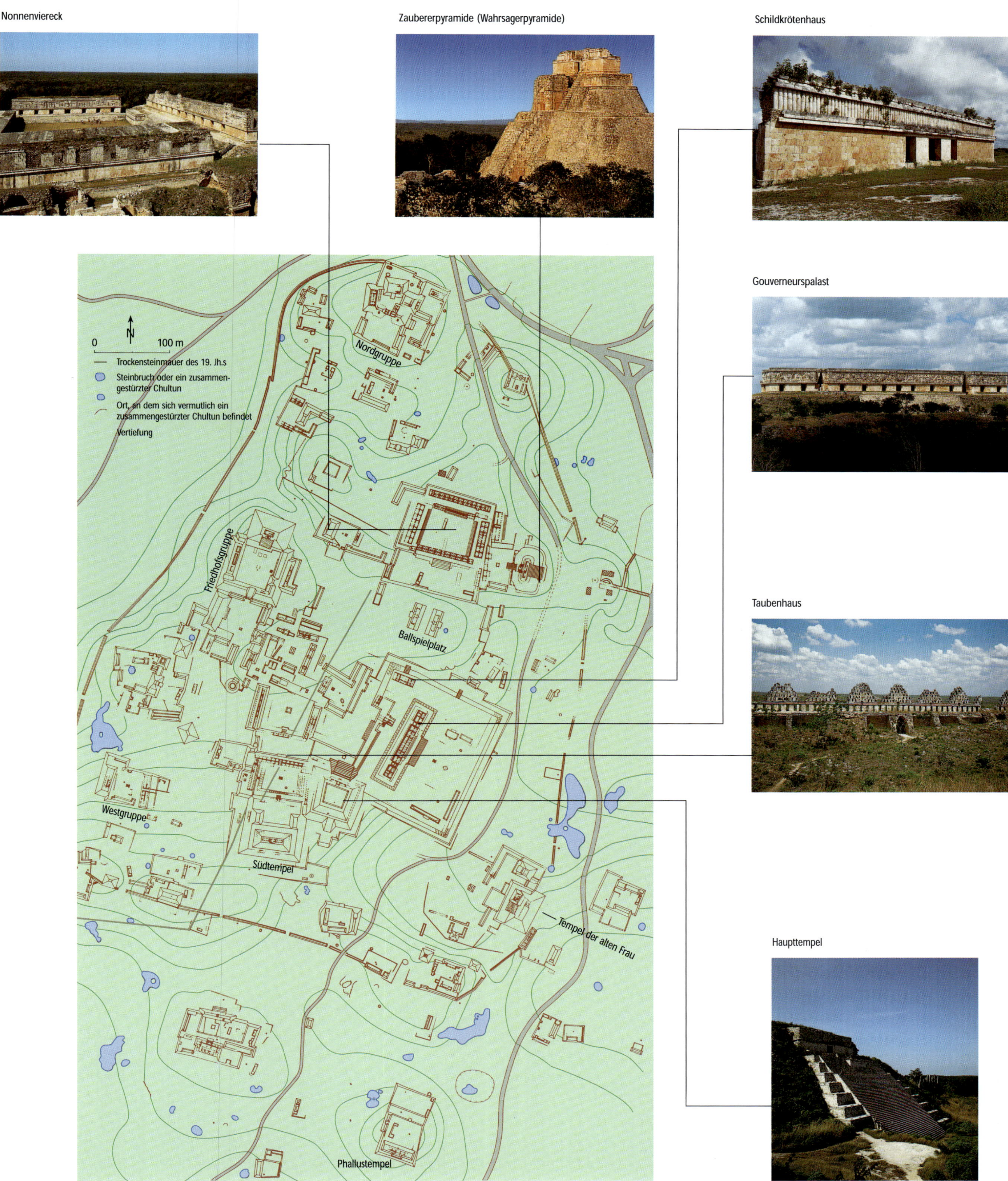
Nonnenviereck
Zaubererpyramide (Wahrsagerpyramide)
Schildkrötenhaus
Gouverneurspalast
Taubenhaus
Haupttempel
N
0
100 m
Trockensteinmauer des 19. Jh.s
Steinbruch oder ein zusammengestürzter Chultun
Ort, an dem sich vermutlich ein zusammengestürzter Chultun befindet
Vertiefung
Nordgruppe
Friedhofsgruppe
Ballspielplatz
Westgruppe
Südtempel
Tempel der alten Frau
Phallustempel

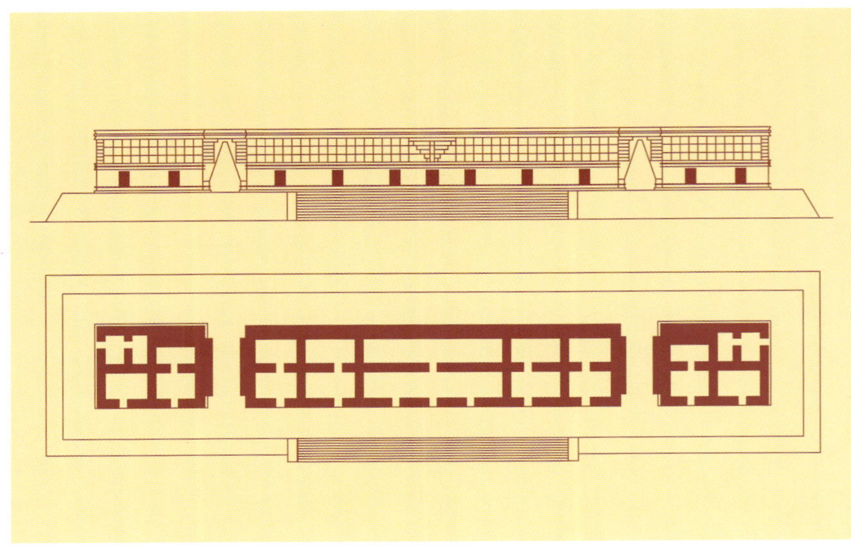

522 *Aufriss und Plan des „Palasts des Gouverneurs" in Uxmal*
Der amerikanische Architekt Frank Lloyd Wright bezeichnete den Palast des Gouverneurs in Uxmal als eines der herausragendsten Architekturzeugnisse auf dem ganzen amerikanischen Kontinent. Besonders beeindruckt war er von der Fassadengestaltung, die sich durch den Kontrast zwischen der reich dekorierten oberen Partie und der kahlen unteren Hälfte kennzeichnet. Das Gebäude steht auf einer 15 m hohen, dreistufigen Plattform von monumentalen Ausmaßen. Die 24 Räume verteilen sich auf drei Einheiten, die durch hohe, spitze Torbogen voneinander abgesetzt sind.

523 *Der „Palast des Gouverneurs". Uxmal, Yucatán, Mexiko; Endklassik, 900–910 n. Chr.*
Das Gebäude auf dem wuchtigen Pyramidensockel wurde für Chan Chaak K'ak'nal Ajaw errichtet, der um 900 n. Chr. in Uxmal herrschte. Die große Steinskulptur über dem Haupteingang zeigt ihn, umgeben von Himmelsschlangen, auf einem Thron sitzend. Sein Palast, der Elemente einer königlichen Residenz und eines Verwaltungskomplexes vereint, ist im klassischen Mosaik-Stil gehalten; im oberen Teil der Fassade sind etwa 20 000 vorgefertigte Steine zu geometrischen Ornamenten, Masken und Figuren verlegt.

Das Nonnenviereck ist ein gewaltiges Symbol der politischen Macht dieser Stadt und ihres Herrschers (Abb. 520). Letztlich bildet der Gebäudekomplex des Vierecks ein überdimensionales Kosmogramm des Maya-Universums. Die einzelnen Flügel des Gebäudes sind auf drei unterschiedlichen Ebenen errichtet. Am tiefsten liegt der südliche; er ist mit Symbolen der Unterwelt geschmückt und wird ikonographisch mit dem Gott Itzamnaaj in Verbindung gebracht. Architektonisch ist das Gebäude mit dem Ballspielplatz 1 verbunden, einem symbolischen Eingang in die Unterwelt des Maya-Kosmos. Der Nordflügel wurde hingegen höher gelegt als das übrige Viereck und mit den Symbolen des Himmels dekoriert; seine ikonographische Bezeichnung lautet *chan-naah*, „Himmelshaus". Die östlichen und westlichen Flügel des Nonnenvierecks wurden auf mittlerem Höhenniveau erbaut; sie entsprechen der Mittelwelt des Maya-Kosmos. Die Ornamentierung des östlichen Gebäudes beschäftigt sich mit der Erschaffung der Welt, während das Hauptgewicht beim westlichen Flügel auf Themen wie Krieg, Opfer, Tod und Wiedergeburt liegt. In der Mitte des Vierecks befand sich ein riesiger, säulenförmiger Stein, der *wakaj chan* oder Weltenbaum, und ein Jaguar-Thron oder -Altar, der den mythischen Grundstein der kosmischen Herdstelle darstellte (s. Wagner, S. 283 ff.). Zusammen ergeben die Elemente des Nonnenvierecks ein riesiges und komplexes Diagramm des Maya-Kosmos, dessen Zentrum Weltenbaum und kosmische Herdstelle sind.

Die Wandlung Uxmals von einer Provinzstadt zum Regionalstaat war ein recht gewaltsamer Prozess. In Kunst und Bauornamentik aus den Jahrzehnten um 900 n. Chr. herrschen in Uxmal, Kabah, Oxkintok und anderen Orten militaristische Themen vor. Die Stele 14 aus Uxmal, auf der unter dem Fürsten Chaak gefesselte, nackte Gefangene zu sehen sind, steht für viele ähnliche Beispiele (Abb. 520). Das vielleicht

524 *Blick auf das Zentrum von Uxmal*
Der Blick über das Zentrum zeigt einige der wichtigsten Gebäude von Uxmal, u. a. links einen Teil des Gouverneurspalasts. In der Mitte erhebt sich der „Tempel des Wahrsagers“, eine der wenigen Pyramiden mit einem ovalen Grundriss. Er wurde mindestens viermal überbaut, Teile der Vorgänger im Chenes-Stil sind integriert worden. Die Abmessungen des Pyramidensockels waren durch vorhandene Gebäude begrenzt, sodass er stattdessen in die Höhe wuchs und die nach oben führenden Treppen besonders steil sind.

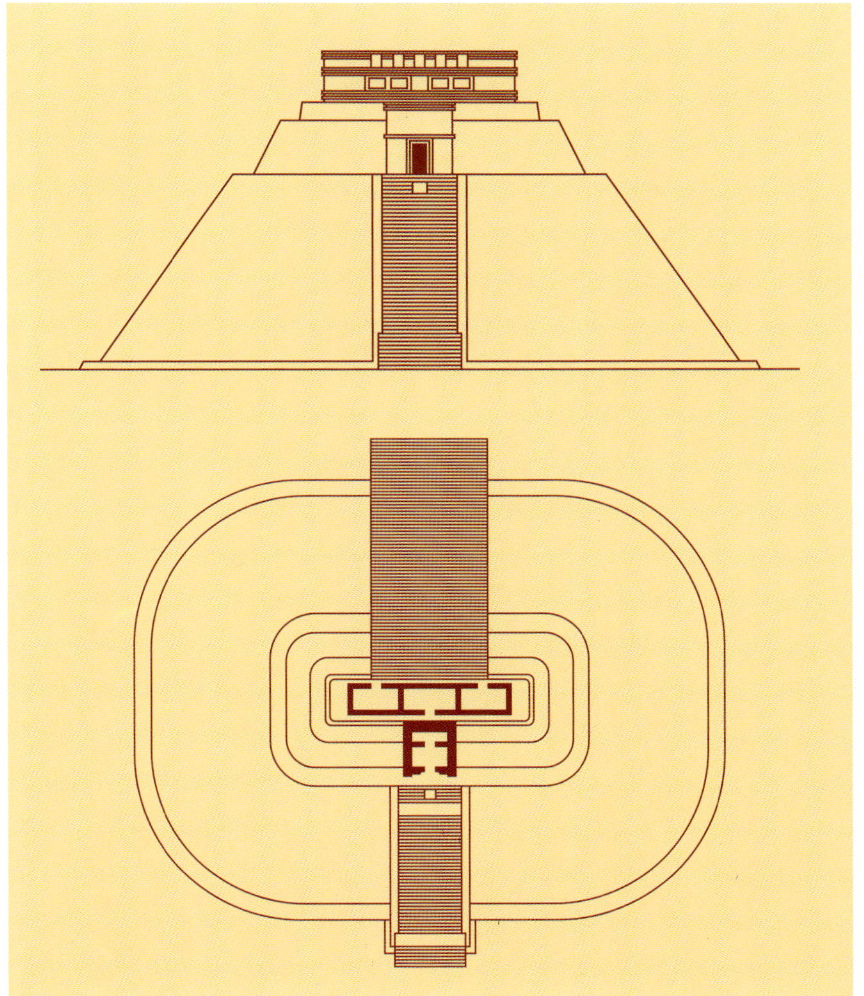

525 *Aufriss und Plan der „Pyramide des Wahrsagers“. Uxmal, Yucatán, Mexiko; Späte Klassik, 600–900 n. Chr.*
Der Aufriss der Wahrsager-Pyramide zeigt, dass sie von den Maya-Architekten über einem älteren Tempel errichtet wurde. Der im Chenes-Stil gestaltete Eingang des Vorgängers befindet sich unmittelbar am Ende der westlichen Freitreppe. Das eigentliche Tempelgebäude aus der Endphase der Bebauung Uxmals wurde über die etwas später angelegte östliche Treppe erreicht.

ausdrucksstärkste Porträt dieser gewaltsamen Expansion findet sich auf Wandbildern im kleinen Ort Mulchic bei Nohpat (Abb. 527). Das Fresko zeigt aufwändig gekleidete Krieger, die Menschen angreifen, sie gefangen nehmen und schließlich opfern. Manche der in Kunstwerken dieser Zeit dargestellten Kämpfer sind den Itza-Kriegern der zeitgenössischen Kunst aus Chichen Itza verblüffend ähnlich; wichtige Persönlichkeiten aus Chichen Itza sind möglicherweise in Inschriften aus Uxmal erwähnt. Dies lässt vermuten, dass Fürst Chaak und weitere Herrscher Uxmals mit Chichen Itza eine Allianz eingegangen waren, die es ihnen gestattete, Itza-Kämpfer in ihren Feldzügen einzusetzen. Wenn man von einem solchen Bund ausgehen kann, so muss er schließlich aufgekündigt worden sein, denn spätestens um das Jahr 950 n. Chr. war Uxmal nur noch ein Schatten seiner selbst. Keramiken der so genannten Sotuta-Sphäre, die archäologisch Chichen Itza zugeordnet werden, erscheinen ebenso wie kleine C-förmige Gebäude im Stil von Chichen Itza in und um das Nonnenviereck, auf der Plattform des Palastes des Gouverneurs und an anderen bedeutenden Stellen der Hauptstadt. Angehörige der Itza waren offensichtlich auch an den Entweihungsriten einiger Gebäude in Uxmal, so auch des Runden Tempels, beteiligt. Weitere, schon begonnene Monumentalbauten wurden in Uxmal nicht mehr errichtet. Der späte Bau einer Stadtmauer deutet darauf hin, dass

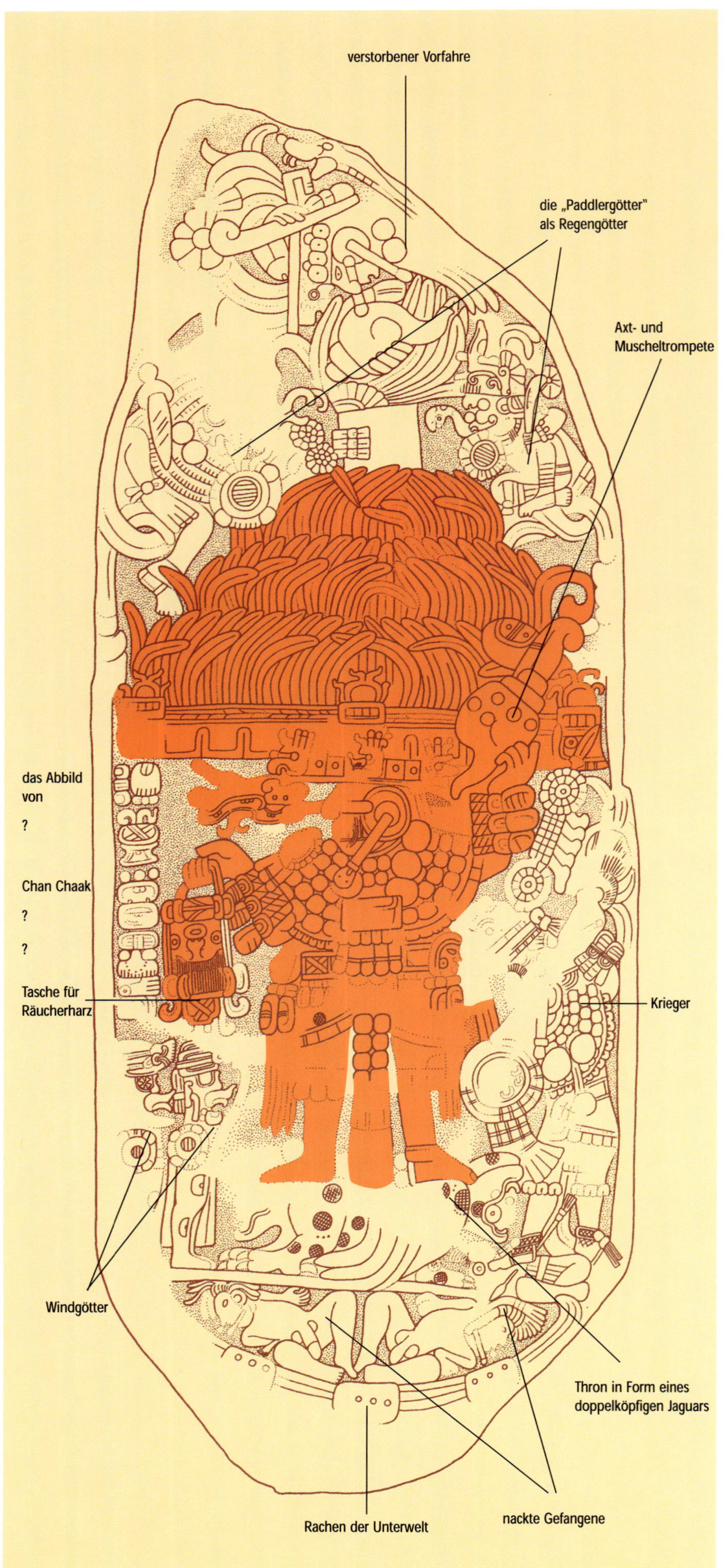

Uxmal gewaltsam von den Itza unterworfen wurde und sich die Puuc-Maya heftig gegen die Einnahme wehrten (Abb. 521).

Etwa um die Zeit, als der Stadtstaat Uxmal vernichtet wurde oder zusammenbrach, kam es auch zu einer weitgehenden Entvölkerung der östlichen Puuc-Region. Allerdings scheint diese Abwanderung nicht überstürzt vonstatten gegangen zu sein. So wurden in Kabah mit einer reduzierten Stadtbevölkerung Monumentalbauten bescheideneren Ausmaßes vermutlich sogar bis 1050 n. Chr. errichtet. In Xkipche bewohnte eine kleine Restgruppe der Bevölkerung weiterhin Teile des Zentrums und riss zum Beispiel ältere Gebäude ein, um die behauenen Steine wieder zu verwenden. Schließlich wurde die östliche Puuc-Region im frühen 11. Jahrhundert ganz aufgegeben. Eine derart dramatische Verödung eines ganzen Landstrichs deutet entschieden darauf hin, dass der östliche Puuc zumindest zeitweise unbewohnbar wurde. Bedenkt man die völlige Abhängigkeit der Bewohner von Regenfällen, so ist eine anhaltende Dürre die wahrscheinlichste Erklärung für die Aufgabe des Gebietes. Tatsächlich legt ein immer umfangreicheres paläoökologisches Datenmaterial die Vermutung nahe, dass mehrere regionale Dürreperioden Teile des Maya-Tieflandes während der Endklassik in Wüstenstriche verwandelten.

Auffällig ist, dass einige Zentren des westlichen Puuc auch während der postklassischen Phase, als die östliche Region aufgegeben wurde, noch bewohnt blieben und wichtige Städte bis ins 16. Jahrhundert n. Chr. überdauerten. In vielen Zentren des Westens war allerdings auch die politische Entwicklung deutlich anders verlaufen als im östlichen Puuc.

Wandlungen im westlichen Puuc der Klassik und Spätklassik

Einige Gebiete des westlichen Puuc unterscheiden sich von der übrigen Region durch einen wesentlichen Umweltfaktor: durch reichlicheres Vorhandensein von Grundwasser. Speziell in den Randgebieten des westlichen Puuc, wo das Hügelland in die Küstenebenen von Campeche übergeht, liegt der Grundwasserspiegel dauerhaft knapp unter der Erdoberfläche und ist bisweilen durch *cenotes* zugänglich. Dies erklärt im Wesentlichen, warum sich im westlichen Puuc sowohl die ältesten wie auch die jüngsten Siedlungen der Region finden. Ab etwa 650 n. Chr. geben Inschriften Auskunft über eine Regierungsform, die auf der Führung durch eine Gruppe Gleichrangiger, der *sajaloob,* beruhte. Das System lässt an eine frühe Form des *mul tepal* denken, ein Prinzip der Machtteilung oder Konziliarherrschaft, wie sie in der endklassischen und postklassischen Phase in Chichen Itza und Mayapan ausgeübt wurde (s. Masson, S. 343 ff.). Erstaunlicherweise gehörte der westliche Puuc im 16. Jahrhundert n. Chr. überwiegend zum Aj-Kanul-Staat, einem Gebilde, das von einer *kuuchkabal*-Ratsregierung unter der Vorherrschaft der Kanul-Familie geführt wurde. Interessant wäre es zu wissen, ob die Konziliarherrschaft, die sich in Xcalumkin und anderen Orten des westlichen Puuc im 7. Jahrhundert n. Chr. entwickelte, in dieser Region bis zur Zeit der spanischen Invasion erhalten blieb.

526 *Darstellung von Chan Chaak K'ak'nal Ajaw. Umzeichnung von Stele 14; Uxmal, Yucatán, Mexiko, Stele 14; Endklassik, um 900 n. Chr.; Kalkstein; H. 271 cm, B. 111 cm; Uxmal, Museo del Sitio*
Dieses Monument stand mit 15 weiteren Stelen auf einer speziellen Plattform westlich des Monjas-Gebäudes. Chaak erscheint in Begleitung von Untergebenen als Sieger über den Gefangenen unter ihm. Dieser Darstellungstyp entspricht der Klassik, und auch die aufwändige Ausstattung des Fürsten ist in verschiedener Hinsicht repräsentativ für diese Zeit; dies gilt z. B. für den Gürtel mit *Ajaw*-Masken und Muschelschalen sowie für das Stirnband, das Sak Hu'unal, den Gott der Königswürde, zeigt. Auch der ausladende, breitrandige Federkopfschmuck lässt erkennen, dass der Herrscher das Kostüm von Chaak, also der rituellen Verkörperung des Sturmgottes, trägt. Dessen Assistenten, die Windgötter, sind vorne zu sehen. Fürst Chaak steht auf einem Thron in Form des doppelköpfigen, gefleckten Jaguars.

527 *Umzeichnung eines Wandgemäldes. Mulchic, Yucatán, Mexiko; Späte Klassik, 770–925 n. Chr.*
Dargestellt sind Menschenopfer und Feierlichkeiten: Ein Herrscher sitzt auf einem hohen Sockel und hält ein Opfermesser. Gefangene werden gesteinigt und erhängt, einige spucken im Todeskampf Blut. Die beiden linken Figuren mit Kriegsäxten verkörpern den Regengott Chaak; sie gehören zu einer größeren Szene, die einen rituellen Tanz aus Anlass eines militärischen Sieges zeigt. Ein heftiger Kampf, bei dem viele Gefangene gemacht werden, bildet ein weiteres Motiv.

Untersuchungen des Gebietes um Xculoc lassen erkennen, dass sich im Unterschied zum östlichen Puuc zumindest in Teilen der westlichen Region keine Vormachtstellung größerer Zentren herausbildete, was den Schluss nahe legt, dass die Machtstrukturen dort weit weniger hierarchisch gegliedert waren. Mit Ausnahme von Oxkintok fehlen Stelen im westlichen Puuc nahezu vollständig, was einmal mehr darauf hindeutet, dass eine hierarchische, herrscherzentrierte Staatsorganisation, die für das östliche Puuc-Gebiet kennzeichnend war, im Westen nicht existierte.

Die Puuc-Region nach der Aufgabe der Städte

Zwar wurde die Metropole Oxkintok offensichtlich ab etwa 1050 n. Chr. völlig aufgegeben, einige Zentren des westlichen Puuc überstanden jedoch den Übergang von der klassischen zur postklassischen Periode. So ließ sich bei Xuch, das etwa 15 Kilometer südwestlich von Uxmal liegt, zum Beispiel eine kontinuierliche Folge in der Errichtung monumentaler Bauwerke und anderer städtischer Einrichtungen bis ins 16. Jahrhundert n. Chr. nachweisen. Solche Kontinuität zwischen der klassischen Periode und dem Zeitpunkt der Eroberung durch die Spanier erhärtet die Annahme, dass sich während der Klassik neue Regierungsformen im westlichen Puuc herausbildeten, Bestand hatten und die Kultur der Maya in der Postklassik mitprägten (s. Masson, S. 346 ff.).

Während des 16. und 17. Jahrhunderts n. Chr. führten die Dezimierung der Maya durch eingeschleppte Krankheiten aus der Alten Welt und die wirtschaftlichen Bedürfnisse der spanischen Kolonisatoren zur Durchsetzung von *reducciones,* was bedeutete, dass die Bevölkerung in eine kleine Zahl von Städten zwangsumgesiedelt wurde. In dieser Zeit verschwanden die Einwohner praktisch vollends aus den verbliebenen Ortschaften des westlichen Puuc, und die gesamte Region wurde entvölkert, bis es im späten 18. Jahrhundert n. Chr. zu einer allmählichen Wiederbesiedlung kam.

Heute ist die Puuc-Region ein Land auffallender Gegensätze. Der Tourismus sorgt für eine Art Wiederbelebung manch alter Maya-Hochburg. Zehntausende Besucher drängen jährlich nach Uxmal, um die Größe seiner vergangenen Baukunst und die Tragik seines Niederganges auf sich wirken zu lassen. Auch mehr und mehr Angehörige der Maya-Bevölkerung kehren in den Puuc zurück und bewirtschaften die reichen Böden der Region; Bewässerungssysteme, die sich tiefer Brunnen und moderner Pumpen bedienen, ermöglichen heute in vielen Gegenden zwei oder sogar drei Ernten im Jahr. Der größte Teil des Puuc bleibt jedoch weiter vom Wald verhüllt, in dem sich immer noch der Gesang der Vögel über den zerfallenden Stätten eines Volkes erhebt, das sie einst so kunstvoll erbaute (Abb. 19).

528 *Keramikgefäß im Chochola-Stil. Fundort unbekannt; Späte Klassik, 600–900 n. Chr.; gebrannter Ton; H. 10,6 cm, Dm. 15 cm; New York, American Museum of Natural History*
Diese kunstvollen Reliefkeramiken wurden während der Späten Klassik im westlichen Puuc hergestellt. Eingeritzte Inschriften weisen einige der unverwechselbaren Gefäße bestimmten Künstlern und Werkstätten in Xcalumkin (Campeche, Mexiko) zu. Chochola-Keramiken sind in der Puuc-Region die einzigen mit figürlichen Motiven. Hier ist ein junger Mann dargestellt, der den Körper einer vor ihm sitzenden Frau mit einem Pinsel bemalt.

... UND DANN WURDE ER SKULPTIERT, DER KOSTBARE STEIN – STEINMETZE UND BILDHAUER DER MAYA

Elisabeth Wagner

Zu den großen künstlerischen Leistungen, die uns die Maya hinterlassen haben, gehören die zahlreichen steinernen Denkmäler. Die Tradition, Monumente aus Stein zu meißeln, Stelen und Altäre zu errichten, reicht bis in die Präklassik zurück. Ihre Blütezeit erlebte sie während der Klassik, sodass sich in der Spätklassik eine Vielfalt regionaler Stile herausgebildet hatte.

Als Werkstein wurde in den meisten Städten der dort anstehende Kalkstein gebrochen (Abb. 529), während im südlichen Maya-Gebiet, im Hochland von Guatemala und Chiapas, in den Maya-Bergen in Belize sowie in der Region um Copan im westlichen Honduras andere Gesteine dominierten. In Quirigua, Tonina und Pusilha fand der örtliche Sandstein Verwendung. In Copan ermöglichte der besonders weiche und leicht zu bearbeitende vulkanische Tuff nicht nur die Entwicklung rundplastischer Darstellungen auf Stelen und Altären, sondern führte auch zu einer einmaligen Vielfalt und Qualität der Bauskulptur (Abb. 530). In den Städten des Hochlandes bearbeitete man zumeist vulkanisches Material wie Basalt.

Die Orte, an denen Steine für Skulpturen und Bauwerke gebrochen und vorbereitet wurden, lagen in der Nähe der Städte, manchmal sogar innerhalb des Stadtgebietes. Es ist anzunehmen, dass man den jeweiligen Stein mit groben Werkzeugen im Steinbruch zunächst zurechtschlug und dann zum Bestimmungsort transportierte, wo der Bildhauer seine Arbeit begann. Wie auf den unvollendeten Reliefs an den Seitenwänden des Sarkophags von Pakal in Palenque noch zu sehen ist, wurden die Motive oder Inschriften auf den geglätteten Stein vorgezeichnet.

Da Werkzeuge aus Metall unbekannt waren, bediente man sich solcher aus Stein und Holz. Im Steinbruch wurde das Material zumeist mit groben Beilen und Meißeln aus Feuerstein gebrochen. Für feinere Glättungsarbeiten und zum Skulptieren verwendete man sowohl Meißel verschiedener Größen aus geschliffenem und poliertem Hartgestein als auch Bohrer. Als Schlegel dienten Hammersteine und hölzerne Werkzeuge. Besonders feinen und weichen Stein, wie den Kalkstein aus der Region um Palenque, bearbeitete man auch mit Schnitzmessern. Ein solches Werkzeug ist auf einer Relieftafel unbekannter Herkunft abgebildet (Abb. 531).

Die Künstler der Maya beherrschten sämtliche bildhauerischen Techniken, wobei man für die meisten Bildwerke die Technik des Flachreliefs bevorzugte. In der Spätklassik entwickelte sich in einigen Orten ein rundplastischer Skulpturstil, wie beispielsweise in Copan oder Tonina, wo weiche Gesteine in bergfrischem Zustand sehr leicht zu bearbeiten waren. Zu den selteneren Techniken gehören das versenkte Relief, bei dem das Reliefbild nicht erhaben gearbeitet ist, sondern unterhalb des Reliefgrundes liegt, und das so genannte Intaglio, bei dem ein Motiv ähnlich einer Gravur nur als eingetiefte Linien gehauen wird.

Auf einer Anzahl von Monumenten aus der klassischen Periode finden sich in den Reliefgrund gehauene kurze Texte, die alle die gleiche Struktur aufweisen (Abb. 532). Am Anfang steht eine Hieroglyphe, die besonders durch ihr Hauptzeichen auffällt, einen Fledermauskopf. Dieselbe Hieroglyphe ist auf ritzverzierten oder reliefierten Keramiken an der Stelle zu finden, wo bei farbigen Keramiken *u tz'ibal,* „sein Geschriebenes" oder „die Bemalung von", zu lesen ist. Man nimmt daher an, dass die Hieroglyphe mit dem Fledermauskopf ein Ausdruck für „Gravur" oder „skulptieren" ist. Da beide analog verwendeten Hieroglyphen

530 *Kopf des Gottes Chaak. Copan, Honduras, Gebäude 10L-26-sub („Hijole"); Späte Klassik, 600–900 n. Chr.; grüner Tuffstein; H. 90 cm, T. 47 cm; Copán Ruinas, Museo de Escultura*
Während der Herrschaft von Waxaklajuun Ubaah K'awiil entwickelte man in Copan einen Skulpturenstil, der sich durch Plastizität und Detailreichtum auszeichnet. Er beschränkte sich nicht nur auf Stelen und Altäre, sondern führte auch zu einer einmaligen Vielfalt und Qualität der Bauplastik. Der abgebildete Kopf eines langnasigen Wesens, aus dem Hals und Kopf eines Kormorans ragen, gibt vermutlich einen Aspekt des Gottes Chaak wieder. Im Schnabel des Vogels zappelt ein gerade gefangener Fisch. Die beinahe filigrane Bearbeitung und die sorgfältig geglättete Oberfläche bezeugen die absolute Beherrschung des Materials durch den Bildhauer.

529 *Moderner Steinbruch bei Tikal, Peten, Guatemala*
Die Steine für Skulpturen und Bauwerke wurden in der Nähe der Städte, oft auch innerhalb des Stadtgebietes abgebaut. In Tikal werden einige dieser Steinbrüche noch heute genutzt; von dort wird das Material für die laufenden Restaurierungsarbeiten bezogen. Abgesehen von der Verwendung moderner Werkzeuge aus Metall unterscheiden sich die Arbeitstechniken nicht wesentlich von denen der vorspanischen Zeit. In den dicht an der Oberfläche anstehenden weichen Kalkstein werden zunächst Rinnen gehauen und so weit vertieft, bis die Rohblöcke mit Hebelstangen und Keilen herausgebrochen werden können.

ein besitzanzeigendes Fürwort enthalten sowie dem Namen einer Person voranstehen, kann man schließen, dass es sich bei den kurzen Texten mit der Fledermaushieroglyphe um die Signaturen der Bildhauer handelt. In der Inschrift der bereits erwähnten Relieftafel aus dem Museum in Emiliano Zapata (Abb. 531) wird der Akt des Skulptierens mit dieser Hieroglyphe beschrieben: *i uxulji k'an tuun*, „... und dann wurde er skulptiert, der kostbare Stein".

Die bei weitem größte Zahl solcher Signaturen ist aus Stätten im Gebiet des oberen Usumacinta bekannt, besonders aber aus Yaxchilan und Piedras Negras, wo sich in der Späten Klassik ein Reliefstil entwickelte, der sich durch szenische Darstellungen und einen besonderen Realismus auszeichnet. Vor allem von den Bildhauern, die unter dem von 785 bis 795 regierenden „Herrscher 7" von Piedras Negras arbeiteten, finden sich außerordentlich viele signierte Werke. Offenbar beschäftigte dieser Herrscher eine große Zahl bedeutender Bildhauer. Sie entwickelten eine eigene regionale Schule, deren dynamischer und realistischer Stil nicht auf Piedras Negras beschränkt blieb, sondern auch einige provinzielle Stile beeinflusste.

Bis zu neun Signaturen können auf einem Monument erscheinen, woraus klar zu ersehen ist, dass eine Gruppe von Bildhauern an einer einzigen Skulptur gearbeitet hat. In einigen Fällen erscheint die Signatur ein und desselben Künstlers auf mehreren datierten Monumenten über einen längeren Zeitraum hinweg. Weil auch stilistische Übereinstimmungen festzustellen sind, lässt sich in gewissem Maße die Entwicklung im Werk eines Künstlers verfolgen. Signaturen geben gelegentlich auch Aufschluss über den sozialen Status eines Bildhauers oder die interne Organisation einer Werkstatt. Der Künstler nennt nicht nur seinen Namen, sondern auch die Beziehung zu seinem Auftraggeber oder einem anderen, vermutlich ihm übergeordneten Bildhauer. Biografische Details fehlen jedoch, und es bleiben noch viele Fragen hinsichtlich der Ausbildung von Kunsthandwerkern, der Struktur und Organisation des Werkstattbetriebes sowie der Arbeitsorganisation bei der Planung und Durchführung von Skulpturprojekten offen.

In den Signaturen erscheinen neben dem Eigennamen auch verschiedene Titel oder Berufsbezeichnungen wie Graveur, Schnitzer oder Bildhauer. Inwieweit diese Titel auf eine feste Rangfolge der verschiedenen Berufe innerhalb der Arbeitsteilung einer Werkstatt hinweisen, lässt sich aus den Einträgen der kolonialspanischen Wörterbücher und den daraus abgeleiteten Übersetzungen für diese Begriffe in den Inschriften der klassischen Maya nicht mehr erschließen. Durch ihre Signaturen traten die Künstler aus der Anonymität und hinterließen Angaben über ihren sozialen Status innerhalb der Maya-Gesellschaft. Ihr hoher gesellschaftlicher Rang wird an Titeln deutlich, die sie als Angehörige des Adels ausweisen: *ch'ok* („Kind" oder „junger Adliger"). Gelegentlich ist diesem Titel auch noch das Attribut *chak* in der Bedeutung „groß" vorangestellt und weist den *chak ch'ok* möglicherweise als Angehörigen der Herrscherfamilie aus.

Auf eine Hierarchie innerhalb der Werkstatt deutet der Titel *ba uxul* (erster Bildhauer) hin. Dass es bei den Maya arbeitsteilig organisierte Bildhauerwerkstätten gab, die unter der Leitung eines oder mehrerer Meisterbildhauer weitere Hilfskräfte beschäftigten, ist anzunehmen. Das deuten auch die angesprochenen Signaturen mehrerer Bildhauer auf einer einzigen Skulptur an. Vermutlich war ein Meister für den Entwurf des Monuments und die Koordination des Arbeitsprozesses zuständig. Ein weiterer Beleg für die Hierarchie innerhalb der Werkstätten findet sich auch auf einer Relieftafel unbekannter Herkunft mit dem Porträt einer Frau aus dem bisher nicht lokalisierten Ort Yomop (s. Teufel, S. 173 ff.). Sie wurde von zwei Künstlern signiert, von denen sich einer durch den Ausdruck *yanabil* („er ist der Bildhauer von...") als Kunsthandwerker des Auftraggebers des Monuments bezeichnet, während der andere seinen Rang gegenüber einem offenbar höher gestellten Bildhauer erwähnt. Dass die Bildhauer der Maya außer in Stein auch in anderen Bereichen arbeiteten, ist mit Sicherheit anzunehmen. So lässt die vollendete Linienführung mancher Inschrift, insbesondere der Tafel der 96 Hieroglyphen aus Palenque, vermuten, dass ihr Schöpfer möglicherweise auch als Schreiber oder Maler arbeitete oder zumindest eine kalligrafisch geschulte Hand für die Meisterzeichnung verantwortlich war.

Vor allem an den Monumenten der Usumacinta-Region lässt sich belegen, dass sich bildhauerische Traditionen von den Zentren auf kleinere abhängige Orte verbreitet haben. Wahrscheinlich aufgrund dynastischer Beziehungen oder aber auch als Gegenleistung für militärische oder sonstige Dienste für das zentrale Herrscherhaus konnten die Provinzgouverneure Dienstleistungen in Anspruch nehmen, die normalerweise nur der herrschenden Dynastie zustanden. Hierzu gehört wohl auch das Recht, eigene Monumente und Inschriften in Auftrag zu geben.

532 *Bildhauersignatur. Yaxchilan, Chiapas, Mexiko, Gebäude 44, Türsturz 46 (Detail); Späte Klassik, 713 n. Chr.; Kalkstein*
Auf dem Relief am Türsturz hinterließ der Bildhauer seine Signatur. Sie beginnt mit einer Hieroglyphe, deren auffälliges Hauptzeichen ein Fledermauskopf ist; es handelt sich dabei um einen Ausdruck für „Gravur" oder „skulptieren". Die Komponenten der Hieroglyphe ergeben das Wort *y-uxul*, das auf der Verbwurzel *uxul* (ritzen, schaben) basiert. Daran schließt sich der Name des Künstlers an: Tz'ib Chaak.

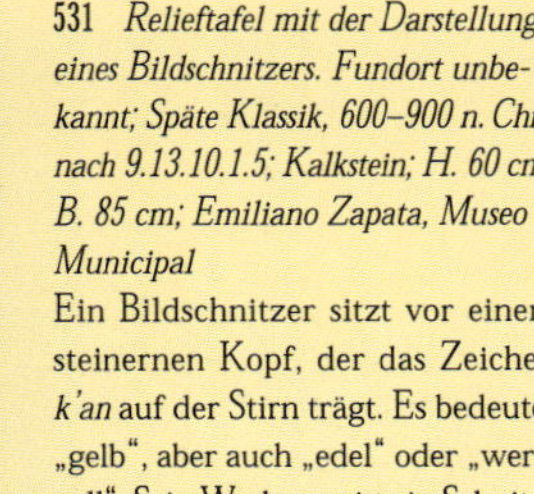

531 *Relieftafel mit der Darstellung eines Bildschnitzers. Fundort unbekannt; Späte Klassik, 600–900 n. Chr., nach 9.13.10.1.5; Kalkstein; H. 60 cm, B. 85 cm; Emiliano Zapata, Museo Municipal*
Ein Bildschnitzer sitzt vor einem steinernen Kopf, der das Zeichen *k'an* auf der Stirn trägt. Es bedeutet „gelb", aber auch „edel" oder „wertvoll". Sein Werkzeug ist ein Schnitz- oder Gravurmesser, dessen Verwendung in Palenque durch Bearbeitungsspuren an Reliefs belegt ist. Es besteht aus zwei Steinklingen, die an die Enden eines gebogenen Griffstücks montiert sind. Die Inschrift *i uxulji k'an tuun* („und dann wurde er skulptiert, der kostbare Stein...") berichtet von der Skulptierung eines „edlen" oder „gelben" Steins und darüber hinaus von Geburt und Tod Balam Kans II von Palenque.

DYNAMIK DES REIFENDEN STAATSWESENS IN DER POSTKLASSISCHEN MAYA-GESELLSCHAFT

Marilyn Masson

Traditionelle Sichtweisen auf die postklassische Maya-Gesellschaft

Die post- bzw. nachklassische Periode der Tiefland-Maya umfasst etwa die Zeit von 900/1000 n. Chr. bis zur Ankunft der Spanier im Jahr 1517 n. Chr. Der Begriff „nachklassisch" impliziert bereits, dass die Kultur der Maya zu dieser Zeit nur noch ein schwaches Abbild einstiger Größe war. Diese Bewertung und unglückliche Benennung gründete sich in erster Linie auf die Tatsache, dass im südlichen Tiefland keine skulptierten Steinmonumente oder gut erhaltenen Massivbauten aus dieser Periode erhalten sind und viele urbane Zentren aufgegeben worden waren. Artefakte der postklassischen Zeit, die in den oberen Ablagerungsschichten über früheren Bauwerken im südlichen Tiefland gefunden wurden, sind als Hinterlassenschaft von „Pilgern", „Hausbesetzern" oder „Flüchtlingen" interpretiert worden.

Diese Vorstellung von der postklassischen Maya-Gesellschaft wurde jedoch durch jüngste archäologische Untersuchungen infrage gestellt. Zwar kennzeichnet der Beginn der postklassischen Periode eine Zeit des Umbruchs und sozialen Wandels, Art und Richtung dieser gesellschaftlichen Veränderungen weichen jedoch in den einzelnen Regionen des Maya-Tieflandes erheblich voneinander ab. Die Wissenschaft machte den enormen Bevölkerungsrückgang in den früheren Machtzentren zum Ausgangspunkt ihrer Bewertung der postklassischen Maya-Gesellschaft. Es besteht in der Tat kaum ein Zweifel, dass Bevölkerungsgruppen ihre städtischen Zentren verließen und sich in neuen Ortschaften ansiedelten, die nunmehr keine spektakuläre Monumentalarchitektur unter etlichen Schichten tropischer Urwaldvegetation aufzuweisen haben.

Betrachtet man das südliche und das nördliche Maya-Tiefland als Ganzes, so sind für die Postklassik sechs Jahrhunderte kontinuierlicher Entwicklung von 900 bis 1500 n. Chr. dokumentiert, die ein Bild des langfristigen wirtschaftlichen Wachstums, des Bevölkerungszuwachses in den Küstengebieten und der allmählichen Nord-Süd-Integration zeichnen. Bei Ankunft der Spanier bestand eine stabile, hoch entwickelte, wohlhabende und kultivierte Gesellschaft, die ein internationales, weit gespanntes Netz vielschichtiger Wirtschaftsbeziehungen unterhielt (Abb. 534).

Literarische Tradition in der Postklassik

Es gibt zahlreiche Belege dafür, dass auch in der postklassischen Zeit noch beschriftete Monumente errichtet wurden. Die Maya stellten vielerorts in ihrem Gebiet, von den Seen des Peten über den Norden von Belize bis nach Quintana Roo und Nord-Yukatan, unskulptierte Stelen auf, die wahrscheinlich mit Stuck beschichtet und bemalt wurden. Es gibt aber in Mayapan und Tayasal auch gemeißelte postklassische Stelen im Stil der Klassik mit hieroglyphenschriftlichen Daten, die das Ende von K'atun-Zyklen festhalten. Leider sind bei den meisten der so viel häufigeren unskulptierten Monumente weder Stucküberzug noch Bemalung erhalten, sodass die enthaltenen Informationen verloren gingen. Das gleiche Schicksal ereilten die in der Postklassik so beliebten Wandmalereien. Die wenigen erhaltenen Beispiele beweisen, dass sie wichtige Schrifttexte enthielten und von hohem künstlerischen Niveau waren. Aus den Codices der Postklassik

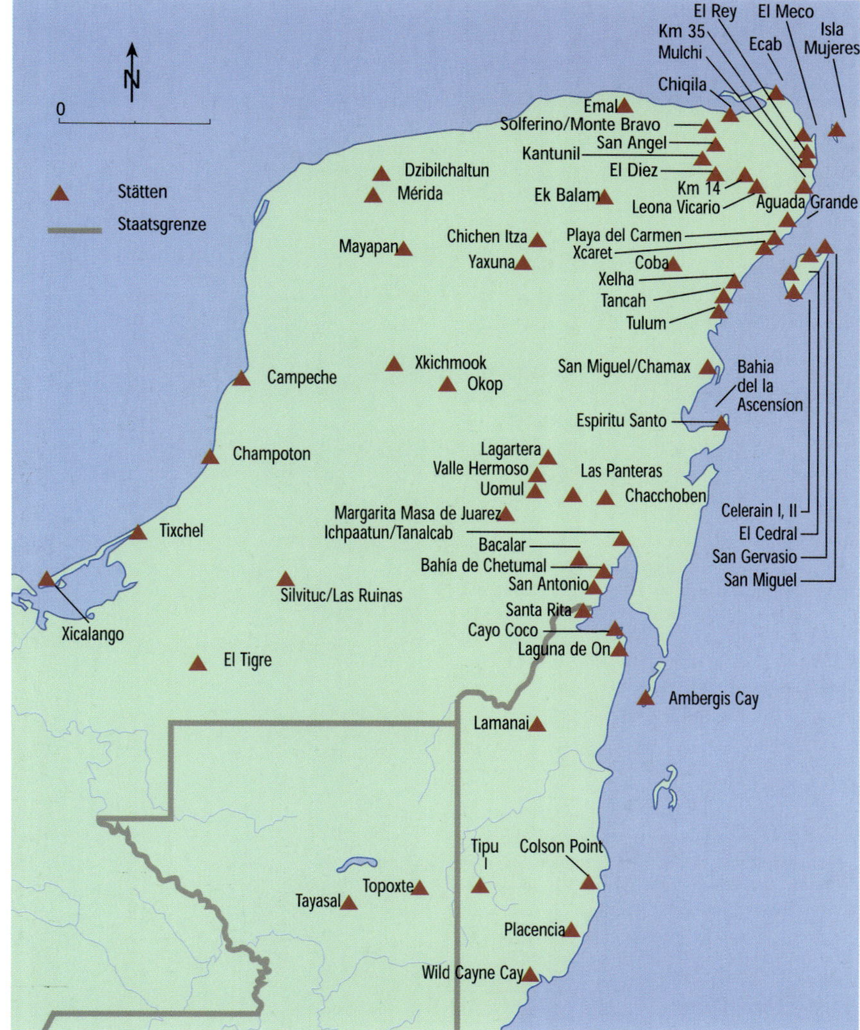

533 *Blick auf das Caracol von Mayapan, Yucatán, Mexiko*
Das Zentrum der Stadt Mayapan bedeckt eine Fläche von 5 km² und ist dicht mit Gebäuden bebaut, die sich als Kopien der größer und spektakulärer angelegten Bauwerke von Chichen Itza erweisen. So verfügt auch Mayapan über einen Rundbau, der wie sein Vorbild „Caracol" genannt wird. Das Caracol von Mayapan ist jedoch sehr viel niedriger, und es fehlt die nach oben führende Innentreppe. Den Platz davor beherrschen Plattformen, die der Schädelplattform und der Venusplattform auf dem Großen Platz von Chichen Itza nachempfunden sind.

534 *Karte postklassischer Maya-Stätten und -Provinzen*
Für die Zeit der spanischen Eroberung rekonstruierte der Ethnohistoriker Ralph Roys 16 Provinzen bzw. Territorien, die als *kuchkabalo'ob* bezeichnet wurden; ihre Grenzen verschoben sich allerdings häufig. Die Gebiete waren politisch als regionale Untereinheiten unterschiedlich fest integriert, und ihre hierarchische Gliederung war verschieden stark entwickelt. Chichen Itza und Mayapan bildeten die mächtigsten Zentren ihrer Zeit, mussten ihren Machtanspruch jedoch immer wieder gegen weiter entfernt gelegene Territorien behaupten, an denen sie als Verbündete und Handelspartner interessiert waren.

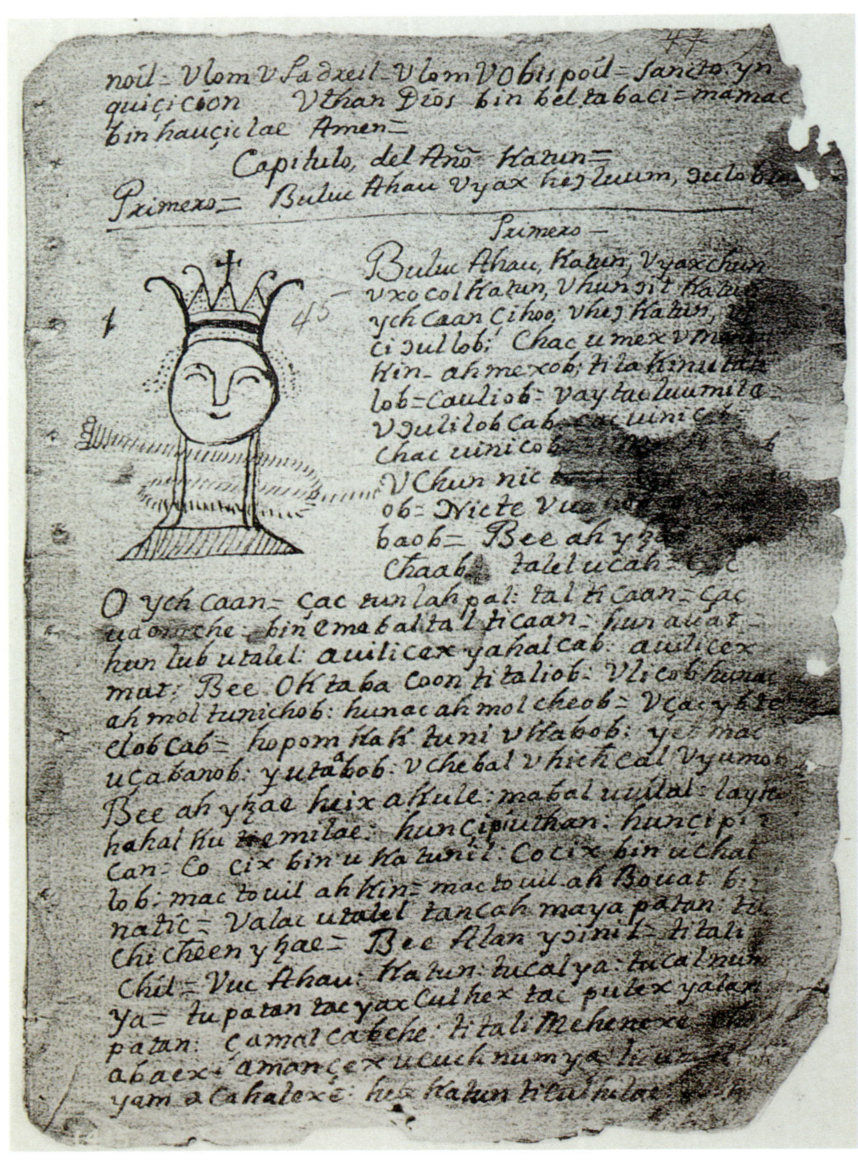

geht hervor, dass die Hieroglyphenschrift und das Kalendersystem von der klassischen Zeit bis zur Ankunft der Spanier ohne Abstriche in Gebrauch blieben. Es trifft allerdings auch zu, dass die Lange Zählung ab dem frühen 10. Jahrhundert eingestellt wurde; darin spiegelt sich jedoch eher eine bewusste Abkehr von dieser Konvention als ein Niedergang wissenschaftlicher Kenntnis wider, denn diese Zeitrechnung diente in erster Linie dazu, den Herrschaftsanspruch von Dynastien zu legitimieren und ihre Großtaten zu rühmen. Die Abkehr vom Gottkönigtum kann daher auch die kalendarische Zeitberechnung betroffen haben, die zur Protokollierung dynastischer Chroniken entwickelt worden war.

Da die postklassische Epoche der spanischen Kolonialzeit unmittelbar vorausging, lässt sich das Modell der vorspanischen Maya-Gesellschaft vor Ankunft der Spanier anhand vieler kolonialzeitlicher, in lateinischer Schrift aufgezeichneter Dokumente europäischer und indigener Autoren rekonstruieren. Die wichtigsten Dokumente sind hier die ausführliche Abhandlung „Relación de las Cosas de Yucatán" („Bericht über die Dinge Yukatans") des Franziskaners Diego de Landa (1524–1579) und die mythologisch-historischen Chroniken von Maya-Priestern, die als „Bücher des Jaguar-Priesters" (Chilam Balam) bekannt sind (Abb. 535). Landas Bericht (s. Eggebrecht, S. 398) bietet eine Fülle von Einzelheiten zur Geschichte der Maya, wie sie sich den indigenen Informanten in der Kolonialzeit des 16. Jahrhunderts aus der Überlieferung darstellten oder wie sie sich aus den eigenen Beobachtungen des Priesters zu den politischen, gesellschaftlichen und kulturellen Institutionen der Maya ergaben. Die Chilam-Balam-Bücher geben vermutlich die mündliche Überlieferung der Geschichte mehrerer Städte in Nord-Yukatan wieder, die schließlich viele Generationen nach der Ankunft der Spanier aufgeschrieben wurde.

Chronologie der Postklassik

Nord-Yukatan wurde während der gesamten postklassischen Zeit von mächtigen politischen Zentren beherrscht. Der Zusammenbruch der Staatsgebilde der klassischen Zeit im Tiefland, der sich ab etwa 750 n. Chr. verfolgen lässt, ging mit einem Machtgewinn von Chichen Itza, zeitweilig dem bedeutendsten Zentrum des

535 *Chilam-Balam-Buch von Chumayel, Seite 87. Um 1780–1790; Papier; H. 30 cm, B. 21 cm; Philadelphia, Pennsylvania University Museum*
Aus der spanischen Kolonialzeit sind zehn Chilam-Balam-Bücher bekannt, die nach den Orten benannt sind, in denen sie aufbewahrt wurden. Es handelt sich dabei um Sammelhandschriften, die über Ereignisse aus der vorspanischen Zeit und die Eroberungsgeschichte berichten, aber auch über religiöse Themen, den alten Kalender und Prophezeiungen, die sich auf K'atun-Perioden zu 20 Jahren beziehen. Unter diesen Chilam-Balam-Büchern ist das aus Chumayel das berühmteste und vielleicht auch bedeutendste. Es hat 107 Seiten und wurde vermutlich von einem Juan José Hoil in dieser Form aus älteren Vorlagen kopiert und zusammengestellt. Die abgebildete Seite zeigt den Herrn über eine K'atun-Periode; dargestellt ist der Kopf eines Königs, denn eine solche Zeiteinheit konnte nur an einem Tag Ajaw (Herr, König) enden.

536 *Wandmalerei in Gebäude 16. Tulum, Quintana Roo, Mexiko; Späte Postklassik*
Der Ausschnitt zeigt Figurengruppen, die durch ineinander verschlungene Schlangen mit „Venusstern-Augen" voneinander abgegrenzt werden. Schlangenbänder bilden oft ein Glied zur übernatürlichen Welt und stehen symbolisch für Nabelschnüre und allgemein für die Verbindung der Menschen zu den Göttern. Die Figuren bringen Tamales als Opfergaben dar und tragen Stäbe und andere Insignien. Die Wandmalereien vereinigen Elemente aus Oaxaca mit solchen, die an die Maya-Codices der Postklassik erinnern.

Nordens, einher (Abb. 537). Diese große Metropole brachte einen großen Teil des nördlichen Tieflandes unter ihre Gewalt und schmiedete einen der mächtigsten und größten Staaten in der Geschichte der Maya. Chichen Itza wurde von Mayapan, einem rivalisierenden Zentrum im Norden, abgelöst (Abb. 533). Dieser Ort übernahm einen großen Teil des Wirtschaftsimperiums von Chichen Itza und bestimmte das politische und ökonomische Geschick vieler Kleinstaaten des Tieflandes bis kurz vor Ankunft der Spanier im Jahre 1517 n. Chr.

Durch unterschiedliche Interpretationen der historischen Daten wurde die Datierung vom Aufstieg und Fall der politischen Machtzentren Chichen Itza und Mayapan zum Gegenstand umfangreicher wissenschaftlicher Erörterungen. Die zeitliche Zuordnung wird im Norden der Halbinsel Yukatan auch durch die Tatsache erschwert, dass die Ablagerungsschichten der Fundstätten sehr flach sind und Funde von Besiedlungsphasen, die mehrere Jahrhunderte umspannen, in wenigen Zentimeter Boden verdichtet sein können. Die meisten Fachleute gehen heute davon aus, dass Chichen Itza in der endklassischen Phase gegründet wurde (9. Jahrhundert) und die Nordregion bis hinein in die frühe postklassische Phase (1000–1200 n. Chr.) als dominierende Macht beherrschte. Kurz nach 1200 n. Chr. wurde es von Mayapan abgelöst, das den größten Teil des Nordens fast während der gesamten späten postklassischen Zeit (1200–1500 n. Chr.) kontrollierte. Kolonialzeitlichen Dokumenten zufolge wurde Mayapan 1441 n. Chr. zerstört; die Bedeutung des Zentrums nach dieser Periode wird zurzeit noch archäologisch untersucht.

537 *Blick vom Kriegertempel auf die Castillo-Pyramide. Chichen Itza, Yucatán, Mexiko*
Die Castillo-Pyramide bildet den Mittelpunkt des nördlichen Stadtbezirks. Es handelt sich um eine radialsymmetrische Anlage mit Freitreppen auf allen vier Seiten, was typisch für postklassische Maya-Stätten ist. Die schlangengestaltigen Balustraden könnten einen Bezug zur herrschenden Familie haben und deren Legitimität durch Rückbindung an die Entstehungsmythen des *K'uk'ulkan* („Federschlange") unterstreichen.

Aufstieg der Itzaj zur Staatsmacht

Die ethnische Identität der Oberschicht ist Gegenstand heftigster Debatten, da historische Berichte wiederholt von der Vormachtstellung „fremder" Herrscher sprechen. Parallelen zwischen der Architektur in Chichen Itza und in Tula, einem zeitgenössischen Ort in Zentralmexiko, lassen einige Wissenschaftler davon ausgehen, dass es eine militärische Invasion gegeben habe. Aber überall auf der Welt finden sich in der Geschichte neue Herrscherkasten, die ihr Emporkommen durch den Anspruch einer exotischen oder fremden Herkunft legitimieren, ohne dass sich eine solche Herkunft tatsächlich nachweisen ließe. Es muss daher geprüft werden, ob solche Ansprüche in der Tat auf einer Invasion beziehungsweise einer Eroberung basierten oder ob es sich lediglich um das Herausstellen von Heirats- oder sonstigen Allianzen mit einer fremden Macht handelte, durch die sich eine Elite von den lokalen Konkurrenten abzuheben versuchte.

Die einzigartige und eklektizistische Architektur von Chichen Itza liefert Hinweise für beides (Abb. 538). Im südlichen Teil der Grabungsstätte finden sich Beispiele für konventionelle Puuc-Architektur (Abb. 593, 540) wie in anderen Gebieten des nörd-

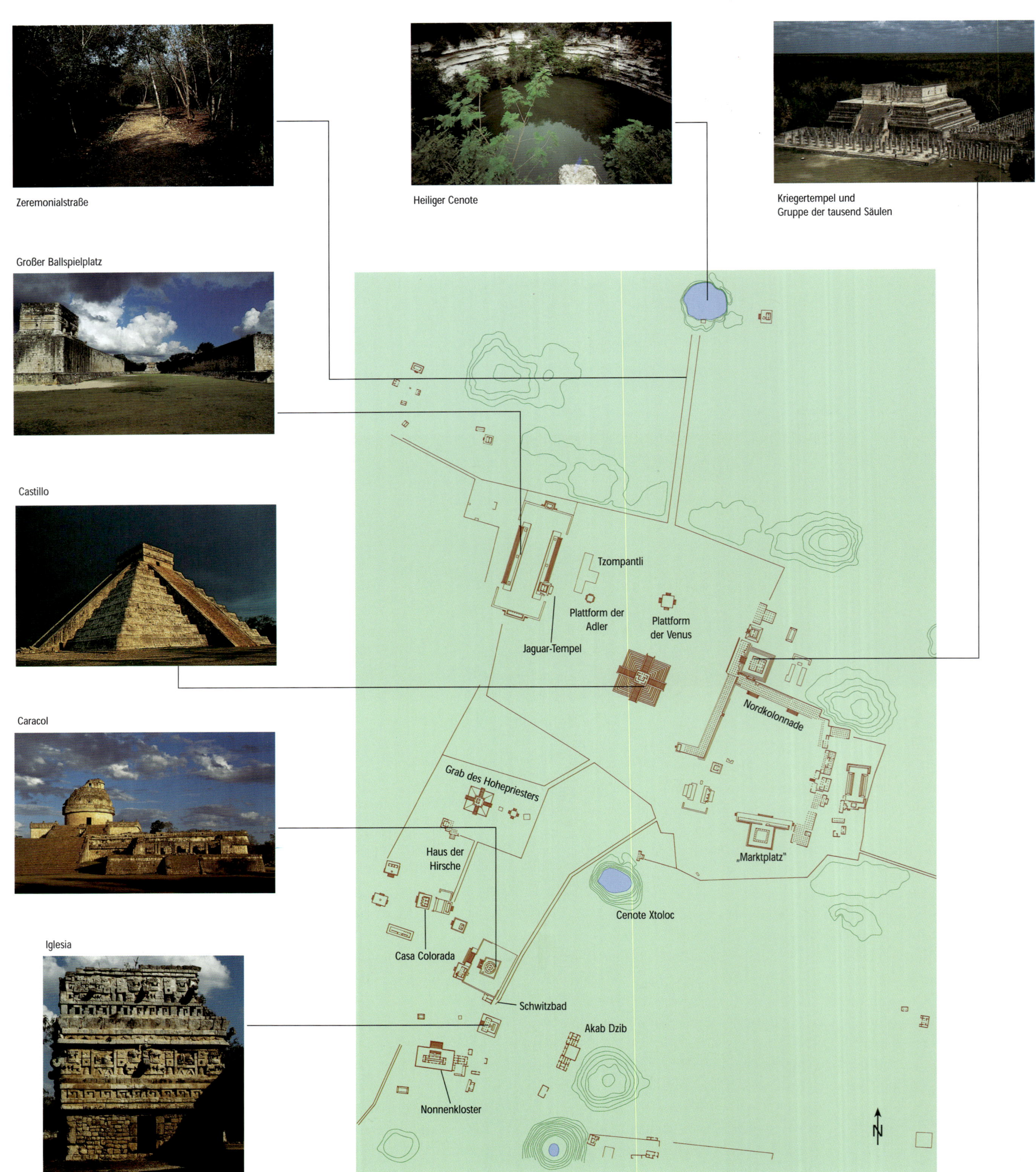
Zeremonialstraße
Heiliger Cenote
Kriegertempel und
Gruppe der tausend Säulen
Großer Ballspielplatz
Castillo
Caracol
Iglesia
Tzompantli
Plattform der
Adler
Plattform
der Venus
Jaguar-Tempel
Nordkolonnade
Grab des Hohepriesters
Haus der
Hirsche
„Marktplatz"
Cenote Xtoloc
Casa Colorada
Schwitzbad
Akab Dzib
Nonnenkloster
N

lichen Yukatan, während im nördlichen Bezirk eher eine Art „internationaler Stil" vorherrscht, wie die „Atlanten" des Jaguar-Tempels, die so genannten Chacmol-Altäre in Form eines auf dem Rücken liegenden Kriegers, und der Kriegertempel mit seinen Säulenreihen erkennen lassen. Die vierseitige „El Castillo" genannte Hauptpyramide beherrscht einen großen Platz in diesem Teil der Stätte (Abb. 537), und der größte Ballspielplatz ganz Mesoamerikas liegt nordwestlich dieses Bauwerks.

Die meisten Forscher sind sich einig, dass sich Chichen Itza bis zur Spätklassik als Zentrum etabliert hatte und dass ein militärischer Einfall durch eine Gruppe, die nicht aus Nord-Yukatan stammte und die lokale Oberschicht ablöste oder absorbierte, durch den archäologischen Befund, durch Zeugnisse der Kunst und Inschriften erhärtet wird. Das Einrücken der Fremden ereignete sich im beginnenden 11. Jahrhundert und markiert den Anfang der postklassischen Epoche. Es scheint, dass große Machtzentren, die den Norden zuvor beherrscht hatten, wie Ek Balam und Yaxuna, zu diesem Zeitpunkt durch die militärischen Operationen dieses mächtigen und expansiven neuen Staates unterworfen wurden. Der Nachweis der Zerstörung von Gebäuden und Verteidigungsanlagen dieser Stätten ist mit der militärischen Eroberung durch die Eindringlinge des Itzaj-Staates verknüpft.

538 *Karte von Chichen Itza*
Chichen Itza besteht aus einer Nord- und einer Südstadt, wie die Verteilung der Baukomplexe, aber auch die Ausrichtung und die Wiederholung ähnlicher Anlagen (Pyramiden mit quadratischem Grundriss, Venus-Plattformen und Cenotes) in beiden Bezirken erkennen lässt. Bauten im Puuc-Stil konzentrieren sich im südlichen Zentrum und unterscheiden sich deutlich von den Gebäuden im übrigen Gebiet, die innovativen, überregionalen Stilrichtungen folgen und mit der zeitgenössischen Architektur in Mexiko vergleichbar sind. Chichen Itza war eindeutig eine kosmopolitische und multiethnische Stadt.

Die Meinungen über die Herkunftsregion dieser neuen Oberschicht, der Itzaj, gehen auseinander; die Vermutungen reichen vom mexikanischen Hochland (Tolteken aus Tula), über „mexikanisierte" Putun-Maya der Golfküste bis zu Bevölkerungsgruppen aus den zerfallenden und sich in Kriegen zerfleischenden Staaten des südlichen Tieflandes. Einige Wanderungen werden in den Schriftquellen erwähnt, vermutlich erreichten Völker verschiedener Regionen zu verschiedenen Zeiten den Norden Yukatans. Es ist überdies wahrscheinlich, dass multiethnische Fernbündnisse und Wanderungen über weite Distanzen ihren Ursprung in früheren Zeiten hatten und kein Novum der postklassischen Phase darstellten.

Unabhängig von den ethnischen Wurzeln der Itzaj ist klar, dass es sich bei der Eliteschicht, die den politischen Aufstieg von Chichen Itzaj zur herrschenden Macht während der Frühen Postklassik trug, um eine kosmopolitische, revisionistische, aggressive, hoch organisierte Gruppe handelte, die wirtschaftlich und kulturell stark nach außen orientiert war. Untersuchungen zeigen, dass die Itza die bestehenden religiösen Kerninstitutionen der Tiefland-Maya durchaus nicht ignorierten oder gar unterdrückten, sondern geschickt wesentliche Elemente wie den Schöpfungsmythos integrierten und für ihre neuen politischen Ziele nutzten. Die Übergangsphase von der Klassik zur Postklassik ist bei vielen mesoamerikanischen Gesellschaften durch eine verstärkte Öffnung ihrer Beziehungen nach außen geprägt. So beschleunigten weit gespannte Handelsnetze zwischen den Hochland- und Tiefland-Gesellschaften den Verkehr, den Austausch von Waren und Ideen und förderten damit die Ausbreitung dessen, was Kulturtheoretiker als „internationale Stile" bezeichnen.

539 *Die „Iglesia": Puuc-Architektur in Chichen Itza, Yucatán, Mexiko; Endklassik*
Die so genannte „Iglesia" (Kirche) befindet sich am südlichen Rand der Stätte und gehört zu einer Gruppe weiterer Puuc-Monumente wie dem Haus der Nonnen und dem Akab Dzib. Sie ist mit langnasigen Göttermasken bedeckt und weist die zurückgesetzten Friese auf, die für die endklassische Architektur der Puuc-Region im Nordwesten von Yukatan, etwa in Uxmal, charakteristisch waren.

540 *Mosaikmaske im Puuc-Stil. Chichen Itza, Yucatán, Mexiko, Haus der Nonnen; Endklassik, 800–900 n. Chr*
Zu den Erkennungsmerkmalen des Puuc-Stils gehören überlebensgroße Göttermasken, die mosaikartig aus einer Vielzahl vorgefertigter Steine zusammengefügt wurden. Wegen ihrer langen Nasen galten die Masken lange Zeit als Abbilder des Gottes Chaak; inzwischen stellte sich jedoch heraus, dass es zahlreiche Unterschiede zwischen ihnen gibt und sie vermutlich eine Vielzahl unterschiedlicher Götter porträtieren.

541 *Gebäudereste im Zentrum von Mayapan, Yucatán, Mexiko*
Das Zentrum der Stadt war dicht bebaut, allerdings war die Qualität des Mauerwerks sehr viel schlechter als bei älteren Maya-Bauten. Die Wände bestanden aus grob behauenen, unregelmäßigen Steinen, die mit Lehm oder Mörtel verbunden wurden. Die meisten Häuser hatten Balkendächer, die auf steinernen und hölzernen Stützen ruhten. Die Architektur Mayapans war wenig spektakulär, dafür waren aber auch die Größenunterschiede zwischen den Wohnsitzen der einfachen Menschen und des Adels weniger stark ausgeprägt.

Das Vermächtnis von Mayapan

Mayapan übernahm das von Chichen Itza gegründete Wirtschaftsimperium. Historische Quellen lassen vermuten, dass sich Mayapan durch politische Intrige, Verrat und eine Allianz politischer Gruppierungen gegen Chichen Itza zum Zentrum der Macht entwickelte. Historische Berichte verweisen auf die militärische Unterstützung dieses Coups durch verbündete Maya der Hafenstadt Xicalango an der mexikanischen Golfküste.

Die Bauwerke in Mayapan sind nicht so groß, gut erhalten und weiträumig angeordnet wie in Chichen Itza (Abb. 541). Daher sprach man zunächst auch von einer „dekadenten" beziehungsweise „degenerierten" Maya-Gesellschaft der Späten Postklassik. Doch wird inzwischen nach weiteren Forschungen die Maya-Gesellschaft der Späten Postklassik als politisch und wirtschaftlich außerordentlich „effizient" charakterisiert, wobei die teilweise Reduzierung architektonischer Prachtentfaltung als Ausdruck einer bedeutenden Umorientierung in der politischen und wirtschaftlichen Organisation gesehen wird. Entsprechend dieser Interpretation wurden die sozialen Energien in Produktion und Tausch von Waren investiert, und gut entwickelte Marktsysteme förderten eine gerechtere Wirtschaftsbeteiligung aller Mitglieder der Gesellschaft mit der Möglichkeit, Gewinn aus ihrer Arbeitsleistung zu ziehen. Dieses offene Wirtschaftssystem belohnte Unternehmergeist und verringerte schließlich soziale Unterschiede zwischen Oberschicht und dem Rest der Bevölkerung, da nun mehr Menschen am Wohlstand teilhaben konnten. In diesem sozialen Umfeld ist die weniger aufwändige Architektur, die nun die öffentlichen Gebäude und die Wohnsitze der herrschenden Klasse bestimmt, nicht als ein „Rückschritt" gegenüber der vergangenen klassischen Epoche zu sehen, sondern Spiegel neuer gesellschaftlicher Normen und wirtschaftlicher Prioritäten. Eine solche Verlagerung lässt sich allgemein bei reifenden Staatswesen der gesamten Weltgeschichte verfolgen und ergibt sich möglicherweise zwangsläufig in der Langzeitentwicklung einer Kultur.

Die Technik, mit der Wohnsitze und öffentliche Gebäude in Mayapan, Cozumel und anderen Zentren der ausgehenden Postklassik errichtet wurden, war hocheffizient. Zur Zeit ihrer Nutzung waren die Holzwände dieser Bauten wohl mit Stuck und Gips verkleidet und das Dach mit pflanzlichem Material gedeckt. Häufig waren die Innenwände der öffentlichen Gebäude in dieser Zeit aufwändig gestaltet und die Außenwände mit Stuckornamenten geschmückt. Beispiele sind die Stätten Tulum und Santa Rita, wo allerdings nur Fragmente erhalten sind. Mayapan war eine befestigte Stadt von über drei Kilometer Länge und fast zwei Kilometer Breite (Abb. 542). Die Herrscher der Staaten, die sich im Machtbereich Mayapans befanden, sollen innerhalb seiner Mauern gewohnt haben. Die in Mayapan freigelegten Häuser zeigen eine dichte Besiedlung innerhalb wie auch außerhalb der Stadtmauern. Die Bandbreite der Haushaltsgrößen deutet darauf hin, dass sowohl die Oberschicht wie auch die einfache, wahrscheinlich Landwirtschaft betreibende Bevölkerung hier ansässig waren. Die Monumentalarchitektur von Mayapan konzentriert sich in einem Areal von 500 Quadratmetern, wo ein vierteiliger, wie in Chichen Itza „El Castillo" genannter Tempel den zentralen Platz beherrscht (Abb. 543). Er befindet sich unmittelbar westlich eines *cenote* oder Brunnens. Der Platz ist von Säulenhallen (Abb. 541), Adelswohnsitzen, Tempeln, Schreinen, Oratorien und Rundgebäuden eingefasst. Die meisten Skulpturarbeiten dieser Anlage, darunter menschliche Figuren, Jaguare, Schlangen, Schriftbanner und Stelen (Abb. 542), wurden hier gefunden. Jenseits dieses zentralen Platzes dehnen sich dicht gedrängt die Häuser und Höfe der Adligen und Nichtadligen in allen Richtungen bis zur Stadtmauer aus. Kleinere Skulpturen wie Schildkröten und Figuren von aus dem Himmel herabtauchenden Göttern, die in diesen Wohnvierteln gefunden wurden, deuten darauf hin, dass auch außerhalb des Zeremonialzentrums Ritualhandlungen stattgefunden haben.

Maya-Stätten der Ostküste

Durch archäologische Expeditionen und Oberflächenbegehungen konnte an der Ostküste der Halbinsel Yukatan eine dicht besiedelte Zone von Siedlungen der Späten Postklassik identifiziert werden. Die politischen Zentren befanden sich in Schlüssellagen dieses ausgedehnten Küstenstrichs (Abb. 534); zu ihnen gehören die Fundstätten El Meco, die Orte San Gervasio und Buenavista auf Cozumel, Tulum, Ichpaatun, Santa Rita und andere. Jedes dieser Gemeinwesen legte architektonisch eigenständig gestaltete

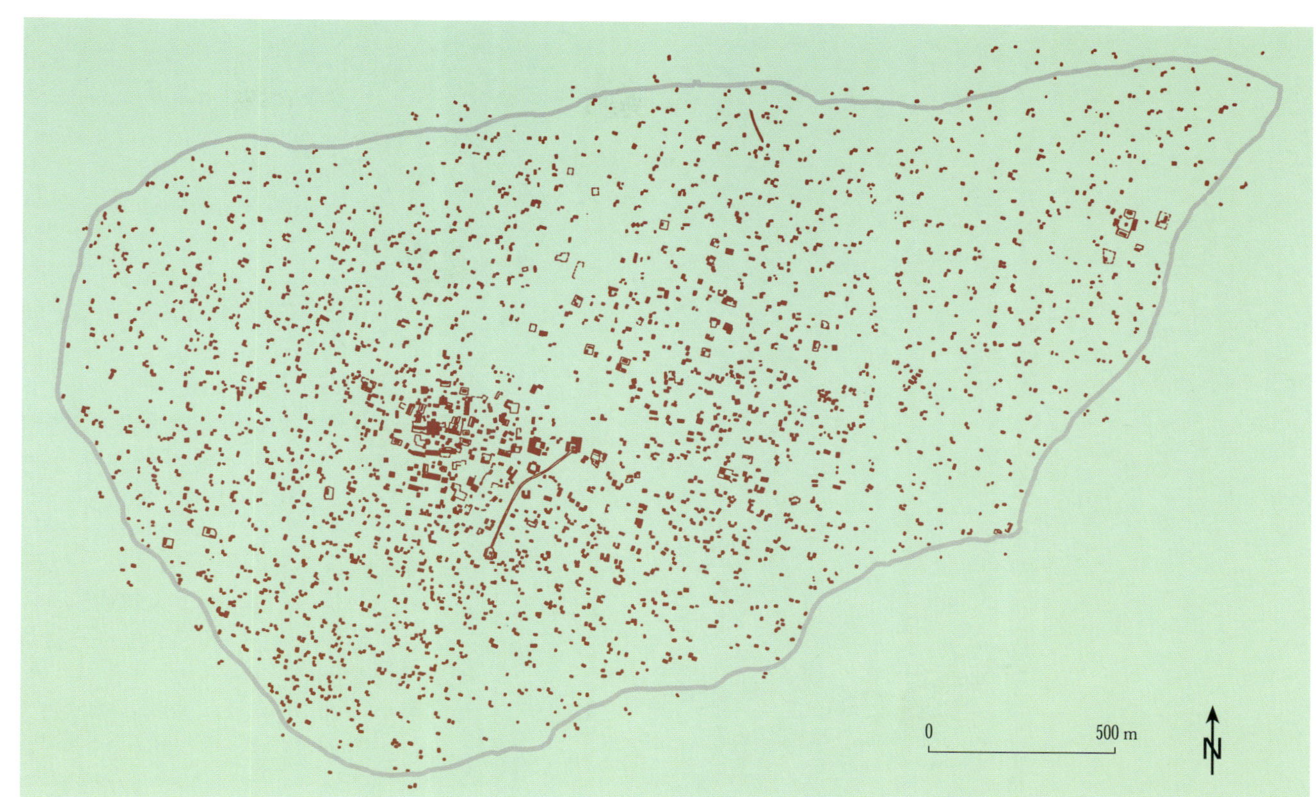

542 *Karte von Mayapan*
Mayapan war ein dicht besiedelter, von einer Verteidigungsmauer umgebener Stadtstaat, der sich über eine Fläche von 3 x 2 km ausdehnte. Im Mittelpunkt des 5 km^2 großen Zeremonialzentrums steht die über einem quadratischen Grundriss errichtete Pyramide El Castillo (Gebäude 162), die von einem Observatorium, einer Stelenplattform, Tempeln, Oratorien und Schreinen umgeben ist. In diesem Areal, in dem die herrschenden Familien wohnten, befinden sich auch die größten Säulenhallen. Wie Chichen Itza war auch Mayapan multiethnisch, und seine Fürsten unterhielten wichtige Handelsbeziehungen vom Golf von Mexiko bis zum Golf von Honduras.

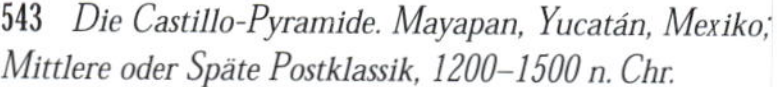

543 *Die Castillo-Pyramide. Mayapan, Yucatán, Mexiko; Mittlere oder Späte Postklassik, 1200–1500 n. Chr.*
Im Vordergrund rechts befindet sich die Castillo-Pyramide, manchmal auch K'uk'ulkan-Pyramide genannt, die als kleinere Kopie ihres berühmten Vorbildes in Chichen Itza das Zentrum von Mayapan dominiert. Links steht das Caracol, eine ebenfalls reduzierte Nachbildung des gleichnamigen Gebäudes in Chichen Itza. Die Bewohner von Mayapan haben mit diesen Übernahmen offenbar versucht, an die Größe und Bedeutung von Chichen Itza anzuknüpfen.

Kombinationen von Tempeln, Wohnsitzen und Schreinen an. Wie Mayapan sind Tulum und Ichpaatun befestigt, und Tulum und Santa Rita sind für ihre gut erhaltenen Wandgemälde der Späten Postklassik bekannt (Abb. 536, 547). Alle diese Küstenorte dienten vermutlich als wichtige Handelsplätze. Die regionalen Erzeugnisse wurden hier gegen Rohstoffe aus den Tieflandprovinzen und gegen Fernhandelsgüter eingetauscht. Beide Kategorien von Erzeugnissen wurden mit Hilfe seefahrender Händler vertrieben.

544 *Stelen. Mayapan, Yucatán, Mexiko; Mittlere Postklassik, 1185 n. Chr. (?); Kalkstein; Maße der Stele 1: H. 175 cm, B. 59 cm, T. 20 cm*
Die Stelen stehen für die kulturelle Wiederbelebung der klassischen Symbolik durch die Herrscher von Mayapan.

In den vorausgegangenen 200 Jahren waren im Maya-Gebiet so gut wie keine Stelen errichtet worden. Diese hier tragen Daten, die sich aber nur schwer mit unserem Kalender in Übereinstimmung bringen lassen; drei davon beziehen sich wohl auf die Zeit der Blüte Mayapans.

Bevölkerungsdynamik im südlichen Tiefland

Untersuchungen im Bereich des südlichen Tieflandes haben gezeigt, dass sich diese Kernregion der klassischen Maya nach dem Zusammenbruch der Stadtstaaten fast vollständig entvölkerte. Spezifische Studien in den Gebieten von Tikal und der Petexbatun-Region weisen nach, dass ehemalige Zeremonialzentren und deren Satelliten während der Postklassik nur spärlich oder überhaupt nicht bewohnt waren. Wenn in dieser Zeit in dieser Region neue Siedlungen gegründet wurden, so geschah dies in Uferzonen, wie zum Beispiel am Peten-See, wenn auch in geringerer Zahl als während der klassischen Periode. Da das südliche Tiefland in der klassischen Zeit extrem dicht besiedelt war, stellt sich die Frage nach dem Schicksal dieser Gruppen. Kamen die Menschen dieser Region in Kriegen, Hungersnöten oder Epidemien um? Tatsächlich lassen sich einige Anhaltspunkte für eine Zunahme von Kriegen in der Zeit der ausgehenden Klassik nachweisen, Massengräber oder andere Anhaltspunkte für eine schnelle Auslöschung der Bevölkerung sind allerdings noch nicht gefunden worden.

Denkbar wäre, dass die Bewohner diese Zentren schlicht aufgaben und an andere Orte zogen. Soweit es die Peten-Seen betrifft, scheinen einige von ihnen ländliche Weiler oder Dörfer entlang der Seeufer gegründet zu haben, während andere in friedlichere Territorien abwanderten. Während der ersten Jahrhunderte unter der spanischen Kolonialherrschaft kam es im gesamten südlichen Tiefland ebenfalls zu regionalen Bevölkerungsverschiebungen, und dem Zusammenbruch der Stadtstaaten im 9. Jahrhundert müssen ebenfalls heftige Abwanderungen gefolgt sein.

In Gebieten wie dem nördlichen Belize gibt es für die Frühe Postklassik Hinweise auf eine hohe Bevölkerungsdichte in ufernahen Zonen, wie an Lagunen, Flüssen und der Karibikküste. Lamanai zum Beispiel, ein Zentrum in diesem Teil von Belize, das an einer Inland-Lagune mit Flussverbindung zur Karibischen See liegt, zeigt keinerlei Anzeichen eines politischen Zusammenbruchs. Bemerkenswert scheint, dass es seine Rolle als bedeutendes Zentrum von der klassischen bis zur postklassischen Epoche aufrechterhalten konnte. Überhaupt sind die regionalen Bevölkerungszahlen außerhalb des zentralen südlichen Tieflandes derzeit nur schwer zu schätzen. Die vielen Siedlungen, die in den fruchtbaren Küstengebieten von Belize und Quintana Roo entdeckt wurden, lassen darauf schließen, dass die Küste des östlichen Tieflandes in der Postklassik Heimat vieler Siedlergruppen war. Die Konzentration auf Inseln oder Halbinseln ist eine Form küstennaher Ansiedlung, die sich in vielen Gebieten findet. Wie sich an Santa Rita, Ichpaatun, Ambergris Caye, Tulum, Cozumel und anderen Stätten erkennen lässt, spielte die Küstenbesiedlung überdies in der postklassischen Periode für das Hinterland der Ostküste von Yukatan eine wesentlich bedeutendere Rolle. Einige Stätten im Inland besaßen keine Anbindung an Wasserwege, sondern schienen die lokalen Ressourcen auszubeuten, wie dies zum Beispiel an der postklassischen Siedlung Colha deutlich wird, die nahe einem der größten Hornsteinvorkommen im Maya-Gebiet lag. Der Einfluss sowohl des zentralen südlichen Tieflandes wie von Chichen Itza zeigt sich an den verzierten Keramiken der Frühen Postklassik aus dem Norden von Belize. Dieser Einfluss gründet sich vermutlich auf eine Kombination von Fakten wie Bevölkerungsbewegungen und Aufbau wichtiger Nord-Süd-Handelsbeziehungen, die diese Zeit prägten.

545 *Die Residenz des Herrschers. Tulum, Quintana Roo, Mexiko, Gebäude 25; Postklassik*
Die Säulenhalle war wahrscheinlich einst ein Tempel oder die Residenz einer der Herrscherfamilien von Tulum. Im Inneren befindet sich über einer Türöffnung eine Nische mit der Stuckplastik des Herabstürzenden Gottes, der ein häufiges Motiv in der Kunst der Postklassik war.

In der Späten Postklassik (1200–1500 n. Chr.) blieb in Nord-Belize die Bevölkerungsdichte hoch. Sowohl dort als auch im Peten spiegelt die Töpferkunst im Vergleich zu früheren Perioden neue Produktionsabläufe, eine größere Standardisierung und Fertigkeit in den Herstellungstechniken wider. Diese Trends deuten auf stabile, langfristige Bevölkerungsverhältnisse in diesen Regionen zwischen dem 10. und 16. Jahrhundert hin, denn aus den Keramiktraditionen lässt sich eine lange, kontinuierliche Entwicklung ablesen. Für die Zeit nach 1250 n. Chr. ist zum Beispiel für Nord-Belize die Entstehung einer Reihe neuer Regionalzentren belegt, was eine politische Umstrukturierung dieses Gebiets als Folge des Aufstiegs von Mayapan in Nord-Yukatan vermuten lässt. Die Tatsache, dass der örtlichen Gebrauchs- und Zeremonialkeramik im östlichen und südlichen Tiefland bis zu den Peten-Seen Töpferei-Erzeugnisse im Mayapan-Stil hinzugefügt wurden, lässt den weit reichenden Einfluss dieses nördlichen Zentrums erkennen.

Politische Geografie und Regionalstruktur

Auf der Grundlage historischer Quellen wurden bei Ankunft der Spanier die Grenzen von *k'uuchkabalo'ob* identifiziert und als Provinzen bezeichnet. Die interne Struktur dieser politischen Territorien war unterschiedlich. Einige waren eher hierarchisch gegliedert und wurden von einem Herrscher, dem *jalach winik,* regiert, der in der Hauptstadt lebte. Ihm unterstanden Beamte *(batab),* die als Statthalter die einzelnen Gemeinwesen kontrollierten, Tributzahlungen einzogen und andere organisatorische Aufgaben für den *jalach winik* übernahmen. Andere Provinzen waren weniger hierarchisch strukturiert und erkannten lediglich die Führung ihres Gemeinwesens durch den *batab* an, nicht aber den *jalach winik.* Am freiesten organisiert waren dünn besiedelte Dörfer in Randlage, die Konföderationen bildeten und für die keines dieser Ämter existierte.

Von großem Interesse für das Verständnis der Maya-Gesellschaft ist ihre politische Organisation. Die kolonialzeitlichen Quellen belegen die Existenz regionaler Herrscher und eines stützenden, spezialisierten Beamtenapparats zur Zeit der Ankunft der Spanier; die Frage nach der Beständigkeit dieser Ämter und ihrem Geltungsbereich, bezogen auf die gesamte Halbinsel, ist jedoch noch nicht geklärt. Mayapan wurde durch eine Art der Kollegialherrschaft, den *mul tepal,* regiert. Diese Regierungsform kam durch die Konföderation verschiedener Territorien und ihrer herrschenden Geschlechter zustande und wurde die „Liga von Mayapan“ genannt. Die Existenz mehrerer Eliteresidenzen und Langgebäude beziehungsweise Säulenhallen oder offener, säulenloser Hallen um das Ortszentrum von Mayapan und anderer postklassischer Stätten im gesamten Tiefland spricht für die gleichzeitige Anwesenheit mehrerer mächtiger Familien in den politischen Zentren. Mit der Institution der Rotation politischer Ämter verfügen die modernen Maya-Gemeinden des Hochlandes heute über ganz ähnliche Räte oder Versammlungen. Die Kandidaten wetteifern um einen Ratssitz durch jahrelangen Dienst in der Gemeinde. Das Regierungssystem des *mul tepal* stellt in jedem Fall einen wesentlichen Gegensatz zur totalitären Macht gottgleicher Könige dar. Diese politische Form war eine deutliche Absage an die Herrschaftsinstitutionen der Klassik, in denen das Schicksal des Volkes vom Erfolg oder Misserfolg charismatischer Kriegerkönige abhing, die für sich in Anspruch nahmen, Nachkommen der Götter zu sein und übernatürliche Kräfte zu besitzen. Neuere Untersuchungen zur Veränderung mesoamerikanischer Staatsformen belegen für die Postklassik eine „kollektive“ Politik, die den Rats-

546 *Säulenhalle. Mayapan, Yucatán, Mexiko, Gebäude 163*
Säulenhallen, wie Gebäude 163 unmittelbar westlich des Castillo, sind ein typisches Element der Herrscherarchitektur in Mayapan und anderen yukatekischen Stätten. Die Architektin Tatiana Proskouriakoff, die an den Ausgrabungen von Mayapan beteiligt war, deutete sie als Häuser junger Männer, andere sahen darin Ratsgebäude, in denen die Vertreter der einflussreichen Familien zusammenkamen. Wahrscheinlich waren einige dieser Säulenhallen auch Paläste.

charakter der Regierung betonte und einen eher „egalitären Ansatz“ für politisches Handeln und das ihm zugrunde liegende Wertesystem förderte. Prozesse dieser Art können ihren geschichtlichen Ursprung im Widerstand gegen vorangegangene Zeiten der Tyrannenherrschaft haben, was bei den Maya der Postklassik der Fall war, die ihre Gesellschaft als Reaktion auf die autoritären Monarchien der Klassik neu definierten.

Die verschiedenen Gruppierungen, die die postklassische Maya-Gesellschaft regierten, spiegeln sich in der Architektur ihrer politischen Zentren. Mehrere Eliteresidenzen, Familientempel oder -schreine und offene Hallen umgeben den Hauptplatz dieser Stätten (Abb. 546). In Tulum finden sich zum Beispiel eine Reihe von Familientempeln und Säulenhallen (Abb. 545). Zu den öffentlichen Bauten in Chichen Itza, Mayapan und Utatlan gehören vierteilige Pyramiden, das heißt Pyramiden, die Stufenfluchten auf allen vier Schrägseiten besitzen. Sie sind Ausdruck des Symbolkreises der vier Himmelsrichtungen, der zur Kunst der Maya in vielen Epochen gehört, und als solcher mächtiges Symbol der Integration kommunaler und regionaler Unterschiede.

Die Treppenaufgänge vierseitiger Tempel oder Eingänge anderer Tempel besitzen nicht selten Schlangenbalustraden oder -säulen. Nicht umsonst bedeutet das Wort *chan* sowohl „vier“ als auch „Himmel“ und „Schlange“. In der Kunst der Maya stehen Schlangen auch für die Verbindung zwischen Himmel und Erde beziehungsweise dem Diesseits und dem Jenseits. Durch Schlangenschnüre oder *k'uxa'an suum* wurden auch Abstammungszweige miteinander verknüpft; sie wurden als eine Art Nabelschnur dargestellt, die einzelne Verwandte zusammenhält. Auch die Schlangenabbildungen auf den Wandgemälden von Tulum verbinden Einzelpersonen, die vermutlich gleicher Abstammung sind. Hier ist die Darstellung mit Mattenornamenten kombiniert, die ebenfalls ein Symbol verwandtschaftlicher Beziehungen sind. Auf den Wandgemälden des Bauwerks 16 von Tulum bilden Schlangen eine Verbindung zum Himmel an der Tempeldecke (Abb. 536). Die Schlangen dienen als Seile, entlang deren die Götter vom Himmel herabsteigen. Auch wenn diese Symbole eine Integration implizieren, wissen wir aus den Schriftquellen, dass es in den Provinzen der Postklassik häufig zu Konflikten kam; Grenzverläufe waren unsicher, und soziale Widersprüche zwangen immer wieder zu Verhandlungen. Bei Ankunft der Spanier waren einige Gebiete stärker integriert und mit ihren Nachbarn in Bündnisse zusammengeschweißt als andere – ein Schema, das zeitlichen Veränderungen unterworfen war. Die herausragendsten Zentren der Späten Postklassik, Mayapan, Cozumel, Tulum und Santa Rita, scheinen sich zu einer bedeutenden Allianz und einem Wirtschaftsnetz formiert zu haben, das Mayapan mit der Ostküste von Yukatan verband. Dieses Wirtschaftsnetz schloss auch das Hochland von Guatemala ein, denn während der Späten Postklassik stammten die meisten Obsidianklingen, die im Tiefland gefunden wurden, aus Ixtepeque im guatemaltekischen Hochland. Vor dieser Zeit kamen sie aus verschiedenen Quellen in Mexiko und auch des Maya-Hochlandes. Die übrigen Quellen wurden während der Späten Postklassik zugunsten des Obsidians aus der Fundstätte Ixtepeque verdrängt. Vielleicht geht auch die politische Macht der K'iche' in der Späten Postklassik auf die Verflechtung mit dem Handelsnetz Yukatans zurück (s. Sachse, S. 360 ff.).

547 *Ausschnitt aus den Wandmalereien von Gebäude 1 in Santa Rita Corozal. Kopie von Thomas Gann; Santa Rita Corozal, Belize, Gebäude 1; Späte Postklassik, 1440–1500*
Die Wandmalereien von Gebäude 1 von Santa Rita, das in der Postklassik wahrscheinlich der wichtigste Ort in der Provinz Uaymil war, gehören zu den bedeutendsten Zeugnissen postklassischer Kunst überhaupt. Leider sind sie unmittelbar nach ihrer Entdeckung zerstört worden, so dass sie heute nur noch anhand der Zeichnungen ihres Entdeckers Thomas Gann zu rekonstruieren sind. Dargestellt waren Götter, die über Tun-Perioden wachen. Stilistisch lassen sich Einflüsse aus Zentralmexiko und Oaxaca erkennen.

548 *Verziertes Dreifußgefäß. Lamanai, Belize, Cache N10-43/1; Mittlere bis Späte Postklassik, 1150–1300 n. Chr.; Ton mit orangefarbenem Überzug; H. 11,6 cm, Dm. 18,9 cm; Belmopan, Department of Archaeology*
Diese engobierte figürliche Dreifußschale ist hinsichtlich Masse, Form und Farbe exemplarisch für die spezielle Art von Keramiken, die zu Beginn der postklassischen Phase in Lamanai angefertigt wurden. Sie sind reliefiert und modelliert, setzen sich aus mehreren Teilen zusammen und haben einen orangeroten Anguss. Solche Komposit-Töpferwaren wurden in Belize allerdings schon in der Endklassik produziert. Die Herstellungstechniken blieben auch für andere Gefäße mit oder ohne Engobe bis zur spanischen Invasion in Gebrauch.

Gesellschaftliche Struktur, Haushalte und Gemeinwesen

Die Zugehörigkeit zu bestimmten Abstammungslinien war ein zentraler Faktor für die politische Macht in der Postklassik. Mayapan wurde eine gewisse Zeit durch einen Zusammenschluss mächtiger Dynastien regiert, und es ist bekannt, dass abwandernde Abstammungslinien wie zum Beispiel die der Aj Kanul ihre eigenen Gemeinwesen gründeten. Genau sind die Beziehungen einzelner Persönlichkeiten, die Zugehörigkeit zu diesen Gruppen Blutsverwandter beanspruchten, nicht geklärt. Wahrscheinlich gründeten sie sich auf Abstammung oder Heirat, darüber hinaus jedoch auf wichtige Verbündete. Vermutlich spielten diese Abstammungslinien eine ähnliche Rolle wie die „Häuser" der Hochland-Maya (s. Sachse, S. 366 ff.).

In der postklassischen Architektur findet die Vielschichtigkeit der verwandtschaftlichen Gruppierungen innerhalb der Führungsschicht ihren Ausdruck in den verschiedenen Baukomplexen der Paläste, Tempel oder Schreine um die Zentralzone und in den Langbauten oder Säulengalerien (bzw. offenen, säulenlosen Hallen), wie sie in Mayapan (Abb. 546), den Inselorten der Peten-Seen und weiteren Zentren dieses gesamten Gebietes zu sehen sind. Es handelte sich dabei wahrscheinlich um Gemeinschaftsanlagen mehrerer führender Familien in postklassischen Zentren, die zur Zusammenkunft und Besprechung von Staatsangelegenheiten genutzt wurden. Die postklassische Maya-Gesellschaft war nicht ausschließlich nach Abstammungslinien gegliedert. Vielmehr kann das Ausmaß, in dem familiäre Bindungen bei Verhandlungen öffentlicher Angelegenheiten den Ausschlag gaben, von Ort zu Ort und auch im Laufe der Zeit unterschiedlich gewesen sein. Sicher ist auch, dass sippenübergreifende politische Institutionen bestanden, wie zum Beispiel Ämter, die im Rotationsprinzip besetzt wurden und zu Verhandlungen und Integration der diversen halb selbstständigen Gruppierungen zwangen.

Die Analyse der Beisetzungen in postklassischen Stätten zeigt, dass die Bestattungsmerkmale und die Darbringung der Grabbeigaben für die meisten Mitglieder eines Gemeinwesens ähnlich waren. Abgesehen von Ausnahmen in Santa Rita und Lamanai kann eine Unterscheidung zwischen Angehörigen der Elitegruppen und der restlichen Bevölkerung auf der Grundlage solcher Vergleiche daher schwierig sein. Die Gräber befinden sich innerhalb oder in unmittelbarer Nähe der Familienwohnsitze und beschwören das Bild einer überwiegend wohlhabenden Gesellschaft mit nur mäßigen Statusunterschieden, die sich in einzelnen Ortschaften lediglich als Abstufung eines Kontinuums darstellen. Drastische Klassenunterschiede lassen sich nicht beobachten, und es ist wahrscheinlich, dass sozialer Aufstieg in dieser Gesellschaft möglich und häufig war.

Religion

Einiges Wissen über die Religion der Maya in der Postklassik blieb durch die Berichte spanischer Franziskaner erhalten, die ab 1517 bis 1697 n. Chr. alle Anstrengungen unternahmen, die Tieflandbewohner zu christianisieren. „Götzendienste" werden in den Ausführungen des Bischofs de Landa aus dem 16. Jahrhundert und Schilderungen der „Expeditionen" der Mönche Fuensalida, Orbita und Avendaño in das noch nicht eroberte südliche Grenzgebiet im 17. Jahrhundert immer wieder beschrieben. Landa schildert viele Rituale, die er noch in der Zeit nach dem Erstkontakt beobachtete. Die Mönche, die tief in die Urwälder von Belize und Guatemala eindrangen, erörtern das Fortbestehen von Ritualen, die die Sammlung rebellierender, sich dem Katholizismus und der Eroberung widersetzender Maya begünstigten. Viele der beschriebenen Riten stehen im Zusammenhang mit den Feierlichkeiten zu Kalenderfesten, die im Jahreszyklus oder zum Jahresende beziehungsweise zum Ende eines K'atun stattfanden. Zu bestimmten Gelegenheiten wie den Neujahrszeremonien, *wayeb,* wurden neue Standbilder errichtet und

549 *Stundenglas-Räuchergefäße aus Zentral-Belize. Fundort unbekannt; Späte Postklassik, 1200–1500 n. Chr.; gebrannter Ton; Belmopan, Department of Archaeology*
Diese beiden Keramiken sind beispielhaft für Weihrauchgefäße, die im gesamten Kulturkreis des postklassischen Tieflandes hergestellt und verwendet wurden. Ihre weite Verbreitung zeigt, dass die Herrschenden verschiedener Stadtstaaten nahezu identische Kalenderzeremonien und religiöse Kulthandlungen durchführten, die ihren Ursprung vermutlich in Chichen Itza und später in Mayapan hatten. Gemeinsame rituelle Praktiken waren ein wichtiger integrativer Faktor: Sie förderten den Zusammenhalt der jeweiligen politischen Eliten und festigten auch die wirtschaftlichen Verbindungen zwischen den Provinzen des Tieflandes.

550 *Räuchergefäß in Gestalt des Gottes Itzamnaaj. Mayapan, Yucatán, Mexiko; Späte Postklassik, 1200–1500 n. Chr.; gebrannter Ton, bemalt; H. 60 cm, B. 34 cm, T. 34 cm; Mexiko Stadt, Museo Nacional de Antropología*
Das alte Gesicht mit der Hakennase und die betonten Eckzähne, die aus den Mundwinkeln hervortreten, legen nahe, dass es sich bei der dargestellten Gottheit um Itzamnaaj handelt. Er ist nur einer aus einer Reihe von Göttern, die auf den Räuchergefäßen im Chen-Mul-Stil dargestellt sind. In den Händen hält er ein mit Zacken versehenes Objekt als Opfergabe – ein spezielles Maisbrot oder gepresstes Räucherharz.

551 *Weihrauchgefäß mit Darstellung eines unbekannten Gottes. Dzibanche, Quintana Roo, Mexiko; Späte Postklassik, 1300–1400 n. Chr.; gebrannter Ton*
Die Figur ist repräsentativ für modellierte Chen-Mul-Keramiken. Diese Abbilder verschiedener lokaler oder fremder Götter, die auch aus anderen Materialien hergestellt sein konnten, wurden in Mayapan entwickelt und finden sich dort auch am häufigsten. Sie bildeten den Mittelpunkt vieler sakraler Kalenderfeierlichkeiten in der Postklassik und während der Kolonialzeit und standen vermutlich mit einem späten religiösen Kult in Verbindung, der von den Fürsten der Stadt gefördert wurde. Viele dieser Plastiken, so auch das abgebildete Exemplar, zeigen die Götter, wie sie Speise- oder Weihrauchopfer darbringen. In dem Behälter auf der Rückseite wurde Weihrauch verbrannt.

alte abgebaut; es wurden Weihrauch und Wild geopfert und Festessen ausgerichtet. Zu diesen Festlichkeiten, die im Haus der Herrscher stattfanden, gehörten auch oft Prozessionen durch den Ort.

Die Spuren solcher Zeremonien lassen sich archäologisch an Fundstätten zerbrochener oder kaschierter Weihrauchgefäße (Abb. 549), Figurinen, an Essens- und Wassergefäßen, Kadavern von Opfertieren und anderen Hinweisen wie Obsidianklingen, Muschelobjekten oder Steinwerkzeugen festmachen. In Santa Rita im Norden von Belize wurden Festtagsopfergaben in Form kaschierter Figuren identifiziert, die in Innenhöfen von Wohnkomplexen der Oberschicht gefunden wurden. In anderen Zentren der Postklassik stieß man in Tempeln, Schreinen oder anderen besonderen Monumenten auf eine jeweils größere Anzahl von Weihrauchgefäßen (Abb. 550, 551). Wie die Beschreibung ihres Gebrauchs in den Codices belegt, wurde Weihrauch anlässlich einer Vielzahl ritueller Anlässe vor allem kalendarischer Art verbrannt. Solche Feste müssen eine starke integrative Wirkung auf die einzelnen Teilnehmer gehabt haben. Fragmente von Weihrauchgefäßen finden sich auch in häuslichen Zusammenhängen, allerdings nicht in der hohen Anzahl wie in speziellen für den Kult geschaffenen Bauwerken. Ein solches Verteilungsmuster deutet auf starke symbolische Bande zwischen den Mitgliedern eines Hauses und den Heiligtümern eines Gemeinwesens oder Geschlechts.

Im Prinzip sind zwei Grundformen keramischer Weihrauchgefäße bekannt: nicht figürliche und figürliche. Die nicht figürlichen Räuchergefäße hatten häufig die Form einer Sanduhr und besaßen eine Sockelstandfläche (Abb. 549), andere waren als dreibeinige Töpfe oder Krüge gestaltet. Nicht figürliche Weihrauchgefäße waren mit Rosetten oder Medaillons aus Ton und zapfenförmigen Zacken oder Ton-Zierbändern geschmückt, die mit den Fingern eingedrückt wurden. Aufwändig gearbeitete Stücke wurden auch mit einem Bortenkranz versehen, der vom Gefäßgrund aufwärts oder vom Hals in einem stufigen Kleeblattmotiv abwärts zeigte. Die figürlichen Weihrauchgefäße bestanden oft aus einem „eimerförmigen" Sockelgefäß, an das eine menschenähnliche Figur gefügt wurde (Abb. 550, 551).

In Mayapan lässt sich ein kleiner Prozentsatz dieser Darstellungen bestimmten Gottheiten zuordnen, wie sie in den Maya-Codices und außerhalb des Maya-Gebietes zu finden sind (Abb. 550). Die Ritualobjekte stammen aus der ausgehenden Postklassik und wurden in großer Zahl in Mayapan gefunden, das Ursprungsort der Zeremonien zu sein schien. Die Tatsache, dass sie praktisch an allen Tieflandstätten der Späten Postklassik auftauchen, wo sich lokale Kunsthandwerker eng an die Vorlagen aus Mayapan hielten, deutet auf eine geografisch weit ausgedehnte Anhängerschaft einer von Mayapan ausgehenden religiösen Ideologie.

Die wirtschaftliche Entwicklung auf der Halbinsel Yukatan

Chichen Itza schuf ein mächtiges Wirtschaftsimperium auf der Grundlage eines Seehandels, der die Halbinsel Yukatan direkt oder indirekt mit dem unteren Zentralamerika, dem Maya-Hochland, der mexikanischen Golfküste und dem Hochland von Mexiko verband. Die der Küste vorgelagerte Isla Cerritos diente als Hafen für die Kanus der Händler, die dort eine Vielzahl von Gebrauchs- und Luxusgütern tauschten (Abb. 552). Zu den Waren, mit denen entlang der Küste gehandelt wurde, gehörten Salz, Mahlsteine, Stoffe, Häute, Honig, Wachs, Kakao, Obsidian, Kopalharz, Federn, Zierrat und Glöckchen aus Kupfer, exotischer Steinschmuck und anderes mehr. Die wichtigsten Gegenstände für den Alltagsbedarf wurden überall auf der Halbinsel lokal gefertigt; nicht vorgefundene Materialien wie Obsidian, Jade, vorbearbeitete Steingerätschaften und Metalle wurden aus dem Maya-Hochland oder den weiter entfernten Bergregionen von Zentralmexiko oder dem unteren Zentralamerika importiert. Dieser Handel brachte den küstennahen Orten einen großen wirtschaftlichen Aufschwung. In Chikinchel zum Beispiel wurde die Salzgewinnung angesichts der neuen, expandierenden Märkte innerhalb des mesoamerikanischen Handelssystems zur industriellen Produktion gesteigert. Nachdem Mayapan Chichen Itza im 13. Jahrhundert in seiner politischen Vormachtstellung in Nord-Yukatan abgelöst hatte, kontrollierte es auch den yukatekischen Seehandel; es kam zur Blüte der mit Mayapan verbündeten Staaten der Postklassik. Stätten wie Tulum, El Meco, einige Ortschaften der Insel Cozumel, Santa Rita und andere dienten als Handelszentren der assoziierten Maya-Territorien an der Ostküste. Allen diesen Stätten gemeinsam sind aufwändige Zeremonialeinrichtungen, was zu der Hypothese führte, dass transethnische religiöse Wallfahrten mit Handelsabsichten verknüpft waren. Wie für Cozumel und Tulum beschrieben, boten die Heiligtümer dieser Stätten einen neutralen Boden für den möglicherweise konfliktträchtigen Tauschhandel mit fremden Kaufleuten. Der „internationale Stil" der Kunst und Malerei an diesen Stätten konnte so die Kommunikation unter den verschiedenen Ethnien fördern und regionale Unterschiede überwinden helfen. Wissenschaftler, die sich mit der wirtschaftlichen Struktur der postklassischen Maya-Gesellschaft befassten, haben diese Ära als eine ökonomisch sehr rege Periode bezeichnet, in der die meisten Mitglieder der Gesellschaft direkt an Produktion und Tausch der Güter teilhatten. Die „Entstehung einer Kaufmannsklasse" habe die Wandlung der postklassischen Maya-Gesellschaft maßgeblich beeinflusst. Sozialer Aufstieg war durchaus möglich, und wesentliche Wohlstandsunterschiede bestanden zwischen der Bevölkerungsmehrheit und dem Adel nicht. Zwar förderten die Eliten wichtige integrative Zeremonien und handelten mit Geschäftspartnern außenpolitische und militärische Angelegenheiten aus, sie schienen jedoch Erzeugung und Tausch von Bedarfs- und Luxusgütern eher zu unterstützen als zu kontrollieren.

Die Reifung der Maya-Gesellschaft

Der Umbau der Gesellschaftsordnung, der in der ausgehenden Postklassik stattfand, war durch die breite geografische Integration überwiegend autonomer Kleinstaaten bedingt, die durch Handelsbeziehungen verbunden waren. Die postklassische Maya-Zivilisation spiegelt die Entwicklung einer neuen Gesellschaftsordnung. Die kulturellen Errungenschaften dieser Periode, die nicht länger als Zeitalter der „Dekadenz" gewertet werden sollte, werden nun als das Gesamtprodukt der Langzeitentwicklung einer äußerst erfolgreichen, geografisch weit ausgedehnten und ethnisch vielfältigen Bevölkerung gesehen. Die Maya wandten sich einerseits von der Monumentalarchitektur ab und widersetzten sich der Tyrannei ehrgeiziger dynastischer Herrscher, überführten jedoch im Gegenzug ihre Gesellschaft in ein wirtschaftlich blühendes Gemeinwesen, das soziale Unterschiede innerhalb einer Gemeinde eher ab- als aufbaute, und sie reinterpretierten ihre historischen Traditionen auf neuartige und zeitgemäße Weise. Ergebnis dieser Umwälzungen war in zahlreichen Tieflandgesellschaften ein erstaunlich stabiles, langfristiges Wachstum. In den mit Chichen Itza oder Mayapan verbündeten Territorien kam es zwar zu geografischen Verschiebungen des Wohlstandes, aber insgesamt befand sich das Tiefland der Halbinsel vom Beginn bis zum Ende der postklassischen Periode in einem aufsteigenden Entwicklungszyklus. Offensichtlich war auch das Hochland von Guatemala in der Späten Postklassik mit der Welt der Tiefland-Maya verbunden. Die Expansion dieser Welt durch militärische Intervention und wirtschaftliche Konsolidierung des Hochlandgebietes festigte ohne Zweifel die zunehmende ökonomische Integration im Territorium der Maya, die ihren Höhepunkt zur Zeit des Machtaufstiegs von Mayapan fand.

552 *Goldene Ohrpflöcke. Santa Rita Corozal, Belize, Gebäude 216; Späte Postklassik, 1200–1500 n. Chr.; Gold, Türkis, Obsidian; H. 6,4 cm, B. 3,9 cm, T. 4,1 cm; Belmopan, Department of Archaeology*
Maya-Zentren der ausgehenden Postklassik wie Santa Rita waren Knotenpunkte ausgedehnter internationaler Handelsnetze, deren Bedeutung und Einfluss durch die verbündeten Seehäfen rings um die Halbinsel von Yukatan unterstützt wurde. Über diese Routen erreichten Gegenstände aus Gold oder Kupfer, Bronze und anderen Metalllegierungen die Herrscherhäuser des südlichen Tieflandes. Dieser Ohrschmuck ist mit Türkis aus Nordmexiko inkrustiert, der an zylindrischen Pflöcken aus schwarzem, vermutlich aus dem Hochland von Guatemala stammendem Obsidian befestigt ist.

DIE WEBKUNST

Stefanie Teufel

Die Webkunst der Maya hat eine weit über tausend Jahre alte Tradition (Abb. 554). Als Domäne der Frauen stand sie unter dem Schutz der Göttin Chak Chel (Abb. 3) und wurde mit der Gabe des Gebärens in Verbindung gebracht. Leider sind aufgrund des feucht-warmen Klimas nur wenige Textilien aus der vorspanischen Zeit erhalten, sodass uns nur ein kleiner Einblick in die Vielfalt der Webtechniken gewährt ist. Die meisten erhaltenen Stücke – etwa 600 an der Zahl – stammen aus dem Opferbrunnen von Chichen Itza, wo sie sich im Schlamm, vom Sauerstoff abgeschirmt erhalten haben. Diese Stücke entstanden in der postklassischen Zeit. Die bisher ältesten Textilfragmente wurden in dem Ort Río Azul im südlichen Maya-Tiefland gefunden. Mittels chemischer Analysen sind sie in die Zeit zwischen 250–550 n. Chr. datiert worden. Diese Funde belegen, dass die Maya damals nicht nur einfache Webtechniken beherrschten, sondern auch kompliziertere Verfahren wie das Mullweben, die Brokattechnik und die Stickerei.

Archäologische Funde und kolonialzeitliche Quellen geben darüber Auskunft, dass man als Material Fasern der Henequén-Agave oder weiße und braune Baumwolle verwendete (Abb. 557), deren Anbau sich seit mindestens 1500 v. Chr. durch Pollenanalysen nachweisen lässt.

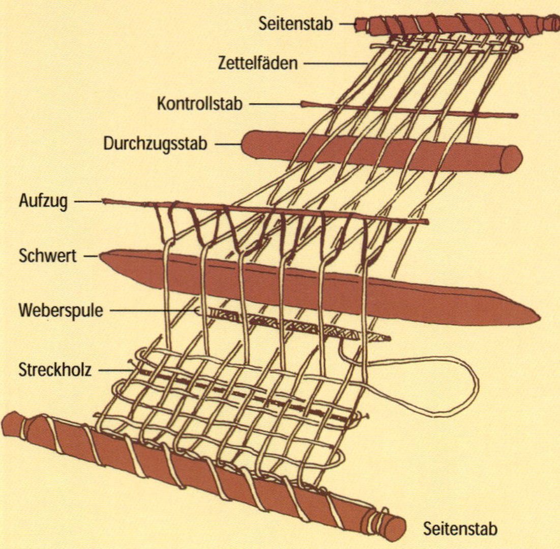

553 *Schematische Darstellung eines Rückengurt-Webgerätes*
Rückengurt-Webgeräte wie dieses sind wahrscheinlich schon seit mehreren tausend Jahren bei den Maya in Gebrauch. Sie sind leicht und einfach zu transportieren und können auch auf Reisen mitgenommen werden. Allerdings erlauben sie es nicht, sehr breite Stoffe zu weben – viele Kleidungsstücke müssen daher aus mehreren Bahnen zusammengenäht werden.

Obgleich in der Kultur aufwendiger als die Agave, bietet die Baumwolle entscheidende Vorzüge: Sie ist weich und dennoch strapazierfähig und nimmt die Farbe sehr gut an. Zudem lassen sich die Fasern sofort nach dem Pflücken, Säubern und Ordnen verarbeiten. Funde in einfachen Gräbern haben bestätigt, dass die Baumwolle durchaus nicht, wie bisher angenommen, allein der Oberschicht vorbehalten war. Man verarbeitete die Baumwolle mit Spinnwirteln, die auf einen Spindelstab gesteckt wurden. Die eine Hand bereitete das Verdrehen der Faser vor, während die andere die Spindel in Drehung hielt. Nach dem Spinnen konnten die Garne gefärbt werden, aber auch das Verknoten der Fäden vor dem Färben (Jaspe-Technik) war vermutlich schon bekannt. Aus Pflanzen der Gattung Indigofera gewann man Blau, aus der Cochenille-Laus Karmin und aus der Purpurschnecke Dunkelviolett. Die damalige Farbpalette muss vielfältig gewesen sein, wie die antiken Keramiken und Wandmaereien noch heute erkennen lassen.

554 *Weberin aus San Antonio Palopó, Sololá, Guatemala, an einem traditionellen Webstuhl*
San Antonio Palopó liegt direkt am Atitlan-See in einer Region, die für die Produktion und den Verkauf von Webkunst bekannt ist. Hier werden die traditionellen Techniken heute noch von den Müttern an die Töchter weitergegeben.

555 *Frau mit Webgerät. Jaina, Campeche, Mexiko; Späte Klassik, 600–900 n. Chr.; gebrannter Ton; H. 17 cm, L. 16 cm, B. 10 cm; Mexiko Stadt, Museo Nacional de Antropología e Historia*
Diese Tonfigur von der Insel Jaina zeigt eine junge Frau in *huipil* und Rock. Der traditionelle Webstuhl ist um ihren Körper gegürtet und mit dem anderen Ende an einem Baumstumpf festgebunden, auf dem ein Vogel sitzt.

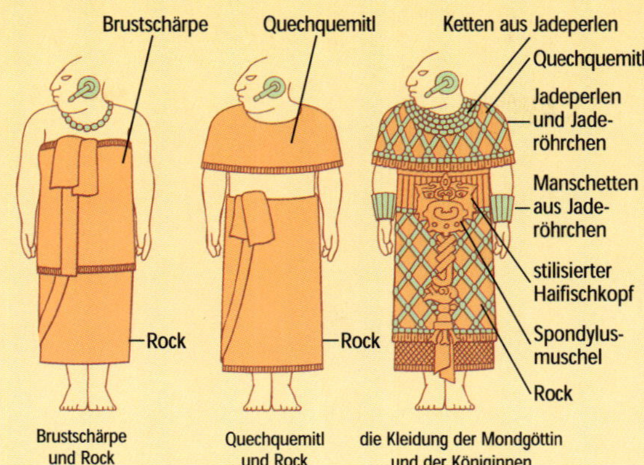

556 *Die Schnitte der Frauen-Kleidung*
Die Kleidung der Frauen wies eine große Variationsbreite auf. Grundbestandteil war stets ein Wickelrock, der mit verschiedenen Überwürfen, Schärpen oder Schmuckstücken kombiniert werden konnte. Zur Tracht der Königinnen gehörte ein Überhang aus Jadeketten und symbolischem Schmuck, der sie als Ebenbild der Mondgöttin ausweisen sollte.

Das eigentliche Weben folgte dem Zetteln, das heißt dem Ordnen der Fäden nach Farbe, Länge und Überkreuzungen, und dem Bespannen des Webgerätes. Die maximale Breite des herzustellenden Stoffes orientierte sich an der Armlänge der Weberin. Eine Figur aus Jaina (Abb. 555) zeigt die alte Webtechnik mit einem Rückengurt, derer man sich auch heute noch bedient (Abb. 553). Dabei werden die längs gespannten Kettfäden am oberen und unteren Ende an Stäben befestigt. Der obere Teil ist mit einem Strick versehen und an einem festen Punkt, etwa an einem Baum, angebracht. Der untere Teil ist mit einem Gurt ausgestattet, den sich die Weberin um die Hüfte bindet. Mittels zweier Stäbe, des Trennstabs und des Litzenstabs, an dem die geraden Fäden festgebunden sind, wird ein Fach geschaffen, durch das der Schussfaden gezogen wird. Den Schuss führt die Weberin mit einem Stab, an den ein Fadenknäuel gebunden ist, jeweils nach dem Heranziehen und Wegschieben des Trennstabes. Mit Hilfe des Schwertes wird dicht an das Gewebe angeschlossen. Der fertige Stoff kann anschließend bestickt, gefärbt oder einfach nur mit Stempeln bedruckt und zu Kleidungsstücken weiterverarbeitet werden.

Die Textilien waren für den Handel, als Tributzahlung oder für den eigenen Bedarf bestimmt. Viele Darstellungen auf Kunstwerken zeigen, was damals getragen wurde und welche Mode die Maya schätzten. Meist war der Stoff nicht zugeschnitten, sondern lose um den Körper drapiert. Das Hauptkleidungsstück der Männer war in allen Gesellschaftsschichten der Lendenschurz und das der Frauen der *huipil,* ein ärmelloses Oberteil, das damals ausschließlich lang getragen wurde (Abb. 556). Je nach Anlass und gesellschaftlicher Stellung variierte die Kleidung. Sehr wahrscheinlich besaßen nur höher gestellte Persönlichkeiten einen kurzen oder langen Hüftschurz oder einen Rock und einen Umhang. Im Krieg trug man einen kurzen Rock, eine gesteppte Jacke sowie eine Art Baumwollschal als Schutz. Beim Ballspiel band man einen breiten Gürtel über die Kleidung. Zusätzliches Beiwerk im Kopfputz ließ auf die gesellschaftliche Stellung des Trägers schließen: Papierbündel oder Pinsel waren zum Beispiel ein Hinweis auf den Beruf des Schreibers. Nach der spanischen Invasion änderte sich die Bekleidung der Maya grundlegend: Es gab nicht nur neue Materialien wie Seide und Wolle, sondern auch neue Werkzeuge und Techniken wie das individuelle Zuschneiden von Stoffen und das Arbeiten mit dem Pedalwebstuhl, das nun Sache der Männer war. Aber weniger die technischen Neuerungen, als vielmehr die Bekleidungsvorschriften während der Kolonialzeit brachten viele traditionelle Kleidungsstücke zum Verschwinden. Zum einen erschien den Missionaren die einheimische Tracht unzüchtig, da sie bei Frauen häufig die Brüste unbedeckt ließ. Sie mussten ihren Oberkörper verhüllen und schließlich in der Kirche ein Kopftuch oder einen Schleier anlegen. Zum anderen hatten Männer über ihrem Lendenschurz fortan eine weite Beinkleidung zu tragen, Wer ein öffentliches Amt anstrebte, dem waren Schuhe, lange Hosen, Jackett und Hut vorgeschrieben. Dies zwang Männer dazu, ihre Tracht teilweise oder gar völlig aufzugeben. Das spanische Bestreben, Einheimische an bestimmte Gegenden zu binden, prägte die Entwicklung ortsspezifischer Trachten, die die Kontrolle über die einzelnen Gemeinden erleichtern sollte.

Mit der Zeit entwickelte sich aus dieser Mischung der Kulturen die Kleidung der modernen Maya. Überwiegend Frauen tragen noch heute die traditionellen Textilien: Eine weite lange Bluse, *huipil,* dazu einen gewickelten Rock und eine Schärpe. Farben und Muster unterliegen der modischen Wandlung, wobei oftmals nicht mehr zu entscheiden ist, ob das Motiv der alten Maya-Tradition oder dem europäischen Formengut entnommen wurde. Die Bedeutung einer jeden Tracht, also was sie aussagt über Alter und soziale Position des Trägers und den Anlass, zu dem sie getragen wird, gilt nur innerhalb der Gemeinden, denn die Kleidung ist dorftypisch, und schon das Nachbardorf bevorzugt womöglich andere Farben und Muster. Obwohl sich jede Maya-Gemeinschaft durch ihre Textilien so etwas wie ein unverwechselbares Erkennungszeichen, quasi einen visuellen Code, geschaffen hat, demonstrieren heute vor allem Frauen eine Art von übergreifender Maya-Bewegung, indem sie Elemente unterschiedlicher Regionen miteinander kombinieren. Für viele junge Menschen heute bedeutet das Tragen traditioneller Kleidung auch die Wiederentdeckung und Zurschaustellung der kulturellen Identität.

557 *Stofffragment. Chichen Itza, Yucatán, Mexiko; Späte Klassik oder Frühe Postklassik, 600–1200 n. Chr.; Baumwolle, gefärbt; B. 11,5 cm; Cambridge, Peabody Museum of Archaeology and Ethnology, Harvard University*
Im Opferbrunnen von Chichen Itza haben sich viele Objekte aus organischem Material, wie dieser in Brokattechnik gewebte Stoff aus Baumwolle, erhalten.

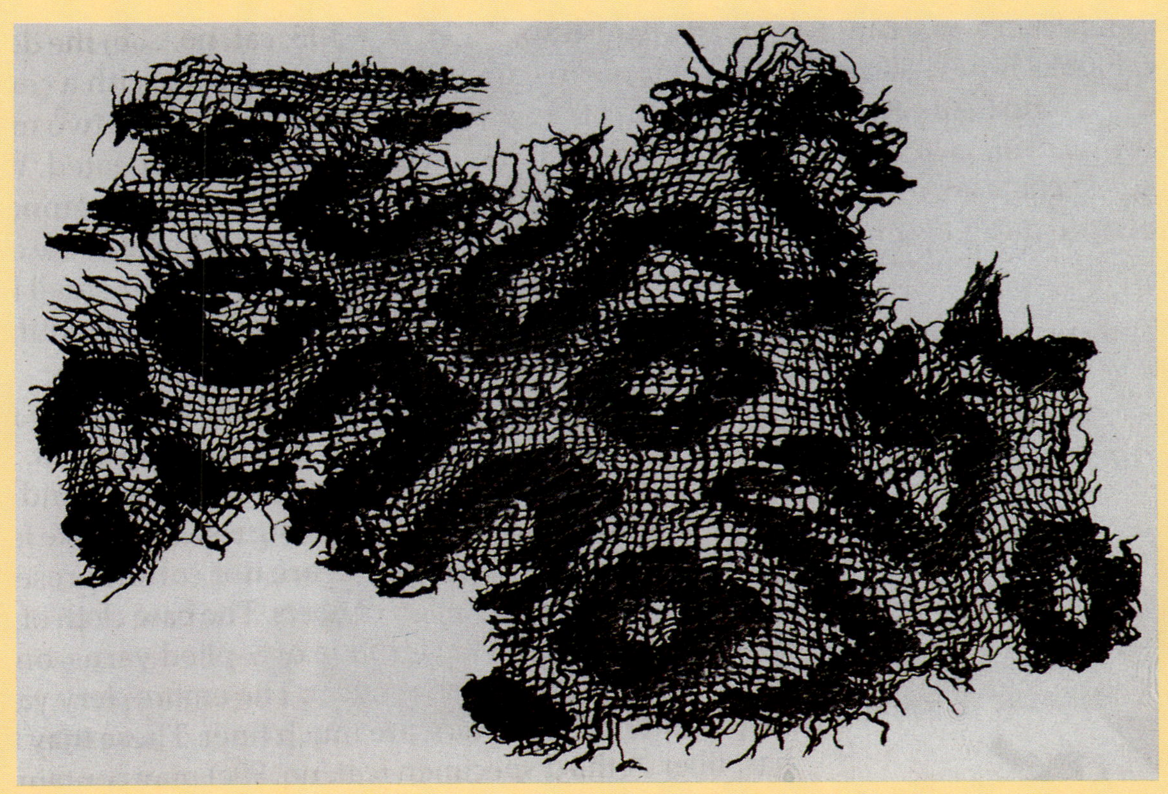

DIE KRIEGERISCHEN FÜRSTENHÄUSER – POSTKLASSIK IM MAYA-HOCHLAND

Frauke Sachse

Mit dem Ende der klassischen Maya-Zeit brach in Mesoamerika eine Ära an, die sich aus Sicht der heutigen Forschung wie ein dunkles Mittelalter zwischen die in Archäologie und Inschriften dokumentierte Blütezeit der Maya und die von den Spaniern beschriebene indianische Kultur der Kolonialzeit schob. Keine Epoche in der Entwicklung der Maya-Kultur lässt sich in ihrer Bedeutung so schwer begreifen und interpretieren wie die Postklassik (ca. 900–1520 n. Chr.).

Charakteristisch für diese Zeit sind Kriege, Wanderbewegungen und ein tief greifender Wandel, der nahezu alle Bereiche der Kultur betraf. Die Kennzeichen der Postklassik sind für das gesamte Maya-Gebiet recht einheitlich, wenngleich die Entwicklungen im Tiefland und im Hochland gesondert betrachtet werden müssen. So setzte der besagte kulturelle Wandel im Maya-Tiefland wesentlich früher ein als im Hochland, wobei viele Elemente aus der klassischen Maya-Kultur erhalten blieben. Die Maya des postklassischen Hochlands unterhielten indes nur geringe Kontakte zu den Trägern der klassischen Kultur des Tieflandes. Beiden Großregionen ist jedoch gemeinsam, dass in allen Bereichen der Kultur (Kunst, Architektur, Waffentechnik, Religion etc.) Einflüsse aus Zentralmexiko sichtbar werden, die als das prägendste Element der postklassischen Maya-Kultur angesehen werden können.

Im Hochland bildete sich im Verlauf der Postklassik eine Form der Maya-Kultur heraus, deren kulturelle Muster heute relativ einheitlich sind, obwohl die Region bereits seit vorspanischer Zeit in viele Sprachgruppen zersplittert ist und nicht als ethnisch homogener Raum betrachtet werden kann (Abb. 559). Gegenwärtig werden im Hochland 18 verschiedene Maya-Sprachen gesprochen, deren Sprecher sich zum Teil in verschiedene Ethnien gliedern. Als wichtigste Sprachgruppen sind die eng miteinander verwandten K'iche'-Sprachen K'iche', Kaqchikel und Tz'utujil, das Q'eqchi', das Poqom sowie Mam und Ixil zu nennen. Die heutige ethnisch-territoriale Gliederung des Hochlands ist einerseits das Resultat mehrfacher Umsiedlungen der indianischen Bevölkerung durch die spanische Kolonialverwaltung und geht andererseits auf die regionalen Entwicklungen in postklassischer Zeit zurück.

Umbruch zur Postklassik

Die Postklassik hebt sich in vielerlei Hinsicht als neue Epoche von der vorangegangenen Klassik ab. Augenfällig sind hierbei im gesamten Maya-Gebiet jene Elemente, die auf einen zentralmexikanischen Einfluss hinweisen. Veränderte Keramik- und Architekturformen lassen deutlich einen Wandel der geistigen Kultur und der Religion des Hochlands erkennen. Die postklassische Architektur der Gebäude aus beständigem Stein und Mörtel ist eine Weiterentwicklung gegenüber

558 *Frühpostklassische Graburne. Genaue Herkunft unbekannt, Hochland von Guatemala; Frühe Postklassik, um 900 n. Chr.; gebrannter Ton, bemalt; H. 115 cm, B. 60 cm; Guatemala Stadt, Museo Popol Vuh*
Die sorgfältig gearbeitete Graburne ist mehrfarbig bemalt und besitzt einen abnehmbaren, konischen Deckel in Form eines sitzenden Jaguars. Der Gefäßkörper selbst zeigt in Frontalansicht das Antlitz einer Gottheit, die aus einem Schlangenrachen herausblickt, ein häufiges Motiv im Zusammenhang mit Weihrauchopfern.

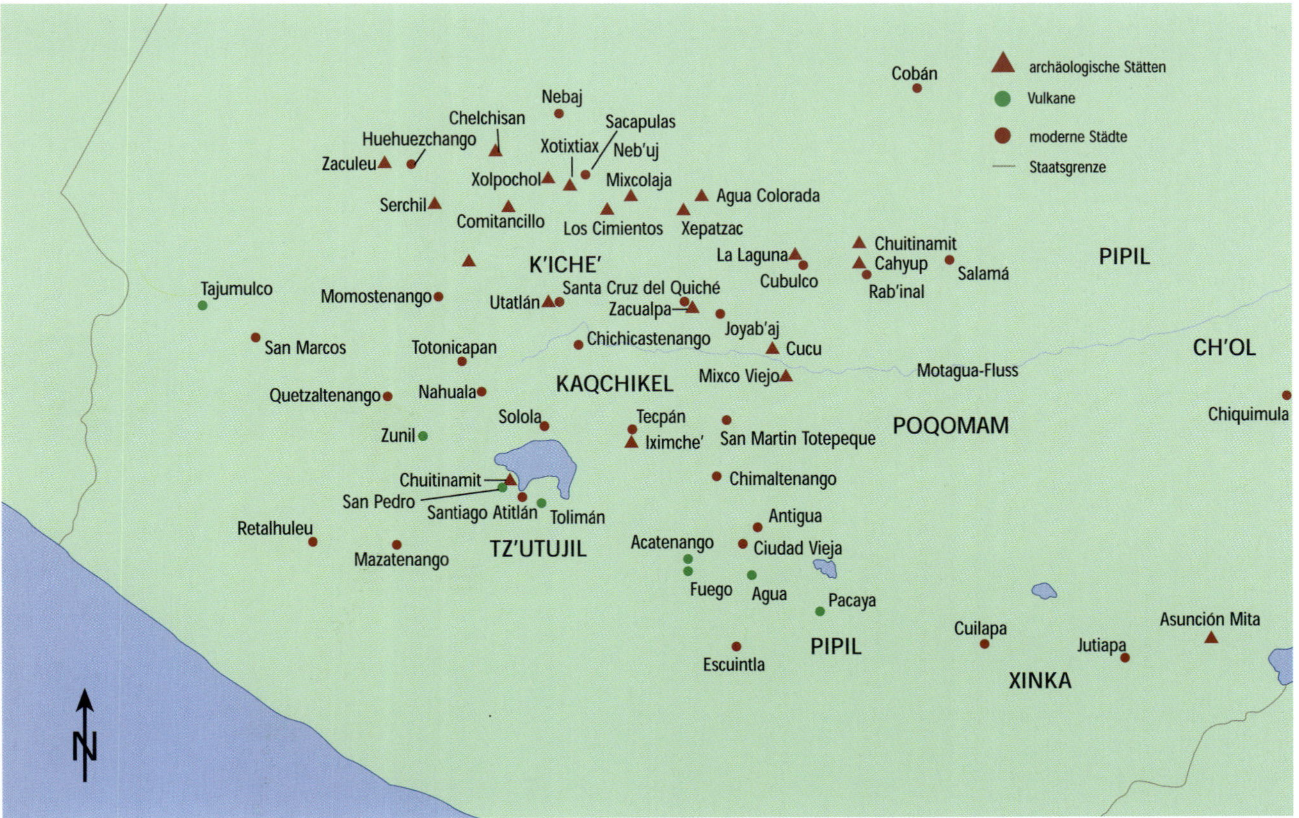

559 *Karte der postklassischen archäologischen Stätten im Hochland von Guatemala*
Auf der Karte sind die wichtigsten archäologischen Stätten der Postklassik im Hochland von Guatemala markiert und ist in etwa die Verteilung der bedeutendsten Sprachgruppen aufgezeigt. Die Siedlungsdichte war allerdings höher, denn viele Stätten aus dieser Zeit sind nicht erforscht und fehlen daher in dieser Karte; ihre sichtbare Hinterlassenschaft ist unspektakulär, in vielen Fällen sogar kaum erkennbar.

den in der Klassik vorherrschenden Lehmziegelbauten des Hochlands. Mit den neuen Materialien änderten sich auch die Bautechniken und -stile. Es setzten sich zunehmend Gebäudetypen nach zentralmexikanischem Vorbild durch, von denen einige auch aus dem postklassischen Tiefland bekannt sind.

In der Späten Postklassik finden sich vielerorts neuartige architektonische Formen wie Palastgebäude (Abb. 575), Säulentempel auf einer pyramidalen Plattform mit zwei hintereinander liegenden Räumen, Säulenhallen, Rundtempel, Altar- und Tanzplattformen, I-förmige Ballspielplätze und steinerne Plattformen, die der Zurschaustellung der Schädel geopferter Gefangener dienten (Abb. 561–563). Ein im Hochland verbreiteter Architekturtyp, der sonst nur aus Zentralmexiko bekannt ist, sind die so genannten Zwillingstempel (zu unterscheiden von den Zwillingspyramidenkomplexen; s. Harrison, S. 229), bei denen es sich um zwei parallel angeordnete Tempelbauten handelt, die auf einer gemeinsamen Gebäudeplattform errichtet sind (Abb. 563, 576).

Die Wandlungen in der Architektur der Tempelgebäude, eine allgemein veränderte Sakralarchitektur, die neuen Ballspielplätze und Schädelplattformen deuten auf einen öffentlich praktizierten religiösen und kriegerischen Kult zentralmexikanischer Prägung hin, der frühere religiöse Praktiken verdrängte und ersetzte. Auch keramische Artefakte aus dem postklassischen Hochland verweisen auf einen solchen religiösen Wandel. Auffällig sind hier die großen Weihrauchgefäße mit modellierten Götterdarstellungen, unter denen sich auch Göttergestalten befinden, die – wie Xipe Totec, mit dem die Praxis des Menschenopfers durch Häutung assoziiert ist – zweifelsohne mexikanischen Ursprungs sind. Darüber hinaus belegen entsprechende Keramikfunde die zunehmende Verwendung von Urnengefäßen. Zwar sind Keramikurnen schon aus Bestattungskontexten der Klassik bekannt, doch weist die Vielzahl von Urnenfunden aus der Postklassik darauf hin, dass sich ein Wandel von der klassischen Körperbestattung hin zur Brandbestattung vollzog, was wiederum auf veränderte Glaubensinhalte schließen lässt (Abb. 558). Keramikfunde liefern noch eine Reihe weiterer Informationen über die kulturelle Entwicklung des

560 *Weihrauchgefäß. Nebaj, El Quiché, Guatemala; Späte Postklassik, 1200–1500 n. Chr.; Ton, bemalt; H. 24,8 cm, Dm. 23 cm; Guatemala Stadt, Museo Nacional de Arqueología y Etnografía*
Dieses spätpostklassische Weihrauchgefäß ist mit dem für die Epoche charakteristischen „Maya-Blau" bemalt und weist an der Vorderseite eine modellierte Figur auf, die ein Diadem, Ohrpflöcke und einen scheibenförmigen Anhänger um den Hals trägt. Derart plastische Darstellungen auf Keramiken sind für die Postklassik im Maya-Hochland typisch.

561 *Das Zentrum von Cahyup, Baja Verapáz, Guatemala. Perspektivische Rekonstruktionszeichnung von Tatiana Proskouriakoff aus dem Jahr 1946*
An der östlichen Peripherie des Einflussbereichs der K'iche' gelegen, war Cahyup' die Hauptstadt der Rab'inal. Ihre Siedlungsorte, mit Zwillingstempeln und Langhäusern an der Nord- und Südseite der Zentralplaza, lassen sich deutlich von denen der K'iche' abgrenzen. Kurz vor Ankunft der Spanier wurde Cahyup Ziel eines Eroberungsfeldzuges der Kaqchikel.

562 *Chuwitinamit, Baja Verapáz, Guatemala. Perspektivische Rekonstruktionszeichnung von Tatiana Proskouriakoff aus dem Jahr 1946*
Das Zentrum erhebt sich, wie viele andere archäologische Fundstätten aus der postklassischen Zeit, auf einer gut zu verteidigenden Anhöhe. Neben dem Zwillingstempel und den Langhäusern ist der I-förmige Ballspielplatz im Hintergrund charakteristisch für die spätpostklassische Architektur im Hochland.

postklassischen Hochlands. So deuten neue Gefäßformen auf veränderte Ernährungsgewohnheiten hin. Große flache Tonteller, *comales,* die bis heute zur Fertigung von Tortillas verwendet werden, und Chilireiben, *molcajetes,* waren bis in die Postklassik im Hochland unbekannt und kamen erst als Neuerungen zentralmexikanischen Ursprungs auf. Ob die Tortilla im Maya-Gebiet zur Zeit der Klassik als Nahrungsmittel bekannt war, ist umstritten. Keramikdarstellungen aus der klassischen Zeit legen nahe, dass die Maya den Mais eher zu kleinen Maisbroten (tamales) verarbeiteten.

Alle postklassischen Keramiken des Maya-Hochlands sind lokalen oder regionalen Ursprungs (Abb. 560). Mit der Bleiglanzkeramik kam in der Frühen Postklassik eine neue Keramikware hinzu, die ihre Heimat in dem von den Nahua sprechenden Pipil besiedelten Küstengebiet im Südosten des heutigen Guatemala hat (Abb. 566, 564). Stilistische Einflüsse aus Zentralmexiko zeigen sich an vereinzelt gefundenen Gefäßen aus fein geschlämmtem, hell-orangefarbenem Ton, der so genannten Fine-Orange-Ware, oder an Keramiken im Mixteca-Puebla-Stil (Abb. 565).

Mit der Metallverarbeitung verfügten die Maya in der Postklassik über eine neue Kunstfertigkeit, welche sie in klassischer Zeit noch nicht beherrschten. Es wurden Gold und Kupfer, aber auch Silber, Zink und Zinn verarbeitet. Aus Kupfer und Gold stellten die Maya Schmuckgegenstände wie Ketten (Abb. 567), Ringe, Ohrspulen, Diademe und Lippenpflöcke her, die oftmals eher den in Zentralmexiko üblichen Schmuckgegenständen ähneln und von den klassischen Formen abweichen. Aus dem Metall wurden außerdem Figuren, Äxte, Scheiben, Nadeln und Draht hergestellt. Eine weitere Neuerung aus dem Bereich der Kultgegenstände waren kleine Glöckchen aus Kupfer, die Tänzern als Schmuck dienten und vermutlich auch an Götterbilder gehängt wurden. Die Postklassik war eine Epoche kriegerischer Konflikte. Zahlreiche Darstellungen von Kriegern und Kriegsgöttern in der Kunst sowie die auf Holzgerüsten ausgestellten Schädel geopferter Feinde verdeutlichen, welchen Stellenwert der Krieg hatte. Auf effizientere Kriegstechniken weisen neuartige Waffen zentralmexikanischen Ursprungs hin.

563 *Zaculeu, Huehuetenango, Guatemala. Blick auf den Platz mit dem Haupttempel*
Zaculeu war in der Späten Postklassik das Zentrum der Mam-Maya. Es liegt in einem Hochtal unweit der modernen Stadt Huehuetenango. In den 1940er-Jahren wurde die Stätte mit Geldern der United Fruit Company ausgegraben und großzügig rekonstruiert.

Bereits seit der Frühen Klassik war die Speerschleuder *(atlatl)* bekannt, nunmehr setzten sie die Maya-Krieger jedoch vermehrt ein, benutzten auch Pfeil und Bogen und trugen eine Kampfkleidung aus mehrfach gefalteter und zur Verstärkung in Salzlake getränkter Baumwolle, die der Abwehr gegnerischer Pfeile diente.

Das postklassische Maya-Hochland war von Krieg und Vertreibung geprägt. Das lässt sich nicht nur aus dem Rückgang und vorübergehenden Fehlen von Importwaren in dem streckenweise recht unsicheren Gebiet schließen, sondern ist vor allem an einem neuen Siedlungsmuster erkennbar, das nun vom Aspekt der Verteidigung bestimmt war. Im Verlauf der Frühen Postklassik wurden allerorts die großen klassischen Zeremonialzentren, wie Kaminaljuyu im Tal von Guatemala oder Chujuyub' im Zentralquiché, zugunsten kleinerer, verteidigungstechnisch günstiger, burgähnlicher Siedlungen auf Anhöhen und Plateaus verlassen. Vereinzelt bestanden, wie in der Baja Verapáz, kleinere Talsiedlungen aus der klassischen Zeit weiter; sie zeichnen sich dadurch aus, dass sie, obgleich im Tal, strategisch günstig gelegen sind. Politische Zentren finden sich jedoch ausnahmslos auf Anhöhen.

Kriege brachten Bevölkerungsverschiebungen oder die politische Integration besiegter Regionen durch die siegreiche Gruppe mit sich. Viele Orte wurden verlassen; in anderen Gebieten änderten sich die Siedlungsmuster von neu gegründeten Orten.

Die Vormachtstellung der K'iche'

Zu Beginn der Späten Postklassik erstarkte das Volk der K'iche' unter den Hochlandgruppen und unterwarf mit einer aggressiven Expansionspolitik zunächst die Bevölkerung in ihrer unmittelbaren Umgebung und später fast das gesamte Hochland. Im Popol Wuj, jener kolonialzeitlichen Schriftquelle, die in der Sprache der K'iche' von der Erschaffung der Welt, der Entstehung der Maya-Völker und der Geschichte der K'iche' berichtet, wird die beginnende Dominanz der K'iche' und das Auftreten zentralmexikanischer Elemente in der Kultur mythologisch erklärt. So wie viele andere mesoamerikanische Herrschereliten rechtfertigten die Adelshäuser der K'iche' ihre Vormachtstellung mit der Herkunft ihrer Vorfahren aus Tollan. Tollan galt als mythologischer Ort des Ursprungs, an dem die Götter die Gründerväter der Herrscherdynastien erschaffen haben sollen. In der zentralmexikanischen Mythologie ist Tollan die Siedlungsstätte der als Kulturbringer verehrten Tolteken, jener vermutlich real existierenden Volksgruppe, mit der man wirtschaftliche Prosperität und kulturellen Reichtum verband. Inwieweit tatsächlich entfernte Vorfahren des K'iche'-Adels zentralmexikanischer Herkunft waren, bleibt ungeklärt. Das Popol Wuj berichtet ferner von neuen Gebräuchen und Glaubensvorstellungen, welche die einwandernden Vorfahren mitbrachten und mittels Krieg und Eroberung der im Hochland ansässigen Bevölkerung aufzwangen. Sie hätten sich mit einheimischen Frauen verheiratet und seien so zu den Gründervätern der Ethnien K'iche', Kaqchikel, Rab'inal und Tz'utujil geworden, heißt es weiter.

564 *Dreifußgefäß in Form eines Vogels. Asunción Mita, Jutiapa, Guatemala; Frühe Postklassik, 900–1150 n. Chr.; Ton mit Bleiglanzglasur; H. 15,8 cm; Guatemala Stadt, Museo Nacional de Arqueología y Etnografía*

Der Ort Asunción Mita im Südwesten von Guatemala war eines der Zentren für die Herstellung von Keramiken mit Bleiglanz, den einzigen Töpferwaren im ganzen vorspanischen Amerika mit einer echten Glasur. Sie sind aus bleihaltigen Tonerden, die in geschlossenen Öfen bei extrem hohen Temperaturen gebrannt werden.

565 *Krug. Mixco Viejo, Chimaltenango, Guatemala; Späte Postklassik, 1300–1500 n. Chr.; Ton, bemalt; H. 27,5 cm; Guatemala Stadt, Museo Nacional de Arqueología y Etnografía*

In Dekor und Farbe unterscheidet sich Mixco Viejo kaum von seinen Vorgängern aus der benachbarten Stätte.

566 *Gefäß in Kopfform. Asunción Mita, Jutiapa. Guatemala; 1200-1500 n. Chr.; gebr. Ton mit Bleiglanz; H. 17 cm; Guatemala Stadt, Museo Nacional de Arqueología y Etnología*

Das Gefäß zeigt einen alten Mann. Die Gefäße aus der postklassischen Zeit sind die einzig bekannte vorspanische glasierte Keramik in Mesoamerika.

567 *Goldschmuck aus einem Fürstengrab. Iximche', Chimaltenango, Guatemala, Grab 27-A; Späte Postklassik, 1200–1500 n. Chr.; L. 27 cm; Guatemala Stadt, Museo Nacional de Arqueología y Etnografía*
Metallverarbeitung ist kennzeichnend für die Postklassik. Diese Goldschmiedearbeit aus Jaguarköpfen und Perlen stammt aus dem reichsten Fürstengrab von Iximche'. Neben dieser Halskette gehörte zur Tracht des Bestatteten noch ein Diadem und eine Scheibe, beide ebenfalls aus Gold. Gestorben war der Fürst an einer Schädelfraktur, die er sich womöglich im Kampf zugezogen hatte. Mit ihm wurden drei seiner Diener beigesetzt.

Dieser Geschichte zufolge wurden die drei konföderierten k'iche'sprachigen Gruppen Nimak'iche' (Groß- bzw. Altk'iche'), Ilokab' (Späher) und Tamub' (Trommler) von den vier Gründervätern der Nimak'iche' – B'alam Kitze', B'alam Aq'ab', Majukutaj und Ik'i B'alam – in das Chujuyub'-Gebirge im zentralen Hochland geführt, wo sie sich ansiedelten und die ersten entscheidenden Kämpfe um die politische Vormachtstellung der K'iche' ausfochten. Die bedeutendste dieser Auseinandersetzungen ist der Legende nach der Kampf am Jakawitz, jenem sagenumwobenen Berg, der heute als der erste Siedlungsort der K'iche' gilt. Diese Schlacht, in der die drei konföderierten K'iche'-Gruppen der Nimak'iche', Tamub' und Ilokab' die als „Hirschmenschen" bezeichnete Vorbevölkerung unterwarfen, ist einer der wirkungsmächtigsten Mythen: Mit den neuen Waffen Pfeil und Bogen, Speerschleuder und Kampfaxt sind die K'iche' der eingesessenen Bevölkerung überlegen; Bienen und Wespen werden zu ihren Helfern und bezwingen die Feinde mit ihren Stichen. Diese unterwerfen sich schließlich ihren neuen Herren und leisten ihnen Tribut.

Den Quellen zufolge war jener mythologische erste Siedlungsort der K'iche' am Jakawitz der Ausgangspunkt der K'iche'-Feldzüge des Herrschers Tz'ikin gegen die Rab'inal im Osten des Chujuyub' und die Iqomaq'i im Gebiet von Cubulco. Auf diese Weise entwickelten sich die K'iche' allmählich zu einer militärischen Macht, deren Ziel es war, andere Gruppen zu unterwerfen und sie zu Tribut leistenden Vasallen zu machen.

Im Popol Wuj wird das Kriegsglück der K'iche' auf die Überlegenheit ihrer Götter Tojil, Awilix und Jakawitz gegenüber den Gottheiten anderer Hochlandvölker zurückgeführt. Gefangene und Mitglieder der unterworfenen Gruppen wurden Tojil, dem Gott von Blitz und Donner, geopfert.

Nachdem ihre Vormachtstellung im Chujuyub'-Gebirge gesichert schien, verlegten die K'iche' vier Generationen nach dem Kampf am Jakawitz ihr Herrschaftszentrum circa 15 Kilometer südwestlich nach Ismachi, nicht weit entfernt von der späteren Hauptstadt Q'umarkaj (Utatlán) in der Nähe des heutigen Ortes Santa Cruz del Quiché. An dem strategisch günstig gelegenen Ort lebten die drei konföderierten Gruppen der K'iche' zunächst zusammen und vergrößerten unter der Führung der Nimak'iche', die durch eine geschickte Allianzpolitik die Oberhand gewannen, stetig ihren Herrschaftsbereich. Die Dominanz der Nimak'iche' wurde zum Streitpunkt zwischen den konföderierten Gruppen, und unter dem K'iche'-Herrscher Q'uq'kumatz kam es zur Auflösung der Siedlungsgemeinschaft. Die Nimak'iche' nahmen ihren Sitz in Q'umarkaj und entwickelten sich nun zur mächtigsten der K'iche'-Gruppen (Abb. 570, 571). Folgt man der Überlieferung, so kamen die K'iche'-Machthaber, die im Herrschaftsbereich die politische Gewalt und militärische Kontrolle ausübten, von jeher aus den Reihen der Nimak'iche'. Drei ihrer herrschenden Fürstenhäuser beriefen sich auf die K'iche'-Gründerväter: die Kaweq' auf B'alam Kitze', die Nijaib' auf B'alam Aq'ab' und die Ajaw K'iche' auf Majukutaj. Q'umarkaj wurde als Sitz der Nimak'iche' zum politischen Zentrum eines wachsenden Einflussbereichs. Auf einem schwer zugänglichen Plateau gelegen und nur über zwei gut zu kontrollierende Wege zugänglich, war Q'umarkaj eine uneinnehmbare Festung, in der die Angehörigen der K'iche'-Fürstenhäuser, von den Vasallen des Umlandes mit Nahrung und Gütern versorgt, vor den Angriffen ihrer Feinde sicher waren (Abb. 569).

DIE SYMBOLE DER MACHT, DIE DEN K'ICHE' IN CHIISMACHI GEGEBEN WURDEN

Das folgende Zitat zählt eine Reihe altehrwürdiger Herrschaftsinsignien der K'iche'-Fürstenhäuser auf. Zudem berichtet der Text über den Ursprung der K'iche'-Fürstenhäuser, als deren Vorväter aus Tulan auszogen und sich schließlich im Hochland niederließen.

Aus: „El Titulo de Totonicapan", Texto, traducción y comentario por Robert M. Carmack y James L. Mondloch, Universidad Nacional Autónoma de México, México, D. F. 1983, S. 189 f.
(deutsche Übersetzung aus dem Spanischen von Nikolai Grube)

Dies sind die Zeichen der Macht, die von da kamen, wo die Sonne aufgeht, von der anderen Seite des Sees, von der anderen Seite des Meeres: eine kleine Kürbisschale, ein Trinkgefäß, die Krallen des Adlers, die Klauen des Jaguars, der Kopf und die Läufe des Hirschen, die Flöte, die Trommel, die große Schalmei, die Knochen des Adlerflügels, die Fingerknochen des Jaguars, die Schnecke, das Tabakbündel, der Schwanz des Hirschen, das Armband, die Federn des Reihers, die schwarzen und gelben Steine.

Diese Zeichen der Herrschaft, die von dort kamen, wo die Sonne aufgeht, brauchten die Herren zum Durchbohren und Zerschneiden ihrer Körper [für das Blutopfer]. Es gab neun Pilzsteine für den Ajpop und den Ajpop Q'amja und jeweils vier, drei, zwei sowie einen Stab mit den Federn des Quetzals und grünen Federn, zusammen mit Girlanden, den Chalchihuites-Edelsteinen, dem herabhängenden Unterkiefer und dem Feuerbündel für das Temazcal-Dampfbad.

Es gab dreihundertsechzig Pfeile und fünfhundertvierzig Lanzen.

Als die vier Vorväter ihre Ämter ausübten, schmückten zerschnittene Gürteltiere ihre Amtsstäbe.

All dieses ereignete sich damals in Chiismachi. Und als sie ihre Ämter erhielten, richteten sie die kleine Macht ein und schufen sich den kleinen Ruhm. Die Macht der vier Vorväter war geringer als die der drei großen Adelshäuser. Man empfing die Macht und pries sie. Dennoch war die Herrschaft noch klein hier in Chiismachi, als die Zeichen der Herrschaft offenbart wurden, als K'okaib ging, um diese Zeichen dort nach Jakawitz zu bringen, dem ersten Ort …

Die drei Gruppen der K'iche' waren miteinander vereint; die Tamub', Ilokab' und Saqajib'. Sie waren geeint, weil sie gemeinsam von daher kamen, wo die Sonne aufgeht, aus Tulan Siwan.

Als dies sich in Chiismachi ereignete, gab es noch kein Kopalharz oder Blut, Kopal des Kindes, Blut des Kindes, Pilze, grüne Zweige, noch gab es Brandopfer. Es gab auch noch keine Sklaven, noch die Mutter des Vogels Xkokaq'ix, noch große Brandopfer, noch den Tanz Poq'ob' Chanal.

568 *Pilzsteine in der Form eines Menschen und eines Jaguars. Linke Figur: Fundort unbekannt, rechte Figur: Kaminaljuyu, Guatemala Stadt, Guatemala; Späte Präklassik, 400 v. Chr.–250 n. Chr.; Vulkangestein; rechter Stein: H. 36,9 cm, Br. 16,2 cm; Guatemala Stadt, Museo Nacional de Arqueologia y Etnologia*
Die Maya nutzten ausgewählte Pilzarten mit halluzinogenen Wirkstoffen als Rauschmittel, die bei der Durchführung bestimmter Rituale gezielt als Schmerz- und Ekstasemittel zum Einsatz kamen, wie etwa bei der Blutentnahme an empfindlichen Körperstellen oder bei ekstatischen Tänzen. Pilzsteine in der Gestalt von Menschen und Tieren waren während der Klassik im Hochland Guatemalas weit verbreitet, die Textstelle aus dem „Titulo de Totonicapan" erwähnt, dass bis zur Ankunft der Spanier Pilzsteine bei den K'iche'-Fürsten als Insignien der Macht galten.

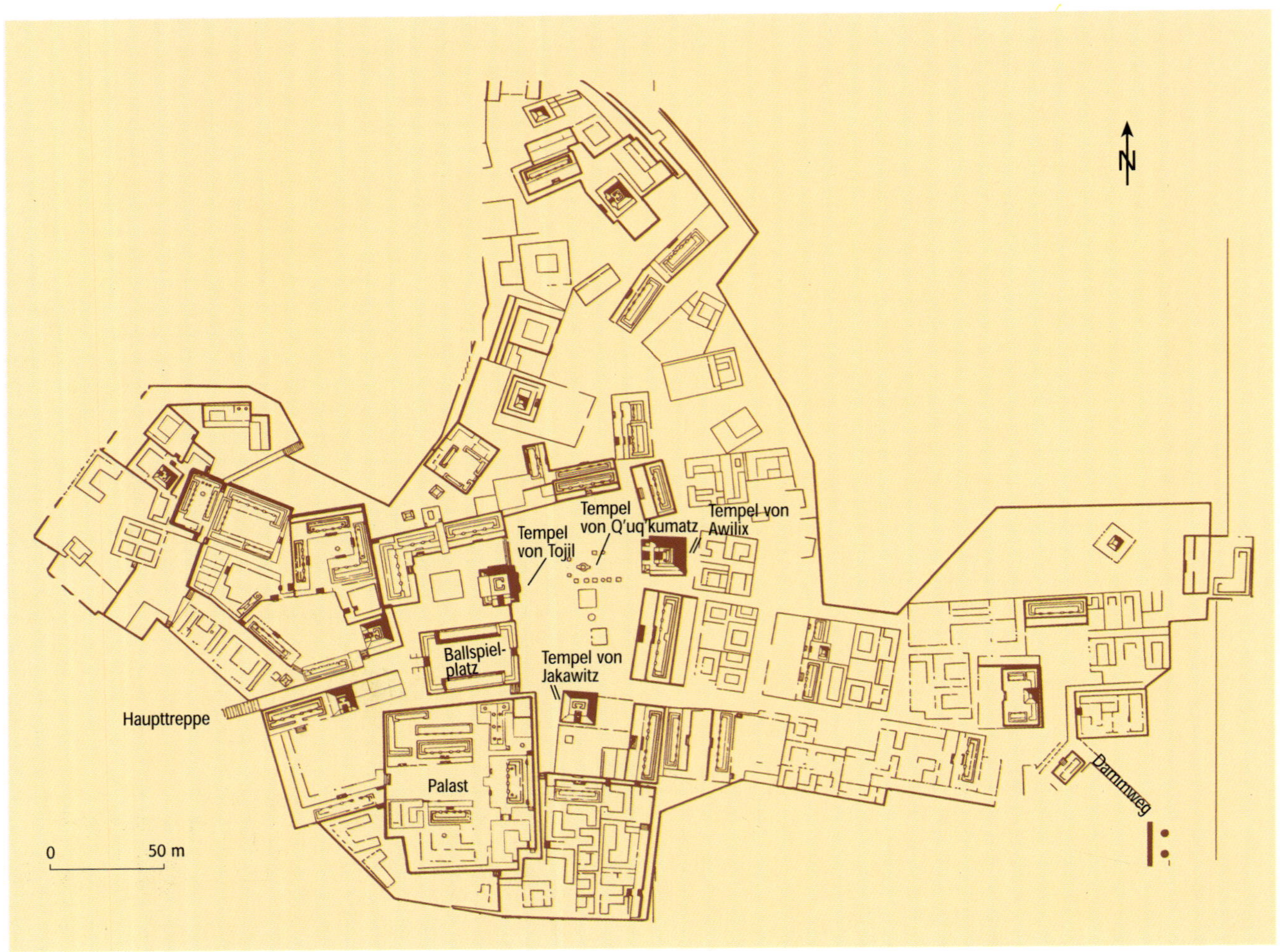

569 *Plan von Q'umarkaj. Utatlan, El Quiché, Guatemala*
Auf einem schwer zugänglichen Plateau gelegen, ist das Herrschaftszentrum der Nimak'iche' eine uneinnehmbare Festung. Typisch sind die Hofkomplexe, bestehend aus Tempel, Palast und Verwaltungsgebäude. Der Ort ist sowohl unter seinem K'iche'-Namen Q'umarkaaj als auch unter seinem aztekischen Namen Utatlan bekannt, den er erhielt, als die spanischen Eroberer mit ihren aztekischsprachigen Hilfstruppen anrückten.

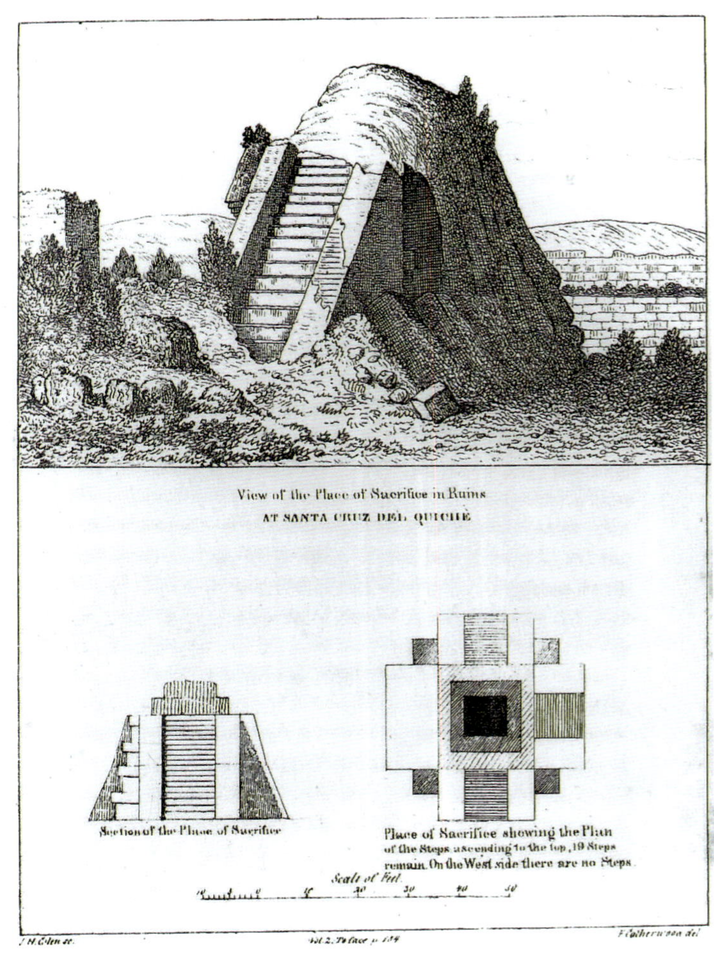

570 *Der Tempel des Tojil in Q'umarkaj. Stahlstich von Frederick Catherwood, 1841*
Der Stich zeigt die Überreste des Tempels des Gottes Tojil im Zentrum von Q'umarkaj. Als Catherwood und Stephens die einstige Metropole der Nimak'iche' nahe der modernen Stadt Santa Cruz del Quiché besuchten, war er das einzige Gebäude, das noch stand.

Im ersten Viertel des 15. Jahrhunderts begann der Gründer von Q'umarkaj und achte Herrscher der K'iche', Q'uq'kumatz, eine radikale Expansionspolitik und unterwarf die Bevölkerung in der Nachbarschaft. Mit den Eroberungen des ihm nachfolgenden Herrschers, K'iq'ab', erreichte das Machtgebiet der K'iche' mit militärischer Unterstützung der alliierten Kaqchikel Mitte des 15. Jahrhunderts seine größte Ausdehnung. Am Ende seiner Regierungszeit kontrollierten die K'iche' fast das gesamte guatemaltekische Hochland und die westliche Pazifikküste.

Zusammenbruch der Machtverhältnisse

K'iq'ab's Kolonialisierungsprogramm und die Entsendung von Vertretern der Fürstenhäuser in die eroberten Gebiete erforderten die Reorganisation der Gesellschaft in Q'umarkaj. Als größte militärische Kraft des Systems wurden die Kaqchikel ihres Vasallenstatus enthoben, als soziale Gruppe in das Machtsystem integriert, und mit Chiawar Tz'upitaq'aj erhielten sie eine eigene Hauptstadt. Mit dem „Landtitel von Totonicapán" und den „Kaqchikel-Annalen" berichten uns zwei kolonialzeitliche Quellen in K'iche' beziehungsweise Kaqchikel, dass sich die Vasallen um 1470 in einem Aufstand gegen K'iq'ab' erhoben und versucht hätten, ihn zu töten. Infolge dieser Revolte verließen die Kaqchikel Q'umarkaj und Chiawar Tz'upitaq'aj und gründeten in Iximche' ein eigenes politisches Zentrum (Abb. 573).

Nach K'iq'abs Tod begann eine Zeit permanenter Kriege und gewalttätiger Überfälle, die sich anhand der kolonialzeitlichen Quellen rekonstruieren lassen. Die K'iche' versuchten die Kaqchikel in Iximche' zu überwältigen und unterlagen den kampferprobten ehemaligen Vasallen, die viele K'iche' töteten und ihnen das

571 *Der Tempel des Tojil. Q'umarkaj, Utatlan, El Quiché, Guatemala; Späte Postklassik, um 1250 n. Chr.*
Noch immer ist der Tempel des Tojil eines der wenigen markanten Bauwerke der Hauptstadt der Nimak'iche'. Archäologische Arbeiten wurden bisher kaum durchgeführt. Für die in der Umgebung lebenden K'iche' ist der Ort, der über einer Reihe von natürlichen Höhlen errichtet wurde, eine heilige Stätte. Ajq'ijaab (Kalenderpriester) bringen in den Höhlen und vor den Tempeln Opfer dar.

Götterbild des Tojil abnahmen. Ihrer göttlichen Macht beraubt, wagten es die K'iche' nicht erneut, die Kaqchikel auf heimischem Boden zu überfallen. Auch zwischen den K'iche' und Tz'utujil brach Feindschaft aus, die in einer Reihe von Kriegen gipfelte, in deren Verlauf Ende des 15. Jahrhunderts der K'iche'-Regent Tekum, K'iq'abs Sohn, getötet wurde. Immer mehr Regionen des Herrschaftsbereiches versuchten, sich der Tributzahlungen an Q'umarkaj zu entziehen, sodass die K'iche' gezwungen waren, sich die Güter in Kriegszügen selbst zu verschaffen.

Einer dieser Feldzüge richtete sich gegen die Bevölkerung der Orte Rab'inal – der etwa 40 Kilometer östlich von Q'umarkaj liegt – und Cubulco. Das Volk der Rab'inal war im Verlauf der Späten Postklassik mehrfach Opfer von Angriffen seitens der K'iche' geworden. Das „Rab'inal Achi", ein in K'iche' verfasstes Tanzdrama aus Rab'inal, das 1862 von Charles Étienne Brasseur de Bourbourg (1814–1874), ein katholischer Priester und bedeutender Sammler kolonialzeitlicher Sprachaufzeichnungen, aufgezeichnet und noch im selben Jahr publiziert wurde, handelt von einem vorkolonialen Territorialstreit zwischen den Rab'inal und den K'iche'. Es geht um das unbefugte Eindringen eines Kriegers aus dem Fürstenhaus der K'iche Kaweq' in das Gebiet der Rab'inal, um dessen Gefangennahme, Verurteilung und schließliche Hinrichtung. In einer eindrucksvollen Rede klagt der Krieger von Rab'inal den Krieger der Kaweq' an, seine ebenfalls k'iche'sprachigen Brüder zu Vasallen und Tributzahlern gemacht zu haben:

Tapferer Krieger der Kaweq'-K'iche:
Nur Sie sind es dann, dem ich folge, nur Sie sind mein Bruder.
Tatsächlich verlor ich also meine Seele, als ich Sie betrachtete
in der großen Festung.
Nun aber sind Sie derjenige,
Der wie ein Koyote, eine Wildkatze, ein Goldhase und ein Jaguar heult
in der großen Festung.
Sie sind derjenige, der die weißen Kinder erschreckte,
Derjenige, der uns vertrieben hat aus der großen Festung.
Damit sie gelben und grünen Honig sammeln,
Die Nahrung für mein Volk und meinen verehrten Herrn Job' Toj.

In welchem Maße das Drama konkrete geschichtliche Ereignisse wiedergibt und welche der Auseinandersetzungen zwischen K'iche' und Rab'inal hier beschrieben wird, ist nach wie vor Gegenstand ethnohistorischer Forschung; dass die Thematik jedoch in die Zeit des Zusammenbruchs fällt, liegt nahe.

Der Vorstoß K'iq'ab's bis an die Grenze von Soconusco brachte die K'iche' mit dem Herrschaftsbereich der Azteken in Berührung. In der Postklassik herrschten die Azteken über den Ort Soconusco und nutzten diesen als Zentrum für den Handel mit den Regionen des südlichen Mesoamerika. Auf diese Weise verbreiteten sich zentralmexikanische Kulturelemente bis weit in den Süden Mesoamerikas. Die politisch instabile Lage und die geschwächte Position der K'iche' führten 1510 dazu, dass auch Q'umarkaj zu Tributleistungen an die Azteken aufgefordert wurde. Die Übermacht von Tenochtitlan und die Anwesenheit aztekischer Händler und vielleicht auch Diplomaten in Q'umarkaj beendete bis zur spanischen Eroberung die permanenten Kriege im Hochland.

Das gesellschaftliche System

Einen Schlüssel zum Verständnis der kriegerischen Entwicklung, infolge deren die K'iche' die Oberhand über das Hochland gewannen und wieder verloren, liefert das System der sozialen und politischen Organisation der Region in der Postklassik (Abb. 574). Die kleinste politische Einheit im postklassischen Hochland war das *chinamit* (Nahuatl: umgrenzter Ort), bei dem es sich um ein Gebiet mit den dort lebenden Bewohnern handelte, die demselben Fürstenhaus unterstanden und sich hierüber als Gemeinschaft definierten. Sie standen in einem fiktiven Verwandtschaftsverhältnis zum Fürstenhaus und führten dessen Namen. Innerhalb des *chinamit* teilte sich die Gesellschaft in zwei soziale Schichten: Adlige beziehungsweise Fürsten *(ajaw)* und Gemeine oder Vasallen *(al k'ajol)*.

Die Adligen bildeten das eigentliche Fürstenhaus, das sich über die väterliche Abstammungslinie konstituierte. Sie bekleideten die politischen und religiösen Ämter und agierten als militärische Führer. In Q'umarkaj besetzten die Mitglieder der obersten Fürstenhäuser der Nimak'iche' die wichtigsten politischen Ämter. Der Herrscher *(ajpop)* und sein gewählter Nachfolger *(ajpop k'amja)* stammten aus den Reihen der Kaweq', die obersten Richter *(q'alel)* wurden von den Nijaib' und den Saqik gestellt, und der Sprecher *(atzij winaq)* gehörte dem Fürstenhaus Ajaw K'iche' an. Der Chronist Zorita berichtet, dass die Amtsträger der K'iche' nach ihren Fähigkeiten gewählt

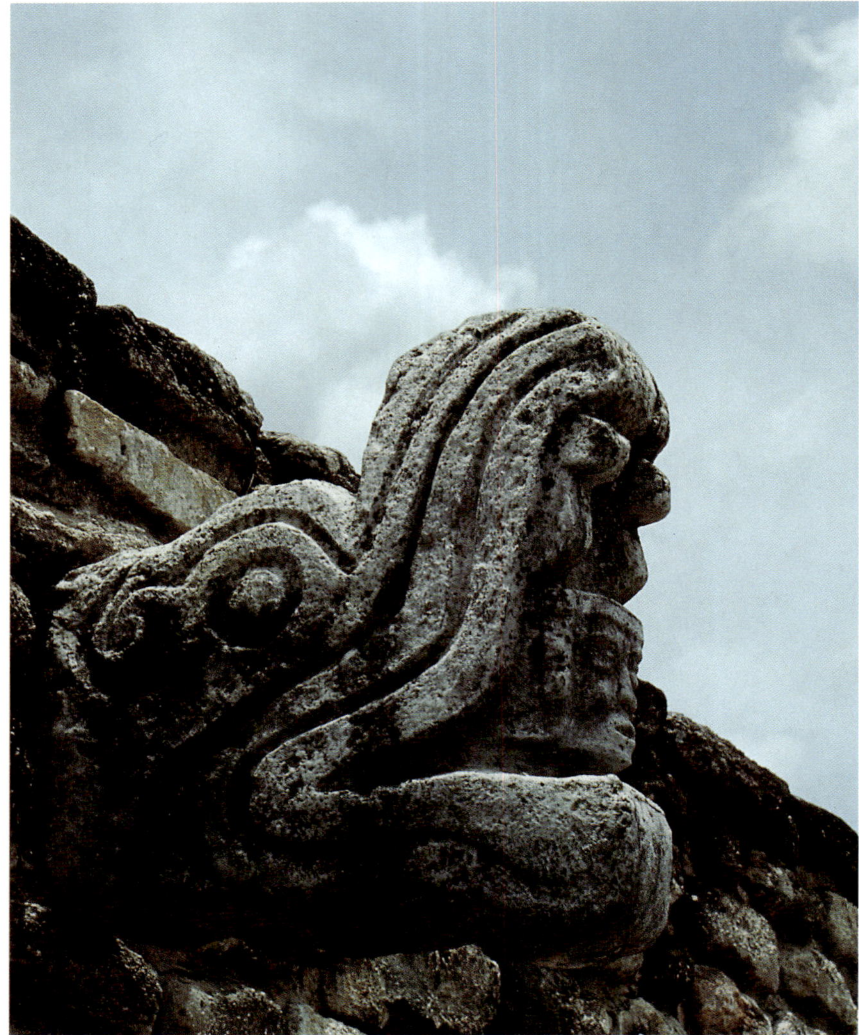

572 *Skulptur in Form eines geöffneten Schlangenrachens. Mixco Viejo, Chimaltenango, Guatemala, Ballspielplatz; Postklassik*
Zentralmexikanische Stilelemente wie diese Skulptur in Form eines geöffneten Schlangenrachens am Ballspielplatz von Mixco Viejo gelten als charakteristische Neuerungen in der postklassischen Architektur des Maya-Hochlandes. Die Bauplastik ist in Höhe der Mitte des Spielfelds in die Seitenwand eingelassen und markierte vermutlich eine Linie, die für den Spielverlauf wichtig war.

573 *Blick auf den Palast von Ahpo Sotz'il. Iximche', Chimaltenango, Guatemala*
Der Palast von Ahpo Sotz'il war Sitz des Herrscherhauses der Kaqchikel. Errichtet in drei Bauphasen, wurde der ursprüngliche Hofkomplex mit Zentralaltar später mit einer Residenz überbaut, die aus mehreren Hofgruppen bestand. Darin spiegelt sich möglicherweise die Aufspaltung der Dynastie der Sotz'il in mehrere *chinamit* (Abstammungslinien) wider.

wurden und nicht Abstammung allein ausschlaggebend gewesen sei. Die Fürsten lebten in einem befestigten Ort mit Steinarchitektur *(tinamit)* und empfingen Tributleistungen von den Vasallen. Der soziale Status eines Kriegers stand anfangs allein den Adligen zu, wurde aber im Laufe der Zeit wegen des erhöhten Bedarfs an militärischer Kapazität auch Vasallen gewährt. Über die genannten Schichten hinaus geben die Quellen Informationen zu weiteren sozialen Gruppen: Sklaven *(munib')*, leibeigenen Landarbeitern *(nima'q achi)*, Händlern *(ajb'eyom)* und Kunsthandwerkern *(ajtoltekat)*.

Während die sozialen Schichten innerhalb des *chinamit* nicht sicher zu identifizieren sind, geben die befestigten Orte mit ihrem jeweiligen Siedlungsmuster Aufschluss über das Verhältnis der verschiedenen Fürstenhäuser zueinander. Deren Bezeichnung als *nimja* (großes Haus) leitet sich von den großen Administrativgebäuden ab, die als elementarer Bestandteil der typischen K'iche'-Hofgruppe identifiziert werden können. Man geht davon aus, dass eine Hofgruppe, bestehend aus Tempel, Palast und Langhaus, das als Administrativgebäude genutzt wurde, der Sitz eines Fürstenhauses war. Demnach müssen Siedlungen wie Ismachi oder Q'umarkaj, in denen sich eine Vielzahl solcher Hofgruppen befindet, Sitz verschiedener Fürstenhäuser gewesen sein, die durch Heiratsallianzen miteinander verbündet waren und eine dem *chinamit* übergeordnete politische Einheit bildeten.

In der Geschichte der K'iche' ist es immer wieder zu neuen Konstellationen innerhalb der Fürstenhäuser gekommen. Durch Abspaltungen und politische Trennungen waren bis zum Beginn der Kolonialzeit aus den vier mächtigen Häusern Kaweq', Nijaib', Ajaw K'iche' und Saqik von Q'umarkaj insgesamt 24 Fürstentümer entstanden. Als politischer Vertreter eines *chinamit* wurden die Fürstenhäuser eher durch Heiratsbeziehungen und militärische Allianzen an andere *chinamit*-Gruppen gebunden als durch die Siedlungseinheit mit einem konföderierten *nimja.* Anhand kolonialzeitlicher Quellen und darin gegebener Beschreibungen von Gebäuden ist es möglich, den vier obersten Fürstenhäusern der Nimak'iche' bestimmte Bereiche in der Stadt Q'umarkaj zuzuordnen. So befindet sich der einzige Platz für das rituelle Ballspiel von Q'umarkaj im Sektor der Kaweq', die als die bedeutendsten der Nimak'iche'-Herrscher beschrieben sind.

Alliierte Fürstenhäuser bildeten als *chinamit*-Bündnisse nicht nur einen einheitlichen Machtbereich, sondern schlossen sich zu einem *amaq'* zusammen, was verschiedentlich mit „Stamm" oder „Volk" übersetzt wird. Die konföderierten Gruppen der Nimak'iche', Ilokab' und Tamub' bildeten jeweils ein *amaq'* und wurden K'iche' *winaq,* K'iche'-Leute, genannt. Es scheint, dass in postklassischer Zeit ethnische und sprachliche Grenzen nicht identisch waren mit den Grenzen politischer Einheiten. Die Menschen identifizierten sich in erster Linie auf der Ebene des *amaq'* und nicht über eine gemeinsame Sprache. Die politische Landschaft der Zeit ergab daher ein Bild starker Zersplitterung.

Dieses hier beschriebene Gesellschaftssystem bietet eine Erklärung für die Entstehung wie für den Zusammenbruch der K'iche'-Herrschaft. Mit dem *chinamit* als kleinster politischer Einheit, deren Fürstenhaus flexibel Allianzen mit einem anderen *chinamit* eingehen konnte, um militärische und territoriale Kontrolle auszuüben, wies das postklassische Maya-Hochland eine soziale Organisation auf, die es den Nimak'iche' ermöglichte, die eigene politische Macht über das Hochland stetig auszudehnen. Heiratsbeziehungen zwischen den Fürstenfamilien der K'iche' und den Häusern eroberter oder alliierter *amaq'* sowie die Abkommandierung von Repräsentanten der K'iche'-Fürstenhäuser in unterworfene Territorien schufen ein System hegemonialer Herrschaft, das trotz der Aufstände und Abspaltungen Ende des 15. Jahrhunderts für weite Teile des Hochlandes bis in die Kolonialzeit integrativ blieb.

574 *Schematische Darstellung der sozialen und politischen Gliederung der K'iche'. Rekonstruktion nach Robert Carmack*
Die Rekonstruktion der noch immer wenig bekannten politischen und sozialen Struktur der K'iche' stützt sich vor allem auf ethnohistorische Dokumente. Die kleinste politische Einheit war *daschinamit* (umgrenzter Ort). Mehrere Chinamit unterstanden einem Fürstenhaus, das einer der K'iche'-Gruppen entstammte. Diese Gruppen zusammen bildeten das K'iche'-Volk. Es gab aber auch auf der Ebene der Chinamit direkte politische Kontakte zu Fürstenhäusern der Kaqchikel.

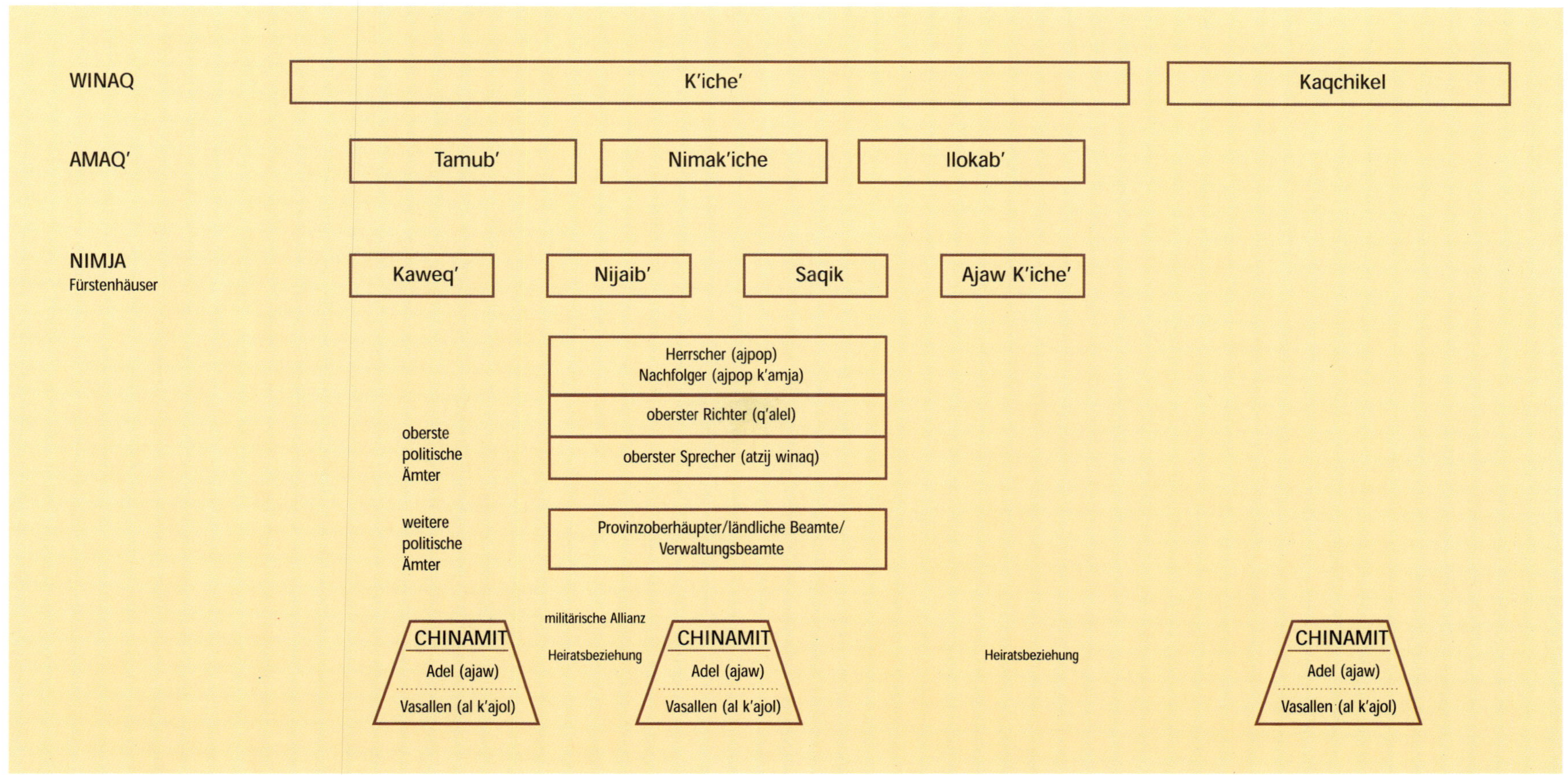

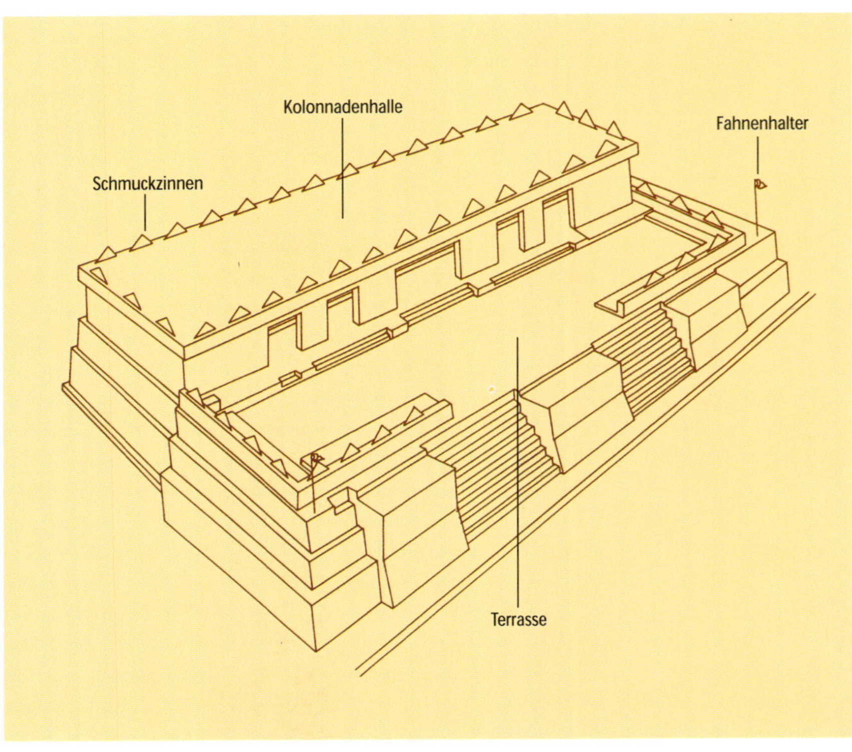

575 *Ein Palast von Q'umarkaj. Perspektivische Rekonstruktionszeichnung*
Die Paläste von Q'umarkaj und wohl auch vieler anderer Orte im Hochland von Guatemala standen auf erhöhten Plattformen, zu denen Freitreppen führten. Oben gelangte man auf einen Vorplatz, an den sich das eigentliche Wohngebäude anschloss. Charakteristisch für die Gebäude der Späten Postklassik sind breite Eingänge. Anscheinend trugen viele Dächer Zinnen, die eine dekorative Funktion hatten, aber wohl auch die Zugehörigkeit der Bewohner zu einer bestimmten Abstammungslinie signalisierten.

577 *Die erste Seite des Popol Wuj. Um 1700; H. 26 cm. B. 16 cm; Papier, Chicago, Newberry Library*
Die zweispaltige Abschrift mit der spanischen Übersetzung des heiligen Buches der K'iche' wurde zu Beginn des 18. Jh.s in Chichicastenango von Pater Francisco Ximénez angefertigt. Das Original des k'iche'sprachigen Textes aus dem 16. Jh. ist bis heute verschollen.

576 *Zwillingstempel. Mixco Viejo, Chimaltenango, Guatemala; Postklassik*
Zu den architektonischen Neuerungen der Postklassik zählen Zwillingstempel. Die Errichtung von zwei parallelen Bauwerken auf einer gemeinsamen Plattform ist zentralmexikanischen Ursprungs. Das bekannteste Beispiel ist der Templo Mayor in Mexiko Stadt, die zentrale Tempelanlage der aztekischen Hauptstadt Tenochtitlan; er war zwei Gottheiten geweiht, dem aztekischen Hauptgott Huitzilopochtli und dem Regengott Tlaloc.

Die Frage fremden Einflusses auf die Kultur der Hochland-Maya

Entscheidend für die Bewertung der postklassischen Epoche der Maya-Kultur ist die Frage des zentralmexikanischen Einflusses, der sich in den wesentlichen kulturellen Neuerungen der Postklassik zeigt (Abb. 572). Keramikproduktion und Architektur sind die Bereiche der materiellen Kultur, in denen er besonders prägend ist. Gleichwohl sind es eben auch die keramischen Waren und einige hochlandspezifische Elemente der Gebäude, die eine deutliche kulturelle Kontinuität mit der klassischen Periode erkennen lassen. Sollte tatsächlich eine Einwanderung den postklassischen Wandel ausgelöst haben, wie es das Popol Wuj berichtet, so können es nur kleine Gruppen gewesen sein, die sich im Hochland ansiedelten und kulturelle Neuerungen brachten, wobei sie der einheimischen Kultur jedoch weitgehend folgten. Eine solche Einwanderung fremder und damit auch fremdsprachiger Gruppen müsste sich in irgendeiner Form in den Sprachen des Hochlandes widerspiegeln. Betrachtet man die K'iche'-Sprachen K'iche', Kaqchikel und Tz'utujil aus sprachwissenschaftlicher Perspektive, so finden sich rund 80 Wörter aus dem Nahua, die bereits in vorkolonialer Zeit entlehnt wurden. Die meisten Begriffe stammen aus den Bereichen der politischen Organisation, der Religion, der Kriegsführung, der Nahrungsgüter und Anbaufrüchte (z. B. *chocola,* „Kakao"), der Haushaltswaren und Tierarten. Inwieweit diese Entlehnungen tatsächlich auf die Einwanderung anderer Gruppen zurückgeführt werden müssen oder lediglich durch den Kontakt mit Nahua sprechenden Völkern übernommen wurden, ist umstritten. Bei der Einwanderung einer neuen Herrscherklasse müsste man annehmen, dass eine größere Anzahl nahuasprachiger Begriffe übernommen wurde, als dies hier der Fall war, oder dass die Fürstenhäuser gar ihre eigene Sprache pflegten und nicht zugunsten der Sprachen unterworfener Vasallen aufgaben. Dies eingerechnet und vor dem Hintergrund der engen Verwandtschaft zwischen den Sprachen K'iche, Kaqchikel und Tz'utijil scheint die Übernahme neuer Begriffe aus dem Nahua durch die Maya realistischer als die Vorstellung von der Einwanderung einer ganzen Sprechergemeinschaft.

Den kolonialzeitlichen Quellen zufolge waren es kleine Gruppen von Kriegerfürsten, die im 10. oder 11. Jahrhundert in das Hochland einwanderten und zu den Gründern der Maya-Völker des K'iche'-Zweiges wurden. Solche Wandersagen wie die der K'iche' werden von der Wissenschaft heute eher als mythologische Erzählung und kulturelle Konvention verstanden und nicht als historische Chronik in westlichem Sinne.

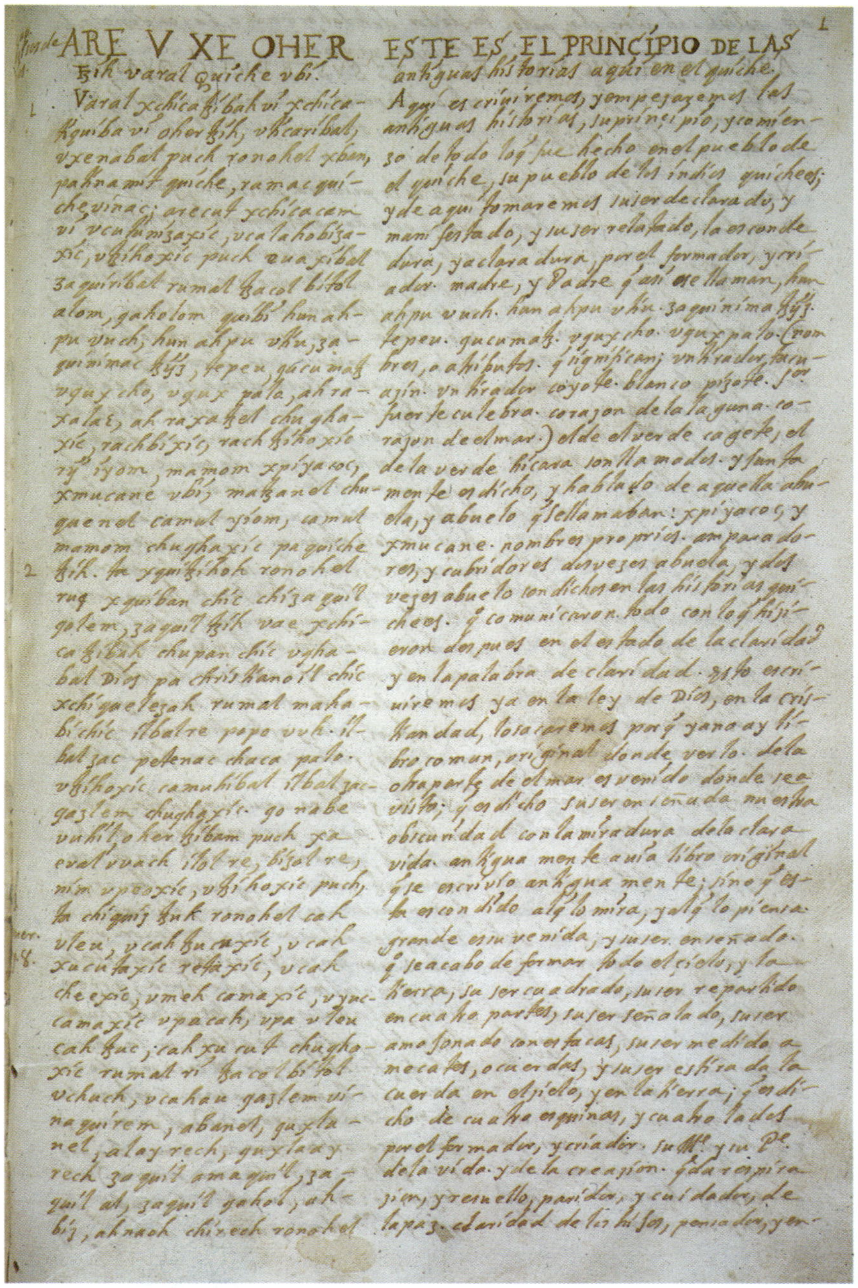

Der Fremdeinfluss in der Religion

Im Hinblick auf die Religion der postklassischen Hochland-Maya legen die archäologischen Funde neuartiger Tempelgebäude, Schädelgerüste und die zunehmende Brandbestattung einen Wandel der Glaubensvorstellungen nahe. Jedoch ist dieser Wandel nicht so radikal, dass er nur mit der Einwanderung fremder, von der zentralmexikanischen Götterwelt geprägter Gruppen erklärt werden könnte. Tatsächlich lassen sich in der religiösen Vorstellungswelt der postklassischen Hochland-Maya deutliche Kontinuitäten aus der klassischen Zeit aufzeigen. So ändern manche im religiösen Kult verwendete Gegenstände wie beispielsweise die Weihrauchgefäße zwar ihre äußere Form, treten aber weiterhin in denselben Fundkontexten auf.

Die primäre Quelle zur Religion im postklassischen Hochland ist das Popol Wuj, das in seinem ersten Teil von der Erschaffung der Welt und der Menschen berichtet (Abb. 577). Elemente der Schöpfungsmythologie oder der geschilderten Abenteuer, welche die Heldenzwillinge Junajpu und Xb'alanke in ihrem Kampf gegen die Unterwelt erleben, sind die Themen, die sich auf den kunstvollen Vasenmalereien der Klassik wiederfinden. Andere Aspekte, wie der Kult der heiligen Bündel, in denen die Knochen der Vorfahren aufbewahrt und verehrt werden, oder das Tragen von Trophäenköpfen sind oftmals als Neuheiten der Postklassik im Hochland definiert worden, können aber bereits in den klassischen Darstellungen der Tiefland-Maya nachgewiesen werden. Der laut Popol Wuj von den postklassischen K'iche' verehrte Gott Tojil hatte bei den end- und postklassischen Maya in Yukatan, wo allerorts Masken des Regengottes Chaak die Gebäudefassaden zierten, eine ähnliche Stellung und ist auch aus den klassischen Inschriften bekannt.

Es lässt sich hier festhalten, dass die Hochland-Maya in der Postklassik mit den Darstellungen von Xipe Totec, einem Gott des Menschenopfers, und Quetzalcoatl (Q'uq'kumatz, „Federschlange") zwar Elemente aus der zentralmexikanischen Religion übernahmen, dass ihre Glaubensvorstellungen und Mythen jedoch weitgehend mit denen der Klassik übereinstimmten und bis in die heutige Zeit überdauert haben.

Die Kontinuität in vielen Bereichen der Kultur legt nahe, dass die nachgewiesenen fremden Elemente eher Zeichen einer kulturellen Neuorientierung der Hochlandgesellschaft sind als die einer Einwanderung nahuasprachiger Gruppen. Die Postklassik des Maya-Hochlandes ist eine Epoche des Wandels, nicht eines durch Einwanderung von Fremdgruppen herbeigeführten kulturellen Bruchs.

SPANISCHE ZEIT

KUBA
Córdoba 1517
Grijalva 1518
Cortez 1519
Alvarado 1523–1524
Cortés 1524–1525
Mazariegos 1527–1528
Montejo, I. Phase, 1527–1528
Avila unter Montejo 1527–1528
Montejo, II. Phase, 1529–1531
Montejo, II. Phase, 1531–1534
Montejo, III. Phase, 1535–1548
Fuensalida 1618
Gallegos 1675
Mazariegos 1694–1695
López-Margil 1695
Cano 1695
Avendaño 1695
Barrios 1696
spanische Städteneugründungen
Siedlungen im 17. Jh.
Ruinenorte
Klöster
Cortés 1519
Grijalva 1518
Córdoba 1517
Cortés 1519
Cludad de Dzilan
Salamanca de Chauaca
Conil
Mérida
Izamal
Salamanca de Xamanha
Valladolid
Mani
Cicidad Real de
Chichen Itza
Salamanca de Xelha
Montejo, III. Phase, 1535–1548
Montejo, II. Phase, 1531–1534
Fensalida 1618
Mirones 1618
Avila unter Montejo 1527–1528
San Francisco de Campeche
Salamanca de Campeche
San Pedro/Salamanca
de Champoton
Montejo, I. Phase, 1527–1528
Montejo, II. Phase, 1529–1531
Puerto Deseado
Salamanca de Bacalar
Salamanca de
Xicalango
Santa Maria
de la Victoria
Villa Real de Chetumal
Avendaño 1695
Montejo, II. Phase, 1529–1531
Salamanca de Acalan
Cortés 1524–1525
Mirones 1623
Fuensalida 1618
Mazariegos 1527–1528
San Piedro de Tanoche
Avendaño 1696
Ocosingo
Cludad Real de Chiapa
Cortés 1524–1525
Cano 1695
Comitan/San Cristobal
de los Llanos
Sak Balam
Mazariegos 1694–1695
López-Margil 1695
Puerto de Caballos
Barrios 1696
Nito
Cahabon
Coban
Alvarado 1523–1524
Zaculeu/
Huehuetenango
Rab'inal
Utatlan
Gallegos 1675
Mixco Viejo
Xelaju'/
Quetzaltenango
Iximche'
Santiago de Guatemala
Tz'ikinajay
N
0
60 m

DIE SPANISCHE LANDNAHME VON YUKATAN UND GUATEMALA IM 16. UND 17. JAHRHUNDERT

Christian Prager

Die Entdeckung, Eroberung und Kolonisation des amerikanischen Kontinents vom 16. bis zum 18. Jahrhundert und die Missionierung seiner Ureinwohner durch Vertreter der europäischen Großmächte Spanien, Portugal, England und Frankreich haben das neuzeitliche Weltbild entscheidend geprägt und über Jahrhunderte die künstlerische und wissenschaftliche Phantasie der Menschen angeregt (Abb. 579). Die Eroberungsgeschichte Iberoamerikas zeigt, dass die politischen und ökonomischen Voraussetzungen in allen Regionen ähnlich waren und die Landnahme weitgehend nach denselben Mustern ablief. Von den spanischen oder portugiesischen Königen verliehene Freibriefe und Vollmachten für die Eroberung und Kolonisierung unbekannter Länder gestatteten es den Konquistadoren, militärische Expeditionen auszurüsten, die meist aus privaten Geldmitteln und rückzahlbaren Darlehen finanziert waren. Oftmals wendeten sich einzelne Konquistadoren an eine Gruppe Wohlhabener, damit diese für einen großen Teil der Kosten einer Erkundungs- und Eroberungsfahrt aufkam. Das Vermögen der Konquistadoren vermehrte sich in der Regel durch die Aufteilung der Kriegsbeute und der Ländereien, die Nutznießung kostenloser Arbeitskraft und die Anhäufung der daraus gewonnenen Reichtümer, sodass die Schulden meist zügig getilgt werden konnten.

Wenn auch der erste Kontakt zwischen der eingeborenen Bevölkerung und den Spaniern oft friedlich und von Neugier und gegenseitigem Interesse geprägt war, so mündeten doch die Expeditionen der Konquistadoren zumeist in Krieg, Plünderungen und Zerstörung der Dörfer und Städte, in der Versklavung der indianischen Urbevölkerung und in Massakern. Der Erfolg der Eroberer hing nicht allein von der rigorosen Entschlossenheit der Soldaten und ihrer technischen Überlegenheit ab, sondern auch vom Zivilisationsstand der unterworfenen Kultur. Nur die Kolonisation von Völkern auf einer hohen kulturellen Entwicklungsstufe versprach wirkliche Ausbeute.

Die Mitglieder der indianischen Herrscherhäuser mussten sich letztlich der kriegerischen Gewalt unterwerfen. Sie überließen den Spaniern die Führungsrolle, die mit der Einführung eines profitablen Wirtschaftssystems (s. Gunsenheimer, S. 384 ff.), der *encomienda,* äußerst rücksichtslos gegenüber der indigenen Bevölkerung durchgesetzt wurde. Unzählige Namen von Personen und ihre Erlebnisse bei der Eroberung der Neuen Welt füllen Tausende von Bücherseiten. Die nun folgenden Abschnitte können deshalb nur einen kurzen Überblick über die Landnahme der Halbinsel Yukatan und Guatemalas durch die Spanier im 16. Jahrhundert bieten.

Vorhergehende Doppelseite:
577 *Die Ruinen von Tulum an der Ostküste Yukatans*
Durch ihre strategisch günstige Lage unmittelbar am Meer erlangte die Maya-Stadt Tulum an der Ostküste Yukatans in der Postklassik große Bedeutung als Knotenpunkt und Anlegestelle für die zahlreichen Händler, die auf dem Wasserweg einen regen Fernhandel in Mesoamerika betrieben. Bis heute zeugen aufwändig gestaltete Gebäude und zahlreiche Wandmalereien vom ehemaligen Glanz und Reichtum dieses Ortes.

578 *Die wichtigsten Eroberungszüge des 16. und 17. Jh.s*
Die Karte der Halbinsel Yukatan zeigt die Routen auf, die die Spanier im 16. und 17. Jh. bei ihren Erkundungs- und Eroberungszügen entlang der Küste und auf dem Festland nahmen. Die Kontrolle über den Nordwesten der Halbinsel war ein wichtiges Ziel, das sie ab 1527 verfolgten, doch formell nicht vor 1548 erreichten. Die schwer zugänglichen Gebiete im Zentrum Yukatans konnten sie erst Mitte bis Ende des 17. Jh.s unter ihre Herrschaft bringen. Teile von Chiapas und das Hochland von Guatemala dagegen wurden bereits um 1530 „befriedet“.

579 *Landkarte aus dem Jahr 1587. Aus: Abraham Ortel, Ortelius Theatrum Orbis Terrarum, 1587*
Diese Landkarte aus dem bedeutenden Atlas des zu seiner Zeit berühmten flämischen Kartografen Abraham Ortel (1527–1598) zeigt die Neue Welt, wie man sie sich etwa 100 Jahre nach ihrer Entdeckung durch Kolumbus vorstellte.

580 *Christoph Kolumbus (1451–1506)*
Der Seefahrer, der 1451 als Cristoforo Colombo in der italienischen Hafenstadt Genua geboren wurde, gilt in der Geschichtsschreibung als Entdecker Amerikas. Zwischen 1492 und 1506 unternahm er vier Schiffsreisen, auf denen er auch Tagebuch führte. Die Aufzeichnungen sind verschollen; Auszüge enthält die ausführliche Biografie, die sein Sohn Fernando 1537 bis 1539 schrieb. Kolumbus war der erste Europäer, der, um 1502, Kontakt mit den Maya Yukatans hatte.

581 *Juan de Grijalva (1480–1527)*
Mit seinem Onkel Diego Velázquez war Grijalva im Jahr 1511 an der Eroberung der Karibikinsel beteiligt. Nach der ersten Erkundung Yukatans durch Francisco Hernández de Córdoba 1517 organisierten Kolonisten auf Kuba eine zweite Expedition dorthin und beauftragten den 38-Jährigen mit der Durchführung. Grijalva kam nur mit wenig Gold nach Kuba zurück, wusste aber von einem weiter nördlich gelegenen Reich zu berichten, das angeblich große Mengen des begehrten Metalls besäße.

Kontaktzeit und erste Phase der Eroberung (1502–1529)

Zu den frühesten Kontakten zwischen Europäern und der Bevölkerung Yukatans zählt das Zusammentreffen von Christoph Kolumbus (1451–1506; Abb. 580) mit einer Gruppe von Handelsleuten aus der Provinz Maia, das laut Angaben von Hernando Kolumbus, dem Sohn von Christoph, im Jahr 1502 vor der Küste des damals noch unentdeckten Yukatan stattfand.

Einige Jahre später, im Jahre 1511, kenterte ein spanisches Expeditionsschiff auf der Suche nach Sklaven und Gold vor der südlichen Küste Yukatans, wobei lediglich ein kleiner Teil der Besatzung überlebte. Zu den Überlebenden zählten Gerónimo de Aguilar (1489–1531) und Gonzalo de Guerrero (gestorben 1536). Zusammen mit den anderen Gekenterten wurden sie von einem Maya-Herrscher gefangen genommen und zur Opferung bestimmt. Kurz vor dem Opferungsritual gelang den beiden die Flucht, sie wurden jedoch von einem anderen Maya-Kaziken (Dorfvorsteher) aufgegriffen und versklavt. In den folgenden Jahren integrierten sie sich in die einheimische Gesellschaft. 1519 stieß Aguilar zu Hérnan Cortés (1485–1547), der während seiner Erkundung Yukatans auch auf der Suche nach den schiffbrüchigen Seeleuten war. Aguilar begab sich als Dolmetscher und Informant in Cortés' Dienst, Guerrero dagegen blieb bei den Maya und zettelte als deren Heeresführer erfolgreich Aufstände und Schlachten gegen die vordringenden Spanier an.

Das Verdienst, die Halbinsel Yukatan für die spanische Krone entdeckt zu haben, gebührt dem spanischen Seefahrer Francisco Hernández de Córdoba (1475–1518), der 1517 von Kuba kommend auf der Suche nach Edelmetallen und Sklaven von einem schweren Unwetter an die Nordostküste Yukatans verschlagen wurde. Dort traf er während einer Erkundungsfahrt entlang der Nordküste in Richtung Campeche auf eine bislang unbekannte Zivilisation. Córdobas Expedition führte an Campeche vorbei nach Champoton, wo er von der Maya-Bevölkerung heftig attackiert wurde und schwer verwundet die Flucht ergreifen musste.

Reiche Kolonisten auf Kuba, darunter Pedro de Alvarado (1485–1541; Abb. 583), der spätere Eroberer von Guatemala, erfuhren von dem neu entdeckten Land mit dem Namen Yukatan und bestritten die Kosten für eine zweite Expedition unter Juan de Grijalva (1480–1527; Abb. 581) aus eigener Tasche, in der Hoffnung, großen Reichtum zu erlangen. Grijalva erkundete die Ostküste des Landes bis zur Bahía de Ascensión und führte seine Expedition zurück bis zur Laguna de Términos an der Westküste Yukatans, wo den Spaniern Goldschmuck und Türkisarbeiten präsentiert wurden – Handelsware aus dem bislang noch unbekannten, doch große Schätze versprechenden Reich der Azteken (Abb. 584).

Beflügelt von den verlockenden Berichten Grijalvas rüsteten auf Kuba eine ganze Reihe wohlhabender Kolonisten eine dritte Erkundungsfahrt nach Yukatan aus. Im Februar 1519 brachen unter dem Befehl Hernán Cortés (Abb. 582) elf Karavellen

FERDINANDO CORTES
CAVATO DA VN ORIGINALE FATTO IÑAZI
CHEI SI PORTASSI ALLA CONQVISTA DEL MESSICO

582 *Hernán Cortés (1485–1547)*
Weniger seine Eroberungs- und Erkundungszüge durch Yukatan (1519, 1524–1525) denn die spektakuläre Einnahme von Tenochtitlan und, damit verbunden, die Auslöschung des Aztekenreiches im Jahr 1521 sicherten Hernán Cortés einen Platz in den Geschichtsbüchern und verhalfen ihm zu Ruhm und Reichtum. Durch Juan de Grijalva hatte er von dem sagenhaften Aztekenreich erfahren und daraufhin 1519 eine Expedition ausgerüstet, die ihre Mission zwei Jahre später erfolgreich beendete.

El Adelantado Don PEDRO de ALVARADO
de Badajoz.

583 *Pedro de Alvarado (1485–1541)*
In der Kathedrale von Antigua, Guatemala, sind die sterblichen Überreste jenes Mannes bestattet, der 1521 an der Einnahme des Aztekenreiches beteiligt war und drei Jahre später mit einigen Soldaten und indianischen Verbündeten die Maya-Staaten des Hochlandes von Guatemala unterwarf. Der unermüdliche *Konquistador* kam 1541 bei einem Eroberungszug im Norden Mexikos ums Leben.

mit 500 Mann Besatzung in Richtung Yukatan auf. Zuerst segelten sie an der Ostküste entlang, wo südlich der Insel Cozumel der einstige Schiffbrüchige Gerónimo de Aguilar zur Expedition stieß. Cortés machte kehrt, umschiffte die Nordküste Yukatans und erkundete die Westküste. Nachdem er bei Cintla erfolgreich eine Schlacht gegen die Maya von Xicalango gefochten hatte, etablierte er an der Mündung des Río de Grijalva eine spanische Garnison mit dem Namen Santa Maria de la Victoria, ebenfalls bekannt als Potonchan. Cortés setzte seine Expedition fort und segelte im Herbst 1519 Richtung Norden nach San Juan Ulúa, von wo aus er schließlich zur Eroberung und Kolonisierung des Azteken-Reiches antrat. Um seine Interessen vor dem spanischen König vertreten zu lassen, schickte Cortés Francisco de Montejo (1473–1553) nach Spanien zurück, wo dieser mit einigen Unterbrechungen bis 1526 blieb und erfolgreich in Cortés' und nicht zuletzt den eigenen Angelegenheiten wirkte.

Inspiriert von Cortés' finanziellem Erfolg in Neuspanien strebte Montejo eine unabhängige Karriere als Eroberer an und bat deshalb den König um Erlaubnis, Yukatan zu kolonisieren. Nachdem das Königspaar seiner Bitte 1526 entsprochen und Montejo zum Adelantado, zu einem mit umfangreichen Befugnissen ausgestatteten königlichen Statthalter einer Provinz, ernannt hatte, rüstete er Schiffe aus, stellte eine Kolonisationsarmee von 400 Mann auf und stach 1527 in See nach Cozumel. Er setzte zum Festland über, nahm das Land bei Xelha im Namen des spanischen Königs ohne großen Widerstand der einheimischen Bevölkerung in Besitz und gründete die Siedlung Salamanca de Xelha. Die spanischen Offiziere und Soldaten litten allerdings erheblich unter dem tropischen Klima, der unbekannten Tier- und Pflanzenwelt und der schlechten Ernährung. Obgleich sie sogar die aus Kuba mitgebrachten Handelsgüter der Kaufleute restlos aufgebraucht hatten, besserte sich ihre körperliche und geistige Verfassung nicht.

Ohne Rücksicht auf die großen Strapazen unternahm Montejo eine mehrmonatige Reise ins Landesinnere in Richtung Norden und sicherte sich die Untertanentreue einflussreicher Maya-Kaziken. Bei Chauaca und Ake jedoch fanden blutige Schlachten statt, in deren Verlauf die Spanier eine große Zahl widerständiger Maya

584 *Die Ankunft von Juan de Grijalva an der Küste Tabascos. 18. Jh.; Öl auf Leinwand; nach einem Stich von A. Solis; Madrid, Museo de América*
Der erste Kontakt zwischen den Bewohnern der Neuen Welt und den Konquistadoren wird in der europäischen Literatur des 19. Jh.s oftmals als ein harmonisches Ereignis dargestellt. Auch dieses in der Jahrhundertmitte entstandene Gemälde idealisiert eineEpisode aus der Geschichte der Neuen Welt. Vergegenwärtigt ist die Ankunft von Juan de Grijalva (1480–1527) im Jahr 1518 an der Mündung des später nach ihm benannten Grijalva-Flusses in Tabasco, Mexico; die Begrüßung zwischen Grijalva links und dem Maya-Kaziken rechts verläuft friedlich.

niedermetzelten. Mit diesen brutalen Kriegszügen sicherte sich Montejo den Respekt und die Untertänigkeit der besiegten Kaziken.

Nachdem nun der Nordosten Yukatans unter spanische Kolonialgewalt gebracht schien, setzte der Adelantado seine Eroberung in Richtung Süden auf dem Seeweg fort. Er erreichte Chetumal, zog aber mangels Soldaten und Vorräten unverrichteter Dinge wieder von dannen, um kurz darauf von hier aus einen weiteren Eroberungszug zu starten. 1528 kehrte er nach Salamanca de Xamanha zurück – Salamanca de Xelha war zuvor wegen der ungünstigen Lage aufgegeben worden. Montejo ließ Alonso de Avila als seinen Statthalter in Xamanha zurück und segelte nach Neuspanien, womit der erste Versuch Montejos zur Eroberung Yukatans seinen Abschluss fand.

Die zweite Phase der Eroberung Yukatans (1531–1534)

In den Jahren 1529 bis 1531 eroberten und kolonisierten Montejo und sein Sohn Francisco (1507–1564), Montejo der Jüngere (Abb. 586), die Provinz Tabasco und die angrenzende Region der Acalan-Maya. Montejo der Jüngere und Alonso de Avila, der zu diesem Zweck aus Salamanca de Xamanha nach Tabasco gesegelt war, unternahmen verschiedene Vorstöße in die dicht bewachsene und von Sümpfen durchzogene Region und unterwarfen die Einwohner, die sich erbittert gegen die spanischen Invasoren wehrten und ihnen viele Verluste zufügten. Wider Erwarten erwies sich das Gebiet keineswegs als lukrativ, denn es war kein Gold zu finden, das die Konquistadoren immer wieder zu weiteren Expeditionen beflügelte. Der einst blühende Handel unter den Maya war erloschen, und die landwirtschaftliche Produktion brachte nur spärliche Erträge (Abb. 585).

1531 beabsichtigte Montejo, das Land von Westen her zu erobern, und verlegte seinen Ausgangspunkt nach Salamanca de Campeche, das er im selben Jahr gegründet hatte. Nachdem er sich der Loyalität der Maya-Kaziken von Campeche nochmals versichert hatte, beschloss er, das Land auf dem Land- und Seeweg zu erobern. Deshalb

585 *Goldmasken aus dem Heiligen Brunnen. Chichen Itza, Yucatán, Mexico, Heiliger Cenote; Postklassik, 13. Jh.; dünnes Goldblech; H. ca. 3 cm; Cambridge, Peabody Museum of Archaeology and Ethnology*
Gold, in den Mengen, in denen es in Zentralmexiko bei den Azteken oder im Reich der Inka erbeutet wurde, fanden die spanischen Invasoren auf Yukatan nicht. Das im Maya-Gebiet entdeckte Edelmetall war während der Postklassik importiert worden, um Schmuck oder Opfergegenstände anzufertigen. Diese kleinformatigen Masken gehören zu einer größeren Anzahl an Goldschmiedearbeiten, die als Votivgaben im Heiligen Cenote in Chichen Itza versenkt wurden.

schickte er seinen Neffen Francisco de Montejo (1517?–1572?) und seinen loyalen Stellvertreter Avila auf dem Landweg ostwärts nach Chetumal, das sie bei ihrer Ankunft allerdings verwaist vorfanden – die Einwohner hatten von der drohenden Ankunft der Spanier erfahren und die Siedlung zugunsten eines strategisch günstigeren Ortes verlassen. Die Spanier blieben zwei Monate unbehelligt in Chetumal, was sie als Bereitschaft der Bevölkerung auslegten, sich der spanischen Verwaltung unterzuordnen. Trotz des militärischen Erfolges der Spanier ließen sich die Maya nicht dazu bewegen, die spanische Vorherrschaft zu akzeptieren; sie blockierten die Stadt, sodass die Spanier Chetumal verlassen mussten, um dem Hunger zu entgehen. Auch im Westen lehnten sich die Maya der Provinzen Campeche und Aj Kanul gegen die spanischen Usurpatoren auf, mussten aber am 11. Juni 1531 die spanische Vorherrschaft nach verlorener Schlacht anerkennen.

Montejo der Jüngere wurde 1532 damit beauftragt, die nördlichen Provinzen unter Kontrolle zu bringen. Ohne auf großen Widerstand zu treffen, etablierte er in Chichen Itza die Stadt Ciudad Real und führte die *encomienda,* das spanische Wirtschaftssystem, ein. Empört über ihre Situation revoltierten auch hier die Maya und verhängten über die Stadt eine Blockade, sodass die Spanier unter Montejo dem Jüngeren den Ort nach mehreren Monaten im Jahre 1533 wieder verlassen mussten. Montejo der Ältere nahm jetzt die Eroberung dieses Gebietes selbst in die Hand und konnte 1534 eine Reihe von Provinzen, darunter Campeche, Champoton, Aj Kanul, Mani und die Provinz Aj K'in Chel, unter spanische Vorherrschaft bringen.

Obwohl die strategische und politische Lage der Spanier damit erstarkte, musste sich Montejo 1534 aus Yukatan zurückziehen, denn mittlerweile hatten sich viele seiner Soldaten und Kolonisten nach Peru abgesetzt, wo Juan Pizarro (1478–1541) das Reich der Inka erobert und unermessliche Mengen an Gold gefunden hatte – Reichtum, der in Yukatan vergeblich gesucht wurde.

Das Unternehmen scheiterte letztlich an der Tatsache, dass es sich bei Montejos Soldaten und Gefolgsleuten nicht um Kolonisten auf der Suche nach Land handelte, sondern um Abenteurer und Goldsucher (Abb. 585). Montejo unterschätzte oftmals den Widerstand der Maya, den er mit Expeditionstrupps von weniger als 300 Mann nur schwer brechen konnte, weshalb militärische Fehlschläge nicht selten waren. Außerdem trafen die Spanier ein politisches System in Yukatan an, mit dem sie kaum umgehen konnten: Das Land war in unterschiedliche Provinzen aufgeteilt und wurde von den einflussreichsten Familien beherrscht. Sie unterhielten enge Beziehungen miteinander und waren keiner zentralen Macht unterstellt, welche die Spanier einfach hätten zerschlagen können, um die Herrschaft im Land an sich zu reißen, wie sie es in Neuspanien getan hatten. Außerdem siedelte die Bevölkerung nicht in überschaubaren Dorfgemeinschaften, sondern wohnte in weit auseinander liegenden Streusiedlungen, die nur schwer unter Kontrolle zu bringen waren.

586 *Porträt des Francisco de Montejo II.*
Unter der Führung von Francisco de Montejo dem Jüngeren gelang es den Spaniern zwischen 1541 und 1548, wichtige Stützpunkte im Norden Yukatans zu erobern und zu dauerhaften spanischen Siedlungen auszubauen. Hierzu zählt besonders die Stadt Mérida, die am 6. Januar 1542 auf den Trümmern der Maya-Stadt Tiho gegründet wurde und heute Hauptstadt des Bundesstaates Yucatán ist.

Die letzte Phase der Eroberung (1535–1548)

Montejo der Ältere zog sich nach diesem Rückschlag ganz aus Yukatan zurück und verlor das Interesse an der Kolonisierung des Landes. Stattdessen richtete er nun seine ganze Aufmerksamkeit auf die Eroberung von Honduras-Higueras (Hibueras), wo er 1535 nach der Inbesitznahme zum Gouverneur und Oberbefehlshaber ernannt wurde. Gleichzeitig beanspruchte der Adelantado von Guatemala, Pedro de Alvarado, ebenfalls die Zuständigkeit über das Gebiet, worauf sich Montejo der Ältere 1539 als Unterlegener dieses Machtkampfes nach nur zwei Jahren Präsenz zurückziehen musste.

In der Zwischenzeit unternahm der Franziskanermönch Jacobo de Testera 1535 einen eigenen Versuch, die Maya-Champoton mit friedlichen Mitteln der Krone untertan zu machen. Er hatte den indigenen Einwohnern zugesichert, alle spanischen Soldaten von ihrem Land fern zu halten, sodass er sein frommes Unternehmen erfolgreich in die Tat umsetzten konnte. Montejo der Jüngere hingegen – sein Vater hatte ihm Vollmachten zur Eroberung des Landes übertragen – schickte 1537 den Hauptmann Lorenzo de Godoy mit einem Trupp Soldaten nach Champoton, um das Gebiet und seine Einwohner zu unterwerfen und Tributleistungen zu fordern. Der Priester musste dem militärischen Druck weichen und sein friedliches Unternehmen beenden. Es gelang aber weder Godoy noch Montejo, dem Neffen, die revoltierenden Maya-Champoton zu befrieden, sodass Montejo der Jüngere 1540 die Situation beruhigte, indem er dem führenden Maya-Adel versprach, künftig von Tributforderungen und Arbeitsleistungen abzusehen.

Nachdem er Campeche als neuen Stützpunkt ausgewählt hatte, ließ er sich dort abermals die Untertanentreue der regionalen Maya-Fürsten bekunden und strafte jene Maya-Fürstentümer mit kriegerischer Unterwerfung, deren Kaziken sich weigerten, den Treueid zu leisten. Im Jahre 1541 führte Montejo der Jüngere seinen Vorstoß

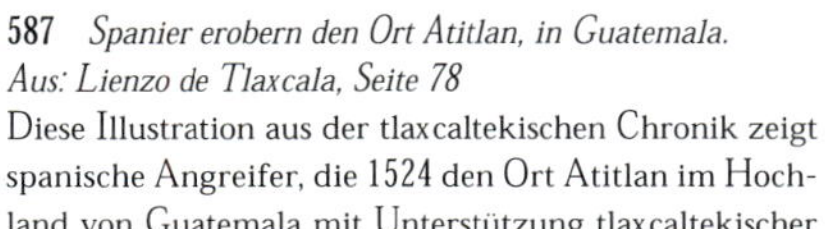

587 *Spanier erobern den Ort Atitlan, in Guatemala. Aus: Lienzo de Tlaxcala, Seite 78*
Diese Illustration aus der tlaxcaltekischen Chronik zeigt spanische Angreifer, die 1524 den Ort Atitlan im Hochland von Guatemala mit Unterstützung tlaxcaltekischer Hilfstruppen. Diese mit den örtlichen Begebenheiten vertrauten indianischen Krieger aus Zentralmexiko führten die Eroberer durch unbekannte Gebiete und unterstützten sie bei der Unterwerfung von Städten und Siedlungen.

588 *Die Eroberung von Quauhtemallan durch Pedro de Alvarado. Aus: Lienzo de Tlaxcala, Seite 79*
Die Zeichnungen (S. 76 bis 79) des Lienzo de Tlaxcala erinnern an die Eroberung von vier Städten im Hochland von Guatemala durch die Spanier und ihre tlaxcaltekischen Auxiliartruppen. Neben Kriegszügen gegen Tzapotitlan (S. 76), Quetzaltenanco (S. 77) und Tecpanatitlan (S. 78) im Jahr 1524 wird auf Seite 79 der Angriff der Spanier auf den Ort Quauhtemallan gezeigt. Seine Bewohner wehren sich mit Pfeilen und Steinwürfen gegen die anrückenden Feinde.

nordwärts und errichtete auf den Ruinen der alten Maya-Stadt Tiho eine stark befestigte Ansiedlung, von wo aus er die Unterwerfung der umliegenden Städte in Angriff nahm. Am 6. Januar 1542 gründete er an dieser Stelle die Stadt Mérida – die heutige Hauptstadt des Bundesstaates Yukatan. Die kleine Gruppe spanischer Kolonisten und Soldaten unter Montejo dem Jüngeren konnte erfolgreich Attacken der Maya abwehren und zudem ihr Einflussgebiet vergrößern, indem sie schließlich zwischen 1542 und 1545 den Osten der Halbinsel Yukatan in wahrhaft blutigen Eroberungszügen kolonisierte. Vor allem Alonso Pacheco tat sich durch besondere Brutalität hervor; er ließ die in Uaymil und Chetumal ansässige Bevölkerung regelrecht abschlachten, woraufhin sehr viele Menschen ihre Dörfer verließen und westwärts in die Provinz Peten Itza flüchteten.

Mit der Unterwerfung dieser Region betrachteten die spanischen Konquistadoren unter Montejo dem Jüngeren die Eroberung Yukatans als vollendet. Doch im Jahre 1546 und 1547 verschworen sich die Maya der östlichen Provinzen unter der Führung einflussreicher Priester und revoltierten erfolgreich vier Monate gegen die spanischen Besatzer, indem sie ihre Dörfer und Siedlungen tapfer verteidigten, ihr eigenes Land und seine Ressourcen aber verwüsteten und somit den Spaniern die Lebensgrundlage entzogen und einen blutigen Guerillakrieg anzettelten, der erst im März 1547 mit der Exekution der Anführer beendet wurde. Durch die Niederschlagung dieses letzten großen Aufstandes sicherten sich die Spanier die Unterwerfung einflussreicher Maya-Kaziken und deren Familien. Sie verschafften sich politische und ökonomische Autorität gegenüber den Maya im Norden der Halbinsel Yukatan und richteten eine zivile und kirchliche Verwaltung ein, wobei die vorspanischen Machtpositionen, insbesondere die der einheimischen Nobilität, berücksichtigt und in das neue Verwaltungssystem integriert wurden. Zunächst konzentrierte man die weit verstreut lebende Bevölkerung in überschaubaren Dorfgemeinschaften, wobei jeder Ort eine zivile Verwaltung erhielt und dem Kaziken die höchste Position zuteil wurde. Ihm waren eine Reihe weiterer Amtsträger unterstellt, welche die exekutive Gewalt in Händen hielten. Mit der Einführung des *encomienda*-Systems im Jahre 1542 mussten die Maya den spanischen Kolonisten Güter wie Wachs, Truthähne oder Mais abliefern und den *encomenderos* zu Diensten stehen. Diese waren im Gegenzug dazu verpflichtet worden, sich um das „geistige Wohl" der Maya zu kümmern, das heißt, ihnen den eigenen Glauben auszutreiben und das Christentum zu vermitteln. Diese Aufgabe übernahmen ab 1541 Mönche des Franziskanerordens, die sich eifrig um die Bekehrung der Ungläubigen bemühten, indem sie die materielle und geistige Kultur der Maya zerstörten, Kirchen auf den abgerissenen Tempelbauten errichteten und die Bücher der Priester verbrannten und ihnen somit Geschichte und Identität raubten.

Der Vorstoß der Spanier gegen die Maya-Völker Guatemalas (1524–1527)

Auf dem Staatsgebiet des heutigen Guatemala, südlich von Yukatan gelegen, waren in vorspanischer Zeit unterschiedliche Maya-Völker ansässig, die in Jahrzehnte dauernden Kriegen um die Vorherrschaft über das guatemaltekische Hochland gekämpft hatten; insbesondere die Maya-Stämme der K'iche' und der Kaqchikel stritten hart um dieses Gebiet (s. Sachse, S. 360 ff.).

Nachdem Hernán Cortés am 13. August 1521 den letzten indianischen Widerstand in Tenochtitlan gebrochen und das Reich der Azteken erobert hatte, traten Gesandte indianischer Regenten aus ganz Neuspanien und anderen Landesteilen vor Cortés, um den neuen Herren ihre Loyalität zu geloben. Unter ihnen befanden sich auch die Vertreter aus Iximche', der Hauptstadt des Reiches der Kaqchikel (Abb. 573), die schon 1520 von der Ankunft der Spanier im Reiche der Mexica erfahren hatten und nun von deren Anwesenheit im Kampf gegen die K'iche' zu profitieren hofften, indem sie die Herrschaft der Europäer akzeptierten und ihre Unterstützung bei der Eroberung Guatemalas zusagten. 1522 schickte Cortés Erkundungstrupps mexikanischer Verbündeter an die südlichen Grenzen des Maya-Gebietes in die Provinz Soconusco (den heutigen mexikanischen Bundesstaat Chiapas) und erfuhr von Aufständen und Unruhen. Daraufhin sandte er seinen Leutnant Pedro de Alvarado mit dem Auftrag nach Guatemala, das Gebiet zu befrieden und der spanischen Krone untertan zu machen. Am 6. Dezember 1523 machte sich Alvarado von Tenochtitlan mit einer großen Anzahl spanischer und indianischer Soldaten auf den Weg und traf einem alten indianischen Handelsweg folgend am 12. Januar 1524 in Tehuantepec in der Provinz Soconusco ein, wo er in der Gegend um Tonala erstmals auf Widerstand stieß. Es gelang Alvarado, die angreifenden Mam-Maya zu besiegen und seine Expedition die Küste entlang weiter nach Südosten voranzutreiben. Die Spanier überquerten mit den zentralmexikanischen Verbündeten einen Gebirgspass nördlich von Zapotitlan und erreichten schließlich die K'iche'-Stadt Xelajuj. Die Stadt war von ihren Einwohnern verlassen worden und konnte deshalb kampflos von den Spaniern eingenommen werden. Indes versammelten sich Tausende von K'iche'-Kriegern und griffen die spanischen und mexikanischen Truppen von allen Seiten an. Es gelang Alvarado jedoch, den Angriff der Maya zu vereiteln und viele ihrer Anführer zu töten oder gefangen zu nehmen.

Die K'iche' gaben sich allerdings nicht sofort geschlagen, obwohl einer ihrer wichtigsten Anführer, Tekum Umam, von den Spaniern getötet wurde. Mit List stachelten sie die anderen Maya-Stämme heimlich zum Kampf gegen die Konquistadoren auf, andererseits boten die Herrscher von Xelajuj und anderen Städten den Spaniern ihre Untertanentreue und Freundschaft an und luden sie nach Utatlan ein, das heutige

589 *Porträt des Bartolomé de Las Casas (1474–1566), Bischof von Chiapas*
Las Casas prangerte die brutale Vorgehensweise der Konquistadoren gegen die indianische Bevölkerung an. Der Geistliche forderte, der physischen und materiellen Ausbeutung der Einheimischen durch die spanischen Kolonialherren ein Ende zu bereiten und Sklaven aus Schwarzafrika als Arbeitskräfte einzusetzen. Sein Engagement hatte die Ausweitung des Sklavenhandels zur Folge.

590 *Spanische Truppen unter Pedro de Alvarado überfallen und massakrieren die Maya-Bevölkerung. Kolorierter Kupferstich; aus: Theodor de Bry, „America pars quinta", Frankfurt 1594*
Dokumente bezeugen, dass sich Pedro de Alvarado (1485–1541) in Spanien zweimal wegen seiner Brutalität gegenüber der indigenen Bevölkerung in der Neuen Welt vor Gericht verantworten musste. Bartolomé de las Casas (1474–1566) prangerte in zahlreichen Schriften und Briefen die grausame Behandlung der Indianer durch die spanischen Eroberer an und betonte insbesondere die Bestialität von Alvarado, der nach seinen Angaben von Las Casas etwa vier Millionen Menschen ermorden ließ. Diese Zahl erscheint aus heutiger Sicht stark übertrieben – das rohe Vorgehen Alvarados im Hochland von Guatemala wird allerdings von den Prozessakten bestätigt.

591 *Karte der Ende des 16. Jh.s von den Spaniern kontrollierten Gebiete*
Nachdem der letzte große Aufstand der Maya gegen die neuen Herren aus Europa niedergeschlagen war, kontrollierten die Spanier um 1548 formell den Norden der Halbinsel Yukatan. Doch tatsächlich beherrschten sie Ende des 16. Jh.s nur wenige Landstriche. Die Karte zeigt jene Regionen, die zu dieser Zeit von Spaniern bewohnt und verwaltet wurden.

Santa Cruz del Quiche. Bereits in Utatlan einmarschiert, witterten Alvarado und seine Männer jedoch bald den Hinterhalt und brachten sich in letzter Minute in Sicherheit. Bei dem anschließenden Gefecht ließ Alvarado zwei hochrangige Mitglieder der K'iche'-Nobilität gefangen nehmen und verbrennen. Um den letzten Widerstand der K'iche' von Utatlan zu brechen, ließ Alvarado die Stadt in Brand setzen und führte mit seinen indianischen Verbündeten, worunter sich auch Kaqchikel-Maya befanden, Feldzüge gegen umliegende Dörfer und Städte durch. Am 11. April 1524 war das Gebiet im Grunde unter Kontrolle, und die K'iche' waren der spanischen Krone untertan gemacht, sodass sich Alvarado nun der Eroberung der übrigen Landesteile widmen konnte.

Die Kaqchikel hatten sich den Spaniern als Verbündete angeboten und bei der geschilderten Unterwerfung der K'iche' tatkräftig mitgewirkt, denn ihr Territorium gehörte bereits zum spanisch kontrollierten Gebiet. Alvarado und seine Truppen gingen auf einen Vorschlag der Kaqchikel ein und begannen nun mit der „Befriedung" eines anderen Erzfeindes der Kaqchikel, der Tz'utujil-Maya, deren befestigte Hauptstadt Tz'ikinajay auf einer Insel im Atitlan-See lag und durch Brücken mit dem Festland verbunden war. Ehe die vom Ansturm überraschten Einwohner diese Landverbindungen einreißen konnten, gelang es den Spaniern und ihren Alliierten, die Stadt im Kampf einzunehmen. Die Anführer der Unterlegenen boten Tribut und Untertanentreue gegenüber dem König von Spanien an. Der Triumph Alvarados über das scheinbar unbezwingbare Tz'ikinajay erstickte jeden Widerstand umliegender Dörfer und Städte im Keim, sodass ihre Herrscher die spanische Autorität akzeptierten und das Gebiet südlich des Lago Atitlan kampflos unter Kontrolle gebracht werden konnte.

Nach seiner Rückkehr in das guatemaltekische Hochland gründete Alvarado am 25. Juli 1524 in Iximche', der ehemaligen Kapitale der Kaqchikel-Maya, die erste spanische Hauptstadt von Guatemala, der jedoch kein glückliches Los beschieden war (Abb. 592). In seiner unersättlichen Gier nach Gold forderte Alvarado von den unterworfenen und verbündeten Maya-Herrschern Tribute in Form von Gold und anderen Wertgegenständen. Während sich Pedro de Alvarado in Honduras aufhielt, ging sein Bruder Gonzalo drakonisch gegen jene Indianer Iximche's vor, die den Aufforderungen Alvarados nicht sofort nachkommen konnten, und tötete viele Angehörige der Herrschaftsschicht. Daraufhin revoltierten 1526 die ehemals mit den Spaniern verbündeten Kaqchikel gegen ihre Unterdrücker, mussten sich aber schließlich der Übermacht beugen. Trotz ihres Sieges verließen die Spanier Iximche' und errichteten am 22. November 1527 am Fuße des Vulkans Agua eine neue Hauptstadt, das heutige Ciudad Vieja, die aber 14 Jahre später bei der Eruption des Vulkans unter einer Schlamm- und Geröllawine begraben wurde.

Alvarado und seine Männer gelten in der Geschichtsschreibung Guatemalas als rücksichtslose Eroberer auf der Suche nach Gold und Reichtum. Zweimal, 1527 und 1536, musste sich Alvarado laut Gerichtsakten in Spanien für sein grausames Vorgehen gegen die Indianer rechtfertigen. Der für seinen Einsatz für das Wohl der Indianer berühmte Mönch Bartolomé de Las Casas (1474–1566; Abb. 589) lastete dem Konquistadoren schwerste Verbrechen an – laut Las Casas hat Alvarado zwischen 1524 und 1540 etwa vier Millionen Indianer getötet. Mit dem Kreuz in der einen und der Bibel in der anderen Hand traten Las Casas und seine Ordensbrüder offen für eine friedliche Eroberung und Missionierung der Einheimischen zum christlichen Glauben ein.

Es bleibt eine historische Tatsache, dass Pedro de Alvarado eine weitaus blutigere Spur bei seinen Eroberungen hinterließ und weniger auf Verhandlungen setzte, als dies Montejo der Jüngere in Yukatan tat. Es zeigt sich aus heutiger Sicht, dass Alvarado eher das Kriegshandwerk beherrschte und ein guter Taktiker, aber ein ungeschickter Politiker war. Montejo hingegen hatte sich als Soldat mit politischem Gespür und Verhandlungsgeschick ausgewiesen.

593 *Der Cañon von Sumidero*
Da sie sich den vorrückenden spanischen Truppen nicht ergeben und unterwerfen wollten, begingen im Jahre 1527 etwa 2000 Tzotzil-Maya gemeinsam Selbstmord, indem sie sich von der steilen Felsenterrasse in den Grijalva-Fluss stürzten.

592 *Iximche'. Hauptstadt der Kaqchikel-Maya*
Nachdem Pedro de Alvarado im Frühjahr 1524 Iximche' besetzt hatte, gründete er dort am 25. Juli die erste spanische Hauptstadt Guatemalas. Doch bereits drei Jahre später, 1527, wurde sie zugunsten von Ciudad Vieja aufgegeben. Von der Metropole der Kaqchikel-Maya blieben nur Ruinen.

Die Unterwerfung von Chiapas (1524–1527)

Ähnlich wie in Guatemala lebte eine Vielzahl von Maya-Völkern in der Provinz Chiapas, etwa die Tzotzil, Tzeltal, Lakandonen oder auch die nicht mayasprachigen Chiapaneken, die bei der Ankunft der Spanier Anfang des 16. Jahrhunderts in eigenstaatlichen Gebieten lebten und immer wieder in den Kampf um die Vorherrschaft in Chiapas eingriffen. Formell gehörte das Gebiet den spanischen Kolonisten in Coatzacoalcos, und nachdem die *encomienda* eingerichtet worden war, erhielten diese das Recht, Tribut von den indianischen Einwohnern zu fordern.

Mit der Weigerung der Chiapaneken, 1522 Tribut zu zahlen, unternahm der Hauptmann Luis Marín Anfang 1524 im Auftrage von Hernán Cortés eine Strafexpedition gegen die „revoltierenden" Chiapaneken, die damals die einflussreichste Ethnie in Chiapas waren und von ihren Maya-Nachbarn sogar Tributleistungen eintrieben. Mit Hilfe dieser Maya, die sich mit den Spaniern verbündet hatten und darin ihre Chance sahen, gegen ihre indianischen Feinde vorzugehen, gelang es Marín schließlich, den „Aufstand" niederzuschlagen und die Bewohner Chiapas scheinbar gewaltlos zu unterwerfen. Ein Soldat Maríns jedoch handelte ohne Befehl und versuchte, bei den Chamula Gold zu erpressen. Es gelang ihm nicht im erhofften Maße, und er tötete deshalb ihren Kaziken. Die Chamula weigerten sich daraufhin, die spanische Autorität anzuerkennen, weshalb Marín nun gezwungen war, militärisch gegen die Chamula vorzugehen.

Es war dem Hauptmann trotz militärischer Mittel nicht gelungen, das Gebiet endgültig zu unterwerfen und eine ständige spanische Präsenz in Chiapas einzurichten. Anfang 1527 erhielt der Hauptmann Diego de Mazariegos den Befehl, einen erneuten Aufstand in Chiapas niederzuschlagen und dort eine spanische Stadt zu gründen. Er folgte mit seinen Soldaten und den indianischen Hilfstruppen aus Zentralmexiko jenem Weg, den Marín drei Jahre zuvor gegangen war. Nördlich von Tochtla, dem heutigen Tuxtla Gutierrez, hatte er eine militärische Konfrontation mit den Tzotzil-Maya am Sumidero Cañón (Abb. 593), die so genannte „Schlacht von Sumidero". Die Tzotzil-Maya kämpften erbittert gegen die entschlossenen und gut ausgerüsteten Soldaten und ihre mexikanischen Hilfstruppen. Dabei drängten die Spanier eine Gruppe von etwa 2000 Menschen, darunter Frauen und Kinder, an den Rand einer steilen Felsterrasse über dem Grijalva-Fluss. Die Bedrängten stürzten sich in den Fluss und zogen den Freitod der spanischen Knechtschaft vor. Dieser Massenselbstmord stellt den Höhepunkt des einheimischen Widerstandes dar und markiert zugleich das Ende der Eroberungszeit in Chiapas.

Mit der Einrichtung einer dauerhaften spanischen Präsenz in Ciudad Real, dem heutigen San Cristóbal de las Casas, begann die Kolonialzeit in Chiapas. Mittels der verstärkten Präsenz in der Region gelang es den Spaniern, mit der Unterwerfung der Ch'ol-Maya im Jahre 1695 schließlich ganz Chiapas unter die Kontrolle der Kolonialverwaltung zu bringen. Seit der Eroberung der Itzaj-Maya im Jahre 1697 (s. Vayhinger-Scheer, S. 382 ff.) unterlagen nun faktisch das tropische Tiefland und das Hochland der spanischen Verwaltung – 195 Jahre nachdem der erste Kontakt zwischen den Maya und den Spaniern stattgefunden hatte (Abb. 591).

KANEK' – DER LETZTE KÖNIG DER ITZAJ-MAYA

Temis Vayhinger-Scheer

Die Itzaj zählten zu den letzten unabhängigen Maya im südlichen Tiefland der Halbinsel Yukatan. Noch 200 Jahre nach dem ersten Zusammentreffen von Europäern und Maya konnten sie ihre eigene Lebensform, ihre politische Organisation und ihre eigene Religion bewahren. Geschickt hatten sie es immer wieder verstanden, spanische Besucher und Missionare hinzuhalten oder sie sogar mit Waffengewalt zu vertreiben. Gegen die potentiellen Invasoren war der Urwald mit dem feuchtheißen tropischen Klima und den zahlreichen Sümpfen, die besonders während der Regenzeit eine natürliche Barriere bildeten, ein wirkungsvoller Schutz. Der oberste Repräsentant der Itzaj-Maya war nach Auskunft der kolonialzeitlichen Quellen König Kanek', der inmitten des Peten-Itzaj-Sees auf Noj Peten im Gebiet des heutigen Guatemala residierte (Abb. 594). Der Militärschlag gegen Kanek' begann 1695 mit einem groß angelegten Straßenbauprojekt, das gleichzeitig von Norden und Süden her in Angriff genommen wurde. Maßgeblicher Betreiber war der politisch und wirtschaftlich einflussreiche baskische Interimsgouverneur der Provinz Yukatan namens Martín de Ursúa y Arizmendi.

Diese politischen Rahmenbedingungen diktierten den Zeitpunkt einer Mission unter dem im Baskenland geborenen Franziskanerpater Andrés de Avendaño y Loyola (13. 11. 1657–nach 1705). Avendaño versuchte, vor den Soldaten und anderen Geistlichen nach Noj Peten zu gelangen. Zur Legitimation und als Propagandaschrift für seinen Orden richtete der Franziskaner an den Interimsgouverneur Ursúa einen wichtigen Augenzeugenbericht über seine Begegnung mit Kanek' (Abb. 595, 597): Nach einmonatigem Fußmarsch ab Mérida hatten Avendaño und seine Missionare am Mittag des 14. Januar 1696 das Ufer des Peten-Itzaj-Sees erreicht und warteten darauf, dorthin übergesetzt zu werden, wo 1623 beim letzten Missionierungsversuch ein Ordensbruder mitsamt seinen Begleitern von den Itzaj getötet worden war. Avendaño berichtet:

„Es kamen über 80 Kanus voller Indianer in kriegerischer Bemalung und Kleidung mit riesigen Pfeilköchern, die jedoch alle in den Kanus lagen. Alle deckten und geleiteten den König, der mit etwa 500 Indianern an Land ging, um uns zu empfangen. Mit großem Ungestüm nahmen sie uns an Bord, ohne die Musik der Schalmeien zu beachten, mit der wir ihn erwarteten. [...] Sie legten unvermittelt ab und fuhren mit uns auf den See, der an jener Stelle drei *leguas* [über zwölf Kilometer] breit sein dürfte. [...] Plötzlich legte der erwähnte König seine Hand auf mein Herz, um zu sehen, ob ich Angst hatte, und stellte mir die entsprechende Frage. Ich, der ich im Gegenteil sehr zufrieden war, weil ich sah, dass sich meine Wünsche erfüllten und dass die Mühe meiner Reise Früchte trug, antwortete ihm: ‚Warum sollte mein Herz in Unruhe sein? Es ist im Gegenteil sehr zufrieden. Denn ich bin der Glückliche, der eure Prophezeiungen erfüllt, wonach ihr Christen werden müsst [...].'"

Kanek' holte die förmliche Begrüßung seiner Gäste auf der Insel nach. Er ließ ihnen unter lebhafter Anteil-

594 *Luftaufnahme von Flores, Peten, Guatemala*
Das Foto zeigt die fast runde Insel Flores aus südöstlicher Richtung. Links ist die Landzunge San Benito zu sehen, oben in der Mitte das Inselchen Santa Barbara und rechts die Halbinsel Tayasal. Ein befahrbarer Damm von rund 500 m Länge verbindet Flores mit dem Ort Santa Elena auf dem südlichen Festland. Im zentralen Peten zwischen den Flüssen Usumacinta und San Pedro im Westen und Mopán und Belize im Osten zieht sich über eine Strecke von etwa 100 km eine Seenlandschaft hin. Der Peten-Itzaj ist der größte dieser Seen, die aus Hohlräumen im yukatekischen Karst entstanden; ihr Wasserstand unterliegt starken Schwankungen.

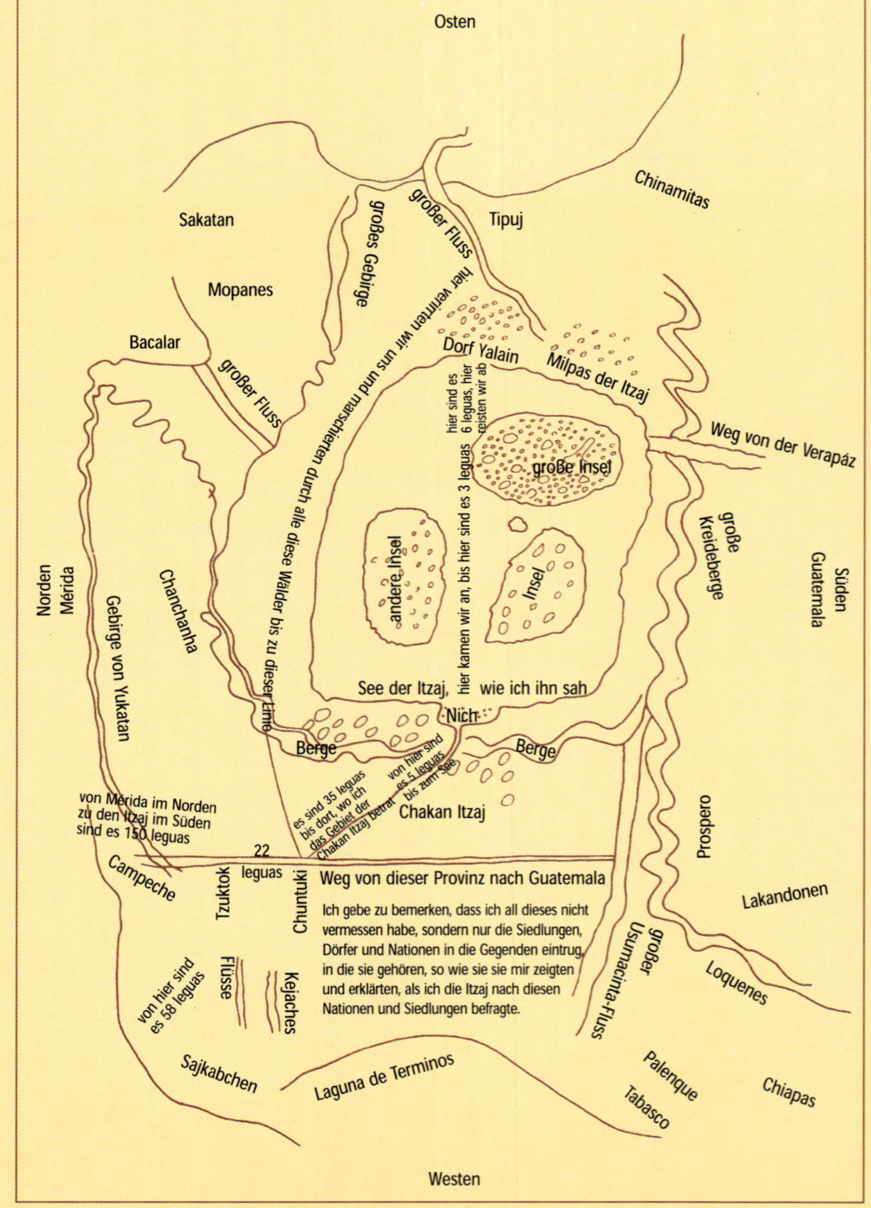

595 *Karte der Region um den Peten-Itzaj-See. Aus: Fray Andrés de Avendaño y Loyola, Relación de las dos entradas que hice a la conversión de los gentiles ytzáex, y cehaches, Manuskript, nach 1696*
1695 unternahm der Franziskaner Avendaño eine Missionsreise zum Peten-Itzaj-See. Sein Bericht enthält auch eine Skizze von Noj Peten, welche die Lage des Sees zwischen der spanischen Provinz Yukatan im Norden und der Audiencia von Guatemala im Süden verdeutlicht. Neben dem Weg, den der Mönch mit seinen Begleitern nahm, sind auch die Straßen eingetragen, die in diesem Jahr von beiden Richtungen aus gebaut wurden und sich bei Avendaño völlig verfehlen. Der nicht kolonisierte Landstrich dazwischen ist als *próspero* bezeichnet. Auf der Karte erscheinen auch die Namen verschiedener indigener Gruppen, die in diesem Gebiet lebten.

596 *Flores, von Santa Elena aus gesehen*
Der Sitz des Itzaj-Herrschers Kanek', die heutige Insel Flores, liegt im südlichen Becken des Peten-Itzaj-Sees. An der Ostseite des Hauptplatzes, der den höchsten Punkt der Insel einnimmt, erhebt sich weithin sichtbar die weiß getünchte Kirche mit ihrer Doppelturmfassade. Im Hintergrund sieht man die Halbinsel Tayasal. Die Provinzhauptstadt des Peten, des mit knapp 36000 km² größten Departamentos von Guatemala, ist ein bevorzugter Ausgangspunkt für Touren nach Tikal und zu den anderen archäologischen Maya-Stätten in der Umgebung.

nahme der Einwohner in einem Vorraum seines Hauses das Maisgetränk *posole* reichen. Anschließend versuchte Avendaño im Auftrag seines Provinzials und des Interimsgouverneurs Ursúa, die versammelte Maya-Elite zur Annahme des katholischen Glaubens und zur Unterwerfung unter die spanische Krone zu bewegen. Die Maya baten sich Bedenkzeit aus: „*Cato vale*". Aber der Franziskaner war ungeduldig. Noch in derselben Nacht besuchte er eine Versammlung von Maya-Priestern und drängte auf eine Stellungnahme. Kanek' antwortete im Namen aller: „*Cato vale*". Dann gab er als Grund für die zögerliche Haltung seine Unvertrautheit mit der Taufe an. Schließlich erlaubte Kanek' dem hartnäckigen Missionar am nächsten Morgen, die erste von insgesamt knapp 300 Kindstaufen durchzuführen.

Avendaño musste jedoch rasch erkennen, dass seinem Unternehmen von anderer Seite weit größere Widerstände entgegensetzt wurden. Denn Kanek' war kein souveräner Monarch nach abendländischem Verständnis. Noch während der Taufzeremonie trafen auf der Insel der Kazike Kowoj und andere Maya-Krieger aus der Umgebung ein. Sofort brach ihre Opposition gegen den obersten Itzaj-Herrscher und den Pater auf. Laut seinem Bericht konnte Avendaño dank der Unterstützung von Kanek' mit beiden Maya-Fraktionen eine Frist von vier Monaten bis zur Taufe der Erwachsenen aushandeln. In einer Art geheimem Zusatzprotokoll erklärte sich Kanek' außerdem zur Übergabe seines Herrschaftsgebiets unter der Bedingung bereit, dass seine politischen Gegner um den Kaziken Kowoj von Ursúa aus dem Weg geräumt würden.

Unsere heutige Bewertung dieser Vereinbarungen wird zusätzlich durch die Tatsache erschwert, dass eine Itzaj-Delegation unter der Leitung von Aj Chan, dem Neffen von Kanek', Ende Dezember 1695 in Mérida im Namen seines Onkels die Unterwerfung erklärte und sich taufen ließ. Diese Vorgänge werfen Fragen auf: Verfolgten die Maya angesichts der massiven militärischen Bedrohung eine Hinhaltetaktik, indem sie ihre Bereitschaft zur Kooperation nur vorschützten? Suchten Kanek' und Aj Chan einen starken äußeren Partner zum Machterhalt oder -erwerb? Kanek' ließ sich wahrscheinlich von beiden Überlegungen leiten.

Die endlich erzielte Übereinkunft wurde noch in derselben Nacht vom Kaziken Kowoj infrage gestellt. Wenig später übten immer mehr Maya unverhohlene Kritik an Kanek'. Dem Itzaj-Herrscher drohte die Kontrolle über seine Untergebenen zu entgleiten. In der von Ursúa übersandten spanischen Amtstracht erschien er auch äußerlich als Kollaborateur der Imperialmacht. Wie skurril muss diese Aufmachung auf die Maya gewirkt haben!? Nach überraschender Beruhigung der Menge schwelte der Konflikt aber untergründig weiter. Kanek' warnte die Missionare vor einem Mordkomplott: Seine Gegner wollten verhindern, dass die Nachricht von dem Abkommen und die Kenntnis der Wegstrecke zu dem heranrückenden Straßenbautrupp oder gar nach Campeche oder Mérida durchdrangen. Gegen den Widerstand seiner Frau brachte der Itzaj-Herrscher seine Gäste in der Nacht zum 17. Januar an das östliche Ende des Sees. Auf dem Heimweg wurden sie von ortskundigen Maya im Stich gelassen, verfehlten das etwa zwölf Tagesreisen entfernte Tipuj und verirrten sich im Urwald. Ein Begleiter Avendaños starb an Entkräftung, die anderen entkamen nur knapp dem Hungertod. Als die Itzaj kurz nach Avendaños Flucht erst einen von Norden kommenden Stoßtrupp in einen Kampf verwickelten und dann alle Mitglieder einer guatemaltekischen Expedition töteten, schwanden die Hoffnungen auf eine friedliche Lösung des Konflikts. Ursúa, der inzwischen mit der Diözesankirche paktierte, ließ vor Ort eine kleine Galeere bauen. Nach der Frühmesse erging im Morgengrauen des 13. März 1697 der Einsatzbefehl. Auf dem See drängten sich voll besetzte Kanus. Die Aggressoren wurden mit einem Pfeilregen empfangen. Auch auf Noj Peten kämpften die Maya für ihre Unabhängigkeit. Doch sie waren den bewaffneten Spaniern nicht gewachsen und traten schließlich die Flucht an, indem sie schwimmend das Festland zu erreichen versuchten. Die Insel wurde im Handstreich genommen; bis zum Abend hatten die Soldaten ihr Zerstörungswerk beendet. Kowoj wurde als Drahtzieher einer späteren Verschwörung im Juli 1697 standrechtlich erschossen. Von seinem Neffen Aj Chan an Ursúa ausgeliefert, wurde Kanek' nach Santiago de Guatemala, in das heutige Antigua, gebracht und unter Hausarrest gestellt. Seine einstige Residenz Noj Peten heißt seit 1831 offiziell Flores und ist heute Teil der gleichnamigen Hauptstadt des *departamento* Peten (Abb. 596). Die meisten Angehörigen des Volkes der Itzaj gingen zugrunde oder starben an eingeschleppten Krankheiten, nachdem sie in das viel kältere Hochland umgesiedelt worden waren. Heute gibt es noch 300 Itzaj in einem kleinen Ort am Nordufer des Lago Peten Itzaj, die entschlossen an ihrer Sprache und Kultur festhalten und sich gegen die übermächtige spanischsprachige Nationalkultur zu verteidigen versuchen.

597 *Erste Manuskriptseite aus Avendaños „Relación" mit dem ausführlichen Titel*
Neben den älteren Gattungen *historia* und *crónica* entsteht im 15. Jh. auf der Iberischen Halbinsel die *relación*. Der Terminus, der zugleich ein juristischer Begriff ist, kommt vom lateinischen *relatio* und bedeutet Bericht oder Erzählung. Die „Relación" blieb als Einzige von Avendaños Aufzeichnungen erhalten. Eine zeitgenössische Abschrift befindet sich heute als Manuskript Nr. 1040 in der Ayer Collection der Newberry Library Chicago. Dem eigentlichen Text ist vor dem Folio 1 ein ausführlicher Titel mit den Eckdaten der Unternehmung vorangestellt.

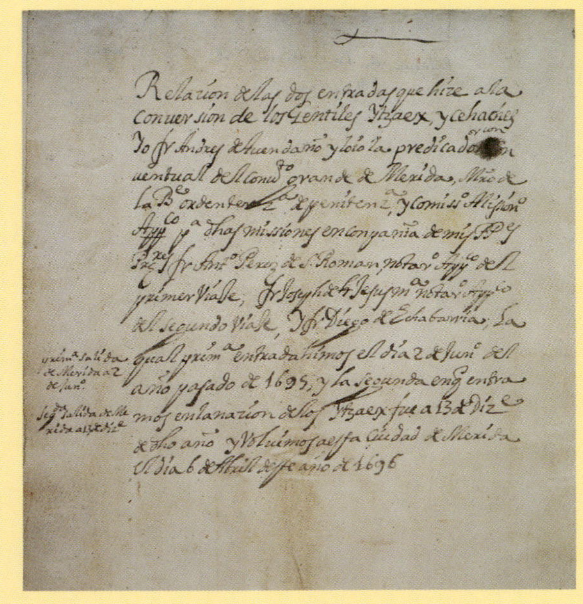

Relación de las dos entradas que hize a la
conversión de los Gentiles Ytzaex, y Cehaches
Yo fr. Andres de Avendaño y Loio la predicador con-
ventuall del Conv.to grande de Merida, Mro de
la B.e orden tercera de penitencia, y comiss.o Mision.o
App.co p.a dhas missiones en compañia de mis P.P. y
Her.s fr. Ant.o Perez de S. Roman, notar.o App.co del
primer viaje, fr. Joseph de Jesus M.a notar.o App.co
del segundo viaje, y fr. Diego de Echabarria; la
quall prim.a entrada hizimos el día 2 de Juni.o del
año pasado de 1695, y la segunda en que entra-
mos en la nación de los Ytzaex fue a 13 de Diz.e
de dho año y volvimos a essa ciudad de Merida
el día 6 de Abrill deste año de 1696

prim.a salida de Merida a 2 de Jun.o
seg.da salida de Merida a 13 de Diz.e

ZWISCHEN ANPASSUNG UND REBELLION – DIE MAYA-GESELLSCHAFT IN DER KOLONIALZEIT (1546–1811)

Antje Gunsenheimer

Im Kielwasser der Eroberer – die neue politische Ordnung

Die spanische Eroberung des Maya-Gebietes und die anschließende Verwaltung als Kolonie bedeutete für die Maya wie für alle anderen Völker des amerikanischen Kontinents eine dramatische Veränderung ihrer Lebensumstände. Nach dem Ende der Eroberungszüge (1546) etablierte sich die Kolonialmacht durch die Einsetzung spanischer Verwaltungsorgane und die Christianisierung der Bevölkerung. Die politischen und religiösen Veränderungen gingen Hand in Hand mit neuen wirtschaftlichen und sozialen Bedingungen. Die Reaktionen der Maya darauf lagen zwischen Anpassung und Aufruhr und waren in ihren Formen so vielfältig wie das Maya-Gebiet selbst.

Nach Abschluss der Eroberungen oblag die militärische und politische Sicherung der Gebiete zunächst den Expeditionsleitern. Der Übergang zur planmäßigen Kolonisation wurde durch die Institution der *encomienda* geleistet. Sie erlaubte es dem Besitzer, dem *encomendero,* die Arbeits- und Tributleistung der Einwohner eines oder mehrerer Dörfer oder einer ganzen Region für sich zu beanspruchen. Das Recht der *encomienda* wurde aufgrund besonderer Verdienste in der Eroberungsphase auf Lebenszeit verliehen. Es entwickelte sich jedoch sehr schnell zu einem erblichen Anrecht. Der *encomendero* verpflichtete sich im Gegenzug, im Gebiet zu leben, dieses militärisch zu sichern und für den Schutz und die Christianisierung der Einwohner Sorge zu tragen.

Die Streitfälle um Landbesitz und -ansprüche mit den Nachkommen der ersten Eroberer lehrten die spanische Krone ein Verwaltungssystem zu schaffen, das übermächtig werdenden Großgrundbesitz in Übersee weitgehend vermeiden sollte. In den Jahren zwischen 1529 und 1559 wurde daher eine Territorialverwaltung entwickelt, die sich am spanischen Modell orientierte und auf ausführende Beamte stützte. Um dem Missbrauch vorzubeugen, war die Amtsausübung befristet und unterlag regelmäßiger Überprüfung. Der Verwaltungsapparat gliederte sich in hierarchische Organisationsgruppen; oberste Behörde war der Consejo de Indias („Indienrat"), der direkt dem König unterstand und alle Angelegenheiten von Spanien aus regelte. In den Übersee-Besitzungen wurden so genannte *audiencias* geschaffen, die als Appellationsgerichte die obersten Behörden in den Kolonien darstellten und von den Vizekönigen der verschiedenen Vizekönigreiche geleitet wurden. Der Vizekönig war Stellvertreter des spanischen Monarchen und mit entsprechenden Rechten und Vollmachten ausgestattet. Dabei fiel das Siedlungsgebiet der Maya in die Zuständigkeit des Vizekönigreichs Neuspanien und des Generalkapitanats Guatemala (Abb. 1). Auf der regionalen Ebene sah dieses Verwaltungssystem die Ernennung von königlichen Beamten durch den Vizekönig vor. Sie waren mit der Rechtsprechung und der administrativen Leitung der Indianergemeinden betraut. Auf der Ebene der Munizipalverwaltung, genannt *cabildo,* genossen die Maya ein hohes Maß an Selbstverwaltung. Jedes Dorf sowie jede Stadt hatten ein *cabildo,* bestehend aus vier Ämtern: 1. das Gouverneurs- oder Statthalteramt, 2. das Richteramt, 3. das Ratsherrenamt und 4. das Notarsamt. Als Einziger bezog der Notar ein festes Gehalt. Bis auf das Amt des Gouverneurs konnten alle Ämter mehrfach besetzt sein (Abb. 599). Die Amtsträger hatten verschiedene Aufgabenbereiche: Zunächst waren die Anforderungen der spanischen Autoritäten zu erfüllen, indem beispielsweise Läufer für das Post- und Kommunikationssystem gestellt werden mussten. Außerdem waren sie verantwortlich für die pünktliche Ablieferung der Tributleistungen an die spanische Krone, bestehend aus Stoffen, Mais, Bohnen, Wachs, Truthähnen, Salz, Pfeffer und Tonwaren. Sie hatten Arbeitsdienste zu organisieren und verantworteten schließlich die Rechtsprechung in Streitfällen, die Dokumentation aller lokalen Geschäfte in einem Archiv und die Erhaltung öffentlicher Einrichtungen (Dorfplatz, Kirche, Gefängnis, Gästehaus und Straßen). Diese Organisationsform war bis circa 1750 mit leichten Veränderungen gültig.

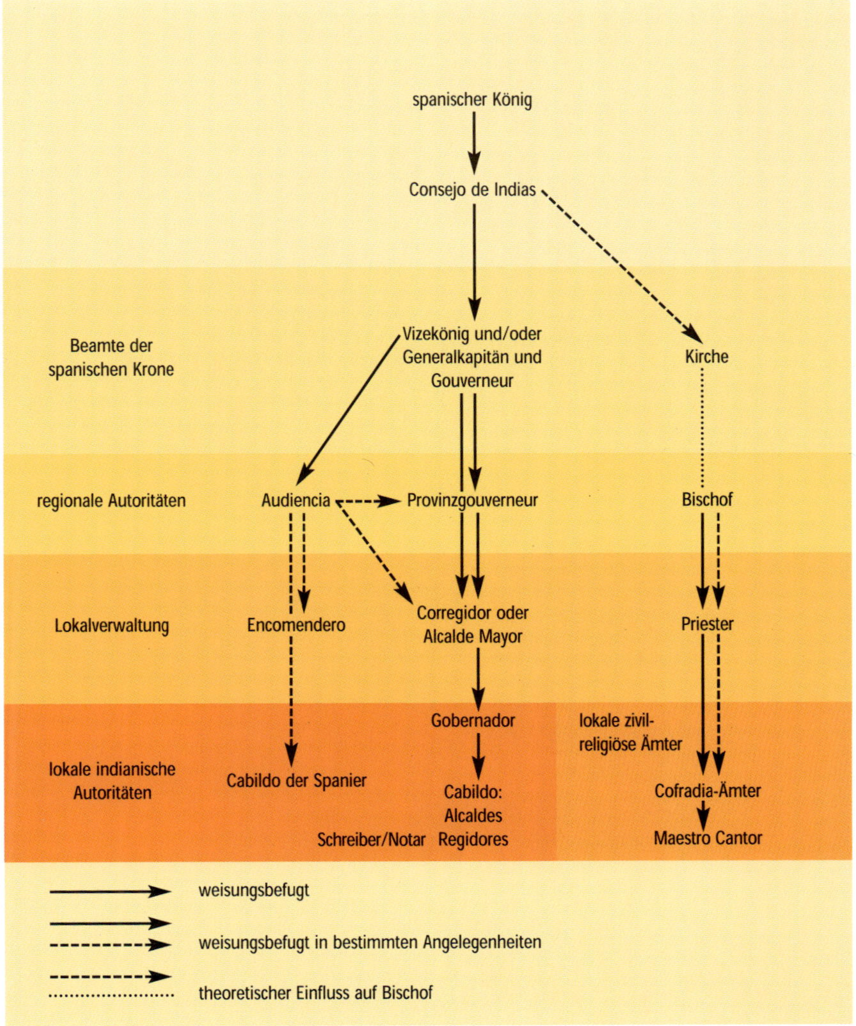

spanischer König
Consejo de Indias
Beamte der spanischen Krone
Vizekönig und/oder Generalkapitän und Gouverneur
Kirche
regionale Autoritäten
Audiencia
Provinzgouverneur
Bischof
Lokalverwaltung
Encomendero
Corregidor oder Alcalde Mayor
Priester
Gobernador
lokale zivil-religiöse Ämter
lokale indianische Autoritäten
Cabildo der Spanier
Cabildo: Alcaldes
Schreiber/Notar Regidores
Cofradía-Ämter
Maestro Cantor
weisungsbefugt
weisungsbefugt in bestimmten Angelegenheiten
theoretischer Einfluss auf Bischof

598 *Der Konvent von San Francisco. Antigua, Guatemala; Kolonialzeit, frühes 17. Jh.*
Antigua war in der Kolonialzeit das geistige und religiöse Zentrum Mittelamerikas; bekannt als Stadt der Kirchen und Klöster, die in dem für das damalige Spanien typischen plataresken Barockstil errichtet worden waren. Bereits 1541 wurde die neu gegründete Stadt durch einen Vulkanausbruch und ein Erdbeben zerstört, wieder aufgebaut und 1773 erneut von einem Beben heimgesucht.

599 *Die Ämter-Hierarchie in den spanischen Überseegebieten zu Beginn des 17. Jh.s*
Nach den spanischen Eroberungszügen galt es, eine geeignete Territorialverwaltung für die neuen Gebiete zu entwickeln. Dazu wurde zunächst der so genannte Indienrat *(Consejo de Indias)* eingesetzt. Die Weisungen des Indienrates gingen an die Vizekönige bzw. Gouverneure. Auf lokaler Ebene entschloss sich die spanische Krone, das Modell der spanischen Munizipalverwaltung auf die einzelnen Dörfer zu übertragen.

DIE GRAUSAMKEITEN DES FRANCISCO DE MONTEJO GEGEN DIE MAYA VON YUKATAN

Der spätere Bischof von Chiapas, Bartolomé de Las Casas, setzte sich bei der Spanischen Krone für die humane Behandlung der Maya ein und forderte ein Ende der Versklavung. Indem er oftmals Zahlen und Ereignisse übertrieben schilderte, gestand die Spanische Krone den Einheimischen bestimmte Rechte zu.

Bartolomé de Las Casas: Kurzgefasster Bericht von der Verwüstung der westindischen Länder.

(dt. Übersetzung von D. W. Andreä, 1790; herausgegeben von Hans Magnus Enzensberger; Sammlung insel 23)

Im Jahr eintausendfünfhundertsechsundzwanzig ward ein anderer boshafter Mensch zum Gouverneur der Provinz Yukatan ernannt, weil er den König mit Unwahrheit berichtete und lügenhafte Vorschläge tat. So machten es gewöhnlich alle dortige Tyrannen bis auf den heutigen Tag, damit sie zu Ämtern kamen und Aufträge erhielten, vermöge deren sie ungestraft rauben konnten …

Dieser Barbar fing damit an, dass er die guten schuldlosen Leute, die friedlich in ihren Wohnungen lebten und niemand das Geringste zuwider taten, mit dreihundert Mann, die er bei sich hatte, auf die grausamste Art bekriegte und eine große Anzahl von ihnen ermorden ließ. Da dies Land kein Gold enthielt – denn hätte er nur ein Stückchen Gold darin gefunden, so würde er sie in die Bergwerke geschickt haben, wo sie ohnedies umgekommen wären –, so beschloss er, diese Menschen, für welche Jesus Christus sein Leben gab, mit Leib und Seele in Gold zu verwandeln. Er machte demnach diejenigen, welche er nicht umbrachte, samt und sonders zu Sklaven; und da überall, wo man Sklaven witterte, eine Menge Schiffe bei der Hand waren, so ließ er dieselben schwer genug mit Menschen beladen, verhandelte sie gegen Wein, Öl, Weinessig, Speck, Kleidungsstücke, Pferde, kurz gegen alles, was entweder er oder seine Gefährten vonnöten hatten …

In diesem Reiche, oder in dieser Provinz von Neu-Spanien, pflegte Francisco Montejo mit seinen Hunden zuweilen Kaninchen und anderes dergleichen Wildbret zu fangen. Eines Tages fand er nichts zu jagen, und es schien ihm, als hätten seine Hunde Hunger. Da nahm er ein Knäbchen, welches er seiner Mutter entriss, hieb ihm mit seinem Dolche von Armen und Beinen ein Stück nach dem anderen herunter, und gab jedem Hunde sein Teil davon. Als sie nun diese Stücke aufgefressen hatten, warf er das Körperchen auf die Erde, damit sie es zusammen verzehrten. Hieraus kann man sehen, wie unbarmherzig die Spanier in diesen Ländern hauseten; welchergestalt Gott sie ganz in verkehrten Sinn dahin gab; wie wenig sie jene Menschen achteten, die Gott doch ebenfalls nach seinem Bilde erschaffen und für welche er sein Blut vergossen hatte.

600 *Tötung von Indianern. Aus: Theodorus de Bry, „Ad Urbe Novo"*
Theodorus de Bry, der selbst nie in Amerika war, hat ein umfangreiches, reich illustriertes Werk über die Entdeckung und Eroberung des gesamten amerikanischen Kontinents hinterlassen. Darin klagt er die spanischen Konquistadoren der Grausamkeit an. Da er die „Neue Welt" nicht aus eigener Anschauung kannte, stützte er sich auf Briefe, mündliche Berichte und Schriften über die Kolonialherrschaft, darunter auch Las Casas' Aufzeichnungen über die Zerstörung der Westindischen Länder.

Alte und neue Elite

Das neue politische System begünstigte die alten Eliten der Maya-Gesellschaft (Abb. 601). Die spanische Krone setzte sie in den Rang des kastilischen Adels. Männlichen Angehörigen war es erlaubt, den Titel Hidalgo zu tragen und sich als Don anreden zu lassen, die adligen Frauen ließen sich Doña nennen. Mit diesen Titeln war die Befreiung von jeglichen Steuerabgaben verbunden und die Absicht, die Kooperationsbereitschaft der ehemaligen Landesherren schnell zu gewinnen.

Eine Erleichterung bei der Einrichtung dieses Systems war es, dass verschiedene Ämter des *cabildo* offensichtlich mit vorkolonialen Ämtern der Maya-Gesellschaft korrespondierten. Zum Beispiel wird in zeitgenössischen Dokumenten der Gouverneurstitel oftmals auch mit dem Titel des *batab* oder des *halach winik* wiedergegeben. Das waren Bezeichnungen für politische Führungsämter innerhalb der yukatekischen Maya-Gesellschaft, die sich in ihren Befugnissen offensichtlich mit den Aufgaben des spanischen Gouverneurs deckten. Das Amt des Ratsherren sah man als Entsprechung für den vorkolonialen *ah kuch kab* an.

Der Werdegang einer indianischen Adelsfamilie in der Kolonialzeit lässt sich am Beispiel der Familie Pech schildern. Nach eigenen Angaben waren sie bei der Ankunft der Spanier Gebieter über mehrere Siedlungen an der nordwestlichen Küste der Halbinsel Yukatan, in der gleichnamigen Ceh-Pech-Provinz. Während der Eroberung Yukatans stellten sie sich schon sehr früh auf die Seite der Spanier und ließen sich zum Christentum bekehren. Eine Strategie, die offensichtlich Erfolg hatte. Die *cabildo*-Dokumente der Ceh-Pech-Region zeigen, dass im Jahre 1567 Angehörige der Pech-Familie in 21 von 25 Dörfern das Amt des Gouverneurs innehatten. Im 17. und 18. Jahrhundert waren die Pechs nachweislich in den Dörfern Yaxkukul, Ixil, Motul, Chuburna und Chicxulub ebenfalls als Gouverneure in Amt und Würden. Sie konnten ihre gehobene Position über viele Generationen erhalten. Mit dem sozialen und politischen Prestige war nicht zuletzt wirtschaftliche Prosperität verbunden. So verfügte die Pech-Familie im Dorf Ixil mit Abstand über den größten Grundbesitz (Abb. 5).

Nach den spanischen Vorgaben sollten die Amtsinhaber des *cabildo* jährlich durch Wahl neu bestimmt werden. Allerdings geben die vorhandenen Unterlagen, wie zum Beispiel aus dem yukatekischen Dorf Tekanto, nur unzureichend Auskunft über die Wahlberechtigten. Es scheint sich um die Honoratioren des Dorfes zu handeln, die sich gewissermaßen selbst ernannten.

Durch Kooperation mit den spanischen Kolonialherren konnte auch Iskin Nijaib', ein K'iche'-Maya aus Momostenango in Guatemala, seine politische und soziale Position in beiden Systemen aufrechterhalten. Schon kurze Zeit nach der Eroberung ließ er sich taufen und bekam den Namen Francisco Vico. Er unternahm große Anstrengungen, die vor den Spaniern geflüchteten Menschen wieder in Momostenango anzusiedeln und ihre Christianisierung voranzutreiben. In Momostenango erhielt er das Amt des indianischen Statthalters und Privilegien, wie den Titel Don tragen zu dürfen sowie ein Schwert und spanische Kleidung anzulegen. Auf Betreiben der Krone wurden ihm alle vorspanischen Rechte innerhalb der Maya-Gesellschaft zugesprochen. Die Anerkennung der K'iche'-Bevölkerung war ihm sicher durch seine Ernennung zu ihrem obersten Anführer (Abb. 605).

Im Land des Truthahns und des Honigs

Die wirtschaftliche Situation in der Kolonialzeit ist mit einem kurzen Blick auf die vorspanische Zeit besser zu verstehen. Wie aus den Angaben der Einwohner Yukatans um 1580 hervorgeht, produzierten sie Mais, Bohnen, verschiedene Gemüsearten und züchteten Truthähne. Die Bienenhaltung und die Honigproduktion waren ein wesentlicher wirtschaftlicher Faktor. Textilien wurden in großen Mengen gewebt. All diese Produkte wurden zumeist für den Eigenbedarf und als Tribut für den lokalen *batab* hergestellt. Die für die Weberei notwendige Baumwolle tauschte man in Xicalango am Golf von Campeche, in Bacalar oder in Nito an der Karibikküste. Dort befanden sich zentrale Tauschplätze, zu denen Händler aus fernen Gebieten kamen, sogar aus der aztekischen Metropole Tenochtitlan, um Produkte wie Kakao, Baumwolle, Edelsteine und Vogelfedern einzutauschen. Ein weiteres, sehr wichtiges Tauschobjekt der Postklassik waren Sklaven, die zum Teil aus Zentralmexiko stammten und dann an die Maya in Xicalango verkauft wurden. Von den Spaniern eingeführte Werkzeuge, Lasttiere (Pferde, Maultiere, Esel, Ochsen) und andere Nutztiere (Hühner, Ziegen, Schafe, Schweine, Rinder) wurden von der Maya-Bevölkerung sehr schnell angenommen, bewirkten aber keine völlige Umorientierung. So haben sich die landwirtschaftlichen Anbaumethoden in Yukatan bis heute kaum gewandelt. Der Versuch, Getreide für den spanischen Bedarf anzupflanzen, scheiterte, da sich das Klima mit seiner langen Trockenzeit als ungeeignet erwies. Die Rinderzucht hingegen wurde in zunehmendem Maße von indianischen Bruderschaften *(cofradías)* erfolgreich betrieben. Sie produzierten Fleisch für die Märkte der Stadtbewohner in Merida und Valladolid. Im guatemaltekischen Hochland entwickelte sich mit der Einführung von Schafen ein neuer Erwerbszweig. Sowohl die Maya als auch die Spanier produzierten erfolgreich Wolle, und regelmäßig stattfindende Märkte sorgten für die Abnahme.

601 *Stammbaum der Familie Xiu. Manuskriptseite aus dem Jahr 1557; Cambridge, Tozzer Library, Harvard University*
In der Absicht, vor den neuen spanischen Herren den Anspruch auf die Stadt Uxmal und deren Umland zu legitimieren, ließen Mitglieder der Fürstenfamilie Xiu im Jahr 1557 einen Stammbaum zeichnen, auf dem sie sich als Nachfolger des hier vor seiner Frau ruhenden sagenhaften Gründers der Stadt, Hun Uitzil Chac Tutul Xiu, auswiesen.

602 *„Mestizas yucatecas" – die yukatekische Frauentracht.* Stich von Désiré Charnay, aus: „Les anciennes villes du nouveau monde", 1885
Die yukatekische Frauentracht besteht bis in die Gegenwart aus einem weißen Unterrock *(pik)* und einem ebenfalls weißen, hemdartigen Übergewand *(iipil)*. Heute ist sie meist aus einem leichten Baumwollstoff gefertigt. Die Länge des Unterrockes variiert zwischen knie- und wadenlang, das Kleid ist zumeist knielang. Den Saum von Rock und Kleid schmückt eine breite, mit bunten Blütenmustern bestickte Bordüre, die bei eleganteren Kleidern von einem Spitzeneinsatz ergänzt wird. Der rechteckige Halsausschnitt ist ebenfalls mit einer solchen Borte verziert. Ein breiter Seidenschal, der lose über die Schultern gelegt wird, komplettiert die Tracht.

603 *Sisal-Hacienda in Yukatan, 19. Jh.*
Zahlreiche verlassene Sisal-Haciendas sind im Nordwesten der Halbinsel zu finden. Sisal wurde zwar erst im 19. und vor allem im 20. Jh. zum „Gold Yukatans", das in alle Welt ausgeführt wurde, doch angebaut hat man die Sisal-Agave zur Herstellung von Seilen und Geweben schon früher. Der Export brachte großen Reichtum nach Yukatan, doch profitierten davon ausschließlich die aus alten spanischen Familien stammenden Plantagenbesitzer, nicht die Maya, die durch eine Form von Leibeigenschaft zur lebenslangen Zwangsarbeit auf den riesigen Anwesen verpflichtet waren. Viele der prunkvollen Haciendas wurden nach der mexikanischen Revolution (1910/11) aufgegeben, werden aber heute als Hotels und Museen wieder entdeckt und hergerichtet.

604 *Seite aus dem Chilam Balam. Kaua, Yucatán, Mexiko; Kolonialzeit, 19. Jh.; Aufbewahrungsort: Mérida, Privatsammlung*
Im 19. Jh. fielen Forschern mehrere yukatekische Textsammlungen in die Hände. Aufgrund ihrer thematischen und inhaltlichen Übereinstimmungen erhielten sie den Gattungsnamen Chilam-Balam-Buch, denn die erste aufgefundene Handschrift dieser Art trug den Titel *el libro del Chilam Balam* („Das Buch des Chilam Balam"). Die bislang entdeckten neun Bücher werden nach ihren Herkunftsorten unterschieden. So stammt die abgebildete Zeichnung aus dem Chilam-Balam-Buch des Dorfes Kaua (bei Valladolid). Gerade dieses vermutlich Anfang des 19. Jh.s entstandene Exemplar zeigt den tiefen Einfluss der spanischen Kultur auf die Maya, die beispielsweise die europäischen Sternbilder übernahmen.

Das Leid der Eroberten

Eroberung bedeutet immer eine gewaltsame Inbesitznahme von Land und von Menschen, die der Gewalt der Eroberer ausgesetzt sind. Die spanischen Eroberer unterschieden sich darin in keiner Weise von anderen erobernden Heerscharen. Jeglicher Widerstand wurde mit gewaltsamer Unterdrückung beantwortet. Überzogene Forderungen in nahezu allen Lebensbereichen machten die Eroberten zu Sklaven (Abb. 603).

Weit größeres Unglück für die Gesamtbevölkerung brachten die von den Europäern eingeschleppten Krankheiten Grippe, Pocken, Masern und Scharlach. Sie waren auf dem amerikanischen Kontinent vor dem Kontakt mit den Europäern unbekannt und verursachten in den ersten Jahrzehnten der Kolonisierung Epidemien großen Ausmaßes. In den ersten 50 Jahren nach der Eroberung, so schätzt man, verlor beispielsweise der Ort Momostenango durch eingeschleppte Krankheiten bis zu 70 Prozent seiner Anwohner. Für ganz Yukatan wird ein Bevölkerungsrückgang von 2,3 Millionen auf weniger als eine halbe Million Menschen geschätzt. Ganze Dörfer blieben nach Grippe- oder Pockenepidemien verwaist zurück oder wurden von den wenigen Überlebenden verlassen. Bis in die späte Kolonialzeit kamen noch weitere Plagen hinzu, die eine drastische Dezimierung der Bevölkerung nach sich zogen; das Ausbleiben der Regenzeit und gelegentliche Heuschreckenplagen bildeten eine unheilvolle Kombination, die zu Seuchen und todbringendem Desaster führte.

Neue Handwerke und traditionelle Arbeitsteilung

Wandlungen in den Lebensgrundlagen brachten auch die von den Spaniern neu eingeführten Handwerke: das Schmiedehandwerk für Eisen, Gold und Silber, die Schneiderei, Hut- und Schuhmacherei, das Kerzenziehen und Seifensieden. Es war der indianischen Bevölkerung erlaubt, ein jedes dieser Handwerke zu erlernen und auszuüben. Damit eröffnete sich die Möglichkeit, unabhängig von der Familienzugehörigkeit durch wirtschaftlichen Erfolg eine angesehene Position innerhalb der Maya-Gesellschaft zu erreichen und in der sozialen Hierarchie aufzurücken. Die Schneiderin Pasquala Matu, die am 25. August 1766 im yukatekischen Dorf Ixil verstarb, hinterließ per Testament ihren Erben, dem Ehemann, vier Söhnen und zwei Töchtern, ein Haus mit Grundstück und zwei Brunnenanlagen sowie insgesamt 40 Kleidungsstücke für Männer wie für Frauen. Pasquala Matu war, angesichts der sozialen und wirtschaftlichen Verhältnisse, unter denen die Maya im 18. Jahrhundert lebten, eine vermögende Frau.

Der Zugang zu den spanischen Innungen war den Handwerkern jedoch verwehrt. Man kann daraus schließen, dass sie überwiegend für indianische Abnehmer produzierten, wie auch das Beispiel Pasquala Matus zeigt. Die von ihr hinterlassene Kleidersammlung deutet darauf hin, dass sie wohl ausschließlich für den Bedarf ihrer yukatekischen Mitbewohner schneiderte: Hose, Gürtel und Hemd für die Männer; Kleid, Unterrock und Bluse für die Frauen, so wie sie auch heute noch getragen werden (Abb. 602).

Aus der Verteilung von Erbgütern geht hervor, dass Frauen ihren Arbeitsbereich vorwiegend in und um das Anwesen hatten. Sie webten, kochten, versorgten die Kinder, züchteten Schweine und Geflügel und bearbeiteten den Gemüsegarten und die Obstbäume nahe dem Haus. Zum Arbeitsbereich der Männer gehörten die Holzwirtschaft, Honigproduktion sowie der Ackerbau. Ehepartner wirtschafteten also in getrennten Erwerbsbereichen, bildeten aber eine Versorgungsgemeinschaft. Die von den Frauen produzierten Stoffe sowie die aufgezogenen Tiere wurden auch von ihnen verkauft. Besonders der Weberei kam eine zentrale Rolle zu, da die Textilien wichtigstes Abgabegut an die spanische Krone waren. Was darüber hinaus produziert wurde, konnte auf dem heimischen Markt verkauft werden.

Die Christianisierung – Religion in neuem Gewand

Die Missionierung begann mit den Eroberungszügen des Hernán Cortés, der bereits 1519 bei seinem Aufenthalt auf der Insel Cozumel die ersten Taufen durchführen ließ. Franziskaner, Dominikaner und Augustiner, ausnahmslos Bettelorden, begleiteten die Eroberungszüge oder folgten ihnen (Abb. 606). In den folgenden Jahren fassten die Orden mit der Gründung von Diözesen und Konventen (Abb. 610, 611) in den neu eroberten Gebieten schnell Fuß (Abb. 608). Vor allem die Franziskaner kamen zahlreich und erwiesen sich als beharrlich in ihren Missionierungsbestrebungen. Das verhalf ihnen zu raschem Erfolg innerhalb der ersten 30 Jahre und einer herausragenden Rolle bei der Christianisierung.

Die Missionare versuchten zunächst die christliche Lehre über bestimmte Gesten und Zeremonien zu vermitteln: Kreuzzeichen, segnende Handbewegungen und Niederknien vor dem Kreuz. Mit dem Erlernen der indianischen Sprachen und deren orthografischer Umsetzung in das lateinische Alphabet war es den Mönchen später möglich, Lehrfibeln, Katechismen und Predigttexte in die jeweiligen Sprachen zu übertragen. Ein effizientes Mittel zur kontinuierlichen Verbreitung und Durchsetzung des Christentums war die Errichtung von Schulen für die Kinder der Adelsschicht. Die so Ausgebildeten sollten durch ihre Vorbildfunktion auf die Bevölkerung wirken und als Nachwuchs für Laienprediger dem chronischen Mangel an Missionaren aus dem Mutterland abhelfen (Abb. 607).

606 *Allegorie der spanischen Eroberung und christlichen Mission. Kupferstich, aus: „Rethorica christiana", Perugia 1579*
Das Schiff mit dem Kruzifix als Mastbaum ist eine Allegorie, die die enge Verflechtung von Conquista und Missionierung verdeutlicht. Im Zeichen des Keuzes wurden die Annexionen vorangetrieben. Tatsächlich wurden die Eroberungszüge nicht mit den hegemonialen Interessen des habsburgischen Hofes gerechtfertigt, sondern als Kreuzzüge zur Verbreitung des christlichen Glaubens deklariert. Die religiöse Sanktionierung von Gewalt und Unterwerfung unterschied sich nicht von der göttlichen Legitimation von Kriegen bei den Maya.

605 *Diego Vico. Lienzo in der Kirche San Vicente Buenabaj, El Quiché, Guatemala; Kolonialzeit, 1. Hälfte des 17. Jh.s*
Diego Vico war der bedeutendste indianische Kazike des Ortes Momostenango im Hochland von Guatemala in der ersten Hälfte des 17. Jahrhunderts. Seine gesellschaftliche Bedeutung resultierte aus seinen politischen Aktivitäten und seiner wirtschaftlichen Prosperität, die auf Rinderzucht basierte. Der Kirche San Vicente Buenabaj stiftete er u. a. einen silbernen Kelch, der zusammen mit seinem Porträt auch heute noch dort zu besichtigen ist.

In ihrer eigenen Literatur, den Chilam-Balam-Büchern, beschrieben die Maya den Übertritt zur neuen Religion mit dem Wechseln von Kleidung, denn aus ihrer Sicht war die Christianisierung mit einer aufgezwungenen Kleiderordnung verbunden, die von den Männern verlangte, Schuhe, Hosen und Hemden zu tragen (Abb. 604).

Die Missionierung führte jedoch nicht zu einem völligen Verlust der alten Religionsvorstellungen. Viele Einheimische begannen die neu erlernten christlichen Glaubensgrundsätze mit ihren ursprünglichen religiösen Traditionen zu verbinden. Diego Vico (1595–1675), K'iche'-Maya aus Momostenango und ein Nachfahre des Iskin Nijaib' (Abb. 605), förderte den Bau von Kirchen und Konventen in seinem Heimatort. In seinem Haus hatte er sich allerdings einen traditionellen Altar errichten lassen, an dem er die alten Zeremonien der K'iche'-Maya praktizierte. Zeitgenössische Gerüchte aus Momostenango besagen, Diego Vico hätte eine vorspanische Götterfigur besessen. Dabei habe es sich um die Statuette eines doppelköpfigen schwarzen Raubvogels gehandelt. Nur dem Schutz dieses *qab'awil* hätte Diego seinen wirtschaftlichen Erfolg zu verdanken, behaupteten seine Neider. Nicht nur in Mittelamerika verfolgte die katholische Geistlichkeit diese Tendenzen des „Irrglaubens" mit dem Instrument der Inquisition. Es gelang ihr jedoch nicht, die lokal unterschiedlichen Erscheinungsformen der Religionsausübung völlig zu verdrängen.

607 *Ein Franziskaner predigt den Indianern. Kupferstich, aus: „Rethorica Christiana", Perugia 1579*
Der Franziskanerorden vereinnahmte die gesamte Halbinsel Yukatan für seine Missionsbemühungen und duldete keine anderen Orden neben sich. Weiter im Süden, in Chiapas und Guatemala, wirkten allerdings auch Dominikaner und Jesuiten, Letztere vor allem im nördlichen Hochland von Guatemala. Der ausschließliche Anspruch auf die Bekehrung der Maya von Yukatan führte jedoch schon während der ersten fünf Jahre zu einem Mangel an Mönchen und Priestern. Um dem abzuhelfen, baten die Franziskaner in Briefen und Schriften in ganz Europa um die Aussendung weiterer Glaubensbrüder und gingen bald schon dazu über, indianische Laienprediger auszubilden, die als *maestros cantores* (Meister der Liturgie) den in den Dörfern agierenden Franziskanern Beistand leisteten.

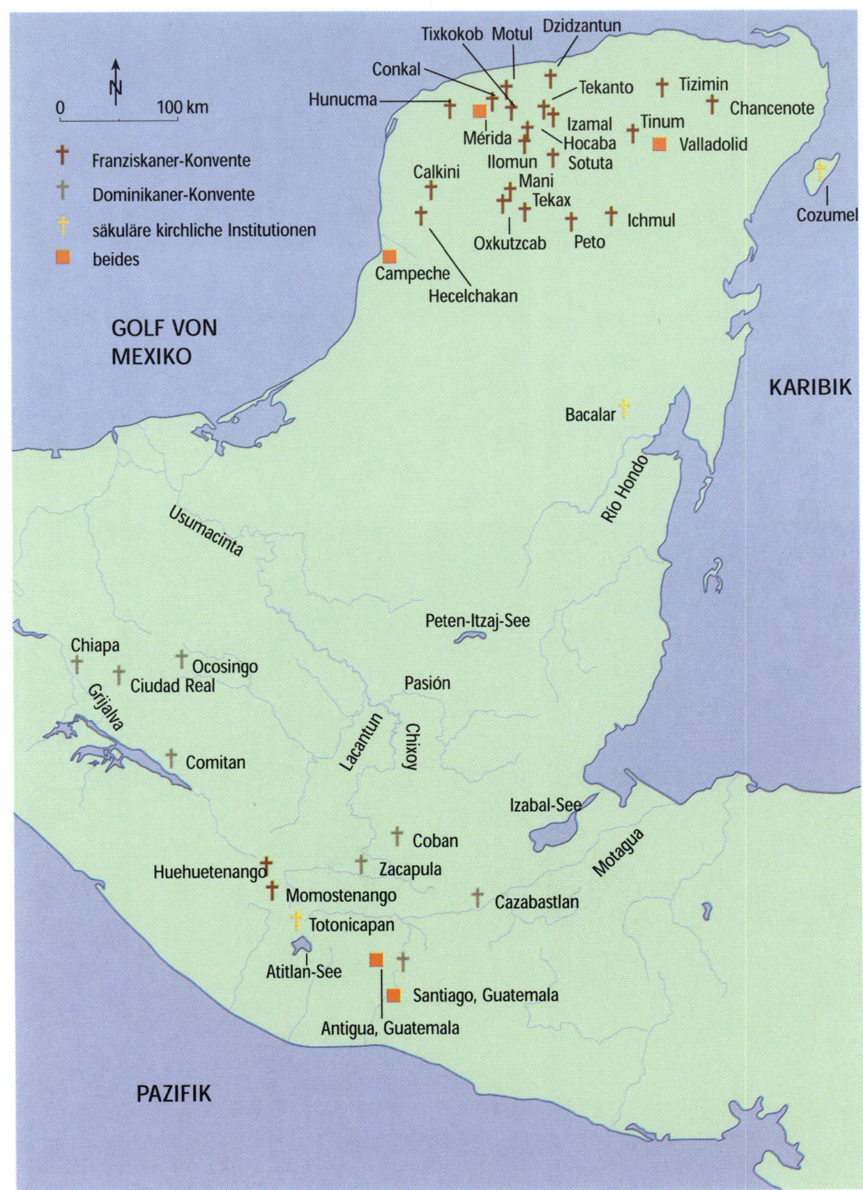

608 *Missionen und Siedlungszentren im Maya-Gebiet um 1600*
Bei der Verbreitung des Christentums taten sich zunächst besonders die Orden der Franziskaner und Dominikaner hervor. Die Verteilung der Missionssitze und Siedlungszentren zeigt die Schwierigkeiten und Unsicherheiten in der Nutzung der eroberten Gebiete. Auf Yukatan konnten die Spanier ihre Dominanz nur im Nordwesten und an der Küste als gesichert betrachten. Die Unwegsamkeit des noch weitgehend unbekannten Gebietes in Chiapas und Guatemala führte zur Gründung der ersten zentralen Missionsstationen an Flussläufen.

609 *„El Koche". Gemälde von Bernard Lemercier nach einem Gemälde von Frédéric Waldeck; 1838; Mexiko Stadt, Fomento Cultural Banamex*
Sänften waren in der Kolonialzeit das bevorzugte Fortbewegungsmittel auf der Halbinsel Yukatan. Auf unwegsamem Gelände, wo Felsen und Baumwurzeln die Anlage von geraden Straßen unmöglich machten und tropische Regengüsse tiefe Schlammlöcher verursachten, ließen sich die Spanier auf Tragstühlen transportieren, die jeweils von vier Maya auf den Schultern getragen wurden. Das Maya-Wort für Sänfte, *k'och*, verballhornten sie zu *Koche*.

Rebellionen

Die Maya reagierten jedoch nicht nur mit Anpassung auf die Eroberung und Besetzung ihres Lebensraumes. Ganz im Gegenteil haben sich in keiner anderen Region Mesoamerikas so viele Aufstände abgespielt wie in den Maya-Gebieten.

Die Reihe der Rebellionen beginnt 1546 mit einem Aufruhr im Osten der Halbinsel Yukatan. In der recht dünn besiedelten Gegend formierten sich die Maya-Gruppen aus Cupul, Cochua, Sotuta und Uaymil-Chetumal. Sie überfielen und töteten die wenigen spanischen Siedler. Der alternde Eroberer Francisco Montejo ließ daraufhin seinen Sohn und seinen Neffen mit Truppen aus Campeche in Richtung Osten aufbrechen. Ihnen gelang es schließlich, den Aufstand niederzuschlagen und die Maya aus den besetzten Gebieten, darunter den Städten Valladolid und Chetumal, zu vertreiben. Die Anführer wurden zum Tode durch Verbrennen verurteilt, aber auf Gesuch des Franziskanerpaters Villalpando schließlich begnadigt. Religiöse Bewegungen führten im Hochland von Chiapas in den Jahren von 1708 bis 1713 zu Unruhen und schließlich zu einem blutigen Aufstand gegen die spanische Herrschaft. Ausgangspunkt waren neu entstandene religiöse Kulte, die sich auf Erscheinungen von Heiligen bezogen. So war der Tzotzil-Maya Dominica López aus Santa Marta während der Feldarbeit im Herbst 1711 die Jungfrau Maria erschienen und hatte sie um ein festes Haus an dem Ort ihrer Erscheinung gebeten. Wiederhol soll die Jungfrau Maria gesehen worden sein, sodass sich immer mehr Anhänger ihres Kultes fanden. Die Anbetung der Jungfrau Maria verselbstständigte sich, und die Tzotzil erbauten eine Kapelle, führten große Festlichkeiten durch, zu denen Pilger von weit her anreisten. Die spanische Obrigkeit wie auch die Kirche, die keine Kontrolle über das Geschehen mehr hatte, vermutete heidnische Rituale und verbat die Anbetung. Kulte dieser Art lebten in den Tzotzil-Gemeinden Zinacantan, Santa Marta und Chenalho auf. Durch Verfolgung und Unterdrückung der Anhänger wurden diese Bewegungen schon nach kurzer Zeit erstickt.

Anders war der Fall der Tzeltal sprechenden Gemeinde Cancuc. Im Mai 1712 erschien die Jungfrau Maria einer jungen Frau namens María de la Candelaria in einem kleinen Dorf außerhalb von Cancuc. Der Kult entwickelte sich auf ganz ähnliche Weise wie in Santa Marta. Die Ablehnung von kirchlicher Seite führte jedoch zur Loslösung von der katholischen Kirche. Die Anhänger des Kultes beschlossen, die Zeremonien ausschließlich von indianischen Vikaren durchführen zu lassen, was nach geltenden Bestimmungen verboten war. Um den zu erwartenden Sanktionen von spanischer Seite zu begegnen, schlossen sich mehrere Siedlungen zusammen. Die Spannungen zwischen beiden Lagern, den verbündeten Maya-Gemeinden und den aufrüstenden Spaniern, kulminierten schließlich im Überfall der Maya auf die Stadt Ciudad Real de Chiapas. Die Auseinandersetzungen zogen sich noch bis Mitte des Jahres 1713 hin, schließlich gewannen die Regierungstruppen die Oberhand und konnten den Kult und die Schar seiner Anhänger zersprengen. Ob die Rebellion von Quisteil 1761 bis 1762 in Yukatan wirklich ein Aufstand war oder nur der missglückte Versuch, ein Dorffest zu verlängern, wird in der Forschung bislang diskutiert. Als ein spanischer Händler auf den Wunsch betrunkener Männer nach mehr Alkohol nicht einging, wurde er in einem Handgemenge tödlich verletzt. Schnell verbreitete sich das Gerücht, dass die Maya in Quisteil einen Aufstand planten. Die Eroberer entsandten sofort eine kleine Truppe von Soldaten, die jedoch auf eine Übermacht der Maya traf. Nach dieser Niederlage breitete sich Panik unter der spanischsprachigen Bevölkerung aus. Es hieß, dass unter der Leitung eines Jacinto Canek, der sich zum König hatte ausrufen lassen, bis zu 3000 Mann unter Waffen stünden. Eine weit größere Streitmacht wurde von Seiten der Spanier entsandt, die schließlich auf eine zwar große Anzahl von Maya traf, die allerdings schlecht ausgerüstet waren. Mit geringen Verlusten konnten die Regierungstruppen den Aufstand der Maya niederschlagen. Jacinto Canek und seine Anhänger wurden nach tagelanger Hetzjagd gefasst. Ein Gerichtsverfahren verurteilte ihn sowie acht Anhänger zum Tode. Berühmtheit erlangte die Rede des Jacinto Canek, die er vor seinen versammelten Anhängern gehalten haben soll. Er schilderte die elende Situation der Maya-Bevölkerung, die ausgebeutet und misshandelt wurde, und den Amtsmissbrauch durch Beamte und Geistliche, die maßlose Abgaben und Frondienste erzwangen. Der Ort Quisteil wurde nach diesen Geschehnissen geschleift und die Erde mit Salz unfruchtbar gemacht. Er wurde nie wieder besiedelt und kann bis heute nicht genau lokalisiert werden.

611 *Franziskaner-Konvent. Izamal, Yucatán, Mexiko;* Kolonialzeit, 1553–1562
„Ein erfreulicher Anblick, aber auch ein Skandal, den der heilige Franziskus sicherlich nicht geduldet hätte", soll Francisco Toral, erster Bischof von Yukatan, beim Anblick des großzügig angelegten Franziskanerklosters von Izamal gesagt haben. Izamal war bereits in vorspanischer Zeit Zentrum eines großen Heiligtums. Es war also eine wohl durchdachte und sehr gezielte Entscheidung, genau an diesem Ort eine beeindruckende Architektur zu errichten, um der Maya-Bevölkerung Größe und Glanz des christlichen Glaubens zu verdeutlichen. Der Architekt Pater Juan de Mérida folgte im Wesentlichen den Vorgaben des Prälaten Diego de Landa.

610 *Der Platz vor dem Konvent. Mani, Yucatán, Mexiko; Kolonialzeit, Baubeginn 1549*
Mit dem Bau der mächtigen Klosteranlage von Mani wurde im Jahr 1549 begonnen. Zunächst errichtete man eine große, offene Kapelle, vor der sich die missionierten Indianer zur Messe im Freien versammelten. Solche Hallenkirchen gab es vielerorts; sie waren die ersten christlichen Gebäude auf der Halbinsel. Die eigentliche Kirche kam erst später hinzu. Auf dem Platz vor dem Konvent ließ Diego de Landa, der Bischof von Yukatan, am 12. Juli 1562 die aus vielen Dörfern zusammengetragenen Codices der Maya verbrennen. Zuvor waren die Kaziken gepeinigt und gefoltert worden, um aus ihnen das Geständnis herauszupressen, dass sie nach wie vor dem Teufel huldigten.

FORSCHUNG

SPURENSUCHE – ZUR ENTDECKUNG DER MAYA DURCH DIE WISSENSCHAFT

Eva Eggebrecht

Im Spätsommer 1519, unmittelbar bevor er von der Küste bei Veracruz zur Eroberung des Reiches der Azteken ins Hochland Mexikos aufbrechen wollte, schickte Hernán Cortés (1485–1547) zwei Kuriere auf den Weg nach Spanien. Alonso Hernandez de Puertocarrero und Francisco de Montejo, einer der späteren Eroberer Yukatans, sollten eine Botschaft an den spanischen Hof überbringen. Cortés wollte sich darin des Wohlwollens des Königs versichern und die Genehmigung für seine Eroberungspläne in Mexiko einholen. Er bedurfte dieser Rückversicherung, da er sich zu diesem Zeitpunkt im Stand der Rebellion gegenüber der spanischen Krone befand. Er hatte gegen ihren Willen und in Überschreitung seiner Vollmachten die Stadt Veracruz Llave gegründet.

Das Schiff, das die Nachrichten ins Mutterland überbringen sollte, hatte eine überaus wertvolle Ladung an Bord: Um sein Anliegen bei Hofe zu fördern, übersandte Cortés das dem spanischen König zustehende „Fünftel", einen ersten großen Schatz aus den Ländern, die wenig später Neuspanien heißen sollten und dessen Statthalter im Auftrag der spanischen Krone Cortés wurde (Abb. 614). Es handelte sich um Beute und Tauschobjekte, die sein Expeditionsheer auf der Fahrt von Kuba um die Halbinsel Yukatan herum bis an die mexikanische Küste bei „Kontakten" mit der einheimischen Bevölkerung zusammengetragen hatte (Abb. 613).

Die Prunkstücke dieses Schatzes allerdings stammten vom Azteken-Herrscher Motecuzoma persönlich. Mehrfach hatte dieser Trupps schnellfüßiger Lastträger unter Führung hochrangiger Höflinge auf eine viertägige Strecke über das Gebirge an die Küste geschickt, um Cortés und sein biwakierendes Expeditionskorps mit üppigen Geschenken zum Verlassen des Landes zu bewegen, ihn zumindest aber von der Metropole Tenochtitlan fern zu halten. Chronisten der damaligen Zeit beschrieben die schönsten Stücke, die Cortés erhielt, mit folgenden Worten: „Das Erste war eine außerordentlich schöne Arbeit, eine goldene, reich verzierte Scheibe in der Größe eines Wagenrades, die nach der Meinung von Kennern ihre zwanzigtausend Goldpiaster wert war. Sie stellte die Sonne dar. Dann kam der Mond, eine noch größere, schwere silberne Scheibe, mit zahlreichen Figuren verziert. [...] Und schließlich übergaben die Kaziken die Sturmhaube [einen spanischen Helm, den sie bei früheren Besuchen erhalten hatten] bis oben hin mit feinen Goldkörnern gefüllt, wie sie aus den Bergwerken kommen. Sie waren mindestens dreitausend Piaster wert. Aber selbst der zehnfache Wert wäre für uns weniger gewesen als die Gewissheit, dass es in diesem Lande reiche Gold- und Silbergruben geben musste."

Motecuzoma erreichte mit seiner Beschwichtigungstaktik genau das Gegenteil dessen, was er beabsichtigt hatte. Statt die Spanier mit den überreichen Geschenken zum Verlassen der Küste bei Veracruz zu bewegen, beflügelte er deren Habgier und veranlasste sie, die Suche nach Gold, die bislang auf Yukatan erfolglos geblieben war, in das aztekische Reich zu verlagern. Die Eroberung Mexikos, das heißt des Azteken-Reiches, war somit beschlossene Sache, nachdem der spanische Hof sich von der Pracht, der Kunstfertigkeit und dem unermesslichen Wert der Geschenke überzeugt hatte.

Angesichts der Gefahren, die eine Atlantiküberquerung damals noch mit sich brachte, war es ein Glücksfall, dass das Schiff und seine kostbare Ladung sicher in Spanien ankamen.

612 *Stele A. Quirigua, Izabal, Guatemala; 25. Dezember 775 n. Chr.; Sandstein*
Quirigua wurde als eine der ersten Maya-Städte systematisch wissenschaftlich erforscht. Entdeckt von John Lloyd Stephens und Frederick Catherwood, wurde der Ort im späten 19. Jh. mehrfach von Alfred Maudslay besucht, der erste Ausgrabungen im Zentrum finanzierte und die meterhohen Stelen fotografierte. Anfang des 20. Jh. legten Edgar Lee Hewett und Sylvanus Morley die berühmten tonnenschweren Steinmonolithe frei, die als „Zoomorphe" bekannt wurden.

613 *Indianische Kaziken übergeben Cortés Geschenke. Zeichnung aus der „Historia de las Indias" von Diego Durán; 1588; Madrid, Biblioteca Nacional*
Bei seinen zahlreichen Begegnungen mit der einheimischen Bevölkerung der Halbinsel Yukatan und der mexikanischen Golfküste wurden Hernando Cortés immer wieder Gastgeschenke überreicht, wie hier auf einer Zeichnung aus dem 16. Jh. zu sehen ist. Die indianischen Adligen hofften, den Konquistadoren und seine spanischen Abenteurer damit zum Verlassen des Landes zu bewegen oder ihn zumindest von der Metropole Tenochtitlan fern zu halten. Viele dieser Präsente wurden als Teil des der Krone zustehenden „Fünftels" nach Europa geschickt, wo sie später den Grundstock mexikanischer Sammlungen in den Museen bildeten.

Die Sendung des Hernán Cortés' erregte in der Tat europaweites Aufsehen. Die Historiker der ersten Stunde hielten das Ereignis in ihren Berichten fest. Die kunstfertigen Arbeiten aus Gold und Silber, edlen Steinen, die Felle und Federn exotischer Tiere wurden als Zeugnisse dieser unerwartet hoch entwickelten Kultur des aztekischen Hofes in Sevilla, Valladolid und Brüssel bestaunt. Dort sah sie Albrecht Dürer, der begeistert schrieb, er habe in seinem Leben nichts vergleichbar Schönes gesehen. Seither ist oft bedauert worden, dass er diese Dinge nicht gezeichnet hat.

Immerhin existieren Listen mit kurzen Beschreibungen des Inhalts dieses ersten großen Konvoluts altamerikanischer Kunstwerke. Die moderne Forschung hat versucht, den Weg der Objekte durch die fürstlichen Kunst- und Raritätenkabinette hindurch zu verfolgen, mit dem Ergebnis, dass sich keiner der aufgelisteten Gegenstände noch mit Sicherheit in den heutigen Sammlungen und Museen nachweisen lässt. Es ist auch kaum vorstellbar, dass die Gold- und Silberschmiedearbeiten Kriege und Plünderungen im Europa der letzten 500 Jahre überdauert haben sollten. Textilien, Federn und Leder dürften häufig durch unsachgemäße Lagerung verrottet sein.

615 *Alexander von Humboldt. Ölgemälde von Georg Friedrich Weitsch, 1806; Berlin, Staatliche Museen Preußischer Kulturbesitz*
Alexander von Humboldt näherte sich dem amerikanischen Kontinent als Universalgelehrter. Es gab kaum einen Bereich der Wissenschaft, der nicht sein Interesse hervorrief. So widmete er sich der Geografie, der Geologie, der Bergbaukunde, der Zoologie, der Biologie und der politischen Situation der Länder Lateinamerikas und schließlich auch ihrer vorspanischen Geschichte. Auf seinen Reisen in den Jahren 1799 bis 1804 ist er nie in das Gebiet der Maya gelangt, doch hat er der Maya-Forschung mit der allerersten Publikation von fünf Seiten des Dresdner Codex einen sehr großen Dienst erwiesen.

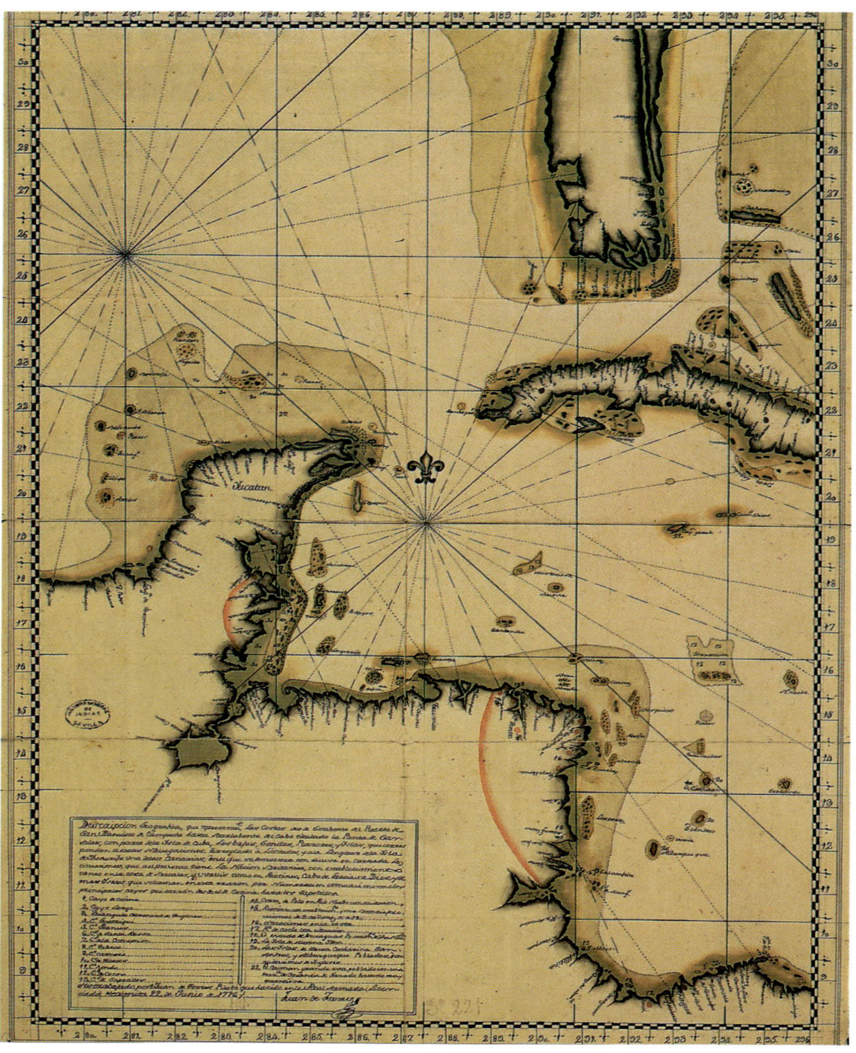

614 *Karte der Halbinsel Yukatan, des Golfes von Honduras und der Insel Kuba. Ende 16. Jh./Anfang 17. Jh.;Sevilla, Archivo Real de las Indias*
Die ersten Karten der Halbinsel Yukatan stellten sie als Insel dar. Erst die Expeditionen von Cortés und anderen spanischen Abenteurern ergaben, dass sie mit Mexiko und den sich südlich anschließenden Ländern Honduras und Nicaragua verbunden ist. Dieser Plan zeigt, dass den spanischen Kartografen zunächst nur der Verlauf der Küstenlinien bekannt war. Das Binnenland dagegen war weitgehend unerforscht, allein die wenigen neu gegründeten Städte und Klosteranlagen beleben die „weißen Flecken".

Maya-Bücher in Europa

Ein gewisser Francisco López de Gómara (1511 bis um 1566), der um die Mitte des 16. Jahrhunderts im Auftrage der Familie Cortés seine „Historia de las Indias – Conquista de México" verfasste, ging in dieser Darstellung auch auf die von seinem Auftraggeber an den spanischen Hof gelieferten aztekischen Kunstgegenstände ein. Er wandte sich zunächst den Gold- und Silberwaren, den kostbaren Steinen und anderen Dingen zu, doch er erwähnte auch Folgendes: „Unter all diesen Gegenständen waren auch einige Bücher mit gemalten Figuren, wie sie die Mexikaner als Schrift verwenden, zusammengefaltet wie Tuch, aus den Blättern der Agave – eine bewunderungswürdige Sache. Da man aber ihre Bedeutung nicht verstand, wurde ihr Wert gering geachtet." Eine weitere Quelle wird noch etwas detaillierter: „Zu erwähnen sind noch Malereien, weniger als eine Handspanne breit, zusammengefaltet zur Form eines Buches, das man auseinander breiten kann. Die Buchstaben unterscheiden sich sehr von den unseren, erinnern eher an die Schrift der (alten) Ägypter. Die Bücher sind aus dem Bast eines Baumes gefertigt und mit einer dünnen Schicht einer Art Stuck überzogen. Die äußeren Deckel sind Holztäfelchen. Bemalt sind sie mit Figuren von Menschen und Tieren und anderen Gegenständen. In regelmäßigen Zeilen angeordnet, berichten diese Bilder wohl von den Taten königlicher Vorfahren, astronomischen Kenntnissen, gewissen Berechnungen sowie Opfersitten und Gebräuchen der Aussaat."

Unschwer lässt sich aus heutiger Sicht anhand dieser teils ungenauen, teils missverständlichen Angaben erkennen, dass mit diesen „Büchern" Maya-Handschriften gemeint sind. Eine einleuchtende Hypothese besagt, dass sich unter diesen Manuskripten die „Dresdner Maya-Handschrift", der Codex Dresdensis, befunden haben könnte. 1739 in Wien für die Sächsische Kurfürstliche Hofbibliothek erworben, wurde sie von den verantwortlichen Bibliothekaren stets als „rarer Schatz", „Schatz erster Größe", ja als „hervorragendstes bis jetzt bekanntes Geisteswerk der westlichen Halbkugel" bezeichnet.

Als der Universalgelehrte Alexander von Humboldt (1769–1895; Abb. 615) die Ergebnisse seiner fünfjährigen Forschungsreisen in Süd- und Mittelamerika zur Publikation vorbereitete, erbat er 1810 Farbkopien einiger Seiten des Codex Dresdensis, auf den ihn der Dresdner Altertumskenner Carl August Böttiger (um 1760–1835) aufmerksam gemacht hatte (Abb. 616). Humboldt beobachtete sogleich, dass „der Codex in der Oekonomie von den übrigen [mexikanischen] abweicht". Doch die Handschrift galt weiterhin als „mexikanisch", was gleichbedeutend mit „aztekisch" war. Mit den Reproduktionen von fünf Seiten des Codex in Humboldts Pariser Ausgabe der „Vue des Cordillères et monuments des peuples indigènes de l'Amerique" wurde zum ersten Mal ein „Monument hieroglyphique" der Maya publiziert. Proportional zur Popularität von Humboldts Werken wuchs auch der Bekanntheitsgrad des Codex Dresdensis, der von da an eine zentrale Rolle in der Maya-Forschung spielen sollte.

616 *Dresdner Codex, Seiten 47 bis 49. Reproduktion aus: Alexandre de Humboldt, Atlas pittoresque. Vues des Cordillères, et monuments des peuples indigènes de l'Amérique, Paris 1813, kl. 45*

In einem Brief vom 10. August 1810 bedankte sich Alexander von Humboldt bei dem Dresdner Archäologen Carl August Böttiger (1760–1835) für Hinweise auf den Codex Dresdensis. Nachdem Humboldt fünf Seiten daraus abgedruckt hatte, konzentrierten sich Deutungsversuche vor allem auf dieses Manuskript.

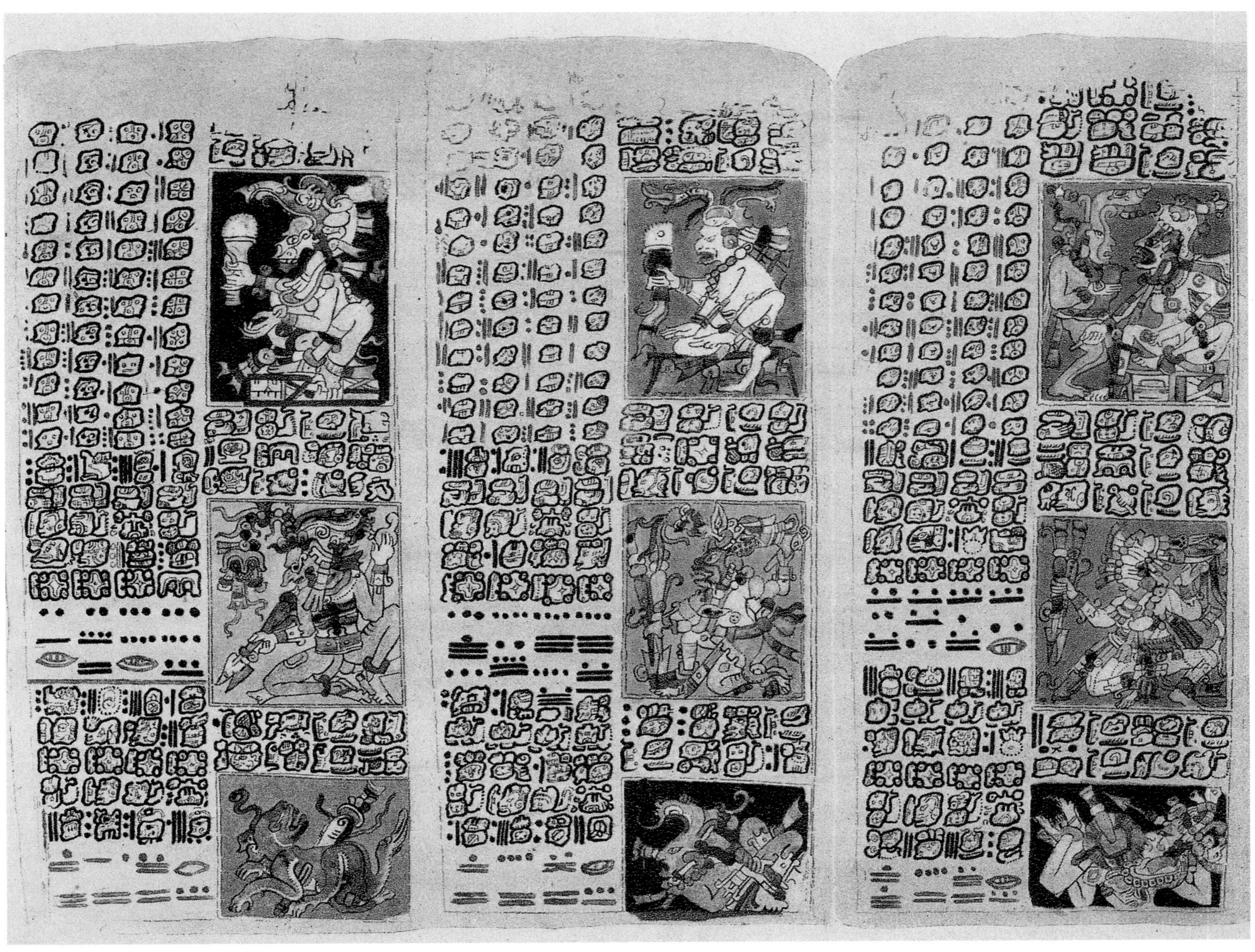

617 *Der Ostflügel der Casa de las Monjas, von Osten gesehen. Chichen Itza, Yucatán, Mexiko; Foto von Teobert Maler aus dem Jahr 1894; Berlin, Ibero-Amerikanisches Institut, Bildarchiv Preußischer Kulturbesitz*
Die Fotografien des deutsch-österreichischen Pioniers der Maya-Forschung, Teobert Malers, bestechen sowohl durch ihre Schärfe und den großen Detailreichtum wie auch durch ihre sorgfältig kalkulierte Licht- und Schattenwirkung. Maler verbrachte oft mehrere Tage damit, den besten Sonnenstand für eine ganz bestimmte Aufnahme herauszufinden. Häufig platzierte er auch seine Maya-Hilfskräfte vor den Bauwerken, damit die Fotos auch einen Eindruck von den Dimensionen vermitteln. Die Negative entwickelte er gleich vor Ort, um sie vor Transportschäden zu schützen und die Qualität zu kontrollieren.

618 *Panoramaansicht der Tempel und Paläste von Hochob. Hochob, Campeche, Mexiko; Foto von Teobert Maler aus dem Jahr 1888; Berlin, Ibero-Amerikanisches Institut, Bildarchiv Preußischer Kulturbesitz*
Auf seinen Reisen durch die verlassenen Regionen im Nordwesten der Halbinsel Yukatan in den Jahren 1885 bis 1894 wurde Teobert Maler von Maya auch zu den Ruinen von Hochob geführt, die der ortsansässigen Bevölkerung schon lange bekannt waren. Maya aus dem Ort Dzitbalchen hatten in der Gegend *milpas* angelegt und benutzten die Räume des Palastes zur Aufbewahrung der Maiskolben. Darauf bezieht sich auch der Name Hochob, der auf Maya „ernten" bedeutet.

619 *Gebäude 33. Yaxchilan, Chiapas, Mexiko; Foto von Alfred Percival Maudslay aus dem Jahr 1882; London, British Museum*
Der englische Pionier Alfred Percival Maudslay hatte Yaxchilan im Jahr 1882 nur wenige Tage vor der Ankunft des Franzosen Désiré Charnay entdeckt. Als echter Gentleman überließ er seinem Kollegen die Ehre, als Erster eine Schrift über diese bedeutende Stadt zu veröffentlichen. Charnay nannte Yaxchilan nach seinem Geldgeber „Cité Lorillard"; erst durch Teobert Maler erhielt es seinen jetzigen Namen. Maudslay ließ etliche der kunstvoll skulptierten Türsturze Yaxchilans nach London transportieren; diejenigen von Gebäude 33 jedoch blieben bis heute an ihrem Ort.

Versunkene Städte

Die Möglichkeit, dass Handschriften oder auch Gräber ein Dasein im Verborgenen fristen können, ist leicht einsehbar. Wie aber verhielt es sich mit den Denkmälern, die von Maßen und Material her nicht zu übersehen sind und heute nach Zahl und Umfang die bedeutendsten Zeugnisse der Maya-Kultur über weite Strecken ihrer Geschichte darstellen? Ist es denkbar, dass die auf Pyramidenunterbauten emporgehobenen Tempel, die Paläste und Stelen, die riesigen Stadtanlagen unsichtbar gewesen wären? Bei der Beantwortung dieser Frage muss nach Region und Epoche unterschieden werden. Als die Spanier im 16. Jahrhundert auf die Maya der Postklassik trafen, kamen sie nicht als interessierte Kunstliebhaber, sondern als Konquistadoren auf der Suche nach Reichtümern. In einem umfangreichen Bericht aus der zweiten Hälfte des 16. Jahrhunderts äußert Diego de Landa (1524–1579; Abb. 620) über die vorgefundene Architektur des nördlichen Yukatan:

„Wenn Yukatan sich durch die Vielzahl, Größe und Schönheit seiner Bauwerke einen Namen machen und Berühmtheit erlangen sollte, wie andere Teile der Indias es mit Gold, Silber und anderen Schätzen erreicht haben, so hätte sich sein Ruf so sehr wie jener Perus und Neuspaniens verbreitet, denn gerade die Bauwerke und ihre Vielzahl sind das Bedeutsamste, was man bisher in den Indias entdeckt hat, weil sie so zahlreich sind, sich an so vielen Orten befinden und in ihrer besonderen Art so gut aus Quadersteinen errichtet wurden, dass es in Erstaunen setzt."

Doch vergeblich erhofft man aus Landas Bericht Details über die Architektur der spätklassischen und postklassischen Epoche oder sucht in den frühen historischen Aufzeichnungen nach Hinweisen auf die klassischen Zentren monumentaler Repräsentationsarchitektur, nach Stätten wie Tikal, Yaxchilan oder Palenque. Im Tiefland gelegen, waren diese Städte offenbar „versunken" unter der Hülle tropischer Vegetation. Wenn von der Wiederentdeckung der Metropolen der klassischen Epoche die Rede ist, wird tatsächlich der Begriff „versunken" immer wieder verwendet. Eine Ausnahme bildete Copan ganz im Südosten des Maya-Gebietes, im heutigen Honduras, wo die geografische Lage und das Klima verhinderten, dass die Ruinen vollständig vom Urwald überwuchert wurden. Die späteren Bewohner der Gegend von Copan wussten die Hinterlassenschaft ihrer Vorfahren nicht mehr zu deuten, auch wenn Copan leichter zugänglich blieb als viele Maya-Siedlungen im zentralen Tiefland.

Diego Garcia de Palacio, der im Auftrag der Audiencia von Guatemala eine Inspektionsreise durchführte, berichtet in seiner „Carta dirijida al Rey de España por el Licenciado Dr. Don Diego Garcia de Palacio" („Bericht des Licenciado Dr. Don Diego Garcia de Palacio für den König von Spanien"), 1576: „In der Nähe, an der Straße nach der Stadt San Pedro, in der ersten Stadt in der Provinz Honduras, Copan genannt, finden sich Ruinen und Spuren einer zahlreichen Bevölkerung und beeindruckend schöner Bauten, mit so großem Können errichtet, dass sie niemals von so

rohen Leuten errichtet worden sein können wie den heutigen Bewohnern. Sie liegen an einem schönen Fluss in exzellent gewählter Lage, klimatisch gemäßigt. Fruchtbar ist die Gegend, mit reichen Beständen an Fischen und Wild. [...] Bevor man nun die Ruinenstätte betritt, sieht man einen großen Adler aus Stein mit einer Brustplatte aus Stein, fast einen Meter im Durchmesser, bedeckt mit unbekannten Schriftzeichen. [...] Dann folgen verfallene Bauwerke. [...] Auch eine Statue von über drei Metern Höhe ist darunter, sie gleicht einem Bischof im Pontifikalornat mit einer schön geschlungenen Mitra auf dem Kopf und Ringen an den Fingern. [...] Es gibt dann einen Platz mit weiteren Statuen. Mir scheint, dass diese Statuen Idole waren, denn vor ihnen finden sich große Steine mit kleinen Becken, in denen wohl das Blut der Opfer aufgefangen wurde."

Mit einigem guten Willen erkennt man in dem „Adler" einen Papagei von einem der Steinmosaike vom Ballspielplatz in Copan (s. Colas/Voß, S. 191) und in der Skulptur im Bischofsornat eine der Stelen, wie sie etwa 250 Jahre später Frederick Catherwood beschrieben hat.

Palacios Bericht war allerdings zum Zeitpunkt von Catherwoods Entdeckung nahezu unbekannt. Er ruhte seit 1576 in den Archiven der spanischen Verwaltungsbehörden, wurde 1840 in einer nicht sehr sorgfältigen französischen Fassung einem breiteren Publikum bekannt gemacht und erst 1859 in einer zweisprachigen Ausgabe auf Spanisch und Englisch publiziert.

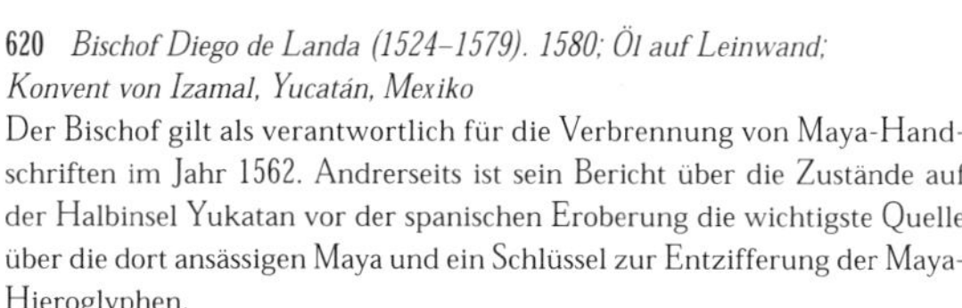

620 *Bischof Diego de Landa (1524–1579). 1580; Öl auf Leinwand; Konvent von Izamal, Yucatán, Mexiko*
Der Bischof gilt als verantwortlich für die Verbrennung von Maya-Handschriften im Jahr 1562. Andrerseits ist sein Bericht über die Zustände auf der Halbinsel Yukatan vor der spanischen Eroberung die wichtigste Quelle über die dort ansässigen Maya und ein Schlüssel zur Entzifferung der Maya-Hieroglyphen.

621 *Charles Etienne Brasseur de Bourbourg (1814–1874). Lithografie*
Wenn Brasseur de Bourbourg nach wie vor einen festen Platz in der Geschichte der Maya-Forschung beanspruchen kann, so hängt das weniger mit seinen zahlreichen und zum Teil auch umfangreichen Veröffentlichungen zwischen 1851 und 1873 zusammen als vielmehr damit, dass er wesentliche Manuskripte, darunter auch den Bericht von Landa, entdeckte und – wie unzuverlässig auch immer – übersetzte und publizierte.

622 *John Lloyd Stephens (1805–1852). Lithografie*
Nach seinen Forschungsexpeditionen in Mittelamerika wandte sich Stephens bedeutenden industriellen Unternehmungen in den USA zu. Als Präsident der Ocean Steam Navigation Company reiste er noch einmal nach Europa. In Berlin traf er mit dem fast 80-jährigen Alexander von Humboldt zusammen und erörterte mit ihm u. a. die Möglichkeiten eines Wasserweges zwischen Atlantik und Pazifik.

Die Wiederentdeckung von Landas Bericht durch Abbé Charles Etienne de Bourbourg

Ein ähnliches Schicksal wie den Bericht Palacios ereilte auch den Bericht des Diego de Landa Calderón (Abb. 620). Als 25-jähriger Missionar des Franziskanerordens war er 1549 nach Yukatan gekommen, wo er bald in den höchsten Rang der Ordenshierarchie aufstieg. Wegen seiner rigiden Inquisitionsmaßnahmen gegen die einheimische Bevölkerung, die in großer Zahl des Rückfalls in ihre alten Religionsbräuche – also der Ketzerei – bezichtigt wurde, zitierte die oberste Autorität der spanischen Kolonialverwaltung Diego de Landa 1563 nach Spanien, wo er der Überschreitung seiner Amtskompetenzen beschuldigt wurde. Während der sechsjährigen Prozessvorbereitungen verfasste er seine als Quelle für die Maya-Forschung geradezu unentbehrliche Denkschrift „Relación de las cosas de Yucatán" („Bericht über die Begebenheiten in Yukatan").

1572 kehrte er mit päpstlichem Segen als Bischof von Yukatan nach Mérida zurück. Sein Manuskript nahm er wohl dorthin mit. Bei seinem Tode 1579 muss zumindest ein handschriftliches Exemplar seines „Berichtes aus Yukatan" existiert haben, denn Bücher über Yukatan, die kurz darauf verfasst wurden, stützten sich auf seine Aufzeichnungen. Die Grundlage des heute in viele Sprachen übersetzten sowie vorbildlich und erschöpfend kommentierten Landa-Berichts wurde 1863 in Gestalt einer nicht katalogisierten Handschrift in der Bibliothek der Königlichen Akademie für Geschichte in Madrid gefunden. Dabei handelt es sich um eine nicht in allen Teilen getreue Kopie des Originalmanuskripts, das bis heute nicht mehr aufgetaucht ist. Allein Materialfülle und Aussagekraft dieser Madrider Handschrift erwiesen sich als so überwältigend, dass ihrem Entdecker für immer ein Platz in den Annalen der Maya-Forschung sicher ist. Es war Abbé Charles Etienne Brasseur de Bourbourg (1814–1874; Abb. 621).

Nach einem Studium der Theologie, Philosophie und Geschichte richtete sich dessen Interesse immer mehr auf die Quellensuche und Interpretation der Geschichte Amerikas und seiner Urvölker. Mitunter vertrat er allerdings die abstrusesten Vorstellungen, vor allem zur Besiedelung des Kontinents. Da er verhältnismäßig viel veröffentlichte, verfehlten seine in die Irre führenden Thesen allerdings ihre Wirkung nicht. Mit den verschiedensten Ämtern und Aufgaben betraut, reiste er häufig zwischen den europäischen Metropolen und der Neuen Welt hin und her. Dabei galt der Recherche in öffentlichen und privaten Bibliotheken sein Hauptinteresse. Aufgrund seiner Art der Quellenauswertung, der manipulierten Editionen und Übersetzungen kann seine rastlose Tätigkeit heute kaum mehr positiv beurteilt werden. Als Spurensucher und Anreger hat er der Maya-Forschung jedoch unschätzbare Dienste erwiesen. Der „Codex Troano" genannte Teil der Madrider Maya-Handschrift gehört zu seinen Funden, und seine nur einjährige Tätigkeit als Priester von Rab'inal im Hochland von Guatemala um die Mitte des 19. Jahrhunderts hatte zur Folge, dass unter anderem das Popol Wuj, das Sammelwerk uralter Maya-Mythen, bekannt wurde. Diese „Heilige Schrift" der K'iche'-Maya gilt nach den neuesten Interpretationen als ein wichtiger Schlüssel zum Verständnis der klassischen Maya-Mythologie.

Die Reisen von John Lloyd Stephens und Frederick Catherwood

Wenn Brasseur de Bourbourg als einer der prominentesten Vertreter der Phantasten unter den frühen Amerikanisten gelten muss, so kommt John Lloyd Stephens (1805–1852; Abb. 622) und Frederick Catherwood (1799–1854) seit mehr als 150 Jahren der Rang als eigentliche Wiederentdecker der Maya-Kultur zu. Stephens trat die erste Zentralamerika-Reise am 3. Oktober 1839 von New York aus an, ausgestattet „mit einem vertraulichen Sonderauftrag" des damals amtierenden Präsidenten der Vereinigten Staaten. Nach Erfüllung seiner diplomatischen Mission stand es ihm völlig frei, seine Reiseambitionen zu verwirklichen. Von Haus aus Jurist und dem Bildungsbürgertum der aufstrebenden Gesellschaft der Ostküste zugehörig, verließ er nicht zum ersten Mal das Land, vielmehr hatte er bereits die „Grand Tour" absolviert, die wohlhabende Europäer und Amerikaner in die Länder der klassischen Antike am Mittelmeer, nach Ägypten und den Vorderen Orient führte. Stephens' gedruckte Impressionen aus „Egypt, Arabia Petraea and the Holy Land" wurden auf beiden Seiten des Atlantiks zu wahren Bestsellern, sodass er mit den Einnahmen getrost weitere umfangreiche Forschungsreisen finanzieren konnte.

Frederick Catherwood, ein „erfahrener Reisender und persönlicher Freund, der zehn Jahre seines Lebens damit verbracht hatte, sorgsam und einfühlsam die Altertümer der Alten Welt aufzunehmen", begleitete Stephens als Zeichner (Abb. 623). In der Tat hatte der englische Architekt Catherwood Ruinenstätten in Italien und Griechenland vermessen und gezeichnet, war im Team der berühmten Hay-Expedition zur Aufnahme von Denkmälern in Ägypten gewesen und hatte in Jerusalem als Architektur-Restaurator gearbeitet.

623 *Catherwood und Stephens in Tulum. Handkolorierte Lithografie von Frederick Catherwood, 1844*
John Lloyd Stephens und Frederick Catherwood gehören ohne Zweifel zu den zentralen Figuren in der Entdeckungsgeschichte der Maya-Kultur. Die von ihnen publizierten Bücher zeichnen sich durch Stephens' Humor aus, der die Reisebeschreibungen zu einem großen Lesevergnügen macht, sowie durch Catherwoods genaue, aber auch atmosphärische Illustrationen. Diese Lithografie ist die einzige, die beide bei der Arbeit zeigt: Links schreitet Catherwood mit einem Maßband in der Hand ein Gebäude in Tulum ab, der rechts neben dem Eingang stehende Stephens assistiert ihm dabei.

Nach einem kurzen Besuch beim Gouverneur von British Honduras, heute Belize, strebten beide nach Copan. Dort beschrieben und zeichneten sie die unter dichtem Pflanzenbewuchs sichtbaren Architektur- und Skulpturenreste, wobei Catherwood als technisches Hilfsmittel eine Camera lucida einsetzte, ein Glasprisma, mit dem er ein ins Auge gefasstes Objekt auf ein horizontal ausgelegtes Blatt Zeichenpapier projizierte. Dabei erzielte er eine zuvor nie erreichte Genauigkeit in der Dokumentation solcher Denkmäler. Stephens beschrieb vor allem „jene Idole, die den Ruinen von Copan ihren besonderen Charakter geben", darunter eine Stele, die Catherwood später als Radierung selbst kolorierte (Abb. 624):

„Die Vorderseite der Statue zeigt das Porträt eines vielleicht zur Gottheit erhobenen Königs oder Helden. Dass es tatsächlich ein Porträt ist, lässt sich aus einer gewissen Individualität in den Gesichtszügen schließen, wie sie ja auch bei den meisten anderen Standbildern zu beobachten ist. Sie steht am Fuße einer Mauer, die in Stufen bis zu einer Höhe von dreißig oder vierzig Fuß ansteigt, und ursprünglich noch höher war, jetzt aber zerfallen ist und in Ruinen liegt. Das Gesicht der Statue ist nach Norden gekehrt, ihre Höhe beträgt elf Fuß neun Zoll, die Breite an den Seiten drei Fuß, und das Piedestal misst sieben Fuß im Geviert. Vor ihr, zwölf Fuß entfernt, steht ein kolossaler Altar. Er ist gekonnt gearbeitet und einst rot bemalt gewesen – wiewohl kaum noch eine Spur von Farbe übrig und die Oberfläche im Laufe der Zeit stark verwittert ist. [...] er ist auf allen Seiten reich mit Skulpturen bedeckt. Die Vorderseite zeigt einen Totenkopf. Auch die Oberseite ist mit dem Meißel bearbeitet und weist Rillen auf, die einst vielleicht dazu dienten, das Blut der hier dargebrachten Tier- oder Menschenopfer abzuleiten."

Schließlich fasst Stephens seine Eindrücke zusammen:

„Von der erregenden Wirkung der Denkmäler selbst, wie sie so dastehen in der Tiefe eines tropischen Waldes, schweigend und feierlich, von fremdartigem, wundersamem Entwurf, prächtig gemeißelt, reich an Schmuck, abweichend von den Bildwerken aller anderen Völker, in tiefes Dunkel gehüllt, was ihren Sinn und Zweck und ihre ganze Geschichte betrifft, mit hieroglyphischen Zeichen bedeckt, die zwar alles erklären, uns aber gänzlich unverständlich sind – von dieser Wirkung werde ich mir nicht anmaßen, eine Vorstellung zu vermitteln [...]

Über das Alter dieser verödeten Stadt will ich hier und jetzt keine Mutmaßungen anstellen. Ein Schluss ließe sich vielleicht aus den hohen Erdschichten und aus den Riesenbäumen ziehen, die auf den in Trümmern zerfallenen Bauten wachsen, er würde doch nur vage und ungenügend sein. Ebenso wenig will ich mich an dieser Stelle in Vermutungen über das Volk ergehen, das diese Stadt baute, oder die Zeit und über die Art und Weise, in der sie entvölkert und zu einer Einöde und einem Ruinenfelde ward, ob sie durch das Schwert fiel oder durch Hunger oder durch Pest. Eines aber glaube ich fest, dass nämlich Copans Geschichte auf seinen Monumenten eingegraben steht. Angesichts dieser Stätte beruhigten wir uns ein für alle Mal hinsichtlich des Charakters der amerikanischen Altertümer. Wir waren nun sicher, dass die Dinge, die wir suchten, nicht nur unser Interesse als Hinterlassenschaft eines unbekannten Volkes fesseln sollten, sondern als Kunstwerke wie neu entdeckte historische Aufzeichnungen bewiesen, dass die Menschen, die ursprünglich den Kontinent Amerika besiedelten, keine Wilden waren."

624 *Copan im Jahre 1839. Handkolorierte Lithografie von Frederick Catherwood, 1844*
Meisterhaft verstand es Stephens, häufig mit einem leicht ironischen Unterton, Beobachtungen, Empfindungen und Gedanken angesichts der „versunkenen" Maya-Stätten zum Ausdruck zu bringen: „Die Bewohner von Copan begriffen nicht, worauf wir hinauswollten, ob wir nicht vielleicht mittels schwarzer Magie verborgene Schätze zu heben versuchten, und selbst die Affen in den Bäumen, unsere Spiegelbilder gleichsam, schauten bisweilen lange und unverwandt auf uns herab, als ob sie uns jeden Augenblick fragen wollten, warum wir die Stille der Ruinen störten ..."

Von Copan reiste Stephens nach Guatemala-Stadt, wo formell der Sitz der Zentralregierung der 1823 proklamierten Vereinigten Provinzen von Zentralamerika war, bestehend aus Guatemala, El Salvador, Nicaragua, Honduras und Costa Rica. Wirtschaftlich begründete Eigeninteressen der Staaten und die Konkurrenz ihrer Machteliten führten seit 1826 verstärkt zu militärisch ausgetragenen Rivalitätskämpfen und allgemeiner sozialer Unruhe. Im Grunde befand sich die gesamte Region in latentem oder offenem Bürgerkrieg mit verheerenden Auswirkungen auf die Menschen aller Gesellschaftsschichten. Versprengte Gruppen einer häufig orientierungslosen Soldateska unterschiedlicher Couleur und marodierende Banden sorgten für allgemeine Verunsicherung.

Stephens, der nicht nur die politische Lage beurteilen, sondern auch verschiedene vertragliche Dinge zwischen Washington und den zentralamerikanischen Staaten vorantreiben sollte, reiste der Zentralregierung buchstäblich nach und suchte in den verschiedenen Hauptstädten der Mitgliedstaaten nach ihren Repräsentanten. Schließlich:

„konnte ich vor mir selbst nicht länger verbergen, dass die Zentralregierung nicht mehr existierte. Es gab auch nicht die geringste Aussicht, dass sie je wiederhergestellt, geschweige denn auf längere Sicht irgend etwas an ihre Stelle treten würde. [...] So ließ ich Washington in aller Form wissen, dass trotz sorgfältiger Suche keine Regierung gefunden worden sei. Nun war ich wieder mein eigener Herr und konnte auf eigene Kosten reisen, wohin ich wollte. Ich traf nun unmittelbar Vorbereitungen für den Aufbruch nach Palenque."

Catherwood war zunächst länger in Copan geblieben und hatte dann in Quirigua gearbeitet, das damals zum Privatbesitz einer Hacienda gehörte und als Maya-Stätte vollkommen unbekannt war, was Stephens zur Erwägung eines wahrlich abenteuerlichen Planes verleitete:

„Abgesehen davon, dass hier etwas ganz und gar Neues zutage kam, als Gegenstand der Altertumsforschung von immensem Interesse, befanden sich die Denkmäler nur etwa eine Meile vom Fluss entfernt, etwa in Höhe des Ufers, der Fluss war von da ab schiffbar. Diese Stadt könnte man in ihrem vollen Umfang ab- und in New York wieder aufbauen."

Von Guatemala Stadt nach Palenque: Das bedeutete für Stephens 1000 Meilen auf Maultieren in Begleitung ihrer mehr oder weniger geschickten Treiber auf Pfaden an dem von Vulkanen gesäumten Atitlan-See und weiter über die Sierra Madre zu den Hochebenen von Chiapas bis an den Nordhang der Tumbala-Berge, wo sich das Land zur Ebene von Tabasco weitet. Flüsse mussten überquert werden auf schwankenden Brücken aus geflochtenen Lianen oder auf Baumstämmen, mitsamt dem Gepäck, während die Tiere schwimmend hinübergeleitet wurden.

Stephens hatte sich vom neuen Machthaber Guatemalas, Rafael Carrera, einen Pass ausstellen lassen, der für alle Teilnehmer seiner kleinen Reisegesellschaft Schutzschild und Passepartout wurde, wenn es etwa um Unterbringung und Verpflegung ging. Dennoch: Das Land war nicht befriedet, und Stephens verspürte im Hochland häufig die begründete Sorge, dass die Stunde der Rachejustiz nahe sei und dass unter den Indianern der Wille vorherrsche, den Geistern ihrer Vorväter ein blutiges Opfer darzubringen und ihr Erbe zurückzugewinnen.

Der etwa 15 Kilometer von den Ruinen entfernt gelegene Ort Santo Domingo de Palenque hatte eine gewisse wirtschaftliche Blüte erlebt, weil hier Importe nach Guatemala umgeschlagen wurden. Der Verkehrsstrang hatte sich jedoch nach Belize verlagert und eine Choleraepidemie einen großen Teil der Bevölkerung dahingerafft, sodass beim Eintreffen von Stephens und Catherwood die Trostlosigkeit nicht zu überbieten war. Stephens erkannte, dass er in der Ruinenstätte selbst Aufenthalt nehmen und die Versorgung mit Lebensmitteln sichern musste, um dort wirklich arbeiten zu können. Nachdem sich die kleine Karawane durch dichten Urwald einen Pfad geschlagen hatte, tauchte als erstes Bauwerk der Palast von Palenque auf.

625 *Erster Blick auf Kabah. Handkolorierte Kreidelithografie von Frederick Catherwood, 1844*
Ihre Reisen durch den Nordwesten der Halbinsel Yukatan führten Stephens und Catherwood auch nach Kabah im heutigen mexikanischen Bundesstaat Yucatán. Hier fanden sie in einem der Paläste hölzerne Türsturze mit Schnitzereien, die sie nach New York schicken ließen, wo sie wenig später bei einem Brand vernichtet wurden.

626 *Das Tor von Labna. Handkolorierte Kreidelithografie von Frederick Catherwood, 1844*
Um möglichst exakte Architekturzeichnungen anzufertigen, bediente sich Catherwood eines neuen Instrumentes, der so genannten „Camera Lucida". Auf ein Gestell ist ein Prisma montiert, das den anvisierten Gegenstand auf das Papier auf der Staffelei wirft, sodass nur noch die Projektion nachgezogen werden muss. Dieses Hilfsmittel führte zu einer noch größeren Präzision in der Wiedergabe der Proportionen von Bauwerken, wie hier am Beispiel des Torbogens von Labna im mexikanischen Yucatán deutlich wird.

627 *Das Castillo von Chichen Itza. Handkolorierte Kreidelithografie von Frederick Catherwood, um 1840*
Catherwood ging es in seinen Zeichnungen, den Vorlagen für die Lithografien, nicht allein um die korrekte und maßstabgerechte Darstellung von Architektur und Skulptur, sondern auch darum, die Atmosphäre des Verfalls in einem wuchernden Wald unter einem sich ständig verändernden Himmel einzufangen. Beide, Stephens und Catherwood, wollten mit ihren Büchern nicht nur die Aufmerksamkeit der Wissenschaft erregen, sondern auch dem amerikanischen und europäischen Bürgertum eine unterhaltsame Lektüre bieten.

628 *Blick auf das Nonnenviereck und den großen Teocalli in Uxmal. Handkolorierte Kreidelithografie nach einer Zeichnung von Frederick Catherwood, um 1840, in: John L. Stephens, Incidents of Travel in Yucatán, 1843*
Der Blick geht von der großen Pyramide von Uxmal im heutigen mexikanischen Bundesstaat Yucatán zum Monjas-Gebäude in der Mitte. Rechts davon steht die „Pyramide des Wahrsagers" mit ihren steilen Treppen und dem ovalen Grundriss, der schon Stephens und Catherwood als ungewöhnlich auffiel.

Frühe Forschungen in Palenque

Unter allen Maya-Städten der klassischen Periode erfreut sich Palenque am dauerhaftesten großer Aufmerksamkeit (Abb. 629, 630). Seit der Mitte des 18. Jahrhunderts wussten die Bewohner der nächstgrößeren Stadt Tumbala um die Existenz der „Casas de piedra“ in der Umgebung von Santo Domingo. Als „Steinhäuser“ bezeichneten die Anwohner bis weit ins 19. Jahrhundert hinein üblicherweise zeitlich nicht näher bestimmte, verfallene Bauwerke ihrer Maya-Vorfahren. Anfang der 70er-Jahre des 18. Jahrhunderts erreichten die Nachrichten über die Ruinen von Palenque den ranghöchsten Vertreter der spanischen Krone in Guatemala Stadt, José Estachería. Es dauerte nochmals ein Jahrzehnt, bis Nachforschungen vor Ort vorgenommen wurden, so zum Beispiel von dem königlichen Architekten Antonio Bernasconi, dessen Berichte und Zeichnungen wiederum erst viele Jahre später ihren Weg nach Spanien fanden. Mit Erlass vom 15. März 1786 erhielt Estachería die Anweisung seitens der Krone, Objekte aus Palenque zu sammeln und Ausgrabungen durchzuführen. Es war die Epoche, in der man sich auch in Europa verstärkt der wissenschaftlichen Erforschung der Vergangenheit zuwandte, die Geburtsstunde der Archäologie.

Estachería wurde nun erstaunlich schnell tätig und entsandte den Artilleriehauptmann Antonio del Río und den Zeichner Ricardo Almendáriz nach Palenque. Mit Unterstützung einer Hundertschaft von Bewohnern aus der Umgebung ging del Río mit Äxten, Hacken und Brechstangen ans Werk. Die Brachialgewalt seiner Attacke ist sprichwörtlich geworden. Doch auch andernorts – etwa bei Ausgrabungen in Ägypten – bediente man sich keiner behutsameren Methoden. Schon 1787 lagen del Ríos Arbeitsergebnisse vor:

„Ich war von Anfang an der Meinung, dass Ausgrabungen notwendig wären (darauf richte ich vor allem meine Aufmerksamkeit), wenn man sich eine Vorstellung von den ersten Bewohnern und von dem Alter der Gebäude machen will, wenn man Medaillen, Inschriften oder andere Monumente entdecken will, die ein Licht ins Dunkel werfen;

629 *Palast und Turm von Palenque. Lithografie nach einer Zeichnung von Graf Waldeck, 1866*
In der klassizistisch anmutenden Darstellung Graf Waldecks ist die Vegetation zu einem Baum geworden, der auch an der Via Appia stehen könnte. Er verdeckt den eingestürzten oberen Teil des Turmes von Palenque und lässt den Betrachter über die Höhe des Bauwerkes im Unklaren. Auch die Reliefs an den Laibungen der Eingänge deuten antike Themen an. Diese Manipulation korrespondiert mit den haltlosen Theorien, die Waldeck über den Ursprung der amerikanischen Völker verbreitete.

630 *Palast und Turm von Palenque. Stich nach einer Zeichnung von Desiré Charnay, 1885*
Charnay griff in der Zeichnung, nach der dieser Stich angefertigt wurde, das gleiche Motiv auf wie Waldeck, doch gab er die Architektur wie auch die Vegetation weit objektiver und realistischer wieder. Dasselbe gilt für die Reliefs an den Eingängen, die Waldeck in seiner Darstellung gezielt verfälscht hatte. Charnay war von der französischen Regierung und einem reichen Geldgeber ausgeschickt worden, um Maya-Stätten zu erforschen und zu entdecken.

631 *Die Stele von Madrid. Palenque, Chiapas, Mexiko, Palast, Haus E; 702–711 n. Chr.; Kalkstein mit roten und schwarzen Farbresten; H. 46,5 cm, B. 29, 5 cm; Madrid, Museo de America, Slg. Antonio del Rio*
In Haus E der Residenz, das in Inschriften als „Großes weißes Haus" bezeichnet wird, ließ der 13. Herrscher von Palenque, K'an Joy Chitam, anlässlich seines Regierungsantritts einen Thron errichten. Die Front der rechten Stütze ließ der erste Ausgräber von Palenque, Antonio del Rio, abnehmen und zusammen mit anderen archäologischen Objekten nach Madrid senden. Sie zeigt Pawajtuun, den Gott, der das Himmelsgewölbe trägt.

632 *Die Stele von Madrid. Stich von 1787; Madrid, Biblioteca del Palacio Real*
Der Vergleich mit der nebenstehenden fotografischen Wiedergabe des gleichen Objekts macht offensichtlich, dass sich Almendariz als ein an der europäischen Kunst geschulter Mann des 18. Jh.s dem Maya-Relief näherte. Gleichwohl muss man ihm ein Bemühen um dokumentarische Genauigkeit bescheinigen, dass sich allerdings auf Partien beschränkte, die er identifizieren konnte. Die ihm völlig unzugänglichen Hieroglyphen dagegen gerieten zu reinen Ornamenten.

und so ging ich ohne Zeit zu verschwenden ans Werk. [...] Schließlich war kein Fenster und keine Tür mehr versperrt, keine Trennwand und keine Nische mehr stehen gelassen. Und es gab keinen Raum, Korridor, Hof, Turm, Tempel oder unterirdischen Gang, wo nicht Ausgrabungen von zwei oder mehr Ellen Tiefe vorgenommen worden wären."

Berichte, Zeichnungen und „geborgene" Objekte gelangten nach Madrid, darunter auch die so genannte „Stele von Madrid" (Abb. 631, 632), ursprünglich Teil einer Thronstütze aus dem frühen 8. Jahrhundert: „Nr. [...] zeigt das Original, das ich einerseits zum Verständnis des Flachreliefs übersende und auch als Beispiel dafür, welch hohe Qualität die alten Bewohner dieses Landes bei dieser Art Skulptur erzielten, die so gleichförmig bei allen gefundenen Steinen wiederkehrt, ohne Abwechslung und Unterschied in der Qualität und im Stil. [...] Dieses Stück habe ich zwecks leichterem Transport in halber Stärke abnehmen lassen." Der Vergleich der Zeichnung von Almendáriz mit der fotografischen Wiedergabe der „Stele von Madrid" verdeutlicht, wie schwer es für einen an der europäischen Kunsttradition geschulten Zeichner bei allem Bemühen um eine detailgerechte Illustration war, die Formensprache der Maya-Klassik, die in Palenque eine ganz besondere Ausprägung erfahren hatte, wiederzugeben. Das Schriftzeichen

633 *Stelen im Palast von Palenque. Lithografie nach einer Zeichnung von Frederick Catherwood, um 1840*
Catherwood versuchte die Gefangenenreliefs von Haus A in Palenque so genau wie möglich zu dokumentieren. Ohne die historischen Zusammenhänge auch nur ahnen zu können, erkannte John L. Stephens ihre Botschaft. Die Dargestellten beschrieb er als „düstere Riesenfiguren, deren anatomische Proportionen außerordentlich fehlerhaft angegeben sind. Die kraftvolle Expressivität aber zeugt vom bezwingenden Vorstellungsvermögen und künstlerisch-handwerklichen Können."

634 *Relieftafeln mit Gefangenendarstellungen Palenque, Chiapas, Mexiko, Palastareal, Südseite des Osthofes, Haus A; 7. Jh.; Kalkstein; H. 3 m*
Im Osthof des Palastes von Palenque flankieren monumentale Tafeln aus einem groben Kalkstein die ehemalige Empfangstreppe; sie wurde von Besuchern genommen, denen eine Audienz gewährt worden war. Ihre Reliefs zeigen Figuren, die mit unterschiedlichen Gesten ihre Unterwerfung bekunden; sie tragen prunkvollen Schmuck, Halsketten, Pektoralien und üppige Ohrgehänge, wobei durch diese Attribute ihrer einstigen hohen Stellung ihre jetzige Ohnmacht noch eindringlicher veranschaulicht wird. Dem Betrachter teilt sich ihre bedrückende, verzweifelte Lage sehr nachdrücklich mit, zumal die Darstellungen im Hinblick auf den Proportionskanon und die künstlerische Ausdruckskraft deutlich von Herrscherbildnissen abweichen.

naab tuun mit der Bedeutung „Seerosenstein", das den Sitz des Atlantengottes Pawajtuun bildet, geriet unter seinem Zeichenstift eher zum Bild einer Muschel als zu einer Maya-Hieroglyphe. Wenn del Río in seiner Deutung der Reliefs von Palenque in militärischem Vokabular von „Kriegern mit Lanzen, die auf ihre Legion oder das alte Korps hinweisen und ihre Kriegstaten im Dienste des Vaterlandes darstellten" spricht, so muss man zugeben, dass er die Fürsten von Palenque grundsätzlich richtig verstanden hat. Tatsächlich weisen die Lanzen auf den Reliefs darauf hin, dass die abgebildeten Könige K'inich Janaab Pakal und Kan Balam erfolgreiche Kriegsherren waren.

Veröffentlicht wurden del Ríos Expeditionsergebnisse nicht. 1822 erschien in London eine englische Publikation unter dem Titel „Description of the Ruins of an Ancient City" („Beschreibung der Ruinen einer alten Stadt"). Sie erwies sich als Übersetzung des Berichtes von Antonio del Río und war von einem in Guatemala Stadt lebenden Engländer namens McQuy in Umlauf gebracht worden, der offenbar an Kopien des Originals gelangt war. Dieser Band stieß auf großes Interesse, sowohl in Europa als auch in den Vereinigten Staaten. Es war unter anderem dieses Buch, das Stephens und Catherwood veranlasste, Palenque aufzusuchen.

Inzwischen hatten weitere Erkundungen stattgefunden. 1807, unmittelbar vor Ausbruch der Unruhen, die 1820 zur Unabhängigkeit Mexikos und weiter Teile Mittelamerikas führten, kam Guillermo Dupaix, noch auf Befehl des spanischen Königs, nach Palenque. Die aus dieser Mission stammenden Zeichnungen von José Luciano Castañeda überdauerten Jahrzehnte im Naturhistorischen Kabinett von Mexiko Stadt, ehe sie schließlich in den 30er-Jahren ebenfalls in Europa im Druck erschienen. Dupaix und Castañeda wurden Opfer der politischen Unruhen, ebenso wie Oberst Galindo, der als Gouverneur der guatemaltekischen Peten-Provinz Palenque besuchte und den die Londoner „Literary Gazette" von 1831 sogar als Entdecker dieser Ruinenstätte bezeichnet hatte. Galindo wurde 1840 als Anhänger des Generals Morazan ermordet.

Zum einen trugen also die politischen Verhältnisse dazu bei, dass nicht kontinuierlich Nachrichten über die amerikanischen Altertümer an die Öffentlichkeit gelangten. Zum anderen erschwerten auch die technischen Gegebenheiten der damaligen Zeit eine umfangreichere Verbreitung der Forschungsergebnisse aus der Neuen Welt. Die Handzeichnungen der Künstler, die an den Expeditionen teilnahmen, mussten so umgearbeitet, das heißt in Lithografien umgesetzt werden, dass sie als Vorlage für den Druck dienen konnten. Dabei unterliefen nicht selten nochmals Missverständnisse in der Deutung der ohnehin nicht originalgetreuen Wiedergabe der Reliefdarstellungen. Besonders verhängnisvoll wirkte sich dies bei der Darstellung der Hieroglyphen aus. Das Verfahren, Hieroglyphen detailgetreu und in guter Qualität zu Papier zu bringen, war zudem kostspielig, sodass sich Verleger in Paris, London oder New York nicht gerade um solche Projekte rissen. Das in dieser Hinsicht opulenteste Werk, die „Antiquities of Mexico" in neun Großfoliobänden, kostete seinen Finanzier, Edward King Viscount Kingsborough, sogar das Leben: Nachdem er sein gesamtes Vermögen investiert hatte, brachte ihn die Kreditaufnahme in den Schuldturm, wo er 1837 starb. Kingsborough-Ausgaben gehören heute zu den Preziosen ganz weniger Bibliotheken in der Welt.

Kingsborough hatte auch den bekanntesten Arrangeur originaler Zeichnungen beschäftigt: Jean Frédéric Waldeck (Abb. 635). Er schloss sich der Fraktion der so genannten Phantasten unter den frühen selbst ernannten Amerikanisten an, die den gesamten

Orient von Ägypten bis Indien als Ursprungsgebiet für die mesoamerikanischen Kulturen heranzogen. Die „Gefangenen von Palenque" in zwei Versionen der bildlichen Wiedergabe veranschaulichen, wie derartige von vorgefassten Meinungen geprägte Veröffentlichungen in die Irre führen konnten (Abb. 633, 634). Die vollkommen glatten Körperoberflächen der Dargestellten gliederte Waldeck in seiner Wiedergabe in neoklassizistisch proportionierte Muskelpartien, und der Haarschmuck geriet in verdächtige Nähe zum altägyptischen Königskopftuch. So wird der Eindruck von leicht füllig gewordenen Athleten vermittelt, während Stephens beim Anblick der Reliefs eher Empfindungen von Schmerz und Angst in den Gesichtern der Dargestellten wahrnahm – eine vollkommen zutreffende Interpretation, die in Catherwoods Darstellung ihre Entsprechung fand.

Während einer zweiten Reise speziell nach Yukatan, in deren Verlauf 44 Ruinenstätten aufgesucht wurden, die bis dahin unbekannt gewesen waren, verfügte Catherwood bereits über eine Ausrüstung, die es ihm ermöglichte, die neueste Errungenschaft der Dokumentationstechnik einsetzen zu können (Abb. 625–628). 1839 hatte der französische Maler Daguerre ein Verfahren zur mechanischen Wiedergabe von Gegenständen patentieren lassen, das den Beginn der Fotografie markiert. Mit der vierbändigen Publikation „Incidents of Travel in Central America, Chiapas and Yucatan", 1841 („Reiseerlebnisse in Centralamerika, Chiapas und Yukatan", 1854), und „Incidents of Travel in Yucatan", 1843 („Begebenheiten auf einer Reise in Yukatan", 1853) legte John Lloyd Stephens nicht nur das Fundament zur Erforschung der Vergangenheit, sondern vermittelte zugleich ein Zeit- und Sittengemälde der Welt der Maya um die Mitte des 19. Jahrhunderts, das in seiner Farbigkeit bis heute unübertroffen ist.

635 *Jean Frédéric Waldeck. Stich aus dem Jahr 1889*
Jean Frédéric Waldeck, der in den Jahren 1832/33 in Palenque arbeitete, stattete bedeutende Publikationen des 19. Jh.s mit Illustrationen aus, die stilistisch dem Klassizismus verpflichtet sind. Hätten diese Bücher nicht die Initialen „JFW" überliefert, könnte man an der Existenz Waldecks zweifeln: Weder das Geburtsjahr 1756 noch der Geburtsort – genannt werden Wien, Prag und Paris – lassen sich verifizieren, und seine Biografie scheint mehr aus Fiktionen denn Fakten zu bestehen; so soll er 1875 im Alter von 109 Jahren in Paris von einer Kutsche überfahren worden sein, als er sich nach einem hübschen jungen Mädchen umdrehte.

636 *Blick auf den Palast von Palenque. Kolorierte Lithografie von Jean Frédéric Waldeck, aus: „Vue Pittoresque"*
Waldeck war nur einer von vielen Besuchern, die im 19. Jh. Palenque bereisten. Seine Illustrationen gerieten aber häufig zu reinen Capricci, also Phantasieansichten, etwa wenn er antike Skulpturen vor Maya-Bauwerken platzierte. Verkaufen ließen sie sich in der damaligen Zeit gut.

MAYA-STÄDTE – VERSUNKEN, AUSGEGRABEN, BEWAHRT

Markus Eberl

Die Geschichte der Maya-Städte endet nur vordergründig betrachtet mit dem Zusammenbruch der klassischen Kultur. Seit der Wiederentdeckung der Orte im Laufe der vergangenen 150 Jahre kann ihre Geschichte bis in die heutige Zeit – wenn auch unter veränderten Vorzeichen – fortgeschrieben werden. Die alten Stätten der Petexbatun-Region des heutigen Guatemala verdeutlichen dies beispielhaft.

Die Petexbatun-Region ist ein etwa 200 Quadratkilometer großes Gebiet im Nordwesten Guatemalas, das vom Río Pasión umschlossen wird. Die Ruinenstätten liegen auf einem Plateau, das sich mehrere Dutzend Meter über Sumpfniederungen und Gewässern erhebt. Tamarindíto, Dos Pilas und Aguateca zählen zu den größten und bekanntesten Orten (Abb. 640).

Die Siedlungsgeschichte führt bis zum Beginn der klassischen Zeit zurück. Tamarindito, das besonders fruchtbare Böden hat, wurde wahrscheinlich zuerst gegründet. Von etwa 400 bis 600 n. Chr. herrschte die Dynastie von Tamarindito und Arroyo de Piedra – einem kleinen Nachbarort – über die Petexbatun-Region. Die politische Situation veränderte sich im 7. Jahrhundert mit der Ankunft einer neuen Herrscherdynastie, die ihre Wurzeln in der großen Maya-Stadt Tikal hatte. Unter ihrer Führung wurde der Ort Dos Pilas gegründet und besiedelt. Von dort aus brachte die neue Dynastie innerhalb weniger Jahrzehnte die gesamte Region unter ihre Gewalt. Kriege und Heiratsallianzen waren willkommene Mittel, um sich die Nachbarn gefügig zu machen. Eine besondere Rolle spielte Aguateca (Abb. 638). Wahrscheinlich war dieser Ort für einige Zeit eine Art zweite Hauptstadt für die Dynastie von Dos Pilas. Die Herrscher hielten wichtige Rituale in beiden Orten zugleich ab und verewigten sich in Steinmonumenten, die in identischer Form in beiden Orten aufgerichtet wurden.

638 *Blick auf den Hauptplatz von Aguateca. Peten, Guatemala*
Der Ort Aguateca wurde erst 1957 oder 1958 von Chicleros im Dschungel oberhalb der Lagune von Petexbatun entdeckt. Er ist zwar kleiner als die benachbarte Stadt Dos Pilas, doch spektakulär auf einer Kalksteinanhöhe gelegen, durch die sich in der Mitte eine tiefe Schlucht zieht. Westlich des Grabens befindet sich der von Plattformen und Gebäudegruppen eingerahmte Platz, auf dem zahlreiche sorgfältig ausgeführte Stelen gefunden wurden. Sie bestätigen, dass Aguateca Dos Pilas als Hauptstadt eines kleinen, aber politisch einflussreichen Staates ablöste. Die meisten dieser Monumente sind in den vergangenen Jahren zerstört worden.

Die Vorherrschaft der Dynastie von Dos Pilas währte mit knapp 150 Jahren nur kurze Zeit. Die unterjochten Siedlungen rächten sich für die repressive Politik der Machthaber: Um 760 n. Chr. wurde der vierte Herrscher der Dynastie aus Dos Pilas vertrieben. Dort bezeugen flüchtig errichtete Wehrmauern die Bemühungen, den Ort aus eigener Kraft zu verteidigen. Vergeblich, Dos Pilas wurde innerhalb weniger Jahre vollständig aufgegeben. Nicht besser erging es jedoch den Siegern. Mehrere Orte beanspruchten nun die Vorherrschaft über die Region und lagen miteinander in Fehde, ohne dass sich eine Partei durchsetzen konnte. Stattdessen ging eine Siedlung nach der anderen zugrunde und wurde von ihren Bewohnern verlassen. Um 800 n. Chr. war die Region fast menschenleer (Abb. 637).

In der Kolonialzeit, ja sogar noch bis in die jüngste Vergangenheit, gehörte das Tiefland im Norden Guatemalas mit etwa zwei Einwohnern pro Quadratkilometer zu den am dünnsten besiedelten Landstrichen Mittelamerikas. Anfang des 20. Jahrhunderts zog die Suche nach Chicle (der Rohmasse für die Herstellung von Kaugummi), tropischen Hölzern und Erdöl den Aufbau einer Infrastruktur nach sich. Flughäfen und Straßen wurden angelegt, und winzige bäuerliche Siedlungen wuchsen zu großen Orten heran. Der Bedarf an Arbeitern und Dienstleistungen lockte bald immer mehr Menschen in die Region. Die große Bevölkerungsdichte im Hochland von Guatemala und die damit einhergehende Bodenknappheit veranlassten viele Maya-Kleinbauern, in das Tiefland zu ziehen. Selbst widrige klimatische Bedingungen und Krankheiten wie Malaria oder Dengue-Fieber konnten den Zustrom, der in der

637 *Die Hauptpyramide von Topoxte während der Restaurierung. Topoxte, Peten, Guatemala*
Die Stätten der klassischen Maya-Kultur, die der Regenwald nach dem Kollaps um 900 n. Chr. zurückeroberte, wurden vor allem im 20. Jh. von den Archäologen und in steigendem Maße von Touristen wieder entdeckt. Die Freilegung und Erforschung der Ruinen muss von denkmalpflegerischen Maßnahmen begleitet sein, um sie vor dem Klima, vor allem vor den Regengüssen, längerfristig zu schützen. Im Falle von Topoxte bemüht man sich, die archäologischen und restauratorischen Arbeiten in ein Gesamtkonzept für die Entwicklung der Region einzubinden und einen nachhaltigen Tourismus zu fördern.

639 *Ausgrabung des Palastes von Xkipche. Yucatán, Mexiko; Späte Klassik bis Endklassik, 600–950 n. Chr.*
Xkipche ist ein kleiner Ort in der Puuc-Region Yukatans, in dem aber eine der größten Palastanlagen im ganzen Gebiet steht. Zusammen mit dem angrenzenden Gebäude wurde sie 1992–1998 von der Universität Bonn mit dem Ziel ausgegraben, die Bauphasen und die Chronologie der Puuc-Architektur besser zu verstehen. Parallel zu seiner Freilegung wurde der Palast konsolidiert, um ihn vor dem Einsturz zu bewahren. Xkipche soll nicht offiziell für den Tourismus zugänglich gemacht werden.

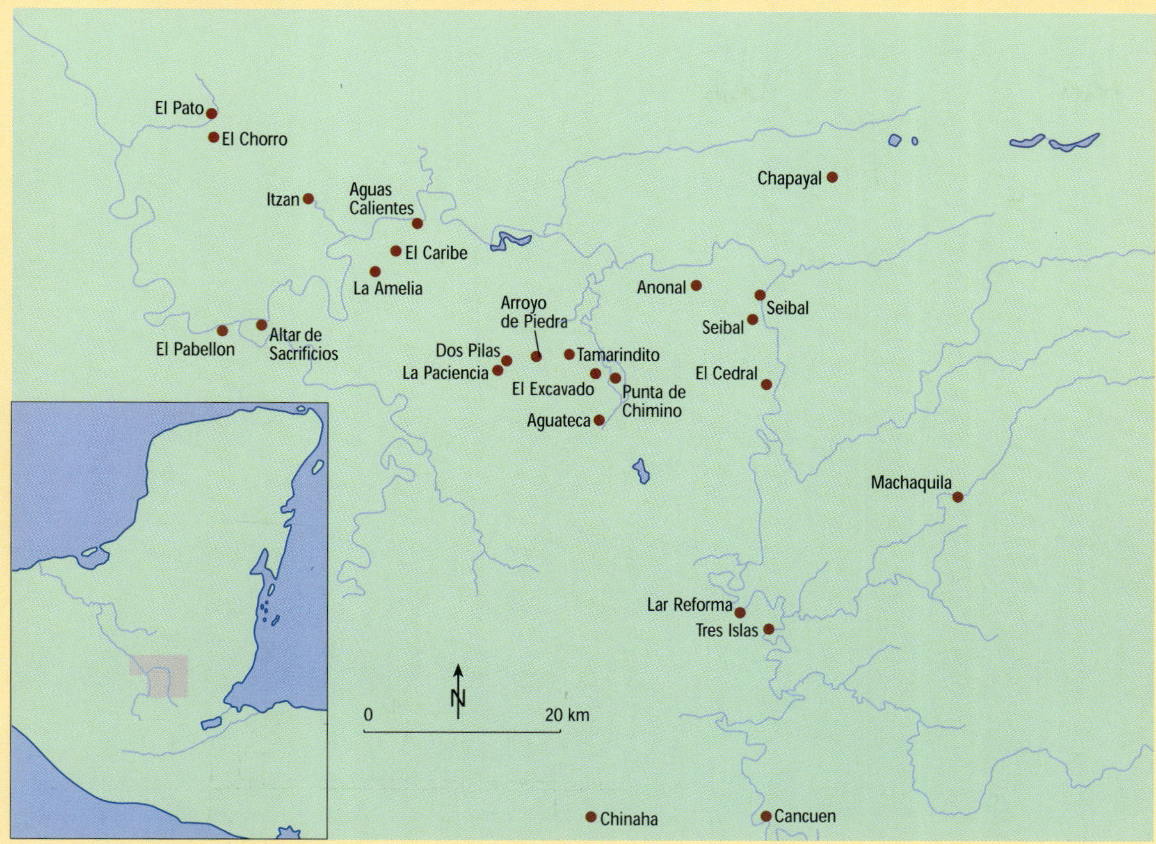

640 *Karte der Petexbatun-Region*
Die Petexbatun-Region im Süden des größten Departamentos von Guatemala, der ursprünglich ganz von Urwald bedeckten Provinz Peten, ist besonders reich an spektakulären archäologischen Zonen. Obgleich das Gebiet lange Zeit schwer zugänglich war, ist es doch in den letzten Jahrzehnten dicht besiedelt und infolgedessen auch seiner natürlichen Vegetation beraubt worden. Heute gibt es dort nur noch wenige Flecken Regenwald, selbst in die Schutzzonen um die archäologischen Stätten sind mittlerweile Siedler eingedrungen und haben Wald und Ruinen zerstört.

zweiten Hälfte des 20. Jahrhunderts einsetzte, kaum mindern. Innerhalb weniger Jahrzehnte wuchs die Bevölkerung des Tieflandes rapide an. Anders als die umherziehenden *chicle*-Sammler und die Erdölfirmen ließen sich die Land suchenden Siedler dauerhaft und in sehr viel größerer Zahl nieder. Immer größere Flächen unberührten Regenwaldes wurden landwirtschaftlich genutzt. Die vormals kleinen agrarischen Siedlungen wandelten sich zu Städten.

Die großflächige Erschließung des Tieflandes hat zahlreiche, vorher gänzlich unbekannte Ruinenorte ans Tageslicht gebracht und damit dem schützenden Vergessen entrissen. Die landwirtschaftliche Nutzung der überwachsenen Ruinenorte bedeutet in der Regel deren Zerstörung. Die Anlage von Maisfeldern erfordert zum Beispiel die Rodung des Regenwaldes. Hierfür werden die Bäume, heutzutage mit Motorsägen, gefällt und das ganze Areal abgebrannt. Das Feuer greift die Ruinen nicht nur direkt an, sondern beraubt sie zugleich des schützenden Pflanzenmantels. Mit der Einrichtung von Naturschutzgebieten um die größeren Ruinenorte versuchten die regionalen Behörden dieser Entwicklung Einhalt zu gebieten. Seitdem die Sorge um archäologische Kulturdenkmäler mit dem Schutz des Regenwaldes verbunden wird, erhofft man sich eine größere Wirkung. Wie begrenzt diese Maßnahmen jedoch sind, zeigt die Entwicklung der letzten Jahre. Da der tropische Boden schnell durch landwirtschaftliche Nutzung ausgelaugt wird und die Zahl guter und ertragreicher Felder begrenzt ist, herrscht mittlerweile wieder Landmangel im Tiefland. Für Siedler sind die geschützten Regenwaldgebiete äußerst attraktiv, da dort die Erde noch jungfräulich ist und hohe Erträge verspricht.

Doch nicht nur die Veränderung der natürlichen Umgebung der Ruinenstädte durch die unachtsamen Eingriffe des Menschen wirkte sich verheerend auf den Zustand dieser einmaligen Bauwerke aus. Seit der internationale Kunsthandel die Maya entdeckte, besteht eine weltweite Nachfrage nach entsprechenden Objekten. Aus den Museen und vor allem Privatsammlungen gelangen allerdings nur wenige Kunstwerke zum freien Verkauf auf den Kunstmarkt. Die geltenden nationalen und internationalen Bestimmungen werden daher immer wieder unterlaufen, um die steigende Nachfrage illegal zu befriedigen.

Für die heutigen Bewohner des Tieflandes erhalten die Kunstschätze der Maya plötzlich einen finanziellen Wert. Der Anreiz für die arme Bevölkerung im Maya-Tiefland ist daher groß, sich einige Dollar durch das Ausrauben einer entlegenen Ruine oder eines Grabes zu verdienen. Für Plünderungen im großen Stil sind allerdings gut organisierte und gut ausgerüstete Banden verantwortlich zu machen.

Mittlerweile zählt die Petexbatun-Region zu den am stärksten geplünderten Gebieten Mittelamerikas. Es gibt kaum noch intakte Ruinenorte; Gebäude wurden auf der Suche nach Schätzen und Gräbern zerpflügt und völlig zerstört, frei stehende behauene Steinmonumente in Stücke gesägt und außer Landes gebracht. Oftmals zeugt nur noch ein Stumpf im Boden von der Existenz eines solchen Monuments. In Aguateca sind alle besser erhaltenen Steinmonumente zerstört worden: Sie wurden so zerteilt, dass die besonders schönen Partien ins Ausland geschmuggelt werden konnten (Abb. 641). In Dos Pilas wurde 1998 eine hervorragend erhaltene Hieroglyphentreppe geplündert, indem ein Teil davon abgesägt wurde. Nach der Ausgrabung Anfang der 1990er-Jahre war die Treppe eigens wieder mit Erde bedeckt worden, und ihr genauer Platz war nur wenigen Eingeweihten bekannt. Bis heute ist das geraubte Stück nicht wieder aufgetaucht.

641 *Stele 2, Aguateca, Peten, Guatemala, Gebäude L8-5, Oberteil; Spätklassik, 736 n. Chr.; Kalkstein; H. 290 cm, B. 93 cm, T. 33 cm*
Auf der Stele 2 von Aguateca präsentiert sich der dritte Herrscher der Dynastie von Dos Pilas als Sieger über den Herrscher von Seibal. Das Monument wurde im Jahr 736 n. Chr. eingeweiht und war bei der Wiederentdeckung Aguatecas vor gut 40 Jahren noch hervorragend erhalten. Links vom Kopf des Herrscher 3 ist der Schnitt einer Spezialsäge zu sehen, mit der Kunsträuber Mitte der 90er-Jahre diese Stele angingen; sie wurden dabei jedoch entdeckt und mussten flüchten.

II DIE MAYA IN DER GEGENWART

MAYA HEUTE – VOM ENTRECHTETEN INDIO ZUM INDIANISCHEN AUFBRUCH

Nikolai Grube

Don Agapito wischt sich den Schweiß von der Stirn, dann stößt er wieder den Grabstock in die dünne Krume Yukatans und bohrt ein Loch in die Erde, in das er Maiskörner und Bohnen sät. Mit einer schnellen Bewegung füllt er das Saatloch mit Erde, macht einen Schritt vorwärts und setzt erneut den Grabstock an. So geht es schon seit dem Morgengrauen. Don Agapito muss schnell arbeiten, denn bald wird der erste Regen kommen; dann wird es zu spät für die Aussaat auf seiner neuen *milpa* sein.

Florentino Ajpacaja Tum flucht. Schon wieder ist der Strom in dem kleinen abgelegenen Gebirgsdorf Santa Catarina Ixtahuacan im Hochland von Guatemala ausgefallen. Gerade wollte er doch ein paar Seiten seiner K'iche'-Enzyklopädie auf dem neuen Laserdrucker ausdrucken, den er sich mit dem Geld einer amerikanischen Stiftung gekauft hatte. Nein, sein monumentales Opus würde kein einfaches K'iche'-spanisches Wörterbuch, von denen es schon so viele gibt. Wörterbücher, so denkt Don Florentino, waren immer nur Vehikel für Missionare und Eroberer; sie waren Instrumente, um die Maya ihrer Sprache zu berauben und zu hispanisieren. Seine Enzyklopädie soll aber nicht Fremden, sondern den Maya selbst zugute kommen. Sie ist ausschließlich in K'iche' geschrieben, eine monumentale Darstellung der K'iche'-Kultur anhand von Tausenden mühsam gesammelter Wörter.

Angelina Coyoc ist Wildhüterin im Cockscomb-Jaguarreservat von Belize. Stolz erklärt sie im kreolischen Englisch ihres kleinen Landes der Reisegruppe, dass hier, in dem einzigen Jaguarreservat der Welt, 60 bis 80 Raubkatzen leben, die größte und stabilste Jaguarpopulation von Zentralamerika. Gut ein Drittel des Landes, sagt sie, steht unter Naturschutz, nicht zuletzt deshalb, weil ihre Brüder und Schwestern im Süden des Landes, die Mopan- und Q'eqchi'-Maya des waldreichen Toledo-Distrikts, sich so erfolgreich gegen die internationalen Konzerne wehrten, die den Wald im großen Stil zu Möbeln und Papier verarbeiten wollten.

Drei Menschen in drei Ländern: Sie verbindet ihre Identität als Maya. Im Spannungsfeld zwischen Tradition und Moderne, Anpassung und Widerstand, Globalisierung und Isolation leben heute noch etwa acht Millionen Maya auf dem gleichen Boden, den ihre Vorväter schon seit mehreren tausend Jahren bestellt und kultiviert haben. „Noch" – dieses Wort hat einen faden Beigeschmack, denn es teilt die Maya der Vergangenheit zu, es impliziert ein Verharren in Tradition und Gewohnheit, ein Bild, das die vielfältige Realität nur unzureichend wiedergibt. Denn die Maya der Gegenwart sind nicht mehr nur Bauern, die in Rückzugsgebieten, in abgeschiedenen Dörfern Mais für die Selbstversorgung produzieren oder als exotisches Fotomotiv für die Kameras der Touristen posieren, sondern auch Politiker, Fabrikarbeiter und Universitätsprofessoren. Die Maya-Identität hat eine neue Bedeutung bekommen. Das lässt sich am besten in Guatemala erkennen, wo eine starke Maya-Bewegung seit zehn Jahren zu einer ethnischen Renaissance führt; aber auch in anderen Ländern ist diese Besinnung auf das Maya-Sein zu beobachten.

Heute ist das Land der Maya unter fünf Staaten aufgeteilt: Mexiko, Guatemala, Belize, Honduras und El Salvador. In dreien gibt es eine nennenswerte Maya-Bevölkerung (Abb. 643). Im kleinen multiethnischen Staat Belize bilden die Maya etwa 20 Prozent der Landesbevölkerung. Zahlenmäßig viel bedeutender sind die Maya in Mexiko. Obgleich weniger als ein Prozent der Gesamtpopulation, stellen sie in den südlichen Bundesstaaten Chiapas, Tabasco, Campeche, Yucatán und Quintana Roo einen Großteil der Bevölkerung, ja sogar deren Mehrheit dar. Das eigentliche Land der Maya ist jedoch Guatemala. Von den etwa zehn Millionen Guatemalteken sind sechs Millionen Maya, deren Muttersprache eine der 31 Maya-Sprachen ist.

643 *Die Verteilung der Maya-Sprachen*
Etwa sechs Millionen Menschen in den Ländern Mexiko, Belize und Guatemala sprechen eine Maya-Sprache als Muttersprache. Die 29 heute gesprochenen Maya-Sprachen sind untereinander so eng verwandt wie z. B. die romanischen Sprachen. Guatemala ist das Land mit der größten Anzahl von Sprechern, hier befindet sich auch die Sprachgruppe der K'iche'.

Vorhergehende Doppelseite:
Yax Pasaj und Lolmay. Copan, Honduras, Tempel 18; Aufnahme aus dem Jahr 1992
Vergangenheit und Zukunft: 500 Jahre Kolonialismus, Armut und offene Unterdrückung haben dem Volk der Maya seine Identität und seine Perspektiven nicht nehmen können. Lolmay, der als Pedro Garcia Matzar getauft wurde, hat wieder einen Maya-Namen angenommen. Er ist heute Sprachwissenschaftler und einer der führenden jungen Maya-Intellektuellen. Er hat gelernt, die Hieroglyphenschrift zu lesen: Nur wer die Geschichte kennt, hat eine Zukunft.

642 *K'iche'-Maya. Joyabaj, El Quiché, Guatemala*
Joyabaj im Hochland von Guatemala ist ein Zentrum der K'iche'-Kultur und -Sprache. Die K'iche' sind die größte Sprachgruppe Guatemalas und leben im zentralen und im westlichen Teil des Hochlandes von Guatemala. Sie haben viele Elemente ihrer alten Kultur bewahrt, darunter auch den 260-tägigen Kalender, den sie *chol q'ij* („Zählung der Tage") nennen.

644 *Kaffee-Ernte in Escuinta, Guatemala. Aufnahme um 1934*
Das Vagabundengesetz des Präsidenten Rufino Barrios (1873–1885) – von seinen Nachfolgern noch verschärft – zwang die Maya Guatemalas dazu, eine bestimmte Anzahl von Tagen auf den Plantagen zu arbeiten. Wer seine Pflicht nicht erfüllte, wurde inhaftiert. Auch Kinder mussten mithelfen, um zur Ernährung der Familien beizutragen. Noch heute beruht die Ökonomie Guatemalas vor allem auf dem Export einiger weniger Produkte wie Kaffee, Zucker und Kardamom, deren Weltmarktpreise großen Schwankungen ausgesetzt sind.

Die Kontinuität kolonialer Verhältnisse

Mit der Loslösung des früheren Vizekönigreichs Neuspanien und des Generalkapitanats Guatemala von dem spanischen Mutterland im Jahr 1821 erreichten die Länder, in deren Gebiet die Maya leben, formal ihre Autonomie und wurden zu souveränen Staaten. Mexiko war das erste Land, das seine Unabhängigkeit proklamierte, viele andere lateinamerikanische Länder schlossen sich in kürzester Zeit an. Für ihre Ureinwohner folgte daraus aber keineswegs der Wiedergewinn der Freiheit. In Mexiko etwa hatte sich längst eine kreolisch-spanische Oligarchie gebildet und fest etabliert, und weltlicher Reichtum wie katholische Kirche hielten zusammen, um weiterhin alle hergebrachten Vorrechte zu genießen. In den neuen Staaten entfiel die politische Abhängigkeit von außen, es blieben die inneren Abhängigkeiten, die besitzenden, herrschenden Minderheiten, der endlose Wechsel der Diktaturen.

Die Auswirkungen der Plantagenwirtschaft

Ein zentrales Problem für die indianischen Dorfgemeinschaften in beiden Ländern, Mexiko wie Guatemala, war die Frage des Landbesitzes, der durch Gewohnheitsrecht und nicht auf der Grundlage von Eigentumsurkunden geregelt war. Das führte in Guatemala und im angrenzenden mexikanischen Bundesstaat Chiapas dazu, dass die Dörfer während des Kaffeebooms zwischen 1870 und 1900 schutzlos der Aneignung ihres Landes durch Kaffeebarone preisgegeben waren. Vor allem der durch starke deutsche Beteiligung aufblühende Kaffeeanbau sorgte im ganzen Hochland für einen Umsturz der traditionellen Agrarwirtschaft. Dagegen geriet das Tiefland von Guatemala und der angrenzenden mittelamerikanischen Länder durch die Anlage von Bananenplantagen unter den wachsenden Einfluss US-amerikanischer Investoren. Für beide Produkte sind große Felder erforderlich. Kirchenländereien wurden daher säkularisiert und das indianische Gemeindeland systematisch zerschlagen und enteignet. Die Konzentration ausgedehnter Latifundien in den Händen einer kleinen Agrarelite nahm erheblich zu. Um dem wachsenden Bedarf an billigen Arbeitskräften auf den Plantagen entgegenzukommen, führte in Guatemala der Präsident Rufino Barrios (1873–1885) ein so genanntes Vagabundengesetz ein: Die Indianer mussten eine festgelegte Zahl von Arbeitstagen auf den Plantagen nachweisen, wollten sie einer Gefängnisstrafe oder der Zwangsarbeit im Straßenbau entgehen (Abb. 644). Durch eine flächendeckende militärische Kontrolle unter General Jorge Ubico (1931–1944) wurde der indianische Arbeitsdienst schließlich zur generellen Einrichtung. Er führte zu großen Bevölkerungsverschiebungen innerhalb des Landes, denn die Maya siedelten sich in der Nähe der Plantagen an, auf denen sie arbeiteten (Abb. 645). Eine Folge dieser Umwälzungen war die zunehmende Bedeutung des Spanischen als Verständigungssprache unter den Angehörigen der verschiedenen Maya-Gruppen innerhalb einer Plantage. Das neokoloniale System ist in Guatemala trotz Bürgerkrieg und Ansätzen zur Reformierung bis heute nicht überwunden worden. Die Wirtschaft des Landes beruht noch immer zu einem Großteil auf dem Export der traditionellen Produkte Kaffee, Bananen und Zucker, deren schwankende Weltmarktpreise dramatische ökonomische und soziale Spannungen auslösen. Der größte Teil der indianischen Bevölkerung ist zu einem Pendlerleben zwischen dörflicher Selbstversorgung und Arbeit auf den Plantagen verdammt.

Der Kastenkrieg in Yukatan

Nicht viel anders erging es den Maya im Nachbarland Mexiko nach dem Ende der Kolonialzeit. Auch hier konnte die alte Oligarchie ihre Macht zementieren und ihren wirtschaftlichen Erfolg unter anderem auf die Einverleibung indianischen Gemeindelandes stützen. Auf der Halbinsel Yukatan wurden große Plantagen angelegt, auf denen Zuckerrohr produziert wurde. Eine andere Pflanze, die auf den kargen Karstböden gut gedieh, war die Sisal-Agave. Mit dem Beginn der Industrialisierung in Europa und Nordamerika stieg auch der Bedarf an Fasern und Seilen, die man aus ihren Blättern gewinnen konnte. Beide Produkte, Zucker und Sisal, brauchten große Anbauflächen. So kam es, dass der Bedarf an Land in der Mitte des 19. Jahrhunderts immer mehr wuchs.

Während der Westen Yukatans seit 1542 spanisch kontrolliert war, hatten die Kolonialherren es nie geschafft, auch den schwer zugänglichen und von dichten Urwäldern bedeckten Osten der Halbinsel dauerhaft unter ihre Herrschaft zu bekommen. Hier hatten sich daher über die gesamte Kolonialzeit Gruppen yukatekischer Maya in weitgehender Unabhängigkeit behaupten können. Als sich die Plantagen immer weiter ausdehnten, gerieten auch sie schließlich in die Einflusssphäre der Plantagenbesitzer. Im Juli 1847 kam es in der Nähe der Stadt Valladolid im Osten des heutigen Bundesstaates Yucatán zu einem Aufstand, bei dem sich Maya gegen zu hohe Abgaben und Steuern wehrten. Als dessen Anführer hingerichtet wurde, flammte der Konflikt erst wirklich auf. Die Maya der Region organisierten sich nach dem Vorbild der yukatekischen Miliz und erhoben sich gegen die weiße

Oberschicht. Binnen kurzer Zeit hatten die nur mit Buschmessern und Flinten Bewaffneten fast die gesamte Halbinsel erobert (Abb. 646). Im Mai 1848 standen die Maya-Soldaten vor Mérida, bereit, die größte Stadt der Halbinsel im Sturm zu nehmen. Zu diesem Triumph ist es jedoch nicht gekommen; im August wurden die Maya geschlagen und binnen kurzer Zeit in die Rückzugsgebiete im Osten getrieben. Es ist bis heute nicht ganz klar, was die Einnahme von Mérida und damit wahrscheinlich den sicheren Sieg der Maya verhindert hat. Oft wird als Erklärung die beginnende Regenzeit und das Bedürfnis der Maya vorgebracht, wieder auf ihre Felder zurückzukehren und sich dem Maisanbau und ihrer Selbstversorgung zu widmen. Ein anderer und wahrscheinlich plausiblerer Grund dürften Streitigkeiten zwischen ihren Anführern gewesen sein, die sich auf keine langfristige Strategie einigen konnten.

645 *Zahltag auf der Kaffee-Finca. Aufnahme aus dem Jahr 1913*
Indianische Arbeitskräfte wurden auf den Kaffee-Fincas eingesetzt, seit der Kaffee vor allem durch die Beteiligung deutschen und schweizerischen Kapitals in Guatemala heimisch gemacht wurde. Seitdem haben sich weder die Arbeitsbedingungen noch die Landbesitzverhältnisse wesentlich verändert. Der – selten bezahlte – gesetzliche Mindestlohn liegt heute bei rund 4 DM pro Tag. Ein Hungerlohn: 87 % der Guatemalteken leben heute deshalb unter der Armutsgrenze, 73 % der Kinder unter fünf Jahren sind unterernährt.

Ein unabhängiger Maya-Staat

Zurückgedrängt in die undurchdringlichen Wälder des Ostens, gelang es den überlebenden Rebellen, sich neu zu sammeln. 1850 gründeten sie in der Nähe eines Cenotes, an dessen Eingang man ein so genanntes heiliges Kreuz gefunden hatte, den Ort Noj Kaj Santa Cruz Xbalam Naj, der bald zur Hauptstadt eines unabhängigen Maya-Staates wurde. Im Zentrum wurde nach dem Vorbild einer kolonialzeitlichen Kirche ein Tempel für das „Heilige Kreuz" errichtet, dessen Verehrung den religiösen Mittelpunkt der Aufständischen bildete. Dem Kreuz wurde nachgesagt, dass es sprechen könne. Die Maya erkannten in ihm ihren Messias, der nur für sie auf die Erde gekommen war, um ihnen als dem auserwählten Volk Gottes Botschaften zu offenbaren. Hinter dem „sprechenden Kreuz" verbarg sich in der Anfangszeit wohl ein Maya mit bauchrednerischen Fähigkeiten. Als er starb, teilte sich das Kreuz nur noch schriftlich mit. Die flammenden Appelle, die morgens von den Schreibern am seinem Fuße gefunden wurden, richteten sich unmittelbar an die Aufständischen und ermutigten sie zur Fortsetzung des Kampfes. In seiner Kombination christlicher und indigener Glaubenselemente war der Kreuzkult ein typisches Produkt des kolonialen Kulturkontaktes. Seine messianische und nativistische, auf die Wiederherstellung einer fiktiven, heilen vorspanischen Welt gerichtete Ideologie erwies sich jedoch als so einflussreich, dass der Widerstand gegen die verhassten Fremden über viele Jahrzehnte das Ziel blieb. Die Macht der Maya war so groß, dass sie sogar Handel mit den Bewohnern von Britisch-Honduras trieben, das sich im Süden direkt an ihr Gebiet anschloss. Die Bewohner dieser kleinen Kolonie lebten vom Geschäft mit tropischen Hölzern, für die im viktorianischen England ein großer Bedarf existierte. Die Maya gestatteten den Engländern, auch in ihren weiten Urwäldern Mahagoni und Blauholz zu schlagen. Im Gegenzug erhielten sie von ihnen Pulver, Waffen und Lebensmittel und konnten so die mexikanischen Truppen davon abhalten, einzumarschieren und sie zu befrieden.

Erst 1901 gelang es der Armee, in den Osten Yukatans vorzudringen und die Hauptstadt der Aufständischen einzunehmen. Dies war nur möglich, weil die Soldaten in das Grenzgebiet zwischen dem Land der Maya und der britischen Kolonie vorgedrungen waren, um den Nachschub an Waffen und anderen Waren zu unterbinden. Die Maya hatten jedoch ihre Hauptstadt schon lange vor der mexikanischen Eroberung geräumt und das „Heilige Kreuz" in ein Versteck im Urwald gebracht. Das Jahr 1901 gilt in den meisten Geschichtsbüchern als das Ende des Kastenkriegs, es war de facto jedoch nur das Jahr, in dem die Mexikaner in eine verlassene Stadt einrückten. Die Kämpfe gingen weiter; bis in die 40er-Jahre kam es zu gewaltsamen Auseinandersetzungen, und noch jetzt lehnen die Cruzoob-Maya von Quintana Roo, wie die Nachfahren der Aufständischen heute genannt werden, eine vollständige Integration in den mexikanischen Staat ab. In den Dörfern in der Umgebung von Felipe Car-

646 *Szene aus dem Kastenkrieg. Öl auf Leinwand, um 1850*
Das Gemälde zeigt die Schrecken des Kastenkrieges. Dargestellt ist vermutlich ein Überfall auf ein yukatekisches Dorf durch die aufständischen Maya, die auf diese Weise in der zweiten Hälfte des 19. Jh.s zu Waffen und anderen Gütern zu kommen versuchten. Da die Rebellen außer der britischen Kolonie Belize keine weiteren Handelspartner hatten, waren sie auf diese Beute angewiesen.

rillo Puerto, wie die ehemalige Hauptstadt der Rebellen inzwischen heißt, organisieren sie sogar wie damals bewaffnete Kompanien zum Schutz des nach wie vor existierenden Heiligtum des Kreuzes.

Der Kastenkrieg war die erfolgreichste und längste indianische Erhebung auf dem ganzen amerikanischen Kontinent, er war aber bei weitem nicht die einzige. Auch in Chiapas ist es nach der Unabhängigkeit von Spanien zu mehrjährigen bewaffneten Rebellionen wie etwa dem „Krieg der Rosen" gekommen, der 1867 bis 1870 den Ort Chamula und das gesamte Umland der Stadt San Cristobal de las Casas erschütterte. In allen Fällen aber mussten die Maya gegen Regime kämpfen, denen sie hoffnungslos unterlegen waren. Sie besaßen kein stehendes Heer, keine Infrastruktur und keine finanziellen Mittel, um sich mit ihren Gegnern zu messen. Zahlreiche vergebliche Versuche einer Auflehnung gegen die Übermacht machen es verständlich, dass ein Großteil der Maya die physische Isolation oder kulturelle Abwehr dem offenen Konflikt mit dem Regime vorzog. Als erfolgreichste Strategie stellten sich oberflächliche Zugeständnisse an Missionare und koloniale Beamte heraus, die jedoch an der Substanz ihrer Werte und Überzeugungen nichts änderten. Diese Fähigkeit der Maya, fremde Kulturelemente in ihre eigene Lebensweise zu übernehmen, ohne dabei die Integrität der eigenen Kultur zu zerstören, hat wesentlich zu ihrem Überleben beigetragen.

Verbrannte Erde – Guatemala im Bürgerkrieg

Der Rückzug der Maya in die Dörfer war eine Folge ihrer politischen Entmündigung. Über lange Zeit bedeutete diese geschlossene Welt einen Schutz vor der feindlich gesonnenen Außenwelt. Sie verhinderte aber auch die Entstehung politisch wirksamer, überregionaler Initiativen und Interessenvertretungen.

Diese Situation änderte sich in Guatemala in der zweiten Hälfte der 70er-Jahre, als die katholische Kirche insbesondere in den ländlichen Gebieten aktiv wurde und die Gründung indianischer Kooperativen förderte. Gleichzeitig machten sich die Auswirkungen der revolutionären Bewegungen in Nicaragua und El Salvador auch in Guatemala bemerkbar. Im Jahr 1976 gab es dort ein großes Erdbeben, das weite Regionen des Hochlandes betraf. In der Folge reisten ausländische Hilfsorganisationen nach Guatemala und unterstützten die Bildung von Selbsthilfegruppen. India-

647 *Gedenkstätte für die Ermordeten. Kirche von Nebaj, El Quiché, Guatemala; Aufnahme aus dem Jahr 1998*
Im so genannten Ixil-Dreieck zwischen den Städten Nebaj, Nenton und Canton wurden unter den Generälen Romeo Lucas García und Efraín Ríos Montt mehr als 60 Dörfer der Ixil-Maya dem Erdboden gleichgemacht. Obgleich die Ixil-Maya versuchten, eine taktische Neutralität zu bewahren, gerieten sie zwischen die Fronten von Guerrillabewegung und Militär.

648 *„Vor der Hütte des Feldwebels". San Lucas Toliman, Sololá, Guatemala; Aufnahme aus dem Jahr 1913*
Die zunehmende Erweiterung der Exportwirtschaft hatte zur Folge, dass neben den Kreolen, den alten, aus Spanien kommenden Familien, weitere Agrareliten entstanden, die sich teils aus Angehörigen der mestizischen Mittelschichten, teils aus zugewanderten Ausländern speisten. Für die neuen, nicht indianischen Herren des Landes wurde der Begriff *ladino* geprägt, der auch heute noch für die europäisierte Oberschicht, aber auch für die Bevölkerungsgruppen verwendet wird, die zwar indianischer Herkunft sind, aber ihre Maya-Identität abstreifen wollen.

649 *Witwen auf dem Friedhof von Xeatzán Bajo*
Die Menschenrechtsorganisation *amnesty international* sprach 1981 von politischem Mord als Regierungsprogramm in Guatemala. Die Leidtragenden waren vor allem Maya. Die Toten sind in unzähligen anonymen Massengräbern verscharrt worden. Jetzt werden die Gräber und die Toten identifiziert. Sie erhalten ihre Namen zurück und werden von ihren Angehörigen, den verwitweten Frauen und vaterlosen Kindern, bestattet.

nische Gemeinden kamen in direkten Kontakt mit internationalen Organisationen und über diesen Weg auch zu staatsunabhängigen Einnahmequellen. Ein Prozess der Bewusstseinsbildung und Emanzipation begann. Im Jahr 1978 formte sich die Landarbeitervereinigung CUC (Comité de Unidad Campesina), der es innerhalb kurzer Zeit gelingt, große Teile der Hochlandbevölkerung zu mobilisieren. Diese Tendenzen, die zunächst nur wenige Funktionäre, Lehrer und Geistliche in den Dörfern vorantrieben, wurden von den Macht habenden Eliten des Landes von Anfang an als Bedrohung angesehen und mit einer repressiven Umsiedlungspolitik bekämpft, deren Ziel es letztlich war, indianisches Leben und indianische Kultur insgesamt auszulöschen. Militärs und Oligarchie sahen in den indigenen Bevölkerungsgruppen nicht nur unterentwickelte Almosenempfänger, die dem wirtschaftlichen Fortschritt des Landes im Wege standen, sondern Kollaborateure revolutionärer Bewegungen. Die Unterdrückung der indianischen Bevölkerung nahm darauf in den frühen 80er-Jahren die Ausmaße eines Genozids an. Gewerkschaftsmitglieder, katholische Aktivisten und Lehrer werden von Todesschwadronen entführt, gefoltert und ermordet, Kundgebungen gehen im Kugelhagel unter, die gesamte männliche Bevölkerung von Dörfern wird erschossen und in Massengräbern verscharrt, Frauen vergewaltigt und Kinder zum Militärdienst gezwungen. Maya-Dörfer verschwinden von der Landkarte, ganze Landstriche, wie etwa die Ixil-Region, werden entvölkert (Abb. 647). Wer überlebt hat und nicht geflohen ist, wird in so genannte Modelldörfer zwangsumgesiedelt, deren schachbrettartig angelegte Straßen von Soldaten überwacht werden. Die Zahlen vermitteln einen gewissen Eindruck von dem Ausmaß des Blutbads und des menschlichen Elends dieser Jahre, für die die Maya nur den spanischen Begriff *violencia* (Gewalt) benutzen: 150 000 Tote, mindestens eine Million Flüchtlinge im eigenen Land und 400 000 Flüchtlinge in den angrenzenden Ländern, den USA und Europa (Abb. 649).

Erst 1983 und 1984 klingen unter dem Druck der Weltöffentlichkeit die Gewalttaten ab. 1986 kommt es zu den ersten freien Wahlen, seit 1954 die letzte demokratisch gewählte Regierung von Jácobo Arbenz unter Beteiligung des CIA gestürzt wurde. Hauptgrund für diesen Putsch war die Angst der Großgrundbesitzer vor einer von der Regierung Arbenz geplanten Landreform. Doch an den auf die Kolonialzeit zurückgehenden Besitzverhältnissen hat auch die neue Demokratie bis in die Gegenwart nichts ändern können.

Indios zwischen offener Unterdrückung und schleichender Verachtung

Krieg, Gewalt, soziale Unterdrückung und kulturelle Entfremdung bestimmten das Leben der Maya in der Kolonialzeit wie auch in der jüngsten Vergangenheit. In Guatemala ist der Konflikt offen erkennbar und teilt das Land in Maya und Nicht-Maya ein, im mexikanischen Bundesstaat Chiapas führt der erst 1994 ausgebrochene Bürgerkrieg vor, dass hier die mexikanische Revolution von 1910/11 mit ihrer Landverteilung nie ankam. In anderen Regionen wie auf der Halbinsel Yukatan dagegen sind die Grenzen zwischen Maya und Nicht-Maya weniger deutlich gezogen, sie artikulieren sich aber dennoch in subtiler Form. Unkenntnis der Maya-Welt und ihrer Geschichte so wie Arroganz gegenüber ihrer Kultur bestimmen das Verhalten der Nicht-Maya, die in allen staatlichen Einrichtungen den Ton angeben (Abb. 648). Um sich nicht mit den Maya-Sprachen befassen zu müssen, werden diese kurzerhand zu Dialekten erklärt, ein pejorativer Begriff, der in Lateinamerika so viel wie „Kauderwelsch" oder „Stammeln" bedeutet. Durch das Festhalten am Spanischen als einziger offiziellen und schriftlich fixierbaren Sprache sollen die Maya-Sprachen zugunsten einer einheitlichen Landessprache und nationalen Identität zurückgedrängt werden. Obgleich es in indianischen Regionen Schulen mit bilingualer Erziehung gibt, in denen der Unterricht in den Anfangsjahren auch in den jeweiligen Maya-Sprachen erteilt wird, ist das Ziel der meisten zweisprachigen Programme, die jungen Maya zur Verwendung des Spanischen auf Kosten der Muttersprache zu erziehen. Die herrschende Ideologie räumt den Maya als Maya keinen Platz ein.

Sie werden durch die Nationalkulturen nicht nur ihrer sprachlichen Identität, sondern auch ihrer Vergangenheit beraubt (Abb. 651). In den Schulbüchern Mexikos und Guatemalas wird kein Wort über die Zeit vor der spanischen Invasion verloren. Noch immer ist die Einstellung verbreitet, dass die Geschichte der Region erst mit ihrer Eroberung begann. Junge Maya wissen zwar über die französische Revolution Bescheid, nicht aber, wer die Bauwerke von Tikal errichtete. Die Auslöschung der Maya-Geschichte führt sogar so weit, dass die großen Ruinenstädte zu Werken anderer Zivilisationen erklärt werden. Die auch bei uns populären Versuche, die Leistungen der alten Maya-Kultur als Schöpfungen eines der Stämme Israels, hinduistischer Priester oder Außerirdischer zu interpretieren, sind Wasser auf die Mühlen derer, die einen Keil zwischen die Maya der Gegenwart und der vorspanischen Zeit treiben wollen. Andere bezeichnen die heute Lebenden als Indios oder Indianer und geben mit ihrer Wortwahl zu verstehen, dass es keine Kontinuität der historischen Subjekte und ihrer Identität gebe. Die kulturelle Entfremdung von den eigenen Wurzeln führt so weit, dass viele Menschen alle Zeichen indianischer Identität ablegen möchten. Der starke Einfluss der nordamerikanischen Popkultur trägt ebenfalls dazu bei, besonders junge Maya von ihren Wurzeln zu trennen.

650 *Chuchqajaw in Chichicastenango, El Quiché, Guatemala*
In vielen Orten Guatemalas üben religiöse Bruderschaften, die so genannten *cofradías*, noch einen großen Einfluss auf die Gemeinschaft aus. Sie sind nicht nur die Sachwalter über Heiligenfiguren und religiöse Feste, sondern auch politische Entscheidungsträger. Ein erwachsener Mann, der soziales Ansehen erringen will, muss einer Bruderschaft angehören und sämtliche Ämter ausgeübt haben. Mitglieder der Bruderschaft von Santo Tomás in Chichicastenango sammeln an den Markttagen Spenden für ihre karitativen Aufgaben ein. Sie sind an ihrer Tracht, vor allem dem Kopftuch, zu erkennen und nennen sich *chuchqajaw* („Mütter-Väter").

651 *Ein kritischer Blick auf Maya-Kitsch. Palenque, Chiapas, Mexiko*
Ein in den Himmel blickender Maya-Kopf aus weißem Beton verkündet dem Besucher des modernen Ortes Santo Domingo de Palenque, dass hier der Weg zu den Ruinen der alten Maya-Stadt abzweigt. Heroische Denkmäler, die die vorspanische Vergangenheit glorifizieren, finden sich in Mexiko allemal. Den modernen Nachfahren von König Pakal jedoch ist kein Monument geweiht. Die Maya von Chiapas gehören zu den ärmsten Bevölkerungsgruppen Mexikos.

652 *Lakandonen – die letzten „wilden" Maya posieren für die Kameras. Naha, Chiapas, Mexiko; Aufnahme aus dem Jahr 1998*
Die etwa 300 Lakandonen-Maya, die heute in den Dörfern Naha und Lacanha im mexikanischen Bundesstaat Chiapas leben, gelten aufgrund ihrer traditionellen Tracht, der weißen Tuniken und ihrer langen Haare, gemeinhin als die letzten „wilden Maya". Tatsächlich sind viele von ihnen nie zum christlichen Glauben bekehrt worden. Eine Gruppe wurde jedoch in den 1960er-Jahren von amerikanischen Adventisten zu einem bibeltreuen Protestantismus bekehrt. Für Touristen ziehen sie noch ihre langen Gewänder an.

Kulturelle Renaissance und Pan-Maya-Bewegung

In Guatemala, wo sich als Reaktion auf den Bürgerkrieg und infolge der Verleihung des Friedensnobelpreises an die K'iche'-Frau Rigoberta Menchu Tum im Jahr 1992 eine starke Maya-Bewegung formiert hat, tobt derzeit ein in Zeitungen und Medien ausgetragener Kampf um die Authentizität der Maya-Kultur. Modernen Maya-Priestern wird vorgeworfen, sie bedienten sich freizügig der Überzeugungen und spirituellen Praktiken, die anderen Religionen entlehnt sind. Tatsächlich ist der christliche Gott zu einem Bestandteil moderner Maya-Religion geworden; christliche Heilige werden gemeinsam mit den Göttern vorspanischen Ursprungs angerufen. Maya-Priester verwenden aber auch Symbole aus der vorspanischen Zeit; Nachdrucke von Hieroglyphentexten, vor allem der vier erhaltenen Codices, gehören fest zum Ritual mancher zeitgenössischer *Ajq'iij*, wie die Kalenderpriester der Maya im Hochland von Guatemala genannt werden. Kritiker der Maya-Bewegung sehen darin ein Zeugnis, dass die Maya-Religion, wie sie heute betrieben wird, nicht mehr „echt" sei, es handele sich vielmehr um einen synkretistischen Glauben, der die Bezeichnung „Maya" nicht verdiene. Dem halten Maya-Intellektuelle entgegen, dass gerade die Flexibilität und die Fähigkeit der Maya-Kultur, Fremdes zu integrieren, ein Zeichen für ihre Lebendigkeit sei.

Lebendig ist die Maya-Kultur tatsächlich. Überall, ob in Mexiko, Guatemala oder Belize, haben Maya im vergangenen Jahrzehnt eigene Organisationen gegründet. Sie wollen sich sowohl ihrer Herkunft wie auch ihrer Zukunft versichern. Sie fordern die Städte ihrer Vorfahren zurück, die von fremden Archäologen ausgegraben und für Touristen hergerichtet wurden. Der Maya-Verlag Cholsamaj druckt wissenschaftliche Publikationen, Schulbücher in Maya-Sprachen und Reproduktionen von Maya-Codices. In Guatemala haben die Maya eigene Schulen gegründet, in denen der Unterricht auch in den Maya-Sprachen K'iche', Tz'utujiil oder Q'anjob'al stattfindet. Maya-Frauen und -Männer haben sich entscheidende Positionen erkämpft. Die Soziologin Amanda Pop, die Abgeordnete und Führerin der Organisation der Kriegswitwen Rosalina Tuyuc und natürlich auch die Nobelpreisträgerin Rigoberta Menchu Tum treten selbstbewusst in ihrer Tracht auf: Sie verbergen ihr Maya-Sein nicht mehr schamhaft, sondern bekennen sich öffentlich zu ihrer Identität (Abb. 653). In Mexiko schließen sich Maya-Schriftsteller zusammen, um neue Formen des literarischen Ausdrucks in ihrer Muttersprache zu finden. Aber der Blick geht auch in die Vergangenheit. Die Frage nach der eigenen Identität, der eigenen Herkunft, kann nur unter Berücksichtigung der Geschichte beantwortet werden. So erhalten Archäologie und Geschichtsforschung, aber auch die Epigraphie eine neue Dimension. Was als exotische Wissenschaft in den Gelehrtenstuben und Bibliotheken Europas und Nordamerikas begann, ist heute von größter Bedeutung für die kulturelle Renaissance der Maya.

Katholische Missionare gaben den Maya als Zeichen ihrer christlichen Taufe neue Namen. Junge Maya heute haben ihre christlichen Namen abgelegt und verwenden als Zeichen ihrer neuen alten Identität wieder Maya-Namen wie zum Beispiel Nikte', Lolmay und Ixkem. Don Florentino, der Verfasser der Enzyklopädie, wollte seinen Namen aber nicht mehr wechseln, er sei mit seinen 68 Jahren zu alt dafür. Doch er setzte sich mit den jungen Maya in den Bus, um die Ausgrabungen in den Ruinen von Copan zu besuchen. „Die Stelen von Copan haben so viel Bedeutung für uns", sagte er, „wie die Akropolis für die Europäer". Und während sich Lolmay neben einem Relief mit der Darstellung des 16. Königs der Dynastie von Copan Yax Pasaj fotografieren ließ, notierte Don Florentino fleißig die Namen der Könige Copans in sein *kematz'iib'*, den „Schrift-Webstuhl", wie das Wort für „Notebook" in K'iche'-Maya lautet. Letzteres zeigt, dass auch die neuesten Errungenschaften unserer Zeit Eingang in die Sprache der Maya finden.

653 *Rosalina Tuyuc*
Indianische Frauen haben trotz starker Widerstände wichtige Führungspositionen in der Gesellschaft Guatemalas eingenommen. Rosalina Tuyuc hat die Witwenorganisation CONAVIGUA *(Coordinadora Nacional de Viudas de Guatemala)* gegründet und ist nach wie vor deren Vorsitzende. Zugleich ist sie Abgeordnete im Parlament und dort eine der wenigen Vertreterinnen der Maya, die in Guatemala mehr als die Hälfte der Bevölkerung ausmachen.

WIR ERFORSCHEN UNSERE GESICHTER

654 *Friedensnobelpreisträgerin Rigoberta Menchú Tum*
Die K'iche'-Frau Rigoberta Menchú Tum, die fast ihre gesamte Familie im Bürgerkrieg verlor, erhielt 1992 den Friedensnobelpreis für ihren Einsatz für Frieden und Verständigung und den Kampf für die Rechte der indigenen Völker weltweit. Seitdem ist sie als Sonderbotschafterin der Vereinten Nation für indigene Völker in der ganzen Welt unterwegs. Nach dem Friedensschluss zwischen Guerrilla und Militär im Jahr 1996 ist sie nach langem Exil wieder nach Guatemala zurückgekehrt, wo sie mit dem Preisgeld eine Stiftung gegründet hat, die sich der Verteidigung der kulturellen und politischen Rechte insbesondere der indianischen Nationen Amerikas annimmt.

Im Jahr 1992, 500 Jahre nach der offiziellen Entdeckung Amerikas, erhielt Rigoberta Menchú für ihren unermüdlichen Einsatz für die Gleichberechtigung der Indígenas den Friedensnobelpreis. Das Schicksal ihrer Familie hat sich bei zehntausenden von anderen Familien in ähnlicher Weise abgespielt und bildet die Grundlage ihrer Autobiographie.

Aus: Rigoberta Menchú: Enkelin der Maya – Autobiografie, Lamuv, Göttingen 1999

Viele Leute meinen, wir Indígenas seien in diesen 500 Jahren nur Zuschauer gewesen, und behaupten, wir seien die Besiegten. Tatsächlich haben wir Rassismus, Diskriminierung, Ausgrenzung und Unterdrückung über uns ergehen lassen müssen. Wir sind ein Volk, das die Folgen der Kolonisation, einer nicht abreißenden maßlosen Ausbeutung, einer entwürdigenden, grenzenlosen Diskriminierung sehr genau benennen kann, und wir nehmen dabei kein Blatt vor den Mund. Doch es ist gut zu wissen, dass die indigenen Völker die großen Städte mit ihren eigenen Händen erbaut haben. Wir haben im Schweiße unseres Angesichts riesige Bauwerke errichtet. Wir haben alle Schritte sorgfältig geplant und beim Bauen unser eigenes Tempo bestimmt. Wir haben auch zu der reichen Vielfalt der Völker Amerikas beigetragen. Und zwar so sehr, dass niemand unterscheiden könnte, wo das Indigene beginnt und wo es aufhört. Denn die Kultur ist keineswegs rein. Sie ist dynamisch und dialektisch. Sie bewegt und entwickelt sich. Man kann nicht behaupten, das eine sei rein, das andere sei nicht rein, weil die Reinheit sich nicht bestimmen lässt. Ich denke, dass unsere Völker zu keiner Zeit unbeteiligte, passive Zuschauer waren. Uns stehen alle Errungenschaften zu, weil wir zu ihnen beigetragen haben, auch zu der höchst komplexen ethnischen und kulturellen Vielfalt …

Ich glaube, dass die Erhaltung grundlegender jahrtausendealter Wertvorstellungen nicht mehr nur ein Interesse der indianischen Völker ist. Auf diesen Gedanken stieß ich bei den *ajq'iij* – den Maya-Priestern. Sie beschäftigten sich nicht mit der Frage, ob unsere Vorfahren besser oder schlechter waren oder die einen reiner als die anderen waren, ob die Ladinos reiner oder weniger rein waren oder Indígenas sein sollten. Sie lehrten uns, dass der Krieg die Würde der Indígenas und die Einheit zerstört. Man könnte zum Beispiel Folgendes behaupten: Wenn man zu meiner Gruppe gehört, ist man ein echter Indígena, andernfalls nicht. Die *ajq'iij* haben sich nicht mit solchen Themen verzettelt. Die *ajq'iij* waren sehr einfach. Sie sagten: „Die Zeit ist gekommen, dass Regen falle, dass der Regen den Samen, unseren Samen, der in der Erde schlummert, sprießen lasse und dass unsere Kultur erblühe, dass die Zwietracht von uns gehe.“ Sie sagten, die Zeit des Regens sei gekommen. Die Zeit der Klarheit. Die Klarheit unserer Wege begann. Die Klarheit führte uns zur Identität, und wir begannen wieder, in den Gesichtern zu forschen und unsere Denkweise zu rekonstruieren. Ein Kreis schloss sich, ein Zeitalter ging zu Ende und ein neues begann.

ANHANG

GLOSSAR

Daniel Graña-Behrens und Nikolai Grube

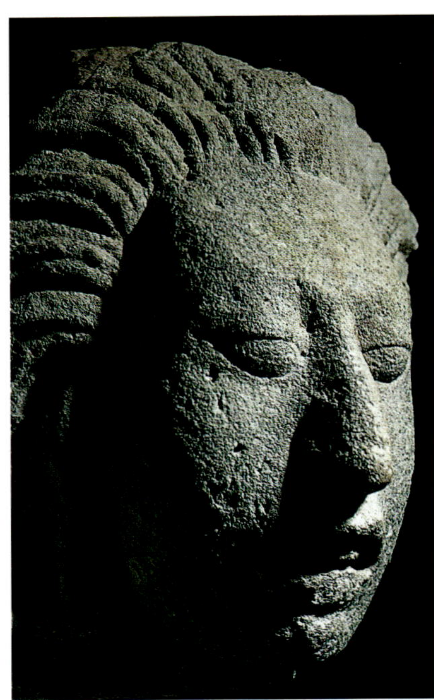

Kopf des Maisgottes. Copan, Honduras, Gebäude 10L-22; Spätklassik, 715 n. Chr.; Tuffstein; H. 32 cm; Copan, Centro Regional de Investigaciones Arqueológicas, Instituto Hondureño de Antropología e Historia

Abstammungslinie
Eine genealogische Abfolge von Menschen, die sich von einem gemeinsamen tatsächlichen oder mythischen Vorfahren herleiten. Bei den Maya spielte die Herkunft sowohl väterlicher- wie mütterlicherseits eine zentrale Rolle für die gesellschaftliche Position. Könige beriefen sich in der Regel allein auf ihre männliche Linie und deren Stammvater. Das Grab des Gründers der Dynastie von Copan wurde in der Akropolis gefunden, während andere Herrscherhäuser göttliche Ahnen, die in Urzeiten gelebt hätten, für sich beanspruchten.

Achiote
Spanische Bezeichnung für eine Baumart der Gattung Bixa orellana und für den gleichnamigen orangegelben bis rötlichen Farbstoff, der aus dem Samen des Baumes gewonnen wird. Wegen seines Aromas wird Achiote bei der Nahrungsmittelzubereitung verwendet.

Adobe (spanisch, „luftgetrockneter Ziegel")
Lehmziegel, der bereits in vorspanischer Zeit im Hausbau verwendet wurde und, da ungebrannt, rasch verwittert.

Agave
Pflanzengattung mit etwa 300 Arten. Aus den Blättern der Agave americana brauen die Maya noch heute ein alkoholisches Getränk, das bereits in der Klassik hieroglyphisch belegt ist. Auf bunt bemalten Keramikgefäßen sind manchmal Tonkrüge dargestellt, aus denen Agavenblätter ragen; den Inhalt dieser Krüge gibt die darauf platzierte Inschrift an: *chi* (vergorenes Agavengetränk).

Aguada (spanisch, „Wasserstelle")
Ein versandeter trichter- oder schüsselförmiger → Cenote, in dem sich Regenwasser sammelt.

Ajaw (Maya, „Herr", „König")
Bezeichnung für den Herrscher, Fürsten oder König und allgemein den Adligen. Im engeren Sinne meint *ajaw* das höchste politische Amt der Maya in der Klassik. Oftmals tritt das Attribut *k'uhul* (göttlich) hinzu, vor allem bei → Emblemhieroglyphen. Im Kalenderwesen heißt *ajaw* sowohl der letzte Tag im → Tzolk'in als auch die Zeiteinheit für die → kurze Zählung.

Akan (Gott A)
Akan ist der Gott der alkoholischen Getränke, der halluzinogenen Substanzen und vermutlich auch der Halluzinationen selbst. In der Götterliste von Paul Schellhas wird er Gott A genannt. Seine Erkennungsmerkmale sind die Zeichen für Dunkelheit, Tod und Zauberei auf seinem Kopf. Vasenmalereien zeigen ihn häufig bei orgiastischen Trinkgelagen, bei denen der Alkohol sowohl oral als auch rektal dem Körper zugeführt wird.

Akropolis (griechisch, „hohe Stadt").
Die Maya-Archäologie versteht darunter alle großen Plattformen, die als Sockel für mehrere Gebäude dienen. Eine Akropolis konnte eine Stätte der Verehrung von Göttern und Ahnen darstellen, also eher religiös ausgerichtet sein (wie die Nordakropolis von Tikal), aber ebenso einen Wohnkomplex bilden (wie die Zentralakropolis derselben Stadt).

Altar
Die meist runden Opfertische aus Stein lagen in der Regel vor Stelen auf dem Boden oder standen auf drei steinernen Füßen. Vermutlich wurden auf ihnen Gaben, aber auch Weihrauchgefäße platziert. Quadratische und rechteckige Formen scheinen erst in der Späten Klassik aufzutreten. Viele Altäre sind skulptiert und beschriftet und verweisen auf das Jahr ihrer Aufstellung.

Apron Molding
(englisch, „Schürze", „Gesims")
Spezielle Fassadengestaltung von gestuften, pyramidalen Sockeln, die besonders im zentralen Peten, in Tikal und Uaxactun beliebt war. Die Front eines Absatzes gliedert sich in eine obere schräge und eine darunter liegende, zurückgesetzte Zone. Da der vorkragende Abschnitt mit einem überhängenden Schurz verglichen werden kann, wurde dieses Profil apron molding genannt. Die horizontale Rhythmisierung wird durch Licht- und Schatteneffekte in ihrer Wirkung noch intensiviert.

Apsidenhaus
Das typische, aus Holz oder Stein über einer ovalen Plattform errichtete Bauernhaus des Tieflandes ist an den Schmalseiten gerundet, deshalb die Bezeichnung Apsidenhaus, und hat ein Dach aus dem Stroh der Guano-Palme (Sabal mexicana).

Äquinoktium
Die Tagundnachtgleiche am 21. März und am 23. September eines Jahres.

Atole
Getränk aus Maisteig und Wasser, das mit verschiedenen Zutaten wie Salz oder Honig gewürzt wird. Die Bezeichnung Atole ist vom Aztekischen abgeleitet, während sich auf Maya-Keramikgefäßen seit der Klassik der Begriff *ul* findet. Oft ist der Inhalt sogar präzisiert als *sak ul* (weiße Atole) oder *sak ch'aj ul* (weiße, bittere oder ungesüßte Atole).

Azteken
Zu den → Nahua zählende Volksgruppe in Zentralmexiko, deren damalige Hauptstadt Tenochtitlan das heutige Zentrum von Mexiko Stadt bildet. Die Azteken expandierten um 1300 n. Chr. zum politisch mächtigsten Staatenverband der Region. Sie verfügten über einen effizienten Verwaltungsapparat und zwangen die unterworfenen Völker zu Tributleistungen. Ihr wohl bekanntester Herrscher Motecuzoma II empfing 1519 den Eroberer Hernán Cortés, der kurze Zeit später mit seiner Streitmacht das aztekische Reich dem spanischen Weltreich einverleibte.

Bajo (spanisch, „Niederung")
Bezeichnung für eine lehmbedeckte, meist ausgedehnte Bodenvertiefung, in der sich Wasser ansammelt. Im Süden der Halbinsel Yukatan bilden *bajos* ein Sumpfgebiet.

Bakab
Titel mit unbekannter Bedeutung, der in der Spätklassik zumeist den Herrschern vorbehalten blieb. Einige Forscher setzen ihn mit dem ähnlich klingenden Begriff → Batab' gleich, der im nördlichen Yukatan in der Postklassik ein wichtiges Amt bezeichnete.

Bak'tun
Zeitabschnitt von 144 000 Tagen, der sich aus 20 → K'atun von 7200 Tagen zusammensetzt. In der → langen Zählung die größte Einheit, die bei Datierungen üblich war.

Balam (Maya, „Jaguar")
Größte Raubkatze Mexikos und Mittelamerikas (Felis onca). In der Klassik ist Balam ein häufiger Bestandteil von Herrschernamen; Balam Ajaw („Jaguar-Herrscher") hieß z. B. der Fürst des Stadtstaates Tortuguero. Der Jaguar wurde von den Maya wohl in besonderer Weise gefürchtet und gleichzeitig verehrt. Auf zahlreichen Keramiken finden sich daher Abbildungen von Herrschern, die auf einem Jaguarfell thronen. Der Jaguar ist aber auch ein Tier der Unterwelt (→ Xibalba); das → Popol Wuj berichtet von einem Jaguarhaus an diesem Ort im Kosmos, in das die → Göttlichen Zwillinge zur Mutprobe eingesperrt wurden.

Balche'
Leicht alkoholisches Getränk, das aus Wasser und der vergorenen Rinde des Balche'-Baumes (Lonchocarpus longistylus) besteht. Heute wird es, oftmals mit Honig gesüßt, nur noch zu rituellen Anlässen getrunken.

Ballspiel
Ein in ganz Mesoamerika verbreitetes, von den Maya *pitsil* (Ballspiel) genanntes Spiel mit einem Kautschukball (→ Zapote). Dieser durfte nicht mit den Händen und Füßen berührt werden, sondern wurde, wie noch heute in einigen Regionen Mexikos üblich, wahrscheinlich mit der Hüfte geschlagen. In der Klassik legten die Maya eigens hierzu H- oder I-förmige Spielfelder an, deren schräg abfallende Begrenzungsmauern das Abprallen des Balls ermöglichten. Gepunktet wurde, wenn der Ball entweder durch den beidseitig oberhalb der Schrägen befestigten Ring flog oder den Markierstein am Boden traf. Über die Mannschaftsstärke in der Klassik ist nichts bekannt. Oftmals zeigen Inschriften den Herrscher eines Stadtstaates als Ballspieler, als *Aj Pitsil* („Er, der Ballspieler"). Ob im Anschluss an ein Ballspiel auch → Menschenopfer dargebracht wurden, wie zuweilen vermutet wird, ist nicht zweifelsfrei erwiesen.

Batab'
Neben dem → Halach Winik das höchste politische Amt in einigen Maya-Provinzstaaten der Postklassik auf der Halbinsel Yukatan. Der Titel leitet sich vom yukatekischen Maya-Wort *bat* (Steinbeil) ab und bedeutet Beilträger. Die Batab'-Amtsträger der verschiedenen Staaten-

Kopf eines Pawaituun. Copan, Honduras, Gebäude 10L-11; Spätklassik, 769 n. Chr.; Tuffstein; H. 80 cm

verbände berufen sich zuweilen auf einen gemeinsamen Ahnen.

Blasrohr
Waffe aus einem Holz- oder Bambusrohr, mit der durch Atemluft ein Geschoss (Tonkugel, Pfeil) abgegeben wird. Bekannt ist das Blasrohr durch eine mythische Begebenheit, dargestellt auf Keramikgefäßen der Klassik und erzählt im → Popol Wuj der Kolonialzeit. Ihr zufolge tötet der → Göttliche Zwilling Junajpu („Eins-Blasrohr") mit dieser Waffe den Himmelsvogel, der in der Klassik → Itzam Ye und im Popol Wuj → Wuqub' Kaqix genannt wird.

Bleiglanzkeramik
Einzige bekannte glasierte Keramik aus vorspanischer Zeit in Mesoamerika, nachgewiesen seit der Frühen Postklassik. Ursprünglich vermutlich von der Pazifikküste Guatemalas kommend, diente sie als Handelsware.

Blutopfer
Der rituelle Akt des Aderlasses wurde von den politisch wichtigen Mitgliedern der Maya-Gesellschaft mittels → Perforator vorgenommen und diente der Wahrung der dynastischen Interessen und der kosmologischen Ordnung. Blut galt als kostbarstes menschliches Gut und damit als größtes Opfer. Es wurde, wie zuweilen auch illustriert ist, auf Papierstreifen getropft, die wohl später zusammen mit → Kopal verbrannt wurden.

Brandrodung
Bodenbaupraktik, bei der die natürliche Vegetation eines Urwaldstückes niedergebrannt wird, um eine neue Anbaufläche zu erhalten. Die Asche düngt gleichzeitig das Feld. Dieses Verfahren wird bis heute beim Anlegen einer → *milpa* angewendet.

Brotnuss
Hoch wachsender Baum (Brosimum alicastrum; Maya, *ox*), dessen Früchte ein wohlschmeckendes Fruchtfleisch besitzen. Die harten Fruchtkerne werden vor allem in Notzeiten gemahlen der Maismasse zugegeben.

Ceiba
Kapokbaum (Ceiba pentandra), der in der Maya-Sprache *yaxche* (erster Baum) heißt und mit dem Weltenbaum gleichgesetzt wird. Er symbolisiert für die Maya die Weltachse und wird bis heute als heiliger Baum verehrt.

Cenote
Natürliche, mit Grundwasser gefüllte Vertiefung im nördlichen Karstgebiet der Halbinsel Yukatan, die durch Einsturz der oberen Kalkschichten entstand. Cenotes, deren Bezeichnung dem Maya-Wort *tz'ono'ot* entlehnt ist, bilden wichtige Trinkwasserreservoire und waren in vorspanischer Zeit maßgeblich bei der Wahl eines Siedlungsplatzes (z. B. Chichen Itza, Dzibilchaltun, Mayapan).

Chaak (Gott B)
Regengott der postklassischen Epoche der Maya. In der zeitlich davor liegenden Klassik hat Chaak verschiedene Erscheinungsformen und zahlreiche Namenszusätze wie z. B. Yaxjal Chaak („Grünender Chaak"), Muyal Chaak („Wolken-Chaak"), → Hun Nal Yeh Chaak (→ Göttertriade), Ox Bolon Chaak („Drei-/Viel-Neun-Chaak") und Yax Bolon Chaak („Grüner-/Eins-Neun-Chaak"). Für diese Gottheit charakteristisch sind die meist nach unten gebogene lange Nase, der muschelförmige Ohrschmuck und das so genannte Muscheldiadem. Manchmal ragen aus Schlangen aus Chaaks Mundwinkeln, und oft wird er mit einem Beil in der Hand dargestellt.

Ch'ahom
Titel aus der Zeit der Klassik, der nicht nur Herrschern vorbehalten war, sondern auch von ihnen untergeordneten Adligen getragen wurde. Die Bedeutung des Titels ist noch unbekannt.

Chak Mo'ol (Maya, „Roter/Großer Jaguar")
Erst 1875 von A. Le Plongeon eingeführte Bezeichnung für einen bestimmten Typus von Steinskulpturen. Es handelt sich um vollplastische menschliche Figuren, die mit aufgestützten Ellenbogen und angewinkelten Beinen auf dem Boden liegen, wobei sie den Kopf zur Seite gedreht haben. In der Mitte des Bauches befindet sich entweder eine Vertiefung, oder sie halten dort eine Schale. Auf Chak-M'ol-Figuren wurde möglicherweise beim rituellen → Menschenopfer den Todgeweihten das Herz herausgerissen.

Chenes
Spanischer Plural des Maya-Wortes *ch'een* (Brunnen). Chenes ist die östliche Region des heutigen mexikanischen Bundesstaates Campeche, in der zahlreiche Orte *ch'een* im Namen führen, wie z. B. Bolonchen („Neun Brunnen"). In der Architektur bezeichnet dieser Begriff den lokalen vorspanischen Stil; kennzeichnend sind mit geometrischen Motiven überladene Fassaden und Gebäudeeingänge in Form von Schlangenrachen, die den Zugang zur → Unterwelt symbolisieren.

Chilam Balam
(Maya, „Jaguar-Übersetzer", „Jaguar-Deuter")
Name eines Maya-Propheten, der während der spanischen Eroberung lebte. Nach ihm sind zahlreiche Sammelhandschriften aus Nordyukatan benannt, die im 17. und 18. Jh. in yukatekischer → Sprache, doch mit lateinischen Buchstaben niedergeschrieben wurden. Diese unter dem Begriff „Chilam-Balam-Bücher" zusammengefassten Handschriften werden größtenteils nach ihren Herkunftsorten bezeichnet. Am bekanntesten sind das „Chilam Balam von Chumayel" und das „Chilam Balam von Tizimin". Die Bücher enthalten u.a. Mythen über die Entstehung der Welt, historische Berichte sowie prophetische und medizinische Abhandlungen. Die Entstehungsgeschichte der Chilam-Balam-Texte ist noch ungeklärt. Sie weisen sowohl vorspanische als auch kolonialspanische Kulturelemente auf, und es wird vermutet, dass mündliche Überlieferungen und das Vorbild altamerikanischer Bilderhandschriften genauso in sie eingeflossen sind wie europäische Sichtweisen und Vorlagen.

Chochola-Keramik
Unbemalte Gefäße aus schwarzem Ton, meist mit aufwändigen szenischen Darstellungen und Hieroglyphentexten versehen, die eingeritzt oder modelliert sind, in selteneren Fällen auch mit Modeln geformt sein können. Benannt sind diese Keramiken, die einzigen mit figürlichem Dekor in der Puuc-Region, nach dem Ort Chochola in Yucatán, wo die ersten Exemplare gefunden wurden. Tatsächlich lassen sich jedoch anhand der Inschriften und Künstlersignaturen zwei Herstellungszentren nachweisen, Xcalumkin und Oxkintok, von denen aus diese künstlerisch anspruchsvollen Tonwaren in der Späten Klassik in weiten Teilen Yucatáns gehandelt wurden.

Ch'ol
Maya-Gruppe im mexikanischen Bundesstaat Chiapas und deren Sprache, die dem westlichen Zweig der Maya-Sprachfamilie angehört. Die drei Sprachen Ch'ol, → Ch'orti' und → Chontal sind sehr eng miteinander verwandt, und ihr gemeinsamer Vorläufer, das Proto-Ch'ol, war die Sprache der Hieroglyphenschrift und des Adels. Heute leben etwa 150 000 Ch'ol-Maya im Bereich der Orte Tila, Tumbala, Palenque und Yajalon. Der Landmangel in ihrem ursprünglichen Siedlungsgebiet hat dazu geführt, dass viele von ihnen in den Urwald der Selva Lacandona eingedrungen sind, um sich dort auf Dauer niederzulassen.

Chontal
Maya-Gruppe im mexikanischen Bundesstaat Tabasco und deren Sprache, die sehr eng mit den Sprachen Ch'ol und Ch'orti' verwandt ist. Heute leben etwa 60 000 Chontal unweit der mexikanischen Golfküste in der Umgebung des Ortes Nacajuca.

Ch'orti'
Maya-Gruppe im Osten der guatemaltekischen Verwaltungsbezirke Chiquimula und Zacapa und deren Sprache. Die etwa 60 000 Ch'orti' leben in kleinen Weilern vor allem in der Region um die Städte Jocotán, Camotán und San Juan Ermita. Ihre Sprache hat viele Elemente der Schriftsprache der Hieroglyphen bewahrt und ist vielleicht von allen Maya-Sprachen am engsten mit dem höfischen Maya der klassischen Zeit verwandt. Vor wenigen Jahren noch war das Ch'orti' auch in der Umgebung der Stadt Copan in Honduras zu hören; mittlerweile gibt es dort keine Ch'orti'-Sprecher mehr.

Chultun (Maya, „Zisterne")
Vorratsbehälter für Wasser oder wichtige Grundnahrungsmittel wie Mais. Diese unterirdischen, künstlich angelegten und meist glockenförmigen Räume waren vor allem in wasserarmen Gebieten bzw. in der Trockenzeit zur Sicherung der Trinkwasserversorgung wichtig; in den Boden eingelassene Rinnen leiteten Regenwasser in die Reservoire.

Coa
Dieses Lehnwort aus dem Nahuatl bezeichnet einen feuergehärteten Pflanzstock (→ Grabstock).

Codex
Faltbuch, gefertigt aus der Rinde eines Feigenbaumes. Lange Streifen sind aneinander geklebt, mit einer Grundierung aus Kalk überzogen und mit verschiedenfarbigen → Hieroglyphen und Darstellungen bemalt. Aus der Maya-Region haben sich nur drei nach ihren Aufbewahrungsorten Dresden, Madrid und Paris benannte Codices sowie der Codex Grolier erhalten. Sie sind offenbar alle erst in der Postklassik bzw. der Zeit der spanischen Eroberung entstanden; ihr Inhalt ist wahrsagerisch-prophetisch sowie kalendarisch-astronomisch.

Codex-Stil-Keramik
Im Mirador-Becken von Nordguatemala produzierten die Maya in großer Formenvielfalt polychrome Keramiken mit feinen schwarzen Strichzeichnungen auf cremefarbenem Grund. Die immer gleichen mythologischen Szenen wurden offenbar aus Codices kopiert, weshalb man vom „Codex-Stil" spricht.

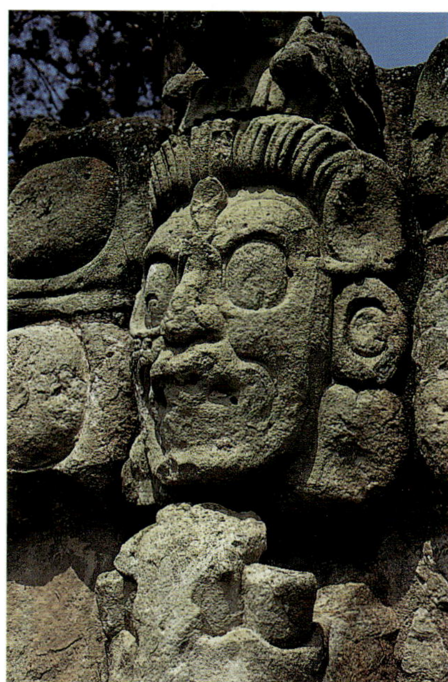

Altar mit dem Porträt des Jaguar-Gottes der Unterwelt. Copan, Honduras, Gebäude 10L-24 (Jaguar-Treppe); Spätklassik, um 750 n. Chr.; Tuffstein; H. 170 cm

Cofradía (spanisch, „Laienbruderschaft")
Diese streng hierarchischen Bruderschaften waren zwar den Orden der Franziskaner, Dominikaner, Augustiner und Jesuiten zugeordnet, wurden aber von Laien geleitet. Vorrangig verschrieben sie sich der Kultpflege eines Heiligen, nach dem sie sich auch benannten. Aus Europa kommend, fanden diese geistlichen Gemeinschaften im spanischen Kolonialreich unter den Einheimischen großen Zulauf. Dies erklärt sich wohl auch aus ihrer vorspanischen Strukturen ähnlichen Organisation und hatte zur Folge, dass sich weitere, von der Kirche nicht bevollmächtigte Bruderschaften bildeten. Bis heute haben solche Gemeinschaften überdauert und bestimmen das religiöse Leben in vielen Maya-Gemeinden in Guatemala und im Hochland von Chiapas, Mexiko.

Comal
Aus dem Aztekischen stammende Bezeichnung für eine Tonscheibe zum Backen von Tortillas (Fladenbrote aus Mais), die direkt über das Feuer gelegt wird. Heute sind diese Scheiben meist aus Blech.

Copador-Keramik
Die in der Späten Klassik verbreitete Copador-Keramik, die an der östlichen Peripherie der Maya-Region hergestellt wurde, zeichnet sich durch ihre polychrome Bemalung und so genannte Pseudohieroglyphen aus, die Schriftzeichen imitieren, ohne lesbar zu sein.

Cozumalhuapa
Gruppe benachbarter archäologischer Stätten in der pazifischen Küstenebene von Guatemala und Bezeichnung für den dort entstandenen Kunststil. Seine Datierung wird noch diskutiert, aber die meisten Wissenschaftler bringen ihn mit der Ankunft von Nahua-sprachigen Pipil-Völkern in der Frühen Postklassik (900–1200 n. Chr.) in Verbindung. Für den Cozumalhuapa-Stil sind insbesondere Basaltskulpturen und Stelen mit zentralmexikanisch inspirierter Symbolik charakteristisch.

Craquelé
Absichtlich hervorgerufenes Netz feiner Risse in der Glasur von Keramiken. Auf die Oberfläche eines Gefäßes werden verschiedene → Engobe-Schichten aufgetragen, deren äußerste sich beim Brennen zusammenzieht und aufplatzt. Diese Form der Dekoration ist charakteristisch für die mittelpräklassische Mamom-Keramik.

Cruzo'ob-Maya
Bezeichnung für die aufständischen Maya des → Kastenkrieges (1847–1901), die in einem Teilgebiet Ostyukatans einem vermeintlich sprechenden heiligen Kreuz huldigten. Das Zentrum des Kultes war Chan Santa Cruz Xbalam Nah, das heutige Felipe Carrillo Puerto. Im Zeichen dieses Kreuzes organisierten sie sich 1847 militärisch, um die Interessen der yukatekischen Maya zu verteidigen. Daher resultiert der Name Cruzo'ob-Maya, in dem sich das spanische Wort *cruz* mit der Maya-Pluralform *o'ob* verbindet. Diese vom katholischen und einheimischen Glauben geprägte prophetische Bewegung versuchte eine religiöse sowie politisch-soziale Ordnung herzustellen.

Dachkamm
Dekorativer Aufsatz, der das Dach eines Steingebäudes bekrönt. Seine Form ermöglicht die stilistische Bestimmung der Architektur.

Distanzzahl
Bezeichnung für eine Zahl oder Zahlenreihe, welche die Distanz zwischen zwei Daten in Tagen ausdrückt. Wie bei der → langen Zählung werden zur Darstellung der Distanzzahl die Tage zu Perioden zusammengefasst.

Gefäß mit Ritzverzierung. Fundort unbekannt; Spätklassik, 600–900 n. Chr.; gebrannter Ton mit Ritzverzierung; H. 15,5 cm, D. 15,2 cm; New York, American Museum of Natural History

Doppelköpfiger Schlangenstab
Ritueller Stab in Form einer doppelköpfigen Schlange, der wie das königliche Zepter die herrschaftliche Macht symbolisiert. Aus beiden Schlangenrachen ragt der Kopf einer Gottheit, z. B. eines der → Paddlergötter oder des Ahnen des Herrschenden.

Dresdner Codex
Das schönste und am besten erhaltene der vier vorspanischen Faltbücher der Maya. Der spätpostklassische Codex, der 78 Seiten und eine Gesamtlänge von 365 cm hat, befindet sich seit 1739 in Dresden und ist heute im Buchmuseum der Sächsischen Landesbibliothek ausgestellt. Seine 74 beschrifteten Seiten enthalten komplexe astronomische Tafeln zur Vorhersage der Positionen der Venus und von Sonnen- und Mondfinsternissen sowie Almanache, die auf dem 260-tägigen rituellen Kalender basieren; sie dienten prognostischen Zwecken, also der Bestimmung guter und ungünstiger Tage, für eine Vielzahl von Handlungen. Der Dresdner Codex spielte auch eine Schlüsselrolle in der frühen Maya-Forschung.

E-Gruppe
Architektonischer Komplex, der nach der Gruppe E von Uaxactun benannt ist, wo er zum ersten Mal identifiziert wurde. Einer westlichen, hohen Pyramide mit quadratischem Grundriss stehen im Osten drei in der Regel auf einer gemeinsamen Plattform linear angeordnete Gebäude gegenüber. Dazwischen befindet sich meist ein Platz mit Hieroglyphenmonumenten. Vermutlich waren zumindest einige E-Gruppen Observatorien und dienten der Fixierung von Sonnenaufgängen. Von dem westlichen Bauwerk aus betrachtet liegen die beiden äußeren Pyramiden des Dreierensembles in der Sichtlinie der Punkte, an denen die Sonne bei den Sonnenwenden (Solstitien) im Juni und Dezember am Horizont erscheint; das mittlere Gebäude wurde möglicherweise zur Peilung des Sonnenaufgangs an den Tagundnachtgleichen im März und September benutzt. Tatsächlich weisen nicht alle E-Gruppen diese Orientierung auf. Unzweifelhaft ist jedoch, dass sie bedeutende dynastische Schreine waren, in denen verstorbener Vorfahren gedacht wurde. Die meisten wurden am Übergang von der Späten Präklassik zur Frühen Klassik erbaut. E-Gruppen konnten außer in Uaxactun u. a. in Naachtun, Güiro, Caracol, Yaxha, Tikal und Calakmul festgestellt werden.

Einführungshieroglyphe
Bezeichnung für einen Hieroglyphenblock (→ Hieroglyphe), der formelhaft eine Inschrift einleitet.

Ejército Nacional Zapatista de la Liberación Nacional
(EZLN, spanisch, „Nationale Zapatistische Armee der nationalen Befreiung")
Anfang 1994 wurde diese Bewegung im mexikanischen Bundesstaat Chiapas militärisch aktiv. Sie hat sich nach dem legendären Revolutionär Emiliano Zapata benannt, der während der mexikanischen Revolution zu Beginn des 20. Jh.s für die Belange der Bauern eintrat. Die heutigen Zapatisten kämpfen nicht nur um Land und Freiheit, sondern vor allem um kulturelle und politische Selbstbestimmung sowie um soziale Gerechtigkeit für die in Chiapas die Bevölkerungsmehrheit bildenden Maya. Der Konflikt dauert immer noch an, trotz zahlreicher Friedensbemühungen.

Ekliptik
Kreisförmige Bahn, auf der sich die Sonne am Himmel zu bewegen scheint, wenn sie von der Erde aus betrachtet wird. Aus antiker europäischer Sicht zieht sie dabei an zwölf Tierkreisbildern vorbei. Die Maya dagegen gingen, wie sich dem Pariser → Codex entnehmen lässt, von 13 Sternbildern aus, in denen sie u. a. eine Schildkröte und eine Eule entdeckten.

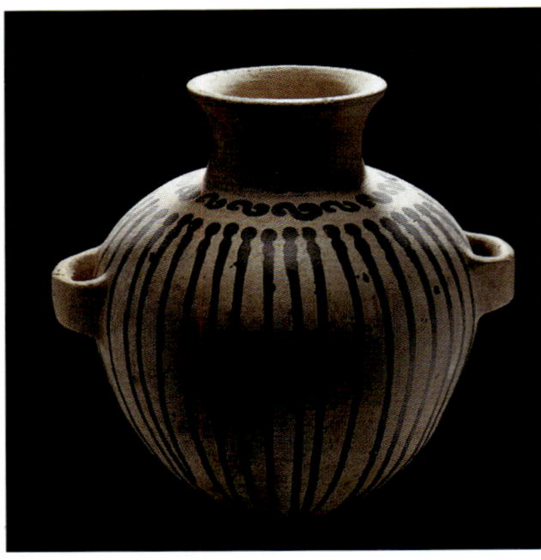

Krug mit Streifenmuster. Punta Piedra, Quintana Roo, Mexiko; Postklassik, 1000–1500 n. Chr.; H. 37 cm, Dm. 38 cm; Cancun, Museo Arqueológico de Cancún

Emblemhieroglyphe
Begriff für einen Titel, der aus mehreren → Hieroglyphen besteht. Er weist den Träger als K'uhul → Ajaw („göttlicher Herrscher") über einen Stadtstaat oder politischen Verband aus, dessen Name meist geografischen oder mythologischen Ursprungs ist.

Encomienda (spanisch, „Auftrag", „Schutz")
Zeitlich befristete, lehnsrechtliche Übergabe einheimischer Arbeitskräfte an Eroberer durch die spanische Krone. Der Inhaber einer *encomienda,* der so genannte *encomendero,* verpflichtete sich im Gegenzug, den zugeteilten Arbeitern Schutz zu gewähren und sie im christlichen Sinne zu missionieren. Die Encomienda führte zur rücksichtslosen Ausbeutung der ursprünglichen Bevölkerung und wurde bald dahin gehend geändert, dass der *encomendero* anstelle der Arbeitsleistung Abgaben bekam.

Engobe
Ein mehrfach gefilterter Schlamm aus feinem, wiederholt gesiebtem Ton, mit dem Keramikgefäße vor dem Brennen überzogen werden, um sie wasserdicht zu machen und ihnen eine glatte Oberfläche und schönere, gleichmäßigere Farbe zu geben.

Entrada (spanisch, „Eintreten")
Bezeichnung für das Vordringen spanischer Soldaten oder Geistlicher in noch unerkundete und meist vom Urwald überzogene Regionen des spanischen Kolonialreiches. Die Entrada hatte die Eroberung des Gebietes, die Missionierung der dort ansässigen Einheimischen und die Festigung der Kolonialherrschaft zum Ziel.

Epigraphik
Wissenschaft, die sich mit den → Hieroglyphen auf Inschriften beschäftigt. Ihre Aufgaben sind die Entzifferung der Schrift, die Erforschung der schrift- und sprachgeschichtlichen Entwicklung und die Analyse der historischen Aussagen von Texten. Im Gegensatz zur ägyptischen Inschriftenkunde bezieht die Maya-Epigraphik alle verfügbaren Materialien mit ein; neben den Codices sind das Steinmonumente, Keramiken und Wandmalereien mit Inschriften.

Epi-Olmeken
Nach dem Ende der olmekischen Zivilisation an der mexikanischen Golfküste entstand im Bereich des Isthmus von Tehuantepec bis hin zur guatemaltekischen Pazifikküste eine Kultur, die in ihrer Tradition stand, sich aber auch in vielen Punkten unterschied, wie etwa in der Verwendung der Hieroglyphenschrift. Die Epi-Olmeken verfügten über ein hoch entwickeltes Schriftsystem, ähnlich dem der Maya. Das wichtigste Textzeugnis ist die Stele von La Mojarra aus dem Jahr 156 n. Chr., die erst 1986 im mexikanischen Bundesstaat Veracruz entdeckt wurde.

Esperanza-Phase
Epoche in der Geschichte von Kaminaljuyu im Hochland von Guatemala. Während der Esperanza-Phase (ca. 400–600 n. Chr.) erlebte die Stadt einen kulturellen Aufschwung, der auf einem intensiven Kontakt mit, vielleicht sogar auf der Eroberung durch Teotihuacan beruhte. In dieser Zeit wurden verschiedene Bauwerke im Talud-Tablero-Stil errichtet, der für die mesoamerikanische Metropole charakteristisch war.

Ethnohistorie
Eine auf spezifische Bevölkerungsgruppen ausgerichtete Geschichtswissenschaft, die aber im Unterschied zur traditionellen Historiographie nicht nur auf schriftliche Quellen, sondern auch auf mündliche Überlieferungen und archäologische Objekte zurückgreift. Ihre Zielsetzung ist es, die Bevölkerungsgruppen nicht nur aus wissenschaftlicher Sicht zu verstehen, sondern selbst zu Wort kommen zu lassen.

Exzentrischer Feuerstein/ exzentrischer Obsidian
Bizarr geformte Objekte aus → Feuerstein (Silex) oder Obsidian, die keine praktische Funktion erfüllten, sondern kostbare Opfergaben bildeten. Sie wurden in Gräbern, unter Stelen und Altären und in Opferdepots gefunden und stellen häufig stark stilisierte anthropomorphe und zoomorphe Wesen dar.

Feuerbohrer
Werkzeug zur Erzeugung von Feuer. Eine Bohrspindel wird auf einem weichen Holzbrett senkrecht aufgestellt und so lange zwischen den Händen gerollt, bis sich das entstandene Holzmehl entzündet. Bei den → Azteken in Mexiko war die Feuerbohrung eine wichtige Zeremonie; nach Vollendung eines Kalenderzyklus von 52 Jahren wurden die Feuer jedes Mal frisch entfacht, womit der Beginn einer neuen Ära signalisiert wurde. Hingegen konnte die Bedeutung der Feuerbohrung bei den Maya, wie sie im → Madrider Codex auf Seite 37a bei den verschiedenen Maya-Gottheiten dargestellt ist, bislang nicht geklärt werden.

Feuerstein
Silikatgestein, stark kieselsäurehaltiges Sedimentgestein. Durch Abschlagen wurden daraus Klingen sowie Speer- und Lanzenspitzen hergestellt. Die Maya verarbeiteten Feuerstein aber auch zu rituellen Gegenständen. Die so genannten exzentrischen Feuersteine sind ein Beispiel hierfür. Sie zeigen menschliche oder übernatürliche Wesen mit zuweilen bizarren Zügen.

Fine Orange
Aus dem Englischen übernommene Bezeichnung für dünnwandige Keramiken mit orangegelber bis rötlicher Färbung und glatter Oberfläche. Verzierungen fehlen ganz oder sind nur in Ritztechnik ausgeführt. Diese Keramikwaren zählen zu den bedeutendsten im Maya-Gebiet und wurden über einen Zeitraum von 950 Jahren produziert.

Frauen
In der klassischen Epoche der Maya waren Frauen der höheren Gesellschaftsschichten mit sozialen Vorrechten ausgestattet. Sie konnten sogar den Thron besteigen, wenn die dynastische Folge abbrach. Ihren privilegierten Status belegt auch eine Vielzahl von Titeln. So führten sie neben dem → Bakab- und dem → Kalom-Titel auch eine Emblemhieroglyphe, die sie selbst dann beibehielten, wenn sie in ein anderes Herrscherhaus einheirateten. Gebaren sie einen Thronfolger, wurden sie mit einem speziellen „Mutter-Titel" ausgezeichnet. Sicher war ihnen die Erwähnung in den Inschriften, die auch zu berichten wissen, dass diesen Frauen zuweilen sogar Steingebäude errichtet wurden.

Freskomalerei (italienisch, fresco, „frisch")
Technik der Wandmalerei, bei der die Farben auf den frischen, noch nassen Putz aufgetragen werden. Aufgrund des schnellen Trocknens kann jeweils nur der Teil der Wand verputzt werden, den der Künstler an einem Tag zu bemalen in der Lage ist. Es entstehen die so genannten Tagwerke. Im Vergleich zu der auf trockenem Grund angelegten → Sekkomalerei sind Fresken unter guten klimatischen Bedingungen äußerst haltbar.

Furnierbauweise
Als Vorläufer des Betonbaus angesehene Technik, bei der das tragende Mauerwerk mit Hilfe vorgefertigter Steinschalungen aus Mörtel „gegossen" wird. Sie war im ganzen Maya-Gebiet verbreitet, erreichte jedoch in der → Puuc-Architektur mit ihren komplexen Steinmosaiken die höchste Vollendung.

Gewölbe → Kraggewölbe

Gewölbedeckstein → Kraggewölbe

Glottochronologie
Sprachwissenschaftliches Datierungsverfahren, das verwandte → Sprachen vergleicht, um den Zeitpunkt ihrer Trennung zu bestimmen. Die Grundannahme dieser Methode, die inzwischen sehr kritisch betrachtet wird, besteht darin, dass sich der Wortschatz einer jeden Sprache im Laufe von 1000 Jahren zu 81 Prozent verändert.

Gold
Goldvorkommen gibt es in der Maya-Region nicht, wie die auf Reichtum versessenen spanischen Eroberer feststellen mussten. Die wenigen Gegenstände aus Gold, die dort gefunden wurden, sind Importwaren aus dem südlichen Mittelamerika oder Zentralmexiko. In der Postklassik begannen die Maya, eingeführtes Goldblech zu treiben und zu punzieren. Weiter ging ihre Technik der Metallbearbeitung nicht. Im Maya-Gebiet wurden die meisten Goldobjekte im Brunnen von Chichen Itza gefunden.

Göttertriade (GI, GII, GIII)
Bezeichnung für drei Maya-Gottheiten, die dem Mythos zufolge von einem Urelternpaar abstammen und innerhalb weniger Tage nacheinander geboren wurden. In Palenque und anderen Orten erfuhren sie eine besondere Verehrung als Stadtgottheiten. Da ihre Hieroglyphen anfänglich nicht entzifferbar waren, versah man die drei Götter mit römischen Ziffern und nannte sie GI, GII und GIII. Heute bezeichnet man den erstgeborenen GI als → Hun Nal Yeh Chaak (der Maisgottaspekt von → Chaak), den zweitgeborenen GIII als → K'inich Ajaw (Sonnengott) und den letztgeborenen GII als → K'awiil (Gott der königlichen Dynastien).

Göttliche Zwillinge
Heroenpaar, dessen Taten ausführlich im → Popol Wuj, dem heiligen Buch der K'iche'-Maya, beschrieben sind. Es handelt sich um Zwillinge mythologischen Ursprungs, denen es gelingt, die Götter der → Unterwelt zu überlisten und die Weltordnung herzustellen. Nach vollbrachtem Werk gehen sie als Sonne und Mond am Firmament auf. Im Popol Wuj werden sie als Junajpu („Eins-Blasrohr") und als Xb'alanke („Jaguar") bezeichnet. Auf Keramikgefäßen der Klassik tragen sie die Namen Hun Ajaw („Eins-Herr") und Yax Balam („Grüner/Erster Jaguar"). Charakteristisch für Junajpu sind die schwarzen Flecken auf dem nackten Oberkörper sowie das Blasrohr und für Xb'alanke das Jaguarohr oder der Bart aus Jaguarfell.

Grabstock
Ein Holzstab, der spitz zuläuft oder durch Feuereinwirkung am Ende gehärtet ist und ausschließlich im Feldbau verwendet wird. Mit ihm kann die Erde gelockert oder eine Mulde für das Saatgut in den Boden eingedrückt werden.

Grolier Codex
Der nur fragmentarisch erhaltene „Codex Grolier", benannt nach der ihn erstmals ausstellenden Galerie, wurde vor drei Jahrzehnten von Kunsträubern in einer trockenen Höhle im mexikanischen Bundesstaat Tabasco gefunden. Zunächst hielt man die elfseitige Handschrift für eine Fälschung, da ihre Schriftzeichen ausschließlich Zahlenzeichen sind. Doch bald schon stellte sich heraus, dass das Papier aus der vorspanischen Zeit stammt und das Manuskript außerdem, wie der → Dresdner Codex, einen Venuskalender enthält, sodass seine Authentizität heute nicht mehr bezweifelt wird.

Haab
Der Kalender eines Sonnenjahres zu 365 Tagen, bestehend aus 18 Monaten zu je 20 Tagen und einem zusätzlichen Monat zu fünf Tagen. Jeder der 19 Monate hat einen eigenen Namen und eine eigene Hieroglyphe. In den Inschriften folgt die Datumsangabe im Haab-Kalender gewöhnlich der im → Tzolk'in-Kalender (→ Kalenderrunde).

Hacha (spanisch, „Axt", „Beil")
Hinter diesem Begriff verbergen sich zwei ganz unterschiedliche Gegenstände. Zum einen handelt es sich um eine konventionelle Steinaxt. Sie diente in der klassischen Zeit als Kriegswaffe sowie als rituelles Werkzeug z. B. zur Selbstenthauptung. Zum anderen bezeichnet *hacha* in der Forschung eine flache Steinskulptur, die annähernd die Form einer Axtklinge aufweist und von manchen Wissenschaftlern als Teil der Ausrüstung eines Ballspielers (→ Ballspiel) angesehen wird.

Deckelgefäß mit der Darstellung eines Ara-Papageis. Tikal, El Peten, Guatemala; Frühklassik, 300–600 n. Chr.; gebrannter Ton, bemalt; Guatemala Stadt, Museo Nacional de Arqueologia y Etnologia

Halach Winik (Maya, „wahrer Mann")
Titel des höchsten politischen Amtsträgers in einigen Provinzen des nördlichen Yukatan in der Postklassik. Gleichzeitig trug der Halach Winik als Herrscher einer Provinz den → Ajaw-Titel. Hatte er gar noch das Amt des → Batab' inne, war er gleichzeitig Verwalter über die Hauptstadt eines Staatsgebietes, dem alle anderen Batab'-Titelträger unterstellt waren. In der Kolonialzeit wurde der Begriff von den Spaniern für Bischof, Gouverneur oder andere hohe Ämter verwendet.

Gefäßmalerei mit Kriegsszene. Fundort unbekannt; Spätklassik, 600–900 n. Chr.; gebrannter Ton, bemalt; H. 17 cm, Dm. 15,5 cm; Privatsammlung (Kerr 2352)

Halluzinogene
Pflanzliche oder tierische Stoffe, die zur Störung der Sinneswahrnehmung führen. Die Maya der klassischen Zeit nahmen vermutlich Pilze zu sich sowie auch das Sekret einer Krötenart, das man mit Tabak vermischte und als Zigarre rauchte. Die Halluzinogene dienten wohl ausschließlich dem Zweck, im Ritual einen Trancezustand zu erreichen.

Hämatit
Eisenerzmineral aus schwarz und metallisch glänzenden Kristallen.

Haustiere
Haustiere spielten bei den Maya nur eine geringe Rolle. Neben Hunden hielten sie vor allem Truthähne und Tauben. Erstere wurden nicht nur beim Jagen eingesetzt, sondern vermutlich auch gemästet und gegessen – wie spanische Chronisten von Zentralmexiko berichten. Zahlreiche andere Wildtiere wie Papageien, Schildkröten, Goldhasen, Nasenbären und Hirsche lebten zwar in Gefangenschaft, wurden aber nicht domestiziert.

Hieroglyphe
Schriftzeichen einer nicht alphabetischen → Schrift, das in der Maya-Schrift entweder ein → Logogramm oder ein → Silbenzeichen sein kann. Sind mehrere Hieroglyphen zu Wörtern oder ganzen Sinneinheiten zusammengefasst und bilden sie zudem optisch ein Ganzes, spricht man von einem Hieroglyphenblock.

Hieroglyphentreppe
Hieroglyphentreppen, deren Stufen an der Front Schriftzeichen tragen, sind durchweg Freitreppen, die von öffentlichen Plätzen auf Plattformen mit Tempeln oder Palastanlagen führen. Die Inschriften berichten meist von erfolgreichen Kriegszügen. Gelegentlich fassen sie aber auch die gesamte dynastische Geschichte einer Stadt zusammen, wie etwa auf der berühmten Treppe von Copan mit ihren 2200 Hieroglyphen.

Himmelsband
Der Himmel wird in der Kunst der Maya durch so genannte Himmelsbänder repräsentiert; sie sind streifenartig und in Abschnitte gegliedert, in denen sich Glyphenbezeichnungen für die Sonne, den Mond, für Planeten und andere Himmelsphänomene wie Finsternisse und Wolken befinden.

Hochacker
Eine weit verbreitete Feldbaumethode, welche die Maya seit der Präklassik praktizierten. In seichten Gewässern, z. B. entlang der Flussniederungen, wurden Pflanzen und Schlamm zu Feldern aufgeschüttet.

Holmul-Tänzer
Motiv auf Keramikgefäßen aus verschiedenen vorspanischen Stätten. Es zeigt einen oder mehrere Tänzer meist in der Tracht des Maisgottes, die ein sehr großes Rückengestell mit sich tragen. Da solche Keramikgefäße zuerst in Holmul im östlichen Peten in Guatemala ausgegraben wurden, gab man den immer wiederkehrenden Figuren die Bezeichnung Holmul-Tänzer.

Hornstein → Feuerstein

Huaxteken
Maya-Gruppe, die sich vor etwa 3500 Jahren von den anderen Maya-Völkern abspaltete und nach Norden zog. In der vorspanischen Zeit waren die Huaxteken für ihre Steinskulptur und Muschelarbeiten bekannt. Heute leben etwa 70 000 an der mexikanischen Golfküste in den Bundesstaaten Veracruz, San Luis Potosí und Tamaulipas.

Huipil oder **Wipil/Ipil**
Bezeichnung aztekischen Ursprungs für die traditionelle Oberbekleidung der einheimischen Frauen Mexikos und Mittelamerikas. Es handelt sich um eine Bluse, die aus rechteckig gewebten Teilen zusammengenäht ist und in der Mitte ein Loch zum Durchschlüpfen hat. Die Herstellung erfolgt mittels verschiedener Techniken meist auf dem Gürtelwebstuhl.

Hun Nal Yeh
(Maya, „Eins-Maiskolben"; Gott E)
Klassischer Name des Maisgottes, der mit → Chaak (GI) und dem Urvater der → Göttertriade assoziiert ist. Seine Merkmale sind das jugendliche Gesicht und die Haartracht, an der zuweilen die Hieroglyphe für „Mais" bzw. ein „Maiskolben" angebracht ist. Darstellungen auf Keramikgefäßen

zeigen den Maisgott, wie er gleich einer sprießenden Maispflanze aus dem Spalt des Schildkrötenpanzers, der die Erde symbolisiert, emporstrebt bzw. hervortanzt. Dabei wird er manchmal von den → Göttlichen Zwillingen unterstützt, die ihn herausziehen. Diese Szene wird in der Forschung als Geburt des Maises interpretiert und im Zusammenhang mit dem einstigen Glauben der Maya an Erneuerung oder Wiedergeburt gesehen.

Hu'unal
Der Gott der Königswürde. Er wird meist mit einem dreizackigen Kopfputz dargestellt und wegen dessen Ähnlichkeit mit der Kopfbedeckung mittelalterlicher Narren oft als Gott Narr bezeichnet. Sein tatsächlicher Name Hu'unal leitet sich von dem Wort *hu'un* ab, das u. a. „Stirnband" bedeutet. Das Bildnis des Gottes erschien nämlich auf dem Diadem, gelegentlich auch auf dem Brustschild des Königs, zu dessen Schmuck in der Präklassik und später Blumen gehörten, weshalb der Gott darüber hinaus als Personifikation einer Blüte galt.

Initialserie
Bezeichnung für den einleitenden (initialen) kalendarischen Teil einer Inschrift. Sie besteht aus einer → Einführungshieroglyphe, der → langen Zählung, der → Kalenderrunde sowie der → Supplementärserie.

Itz'aat (Maya, „weiser Mann", „Gelehrter")
Titel, der sowohl den Weisen und Künstler als auch ein Amt bezeichnet. Häufig trugen die Maya-Herrscher selbst den Itz'aat-Titel, wobei unklar ist, ob sie nur als Gelehrter oder weiser Mann bzw. Künstler angeredet wurden oder gleichzeitig auch ein entsprechendes Amt innehatten. Auf bildlichen Darstellungen kennzeichnet den Itz'aat ein turbanartiges Tuch, wobei ein Stoffzipfel über den Kopf nach vorne oder hinten fällt. Oftmals steckt im Kopfputz auch ein Pinsel oder ein Schreibgriffel.

Itzaj
Maya-Gruppe, die am Nordrand des Peten-Itza-Sees im Zentrum des guatemaltekischen Verwaltungsbezirks El Peten lebt. Ihre gleichnamige Sprache gehört dem yukatekischen Zweig der Maya-Sprachen an und unterscheidet sich nur wenig von dem auf der Halbinsel Yukatan üblichen Maya. Die etwa 500 Itzaj siedeln heute in den Dörfern San Andrés und San José; eine kleine Gruppe ist im vergangenen Jahrhundert nach Belize ausgewandert und hat sich in Benque Viejo und San José Succotz niedergelassen. Nur noch etwa 50 ältere Menschen beherrschen die Sprache, doch werden Anstrengungen unternommen, sie zu bewahren. Für die vorspanische Geschichte von Yukatan sind die Itzaj bedeutend. Der Legende nach zogen sie, aus dem südlichen Tiefland kommend, nach Norden und gründeten dort Chichen Itza; nach dem Fall der Stadt gingen einige nach Mayapan, andere zurück in den Süden, wo sie auf der Insel Noj Peten im Peten-Itzaj-See einen Staat errichteten. Bis 1697 konnten sie ihre Unabhängigkeit gegen die spanischen Eroberer verteidigen.

Itzamnaaj (Gott D)
In der Postklassik der Gott der Schreiber und Künstler. Doch bereits die Inschriften der klassischen Zeit verweisen auf ihn und nennen ihn Itzamnaaj, ein Wort, das bislang nicht schlüssig zu übersetzen ist. Ferner berichten sie, dass er bei der → Weltschöpfung zugegen war und ihm somit, gegenüber den anderen Maya-Göttern, eine besondere Rolle zuteil wurde. Charakteristisch für ihn sind die Hakennase, die greisenhaften Züge und der ins Gesicht fallende Blumenkopfputz.

Itzam Ye
Mythologischer Himmelsvogel. In der Klassik wird er als ein Aspekt der Gottheit → Itzamnaaj verstanden und gern dargestellt, oftmals auf der Spitze des Weltenbaumes (→ Ceiba) thronend. Ungeklärt ist, ob er mit dem Weltenvogel → Wuqub' Kaqix („Sieben-Papagei") identisch ist, der dem im → Popol Wuj erzählten Mythos zufolge von den → Göttlichen Zwillingen getötet wurde.

Jahresträger
Bezeichnung für denjenigen Tag im → Tzolk'in, der auf einen bestimmten Tag des Monats Pop im → Haab-Kalender fällt und ein neues Jahr einleitet. Gleichzeitig gibt der Jahresträger dem ganzen Jahr seinen Namen, woher sich die Bezeichnung erklärt. Aufgrund der Kalenderstruktur sowohl von Tzolk'in als auch von Haab gibt es lediglich vier solcher Tage, die mit 13 Zahlen verbunden sind. Daher kehrt ein in Zahl und Hieroglyphe gleich lautender Jahresträger erst nach 4 x 13, also 52 (annähernden) Sonnenjahren wieder. Bislang ist dieses Datierungsverfahren nur für die Postklassik und frühe Kolonialzeit belegt, jedoch noch nicht für die davor liegende Klassik.

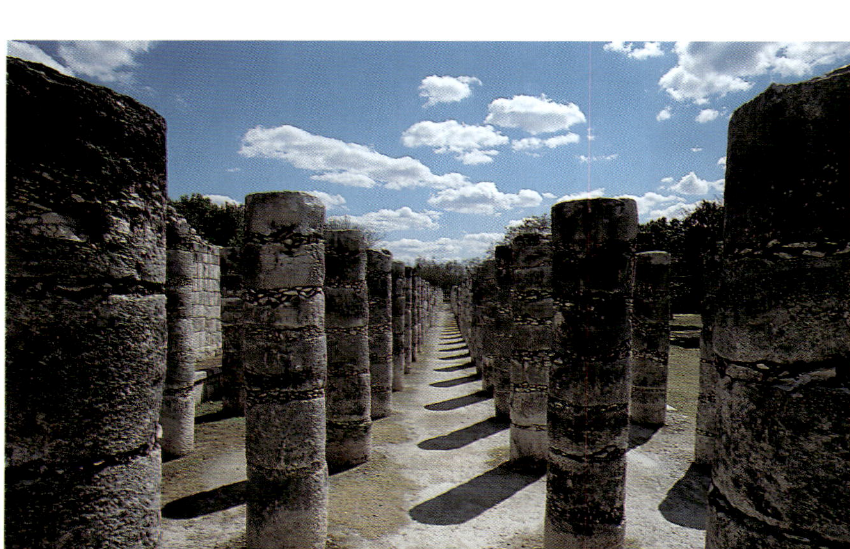

Kolonnade am Kriegertempel, Chichen Itza, Yucatán, Mexiko; Endklassik, 900–1000 n. Chr.

Ix Chel (Göttin O)
Göttin der Webkunst und des Wassers, das sie aus einem Krug schüttet. Ihre Charakteristika sind das faltige Gesicht und die Hakennase. In den Hieroglyphentexten wird sie Chak Chel („Roter/Farbiger/Großer Regenbogen, Viele Regenbögen") genannt, in den Chilam-Balam-Texten der Kolonialzeit hingegen nur Ix Chel („Frau Regenbogen").

Ixil
Maya-Gruppe im gebirgigen Norden des guatemaltekischen Verwaltungsbezirks El Quiché und deren Sprache. Die etwa 80 000 Ixil-Maya leben in dem Gebiet zwischen den drei Ortschaften Chajul, Nebaj und Nenton, dem so genannten Ixil-Dreieck. Hier wurden im Laufe des erst 1996 beendeten guatemaltekischen Bürgerkriegs fast sämtliche Maya-Dörfer von den Militärs dem Erdboden gleichgemacht.

Jade
Sammelbezeichnung für einen meist grünlich schimmernden Schmuckstein aus Jadeit bzw. aus jadeähnlichen Mineralien. Da der Stein einst hoch geschätzt und der Elite vorbehalten war und die Maya in der Klassik ausschließlich Jade vom Motagua-Fluss im Südosten Guatemalas verwendeten, war sie eine begehrte Handelsware. Die Maya fertigten daraus verschiedenartige Schmuckstücke und Ritualobjekte an. Auch zahlreiche Totenmasken sind aus diesem Material und sollten wohl den Reichtum und den Status der verstorbenen Würdenträger symbolisieren.

Jawante (Maya, „breite Schale")
Die Inschriften der Klassik bezeichnen mit *jawante* eine recht flache Schale, die auf drei Füßen steht. In den Abbildungen auf Keramikgefäßen der Klassik enthalten diese Schalen meist → Tamales.

Kaffee
Entgegen einer weit verbreiteten Meinung kommt Kaffee ursprünglich aus Äthiopien, und nicht aus Mittelamerika. Dort wurde die Kaffeepflanze erst im 19. Jh. vor allem durch Deutsche und Schweizer heimisch; der großflächige Anbau führte zur Enteignung indianischen Landbesitzes. Seit dieser Zeit arbeiten Indigene, oft Migranten, als unterbezahlte Helfer auf den Finkas. Noch heute resultiert ein Großteil der guatemaltekischen Exporterlöse aus dem Kaffeehandel.

Kakaw
Fast gleichlautend ins Deutsche übernommenes Maya-Wort für den Kakaobaum (Theobroma cacao) sowie für das Genussmittel, das aus seinen Bohnenfrüchten gewonnen wird. Kakao war ein Getränk der Maya-Elite, das mit Wasser zubereitet und mit verschiedenen Zutaten wie Chili gewürzt wurde. Die Kakaobohnen dienten als Zahlungsmittel. In den Hieroglyphentexten zahlreicher Gefäße sind die Namen verschiedener Arten von Kakaogetränken überliefert.

Kalebasse
Meist birnenartig geformte, größere Frucht vom Baum gleichen Namens (Crescentia cujete L.). Wegen ihrer Härte eignet sich die Schale besonders zur Aufbewahrung und zum Transport flüssiger Speisen oder von Trinkwasser. Bereits in der Klassik wurden die Früchte zu diesem Zweck von den Maya ausgehöhlt, wie Vasenmalereien bezeugen.

Kalenderrunde
Form der Kalenderangabe, die sich aus der Zusammenstellung und Verzahnung von → Tzolk'in- und → Haab-Kalender ergibt. Aufgrund der Struktur beider Kalender wiederholt sich eine Kalenderrunde erst nach 18 980 Tagen, d. h. nach 52 annähernden Sonnenjahren. Am Tag der Weltschöpfung fiel sie auf 4 Ajaw (Tzolk'in) und 8 Kumk'u (Haab), woraus sich die Angabe 4 Ajaw 8 Kumk'u ergibt.

Kalom
Titel, der zugleich ein Amt bezeichnet und in der Frühklassik zuweilen die Stelle des bedeutsameren → Ajaw-Titels einnimmt. Oftmals wird dem Kalom-Titel eine Himmelsrichtung vorangestellt. Eine Variante ist Kalom Te, wörtlich übersetzt „Er, der öffnet". Eine schlüssige Deutung beider Begriffe liegt nicht vor, doch könnten sie sich auf eine bestimmte Ritualhandlung beziehen, denn die Hieroglyphe zeigt eine Gottheit mit einem Beil, also einem Werkzeug zum Spalten bzw. Öffnen.

Kapitell (lateinisch, capitulum, „Köpfchen")
Kopfstück einer Säule oder eines Pfeilers. Man unterscheidet je nach Dekorationsform Blatt-, Blüten- und Figurenkapitell.

Kaqchikel
Maya-Gruppe in den guatemaltekischen Verwaltungsbezirken Guatemala, Sacatepéquez, Chimaltenango und Sololá und deren Sprache; sie gehört zum K'iche'-Zweig und war nach der Eroberung zeitweilig die Amtssprache des gesamten Hochlandes. In der vorspanischen Zeit bildeten die Kaqchikel, die mit den K'iche' um die Vorherrschaft rivalisierten, einen mächtigen Staat, dessen Hauptstadt Iximche' war. Heute ist diese Maya-Gruppe mit etwa 700 000 Menschen die drittgrößte Guatemalas. Durch ihre Nähe zur Hauptstadt haben die Kaqchikel intensiver als andere Maya am politischen und kulturellen Leben Guatemalas teil und sind in der Führungselite der Pan-Maya-Bewegung besonders stark vertreten. Sie haben eigene Verlage, Rundfunksender, Zeitungen, Schulen und eine Akademie der Kaqchikel-Sprache mit Sitz in Chi Pokob' (Chimaltenango), Guatemala.

Kastenkrieg
Krieg zwischen den Maya und der yukatekischen Regierung im 19. Jh.. 1847 erhoben sich die Maya, deren politische, soziale und wirtschaftliche Bedingungen sich nach der mexikanischen Unabhängigkeit von 1821 dramatisch verschlechtert hatten, gegen die yukatekisch-mexikanischen Regierungstruppen. Der bewaffnete Aufstand eskalierte rasch zum Krieg in einer in zwei Lager gespaltenen Gesellschaft, daher die Bezeichnung Kastenkrieg. Von 1847 bis 1901 kontrollierten die Maya die Ostregion Yukatans militärisch und entwickelten eigene staatliche Strukturen. Von zentraler Bedeutung war die Verehrung eines angeblich sprechenden heiligen Kreuzes (→ Cruzo'ob-Maya) in Chan

Santa Cruz, dem heutigen Felipe Carrillo Puerto. Nach der militärischen Unterwerfung 1901 retteten die Maya das „sprechende Kreuz" nach Tixcacal Guardia.

K'atun
Einerseits die allgemeine Bezeichnung für einen Zeitabschnitt von 7200 Tagen, d. h. von 20 kalendarischen Jahren zu 360 Tagen, dem die Maya eine große Bedeutung beimaßen. Sie gaben damit nicht nur das Alter der Herrscher an, sondern feierten auch Jubiläen und richteten, wie die kolonialzeitlichen Bücher des → Chilam Balam zeigen, ihre Prophezeiungen darauf aus. Andererseits ist K'atun der Name für eine Hieroglyphe gleicher Zeitlänge, die in der → langen Zählung wie in der → Distanzzahl verwendet wird.

K'awiil (Gott K)
Bislang nicht schlüssig enträtselte Gottheit. Die Inschriften der Klassik und die → Codices der Postklassik nennen ihn K'awiil. Schriftzeichen liegen in Form einer Kopfhieroglyphe mit Rauchvolute oder eines Gesichts mit zerfranster Nase vor. Erscheint K'awiil in der Klassik an einem herrschaftlichen Figurenzepter, dann wird ein Bein als Schlange dargestellt, und in seiner Stirn steckt oftmals eine Fackel oder Axt. Er ist der Gott der Dynastien, und so ist „K'awiil" ein häufiger Bestandteil von Herrschernamen, und eine von seiner Kopfhieroglyphe abgeleitete verbale Form bezeichnet eine Thronbesteigung.

K'iche'
Maya-Gruppe in den guatemaltekischen Verwaltungsbezirken El Quiché, Baja Verapáz, Totonicapán, Quetzaltenango, Sololá, Retalhuleu und Suchitepequez. Mit etwa 1 500 000 Sprechern ist das K'iche' die größte Maya-Sprache und zugleich eine der bedeutendsten indianischen Sprachen ganz Amerikas. Die K'iche' drangen vermutlich in der Frühen Klassik in ihr heutiges Siedlungsgebiet vor. Erst in der Postklassik entwickelten sie ein Staatswesen, dessen Hauptstadt Q'umarkaj (Utatlan) in der Nähe des modernen Städtchens Santa Cruz del Quiché war. Durch Eroberungen und Diplomatie gelang es den verschiedenen Fürstenhäusern der K'iche', weite Teile des zentralen Hochlandes von Guatemala unter ihre Kontrolle zu bringen. Die Geschichte ihrer Expansion und ihrer Unterwerfung durch die Spanier wird im → Popol Wuj berichtet. In der Kolonialzeit versuchten die K'iche' in verschiedenen Aufständen, sich von der Fremdherrschaft zu befreien. Im guatemaltekischen Bürgerkrieg wurden viele von ihnen umgebracht und Tausende in die Flucht getrieben. Die K'iche'-Frau Rigoberta Menchú Tum erhielt 1992 für ihren Einsatz für die Rechte der indigenen Völker den Friedensnobelpreis.

K'in (Maya, „Tag", „Sonne", „Zeit")
Ein Begriff mit verschiedenen Bedeutungen. Im Kalenderwesen verkörpert K'in die kleinste Grundeinheit der Zählung, nämlich den Tag, für den in der langen Zählung eine eigene Hieroglyphe vorliegt. Im weiteren Sinne steht *k'in* für Sonne und für Zeit sowie als Ordnungssymbol für die Zahl 4.

K'inich (Maya, „Sonnengesicht", „Der mit den Sonnenaugen")
Kurzform für den Namen des Sonnengottes (→ K'inich Ajaw). Der häufig den Herrschernamen beigefügte Ausdruck *K'inich* deutet darauf hin, dass sich die Könige mit dem Sonnengott identifizierten.

K'inich Ajaw
(Maya, „Sonnengesichtiger Herr"; Gott G) Sonnengott, auch K'in Ajaw (Maya, „Herrscher der Sonne") genannt. In den Darstellungen sind seine charakteristischen Merkmale der Stoppelbart und das greise Gesicht sowie die Hieroglyphe → *k'in* (Maya, „Sonne") an verschiedenen Teilen seines Körpers.

Kopal
Aus dem Aztekischen abgeleitete Bezeichnung für Räucherharz, die sich im wissenschaftlichen Sprachgebrauch gegenüber dem Maya-Begriff *pom* durchgesetzt hat. Kopal wird wegen des geruchsintensiven Rauches, der beim Verbrennen entsteht, geschätzt und heute noch ausschließlich zu rituellen Anlässen verwendet. Auf klassischen Monumenten der Maya ist zu sehen, wie er in Bällchenform auf Räuchergefäßen liegt oder in kleinen Säckchen geräuchert wird.

Korrelation
Gegenüberstellung von zwei oder mehreren unterschiedlichen Kalendersystemen wie z. B. der langen Zählung des Maya-Kalenders und der julianischen Zählweise aus Europa. Sollen sie abgeglichen werden, so muss eine Korrelationskonstante errechnet werden. Diese gibt mit Bezug auf das jeweilige Nulldatum genau die Zahl der Tage an, welche die Systeme voneinander trennen. Für den Fall der langen Zählung der Maya und der julianischen Zählweise ist dies der von Goodman, Martinez und Thompson ermittelte Wert von 584 285 Tagen, kurz GMT 584 285 genannt. Diese Korrelationskonstante erlaubt es, für ein jedes Datum der Maya-Zeitrechnung das julianische bzw. auch das gregorianische Datum zu errechnen und umgekehrt.

Kraggewölbe
Dachkonstruktion, die auch als falsches Gewölbe bezeichnet wird, da sie im statischen Sinn nicht tragend ist. Beim Kraggewölbe werden von beiden Seiten des Mauerwerks Steinlagen einander immer weiter angenähert, bis der Gewölbeschluss erreicht ist. Die Schlusssteine werden auch Gewölbedecksteine genannt. In der Klassik bemalten die Maya oft diese mittig im Gewölbe platzierten Steine und versahen sie mit einer Inschrift. Eine besonders elegante Form des Kraggewölbes erzielen Schuhsteine, die als Merkmal des → Puuc-Stils gelten.

K'uh (Maya, „Gott")
Einerseits der Eigenname von Gott C. Andererseits der von den Maya in den Inschriften verwendete allgemeine Begriff für Gott. Davon ist auch die Adjektivform *k'uhul* (göttlich) abgeleitet, die vielen Herrschaftstiteln, wie z. B. der → Emblemhieroglyphe, beigefügt ist.

K'uk'ulkan (Maya, „gefiederte Schlange")
Legendärer Maya-Herrscher der Endklassik bzw. Frühen Postklassik, dem in Zentralmexiko der aztekische Quetzalcoatl entspricht. Der Legende der → Azteken zufolge verbirgt sich hinter Quetzalcoatl ein Herrscher der → Tolteken, der aus ihrer Hauptstadt Tula mit dem Versprechen auf Rückkehr in Richtung Osten verschwand. Die kolonialzeitlichen Dokumente Yukatans berichten hingegen von dem Eintreffen eines Herrschers namens K'uk'ulkan aus dem Westen, der in Chichen Itza als Gottheit verehrt worden sein soll und nach einiger Zeit wieder nach Mexiko abgewandert sei. Der historische Zusammenhang zwischen den beiden Erzählungen ist nicht gesichert. Bei K'uk'ulkan bzw. Quetzalcoatl dürfte es sich daher vermutlich auch nicht um eine historische Person handeln, sondern um die mythische Figur des Heilbringers, dessen segensreiche Kraft selbst nach seinem Tod und aus der Ferne wirksam ist. Auch die K'iche' aus dem Hochland von Guatemala berichten, allerdings erst in der Späten Postklassik, von einer „gefiederten Schlange", die in ihrer Sprache Q'uq'kumatz heißt. Hierbei handelt es sich ebenfalls um den Namen eines ihrer Herrscher, dessen → Lineage ihre Wurzeln in Tollan, eben dem vermeintlichen Tula, in Zentralmexiko sieht.

Kurze Zählung
Datierungsverfahren, das auch als „Short Count" bekannt ist. Dabei wird eine bestimmte → K'atun-Zeitperiode einzig durch den Tag → Ajaw und seinen Koeffizienten notiert. Ein gleichlautendes Datum wiederholt sich aufgrund der Kalenderstruktur nach 260 Tun oder 256 annähernden Sonnenjahren.

Fassade mit Drachenmaulportal im Rio-Bec-Stil. Hormiguero, Campeche, Mexiko, Gebäude II; Spätklassik, 600–900 n. Chr.

Ladino
Der Begriff Ladino wird vor allem in Guatemala für die gesamte spanischsprachige und nicht indianische Bevölkerung verwendet. Er bezieht sich sowohl auf die seit der Invasion in Mittelamerika ansässigen Einwohner spanischer Herkunft wie auf europäische Zuwanderer, die sich in die dominante, spanisch und zunehmend auch nordamerikanisch geprägte Kultur des Landes integriert haben. Als Ladinos gelten auch Indianer, die sich von ihrer ursprünglichen Lebensweise entfernt und ihre Sprache zugunsten der spanischen abgelegt haben. Obgleich die Ladinos eine Minderheit innerhalb der Bevölkerung Guatemalas darstellen, sind sie doch seit der Eroberung die herrschende Schicht und behaupten ihren Machtanspruch gegen die 21 im Land vertretenen Maya-Gruppen. Für diese ist der Begriff negativ konnotiert; aus ihrer Perspektive ist der Ladino der argwöhnisch betrachtete Klassenfeind.

Laibung
Die senkrechte Schnittfläche der Maueröffnung u. a. bei Bogen, Fenstern und Portalen.

Lak (Maya, „Teller")
Ein Begriff aus den Inschriften der klassischen Zeit, welcher einen flachen Tonteller in Abgrenzung zur Schale auf Tonfüßen (→ *jawante*) bezeichnet. Beliebte Motive auf diesen Tellern waren mythische Wesen oder Gottheiten wie z. B. der Maisgott → Hun Nal Yeh im Akt seiner Erneuerung.

Lakandonen
Maya-Gruppe im mexikanischen Bundesstaat Chiapas und deren Sprache, die dem yukatekischen Zweig der Maya-Sprachen angehört. Die Lakandonen gelten fälschlicherweise als die letzten „echten" oder „wilden" Maya. Ursprünglich wohl aus Guatemala stammend, flohen sie in der frühen Kolonialzeit vor den Itzaj-Maya und ließen sich erst im 17. oder 18. Jh. in ihrem heutigen Siedlungsgebiet, der so genannten Selva Lacandona, nieder. Ihre soziale Organisation in → Lineages dürfte wohl auf postklassische Vorläufer zurückgehen. Seit der Kolonialzeit stehen die Lakandonen in Kontakt mit der Außenwelt; jedoch haben sie sich gegen die christliche Mission gewehrt, bis in die Gegenwart sind sie nicht zum Christentum übergetreten und konnten Elemente der alten Religion bewahren, wie z. B. die periodische Erneuerung von Götterbildern und Weihrauchgefäßen. Heute leben in den beiden Dörfern Naja' und Lacanhá etwa 500 Lakandonen von Landwirtschaft, Holzfällerei und dem Verkauf von Souvenirs an Touristen.

Lange Zählung
Der für die Datierung wichtigste Kalender der Maya, der die Tage auf unterschiedliche Perioden verteilt und sie in progressiv linearer Form akkumuliert. Die Perioden setzen sich aus den Hieroglyphen für K'in (1 x 20 Tage), Winal (18 x 20 Tage), Tun (20 x 360 Tage), K'atun (20 x 7200 Tage) und Bak'tun (20 x 144 000 Tage) zusammen. Das Start- oder Nulldatum ist der Tag der → Weltschöpfung der Maya, nämlich 13 Bak'tun, 0 K'atun, 0 Tun, 0 Winal und 0 K'in (in konventioneller Schreibung 13.0.0.0.0). Die lange Zählung ist auch unter der englischen

Bezeichnung „Long Count" bekannt. In den Inschriften folgt der langen Zählung gewöhnlich die Erwähnung der dazugehörenden → Kalenderrunde, für die das Startdatum 4 Ajaw 8 Kumk'u lautet. Die Klassik fällt in der langen Zählung auf die Zeit von 8.15.0.0.0 bis etwa 10.10.0.0.0, die Postklassik schließt sich daran an und dauert bis etwa 11.16.0.0.0. Mittels einer Korrelationskonstante (→ Korrelation) lassen sich die Daten der langen Zählung in die christliche Zeitrechnung und umgekehrt umrechnen.

Lineage
Zusammenschluss von Großfamilien zu Sippen, deren Mitglieder sich auf einen gemeinsamen Vorfahren berufen und sowohl männlicher als auch weiblicher Abstammungslinie sein können.

Logogramm
Abstraktes oder bildliches Zeichen für ein Wort. In der → Schrift der Maya kann ein Logogramm auch durch → Silbenzeichen ersetzt bzw. ergänzt werden.

Madrider Codex
Dieses mit 112 beschrifteten Seiten längste aller Maya-Faltbücher ist auch unter der Bezeichnung „Codex Tro-Cortesianus" bekannt, die sich von den Namen ihrer ehemaligen Besitzer ableitet. Es ist weniger sorgfältig ausgeführt als die anderen Handschriften und wurde wahrscheinlich von einem unerfahrenen Schreiber nach einer älteren Vorlage angefertigt. Der Madrider Codex enthält Almanache auf der Basis des 260-tägigen Ritualkalenders → Tzolk'in; sie widmen sich der Landwirtschaft, dem Regen, der Jagd und sogar der Bienenzucht.

Malacate
Ein kleiner durchbohrter Diskus aus Stein, Knochen, Keramik oder Holz, durch den die Spindel gesteckt wird, die beim Spinnen von Baumwolle verwendet wird. Der Diskus hat die Aufgabe, der Spindel einen größeren Schwung zu verleihen und sie zugleich am Boden zu halten. Reich verzierte Malacates werden häufig in archäologischen Stätten gefunden und zeigen an, an welchen Stellen eines ausgegrabenen Haushaltes oder Gebäudes Garne oder Stoffe hergestellt wurden.

Mam
Maya-Gruppe in den guatemaltekischen Verwaltungsbezirken Huehuetenango, San Marcos, Quetzaltenango und Totonicapan sowie im angrenzenden mexikanischen Bundesstaat Chiapas. Ihre gleichnamige Sprache gehört dem östlichen Zweig der Maya-Sprachen an.

Maniok
Wurzelgemüse, das im gesamten tropischen Amerika verbreitet ist. Die von Januar bis März geernteten Knollen der Maniokpflanze (Manihot esculenta) enthalten Blausäure, die durch Auspressen und Kochen entfernt werden muss. Anschließend lassen sie sich wie Kartoffeln verzehren, zu Mehl mahlen oder zu einem Brei verarbeiten.

Männchen-Zepter
Spitzname für das Zepter, das heute unter dem Begriff K'awiil- oder Gott-K-Zepter bekannt ist. Bei diesem figürlich gestalteten Herrschaftssymbol handelt es sich um eine kleinformatige plastische Darstellung der Gottheit → K'awiil. Dieser Typus charakterisiert sich dadurch, dass ein Bein des Gottes durch eine Schlange ersetzt ist.

Marimba
Musikinstrument afrikanischen Ursprungs, das dem Xylophon ähnlich ist und in Mesoamerika ausschließlich von Männern gespielt wird. Es besteht aus Holzstäben auf einem Holzrahmen und wird mit Klöppeln aus Kautschuk geschlagen.

Maximon
Name eines Gnadenbildes der Tz'utujil-Maya, das von der → Cofradía Santa Cruz in Santiago de Atitlan verehrt wird.

Maya-Biosphäre
Im Jahr 1992 wurde das nördliche, an Mexiko und Belize grenzende Drittel des guatemaltekischen Verwaltungsbezirks Peten zur Maya-Biosphäre erklärt. Auf diese Weise sollen die archäologischen Stätten der Maya im hier noch weitgehend intakten tropischen Regenwald bewahrt und geschützt werden. Lange Zeit gab es in dieser Region keine ständig ansässige Bevölkerung, sieht man einmal von den Bewohnern zweier Dörfer ab, die vom Sammeln des Chicle-Saftes, der Rohmasse für biologischen Kaugummi, leben. In den letzten Jahren sind jedoch Siedler in das Gebiet eingedrungen und haben größere Flächen gerodet, um Landwirtschaft zu betreiben. Der Bestand dieser fünftgrößten Urwaldregion der Welt wird auch durch das – oft illegale – Fällen von Bäumen dramatisch gefährdet. Zudem haben im Westen Ölfirmen Straßen gebaut, die zu Förderstätten in der Biosphäre führen.

Mecapal
Eine aus dem Aztekischen stammende Bezeichnung für einen Tragegurt. Auf die aus einem Riemen bestehende Schlaufe wurde zunächst die zu befördernde Last gesetzt und anschließend das andere Ende der Schlaufe um die Stirn des Trägers gelegt, sodass sich nun die angehobene Last auf dem Rücken transportieren ließ.

Megalith-Architektur
Über die gesamte Halbinsel Yukatan verbreiteter Architekturstil, der sich durch die Verwendung gigantischer, sorgfältig gearbeiteter Steinblöcke auszeichnet. Beispiele finden sich in Izamal, Ake und Cansahcab, Tres Lagunas und Xpulyaxchen. Ihren Höhepunkt erreichte die Megalith-Architektur in der Frühen Klassik.

Menschenopfer
Das in vorspanischer Zeit und auch bereits in der Klassik praktizierte Menschenopfer der Maya ist überwiegend auf Keramikgefäßen und nur auf einigen Steinmonumenten dargestellt. Sie zeigen meist den Geopferten über einem Weihrauchgefäß oder Stein ausgestreckt; in seiner geöffneten Brust steckt ein Bündel, das wahrscheinlich nach der Entnahme des Herzens eingesetzt wurde. Das Menschenopfer ist generell als ritueller Akt zu verstehen, der der Aufrechterhaltung der kosmischen Ordnung dienen und die Götter gnädig stimmen sollte.

Inschrift auf der Rückseite von Stele F (Detail). Copan, Honduras, Großer Platz; Spätklassik, 721 n. Chr.; Tuffstein

Einzelne Stuckhieroglyphen. Palenque, Chiapas, Mexiko; Spätklassik, 600–900 n. Chr.; Kalkstuck; Palenque, Museo „Alberto Ruz Lhuillier"

Mesoamerika
Ein von P. Kirchhoff 1943 geschaffener, kulturgeografischer Begriff, der sich auf die Region der Hochkulturen Mittelamerikas bezieht. Sie umfasst weite Teile Mexikos, ganz Guatemala, Honduras und Belize und reicht bis El Salvador und Nicaragua. Den mesoamerikanischen Kulturen gemeinsam ist z. B. der Anbau von Mais als Grundnahrungsmittel, der Gebrauch eines 260-tägigen Wahrsagekalenders, die Wertschätzung von Jade und das Spiel mit einem Kautschukball.

Metate
Aus dem Aztekischen abgeleitete Bezeichnung für einen Mahlstein. Die unterschiedlich geformten quadratischen Mahlsteine, die in vorspanischer Zeit zumeist eine Vertiefung aufweisen, dienen zum Mahlen von Maiskörnern, Früchten oder anorganischen Materialien mittels einer Handrolle. Im archäologischen Kontext zählen Mahlsteine zu den wichtigsten und am häufigsten anzutreffenden Haushaltsgeräten der Maya, und sie sind bis heute insbesondere zum Zerreiben von Maiskörnern in Gebrauch.

Milpa (aztekisch, „Maisfeld")
Aus dem Aztekischen übernommene Bezeichnung. Im Maya-Gebiet wird eine *milpa* auch heute noch durch → Brandrodung der Urwälder gewonnen.

Miraflores
Entwicklungsphase der Stadt Kaminaljuyu in der Späten Präklassik. In der Miraflores-Periode erreichte der Ort den Gipfelpunkt seiner Macht; sein Einfluss erstreckte sich auf das gesamte Hochland von Guatemala. Die meisten Skulpturen aus Kaminaljuyu, einschließlich jener mit Hieroglypheninschriften, stammen aus dieser Zeit.

Mittelamerika
Im Gegensatz zu dem häufig, aber fälschlicherweise gleich gebrauchten Begriff „Mesoamerika" ist Mittelamerika ein geografisch definierter Begriff. Er bezeichnet die Landbrücke zwischen den beiden Kontinenten Nord- und Südamerika. Geografisch gesehen gehört ein Großteil Mexikos noch zu Nordamerika. Mittelamerika beginnt südlich des Isthmus von Tehuantepec und umfasst den mexikanischen Bundesstaat Chiapas, die Halbinsel Yukatan sowie die Staaten Belize, Guatemala, Honduras, El Salvador, Nicaragua, Costa Rica und Panama. Die Maya-Region liegt im nördlichen Mittelamerika.

Mixe-Zoque
Mesoamerikanische Sprachgruppe, welche die noch heute im südlichen Mexiko gesprochenen Einzelsprachen Mixe, Zoque und Popoluca umfasst. Möglicherweise geht auch die Sprache der Olmeken, also die Sprache der „Mutterkultur" Mesoamerikas, auf sie zurück.

Mixteken
Volk im mexikanischen Bundesstaat Oaxaca, das in der Zeit der Postklassik (1000–1500 n. Chr.) einen großen politischen und kulturellen Einfluss auf weite Bereiche von Südmexiko ausübte. Die hohe Kunstfertigkeit der Mixteken stellt sich u. a. in ihren Codices dar, die die Geschichte und Genealogie der Herrscherdynastien der rivalisierenden mixtekischen Stadtstaaten aufzeichnen.

Mondserie
Bezeichnung für verschiedene Hieroglyphen, die mit dem Mondzyklus in Verbindung gebracht werden und innerhalb einer → Initialserie vorkommen. Sie verweisen wohl auf die unterschiedlichen Aspekte, die der Mond in seinen Phasen für die Maya verkörperte, ohne jedoch bislang richtig verstanden zu sein. Ferner geben diese Hieroglyphen das Mondalter vermutlich seit Neu-

mond an sowie die durchschnittliche Länge eines Mondmonats. Da ein synodischer Mondmonat im Durchschnitt 29,5 Tage aufweist, aber die Maya die Bruchrechnung nicht kannten, behalfen sie sich, indem sie die Länge der Mondmonate abwechselnd mit 29 und 30 Tagen angaben.

Monte Alban
Vorspanische Stadtanlage, auf einer Anhöhe im Tal von Oaxaca unweit des gleichnamigen Ortes im Süden Mexikos gelegen. Monte Alban, eine Gründung der Zapoteken und seit etwa 1200 v. Chr. besiedelt, erlebte seinen Höhepunkt in den Jahrhunderten unmittelbar vor und nach der Zeitenwende, als es zur Hauptstadt eines mächtigen zapotekischen Staates wurde. Vom 3. bis zum 5. Jh. n. Chr. stand Monte Alban, wie viele andere Städte Mesoamerikas, in engem Kontakt mit Teotihuacan; in der Postklassik geriet es in den Einflussbereich der → Mixteken.

Mopan
Maya-Gruppe im Südosten des guatemaltekischen Verwaltungsbezirks El Peten sowie im Toledo-District von Belize. Ihre gleichnamige Sprache, die dem yukatekischen Zweig der Maya-Sprachen angehört, wird heute von 20 000 Menschen in der Region um die Orte San Luis in Guatemala und San Antonio in Belize gesprochen. Die Mopan-Maya wehrten sich lange erfolgreich gegen die spanische Eroberung und verbündeten sich zeitweilig mit den Itzaj-Maya im Norden. In Belize siedelten sie erst im 19. Jh., als sie vor Zwangsarbeit und Repression in die damalige britische Kolonie flohen.

Mörtel
Bindemittel zur Errichtung eines Mauerwerks, das sich bei den Maya der Klassik meist aus → Saskab und Kalk zusammensetzt.

Multepal
Herrschaftsform, die in einem der → Chilam-Balam-Bücher beschrieben ist. Nicht ein Einzelner, sondern ein Rat gleichrangiger Würdenträger einer → Lineage hatte angeblich in der Postklassik die politische Macht in Mayapan inne.

Nagual → Way

Na Ho Chan
(Maya, „Erster-[von]-Fünf-Himmel[n]")
Mythologischer Ort, der für die Maya der Klassik eine bedeutende Rolle spielte. Mit ihm wurden die → Paddlergötter in Verbindung gebracht, und auch die drei kosmischen Steine, die den Grundstein für das Maya-Universum bilden, wurden an diesem heiligen Ort errichtet. Darüber hinaus ist den Inschriften zu entnehmen, dass das Blutopfer der Maya-Herrscher zuweilen in Na Ho Chan stattfand, was vermutlich als symbolischer Akt der Erneuerung der göttlichen Ordnung oder der herrschaftlichen Kraft zu verstehen ist.

Nahua
Sammelbezeichnung für Volksgruppen, deren Sprachen auf das Uto-Aztekische zurückgehen und die in Zentralmexiko vor Ankunft der Spanier sesshaft waren. Am bekanntesten sind die → Azteken und → Tolteken.

Narrengott
Notname, den ein übernatürliches Wesen in menschlicher oder Tiergestalt aufgrund seiner dreizipfligen Kopfbedeckung erhielt, die an die Kappe der mittelalterlichen europäischen Hofnarren erinnert. Mittlerweile deutet man sie aber als dreiblättriges Pflanzensymbol. Die Diademe der meisten Maya-Herrscher tragen ein Bild des so genannten Narrengottes, dessen hieroglyphischer Name Hu'unal ist.

Negativ-Malerei
Keramische Verzierungstechnik, bei der das Motiv nicht aufgemalt wird, sondern durch Abdecken mit Bienenwachs o. Ä. während des Brennvorgangs entsteht.

Nixtamal
Maismasse, aus der Tortillas geformt werden. Um die im Mais enthaltenen Proteine für den menschlichen Körper verwertbar zu machen, muss der Mais in einer alkalihaltigen Lösung gekocht werden. Man verwendet dafür in Wasser gelösten Kalk oder Herdasche. Der Prozess der Maiszubereitung wird „Nixtamalisierung" genannt.

Obsidian
Vulkanisches Glas, aus dem sich scharfe Klingen herstellen lassen. Da es im Tiefland nicht vorkommt, musste es aus Zentralmexiko oder dem Hochland Guatemalas importiert werden.

Ocote
Das von seiner Rinde befreite Holz einer tropischen Pinienart, das aufgrund seiner leichten Brennbarkeit zum Entzünden von Feuer verwendet wird. Ocote-Bündel waren vermutlich wichtige Handelswaren, die vom Hochland in das Tiefland gebracht wurden.

Okarina
Blasinstrument aus Ton, oft figürlich gestaltet. Viele der Tonfiguren von der Insel Jaina waren Okarinas.

Olmeken
Die Olmeken, die ihr Siedlungszentrum an der mexikanischen Golfküste in den heutigen mexikanischen Bundesstaaten Tabasco und Veracruz hatten, entwickelten die früheste Stadtkultur Mesoamerikas. Zu ihren bedeutendsten, zwischen 1200 und 300 v. Chr. prosperierenden Städten gehören San Lorenzo, La Venta, Manati und Cerro de Las Mesas. Bekannt sind sie für ihre Monumentalskulpturen, vor allem die bis zu 3 m hohen steinernen Köpfe, aber auch für ihre kunstvolle Jadebearbeitung. Als erste urbane Zivilisation übten sie einen starken Einfluss auf ganz Mesoamerika aus und schufen dadurch einen gemeinsamen Kulturraum.

Otoch, Otot (Maya, „Haus")
Als → Logogramm symbolisiert es nahezu ein solches, da nämlich das heute noch gebräuchliche traditionelle Blätter- oder Strohdach hieroglyphisch sehr anschaulich wiedergegeben ist. Aufgrund ihrer Schriftstruktur (→ Schrift) konnten die Maya mit → Silbenzeichen zwischen verschiedenen Sprachen differenzieren, derart etwa, dass durch Anhängen der Silbe *ti* an das entsprechende Haus-Logogramm das ch'olsprachige Maya-Wort *otot* ausgedrückt und vom gleichbedeutenden yukatekischen Maya-Wort *otoch* unterschieden wurde (→ Sprache).

Pabellon-modelgeformte Keramik
Gruppe von Keramiken, die zuerst in der Endklassik (800–900 n. Chr.) in der Region um die Orte Altar de Sacrificios und Seibal auftraten und sich von dort über das gesamte zentrale Tieflandgebiet verbreiteten. Ihre komplexen szenischen Darstellungen und Hieroglypheninschriften wurden mit Modeln geformt; eine Bemalung weisen sie nicht auf.

Paddlergötter
Götterpaar, das den Gegensatz zwischen Tag und Nacht symbolisiert, was sich auch in den Namenshieroglyphen K'in („Tag") und Ak'bal („Nacht") niederschlägt. Einige Darstellungen zeigen, wie die beiden Götter Verstorbene in einem Kanu in die Unterwelt paddeln oder das Paddel in den Wolken, über dem Herrscher schwebend, bewegen. Sie spielen zuweilen auch bei Selbstkasteiungsritualen und bei der Errichtung von Monumenten eine Rolle. Die Paddlergötter heißen auch auch → Na Ho Chan Ajaw („Herrscher über den himmlischen Ort Erster-[von]-Fünf-Himmel[n]").

Palankin
Meist aus Holz gefertigte, tragbare Plattformen, die einer Sänfte ähnlich sind und auf denen sich eine Art Thron befindet. Zuweilen erhebt sich darüber ein Baldachin. Sowohl die Inschriften der Klassik als auch kolonialzeitliche Dokumente des guatemaltekischen Hochlandes bezeugen die Verwendung der Palankine bei kriegerischen Auseinandersetzungen. Von ihnen aus beobachteten und lenkten die Herrscher offenbar das Schlachtgeschehen. Nach der Schlacht beschlagnahmte der Sieger den Palankin des Gegners als eine Art Trophäe.

Pawajtuun (Gott N)
Die aus Inschriften bekannte Namenshieroglyphe dieser Gottheit ist noch nicht entziffert. Die Kennzeichen des Pawajtuun sind sein faltiges Gesicht mit einem fast zahnlosen, hervorstehenden Unterkiefer sowie die netzartige oder turbanähnliche Kopfbedeckung. In den Darstellungen der Klassik führt Pawajtuun entweder einen Schildkrötenpanzer oder ein Spinnennetz auf dem Rücken. Zuweilen kriecht er aus einem Schneckengehäuse. Da ein solches die irdische Welt zu symbolisieren scheint und damit die Grenze zwischen der Oberwasserwelt und der Unterwasser- und → Unterwelt absteckt, gilt Pawajtuun als der Gott, der die Welten zwischen Diesseits und Jenseits zusammenhält. Gleichzeitig ist er mit den vier Himmelsrichtungen verknüpft und trägt in bildlichen Darstellungen das Himmelsdach.

Perforator
Ein Instrument zur rituellen Blutabnahme. Auf Steinmonumenten oder Keramikgefäßen werden solche Perforatoren dargestellt und hieroglyphisch beschrieben. Männer der Elite benutzten entweder eine Klinge aus → Obsidian oder spitze Knochen sowie → Rochenstachel, um den Penis anzustechen. Frauen hingegen zogen sich eine Dornenschnur durch die Zunge, die sie vorher durchbohrt hatten.

Peten (Maya, „Insel", „Provinz")
Nördlichster und mit 36 000 km² Fläche größter Verwaltungsbezirk von Guatemala mit der Hauptstadt Flores. Die aus dem yukatekischen Maya stammende Bezeichnung wird auch auf das Kerngebiet der klassischen Maya-Kultur um die Orte Tikal und Uaxactun und den regionalen, von Tikal geprägten Architekturstil angewendet.

Keramikgefäß des Chocholá-Stils (Detail). Fundort unbekannt; Spätklassik, 600–900 n. Chr.; gebrannter Ton, reliefverziert

Pariser Codex
Der Pariser Codex ist ein nur fragmentarisch überliefertes Hieroglyphenfaltbuch. Auf den 22 erhaltenen Seiten sind Prophezeiungen für die 13 K'atun-Perioden einer → kurzen Zählung und für einzelne Jahre abgegeben; darüber hinaus wird von der Erschaffung des Universums und den 13 Sternbildern des Maya-Zodiaks berichtet. Dem Stil nach zu urteilen, dürfte der stark angegriffene Codex, der in der Abteilung orientalischer Handschriften der Bibliothèque Nationale in Paris aufbewahrt wird, an der Ostküste Yukatans entstanden sein.

Pflanzstock → Grabstock

Phonetisches Komplement
Silbenzeichen der Maya-Schrift, dessen Funktion darin besteht, die korrekte Lesung eines → Logogramms zu gewährleisten. So wird z. B. an das Logogramm *balam* (Jaguar), das allein mit dem Kopf eines Jaguars geschrieben wird, die Silbe *ma*

angehängt, weil das Wort in dem Konsonanten *m* endet. Phonetische Komplemente können auch vor einem Logogramm stehen. So wird dem Logogramm *ajaw* (Herr, König) häufig das Vokalzeichen *a* vorangestellt.

Pibil (Maya, „Erdofen")
Der Erdofen, der auch für die Zubereitung ritueller Speisen verwendet wird, besteht aus einer tiefen Bodenmulde, in die erhitzte Steine gesetzt werden. Die darauf gelegten Speisen werden mit Sträuchern und dem Erdaushub bedeckt und gegart.

Pipil
Nahua-sprachige Bevölkerung im Gebiet der heutigen Staaten Guatemala und dem angrenzenden El Salvador. Zur Zeit der spanischen Landnahme gab es im Tal von Salamá, in den Niederungen des Río Motagua, an der Pazifikküste und im Zentrum von El Salvador verschiedene Pipil-Gruppen. Wann genau sie ihre zentralmexikanische Heimat verließen und nach Süden vordrangen, ist in der Forschung umstritten. Einige Archäologen vermuten, dass sie im Zuge der Expansion Teotihuacans nach Guatemala gelangten, andere bringen sie mit der → Cozumalhuapa-Kultur der Frühen Postklassik in Verbindung. In Guatemala ist die Nahua-Sprache der Pipil seit den 1950er-Jahren ausgestorben, nur noch in El Salvador existiert eine kleine Gruppe von Pipil-Sprechern.

Flöte in Form eines Paares. Copan, Honduras, Las Sepulturas, Gruppe 9N-8, Grab in Hof D; gebrannter Ton, modelliert; H. 13 cm; Tegucigalpa, Bodega Central del Instituto Hondureño de Antropologá e Historia

Pollenanalyse
Ein Verfahren, das den Blütenstaub z. B. aus einer archäologischen Grabung untersucht, um die Vegetation in einem Gebiet zu einer bestimmten Zeit festzustellen. Damit werden vor allem Erkenntnisse über den damaligen Ackerbau und die pflanzlichen Nahrungsmittel gewonnen.

Pom → Kopal

Popol Wuj
Das heilige Buch der K'iche'-Maya aus dem guatemaltekischen Hochland, das in der einheimischen Sprache verfasst, jedoch mit lateinischen Buchstaben niedergeschrieben ist. Es liegt als Abschrift aus dem 18. Jh. vor. Das Buch handelt von den Mythen und Glaubensvorstellungen der K'iche', der heute größten Sprechergruppe in Guatemala. Es berichtet von der Entstehung der Welt, dem Drama um die Weltherrschaft der Götter und von der Herkunft der K'iche' selbst. Im Popol Wuj manifestiert sich der Wandel in den kulturellen Vorstellungen, die sich bis zu einem gewissen Grade in die vorspanische Zeit der Klassik zurückverfolgen lassen, wie das Beispiel der → Göttlichen Zwillinge Junajpu und Xb'alanke belegt.

Primäre Standardsequenz (PSS)
Standardisierte Angabe in Hieroglyphenschrift am oberen Rand von Kleinobjekten, meist Keramikgefäßen, die die Funktion der Gegenstände, z. B. Trinkbecher, oder auch ihren Besitzer nennt.

Putun
Maya-Gruppe, die in kolonialzeitlichen Dokumenten als Volk von Händlern und Kaufleuten beschrieben wird. Die Putun-Maya werden häufig mit den Chontal-Maya der mexikanischen Golfküste gleichgesetzt, die in der Zeit der Postklassik den Küstenhandel mit Kanus entlang der mexikanischen Golfküste und der Karibikküste Yukatans betrieben. Der Maya-Forscher Eric Thompson sah in den Putun eine von der zentralmexikanischen Kultur stark beeinflusste Maya-Gruppe, die in der frühen Postklassik weite Teile Yukatans, darunter auch die Stadt Chichen Itza, dominiert habe. Die „Putun-Hypothese" Thompsons besagt auch, dass die Putun-Maya in der Zeit der Endklassik in das südliche Tiefland eingedrungen seien und auf diese Weise einen Beitrag zum Zusammenbruch der Klassischen Maya-Kultur geleistet hätten. Zeichen für die Putun-Präsenz in der Region seien v. a. in der Keramik und den Skulpturen von Seibal und Altar de Sacrificios zu sehen. Die „Putun-Hypothese" ist in den letzten Jahren jedoch stark kritisiert worden, weil sie auf der unkritischen Auswertung heterogener Quellen beruht.

Puuc
Bezeichnung für den äußersten Südwesten des heutigen mexikanischen Bundesstaates Yucatán sowie für den regionalen Architekturstil, der unterschiedliche Bautechniken und Dekorationsmittel verbindet. Dazu zählen z. B. das Blendmauerwerk, ein mit präzise zugeschnittenen Steinplatten verkleidetes einfaches Mauerwerk, oder der Schuhstein, ein keilförmiger, mit einem Schaft versehener Gewölbestein. Im Unterschied zum → Río-Bec- und → Chenes-Stil wurde die Fassade nur oberhalb der Eingänge mit einem von Gesimsen begrenzten Fries aus Mosaiksteinchen, zumeist Mäander, dekoriert, während die untere Partie schmucklos blieb. Eine weitere Besonderheit der Puuc-Architektur sind die gelegentlich mit Inschriften versehenen Säulen und Kapitelle, welche die Türöffnungen teilen.

Pyrit
Schwefelkies (Eisendisulfid), den die Maya der klassischen Epoche polierten und als Spiegelfläche auf eine Holz- oder Schiefertafel klebten.

Q'eqchi'
Maya-Gruppe in den guatemaltekischen Verwaltungsbezirken Alta Verapáz, Izabal und Peten sowie im Toledo-District von Belize. Ihre gleichnamige Sprache, die zum K'iche'-Zweig der Maya-Sprachen gehört, zählt zu den vier wichtigsten Maya-Sprachen Guatemalas. Viele der etwa 500 000 Sprecher sind heute noch einsprachig. Ursprünglich Hochlandbewohner, sind die Q'eqchi' in den letzten drei Jahrzehnten in den Urwald im Tiefland des Peten vorgerückt, wo sie durch → Brandrodung Land gewinnen.

Aufsatz eines Räuchergefäßes mit dem Porträt des Dynastiegründers K'inich Yax K'uk' Mo', Copan, Honduras, Gebäude 10L-26, vor Grab XXXVII-4; Spätklassik, 650–700 n. Chr.; gebrannter Ton, modelliert und bemalt; H. 61 cm; Copan, Museo de Arqueologia

Quetzal
Ein besonders begehrter Vogel (Pharomachrus mocinno) aus den Hochwäldern Guatemalas und Südmexikos, der sehr scheu und heute nahezu ausgestorben ist. Seine langen, grün glänzenden Schwanzfedern galten unter den Adligen der vorspanischen Kulturen als besonders wertvoll und wurden meist zu Federkronen oder Rückengestellen verarbeitet.

Rab'inal Achi
Bericht von einem tragischen Ereignis in vorspanischer Zeit, den Abbé Brasseur de Bourbourg im 19. Jh. in der K'iche-Sprache des Hochlandes von Guatemala niederschrieb. Der Titel bezieht sich auf den Ort Rab'inal, in dem der Weltgeistliche tätig war, und zitiert das K'iche'-Wort *achi* (Priester). Erzählt wird von Kawek, einem militärischen Anführer der K'iche'-Maya, der bei einem Angriff vom Herrscher der Region Rab'inal gefangen genommen wird. Da er seine Herkunft nicht preisgibt, wird er geopfert.

Radiokarbondatierung
Datierungsverfahren der Archäologie für organische Stoffe, insbesondere Holz und Knochen, das auch unter dem Namen Kohlenstoff-14-Datierung bekannt ist. Diese Methode beruht darauf, dass alle Organismen, solange sie leben, Kohlenstoff 14 aufnehmen. Nach dem Tod reduziert sich der Kohlenstoff-14-Gehalt infolge radioaktiven Zerfalls. Durch Messung der Strahlungsintensität lassen sich Altersbestimmungen vornehmen.

Räuchergefäß → Weihrauchgefäß

Regenzeit
In der Maya-Region werden zwei Jahreszeiten unterschieden: die Trockenzeit und die Regenzeit. Beginn und Ende der Regenzeit sind regional unterschiedlich, fallen aber, wie überall in den Tropen, mit dem sommerlichen Höchststand der Sonne zusammen. Spitzenwerte erreicht der Niederschlag – den beiden Zenitaldurchgängen entsprechend – im Juni und September. Während der Regen im Hochland von Guatemala und in Yukatan bereits im Oktober nachlässt, kann er im südlichen Tiefland bis November und Dezember andauern.

Relaciones Geográficas
Fragebogen der spanischen Krone zur Geschichte, Demographie, Geografie und wirtschaftlichen Leistungsfähigkeit von Orten in Übersee. Sie wurden unter Philipp II. in der zweiten Hälfte des 16. Jh.s an die spanischen Behörden und an die Rechtsinhaber von → Encomienden geschickt, mit dem Ziel, eine bessere Entscheidungsgrundlage für eine effizientere Umgestaltung und wirtschaftliche Ausbeutung der Kolonien zu erhalten.

Rindenstößel
Eine etwa handtellergroße, geriffelte Steinplatte, die zur Papierherstellung diente. Diese Werkzeuge waren an den Rändern gekehlt, sodass man einen Griff befestigen konnte. Mit den Stößeln wurde die Rinde der Amate-Feige so lange bearbeitet, bis eine papierähnliche Fasermasse entstand.

Río Bec
Die südlichste Region des heutigen mexikanischen Bundesstaates Campeche. Typisch für den gleichnamigen Architekturstil sind Steingebäude mit Scheintürmen bzw. nicht begehbaren Dachaufbauten sowie als Schlangenrachen gestaltete Eingänge. Die Abgrenzung des Río-Bec- vom → Chenes-Stil ist umstritten. Vom → Puuc-Stil unterscheiden sich beide durch das Fehlen von Säulen.

Ritual der Bakab
Maya-Handschrift aus dem 16. Jh. Sie enthält Zaubersprüche zur Krankenheilung, die in der yukatekischen Maya-Sprache verfasst, doch in lateinischer Schrift festgehalten sind. Das Manuskript, das nach den häufig erwähnten → Bakab-Göttern benannt ist, bildet eine der wichtigsten Quellen zur Maya-Religion und ein bedeutendes Zeugnis yukatekischer Literatur.

Rochenstachel
Stachel des karibischen Stachelrochens, den die Maya der Klassik als → Perforator zur rituellen Blutabnahme benutzten.

Rückenwebstuhl
Vorrichtung zum Weben von Textilien, an die ein Gurt montiert ist, weshalb man auch von Gürtelwebstuhl spricht. Ein Gurtende wird an einem fixen Gegenstand befestigt, während das andere um die Hüfte gelegt wird.

Sajal
Vermutlich Titel bzw. Amt eines Verwalters. Die Bedeutung dieses in klassischen Inschriften erwähnten Maya-Worts ist nicht geklärt. Aus den Texten geht hervor, dass der Sajal vom Herrscher ernannt wurde und folglich in der Hierarchie unter ihm stand. In der Usumacinta-Region um die Stätten Yaxchilan und Piedras Negras trugen diesen Titel die Verwalter der Provinzen eines Stadtstaates, dessen Regent sie in ihr Amt einsetzte. Ob dieser Rang erblich war, ist nicht bekannt.

Sakbe (Maya, „weißer Weg", „Straße")
Bereits in der Klassik legten die Maya sowohl in den politisch bedeutenden Zentren als auch zwischen den Stadtstaaten feste Straßen an, die mehrere Meter breit sein konnten. Sie wurden gemauert, mit Geröll aufgefüllt und mit einer hell schimmernden Kalkschicht überzogen, daher auch der Name „weißer Weg". Die im Straßenbau eingesetzten Werkzeuge wie die tonnenschweren Steinwalzen wurden ausschließlich durch Menschenhand bewegt, denn Zugtiere gab es nicht. Die innerstädtischen Verbindungen dienten als Transport- und Kommunikationswege und waren darüber hinaus offenbar Ausdruck familiärer, dynastischer Beziehungen. Die viele Kilometer langen, auch über Brücken führenden Überlandstraßen scheinen hingegen für die Beförderung von Gütern kaum eine Rolle gespielt zu haben. Vielmehr spiegelten sie die Bündnispolitik zwischen Stadtstaaten wider oder besaßen zeremoniellen Charakter.

Saskab (Maya „weiße Erde")
Weiße Schicht im Erdreich, die als Ersatz für Sand zusammen mit Kalk und Wasser zur Herstellung von → Mörtel diente.

Schädeldeformation
Dem Schönheitsideal der Maya entsprach eine flach gedrückte Stirn. Sie veränderten deshalb bei Neugeborenen die Form des Schädels, indem sie ihn in eine starre Konstruktion zwängten. Holzbretter an Vorder- und Hinterkopf wurden mit Schnüren fest verbunden.

Schädelplattform
Architektonische Bezeichnung für ein steinernes Bauwerk, das einer Plattform gleicht und dessen Wände mit skulptierten Schädeln versehen sind.

Schamane
Bezeichnung für eine Person, die in einem psychischem Ausnahmezustand (Ekstase) mit übernatürlichen Mächten zu kommunizieren vermag. Sie ist direkter Mittler zwischen der göttlichen und der irdischen Sphäre. Für die Berufung zum Schamanen ist das Charisma, d. h. die individuelle körperliche und seelische Befähigung, ausschlaggebend.

Figurine mit der Darstellung einer Frau. Campo Pineda, Sula Tal, Cortés, Honduras; Spätklassik, 600–900 n. Chr.; gebrannter Ton, modelliert; H. 22,5 cm, B. 17 cm, T. 11 cm; San Pedro Sula, Museo de Antropologia

Schrift
Standardisierte Zeichen auf einem Schriftträger. Die Maya schrieben auf unterschiedliche Materialien wie Stein, Holz, Jade, Keramik oder Papier. Ihre Schriftzeichen (→ Hieroglyphen) sind → Logogramme (abstrakte und bildliche Wortzeichen) sowie → Silbenzeichen, die zu Wortgefügen kombiniert werden konnten. Sie wurden zu spaltenartigen Hieroglyphenblöcken zusammengestellt. Der Maya-Schrift mit ihren rund 1000 Hieroglyphen liegt eine eigene Grammatik und Orthografie zugrunde, deren Erforschung noch in den Anfängen steckt.

Schwitzbad
Ein spezielles Gebäude oder ein Raum, in dem Wasser auf heißen Steinen verdampft und der menschliche Körper durch Schwitzen gereinigt wird. Vermutlich kannten schon die klassischen Maya diese vielen Völkern Mesoamerikas geläufige Einrichtung und nannten sie *pib(il) nah* (Badehaus).

Sekkomalerei (italienisch, secco, „trocken")
Technik der Wandmalerei, bei der Farben der verschiedensten Zusammensetzung „al secco" auf trockenem Putz aufgetragen werden.

Sekundärbestattung
Die nochmalige Bestattung des Toten. Kulturelle oder historische Gründe konnten die Umbettung eines Leichnams bzw. seiner Überreste notwendig machen.

Silbenzeichen
Ein Schriftzeichen (→ Schrift), das in der Hieroglyphenschrift der Maya aus einer Konsonant-Vokal-Bindung besteht. Schrifthistorisch können die Maya-Silbenzeichen mitunter aus → Logogrammen hervorgegangen sein, wie z. B. das einen Fisch darstellende Silbenzeichen T738 *(ka)* aus dem Wort für Fisch *(kay)*.

Silex → Feuerstein

Site Q
Bezeichnung für den hypothetischen Herkunftsort einer Reihe von Skulpturen und Hieroglypheninschriften, die in den 1970er- und 1980er-Jahren auf dem internationalen Kunstmarkt auftauchten. Da viele von ihnen die gleiche Schlangenkopf-Emblemhieroglyphe aufwiesen, wurde vermutet, dass sie von Grabräubern in einer großen, im Urwald verborgenen Stadt entdeckt und entwendet wurden. Neuere Forschungen haben jedoch ergeben, dass diese → Emblemhieroglyphe der Titel der Könige von Calakmul ist und etliche der Site-Q-Monumente nicht aus der Stadt selbst kommen, sondern aus Orten, die unter der Oberhoheit Calakmuls standen. Viele dürften aus kleinen Ruinenstätten im Norden Guatemalas stammen; in La Corona etwa wurden u. a. Überreste zersägter Skulpturen im Stil der Monumente von Site Q gefunden.

Solstitium
Die Tage der Sonnenwende: das Sommersolstitium am 21. Juni ist der längste und das Wintersolstitium am 21. Dezember der kürzeste Tag des Jahres. Die Solstitien, an denen die Sonne am weitesten nördlich (Sommersolstitium) bzw. südlich (Wintersolstitium) am Horizont aufgeht, wurden von den Maya, vermutlich von den → E-Gruppen aus, genau beobachtet. Sie scheinen den Sonnenwenden auch Götter zugeordnet zu haben.

Speerschleuder
Auch Wurfbrett genannte Kriegswaffe, deren aztekische Bezeichnung *atlatl* lautet. Es handelt sich um einen auf Schulterhöhe horizontal in einer Hand gehaltenen Holzstab mit Zapfen und einer Rinne, in die ein hölzerner Speer gelegt wurde. Durch die Verlängerung des Hebelarms erzielte dieses Geschoss eine beträchtliche Weite und Wirkung. Weil Pfeil und Bogen in Zentralmexiko und bei den Maya unbekannt waren oder nicht verwendet wurden, gilt die Speerschleuder als ihre effektivste Fernwaffe.

Spiegel
Aus poliertem Schwefelkies (Pyrit) und Obsidian hergestellte Spiegel in Holzrahmen galten an den Königshöfen als Luxuswaren. Oft wurden sie dekorativ am Körper getragen. Zahlreiche Malereien auf Keramiken zeigen Würdenträger bei ihrer Toilette; Diener – oft Hofzwerge – halten ihnen Spiegel vor. Spiegel schmückten aber auch Götterbilder.

Sprache
Eine Proto-Maya-Sprache soll, wie Untersuchungen (→ Glottochronologie) nahe legen, schon um 2200 v. Chr. im Hochland von Guatemala existiert haben. In der Klassik, also der Zeit der Inschriften, hatten sich hieraus bereits die beiden wichtigsten Sprachgruppen des Maya-Tieflandes, Ch'olan und Yukatecan, entwickelt. Vermutlich ab 700 n. Chr. teilte sich Ch'olan dann in das östliche und das westliche Ch'olan. Sprachen wie Ch'orti, Ch'ol und Chontal, die sich damals herausgebildet haben, werden bis jetzt gesprochen. Die zur yukatekischen Sprachgruppe gehörenden Sprachen Yukatekisch, Mopán, Itzá und Lacandon sollen hingegen frühestens um 800 bis 900 n. Chr. entstanden sein. Der Wandel vom Proto-Maya hin zu den östlichen und westlichen Ch'olan-Sprachen sowie zum Proto-Yukatekischen manifestiert sich aus linguistischer Sicht in den Inschriften der Klassik. Während der Kolonialherrschaft wurden die ersten Grammatiken und Wörterbücher der verschiedenen Maya-Sprachen verfasst. Sie dienen den Epigraphikern (→ Epigraphie) als Grundlage zur Entzifferung der Hieroglyphen. Heute sind in Mexiko, Guatemala, Belize und Honduras noch 31 Maya-Sprachen in Gebrauch. Es handelt sich wie bei ihren Vorgängern um Ergativsprachen, d. h. es existieren Formen der zielenden Tatwörter, die den Status des Handelnden im Verb selbst bezeichnen. Sie arbeiten wie die lateinischen Sprachen mit Wortbeugungen, doch werden Hauptwörter nicht dekliniert. Sie verfügen über einen wortinternen Satzbau. Die normale Stellung der Sätze mit einem Akkusativobjekt ist Verb – Objekt – Subjekt, die der Konstruktionen ohne ein solches ist Verb – Subjekt.

Stele
Ein steinerner Pfeiler oder eine aufrecht stehende Platte, die im Boden verankert ist. Die klassischen Maya nannten sie *lakam tuun* (großer Stein). Ihre Errichtung erfolgte zumeist zu einem Jubiläum und wurde als Akt des „Pflanzens" oder „Aufreihens" des Steines verstanden. Die oftmals auf allen Seiten gravierten oder bemalten Stelen sind mit Inschriften und Darstellungen versehen, die vor allem über die Lebensdaten und Handlungen von Herrschern berichten.

Stuck
(italienisch, stucco; „Abgehauenes", „Rinde")
Ein schnell erhärtendes Gemisch aus Gips, Kalk, Sand und Wasser. Je nach den Zusätzen, wie z. B. Marmor oder Kalk, unterscheidet man Gipsstuck, Weißstuck, Stuckmarmor (Stucco lustro), Kalkstuck, Zementstuck und Graustuck. Wegen seiner leichten Formbarkeit beliebtes Material zum halb plastischen Verzieren von Decken und Wänden. Aufgrund seiner spezifischen Eigenschaften wird er besonders zur Herstellung frei aufgetragener Dekorationen, zum Ziehen von Profilen mit Schablone oder für geschliffenen und polierten Wandputz verwendet.

Der Regengott Chaak mit Axt und Schild. Fundort unbekannt; Spätklassik, 600–900 n. Chr.; Kalkstuck; H. 156 cm; Privatsammlung

Supplementärserie
Der Teil der → Initialserie, in dem die Monddaten und andere, meist der mythologischen Vorstellung entsprungene, kalendarische Zyklen (→ 819-Tage-Zyklus) angegeben sind.

Swasey-Keramik
Die älteste Gruppe von Tieflandkeramiken, die in Cuello und anderen Fundstätten im Norden von Belize nachgewiesen werden konnte. Die Swasey-Keramik wurde mittels der Radiokarbonmethode (→ Radiokarbondatierung) in die Zeit zwischen 1200 und 800 v. Chr. datiert.

Talud-Tablero
Eine vor allem in Zentralmexiko und seltener im Maya-Gebiet anzutreffende Fassadengestaltung, bei der ein vorkragendes, abgeschrägtes Wandstück (Talud) und ein breites, verziertes Gesims (Tablero) aufeinander folgen.

Tamal
Speise aus Maisteig, deren Bezeichnung vom Aztekischen abgeleitet ist. Der in Mais- oder Bananenblätter gewickelte Teig wird im Wasserbad gegart.

Tarasken
Volk im mexikanischen Bundesstaat Michoacán, das in der Zeit der Postklassik einen zentralisier-

ten Staat um die Hauptstadt Tzintzuntzan aufgebaut hatte, der als einer der wenigen in der Region der aztekischen Expansion widerstand. Die Tarasken waren bekannt für ihr Handwerk, insbesondere ihre Kupferwaren, die in weiten Bereichen Mesoamerikas gehandelt wurden.

Temazcal
Aztekische Bezeichnung für das → Schwitzbad.

Teotihuacan
Die nur wenig nördlich von Mexiko Stadt gelegene, größte Stadt Mesoamerikas hatte in ihrer Blütezeit bis zu 200 000 Einwohner. Im letzten vorchristlichen Jahrhundert gegründet, ging sie zwischen 600 und 700 n. Chr. aus bislang noch ungeklärten Gründen unter. Im Zentrum liegt die Straße der Toten mit der Sonnen- und Mondpyramide sowie anderen monumentalen Baukomplexen. Das dicht besiedelte Teotihuacan führte erfolgreiche Kriegszüge und profitierte von seinem Monopol über den Obsidianhandel. Sein unmittelbarer Einfluss erstreckte sich bis in das Maya-Gebiet.

Thermolumineszenz
Datierungsverfahren für Keramiken. Es beruht darauf, dass die beim erstmaligen Aufheizen des Körpers freigesetzte Strahlung messbar und datierbar ist.

Tlaloc
Zentralmexikanischer Name des Regengottes, der bereits in der Klassik auch im Maya-Tiefland anzutreffen ist. Charakteristische Merkmale sind die hervorstehende obere Zahnreihe und die ringförmigen Scheiben um die Augen. Das Haupt des Tlaloc oder seine Attribute wurden in der Klassik häufig auf dem Kopfputz dargestellt, den Maya-Herrscher als Krieger trugen. In der Postklassik wurde Tlaloc überwiegend auf Räuchergefäßen abgebildet.

Tolteken
Eine Volksgruppe, deren wichtigstes Zentrum Tula im heutigen mexikanischen Bundesstaat Hidalgo war. Es bestand etwa zeitgleich mit der Maya-Stadt Chichen Itza auf der Halbinsel Yukatan. Die auffallenden architektonischen und ikonographischen Übereinstimmungen zwischen beiden Stätten sind möglicherweise auf einen gemeinsamen Kulturhorizont sowie auf gegenseitige Beeinflussung zurückzuführen.

Tortilla
Spanische Bezeichnung für ein Fladenbrot aus Maisteig, das bis heute in Zentralamerika und Mexiko zu den wichtigsten Grundnahrungsmitteln gehört und über dem → Comal gebacken wird. In den Inschriften werden Tortillas mit dem noch heute gebräuchlichen Maya-Wort *wah* bezeichnet.

Trockenzeit
Eine der beiden großen Witterungsperioden des Jahres. Die Trockenzeit setzt regional unterschiedlich zwischen Oktober und Dezember ein und dauert bis Ende Mai/Anfang Juni, wenn die ersten schweren Regen den Beginn der Regenzeit ankündigen. Ihre letzten beiden Monate, März und April, sind zugleich die heißesten des Jahres. Auch in der Trockenzeit kann es zu Niederschlägen kommen, z. B. wenn Nordwinde kalte Meeresluft und Wolken bringen.

Tuffit/Tuffstein
Weiches Gestein vulkanischen Ursprungs, das sich gut bearbeiten lässt. Charakteristisch ist seine hellgrüne Farbe. Aus Tuffit fertigten die Bildhauer von Copan freistehende Monumente und Bauskulpturen. Die alten Steinbrüche von Copan befinden sich nordwestlich des Stadtzentrums.

Türsturz
Tragendes Architekturelement, das den waagerechten Abschluss einer Türöffnung bildet. Der meist steinerne Türsturz kann sowohl mit Hieroglyphen als auch mit bildlichen Darstellungen versehen sein. Die Inschriften darauf berichten häufig von der Einweihung des dazugehörenden Gebäudes oder von der Verankerung des Türsturzes selbst, der hieroglyphisch als *pakab* bezeichnet ist.

Tuun (Maya, „Stein")
Bezeichnung zum einen für die kalendarische Einheit zu 360 Tagen und zum anderen für ein steinernes Monument wie eine Stele oder einen Altar.

Stele 3. Seibal, Peten, Guatemala; Späte Klassik, 850–900 n. Chr.; Kalkstein; Guatemala Stadt, Museo Nacional de Arquelogía y Etnología.

Tz'iib (Maya, „Schrift")
Gemeint ist damit ausschließlich das mit Pinsel und Tinte Geschriebene. Der professionelle Schreiber hieß bei den Maya *Aj Tz'iib* („Er, der Schreiber, der zeichnet"). Für in Stein gemeißelte oder in Ton geritzte Hieroglyphen bzw. für den Bildhauer finden sich in den Inschriften spezielle Ausdrücke, deren Lesung jedoch umstritten ist. In einigen Herrschaftsgebieten hatten Bildhauer sogar das Recht, ihre Werke zu signieren. Der Maya-Begriff für Hieroglyphe lautet „Woh".

Tzolk'in
Der Wahrsagekalender zu 260 Tagen. Er besteht aus 20 Tageszeichen, die mit den Zahlen 1 bis 13 kombiniert werden. Jedes Tageszeichen wird durch eine spezifische Hieroglyphe wiedergegeben.

Tzompantli (aztekisch, „Schädelplattform")
Eine steinerne Plattform, die als Sockel für eine Konstruktion diente, auf der die enthaupteten Köpfe besiegter Feinde oder Geopferter zur Schau gestellt wurden. Ob die so genannten → Schädelplattformen tatsächlich diese Funktion hatten, ist ungewiss, allerdings ist das Tzompantli von Chichen Itza mit Flachreliefs geschmückt, die aufgespießte Schädel zeigen.

Tzotzil
Maya-Gruppe im mexikanischen Bundesstaat Chiapas und deren Sprache. Die etwa 200 000 Tzotzil-Maya leben heute vor allem in den Dörfern San Juan Chamula, Zinacantán, Huistan, Larrainzar und San Pablo nördlich der Stadt San Cristobal de Las Casas.

Unterwelt
Im Gegensatz zur himmlischen und irdischen Sphäre ist die Unterwelt der Bereich, in dem die Toten in der Glaubensvorstellung der Maya ihre Seelenwanderung antraten. Diesen Ort im Erdinneren bewohnten finstere, Furcht einflößende Wesen, die auf mehrfarbigen Keramiken eindrucksvoll dargestellt sind. Dem Verständnis der Maya zufolge verkörpern insbesondere Höhlen den natürlichen Zugang zu dieser Unterwelt, und so finden sich in ihnen häufig Wandmalereien und hinterlegte Kultobjekte, die mit dieser Thematik in Verbindung zu stehen scheinen. Das kolonialzeitliche → Popol Wuj führte den Begriff → Xibalba für die Unterwelt ein.

Usulutan-Keramik
Diese Gruppe von Keramiken bildete sich im Hochland zur Zeit der Mittleren Präklassik heraus und war in der Späten Präklassik in weiten Teilen des Tieflandes verbreitet. Kennzeichnend ist das helle Streifenmuster, das durch ein Negativverfahren entstand: Die entsprechenden Partien wurden mit Wachs abgedeckt, das beim Brennen der Ware schmolz und den Dekor auf dem Ton zurückließ. Viele der Usulutan-Gefäße stehen auf drei Füßen, die die Form von Brüsten haben.

Veracruz-Kultur
Noch wenig erforschte Kultur, die in der Zeit der Klassik (300–900 n. Chr.) wie auch der Frühen Postklassik (900–1200 n. Chr.) an der Golfküste Mexikos im Staat Veracruz blühte. Sie ist bekannt für aufwändige Keramiken, darunter lebensgroße Figuren, aber auch für ihre Architektur. Die wichtigste Stadt der Veracruz-Kultur ist El Tajin in der Nähe der heutigen Stadt Papantla.

Vigesimalsystem → Zahlensystem

Visionsschlange
In der Vorstellung der Maya der Klassik die in Trance vermutlich durch → Blutopfer zur Erscheinung gebrachte Schlange, aus deren weit geöffnetem Rachen das Gesicht des angerufenen Ahnen oder Gottes hervortritt.

Way (Maya, „Schlafen")
In der Klassik bezeichnet *way* jedoch auch eine bestimmte Art von Wesen in Tiergestalt oder Mischwesen aus Mensch und Tier. Auf Keramikgefäßen ist dem Ausdruck *u way* („Sein Schlaf") daher oft der Name solcher Wesen vorangestellt, der häufig mit ihrer bildlichen Darstellung übereinstimmt. Manchmal folgt dem *way*-Ausdruck auch die → Emblemhieroglyphe eines bekannten Stadtstaates. Bislang ist aber nicht geklärt, ob es sich hierbei tatsächlich um eine Alter-Ego-Vorstellung (Schicksalsdoppelgänger) handelt.

Weihrauch
Der von den Maya verwendete Weihrauch bestand aus dem Harz des Kopal-Baumes (Protium copal; Maya, *pom*), das mit Holzkohle vermischt in speziellen Weihrauchgefäßen verbrannt wurde. Der aromatische Rauch galt als göttliche Nahrung. Gleichzeitig wurden andere Opfergaben verbrannt, etwa Papierstreifen mit Blutstropfen. Weihrauchopfer stellen auch heute noch einen wesentlichen Bestandteil von Maya-Zeremonien dar.

Weihrauchgefäß
Seit der Späten Präklassik sind aus dem gesamten Maya-Gebiet Keramiken bekannt, die dazu dienten, Weihrauch zu verbrennen. Sie weisen eine beträchtliche Variationsbreite auf und reichen von einfachen Schalen und Tellern bis hin zu Gefäßen mit figürlichem Dekor, wie sie etwa aus Palenque oder dem Hochland von Guatemala vorliegen. In der Postklassik wurden sie im Tiefland sogar in Form von polychrom bemalten Götterfiguren hergestellt. Noch heute praktizieren die Lakandonen die periodische Erneuerung ihrer Weihrauchgefäße, die mit den Bildnissen ihrer Götter geschmückt sind.

Weltschöpfungstag
In der Vorstellung der vorspanischen Maya ist 4 Ajaw 8 Kumk'u (→ Kalenderrunde, → Tzolk'in, → Haab) der Tag, an dem die Welt erschaffen wurde. Er korrespondiert mit dem Datum 13.0.0.0.0 in der → langen Zählung. Die Inschriften berichten, dass an diesem Tag der Jaguar-, der Schlangen- und der Wasserthron am himmlischen Ort „Erster Platz der drei Steine" (→ Na Ho Chan) aufgestellt wurden.

Weltzeitalter
Wie dem → Popol Wuj zu entnehmen ist, glaubten die Maya, dass dem heutigen Weltzeitalter bereits drei Ären vorausgingen, in denen die Götter vergeblich versuchten, den Menschen zu erschaffen. Die ersten drei Versuche scheiterten, da die menschenähnlichen Wesen nicht kommunizieren konnten, schwach waren oder keine Seele hatten. Erst im vierten Anlauf, mit der Erzeugung des Menschen aus Maismehl, waren die Götter erfolgreich. Die Geschöpfe waren zunächst sogar nicht weniger vollkommen als ihre Schöpfer, die deshalb ihren Blick im Nachhinein trübten, sodass die Menschen nun nur noch die „kleinen", doch nicht mehr die „großen" Dinge des Universums zu erkennen vermögen.

Winal
Monat zu 20 Tagen. In den Inschriften wird neben Winal auch Winik verwendet.

Witz-Ungeheuer
Die Maya der Klassik hielten *witz* (Berge) für beseelt und stellten sie monsterähnlich oder in Tiergestalt dar. Oftmals findet sich auf solchen bildlichen Wiedergaben auch ein großes, halb geschlossenes Auge wieder, das noch den Lidschlag erahnen lässt. Diesen lebenden Bergen wurden unterschiedliche, mythologisch besonders bedeutungsvolle Namen gegeben, wie z. B. K'uk' Lakam Witz („Quetzalvogel-Großer-Berg"), Yaxhal Witz („Grün [wird] der Berg"), Wuk Ek' K'an Nal Witz („Sieben-Schwarz-Gelb-Ort-Berg"), Ox Witz („Drei-Berg"), Wak Chan Muyal Witz („Sechs-Himmel-Wolken-Berg") oder Ho Hanab Witz („Fünf-Blumen-Berg"). Auch in Personennamen kommen sie vor, wie Witz Chan („Berg-Himmel") oder Sak Witz Balam („Weißer-Berg-Jaguar") zeigen.

Wuqub' Kaqix (Maya, „Sieben-Papagei")
Mythologischer Weltenvogel im → Popol Wuj, der möglicherweise vom Weltenvogel der Klassik, → Itzam Ye, abgeleitet ist. Wuqub' Kaqix war in einer Zeit, als weder die Sonne noch die Menschen erschaffen waren, das mächtigste und eitelste Wesen der Welt, das sich selbst für die Sonne hielt. Nach dem missglücktem Versuch, ihn durch einen Schuss mit dem → Blasrohr vom Baum zu holen, nahmen ihm die überaus listigen → Göttlichen Zwillinge seinen Hochmut, indem sie seine goldenen Zähne durch Maiskörner ersetzten. Wuqub' Kaqix erblasste und starb auf der Stelle.

Wurfbrett → Speerschleuder

Xibalba
Der Name für die → Unterwelt im → Popol Wuj, der möglicherweise „Ort des Fürchtens" bedeutet. In Xibalba saßen die Herren der Nacht und der Zerstörung. Sie wachten über das Haus der Fledermäuse, der Finsternis, der Obsidianmesser, der Jaguare, des Feuers und der Kälte. Den → Göttlichen Zwillingen gelang es jedoch, die Herren der Unterwelt beim Ballspiel zu überlisten und den Menschen die Furcht vor diesem Ort zu nehmen. Die Neuschöpfung des Kosmos begann von hier aus, indem sich die Zwillinge nach ihrem selbst gewollten Tod wieder zum Leben erweckten und am Firmament ihren Weg als Sonne und Mond antraten. Darstellungen auf bunt bemalten Keramiken der Klassik zeigen Furcht einflößende Wesen, die wohl der Unterwelt angehören. Unklar ist, ob für die Maya mit dem Tod eine Art Seelenwanderung einsetzte, die in oder durch die Unterwelt führte.

Xinka
Die Xinka waren weitgehend unbekannte Nachbarn der Hochland-Maya. Vermutlich lebten sie seit der Präklassik im Südosten, vor allem an der Pazifikküste Guatemalas. Ihre Sprache, die mit keiner der Maya-Sprachen verwandt ist, wird heute nur noch von wenigen alten Menschen im guatemaltekischen Verwaltungsbezirk Santa Rosa gesprochen und ist unmittelbar vom Aussterben bedroht.

Yugo (spanisch, „Joch")
Hufeisen- oder U-förmiges Steinobjekt, das einem Joch gleicht. Im Durchschnitt wiegt es 10 kg, ist 40 cm lang und 30 cm breit. Es ist oftmals nicht nur poliert, sondern auch kunstvoll verziert. Seine tatsächliche Bedeutung und Funktion sind unklar. Wie bildliche Darstellungen zeigen, gehörte dieser Gegenstand zur Ausrüstung beim → Ballspiel und wurde vom Spieler um die Hüfte getragen. *Yugos* sind an der Golfküste von Mexiko sowie im gesamten Maya-Gebiet, überwiegend jedoch im guatemaltekischen Hochland anzutreffen.

Yukateken
Maya-Gruppe auf der Halbinsel Yukatan. Vermutlich siedelten die Vorläufer der yukatekischen Maya bereits in der Präklassik im Zentrum und im Norden Yukatans. Der Adel in den ersten großen Städten auf der Halbinsel, aber auch in der → Puuc-Region sprach allerdings nicht das yukatekische Maya, sondern Ch'ol – vermutlich, weil dies die Schrift- und Prestigesprache war. Die ältesten yukatekischen Inschriften aus dem Ort Xcalumkin stammen aus dem frühen 8. Jh. Zur Zeit der spanischen Invasion wurde im Norden der Halbinsel ausschließlich Yukatekisch gesprochen, wie zahlreiche frühkolonialzeitliche Wörterbücher dokumentieren. Trotz der gemeinsamen Sprache und Kultur bildeten die Yukateken nie eine politische Einheit. So konnten Teile der Halbinsel von den Spaniern erobert werden, während andere, wie der gesamte Osten, Rückzugsbereiche für „freie" Maya darstellten. Daraus resultierten Spannungen, die sich in zahlreichen Revolten gegen die spanische Kolonialherrschaft entluden. 1847 erhob sich ein Großteil der yukatekischen Maya im so genannten → Kastenkrieg gegen den mexikanischen Staat; dieser Aufstand führte zur Entstehung eines unabhängigen Maya-Gebietes im Osten der Halbinsel. Die yukatekischen Maya haben viele Elemente ihrer traditionellen Kultur bewahren können, was sich vor allem in der Religion, der dörflichen Kultur und der Sprache manifestiert. Nach dem K'iche' ist das yukatekische Maya mit etwa 1 200 000 Sprechern die zweitgrößte Maya-Sprache. Sie wird in den mexikanischen Bundesstaaten Campeche, Quintana Roo und Yucatán gesprochen sowie im Norden und im Zentrum von Belize.

Zahlensystem
Die Maya der Klassik benutzten nicht wie die Araber und Europäer ein Dezimalsystem, sondern ein auf der Zahl 20 als Basiseinheit beruhendes Vigesimalsystem. Entscheidende Voraussetzung hierfür war die Erfindung der Zahl 0. Die Zahlen konnten entweder in der Punkt- und Balkendarstellung oder mit Hilfe von Kopfhieroglyphen geschrieben werden. Für die Zahl 0 gab es unterschiedliche Zeichen, eines davon symbolisiert eine Muschel.

Zapote
Begriff aus dem Aztekischen für eine Baumart, deren Holz nicht nur im Bauwesen zur Anfertigung von Balken und Türstürzen diente, sondern aus dem auch Kautschuk gewonnen wird.

Zapoteken
Volk im mexikanischen Bundesstaat Oaxaca, das bereits um 1200 v. Chr. eine komplexe Zivilisation entwickelte. Der wichtigste zapotekische Ort war → Monte Alban im Tal von Oaxaca, die spätere Hauptstadt eines großen zapotekischen Staates, der zwischen 600 v. Chr. und 400 n. Chr. weite Bereiche Südmexikos unter seine Herrschaft brachte. Die Zapoteken entwickelten unabhängig von den Maya eine Form der Hieroglyphenschrift, die jedoch noch kaum entziffert ist. Auch heute bilden sie die größte indianische Gruppe im Bundesstaat Oaxaca.

Beschnitzter Knochen aus Grab 116. Tikal, Peten, Guatemala, Tempel 1; Späte Klassik, um 734 n. Chr.; Tikal, Museo „Sylvanus Morley".

Zedernholz
Extrem hartes und gegen Termiten resistentes Holz, das in vorspanischer Zeit vor allem im Bau und bei der Herstellung von Türstürzen (wie für Tempel IV aus Tikal) verwendet wurde.

Zentralamerika
Während die Begriffe „Mesoamerika" kulturell und „Mittelamerika" geografisch definiert sind, ist Zentralamerika ein politisch bestimmter Begriff. Er bezeichnet die Gesamtheit der Staaten auf der Landbrücke zwischen Nordamerika und Südamerika. Dies sind die Staaten Belize, Guatemala, Honduras, El Salvador, Nicaragua, Costa Rica und Panama. Diese Staaten sind durch verschiedene Abkommen und gemeinsame Institutionen lose miteinander verbunden.

Zinnober
Auch Korallenerz genanntes rotes bis schwarzes Mineral (Quecksilbersulfid), das sehr oft in Gräbern verstreut vorgefunden wird und wohl ihrer „Versiegelung" diente, vermutlich aber auch Blut als lebensspendende Substanz symbolisiert.

Zoomorphe
Monumentale Sandsteinblöcke mit Reliefdarstellungen und Inschriften. Da sie häufig in Form von Tieren wie Schildkröten, Jaguaren und Alligatoren gemeißelt sind, werden sie Zoomorphe genannt. Die eindruckvollsten Exemplare ließ Quiriguas Herrscher „Himmel Xul" zwischen 785 und 795 n. Chr. errichten. Zoomorph P von Quirigua ist eine gigantische, 20 Tonnen schwere, aufwändig gestaltete Skulptur.

Zwerge
Kleinwüchsige Menschen genossen in der Kultur der Maya offenbar hohes Ansehen. Sie lebten am königlichen Hof und dienten nicht nur der Unterhaltung der Herrscher, sondern waren auch deren bevorzugte Diener. Zwerge galten als Boten der Unterwelt. Auf vielen Stelen ist dargestellt, wie sie dem König Insignien wie den → K'awiil-Zepter oder Blumen überreichen, vermutlich im Auftrag der verstorbenen Vorfahren, zu denen sie nach Auffassung der Maya einen besonders engen Kontakt unterhielten.

Zwillingspyramiden
Ein von Tikal ausgehender Architekturtyp, bei dem sich zwei Pyramiden auf einer Plattform in Ost-West-Richtung gegenüberstehen. Beide haben einen quadratischen Grundriss und auf allen vier Seiten Treppen. Am Nordende des Plateaus befindet sich ein umfriedeter Hof mit einer Stele, die das Ende einer K'atun-Periode dokumentiert, während sich am Südende ein Gebäude mit neun Türen erhebt, das wohl die Unterwelt symbolisiert. Zwillingspyramidenkomplexe sind Modelle des Kosmos, die zur Feier einer K'atun-Periode errichtet wurden und vermutlich Schauplatz aufwändiger Zeremonien waren. Sie sind außer in Tikal auch in von dieser Stadt abhängigen Orten wie Yaxha, Zacpeten und Ixlu nachgewiesen.

819-Tage-Zyklus
Eine Konstellation von feststehenden und einander zugeordneten mythischen Elementen in den Hieroglyphentexten, die aus einer Gottheit, einer Himmelsrichtung und einer Farbe besteht und sich in der gleichen Zusammensetzung alle 819 Tage wiederholt. Den Gottheiten → Chaak oder → K'awiil sind im Osten die Farbe Rot, im Süden Gelb, im Westen Schwarz und im Norden Weiß zugewiesen.

Nachfolgende Doppelseite:
Blick von Nordosten auf den Tempel der Inschriften. Palenque, Chiapas, Mexiko; Späte Klassik, 692 n. Chr.
1949 entdeckte der mexikanische Archäologe Alberto Ruz Lhuillier (1906–1979) im Inneren dieses Tempels eine unberührte Grabkammer, die die sterblichen Überreste des Maya-Herrschers K'inich Janaab Pakal (603–683 n. Chr.) barg. Das Bauwerk wurde zu Pakals Lebzeiten konzipiert und durch seinen Sohn K'inich Kan Balam (635–702 n. Chr.) vollendet.

ÜBERSICHT DER HISTORISCHEN STÄTTEN

Christian Prager und Nikolai Grube

Ab'aj Takalik
Künstlich aufgeschüttete Erdplattformen, öffentliche Plätze und von Gebäuden gesäumte Höfe bilden das Zentrum dieser präklassischen Stätte. Die über zwei Dutzend in Ab'aj Takalik gefundenen skulptierten und beschrifteten Stelen gelten als Vorläufer der Steinmonumente des klassischen Maya-Tieflandes. Ihre Entstehungszeit wird zwischen 38 v. Chr. und 126 n. Chr. angesetzt.

Acanceh
Unterhalb der modernen Ortschaft gleichen Namens befindet sich die archäologische Stätte Acanceh, deren Blütezeit in der Späten Präklassik und in der Frühklassik gelegen hatte. Den Siedlungskern beherrscht die Hauptpyramide, deren monumentale Stuckmasken jüngst freigelegt wurden. Südlich dieses Bauwerks liegt ein weiteres Gebäude, dessen mit Figuren geschmückte Stuckfassade den Einfluss von Teotihuacan erkennen lässt.

Aguateca
Die auf einem nach allen Seiten steil abfallenden Hochplateau am Lago Petexbatun liegende Stätte wurde 1957 entdeckt. Von der Blütezeit Aguatecas im spätklassischen 8. Jh. zeugen noch der Palast- und Zeremonialkomplex im Zentrum der Stadt. Die Region um Aguateca war zu dieser Zeit zugleich Schauplatz zahlreicher kriegerischer Auseinandersetzungen, sodass sich die Stätte mit Verteidigungsanlagen schützen musste. Zusätzlich zum natürlichen geologischen Schutz durch den Steilabbruch und die durch das Zeremonialzentrum von Aguateca verlaufende Schlucht errichteten die Bewohner weitläufige Palisadenmauern innerhalb und außerhalb des Siedlungskerns. Trotz dieser massiven Befestigung wurde die Stadt Ende des 8. Jh.s erobert.

Ake
Das etwa 35 km östlich von Mérida liegende Ake wurde 1842 von John Lloyd Stephens entdeckt. Ake ist neben Acanceh oder Izamal eine der wenigen Stätten im nördlichen Tiefland, deren in der Frühklassik entstandene Gebäude bis in die Postklassik bewohnt wurden. Seinen eigentlichen Höhepunkt erlebte Ake jedoch in der klassischen Zeit (300–950 n. Chr.).

Altar de Sacrificios
Die Gründung einer der frühesten Siedlungen im zentralen Tiefland, Altar de Sacrificios am Río Usumacinta, ist im Zusammenhang mit der intensiven Nutzung des Usumacinta als Handelsweg zu sehen. Funde, die bei der Entdeckung der Stätte im 19. Jh. zutage kamen, weisen auf eine Gründung in der Mittleren Präklassik. Die vollständige Ausgrabung erfolgte im letzten Drittel des 20. Jh.s. Zahlreiche Stelen und andere Denkmäler, die von den Herrschern in der Zeit von 455 bis 849 n. Chr. errichtet wurden, weisen auf eine kulturelle Blütezeit der Stadt in der Spätklassik.

Altun Ha
Bis in die Mittlere Präklassik um 1000 v. Chr. sind früheste Besiedlungsspuren in Altun Ha nachzuverfolgen; die heute noch sichtbare Monumentalarchitektur entstand jedoch erst in der Klassik. Die über 300 nachweisbaren Gebäude und die kostbar ausgestatteten Gräber der Oberschicht von Altun Ha lassen darauf schließen, dass die Herrscher dieser Stadt vom Handelsnetzwerk zwischen dem zentralen Tiefland und der Karibikküste profitierten. Während dieser Zeit größten Reichtums lebten schätzungsweise 8000 bis 10 000 Menschen in Altun Ha.

Balamku
Mit einer Fläche von knapp einem Quadratkilometer ist Balamku ein relativ kleiner Fundort, der aus drei architektonischen Gruppen besteht. Die Stätte wurde erst 1990 entdeckt und verdankt ihren heutigen Bekanntheitsgrad dem spektakulären Fund einer gut erhaltenen Stuckfassade, die zwischen 550 und 650 n. Chr. entstand. Der vielfarbige Fries dieser Fassade zählt mit einer Länge von etwa 17 m und einer Höhe von über 4 m zu den schönsten Stuckarbeiten des Maya-Tieflandes.

Becan
Die frühesten Siedlungsspuren von Becan sind für das 7. Jh. v. Chr. nachzuweisen. Bereits zwischen 200 und 600 n. Chr. wurde der zentrale Bereich der Stätte mit einem Graben und einem Verteidigungsring aus Palisadenmauern umgeben; sieben Brücken gewährleisteten den Zugang zum Zentrum. Wenig später, in der spätklassischen Zeit zwischen 600 und 730 n. Chr., wurde das Zentrum mit aufwändigen Palästen und Tempeln ausgebaut. Das bis 1450 bewohnte und 1934 entdeckte Becan ist eine typische Stadt im Rio-Bec-Architekturstil.

Bonampak
Die 1946 entdeckten polychromen Wandmalereien von Bonampak (Mexiko) gehören zu den bedeutendsten Kunstwerken Mesoamerikas und bilden eine Gruppe der wichtigsten bildlichen und schriftlichen Zeugnisse, die den Verlauf von Kriegen, Ritualen und anderen Begebenheiten im Leben des Maya-Adels nachvollziehbar machen. Das Zentrum von Bonampak besteht aus drei größeren architektonischen Baukomplexen aus der Zeit zwischen 600 und 800 n. Chr. Über das Leben des Herrschers Chan Muwan und dessen Sohn, die in dem Zeitraum zwischen 780 und 792 n. Chr. regierten, berichten Inschriften auf den Malereien, auf den Türstürzen in Gebäude 1 und auf den auf dem Hauptplatz stehenden skulptierten Stelen. Mit dem Herrschaftsantritt von Chan Muwan erlebt die Dynastie von Bonampak einen erneuten Aufschwung, nachdem sie Jahrzehnte zuvor ihre Unabhängigkeit in den Kriegen gegen Tonina verloren hatte.

Chichen Itza, Yucatán, Mexiko. Tatiana Proskouriakoffs Rekonstruktionszeichnung des sakralen Zentrums veranschaulicht die imposante Monumentalarchitektur dieser bedeutenden Stätte.

Cahal Pech
Oberhalb der modernen Stadt San Ignacio in Belize befinden sich die Ruinen des bedeutenden mittelgroßen Zeremonialzentrums Cahal Pech, das in den 50er-Jahren des 20. Jh.s entdeckt wurde. Die Stätte besteht aus 34 Gebäuden, zwei Ballspielplätzen und mehreren unbehauenen Stelen. Um 800 n. Chr. wurde der bereits in der Späten Präklassik besiedelte Ort aufgegeben.

Calakmul
Die größte aller Maya-Stätten, auf deren Bedeutung die 117 dort aufgefundenen Stelen hinweisen, wurde erst 1931 entdeckt. Aufgrund des schlechten Erhaltungszustandes der Stelen – die Inschriften verwitterten aufgrund der schlechten Qualität des örtlichen Kalksteins – blieb die Geschichte des Ortes lange Zeit unbeachtet. Obgleich der Bau der beiden Hauptpyramiden, Struktur 1 und die 45 m hohe Struktur 2, in der Mittleren Präklassik begonnen wurde, ist Calakmul als Sitz einer bedeutenden Königsdynastie nicht vor ca. 500 n. Chr. nachzuweisen. Erst unter Tuun K'ab Hix (ca. 520–550 n. Chr.) wurde Calakmul zu einer überregionalen „Supermacht", die mit Tikal konkurrieren konnte. Unter Yuknoom dem Großen erreichte der Einfluss Calakmuls seine größte Ausdehnung; sein Sohn Yuknoom Yich'aak K'ak' (686–695 n. Chr.) wurde jedoch 695 n. Chr. in der Schlacht von Tikal geschlagen. 1997 fand man die Aufsehen erregende Grabkammer dieses Regenten in Struktur 2. Mit dem Jahr 909 n. Chr. enden die inschriftlichen Zeugnisse des Ortes, jedoch weisen grob ausgeführte Miniaturstelen auf eine darüber hinausgehende Besiedlung hin.

Cancuen
Der von Teobert Maler 1908 entdeckte Ort liegt etwa 40 km südlich von Seibal am Pasión-Fluss. Entlang diesem Flusslauf ist Cancuen die größte bekannte Ruinenstätte. Ihr 0,5 m² großer Kern besteht aus zwei oder drei großen Zeremonialkomplexen mit Pyramidentempeln und Wohnbezirken für die Elite. Aufgrund der Stelen vor Ort lassen sich Siedlungshöhepunkte zwischen 790 und 800 n. Chr. nachweisen; Hinweis auf eine frühere Besiedlung von Cancuen gibt es bereits für um 741, als der Ort von dem Herrscher Dos Pilas unterdrückt wurde. Ende des 8. Jh.s konnte sich Cancuen befreien.

Caracol
Die größte archäologische Stätte von Belize wurde erst 1937 von einem Holzfäller entdeckt. Seit der Späten Präklassik besiedelt, lässt sich der Beginn der lokalen Königsdynastie bis ins Jahr 331 n. Chr. zurückverfolgen. Unter den Regenten Yajaw Te K'inich II. (553–599 n. Chr.) und seinem Sohn K'an II. (618–658 n. Chr.) gelingt es Caracol, sich von der Vormacht Tikals zu lösen und zu einer der dominantesten Städte des östlichen Tieflandes zu werden. Das Zentrum wird beherrscht von der bereits in der Präklassik angelegten und kontinuierlich überbauten 46 m hohen Caana-Pyramide. Die verschiedenen Akropolis-Komplexe des Zentrums sind über kilometerlange *sakbes* mit dem dicht besiedelten Umland verbunden. Hier sind mehr als 3000 Hausplattformen nachgewiesen worden, es werden allerdings insgesamt 36 000 Hausplattformen auf den 88 km² des Siedlungsgebietes der Stadt vermutet. Inschriften auf 23 Stelen und 23 Altären verzeichnen die dynastische Geschichte der Stadt bis zum Jahr 859 n. Chr.

Cerros
Die Ruinen von Cerros liegen auf einer Halbinsel, die sich in die Bucht von Corozal in Belize hinein erstreckt. Um 1900 entdeckte Thomas Gann den Ort, der erst in den 70er- und 80er-Jahren des 20. Jh.s ausgegraben wurde. Zwischen 50 v. Chr. und 100 n. Chr. zählte Cerros zu den wichtigsten Handelszentren an der Küste der Halbinsel Yukatan. Dies drückt sich in den über 100 zum Teil aufwändig mit Stuckarbeiten verzierten Palastbauten und Pyramiden aus, die den Siedlungskern der Stätte bilden. Die neuartigen Kunst- und Architekturformen von Cerros waren richtungsweisend für die Ikonographie und Architektur des Maya-Tieflandes der Klassik.

Chichen Itza
Neben Tulum an der Ostküste Yukatans gehört Chichen Itza zu den bekanntesten Ruinenstätten im Norden der Halbinsel. Schon kurz nach der Invasion der Spanier besetzte Montejo der Ältere (1479–1548) die Ruinen und etablierte dort seit 1532 die erste Hauptstadt der Spanier von Yukatan. Kurze Zeit später musste die spanische Niederlassung wieder aufgegeben werden. Obwohl die Ruinen nie in Vergessenheit gerieten, wurden sie erst Mitte des 19. Jh.s von europäischen Forschern besucht und seit dem Beginn des 20. Jh.s archäologisch erfasst. Zwei Baustile dominieren in Chichen Itza: der nach der dortigen Region benannte Puuc-Stil (600–900 n. Chr.) und der so genannte mexikanisierte Baustil (ca. 900–1200 n. Chr.), der Einflüsse von der Golfküste, von Oaxaca und Zentralmexiko vereint. Berühmte Gebäude, wie etwa das so genannte Castillo, der Tempel der Krieger und der Ballspielplatz sind typische Beispiele für den mexikanischen Einfluss in Chichen Itza. Mit über vier Dutzend Inschriften gehört Chichen Itza zu den epigraphisch interessantesten Orten in Nordyukatan; die bedeutendste und am häufigsten genannte Person der Siedlung ist K'ak'upakal, der in der Mitte des 9. Jh.s die Geschicke dieser Metropole lenkte.

Chinkultic
Trotz der beträchtlichen Anzahl an beschrifteten Steinmonumenten, die Jahreszahlen zwischen 591 und 897 n. Chr. aufweisen, ist die dynastische Geschichte Chinkultics an der Laguna Chunujabab in Chiapas größtenteils unerforscht. Bemerkenswert sind die Darstellungen von Gefangenen auf den Stelen, die darauf hinweisen, dass Chinkultic zu seinen Hochzeiten eine regionale Macht darstellte, die ihr Ansehen dadurch steigerte, dass sie auswärtige Adlige in der Stadt gefangen hielt. Chinkultic wurde zu Beginn des 20. Jh.s entdeckt. Der Siedlungskern weist über 200 Gebäude auf, wobei die heute sichtbare Architektur aus der Klassik stammt. Keramikfunde zeigen, dass die Besiedlung bis in die Späte Präklassik zurückreicht und bis in die Postklassik andauert.

Coba
Mit etwa 43 km² besiedelter Fläche war Coba in der Spätklassik das wichtigste Zentrum im Nordosten von Yukatan. 45 *sakbes* verbanden die einzelnen Baukomplexe untereinander; ein *sakbe* führte sogar zu dem 100 km entfernten Yaxuna. Massive Tempel- und Wohnbauten zeugen von der einstigen Macht der lokalen Elite, deren Geschichte auf rund 50 Hieroglypheninschriften festgehalten ist. Coba war bereits um 100 n. Chr. besiedelt, gewann in der Spätklassik an Größe und wurde in der Endklassik aufgegeben, jedoch um 1200 n. Chr. wieder besiedelt.

Comalcalco
Charakteristisch für diese spätklassische archäologische Stätte im Schwemmland von Tabasco sind die aus Lehmziegeln errichteten Gebäude. Da es in dieser Region an Stein mangelte, waren die Bewohner gezwungen, auf das Material des lehmigen Untergrundes zurückzugreifen. Die Hieroglyphentexte wurden ebenfalls auf Tonziegeln verfasst. Drei große Zeremonialkomplexe beherrschen den in der Spätklassik ausgedehntesten Siedlungskern: die große Akropolis, die Nordgruppe und die Ost-Akropolis. Comalcalco unterhielt dynastische Verbindungen mit den letzten Herrschern in Palenque.

Chichen Itza, Yucatán, Mexiko, K'uk'ulcan-Pyramide. Der Monumentalbau wurde in den 1930er-Jahren ausgegraben und rekonstruiert, dabei entdeckte man im Inneren ältere Vorgängerbauten.

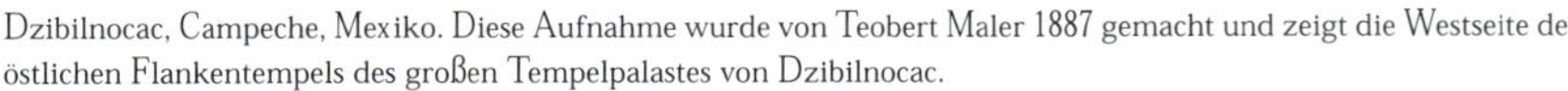

Dzibilnocac, Campeche, Mexiko. Diese Aufnahme wurde von Teobert Maler 1887 gemacht und zeigt die Westseite des östlichen Flankentempels des großen Tempelpalastes von Dzibilnocac.

Dzibilnocac, Campeche, Mexiko. Eine moderne Aufnahme desselben Gebäudes in Dzibilnocac. Die archäologische Bezeichnung lautet Gebäude A1.

Copan
Das am gleichnamigen Fluss gelegene Copan im äußersten Nordwesten des zentralamerikanischen Staates Honduras gehört zu den am längsten und am besten erforschten Maya-Städten überhaupt. Es waren vor allem die genauen Illustrationen von Frederick Catherwood, der zusammen mit John Loyd Stephens im Jahr 1839 Copan besuchte, die diese Stätte bekannt und berühmt gemacht haben. Seit Anfang des 20. Jh.s sind eine Reihe von umfangreichen Ausgrabungen und Restaurierungsarbeiten im Zentrum Copans durchgeführt worden, bei denen auch die Gräber früherer Herrscher, einschließlich des Dynastiegründers Yax K'uk Mo' (426–ca. 437 n. Chr.), entdeckt wurden. Die Besiedlung des Tals von Copan lässt sich anhand von Keramikfunden in den Höhlen der Umgebung und Einzelfunden im Bereich der Schwemmebenen des Copan-Flusses bis in das 13. Jh. v. Chr. nachweisen. Die dynastische Geschichte Copans ist auf zahlreichen Steinmonumenten bis in die Zeit des Dynastiegründers ablesbar. Insgesamt haben 17 Herrscher über 400 Jahre lang mehr oder weniger erfolgreich über Copan regiert. Die meisten der heute sichtbaren Bauwerke stammen aus der Regierungszeit der letzten drei Herrscher Copans (738–822 n. Chr.). Das letzte datierte Monument aus dem Jahre 822 n. Chr. blieb unvollendet. Berühmtheit erlangte Copan vor allem aufgrund der Qualität und Schönheit seiner Stelen, Altäre und Fassadenskulpturen. Während der Herrschaft Waxaklajuun Ubaah K'awils (695–736 n. Chr.) wurde ein Skulptur-Stil entwickelt, der in seiner Plastizität und Lebendigkeit einzigartig ist.

Dos Pilas
1954 entdeckten Einwohner der Stadt Sayaxche im Herzen des Petexbatun die Ruinen von Dos Pilas. Auf dem knapp einen Quadratkilometer großen Areal wurden etwa 500 Bauten entdeckt, darunter auch größere pyramidale Gebäude und viele kleinere Residenzgruppen. Die Geschichte des Ortes lässt sich anhand der über 35 beschrifteten Monumente vor Ort und aus der Region relativ vollständig rekonstruieren. Aus den Texten geht hervor, dass das Herrschergeschlecht in Dos Pilas einstmals aus Tikal vertrieben wurde und sich weiter südlich in der Petexbatun-Region niederließ. Das früheste verzeichnete historische Datum erwähnt die Geburt von Herrscher I im Jahr 625 n. Chr. Um 731 n. Chr. verlor der Herrscher von Dos Pilas seine Vormachtstellung in der Region an Aguateca, und um 807 n. Chr. wird letztmals eine Person aus Dos Pilas erwähnt. Wie in anderen Stätten in der Region versuchten auch die Herrscher von Dos Pilas ihre Machtposition ständig zu stärken und ihr Einflussgebiet zu erweitern. Kriege, Heiratspolitik und persönliche Kontakte waren dabei taktische Hilfsmittel, die insbesondere in dieser Region die Methoden des Machterhalts prägten.

Dzibanche
Neben Coba gehört Dzibanche zu den größeren Ruinenstätten des mexikanischen Bundesstaates Quintana Roo. Die Ruinen, bereits 1927 von Thomas Gann entdeckt, liegen im Süden des Landes, westlich von Bacalar. Ausgrabungen Anfang der 90er-Jahre des 20. Jh.s haben gezeigt, dass der Ort in der Frühen Klassik seinen Zenit erreichte und bei weitem bedeutender war, als zuvor angenommen. Reich ausgestattete Adelsgräber weisen auf die Bedeutung des lokalen Adels hin, und eine Hieroglyphentreppe mit der Darstellung von Gefangenen zeigt, dass der Ort ein Vasallenstaat von Calakmul war.

Dzibilchaltun
Mit einer Fläche von etwa 16 km² und einer Anzahl von über 8000 Gebäuden zählt Dzibilchaltun zu den größten Zentren von Nordyukatan. Die Besiedlung kann kontinuierlich vom 9. Jh. v. Chr. bis in die Kolonialzeit nachgewiesen werden. Um 250 v. Chr. stieg die Bevölkerungszahl kräftig an, und um 830 n. Chr. zählte Dzibilchaltun die meisten Einwohner. Aus dieser Zeit stammt auch die Mehrzahl der erhaltenen Inschriften mit Angaben über die Herrscher und ihre dynastischen Verbindungen. Zwischen 1000 und 1200 ging die Bautätigkeit zurück, gleichzeitig schrumpfte die Bevölkerungszahl; zwischen 1200 bis 1540 begann die lokale Bevölkerung das Kultzentrum von Dzibilchaltun jedoch erneut zu besiedeln.

Dzibilnocac
1842 entdeckten Stephens und Catherwood die archäologischen Reste der Stadt Dzibilnocac, die unter der modernen Stadt Iturbide in Campeche liegen. Obwohl der Ort in der Chenes-Region liegt und seine Architektur im Chenes-Stil gebaut ist, finden sich dort auch Gebäude, die den Río-Bec-Stil aufweisen. Das größte Gebäude ist Struktur A1, der so genannte Tempelpalast, der einen Tempelbau und einen Palast in sich vereint. Der Ort wurde in der Mittleren Präklassik besiedelt, die heute sichtbare Architektur stammt allerdings aus der Spätklassik. Um 950 n. Chr. wurde Dzibilnocac aufgegeben.

Edzna
Obwohl Edzna in der Region schon lange bekannt war, begann sich die Wissenschaft erst in den 1920er-Jahren für dessen Erforschung zu interessieren. Innerhalb des besiedelten Areals mit einer Fläche von 3,7 km² zählt der fünfstöckige Haupttempel zu den auffälligsten Bauten. Wegen seiner Lage auf einer künstlichen Plattform und seiner Höhe von knapp 40 m bietet er eine hervorragende Fernsicht in das Umland. Die etwa drei Dutzend beschrifteten Stelen, Paneele und Hieroglyphentreppen von Edzna enthalten Informationen über die Geschichte des Ortes, der bereits um 400 v. Chr. besiedelt und erst um 1500 verlassen wurde. Die frühesten Stelen können aufgrund ihrer Inschriften vor 435 n. Chr. (?) angesetzt werden, das späteste Monument wurde um 810 errichtet. In der Spätklassik war Edzna ein Teil des Hegemonialstaates von Calakmul.

Ek Balam
Spektakuläre Funde der vergangenen zwei Jahre haben das öffentliche Interesse an der Erforschung der Ruinen von Ek Balam geweckt. Der Siedlungskern erstreckt sich auf einer Fläche von etwa 6 km² und wird von zwei Mauern nach außen begrenzt. Struktur 1 im Zentrum hat eine Länge von 150 m und gilt somit als das größte Gebäude in Ek Balam. Die Ausgrabungen haben in den letzten beiden Jahren eine gut erhaltene Stuckfassade und einen mit Hieroglyphentexten beschrifteten Treppenaufgang zutage gebracht. Die meisten ausgegrabenen Gebäude stammen aus der Endklassik, Funde aus der Späten Präklassik lassen vermuten, dass der Ort bereits seit dieser Zeit besiedelt war.

El Baul
In der Region von Santa Lucía Cotzumalguapa gehört El Baul zu einer Gruppe von Ruinenstätten, die ähnliche architektonische Erscheinungsformen aufweisen. Das Gebiet wurde in der Mittleren Präklassik besiedelt (800–400 v. Chr.). Charakteristische archäologische Funde dieser Region sind schwere Basaltstelen mit einer typischen Iko-

nographie, die von Bildwerken aus Teotihuacan beeinflusst ist.

El Cayo
Die Ruinen des kleinen Ortes El Cayo liegen an beiden Ufern des Usumacinta zwischen Yaxchilan und Piedras Negras. Das in der spätklassischen Zeit entstandene El Cayo profitierte zwischen 600 und 800 n. Chr. vom Fernhandel auf dem Usumacinta und stellte damals einen strategischen Außenposten von Piedras Negras dar. Teobert Maler entdeckte die Ruinen 1897, größere archäologische Ausgrabungen erfolgten in den 50er- und 90er-Jahren des 20. Jh.s. Aus einer Reihe von Inschriften geht hervor, dass El Cayo von Statthaltern, den so genannten Sahal, regiert wurde, die unter der Ägide der Herrscher von Piedras Negras ihr Amt wahrnahmen.

El Meco
Nördlich von Cancun liegen die Ruinen von El Meco. 1877 entdeckte August Le Plongeon diese alte Siedlung, die möglicherweise jenes Belma war, in dem Montejo der Ältere im Jahr 1528 einige Monate sein Quartier eingerichtet hatte. Das Hauptgebäude in El Meco ist das so genannte Castillo, ein fünfstufiger Pyramidenbau, der in der Postklassik seine jetzige Form erhielt. Die Besiedlung El Mecos begann um 250 n. Chr., um 1100 wurde der Ort verlassen, doch noch in der Späten Postklassik gehörte El Meco zu einem der wichtigsten Handelszentren der Region.

El Mirador
Tief eingebettet in den Urwald im Norden von Guatemala liegen die gewaltigen Reste der frühesten Maya-Metropole El Mirador, die ihren kulturellen Höhepunkt zwischen 150 v. Chr. und 150 n. Chr. erreicht hat. In dieser Zeit bedeckte das Stadtareal eine Fläche von rund 16 km². Das Zentrum besteht aus einer dicht gedrängten Ansammlung von profanen und sakralen Gebäuden. In dem Bau des so genannten El Tigre, einem riesigen Gebäudekomplex mit einer Grundfläche von 5,6 ha und einer Höhe weit über die Baumkronen hinaus, kommt der absolute Machtanspruch der damaligen Herrscher zum Ausdruck. El Mirador beherrschte und beeinflusste während der Späten Präklassik das politische und ökonomische Geschehen im zentralen Peten.

El Peru
Rund 20 km nordwestlich der Laguna Perdida im Peten liegen die Ruinen der Maya-Stadt El Peru. Diese Fundstätte wurde in 60er- und 70er-Jahren des 20. Jh.s Opfer gnadenloser Kunstdiebe, die einen Großteil der Stelen zersägten und aus dem Ort herausgebracht haben. In jahrelanger Detektivarbeit gelang es Ian Graham, einige Stücke wieder aufzufinden und die Fragmente vor Ort wieder zusammenzufügen. Die Rolle El Perus ist zurzeit nur fragmentarisch bekannt; es gilt jedoch als sicher, dass Tikal einen Krieg gegen diesen Ort geführt hat und die Sänfte des damaligen Herrschers als Kriegsbeute nach Tikal überführte. Überdies war El Peru in der Spätklassik möglicherweise Teil des Hegemonialstaates von Calakmul.

El Tabasqueño
Einige Gebäude von Tabasqueño wurden im Jahr 1895 durch Teobert Maler entdeckt. Der Chenes-Stil dominiert die Architektur dieser Stätte, davon zeugt etwa Struktur 1, die zu den eindrucksvollsten Bauten gehört und um 710 n. Chr. datiert wird.

El Zotz
Die Ruinen des kleinen Ortes El Zotz befinden sich nördlich des Lago Peten Itza. Ende der 60er-Jahre des 20. Jh.s entfernten Kunsträuber einen skulptierten hölzernen Türsturz aus einem Tempelbau, der dann kurz danach im Denver Art Museum ans Tageslicht kam. 1998 konnte das Stück wieder nach Guatemala zurückgegeben werden. Skulptierte und beschriftete hölzerne Türstürze sind sehr selten und wurden bisher nur in Tikal, Dzibanche und El Zotz gefunden.

Hochob
1888 entdeckte Teobert Maler nahe der Stadt Dzibalchen in Campeche eine Gruppe von acht Gebäuden auf einem Plateau. Die Architektur dieses kleinen Fundortes Hochob ist im Chenes-Stil gearbeitet und dient wegen ihres vorzüglichen Erhaltungszustandes als beispielhaft für diesen Baustil. Alle Gebäude sind wahrscheinlich in der Spätklassik entstanden, eine Besiedlung dieses strategisch wichtigen Ortes kann jedoch von der Frühen Präklassik bis in die späte Eroberungszeit nachgewiesen werden.

Hormiguero
Zu den eindrucksvollsten und besterhaltenen Bauten im Río-Bec-Stil zählen die in Campeche liegenden Ruinen von Hormiguero. Mit seiner als aufgerissener Schlangenrachen konstruierten Südfassade zählt Struktur 2 zu den wichtigsten Gebäuden von Hormiguero. Die frühesten Besiedlungsspuren sind für die Protoklassik zwischen 50 und 250 n. Chr. anzunehmen. Unter den in der Spätklassik errichteten Gebäuden fanden sich Vorgängerbauten, die den früheren Río-Bec-Stil, der zwischen 550 und 600 n. Chr. verwendet wurde, aufweisen. Ähnlich wie in anderen Río-Bec-Städten fehlen auch hier Hieroglypheninschriften.

Itzan
Obwohl bisher kaum Ausgrabungen in Itzan vorgenommen wurden, ist der Ort durch seine zahlreichen Inschriften bekannt geworden. Die Fundstätte liegt etwa 13 km nordöstlich von Altar de Sacrificios und wurde bereits in der Präklassik besiedelt. Itzan konnte bis in die Spätklassik seine Unabhängigkeit wahren und unterhielt zudem dynastische Verbindungen zu Dos Pilas. Zwischen 685 bis 807 n. Chr. konnten fünf Herrschergenerationen festgestellt werden. Die späteste Inschrift stammt aus dem Jahr 829 n. Chr..

Iximche'
Westlich der Stadt Chimaltenango in Guatemala liegen die Ruinen der ehemaligen Hauptstadt der Caqchikel-Maya. Um insgesamt vier Plazas sind Gebäudegruppen angeordnet, die aus bearbeiteten Steinen errichtet wurden. Ursprünglich waren die Wände stuckiert und im Mixteca-Puebla-Stil bemalt. Der Baustil, der eindeutig mexikanische Einflüsse zeigt, wird als Epi-Toltekisch-Stil bezeichnet. Erst während der Späten Postklassik wurde der Ort besiedelt und mit der Ankunft der Spanier für kurze Zeit zur Hauptstadt von Guatemala erklärt.

Ixkun
Der Einfluss des in der Spätklassik regional mächtigen Ixkun, nördlich von Poptun gelegen, reichte bis nach Naj Tunich. Eine Reihe von Inschriften aus dem 8. Jh. berichtet über Kriegszüge gegen benachbarte Städte, ein Hinweis dafür, dass Ixkun eine regionale Vormachtstellung hatte. Doch war eine solche Machtkonzentration in der Regel von kurzer Dauer, da zwischen den Städten ein andauernder Konkurrenzkampf herrschte.

Ixlu
Am östlichen Ufer des Lago Peten Itza, etwa 30 km südlich von Tikal, befindet sich der kleine Ruinenort Ixlu. Sylvanus Morley entdeckte die Stätte in den 30er-Jahren des vergangenen Jahrhunderts; damals dokumentierte er zwei Stelen und einen Altar, die zwischen 859 und 879 n. Chr. entstanden sind. Die Stätten Ixlu und Jimbal, an der Peripherie von Tikal, erreichten ihre kulturelle Blüte am Ende der Klassik, zu der Zeit, als sich der allmähliche Niedergang von Tikal bereits abzeichnete. Das späteste Monument dieser Region wurde um 889 n. Chr. errichtet, nur 20 Jahre nachdem der letzte Herrscher von Tikal die späteste dort nachweisbare Stele errichtet hatte.

Ixtutz
Der relative kleine Ort Ixtutz, etwa 10 km nordwestlich von Machaquila, war in der Spätklassik recht bedeutend. Aus den Inschriften geht hervor, dass der Ort Beziehungen mit Herrschern aus Dos Pilas und Aguateca pflegte und Krieg gegen Machaquila geführt hatte, das nur wenige Kilometer von Ixtutz entfernt liegt.

Izapa
Izapa, an der Pazifikküste von Chiapas gelegen, wurde bereits um 800 v. Chr. besiedelt, wobei die heute sichtbaren Bauwerke zwischen 300–50 v. Chr. zu datieren sind. Typisch für die Bauweise in Izapa sind aus Erde aufgeschüttete Plattformen, die mit unbearbeitetem Stein verblendet sind und eine weitere Schicht aus Stuck oder Ton tragen. Bekannt ist Izapa wegen seiner 89 Steinstelen, die größtenteils nicht skulptiert sind. Izapa gehört zu den wichtigsten Zentren mit später präklassischer Skulptur, die daher oft als Izapa-Stil bezeichnet wird. Der Izapa-Stil gilt als Übergangsstil zwischen olmekischer Bildkunst und klassischer Maya-Ikonographie.

Hochob, Campeche, Mexiko, Schlangenkopfpalast, Südfassade. Das Foto des so genannten Schlangenkopfpalastes von Hochob stammt aus dem Jahr 1887 und zeigt den Eingangsbereich des Mittelbaus.

Hochob, Campeche, Mexiko. Rund 100 Jahre später hat sich der Erhaltungszustand der Fassade des Schlangenkopfpalastes nicht nennenswert verschlechtert.

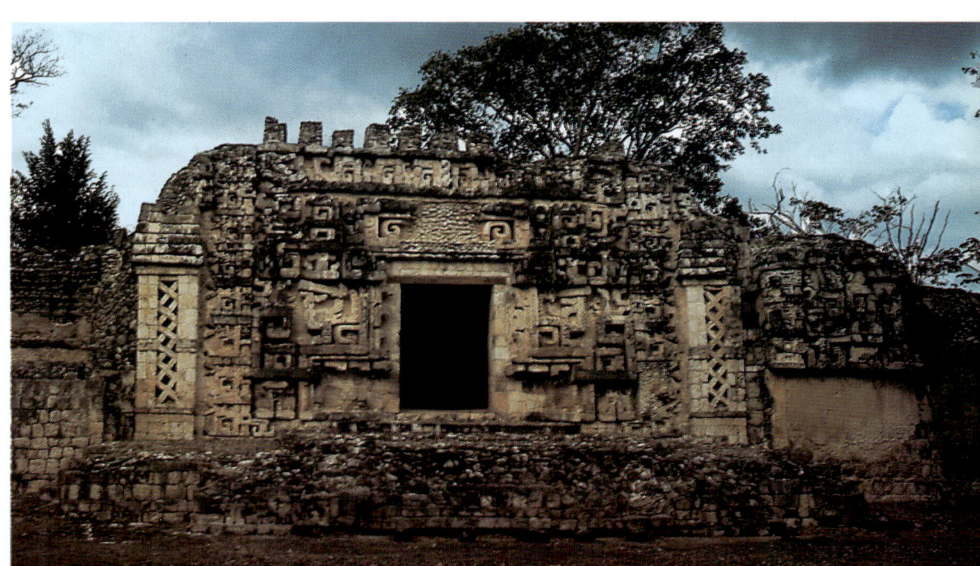

Jaina
Die Insel Jaina an der Westküste Campeches diente in der Klassik sowohl regional als auch überregional als Nekropole. In der Zeit zwischen 500 und 1000 n. Chr. wurden etwa 20 000 Gräber in den Wohnbereichen der Insel angelegt. Ein zeremonielles Zentrum mit Pyramiden und Wohnbauten durchzieht Jaina von West nach Ost. Die Wohnbauten und drei beschriftete Stelen mit der Darstellung von Gefangenen zeigen, dass eine lokale Adelsdynastie, der regional eine bedeutende Rolle zukam, den Ort bewohnte.

Kabah
1843 veröffentlichten Stephens und Catherwood die frühesten Informationen zu den alten Ruinen von Kabah, die in der Nähe von Uxmal liegen. Den Mittelpunkt der Stätte bilden große Architekturkomplexe, wie etwa der Palast und der Tempel der Säulen, die in der Spätklassik errichtet wurden und den charakteristischen Puuc-Stil zeigen. Ein anderes markantes Gebäude aus der Zeit zwischen 830 und 1000 n. Chr. ist der so genannte Codz-Poop, dessen Südfassade mit etwa 400 steinernen Masken des Regengottes geschmückt ist. Auch für Kabah gibt es Hinweise, dass der Ort bereits in der Präklassik besiedelt wurde.

Kaminaljuyu
Die Ruinen von Kaminaljuyu, der größten archäologischen Stätte im Hochland von Guatemala, befinden sich im Erdreich unter der heutigen Hauptstadt von Guatemala. Etwa um 2500 v. Chr. wurde dieser Ort von Bauernkulturen besiedelt. Die Bedeutung Kaminaljuyus wuchs erst im Zuge des aufkommenden Handels mit Obsidian zwischen dem Hoch- und Tiefland. In der Präklassik spielte dieser Ort eine wichtige Rolle als „Port of Trade" zwischen Zentralmexiko und dem Maya-Gebiet. Die Besiedlung kann bis 800 n. Chr. nachgewiesen werden.

Kohunlich
Die Stätte liegt im Süden von Quintana Roo, etwa 40 km westlich von Chetumal. Berühmt sind die frühklassischen Stuckmasken von Struktur 1 in Kohunlich, die zu den schönsten Beispielen dieser Art zählen. Die Architektur wurde im Rio-Bec-Stil, in der Zeit der Endklassik zwischen 800 und 1050 n. Chr., gearbeitet. Gebäude der ersten Bauphase stammen jedoch bereits aus der Frühklassik zwischen 450 und 600 n. Chr..

Labna
Ebenso wie viele andere Stätten in Yukatan wurde das relativ kleine Labna erstmals von Stephens und Catherwood 1843 einem breiten Publikum bekannt gemacht. Die wichtigsten Gebäude sind der Palast, der Torbogen und El Mirador; sie alle wurden im Puuc-Stil erbaut. Der Palast aus der Frühen Spätklassik ist mit einer Länge von über 120 m das größte Gebäude vor Ort, während die anderen Bauten in die Klassik und Endklassik hineindatieren.

Lamanai
Die Lage an der Lagune des New River beförderte die Bedeutung Lamanais als wichtiges Handelszentrum für den Warenaustausch zwischen der Küste und den Städten im Peten in der Späten Präklassik und Frühen Klassik. In dieser Zeit entstand ein Großteil der noch heute sichtbaren Architektur (über 718 Gebäude). Die früheste Besiedlungsphase begann in der Frühen Präklassik. Im Gegensatz zu anderen Städten weist Lamanai von der Frühen Klassik bis zur Ankunft der Spanier eine ununterbrochene Besiedlung auf.

Lubaantun
Im Unterschied zu seinen Nachbarorten (Pusilha, Nim Li Punit und Uxbenka) wurde Lubaantun in der Spätklassik gegründet, aber lediglich von 700 bis 900 n. Chr. bewohnt. In dieser Zeit florierte der Ort; wegen seiner Lage am Rio Grande war Lubaantun eines der wichtigsten Handelszentren im Süden, das von dem Handel zwischen dem Südosten und dem Norden der Halbinsel profitierte. Das Zeremonialzentrum setzt sich aus elf größeren Gebäuden zusammen, die sich um fünf Plazas gruppieren. Da die aus Trockenmauerwerk bestehenden Gebäude auf den obersten Pyramidenebenen in der Regel aus leicht verrottendem Material konstruiert wurden, sind heute nur die Pyramidenplattformen erhalten. Trotz der überregionalen Bedeutung von Lubaantun wurden bisher lediglich drei skulptierte und beschriftete Ballspielplatz-Markierer entdeckt. Stelen sind für diesen Ort nicht nachzuweisen.

Machaquila
Am gleichnamigen Fluss entdeckte ein Geologe im Jahr 1957 die Ruinen von Machaquila. Als Zufluss in den Rio de la Pasión diente der Machaquila in der vorspanischen Epoche dem Fernhandel, an dem der Ort Machaquila nicht unwesentlich beteiligt war. Der Handel brachte auch kulturelle Errungenschaften aus Zentralmexiko in diese Region; für die Phase der Endklassik lassen sich auf den Stelen Machaquilas mexikanische Einflüsse nachweisen. Die 18 beschrifteten Monumente dieses Ortes berichten, dass Machaquila zwischen 711 und 841 n. Chr. ein unabhängiger Kleinstaat war, der seine Vormachtstellung in der Region auf Heiratspolitik und Krieg gründete.

Mayapan
In der Späten Postklassik bildete Mayapan das bedeutendste Zeremonialzentrum im Norden von Yukatan. Nachdem Chichen Itza im 12. Jh. in Yukatan an Bedeutung verloren hatte, etablierte sich Mayapan wischen 1250 und 1450 als bedeutendes Handelszentrum der Halbinsel. Allerdings behielt Chichen Itza in Bezug auf die Architektur, etwa beim Castillo von Mayapan, seinen Einfluss. Um den Ort gegen Angreifer zu schützen, wurden die 3600 Gebäude des Stadtkerns mit einer 8 km langen Mauer umgeben.

Mixco Viejo
Die Hauptstadt der Poqomam-Maya, Mixco Viejo, wurde in der Späten Postklassik (um 1250) errichtet und bis zur Ankunft der Spanier bewohnt. 1525 eroberte Pedro de Alvardo die befestigte Stadt im Hochland von Guatemala und ließ die Bewohner in eine andere Region deportieren. Pyramidale Bauten, Wohngebäude und Ballspielplätze prägen das Stadtbild von Mixco Viejo, das erst 1896 von Karl Sapper wieder entdeckt wurde.

Moral
Ebenfalls bekannt unter den Namen Balancan, Balancan-Morales, La Reforma oder Morales gehört dieser Ort aufgrund der hier entdeckten Inschriften zu den interessantesten Ruinenstätten des mexikanischen Bundesstaates Tabasco. Das Zentrum von Moral besteht aus sieben Gebäuden, darunter Pyramiden und Wohnbauten. Aus den Inschriften ist zu entnehmen, dass Moral bereits um 633 n. Chr. ein unabhängiger Stadtstaat war, der durch kriegerische Expansion seine Machtsphäre erweiterte. Die etwa ein Dutzend beschrifteten Monumente befinden sich heute im Regionalmuseum von Balancan.

Motul de San Jose
Im Jahr 1895 entdeckte Teobert Maler die Ruinen von Motul de San Jose. Das kleine spätklassische Zentrum nördlich des Lago Peten Itza gilt als der Herkunftsort vieler von dort geraubter Keramikgefäße, da auf ihnen die Emblemhieroglyphe von Motul de San Jose zu erkennen ist. Aus Inschriften von Machaquila geht hervor, dass der Herrscher von Motul de San Jose 731 n. Chr. gefangen genommen wurde.

Naachtun
Die 1919 von Sylvanus Morley entdeckte große und schwer erreichbare Stätte Naachtun ist bislang nicht systematisch erforscht worden. Der weitläufige E-Gruppen-Komplex weist auf eine Besiedlung in der späten präklassischen Zeit. Etwa 40 meist schlecht erhaltene Stelen datieren zum großen Teil in die Frühklassik.

Nadzcaan
Anfang der 90er-Jahre des 20. Jh.s fanden mexikanische Archäologen die Reste einer riesigen Metropole im Campeche. Die bisher entdeckten Stelen zeigen, dass der Ort eine eigene Emblemhieroglyphe trug und während der Klassik zu einer überregionalen Großmacht in diesem Gebiet aufstieg.

Nakbe
Etwa 13 km südöstlich von El Mirador liegen die Ruinen der präklassischen Handelsstadt Nakbe, die 1930 bei Lufterkundungen entdeckt und erstmals 1962 durch Ian Graham erkundet wurde. Die Kernsiedlung besteht aus zwei großen Gebäudekomplexen aus der Mittleren Präklassik und ist somit die erste archäologische Stätte im Peten, in der Gebäude dieser Epoche nachgewiesen werden konnten. Zwischen 1000–600 v. Chr. entstanden die kleinen Gebäudeplattformen, zwischen 600 und 200 v. Chr. wurden die massiven Gebäude errichtet.

Nakum
Die etwa 18 km östlich von Tikal liegenden Ruinen von Nakum wurden im Jahr 1905 von Maurice de Périgny aufgespürt. Die Architekturreste dieses relativ großen Ruinenorts stammen aus der Spätklassik, die Stelen datieren in die Mitte des 8. Jh.s. Zu den interessantesten Gebäuden von Nakum gehört Tempel A, da die Eingänge runde Torbogen aufwiesen, die in der Endklassik zugemauert wurden.

Naranjo
Auf der Suche nach wertvollen Grabgegenständen beschädigten Plünderer die meisten Gebäude dieser

Labna, Yucatán, Mexiko. Diese moderne Aufnahme zeigt den 120 m langen Palast von Labna, der in die Frühe Spätklassik datiert. Ein Dammweg oder *sakbe* verläuft südwärts über die Plaza.

im Peten liegenden Stätte, indem sie lange Tunnels und Gräben durch die Bauten zogen. Aus diesen Beutezügen stammen mehrere Dutzend Keramikgefäße mit eindeutiger Herkunft aus Naranjo, die sich heute im Kunsthandel befinden. Die Ende des 19. Jh.s von Teobert Maler noch in gutem Zustand aufgefundenen Stelen wurden in den 60er-Jahren des 20. Jh.s zersägt und ins Ausland geschmuggelt. Aus den Inschriften geht hervor, dass Naranjo in der Spätklassik sowohl Kriegszüge gegen Nachbarstädte geführt hatte als auch selbst zum Angriffsziel kriegerischer Attacken geworden ist.

Nim Li Punit
1976 entdeckten Geologen 20 km nordöstlich von Lubaantun, im Toledo District in Belize, die Ruinen von Nim Li Punit. Auf der zentralen Plaza dieses spätklassischen Ortes fanden Archäologen 26 Stelen, sechs davon weisen Inschriften auf. Während Lubaantun als ökonomisches und politisches Zentrum in dieser Region gilt, nimmt man an, dass Nim Li Punit das dynastische Kultzentrum der herrschenden Elite war.

Nohmul
Im Jahr 1897 entdeckte Thomas Gann diesen nördlich von Orange Walk in Belize liegenden Ruinenort. Mit einer besiedelten Fläche von etwa 18 km² gehört Nohmul zu den wichtigsten regionalen Maya-Zentren im östlichen Maya-Gebiet. Die große Anzahl an Gebäuden deutet auf eine hohe Populationsdichte hin, die in der Späten Präklassik ihren Höhepunkt erreichte. In dieser Zeit unterhielt Nohmul Handelsbeziehungen bis nach Zentralmexiko.

Oxkintok
Während der klassischen Epoche war Oxkintok ein bedeutender Ort in der Puuc-Region. Der Ortskern besteht aus drei Gebäudekomplexen, die jeweils durch *sakbes* untereinander verbunden sind. Zu den interessantesten Gebäuden gehört das so genannte Tzat Tun Tzat, da es ein Kammersystem aufweist, bei welchem die Kammern durch kleine Tore und enge Treppen miteinander verknüpft sind. Oxkintok weist eine große Anzahl an Hieroglyphentexten auf, die die Zeit zwischen 474 und 859 n. Chr. umfassen.

Palenque
Die Ruinen von Palenque sind seit dem 18. Jh. bekannt, doch erst in den 1940er-Jahren wurden die bis heute andauernden intensiven Ausgrabungen in Angriff genommen. Dabei kamen immer wieder bedeutende Funde zutage, wie etwa der jüngst entdeckte Thron in Tempel 19 oder die Grabkammer in Tempel 21. Mit beinahe 200 Hieroglyphentexten zählt Palenque zu den größten Inschriftenorten des Maya-Gebietes. Der Tempel der Inschriften mit seiner Grabkammer und dem Sarkophag des berühmten Maya-Herrschers K'inich Hanab Pakal (615–683 n. Chr.) zählt zu den spektakulärsten archäologischen Entdeckungen des 20. Jh.s. Imposante Architekturanlagen, wie etwa der Tempel der Inschriften, der Palastkomplex, die große Plaza und einige kleinere Tempel und Wohnbauten, die um die Plaza herum angeordnet sind, formen den Siedlungskern von Palenque. Die frühesten Besiedlungsspuren sind für das 3. Jh. n. Chr. nachzuweisen, der Großteil der heute sichtbaren Architektur und des Fassadenschmucks wurde jedoch während der Blütezeit von Palenque zwischen 600 und 800 n. Chr. errichtet. Das noch erhaltene Stadtbild entstand während der Herrschaft der drei einflussreichsten Herrscher von Palenque: K'inich Hanab Pakal und seiner beiden Söhne, Kan Balam (684–702 n. Chr.) und K'an Hoy Kitam (702–711 n. Chr.). Diese Herrscherlinie wurde um 711 n. Chr. mit der Gefangennahme von K'an Hoy Kitam durch Tonina unterbrochen und setzte sich erst 722 n. Chr. mit K'inich Ahkal Mo' Nab (721–736 n. Chr.) aus einer Nebenlinie des Stammes fort, der Tempel 19 in Auftrag gab.

Piedras Negras
Teobert Maler entdeckte die Überreste dieses Zentrums, das während der Späten Klassik mit anderen Stadtstaaten um die Vorherrschaft und Kontrolle des Handels auf dem Usumacinta-Fluss kämpfte. Der Ort hieß in der Klassik *yokib* und wurde um 400 v. Chr. erstmals besiedelt und gegen 800 n. Chr. von der Bevölkerung verlassen. Der größte Teil der rund 60 skulptierten Steinmonumente von Piedras Negras wurde während der Blüte der Stadt zwischen 710 und 790 n. Chr. hergestellt. In den 60er- und 70er-Jahren des 20. Jh.s wurde eine beträchtliche Anzahl von Monumenten gestohlen, einige davon tauchten jedoch später im Kunsthandel wieder auf.

Pomona
Die Ruinen der historischen Stätte Pomona liegen am Usumacinta, nahe der modernen Stadt Tenosique in Chiapas. Ebenso wie die anderen Städte am Usumacinta profitierte der spätklassische Ort vom florierenden Handel zwischen der Küste und dem zentralen Peten. Im Zeremonialzentrum von Pomona entdeckte man mehrere Dutzend Inschriftenfragmente, die mit äußerster Sorgfalt hergestellt wurden und heute in einem kleinen Museum ausgestellt sind. Pomona wurde zum Spielball zwischen den Städten Piedras Negras und Yaxchilan um die Vorherrschaft über den Usumacinta als bedeutende Wasserstraße. Um 795 n. Chr. wurde Pomona von Piedras Negras erobert und stand von da an unter dessen Einfluss.

Pusilha
Wenige Kilometer von der guatemaltekischen Grenze entfernt befindet sich der unter dem Namen Pusilha bekannte südlichste Fundort in Belize, der Hieroglypheninschriften aufweist. Seit seiner Entdeckung im Jahr 1926 fand man 26 skulptierte Steinmonumente (21 Stelen, zwei Fragmente und drei Altäre), wovon wenigstens 13 Monumente Hieroglyphentexte aufwiesen. Alle Monumente wurden vor Ort dokumentiert und auf der Stelenplaza aufgestellt.

Quirigua
Erstmals 1841 wurden die Ruinen von Quirigua im Motagua-Tal von Stephens und Catherwood einem breiten Publikum bekannt gemacht. Als bedeutendes Zeremonial- und Verwaltungszentrum dominierte dieser Ort während der Klassik den Handel mit der Karibikküste und den nahen Regionen des Hoch- und Tieflandes. Die mehrere Dutzend hervorragend skulptierten Stelen, Altäre und Zoomorphe gehören zu den glanzvollsten Leistungen der Maya-Steinschneidekunst überhaupt. Sie dokumentieren die historischen Ereignisse rund um Quirigua über einen Zeitraum von 550 bis 850 n. Chr. Die meisten der heute noch sichtbaren Architekturmonumente wurden unter der Ägide von K'ak' Tiliw ausgeführt, dem einflussreichsten Herrscher von Quirigua. Während seiner Regentschaft gelang es, die Vormachtstellung in der Region auszubauen, indem er im Jahr 738 n. Chr. Waxaklajuun Ubaah (695–738 n. Chr.), den Herrscher von Copan, gefangen nahm und tötete. Mit der Zerschlagung von Copan, das in der Klassik ökonomisch und politisch von großer Bedeutung für den Süden des Maya-Gebietes war, erlangte Quirigua von 740 bis 810 n. Chr. die regionale Vorherrschaft im Süden.

Río Azul
Das 80 km nordöstlich von Tikal gelegene Río Azul gehörte zu den bedeutenden frühklassischen Zentren des Peten. Neben Tikal und Uaxactun als den führenden Zentren dieser Zeit war es auch Río Azul durch seine Lage an einem für den Handel wichtigen Fluss möglich, zu einer regionalen Macht im Nordosten emporzusteigen. Beiderseits des Flusses wurden über 5000 Gebäude sowie Dämme, Kanäle und Befestigungsanlagen errichtet. In einer 47 m hohen Pyramide entdeckten Archäologen in den 80er-Jahren ein aufwändig ausgestattetes Grab aus der Frühen Klassik.

Río Bec
Unter der Bezeichnung Río Bec sind 14 spätklassische Ruinenorte bekannt (Río Bec A-N), die innerhalb eines Gebietes etwa 20 km südlich von Xpuhil in Campeche liegen. Die meisten dieser Gebäudekomplexe, die oft nur aus einem Gebäude bestehen, wurden in den 20er-Jahren des 20. Jh.s von Raymond Merwin entdeckt. Andere Gruppen können eine größere Anzahl an Gebäuden aufweisen. Der so genannte architektonische Río-Bec-Stil leitet sich von diesen Gebäuden ab.

Sacul
Erstmals im Jahr 1970 kartierte Ian Graham die Ruinen von Sacul, die im Westen des Río Mopan-Gebietes liegen, und dokumentierte die sechs beschrifteten Steinstelen. Sowohl die Stelen als auch ein Großteil der Architektur sind zerstört oder von Kunsträubern außer Landes gebracht worden. Die Stelen decken den Zeitraum zwischen 731 und 790 n. Chr. ab und erwähnen Orte in der Region, wie etwa Ucanal. Ein Vergleich mit anderen Stätten in diesem Gebiet zeigt, dass auch in einem kleineren Ort der Spätklassik wie Sacul der lokalen Elite eine größere Macht als zuvor zukam und sie deshalb viele Stelen errichten ließ.

Santa Rita Corozal
Bedingt durch ihre Lage in Küstennähe kontrollierte Corozal in der Klassik die Handelsrouten an der Küste und an den beiden Flüssen Río Hondo und New River. Diese beiden Flüsse bildeten die Hauptverkehrsachse für den Handel zwischen der Maya-Stadt Lamanai und den großen Orten im Peten. Nachdem Mayapan in der Postklassik an Bedeutung verloren hatte, beherrschte Corozal den Handel, wie dies anhand dort gefundener Handelsgüter aus Zentral- und Nordmexiko belegbar ist. Seit 2000 v. Chr. besiedelt, war Corozal

Labna, Yucatán, Mexiko. 1886 fotografierte Teobert Maler den mittleren Bau und den linken Flügel der Palastanlage von Labna noch vor der Restaurierung.

Uxmal, Yucatán, Mexiko. Die Zeichnung von Tatiana Proskouriakoff rekonstruiert das Zentrum von Uxmal mit dem Nonnenviereck links und der Pyramide des Zauberers rechts davon.

Uxmal, Yucatán, Mexiko. Der heutige Erhaltungszustand des Nonnenvierecks und der Pyramide des Zauberers. Im Vordergrund liegen die Reste des Ballspielplatzes von Uxmal.

vor allem in der Postklassik, als die berühmten mexikanisch beeinflussten Wandmalereien entstanden, bedeutend und bis zur Ankunft der Spanier ohne Unterbrechung besiedelt.

Santa Rosa Xtampak

Die Ruinen von Santa Rosa Xtampak auf einem Plateau nordöstlich von Hopelchen wurden 1843 von Stephens und Catherwood erstmals dokumentiert. Obwohl der Chenes-Stil in der Architektur Xtampaks dominiert, sind Einflüsse aus dem Puuc und der Río-Bec-Region nachzuweisen. Der Ort weist eine hohe Gebäudedichte auf und beherbergte in seiner Blütezeit etwa 10 000 Einwohner. Die Bedeutung Xtampaks wird auch durch die Existenz von knapp einem Dutzend Hieroglyphentexten mit Angaben über Herrscher und historische Ereignisse unterstrichen.

Sayil

Das fast drei 3 km² große Siedlungsgebiet von Sayil wurde in der Endklassik von 9000 Personen bewohnt. Ähnlich wie in anderen Stätten von Nordyukatan wurde die Wasserversorgung einer so großen Menschenmenge u. a. durch künstliche Wasserauffangbecken, den so genannten Chultunes, gesichert. Zu den bemerkenswertesten Gebäuden von Sayil gehören der dreistöckige Palast im Norden und die Stelengruppe im Süden der Stätte. Der Bau des Palastes wurde um 670 n. Chr. begonnen und um 1000, als das oberste Stockwerk entstand, vollendet. Mit dem ersten Drittel des 9. Jh.s ist die Entstehungszeit der meisten Stelen festzusetzen, was eine Blütezeit dieser Puuc-Stätte zwischen 800 und 1000 n. Chr. nahe legt.

Seibal

Das Zentrum Seibals am Pasión-Fluss besteht aus drei großen Architekturkomplexen auf einer Fläche von etwa 1,7 km². Seibal wurde zu Beginn der Mittleren Präklassik besiedelt, florierte in der Frühen Klassik und wurde Mitte des 7. Jh.s aufgegeben. Anhand der Architektur und Monumentalkunst ist erwiesen, dass Seibal und andere Regionen des Petexbatun am Ende der Spätklassik von Nicht-Maya-Kulturen aus der Region der Pazifikküste wieder besiedelt wurde. Bis 930 n. Chr. diente Seibal erneut als Handelszentrum in der Region und wurde schließlich Mitte des 10. Jh.s verlassen. Eine dritte Besiedlung folgte, während welcher Seibal zu einem wichtigen ökonomischen und

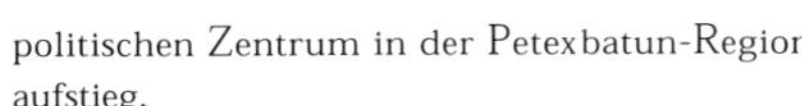

politischen Zentrum in der Petexbatun-Region aufstieg.

Tamarindito

Tamarindito, am Ufer der Lagune von Petexbatun, gehört zu den am frühesten besiedelten Orten im Petexbatun. Die Petexbatun-Region im Herzen des Peten weist unzählige kleine Ruinenorte auf, die oftmals nur aus einem kleinen Zeremonialzentrum und wenigen Wohngebäuden bestehen. Die dynastische Geschichte Tamarinditos ist nur bruchstückhaft bekannt: Um 472 n. Chr. wird die Geburt des ersten Herrschers erwähnt, und um 762 n. Chr. fällt zum letzten Mal der Name Tamarinditos, da um 731 n. Chr. Dos Pilas die Macht über Tamarindito übernimmt und das lokale Herrschergeschlecht an Bedeutung verliert.

Tancah

Einige Kilometer nördlich von Tulum liegen die Überreste der Stätte Tancah. Die frühesten Gebäude entstanden in der Endklassik und der Frühen Postklassik (um 770–1200), eine Reihe anderer Gebäude wurde in der Postklassik (um 1200–1400) errichtet. In den spätklassischen Bauten fanden Archäologen Wandmalereien, auf denen verschiedene klassische Motive dargestellt sind. Der Stil dieser Wandmalereien ist identisch mit den Figuren im Madrider Maya-Codex, der wohl ebenfalls in postklassischer Zeit entstanden ist.

Tikal

Mit einer Fläche von über 64 km² gehört der Siedlungsraum von Tikal zu den größten zusammenhängend besiedelten Flächen des Maya-Gebietes. Der zentrale Bereich nimmt allein 16 km² ein und besteht aus über 3000 Einzelbauten, Tempeln und Hofgruppen. Schätzungen gehen davon aus, dass während der Klassik über 50 000 Menschen in Tikal lebten. Die Metropole war während des Zeitraums zwischen 800 v. Chr. bis 900 n. Chr. bewohnt, die früheste Architektur stammt aus dem 4. Jh. v. Chr. In der so genannten Zentral- und Nord-Akropolis, dem administrativen Zentrum der Stadt, residierte der Adel; hier fanden auch einige der Herrscher ihre letzte Ruhestätte. Von der Präklassik bis in das 9. Jh. haben insgesamt 39 Herrscher die Geschicke der Stadt geleitet und ständig mit anderen Siedlungsorten, wie etwa Uaxactun, Na-

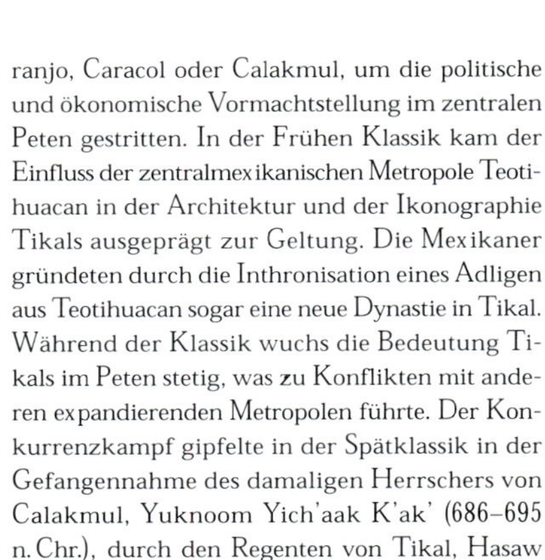

ranjo, Caracol oder Calakmul, um die politische und ökonomische Vormachtstellung im zentralen Peten gestritten. In der Frühen Klassik kam der Einfluss der zentralmexikanischen Metropole Teotihuacan in der Architektur und der Ikonographie Tikals ausgeprägt zur Geltung. Die Mexikaner gründeten durch die Inthronisation eines Adligen aus Teotihuacan sogar eine neue Dynastie in Tikal. Während der Klassik wuchs die Bedeutung Tikals im Peten stetig, was zu Konflikten mit anderen expandierenden Metropolen führte. Der Konkurrenzkampf gipfelte in der Spätklassik in der Gefangennahme des damaligen Herrschers von Calakmul, Yuknoom Yich'aak K'ak' (686–695 n. Chr.), durch den Regenten von Tikal, Hasaw Chan K'awil (682–734 n. Chr.).

Tonina

Nahe der Stadt Ocosingo in Chiapas bekrönt die Akropolis von Tonina eine Hügelkette oberhalb des Ocosino-Tals. Neben seiner charakteristischen Architektur aus Geröllblöcken und Steinschrott ist Tonina insbesondere wegen der großen Anzahl der beschrifteten Stelen, Altäre, Paneele und Stuckfriese bekannt geworden, die noch heute größtenteils vor Ort oder im lokalen Museum zu sehen sind. Die Inschriften umfassen den Zeitraum zwischen 495 und 909 n. Chr. Das Motiv vieler Monumente und Stuckarbeiten ist die Darstellung von gefangenen Männern und Frauen, die bei regionalen und überregionalen Kriegszügen im 7. und 8. Jh. in die Hände der Tonina-Herrscher fielen. Dafür sprechen auch die von Archäologen entdeckten Depots mit menschlichen Gebeinen, die möglicherweise von getöteten Gefangenen stammen. Offensichtlich versuchten die Herrscher von Tonina mit kriegerischen Mitteln ihr Einflussgebiet ständig zu erweitern und die Machtposition gegenüber den großen Zentren in Chiapas, am Usumacinta sowie im Peten zu stärken. Höhepunkt dieser Machtpolitik war die Gefangennahme von K'an Hoy Kitam von Palenque (702–711 n. Chr.), im Jahr 711 n. Chr. sowie die Gefangennahme eines Adligen aus Calakmul, dem anderen großen Machtzentrum im Peten.

Tulum

1518 segelte Grijalva an der Ostküste Yukatans entlang und entdeckte auf der Höhe von Tulum und Tancah einen Ort namens Tzama. Spätere Autoren nahmen an, dass es sich dabei um Tulum selbst handelte. Durch ihre Lage unmittelbar am Meer wurde die Stadt Tulum in der Postklassik ein wichtiger Knotenpunkt und Anlegestelle für die zahlreichen Händler, die von hier aus einen regen Fernhandel betrieben. Bis heute zeugen aufwändig gestaltete Gebäude und zahlreiche Wandmalereien vom ehemaligen Glanz und Reichtum dieses Ortes.

Uaxactun

Rund 23 km nördlich von Tikal liegen die Überreste von einer der frühesten historischen Stätten, die vor allem während der Klassik ihre Blütezeit erlebte. Uaxactun wurde mit Unterbrechungen von der Mittleren Präklassik bis in die Spätklassik bewohnt. Das früheste zu verzeichnende Datum liegt im Jahr 328 n. Chr., das späteste um 889 n. Chr. Zu den bekanntesten Gebäuden in Uaxactun gehört die Struktur E-VII-B, die als Beobachtungsstandort für astronomische Berechnungen diente. Es handelt sich um einen pyramidalen Aufbau mit jeweils einem Treppenaufgang an den vier Seiten, die von großen Stuckmasken flankiert werden.

Ucanal

Im Jahr 1914 entdeckte Raymond Merwin die kleine Siedlung Ucanal, die etwa 35 km südwestlich der Stadt Melchor de Mencos am westlichen Ufer des Flusses Mopan liegt. Das späteste der auf den zehn skulptierten Steinmonumenten Ucanals nachweisbare Datum stammt aus dem Jahr 849 n. Chr. Die Hieroglyphen dieser Monumente weisen zentralmexikanische Einflüsse auf, in denselben Formen, wie sie auf Stelen in Ixlu oder Seibal anzutreffen sind. Aus den Texten geht hervor, dass die Herrscher von Ucanal als *k'uhul k'an witsnal ajaw* bezeichnet wurden, was mit „göttlicher Herrscher des Gelben-Berg-Ortes" übersetzt werden kann. Möglicherweise war dies die alte Bezeichnung von Ucanal.

Utatlan

Die K'iche' benutzen zur Bezeichnung ihrer Hauptstadt Utatlan die Namen „Der Ort des alten Schilfrohrs" oder K'umarcaaj. Utatlan, einige Kilometer nordwestlich von Chichicastenango gelegen, wurde auf der Spitze eines Hügels errichtet, der von einer Schlucht umgeben ist. Diese natürlichen, Schutz gebenden Vorraussetzungen führten in der Postklassik um 1400 zur Gründung von Utatlan und begründeten die Vorherrschaft der K'iche'-Maya über ihre Nachbarn. 1524 eroberte Alvarado den Ort und ließ die Gebäude abtragen.

Uxbenka

Zu den frühesten Denkmälern der Maya im heutigen Belize zählen die Monumente des erst 1975 von Norman Hammond aufgespürten Uxbenka. Vor rund zehn Jahren entdeckten Archäologen 22 Steinstelen, neun mit figürlichen Motiven und Hieroglyphentexten, die dem Fundort den Namen Stelen-Plaza gaben. Aus den Texten der Stelen geht hervor, dass sich ab ca. 396 n. Chr. eine mächtige Elite formierte, deren Einfluss anhand der Inschriften bis 782 n. Chr. nachweisbar ist. Beziehungen zu anderen Maya-Stätten der Region können wegen des schlechten Erhaltungszustandes der Stelen nicht bestätigt werden. Möglicherweise hatte der Ort eine eigene Emblemhieroglyphe.

Uxmal

Zu den bekanntesten Orten des Puuc-Gebietes zählen zweifellos die Ruinen von Uxmal. Die Architektur datiert in die Spät- und Endklassik zwischen 900 und 1000 n. Chr. Die meisten Gebäude wurden im Puuc-Stil erbaut; wenige Ausnahmen zeigen mexikanische Motive, und drei Gebäude sind im Chenes-Stil errichtet. Das bedeutendste Gebäude von Uxmal ist der Adivino, ein über 34 m hoher pyramidaler Bau, der seit der Klassik fünfmal überbaut wurde und erst in der Endklassik seine heutige Höhe erreichte. Uxmal besitzt auch eine größere Anzahl beschrifteter Monumente, darunter 17 Stelen und einige Plattformen. Sie entstanden zwischen 895 und 907 n. Chr. und enthalten wegen ihres schlechten Erhaltungszustandes nur bruchstückhafte Informationen zur dynastischen Geschichte des Ortes.

Xcalumkin

Rund 13 km östlich der Stadt Hecelchakan (Campeche, Mexiko) erstreckt sich die archäologische Zone von Xcalumkin auf einem Areal von etwa 2,5 km^2. Der Entdeckung der Ruinen im Puuc-Stil durch Teobert Maler im März 1887 folgte erst im Jahr 1935 eine dreiwöchige Untersuchung durch die Carnegie Institution of Washington. Bis 1988 sind etwa 40 mit Hieroglyphentexten versehene Monumente aus dem Zeitraum zwischen 728 und 744 n. Chr. ausgegraben worden. Alle aufgefundenen Inschriften befanden sich ausschließlich im zentral gelegenen „Gebäude der Einleitungsserien" und in der „Hieroglyphengruppe", einem Gebäudekomplex im Süden des Zentrums. Die Texte der Monumente beziehen sich in der Regel auf die Einweihung von bestimmten Bauten innerhalb dieser Gebäudegruppen und nennen deren Eigentümer, die die Funktion eines *sahal* (Statthalter) von Xcalumkin hatten. Über die Existenz einer Emblemhieroglyphe und der damit verbundenen Institution eines *k'uhul ajaw* (göttlicher Herrscher) herrscht in der Forschung noch Uneinigkeit. Die meisten der skulptierten Monumente von Xcalumkin wurden, um sie vor Zerstörung und Raub zu bewahren, in die Museen von Mexiko Stadt und Campeche Stadt gebracht.

Xcaret

Den spanischen Konquistadoren (Eroberer) war Xcaret (Quintana Roo, Mexiko), als sie 1517 an die Ostküste Yukatans stießen und dort an Land gingen, unter dem Namen Pole bekannt. Ausgrabungen in den 50er- und 60er-Jahren des 20. Jh.s haben ergeben, dass Xcaret bereits in der Späten Präklassik besiedelt war. In der Postklassik, in deren Spätzeit die noch heute existierende Architektur entstand, war Xcaret ein bedeutender Umschlagplatz für den Handel mit den religiösen Zentren auf Cozumel. Zahlreiche Wandmalereien aus der postklassischen Zeit haben sich in den Gebäuden von Xcaret erhalten. Diese stehen stilistisch den Figuren in anderen Stätten der Ostküste nahe.

Xultun

Das im Jahr 1920 von einem *Chiclero* entdeckte Xultun wurde wenige Zeit später von der Carnegie Institution of Washington archäologisch erkundet. Sylvanus Morley, Leiter dieser Expedition, gab dem Ort den Namen Xultun. Dies bedeutet „der letzte Stein" und bezieht sich auf eine sehr spät errichtete Stele in Xultun (um 889 n. Chr.), die in den 1930er-Jahren als die am spätesten errichtete Stele des Maya-Gebietes galt. Bis 1975 fanden Archäologen über zwei Dutzend Stelen und Altäre; der Großteil davon weist Hieroglyphentexte und figürliche Darstellungen auf, die jedoch zu stark verwittert sind, um Details über die dynastische Geschichte der Herrscher von Xultun preiszugeben. Von der ältesten Stele zurückgerechnet, beträgt die Zeitspanne, in der Stelen und Altäre entstanden, 300 Jahre. Die beiden großen architektonischen Komplexe (Gruppe A und B) dieser bedeutenden Maya-Stätte werden durch einen etwa 200 m langen und knapp 20 m breiten Dammweg verbunden. Der ursprüngliche Name von Xultun, der in den Inschriften vor Ort und in der Höhle von Naj Tunich auftaucht, konnte bisher noch nicht entziffert werden.

Xunantunich

Das Zentrum Xunantunichs liegt auf einer Hügelspitze hoch über dem Belize River und besteht aus sechs größeren Plazas mit mehr als 25 Palästen und Tempeln. Mit einer Höhe von etwa 40 m ist das Castillo das höchste Gebäude in Xunantunich. An der obersten Plattform des Castillos verläuft rundum ein aufwändiger Stuckfries. Keramikfunde datieren in die Frühe Präklassik, einige Gebäude stammen aus der Frühen Klassik, doch die meisten heute noch erhaltenen Gebäude und acht Stelen entstanden in der Spätklassik. Xunantunich wurde im 10. Jh. aufgegeben; in der Postklassik ließen sich erneut Menschen in den zerfallenen Gebäuden nieder.

Yaxchilan

Die Ruinen von Yaxchilan, die 1881 von Edwin Rockstroh entdeckt wurden, liegen inmitten einer Flussschleife am Usumacinta und erstrecken sich entlang dem Fluss auf planierten Hügelkuppen landeinwärts. Wegen seiner monumentalen Architektur und der einzigartigen Skulptur gehört Yaxchilan zu den bedeutendsten archäologischen Stätten von Chiapas. Der Kernbereich, die Hauptplaza, besteht aus zwei Hauptgruppen: der großen und der kleinen Akropolis. Innerhalb dieser bebauten Kernzone befinden sich insgesamt 130 Gebäude. Es waren vor allem zwei Herrscher, die Yaxchilan zu seiner heutigen Größe ausgebaut haben: Itzamnah Balam herrschte zwischen 726 und 742 n. Chr., sein Sohn Yaxun Balam war zwischen 752 und 770 n. Chr. Regent von Yaxchilan. Letzterer prägte durch groß angelegte Baumaßnahmen das Stadtbild, wie es heute noch anzutreffen ist. Von den über 110 gut erhaltenen Hieroglyphentexten wurde ein Großteil während der Regentschaft dieser beiden Herrscher und ihrer Nachfolger angefertigt. Sie enthalten Angaben über die Geschichte Yaxchilans zwischen 359 und 808 n. Chr. und lassen darauf schließen, dass der Ort Yaxchilan eine wichtige Rolle am Usumacinta spielte. Textverweise außerhalb von Yaxchilan zeigen jedoch, dass die Herrscher von Yaxchilan abhängige Vasallen waren und erst mit dem Herrschaftsantritt von Itzamnah Balam einen höheren Stellenwert in der Region erhielten.

Yaxha

Am Ufer des Yaxha-Sees befinden sich die Ruinen einer der größten archäologischen Stätten in Guatemala, deren Ortsname in der vorspanischen Zeit bereits Yaxha lautete. Im Zentrum des Siedlungsgebiets wurden über 500 Gebäude erfasst, darunter der einzige Zwillingspyramiden-Komplex, der außerhalb von Tikal existiert. Auffällig an der Architektur des Ortes sind die massiven Pyramidentempel und die gewaltigen Wohnbezirke für den Adel. Yaxha wurde gegen Ende der Präklassik besiedelt und erst im 10. Jh. verlassen. Über 20 beschriftete Stelen geben über die Geschichte des Ortes Auskunft.

Yaxuna

Der relativ kleine Fundort Yaxuna liegt 20 km südlich von Chichen Itza. Die Pyramiden von Yaxuna waren die größten Bauwerke im nördlichen Tiefland; sie wurden von den Herrschern der Mittleren Präklassik und Klassik errichtet. Das in der Spätklassik dominante Zentrum Chichen Itzas mit seinen damaligen Machthabern in Coba veranlasste Yaxuna, einen 100 km langen Dammweg *(sakbe)* zu Chichen Itza zu bauen, um ihren Anspruch auf Yaxuna zu unterstreichen.

Zaculeu

Nahe der Stadt Huehuetenango befinden sich die Überreste der einstigen Hauptstadt der Mam-Maya (1250–1525), der historischen Stätte Zaculeu. Die befestigte Stadt wurde 1525 von Alvarado erobert, und deren Einwohner wurden vertrieben. Es kann anhand der verschiedenen Bauphasen und archäologischer Reste nachgewiesen werden, dass Zaculeu seit der Frühklassik bewohnt war und ab der Postklassik als Handelszentrum für den Fernhandel mit Mexiko diente. Die Architektur zeigt mexikanische Einflüsse; überdies kamen während der Ausgrabungen mexikanische Luxusgüter, wie etwa Alabastergefäße, zutage.

Santa Rosa Xtampak, Campeche, Mexiko. Die Westfassade des dreistöckigen Tempelpalastes von Santa Rosa Xtampak in einem Foto von Teobert Maler aus dem Jahr 1891.

Santa Rosa Xtampak, Campeche, Mexiko. Das Foto zeigt den aktuellen Erhaltungszustand der Westfassade des Tempelpalastes. Treppenaufgänge im Inneren führen zu den oberen Stockwerken.

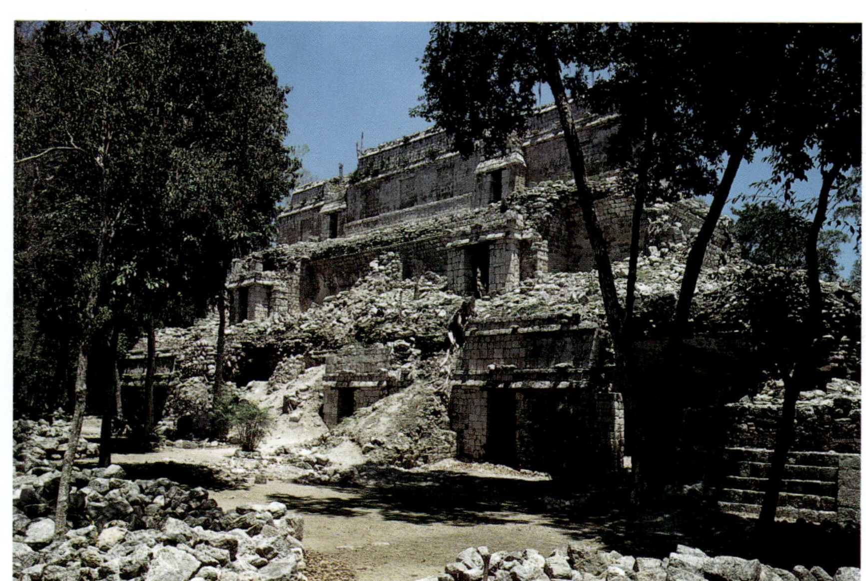

AUSGEWÄHLTE SAMMLUNGEN UND MUSEEN

zusammengestellt von Elisabeth Wagner

Basel (Schweiz)
Museum der Kulturen

Den Grundstock an Funden aus dem Maya-Gebiet, die heute in diesem Museum gezeigt werden, legte der Basler Arzt und Naturforscher Dr. Gustav Bernoulli, der im Zuge einer Expedition durch den Peten im Jahr 1877 auch Tikal besuchte. Mit Erlaubnis der guatemaltekischen Regierung ließ Bernoulli drei hölzerne Türsturze aus den Tempeln I und IV entfernen und nach Basel verschiffen; dorthin gelangten sie erst 1878, kurz nach dem Tod des Forschers.
Aus Tempel 1 stammt das reliefgeschmückte Mittelstück von Türsturz 3. Türsturz 2 aus Tempel IV ist bis auf einen Balken vollständig erhalten. Von Türsturz 3, der ebenfalls in Tempel IV verbaut war, sind alle Balkenteile im Basler Museum vorhanden: Er ist der vollständigste der drei Türsturze von Tikal. Auch eine bemalte Schale mit dem Porträt des Maisgottes, die Bernoulli in Tikal fand, ging in die Bestände des Museums über.

Berlin (Deutschland)
Ethnologisches Museum, Staatliche Museen zu Berlin, Preußischer Kulturbesitz

Die Relikte der Maya-Kultur bilden einen wesentlichen Bestandteil der ständigen Ausstellung „Amerikanische Archäologie" im Ethnologischen Museum Berlin. Seit der Gründung des Museums im Jahre 1873 wurde diese Abteilung stetig erweitert. Es ist Adolf Bastian (1826–1905), dem ersten Direktor des Museums für Völkerkunde zu verdanken, dass neben anderen Erwerbungen die Sammlung Jimeno aus Yucatan 1881 nach Berlin verbracht wurde. Zu diesem Komplex gehören zahlreiche Jaina-Figurinen. Weitere Maya-Objekte sind Keramikfigurinen und Gefäße aus der Alta Verapaz, die dem Museum von Erwin P. Dieseldorff überlassen wurden. Eduard Seler, der zwischen 1890 und 1911 mehrere Reisen nach Mittelamerika unternahm, brachte aus dem Maya-Gebiet auch einiges nach Berlin. Zahlreiche dieser Objekte stammen aus Chacula, das auch unter dem Namen Quen Santo bekannt ist. Es gelang Seler zudem, die Sammlung Alvarado mit Gegenständen aus der Umgebung der guatemaltekischen Stadt Antigua für das Berliner Museum zu erwerben sowie bemalte Keramiken. Zu den herausragenden Sammlungsstücken gehören Stelen im Cozumalhuapa-Stil aus dem gleichnamigen Ruinenort im südlichen Guatemala. Zu den jüngsten Erwerbungen des Berliner Museums gehört unter anderem ein frühklassisches Dreifußgefäß, in das eine Begräbnisszene eingraviert ist.

Boston (MA, USA)
Museum of Fine Arts

Das Museum of Fine Arts in Boston beherbergt eine der hervorragendsten Sammlungen bemalter Gefäßkeramik der verschiedenen Maya-Kulturen. Allerdings steht die ehemalige Privatsammlung dem Museum nur als Dauerleihgabe zur Verfügung. Zu den schönsten Stücken gehört die „Kosmische Schale" mit der vollständigsten Darstellung des Maya-Kosmos, die bisher bekannt ist.

Brüssel (Belgien)
Musées Royaux d'Art et d'Histoire

Die Abteilung Amerika der Musées Royaux d'Art et d'Histoire in Brüssel beherbergt eine bedeutende Sammlung von Objekten der Maya-Zeit. Eine Stele mit der Darstellung eines Maya-Herrschers und das Fragment einer Relieftafel mit Inschrift aus der Region um Bonampak sowie einige Skulpturfragmente aus Copan gehören zu den Höhepunkten der Brüsseler Sammlung. Von zahlreichen weiteren Gegenständen, etwa einigen besonders kunstvoll bemalten und reliefgeschmückten Keramikgefäßen und Keramikfigurinen, ist jedoch der genaue Herkunftsort unbekannt.

Cambridge (MA, USA)
Peabody Museum of American Archaeology and Ethnology

Der Großteil der Mesoamerika-Bestände des Peabody Museums, Cambridge setzt sich aus mehreren Einzelsammlungen von Objekten aus dem Maya-Gebiet zusammen. Hierzu gehören zahlreiche Stücke, die während der frühen Forschungsreisen im Auftrag des Museums zusammengetragen wurden. Weiterhin wurden die Sammlungen der archäologischen Sektion der Carnegie Institution of Washington nach deren Auflösung im Jahre 1958 in die Bestände des Peabody Museums überführt. Edward H. Thompson, der eine der frühen Expeditionen leitete, brachte Artefakte aus Jade, Holz und anderen Materialien, die er während der Ausgrabung des Großen Cenote von Chichen Itza barg, nach Cambridge. Skulpturen aus Piedras Negras und die Relieftafeln 1und 2 wurden von Teobert Maler dem Museum übereignet. Die Sammlung besteht aber vor allem aus den Skulpturen von Copan, die sowohl während der frühen Museumsexpeditionen gefunden wurden als auch von den Ausgrabungen der Carnegie Institution herrühren, so beispielsweise eine Sitzstatue und mehrere Blöcke der Hieroglyphentreppe von Gebäude 10L-26, eine sehr ausdrucksvolle Büste des Maisgottes von Gebäude 10L-22 sowie eine Vielzahl weiterer Fassadenskulpturen. Spätere archäologische Unternehmungen des Peabody Museums und der Carnegie Institution seit den 1920er-Jahren erweiterten die Bestände des Museums um Funde aus den Maya-Stätten Altar de Sacrificios, Barton Ramie, Holmul, Labna oder Uaxactun. Die Grabungen der Carnegie Institution of Washington setzten Maßstäbe in der Qualität der Dokumentation und Publikation der Fundgegenstände.

Campeche (Mexiko)
Museo de Las Estelas „Román Piña Chán"

Ein kolonialzeitliches Festungsgebäude aus dem 18. Jh. dient seit 1985 als Museum für die Steinmonumente, die in den bedeutendsten Ruinenstätten des Bundesstaates Campeche gefunden werden. Zu den Exponaten gehören Stelen, Türlaibungen und Türsturze aus verschiedenen Fundorten in Campeche, wie z. B. aus Xcalumkin, Edzna, Jaina und Itzimte sowie Säulen aus Tunkuyi und Cansacbe. Weitere Monumente aus den Ruinenorten der Chenes-Region, wie Dzibilnocac, Dzibilun und Kutza, gehören ebenfalls zur Sammlung. Das Museum wurde Román Piña Chán aus Campeche, einem der berühmtesten Archäologen Mexikos, gewidmet.

Chicago (IL, USA)
Field Museum of Natural History

Die Mesoamerika-Abteilung des Naturhistorischen Museums in Chicago beherbergt unter anderem eine bedeutende Sammlung von Keramikgefäßen, die um 1900 während verschiedener Expeditionen

Cleveland, The Cleveland Museum of Art; Muschelschale mit der Darstellung eines Rauchenden; Fundort unbekannt; Späte Klassik, 600–900 n. Chr.

Washington D.C., Dumbarton Oaks Research Library and Collection; Anhänger aus Jadeit mit dem Profil eines Adligen; Fundort unbekannt; Frühe Klassik, 250–400 n. Chr.

Guatemala Stadt, Museo Nacional de Arqueologia y Etnologia; Okarina in der Form eines Adligen mit Rasseln; Nebaj, El Quiché, Guatemala; Endklassik, 800–900 n. Chr.

Zürich, Museum Rietberg; Stele mit einem stehenden Maya-Fürsten; Fundort unbekannt; Späte Klassik, 7. Jh.

Denver, Denver Art Museum; Ohrschmuck aus Muschelschale mit Gefangenendarstellungen; Fundort unbekannt; Frühe Klassik, 200–400 n. Chr.

Mérida, Museo Regional de Yucatán „Palacio Canton"; Keramikgefäß in der Form einer Schildkröte; Mayapan, Yucatán, Mexiko; Späte Postklassik, um 1250 n. Chr.

London, The British Museum: The Mexican Gallery; Ohrschmuck aus Jade mit Inschrift; Fundort unbekannt; Späte Präklassik, 50 v. Chr.–50 n. Chr.

Copán Ruinas, Museo de Arqueología; Muschelanhänger mit Jade- und Obsidianeinlagen; Copan, Honduras; Späte Klassik, 600– 900 n. Chr.

zu Maya-Ruinenorten in Yukatan und Belize gesammelt wurden. Die Stücke sind deshalb von besonderer Bedeutung, weil ihr Herkunftsort recht genau bekannt ist. Sie wurden dem damaligen Stand der Wissenschaft entsprechend exakt dokumentiert. Während des 20. Jh.s erwarb das Museum eine umfangreiche Kollektion von Geweben aus den Maya-Gebieten Guatemalas.

Cleveland (OH, USA)
The Cleveland Museum of Art

Das Cleveland Museum besitzt eine der größten und qualitätvollsten Sammlungen von Maya-Kunst in den Vereinigten Staaten von Amerika. An Steinmonumenten beherbergt das Museum Stele 34 aus El Peru und eine Relieftafel aus dem Gebiet von El Cayo in der Nähe von Piedras Negras. Beide Monumente zeigen jeweils die Darstellung einer adligen Dame und weisen eine ungewöhnlich große Anzahl von Bildhauersignaturen auf. Zu den Kleinobjekten gehören bemalte Keramikgefäße und Keramikfigurinen sowie verschiedene Arbeiten aus Jade. Eine der schönsten Muschelarbeiten der Maya ist die hier präsentierte Plakette mit der fein gravierten Darstellung eines rauchenden Maya-Würdenträgers.

Guatemala Stadt (Guatemala)
Museo Ixchel del Traje Indígena

Benannt nach der Göttin der Webkunst, wurde das Museo Ixchel 1973 als private Einrichtung gegründet. Hier ist die einzige Institution Guatemalas angesiedelt, die sich der Erforschung und Bewahrung von Textilien der heutigen Maya in Guatemala widmet. Das Museum beherbergt eine bedeutende Sammlung von Trachten und Geweben aus ungefähr 120 Maya-Gemeinden, vor allem aus dem Hochland Guatemalas. Seit 1993 befindet es sich in einem neuen Gebäude auf dem Campus der Universidad Francisco Marroquín. Mehrere Ausstellungsräume präsentieren Trachten vom Ende des 19. Jh.s bis in die heutige Zeit.

Guatemala Stadt (Guatemala)
Museo Nacional de Arqueología y Etnología

Die ständigen Ausstellungen in den sechs Sälen des Nationalmuseums von Guatemala geben einen umfassenden Überblick über Archäologie und Ethnographie aller Regionen des vorspanischen Guatemala von der Kolonialzeit bis heute. Als Aufstellungsort hervorzuheben ist die Rotunde im Zentrum des Museums, wo zahlreiche Stelen, Altäre, Relieftafeln und andere Steinmonumente aus verschiedenen Stätten im guatemaltekischen Teil des klassischen Maya-Tieflandes präsentiert werden. Rekonstruktionen mehrerer Grabanlagen von Tikal und Río Azul sind hier zu besichtigen. In einem besonders gesicherten Saal sind ausgewählte Jadeobjekte, vor allem aus Tikal, ausgestellt: die Jademaske aus Grab 160 oder die Holzgefäße mit eingelegten Jademosaiken aus den Gräbern 116 und 196, die zu den schönsten Werken der Steinschneidekunst der klassischen Maya zählen.

Guatemala Stadt (Guatemala)
Museo Popol Vuh

Neben einer umfangreichen Sammlung bemalter Keramikgefäße aus dem Maya-Tiefland beherbergt das Museo Popol Vuh in Guatemala auch eine Reihe von Steinskulpturen aus dem Hochland sowie dem Gebiet der Pazifikküste. Zu den bekanntesten Stücken des Museums gehören der Altar 1 aus Naranjo mit dem Porträt des Todesgottes sowie einer langen Inschrift und vor allem die großen Begräbnisurnen aus dem Gebiet der K'iche'-Maya. Außer den Objekten aus vorspanischer Zeit präsentiert das Museum auch eine bedeutende Sammlung kolonialzeitlicher Kunst, Silberschmiedearbeiten, Skulpturen und Gemälde, sowie eine Volkskunstsammlung mit Trachten, die zum Tanz getragen wurden, und hölzernen Masken aus verschiedenen Maya-Gemeinden Guatemalas.

Köln (Deutschland)
Rautenstrauch-Joest-Museum (Museum für Völkerkunde)

Die im Kölner Rautenstrauch-Joest-Museum aufbewahrten, aber z. Z. nicht ausgestellten Maya-Objekte sind Teil der ehemaligen Sammlung Ludwig. Die von Peter und Irene Ludwig aus dem Kunsthandel erworbenen Kunstwerke bilden eine der bedeutendsten und größten europäischen Sammlungen vorspanischer Kunst.

Leiden (Niederlande)
Rijksmuseum voor Volkenkunde

Einen weiteren bedeutenden Bestand an Maya-Kunstwerken kann das Leidener Museum für Völkerkunde aufweisen. Die in Europa ihresgleichen

New York; American Museum of Natural History; Geschnitzter menschlicher Knochen mit übernatürlichen Wesen; Fundort unbekannt; Frühe Klassik, 100–400 n. Chr.

Princeton, The Art Museum, Princeton University; Keramikfigurine eines Gefangenen; Fundort unbekannt; Späte Klassik, 700–900 n. Chr.

New York, National Museum of the American Indian; Musikinstrument in Frauengestalt; Jaina, Campeche, Mexiko; Späte Klassik, 600–900 n. Chr.

Villahermosa, Museo Regional de Antropología „Carlos Pellicer Camera"; Basis eines Räuchergefäßes; Tapijulapa, Tabasco, Mexiko; Späte Klassik, 600–900 n. Chr.

suchende Sammlung weist neben bemalten und modellierten Keramikgefäßen, Keramikfigurinen, Stuckplastiken und besonders die Leidener Plakette auf. Diese beidseitig mit Gravuren versehene Plakette aus Jadeit wurde 1864 von einem niederländischen Ingenieur bei Kanalbauarbeiten in der Nähe von Puerto Barrios in Guatemala gefunden. Auf der Vorderseite der Plakette befindet sich die Darstellung eines Herrschers und die Inschrift auf der Rückseite berichtet von dessen Thronbesteigung. Dieses Ereignis vollzog sich im Jahr 320 n. Chr. Weitere bedeutende Stücke sind Türsturz 2 aus La Pasadita und ein bemaltes Keramikgefäß im Codex-Stil mit der Darstellung einer Ballspielszene.

London (Großbritannien)
The British Museum: The Mexican Gallery

Die Abteilung „Mexikanische Kunst" des British Museum in London verdankt die Reichhaltigkeit ihrer Sammlung vor allem den Expeditionen Alfred P. Maudslays, einem der großen Pioniere der Maya-Forschung. In den Jahren 1881 bis 1894 brach Maudslay insgesamt acht Mal in das Maya-Gebiet auf. Er untersuchte und dokumentierte vor allem die Ruinenstätten Copan, Quirigua, Yaxchilan, Chichen Itza und Palenque, fotografierte die Monumente und fertigte zahlreiche Abformungen an, die er nach England sandte. Die über 400 Kopien sind heute Bestandteil der riesigen, fast alle Kulturen der Welt dokumentierenden Abgusssammlung des British Museum. Das Herzstück der Mesoamerika-Sammlung bilden jedoch die von Maudslay nach England transportierten Originalskulpturen: Hierzu gehören acht Türsturze aus Yaxchilan sowie neun Skulpturen aus Copan. Außer der Sammlung von Maudslay beherbergt das Museum noch zahlreiche Objekte, die Thomas Gann von seinen Forschungsreisen mitbrachte, sowie mehrere Stelen aus der Maya-Stadt Pusilha im heutigen Belize.

Madrid (Spanien)
Museo de América

Zum Kernstück der Maya-Sammlung im Madrider Museo de América gehören die Gegenstände, die Antonio del Río von seiner Expedition nach Palenque im Jahre 1787 nach Spanien sandte. Herausragende Stücke dieser wohl ältesten Maya-Sammlung sind verschiedene Steinskulpturen, etwa das Bein eines Throns, die so genannte „Stele von Madrid" sowie zwei Relieftafeln mit Inschriften aus dem Palast von Palenque. Bei Grabungen entdeckte del Río außerdem eine Menge bauplastischer Fragmente aus Stuck sowie Objekte aus den Materialien Feuerstein und Obsidian, die aus verschiedenen Opferdepots stammen. In der Bibliothek des Museums wird eine weitere Kostbarkeit aufbewahrt: eine der insgesamt vier bekannten Maya-Handschriften, der Madrider Codex.

Mérida (Mexiko)
Museo Regional de Yucatán „Palacio Cantón"

Das Regionalmuseum von Mérida befindet sich seit 1980 in dem als „Palacio Cantón" bekannten Gebäude, das sich General Francisco Cantón Rosado von 1909 bis 1911 als Residenz errichten ließ. Die im Museum ausgestellten Objekte bieten einen Überblick über die Archäologie des vorspanischen Yukatan. Ausgestellt sind viele Steinmonumente aus den bekanntesten Ruinenstätten des Bundesstaates Yucatán, wie Chichen Itza, Mayapan, Oxkintok und Uxmal. Die Wandmalereien stammen aus Mulchic und Chacmultun, zahlreiche Keramiken, Jaden und andere Kleinobjekte wurden in allen Teilen Yucatáns aufgefunden und ins Museum gebracht.

Mexiko Stadt (Mexiko)
Museo Nacional de Antropología

Das Nationalmuseum in Mexiko Stadt wurde 1964 eingeweiht. Es beherbergt im Erdgeschoss 12 Säle, die im Gegensatz zu den ethnographischen Abteilungen im Obergeschoss archäologische Funde aus allen Kulturregionen und Epochen Mexikos präsentieren. Darunter ist auch der Maya-Kultur ein großer Bereich gewidmet. Zu den ausgestellten Gegenständen gehören Steinmonumente, Keramikgefäße, Kleinplastiken, Objekte aus Jade, Knochen, Muschelschalen, Feuerstein und Obsidian aus allen bekannten großen Maya-Städten Mexikos. Zu sehen ist im Untergeschoss der Abteilung ein kompletter Nachbau der Grabkammer des Herrschers Pakal von Palenque, aus dessen Grab hier sämtliche Beigaben in Form kostbaren Jadeschmucks ausgestellt sind. Ein weiteres Glanzstück des Museums ist ein gewaltiges Stuckrelief von der Fassade eines Tempels, das in den 1960er-Jahren von Kunstdieben beschlagnahmt wurde und dessen genaue Herkunft nicht bekannt ist.

New York (NY, USA)
The Metropolitan Museum of Art

Die Altamerika-Abteilung des weltberühmten Museums in New York weist eine umfangreiche Maya-Sammlung auf: Von bemalten und reliefierten Keramikgefäßen über Schmuck aus Jade und Muschelschalen bis hin zu Steinskulpturen sind alle Spielarten der Maya-Kunst vertreten. Zu den bekanntesten Monumenten der Ausstellung gehören Stele 5 von Piedras Negras sowie eine reliefierte Säule unbekannter Herkunft. Die frühklassische Holzskulptur eines sitzenden Würdenträgers ist eines der wenigen Holzobjekte, die aus der Zeit der vorspanischen Maya erhalten sind.

Philadelphia (PA, USA)
University Museum

Die im University Museum von Philadelphia ausgestellten Maya-Kunstwerke stammen vor allem aus Orten, die das Museum in den 1930er- und 1950er-Jahren in einigen archäologischen Großprojekten erforschen ließ. Aus der Ruinenstätte Piedras Negras in Guatemala stammt Stele 14, die einen der Herrschers dieses Ortes auf einem reich verzierten Throngerüst zeigt. In Caracol im heutigen Belize wurden die beiden Stelen 6 und 16 gefunden, die jeweils ein Herrscherporträt und eine lange Inschrift aufweisen, sowie ein skulptierter Altar. Weitere Objekte der Sammlung sind ein steinerner Schild mit der Darstellung des Feuergottes aus Copan, Figurinen und bemalte Gefäße aus Ton.

Villahermosa (Mexiko)
Museo Regional de Antropología „Carlos Pellicer Camera"

Das Museo Regional de Antropología Carlos Pellicer präsentiert die archäologischen Funde des mexikanischen Bundesstaates Tabasco, in erster Linie Objekte der olmekischen Kultur und der Maya. Den Hauptbestand der Sammlung bilden Steinmonumente, bemalte und modellierte Keramikgefäße und -figurinen sowie Kleinfunde aus verschiedenen Ruinenorten, etwa Balancan Morales, Comalcalco oder Tortuguero. In Verbindung mit den olmekischen Fundstücken gibt das Museum einen guten Überblick über die vorspanische Kulturentwicklung im heutigen Bundesstaat Tabasco.

Washington D.C.
Dumbarton Oaks Research Library and Collection

Die präkolumbische Abteilung von Dumbarton Oaks gehört zu einer größeren Privatsammlung, die im ehemaligen Wohnsitz des Sammlerehepaares Robert Woods Bliss und Mildred Barnes Bliss aufbewahrt wird. Die Sammlung umfasst Objekte aus alten Kulturen, darunter Kunstwerke aus aus Kolumbien, Costa Rica, Guatemala, Mexiko, Panama und Peru. Nach seinem Tode wurde die Sammlung nochmals durch Schenkungen der Witwe sowie anderer Privatsammler erweitert. Auch konnten Objekte aus dem Kunsthandel hinzuerworben werden. Die Kunst der Maya ist in dieser umfangreichen Sammlung mit einer Reihe bedeutender Objekte vertreten. Dazu gehören auch Steinmonumente, wie zwei Relieftafeln aus Palenque und El Cayo, Türsturz 1 aus Kuna-Lacanja, der Kopf des Maisgottes von Tempel 22 in Copan, bemalte und reliefierte Keramikgefäße, ein Alabastergefäß, Jaina-Figurinen sowie Jadeschmuck.

Zürich (Schweiz)
Museum Rietberg

Einer der Sammlungsschwerpunkte des Museums Rietberg ist Mesoamerika, wobei die Kunst sämtlicher Epochen und Kulturareale Mexikos besonders gut vertreten ist. Zu den herausragenden Maya-Kunstwerken gehören außer Jaina-Figurinen eine Stele unbekannter Herkunft mit der Darstellung eines Maya-Herrschers. Eine Relieftafel, die aufgrund ihres Stils vermutlich aus der Umgebung von Pomona (Tabasco, Mexiko) stammt, zeigt einen sitzenden Maya-Würdenträger.

Cambridge, Peabody Museum of American Archaeology and Ethnology, Harvard University; Gesichtsschmuck; Chichen Itza, Yucatán, Mexiko; Endklassik, 800–900 n. Chr.

Palenque, Museo „Alberto Ruz Lhuillier"; Porträt eines Adligen aus Kalkstein mit Hieroglyphentexten; Palenque, Chiapas, Mexiko; Späte Klassik, 608 n. Chr.

Mexiko Stadt, Museo Nacional de Antropología; Keramikfigurine mit der Darstellung eines Gottes in einem Blütenblatt, Fundort unbekannt; Späte Klassik, 600–900 n. Chr.

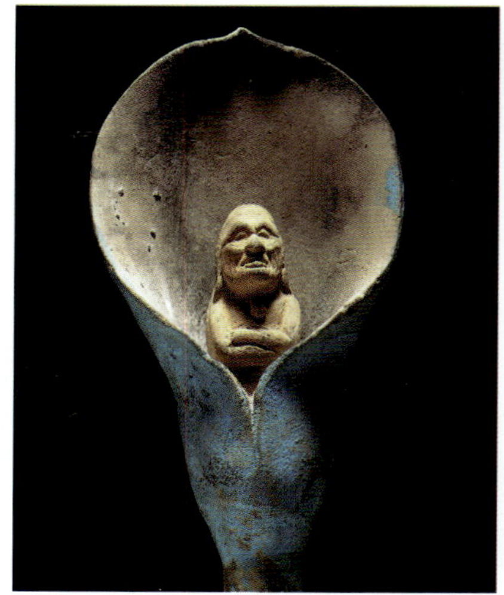

Guatemala Stadt, Museo Popol Vuh; Detail eines modellierten Räuchergefäßes, Fundort unbekannt; Frühe Klassik, 250–600 n. Chr.

ADRESSEN

Australien

Canberra
Australian National Gallery
Parkes Place
Canberra, ACT, 2601

Melbourne
National Gallery of Victoria
285-321 Russell Street
Melbourne, VIC 3000

Belgien

Brüssel
Musées Royaux d'Art et d'Histoire
Parc du Cinquantenaire 10
1000 Brüssel

Belize

Belize Stadt
Bliss Institute
Southern Foreshore
Belize City

Belmopan
Department of Archaeology
East Bloc
Belmopan

Chile

Santiago
Museo Chileno de Arte Precolombino
Bandera 361
Santiago

Costa Rica

San José
Museo Nacional
Calle 17, Avenidas Central y Segunda
San José
Museo Nacional del Jade „Fidel Tristán Castro"
Instituto Nacional de Seguros (I.N.S), Piso 11
Avenida 7, Calle 9 y 11
San José

Dänemark

Kopenhagen
Nationalmuseet
Ny Vestergade 10
1471 Kopenhagen

Deutschland

Berlin
Ethnologisches Museum, Staatliche Museen zu Berlin, Preußischer Kulturbesitz
Lansstraße 8
14195 Berlin

Dresden
Buchmuseum der Sächsischen Landesbibliothek,
Staats- und Universitätsbibliothek Dresden
Marienallee 12
01099 Dresden

Freiburg
Museum für Völkerkunde
Adelhauserstraße 33
79098 Freiburg

Hamburg
Hamburgisches Museum für Völkerkunde
Rothenbaumchaussee 64
20148 Hamburg

Köln
Rautenstrauch Joest Museum für Völkerkunde
Ubierring 45
50678 Köln

Mannheim
Völkerkundliche Sammlungen der Stadt Mannheim im Reiss-Museum
Neubau D5
68159 Mannheim

München
Staatliches Museum für Völkerkunde
Maximilianstraße 42
80538 München

Stuttgart
Linden – Museum Stuttgart
Staatliches Museum für Völkerkunde
Hegelplatz 1
70174 Stuttgart

El Salvador

San Salvador
Museo Nacional de Antropología
Dr. David Joaquín Guzmán
Avenida La Revolución/
Carretera a Santa Tecla
Col. San Benito
San Salvador

Chalchuapa
Museo Regional de Chalchuapa
Sitio Arqueológico Tazumal
Chalchuapa, Santa Ana

Ceren
Museo Joya de Ceren
Sitio Arqueológico Joya de Ceren
Ceren, La Libertad

San Andrés
Museo de San Andrés
Sitio Arqueológico de San Andrés
San Andrés, La Libertad

Finnland

Helsinki
Didrichsen Art Museum
Kuusilahdenkuja 1
00340 Helsinki

Frankreich

Bordeaux
Musée d'Ethnographie
Université Victor Segalen Bordeaux 2
3 Place de la Victoire
33076 Bordeaux

Paris
Bibliothèque Nationale de France, Département des Manuscrits, Richelieu-Louvois
58 Rue de Richelieu et 2 Rue Louvois
75002 Paris
Musée de l'Homme
Musée National d'Histoire Naturelle
Palais de Chaillot, 17 Place du Trocadéro
75116 Paris

Großbritannien

Liverpool
National Museum and Galleries on Merseyside, Liverpool Museum
William Brown Street
Liverpool L3 8EN

London
British Museum, The Mexican Gallery
Great Russell Street
London WC1B 3DG

Guatemala

Antigua
Museo Arqueológico
Hotel „Casa Santo Domingo"
3a Calle Oriente No. 28
Antigua Guatemala, Sacatepequez

Cobán
Museo „Príncipe Maya"
Cobán, Alta Verapaz

Escuintla
Museo Regional de Arqueología Olmeca y Exposiciones Antropológicas,
Museo denominado Rubén Chávez Van Dorne
Escuintla, Escuintla

Guatemala Stadt
Museo Ixchel del Traje Indígena
Universidad Francisco Marroquín
Campus Central
6a. Calle Final, Zona 10
Guatemala Ciudad 01010
Museo Nacional de Arqueología y Etnología
Parque La Aurora, Local 5, Zona 13
Guatemala Ciudad 01013
Museo Popol Vuh
Universidad Francisco Marroquín
Campus Central
6a Calle Final, Zona 10
Guatemala Ciudad 01010

Quetzaltenango
Casa de La Cultura de la Antigua Guatemala
4a Avenida Norte y 4ta Calle Oriente
Quetzaltenango, Quetzaltenango
Museo Quezaltenango
7a Calle 11-09, Zona 1
Quetzaltenango, Quetzaltenango

Tikal
Museo Lítico
Parque Nacional Tikal
Tikal, El Petén

Copán Ruinas, Museo de Arqueología; Feuersteingerät mit Darstellung des Gottes K'awiil; Copan, Honduras; Späte Klassik, 763 n. Chr.

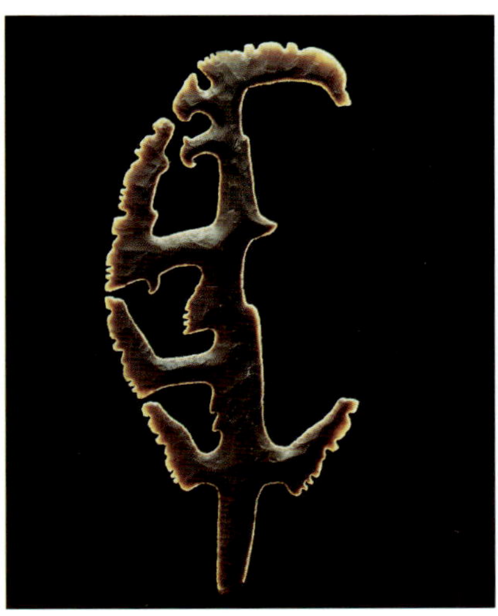

Campeche, Museo Histórico Fuerte de San Miguel; Maske aus Jade, Obsidian und Perlmutt; Calakmul, Campeche, Mexiko; Späte Klassik, 600–900 n. Chr.

Mexiko Stadt, Museo Nacional de Antropología; Ballspielplatz-Monument aus Kalkstein; Chinkultic, Chiapas, Mexiko; Frühe Klassik, 591 n. Chr.

Mexiko Stadt, Museo Nacional de Antropología; Keramik-Räuchergefäß; Mayapan, Yucatán, Mexiko; Späte Postklassik, um 1350

Museo „Sylvanus G. Morley"
Parque Nacional Tikal
Tikal, El Petén
Uaxactun
Museo „Juan Antonio Valdés" und Stelenpark „Nikolai Grube"
Uaxactun, El Petén

Honduras
Copán Ruinas
Museo de Arqueología
Parque Central
Copan Ruinas, Copán
Museo de Escultura Maya
Parque Arqueológico
Copan Ruinas, Copán
La Entrada
Museo Arqueológico
La Entrada, Copán
San Pedro Sula
Museo de Antropología e Historia del Valle de Sula
3a. Avenida y 4a. Calle NO
San Pedro Sula, Cortes
Tegucigalpa
Museo Nacional Villaroy
Calle Morelos 3A
Barrio Buenos Aires
Tegucigalpa, Francisco Morazan

Israel
Jerusalem
Israel Museum
Ruppin Boulevard
Jerusalem 91710

Italien
Genua
Museo Americanistico „F. Lunardi"
Villa De Mari-Gruber
Corso Solferino 25
16122 Genua
Rom
Museo Nazionale Preistorico-Etnografico „L. Pigorini"
Piazza Guglielmo Marconi 14
00144 Rom

Japan
Osaka
Minpaku – Nationalmuseum für Ethnologie
10-1 Senri Expo Park, Suita
Osaka 565-8511

Kanada
Montreal
The Montreal Museum of Fine Arts
Jean-Noël Desmarais Pavilion
1380 Sherbrooke Street West
Montreal, Quebec H3G 2T9
Toronto
Gardiner Museum of Ceramic Art
111 Queen's Park
Toronto, Ontario M5S 2C7
Royal Ontario Museum
100 Queen's Park
Toronto, Ontario M5S 2C6
Vancouver
Museum of Anthropology at the University of British Columbia
6393 N.W. Marine Drive
Vancouver, British Columbia V6T 1Z2

Mexiko
Bacalar
Museo Regional de Bacalar
Fuerte de San Felipe
38 km nordöstlich von Chetumal
Bacalar, Quinatana Roo
Campeche
Museo de Las Estelas „Román Piña Chán"
Museo de Escultura Maya
Baluarte de Virgen de la Soledad
Calle 8 s/n
Colonia Centro
Campeche, Campeche
Museo Histórico Fuerte de San Miguel
Avenida Escénica s/n
Campeche, Campeche
Museo Regional de Campeche „Casa Teniente del Rey"
Calle 59 No. 40
Colonia Centro
Campeche, Campeche
Cancun
Centro Cultural Cancún
Avenida Kukulcán
Centro de Convenciones
Cancún, Quintana Roo
Chablekal
Museo del Pueblo Maya
Zona Arqueológica de Dzibilchaltún
Chablekal, Yucatán
Chichen Itza
Museo de Sitio de Chichén Itzá
Zona Arqueológica de Chichen Itza
Carretera Mérida-Cancún-Tinum, km 120
Comalcalco
Museo de Sitio
Zona Arqueológica de Comalcalco
Comalcalco, Tabasco
Comitán de Domínguez
Museo Arqueológico del Valle de Comitán
2a. Avenida Oriente, esquina 1a. Calle Sur
Col. Centro
30000 Comitán de Domínguez, Chiapas
Casa de la Cultura de Comitán
Avenida Rosario Castellanos, esquina 1a Calle Sur
Col. Centro
30000 Comitán de Domínguez, Chiapas
Cozumel
Museo de la Isla de Cozumel
Avenida Rafael Melgar, entre Calles 4 y 6 Norte
Cozumel, Quintana Roo
Emiliano Zapata
Museo Municipal
Emiliano Zapata, Tabasco
Hecelchakan
Museo Arqueológico del Camino Real
Domicilio Conocido
Hecelchakan, Campeche
Hopelchen
Museo Municipal
Hopelchen, Campeche
Izamal
Museo Comunitario de Itzamal Kavil „Guacamaya de Fuego"
Calle 31 con 28,
Izamal, Yucatán
Jonuta
Museo Arqueológico Profesor Omar Huerta E.
Calle Juárez s/n
Jonuta, Tabasco
La Venta
Museo de Sitio
Calle Principal s/n, Ex-Pista Aérea
La Venta, Tabasco
Mérida
Museo Regional de Yucatán „Palacio Cantón"
Calle 43 y Paseo Montejo
Mérida, Yucatán
Mexiko Stadt
Museo Nacional de Antropología
Av. Paseo de la Reforma y Calzada Gandhi s/n
Col. Chapultepec Polanco
Delegación Miguel Hidalgo
11560 México D.F.
Oaxaca
Museo de Arte Prehispánico Rufino Tamayo
Av. Morelos 503
Oaxaca, Oaxaca
Palenque
Museo „Alberto Ruz Lhuillier"
Palenque, Chiapas
Puebla
Museo Amparo
2° Calle Sur 708
Centro Histórico
72000 Puebla, Puebla
San Cristóbal de las Casas
Museo de los Altos de Chiapas
Avenida 20 de Noviembre s/n
Colonia Cerrillo
San Cristóbal de las Casas, Chiapas
Tenosique
Museo de Sitio
Zona Arqueológica de Pomoná
Tenosique, Tabasco
Toniná
Museo de Sitio
Zona Arqueológica de Toniná
Toniná, Chiapas
Tuxtla Gutierrez
Museo Regional de Antropología
Calzada de los Hombres Ilustres 885
29000 Tuxtla Gutierrez, Chiapas
Uxmal
Museo de Sitio de Uxmal
Zona Arqueológica de Uxmal
alte Straße von Campeche nach Santa Elena, km 78
Valladolid
Museo San Roque
Calle 42/Ecke der Calle 38
Col. Centro
97780 Valladolid, Yucatán
Villahermosa
Museo Regional de Antropología „Carlos Pellicer Camara"
Avenida Carlos Pellicer 511
Zona CICOM
Villahermosa, Tabasco
Parque Museo de la Venta
Avenida Adolfo Ruiz Cortines s/n
Villahermosa, Tabasco
Yaxcopoil
Antigua Hacienda y Museo
Bundesstraße (Carretera Federal) 261, km 33
Yaxcopoil, Yucatán
Zinacantán
Museo Tradicional „Ik'al Ojov"
Av. Insurgentes 4
29350 Zinacantán, Chiapas

Niederlande
Leiden
Rijksmuseum voor Volkenkunde
Steenstraat 1
2300 AE Leiden

Norwegen
Oslo
Universitetets Ethnographiske Museum
Universität Oslo
Frederiks Gate 2
0164 Oslo

Österreich
Wien
Museum für Völkerkunde
Neue Hofburg
1014 Wien

Schweden
Göteborg
Etnografiska Museet I Goteborg
Avagen 24
3-402 Göteborg
Stockholm
Nationalmuseum
Södra Blasieholmshamnen
10324 Stockholm
Folkens Museum Etnografiska
Djurgårdsbrunnsvägen 34
10252 Stockholm

Schweiz
Basel
Museum der Kulturen
Augustinergasse 2
4051 Basel
Genf
Musée d'Ethnographie de la Ville de Genève
Boulevard Carl-Vogt 65
1205 Genf
Musée Barbier-Mueller
Rue Jean-Calvin 10
1204 Genf
Schaffhausen
Museum zu Allerheiligen, Sammlung Ebnöther
Klosterplatz 1
8200 Schaffhausen
Zürich
Museum Rietberg
Gablerstrasse 15
8002 Zürich

Spanien
Barcelona
Museo Barbier-Mueller de Arte Precolombino
Montcada 14
08003 Barcelona
Madrid
Museo de América
Avenida Reyes Católicos 6
Ciudad Universitaria
28040 Madrid

Ungarn
Budapest
Néprajzi Múzeum
Kossuth Lajos ter 12
1055 Budapest

Vereinigte Staaten von Amerika
Boston
Museum of Fine Arts
Avenue of the Arts
465 Huntington Avenue
Boston, MA 02115-5523
Brooklyn
Brooklyn Museum of Art
200 Eastern Parkway
Brooklyn, NY 11238
Cambridge
Peabody Museum of American Archaeology and Ethnology, Harvard University
11 Divinity Avenue
Cambridge, MA 02138
Chicago
The Art Institute of Chicago
111 South Michigan Avenue
Chicago, IL, 60603-6110

Field Museum of Natural History
1400 South Lake Shore Drive
Chicago, IL 60605-2496
Cleveland
The Cleveland Museum of Art
11150 East Boulevard
Cleveland, OH, 44106-1797
Dallas
Dallas Museum of Art
1717 N. Harwood Street
Dallas, TX 75201
Dayton
The Dayton Art Institute
456 Belmonte Park
Dayton, OH 45405
Denver
Denver Art Museum
100 West 14th Avenue Parkway
Denver, CO 80204-2788
Denver Museum of Natural History/
Denver Museum of Nature and Science
2001 Colorado Boulevard
Denver, CO 80205
Detroit
The Detroit Institute of Arts
5200 Woodward Avenue
Detroit, MI 48202
Durham
Duke University Museum of Art
Buchanan Boulevard at Trinity Avenue
Durham, NC 27708-0732
Fort Worth
Kimbell Art Museum
3333 Camp Bowie Boulevard
Fort Worth, TX, 76107-2792
Gainesville
Samuel P. Harn Museum of Art
University of Florida
SW 34th Street and Hull Road
Gainesville, FL 32611-2700
Houston
Houston Museum of Fine Arts
1001 Bissonnet
Houston, TX 77005
The Menil Collection
1515 Sul Ross
Houston, TX 77006
Kansas City
William Rockhill Nelson Gallery of Art –
Atkins Museum of Fine Arts
4525 Oak St. 64111
Kansas City, MO 64111
Los Angeles
Los Angeles County Museum of Art
5905 Wilshire Boulevard
Los Angeles, CA 90036
Los Angeles County Museum of Natural History
Natural History Museum of
Los Angeles County
900 Exposition Boulevard
Los Angeles, CA 90007
Milwaukee
Milwaukee Public Museum
800 West Wells Street
Milwaukee, WI 53233
Minneapolis
The Minneapolis Institute of Arts
2400 Third Avenue South
Minneapolis; MN 55404
New Haven
Yale University Art Gallery
1111 Chapel Street
New Haven, CT 06520
Peabody Museum, Yale University
170 Whitney Avenue
New Haven, CT 06520-8118
New Orleans
New Orleans Museum of Art
1 Collins C. Diboll Circle
New Orleans, LA 70179-0123
Middle American Research Institute
Dinwiddie Hall, 4th floor
Tulane University
New Orleans, LA 70118
New York
The Metropolitan Museum of Art
1000 Fifth Avenue at 82nd Street
New York, NY 10028-0198
National Museum of the American Indian –
Heye Foundation/Smithsonian Institution
The George Gustav Heye Center
Alexander Hamilton U.S. Custom House
One Bowling Green
New York, NY 10004
American Museum of Natural History
Central Park West at 79th Street
New York City, NY 10024-5912
Ocala
The Appleton Museum of Art
4333 East Silver Spring Blvd
Ocala, FL 34478-3190
Orono
Hudson Museum
University of Maine
5746 Maine Center for the Arts,
Orono, ME 04469-5746
Philadelphia
University Museum
33rd and Spruce Streets
Philadelphia, PA 19104
Philadelphia Museum of Art
Benjamin Franklin Parkway and 26th Street
Philadelphia, PA 19130
Princeton
Princeton University Art Museum
Princeton University, McCormick Hall
Princeton, NJ 08544-1018
Princeton University Library
Princeton University
Princeton, NJ 08544
Raleigh
North Carolina Museum of Art
2110 Blue Ridge Road
Raleigh, NC 27607-6433
Redlands
San Bernardino County Museum
2024 Orange Tree Lane
Redlands, CA 92374
Richmond
Virginia Museum of Fine Arts
2800 Grove Avenue
Richmond, VA 23221-2466
Saint Louis
St. Louis Museum of Art
Forest Park
1 Fine Arts Drive
St. Louis, MO 63110
Salt Lake City
The Utah Museum of Fine Arts
University of Utah
1530 East South Campus Drive
Salt Lake City, UT 84112-0360
San Antonio
San Antonio Museum of Art
200 West Jones Avenue
San Antonio, TX 78215
San Diego
San Diego Museum of Art
Fine Arts Gallery of San Diego
Balboa Park
San Diego, CA 92112-2107
San Diego Museum of Man
1350 El Prado
Balboa Park
San Diego, CA 92101
San Francisco
De Young Museum
75 Tea Garden Drive
Golden Gate Park
San Francisco, CA 94118
Santa Ana
Bowers Museum of Cultural Art
2002 North Main Street
Santa Ana, CA 92706
Seattle
Seattle Art Museum
100 University Street
Seattle, WA 98101-2902
Tulsa
Gilcrease Museum
1400 Gilcrease Museum Road
Tulsa, OK 74127
Washington
Dumbarton Oaks Research Library and Collection
1703 32nd Street, N.W.
Washington, D.C. 20007

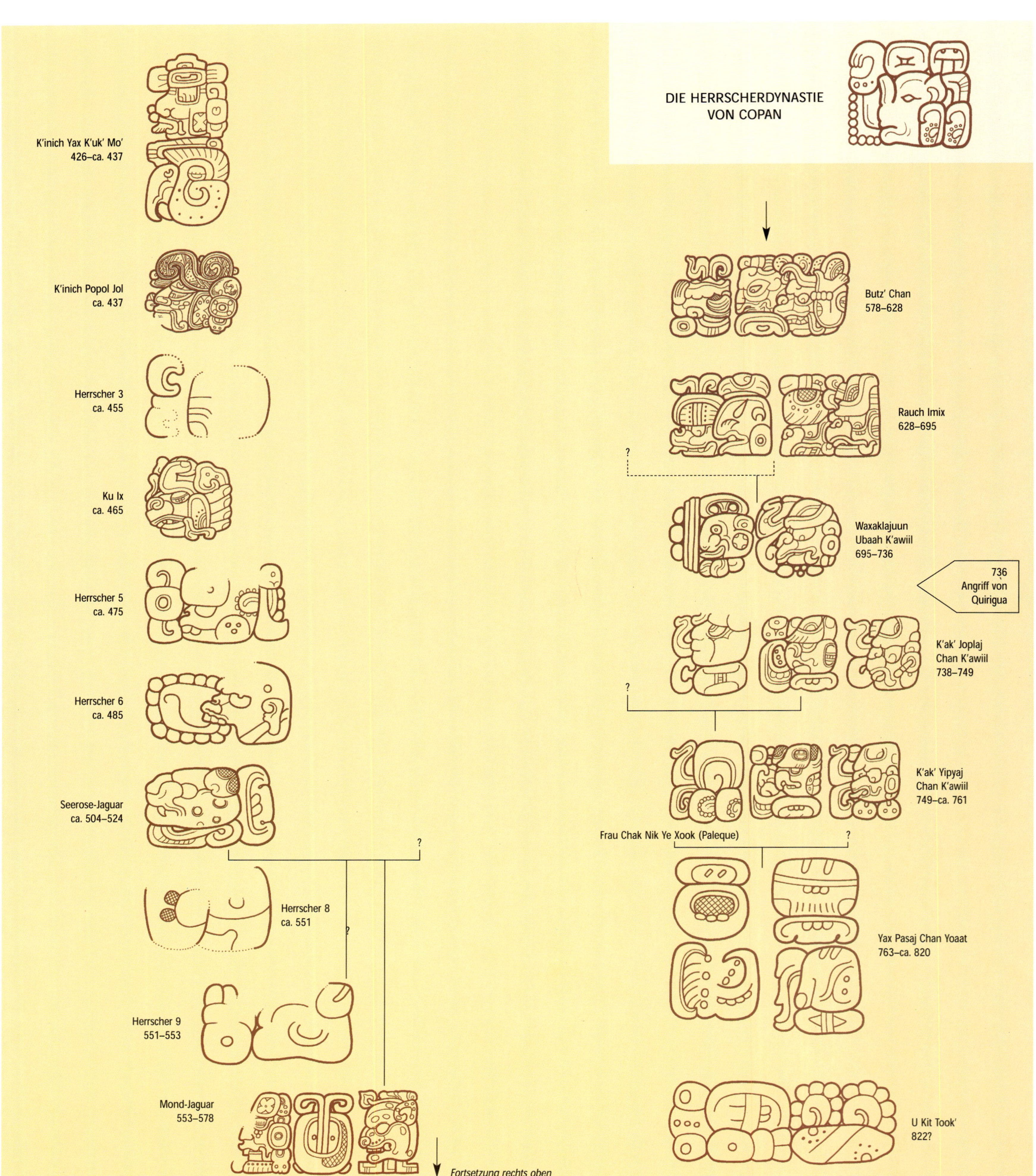
DIE HERRSCHERDYNASTIE VON COPAN
K'inich Yax K'uk' Mo' 426–ca. 437
K'inich Popol Jol ca. 437
Herrscher 3 ca. 455
Ku Ix ca. 465
Herrscher 5 ca. 475
Herrscher 6 ca. 485
Seerose-Jaguar ca. 504–524
?
Herrscher 8 ca. 551
?
Herrscher 9 551–553
Mond-Jaguar 553–578
Fortsetzung rechts oben
Butz' Chan 578–628
Rauch Imix 628–695
?
Waxaklajuun Ubaah K'awiil 695–736
736 Angriff von Quirigua
K'ak' Joplaj Chan K'awiil 738–749
?
K'ak' Yipyaj Chan K'awiil 749–ca. 761
Frau Chak Nik Ye Xook (Paleque)
?
Yax Pasaj Chan Yoaat 763–ca. 820
U Kit Took' 822?

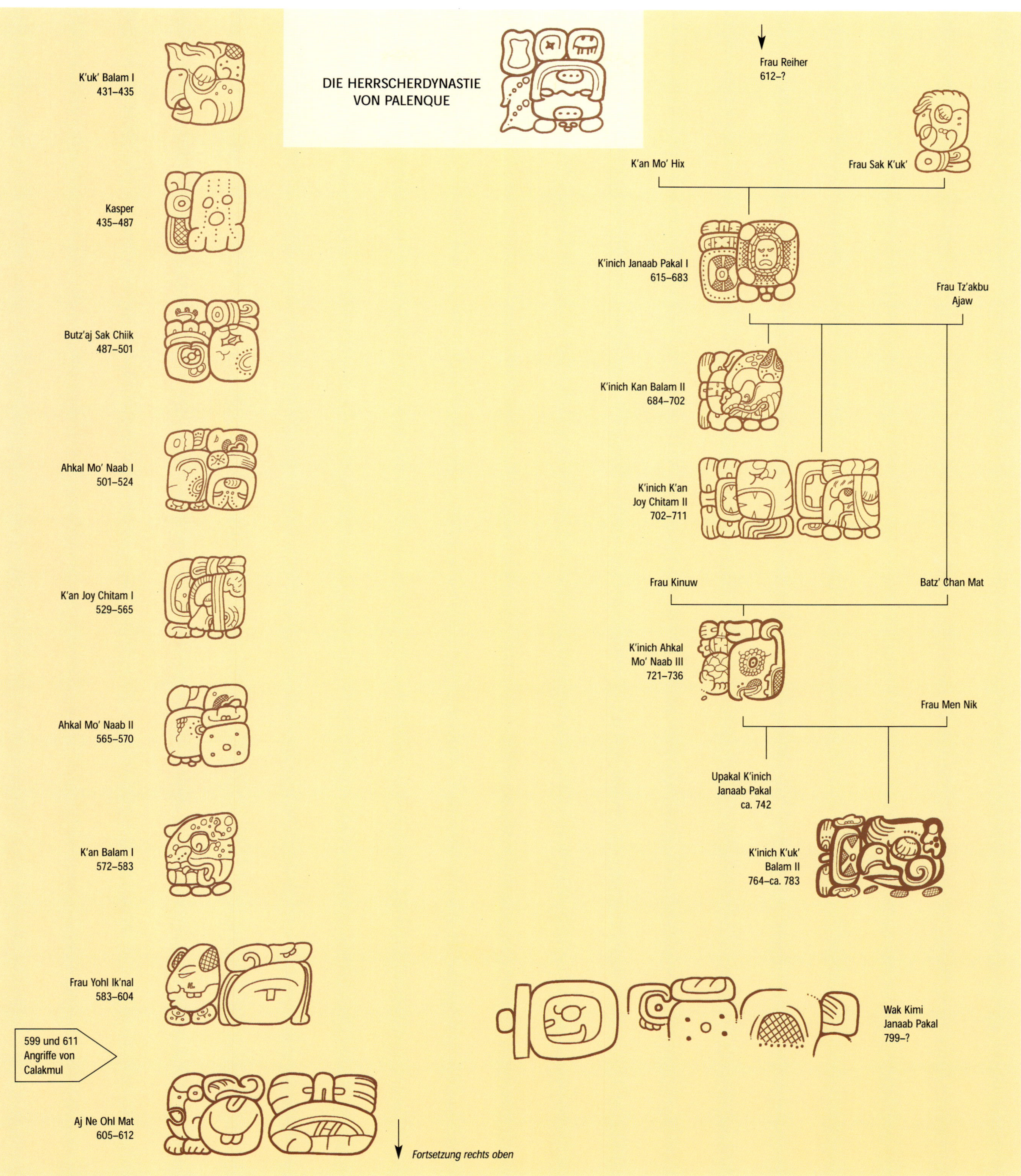
DIE HERRSCHERDYNASTIE VON PALENQUE
K'uk' Balam I 431–435
Kasper 435–487
Butz'aj Sak Chiik 487–501
Ahkal Mo' Naab I 501–524
K'an Joy Chitam I 529–565
Ahkal Mo' Naab II 565–570
K'an Balam I 572–583
Frau Yohl Ik'nal 583–604
599 und 611 Angriffe von Calakmul
Aj Ne Ohl Mat 605–612
Fortsetzung rechts oben
Frau Reiher 612–?
K'an Mo' Hix
Frau Sak K'uk'
K'inich Janaab Pakal I 615–683
Frau Tz'akbu Ajaw
K'inich Kan Balam II 684–702
K'inich K'an Joy Chitam II 702–711
Frau Kinuw
Batz' Chan Mat
K'inich Ahkal Mo' Naab III 721–736
Frau Men Nik
Upakal K'inich Janaab Pakal ca. 742
K'inich K'uk' Balam II 764–ca. 783
Wak Kimi Janaab Pakal 799–?

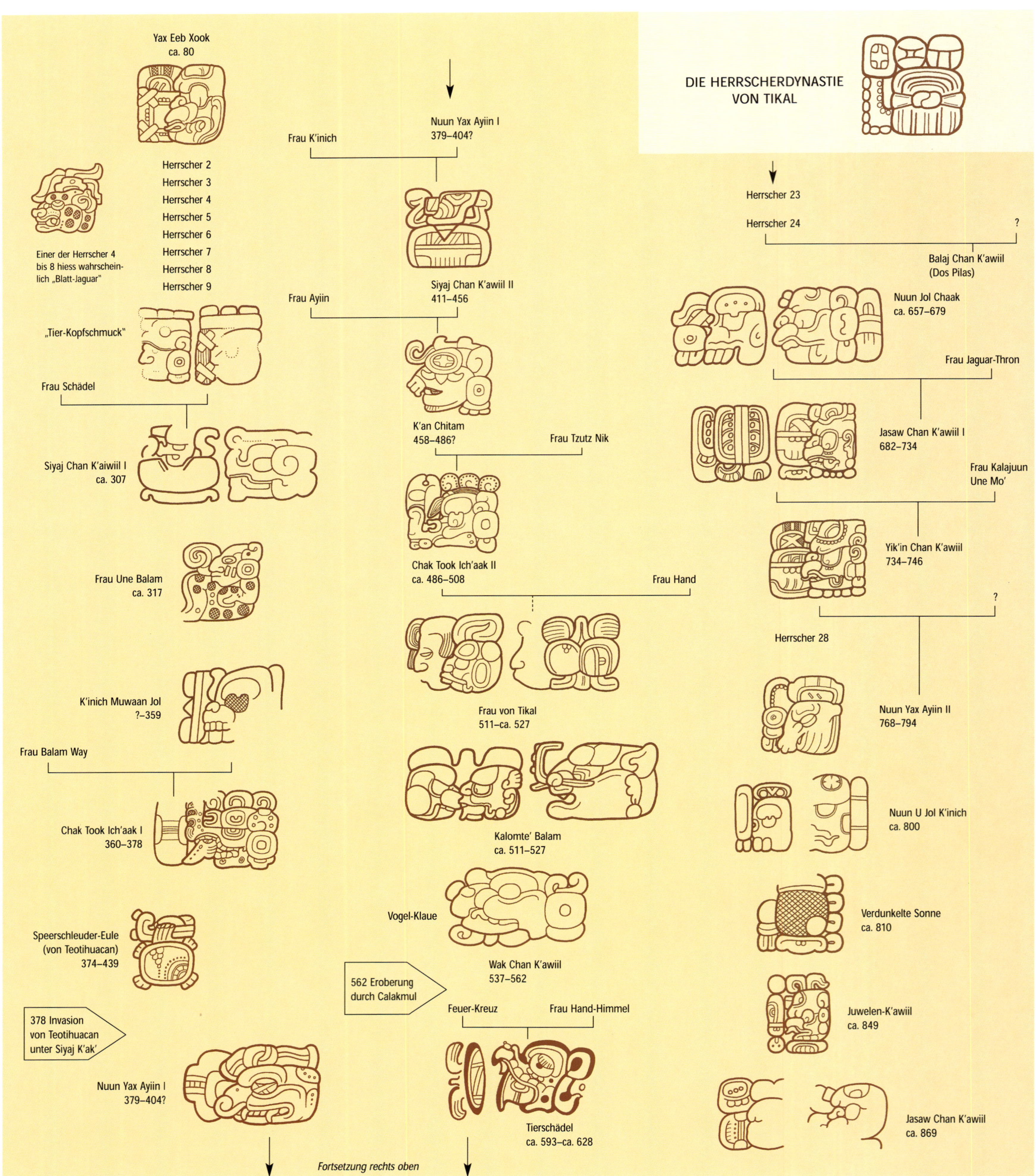
DIE HERRSCHERDYNASTIE
VON TIKAL
Yax Eeb Xook
ca. 80
Herrscher 2
Herrscher 3
Herrscher 4
Herrscher 5
Herrscher 6
Herrscher 7
Herrscher 8
Herrscher 9
Einer der Herrscher 4 bis 8 hiess wahrscheinlich „Blatt-Jaguar"
„Tier-Kopfschmuck"
Frau Schädel
Siyaj Chan K'aiwiil I
ca. 307
Frau Une Balam
ca. 317
K'inich Muwaan Jol
?–359
Frau Balam Way
Chak Took Ich'aak I
360–378
Speerschleuder-Eule
(von Teotihuacan)
374–439
378 Invasion
von Teotihuacan
unter Siyaj K'ak'
Nuun Yax Ayiin I
379–404?
Frau K'inich
Nuun Yax Ayiin I
379–404?
Frau Ayiin
Siyaj Chan K'awiil II
411–456
K'an Chitam
458–486?
Frau Tzutz Nik
Chak Took Ich'aak II
ca. 486–508
Frau Hand
Frau von Tikal
511–ca. 527
Kalomte' Balam
ca. 511–527
Vogel-Klaue
Wak Chan K'awiil
537–562
562 Eroberung
durch Calakmul
Feuer-Kreuz
Frau Hand-Himmel
Tierschädel
ca. 593–ca. 628
Fortsetzung rechts oben
Herrscher 23
Herrscher 24
?
Balaj Chan K'awiil
(Dos Pilas)
Nuun Jol Chaak
ca. 657–679
Frau Jaguar-Thron
Jasaw Chan K'awiil I
682–734
Frau Kalajuun
Une Mo'
Yik'in Chan K'awiil
734–746
?
Herrscher 28
Nuun Yax Ayiin II
768–794
Nuun U Jol K'inich
ca. 800
Verdunkelte Sonne
ca. 810
Juwelen-K'awiil
ca. 849
Jasaw Chan K'awiil
ca. 869

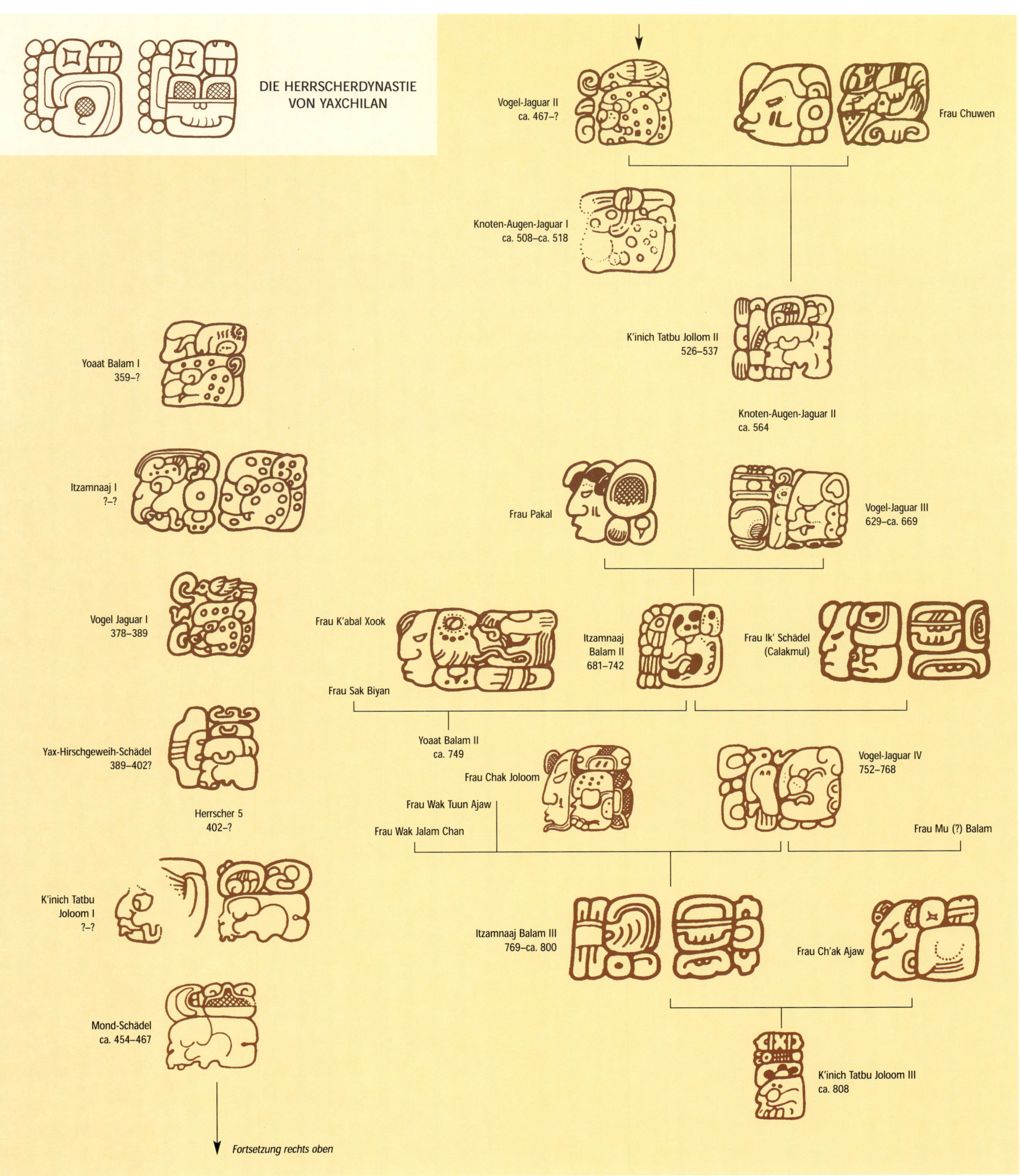

DIE HERRSCHERDYNASTIE
VON YAXCHILAN
Vogel-Jaguar II
ca. 467–?
Frau Chuwen
Knoten-Augen-Jaguar I
ca. 508–ca. 518
K'inich Tatbu Jollom II
526–537
Knoten-Augen-Jaguar II
ca. 564
Frau Pakal
Vogel-Jaguar III
629–ca. 669
Frau K'abal Xook
Itzamnaaj
Balam II
681–742
Frau Ik' Schädel
(Calakmul)
Frau Sak Biyan
Yoaat Balam II
ca. 749
Frau Chak Joloom
Vogel-Jaguar IV
752–768
Frau Wak Tuun Ajaw
Frau Wak Jalam Chan
Frau Mu (?) Balam
Itzamnaaj Balam III
769–ca. 800
Frau Ch'ak Ajaw
K'inich Tatbu Joloom III
ca. 808
Yoaat Balam I
359–?
Itzamnaaj I
?–?
Vogel Jaguar I
378–389
Yax-Hirschgeweih-Schädel
389–402?
Herrscher 5
402–?
K'inich Tatbu
Joloom I
?–?
Mond-Schädel
ca. 454–467
Fortsetzung rechts oben

1800	1700	1600	1500	1400	1300	1200	1100	1000	900

F R Ü H E   P R Ä K L A S S I K   M I T T L E R E

Nördliches Tiefland

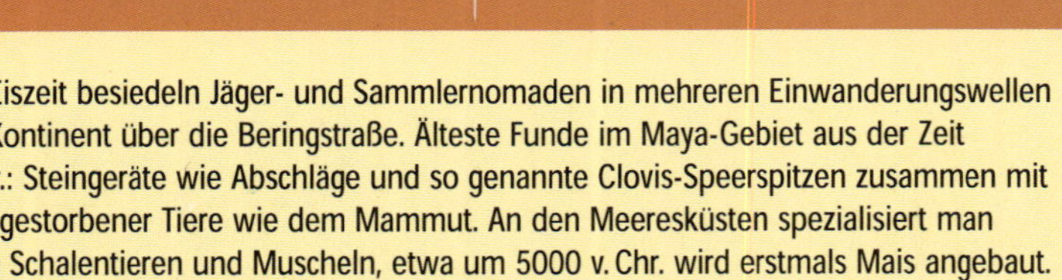

Während der letzten Eiszeit besiedeln Jäger- und Sammlernomaden in mehreren Einwanderungswellen den amerikanischen Kontinent über die Beringstraße. Älteste Funde im Maya-Gebiet aus der Zeit von 9000–7000 v. Chr.: Steingeräte wie Abschläge und so genannte Clovis-Speerspitzen zusammen mit den Resten heute ausgestorbener Tiere wie dem Mammut. An den Meeresküsten spezialisiert man sich auf den Fang von Schalentieren und Muscheln, etwa um 5000 v. Chr. wird erstmals Mais angebaut. Etwa um 2000 v. Chr. entstehen die ersten dauerhaften Siedlungen mit Landwirtschaft und der Herstellung von Keramikgefäßen.

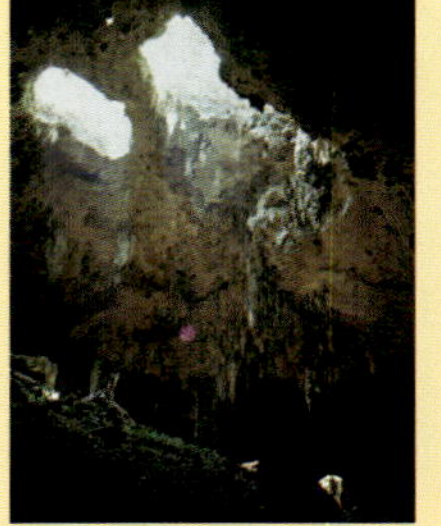

Höhle von Loltun, um 900 v. Chr.

Südliches Tiefland

Keile aus Cuello, 1800 v. Chr.

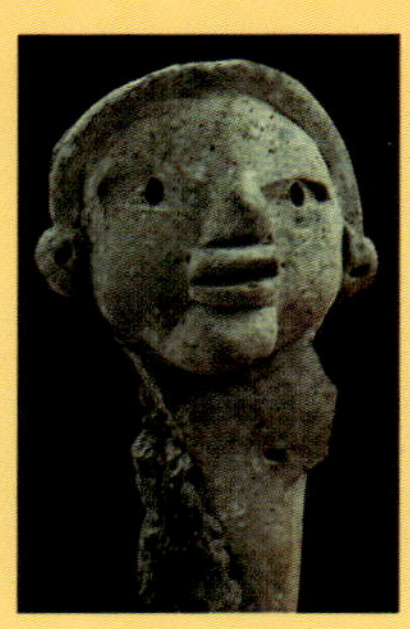

Figurinenkopf aus Cuello, um 1300 v. Chr.

1000–600 Swasey-Keramik in Cuello. Frühe künstlerische Epoche der Maya-Kultur in Belize, stuckierte Plattformen, elaborierte Keramik, Nutzung von kultivierten Feldfrüchten

600–250 Blütezeit von Nakbe, einem der wichtigsten Zentren der Mittleren Präklassik im zentralen Peten, monumentale Architektur und skulptierte Steinmonumente

Hochland

8000 Los Tapiales. Raststelle für Jäger und Sammler, früheste Funde im Hochland von Guatemala, darunter Clovis-Feuerstein-Speerspitzen und Abschläge

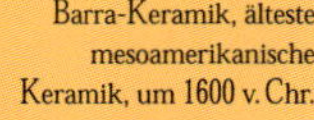

Barra-Keramik, älteste mesoamerikanische Keramik, um 1600 v. Chr.

1500–1200 Ocos-Keramik. Frühe präklassische Töpferei an der Pazifikküste gibt Hinweise auf dauerhafte Siedlungen und Dorfanlagen mit einer Bevölkerung von Fischern und Ackerbauern

1000–500 Las-Charcas-Phase von Kaminaljuyu. Anstieg der Bevölkerungszahl im Tal von Guatemala, Produktion von Figurinen und Skulptur

Monument 12 aus Chalchuapa, 1000–400 v. Chr.

Andere Zivilisationen/ Mesoamerika

1200–900 San Lorenzo (olmekische Stadt)

1200–800 Tlatilco-Kultur in Zentralmexiko

900–600 klassische Epoche von La Venta (olmekische Stadt)

Monument 3 aus San José, Mogote, 900–400 v. Chr.

1800	1700	1600	1500	1400	1300	1200	1100	1000	900

Europa/Afrika/Asien

2040–1650 Ägypten, mittleres Reich

1700 minoisch-kretische Schrift als Linearschrift

1600 phönizisches Alphabet

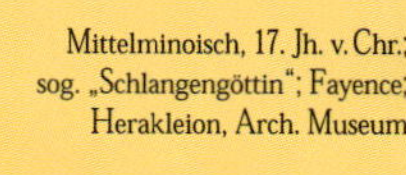

Mittelminoisch, 17. Jh. v. Chr.; sog. „Schlangengöttin"; Fayence; Herakleion, Arch. Museum

nach 1555 Ägypten: neues Reich nach Vertreibung der Hyksos

Tutanchamun, Goldmaske aus dem inneren Sarg; um 1347–1339 v. Chr.; Kairo, Ägyptisches Museum

Späte Shang-Periode, ca. 1200–1000 v. Chr.; Rituelles Speisegefäß; Peking, Nationalmuseum

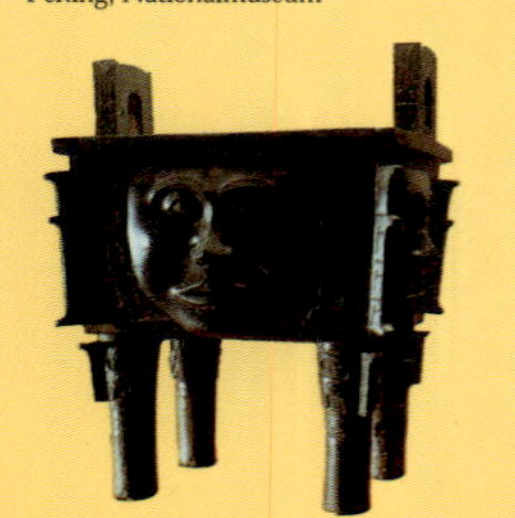

ca. 960–925 König Salomon

814 Phönizier aus Tyros gründen Karthago

753 Gründung Roms

587 Zerstörung Jerusalems durch Nebukadnez

551–479 Konfuzius begründet eine strenge Sittenlehre

700 600 500 400 300 200 100 0 100 200

PRÄKLASSIK SPÄTE PRÄKLASSIK (PROTOKLASSIK)

Nördliches Tiefland

Topf von Punta Piedra, Quintana Roo, 400–100 v. Chr.

100 Relief am Eingang der Höhle von Loltun: früheste Skulptur der Maya-Kunst, Darstellung eines Maya-Herrschers

Südliches Tiefland

Keramik aus Cuello. 900–400 v. Chr.

Gordon-Keramik aus Copan, 800–600 v. Chr.

Figur aus Kichpanha, 600–300 v. Chr.

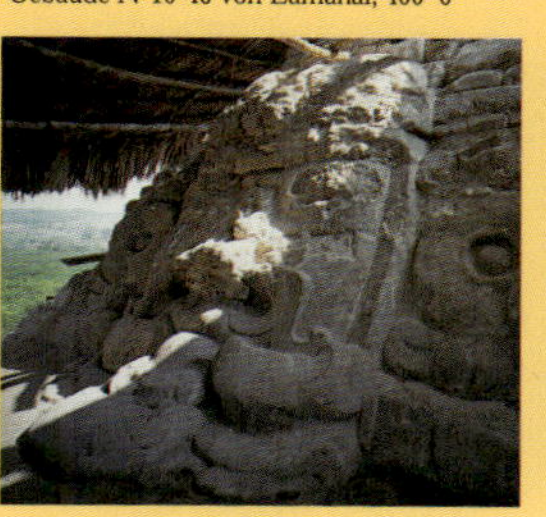
Gebäude N-10-43 von Lamanai, 400–0

1. Jh. Gründung der Königsdynastie von Tikal

Fuchsit-Maske aus Grab 85 in Tikal, 1. Jh.

Jademaske aus Peten, um 200

Hochland

Teller aus Las Charcas, 1000–400 v. Chr.

500–200 Miraflores-Phase von Kaminaljuyu, wichtigste Besiedlungsphase. Der Großteil der noch heute sichtbaren Architektur entsteht. Steinskulpturen, reich ausgestattete Gräber, florierender Handel

300–150 Izapa-Stil. Großer Fundort mit über 80 Tempelplattformen östlich von Tapachula, Chiapas. Kunstvoller Stil auf Monumenten von Tres Zapotes an der Küste von Veracruz bis in die pazifischen Ebenen von Chiapas und Guatemala

Monument aus Izapa, 300 v. Chr.–0

Usulutan-Keramik, 300 v. Chr.–0

36 Stele 1 von El Baúl/Guatemala trägt das früheste Datum in der langen Zählung von einem Nullpunkt aus, mit Zeiteinheiten von je 144 000, 9600, 360, 20 und 1 Tagen, jeweils mit Koeffizienten multipliziert und addiert

200–400 Aurora-Phase von Kaminaljuyu

Andere Zivilisationen/Mesoamerika

Kopf aus San Lorenzo, 1200–900 v. Chr.

500–900 Monte Alban im Tal von Oaxaca. Vielzahl von massiven Steingebäuden, einzigartige Skulpturenvielfalt mit einem schriftähnlichen Symbolsystem. Religiöses und ökonomisches Zentrum der Zapoteken

Blick auf Monte Alban

Weihrauchgefäß aus Cuicuilco, um 100 v. Chr.

EPIOLMEKEN

Stele aus La Mojarra, 156 v. Chr.

36 frühestes Datum Mesoamerikas in Chiapa de Corzo

30–220 epiolmekische Kultur

um 100 Sonnenpyramide in Teotihuacan

um 150 La-Mojarra-Stele

TEOTIHUACAN

700 600 500 400 300 200 100 0 100 200

Europa/Afrika/Asien

Achämenidisch, Susa, Iran; um 500 v. Chr.; Greif aus dem Palast Dareios I des Großen (522–486 v. Chr.); Paris, Musée du Louvre

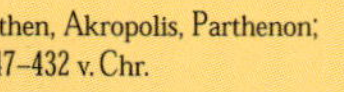

Athen, Akropolis, Parthenon; 447–432 v. Chr.

448–368 Siddharta Gautama erwirbt die Buddhaschaft

447–432 Bau des Parthenontempels in Athen

336–323 Alexander der Große erobert Persien

um 300 Laotse begründet den Daoismus in China

221 Beginn des Baus der Chinesischen Mauer

183 Selbstmord Hannibals

149–146 Zerstörung Karthagos durch die Römer

Julius Cäsar (100–44 v. Chr.), Marmorbüste, Neapel, Museo Nazionale Archeologico

0 Geburt Christi

64 Brand Roms unter Kaiser Nero, Christenverfolgung

70 Zerstörung Jerusalems durch Titus

98–117 Kaiser Trajan, das römische Imperium erreicht seine größte Ausdehnung

100–400 Gandhara-Dynastie in Indien

170 Ptolemäus' „Geographica"

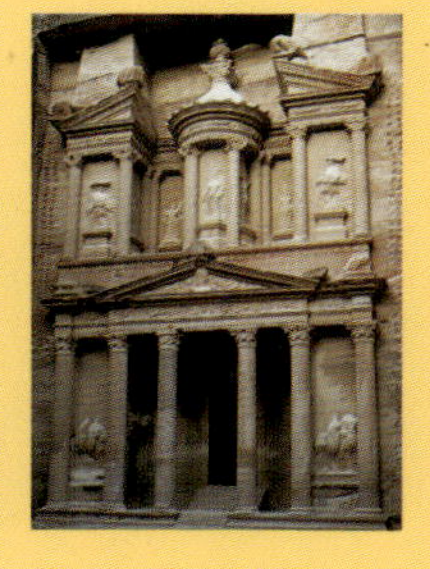
Khazne al Firaun, Schatzhaus des Pharao, Petra, Jordanien, verm. 1. Jh. n. Chr.

250 300 350 400 450 500 550 600 650 700

F R Ü H E K L A S S I K · S P Ä T E K

Nördliches Tiefland

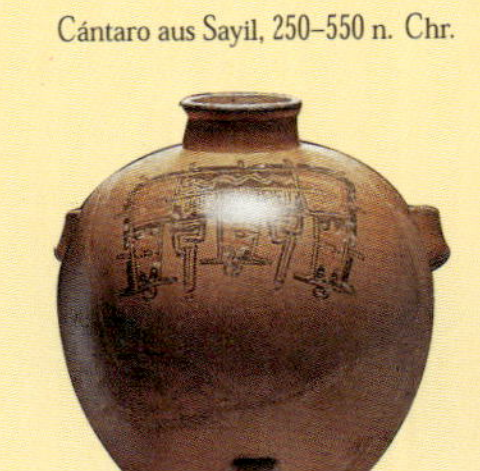
Cántaro aus Sayil, 250–550 n. Chr.

250–500 Pyramide mit Stuckfassade in Acanceh: eines der frühesten Bau- und Bildwerke im nördlichen Tiefland

Säulentempel von Ake, 250–550

Stuckfassade von Acanceh, 250–550 n. Chr.

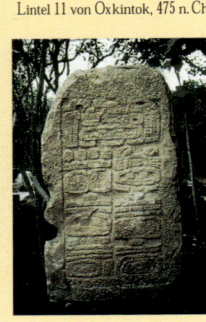

Lintel 11 von Oxkintok, 475 n. Chr.

Teotihuacan-Gefäß aus Becan, 400–500 n. Chr.

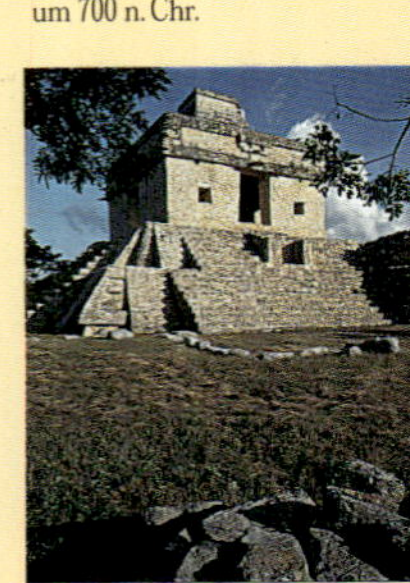
Tempel 7 der Puppen in Dzibilchaltun, um 700 n. Chr.

Xpuhil, Campeche, 600–900 n. Chr.

Südliches Tiefland

292 erste Stele in Tikal

378 Eroberung Tikals durch Siyaj K'ak' aus Teotihuacan

426 Inthronisation von Yax K'uk' Mo von Copan

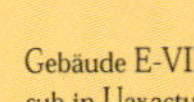

Gebäude E-VII-sub in Uaxactun

Siyaj K'ak' auf Stele 31 von Tikal, 445 n. Chr.

Dreifußgefäß aus Copan, 250–500 n. Chr.

Fuchsit-Maske aus Rio Azul, um 500 n. Chr.

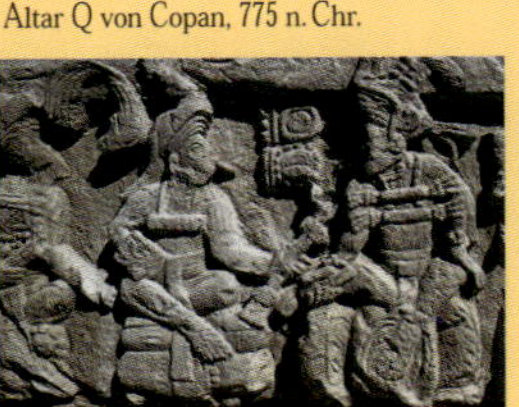
Altar Q von Copan, 775 n. Chr.

562 Calakmul erobert Tikal

599 Calakmul überfällt Palenque

611 Calakmul überfällt Palenque

631 Calakmul erobert Naranjo

657 Calakmul erobert Tikal

695 Gefangennahme des Königs von Calakmul durch Tikal

736 Quirigua überfällt Copan

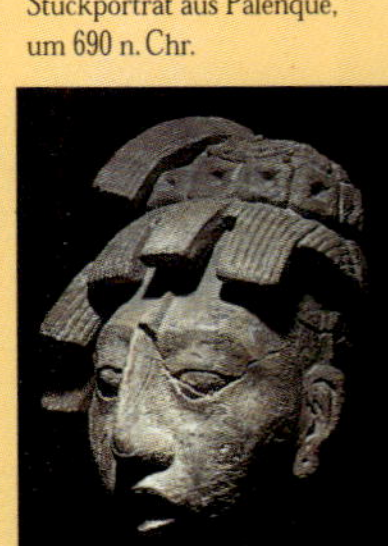
Stuckporträt aus Palenque, um 690 n. Chr.

Hochland

250–900 Cozumalhuapa-Stil. In Architektur und Monumentalkunst einzigartige Erscheinung an der Pazifikküste Guatemalas. Mexikanische und Maya-Einflüsse, Benutzung des 260-tägigen Ritualkalenders, Skulpturenkunst mit Sprechblasen und einem Symbolsystem, oft mit den Themen Tod und Ballspiel

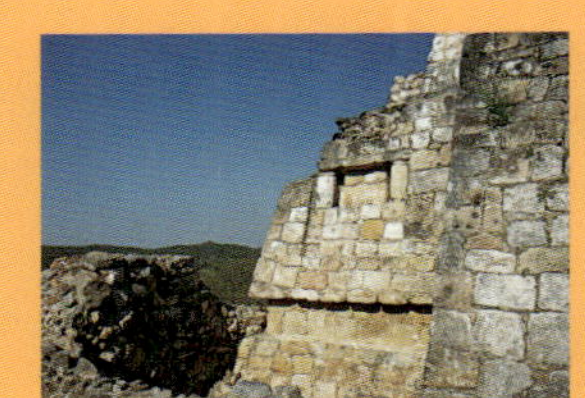
Talud-Tablero-Tempel in Oxkintok, um 400 n. Chr.

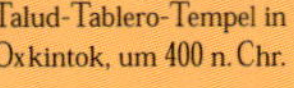

400–600 Esperanza-Phase von Kaminaljuyu. Beziehungen mit Teotihuacan in der Architektur, der Keramik und anderen Artefakten, Epoche des Aufschwungs

Weihrauchgefäß aus Amatitlan, 400–500 n. Chr.

Dreifußgefäß aus Kaminaljuyu, 400–600 n. Chr.

Stuckkopf aus Palenque, um 690 n. Chr.

K L A S S I S C H E V E

Andere Zivilisationen/Mesoamerika

300–900 Klassische Veracruz-Kultur

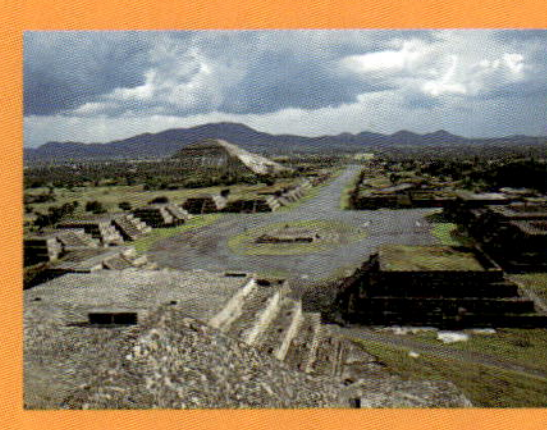
Blick auf Teotihuacan, 250–550 n. Chr.

0–600 Teotihuacan. Eine der größten Metro-polen Mesoamerikas auf der Nordseite des Tals von Mexiko, zu Blütezeiten auf einer Fäche von über 20 km². Berühmtes regelmäßiges Straßensystem, Sonnen- und Mondpyramide, Wandmalereien. Großer Einfluss in Zentralmexiko bis in das Gebiet der Maya

600–650 Zusammenbruch von Teotihuacan. Klassische Veracruz-Kultur an der Golfküste Mexicos mit dem Zentrum El Tajin. Keramikfunde, monumentale Architektur (Paläste, Tempel, Stufenpyramiden) und Bilder von Ballspiel, Krieg und Opfer

T E O T I H U A C A N

250 300 350 400 450 500 550 600 650 700

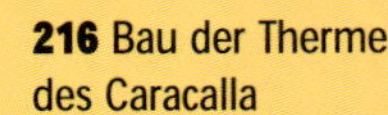

Europa/Afrika/Asien

216 Bau der Thermen des Caracalla

Der gute Hirte, Katakombe der Domitilla, Rom, 2.–3. Jh. n. Chr.

313 Konstantin erlässt das Edikt von Mailand über die Religionsfreiheit

320–535 Gupta-Dynastien in Nord-Indien

395 endgültige Teilung des Römischen Reiches nach dem Tod Theodosius' des Großen

Konstantinsbogen, Rom, 312–315 n. Chr.

439 Wandalen erobern Karthago

476 Sturz des letzten weströmischen Kaisers

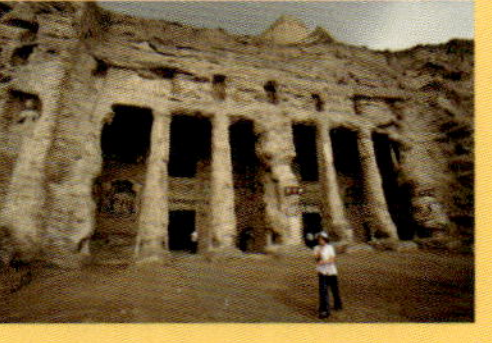
Nördliche Wei-Dynastie, 386–534 n. Chr., Höhlentempel in Yungang, China

537 Kaiser Justinian veranlasst den Neubau der Hagia Sophia in Konstantinopel

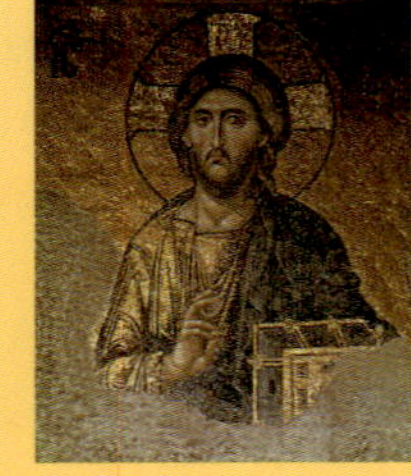
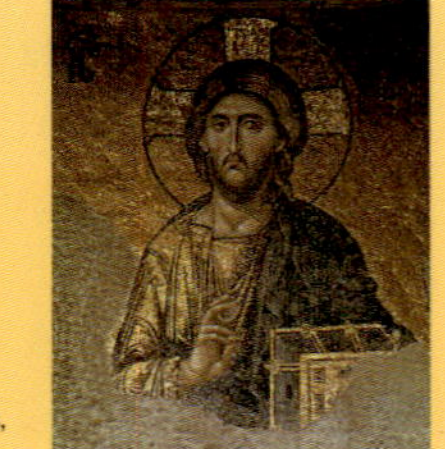
Christus mit Segensgestus, Hagia Sophia, Istanbul, 6. Jh.

630 Mohammed besetzt Mekka und das altarabische Kaaba

ca. 706–751 Frühstes bekanntes Druckerzeugn[is] Korea

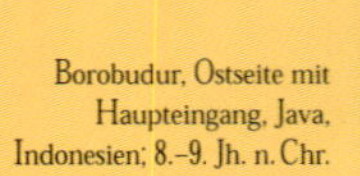
Borobudur, Ostseite mit Haupteingang, Java, Indonesien, 8.–9. Jh. n. Chr.

750 800 850 900 950 1000 1050 1100 1150

ASSIK ENDKLASSIK FRÜHE POSTKLASSIK

Nördliches Tiefland

Chochola-Keramik, 700–800 n. Chr.

Chenes-Gebäude in Santa Rosa, Xtampak, um 800 n. Chr.

Figurine aus Jaina, 600–900 n. Chr.

998 letztes Datum in Chichen Itza

905–915 letzte Blütezeit Uxmals unter König Chan Chaak

Gouverneurspalast in Uxmal, 900–1000 n. Chr.

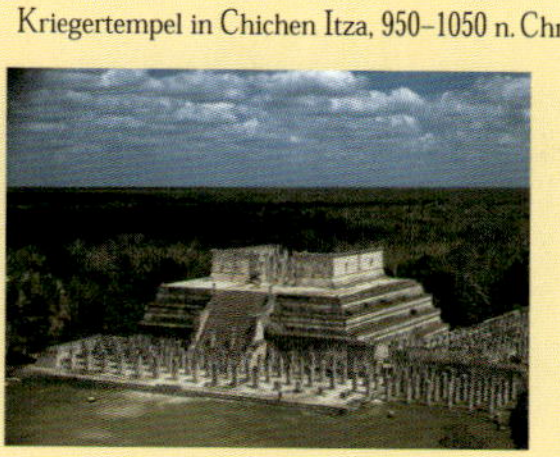
Kriegertempel in Chichen Itza, 950–1050 n. Chr.

Sotuta-Gefäß, 1000–1200 n. Chr.

Südliches Tiefland

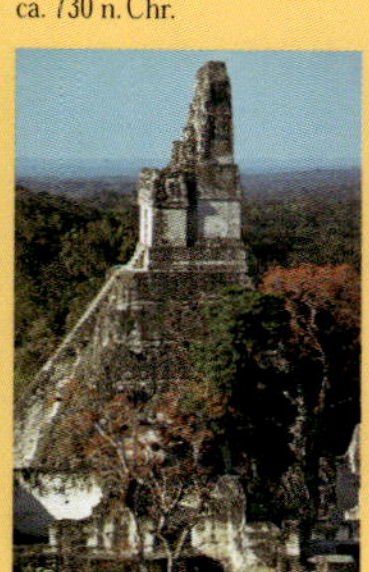
Tempel I in Tikal, ca. 730 n. Chr.

Codex-Stil-Keramik aus Nakbe, 600–900 n. Chr.

Stele 10 aus Seibal, 849 n. Chr.

Zoomorph aus Quirigua, 795 n. Chr.

um 909 Tonina, späteste Stele mit einem Datum in der Methode der langen Zählung

Monument 101 aus Tonina, 909 n. Chr.

Hochland

Stele aus Cozumalhuapa, 800–900 n. Chr.

Weihrauchgefäß aus El Quiche, um 900 n. Chr.

Ab 800 erscheinen im südlichen Tiefland erstmals neue Keramiktypen und Stilelemente in der Kunst, die Fremdeinflüsse aus Zentralmexiko und der Golfregion aufweisen. Die herrschende Adelschicht der Städte verschwindet, die einfache Bevölkerung bleibt bis etwa 1200 in den Randbezirken. Im Hochland werden frühere Stätten verlassen und neue gegründet, meist stark befestigte Siedlungen auf Anhöhen. In der Pazifikküstenregion entwickelt sich ein eigener Skulpturenstil (Santa Lucia Cozumalhuapa), bedingt durch Fremdeinflüsse und durch die Einwanderung Nahua-sprachiger Bevölkerungsgruppen, der Pipil.

Andere Zivilisationen/Mesoamerika

ACRUZ-KULTUR

TOLTEKEN

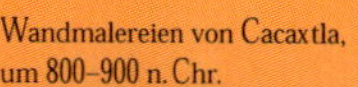
Wandmalereien von Cacaxtla, um 800–900 n. Chr.

um 900 Beginn der Blüte Tulas

900–1100 Tolteken von Tula

1000–1521 Mixteken, einflussreiche Gruppe in der Sierra von Oaxaca, die in verschiedenen kleinen Königreichen ein großes Territorium beherrschten. Weit verbreiteter Kunststil

MIXTEKEN

750 800 850 900 950 1000 1050 1100 1150

Europa/Afrika/Asien

732 Araber werden von Karl Martell bei Tours und Poitiers geschlagen

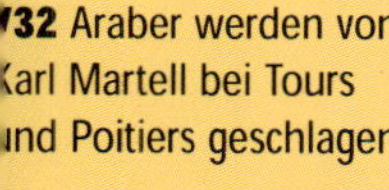

800 Krönung Karls des Großen zum Kaiser von Rom

862 der Normanne Rurik gründet das Russische Reich

Die vier Evangelisten, Buchmalerei aus dem Schatzkammer-Evangeliar, Anf. 9. Jh.; Aachen, Domschatz

901 Normannen entdecken Grönland

962 Otto I. wird Kaiser des Heiligen Römischen Reiches Deutscher Nationen

Mezquita, Córdoba, 785–990 n. Chr.

1066 Normannen erobern England

1096–1099 erster Kreuzzug

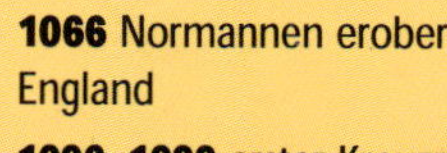
Patio del Yeso, Alcázar, Sevilla, 11.–12. Jh.

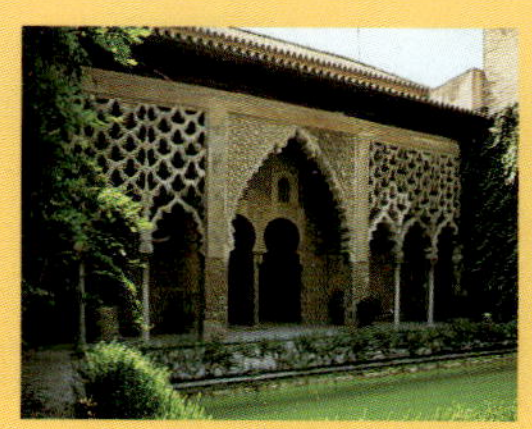

um 1100 Bau von Angkor Wat in Kambodscha

1187 Saladin erobert Jerusalem

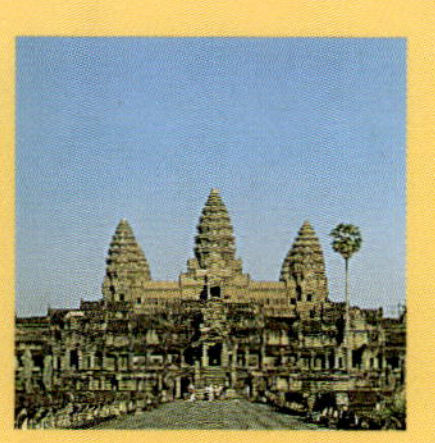
Angkor Wat, Ansicht von Westen, Kambodscha, 1. Hälfte 12. Jh.

1200 | 1300 | 1400 | 1500

MITTLERE POSTKLASSIK | SPÄTE POSTKLASSIK

Nördliches Tiefland

1283 Aufstieg Mayapans zur Macht

Caracol von Mayapan, 1200–1450

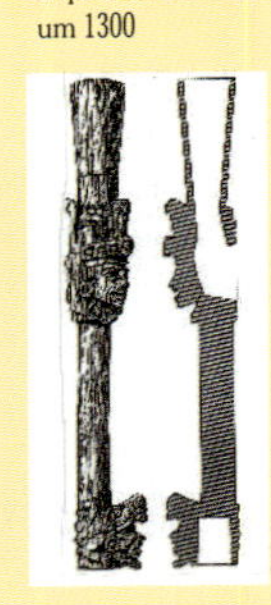
Zepter aus Chichen Itza, um 1300

Wandmalerei in Tulum, 1400–1500

Weihrauchgefäß aus Mayapan, um 1450

1517 Hernández de Córdoba land

1528–1542 Eroberung Yukatans

Kreuzgang von Izamal, 2. Hälfte 16. Jh.

Südliches Tiefland

Tempel in Topoxte, 1200

Weihrauchgefäß aus Dzibanche, 1300–1400

Wandgemälde aus Santa Rita Corozal, um 1400

Goldohrspulen aus Santa Rita Corozal, um 1400

1524 Cortéz durchquert die Halbinsel Yukatan

Hochland

Plumbate-Figurengefäß, 1200–1500

Goldkette aus Iximche', 1200–1500

nach 1400 Hegemonie der K'iche', der mächtigsten und einflussreichsten Maya-Gruppe des postklassischen Maya-Hochlandes

um 1475 Gründung von Iximche'

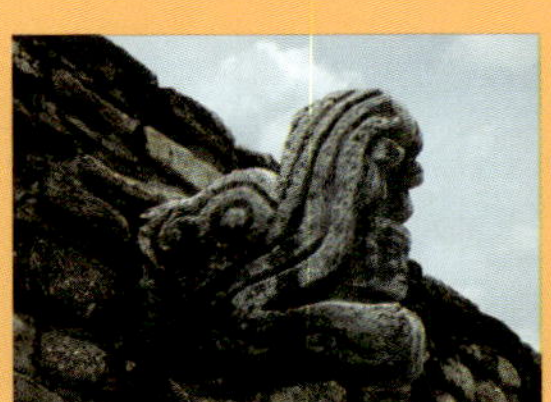
Geöffneter Schlangenrachen, Ballspielplatz von Iximche', nach 1475

Andere Zivilisationen/Mesoamerika

TARASKEN / AZTEKEN

1200 Azteken siedeln im Hochtal von Mexiko

1200–1521 Tarasken

1200–1521 Azteken

1325 Gründung von Tenochtitlan

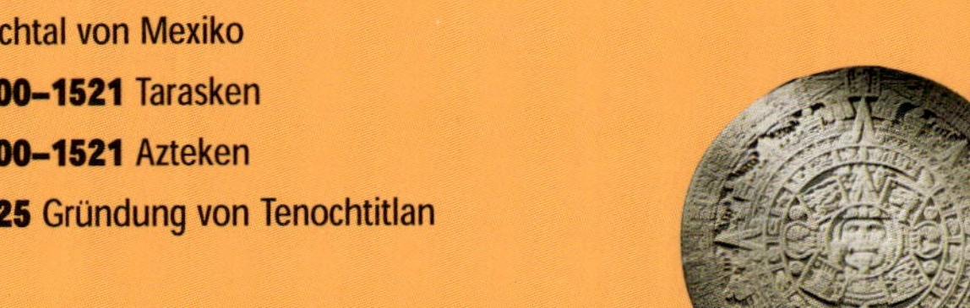

Sonnenstein, Mexika-Kultur, 1325–1521

Tlaloc, Mexica-Kultur, 1325–1521

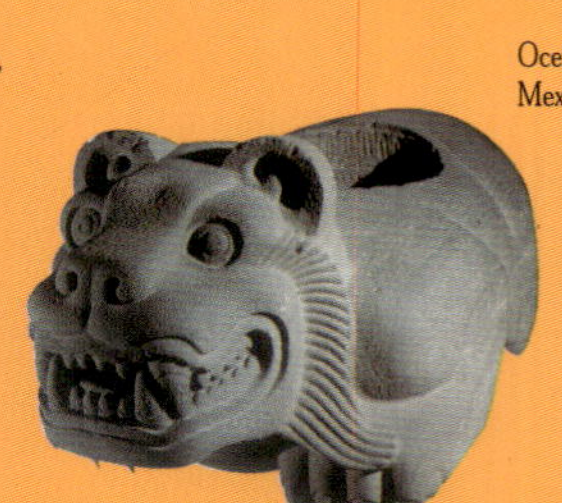
Ocelotl-Cuanhxicalli, Mexica-Kultur, 1502–1520

1519–1521 Eroberung Mexikos durch Cortéz

1542 neue Gesetze verbieten die Indianersklaverei

MIXTEKEN

1200 | 1300 | 1400 | 1500

Europa/Afrika/Asien

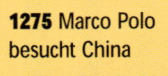

1275 Marco Polo besucht China

1200–1546 Reich von Mali in Ostafrika

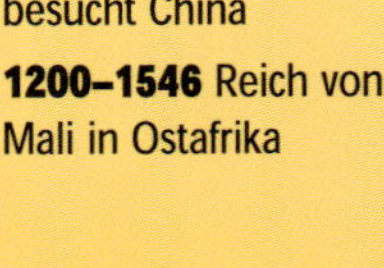
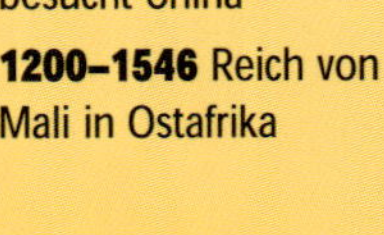
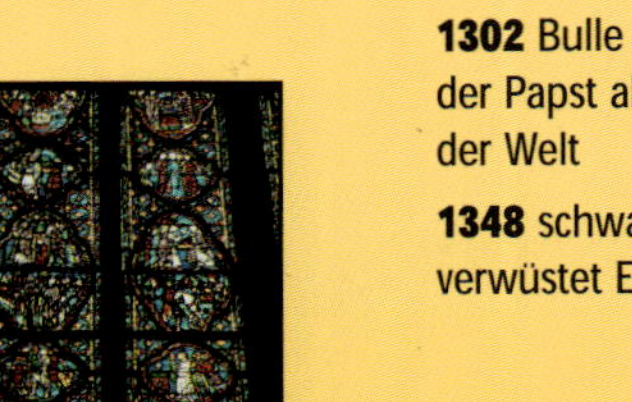
Glasfenster, Sainte Chapelle Paris, um 1250

1302 Bulle Unam Sanctam: der Papst als oberster Herr der Welt

1348 schwarzer Tod verwüstet Europa

Petrarca, Joos van Wassenhoove, gen. Justus von Gent; Tempera auf Holz; Urbino, Palazzo Ducale, 15. Jh.

Jan van Eyck (1385–1441), Seitenflügel des Genter Altares, 1432, Gent, Sint Bavo

1453 Byzanz wird von den Türken erobert

1492 Kolumbus landet auf Guanahaní

Porträt des Christoph Kolumbus, Madrid, Museo de América

1504 Leonardo und Michelangelo in Florenz

1517 Luthers 95 Thesen

1555 Augsburger Religionsfried

1588 Vernichtung der spanischen Armada vor Englan

Porträt Phillips IV. von Spanien in R
Diego Velázquez (1599–1660), Madric

1600	1700	1800	1900	2000

K O L O N I A L Z E I T — **MODEREN NATIONALSTAATEN**

Nördliches Tiefland

…ukatan

1648–1650 Gelbfieber-Epidemie

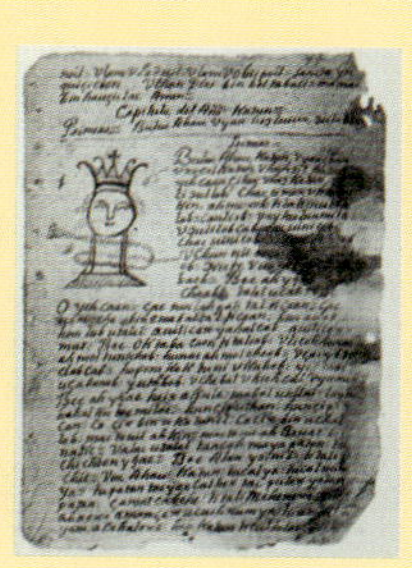

Chilam Balam von Chumayel, um 1750

1847 bis ca. 1936 Kastenkrieg in Yukatan

Zeitgenössische Darstellung des Kastenkrieges, um 1850

Blick auf Cancún

Südliches Tiefland

Franzisco Montejo landet in Yukatan

1697 Eroberung von Tayasal

18. Jh. Engländer siedeln an der Karibikküste (Belize)

Zeichnung von Catherwood, Mitte 19. Jh.

1981 Belize wird unabhängig

Hochland

San Christóbal de las Casas, Chiapas, Dominikaner-Kirche, 1547–1560, barock erneuert

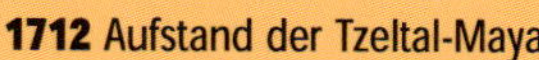

1712 Aufstand der Tzeltal-Maya

Antigua, Guatemala, Plaza Mayor, Kathedrale, 1565, nach 1773 erneuert

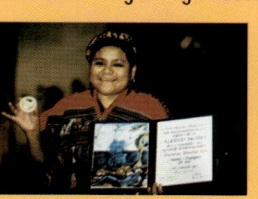

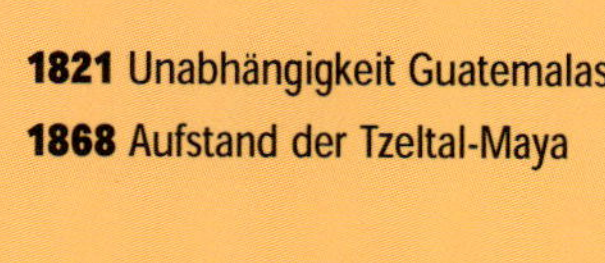

1821 Unabhängigkeit Guatemalas

1868 Aufstand der Tzeltal-Maya

1992 Friedensnobelpreis für Rigoberta Menchu

1994 Zapatisten-Aufstand in Chiapas

1954–1996 Bürgerkrieg in Guatemala

Rigoberta Menchua

Andere Zivilisationen/ Mesoamerika

Hernán Cortéz, Holzstich, 16. Jahrhundert

Landkarte Amerikas mit den Bildnissen seiner Eroberer, Theodor de Bry, 1596

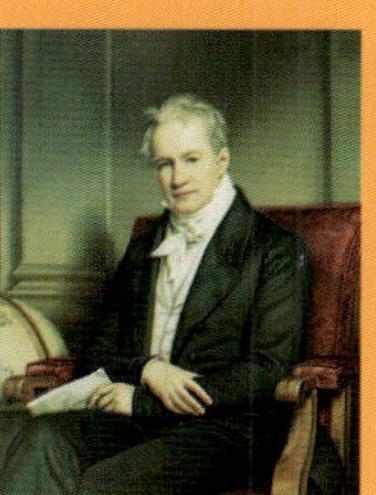

Alexander von Humboldt

1821 Unabhängigkeit Mexikos

1845–1848 amerikanisch-mexikanischer Krieg

1864–1867 Kaiser Maximilian

Porfirio Díaz (1830–1915)

Emiliano Zapata (1879–1917)

1911–1920 mexikanische Revolution

20. Jh. Erforschung und Ausgrabung von Teotihuacan

1600	1700	1800	1900	2000

Europa/Afrika/Asien

1616 Tod Shakespeares

1616–1648 Dreißigjähriger Krieg in Deutschland

1683 Türken vor Wien

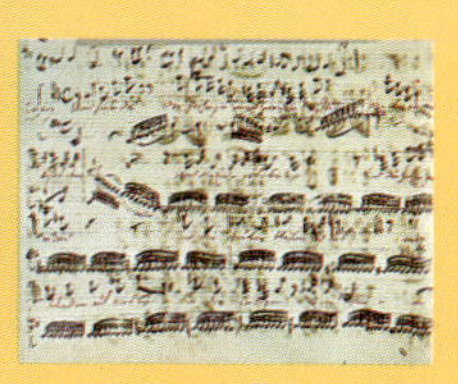

Johann Sebastian Bach (1685–1750), Blatt aus der Matthäuspassion, Leipzig, Universitätsbibliothek

1773 Boston Tea Party, USA werden unabhängig

1789 Französische Revolution

Jacques Louis David, Der Tod des Marat, 1793, Brüssel, Musées Royaux des Beaux-Arts

1815 Waterloo

1821 Mexiko wird unabhängig von Spanien

1848 erstes deutsches Parlament in der Paulskirche in Frankfurt

1895 Psychoanalyse durch S. Freud

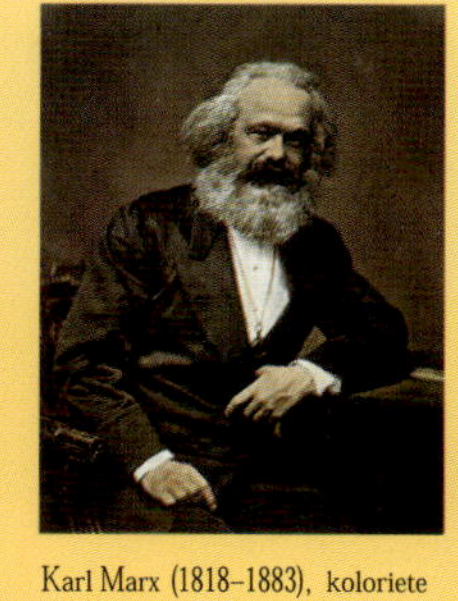

Karl Marx (1818–1883), kolorierte Porträtaufnahme, um 1880

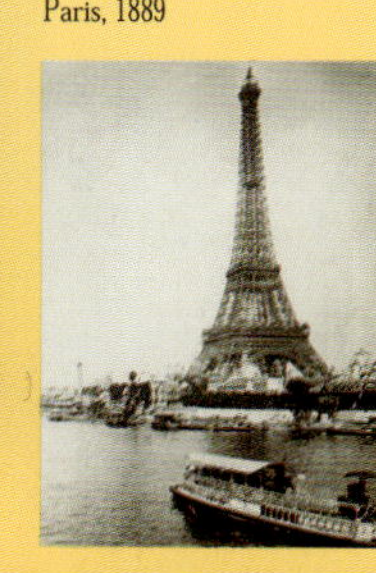

Blick auf den Eiffelturm und das Weltausstellungsgelände, Paris, 1889

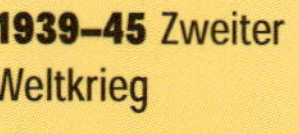

1914–18 Erster Weltkrieg

1939–45 Zweiter Weltkrieg

1991 Auflösung des Warschauer Paktes, Ende des Kalten Krieges

HINWEISE ZUR SCHREIBUNG UND AUSSPRACHE DES MAYA

Nikolai Grube

In der Familie der Maya-Sprachen existieren viele Laute, die einem deutschsprachigen Leser ungewohnt erscheinen. Uns selbstverständliche klangliche Einheiten sind wiederum den Maya fremd. Als die ersten Spanier im 16. Jahrhundert Maya-Sprachen erlernten und Grammatiken und Wörterbücher zu schreiben begannen, mit der Absicht, die Maya zu bekehren und sie in ihr neues Kolonialreich einzugliedern, mussten sie erst für die ihnen unbekannten Laute Buchstaben oder Buchstabenkombinationen erfinden.

Da unterschiedliche Orden im Maya-Gebiet missionierten und die einzelnen Sprachen nicht zur gleichen Zeit alphabetisch aufgezeichnet wurden, bildeten sich diverse Orthografien heraus. Die Regeln, die für eine Maya-Sprache galten, konnten für eine andere schon wieder gegenstandslos sein.

Erst seit 1989 gibt es eine einheitliche Orthografie für die alphabetische Schreibung aller Maya-Sprachen. Sie wurde von den Maya selbst entwickelt, um die Kommunikation und damit den politischen und kulturellen Zusammenhalt der verschiedenen Gruppen zu fördern. Zunächst wurde diese offizielle Rechtschreibung nur von den Maya Guatemalas praktiziert, doch mittlerweile hat sie sich auch in Mexiko durchgesetzt und wird zunehmend von der Forschung und nicht indianischen politischen Institutionen als Standard respektiert. Die Aussprache der Schriftzeichen lehnt sich weitgehend an die spanische an, hat aber eine Reihe von Besonderheiten:

– In allen Maya-Sprachen gibt es neben einfachen auch glottalisierte Konsonanten; zwischen ihrer Artikulation und der des nachfolgenden Vokales wird die Stimmritze (Glottis) für den Bruchteil einer Sekunde geschlossen. Glottalisierte Konsonanten werden mit einem Apostroph (') markiert:

kab' „Erde"	*k'ab'* „Hand"
koj „Puma"	*k'oj* „Maske"
tzutz „Schmalz"	*tz'utz'* „Kuss"
pat „etwas formen"	*p'at* „etwas zurücklassen"

Nicht nur Konsonanten, auch Vokale können glottalisiert werden. Das hört sich dann so an, als hielte man nach ihrer Aussprache kurz die Luft an. Ein deutsches Beispiel wäre etwa das Wort „Eis-essen".

– In den Maya-Sprachen des Hochlandes von Guatemala gibt es ein postvelares gutturales *q*, das etwa wie das *k* im Schweizerdeutschen klingt.

– Die Buchstabenkombination *tz* bezeichnet einen stimmlosen Zischlaut, bei dessen Vorkommen die Zungenspitze an die Rückseite der Zähne stößt.

– Das *x* entspricht phonetisch dem deutschen *sch*.

– Das *ch* wird wie im Spanischen ausgesprochen, also wie das deutsche *tsch* in K*itsch*.

– In vielen Maya-Sprachen und auch in der Sprache der Hieroglyphen verbinden sich mit kurzen und langen Vokalen unterschiedliche Bedeutungen. Lange Vokale werden durch Verdopplung angegeben. So heißt *chak* rot, während *Chaak* der Name des Regengottes ist.

– In der Hieroglyphenschrift wird auch zwischen dem Hintergrundlaut *j* und dem Stimmritzenlaut *h* unterschieden. Letzterer wird leicht gehaucht und kann in vielen Fällen sogar wegfallen, während Ersterer, wie im Spanischen, ähnlich klingt wie das *ch* in Da*ch*.

Die Schreibweise von Maya-Wörtern in diesem Buch basiert auf dieser Orthografie, ausgenommen einige Ortsnamen wie Dzibilchaltun (Tz'ibilchaltun) und Tikal (Tik'al), die sich in dieser Form seit langer Zeit in der Literatur etabliert haben. Eine Standardisierung wäre zwar linguistisch sinnvoll, würde es aber mit sich bringen, dass alte und moderne Karten nicht mehr übereinstimmten.

Die meisten archäologischen Stätten tragen, entgegen dem Anschein, keine authentischen alten Maya-Namen, sondern solche, die ihnen erst im 19. oder 20. Jahrhundert von Entdeckern und Forschern gegeben wurden. Viele der Namen sind spanischer Herkunft wie Caracol (Schnecke), andere sind Maya-Neuschöpfungen wie Xunantunich (Stein der jungen Frau). Die ursprünglichen Maya-Namen sind schon vor und während der spanischen Invasion in Vergessenheit geraten und werden erst jetzt wieder entziffert. So wissen wir seit kurzem, dass Tikal in der klassischen Zeit *Mutul* hieß und Palenque *Lakamha'*. Dennoch werden die einmal geprägten Bezeichnungen weiterverwendet, denn eine Umbenennung der archäologischen Stätten würde zu großer Verwirrung führen.

Beispiele für die Aussprache von Maya-Wörtern für deutschsprachige Leser:

Xunantunich	schunantunitsch
Uxmal	uschmal
Kaminaljuyu	kaminalchuju
Joyab'aj	choi ab-ach

AUTOREN

Dr. James Brady
Los Angeles, California State University, Department of Anthropology, Associate Professor; Leiter von Ausgrabungsprojekten in Höhlen des Maya-Gebietes, darunter Naj Tunich und die Höhlen von Dos Pilas; Forschungsschwerpunkt: Höhlenarchäologie.

Pierre Robert Colas, M.A.
Bonn, Rheinische Friedrich-Wilhelms-Universität, Institut für Altamerikanistik und Ethnologie, Doktorand; archäologische und epigraphische Feldforschungen am Northern Vaca Plateau Geoarchaeological Project in Belize sowie als Höhlenarchäologe am Proyecto Arqueologico Piedras Negras in Guatemala.

Dr. Nicholas Dunning
Cincinnati, Ohio, University of Cincinnati, Department of Geography, Associate Professor; Forschungsschwerpunkte: Siedlungsarchäologie, Landwirtschaft, Archäologie der Puuc-Region.

Markus Eberl, M.A.
Bonn, Rheinische Friedrich-Wilhelms-Universität, Institut für Altamerikanistik und Ethnologie, Doktorand; Forschungsschwerpunkte: Archäologie des Tieflandes, Maya-Schrift und Eschatologie.

Dr. Eva Eggebrecht
Hildesheim, Roemer- und Pelizaeus-Museum, Mitarbeiterin; Forschungsschwerpunkte: Ägypten, Kulturen der Welt, Entdeckungsgeschichte.

Arq. Federico Fahsen Ortega
Guatemala Stadt, Universidad del Valle, Architekt und Stadtplaner; 1980–1984 Botschafter in den Vereinigten Staaten, Vizeaußenminister Guatemalas und Direktor der Tourismusbehörde INGUAT. Seit 1984 aktiv an der Maya-Forschung beteiligt, mit den Schwerpunkten Hieroglyphenschrift und Archäologie des Hochlandes.

Daniel Graña-Behrens, M.A.
Bonn, Rheinische Friedrich-Wilhelms-Universität, Institut für Altamerikanistik und Ethnologie, Doktorand; Forschungsschwerpunkte: Archäologie und Hieroglypheninschriften des nördlichen Tieflandes.

PD Dr. Nikolai Grube
Austin, University of Texas, Department for Art and Art History, Linda and David Schele-Professor; Bonn, Rheinische Friedrich-Wilhelms-Universität, Institut für Altamerikanistik und Ethnologie, Heisenberg-Stipendiat der Deutschen Forschungsgemeinschaft; Forschungsschwerpunkte: Hieroglyphenschrift, Geschichte und Ethnolinguistik; seit 1986 als Hieroglyphenexperte bei verschiedenen archäologischen Projekten (Copan, Caracol, La Milpa, Yaxha).

Marta Grube
Bonn, Mitarbeiterin verschiedener archäologischer Projekte in Belize.

Antje Gunsenheimer, M.A.
Bonn, Rheinische Friedrich-Wilhelms-Universität, Institut für Altamerikanistik und Ethnologie, Doktorandin. Forschungsschwerpunkte: Yukatekische Maya-Literatur, Maya-Gesellschaft der frühen Kolonialzeit.

Dr. Norman Hammond
Boston University, Professor of Archaeology and Associate in Maya Archaeology at the Peabody Museum, Harvard University; Mitglied der British Academy und der Society of Antiquaries of London; Mitarbeit an verschiedenen archäologischen Projekten in Belize, einschließlich Lubaantun, Nim Li Punit, Nohmul, Colha and Cuello. Seit 1992 Leiter der Untersuchungen in La Milpa im Nordwesten von Belize in zusammenarbeit mit Gair Tourtellot.

Dr. Richard Hansen
Los Angeles, University of California, Regional Archaeological Investigation of the North Peten, Guatemala, Project Director; Leiter der Ausgrabungen von Nakbe, El Mirador und einer Vielzahl anderer Stätten im Norden des Peten; Forschungsschwerpunkt: Präklassik.

Dr. Peter Harrison
Albuquerque, University of New Mexico, Anthropology Department, Adjunct Associate Professor; Research Associate with the Middle American Research Institute, Tulane University; Teilnehmer und Leiter von Ausgrabungsprojekten in Tikal, Quintana Roo (Mexico) und Nord-Belize. Forschungsschwerpunkte: Intensive Landwirtschaft der Maya, Architektur.

Prof. Dr. Annegrete Hohmann
Graz, Technische Universität, Institut für Städtebau, Professorin für Städtebau; Forschungsschwerpunkt: Städtebau und Raumordnung bei den Maya.

Simon Martin
London, University College, Research Associate, Projekt-Epigraph des archäologischen Projektes in Calakmul, Campeche, Mexiko; Forschungsschwerpunkte: Hieroglyphenschrift und Geschichte der klassischen Maya.

Dr. Marilyn Masson
Albany, State University of New York, Department of Anthropology, Associate Professor; Direktor der Ausgrabungen von Laguna On, Belize; Forschungsschwerpunkte: Archäologie der Postklassik im Tiefland, zapotekische Inschriften.

Dr. Mary Ellen Miller
New Haven, Yale University, Vincent Scully Professor of the History of Art; Forschungsschwerpunkte: Kunstgeschichte Mesoamerikas, Ikonographie der Wandmalereien von Bonampak.

Christian Prager
Bonn, Rheinische Friedrich-Wilhelms-Universität, Institut für Altamerikanistik und Ethnologie, Mitarbeiter; Forschungsschwerpunkte: Hieroglyphenschrift, Inschriften des südlichen Mayatieflandes, Belize, Ethnohistorie der Kolonialzeit im Tiefland.

Dr. Dorie Reents-Budet
Wilmington, The University of North Carolina, Director, Museum of World Cultures and Adjunct Associate Professor, Dept. of Anthropology; Forschungsschwerpunkte: polychrome Keramik, Ikonographie und Neutronenaktivierung von Keramik des Klassikums.

Frauke Sachse, M.A.
Bonn, Rheinische Friedrich-Wilhelms-Universität, Institut für Altamerikanistik und Ethnologie, Doktorandin; Forschungsschwerpunkte: Maya-Linguistik, Ethnohistorie, Xinka-Sprachen.

Temis Vayhinger-Scheer, M.A.
Bonn, Rheinische Friedrich-Wilhelms-Universität, Institut für Altamerikanistik und Ethnologie, Doktorandin; Forschungsschwerpunkte: Ethnohistorie des südlichen Tieflandes, Itzaj-Maya.

Dr. Karl A. Taube
Riverside, University of California, Department of Anthropology, Associate Professor; Forschungsschwerpunkte: mesoamerikanische Ikonographie, Religion und Götterwelt.

Stefanie Teufel, M.A.
Bonn, Rheinische Friedrich-Wilhelms-Universität, Institut für Altamerikanistik und Ethnologie, Doktorandin; Mitarbeiterin verschiedener archäologischer Projekte in Guatemala und Belize; Forschungsschwerpunkte: Skulptur und Ikonographie von Piedras Negras, Guatemala.

Dr. Michael Vallo
Bonn, Rheinische Friedrich-Wilhelms-Universität, Institut für Altamerikanistik und Völkerkunde, Mitarbeiter des archäologischen Projektes von Xkipche, Yucatán, Mexiko der Universität Bonn; Forschungsschwerpunkte: Chronologie der Puuc-Region, Keramik.

Alexander W. Voß, M.A.
Bonn, Rheinische Friedrich-Wilhelms-Universität, Institut für Altamerikanistik und Ethnologie, Doktorand; Mitarbeiter des archäologischen Projektes von Xkipche, Yucatán der Universität Bonn; Forschungsschwerpunkte: Hieroglyphenschrift, Dynastiegeschichte, Bearbeitung der Kleinfunde des Xkipche-Projekts.

Elisabeth Wagner, M.A.
Bonn, Rheinische Friedrich-Wilhelms-Universität, Institut für Altamerikanistik und Ethnologie, Doktorandin; freischaffende Künstlerin (Bildhauerei und Edelsteingravur); Forschungsinteressen: Hieroglyphenschrift, Dynastiegeschichte, Ikonographie, Kunsthandwerk der vorspanischen Maya.

BIBLIOGRAFIE

Allgemeindarstellungen zur Maya-Kultur

Allebrand, Raimund (Hrsg.), Die Erben der Maya. Indianischer Aufbruch in Guatemala, Horlemann, Unkel 1997
Coe, Michael D., The Maya, Thames and Hudson, 5. Aufl. London und New York 1998
Eggebrecht, Arne, Nikolai **Grube** und Eva **Eggebrecht** (Hrsg.), Die Welt der Maya, Philipp von Zabern, Mainz 1992
Hammond, Norman, Ancient Maya Civilization, Rutgers University Press, New Brunswick 1982
Miller, Mary E., Maya Art and Architecture, Thames and Hudson, London und New York 1999
Riese, Berthold, Die Maya. Geschichte, Kultur, Religion, C. H. Beck, München 1995 (= Beck'sche Reihe Wissen, 2026)
Sabloff, Jeremy A., Die Maya. Archäologie einer Hochkultur, Spektrum der Wissenschaft, Heidelberg 1991 (= Spektrum Bibliothek, 29)
Schmidt, Peter, Mercedes **de la Garza** und Enrique **Nalda** (Hrsg.), Los Mayas, Ausst.-Kat. Conaculta, RCS-Libri, Mailand und Mexiko Stadt 1998
Sharer, Robert J., The Ancient Maya, Stanford University Press, 5. Aufl. Stanford, CA 1994

Vulkane und Urwald – der vielgestaltige Lebensraum

Blake, Emmet R., Birds of Mexico, University of Chicago Press, Chicago 1953
Holdridge, Lawrence R., Mapa ecológico de América Central, Unidad de Recursos Naturales, Unión Panamericana, Washington D.C. 1969
Huntington, E., The Peninsula of Yucatan. In: Bulletin of the American Geographical Society, 44, 1912: 801–822
Murie, A., Mammals from Guatemala and British Honduras. In: University of Michigan, Museum of Zoology, Miscellaneous Publications, 26, 1935: 7–30
Pennington, Thomas D. und J. **Sarukhan**, Arboles tropicales de Mexico, Instituto Nacional de Investigaciones Forestales, Mexico 1968
Roys, Ralph L., The Ethno-Botany of the Maya, Department of Middle American Research, Tulane University, New Orleans 1931 (= Middle American Research Institute Publication, 2)
Sapper, Karl, Sobre la geografía física y la geología de la península Yucatán, Instituto de Geología, 3, Mexico 1896
Standley, Paul C., Flora of Yucatan, Field Museum of Natural History, Chicago 1930 (= Botanical Series, III, 3)
Stuart, L., Fauna of Middle America. In: Handbook of Middle American Indians, 1, 1964: 316–362
Wagner, P. L., Natural Vegetation of Middle America. In: Handbook of Middle American Indians, 1, 1964: 216–264
Ward, W. C., A. E. **Weidie** und W. **Back**, Geology and Hydrogeology of the Yucatan and Quaternary Geology of Northeastern Yucatan Peninsula, New Orleans Geological Society, New Orleans 1985
Wilhelmy, Herbert, Welt und Umwelt der Maya. Aufstieg und Untergang einer Hochkultur, Piper, München 1981

Kakao – das göttliche Getränk

Coe, Michael D., Die wahre Geschichte der Schokolade, Rowohlt, Reinbek bei Hamburg 1995
Stuart, David, The Rio Azul Cacao Pot. Epigraphic Observations on the Function of a Maya Ceramic Vessel. In: Antiquity, 62, 1988: 153–157

Die Ursprünge der Maya-Kultur – die Entstehung der Dorfgemeinschaften

Adams, Richard E. W. (Hrsg.), The Origins of Maya Civilization, University of New Mexico Press, Albuquerque 1977
Andrews V, E. Wyllys und Norman **Hammond**, Redefinition of the Swasey Phase at Cuello, Belize. In: American Antiquity, 55 (3), 1990: 570–584
Gerhardt, Juliette Cartwright, Preclassic Maya Architecture at Cuello, Belize, Oxford 1988 (= British Archaeological Research, International Series, 464)
Hammond, Norman, The Earliest Maya. In: Scientific American, 236 (3), 1977: 116–133
Hammond, Norman, Cuello. An Early Maya Community in Belize, Cambridge University Press, Cambridge, MA 1991
Hammond, Norman, Amanda **Clarke** und Sara **Donaghey**, The Long Goodbye. Middle Preclassic Maya Archaeology at Cuello, Belize. In: Latin American Antiquity, 6 (2), 1995: 120–128
Jones, John G., Pollen Evidence for Early Settlement and Agriculture in Northern Belize. In: Palynology, 18, 1994: 205–211
Kelly, Thomas C., Preceramic Projectile Point Typology in Belize. In: Ancient Mesoamerica, 4 (2), 1993: 205–227
Kosakowsky, Laura, Preclassic Maya Pottery at Cuello, Belize, University of Arizona Press, Tucson 1987 (= Anthropological Papers of the University of Arizona, 47)
Kosakowsky, Laura und Duncan C. **Pring**, The Ceramics of Cuello, Belize. A New Evaluation. In: Ancient Mesoamerica, 9 (1), 1998: 55–66

Obsidian – das Metall der Maya

Clark, John E., Prismatic Blademaking, Craftmanship, and Production. An Analysis of Obsidian Refuse from Ojo de Agua, Chiapas, Mexico. In: Ancient Mesoamerica, 8 (1), 1997: 137–159
Hammond, Norman, Obsidian Trade Routes in the Mayan Area. In: Science, 178, 1972: 1092–1093

Die ersten Städte – beginnende Urbanisierung und Staatenbildung im Maya-Tiefland

Ball, Joseph W. und E. Wyllys **Andrews V**, Preclassic Architecture at Becan, Campeche, Mexico, Tulane University, New Orleans 1978 (= Middle American Research Institute, Occasional Paper, 3)
Dahlin, Bruce H., A Colossus in Guatemala – The Preclassic Maya City of El Mirador. In: Archaeology, 37 (5), 1984: 18–25
Forsyth, Donald W., The Ceramics of El Mirador, Peten, Guatemala, Provo, Utah 1989 (= Papers of the New World Archaeological Foundation, 63)
Forsyth, Donald W., The Ceramic Sequence at Nakbe. In: Ancient Mesoamerica, 4 (1), 1993: 31–53
Freidel, David, Polychrome Facades of the Lowland Maya Preclassic. In: Painted Architecture and Polychrome Monumental Sculpture in Mesoamerica, hrsg. von Elizabeth Boone, Dumbarton Oaks, Washington D.C., 1985: 5–30
Grube, Nikolai (Hrsg.), The Emergence of Lowland Maya Civilization. The Transition from the Preclassic to the Early Classic, Verlag von Flemming, Möckmühl 1996 (= Acta Mesoamericana, 8)
Hansen, Richard D., Excavations in the Tigre Complex, El Mirador, Peten, Guatemala, Provo, UH 1990 (= Papers of the New World Archaeological Foundation, 62)
Hansen, Richard D., An Early Maya Text from El Mirador, Guatemala, Center for Maya Research, Washington D.C. 1991 (= Research Reports on Ancient Maya Writing, 37)
Hansen, Richard D., Continuity and Disjunction. The Pre-Classic Antecedents of Classic Maya Architecture. In: Function and Meaning in Maya Architecture, hrsg. von Stephen D. Houston, Dumbarton Oaks, Washington D.C. 1998: 49–122
Hansen, Richard D., Ronald L. **Bishop** und Federico **Fahsen**, Notes on Codex-Style Ceramics from Nakbe, Peten, Guatemala. In: Ancient Mesoamerica, 2 (1), 1991: 225–243
Laporte, Juan Pedro und Juan Antonio **Valdés**, Tikal y Uaxactun en el Preclásico, Instituto de Investigaciones Antropológicas, Universidad Nacional Autónoma de Mexico, Mexiko Stadt 1993
Matheny, Ray T., Investigations at El Mirador, Peten, Guatemala. In: National Geographic Research, 2, 1986: 322–353
McAnany, Patricia, Living with the Ancestors. Kinship and Kingship in Ancient Maya Society, University of Texas Press, Austin 1995
Pendergast, David, Lamanai, Belize. Summary of Excavation Results, 1974–1980. In: Journal of Field Archaeology, 8 (1), 1981: 29–53
Ricketson, Oliver G. und Edith B. **Ricketson**, Uaxactun, Guatemala, Group E, 1926–1931, Washington D.C. 1937 (= Carnegie Institution of Washington Publications, 477)

Jade – das grüne Gold der Maya

Digby, Adrian, Maya Jades, British Museum, London 1972
Lange, Frederick W., Precolumbian Jade. New Geological and Cultural Interpretations, University of Utah Press, Salt Lake City 1993
Proskouriakoff, Tatiana, Jades from the Cenote of Sacrifice, Chichen Itza, Yucatan, Harvard University, Cambridge, MA 1974 (= Papers of the Peabody Museum of Archaeology and Ethnology)

Die Landwirtschaft der Maya

Adams, Richard E.W., W.E. **Brown** und T. Patrick **Culbert**, Radar Mapping, Archaeology, and Ancient Maya Land Use. In: Science, 213, 1981: 1457–1463
Fedick, Scott L. (Hrsg.), The Managed Mosaic. Ancient Maya Wetland Agriculture and Resource Use, University of Utah Press, Salt Lake City 1996
Harrison, Peter D., The Rise of the Bajos and the Fall of the Maya. In: Social Process in Maya Prehistory, hrsg. von Norman Hammond, London 1977: 469–508
Harrison, Peter D., The Revolution in Ancient Maya Subsistence. In: Vision and Revision in Maya Studies, hrsg. von Flora Clancy und Peter D. Harrison, University of New Mexico Press, Albuquerque 1990: 99–113
Harrison, Peter D. und B. L. **Turner**, Pre-Hispanic Maya Agriculture, University of New Mexico Press, Albuquerque 1978
Harrison, Peter D. und Robert E. **Fry**, Pulltrouser Swamp. A Lowland Maya Community Cluster in Northern Belize. The Settlement Maps, The University of Utah Press, Salt Lake City 2000
Killion, Thomas W. (Hrsg.), Gardens of Prehistory. The Archaeology of Settlement Agriculture in Greater Mesoamerica, University of Alabama Press, Tuscaloosa 1992
Pohl, Mary D. (Hrsg.), Ancient Maya Wetland Agriculture. Excavations on Albion Island, Northern Belize, Boulder 1990 (= Westview Special Studies in Archaeological Research)
Puleston, Dennis E., An Experimental Approach to the Function of Classic Maya Chultuns. In: American Anthropologist, 36, 1971: 322–335
Turner, B. L. und Peter D. **Harrison**, Pulltrouser Swamp. Ancient Maya Habitat, Agriculture and Settlement in Belize, University of Texas Press, Austin 1983

Tortillas und Tamales – die Speise der Maismenschen und ihrer Götter

Pilcher, Jeffrey M., Que vivan los tamales! Mexican Cuisine and National Identity, University of New Mexico Press, Albuquerque 1998
Taube, Karl A., The Maize Tamale in Classic Maya Diet, Epigraphy and Art. In: American Antiquity, 54, 1989: 31–51

Von Häuptlingstümern zu Staaten im Hochland von Guatemala

Adams, Richard E. W., Routes of Communication in Mesoamerica. The Northern Guatemalan Highlands and the Peten. In: Mesoamerican Communication Routes and Cultural Contacts, hrsg. von T. A. Lee Jr. und C. Navarrete, Brigham Young University, Provo, UH 1978 (= Papers of the New World Archaeological Foundation, 40)
Bove, Frederick, Formative Settlement Patterns on the Pacific Coast of Guatemala. A Spatial Analysis of Complex Societal Evolution, London 1989 (= British Archaeological Research, International Series, 493)
Bove, Frederick und Lynette **Heller** (Hrsg.), New Frontiers in the Archaeology of the Pacific Coast of Southern Mesoamerica, Arizona State University, Tempe 1989 (= Anthropological Research Papers, 39)
Braswell, Geoffrey E., La arqueología de San Martin Jilotepeque. In: Mesoamerica, 19 (35), 1998: 117–154

Demarest, Arthur A., The Archaeology of Santa Leticia and the Rise of Maya Civilization, Middle American Research Institute, Tulane University, New Orleans 1986 (= Middle American Research Institute Publication, 52)
Fahsen, Federico, La transición Pre-Clásico Tardio-Clásico Temprano. El desarrollo de los estados Mayas y la escritura. In: The Emergence of Lowland Maya Civilization – the Transition from the Preclassic to the Early Classic, hrsg. von Nikolai Grube, Verlag Anton Saurwein, Möckmühl 1995 (= Acta Mesoamericana, 8)
Ichon, Alain und Rene **Viel,** La periode formative à La Lagunita et dans Le Quiche Meridional, Guatemala, Centre National de la Recherche Scientifique, Institut d'Etnologie, Paris 1984
Jones, Christopher, A Ruler in Triumph, Chocola, Monument I. In: Expedition, 28 (3), 1986: 3–12
Lowe, Gareth W., Thomas A. **Lee Jr.** und Eduardo **Martínez,** Izapa. An Introduction to the Ruins and Monuments, Brigham Young University, Provo Utah 1982 (= Papers of the New World Archaeological Foundation, 31)
Parsons, Lee Allan, The Origins of Maya Art. Monumental Stone Sculpture of Kaminaljuyu, Guatemala and the Southern Pacific Coast, Dumbarton Oaks, Washington D.C. 1986 (= Studies in Pre-Columbian Art and Archaeology, 28)
Popenoe de Hatch, Marion, Kaminaljuyu/San Jorge. Evidencia arqueológica de la actividad económica en el valle de Guatemala 300 AC a 300 DC, Universidad del Valle de Guatemala, Guatemala Stadt 1997
Popenoe de Hatch, Marion, Los K'iche's – Kaqchiqueles en el altiplano central de Guatemala. Evidencia arqueológica del período clásico. In: Mesoamérica, 19 (35), 1998: 93-115
Sharer, Robert J. und David W. **Sedat,** Archaeological Investigations in the Northern Maya Highlands, Guatemala. Interaction and the Development of Maya Civilization, The University Museum, University of Pennsylvania, Philadelphia 1987 (= University Museum Monograph, 59)
Shook, Edwin und Alfred V. **Kidder,** Mound E-III-3, Kaminaljuyu, Guatemala, Carnegie Institution of Washington, Washington D.C. 1952 (= Carnegie Institution of Washington Publication 596, Contributions to American Anthropology and History, 58)
Whitley, David S. und Marilyn P. **Beaudry** (Hrsg.), Investigaciones arqueológicas en la costa sur de Guatemala, Institute of Archaeology, University of California, Los Angeles 1989 (= Monograph 31)

Die Insignien der Macht

Freidel, David A. und Linda **Schele,** Kingship and the Late Preclassic Maya Lowlands. The Instruments and Places of Ritual Power. In: American Anthropologist, 90 (3), 1986: 547–567
Schele, Linda und Mary E. **Miller,** The Blood of Kings, Kimbell Art Museum, Fort Worth 1986

Großmacht im Westen – die Maya und Teotihuacan

Berrin, Kathleen und Esther **Pasztory,** Teotihuacan. Art from the City of the Gods. Ausst.-Kat. San Francisco Museum of Fine Arts, San Francisco, Thames and Hudson, London 1993
Foncerrada de Molina, Marta, Mural Painting in Cacaxtla and Teotihuacan Cosmopolitism. In: Palenque Round Table Series, 3, 1978, Teil 2, hrsg. von Merle Greene Robertson, Pre-Columbian Art Research Institute, San Francisco 1980: 183–198
Martin, Simon und Nikolai **Grube,** Chronicle of the Maya Kings and Queens. Deciphering the Dynasties of the Acient Maya, Thames and Hudson, London und New York 2000
Pasztory, Esther, Teotihuacan. An Experiment in Living, University of Oklahoma Press, Norman 1997
Schele, Linda und David **Freidel,** Forest of Kings. The Untold Story of the Ancient Maya, William Morrow, New York 1990
Stone, Andrea, Disconnection, Foreign Insignia and Political Expansion. Teotihuacan and the Warrior Stelae of Piedras Negras. In: Mesoamerica after the Decline of Teotihuacan AD 700–900, hrsg. von Richard A. Diehl und Janet C. Berlo, Dumbarton Oaks, Washington D.C., 1989: 153–172
Stuart, David, The Arrival of Strangers. Teotihuacan and Tollan in Classic Maya History. In: Mesoamerica's Classic Heritage, hrsg. von David Carrasco, Lindsay Jones und Scott Sessions, University Press of Colorado, Boulder 2000: 465–513
Stuart, George, Royal Crypts of Copán. In: National Geographic, 192 (6), 1997: 68–93
Sugiyama, Saburo, Rulership, Warfare, and Human Sacrifice at the Ciudadela. An Iconographic Study of Feathered Serpent Representations. In: Art, Ideology, and the City of Teotihuacan, hrsg. von Janet C. Berlo, Dumbarton Oaks, Washington D.C., 1992: 205–230
Taube, Karl A., The Temple of Quetzalcoatl and the Cult of Sacred War at Teotihuacan. In: Res – Anthropology and Aesthetics, 21, 1992: 53–87
Taube, Karl A., The Writing System of Ancient Teotihuacan, Center for Ancient American Studies, Barnardsville und Washington D.C. 2000 (= Ancient America, 1)
Winning, Hasso von, An Iconographic Link between Teotihuacan and Palenque. In: Mexicon, 3 (2), 1981: 30–32

Die Hieroglyphenschrift – das Tor zur Geschichte

Berlin, Heinrich, El glifo „emblema" en las inscripciones mayas. In: Journal de la Société des Américanistes, 47, 1958: 111–119
Coe, Michael D., Das Geheimnis der Mayaschrift. Ein Code wird entschlüsselt, Rowohlt, Reinbek bei Hamburg 1995
Coe, Michael D. und Justin **Kerr,** The Art of the Maya Scribe, Thames and Hudson, London und New York 1998
Förstemann, Ernst, Die Maya-Handschrift der Königlich Öffentlichen Bibliothek zu Dresden, Richard Bertling, Dresden 1892
Grube, Nikolai, Die Entwicklung der Mayaschrift, Verlag von Flemming, Berlin 1991 (= Acta Mesoamericana, 3)
Houston, Stephen D., Maya Glyphs. Reading the Past, London 1989 (= British Museum Publications)
Houston, Stephen D., The Shifting Now. Aspect, Deixis, and Narrative in Classic Maya Texts. In: American Anthropologist, 99, 1997: 291–305
Houston, Stephen D., John **Robertson** und David **Stuart,** The Language of Classic Maya Inscriptions. In: Current Anthropology, 41 (3), 2000: 321–356
Justeson, John S. und Lyle **Campbell** (Hrsg.), Phoneticism in Maya Hieroglyphic Writing, Institute of Mesoamerican Studies, State University of New York at Albany, Albany 1984 (= Institute of Mesoamerican Studies Publication, 9)
Knorozov, Yurii V., Pis'menost Indeitsev Maiia, Akademie der Wissenschaften, Moskau und Leningrad 1964
Schele, Linda, Maya Glyphs. The Verbs, University of Texas Press, Austin 1982
Stuart, David, Ten Phonetic Syllables, Center for Maya Research, Washington 1987 (= Research Reports on Ancient Maya Writing, 14)
Thompson, John Eric S., A Catalogue of Maya Hieroglyphs, University of Oklahoma Press, Norman 1962

Bücher aus Rindenpapier

Bricker, Victoria R. und Gabrielle **Vail** (Hrsg.), Papers on the Madrid Codex, Tulane University, New Orleans 1997 (= Middle American Research Institute Publication, 64)
Grube, Nikolai, Die Entzifferung der Maya-Handschriften. In: Die Bücher der Maya, Mixteken und Azteken, hrsg. von Carmen Arellano Hoffmann und Peer **Schmidt,** Vervuert, Frankfurt 1997: 59–93
Thompson, John Eric S., A Commentary on the Dresden Codex, American Philosophical Society, Philadelphia 1972
Treiber, Hannelore, Studien zur Katunserie der Pariser Maya-Handschrift, Verlag von Flemming, Berlin 1987 (= Acta Mesoamericana, 2)

Astronomie und Mathematik

Aveni, Anthony F., Skywatchers of Ancient Mexico, University of Texas, Austin 1980
Bricker, Harvey M. und Victoria R. **Bricker,** Zodiacal References in the Maya Codices. In: The Sky in Mayan Literature, hrsg. von A. Aveni, Oxford University, New York und Oxford 1992: 148–183
Kelley, David, Deciphering the Maya Script, University of Texas Press, Austin 1976
Lounsbury, Floyd, The Base of the Venus Tables of the Dresden Codex and its Significance for the Calendar-Correlation Problem. In: Calendars in Mesoamerica and Peru. Native Computations of Time, hrsg. von Anthony Aveni und Gordon Brotherson, 44. Internationaler Amerikanisten-Kongress, Oxford 1983: 1–26 (= British Archaeological Research, International Series, 174)
Lounsbury, Floyd, A Derivation of the Mayan-to-Julian Calendar Correlation from the Dresden Codex Venus Chronology. In: The Sky in Mayan Literature, hrsg. von Anthony Aveni, Oxford University, New York und Oxford 1992: 184–206
Riese, Berthold Christoph L., Eine mexikanische Gottheit im Venuskapitel der Mayahandschrift Codex Dresdensis. In: Bulletin de la Société Suisse des Américanistes, 46, 1982: 37–39
Tedlock, Barbara, Time and the Highland Maya, University of New Mexico, Albuquerque 1982
Thompson, John Eric S., Maya Hieroglyphic Writing. An Introduction, University of Oklahoma Press, 3. Aufl Norman 1971 (= Civilization of the American Indian Series, 56) (Erstveröffentlichung 1950 als Carnegie Institution of Washington Publication 589)

Sonnenfinsternisse – die Angst vor dem Ende

Aveni, Anthony, Skywatchers of Ancient Mexico, University of Texas Press, Austin 1980
Bricker, Harvey M. und Victoria R. **Bricker,** Classic Maya Prediction of Solar Eclipses. In: Current Anthropology, 24, 1983: 1–24

Die dynastische Geschichte der Maya

Berlin, Heinrich, El glifo „emblema" en las inscripciones mayas. In: Journal de la Société des Américanistes, 47, 1958: 111–119
Culbert, T. Patrick (Hrsg.), Classic Maya Political History, University of New Mexico Press, Albuquerque 1991
Fash, William L., Scribes, Warriors, and Kings. The City of Copan and the Ancient Maya, Thames and Hudson, London und New York 1991
Grube, Nikolai, Classic Maya Dance. Evidence from Hieroglyphs and Iconography. In: Ancient Mesoamerica, 3 (2), 1992: 201–218
Grube, Nikolai und Simon **Martin,** Política clásica maya dentro de una tradición mesoamericana. Un modelo epigráfico de organización política ‚hegemónica'. In: Modelos de entidades políticas mayas, hrsg. von Silvia Trejo, Mexiko Stadt 1998: 131–146
Houston, Stephen D., Hieroglyphs and History at Dos Pilas, University of Texas Press, Austin 1993
Houston, Stephen D. und David **Stuart,** Classic Maya Place-Names, Dumbarton Oaks Research Library and Collection, Washington D.C. 1994 (= Studies in Pre-Columbian Art and Archaeology, 33)
Houston, Stephen D., Of Gods, Glyphs, and Kings. Divinity and Rulership among the Classic Maya. In: Antiquity, 70, 1996: 289–312
Houston, Stephen D., The Ancient Maya Self. Personhood and Portraiture in the Classic Period. In: Res – Anthropology and Aesthetics, 33, 1998: 73–101
Houston, Stephen D. und Takeshi **Inomata** (Hrsg.), Royal Courts of the Ancient Maya, Westview Press, Boulder 2000
Martin, Simon, Calakmul y el enigma del glifo Cabeza de Serpiente. In: Arqueología Mexicana, 18, 1996: 42–45
Martin, Simon und Nikolai **Grube,** Maya Superstates. In: Archaeology, 48, 1995: 41–46
Martin, Simon und Nikolai **Grube,** Chronicle of the Maya Kings and Queens, Thames and Hudson, London und New York 2000
Proskouriakoff, Tatiana, Historical Implications in a Pattern of Dates at Piedras Negras, Guatemala. In: American Antiquity, 25 (4), 1960: 455–475
Schele, Linda, An Epigraphic History of the Western Maya Region. In: Classic Maya Political History. Hieroglyphic and Archaeological Evidence, hrsg. von T. Patrick Culbert, Cambridge University Press, Cambridge 1991: 72–101
Schele, Linda und David **Freidel,** Die unbekannte Welt der Maya. Das Geheimnis ihrer Kultur entschlüsselt, Albrecht Knaus, München 1991

Heiratsdiplomatie – Frauen am Königshof

Hewitt, Erika H., What's in a Name. Gender, Power, and Classic Maya Women Rulers. In: Ancient Mesoamerica, 10 (2), 1998: 251–262
Martin, Simon und Nikolai **Grube,** Chronicle of the Maya Kings and Queens, Thames and Hudson, London und New York 2000
Proskouriakoff, Tatiana, Portraits of Women in Maya Art. In: Essays in Pre-Columbian Art and Archaeology, hrsg. von Samuel K. Lothrop, Harvard University Press, Cambridge, MA 1961: 81–99

Unter einem tödlichen Stern – Krieg bei den klassischen Maya

Brokmann, Carlos, Armamento y organización militar de los mayas. In: Arqueología Mexicana, 4 (19), 1996: 66–71

Chase, Arlen F. und Diane Z. **Chase,** The Investigation of Classic Period Maya Warfare at Caracol. In: Mayab, 5, 1989: 5–18
Demarest, Arthur, Interregional Conflict and „Situational Ethics" in Classic Maya Warfare. In: Codex Wauchope. A Tribute Roll, hrsg. von M. Giardino, B. Edmonson und V. Creamer, Department of Anthropology, Tulane University, New Orleans 1978: 101–111 (= Human Mosaic, 12)
Freidel, David, Maya Warfare. An Example of Peer Polity Interaction. In: Peer Polity Interaction and Socio-Political Change, hrsg. von Colin Renfrew und John F. Cherry, Cambridge University Press, Cambridge 1986: 93–108 (= New Directions in Archaeology)
Freidel, David und Linda **Schele,** Forest of Kings. The Untold Story of the Ancient Maya, William Morrow, New York 1990
Martin, Simon und Nikolai **Grube,** Chronicle of the Maya Kings and Queens, Thames and Hudson, London und New York 2000
Proskouriakoff, Tatiana, Historical Data in the Inscriptions of Yaxchilan, Part I. In: Estudios de Cultura Maya, 3, 1963: 149–167
Puleston, Dennis E. und Donald W. **Callender Jr.,** Defensive Earthworks at Tikal. In: Expedition, 9 (3), 1967: 40–48
Riese, Berthold, Kriegsberichte der Klassischen Maya. In: Baessler-Archiv, Neue Folge, 30, 1984: 255–321
Schele, Linda und Mary E. **Miller,** The Blood of Kings. Dynasty and Ritual in Maya Art, Kimbell Art Museum, Fort Worth 1986
Stone, Andrea, Disconnection, Foreign Insignia, and Political Expansion. Teotihuacan and the Warrior Stelae of Piedras Negras. In: Mesoamerica after the Decline of Teotihuacan AD 700–900, hrsg. von Richard A. Diehl und Janet C. Berlo, Dumbarton Oaks, Washington D.C., 1989: 153–172
Webster, David, Three Walled Sites of the Northern Lowlands. In: Journal of Field Archaeology, 5, 1978: 375–390
Webster, David, The Study of Maya Warfare. What it tells us about the Maya and what it tells us about Maya archaeology. In: Lowland Maya Civilization in the Eighth Century AD, hrsg. von Jeremy A. Sabloff und John S. Henderson, Dumbarton Oaks Research Library and Collection, Washington D.C., 1993: 415–444

Spiel auf Leben und Tod – das Ballspiel der Maya

Freidel, David, Linda **Schele** und Joy **Parker,** Maya Cosmos. Three Thousand Years on the Shaman's Path, William Morrow, New York 1993
Leyenaar, Ted J.J. und Lee A. **Parsons,** Ulama, the Ballgame of the Maya and the Aztecs, Spruyt, Van Mantgem & De Does, Leiden 1988
Scarborough, Vernon L. und David R. **Wilcox** (Hrsg.), The Mesoamerican Ballgame, University of Arizona Press, Tucson 1991
Taladoire, Eric, Les terrains de Jeu de Balle, Mission Archéologique et Ethnologique Française au Mexico, Mexico D.F. 1981

Die Einheit von Raum und Zeit – die Architektur der Maya

Andrews, George F., Maya Cities. Placemaking and Urbanization, University of Oklahoma Press, Norman 1975
Andrews, George F., Pyramids and Palaces, Monsters and Masks. The Golden Age of Maya Architecture, 1: Architecture of the Puuc Region and the Northern Plains, Labyrinthos, Lancaster, CA 1995
Andrews, George F., Pyramids and Palaces, Monsters and Masks. The Golden Age of Maya Architecture, 2: Architecture of the Chenes Region, Labyrinthos, Lancaster, CA 1997
Andrews, George F., Pyramids and Palaces, Monsters and Masks. The Golden Age of Maya Architecture, 3: Architecture of the Río Bec Region and Miscellaneous Subjects, Labyrinthos, Lancaster, CA 1999
Gendrop, Paul, Los estilos Río Bec, Chenes y Puuc en la arquitectura maya, Universidad Nacional Autónoma de Mexico, Mexico D.F. 1983
Heyden, Doris und Paul **Gendrop,** Architektur der Hochkulturen Mittelamerikas, Belser Verlag, Stuttgart 1975
Hohmann, Hasso, Gewölbekonstruktionen in der Maya-Architektur. In: Mexicon, 1 (3), 1979: 33–36
Hohmann, Hasso und Annegrete **Vogrin,** Die Architektur von Copan (Honduras), Akademische Druck- und Verlagsanstalt, Graz 1982
Hohmann, Hasso, Die Architektur der Sepulturas-Region von Copan in Honduras, Academic Publishers, Graz 1995
Hohmann, Hasso, A Maya Palace in Mexico – Structure IV at Becan, Campeche, Academic Publishers, Graz 1998
Houston, Stephen D. (Hrsg.), Function and Meaning in Classic Maya Architecture. A Symposium at Dumbarton Oaks, 7th and 8th October 1994, Dumbarton Oaks Research Library and Collection, Washington D.C. 1998
Kubler, George, The Art and Architecture of Ancient America, Penguin Books, Baltimore, Maryland 1962
Pollock, Harry E.D., The Puuc. An Architectural Survey of the Hill Country of Yucatan and Northern Campeche, Mexico, Harvard University, Cambridge, MA 1980 (= Memoirs of the Peabody Museum of Archaeology and Ethnology, 19)
Potter, David F., Maya Architecture of the Central Yucatan Peninsula, Mexico, Tulane University, New Orleans 1977 (= Middle American Research Institute Publication, 44)
Proskouriakoff, Tatiana, An Album of Maya Architecture, Washington D.C. 1946 (= Carnegie Institution of Washington Publication, 558)

Die Geschichte einer Maya-Siedlung – Forschungsergebnisse aus den Ausgrabungen von Xkipche

Prem, Hanns J., Geschichte eines Mayapalastes. Ausgrabungen in Xkipche, Yucatán. In: Antike Welt, 30 (5), 1999: 545–554
Reindel, Markus, Xkipche, un asentamiento Maya en el norte de Yucatan, Mexico. In: KAVA. Beiträge zur Allgemeinen und Vergleichenden Archäologie, 17, 1997: 177–250

Maya-Architektur in Tikal, Guatemala

Coe, William R., Excavations in the Great Plaza, North Terrace and North Acropolis of Tikal, 6 Bde., University Museum, Philadelphia 1990 (= Tikal Report, 14)
Coe, William R. und Rudy V. **Larios,** Tikal. A Handbook of the Ancient Maya Ruins, Asociación Tikal, Guatemala Stadt 1986
Harrison, Peter D., Tikal, Maya Rulers of Time, Thames and Hudson, London und New York 1999
Jones, Christopher, Excavations in the East Plaza of Tikal, 2 Bde., University of Pennsylvania, Museum of Archaeology and Anthropology, Philadelphia 1996 (= Tikal Report, 16)
Schele, Linda und Peter **Mathews,** The Code of Kings. The Language of Seven Sacred Maya Temples and Tombs, Scribner, New York 1998

Prozessionen, Pilger, Lastenträger – die Zeremonialstraßen

Benavides, Antonio, Los caminos prehispánicos de Cobá. In: XV. Mesa Redonda de la Sociedad Mexicana de Antropología, 2, 1977: 215–225
Chase, Arlen F. und Diane Z. **Chase** (Hrsg.), Studies in the Archaeology of Caracol, Belize, San Francisco 1994 (= Pre-Columbian Art Research Institute Monograph, 7)
Villa Rojas, Alfredo, The Coba-Yaxuna Causeway, Washington D.C. 1934 (= Carnegie Institution of Washington Publication, 436)

Zum Verständnis der Wandgemälde von Bonampak

Fuente, Beatriz de la (Hrsg.), La pintura mural prehispánica en México, Vol. 2: Area Maya, Bonampak, 2 Bde., Universidad Nacional Autónoma de México, Mexiko Stadt 1998
Mathews, Peter, Notes on the Dynastic Sequence of Bonampak, Part 1. In: Third Palenque Round Table, 1978, hrsg. von Merle Greene Robertson, University of Texas Press, Austin 1980: 60–73 (= Palenque Round Table Series, 5)
Miller, Mary E., The Murals of Bonampak, Princeton University Press, Princeton 1986
Miller, Mary E., The Boys in the Bonampak Band. In: Maya Iconography, hrsg. von Elizabeth P. Benson und Gillett Griffin, Princeton University Press, Princeton 1988: 318–330
Ruppert, Karl J., John Eric S. **Thompson** und Tatiana **Proskouriakoff,** Bonampak, Chiapas, Mexiko, Washington D.C. 1955 (= Carnegie Institution of Washington Publication, 602)

Grabräuber im Urwald

Messenger, Phyllis M. (Hrsg.), The Ethics of Collecting Cultural Property: Whose Culture? Whose Property?, University of New Mexico Press, Albuquerque 1989
Meyer, Karl E., The Plundered Past, Atheneum, New York 1977

Die Kunst der klassischen Vasenmalerei

Adams, Richard E.W., The Ceramics of Altar de Sacrificios, Harvard University, Cambridge, Mass. 1971 (= Papers of the Peabody Museum of Archaeology and Ethnology, 63, 1)
Coe, Michael, The Maya Scribe and his World, Grolier Club, New York 1973
Coe, Michael, Supernatural Patrons of Maya Scribes and Artists. In: Social Process in Maya Prehistory. Studies in Honour of Sir Eric Thompson, hrsg. von N. Hammond, Academic Press, London 1977: 327–347
Coe, Michael, Lords of the Underworld. Masterpieces of Classic Maya Ceramics, The Art Museum, Princeton University, Princeton University Press, Princeton 1978
Coe, Michael und Justin **Kerr,** Art of the Maya Scribe, Thames and Hudson, London und New York 1998
Grube, Nikolai, An Investigation of the Primary Standard Sequence on Classic Maya Ceramics. In: Sixth Palenque Round Table, 1986, hrsg. von Virginia M. Fields, Pre-Columbian Art Research Institute, San Francisco 1990: 223–232 (= Palenque Round Table Series, 8)
Grube, Nikolai, The Primary Standard Sequence on Chocholá Style Ceramics. In: The Maya Vase Book, Vol. 2, hrsg. von Justin Kerr, Kerr Associates, New York 1990: 320–330
Grube, Nikolai und Werner **Nahm,** A Census of Xibalba. A Complete Inventory of Way Characters on Maya Ceramics. In: The Maya Vase Book, Vol. 4, hrsg. von Justin Kerr, Kerr Associates, New York 1994: 686–713
Houston, Stephen und Karl A. **Taube,** Name-Tagging in Classic Mayan Script. In: Mexicon, 9 (2), 1987: 38–41
Houston, Stephen und David **Stuart,** The Way Glyph. Evidence for „Co-essences" among the Classic Maya. In: Research Reports on Ancient Maya Writing, 30, 1989: 1–16
Houston, Stephen, David **Stuart** und Karl **Taube,** Folk Classification of Classic Maya Pottery. In: American Anthropologist, 91 (3), 1989: 720–726
Houston, Stephen, David **Stuart** und Karl **Taube,** Image and Text on the „Jauncy Vase". In: The Maya Vase Book, Vol. 3, hrsg. von Justin Kerr, Kerr Associates, New York 1992: 498–512
Joyce, Rosemary, The Construction of the Mesoamerican Frontier and the Mayoid Image of Honduran Polychromes, Peabody Museum of American Archaeology and Ethnography, Harvard University, Cambridge, MA 1991
Kerr, Barbara und Justin **Kerr,** Some Observations on Maya Vase Painters. Paper presented at the Conference on Maya Funerary Ceramics, The Art Museum, Princeton University, Princeton 1981
Kerr, Barbara und Justin **Kerr,** Some Observations on Maya Vase Painters. In: Maya Iconography, hrsg. von E.P. Benson und G.G. Griffin, Princeton University Press, Princeton 1988: 236–259
MacLeod, Barbara, Deciphering the Primary Standard Sequence. Department of Anthropology, University of Texas at Austin, Phil. Diss. 1990
Peterson, Susan, The Craft and Art of Clay, Prentice Hall, New Jersey 1992
Reents-Budet, Dorie, Elite Maya Pottery and Artisans as Social Indicators. In: Craft and Social Identity, hrsg. von Cathy Costin und Rita Wright, Washington 1998 (= Archaeological Papers of the American Anthropological Association, 8)
Reents-Budet, Dorie, Ronald L. **Bishop** und Barbara **MacLeod,** Acercamiento integrado a la cerámica pintada clásica Maya. In: VI. Simposio de investigaciones arqueológicas en Guatemala, 1992, hrsg. von Juan Pedro La Porte, Héctor L. Escobedo und Sandra Villagrán de Brady, Museo Nacional de Arqueología y Etnología, Ministerio de Cultura y Deportes, Instituto de Antropología e Historia und Asociación Tikal, Guatemala Stadt 1993
Reents-Budet, Dorie, Ronald L. **Bishop** und Barbara **MacLeod,** Painting the Maya Universe. Royal Ceramics of the Classic Period, Duke University Press, Durham, New York und London 1994
Reina, Rubén E. und Robert M. **Hill,** The Traditional Pottery of Guatemala, University of Texas Press, Austin 1978
Rhodes, Daniel, Clay and Glazes for the Potter, Chilton Book Company, Philadelphia 1973
Rice, Prudence, Pottery Production, Pottery Classification, and the Role of Physicochemical Analy-

ses. In: Archaeological Ceramics, hrsg. von Jacqueline S. Olin und Alan D. Franklin, Smithsonian Institution Press, Washington D.C., 1982: 47–56
Stuart, David, The Rio Azul Cacao Pot. Epigraphic Observations on the Function of a Maya Ceramic Vessel. In: Antiquity, 62 (234), 1988: 153–157
Taschek, Jennifer und Joseph **Ball,** Lord Smoke-Squirrel's Cacao Cup. The Archaeological Context and Sociohistorical Significance of the Buenavista „Jauncy Vase". In: The Maya Vase Book, Vol. 3, hrsg. von Justin Kerr, Kerr Associates, New York 1992: 490–497

Die Götter der klassischen Maya

Freidel, David, Linda **Schele** und Joy **Parker,** Maya Cosmos. Three Thousand Years on the Shaman's Path, William Morrow, New York 1993
Grube, Nikolai und Werner **Nahm,** A Census of Xibalba. A Complete Inventory of Way Characters on Maya Ceramics. In: The Maya Vase Book, Vol. 4, hrsg. von Justin Kerr, Kerr Associates, New York 1994: 686–715
Hellmuth, Nicholas M., Monster und Menschen in der Maya-Kunst, Akademische Druck- und Verlagsanstalt, Graz 1987
Houston, Stephen D. und David **Stuart,** The Way Glyph. Evidence for „Co-Essences" among the Classic Maya, Center for Maya Research, Washington D.C. 1989 (= Research Reports on Ancient Maya Writing, 30)
Miller, Mary E. und Karl A. **Taube,** The Gods and Symbols of Ancient Mexico and the Maya, Thames and Hudson, London und New York 1993
Schele, Linda, und Mary E. **Miller,** The Blood of Kings. Ritual and Dynasty in Maya Art, Kimbell Art Museum, Fort Worth 1986
Schellhas, Paul, Die Göttergestalten der Mayahandschriften. Ein mythologisches Kulturbild aus dem alten Amerika, Verlag von Richard Bertling, Dresden 1897
Taube, Karl A., The Maya Maize God. A Reappraisal. In: Fifth Paleque Round Table, 1983, hrsg. von Virginia M. Fields, Pre-Columbian Art Research Institute, San Francisco 1985: 171–181 (= Palenque Round Table Series, 7)
Taube, Karl A., The Major Gods of Ancient Yucatan. Schellhas Revisited, Dumbarton Oaks Research Library and Collection, Washington D.C. 1992 (= Studies in Pre-Columbian Art and Archaeology, 32)

Hofzwerge – Begleiter der Herrschenden und Boten der Unterwelt

Houston, Stephen D., A Name Glyph for Classic Maya Dwarfs. In: The Maya Vase Book, Vol. 3, hrsg. von Justin Kerr, Kerr Associates, New York 1991: 526–531
Mayer, Karl Herbert, Zwergendarstellungen bei den präkolumbischen Maya. In: Das Altertum, 32 (4), 1986: 212–224
Miller, Virginia E., The Dwarf Motif in Classic Maya Art. In: Fourth Paleque Round Table, 1980, hrsg. von Elizabeth P. Benson, Pre-Columbian Art Research Institute, San Francisco 1986: 141–153

Schöpfungsmythen und Kosmographie der Maya

Ashmore, Wendy, Site-Planning Principles and Concepts of Directionality among the Ancient Maya. In: Latin American Antiquity, 2 (3), 1991: 199–226
Ashmore, Wendy, Deciphering Architectural Plans. In: New Theories on the Ancient Maya, hrsg. von Elin C. Danien und Robert J. Sharer, The University Museum, University of Pennsylvania, Philadelphia 1992: 173–184 (= University Museum Monographs, 77; University Museum Symposium Series, 3)
Bassie-Sweet, Karen, At the Edge of the World. Caves and Late Classic Maya Worldview, University of Oklahoma Press, Norman 1996
Bricker, Victoria, Directional Glyphs in Maya Inscriptions and Codices. In: American Antiquity 48 (2), 1983: 347–353
Coe, Michael D., A Model of Ancient Maya Community Structure in the Maya Lowlands. In: Southwestern Journal of Anthropology, 21, 1965: 87–119
Freidel, David, Linda **Schele** und Joy **Parker,** Maya Cosmos. Three Thousand Years on the Shaman's Path, William Morrow, New York 1993
Gossen, Gary H., Chamulas in the World of the Sun. Time and Space in a Maya Oral Tradition, Harvard University Press, Cambridge 1974
Schele, Linda, Religion und Weltsicht. In: Die Welt der Maya, hrsg. von Arne Eggebrecht, Nikolai Grube und Eva Eggebrecht, Philipp von Zabern, Mainz 1992: 197–214
Taube, Karl A., Aztec and Maya Myths, University of Texas Press, Austin 1994
Tedlock, Dennis, Popol Vuh. The Definitive Edition of the Mayan Book of the Dawn of Life and the Glories of Gods and Kings, Simon and Schuster, 2. Aufl. New York 1996
Vogt, Evon Z., Zinacantan. A Maya Community in the Highlands of Chiapas, Belknap Press, Cambridge 1969
Vogt, Evon Z., The Zinacantecos of Mexico. A Modern Maya Way of Life, Holt, Rinehart and Winston, New York 1970 (= Case Studies in Cultural Anthropology)
Vogt, Evon Z., Some Aspects of the Sacred Geography of Highland Chiapas. In: Mesoamerican Sites and World-Views, hrsg. von Elizabeth P. Benson, Dumbarton Oaks Research Library and Collection, Washington D.C., 1981: 119–139

Rausch und Ekstase

Furst, Peter D., Hallucinogens and Culture, Chandler and Sharp, San Francisco 1976
Smet, Peter de, Ritual Snuffs and Enemas in the Americas, Centrum voor Studie en Documentatie van Latijns Amerika, Amsterdam 1985 (= Latin American Studies, 33)
Stross, Brian und Justin **Kerr,** Notes on the Maya Vision Quest through Enema. In: The Maya Vase Book, Vol. 2, hrsg. von Justin Kerr, Kerr Associates, New York 1990: 349–361

Die dunklen Geheimnisse der Maya – archäologische Erforschung von Maya-Höhlen

Andrews V, E. Wyllys, Explorations in the Gruta de Chac. In: Middle American Research Institute Publication, 31: 1–21, Middle American Research Institute, Tulane University, New Orleans, 1965
Brady, James E., Settlement Configuration and Cosmology. The Role of Caves at Dos Pilas. In: American Anthropologist, 99 (3), 1997: 602–618
Brady, James E. und George **Veni,** Man-Made and Pseudo-Karst Caves. The Implications of Subsurface Geologic Features Within Maya Centers. In: Geoarchaeology, 7, 1992: 149–167
Brady, James E., Ann **Scott,** Allan **Cobb** u. a., Glimpses of the Dark Side of the Petexbatun Regional Archaeological Project. The Petexbatun Regional Cave Survey. In: Ancient Mesoamerica, 8 (2), 1997: 353–364
Brady, James E., Gene A. **Ware,** Barbara **Luke** u. a., Preclassic Cave Utilization near Cobanerita, San Benito, Peten. In: Mexicon, 19 (5), 1997: 91–96
Brady, James E. und Keith **Prufer,** Caves and Crystalmancy. Evidence for the Use of Crystals in Ancient Maya Religion. In: Journal of Anthropological Research, 55, 1999: 129–144
Broda, Johanna, Calendarios, cosmovisión y observación de la naturaleza. In: Temas Mesoamericanos, hrsg. von Sonia Lombardo und Enrique Nalda, Instituto Nacional de Antropología e Historia, Mexico 1996: 427–469
Carlson, Ruth und Francis **Eachus,** The Kekchi Spirit World. In: Cognitive Studies of Southern Mesoamerica, hrsg. von Helen L. Neuenswander und Dean E. Arnold, Summer Institute of Linguistics, Dallas 1977: 36–65
García-Zambrano, Angel J., Early Colonial Evidence of Pre-Columbian Rituals of Foundation. In: Seventh Palenque Round Table, 1989, hrsg. von Virginia M. Fields, Pre-Columbian Art Research Institute, San Francisco 1994: 217–227
Gossen, Gary H., Chamulas in the World of the Sun. Time and Space in a Maya Oral Tradition, Harvard University Press, Cambridge 1974
Guiteras Holmes, Calixta, Sintesis de la visión del mundo de los altos de Chiapas. In: Los Mayas del Sur y sus relaciones con los Nahuas Meridionales. In: VIII. Mesa Redonda de la Sociedad Mexicana de Antropología, Mexico 1961: 303–308
Gurnee, Russell H., Seamay Cave (Caves of the Grand Staircase) Senahu, Alta Verapaz, Guatemala, C.A. In: National Speleological Society News, 23 (8), 1965: 114–117
Kubler, George, Pre-Columbian Pilgrimages in Mesoamerica. In: Fourth Palenque Round Table, 1980, hrsg. von Elizabeth P. Benson, Pre-Columbian Art Research Institute, San Francisco 1985: 313–316
Manzanilla, L., L. **Barba,** R. **Chávez** u. a., Caves and Geophysics. An Approximation to the Underworld of Teotihuacan, Mexico. In: Archaeometry, 36, 1994: 141–157
Martínez Marin, Carlos, Santuarios y peregrinaciones en el Mexico Prehispanico. In: Religión en Mesoamerica, hrsg. von Jaime Litvak King und Neomi Castillo Tejeros, Mexiko 1972: 161–176 (= XII. Mesa Redonda de la Sociedad Mexicana de Antropología)
Mercer, Henry C., The Hill-Caves of Yucatan, The University of Oklahoma Press, Norman 1975 (Nachdruck der Originalausgabe von 1896)
Schackt, Jon, The Tzuultak'a. Religious Lore and Cultural Processes among the Kekchi. In: Belizean Studies, 12 (5), 1984: 16–29
Schavelzon, Daniel, Temples, Caves, or Monsters? Notes on Zoomorphic Facades in Pre-Hispanic Architecture. In: Third Palenque Round Table, 1978, Part 2, hrsg. von Merle Greene Robertson, University of Texas Press, Austin 1980: 151–162
Seler, Eduard, Die alten Ansiedlungen von Chacula, im Distrikte Nenton des Departments Huehuetenango der Republik Guatemala, Dietrich Reimer Verlag, Berlin 1901
Stuart, David und Stephen **Houston,** Classic Maya Place Names, Dumbarton Oaks, Washington D.C. 1994 (= Studies in Pre-Columbian Art and Archaeology, 33)
Tedlock, Barbara, The Role of Dreams and Visionary Narratives in Mayan Cultural Survivals. In: Ethnos, 20, 1992: 453–476
Thompson, J. Eric S., The Role of Caves in Maya Culture. In: Mitteilungen aus dem Museum für Völkerkunde in Hamburg, 25, 1959: 122–129
Thompson, J. Eric S., Maya History and Religion, University of Oklahoma Press, Norman 1970
Vogt, Evon Z., Ancient Maya and Contemporary Tzotzil Cosmology. A Comment on some Methodological Problems. In: American Antiquity, 30, 1964: 192–195
Vogt, Evon Z., Tortillas for the Gods. A Symbolic Analysis of Zinacantan Ritual, Harvard University Press, Cambridge 1976
Wilson, Richard, Mountain Spirits and Maize. Catholic Conversion and Renovation of Tradition among the Q'eqchi' of Guatemala, University of London, Department of Anthropology, Phil. Diss. 1990

Jaina – die Inselnekropole

Piña Chán, Román, Jaina. La casa en el agua, Instituto Nacional de Antropología e Historia, Mexiko Stadt 1968
Schele, Linda und Jorge **Pérez de Lara,** Hidden Faces of the Maya, Alti Publishing, 1997

Tod und Seelenvorstellung

Eberl, Markus, Tod und Begräbnis in der Klassischen Mayakultur (Magisterarbeit), Seminar für Völkerkunde, Rheinische Friedrich-Wilhelms-Universität Bonn, Bonn 1999
Eberl, Markus, Ritos funerarios de los antiguos Mayas, Instituto Nacional de Antropología e Historia, Mexiko Stadt 2000 (= Euroamericanas)
Gaida, Maria, „Er trat seinen Weg an". Zur Neuerwerbung eines frühklassischen Maya-Dreifußgefäßes. In: Museumsjournal. Berichte aus den Museen, Schlössern und Sammlungen in Berlin und Potsdam, 10 (1), 1996: 34–37
Ruz Lhuillier, Alberto, Costumbres funerarias de los antiguos mayas, Universidad Nacional Autónoma de México, Mexiko Stadt 1968

Langsamer Niedergang oder Neubeginn? Der Wandel der klassischen Maya-Zivilisation in der Puuc-Region

Andrews, George, Pyramids and Palaces, Monsters and Masks. The Golden Age of Maya Architecture. Vol. 1: Architecture of the Puuc Region and Northern Plains Areas, Labyrinthos, Lancaster, California 1995
Barrera Rubio, Alfredo und José **Huchim Herrera,** Architectural Restoration at Uxmal 1986–1987, University of Pittsburgh, Pittsburgh 1990 (= Latin American Archaeological Reports, 1)
Becquelin, Pierre, La Civilizacion Puuc vista desde la región de Xculoc. In: Hidden among the Hills. Maya Archaeology of the Northwest Yucatan Peninsula, hrsg. von Hanns Prem, Verlag von Flemming, Möckmühl 1994: 59–70
Carrasco Vargas, Ramon, Formación sociopolitica en el Puuc. El Sacbé Uxmal-Nohpat-Kabah. In: Perspectivas Antropológicas en el Mundo Maya, hrsg. von M. Josefa Iglesias Ponce de Leon und Francesco Ligorred Perramón, Sociedad Española de Estudios Mayas, Madrid 1993: 199–212 (= Publicaciónes de la Sociedad Española de Estudios Mayas, 2)
Charnay, Désiré, The Ancient Cities of the New World, Harper & Bothers, New York 1887
Dunning, Nicholas P., Lords of the Hills. Ancient

Maya Settlement of the Puuc Region, Yucatan, Mexico, Prehistory Press, Madison 1992 (= Monographs in World Archaeology, 15)
Gill, Richardson, The Great Maya Droughts, University of Texas Press, Austin 1999
Graham, Ian, Corpus of Maya Hieroglyphic Inscriptions, Vol. 4, Teil 2: Uxmal, Peabody Museum, Harvard University, Cambridge, Mass. 1992
Grube, Nikolai, Hieroglyphic Sources for the History of Northwest Yucatan. In: Hidden among the Hills. Maya Archaeology of the Northwest Yucatan Peninsula, hrsg. von Hanns J. Prem, Verlag von Flemming, Möckmühl 1994: 316–358
Kowalsky, Jeff Karl, The House of the Governor. A Maya Palace at Uxmal, Yucatan, Mexico, University of Oklahoma Press, Norman 1987
Kowalsky, Jeff Karl, The Puuc as Seen from Uxmal. In: Hidden among the Hills. Maya Archaeology of the Northwest Yucatan Peninsula, hrsg. von Hanns J. Prem, Verlag von Flemming, Möckmühl 1994: 93–120
Kowalsky, Jeff Karl, Alfredo **Barrera Rubio**, Heber **Ojeda Más** und José **Huchim Herrera**, Archaeological Excavations of a Round Temple at Uxmal. Summary Discussion and Implications for Northern Maya Culture History, hrsg. von Martha Macri und Jan McHargue, The Pre-Columbian Art Research Institute, San Francisco 1993: 281–296 (= Palenque Round Table Series, 8)
Kowalsky, Jeff Karl und Nicholas **Dunning**, The Architecture of Uxmal. The Symbolics of Statemaking at a Puuc Maya Regional Capital. In: Mesoamerican Architecture as a Cultural Symbol, hrsg. von Jeff Karl Kowalsky, Oxford University Press, Oxford 1999: 273–297
Maler, Teobert, Penísula Yucatán. Aus dem Nachlass hrsg. von Hanns J. Prem, Gebr. Mann Verlag, Berlin 1997
Pollock, H. E. D., The Puuc. An Architectural Survey of the Hill Country of Yucatan and Northern Campeche, Mexico, Harvard University Press, Cambridge, Mass. 1980 (= Memoirs of the Peabody Museum of Archaeology and Ethnology, 19)
Rivera Dorado, Miguel, Los Mayas de Oxkintok, Ministerio de Educación y Cultura, Madrid 1996
Sabloff, Jeremy und Gair **Tourtellot**, The Ancient Maya City of Sayil. The Mapping of a Puuc Regional Center, Tulane University, New Orleans 1991 (= Middle American Research Institute Publication, 60)
Schele, Linda und Peter **Mathews**, The Code of Kings. The Language of Seven Sacred Maya Temples and Tombs, Simon and Schuster, New York 1998
Smyth, Michael, Christopher **Dore** und Nicholas **Dunning**, Interpreting Prehistoric Settlement Patterns. Lessons from the Maya Center of Sayil, Yucatan. In: Journal of Field Archaeology, 22, 1995: 321–347
Smyth, Michael, Josep **Ligorred Perramón**, David **Ortegón Zapata** und Pat **Farrell**, An early Classic Center in the Puuc Region. New Data from Chac II, Yucatan, Mexico. In: Ancient Mesoamerica, 9, 1998: 233–258
Tourtellot, Gair und Jeremy **Sabloff**, Community Structure at Sayil. A Case Study of Puuc Settlement. In: Hidden among the Hills. Maya Archaeology of the Northwest Yucatan Peninsula, hrsg. von Hanns J. Prem, Verlag von Flemming, Möckmühl 1994: 71–92

… und dann wurde er skulptiert, der kostbare Stein – Steinmetze und Bildhauer der Maya

Stuart, David, A new Carved Panel from the Palenque Area, Center for Maya Research, Washington D.C. 1990 (= Research Reports on Ancient Maya Writing, 32)

Dynamik des reifenden Staatswesens in der postklassischen Maya-Gesellschaft

Andrews, Anthony P., Late Postclassic Lowland Maya Archaeology. In: Journal of World Prehistory, 7, 1993: 35–69
Bey, George J. III, Craig A. **Hanson** und William M. **Ringle**, Classic to Postclassic at Ek Balam, Yucatan. Architectural and Ceramic Evidence for Defining the Transition. In: Latin American Antiquity, 8 (3), 1997: 237–254
Blanton, Richard E., Gary M. **Feinman**, Stephen A. **Kowalewski** und Peter N. **Peregrine**, A Dual-Processual Theory for the Evolution of Mesoamerican Civilization. In: Current Anthropology, 37 (1), 1996: 1–14
Chase, Diane Z. und Arlen F. **Chase**, A Postclassic Perspective. Excavations at the Maya Site of Santa Rita Corozal, Belize, Precolumbian Art Research Institute, San Francisco 1988 (= Precolumbian Art Research Institute Monograph, 4)
Fox, John W., Late Postclassic State Formation, Cambridge University Press, Cambridge 1987
Freidel, David A. und Jeremy A. **Sabloff**, Cozumel. Late Maya Settlement Patterns, Academic Press, New York 1984
Jones, Grant D., The Conquest of the Last Maya Kingdom, Stanford University Press, Stanford 1998
Kepecs, Susan, Gary M. **Feinman** und Sylviane **Boucher**, Chichen Itza and its Hinterland. A World Systems Perspective. In: Ancient Mesoamerica, 5, 1994: 141–158
Landa, Friar Diego de, Landa's Relaciones de las Cosas de Yucatan, übers. von Alfred Tozzer, Harvard University Press, Cambridge 1941 (= Papers of the Peabody Museum of Archaeology and Ethnology, 18)
Masson, Marilyn A., In the Realm of Nachan Kann. Postclassic Maya Archaeology at Laguna de On, Belize, University of Colorado Press, Boulder 2000
Miller, Arhur D., On the Edge of the Sea. Mural Painting at Tancah-Tulum, Quintana Roo, Mexico, Dumbarton Oaks, Washington D.C. 1982
Pendergast, David M., Stability through Change. Lamanai, Belize from the Ninth to the Seventeenth Century. In: Late Lowland Maya Civilization. Classic to Postclassic, hrsg. von J. A. Sabloff und E. W. Andrews V, University of New Mexico Press, Albuquerque 1986: 223–250
Pollock, Harry E. D., Ralph L. **Roys**, Tatiana **Proskouriakoff** und A. L. **Smith**, Mayapan, Yucatán, Mexiko, Carnegie Institute of Washington, Washington D.C. 1962 (= Carnegie Institute of Washington Publication, 619)
Rathje, William L., The Last Tango in Mayapan. A Tentative Trajectory of Production-Distribution Systems. In: Ancient Civilization and Trade, hrsg. von J. A. Sabloff und C. C. Lamberg-Karlovsky, University of New Mexico Press, Albuquerque 1975: 409–448
Rice, Don S., The Peten Postclassic. A Settlement Perspective. In: Late Lowland Maya Civilization. Classic to Postclassic, hrsg. von J. A. Sabloff und E. W. Andrews V, University of New Mexico Press, Albuquerque 1986: 301–346
Rice, Prudence M., Peten Postclassic Pottery Production and Exchange. A View from Macanche. In: Models and Methods in Regional Exchange, hrsg. von R. E. Fry, Society for American Archaeology, Washington D.C., 1980: 67–82 (= Society for American Archaeology SAA Papers, 1)
Sabloff, Jeremy A. und William L. **Rathje**, The Rise of a Maya Merchant Class. In: Scientific American, 233, 1975: 72–82
Smith, Michael E. und Cynthia **Heath-Smith**, Waves of Influence in Postclassic Mesoamerica? A Critique of the Mixteca – Puebla Concept. In: Anthropology, 4, 1980: 15–20

Die Webkunst

Eggebrecht, Arne, Webkunst der Maya aus Guatemala, Philipp von Zabern, Mainz 1992
Mahler, J., Garments and Textiles of the Maya Lowlands. In: Handbook of Middle American Indians, 3, 1965: 581–593
Taylor, Dicey, Painted Ladies: Costumes for Women on Tepeu Ceramics. In: The Maya Vase Book, 3. hrsg. von Justin Kerr, Kerr Associates, New York 1992: 513–525

Die kriegerischen Fürstenhäuser – Postklassik im Maya-Hochland

Anales de los Cakchiqueles, Memorial de Sololá o Anales de los Cakchiqueles, Traducción, introducción y notas de Adrián Recinos, Fondo de Cultura Económica, Mexiko Stadt 1980
Breton, Alain, Rabinal Achi. Un drame dynastique maya du quinzième siècle, Société des Américanistes & Société d'Ethnologie, Paris 1994 (= Recherches Américanistes, 5)
Carmack, Robert M., The Quiché Mayas of Utatlan. The Evolution of a Highland Guatemalan Kingdom, University of Oklahoma Press, Norman 1981
Fox, John W., Quiche Conquest. Centralism and Regionalism in Highland Guatemalan State Development, University of New Mexico Press, Albuquerque 1977
Guillemin, Jorge F., The Ancient Cakchiquel Capital of Iximche. In: Expedition, 9 (2), 1967: 22–35
Hill, Robert M., Eastern Chajoma (Cakchiquel) Political Geography. Ethnohistorical and Archaeological Contributions to the Study of a Late Postclassic Highland Maya Polity. In: Ancient Mesoamerica, 7 (1), 1996: 63–87
Ichon, Alain, Organización de un centro Quiché protohistórico: Pueblo Viejo Chicaj, Instituto de Antropología e Historia, Guatemala Stadt 1975 (= Instituto de Antropología e Historia Publicación Especial, 9)
Lehmann, Henri, Mixco Viejo. Guía de las ruinas de la plaza fuerte Pokoman, Tipografía Nacional, Guatemala Stadt 1968
Wauchope, Robert, Zacualpa, El Quiche, Guatemala. An Ancient Provincial Center of the Highland Maya, Tulane University, New Orleans 1975 (= Middle American Research Institute Publication, 55)

Die spanische Landnahme von Yukatan und Guatemala im 16. und 17. Jahrhundert

Bricker, Victoria R., The Indian Christ, the Indian King. The Historical Substrate of Maya Myth and Ritual, University of Texas Press, Austin 1981
Chamberlain, Robert S., The Conquest and Colonization of Yucatan, 1517–1550, Carnegie Institution of Washington, Washington D.C. 1948 (= Carnegie Institution of Washington Publication, 582)
De Vos, Jan, La paz de dios y del rey. La conquista de la Selva Lacandona (1525–1821), Fondo de Cultura Económica, Mexiko Stadt 1980
De Vos, Jan, Los enredos de remesal. Ensayo sobre la conquista de Chiapas, Consejo Nacional para la Cultura y las Artes, Mexiko Stadt 1992
Jones, Grant D., The Conquest of the Last Maya Kingdom, Stanford University Press, Stanford 1998
Las Casas, Bartolomé de, Kurzgefaßter Bericht von der Verwüstung der Westindischen Länder, Insel Verlag, Frankfurt am Main 1981
Morales Padrón, Francisco, Historia del descubrimiento y conquista de América, Editorial Gredos, Madrid 1990
Pietschmann, Horst, Die iberische Expansion im Atlantik und die kastilisch-spanische Entdeckung und Eroberung Amerikas. In: Handbuch der Geschichte Lateinamerikas, Bd. 1, hrsg. von Horst Pietschmann, Verlag Klett-Cotta, Stuttgart 1994: 207–273
Straub, Eberhard (Hrsg.), Conquista. Amerika oder die Entdeckung des Menschenrechte, Communio, Köln 1991
Termer, Franz, Quauhtemallan und Cuzcatlan. Der erste und zweite Bericht des Pedro de Alvarado über die Eroberung von Guatemala und El Salvador im Jahre 1524, Hansischer Gildenverlag, Hamburg 1948 (= Hamburger Romanistische Studien, Ibero-Amerikanische Reihe, 18)
Tozzer, Alfred M., Landa's Relación de las Cosas de Yucatán. A translation, Harvard University Press, Cambridge, Mass. 1941 (= Papers of the Peabody Museum of American Archaeology and Ethnology, 18)

Kanek' – der letzte König der Itzaj-Maya

Avendaño y Loyola, Andres, Relación de las dos entradas que hice a la conversión de los gentiles Yzáex y Cehaches, hrsg. von Temis Vayhinger-Scheer, Verlag von Flemming, Möckmühl 1996 (= Mexicon Occasional Publications, 3)
Jones, Grant D., The Conquest of the Last Maya Kingdom, Stanford University Press, Stanford 1998

Zwischen Anpassung und Rebellion – die Maya-Gesellschaft in der Kolonialzeit (1546–1811)

Bricker, Victoria R., The Indian Christ. The Indian King, University of Texas Press, Austin 1981
Carmack, Robert M., Rebels of Highland Guatemala. The Quiche-Mayas of Momostenango, University of Oklahoma Press, Norman und London 1995
Collins, Anne C., The Maestros Cantores in Yucatan. In: Anthropology and History in Yucatan, hrsg. von Grant D. Jones, University of Texas Press, Austin 1977: 233–247
Farriss, Nancy M., Maya Society under Colonial Rule. The Collective Enterprise of Survival, Princeton University Press, Princeton 1984
Garza, Mercedes de la u. a. (Hrsg.), Relaciones histórico-geográficas de la gobernacón de Yucatán, 2 Bde., Universidad Nacional Autónoma de México, México 1983
Oberem, Udo, Die Conquista und Indianer unter spanischer Herrschaft. In: Alt-Amerikanistik – Eine Einführung in die Hochkulturen Mittel- und Südamerikas, hrsg. von Ulrich Köhler, Reimer Verlag, Berlin 1990: 493–518
Patch, Robert W., Maya and Spaniard in Yucatan, 1648–1812, Stanford University Press, Stanford 1993
Pietschmann, Horst, Lateinamerika. Die staatliche Organisation des kolonialen Iberoamerika. Teilveröffentlichung zum Handbuch der lateinamerikanischen Geschichte, Klett-Cotta, Stuttgart 1980

Restall, Matthew, Life and Death in a Maya Community. The Ixil Testaments of the 1760s, Labyrinthos, Lancaster, California 1995
Restall, Matthew, The Maya World. Yucatec Culture and Society 1550–1850, Stanford University Press, Stanford 1997

Spurensuche – zur Entdeckung der Maya durch die Wissenschaft

Humboldt, Alexander von, Vues de Cordillères et monuments des peuples indigènes de l'Amérique, Paris 1810
Palacio, Don Diego, Carta dirijida al rey de España, por el licenciado Dr. Don Diego Garcia de Palacio, Oydor de la real audiencia de Guatemala, Colección de Documentos Inéditos, Mexiko Stadt 1576
Stephens, John L., Incidents of Travel in Central America, Chiapas, and Yucatan, 2 Bde., Harper, New York 1841
Stephens, John L., Incidents of Travel in Yucatan, 2 Bde., Harper, New York 1843

Maya-Städte – versunken, ausgegraben, bewahrt

Inomata, Takeshi, The Last Day of a Fortified Classic Maya Center. Archaeological investigations at Aguateca, Guatemala. In: Ancient Mesoamerica, 8 (2), 1997: 337–351
Quintana, Oscar, Probleme der Konservierung von Maya-Ruinen. In: Die Welt der Maya, hrsg. von A. Eggebrecht, N. Grube und E. Eggebrecht, P. von Zabern, Mainz 1992: 139–141
Wurster, Wolfgang W., Erforschung und Erhaltung von Maya-Städten im zentralen Peten Guatemalas. Aktueller Stand des archäologischen Regionalprojektes „Triángulo Cultural Yaxhá-Nakum-Naranjo". In: Beiträge zur Allgemeinen und Vergleichenden Archäologie, 15, 1995: 203–227

Maya heute – vom entrechteten Indio zum indianischen Aufbruch

Allebrand, Raimund, Renaissance der Maya. In: Die Erben der Maya. Indianischer Aufbruch in Guatemala, hrsg. von Raimund Allebrand, Horlemann, Unkel 1997: 69–135
Burgos, Elisabeth, Rigoberta Menchú. Leben in Guatemala, Lamuv, 11. Aufl. Göttingen 1991
Carmack, Robert M., Harvest of Violence. The Maya Indians and the Guatemalan Crisis, University of Oklahoma Press, Norman 1986
Cojtí Cuxil, Demetrio, Configuración del Pensamiento Político del Pueblo Maya, 2 Bde., Cholasamaj, Guatemala Stadt 1993–1996
Fischer, Edward F. und R. McKenna **Brown** (Hrsg.), Maya Cultural Activism, University of Texas Press, Austin 1996
Grube, Nikolai, Im Zeichen des sprechenden Kreuzes. In: Damals, 31, 1999: 76–79
Janik, Dieter, Die langen Folgen der kurzen Conquista. Auswirkungen der spanischen Kolonisierung bis heute, Vervuert, Frankfurt am Main 1994
Le Bot, Yvonne, La guerre en terre maya. Communauté, violence et modernité au Guatemala, Karthala, Paris 1992
Oxlajuuj Keej Maya' Ajtz'iib', Maya Chii. Los idiomas Mayas de Guatemala, Cholsamaj, Guatemala Stadt 1993
Reed, Nelson, The Caste War of Yucatan, Stanford University Press, Stanford 1964
Stoll, David, Between two Armies in the Ixil Towns of Guatemala, Columbia University Press, New York 1991
Sullivan, Paul, Unfinished Conversations. Mayas and Foreigners between Two Wars, Knopf, New York 1989
Toledo Maya Cultural Council, Maya Atlas. The Struggle to Preserve Maya Land in Southern Belize, North Atlantic Books, Berkeley 1997
Warren, Kay B., Indigenous Movements and their Critics. Pan-Maya Activism in Guatemala, Princeton University Press, Princeton 1998
Wilson, Richard, Maya Resurgence in Guatemala. Q'eqchi' Experiences, University of Oklahoma Press, Norman 1995

Zitatnachweise

S. **73** aus: „Fray Alonso Ponce in Yucatán", 1588. Translated and Annotated by Ernest Noyes. Department of Middle American Research, Tulane University, New Orleans 1932: S. 311

S. **123, 212, 265** aus: Diego de Landa, „Bericht aus Yucatán", hrsg. und mit einem Nachwort von Carlos Rincón, deutsche Übersetzung von Ulrich Kunzmann, Reclam, Leipzig (1990): 137–138, 65–66

S. **363** aus: „El Titulo de Totonicapan", Texto, traducción y comentario por Robert M. Carmack y James L. Mondloch, Universidad Nacional Autónoma de México, México, D.F. 1983, S. 189-90

S. **425** aus: Rigoberta Menchú, „Enkelin der Maya – Autobiografie", Lamuv, Göttingen 1999, S. 183-84

REGISTER

BILDNACHWEIS

Der Verlag dankt den Museen, Sammlern, Archiven und Fotografen für die erteilten Reproduktionsgenehmigungen und die freundliche Unterstützung bei der Realisierung dieses Buches. Herausgeber und Verlag haben sich bis Produktionsschluss intensiv bemüht, alle weiteren Inhaber von Abbildungsrechten ausfindig zu machen. Personen und Institutionen, die möglicherweise nicht erreicht wurden und Rechte an verwendeten Abbildungen beanspruchen, werden gebeten, sich nachträglich mit dem Verlag in Verbindung zu setzen.

M = Mitte o = oben u = unten l = links r = rechts

2: The Cleveland Museum of Art, Purchase from the J. H. Wade Fund, 1967.29, Cleveland (OH); 4/5 und 6/7: Justin Kerr, New York (NY); 8/9: Jorge Peréz de Lara, Mexico City; 10: Studio für Landkartentechnik, Norderstedt; 11: The British Museum, London; 12: Jorge Pérez de Lara, Mexico City; 13 o: Michel Zabé, Mexico City; 13 u: Archiv Eggebrecht, Hildesheim; 14 und 15: Michel Zabé, Mexico City; 16: Bildarchiv Preußischer Kulturbesitz, Berlin; 17 o: Stephan Wagner, München; 17 u: Archiv Grube, Bonn; 18, 19, 20: H+Z Bildagentur GmbH, Hannover – Foto: B. & H. Röder; 21: John B. Garver Jr./Rolli Arts, Essen; 22 o: Herberth Wilhelmy/Peter Frese, München; 22 u: John B. Garver Jr./Rolli Arts, Essen; 23: Archiv Grube, Bonn; 24: Henri & Anne Stierlin, Genève; 25 o: Henri Stierlin, Genève; 25 u: John J. Bangma/Okapia, Frankfurt a. M.; 26 l: Archiv Eggebrecht, Hildesheim; 26 r: Archiv Grube, Bonn; 27: Tony Stone Images, München – Foto: James Strachan; 28 o: Andreas M. Gross; 28 u: E. Thiem/Lotosfilm, Kaufbeuren; 29: Justin Kerr, New York (NY); 30 o: Andreas M. Gross; 30 Ml: Andreas M. Gross/jd Bildagentur, München; 30 ul: Andreas M. Gross; 31 ol: Tony Stone Images, München – Foto: Art Wolfe; 31 Mo: Jack Swenson/Wildlife/Okapia, Frankfurt a. M.; 31 or: M. P. L. Fogden/OSF/Okapia, Frankfurt a. M.; 31 u: Okapia, Frankfurt a. M. – Foto: Lynn Stone; 32 o: Könemann Verlagsgesellschaft mbH, Köln – Foto: Günter Beer; 32 ul: Stockfood, München – Foto: Bernd Euler; 32 ur: Archiv für Kunst und Geschichte, Berlin; 33 o: Nikolai Grube, Bonn/Peter Frese, München; 33 M: Andreas M. Gross; 33 u: National Geographic Society, Image Collection, Washington D.C. – Foto: George Mobley; 34: E. Thiem/Lotosfilm, Kaufbeuren; 35: Thomas C. Kelly/Rolli Arts, Essen; 36 o: Harry D. Pohl/Rolli Arts, Essen; 36 u: Norman Hammond, Boston (MA); 37: Norman Hammond, Boston (MA); 38: Norman Hammond/Rolli Arts, Essen; 39: Norman Hammond, Boston (MA); 40 o: Norman Hammond, Boston (MA); 40 u: J. Lubinski, Medical College of Ohio; 41: Martha Cooper; 42 (1): Norman Hammond, Boston (MA); 42 (2): Stuart Rome; 42 (1, 3–7): Norman Hammond, Boston (MA); 42 (8): E. Thiem/Lotosfilm, Kaufbeuren; 43: E. Thiem/Lotosfilm, Kaufbeuren; 44 o: G. Büttner/Naturbild/Okapia, Frankfurt a. M.; 44 u: Charles H. Miksicek/Rolli Arts, Essen; 45 l: G. Büttner/Naturbild/Okapia, Frankfurt a. M.; 45 r: The Garden Picture Library, London; 46: Norman Hammond, Boston (MA); 47 o: Juan P. Laporte/Rolli Arts, Essen; 47 u: Elisabeth Wagner; 48 ol: Michel Zabé, Mexico City; 48 or: John E. Clark/Rolli Arts, Essen; 48 u: Norman Hammond/Peter Frese, München; 49 o und ul: Michel Zabé, Mexico City; 49 ur: Justin Kerr, New York (NY); 50: National Graphic Society, Image Collection, Washington D.C. – Foto: Stephen Northup; 51: Richard D. Hansen/Peter Frese, München; 52: Richard D. Hansen, Abel Morales, Lopez Wayn K./Rolli Arts, Essen; 53 ol: F. R. Hillman; 53 or: C. D. Bieber; 53 u: Richard D. Hansen, Los Angeles (CA); 54 ol: Richard D. Hansen, Los Angeles (CA); 54 or: Andreas M. Gross, München; 54 ul: Richard D. Hansen, Los Angeles (CA); 54 ur: F. R. Hillman; 55: Juan Luis Velasquez/Rolli Arts, Essen; 56 o: C. D. Bieber; 56 ul: Ortego, Richard D. Hansen/Rolli Arts, Essen; 56 ur: F. R. Hillman; 57: Richard D. Hansen, Los Angeles (CA); 58 o: Richard D. Hansen/Rolli Arts, Essen; 58 u: National Geographic Society, Washington D.C.; 59: David Pendergat/Rolli Arts, Essen; 60: Jorge Pérez de Lara, Mexico City; 61 o: Terry Rutledge/Rolli Arts, Essen; 61 u: Linda Schele, David Freidel/Peter Frese, München; 62: David Duncan; 63 o: Richard D. Hansen, Los Angeles (CA); 63 u: F. R. Hillman; 64 u. 65: Richard D. Hansen, Los Angeles (CA); 66 o: Michel Zabé, Mexico City; 66 u: Henri Stierlin, Genève; 67 o: Henri Stierlin, Genève; 67 ul: Michel Zabé, Mexico City; 67 ur: Justin Kerr, New York (NY); 68 o: Adrian Digby/Rolli Arts Essen; 68 M: Elisabeth Wagner/Rolli Arts, Essen; 68 u: Justin Kerr, New York (NY); 69 o: University of Pennsylvania Museum, Philadelphia; 69 u: Justin Kerr, New York (NY); 70: Jorge Pérez de Lara, Mexico City; 71: Andrew Harrison/Rolli Arts, Essen; 72 ol: Tony Stone Images, München – Foto: David Hiser; 72 or: Tony Stone Images, München – Foto: Jacques Jangoux; 72 ul: Doro Schütze/Version, Köln; 72 ur: Herby Sachs/Version, Köln; 73: Akademische Druck- und Verlagsanstalt, Graz; 74 ol: Peter D. Harrison, New Mexico; 74 or: Archiv Grube, Bonn; 75 o: Peter D. Harrison; 75 u: Tony Stone Images, München – Foto: Paul Edmondson; 76 o: Peter D. Harrison; 76 u: Herbert Wilhelmy/Peter Frese, München; 77 l: Peter D. Harrison/Peter Frese, München; 77 r: B. L. Turner II.; 78 und 79 o: Robert Francis, South American Pictures; 79 u: Norman Hammond/Rolli Arts, Essen; 80 und 81 o: 2000 Macduff Everton, Santa Barbara (CA); 81 u: Justin Kerr, New York (NY); 82 und 83: Andreas M. Gross; 84/85: 2000 Macduff Everton, Santa Barbara (CA); 86: E. Thiem/Lotosfilm, Kaufbeuren; 87: Federico Fahsen/Rolli Arts, Essen; 88 o: Henri Stierlin, Genève; 88 u: Tony Stone Images, München – Foto: Suzanne Murphy; 89: Archiv Eggebrecht, Hildesheim; 90 o: Elisabeth Wagner, Bonn; 90 u.: Carmen Strzelecki, Köln; 91 ol: Robert J. Sharer; 91 or: Archiv Eggebrecht, Hildesheim; 91 u und 92 o: E. Thiem/Lotosfilm, Kaufbeuren; 92 u: Henri Stierlin, Genève; 93: Fundación G & T, Guatemala City; 94: Federico Fahsen/Peter Frese, München; 95: Collection Gaston Burmand, Genève – Foto: Gérald Berjonneau, Paris; 96 o: Andreas M. Gross; 96 ul: E. Thiem/Lotosfilm, Kaufbeuren; 96 ur: Justin Kerr, New York (NY); 97: Henri Stierlin, Genève; 98: TCL/Bavaria Bildagentur, Düsseldorf; 99: Roger-Violett, Paris; 100 (1–4): Andreas M. Gross; 100 M: W. Haberland/Rolli Arts, Essen; 101: R. Kiedrowski, Ratingen; 102: Fine Arts Museum of San Francisco/Gift of Jack Tanzer, 1986.74, San Francisco (CA); 103 o: Fine Arts Museum of San Francisco/Bequest of Harald J. Wagner, 1985.104.9, San Francisco (CA); 103 u: Michel Zabé, Mexico City; 104: Simon Martin/Peter Frese, München; 105: Nikolai Grube, Bonn/Peter Frese, München; 106: Justin Kerr, New York (NY); 107 o: Nikolai Grube, Bonn/Peter Frese, München; 107 u: University of Pennsylvania/Rolli Arts, Essen; 108 l: Justin Kerr, New York (NY); 108 or: Simon Martin/Peter Frese, München; 108 Mr: Nikolai Grube, Bonn/Rolli Arts, Essen; 109 o: The Art Archive, London/Francesco Venturi; 109 u: Hans Zaglitsch, Muiden; 110: Justin Kerr, New York (NY); 111: Rafael Doniz, Mexico City; 112/113: Jorge Pérez de Lara, Mexico City; 114: The Art Archive, London/Francesco Venturi; 115: Bibliotheca del Palacio Real, Patrimonio Nacional, Madrid; 116: Stiftung Preußischer Kulturbesitz/Iberoamerikanisches Institut, Berlin; 117: Museum der Kulturen, Basel – Foto: Peter Horner 1997; 118 ol: Bayerische Staatsbibliothek, München – Photostelle; 118 Mo: President and Fellows of Harvard College, Peabody Museum, Harvard University, Cambridge (MA); 118 or: Courtesy Peabody Museum, Harvard University, Cambridge (MA). Photograph by Carnegie Institution of Washington; 119 l: Hasso Hohmann, Graz; 119 Mu: Nikolai Grube, Bonn/Peter Frese, München; 119 r: President and Fellows of Harvard College, Peabody Museum, Harvard University, Cambridge (MA); 120: Nikolai Grube, Bonn/Peter Frese, München; 121: Edizioni White Star, Vercelli; 122 o: Nikolai Grube, Bonn/Peter Frese, München; 122 u: Hans Zaglitsch; 123: Bayerische Staatsbibliothek, München – Photostelle; 124 o und ul: Nikolai Grube, Bonn/Rolli Arts, Essen; 124 ur: Nikolai Grube, Bonn/Peter Frese, München; 125: Justin Kerr, New York (NY); 126 o: Michael Coe/Rolli Arts, Essen; 127 o: Archiv Grube, Bonn; 127 u: Justin Kerr, New York (NY); 128 o: Justin Kerr, New York (NY); 128 ul: Nikolai Grube, Bonn/Peter Frese, München; 128 ur: Andreas M. Gross; 129 o: The Art Archive, London/American Museum, Madrid/Album, Joseph Martin; 129 u und 130: Justin Kerr, New York (NY); 131: Alexander Voß/Rolli Arts, Essen; 132 o: Jorge Pérez de Lara, Mexico City; 132 ul: Henri Stierlin, Genève/Rolli Arts, Essen; 132 ur: Anthony Aveni/Peter Frese, München; 133 o: Andreas M. Gross/jd Bildagentur, München; 133 ul: Anthony Aveni/Rolli Arts, Essen; 133 ur: Alexander Voß/Peter Frese, München; 134: Alexander Voß/Rolli Arts, Essen; 135: Justin Kerr, New York (NY); 136: Linda Schele/Peter Frese, München; 137: Akademische Druck- und Verlagsanstalt, Graz; 138: Alexander Voß/Rolli Arts, Essen; 139 o: Archiv Grube, Bonn; 139 u: Alexander Voß/Peter Frese, München; 140 und 141: Akademische Druck- und Verlagsanstalt, Graz; 142: Rolli Arts, Essen; 143: Justin Kerr, New York (NY); 144 o: TCL/Bavaria Bildagentur, Düsseldorf; 144 u: University Museum of Philadelphia; 145 o und ur: Akademische Druck- und Verlagsanstalt, Graz; 145 ul: Carmen Strzelecki, Köln; 146/147: Justin Kerr, New York (NY); 148: The Art Archive, London/Archaeological Museum Copan Honduras/Dagli Orti; 150: Justin Kerr, New York (NY); 151: Nikolai Grube, Bonn/Peter Frese, München; 152 o: Alvaro Toepke Cáceres; 152 u: Justin Kerr, New York (NY); 153 l: Dallas Museum of Art, Gift of The Otis and Valma Davis Dozier Fund, Dallas (TX); 153 r: President & Fellows of Harvard College, Peabody Museum, Harvard University, Cambridge (MA); 154: The British Museum, London; 155 o: President & Fellows of Harvard College, Peabody Museum, Harvard University, Cambridge (MA) – Foto: Hillel Burger; 155 u: Justin Kerr, New York (NY); 156: The British Museum, London; 157 o: Andreas M. Gross, München; 157 u und 158 o: Justin Kerr, New York (NY); 158 u und 159: Linda Schele/Rolli Arts, Essen; 160: University of Pennsylvania Museum, Philadelphia (PA); 161: British Museum, London; 162: Simon Martin/Peter Frese, München; 163 o: University of Central Florida, Department of Sociology and Anthropology, Orlando (FL) – Foto: Arlen & Diane Chase; 163 u: Henri Stierlin, Genève; 164 o: Enrico Ferrorelli/Focus, Hamburg; 164 u: Simon Martin/Peter Frese, München; 165: Stephen Houston/Peter Frese, München; 166: Peabody Museum, Harvard University, Cambridge (MA) – Foto: Hillel Burger; 167 l: Ian Graham, Courtesy of the Peabody Museum, Harvard University, Cambridge (MA); 167 r: University of Pennsylvania Museum, Philadelphia (PA); 168: Museum der Kulturen, Basel – Foto: Peter Horner, 1997; 169: Nikolai Grube, Bonn/Peter Frese, München; 170 l: Andreas M. Gross, München; 170 r: Courtesy of the Peabody Museum, Harvard University, Cambridge (MA) – Foto: Teobert Maler; 171: Ian Graham, Cambridge (MA); 172 o: Justin Kerr, New York (NY); 172 u: Linda Schele, David Freidel/Peter Frese, München; 173: Galerie Mermoz, Paris – Foto: Roger Asselberghs; 174: Justin Kerr, New York (NY); 175: Andreas M. Gross, München; 176 l: Justin Kerr, New York (NY); 176 r: Nikolai Grube, Bonn/Rolli Arts, Essen; 177: Justin Kerr, New York (NY); 178 o: Akademische Druck- und Verlagsanstalt, Graz; 178 u: Nikolai Grube, Bonn/Peter Frese, München; 179 o: Rafael Doniz, Mexico City; 179 u: Linda Schele & David Freidel/Rolli Arts, Essen; 180: Linda Schele/Rolli Arts, Essen; 181 o: Justin Kerr, New York (NY); 181 u: National Geographic Society, Washington D.C.; 182 und 183: Museum der Kulturen, Basel – Foto: Peter Horner 1997; 184: Justin Kerr, New York (NY); 185 o: City of Bristol Museum and Art Gallery, Bristol; 185 u: David Webster/Peter Frese, München; 186 o: The Art Archive, London/Archaeological Museum Copan Honduras/Dagli Orti; 186 u: Justin Kerr, New York (NY); 187 o: Archiv für Kunst und Geschichte, Berlin; 187 u: Archiv für Kunst und Geschichte, Berlin – Foto: Erich Lessing; 188 o und u: Foto: Ian Graham, Courtesy of the Peabody Museum, Harvard University, Cambridge (MA); 188 M: Nikolai Grube, Bonn/Peter Frese, München; 189 M: Tatiana Proskouriakoff; 189 u: Linda Schele/Peter Matthews/Peter Frese, München; 190 ol: Hans Zaglitsch, Muiden; 190 or: Henri & Anne Stierlin, Genève; 190 u: Konrad Wothe/Look, München; 191 o: Archiv Grube, Bonn; 191 u: Andreas M. Gross, München; 192/193: 2000 Macduff Everton, Santa Barbara (CA); 194: FPG/Bavaria Bildagentur, Düsseldorf; 195: William R. Coe II/Peter Frese, München; 196 o: Elisabeth Wagner, Bonn; 196 u: Hasso Hohmann, Graz; 197 o: Andreas M. Gross, München; 197 u: Frank Ducote/Nicholas Hellmuth/Peter Frese, München; 198 l: Andreas M. Gross, München; 198 r: Archiv Grube, Bonn; 199 o: E. Wagner, Bonn; 199 u: Annegret Hohmann-Vogrin, Graz/Peter Frese, München; 200: Hans Zaglitsch, Muiden; 201 o: Jorge Pérez de Lara, Mexico City; 201 u: University of Pennsylvania Museum, Philadelphia (PA); 202 o: Archiv für Kunst und Geschichte, Berlin; 202 u: The Art Archive, London/Album/J. Enrique Molina; 203 ol: Ignacio Marquina/Peter Frese, München; 203 or: Herby Sachs/Version, Köln; 203 u: Merle Greene Robertson/Peter Frese, München; 204 ol: Picture Finders/Bavaria Bildagentur, Düsseldorf; 204 or: Herby Sachs/Version, Köln; 204 ul: Merle Greene Robertson/Rolli Arts, Essen; 204 ur: Ignacio Marquina/Rolli Arts, Essen; 205: Konrad Wothke/Look; 206 o: Hasso Hohmann, Annegret Hohmann-Vagrin/Rolli Arts, Essen; 206 ul: Andreas M. Gross, München; 206 ur: R. Kiedrowski, Ratingen; 207: Andreas M. Gross, München; 208 o: Annegret Hohmann-Vogrin, Graz/Peter Frese, München; 208 u: Jorge Pérez de Lara, Mexico City; 209 o: Archiv Eggebrecht, Hildesheim; 210 o: The Art Archive, London/Mirelle Vautier; 210 u: Archiv für Kunst und Geschichte, Berlin; 211: E. Thiem/Lotosfilm, Kaufbeuren; 212: Archiv für Kunst und Geschichte, Berlin; 213 o: Edizioni White Star, Vercelli; 213 u: The Art Archive, London/Mireille Vautier; 214: FPG/Bavaria Bildagentur, Düsseldorf; 215 o: Images/Bavaria Bildagentur, Düsseldorf; 215 u: Ignacio Marquina/Peter Frese, München; 216 o: Michael Vallo, Bonn; 216 u: Michael Vallo, Carsten Deichmann, Hanns J. Prem, Bonn/Rolli Arts, Essen; 217: Michael Vallo, Carsten Deichmann, Hanns J. Prem, Bonn; 218: Tony Stone Images, München – Foto: Simeone Huber; 219: William R. Coe, Philadelphia (PA)/Peter Frese, München; 220 M: Peter D. Harrison, New Mexico/Peter Frese, München; 221: Roger-Viollet, Paris; 222: Nicholas Hellmuth, St. Louis (MO); 223 o: Peter D. Harrison, New Mexico/Peter Frese, München; 224 ol: E. Wagner, Bonn; 224 or: Jorge Pérez de Lara, Mexico City; 225 o: Terry Rutledge nach einer Zeichnung von Peter Spier/Peter Frese, München; **225 u:** Archiv Grube, Bonn; **226:** Andreas M. Gross, München; **227 u:** Herbert Hartmann/Bavaria Bildagentur, Düsseldorf; **228 o:** J. Pérez de Lara, Mexico City; **228 u:** Roger-Viollet, Paris; **229:** Rolli Arts, Essen; **230 o:** H. Stanley Loten/Peter Frese, München; **230 u:** Peter D. Harrison, New Mexico/ Peter Frese, München; **231:** P.D. Harrison, New Mexico; **232 o:** Diane & Arlen Chase, Orlando (FL)/ Peter Frese, München; **233 l:** M. Eberl/Peter Frese, München; **234:** National Geographic Society, Washington D.C. – Foto: Enrico Ferrorelli; **235:** Andreas M. Gross, München; **236:** E.Thiem/Lotusfilm, Kaufbeuren; **237 o:** Christopher A. Klein; **237 M:** Andreas M. Gross, München; **237 M l** und **r:** National Geographic Society, Washington D.C.; **237 u:** Karl Ruppert/Peter Frese, München; **238 ol:** Tatiana Falcón; **238 or:** H. Stierlin, Genève; **239 o:** D. Wooddell; **239 u:** National Geographic Society, Washington D.C.; **240/241:** H. Burger/Peabody Museum of Harvard University, Cambridge (MA); **241 u:** H. Stierlin, Genève; **242/243:** H. Burger/President & Fellows of Harvard College, Peabody Museum, Harvard University, Cambridge (MA); **243 o:** National Geographic Society, Washington D.C.; **244 o** und **M:** Andreas M. Gross, München; **244 u:** Stephan Wagner, München; **245:** Nikolai Grube, Bonn; **246:** Justin Kerr, New York (NY); **247** und **248:** Reents-Budet; **249 o:** Justin Kerr, New York (NY); **249 u:** Reents-Budet; **250 o:** E. Thiem/Lotosfilm, Kaufbeuren; **250 u:** Justin Kerr, New York (NY); **251:** Reents-Budet; **252 o:** Justin Kerr, New York (NY); **253 or:** E. Wagner, Bonn; **252 u:** Reents-Budet; **253 ol:** Justin Kerr, New York (NY); **253 or:** Nikolai Grube, Bonn/Peter Frese, München; **253 u:** Justin Kerr, New York (NY); **254, 255** und **256 o:** Reents-Budet; **256 ul:** Justin Kerr, New York (NY); **256 ur:** Reents-Budet; **257:** H. Stierlin, Genève; **258** und **259:** Reents-Budet; **260/261:** Tony Stone Images, München/Foto: Robert Frerck; **262:** Justin Kerr, New York (NY); **263:** Günter Zimmermann/Rolli Arts, Essen; **264 o:** Justin Kerr, New York (NY); **264 u:** E. Wagner, Bonn/Rolli Arts, Essen; **265:** Akademische Druck- und Verlagsanstalt, Graz; **266:** Andreas M. Gross, München; **267 ol:** E. Wagner, Bonn; **267 or:** H. Zaglitsch, Muiden; **267 u:** L. Scheele; **268** und **269:** Justin Kerr, New York (NY); **270:** E. Wagner, Bonn; **271:** Hasso Hohmann, Graz; **272:** R. Doniz, Mexico City; **273:** M. Zabé, Mexico City; **274 o:** E. Wagner, Bonn; **274 u** und **275:** Justin Kerr, New York (NY); **276 o:** Elisabeth Wagner; **276 u** und **277:** Justin Kerr, New York (NY); **278 o:** Archiv Eggebrecht, Hildesheim; **278 u:** Justin Kerr, New York (NY); **279 o:** J. Pérez de Lara, Mexico City; **279 u:** Herby Sachs/Version, Köln; **280:** Justin Kerr, New York (NY); **281:** Andreas M. Gross, München; **282/283 u:** J. Peréz de Lara, Mexico City; **283 o:** E. Wagner/Peter Frese, München; **284:** D. Reents-Budet; **285 o:** L. Schele/Rolli Arts, Essen; **285 u:** E. Wagner/ Rolli Arts, Essen; **285 M:** P.D. Harrison, New Mexico; **286 o:** Reents-Budet; **286 u:** E. Wagner/Rolli Arts, Essen; **287 o:** Justin Kerr, New York (NY); **287 u:** L. Schele/Peter Frese, München; **288:** E. Wagner/Rolli Arts, Essen; **289 l:** National Geographic Society, Washington D.C. – Foto: George Mobley; **289 r:** Nikolai Grube, Bonn/Peter Frese, München; **290 o:** P.D. Harrison, New Mexico/Rolli Arts, Essen; **290 u:** H. Stierlin, Genève; **291:** Nikolai Grube, Bonn; **292:** Bildarchiv Preußischer Kulturbesitz, Berlin; **293:** E. Wagner, Bonn; **294 l:** Nikolai Grube, Bonn/Rolli Arts, Essen; **294 r** und **u** sowie **295:** Justin Kerr, New York (NY); **296:** J. Pérez de Lara, Mexico City; **297:** Archiv Eggebrecht, Hildesheim; **298 o:** Nikolai Grube, Bonn/Peter Frese, München; **298 u:** Henry C. Mercer/Rolli Arts, Essen; **299 o:** L. Schele/Peter Frese, München; **299 u** und **300 o:** J. Pérez de Lara, Mexico City; **300 u:** Andrea Joyce Stone/Peter Frese, München; **301 l:** George Veni; **301 r:** Enrico Ferorelli/Focus, Hamburg; **302 o:** J. Pérez de Lara, Mexico City; **302 u:** Teobert Maler/Rolli Arts, Essen; **303:** H. Zaglitsch Muiden; **304:** E. Thiem/Lotosfilm, Kaufbeuren; **305:** Archiv Eggebrecht, Hildesheim; **306 o:** Chip &Jennifer Clark; **306 u:** Justin Kerr, New York (NY); **307:** Thomas Höpker/Magnum/Agentur Focus, Hamburg; **308 o:** J. Pérez de Lara, Mexico City; **308 u:** Frank D. Pierce, Leonardo de la Luz Morino/Rolli Arts, Essen; **309 ul** und **Mu:** J.Pérez de Lara, Mexico City; **309 ur:** H. Stierlin, Genève; **310:** Claudia Obrocki/ Bildarchiv Preußischer Kulturbesitz; **311:** Roger-Viollet, Paris; **312 o:** Nikolai Grube, Bonn/Rolli Arts, Essen; **312 u:** Justin Kerr, New York (NY); **313 ol:** Elisabeth Wagner, Bonn/Peter Frese, München; **313 Mo:** Markus Eberl/Peter Frese, München; **313 r:** President & Fellows of the Harvard College, Peabody Museum, Harvard University, Cambridge (MA); **314:** Merle Greene Robertson 1976; **315 l:** Herby Sachs/Version, Köln; **315 r:** Frank Ducote, Nicholas Hellmuth/Rolli Arts, Essen; **316:** Karl Herbert Mayer, Graz; **317:** Justin Kerr, New York (NY); **318 o:** J. Pérez de Lara, Mexico City; **318 u:** FPG/Bavaria Bildagentur, Düsseldorf; **319:** National Geographic Society, Image Collection, Washington D.C. – Foto: George Mobley; **320/321:** Tony Stone Images, München – Foto: Robert Frerck; **322:** Archiv für Kunst und Geschichte, Berlin – Foto: Werner Forman; **323:** Archiv Eggebrecht, Hildesheim; **324 o:** Nicholas Dunning, Cincinnati (OH); **324 u** und **325 o:** Nicholas Dunning, Cincinnati (OH)/Peter Frese, München; **325 u:** Jorge Pérez de Lara, Mexico City; **326** und **327 o** und **ul:** H. Zaglitsch, Muiden; **327 ur:** George F. Andrews/Peter Frese, München; **328 o:** Nicholas Dunning, Cincinnati (OH)/Peter Frese, München; **328 u:** Picture Finders/Bavaria Bildagentur, Düsseldorf; **329 o:** Eduard Seler 1917/Peter Frese, München; **329 u:** H. Zaglitsch, Muiden; **330:** Picture Finders/Bavaria Bildagentur, Düsseldorf; **331:** Bildarchiv Preußischer Kulturbesitz, Berlin; **332:** H. Stierlin, Genève; **333 M:** Ian Graham, Cambridge (MA)/Peter Frese, München; **334 o:** George F. Andrews/Rolli Arts, Essen **334 u:** J. Pérez de Lara, Mexico City; **335 o:** The Art Archive, London/Album/J. Enrique Molina; **335 u:** Rolli Arts, Essen; **336:** Ian Graham, Cambridge (MA)/Peter Frese, München; **337 o:** Román Piña Chan/Rolli Arts, Essen; **337 u:** Justin Kerr, New York (NY); **338** und **339 o:** Andreas M. Gross; **339 u:** Ian Graham, Courtesy of the Peabody Museum, Harvard University, Cambridge (MA); **340:** J. Pérez de Lara, Mexico City; **341:** Marilyn Masson, Albany (NY)/Peter Frese, München; **342 o:** The University Museum, University of Pennsylvania, Philadelphia (PA); **342 u:** Dumbarton Oaks Research Library and Collections, Washington D.C./Painting by Felipe Dávalos; **343:** J. Pérez de Lara, Mexico City; **344 M:** Rolli Arts, Essen; **345 ul:** Archiv Grube, Bonn; **345 ur:** Ulf Müller-Moewes, Königswinter; **346:** Hans Zaglitsch, Muiden; **347 o:** Morris R. Jones/Rolli Arts, Essen; **347 u:** J. Pérez de Lara, Mexico City; **348:** Peabody Museum of Archaeology and Ethnology, Harvard University, Cambridge (MA); **349:** Marilyn Masson, Albany (NY); **350:** Bildarchiv Preußischer Kulturbesitz, Berlin – Foto: Dietmar Katz; **351 o:** E. Thiem/ Lotosfilm, Kaufbeuren; **351 u:** M. Masson, Albany (NY); **352 l:** M. Zabé, Mexico City; **352 r:** J. Pérez de Lara, Mexico City; **353:** E. Thiem/Lotosfilm, Kaufbeuren; **354 o:** Susanne Baizermann/Rolli Arts, Essen; **354 ul:** Doro Schütze/Version, Köln; **354 ur:** M. Zabé, Mexico City; **355 o:** Michael Ross/Peter Frese, München; **355 u:** H. Burger/The Peabody Museum of Harvard University, Cambridge (MA); **356:** E. Thiem/Lotosfilm, Kaufbeuren; **357:** Frauke Sachse, Ganderkesee/Rolli Arts, Essen; **358:** Museo Nacional de Arqueología y Etnología, Guatemala City; **359 o:** Peabody Museum of Archaeology and Ethnology, Harvard University, Cambridge (MA); **359 u:** Roger-Viollet, Paris; **360 l:** Museo Nacional de Arqueología y Etnología, Guatemala City; **360 r:** E. Thiem/Lotosfilm, Kaufbeuren; **361:** Museo Nacional de Arqueología y Etnología, Guatemala City; **362 o:** E. Thiem/Lotosfilm, Kaufbeuren; **364 o:** Rolli Arts, Essen; **364 u:** Bayerische Staatsbibliothek, München – Photostelle; **365:** R. Kiedrowski, Ratingen; **366 o:** Archiv Grube, Bonn; **366 u:** 2000 Macduff Everton, Santa Barbara (CA); **367:** C. Strzelecki, Köln; **368 o:** John Weeks/Rolli Arts, Essen; **369:** The Newberry Library, Chicago (IL); **370/371:** Bavaria Bildagentur, Düsseldorf; **372:** Ch. Prager, Bonn/Rolli Arts, Essen; **373:** Courtesy, Special Collections Division, The University of Texas at Arlington Libraries, Arlington (TX); **374** und **375 l:** AKG Berlin; **375 r:** Archivo Oronoz, Madrid; **376 l:** The Art Archive, London/Mireille Vautier; **376 r:** Hillel Burger/President and Fellows, Harvard University, Cambridge (MA); **377:** Andreas M. Gross, München; **378** und **379:** AKG Berlin; **380 o:** Ch. Prager, Bonn/Rolli Arts, Essen; **380 u:** Andreas M. Gross, München; **381:** Archiv Eggebrecht, Hildesheim; **382:** Temis Vayhinger-Scheer, Bonn; **382 u:** Nach Fray Andrés de Avendaño y Loyola/Rolli Arts, Essen; **383 o:** Gilles Mermet/AKG Berlin; **383 u:** The Newberry Library, Chicago; **384:** E. Thiem/Lotosfilm, Kaufbeuren; **385:** A. Gunsenheimer, Bonn/C. Strzelcki, Köln; **386:** Bildarchiv Preußischer Kulturbesitz, Berlin; **387:** Tozzer Libray, Harvard College Library, Harvard University, Cambridge (MA); **388:** Bayerische Staatsbibliothek, München – Photostelle; **389 o:** Dr. H.J. Aubert, Bonn; **389 u:** Bildarchiv Preußischer Kulturbesitz, Berlin; **390 l:** R.M. Carmack/State University of New York (NY) at Albany; **390 r** und **391 l:** Gilles Mermet/AKG Berlin; **391 r:** A. Gunsenheimer, Bonn/Peter Frese, München; **392:** Fomento Cultural Banamex, Mexico City; **393:** J. Pérez de Lara, Mexico City; **394/395:** Bildarchiv Preußischer Kulturbesitz, Berlin; **396:** Roger-Viollet, Paris; **397:** AKG Berlin; **398 l:** SCALA Group S.p.A., Antella/Firenze; **398 r:** AKG, Berlin; **399:** Akademische Druck- und Verlagsanstalt, Graz; **400:** Bildarchiv Preußischer Kulturbesitz, Berlin; **401 o:** The British Museum, London; **401 u:** Bildarchiv Preußischer Kulturbesitz, Berlin; **402 l:** Museo Comunitario de Itzamal Kawil/Izamal; **402 M:** M.D. Coe; **402 r:** Bayerische Staatsbibliothek, München – Photostelle; **403:** AKG Berlin; **404:** Archiv Eggebrecht, Hildesheim; **406** und **407 o:** AKG Berlin; **407 u:** Bildarchiv Preußischer Kulturbesitz, Berlin; **408:** H. Stierlin, Genève; **409 ol:** Museo de América, Madrid – Foto: Javier Martínez de la Torre; **409 or:** Biblioteca del Palacio Real, Patrimonio Nacional, Madrid; **410 o:** Bayerische Staatsbibliothek, München – Photostelle; **410 u:** Herby Sachs/Version, Köln; **411 u:** Bibliothèque Nationale de France, Paris; **411:** M.D. Coe./Thames and Hudson/London; **412:** Archiv Grube, Bonn; **413 o:** Peter Mathews, Calgary/Rolli Arts, Essen; **413 u:** M. Eberl, Bonn; **414/415:** Thomas Hoepker/Focus, Hamburg; **416:** Ull Stelzner/ISKA/Version, Köln; **417:** Nikolai Grube, Bonn/Rolli Arts, Essen; **418** und **419:** ISKA-Archiv, Berlin; **420:** National Geographic Society, Wahington; **421 o:** Thomas Hoepker/Focus, Hamburg; **421 u:** ISKA-Archiv, Berlin; **422:** Thomas Hoepker/Focus, Hamburg; **423 ul:** Andreas M. Gross, München; **423 ur:** Ted Wood – Das Fotoarchiv, Essen; **424 o:** Cindy Carp – Das Fotoarchiv, Essen; **425:** dpa, Frankfurt a.M.; **426/427:** Justin Kerr, New York (NY); **428 o:** H. Stierlin, Genève; **428 u** und **429:** Andreas M. Gross, München; **430 l:** Justin Kerr, New York (NY); **430 r:** M. Zabé, Mexico City; **431 o:** Werner Forman/AKG Berlin; **431 u:** H. Stierlin, Genève; **432, 433, 434 o** und **434 u:** H. Zaglitsch, Muiden; **435:** H. Stierlin, Genève; **436 l:** The Art Archive, London/G. Dagli Orti, Paris/Museo de Arqueología, Copan; **436 r:** Andreas M. Gross, München; **437 l:** G. Dagli Orti, Paris/The Art Archive, London/Museo de Antropología, San Pedro Sula; **437 r:** H. Stierlin, Genève; **438** und **439:** Andreas M. Gross, München; **440/441:** Bavaria Bildagentur, Düsseldorf; **443:** Panoramic Images/Bavaria Bildagentur, Düsseldorf; **442:** Tatiana Proskouriakoff; **443:** Bavaria Bildagentur, Düsseldorf; **444 l:** Bildarchiv Preußischer Kulturbesitz, Berlin; **444 r:** J. Pérez de Lara, Mexico City; **445 l:** Stiftung Preußischer Kulturbesitz, Berlin; **445 r:** Archiv Grube, Bonn; **446:** H. Zaglitsch, Muiden; **447:** Bildarchiv Preußischer Kulturbesitz, Berlin; **448 l:** T. Proskouriakoff; **448 r:** Jens Holst, Köln; **449 l:** Bildarchiv Preußischer Kulturbesitz, Berlin; **449 r:** J. Pérez de Lara, Mexico City; **450:** (1) und (2) Justin Kerr, New York (NY), (3) E. Thiem/ Lotosfilm, Kaufbeuren, (4) Museum Rietberg, Zürich/Foto: Wettstein & Kauf; **451:** (1) und (2) Justin Kerr, New York (NY), (2) K. Furth, D. Heald/National Museum of the American Indian, New York (NY); **452:** (1) H. Burger/Peabody Museum of Harvard University, Cambridge (MA); (2) und (3) M. Zabé, Mexio City, (4) H. Stierlin, Genève; **453:** (1) und (2) M. Zabé, Mexico City, (3) H. Stierlin, Genève, (4) J. Pérez de Lara, Mexico City; **456–459:** M. Eberl, Nikolai Grube, Bonn/Rolli Arts, Essen; **460/461:** **(Register 1)** (1) J. Pérez de Lara, Mexico City; (2) M. Zabé, Mexico City; **(Register 2)** (1) Norman Hammond, Boston (MA); (2) Martha Cooper; (3), (4) u. (7) E. Thiem/Lotosfilm, Kaufbeuren; (5) Department of Archaeology, Belmopan, Belize; (6) J. Pérez de Lara, Mexico City; (8) Justin Kerr, New York (NY); **(Register 3)** (1) John Clark, New World Archaeological Foundation; (2) R.J. Sharer; (3) M.D. Coe; (4) M. Zabé, Mexico City; (5) Museo Nacional de Antr., El Salvador; **(Register 4)** (1) u. (3) R. Doniz, Mexico City; (2) Tony Stone Images, München – Foto: Suzanne Murphy; (4) Fondo de Cultura, Mexico City; (5) George Stuart, Washington D.C., Center for Maya Research/Rolli Arts, Essen; **(Register 5)** (1) Erich Lessing/AKG Berlin; (2) AKG Berlin; (3) E. Lessing/AKG Berlin; (4) AKG Berlin; (5) John Hios/AKG Berlin; (6) SCALA group S.p.A., Antella/ Firenze; (7) Jean-Louis Nou/AKG Berlin; **462/463:** **(Register 1)** (1), (5) u. (14) M. Zabé, Mexico City; (2) H. Zaglitsch, Muiden; (3), (6), (9) u. (11) J. Pérez de Lara, Mexico City; (4) Hasso Hohmann, Graz; (7) H. & A. Stierlin, Genève; (8) u. (10) Justin Kerr, New York (NY); (12) The Art Archive, London/Mireille Vautier; (13) I. Groth, Mexico City; **(Register 2)** (1) u. (3) E. Thiem/Lotosfilm, Kaufbeuren; (2) Andreas M. Gross, München; (4) u. (6) H. & A. Stierlin, Genève; (5) u. (10) H. Zaglitsch, Muiden; (7) P. D. Harrison, New Mexico; (8) Richard D. Hansen, Los Angeles (CA); (9) Ian Graham, Cambridge (MA); (11) R. Doniz, Mexico City; **(Register 3)** (1) J. Pérez de Lara, Mexico City; (2) u. (3) Stephan F. Borhegyi, Milwaukee Public Museum; (4) M. Zabé, Mexico City; (5) Andreas M. Gross, München; (6) E. Thiem/Lotosfilm, Kaufbeuren; **(Register 4)** (1) J. Pérez de Lara, Mexico City; (2) Andreas M. Gross, München; **(Register 5)** (1), (2) u. (4) SCALA group S.p.A., Antella/Firenze; (3) Bildarchiv Preußischer Kulturbesitz, Berlin; (5) Jean-Louis Nou/AKG Berlin; (6) AKG Berlin; (7) und (8) Archivo Oronoz, Madrid; (9) Henning Beck/AKG Berlin; **464/465:** **(Register 1)** (1) J. Pérez de Lara, Mexico City; (2) Symme Burstein, Peabody Museum, Harvard University, Cambridge (MA); (3) F. Davàlos; (4) J. Pérez de Lara, Mexico City; (5) Patrick Frilet/Sipa-Image, Paris; (6) The University of Pennsylvania Museum, Philadelphia (PA); (7) National Geographic, Washington D.C.; (8) Tony Stone Images, München – Foto: Bob Krist; **(Register 2)** (1) Nikolai Grube, Bonn; (2) M. Zabé, Mexico City; (3) Dietmar Katz/Bildarchiv Preußischer Kulturbesitz, Berlin; (4) E. Thiem/Lotusfilm, Kaufbeuren; (5) Bildarchiv Preußischer Kulturbesitz, Berlin; (6) Archiv Eggebrecht, Hildesheim; **(Register 3)** (1) Museo Nacional de Arqueología y Etnología, Guatemala Stadt; (2) Bayerische Staatsbibliothek, München – Photostelle; (3) Archiv Grube, Bonn; (4) Patrick Frilet, Paris; (5) H + Z Bildagentur, Hannover; (6) dpa, Frankfurt a.M.; **(Register 4)** (1) G. Dagli Orti, Paris; (2) Ana Casas Broda/ Museo del Templo Mayor, Mexico City; (3)Ana Casas Broda/Museo Nacional de Antropología, Mexico City; (4)–(6) AKG Berlin; (7) und (8) Ullstein Bilderdienst, Berlin; **(Register 5)** (1) Stephan Drechsel/AKG Berlin; (2)–(5) und (7) SCALA group S.p.A., Antella/Firenze; (6), (8) und (9) AKG Berlin

Vorsatz
Stuckmaske in Izamal. Yucatán, Mexiko; Späte Präklassik, 250 n. Chr.

Frontispiz
Mosaikmaske. Tikal, El Peten, Guatemala, Grab 160; Späte Frühklassik, ca. 600 n. Chr.; Jadeit, Diopsit, Muschel- und Schneckengehäuse, Perlmutt, Pyrit; H. 34,5 cm, B. 29,5 cm; Guatemala Stadt, Museo Nacional de Arqueología y Etnología

Bonner Straße 126, 50968 Köln

Art- und Verlagsdirektion: Peter Feierabend
Projektleitung: Ute Edda Hammer; Kerstin Ludolph
Projektassistenz: Ann Christin Artel, Till Busse, Kerstin Dönicke, Vera Diedrich
Wissenschaftliche Mitarbeit: Christian Prager, Bonn; Elisabeth Wagner, Bonn
Lektorat: Wissenschaftliches Lektorat, Bonn; Gisela Merz-Busch, Hamburg; Kirsten Thietz, Berlin; Brigitte Hausmann, Berlin
Layout: Carmen Strzelecki, Köln
Satz: argus Korrekturservice, Köln
Bildredaktion: Steffi Huber
Produktion: Oliver Benecke
Lithografien: C.D.N. Pressing, Caselle di Sommacampacna, Italien
Druck und Bindung: Grafedit, Azzano, Italien

Printed in Italy

ISBN: 3-8290-1564-X
10 9 8 7 6 5 4 3 2 1

Verlag und Herausgeber danken allen an diesem Buch beteiligten Wissenschaftlern und Institutionen für die großzügige Kooperationsbereitschaft. Unser besonderer Dank gilt dem Institut für Altamerikanistik und Völkerkunde der Universität Bonn; dem Department for Art and Art History, University of Texas, Austin; dem Department for Archaeology, Belmopan, Belize; dem Instituto Nacional de Antropología e Historia (INAH), Mexiko; dem Instituto Hondure'o de Antropología e Historia (IHAH), Tegucigalpa; dem Instituto de Antropología e Historia de Guatemala; der Organización Cultural Maya Mayaón und seinem Koordinator, Bartolomé Alfonso Caamal, Valladolid, Yucatán, und der Oxlajuuj Keej Maya' Ajtz'iib' (OKMA), La Antigua, Guatemala.